ZHONGGUO ZHISHICHANQUAN NIANJIAN

2016

中国知识产权年鉴

主办●国家知识产权局

知识产权出版社
全国百佳图书出版单位

图书在版编目(CIP)数据

中国知识产权年鉴. 2016/国家知识产权局主办. —北京:知识产权出版社,2016. 11
ISBN 978-7-5130-4580-3

Ⅰ. ①中… Ⅱ. ①国… Ⅲ. ①知识产权—中国—2016—年鉴 Ⅳ. ①D923. 4-54

中国版本图书馆 CIP 数据核字(2016)第 273318 号

责任编辑: 牛洁颖　崔开丽　王　岩　　　**责任校对:** 谷　洋
文字编辑: 王　岩　　　**责任出版:** 刘译文

中国知识产权年鉴 2016

国家知识产权局　主办

出版发行: 知识产权出版社有限责任公司　　**网　　址:** http://www.ipph.cn
社　　址: 北京市海淀区西外太平庄 55 号　　**邮　　编:** 100081
责编电话: 010-82000860 转 8109　　**责编邮箱:** nianjian772@sina.com
发行电话: 010-82000860 转 8101/8102　　**发行传真:** 010-82000893/82005070/82000270
印　　刷: 北京嘉恒彩色印刷有限责任公司　　**经　　销:** 各大网上书店、新华书店及相关专业书店
开　　本: 787mm×1092mm　1/16　　**印　　张:** 46
版　　次: 2016 年 11 月第 1 版　　**印　　次:** 2016 年 11 月第 1 次印刷
字　　数: 1300 千字　　**定　　价:** 240.00 元

ISBN 978-7-5130-4580-3

◆ 2015 年 11 月 5 ～ 6 日，国务委员王勇（左四）在江苏省调研知识产权工作。

◆ 2015 年 3 月 18 日，最高人民法院院长周强为最高人民法院知识产权司法保护研究中心揭牌。

◆ 2015 年 9 月 10 日，国家知识产权局局长申长雨（中）出席第九届夏季达沃斯论坛知识产权分论坛。

◆ 2015 年 9 月 8 日，国家工商行政管理总局局长张茅（右一）会见世界知识产权组织总干事弗朗西斯·高锐一行。

◆ 2015 年 4 月 30 日，第二届“中国青岛·东北亚版权创意精品展示交易会暨正版优秀图书展”在山东青岛国际会展中心开幕。国家新闻出版广电总局副局长、国家版权局副局长阎晓宏，山东省副省长季缃绮出席开幕仪式并参观交易会展区。

◆ 2015 年 4 月 16 日，国务院新闻办公室召开 2014 年中国知识产权发展状况新闻发布会，国务院新闻办公室新闻发言人郭卫民（左一），国家知识产权局局长申长雨（左二），国家工商行政管理总局副局长刘俊臣（左三），国家版权局副局长阎晓宏（右一）出席新闻发布会。

◆ 2015 年 1 月 15 日，全国知识产权局局长会议在北京召开。

◆ 2015 年 10 月 19 日，“知识产权与贸易国际论坛——司法、行政与创新”国际会议在上海召开，最高人民法院副院长陶凯元（左四）出席会议并讲话。

◆ 2015 年 7 月 16 日，国家知识产权局副局长贺化（左三）在广西壮族自治区知识产权维权援助中心调研。

◆ 2015 年 10 月 15 日，国家工商行政管理总局副局长刘俊臣（左四）视察“澄迈福橙”地理标志产品基地。

◆ 2015 年 4 月 21 日上午，全国 31 个省、自治区、直辖市同时开展侵权盗版及非法出版物集中销毁活动。国家新闻出版广电总局副局长、全国“扫黄打非”工作小组副组长兼办公室主任吴尚之出席北京主会场销毁活动。

◆ 2015 年 6 月 15 日，在第 18 届上海国际电影节上，国家版权局与世界知识产权组织共同主办“电影和版权在文化与经济上的重要性”高端圆桌会议。

◆ 2015 年 3 月 24 日，农业部科技发展中心（农业部植物新品种测试中心）在广东广州召开 2015 年农业植物新品种 DUS 测试暨新品种保护工作会议。主席台从左到右依次为：农业部科技发展中心副主任周云龙、广东省农业厅总农艺师陆国煌、农业部种子管理局副局长马淑萍、农业部科技发展中心主任杨雄年、华南农业大学副校长陈志强。

◆ 2015 年 11 月 15 ～ 21 日，农业部科技发展中心在海南儋州举办“中荷蔬菜 DUS 测试技术培训班”。

◆ 2015 年 4 月，国家林业局召开林业植物新品种保护行政执法工作座谈会，部署在全国开展打击侵犯林业植物新品种权专项行动。

◆ 2015 年 12 月，国家林业局会同联合国粮农组织、国际生物多样性中心在山东省考察林木遗传资源和耐盐碱新品种。

◆ 2015 年 9 月，中欧警务培训项目打击侵犯知识产权犯罪培训班在浙江警察学院举办，来自全国 10 个省区的公安机关经侦部门学员参加了培训。

◆ 2015 年 4 月 22 日，最高人民法院公开开庭审理礼来公司诉常州华生制药有限公司侵害发明专利权纠纷上诉案，技术调查官第一次出现在最高人民法院法庭上。

◆ 2015 年 9 月 1 日，最高人民检察院接待来访的英国版权执法局高级官员，就中国检察机关的知识产权保护工作进行座谈。

◆ 2015 年 12 月 15 日，第十七届中国专利奖颁奖大会在北京举行。

◆ 2015 年 4 月 28 日，贵州省人大常委会召开《贵州省专利条例》新闻发布会，贵州省人大常委会副主任周忠良（左三）、贵州省政府副省长何力（左四）出席新闻发布会并讲话。

◆ 新疆生产建设兵团深入开展中小学知识产权教育试点工作。

《中国知识产权年鉴(2016)》编辑委员会名单

林　新　科学技术部政策法规司副司长
赵志彬　国家知识产权局办公室副主任
段玉萍　国家版权局版权管理司副司长
姜瑞斌　中华商标协会秘书长
诸敏刚　知识产权出版社有限责任公司董事长
夏君丽　最高人民法院知识产权审判庭审判长
徐媛媛　中华全国专利代理人协会秘书长
黄　庆　国家知识产权局保护协调司司长
龚亚麟　国家知识产权局规划发展司司长
梁　森　国家工商行政管理总局商标局综合处处长
曹冬根　中国知识产权报社社长
韩秀成　国家知识产权局知识产权发展研究中心主任
葛　树　国家知识产权局专利复审委员会副主任

年鉴编辑部名单

主　　编：贺　化

副 主 编：赵志彬　王润贵

执行副主编：沙开清　汤腊冬

责任编辑：牛洁颖　崔开丽　王　岩

特约编辑：（按姓氏笔画排序）

叶婷婷　（国家版权局版权管理司综合处）

龙三群　（国家林业局植物新品种保护办公室）

刘　磊　（国家知识产权局规划发展司计划统计处）

李芬莲　（中国知识产权研究会）

何晓丹　（农业部科技教育司转基因生物安全与知识产权处）

吴　娴　（商务部条约法律司知识产权法律处）

杨　非　（国家知识产权局办公室）

杨烨瑶　（科学技术部政策法规司法规与知识产权处）

杨文平　（国家工商行政管理总局商标局综合处）

张　博　（最高人民法院知识产权审判庭）

张芬涛　（海关总署政策法规司知识产权处）

罗　强　（最高人民检察院侦查监督厅保护知识产权处）

崔哲勇　（国家知识产权局专利复审委员会）

编辑说明

一、《中国知识产权年鉴》是反映我国知识产权领域工作基本状况的大型资料性工具书，2001 年 11 月创刊，每年出版一卷，2016 卷反映的是 2015 年度我国知识产权工作的基本情况，2016 年 11 月出版。

二、2016 版内容由“重大战略部署”“领导讲话”“特约文章”“概况”“大事记”“新闻百条”“统计资料”“评选和认定”“法律、法规、规章及司法解释”“典型案例”“学术成果”“附录”12 部分组成。

三、“重大战略部署”栏目记录了 2015 年度中共中央、国务院作出的关于我国知识产权发展的重大战略部署。

四、“领导讲话”栏目记录的是 2015 年度国家领导人以及国家知识产权局、国家工商行政管理总局、国家新闻出版广电总局、最高人民法院等部门的领导，有关知识产权问题的重要讲话。

五、“特约文章”栏目记录的是 2015 年度知识产权领域有关领导、专家、学者，对近年发生的一些重大、热点问题，发表的观点和论述。

六、“概况”栏目，全面记录了 2015 年度我国知识产权领域专利、商标、反垄断与反不正当竞争、版权、打击盗版、农林植物新品种、海关、商务方面的工作情况，司法机关保护知识产权工作情况，全国性知识产权领域社团活动情况，各地方开展知识产权工作的情况。

七、“大事记”栏目，记录了 2015 年度我国知识产权领域专利、商标、版权、打击盗版、农林植物新品种、海关、商务以及司法保护方面的重大事件。

八、“新闻百条”栏目，摘录了知识产权领域相关媒体 2015 年报道的有代表性的事件，其中大部分为首次发生的事件。

九、“统计资料”收集了 2015 年度我国知识产权领域专利、商标、版权、农林植物新品种、海关、司法保护方面的重要统计数据。

十、“评选和认定”栏目收录了国家知识产权局第十七届中国专利金奖及外观设计金奖项目简介，国家工商行政管理总局商标局 2015 年度已注册和初步审定的地理标志商标名录、国家版权局 2015 年度奖励查处侵权盗版案件有功单位及个人的决定以及农业部 2015 年度农产品地理标志登记产品名单。

十一、“法律、法规、规章及司法解释”栏目收录了 2015 年度公布和新修订的与知识产权有关的法律、法规、规章及司法解释。

十二、“典型案例”栏目收录了 2015 年度的知识产权民事和刑事司法案例、最高人民检察院案例、国家知识产权局专利复审和无效宣告案例、国家工商行政管理总局商标局案例、国家工商行政管理总局反垄断与反不正当竞争执法局案例、国家版权局打击侵权盗版案例、出版物市场监管案例、海关知识产权保护案例、公安机关知识产权保护案例、知识产权系统专利行政执法案例以及涉外知识产权重大案例。

十三、“学术成果”栏目收录了国家知识产权局以及农业部2015年度关于知识产权的主要学术研究成果介绍。

十四、“附录”栏目收录了与知识产权相关的主要政府网站简介。

目　录

重大战略部署

领导讲话

特约文章

概　况

大事记

学术成果

附　录

Contents

Deployments of Major Strategy

Speeches by the Leading Government Officials

Special Contributions

Surveys

Major Events and Activities

News

Statistics

Selection and Affirmation

Laws, Regulations, Rules and Judicial Interpretations

Typical Cases

Academic Research Achievement

Appendix

中共中央　国务院关于深化体制机制改革加快实施创新驱动发展战略的若干意见

中发〔2015〕8号

创新是推动一个国家和民族向前发展的重要力量，也是推动整个人类社会向前发展的重要力量。面对全球新一轮科技革命与产业变革的重大机遇和挑战，面对经济发展新常态下的趋势变化和特点，面对实现"两个一百年"奋斗目标的历史任务和要求，必须深化体制机制改革，加快实施创新驱动发展战略，现提出如下意见。

一、总体思路和主要目标

加快实施创新驱动发展战略，就是要使市场在资源配置中起决定性作用和更好发挥政府作用，破除一切制约创新的思想障碍和制度藩篱，激发全社会创新活力和创造潜能，提升劳动、信息、知识、技术、管理、资本的效率和效益，强化科技同经济对接、创新成果同产业对接、创新项目同现实生产力对接、研发人员创新劳动同其利益收入对接，增强科技进步对经济发展的贡献度，营造大众创业、万众创新的政策环境和制度环境。

——坚持需求导向。紧扣经济社会发展重大需求，着力打通科技成果向现实生产力转化的通道，着力破除科学家、科技人员、企业家、创业者创新的障碍，着力解决要素驱动、投资驱动向创新驱动转变的制约，让创新真正落实到创造新的增长点上，把创新成果变成实实在在的产业活动。

——坚持人才为先。要把人才作为创新的第一资源，更加注重培养、用好、吸引各类人才，促进人才合理流动、优化配置，创新人才培养模式；更加注重强化激励机制，给予科技人员更多的利益回报和精神鼓励；更加注重发挥企业家和技术技能人才队伍创新作用，充分激发全社会的创新活力。

——坚持遵循规律。根据科学技术活动特点，把握好科学研究的探索发现规律，为科学家潜心研究、发明创造、技术突破创造良好条件和宽松环境；把握好技术创新的市场规律，让市场成为优化配置创新资源的主要手段，让企业成为技术创新的主体力量，让知识产权制度成为激励创新的基本保障；大力营造勇于探索、鼓励创新、宽容失败的文化和社会氛围。

——坚持全面创新。把科技创新摆在国家发展全局的核心位置，统筹推进科技体制改革和经济社会领域改革，统筹推进科技、管理、品牌、组织、商业模式创新，统筹推进军民融合创新，统筹推进引进来与走出去合作创新，实现科技创新、制度创新、开放创新的有机统一和协同发展。

到2020年，基本形成适应创新驱动发展要求的制度环境和政策法律体系，为进入创新型国家行列提供有力保障。人才、资本、技术、知识自由流动，企业、科研院所、高等学校协同创新，创新活力竞相进发，创新成果得到充分保护，创新价值得到更大体现，创新资源配置效率大幅提高，创新人才合理分享创新收益，使创新驱动发展战略真正落地，进而打造促进经济增长和就业创业的新引擎，构筑参与国际竞争合作的新优势，推动形成可持续发展的新格局，促进经济发展方式的转变。

二、营造激励创新的公平竞争环境

发挥市场竞争激励创新的根本性作用，营造公平、开放、透明的市场环境，强化竞争政策和产业政策对创新的引导，促进优胜劣汰，增强市场主体创新动力。

（一）实行严格的知识产权保护制度

完善知识产权保护相关法律，研究降低侵权行为追究刑事责任门槛，调整损害赔偿标准，探索实施惩罚性赔偿制度。完善权利人维权机制，合理划分权利人举证责任。

完善商业秘密保护法律制度，明确商业秘密和侵权行为界定，研究制定相应保护措施，探索建立诉前保护制度。研究商业模式等新形态创新成果的知识产权保护办法。

完善知识产权审判工作机制，推进知识产权民事、刑事、行政案件的“三审合一”，积极发挥知识产权法院的作用，探索跨地区知识产权案件异地审理机制，打破对侵权行为的地方保护。

健全知识产权侵权查处机制，强化行政执法与司法衔接，加强知识产权综合行政执法，健全知识产权维权援助体系，将侵权行为信息纳入社会信用记录。

（二）打破制约创新的行业垄断和市场分割

加快推进垄断性行业改革，放开自然垄断行业竞争性业务，建立鼓励创新的统一透明、有序规范的市场环境。

切实加强反垄断执法，及时发现和制止垄断协议和滥用市场支配地位等垄断行为，为中小企业创新发展拓宽空间。

打破地方保护，清理和废除妨碍全国统一市场的规定和做法，纠正地方政府不当补贴或利用行政权力限制、排除竞争的行为，探索实施公平竞争审查制度。

（三）改进新技术新产品新商业模式的准入管理

改革产业准入制度，制定和实施产业准入负面清单，对未纳入负面清单管理的行业、领域、业务等，各类市场主体皆可依法平等进入。

破除限制新技术新产品新商业模式发展的不合理准入障碍。对药品、医疗器械等创新产品建立便捷高效的监管模式，深化审评审批制度改革，多种渠道增加审评资源，优化流程，缩短周期，支持委托生产等新的组织模式发展。对新能源汽车、风电、光伏等领域实行有针对性的准入政策。

改进互联网、金融、环保、医疗卫生、文化、教育等领域的监管，支持和鼓励新业态、新商业模式发展。

（四）健全产业技术政策和管理制度

改革产业监管制度，将前置审批为主转变为依法加强事中事后监管为主，形成有利于转型升级、鼓励创新的产业政策导向。

强化产业技术政策的引导和监督作用，明确并逐步提高生产环节和市场准入的环境、节能、节地、节水、节材、质量和安全指标及相关标准，形成统一权威、公开透明的市场准入标准体系。健全技术标准体系，强化强制性标准的制定和实施。

加强产业技术政策、标准执行的过程监管。强化环保、质检、工商、安全监管等部门的行政执法联动机制。

（五）形成要素价格倒逼创新机制

运用主要由市场决定要素价格的机制，促使企业从依靠过度消耗资源能源、低性能低成本竞争，向依靠创新、实施差别化竞争转变。

加快推进资源税改革，逐步将资源税扩展到占用各种自然生态空间，推进环境保护费改税。完善市场化的工业用地价格形成机制。健全企业职工工资正常增长机制，实现劳动力成本变化与经济提质增效相适应。

三、建立技术创新市场导向机制

发挥市场对技术研发方向、路线选择和各类创新资源配置的导向作用，调整创新决策和组织模式，强化普惠性政策支持，促进企业真正成为技术创新决策、研发投入、科研组织和成果转化的主体。

（六）扩大企业在国家创新决策中话语权

建立高层次、常态化的企业技术创新对话、咨询制度，发挥企业和企业家在国家创新决策中的重要作用。吸收更多企业参与研究制定国家技术创新规划、计划、政策和标准，相关专家咨询组中产业专家和企业家应占较大比例。

国家科技规划要聚焦战略需求，重点部署市场不能有效配置资源的关键领域研究，竞争类产业技术创新的研发方向、技术路线和要素配置模式由企业依据市场需求自主决策。

（七）完善企业为主体的产业技术创新机制

市场导向明确的科技项目由企业牵头、政府引导、联合高等学校和科研院所实施。鼓励构建以企业为主导、产学研合作的产业技术创新战略联盟。

更多运用财政后补助、间接投入等方式，支持企业自主决策、先行投入，开展重大产业关键共性技术、装备和标准的研发攻关。

开展龙头企业创新转型试点，探索政府支持企业技术创新、管理创新、商业模式创新的新机制。

完善中小企业创新服务体系，加快推进创业孵化、知识产权服务、第三方检验检测认证等机构的专业化、市场化改革，壮大技术交易市场。

优化国家实验室、重点实验室、工程实验室、工程（技术）研究中心布局，按功能定位分类整合，构建开放共享互动的创新网络，建立向企业特别是中小企业有效开放的机制。探索在战略性领域采取企业主导、院校协作、多元投资、军民融合、成果分享的新模式，整合形成若干产业创新中心。加大国家重大科研基础设施、大型科研仪器和专利基础信息资源等向社会开放力度。

（八）提高普惠性财税政策支持力度

坚持结构性减税方向，逐步将国家对企业技术创新的投入方式转变为以普惠性财税政策为主。

统筹研究企业所得税加计扣除政策，完善企业研发费用计核方法，调整目录管理方式，扩大研发费用加计扣除优惠政策适用范围。完善高新技术企业认定办法，重点鼓励中小企业加大研发力度。

（九）健全优先使用创新产品的采购政策

建立健全符合国际规则的支持采购创新产品和服务的政策体系，落实和完善政府采购促进中小企业创新发展的相关措施，加大创新产品和服务的采购力度。鼓励采用首购、订购等非招标采购方式，以及政府购买服务等方式予以支持，促进创新产品的研发和规模化应用。

研究完善使用首台（套）重大技术装备鼓励政策，健全研制、使用单位在产品创新、增值服务和示范应用等环节的激励和约束机制。

放宽民口企业和科研单位进入军品科研生产和维修采购范围。

四、强化金融创新的功能

发挥金融创新对技术创新的助推作用，培育壮大创业投资和资本市场，提高信贷支持创新的灵活性和便利性，形成各类金融工具协同支持创新发展的良好局面。

（十）壮大创业投资规模

研究制定天使投资相关法规。按照税制改革的方向与要求，对包括天使投资在内的投向种子期、初创期等创新活动的投资，统筹研究相关税收支持政策。

研究扩大促进创业投资企业发展的税收优惠政策，适当放宽创业投资企业投资高新技术企业的条件限制，并在试点基础上将享受投资抵扣政策的创业投资企业范围扩大到有限合伙制创业投资企业法人合伙人。

结合国有企业改革设立国有资本创业投资基金，完善国有创投机构激励约束机制。按照市场化原则研究设立国家新兴产业创业投资引导基金，带动社会资本支持战略性新兴产业和高技术产业早中期、初创期创新型企业发展。

完善外商投资创业投资企业规定，有效利用境外资本投向创新领域。研究保险资金投资创业投资基金的相关政策。

（十一）强化资本市场对技术创新的支持

加快创业板市场改革，健全适合创新型、成长型企业发展的制度安排，扩大服务实体经济覆盖面，强化全国中小企业股份转让系统融资、并购、交易等功能，规范发展服务小微企业的区域性股权市场。加强不同层次资本市场的有机联系。

发挥沪深交易所股权质押融资机制作用，支持符合条件的创新创业企业发行公司债券。支持符合条件的企业发行项目收益债，募集资金用于加大创新投入。

推动修订相关法律法规，探索开展知识产权证券化业务。开展股权众筹融资试点，积极探索和规范发展服务创新的互联网金融。

（十二）拓宽技术创新的间接融资渠道

完善商业银行相关法律。选择符合条件的银行业金融机构，探索试点为企业创新活动提供股权和债权相结合的融资服务方式，与创业投资、股权投资机构实现投贷联动。

政策性银行在有关部门及监管机构的指导下，加快业务范围内金融产品和服务方式创新，对符合条件的企业创新活动加大信贷支持力度。

稳步发展民营银行，建立与之相适应的监管制度，支持面向中小企业创新需求的金融产品创新。

建立知识产权质押融资市场化风险补偿机制，简化知识产权质押融资流程。加快发展科技保险，推进专利保险试点。

五、完善成果转化激励政策

强化尊重知识、尊重创新，充分体现智力劳动价值的分配导向，让科技人员在创新活动中得到合理回报，通过成果应用体现创新价值，通过成果转化创造财富。

（十三）加快下放科技成果使用、处置和收益权

不断总结试点经验，结合事业单位分类改革要求，尽快将财政资金支持形成的，不涉及国防、国家安全、国家利益、重大社会公共利益的科技成果的使用权、处置权和收益权，全部下放给符合条件的项目承担单位。单位主管部门和财政部门对科技成果在境内的使用、处置不再审批或备案，科技成果转移转化所得收入全部留归单位，纳入单位预算，实行统一管理，处置收入不上缴国库。

（十四）提高科研人员成果转化收益比例

完善职务发明制度，推动修订专利法、

公司法等相关内容,完善科技成果、知识产权归属和利益分享机制,提高骨干团队、主要发明人受益比例。完善奖励报酬制度,健全职务发明的争议仲裁和法律救济制度。

修订相关法律和政策规定,在利用财政资金设立的高等学校和科研院所中,将职务发明成果转让收益在重要贡献人员、所属单位之间合理分配,对用于奖励科研负责人、骨干技术人员等重要贡献人员和团队的收益比例,可以从现行不低于20%提高到不低于50%。

国有企业事业单位对职务发明完成人、科技成果转化重要贡献人员和团队的奖励,计入当年单位工资总额,不作为工资总额基数。

(十五)加大科研人员股权激励力度

鼓励各类企业通过股权、期权、分红等激励方式,调动科研人员创新积极性。

对高等学校和科研院所等事业单位以科技成果作价入股的企业,放宽股权奖励、股权出售对企业设立年限和盈利水平的限制。

建立促进国有企业创新的激励制度,对在创新中作出重要贡献的技术人员实施股权和分红权激励。

积极总结试点经验,抓紧确定科技型中小企业的条件和标准。高新技术企业和科技型中小企业科研人员通过科技成果转化取得股权奖励收入时,原则上在5年内分期缴纳个人所得税。结合个人所得税制改革,研究进一步激励科研人员创新的政策。

六、构建更加高效的科研体系

发挥科学技术研究对创新驱动的引领和支撑作用,遵循规律、强化激励、合理分工、分类改革,增强高等学校、科研院所原始创新能力和转制科研院所的共性技术研发能力。

(十六)优化对基础研究的支持方式

切实加大对基础研究的财政投入,完善稳定支持和竞争性支持相协调的机制,加大稳定支持力度,支持研究机构自主布局科研项目,扩大高等学校、科研院所学术自主权和个人科研选题选择权。

改革基础研究领域科研计划管理方式,尊重科学规律,建立包容和支持"非共识"创新项目的制度。

改革高等学校和科研院所聘用制度,优化工资结构,保证科研人员合理工资待遇水平。完善内部分配机制,重点向关键岗位、业务骨干和作出突出成绩的人员倾斜。

(十七)加大对科研工作的绩效激励力度

完善事业单位绩效工资制度,健全鼓励创新创造的分配激励机制。完善科研项目间接费用管理制度,强化绩效激励,合理补偿项目承担单位间接成本和绩效支出。项目承担单位应结合一线科研人员实际贡献,公开公正安排绩效支出,充分体现科研人员的创新价值。

(十八)改革高等学校和科研院所科研评价制度

强化对高等学校和科研院所研究活动的分类考核。对基础和前沿技术研究实行同行评价,突出中长期目标导向,评价重点从研究成果数量转向研究质量、原创价值和实际贡献。

对公益性研究强化国家目标和社会责任评价,定期对公益性研究机构组织第三方评价,将评价结果作为财政支持的重要依据,引导建立公益性研究机构依托国家资源服务行业创新机制。

(十九)深化转制科研院所改革

坚持技术开发类科研机构企业化转制方向,对于承担较多行业共性科研任务的转制科研院所，可组建成产业技术研发集团，对行业共性技术研究和市场经营活动进行分类管理、分类考核。

推动以生产经营活动为主的转制科研院所深化市场化改革，通过引入社会资本或整体上市，积极发展混合所有制，推进产业技术联盟建设。

对于部分转制科研院所中基础研究能力较强的团队，在明确定位和标准的基础上，引导其回归公益，参与国家重点实验室建设，支持其继续承担国家任务。

（二十）建立高等学校和科研院所技术转移机制

逐步实现高等学校和科研院所与下属公司剥离，原则上高等学校、科研院所不再新办企业，强化科技成果以许可方式对外扩散。

加强高等学校和科研院所的知识产权管理，明确所属技术转移机构的功能定位，强化其知识产权申请、运营权责。

建立完善高等学校、科研院所的科技成果转移转化的统计和报告制度，财政资金支持形成的科技成果，除涉及国防、国家安全、国家利益、重大社会公共利益外，在合理期限内未能转化的，可由国家依法强制许可实施。

七、创新培养、用好和吸引人才机制

围绕建设一支规模宏大、富有创新精神、敢于承担风险的创新型人才队伍，按照创新规律培养和吸引人才，按照市场规律让人才自由流动，实现人尽其才、才尽其用、用有所成。

（二十一）构建创新型人才培养模式

开展启发式、探究式、研究式教学方法改革试点，弘扬科学精神，营造鼓励创新、宽容失败的创新文化。改革基础教育培养模式，尊重个性发展，强化兴趣爱好和创造性思维培养。

以人才培养为中心，着力提高本科教育质量，加快部分普通本科高等学校向应用技术型高等学校转型，开展校企联合招生、联合培养试点，拓展校企合作育人的途径与方式。

分类改革研究生培养模式，探索科教结合的学术学位研究生培养新模式，扩大专业学位研究生招生比例，增进教学与实践的融合。

鼓励高等学校以国际同类一流学科为参照，开展学科国际评估，扩大交流合作，稳步推进高等学校国际化进程。

（二十二）建立健全科研人才双向流动机制

改进科研人员薪酬和岗位管理制度，破除人才流动的体制机制障碍，促进科研人员在事业单位和企业间合理流动。

符合条件的科研院所的科研人员经所在单位批准，可带着科研项目和成果、保留基本待遇到企业开展创新工作或创办企业。

允许高等学校和科研院所设立一定比例流动岗位，吸引有创新实践经验的企业家和企业科技人才兼职。试点将企业任职经历作为高等学校新聘工程类教师的必要条件。

加快社会保障制度改革，完善科研人员在企业与事业单位之间流动时社保关系转移接续政策，促进人才双向自由流动。

（二十三）实行更具竞争力的人才吸引制度

制定外国人永久居留管理的意见，加快外国人永久居留管理立法，规范和放宽技术型人才取得外国人永久居留证的条件，探索建立技术移民制度。对持有外国人永久居留证的外籍高层次人才在创办科技型企业等创新活动方面，给予中国籍公民同等待遇。

加快制定外国人在中国工作管理条

例，对符合条件的外国人才给予工作许可便利，对符合条件的外国人才及其随行家属给予签证和居留等便利。对满足一定条件的国外高层次科技创新人才取消来华工作许可的年龄限制。

围绕国家重大需求，面向全球引进首席科学家等高层次科技创新人才。建立访问学者制度。广泛吸引海外高层次人才回国(来华)从事创新研究。

稳步推进人力资源市场对外开放，逐步放宽外商投资人才中介服务机构的外资持股比例和最低注册资本金要求。鼓励有条件的国内人力资源服务机构走出去与国外人力资源服务机构开展合作，在境外设立分支机构，积极参与国际人才竞争与合作。

八、推动形成深度融合的开放创新局面

坚持引进来与走出去相结合，以更加主动的姿态融入全球创新网络，以更加开阔的胸怀吸纳全球创新资源，以更加积极的策略推动技术和标准输出，在更高层次上构建开放创新机制。

(二十四)鼓励创新要素跨境流动

对开展国际研发合作项目所需付汇，实行研发单位事先承诺，商务、科技、税务部门事后并联监管。

对科研人员因公出国进行分类管理，放宽因公临时出国批次限量管理政策。

改革检验管理，对研发所需设备、样本及样品进行分类管理，在保证安全前提下，采用重点审核、抽检、免检等方式，提高审核效率。

(二十五)优化境外创新投资管理制度

健全综合协调机制，协调解决重大问题，合力支持国内技术、产品、标准、品牌走出去，开拓国际市场。强化技术贸易措施评价和风险预警机制。

研究通过国有重点金融机构发起设立海外创新投资基金，外汇储备通过债权、股权等方式参与设立基金工作，更多更好利用全球创新资源。

鼓励上市公司海外投资创新类项目，改革投资信息披露制度，在相关部门确认不影响国家安全和经济安全前提下，按照中外企业商务谈判进展，适时披露有关信息。

(二十六)扩大科技计划对外开放

制定国家科技计划对外开放的管理办法，按照对等开放、保障安全的原则，积极鼓励和引导外资研发机构参与承担国家科技计划项目。

在基础研究和重大全球性问题研究等领域，统筹考虑国家科研发展需求和战略目标，研究发起国际大科学计划和工程，吸引海外顶尖科学家和团队参与。积极参与大型国际科技合作计划。引导外资研发中心开展高附加值原创性研发活动，吸引国际知名科研机构来华联合组建国际科技中心。

九、加强创新政策统筹协调

更好发挥政府推进创新的作用。改革科技管理体制，加强创新政策评估督查与绩效评价，形成职责明晰、积极作为、协调有力、长效管用的创新治理体系。

(二十七)加强创新政策的统筹

加强科技、经济、社会等方面的政策、规划和改革举措的统筹协调和有效衔接，强化军民融合创新。发挥好科技界和智库对创新决策的支撑作用。

建立创新政策协调审查机制，组织开展创新政策清理，及时废止有违创新规律、阻碍新兴产业和新兴业态发展的政策条款，对新制定政策是否制约创新进行审查。

建立创新政策调查和评价制度，广泛听取企业和社会公众意见，定期对政策落

实情况进行跟踪分析，并及时调整完善。

（二十八）完善创新驱动导向评价体系

改进和完善国内生产总值核算方法，体现创新的经济价值。研究建立科技创新、知识产权与产业发展相结合的创新驱动发展评价指标，并纳入国民经济和社会发展规划。

健全国有企业技术创新经营业绩考核制度，加大技术创新在国有企业经营业绩考核中的比重。对国有企业研发投入和产出进行分类考核，形成鼓励创新、宽容失败的考核机制。把创新驱动发展成效纳入对地方领导干部的考核范围。

（二十九）改革科技管理体制

转变政府科技管理职能，建立依托专业机构管理科研项目的机制，政府部门不再直接管理具体项目，主要负责科技发展战略、规划、政策、布局、评估和监管。

建立公开统一的国家科技管理平台，健全统筹协调的科技宏观决策机制，加强部门功能性分工，统筹衔接基础研究、应用开发、成果转化、产业发展等各环节工作。

进一步明晰中央和地方科技管理事权和职能定位，建立责权统一的协同联动机制，提高行政效能。

（三十）推进全面创新改革试验

遵循创新区域高度集聚的规律，在有条件的省（自治区、直辖市）系统推进全面创新改革试验，授权开展知识产权、科研院所、高等教育、人才流动、国际合作、金融创新、激励机制、市场准入等改革试验，努力在重要领域和关键环节取得新突破，及时总结推广经验，发挥示范和带动作用，促进创新驱动发展战略的深入实施。

各级党委和政府要高度重视，加强领导，把深化体制机制改革、加快实施创新驱动发展战略，作为落实党的十八大和十八届二中、三中、四中全会精神的重大任务，认真抓好落实。有关方面要密切配合，分解改革任务，明确时间表和路线图，确定责任部门和责任人。要加强对创新文化的宣传和舆论引导，宣传改革经验、回应社会关切、引导社会舆论，为创新营造良好的社会环境。

国务院关于新形势下加快知识产权强国建设的若干意见

国发〔2015〕71 号

各省、自治区、直辖市人民政府，国务院各部委、各直属机构：

国家知识产权战略实施以来，我国知识产权创造运用水平大幅提高，保护状况明显改善，全社会知识产权意识普遍增强，知识产权工作取得长足进步，对经济社会发展发挥了重要作用。同时，仍面临知识产权大而不强、多而不优、保护不够严格、侵权易发多发、影响创新创业热情等问题，亟待研究解决。当前，全球新一轮科技革命和产业变革蓄势待发，我国经济发展方式加快转变，创新引领发展的趋势更加明显，知识产权制度激励创新的基本保障作用更加突出。为深入实施创新驱动发展战略，深化知识产权领域改革，加快知识产权强国建设，现提出如下意见。

一、总体要求

（一）指导思想。全面贯彻党的十八大和十八届二中、三中、四中、五中全会精神，按照“四个全面”战略布局和党中央、国务院决策部署，深入实施国家知识产权战略，深化知识产权重点领域改革，有效促进知识产权创造运用，实行更加严格的知识产权保护，优化知识产权公共服务，促进新技术、新产业、新业态蓬勃发展，提升产业国际化发展水平，保障和激励大众创业、万众创新，为实施创新驱动发展战略提供有力支撑，为推动经济保持中高速增长、迈向中高端水平，实现“两个一百年”奋斗目标和中华民族伟大复兴的中国梦奠定更加坚实的基础。

（二）基本原则。

坚持战略引领。按照创新驱动发展战略和“一带一路”等战略部署，推动提升知识产权创造、运用、保护、管理和服务能力，深化知识产权战略实施，提升知识产权质量，实现从大向强、从多向优的转变，实施新一轮高水平对外开放，促进经济持续健康发展。

坚持改革创新。加快完善中国特色知识产权制度，改革创新体制机制，破除制约知识产权事业发展的障碍，着力推进创新改革试验，强化分配制度的知识价值导向，充分发挥知识产权制度在激励创新、促进创新成果合理分享方面的关键作用，推动企业提质增效、产业转型升级。

坚持市场主导。发挥市场配置创新资源的决定性作用，强化企业创新主体地位和主导作用，促进创新要素合理流动和高效配置。加快简政放权、放管结合、优化服务，加强知识产权政策支持、公共服务和市场监管，着力构建公平公正、开放透明的知识产权法治环境和市场环境，促进大众创业、万众创新。

坚持统筹兼顾。统筹国际国内创新资源，形成若干知识产权领先发展区域，培育我国知识产权优势。加强全球开放创新协作，积极参与、推动知识产权国际规则制定和完善，构建公平合理国际经济秩序，为市场主体参与国际竞争创造有利条件，实现优进优出和互利共赢。

（三）主要目标。到 2020 年，在知识产权重要领域和关键环节改革上取得决定性成果，知识产权授权确权和执法保护体系进一步完善，基本形成权界清晰、分工合理、责权一致、运转高效、法治保障的知识产权体制机制，知识产权创造、运用、保护、管理和服务能力大幅提升，创新创业环境进一步优化，逐步形成产业参与国际竞争的知识产权新优势，基本实现知识产权治理体系和治理能力现代化，建成一批知识产权强省、强市，知识产权大国地位得到全方位巩固，为建成中国特色、世界水平的知识产权强国奠定坚实基础。

二、推进知识产权管理体制机制改革

（四）研究完善知识产权管理体制。完善国家知识产权战略实施工作部际联席会议制度，由国务院领导同志担任召集人。积极研究探索知识产权管理体制机制改革。授权地方开展知识产权改革试验。鼓励有条件的地方开展知识产权综合管理改革试点。

（五）改善知识产权服务业及社会组织管理。放宽知识产权服务业准入，促进服务业优质高效发展，加快建设知识产权服务业集聚区。扩大专利代理领域开放，放宽对专利代理机构股东或合伙人的条件限制。探索开展知识产权服务行业协会组织“一业多会”试点。完善执业信息披露制度，及时公开知识产权代理机构和从业人员信用评价等相关信息。规范著作权集体管理机构收费标准，完善收益分配制度，让著作权人获得更多许可收益。

（六）建立重大经济活动知识产权评议制度。研究制定知识产权评议政策。完善知识产权评议工作指南，规范评议范围和程序。围绕国家重大产业规划、高技术领域重大投资项目等开展知识产权评议，建立国家科技计划知识产权目标评估制度，积极探索重大科技活动知识产权评议试点，建立重点领域知识产权评议报告发布制度，提高创新效率，降低产业发展风险。

（七）建立以知识产权为重要内容的创新驱动发展评价制度。完善发展评价体系，将知识产权产品逐步纳入国民经济核算，将知识产权指标纳入国民经济和社会发展规划。发布年度知识产权发展状况报告。在对党政领导班子和领导干部进行综合考核评价时，注重鼓励发明创造、保护知识产权、加强转化运用、营造良好环境等方面的情况和成效。探索建立经营业绩、知识产权和创新并重的国有企业考评模式。按照国家有关规定设置知识产权奖励项目，加大各类国家奖励制度的知识产权评价权重。

三、实行严格的知识产权保护

（八）加大知识产权侵权行为惩治力度。推动知识产权保护法治化，发挥司法保护的主导作用，完善行政执法和司法保护两条途径优势互补、有机衔接的知识产权保护模式。提高知识产权侵权法定赔偿上限，针对情节严重的恶意侵权行为实施惩罚性赔偿并由侵权人承担实际发生的合理开支。进一步推进侵犯知识产权行政处罚案件信息公开。完善知识产权快速维权机制。加强海关知识产权执法保护。加大国际展会、电子商务等领域知识产权执法力度。开展与相关国际组织和境外执法部门的联合执法，加强知识产权司法保护对外合作，推动我国成为知识产权国际纠纷的重要解决地，构建更有国际竞争力的开放创新环境。

（九）加大知识产权犯罪打击力度。依法严厉打击侵犯知识产权犯罪行为，重点打击链条式、产业化知识产权犯罪网络。进一步加强知识产权行政执法与刑事司法衔接，加大涉嫌犯罪案件移交工作力度。完善涉外知识产权执法机制，加强刑事执法国际合作，加大涉外知识产权犯罪案件侦办力度。加强与有关国际组织和国家间打击知识产权犯罪行为的司法协助，加大案情通报和情报信息交换力度。

（十）建立健全知识产权保护预警防范机制。将故意侵犯知识产权行为情况纳入企业和个人信用记录。推动完善商业秘密保护法律法规，加强人才交流和技术合作中的商业秘密保护。开展知识产权保护社会满意度调查。建立收集假冒产品来源地相关信息的工作机制，发布年度中国海关知识产权保护状况报告。加强大型专业化市场知识产权管理和保护工作。发挥行业组织在知识产权保护中的积极作用。运用大数据、云计算、物联网等信息技术，加强在线创意、研发成果的知识产权保护，提升预警防范能力。加大对小微企业知识产权保护援助力度，构建公平竞争、公平监管的创新创业和营商环境。

（十一）加强新业态新领域创新成果的知识产权保护。完善植物新品种、生物遗传资源及其相关传统知识、数据库保护和国防知识产权等相关法律制度。适时做好地理标志立法工作。研究完善商业模式知识产权保护制度和实用艺术品外观设计专利保护制度。加强互联网、电子商务、大数据等领域的知识产权保护规则研究，推动完善相关法律法规。制定众创、众包、众扶、众筹的知识产权保护政策。

（十二）规制知识产权滥用行为。完善规制知识产权滥用行为的法律制度，制定相关反垄断执法指南。完善知识产权反垄断监管机制，依法查处滥用知识产权排除和限制竞争等垄断行为。完善标准必要专利的公平、合理、无歧视许可政策和停止侵权适用规则。

四、促进知识产权创造运用

（十三）完善知识产权审查和注册机制。建立计算机软件著作权快速登记通道。优化专利和商标的审查流程与方式，实现知识产权在线登记、电子申请和无纸化审批。完善知识产权审查协作机制，建立重点优势产业专利申请的集中审查制度，建立健全涉及产业安全的专利审查工作机制。合理扩大专利确权程序依职权审查范围，完善授权后专利文件修改制度。拓展“专利审查高速路”国际合作网络，加快建设世界一流专利审查机构。

（十四）完善职务发明制度。鼓励和引导企事业单位依法建立健全发明报告、权属划分、奖励报酬、纠纷解决等职务发明管理制度。探索完善创新成果收益分配制度，提高骨干团队、主要发明人收益比重，保障职务发明人的合法权益。按照相关政策规定，鼓励国有企业赋予下属科研院所知识产权处置和收益分配权。

（十五）推动专利许可制度改革。强化专利以许可方式对外扩散。研究建立专利当然许可制度，鼓励更多专利权人对社会公开许可专利。完善专利强制许可启动、审批和实施程序。鼓励高等院校、科研院所等事业单位通过无偿许可专利的方式，支持单位员工和大学生创新创业。

（十六）加强知识产权交易平台建设。构建知识产权运营服务体系，加快建设全国知识产权运营公共服务平台。创新知识产权投融资产品，探索知识产权证券化，完善知识产权信用担保机制，推动发展投贷联动、投保联动、投债联动等新模式。在全面创新改革试验区域引导天使投资、风险投资、私募基金加强对高技术领域的投资。细化会计准则规定，推动企业科学核算和管理知识产权资产。推动高等院校、科研院所建立健全知识产权转移转化机构。支持探索知识产权创造与运营的众筹、众包模式，促进“互联网＋知识产权”融合发展。

（十七）培育知识产权密集型产业。探索制定知识产权密集型产业目录和发展规划。运用股权投资基金等市场化方式，引导社会资金投入知识产权密集型产业。加大政府采购对知识产权密集型产品的支持力度。试点建设知识产权密集型产业集聚区和知识产权密集型产业产品示范基地，推行知识产权集群管理，推动先进制造业加快发展，产业迈向中高端水平。

（十八）提升知识产权附加值和国际影响力。实施专利质量提升工程，培育一批核心专利。加大轻工、纺织、服装等产业的外观设计专利保护力度。深化商标富农工作。加强对非物质文化遗产、民间文艺、传统知识的开发利用，推进文化创意、设计服务与相关产业融合发展。支持企业运用知识产权进行海外股权投资。积极参与国际标准制定，推动有知识产权的创新技术转化为标准。支持研究机构和社会组织制定品牌评价国际标准，建立品牌价值评价体系。支持企业建立品牌管理体系，鼓励企业收购海外知名品牌。保护和传承中华老字号，大力推动中医药、中华传统餐饮、工艺美术等企业“走出去”。

（十九）加强知识产权信息开放利用。推进专利数据信息资源开放共享，增强大数据运用能力。建立财政资助项目形成的知识产权信息披露制度。加快落实上市企业知识产权信息披露制度。规范知识产权信息采集程序和内容。完善知识产权许可的信息备案和公告制度。加快建设互联互通的知识产权信息公共服务平台，实现专利、商标、版权、集成电路布图设计、植物新品种、地理标志等基础信息免费或低成本开放。依法及时公开专利审查过程信息。增加知识产权信息服务网点，完善知识产权信息公共服务网络。

五、加强重点产业知识产权海外布局和风险防控

（二十）加强重点产业知识产权海外布局规划。加大创新成果标准化和专利化工作力度，推动形成标准研制与专利布局有效衔接机制。研究制定标准必要专利布局指南。编制发布相关国家和地区专利申请实务指引。围绕战略性新兴产业等重点领域，建立专利导航产业发展工作机制，实施产业规划类和企业运营类专利导航项目，

绘制服务我国产业发展的相关国家和地区专利导航图，推动我国产业深度融入全球产业链、价值链和创新链。

（二十一）拓展海外知识产权布局渠道。推动企业、科研机构、高等院校等联合开展海外专利布局工作。鼓励企业建立专利收储基金。加强企业知识产权布局指导，在产业园区和重点企业探索设立知识产权布局设计中心。分类制定知识产权跨国许可与转让指南，编制发布知识产权许可合同范本。

（二十二）完善海外知识产权风险预警体系。建立健全知识产权管理与服务等标准体系。支持行业协会、专业机构跟踪发布重点产业知识产权信息和竞争动态。制定完善与知识产权相关的贸易调查应对与风险防控国别指南。完善海外知识产权信息服务平台，发布相关国家和地区知识产权制度环境等信息。建立完善企业海外知识产权问题及案件信息提交机制，加强对重大知识产权案件的跟踪研究，及时发布风险提示。

（二十三）提升海外知识产权风险防控能力。研究完善技术进出口管理相关制度，优化简化技术进出口审批流程。完善财政资助科技计划项目形成的知识产权对外转让和独占许可管理制度。制定并推行知识产权尽职调查规范。支持法律服务机构为企业提供全方位、高品质知识产权法律服务。探索以公证方式保管知识产权证据、证明材料。推动企业建立知识产权分析评议机制，重点针对人才引进、国际参展、产品和技术进出口等活动开展知识产权风险评估，提高企业应对知识产权国际纠纷能力。

（二十四）加强海外知识产权维权援助。制定实施应对海外产业重大知识产权纠纷的政策。研究我驻国际组织、主要国家和地区外交机构中涉知识产权事务的人力配备。发布海外和涉外知识产权服务和维权援助机构名录，推动形成海外知识产权服务网络。

六、提升知识产权对外合作水平

（二十五）推动构建更加公平合理的国际知识产权规则。积极参与联合国框架下的发展议程，推动《TRIPS协定与公共健康多哈宣言》落实和《视听表演北京条约》生效，参与《专利合作条约》、《保护广播组织条约》、《生物多样性公约》等规则修订的国际谈判，推进加入《工业品外观设计国际注册海牙协定》和《马拉喀什条约》进程，推动知识产权国际规则向普惠包容、平衡有效的方向发展。

（二十六）加强知识产权对外合作机制建设。加强与世界知识产权组织、世界贸易组织及相关国际组织的合作交流。深化同主要国家知识产权、经贸、海关等部门的合作，巩固与传统合作伙伴的友好关系。推动相关国际组织在我国设立知识产权仲裁和调解分中心。加强国内外知名地理标志产品的保护合作，促进地理标志产品国际化发展。积极推动区域全面经济伙伴关系和亚太经济合作组织框架下的知识产权合作，探索建立“一带一路”沿线国家和地区知识产权合作机制。

（二十七）加大对发展中国家知识产权援助力度。支持和援助发展中国家知识产权能力建设，鼓励向部分最不发达国家优惠许可其发展急需的专利技术。加强面向发展中国家的知识产权学历教育和短期培训。

（二十八）拓宽知识产权公共外交渠道。拓宽企业参与国际和区域性知识产权规则制修订途径。推动国内服务机构、产业联盟等加强与国外相关组织的合作交流。建立具有国际水平的知识产权智库，建立博鳌亚洲论坛知识产权研讨交流机制，积极开展具有国际影响力的知识产权研讨交流活动。

七、加强组织实施和政策保障

（二十九）加强组织领导。各地区、各

有关部门要高度重视，加强组织领导，结合实际制定实施方案和配套政策，推动各项措施有效落实。国家知识产权战略实施工作部际联席会议办公室要在国务院领导下，加强统筹协调，研究提出知识产权"十三五"规划等具体政策措施，协调解决重大问题，加强对有关政策措施落实工作的指导、督促、检查。

（三十）加大财税和金融支持力度。运用财政资金引导和促进科技成果产权化、知识产权产业化。落实研究开发费用税前加计扣除政策，对符合条件的知识产权费用按规定实行加计扣除。制定专利收费减缴办法，合理降低专利申请和维持费用。积极推进知识产权海外侵权责任保险工作。深入开展知识产权质押融资风险补偿基金和重点产业知识产权运营基金试点。

（三十一）加强知识产权专业人才队伍建设。加强知识产权相关学科建设，完善产学研联合培养模式，在管理学和经济学中增设知识产权专业，加强知识产权专业学位教育。加大对各类创新人才的知识产权培训力度。鼓励我国知识产权人才获得海外相应资格证书。鼓励各地引进高端知识产权人才，并参照有关人才引进计划给予相关待遇。探索建立知识产权国际化人才储备库和利用知识产权发现人才的信息平台。进一步完善知识产权职业水平评价制度，稳定和壮大知识产权专业人才队伍。选拔培训一批知识产权创业导师，加强青年创业指导。

（三十二）加强宣传引导。各地区、各有关部门要加强知识产权文化建设，加大宣传力度，广泛开展知识产权普及型教育，加强知识产权公益宣传和咨询服务，提高全社会知识产权意识，使尊重知识、崇尚创新、诚信守法理念深入人心，为加快建设知识产权强国营造良好氛围。

国务院

2015 年 12 月 18 日

在第二十八次全国“扫黄打非”工作电视电话会议上的讲话（观点摘要）

（2015年1月9日）

全国“扫黄打非”工作小组组长　刘奇葆

全国“扫黄打非”战线要深入学习贯彻党的十八大和十八届三中、四中全会精神，学习贯彻习近平总书记系列重要讲话精神，以打击非法出版物为首要任务，以互联网为主战场，以开展专项行动为主要抓手，切实加强日常监管，严厉查办大案要案，营造更加清朗的网上网下文化空间，有力维护意识形态安全和文化安全。

要强化源头治理，坚持关口前移，深入打击非法出版活动，严密封堵各类有害出版物和信息。要严格落实网站责任，强化行业自律、规范行业行为，严厉打击网络淫秽色情信息，推动网络风气和干净程度进一步好转。要严打新闻敲诈，保持高压态势，加大曝光力度，坚决清除假媒体假记者站假记者，推动新闻传播秩序有更大改观。要开展“护苗”行动，深入打击有害及非法少儿出版物，净化少儿文化市场，保护青少年身心健康。要查办大案要案，坚决遏制非法出版活动和淫秽色情信息的反弹，推动专项行动向纵深发展。要强化法治思维，完善相关法律法规，加强文化市场综合执法，不断提高“扫黄打非”工作法治化水平。

在最高人民法院知识产权司法保护研究中心成立大会上的讲话

（2015年3月18日）

最高人民法院院长　周　强

各位专家学者，同志们：

大家上午好！

今天，我们欢聚一堂，共同见证最高人民法院知识产权司法保护研究中心挂牌成立，这是最高人民法院贯彻落实党的十八大和十八届三中、四中全会精神以及刚刚闭幕的全国“两会”精神，加强知识产权司法保护理论研究工作的一项重要举措。刚才，我们为知识产权司法保护研究中心首届学术委员、研究员颁发了聘书，各位专家学者也作了很好的发言，我听后很受启发。在此，我代表最高人民法院，对知识产权司法保护研究中心的成立以及首届学术委员、研究员的任职表示热烈的祝贺！向为研究中心成立给予大力支持的相关部门领导和同志表示衷心的感谢！

设立知识产权司法保护研究中心是顺应时代潮流、把握经济新常态下知识产权司法保护新特点的现实需要。当今世界，科学技术发展日新月异，更富活力的全球创新环境正在逐步形成，新一轮科技革命和产业变革即将出现，知识经济和经济全球化深入发展，知识产权日益成为国家发展的战略性资源和国际竞争力的核心要素，我国实施知识产权战略的形势更加紧迫，知识产权保护工作面临前所未有的机遇和挑战，人民法院加强知识产权司法保护的任务更加艰巨。2014 年年底，北京、广州、上海知识产权法院相继设立，标志着中国知识产权司法保护进入了一个全新的发展阶段，成为中国知识产权保护的重要里程碑。在这样的背景下，知识产权司法保护研究中心应运而生。研究中心的设立，将进一步密切人民法院与知识产权行政执法部门以及学术界的合作，实现理论与实践的相互促进、互利双赢，从而促进我国知识产权司法保护理论体系不断发展，对提升我国知识产权司法保护能力和国际形象，促进创新驱动发展战略实施和加快创新型国家建设，都具有重要意义。

知识产权司法保护研究中心作为最高人民法院加强知识产权审判理论和实践互动的重要平台，其重要职责是整合知识产权司法保护理论研究基地和调研基地等研究力量，开展横向、纵向以及对内、对外学术交流活动，为完善知识产权立法、制定司法解释和政策提出建议。在难得的发展机遇和艰巨的工作任务面前，知识产权司法保护研究中心要明确职能定位，突出工作重点，解放思想，改革创新，针对具有基础性、全局性、前瞻性和紧迫性的重大知识产权理论和实践问题展开研究，为人民法院知识产权审判工作提供坚实的理论支撑。当前和今后一个时期，要重点研究好以下四个方面的问题：

一是研究好创新驱动发展战略中的重大理论问题。党的十八大作出了实施创新驱动发展战略的重大部署，强调科技创新是提高社会生产力和综合国力的战略支撑。习近平总书记在主持中央政治局第九次集体学习时指出，实施创新驱动发展战略决定着中华民族的前途命运，全党全社会都要充分认识科技创新的巨大作用，把创新驱动发展作为面向未来的一项重大战略实施好，并强调要着力营造良好政策环境，加强知识产权保护工作。党的十八届三中全会进一步提出要加快建设创新型国家。这都对人民法院加强知识产权审判工作、加大知识产权司法保护力度提出了新的更高要求。知识产权司法保护研究中心应当坚持正确的政治方向，坚持中国特色社会主义法治理念，从中国国情和人民法院工作实际出发，以推动、保障经济社会和人民司法事业发展为目标，站在服务创新驱动发展战略的高度，全面加强知识产权司法保护理论研究工作，着力提高知识产权司法保护水平，不断顺应我国日益增长的知识产权司法保护需求。要及时将理论研究成果转化为司法政策和司法解释，对具有普遍适用意义的成熟规则，及时向立法机关提出立法建议，推动完善中国特色社会主义法治体系。

二是研究好知识产权侵权制度中的重大理论问题。要始终坚持理论联系实际，深入探索知识产权审判工作的基本规律，着力解决知识产权侵权制度中的新问题，用科学的司法理论指导司法实践。要针对当前知识产权司法审判面临的举证难等问题，探索建立知识产权诉讼证据开示制度，研究公平合理的知识产权诉讼举证规则，设计合理有效的证据保全制度，进一步解决举证难问题。要针对知识产权侵权行为的多样性，积极开展知识产权侵权损害赔偿制度理论研究，设计合理可行的规则和标准，提高知识产权侵权损害赔偿计算的科学性和准确性。要加强与学术界的沟通合作，吸收审判经验丰富的一线法官参与研究，培养一批高素质创新型司法人才，加强知识产权侵权损害赔偿制度理论和实践的互动，进一步提升我国知识产权审判水平和国际影响力。

三是研究好知识产权审判流程再造中的重大理论问题。要以实现知识产权审判流程再造、提升案件审判质量效率为目标，重点围绕专利、商标侵权和授权确权案件审理程序的设计等问题开展专题研究，积极探索设立更加合理高效的知识产权审判流程，着力解决民事和行政审判中存在的循环诉讼、效率低下等问题，缩短审理周期，尽快稳定权利状态。要深入研究专利无效制度改革问题，探索简化确权程序，设计更加符合中国国情的专利无效制度，提高专利无效诉讼效率。

四是研究好知识产权领域司法改革中的重大理论问题。要自觉做司法改革理论研究的急先锋和排头兵，扎实开展知识产权领域司法改革理论研究工作。认真落实党的十八届三中、四中全会精神，按照《关于全面深化人民法院改革的意见》要求，进一步解放思想，勇于探索，积极研究改革知识产权审判方式，从国家制度层面研究解决知识产权裁判标准统一问题。要重点在知识产权审判机制、知识产权法院运行机制、主审法官制、法官员额制等方面开展调查研究，为司法改革积累更多可复制、可推广的有益经验。要深入研究改革中的机制性、保障性问题，充分发挥平台作用，调动一线法官的司法智慧，激发一线法官的首创精神，提高法官支持改革、拥护改革、参与改革的积极性。

目前，知识产权司法保护研究中心刚刚成立，各项工作的开展都需要有关方面的协调、配合和支持。我们真诚希望有关部门和专家学者大力支持研究中心开展工作。同时，希望各位学术委员、研究员充分履职，积极开展具有前瞻性、针对性的理论研究，提出专业化、建设性、切实管用的意见建议，促进知识产权审判理论和实践不断发展。最高人民法院将加大工作保障力度，机关各部门要在理论、业务等方面提供配合和帮助，全力支持知识产权司法保护研究中心和各位学术委员、研究员开展工作。要通过扎实的调查研究，不断推出高质量、有价值的研究成果，着力把研究中心建设成为知识产权保护领域的理论研究平台、政策推广平台、实务培训平台和业务交流平台，促进提升我国知识产权司法保护水平。

同志们，让我们共同努力，携手共进，以改革创新的精神推动知识产权审判工作健康发展，为全面深化改革和实施创新驱动发展战略，为协调推进“四个全面”、实现中华民族伟大复兴的中国梦作出新的更大贡献！

最后，祝各位专家学者身体健康、工作愉快！

谢谢大家！

改革创新　奋发有为
深入实施知识产权战略　努力建设知识产权强国
——在全国知识产权局局长会议上的工作报告

(2015年1月15日)

国家知识产权局局长　申长雨

同志们：

这次会议的主要任务是：深入贯彻党的十八大，十八届三中、四中全会和中央经济工作会议精神，深入学习贯彻习近平总书记系列重要讲话精神，落实国务院关于加强知识产权保护和运用的决策部署，总结2014年工作，分析研判新的形势，部署2015年重点工作。

下面，我向大会作报告。

一、2014年主要工作进展

过去一年，全国知识产权系统以全面深化改革、支撑创新驱动发展战略实施为主题，以推动知识产权与经济深度融合为主线，以加强知识产权保护和运用为着力点，求真务实，开拓创新，知识产权事业发展取得了显著进步。

——发明专利、实用新型、外观设计申请受理量达236.1万件。其中，发明专利92.8万件，同比增长12.5%，居世界第一位。实用新型86.8万件，外观设计56.5万件。受理PCT申请2.6万件，同比增长14.2%。每万人口发明专利拥有量达到4.9件，同比增长22.5%。

——专利权质押融资金额达到489亿元，同比增长92.5%。

——专利行政执法办案总量24 479件，同比增长50.9%，其中专利纠纷8220件，同比增长62.6%。

——发明专利审查结案43.1万件，同比增长22.9%，审查周期缩短为21.8个月。实用新型、外观设计审查周期分别为3.5个月和3.7个月。

——新批试点示范城市28个，试点示范园区16个，服务业集聚发展试验区2个，遴选分析评议示范创建机构33家，品牌服务机构46家。新设立4个国家培训基地，7个专利信息传播利用基地。国家知识产权局与8个省(市)建立了合作会商机制。

——全国知识产权专业人才队伍达到8万多人，从业人员超过30万人，专利审查员超过万人。2万余人取得专利代理人资格，执业专利代理人超过万人。新遴选全国“知识产权领军人才”127人，“百名高层次人才”培养人选120人。

——新签订多边、双边合作协议29项，正在实施的国际合作协议142项。

总体来看，知识产权在量上有增加，质上有提高，知识产权工作在点上有突破，线上有加强，面上有推进，事业发展迈上新台阶，知识产权大国地位更加巩固。

去年，我们重点抓了以下工作。

(一)着力加强总体布局和顶层设计，知识产权在国家经济社会发展全局中的地位进一步提升

积极谋划知识产权战略实施总体布局。深入贯彻落实全国知识产权战略实施工作电视电话会议精神，制定《深入实施国家知识产权战略行动计划(2014—2020年)》。国务院常务会议专题研究知识产权保护和运用问题，作出实施行动计划的重要决策，明确提出了建设知识产权强国的战略目标。

扎实推进知识产权战略和专利战略实施。加强横向协调，深入实施2014年国家知识产权战略推进计划。强化全系统联动，专利战略推进工作年度任务基本完成。各地开展战略实施阶段性评估，区域战略实施工作进一步加强。

认真落实中央决策部署，推动知识产权深度融入国家发展战略。研究制定促进京津冀协同发展知识产权工作方案。启动新一轮知识产权援疆工作，支持"一带一路"核心区发展。积极参与创新驱动发展战略顶层设计。出台支持小微企业发展知识产权政策。推出做好科技金融服务的政策措施。深入落实促进中原经济区发展的知识产权政策。研究制定促进东北等老工业基地振兴的知识产权政策。开展知识产权强国建设、中国特色知识产权制度等重大课题研究。

圆满完成全国人大专利法执法检查相关工作。专利法执法检查是2014年全国人大监督工作的一个重点。全国人大常委会在辽宁、安徽、浙江、广东、陕西组织开展了专利法执法检查，8个省(市)开展了自查，各地党委、人大、政府高度重视，地方知识产权局全力配合，执法检查工作圆满完成。国家知识产权局按照国务院要求，会同21个部门认真落实执法检查报告和审议意见，有力推动了一些关键问题的解决。

一年来，习近平总书记、李克强总理、张德江委员长和王勇国务委员等党和国家领导人多次作出重要指示批示，为知识产权工作指明了方向，知识产权工作的显示度和影响力进一步提高。

(二)着力推动简政放权和政府职能转变，知识产权领域各项改革进一步深化

加快简政放权。根据国务院部署，会同相关部门开展深化中央级事业单位科技成果使用、处置和收益权改革试点工作。设立专利代理机构改为后置审批，同时加强事中事后监管。取消一批评奖项目。免费开放五局最新专利数据。江苏、四川、重庆等地将知识产权工作纳入深化改革政策措施。上海、浙江等地方知识产权局建立权力清单制度。

加快职能转变。组建全国知识管理标准化技术委员会，采用市场化认证认可手段加强企业、高校、科研院所知识产权工作。突出质量效益导向，完善各类考核、评价和评估体系。加强督导检查和立法后评估，促进工作任务和规章制度落实。开展"知识产权走基层，服务经济万里行"活动。

优化知识产权工作体制机制。出台加强知识产权管理的政策，推动完善知识产权行政管理体制。上海自贸区创新知识产权行政管理模式，浦东新区深入推进知识产权行政管理体制改革。中新广州知识城启动知识产权保护和运用综合改革试点。成立福建专利审查协作分中心，京外专利审查协作中心布局基本完成。

完善专利法律法规。继续推进专利法修改和《职务发明条例》制定。修订《专利审查指南》等规章，科学调整实用新型和外观设计审查政策，扩大外观设计保护客体范围。北京、山西、广东、江西、贵州修订实施专利条例。已有27个省(区、市)和16个较大的市制定了专利法规，专利工作法治化水平进一步提升。

(三)着力提升知识产权创造质量和运用效益，知识产权对经济发展的支撑作用进一步凸显

质、量并重，打造"中国专利"品牌。确立了"数量布局，质量取胜"的新理念和"高水平创造，高质量申请，高效率审查，高规格授予"的新思路，确保了专利数量稳步增长，质量进一步提升。推进专利审查质量保障体系和业务指导体系建设，专利审查质量进一步提高，有效发挥了专利审查向前促进科技创新水平提升、向后促进专利市场价值实现的双向传导作用。合理调整专利资助和奖励政策，有效落实提升专利申请质量的政策措施。天津、广东、四川、湖南、福建等地设立政府专利奖，专利奖励体系进一步形成。

深入推进专利导航和分析评议工作，全方位促进知识产权运用。实施专利导航试点工程，开展多项产业专利导航项目，编制微纳制造、超硬材料等专利导航产业创新发展规划，加强产业专利联盟建设。深化知识产权分析评议试点工作，制定发布《知识产权分析评议工作指南》。

探索培育专利密集型产业，支持企业"走出去"。启动专利密集型产业培育工作，建立相关统计标准和产业目录。研究制定支持企业国际化发展的知识产权政策措施。建设了一批支撑新兴产业发展的专利数据库，发布了一批产业专利分析报告和国外知识产权环境报告。进一步扩大"专利审查高速路"（PPH）合作网络，海外获权更加便利。探索海外展会知识产权服务平台建设。

高标准启动知识产权运营服务体系建设。会同财政部等开展公益性与市场化相结合的知识产权运营服务平台建设，在北京建设专利运营公共服务平台，在西安和珠海分别建设军民专利技术融合与金融特色服务平台。探索建立区域性知识产权投融资服务平台，完善专利价值评估体系，推动银企、保企对接，深化质押融资和专利保险试点工作。

积极促进知识产权服务业全链条发展。发布知识产权服务标准体系建设指导意见，培育品牌服务机构，建设服务业集聚区。出台促进专利代理行业发展的政策，改进专利代理人资格考试制度，吸引更多人才进入专利代理行业，缓解专利代理服务供需矛盾。加大对区域专利信息服务中心的支持力度，加强专利信息传播利用基地建设。广东创建知识产权服务业发展示范省，北京建设"中关村知识产权要素一条街"。

提升市场主体知识产权综合能力。加快培育知识产权优势企业，深入实施中小企业知识产权战略推进工程。贯彻企业知识产权管理规范国家标准工作全面铺开。天津实施"科技小巨人"企业专利优势培育工程，四川开展"百亿企业知识产权优势培育工程"。

（四）着力加强和改进执法保护，知识产权法治和市场环境进一步改善

强化专利行政执法。实施专利行政执法能力提升工程。推动建立相对集中的省市级行政执法队伍。执法目标责任制和绩效考核指标体系进一步完善。推动建立专利侵权判定咨询机制和专利纠纷快速调解机制。初步建立了区域执法办案协作调度机制。

完善维权援助体系，创新快速维权机制。"12330"维权热线覆盖面进一步扩大，维权援助中心建设进一步加强。北京、江苏、吉林等地维权援助中心拓宽业务范围，为行政执法提供专业化支持。建立了快速维权中心工作规范，保障中山、南通等快速维权中心高效运作。

加强重点领域、关键环节知识产权保护。开展电子商务领域专利执法维权专项行动，北京、江苏、浙江等地建立电商领域专利执法维权机制，指导支持电商平台加强知识产权保护工作。调动商会、协会参与专业市场知识产权保护，培育形成示范型专业市场。上海不断完善自贸区多元化知识产权保护机制。

完善知识产权保护联动机制。推动将恶意侵权行为纳入社会信用评价体系。明确专利侵权等信用信息的采集规则和使用方式。持续开展知识产权保护社会满意度调查，推动将满意度指标纳入"双打"考核评价指标。

（五）着力强化发展条件和环境建设，知识产权事业发展基础进一步夯实

以高层外交提升我国知识产权国际影

响力。李克强总理会见世界知识产权组织总干事高锐，阐明我国知识产权工作的核心理念、基本原则和工作思路，明确倡导构建普惠、包容的知识产权国际规则，首次提出建设知识产权强国的宏伟目标。世界知识产权组织中国办事处在北京设立。在中国、新加坡双边合作联委会第 11 次会议上签署两国政府间知识产权合作协议。

以高效的知识产权对外合作营造良好国际环境。与世界知识产权组织的合作进一步深化。积极参与《外观设计法条约》《专利合作条约》《实体专利法条约》，以及遗传资源和传统知识等国际规则的磋商谈判。完成中澳、中韩自贸协定知识产权谈判。参与“中日韩自贸协定”“区域全面经济伙伴关系协定”谈判。召开五局质量管理会议，加强五局间专利审查质量协调。地方对外交流合作日趋活跃。

以良好的文化环境提升全民知识产权意识。实施知识产权文化建设工程。《人民日报》、新华社、中央电视台等主要媒体围绕知识产权宣传周、知识产权强国建设、知识产权战略实施等开展了深度报道。继续推动中小学知识产权宣传普及。知识产权学术研究更加繁荣。

以高端专业人才队伍建设支撑知识产权事业发展。实施《全国知识产权教育培训指导纲要》，制定《国家知识产权局人才干部教育培训规划》，加强干部教育培训和国家知识产权培训基地建设，开展高层次人才选拔培养工作，推动高校知识产权学科建设，完成《国家职业分类大典》知识产权行业内容的修订。

去年，知识产权系统严格按照中央部署，狠抓党建和党风廉政建设。落实党的群众路线教育实践活动各项任务，整改工作有序推进，党员领导干部作风进一步转变。狠抓党风廉政建设和警示教育，落实基层党组织主体责任和监督责任。规范退休党政领导干部在企业兼职行为。

同志们！这些成绩的取得，是党中央、国务院正确领导的结果，是各地方、各部门合力推进的结果，是全系统干部职工和广大知识产权工作者共同努力的结果。在此，我代表国家知识产权局，向大家表示诚挚的感谢！

过去一年工作中行之有效的好思路、好做法，我们要继续坚持。同时，也要清醒地认识到工作中面临的一些困难和问题。一是知识产权事业发展水平还不能很好地支撑创新驱动发展，知识产权保护和运用的水平仍有待进一步提高。二是知识产权治理能力还不能有效满足事业快速发展的需要，管理分散、协调不畅、效率不高等问题依然存在，地区间知识产权管理水平存在较大差距。三是工作理念和手段方法还不能很好地满足市场主体的需要，知识产权服务水平还有待进一步提升。对这些问题，我们必须高度重视，不断加以改进。

二、深刻认识知识产权工作面临的新形势、新任务，着眼国家经济社会发展大局，努力建设知识产权强国

党的十八大以来，党中央、国务院高度重视知识产权工作，将知识产权作为创新驱动发展的关键支撑，作为全面深化改革和全面推进依法治国的重要内容。十八届三中全会提出，要加强知识产权运用和保护。十八届四中全会提出，要加强重点领域立法，完善激励创新的产权制度、知识产权保护制度和促进科技成果转化的体制机制。中央经济工作会议提出，要深刻认识经济发展新常态，更加注重加强产权和知识产权保护。习近平总书记指出，要完善知识产权运用和保护机制，让各类人才的创新智慧竞相进发。推动中国制造向中国创造转变、中国速度向中国质量转变、中国产品向中国品牌转变。李克强总理指出，保护知识产权就是保护创新，用好知识产权就能激励创新。要努力建设知识产权强国，催生更加蓬勃的创新创造创业热潮。党中央、国务院为知识产权事业发展指明了方向，提出了新的更高要求。我们要深刻认识，抓住机遇，加快发展，努力开启知识产权强国建设新征程。

一是要站在国家经济社会发展全局的高度，深刻认识建设知识产权强国的重要性。当前，我国进入了创新驱动发展、经济转型升级提质增效的新阶段，知识产权作为发展的重要资源和竞争力的核心要素，将发挥更加重要的作用。从世界范围看，经济和科技强国无一不是知识产权强国，都把知识产权作为实现创新发展和大国崛起的关键。我国经过改革开放30多年快速发展，已经成为名副其实的知识产权大国，但大而不强、多而不优的矛盾还比较突出，还不能很好地支撑创新驱动发展、适应经济发展新常态，迫切需要我们深入实施知识产权战略，全面提升知识产权综合实力，努力实现由知识产权大国向知识产权强国转变。

二是要着眼世界发展大势，深刻认识建设知识产权强国的紧迫性。当今世界经济全球化和世界多极化进程加快，国际力量对比正在发生深刻变化，国际竞争日趋激烈。目前，世界经济仍处在金融危机后的深度调整期，总体复苏疲弱态势近期难有明显改观，发达国家更加注重利用知识产权维护自身核心利益和竞争优势。我国已经成为世界第二大经济体和全球经济增长的重要引擎，融入世界经济发展的程度进一步加深。实施新一轮高水平对外开放，推动“一带一路”战略实施，努力构建世界发展新格局，已经成为我国的重大抉择。高水平引进创新资源和技术产品，推动高铁、核能等高端装备走出去，都需要我们掌握更多知识产权国际规则话语权，努力建设知识产权强国。

三是要立足知识产权事业发展需要，深刻认识知识产权强国建设的必要性。当前，我国知识产权事业发展出现了新特点，也呈现出“新常态”。(1)专利数量增长出现新变化，发明专利由高速增长转变为中高速增长，实用新型和外观设计申请量经历上半年回落后开始回升趋稳。(2)专利质量和布局结构进一步优化，发明专利占比进一步提升，PCT专利申请稳定增长，向美、欧、日等国家和地区的专利申请数量加快增长。(3)专利运用水平进一步提升，专利运营、专利金融、专利池等运用方式多元发展，亮点纷呈。(4)专利保护正在向更高标准迈进，企业对严格保护知识产权的呼声强烈，严格保护知识产权的社会价值取向逐步确立。(5)知识产权制度变革受到社会高度关注，面临着更加多元的利益诉求。我们要准确把握知识产权事业发展新特点，积极适应知识产权事业发展“新常态”，巩固知识产权大国地位，推动各项工作转到强国建设的轨道上来。

建设知识产权强国，要进一步明确战略目标、战略任务、战略举措，坚持点线面结合，局省市联动，国内外统筹，以深入实施国家知识产权战略为根本途径，以完善中国特色知识产权制度为根本保障，努力推动知识产权强国建设不断取得新进展、实现新突破。

一要积极推动构建以知识产权为基本保障的国家创新体系。不断优化调整各类主体之间的知识产权利益分配机制，调动各方面创新创造积极性，不断提升我国自主创新能力。

二要积极推动完善具有中国特色的知识产权法律制度。形成更加完备、适应经济社会发展需要的知识产权法律制度，不断增强我国知识产权制度的优越性。

三要积极推动形成各方面共同参与的知识产权治理体系。完善知识产权公共服务，努力提升治理能力，充分发挥知识产权制度的经济调节和市场监管功能，营造公平公正、开放透明的法治和市场环境。

四要积极推动知识产权密集型和依赖型产业成为新的经济增长点。结合区域资源优势、产业优势和特色产业，有针对性地做好专利的区域布局、行业布局和海外布局，促进传统产业转型升级和战略性新兴产业加快发展。

五要积极推动形成普惠包容、平衡有效的知识产权国际体系。制定实施知识产权国际化发展战略，努力实现我国由知识产权国际规则的跟随者、遵循者，向参与者、引领者转变。

三、2015年重点工作

2015年是全面完成“十二五”规划的收官之年，全面深化改革的关键之年，全面推进依法治国的开局之年，也是深入实施国家知识产权战略行动计划的起步之年和谋划“十三五”规划的重要一年。全国知识产权工作的总体思路是：深入贯彻党的十八大，十八届三中、四中全会和中央经济工作会议精神，深入学习贯彻习近平总书记系列重要讲话精神，贯彻落实国务院决策部署，以支撑经济发展新常态为主线，以提升知识产权保护和运用水平为重点，聚焦产业，服务企业，坚持稳定增长、提高质量，强化布局、促进运用，严格执法、有效保护，深入实施知识产权战略，努力建设知识产权强国。要重点做好以下工作。

（一）全面落实行动计划目标任务，从更深层次推进知识产权战略实施

抓好行动计划的组织实施。做好《深入实施国家知识产权战略行动计划（2014—2020年）》的宣传和贯彻落实，制定实施《2015年国家知识产权战略实施推进计划》，明确责任主体和时间节点，确保行动计划目标任务落到实处。继续制定实施专利事业发展战略年度推进计划。

继续深化重点领域改革。推动知识产权行政管理体制改革。建立完善知识产权权力清单和责任清单制度，扎实推进依法行政。深化自主创新示范区和试验区科技成果使用、处置和收益权改革。将知识产权纳入新修订的国民经济核算体系。推动自贸区知识产权管理体制机制改革，继续在中新广州知识城推进知识产权保护和运用综合改革试点。梳理整合各类项目，加强调查统计，优化考核指标，规范评估评价。研究降低小微企业专利费用。改革专利代理人资格考试制度和方式。稳妥推进事业单位分类改革。

落实中央重大战略布局，打造强国建设支撑点。积极将知识产权工作融入“一带一路”、京津冀协同发展、长江经济带建设等国家战略。扎实推进知识产权强省、强市、强企建设，着力打造北京知识产权首善之区，支持上海建设亚太知识产权中心城市，推动广东成为知识产权强国建设先行地，继续加强江苏战略实施示范省创建工作，加强示范城市建设，加大对中西部地区的帮扶力度。

加强重大课题研究。研究提出知识产权强国建设的战略目标、思路、举措和整体工作方案。积极开展知识产权强省、强市、强企建设研究。继续开展中国特色知识产权制度研究，推动理论创新。探索推动高水平知识产权智库建设。

（二）加强规划体系和法规政策体系建设，进一步提高知识产权工作法治化水平

认真做好“十三五”规划编制工作。着眼知识产权强国建设，研究提出若干重大政策、重大工程、重大项目和重要指标，力争纳入国家和地方“十三五”规划。编制好知识产权事业发展“十三五”总体规划和专利审查、人才等专项规划。确保“十二五”规划各项目标任务圆满完成。

积极完善知识产权有关法律法规。全力推动专利法第四次全面修改，着力解决专利保护“取证难、周期长、成本高、赔偿低、效果差”的突出问题。推动《职务发明条例》早日出台，加快《专利代理条例》修订工作。

加强地方知识产权法规和政策体系建设。加强对地方专利立法的指导，探索在设区的市推进专利立法，推动将机构建设、

行政执法、经费投入等纳入地方法规。进一步加强知识产权与经济、科技、产业、贸易等政策的衔接。

(三)加强和改进重点领域执法维权,打造严格保护知识产权的法治环境

健全知识产权保护体制机制。完善行政执法和司法保护"两条途径、相融互补、有机衔接"的保护模式。落实国务院加强市场监管的有关意见,明确市场监管职责,加强知识产权执法部门的工作协调。推动理顺省、市、县多级行政执法机制,合理配置执法资源。扩大维权援助中心布局,加快快速维权中心布点。积极运用社会调解等新方式解决知识产权纠纷。支持知识产权法院建设。

提高专利行政执法效能。"关口前移,重心下移",壮大地市级执法力量。建立科学评价机制,综合考核执法成效。进一步统一行政执法的证据和形式标准,加强与司法证据标准的衔接。

强化重点领域知识产权保护。针对战略性新兴产业、电商等领域,深入开展专项执法行动。重点做好电子信息、食品药品、医疗器械等涉及民生领域的案件查办。提高专业市场知识产权保护水平,堵住侵权产品的流通渠道。积极打造知识产权执法保护示范区。注重运用信息技术保护知识产权。继续做好专利行政执法案件信息公开工作。

(四)提升专利创造质量和运用效益,推动传统产业转型升级和专利密集型产业发展

进一步提高专利审查质量和效率。继续遵循"数量布局,质量取胜"的基本理念,确保专利数量稳定增长,质量持续提升。按照"客观、公正、准确、及时"的要求,完善专利审查业务指导体系和审查质量保障体系,进一步提高专利审查水平,确保授权专利保护范围清晰、适当,专利申请驳回客观、公正,专利审查周期科学、合理。加大专利优先审查工作力度,更好满足企业和产业的发展需求。推进京外中心科学发展,尽快形成高水平审查能力,发挥好京外中心专利审查和服务地方两大职能。

进一步提升专利创造质量,支持企业有效布局知识产权。突出专利申请支持政策的质量导向,探索建立申请质量管理体系。加强专利申请和审查政策的衔接,促进创造科技含量高、市场效益好的高价值专利。积极支持创新主体申请国防专利。

拓宽知识产权资本化、产业化渠道。创新专利变现和转化方式,支持互联网知识产权金融发展,有效控制知识产权金融风险,大力发展知识产权金融。建设好全国知识产权运营公共服务平台和特色试点平台。支持国家专利运营试点企业探索专利运营新模式,培育一批高水平、国际化的运营机构。推动社会资本设立专利运营基金,支持市场主体运用专利许可转让、出资入股等方式实现专利价值,加快创新成果向现实生产力和企业竞争力的转化,努力打通从科技强到产业强、经济强的"最后一公里"。

大力发展专利密集型产业。深入开展专利导航试点工程,完善专利导航产业发展工作机制。选择部分地区和行业开展专利密集型产业的培育工作。积极培育高价值专利,推动专利与标准融合,支持国防专利双向转化。落实小微企业知识产权政策措施,培养一批小微企业知识产权"明白人"。探索建立海外维权援助基金,支持企业"走出去"。

(五)提高知识产权管理能力和服务水平,激励全社会创新创造创业

加强知识产权分析评议。推动建立国家科技重大专项和科技计划知识产权目标评估制度,针对重大产业规划、政府重大投资活动等开展分析评议,规避知识产权风险。加强各类科研项目知识产权目标管理,严格政府投入科研项目的知识产权管理。

完善知识产权标准化工作体系。加强全国知识管理标准化技术委员会及相关标准化组织建设，做好标准体系规划，发布实施科研组织、高校知识产权管理规范，出台专利代理、分析评议等服务标准。加强贯标咨询和认证服务机构建设，深入推进企业知识产权贯标工作。

进一步提高知识产权公共服务水平。完善专利基础数据服务试验系统，扩大专利基础数据开放范围。加强对企业特别是中小微企业的专利信息推送服务。推动解决专利分类和行业分类的衔接问题。完善专利数据信息加工体系，增强提供专利数据的完整性、准确性和时效性。开展重点产业专利分析，及时发布分析报告。继续开展“知识产权走基层，服务经济万里行”活动。进一步密切专利审查部门与企业之间的交流。

推动知识产权服务业创新发展。加快知识产权服务业集聚区建设，积极培育品牌服务机构。促进和规范专利代理行业发展。支持自贸区、中关村等地积极引进高水平知识产权服务机构。

(六)扩大知识产权交流合作，强化知识产权对外战略布局

深化多边、双边合作，提升知识产权外交水平。继续开展高层外交，发挥引领作用。推动建立高效的知识产权对外工作体系。立足“一带一路”国家战略，密切区域知识产权国际合作交流。办好五局局长系列会，实现与美、欧等大局的良性互动。密切与金砖国家、东盟各国以及其他发展中国家的合作关系。支持地方有序开展知识产权国际交流与合作。

加强与港澳台地区知识产权交流合作。办好“三地研讨会”和“两岸专利论坛”，支持香港建设知识产权运营中心。

加大对企业“走出去”的支持力度。推动建设海外知识产权信息服务平台，构建海外知识产权服务网络，拓宽“专利审查高速路”。完善海外知识产权环境报告发布机制，发展一批能够有效提供海外风险信息的观察员企业，防范我国产业国际化发展的知识产权风险。

(七)加强人才队伍和环境建设，夯实知识产权事业发展基础

完善知识产权人才培养体系。发挥好领军人才和高层次人才在知识产权事业发展中的引领作用，继续加大知识产权高层次人才和实务型人才培养力度。加强专利审查员培训。培养一批具有国际水平的专利代理人。继续实施对中西部地区及东北等老工业基地专利代理人资格考试的倾斜政策。推动知识产权人才培养基地品牌化、特色化发展。加强师资队伍和专业人才的培养培训。

加大宣传工作力度。牢牢把握正确的舆论导向，丰富宣传形式和内容，认真组织好知识产权宣传周等重大活动，协调主要媒体加强知识产权宣传报道，大力营造建设知识产权强国的舆论氛围。推进中小学知识产权教育试点，提高青少年知识产权意识。进一步办活《中国知识产权报》等各类知识产权媒体，做优做强知识产权图书出版工作。加强微博、微信等新兴媒体在知识产权宣传中的运用。

全系统要更加突出全面从严治党这一主线，认真抓好各级党组织的思想、组织、作风、廉政和制度建设，建设一支作风过硬的知识产权干部队伍。继续巩固和扩大教育实践活动成果，认真落实中央“八项规定”，自觉践行“三严三实”。紧紧抓住党风廉政建设主体责任和监督责任这个“牛鼻子”不放松，深入推进党风廉政建设和反腐败斗争，努力营造风清气正的良好发展环境。

同志们，做好 2015 年的工作，我们还必须把握以下四点。一是向改革要动力。坚持深化改革，简政放权，不断创新工作思路和方式方法，培养新业态，支撑新常态，开创新局面。二是向法治要水平。牢固树立法治理念，确立法治思维，建设法治机关，努力提高依法行政工作水平。三是向融合要发展。主动融入发展大局，当好“攀枝花”，做好“顶梁柱”，直接贡献GDP，更好支撑经济社会发展。四是向实干要成绩。坚持求真务实，真抓实干，出实招、求实效、见实绩。

同志们，新常态带来新机遇，新目标引领新发展。让我们紧密团结在以习近平同志为总书记的党中央周围，抓住机遇，乘势而上，奋发有为，努力开启知识产权强国建设新征程，为实现两个“一百年”奋斗目标和中华民族伟大复兴的中国梦而奋斗！

大力实施商标品牌战略　积极促进经济创新发展

——在中国商标金奖颁奖大会上的讲话

（2015年11月30日）

国家工商行政管理总局局长　张　茅

尊敬的高锐总干事、尊敬的杨雄市长，各位来宾，同志们、朋友们：

今天，国家工商总局和世界知识产权组织在这里召开“中国商标金奖”颁奖仪式，表彰在商标创新、运用、保护和有效利用马德里商标国际注册体系方面取得突出成绩的单位和个人。我谨代表国家工商总局，对获奖单位和个人表示热烈的祝贺！对上海市政府给予本次会议的大力支持表示衷心的感谢！同时借此机会，真诚感谢世界知识产权组织多年来对中国商标事业的宝贵支持与帮助。下面，我讲几点意见。

一、立足当前，努力推进由商标大国向商标品牌强国转变

国务院2008年发布《国家知识产权战略纲要》以来，全国工商、市场监管系统大力推进商标战略实施，我国商标事业实现了跨越式发展，商标在经济发展中的作用日益凸显，社会和企业商标意识显著提升。商标申请量逐年大幅增长，2014年全年的申请量达到228.5万件，是2008年的3.3倍。2015年10月，商标有效注册量首次突破千万大关，达到1007万件，已连续14年位居世界第一。从总量上看，我国已成为商标大国。

然而，与发达国家相比，我国企业的平均商标拥有量还比较低，世界知名品牌还不多，品牌的国际竞争力和影响力还不强，还不是商标品牌强国。从数量上看，2011年我国万户企业平均拥有的注册商标为1074件，韩国为2167件，美国为3024件；2014年年底，我国每万户市场主体的商标拥有量为1210件，比2011年增长12.7%，但与发达国家相比还有较大差距。从质量上看，世界品牌实验室编制的2014年度《世界品牌500强》排行榜中，中国仅占29个，而美国占据了227个，日本占39个，与我国作为世界第二大经济体的地位还不相称。

近年来，随着商事制度改革的大力推进和市场监管的不断加强，市场主体创新活力得到有效激发，品牌发展环境进一步优化，政府、企业和社会对品牌建设的重视程度不断提高，我们在通往商标品牌强国的道路上不断前进。全球品牌咨询公司“华通名略”2006年首次发布的最具价值全球品牌100强排行榜中，仅有1家中国品牌入选，而2015年6月公布的榜单中，上榜的中国品牌上升到14个；该机构研究

认为,中国品牌正在摆脱低成本、低质量的形象,并将持续在世界范围内崛起。

因此,我们需要进一步深化对商标品牌建设重要性的认识,牢牢把握实施知识产权战略、创新驱动发展战略、“一带一路”战略的重要历史机遇,努力推进我国由商标大国向商标品牌强国转变。

二、提高认识,增强加强商标品牌建设的责任感和紧迫感

当前,国际金融危机深层次影响还在继续,世界经济仍然处在深度调整期,传统经济体制和发展模式的潜能趋于消退,创新成为世界经济长远发展的动力源泉。世界各主要发达国家均高度重视知识产权战略,把知识产权作为国家发展的战略性资源和国际竞争力的核心要素,不断强化知识产权在创新发展中的引领作用。

经过30多年的高速增长,我国经济步入新常态,传统经济增长模式已难以为继,到了转型发展、创新驱动的关键时期。品牌发挥着承载和引领创新的重要作用,商标是品牌的核心和主要表现形式,企业用商标知识产权来保护其品牌专用权。商标注册是品牌获得法律保护的主要途径,商标许可、出资、质押、转让是品牌价值得以实现的主要方式。商标品牌连接着创新和市场,具有保护激励创新的功能,是创新发展的重要驱动力。

将商标与品牌紧密结合,实施商标品牌战略,是新形势下对商标战略的深化和发展,是深入实施国家知识产权战略,建设商标强国的迫切要求,是服务创新驱动发展战略,推动“大众创业、万众创新”的重要抓手。

三、立足本职,大力推进商标品牌战略实施

工商、市场监管部门要坚持市场化改革方向,充分尊重企业主体地位,注重发挥市场经济规律特别是竞争规律对于品牌价值的认定和评判作用,减少对品牌建设的直接行政干预。更好地发挥职能作用,切实履行好监管和服务的职责。要加强宣传引导,帮助企业提升商标意识,树立品牌价值理念,自觉维护品牌声誉,提升品牌附加值。要加强行政指导,结合企业实际需求开展分类指导,提升企业商标运用和保护能力。要为企业提供专业化品牌指导服务,提升企业品牌管理能力,夯实品牌发展基础。要优化服务职能,完善政策支持体系,积极推进商标注册便利化,拓宽品牌价值实现渠道。要持续推进商标工作法治化,进一步贯彻落实好新《商标法》,加强商标监管执法,严厉打击商标侵权假冒行为,依法保护注册商标专用权,为品牌发展营造公平竞争的市场环境。要大力推进品牌国际化,积极支持中国企业和中国品牌“走出去”,加强马德里商标国际注册体系的宣传和培训,引导企业及时通过马德里体系办理商标国际注册,在国际竞争中抢占先机。

本次“中国商标金奖”评选,展现了我国企业、行政和司法机关运用商标品牌服务经济发展取得的显著成绩,有效提升了社会和企业商标品牌意识,为进一步增强我国商标注册、运用、保护和管理能力提供了经验,树立了典范。

各级工商、市场监管部门要坚持把创新作为引领发展的第一动力,充分发挥市场监管和商标注册管理职能作用,以商标品牌引领经济转型升级,助力中国经济向中高端发展。同时,我们期待优秀的企业家们创造更多的品牌发展经验,充分发挥先进典型的示范带动作用,共同为中国经济创新发展作出新的贡献。

谢谢大家!

完善长效机制　创新工作方法
不断巩固深化推进软件正版化工作

国家新闻出版广电总局局长、国家版权局局长　蔡赴朝

党中央、国务院高度重视推进软件正版化工作，将软件正版化工作作为树立国家良好形象、实施创新驱动发展战略、强化知识产权保护的重要举措。在党中央、国务院的高度重视和正确领导下，推进使用正版软件工作部际联席会议（以下简称部际联席会议）认真贯彻落实党的十八大和十八届三中、四中、五中全会精神，加强组织领导、统筹协调和服务指导，推进软件正版化工作取得重要进展。

一、充分认识推进软件正版化工作重要意义

软件产业是基础性、先导性和战略性产业，在践行新发展理念、实施创新驱动发展战略、推进工业化与信息化深度融合中发挥着极其重要的作用。开展软件正版化工作既是履行国际承诺的需要，更是自身发展的需要。

一是践行新发展理念的必然要求。面对全面建成小康社会决胜阶段复杂的国内外形势，面对当前经济社会发展新趋势新机遇和新矛盾新挑战，党的十八届五中全会鲜明提出了创新、协调、绿色、开放、共享的发展理念，而创新是引领发展的第一动力。习近平总书记指出，抓住了创新，就抓住了牵动经济社会发展全局的"牛鼻子"。树立创新发展理念，就必须把创新摆在国家发展全局的核心位置，让创新贯穿党和国家的一切工作。总书记指出，实施创新驱动发展战略，是加快转变经济发展方式、提高我国综合国力和国际竞争力的必要要求和战略举措。总书记多次强调，要完善知识产权保护和运用机制，加大知识产权保护力度，让各类人才的创新智慧竞相迸发。这些重大部署、重要讲话，深刻揭示了创新发展在党和国家工作大局中的重要地位和作用，也充分体现了以习近平同志为总书记的党中央统领全局、运筹帷幄的领导艺术，高瞻远瞩、深谋远虑的政治智慧。对此我们一定要深入学习、深刻领会，把思想认识统一到总书记的重要讲话精神上来，增强创新自信，做好本职工作，这也是增强看齐意识的具体表现。

随着创新驱动发展战略的深入实施，知识产权的重要性更加凸显，已经成为国家发展的战略型资源和国际竞争力的核心要素，成为建设创新型国家的重要内容和掌握发展主动权的关键。实施创新驱动发展战略，打造创新驱动新引擎，必须加强知识产权保护，让创新者得到应有的回报，才能激发创新活力，大众创业、万众创新之火才能形成燎原之势。软件是典型的知识产权密集型产品，研发创新投入大，广泛应用于经济和社会生活的各个方面。大力推进软件正版化工作，具有典型示范和带动作用，成为营造创新环境，推动中国知识产权保护整体水平提升，建设知识产权强国，实施创新驱动战略的重要组成部分。

二是推动经济转型升级的重要支撑。当前，中国经济正面临由中低端向中高端升级的新阶段。软件产业是国民经济和社会发展的重要基础。发展软件产业对于优化我国产业结构、改变经济增长方式、提升国民经济运行质量具有重要作用。当前，软件使用无处不在，现代生产过程，软件成了核心问题，软件定义一切已逐渐成为产业界的共识。一个国家没有软件方面的领

先地位，想在其他领域立足很难。放任使用盗版软件的行为，不仅会严重阻碍软件产业的发展，更会给整个国民经济和社会发展带来很大的负面影响。总体来看，我国软件版权保护环境还未得到根本性改善。软件盗版问题一直是制约我国软件产业发展的主要因素之一。大力推进软件正版化工作，涉及成千上万中国软件企业的切身利益，关系到软件产业发展必需的市场环境，关系到经济转型升级和持续健康发展。

三是保障信息系统安全高效运行的重要基础。信息化是当今世界发展的大趋势，是推动经济社会变革的重要力量。大力推进国民经济和社会信息化建设，是覆盖现代化建设全局的战略举措。软件作为改变信息内容和格式的信息处理基本工具，是信息系统的基石和保障信息系统安全高效运行的核心和基础，已成为信息化建设的关键环节。不规范软件安装使用，甚至使用盗版软件，不仅会影响信息系统的有效运行，也会给信息系统带来严重的安全隐患。大力推进软件正版化工作，对提高信息化建设水平和保障信息安全至关重要。

二、充分肯定推进软件正版化工作成效

部际联席会议各单位既相互分工，又密切协作，开展了大量卓有成效的工作，共同推进软件正版化工作取得显著成效。

一是推进软件正版化长效机制初步建立。为加强对推进软件正版化工作的组织领导和统筹协调，国务院批复成立了由国家新闻出版广电总局（国家版权局）牵头的推进使用正版软件工作部际联席会议，建立了推进软件正版化常态化工作机制。国务院办公厅印发了《政府机关使用正版软件管理办法》，明确了各级政府和相关部门的职责。部际联席会议印发了《关于贯彻落实〈政府机关使用正版软件管理办法〉的实施意见》，从工作责任、经费保障、软件采购、软件使用、资产管理、审计、与信息化工作结合、年度报告、监督检查、考核和责任追究、适用范围等 11 个方面，进一步细化了《政府机关使用正版软件管理办法》相关要求，推动软件正版化工作常态化、规范化。另外，部际联席会议各成员单位根据职责分工，出台了多部推进软件正版化工作规章、文件，为建立软件正版化长效机制提供了制度保障。

二是政府机关软件正版化按期实现。部际联席会议在较短时间内推进中央和省市县四级政府机关实现软件正版化，初步建立政府机关软件正版化工作责任制度。部际联席会议建立了中央和省级机关软件正版化工作责任人数据库，指导各省（区、市）建立了市县级机关责任人数据库。推动各省（区、市）建立健全软件正版化工作考核评议制度，指导北京、天津、河北、内蒙古、福建、海南、重庆、青海、新疆等省（区、市）制定了软件正版化工作考核评议细则。各级政府机关切实落实责任，加强软件使用管理，及时购置更新正版软件。92.63％的中央部门所属事业单位实现软件正版化。2015 年，各级政府机关共采购操作系统、办公和杀毒软件 95.19 万套，采购金额 4.92 亿元；采购的办公软件中，国产软件套数占 73.01％。2011～2015 年，各级政府机关共采购操作系统、办公和杀毒软件 769.95 万套，采购金额 43.91 亿元；采购的办公软件中，国产软件套数占 79.91％。

三是企业软件正版化取得重要突破。中央企业软件正版化工作取得重大进展，98.62％的五级及以上企业实现软件正版化。大中型金融机构、新闻出版行业企业集团总部实现软件正版化。各省（区、市）制定了推进国有企业软件正版化工作实施方案，全面部署地方国有企业软件正版化工作。河北、山西、福建、河南、湖北、西藏、甘肃、青海、宁夏等省（区）积极稳妥推进民营企业软件正版化工作。2015 年，全国共有 2882 家企业列入年度完成软件正版化

工作目标，其中2438家企业通过检查验收实现软件正版化。截至2015年年底，全国累计27 001家企业通过检查验收实现软件正版化，75.35%的金融机构、93.8%的新闻出版行业企业集团下属企业实现软件正版化。2014～2015年，中央企业和金融机构采购、升级和维护操作系统、办公和杀毒软件金额共计42.92亿元；采购的办公软件中，国产软件套数占48.5%。

四是推进软件正版化示范效应明显。推进软件正版化工作，特别是政府机关和大中型企业带头使用正版软件，起到了很好的示范和带动作用，软件知识产权保护环境持续改善，为软件产业发展提供了良好的市场环境和创新动力，推进软件产业呈现繁荣发展的良好态势，也树立了中国政府保护知识产权的良好形象。2015年，我国软件著作权登记量达到29.24万件，近5年年平均增长率为29.1%。软件正版化工作有力推动了我国软件产业的快速发展。2015年，我国软件和信息技术服务业收入达到4.3万亿元，近5年年平均增长率为24.2%。世界贸易组织、世界知识产权组织等国际组织在多个场合对中国政府推进软件正版化工作给予积极评价。

三、推进软件正版化工作基本思路

推进软件正版化工作取得了来之不易的成绩。这项工作也出现了新问题，面临新挑战，主要是一些单位对推进软件正版化工作的长期性认识不到位，出现了松懈情绪，存在反弹的风险。要充分认识推进软件正版化工作的复杂性、艰巨性和长期性。

一是密切配合，充分发挥联席会议制度优势。软件正版化工作内容复杂，涉及面广、政策性强、协调难度大，是一项综合性的工作，单靠一个部门很难推进软件正版化工作。国务院批复建立的联席会议制度，是一种非常好的协调机制，为顺利推进软件正版化工作提供了很好的工作机制保障。要加强联席会议协调指导工作，落实各成员单位职责，集中各成员单位的智慧和资源，科学谋划推进软件正版化工作。推进软件正版化取得的成绩，是各成员单位齐心协力、共同努力推动的结果。部际联席会议各成员单位要继续按照各自的职责分工抓好落实，密切协调配合、齐抓共管，形成推进合力，推动政府机关和企业软件正版化工作齐头并进，取得新成效。

二是加强研究，及时研判新情况新问题。当前软件版权保护环境尚未得到根本改善，一些老问题还未得到完全解决，新情况、新问题又不断涌现。特别是移动互联网、云计算和大数据等新技术的快速发展以及商业模式创新，对推进软件正版化工作将产生深远影响。要防止产生松懈情绪，常抓不懈，既要认真总结推广典型经验做法，研究解决目前存在问题的具体措施；更要注重研究推进软件正版化工作遇到的新情况和新动向。针对信息技术、互联网技术发展状况和软件的特点，加强研究分析，及时研判形势，综合运用法律、行政和技术等手段，研究制定新形势下推进软件正版化新策略。

三是统筹规划，协同推进软件正版化与信息化。推进软件正版化工作关系国家信息安全。要将推进软件正版化与信息化建设和信息安全保护有机结合，相互支撑、相互促进。通过推进软件正版化工作，引导政府机关和企事业单位使用正版软件，提升信息化建设水平和信息安全保障能力。通过推进信息化建设，在部署信息化建设和信息安全检查工作时明确提出软件正版化要求，扩大推进软件正版化工作的深度和广度。协调推进软件正版化工作与软件产业发展指导工作，充分发挥市场的作用，推动软件企业加大研发力度，重视用户体验和售后服务，提升产品质量和服务能力，提高用户使用正版软件的积极性。

四、2016年推进软件正版化工作重点

2016年推进软件正版化的工作重心

将从推动落实采购经费、采购安装软件，转移到推动落实主体责任、规范使用管理、保障信息安全的新阶段。要巩固扩大政府机关、中央企业和大中型金融机构软件正版化工作成果，全面推进地方国有企业、中小金融机构和民营企业软件正版化工作。

一是突出重点，完善长效机制。建立健全软件正版化工作责任制度，推进各级政府机关和企事业单位落实软件正版化工作主体责任，形成年初有计划，年中有检查，年底有总结的软件正版化工作格局。加强软硬件采购源头管理，规范计算机软硬件采购流程，严把源头关，从源头上防止盗版软件流入政府机关。严格落实新采购计算机办公设备时，预装正版操作系统软件以及制定配套的办公软件和杀毒软件购置计划规定。研究制定软件使用管理指南，建立可行性、操作性较强的软件使用管理制度范本和台账范本。坚持制度与技术手段并重，推进软件使用管理规范化、标准化。加强软件研发指导与推广，出台鼓励使用正版软件相关政策，推进在典型行业和重大工程中全面使用正版软件。

二是创新工作方法，巩固工作成果。研究建立软件正版化工作信息化管理系统，提升软件正版化工作管理水平。研究利用云计算等新技术创新推进措施，加快推进服务器端软件正版化工作。政府机关软件正版化方面，要重点抓好国务院办公厅印发的《政府机关使用正版软件管理办法》贯彻落实情况，推动软件正版化相关政策措施落地生效。抓好已采购正版软件的安装使用工作，提高软件资产的使用效能、避免软件资产流失，防止软件管理和维护跟不上造成的软件正版化工作反弹。企业软件正版化方面，要充分发挥中央企业和大中型金融机构带头率先实现软件正版化的示范带动作用，加快推进企业软件正版化工作。研究制定推进企业软件正版化工作指导性政策措施，提出可衡量的工作目标。指导企业建立软件采购经费预算、软件资产管理、日常监督检查和内部审计等软件正版化工作长效机制。

三是加强督促检查，规范市场秩序。建立常态化随机督查制度和政府主导、社会专业机构参与的专业督查队伍。重视利用技术手段加强监管，研究建立软件使用情况监测平台，加强动态监管，增强督查工作的针对性和有效性。推进各地各部门严格落实软件正版化工作奖惩措施，强化责任部门和责任人的责任意识，充分发挥责任人的作用。指导各地各部门规范经费保障、使用管理、日常监管、年度报告等软件正版化工作关键环节。严厉打击软件侵权盗版行为，曝光侵犯软件著作权企业，探索将企业使用盗版软件行为纳入诚信体系建设内容。依法查处软件行业垄断和不正当竞争行为，维护软件市场公平竞争的市场秩序和消费者合法权益。

四是做好宣传培训，营造良好舆论氛围。加强软件正版化宣传培训工作，做好对软件正版化工作责任人的政策指导和业务培训，及时总结推广典型经验做法，扩大宣传培训覆盖面。改进宣传培训方式，增强宣传培训的针对性和有效性。加强对外宣传和沟通，及时回应外方关切。充分利用多双边合作交流机制，做好软件正版化对外宣传和沟通工作，充分宣传我国软件正版化工作成果，树立国家保护知识产权良好形象。

2016 年是贯彻落实十八届五中全会精神、全面实现“十三五”规划的开局之年，也是巩固政府机关软件正版化工作和加快推进企业正版化工作的关键年，责任重大，使命光荣。部际联席会议成员单位要齐心协力，紧密配合，坚定不移地按照党中央、国务院的部署，持续深入推进软件正版化工作，为建设法治社会、创新型国家作出应有的贡献。

加强商标培育保护　助推品牌转型创新

——在人民日报社“中国品牌论坛”上的讲话

（2015 年 7 月 16 日）

国家工商行政管理总局副局长　刘俊臣

尊敬的张副委员长、杨社长，各位嘉宾：

大家下午好！很高兴与大家相聚在这里，共同出席中国品牌论坛，探讨推进中国品牌建设的问题。首先，我谨代表国家工商总局对本次论坛的开幕表示热烈的祝贺，对人民日报社为我们提供这么好的交流平台表示衷心的感谢。

经过 30 多年来持续快速增长，我国经济步入中高速增长的新常态，经济发展从要素驱动、投资驱动向创新驱动转变。大力发展品牌经济，以品牌为核心整合经济要素，提升国家的综合实力和竞争力，是中国经济在新常态下的必然选择。2014 年习近平总书记在河南考察时就提出“推动中国产品向中国品牌转变”的要求。《中国制造 2025》中再次明确提出“建设制造强国，要更多依靠中国装备、依托中国品牌，实现中国制造向中国创造的转变，中国速度向中国质量的转变，中国产品向中国品牌的转变”。深刻揭示了经济发展新常态下，大力发展品牌经济的重要意义。

商标与品牌是密切联系的有机整体。企业的产品或服务走向市场，需要使用特定的标志与他人的产品或服务相区分，商标是这个标志的法律身份，而品牌则是它的价值体现。一方面，商标注册是品牌获得法律保护的主要途径，商标运用是品牌价值得以实现的主要方式，商标保护是品牌得以长远发展的重要保障；世界知识产权组织的研究报告表明，几乎所有行业的企业都选择用商标来保护其品牌专用权，特别是中小企业对商标的依赖要远远超过专利。另一方面，品牌的价值是商标专用权保护的主要客体。国家通过运用商标法律制度和政策体系，构建品牌所有权分配、调解和利益约束机制，引导品牌运用和增值，提升本国品牌的核心竞争力。因此，品牌建设既包括以企业为主体的品牌培育发展，又包括以政府为依托的商标注册管理，还包括尊重商标、重视品牌的社会环境建设。

近年来，随着商标法律制度不断完善和商标战略的深入实施，我国的商标注册、运用、保护、管理水平显著提升，特别是商事制度改革的大力推进，极大激发了市场活力，开启了“大众创业、万众创新”的新常态，促进了商标申请量的快速增长，为品牌经济发展注入了新的动力。从绝对数量上看，截至 2015 年上半年，我国累计商标申请量 1684 万件，累计注册量 1125 万件，有效注册商标 951.9 万件（仅 2015 年上半年商标注册申请量就达到 131.5 万件）。我国已经成为名副其实的商标大国。从质量上看，品牌价值有所提升，但品牌的国际影响力、市场竞争力以及持续发展能力还有待进一步增强，距离品牌强国还有较大差距。2014 年 12 月世界品牌实验室发布的《世界品牌 500 强》入选国家共计 27 个。美国占据 227 席排名第一，法国和英国分别以 44 个和 42 个排名第二和第三，而中国仅有 29 个品牌入选，与世界第二大经济体的地位不相称。2015 年 6 月全球品牌咨询公司“BrandZ”（品牌 Z）公布的最具价值全球品牌 100 强排行榜，共有 14 个中国品牌入榜，而 10 年前，榜单中只有 1 个中国品牌。在品牌价值上升最快的 10 个品牌中，中国品牌占据4个。由此可见，中国品牌正在摆脱低成本、低质量的形象，持续在世界范围内崛起。但榜单中排名最靠前的中国品牌“腾讯”的品牌价值仅排在第11位。全球著名品牌咨询公司国际品牌集团（Interbrand）公布的2014年全球企业品牌价值排行榜，中国的“华为”作为首个也是唯一入选百强的中国品牌，名列第94位，品牌价值（43.13亿美元）仅为排名第一“苹果”科技（1188.63亿美元）的3.6%。可见，中国品牌的价值和竞争力还相对较低。从品牌国际化上看，我国已经成为全球第二大经济体，200多种产品的产量位居世界第一，但未能及时将“生产优势”转化为“品牌优势”，商品出口仍然大量依靠贴牌和代工，自有品牌出口比重仅为11%，而美国90%的出口额来源于品牌经济。能够成为众多国际知名品牌代工厂，说明我国的企业和产品具备打造国际一流品牌的基本素质，而我国的企业相对缺乏的是品牌建设的理念和品牌运用、保护的能力。从品牌保护上看，商标专用权保护力度不断加大，我国品牌竞争更加有序，2015年前5个月，全系统立案查处侵权假冒案件1.9万件，涉案金额2.1亿元。但打击侵权假冒工作的总体形势依然严峻，一些领域侵权假冒行为仍然十分猖獗。我国社会主义市场经济体制还不完善，相关法律法规不健全，执法交叉和监管空白并存，司法水平有待提高，全社会知识产权保护意识比较淡薄，滋生侵权假冒问题的土壤依然存在。

2014年11月5日，李克强总理在国务院常务会议上作出部署：“知识产权是发展的重要资源和竞争力的核心要素。进一步深入实施《国家知识产权战略纲要》，打造更好保护和运用知识产权的法治、市场和文化环境，是政府监管的责任，有助于建设创新型国家，让千千万万创新者以创造成果造福人民，实现自身价值，促进经济提质增效升级。”作为商标注册管理的重要职能部门，国家工商总局将从以下几个方面入手，继续积极履行职能，大力推进中国品牌建设发展和转型创新。一是继续推进商标注册便利化。改革商标审查体制、加强信息化建设，提高商标注册审查工作效能。优化网上申请系统，加大商标数据库开放力度，提升商标注册公共服务水平。二是加强对品牌建设的支持引导。创新商标品牌战略实施载体，推广品牌指导站建设的成功经验，将履行商标监管服务职能与政府的经济发展需求和企业的商标品牌建设需求有效对接，引导企业健全商标品牌管理体系，自觉维护自身商标品牌的声誉，提高品牌知名度，夯实品牌发展基础。三是进一步加大宣传力度。以商标法律知识、商标品牌对企业和经济发展的重要作用、打击侵权假冒工作的举措成效、中外著名品牌的成功经验等为宣传重点，为品牌建设提供舆论引导，在全社会营造尊重、保护知识产权的良好氛围。同时，充分发挥各类媒体作用，加大中国品牌宣传推广力度，在国内外树立中国品牌的良好形象。四是积极促进商标有效运用。充分发挥协会、中介服务机构等社会组织作用，建立科学的品牌评价机制，引导企业树立正确的品牌价值理念。与高校等研究机构合作，探索建立品牌研究院，加强商标品牌理论与实务研究。五是强化监管执法。继续完善商标保护制度，保持打击侵权假冒行为的高压态势，扎实推进行政处罚案件信息公开，震慑违法行为，促进规范公正文明执法，为商标品牌发展营造良好的市场环境，增强中外消费者对中国品牌的信心和信任。六是加强商标领域的国际合作。提升我国在商标领域的国际地位和话语权。加强马德里商标国际注册的宣传和培训，健全完善海外维权工作机制，畅通维权渠道，引导知识产权服务机构提供高水平的海外商标注册保护服务，支持中国企业和中国品牌“走出去”，提升中国品牌的国际竞争力。

最后，预祝本次论坛圆满成功！

新常态下深入推进版权执法监管工作*

国家新闻出版广电总局副局长、国家版权局副局长　阎晓宏

回顾我国版权制度的发展历程，可以归纳为三个发展阶段：第一个阶段是版权法律制度建立阶段。1979 年 4 月，启动了版权法的起草工作。1990 年，我国的第一部著作权法颁布。我国用不到 20 年的时间，建立了较为完备的版权法律体系，为版权事业奠定了坚实的法律基础。第二个阶段是版权法律实施阶段。从 20 世纪 90 年代中期起，我国版权工作的重点逐渐从法律制定转移到法律执行上来，版权司法与行政并行的双轨制发挥了积极作用，打击版权违法和犯罪行为的力度不断加大。第三个阶段是版权制度全面推进阶段。进入新世纪以来，随着互联网和数字技术的迅猛发展，版权在建设创新型国家、实施国家知识产权战略、提升国家核心竞争力等方面的作用越来越突出、地位越来越重要，版权工作整体上进入了“鼓励创造、有效运用、依法保护、科学管理”的新阶段。而开展互联网领域的版权执法监管是这一阶段的一个标志性节点。

一、“剑网”十年来版权执法监管工作取得的成果

2005 年被称为“互联网版权保护元年”。2005 年 4 月，国家版权局与原信息产业部共同制订颁布了《互联网著作权行政保护办法》，这是互联网领域版权保护的第一个法律性文件；2005 年 9 月，国家版权局会同公安部、原信息产业部等部门，联合下发《关于开展打击网络侵权盗版行为专项行动的通知》，第一次启动互联网领域版权保护的专项行动，这是中央部委层面最早在网络领域探索开展的执法监管行动；2005 年 10 月，国家版权局在开门立法的基础上，完成了《信息网络传播权保护条例》（草案）的起草工作并上报国务院，国务院 2006 年 5 月审议批准，引起国际社会高度关注。以 2005 年启动网络版权保护为标志，我国的版权执法监管工作进入一个新阶段。十年来，各级版权部门紧紧围绕党和国家工作大局，全面加强版权执法监管工作，执法机制不断完善，执法力度不断强化，执法领域不断拓展，执法效能不断提高，执法队伍不断壮大，有效维护了权利人的合法权益和社会公共利益，树立了版权执法监管的权威，得到了广大权利人和社会公众的高度评价。

（一）坚持查办案件，不断加大打击侵权盗版工作力度

十年来，各级版权行政执法部门坚持日常监管与专项治理相结合，相继开展了盗版音像制品专项整治、软件预装专项整治、图书馆盗版专项治理、违规光盘复制企业专项整治、高校盗版盗印教材治理等领域专项治理行动，版权执法监管成效显著。据不完全统计，2005～2013 年，全国版权行政执法部门共办理行政处罚案件 6.47 万件，移送司法机关案件 2656 件，收缴各类侵权盗版制品 4.39 亿件。特别是连续十年开展的“剑网”行动，针对网络文学、音乐、视频、游戏、动漫、软件等重点领域，集中强化对网络侵权盗版行为的打击力度，共查办案件 4681 起，依法关闭侵权盗版网站 2676 个，没收服务器及相关设备 1178

* 此文为作者在 2015 年全国版权执法监管座谈会上的讲话，发表时有删节。

台，移送司法机关追究刑事责任案件388件，相继查处了天线视频网侵权案、一听音乐网侵权案、番茄花园网侵权案、思路网侵权案、快播播放器侵权案、射手网字幕组侵权案等一批侵权盗版大案要案，得到国内外权利人的充分肯定和社会公众的高度评价。

(二)坚持服务大局，不断提升版权执法监管工作地位

各级版权行政执法部门紧紧围绕国家发展和改革大局，特别是中央关于大力实施知识产权战略和建设创新型国家的重大战略部署，不断加大版权保护力度，为建设创新型国家、树立国际形象提供了良好的法治化营商环境。一是抓好奥运会、世博会等重大节点的专项保护工作。2008年北京奥运会期间，建立了奥运反盗版工作组，实施全国范围的快速反应，工作成效显著，得到国际奥委会的高度赞誉；2010年世博会期间，积极应对世博会会歌、中国馆场馆设计等热点问题，开展世博会打击盗版音像制品专项行动，依法处理了"碟中碟"盗版案等有国际影响的大案。二是积极应对国际版权纠纷。在我国加入世界贸易组织以后，知识产权保护受到国内外前所未有的高度关注，一些发达国家利用知识产权问题不断对我国施压，同我国的知识产权纠纷和冲突不断升级。2009年4月，美国贸易谈判办公室将中国知识产权问题、出版物市场准入问题诉诸WTO争端解决机制。在所诉问题中有3个与版权保护有关。经过艰苦努力，妥善解决了有关争议。三是积极贯彻落实全国保护知识产权专项行动。2010年，国务院部署开展打击侵权假冒专项行动，国家版权局在专项行动中承担着打击侵权盗版和推进软件正版化两项重要任务，取得了很好的工作成绩：专项行动期间，各地共立案查处3381起案件，移送司法机关追究刑事责任案件179起，打击网络侵权盗版、清理出版物市场、加强印刷复制发行监管等专项工作成效明显，对侵权盗版保持严打态势；软件正版化工作按期完成国务院工作目标，中央和省市县四级政府机关全部实现正版化，央企、金融机构和新闻出版行业的企业正版化工作也有序推进。版权战线"双打"工作取得的成绩，得到了"双打"领导小组的充分肯定。

(三)坚持制度保障，不断完善版权执法监管工作机制

一是积极推动版权执法监管法律体系建立完善。2001年修订的《著作权法》明确了信息网络传播权，2005年颁布的《互联网著作权行政保护办法》重点规范了网络服务运营商的版权行政责任，2006年国务院颁布了文化领域第一个互联网的行政法规——《信息网络传播权保护条例》，2006年我国加入了世界知识产权组织的两个互联网条约——《世界知识产权组织版权条约》(WCT)及《世界知识产权组织表演和录音制品条约》(WPPT)，2015年5月国家版权局发布《关于规范网络转载版权秩序的通知》。从规范网络秩序来看，网络版权法律法规建设是走在前面的，这为网络版权执法监管工作提供了有力的法律保障。二是进一步健全版权执法监管工作体系。在文化市场综合执法改革的大背景下，各级版权管理部门加强对文化市场综合执法的业务指导，提升各级文化市场综合执法队伍的版权业务水平和执法能力，构建以版权管理部门为基础、文化市场综合执法部门为骨干的版权执法监管工作新机制。三是多部门分工合作、互相配合、联合行动的执法机制日趋成熟。积极加强与新闻出版、广播影视、扫黄打非、通信管理、互联网信息管理、公安、工商、海关等部门的协作，推动版权行政执法与刑事司法有效衔接，逐步形成了以版权部门为平台，多部门共同参与、密切配合的打击侵权盗版工作格局。四是推动全社会共同治理新机制。2007年，经国务院批准，设立了全国举报和查处侵权盗版行为奖励基金，成立了反盗版举报中心，设立了全国统一的“12390”举报电话，奖励举报、查处侵权盗版工作全面展开；积极推动权利人与网络交易平台建立版权保护合作机制；加强与国外权利人组织的合作，构建打击跨国侵权盗版行为的信息沟通机制。五是推动建立区域联防协作机制。与香港海关签署《保护版权及打击盗版光碟合作互助安排》《打击网络盗版合作互助安排》；与台湾地区“智慧财产部门”就《海峡两岸知识产权保护合作协议》后续工作启动版权协助机制；推动苏、浙、沪等地区建立长三角版权执法协作机制，推动建立粤港澳知识产权案件协作处理机制，增强了区域版权执法的针对性和实效性。

（四）坚持创新管理，不断推动网络版权保护取得新成效

2009年，针对视频网站侵权盗版高发的态势，国家版权局创新工作理念，启动了网站版权重点监管工作。目前，各地版权部门实施重点监管的网站达到3029家，其中国家版权局直接监管了包括百度、优酷、土豆、爱奇艺、腾讯、搜狐、新浪、迅雷等具有全国影响的20家重点视频网站。各级版权部门一方面对重点网站的影视作品传播情况进行主动检查，并启动了对重点作品的版权预警保护，另一方面，切实帮助网站建立完善版权管理制度、推动网络行业企业诚信自律。目前，版权部门重点监管的网站传播的影视作品占到全国网站传播影视作品总量的95%左右，彻底改变了视频网站版权混乱的局面，大幅提高了视频网站的正版率，版权资源使用有序的局面已经形成。

（五）坚持夯实基础，不断提升版权执法业务水平

一是高度重视对执法人员的专业培训。国家版权局连续9年开展基层执法人员轮训工作，提升了各级执法人员的专业素质和业务水平。二是加强案件信息公开和数据报送工作。根据国务院工作部署，制定了《新闻出版（版权）行政执法部门依法公开制售假冒伪劣商品和侵犯知识产权行政处罚案件信息的实施细则（试行）》，对全国版权行政处罚案件的信息公开和数据报送工作提出明确要求，引导办案人员准确适用法律，规范制作文书，提升办案质量和水平。三是注重版权执法宣传。各级版权部门通过新闻发布会、公益宣传片、演唱会、微信微博等多种传播形式，宣传版权知识，剖析典型案例，提升社会公众的版权意识。

可以说，过去的十年，是版权事业蓬勃发展、取得重大进步的十年。在人手少、任务重的情况下，取得这些成绩，实属不易。在看到成绩的同时，也要清醒地认识到，版权执法监管工作还存在不少薄弱环节：新技术的快速发展给执法带来新的难题，执法体制、机制还需要进一步完善，全国版权保护水平仍不平衡，有的地方工作任务重与执法资源短缺的矛盾还比较突出，执法队伍的专业化水平和整体素质仍需进一步提升，这需要我们继续努力。

二、关于加强版权执法监管工作的几点思考

（一）强化大局意识，自觉调整版权工作在实施创新驱动发展战略中的重要位置，努力发挥其重要作用

党的十八大以来，党中央、国务院高度重视知识产权工作，将知识产权作为创新驱动发展的关键支撑，作为全面深化改革和全面推进依法治国的重要内容。从十八届三中全会、四中全会，到中央经济工作会议、全国两会，都强调要加强知识产权运用和保护。习近平总书记强调，要完善知识产权运用和保护机制，让各类人才的创新智慧竞相迸发。李克强总理指出，保护知

识产权就是保护创新，用好知识产权就能激励创新。特别是2015年的政府工作报告强调要“深入实施知识产权战略行动计划，坚决打击侵权行为，切实保护发明创造，让创新之树枝繁叶茂”。2015年3月，中央印发了《关于深化体制机制改革加快实施创新驱动发展战略的若干意见》，对创新驱动发展战略作出了重要顶层设计和重大改革部署，明确提出要让知识产权制度成为激励创新的基本保障，强调要实行严格的知识产权保护制度。这为今后一个时期的版权工作指明了方向，作出了部署，提出了要求。我们要进一步统一思想，深刻认识到做好版权工作是经济发展新常态、实施创新驱动发展战略的内在需要。实施创新驱动发展战略和加强知识产权保护是一个相辅相成、共同促进的统一体。要实施创新驱动发展战略，必须大力提高自主创新能力；实现自主创新，必须拥有更多的自主知识产权。从某种意义上说，不掌握、不拥有自主知识产权，就根本谈不上真正的自主创新；知识产权不能有效地加以保护，自主创新就会是无源之水、无本之木。可以说，知识产权已经成为经济发展新常态的重要支撑，成为实施创新驱动发展战略的重要保障。

（二）强化保护意识，不断加大版权执法监管工作力度

加强保护是当前版权工作的主基调和总定位，这是由现阶段我国的国情所决定的。我们应清醒地认识到，现阶段和未来一个时期里，我国版权领域所出现的各种矛盾、纠纷依然处在高发期，保护知识产权、打击侵权盗版是我国一项长期、复杂、艰巨的任务。就实际情况看，国内权利人的诉求远大于国际诉求，加强版权保护仍然是我国发展自身的需要。一是打击侵权假冒工作对加强版权保护提出新要求。2013年以来，全国打击侵权假冒工作领导小组先后召开七次会议，要求始终保持高压态势，坚持集中打击与制度建设并重，突出重点，坚持不懈地抓好打击侵权假冒各项工作。二是随着版权运用领域的不断拓展，版权已经成为文化产业发展最重要的内核。离开了版权这一智力成果，发展文化产业就无从谈起。当前，我国市场经济秩序还不健全，侵权盗版成本还比较低，给文化产业发展带来巨大损失，这些问题都应通过进一步加强保护来解决。三是具体到网络保护而言，总体上我国的网络版权保护水平还处在一个初级阶段，不断出现的网络新技术和新应用，造成网络侵权盗版现象仍比较严重，在今后相当长一段时期，版权的矛盾纠纷突出表现在信息网络中，网络版权执法依然面临着严峻挑战。因此，版权行政管理工作要突出版权执法监管，这是各级版权行政管理部门最基本也是最重要的职责。

（三）强化法治意识，不断增强履行行政监管职责的责任感

十八届四中全会从促进国家治理体系和治理能力现代化的目标出发，对全面推进依法治国和依法行政作出了重要部署。四中全会明确提出，要创新执法体制，完善执法程序，严格执法责任，建立权责统一、权威高效的依法行政体制；要健全行政执法和刑事司法衔接机制，完善案件移送标准和程序，实现行政处罚和刑事处罚无缝对接。加强版权执法，包括行政与司法两个层面。司法是我国版权保护最基本、也是最强有力的法律救济手段，在版权保护中发挥着主导性作用。而版权行政执法是我国版权保护制度的一个显著特点。版权行政执法的优势在于便捷及时、程序相对简化、成本较低而且见效快。实践证明，司法保护与行政保护并行的双轨执法体制，符合我国“尚处于转型期、又是发展中国家、市场经济不很完善”的发展现状，发挥着重要而积极的作用。总体而言，政府的行政保护应是一个由强到弱的过程，但在现阶段，针对侵权盗版形势十分严峻的现状，行政执法应当加强，也必须加强。贯彻四中全会精神，转变政府职能、简政放权、放管结合，必须加强事中事后监管。放的重点是事前行政审批事项，管的重点是事中事后监管。打击侵权盗版、维护市场秩序是事中事后监管的重要内容，是政府不可推卸的责任。各级版权部门要按照四中全会的要求，进一步推进以法治思维思考版权问题、以法治方式处理版权问题、以法律手段解决版权问题，切实担负起打击侵权盗版的重任，当好市场的“守夜人”。

(四)强化创新意识，不断加强对新情况、新问题、新做法的调查研究

知识产权保护形势发展快、新的疑难问题层出不穷。做好版权执法监管必须保持积极的探索精神和创新勇气，高度关注国内外知识产权保护的动态和趋势，加强调查研究，及时解决新技术条件下版权执法出现的新问题。特别是在移动互联网、大数据、云服务时代的背景下，现行法律所确立的保护机制在实践中的运行情况和效果如何，如何保持各方的利益平衡，如何开展新技术条件下的版权执法，都值得我们认真思考，敢于探索，敢于管理，敢于创新。

三、深入推进版权执法监管工作

(一)敢于亮剑，在查处大案要案上下工夫求实效

一是要突出重点任务。“剑网2015”的重点任务包括治理网络音乐、网络云存储空间、应用程序APP、广告联盟四个方面专项整治和在2014年基础上进一步规范网络转载。各地要认真研究这些重点任务，针对各类案件的不同特点，采取有效措施，确保案件查处的数量和质量，务求实现办理案件新突破。

二是要加大案件查办力度。各地要尽快制订工作计划，部署工作任务，抽调精干人员，迅速开展案件查处工作，敢于“打老虎”，动真碰硬，依法严处一批侵权大要案件，确保重点案件件件有落实，树立版权执法监管部门的权威。

三是要大胆探索对新型案件的查办。对新技术带来的新型案件，要大胆尝试，探索规律。上级版权部门要加大业务指导力度，解决法律难题。要加强对典型案件的公布，以案例指导全国版权执法工作。

(二)密切协作，在构建版权执法监管工作新格局上下工夫求实效

一是各级版权执法监管部门要抓好专项行动的组织协调工作，积极向宣传部、网信办汇报，主动联系电信、公安等部门，积极争取支持，加强与“扫黄打非”“双打”办、法院、检察院等部门在办案中的沟通配合，分工不分家，共同做好工作。

二是要高度重视行政处罚与刑事司法的衔接。各级版权执法监管部门要严格执行国务院2001年颁布的《行政执法机关移送涉嫌犯罪案件的规定》及“双打”办“两法衔接”意见，按要求将涉嫌著作权犯罪案件移送公安机关，同时注意规范移交材料的手续，形成打击著作权犯罪的工作合力。

三是要充分发挥中心城市在打击侵权盗版工作中的重要作用。中心城市的版权保护工作做好了，不但能扭转侵权盗版猖獗的势头，从长远看更能推动版权相关产业的快速健康发展。希望中心城市根据各自不同特点，有针对性地开展版权执法监管工作，不断总结经验，在全国起好示范作用。

四是要探索建立跨区域执法协作机制和快速反应机制。要进一步加大地区间执法协作力度，完善跨地区执法案件线索移转、案件会商、信息共享、案情通报、执法联动、集群作战等程序机制。建立执法监管快速反应工作机制，集中优势执法资源，进行精确打击。

五是充分发挥各级版权协会、版权联盟等社团组织的重要作用。协会、联盟的成员单位是企业，更接地气、更熟实际，在案件的举报投诉、技术手段、公共宣传以及调查研究等方面具有独特优势。希望各级版权执法监管部门进一步加大对协会、联盟工作的支持力度，提升执法监管工作的社会参与度。

(三)规范执法，在进一步提升版权执法监管工作效能上下工夫求实效

一是要严格依法行政。国务院要求打击侵权假冒行政处罚案件信息一律公开，这对版权执法工作提出了更高要求，执法的程序、依据、处罚额度、法律文书都不能有瑕疵。要严格公正规范文明执法，将每一个案件的调查取证工作做实做足，做到认定事实清楚、适用法律正确、处罚结果公正、程序合法适当，力争将每一个案件都办成"铁"案，向社会公众展示版权行政执法的良好形象。

二是要提高行政执法效能。要关口前移、重心下移，壮大地市级执法力量。要建立案件责任制和执法考评制度，通过科学评价机制综合考核执法成效。要加快推进执法监管平台建设，发挥好技术手段的监管优势。要进一步加强培训，提高基层执法工作的能力和水平。希望各地把执法和培训结合起来，针对执法取证、办案、法律适用等关键问题，积极开展培训工作，提高执法能力建设。

三是要加强信息公开。这是国务院的统一要求，不容商量、不打折扣。要依照"谁执法、谁公开"的原则，坚持案件信息公开是原则、不公开是例外，依法主动公开案件相关信息。既服务社会，震慑侵权盗版违法者，促进严格规范公正文明执法，客观上也起到了宣传的作用。要加强信息报送工作，各地的工作进展、工作难点、大案要案和突出成绩要及时报告。

四是要边打边说，进一步加大版权宣传力度。一方面要善于整合宣传资源，推动宣传常态化、形式多样化，进一步丰富拓展宣传手段，善于利用新媒体创新宣传；另一方面要抓住一些社会的热点问题，及时敏锐地进行宣传。

在2015年全国侵权盗版及非法出版物集中销毁活动北京主会场仪式上的讲话

（2015年4月20日）

全国"扫黄打非"工作小组副组长兼办公室主任、
国家新闻出版广电总局副局长　吴尚之

尊敬的各位领导、各位来宾，同志们：

再过几天就是"4·26世界知识产权日"，按照全国"扫黄打非"工作小组的统一部署，今天全国30个省、自治区、直辖市同时举行2015年侵权盗版及非法出版物集中销毁活动，广西壮族自治区由于壮族"三月三"节日，已于4月17日提前举行。这次活动销毁的盗版图书、盗版音像制品、盗版电子出版物及非法报刊全国共1644.69万件，其中在北京主会场销毁11.05万件。此次集中销毁活动的举行，是"扫黄打非"战线认真贯彻十八大及十八届三中、四中全会精神，充分表明我国政府保护知识产权一以贯之坚定决心的具体体现。同时，也震慑了侵权盗版违法犯罪分子，有利于营造全社会诚信守法、崇尚创新的良好氛围，服务了经济社会发展这一大局。

长期以来，我们高举保护知识产权旗

帜，深入开展“扫黄打非”行动，大力推进打击侵犯知识产权和制售假冒伪劣商品专项行动，努力推动软件正版化，取得重要成效。2014年，我们坚持网上净化与网下清查、专项治理与日常监管、规范管理与教育引导相结合，深入推进“清源2014”“净网2014”“秋风2014”“固边2014”四大专项行动，有力扫除文化市场和互联网上各种非法出版物及有害信息，全国共收缴侵权盗版出版物1200余万件，查办侵权盗版出版物案件2600多起，其中北京市“7·1特大侵权盗版团伙案”抓获涉案人员87人，查获涉嫌非法图书120余万册、码洋近5000万元；广东省广州市“8·22特大非法及淫秽音像制品案”收缴非法音像制品123万张。总的看，制售侵权盗版出版物现象明显减少，印刷企业经营管理明显规范，网络文化环境明显净化，出版物市场面貌明显改观。在持续的高压态势下，2015年第一季度全国收缴侵权盗版出版物174万余件，同比下降约29%。

但我们也注意到，在利益驱动下，侵权盗版、非法出版传播活动加速向网上转移，并呈现出规模化、专业化以及“微领域”化的趋势，阻碍了文化产业的繁荣发展。下一步，各地各有关部门要进一步强化监管措施，加大执法办案力度，开展好“清源2015”“净网2015”“护苗2015”专项行动，特别是要深入打击有害非法及侵权盗版少儿出版物，净化少儿文化市场，保护青少年身心健康。开展好第十一次网络侵权盗版专项治理“剑网行动”，扩大版权重点监管范围，把应用程序（APP）等新型传播方式纳入监管范围。切实加大“扫黄打非”宣传力度。

党的十八届四中全会提出了全面推进依法治国的总体要求，同时明确提出要完善激励创新的产权制度、知识产权保护制度和促进科技成果转化的体制机制。希望各地各有关部门增强运用法治思维和法治方式提高“扫黄打非”、打击侵权盗版的能力，增强运用法治思维和法治方式解决疑难复杂问题的能力。同志们，“扫黄打非”和打击侵权盗版工作责任重大、使命光荣，让我们以昂扬向上的精神状态、求真务实的工作作风，扎实做好各项工作，为繁荣发展社会主义先进文化，为实现中华民族伟大复兴的“中国梦”作出更大贡献。

开拓进取　勇于担当
努力开创知识产权法院工作新局面

——在知识产权法院工作座谈会上的讲话

（2015年4月23日）

最高人民法院副院长　陶凯元

同志们：

在第十五个世界知识产权日即将到来之际，我们在北京召开首次知识产权法院工作座谈会，具有特别重要的意义。这次会议是在全国法院深入学习贯彻党的十八届三中、四中全会和十二届全国人大三次会议精神，站在新的历史起点上全面推进司法为民、公正司法，开创人民法院工作新局面的新形势下召开的。会上，大家围绕知识产权法院的审判工作、队伍建设、司法保障、信息化建设以及未来发展等问题进行了热烈而深入的研讨，提出了许多富有建设性的意见和建议，有助于我们准确研判形势、厘清思路、凝聚共识、推进工作，大家对于知识产权法院工作所给予的支持和寄予的厚望，是我们进一步做好工作的不竭动力。在此，我代表最高人民法院对各位与会代表表示衷心的感谢！特别要感谢来自中央政法委、中央司改办、全国人大法工委、国家知识产权局专利复审委、国家工商总局商标委的各位领导同志和来自高校的各位知产专家学者。

北京、上海、广州知识产权法院成立以来，在短短5个月的时间里开展了卓有成效的工作，呈现出良好的发展前景：一是机构组建初步完成。在硬件建设上，北京、广州知识产权法院都完成了办公大楼的基建、装修，上海知识产权法院的办公大楼建设也在加快推进。在审判力量配置上，三家知识产权法院都完成了首批主审法官、司法辅助人员和司法行政人员的选任工作，为开展审判工作奠定了基础。二是各项工作有序开展。截至2015年3月底，三家知识产权法院已受理各类案件3692件，其中一审案件2921件。为回应社会关切，三家知识产权法院均由院长敲响了开庭办案的第一锤，在社会上引起强烈反响。三家知识产权法院还分别通过召开新闻发布会、开通法院互联网站和官方微博、接待国外代表团来访等方式，向社会宣传和展示知识产权法院的崭新形象，取得良好社会效果。三是制度建设初见成效。知识产权法院在成立伊始就建章立制，将审判流程、人员管理、后勤保障等工作均纳入制度化管理的轨道，保障了各项工作的有序开展。同时，三地知识产权法院还结合各地实际创造了许多好的工作方法。

总体来说，知识产权法院工作实现了良好开局，这得益于党和国家的高度重视，得益于当地党委、人大、政府的大力支持，得益于三地高院和知识产权法院全体干警的共同努力。

知识产权法院在实现良好开局的同时，还存在一些困难与问题，比如审判力量配置与审判工作需要不相适应的问题；购买社会服务、加强法官职业保障所需经费问题；审判队伍管理与审判机制完善问题；机构精简以后与上下级法院及有关单位协调联系人员不足问题，等等。这些问题是知识产权法院在推进司法改革过程中必须要直面的问题，对此我们要认真研究，不断总结好的经验和做法，努力加以解决。下面，就进一步推进知识产权法院工作讲几点意见。

一、统一思想、提高认识，进一步坚定深化改革的信心和决心

2014年8月31日，全国人大常委会审议通过《关于在北京、上海、广州设立知识产权法院的决定》，这是贯彻落实党中央关于全面深化改革工作部署的重要举措。北京、上海、广州知识产权法院的设立，是中国知识产权领域具有里程碑意义的大事，标志着中国知识产权司法保护工作进入了一个全新的发展阶段，也标志着推进司法改革迈出了历史性的一步。我们有幸成为这永载史册一刻的见证者、亲历者和参与者，成为推进司法改革进程的先行者和实践者，这既是我们的光荣，更是党和人民对我们的信任和重托。为此，我们必须将思想统一到党中央的重大决策部署上来，深刻认识和领会党中央作出这一重要决策的重大意义和深远影响，深刻认识知识产权法院肩负的光荣职责和历史使命，准确把握知识产权法院的功能定位，凝神聚力、攻坚克难，不负重托、不辱使命，为建设好知识产权法院、发挥好知识产权法院在知识产权司法保护中的作用作出应有的努力。新形势下，坚定做好知识产权法院工作的信心和决心，需要我们在思想认识上把握以下几点：

第一，知识产权法院是加快实施创新驱动发展战略的实践者。当前，全球经济正处于一个大变革、大调整的时代，国际竞争越来越体现为科技创新的竞争。我国作为发展中国家，要从容应对国际经济变化

和挑战，提升国际竞争力，必须要紧紧抓住新一轮科技革命和产业变革的机遇，加快转变经济发展模式，实现从要素驱动、投资规模驱动为主向以创新驱动发展为主的转变，充分发挥科技对经济社会的支撑和引领作用。党中央提出加快实施创新驱动发展战略目标，是放眼世界、立足全局、面向未来作出的重大决策，也是应对国际经济形势深刻变化，建设创新型国家的必然选择。实施创新驱动发展战略，激发全社会创新活力和创造潜能，营造大众创业、万众创新的公平竞争环境，首先要保护好创新成果、维护好创造热情、实现好创新价值，这都离不开切实有效的知识产权保护制度。2015 年 3 月 13 日，中共中央国务院发布《关于深化体制机制改革加快实施创新驱动发展战略的若干意见》，明确提出实行严格的知识产权保护制度，积极发挥知识产权法院的作用。这进一步明确了知识产权法院的功能定位和职责任务，也对加强知识产权法院工作提出了更新更高的要求。面对新形势、新任务，我们必须增强紧迫感和责任感，要站在全面推进创新驱动发展战略实施的高度来认识知识产权法院工作的重要性，积极发挥审判职能作用，加大对创新成果的保护力度，制裁违法侵权行为，促进公平、开放、透明的市场环境的形成，做创新驱动发展战略的实践者和维护者。

第二，知识产权法院是深化司法体制改革的先行者。党的十八届三中、四中全会对全面推进依法治国，深化司法体制改革作出了重大部署。深化司法体制改革是坚持和完善中国特色社会主义司法制度的必然要求，也是加强司法为民、公正司法的必然要求。司法改革是一项系统工程，既要统筹推进，也要先行先试。知识产权法院作为党中央推进司法改革，加强顶层设计的重要举措，承担着司法改革先行者和探索者的重要职责和使命。当前，司法改革已进入攻坚阶段，改革面临的困难会很多。作为司法改革的排头兵，我们既要充分认识推进各项改革所面临的形势和任务，也要有敢啃硬骨头的勇气和决心。开弓没有回头箭，改革关头勇者胜。我们要认真贯彻落实党中央设立知识产权法院的决策部署，按照《最高人民法院关于全面深化人民法院改革的意见》所提出的总体思路、基本原则和目标要求，从确保司法为民、公正司法出发，在法院管理、诉讼制度、职权配置、审判权力运行机制、人员分类管理、法官职业化建设以及职业保障上大胆探索、勇于创新，积极推动建立以审判为中心的诉讼制度，以法官为主体的裁判机制，及开放、动态、透明、便民的阳光司法机制，为建立中国特色社会主义审判权力运行体系提供可复制、可推广的经验，做好司法改革的“试验田”和“排头兵”。

第三，知识产权法院是发挥司法保护知识产权主导作用的引领者。随着国家创新驱动发展战略的实施，社会公众对知识产权司法保护的期待和要求越来越高，司法保护知识产权的主导作用日益凸显。2014 年，全国法院共新收和审结各类知识产权案件 133 863 件和 127 129 件，比 2013 年分别上升 19.52%和 10.82%，案件增幅远远超过了上一年度；无论是民事、行政还是刑事案件，均呈现出快速增长的态势。与此同时，新类型疑难复杂案件和有重大影响的案件也不断增多，知识产权司法审判得到社会的持续广泛关注，司法审判的影响力在不断提升。一直以来，北京、上海、广东三地无论在知识产权案件数量，尤其是技术类案件数量，还是在案件类型分布和审理难度上均处于全国前列，首次选择在北京、上海、广州设立知识产权法院就是要发挥好三地的案件优势、人才优势、科技创新优势和社会影响力大的特点，在加强知识产权司法保护上回应社会公众的新需求和新期待。知识产权法院要充分利用这些优势和特点，在司法审判中积极探索、大胆尝试，对司法实践中的一些前沿性问题加强调查研究，探索解决方案，促进形成共识；对知识产权法律适用的裁量性标准加强研判，统一技术类案件司法裁判标准和裁量尺度；在加大对知识产权授权确权行政行为司法审查深度和力度上先行先试，促进行政争议的实质性解决；在加大损害赔偿力度上做足文章，促进形成符合市场规律和满足权利保护要求的损害赔偿计算机制，充分实现创新成果的市场价值；要树立精品意识，办好典型案件，研究好典型案例，发挥典型案例的示范作用，积极为司法审判探索新规则和新方法。对于三地法院普遍提出的为统一技术类案件裁判标准需要设置相当于高级人民法院层级的知识产权上诉法院及在知识产权法院实行知识产权“三合一”管辖的建议，我们将进一步加强研究并与有关部门沟通。

二、围绕大局、协调各方，坚持以创新破解发展难题

知识产权法院挂牌成立，只是知识产权司法保护新征程的开始。立足大局做好知识产权法院各项工作，充分发挥知识产权法院的引领和示范作用，需要我们在思维方法上把握以下几点：

第一，要有创新思维。创新是发展的动力源泉。知识产权法院作为一个新生事物，在成长和发展中不可能一帆风顺，总会遇到这样那样的困难和问题，特别是随着收案量的不断攀升，案多人少的矛盾、确保案件质量与提升司法效率的冲突等会越来越突出。因循守旧、墨守成规解决不了矛盾和冲突，唯有打破常规，用创新理念和创新思维破解发展瓶颈，才能在知识产权法院全面落实各项司法改革措施，打开向上拓展的空间。当前，知识产权法院在人员编制上还没有全部到位，我们要抓紧按照法官员额制的要求和法官遴选条件充实审判力量，这是保障我们实现创新发展的基础。要进一步加强与各有关部门的协调，积极争取当地党委、政府的支持，确保知识产权法院的后勤保障能力，为吸引和凝聚人才，开展审判工作创造有利条件。在司法审判上，要紧紧围绕技术类案件的特点，积极推进技术调查官制度，发挥技术调查官在查明技术事实方面的作用，为法官准确裁判案件提供技术支持，使法官能够集中精力处理案件的事实和法律问题，提高裁判质量和效率；要探索研究技术调查官制度与专家咨询制度的有效衔接，建立完善技术事实查明机制，体现知识产权法院集中审理技术类案件的优势。

第二，要有前瞻意识。知识产权既是人类智慧的结晶，更是知识创新的载体。进行科技成果的研发需要有超前意识，保护创新成果更需要有超前意识。知识产权法院作为新型审判机构，要发挥保护知识产权的标杆作用，从设立到运行，从审判到管理都要在高起点、高标准上谋划。要加强对审判形势的分析和研判。我国创新驱动发展战略的加快实施，必将对科技经济领域带来前所未有的变革，科技管理体制的改革、技术创新市场导向机制的建立、科技成果价值的转化等，都需要法律和政策的指引。我们要密切关注科技经济的发展变化，紧跟企业创新与竞争形势和保护需求，提前研判审判工作中可能出现的新情况和新问题，做好审理相关案件的能力储备，做到心中有数。要大力加强信息化建设，加快推进信息技术在知识产权司法审判中的率先应用，为科学决策提供技术支持；要以建设智慧型法院为目标，依托现代信息技术加强审判管理，打造智慧司法快车道；要建设三家知识产权法院纵向贯通、横向集成、共享共用、安全可靠的信息化综合平台，为法官了解审判运行态势、裁判案件、分析研究案例和司法问题提供技术支持，保障和促进知识产权法律适用统一；为社会公众了解知识产权法院工作提供服务平台，保障和促进司法公开、阳光司法。

第三，要有国际视野。在知识经济时代，知识产权保护与国际贸易和经济全球化的关系越来越密切，知识产权审判也成为人民法院审判工作中国际化程度最高的组成部分。知识产权法院作为服务创新型国家建设的制度决策，从设立伊始就引起国际社会的热切关注，知识产权法院的一举一动不仅是国内媒体和社会各界关注的焦点，也是国际社会关注的焦点。知识产权法院已然成为我国加强知识产权保护的范例，其司法水平也直接关系到国际社会对我国知识产权司法保护水平的评价。为此，我们要更加注重全球视野和国际眼光，以更加开放的姿态推进知识产权法院建设，努力打造专业化、现代化的国际一流的知识产权法院。要充分发挥知识产权法院集中审理技术类案件的优势，加强对国际保护创新成果司法制度的研究，始终保持司法的前沿性和前瞻性。要立足国情，加强对中国特色知识产权司法制度的运用，树立我国知识产权司法保护的道路自信、理论自信和制度自信，在知识产权司法保护中创造和贡献中国模式、中国智慧和中国经验，努力做国际知识产权司法保护新规则的制定者和引领者。要以中国法院知识产权司法保护国际交流(上海)基地为平台，加强与世界各国知识产权界的交流，了解把握国际知识产权保护动态，宣传我国司法保护知识产权的经验做法，提升我国知识产权审判的国际影响力。加强具有国际视野的国际型法官人才培养，打通国际培训交流渠道，努力为法官提供出国培训和深造的机会，为我们了解国际司法规则，争取更多国际司法话语权做好知识和人才储备。

三、抓住机遇、攻坚克难，坚定不移夯实发展基础

当前，我国经济正在经历由高速增长到中高速增长的转变，实施创新驱动发展战略为转变经济增长模式提供了新的动力，给知识产权司法审判工作带来了新的机遇和挑战。牢牢把握知识产权审判工作面临的重大历史机遇，切实履行好司法保护职责，是摆在我们面前的重要课题。我们要深刻认识到经济发展新常态下加强知识产权保护的意义和作用，紧紧围绕经济社会大局开展审判工作，为加快建设创新型国家、推动实施国家创新驱动发展战略提供有力的司法保障。为此，需要我们在工作举措上把握以下重点：

(一)牢牢把握司法审判第一要务

知识产权法院从成立至今，在短短5个月时间里已经受理案件3692件，其中技术类第一审案件1144件，占收案总数的31%。由此可见我们面临的审判任务是十分繁重的。我们要紧紧围绕“让人民群众在每一个司法案件中感受到公平正义”的目标，牢牢把握司法为民、公正司法工作主线，振奋精神、开拓进取，打好司法审判的攻坚战，发挥好知识产权审判的模范带头作用，为全面推进知识产权司法审判作出应有的贡献。一是坚持公正司法。知识产权法院要严格按照最高人民法院发布的《关于北京、上海、广州知识产权法院案件管辖的规定》《关于知识产权法院案件管辖等有关问题的通知》的规定，依法受理各类案件。最高人民法院作出的《关于广东省深圳市两级法院继续管辖专利等知识产权案件的批复》，是在考虑广东省知识产权审判实际情况的基础上，与全国人大法工委沟通后采取的临时变通措施，该批复属于司法解释性文件，可以在裁判文书中引用。知识产权法院作为主要审理技术类案件的专门法院要发挥好标杆和示范作用，把一审技术类案件审理好，打好基础，把好一审关。在案件审理中，要全面贯彻证据裁判原则，强化庭审中心意识，突出当事人的主导地位；探索研究知识产权案件的专门化审理程序和审理规则，优化庭审程序，提高庭审效率；推动裁判文书改革，根据不同审级和案件类型，实现裁判文书繁简分流，对疑难复杂、有典型性、确定规则或者社会关

注度高的案件要强化文书说理性，打造精品案件。要充分发挥司法辅助人员的作用，有效减轻法官的工作量，特别是要按照最高人民法院发布的《关于知识产权法院技术调查官参与诉讼活动若干问题的暂行规定》中关于技术调查官的职能定位规定，尽快选任和配置技术调查官，确保技术调查官的技术能力和职业素质能适应司法审判的需要，发挥技术调查官在查明技术事实中的独特作用；坚持和完善院庭长办案制度，发挥院庭长在司法审判中的示范作用；探索建立符合知识产权法院审判工作特点的人民陪审员制度，提高人民陪审员的专业性。要加强诉讼调解和诉调对接机制建设，有效分流案件，快速解决纠纷。二是坚持阳光司法。加大司法公开力度，拓宽司法公开渠道，切实保障人民群众对知识产权法院工作的知情权、参与权和监督权，提高司法透明度。及时发布和公开裁判文书，提高裁判文书的公布范围和公布效率；完善庭审公开制度，推进典型案件的全媒体、深度公开力度，积极回应社会关切，发挥知识产权法院的示范作用；完善审判流程公开制度，促进司法公正。三是坚持便民司法。自觉践行司法为民工作宗旨，不断完善司法便民利民举措，通过购买服务，引入第三方，聘请志愿者等方式，依托网络、手机短信、微信等信息技术平台，为公众和当事人提供形式多样、方便快捷的诉讼服务。要严格落实立案登记制改革要求，禁止另设立案条件和“不立不裁”，要公开登记立案程序和流程，积极推行网上立案、预约立案等便民举措，提升诉讼服务水平，让人民群众在立案的第一天就能体验到人民法院便利的司法服务。

（二）坚持不懈抓好队伍建设

人是生产力中最活跃、最革命的因素。做好知识产权法院的各项工作，关键在队伍，核心在人才。我们要牢固树立人才建院、人才强院的思想，千方百计发现人才、选拔人才、吸引人才、留住人才，努力建设一支政治坚定、业务过硬、作风优良、公正廉洁的高素质的知识产权法官队伍，夯实知识产权法院的发展基础。一是加强法官选任，把好进人关。按照最高人民法院出台的《知识产权法院法官选任工作指导意见（试行）》关于法官选任的要求，积极做好法官选任工作，将具有一定审判工作经验，特别是具有知识产权审判工作经验的高素质的法官充实到知识产权法院法官队伍中来，确保知识产权法院的司法水平能够始终走在全国法院的前列。要积极争取当地党委、政府的支持，落实《法官法》的规定，努力提高法官职级待遇和薪酬福利待遇，提高法官的职业尊荣感，确保能够吸引和留住高素质人才。二是加强教育培训，把好能力关。知识产权领域的技术更新日新月异，制度更新也层出不穷，这些都对知识产权法官的能力和素质提出了更高的要求。我们要紧紧跟随知识产权的发展变化，以建设专业化、职业化知识产权法官队伍为目标，加强对法官的业务培训和科学技术知识的培训；充分发挥最高人民法院知识产权司法保护研究中心、审判理论研究会知识产权分会以及知识产权案例指导研究基地的作用，加强对知识产权法院法官的培养和指导，提高其理论素养、研究能力以及裁判案件与化解矛盾纠纷的水平。加强对法官的理想信念教育，深化对党的基本理论、基本路线、基本纲领、基本经验、基本要求的认识，深化对党的十八大和十八届三中、四中全会精神的学习理解，充分认识中国特色社会主义司法制度优越性，坚定法律信仰和司法良知，打牢公正司法的思想基础。三是加强廉政监督，把好用人关。廉政建设始终是人民法院队伍建设的一项硬任务。知识产权法院在设立伊始就要把廉政建设放到重要位置，以“踏石留印、抓铁有痕”的劲头从严管理队伍，坚决杜绝司法不公、司法不廉的隐患，防止“千里之堤，溃于蚁穴”，使我们倾心培育的知识产权司法保护品牌功亏一篑。加强廉政建设，制度是根本。要严格落实党风廉政建设责任制，完善廉政风险防控机制，全面落实法官任职回避制度，将权力牢牢关进制度的笼子里。要积极探索研究主审法官责任制对廉政建设提出的新课题，将廉政建设主体责任落到实处。

（三）求真务实构建审判管理新模式

知识产权法院作为新型审判机构，如何在承继以往审判管理经验的基础上，进一步开拓创新进行科学有效管理，以管理保公正，以公正促公信，是全面落实各项司法改革措施，全面推进知识产权法院审判工作的基础和保障。北京、上海、广州知识产权法院成立后都在审判管理上进行了一些探索和尝试，我们要随着时间的推移继续摸索和总结经验，同时加强与最高人民法院巡回法庭和跨行政区划法院的沟通交流，汲取有益经验，努力构建符合知识产权法院审判工作特点的管理新模式。一是坚持主体化管理。建设以法官为中心的权责明确、相互配合、相互制约、高效运转的审判管理工作机制，健全主审法官、合议庭办案责任制，切实转变院、庭长管理监督职能，保障法官独立公正行使审判权，确保让审理者裁判、由裁判者负责的审判责任制的落实。完善主审法官会议机制，群策群力，提升办案质量。转变审判委员会职能，发挥审判委员会总结审判经验，讨论决定审判工作重大事项的宏观指导职能；完善审判委员会议事规则，建立决议事项的督办、回复和公示制度，确保权责统一。二是坚持制度化管理。健全完善从院、庭长到司法辅助人员，从立案到审判的全方位、立体化的审判管理制度，发挥审判管理的效能。发挥案件信息管理、案件质量评估、审判流程管理、审判运行态势分析、审判绩效考核制度的功能，构建统一、协调的管理制度体系。三是坚持信息化管理。要充分认识信息化工作对审判工作的重要意义和对创新和加强审判管理的基础性地位和作用，争取各方支持。要坚持需求导向，问题导向，进一步加强基础设施投入，完善标准化、信息化法庭和法院内、外网建设，依托信息化进行科学精细、简便易行的管理，以信息化管理推进和彰显阳光司法，使司法公开、司法为民和对审判权力运行进行有效监督、对审判人员职权责设定的各项具体措施得以落实，进而逐步建立符合知识产权法院特点和审判规律的信息化管理模式。通过信息化建设实现知识产权法院与其他国家机关和团体组织的互联互通，整合最高人民法院知识产权司法保护研究中心、中国法院知识产权司法保护国际交流（上海）基地以及最高人民法院知识产权案例指导研究（北京）基地等资源，为知识产权审判提供充分有效的支撑。

同志们，团结凝聚力量，创新铸就伟业。知识产权法院承载着党和人民的重托，肩负着时代赋予的使命。让我们携手共进，以“咬定青山不放松”的精神奋勇拼搏、开拓创新，努力开创知识产权法院工作新局面，为加快推进创新驱动发展战略提供有力司法保障，为实现“两个一百年”奋斗目标和中华民族伟大复兴的中国梦作出新的更大贡献！

版权:仍然任重道远

国家新闻出版广电总局副局长、国家版权局副局长　阎晓宏

党的十八届五中全会提出的“创新、协调、绿色、开放、共享”五大发展理念,为我们做好“十三五”期间版权工作指明了方向。“十二五”期间,我国版权工作在各方面都取得重大进展,但是客观冷静分析我们所处的国际、国内环境,在“十三五”期间,版权仍然任重道远。

一、从自身发展来看我国当前版权保护的形势

从国内自身发展来看,我国著作权的保护历程不是很长,但是发展很快,我们的评价是处于整体快速上升阶段。

第一,从法律制度建设来看,当前,我国文化领域的立法都在加快,像2015年出台的《电影产业保护法》《文物法》等等,但版权的法律制度建设在文化领域一直都是领先的。经过改革开放以来30多年的努力,我国已经基本形成了较为完备的既符合中国国情又与国际规则相衔接的版权法律体系,即我们所说的“一法五条例”,我们还加入了WCT、WPPT等与版权相关的重要国际条约,为全面推进版权保护奠定了法律基础,为保护作品的创造、运用和传播提供了制度保证。

第二,从法律实施情况来看,我国实行司法与行政并行的保护体系。近年来,很多法院成立了专门的知识产权审判庭,北京市、上海市、广州市还成立了专门的知识产权法院;版权行政执法力度也不断加强,查办了一大批大案要案,侵权盗版乱象大为改观,开始从无序走向有序。尤其是在互联网领域,自2005年以来,国家版权局联合公安部、工信部(2008年后加入了网信办)连续11年开展打击网络侵权盗版专项行动,共查办网络侵权案件5064起,依法关闭侵权盗版网站2789个,移送司法机关追究刑事责任案件447件,相继查处了天线视频、番茄花园、思路网、快播、射手网字幕组等一批侵权盗版大案要案,在国内外引起关注。同时,通过开展网络重点监管工作,极大地改变了网络视频、音乐版权混乱的局面,视频、音乐网站正版率大幅提高,得到了权利人、使用者和社会各方面的广泛认同。此外,对网络环境中的版权热点难点,国家版权局高度关注并依法予以治理,譬如网络转载新闻作品、网盘服务、应用程序(APP)、体育赛事节目转播中的版权保护等。下一步,我们将继续加强执法,旗帜鲜明地打击各类网络侵权盗版,特别是对恶意的、规模性的侵权盗版行为,必须追究其刑责。

第三,从权利人的维权来看。近年来,著作权作品登记量逐年提高,权利人的主动维权意识显著增强,如著名作家莫言,以及音乐家叶小钢主席等都对版权有着很深的理解。此外,著作权集体管理制度的确立在维护权利人权益方面发挥了越来越大的作用。这一制度能够有效地降低交易成本,在我国建立以后总体发展不错,近年来

收入不断增加，但在分配的规范性和透明性上仍需要进一步改进和加强。

第四，从版权价值的实现来看。衡量版权治理成效最根本的标准，是权利人的权利是否得到尊重，是否能够拿到报酬，同时也要看权利人的作品能不能得到比较好的传播，而在这个传播过程中，作品的社会效益及相关产业的价值能否实现。但是不是给权利人的钱越多越好？也不是，要实现一个平衡，就是权利人和使用者都能受益，如果是（使用者传播机构）这一方非常强势，就会对权利人的权利进行一定的限制甚至剥夺；还有一种就是作者非常强势，使用者传播机构处于一个非常可怜的位置，这两种情况个别的或者局部的在中国都有，但是从整体上来看，我认为目前在中国，还是权利人这一方相对处于一个比较弱势的位置。

二、从国际比较来看我国版权面临的问题和挑战

从国际比较上来看，目前我国版权保护仍处于矛盾和纠纷高发阶段，仍然存在很多问题和挑战，总体特征仍然是保护不足，而发达国家在知识产权领域却处于垄断和滥用阶段。

第一，国际规则正在悄然发生变化。多年来，版权领域最重要的两个国际公约，一个是《与贸易有关的知识产权协定》（TRIPs 协定），另一个是《伯尔尼公约》，这两个多边国际公约，可以使发展中国家与发达国家在一个相对透明和公平的平台上发表自己的看法，在国际谈判中发挥了十分重要的作用。现在多边的规则受到了挑战，由美国主导的 TPP（《跨太平洋伙伴关系协定》），还有美国和欧盟合作的 TIPP（《跨大西洋的投资伙伴关系协定》），这两个由少数发达国家参与的协定几乎将全球70%以上的贸易纳入囊中，这将实际上改变当前的 WTO 贸易体系。这个问题是非常需要关注的。

第二，著作权的法律制度调整在加快。随着科技的发展，我们已经进入了互联网、移动互联网、大数据时代，法律制度要根据生产传播方式的变化而变化、而进行调整。换言之，法律存在适用性问题，法律制度也存在改进和创新的问题。所以，我们著作权的法律调整也在加快。前面我讲在国内文化领域，版权制度建设从自身发展看是比较快的，但在国际上，与日本、欧盟、韩国、我国的台湾地区、香港地区比较的话，我们著作权的立法、修法是滞后的。自1990 年我国《著作权法》颁布以来，已经 25 年了，没有进行大的修订，只有 2001 年和2012 年的两次局部修订，而不少发达国家的著作权法一两年就会修订一次。当然，从整体上来讲，我们 1990 年《著作权法》的水平还是比较高的，是一个比较完备的法律，但是毕竟发展到现在，面临新形势和新技术带来的很多问题，要修订的地方也是比较多的。前几年，国家版权局已会同有关部门，启动了《著作权法》的第三次修订工作。目前，国务院法制办正在向社会征求意见，集思广益，以凝聚权利人、产业界、法律界和社会各界的共同智慧。著作权法的第三次修订也引起了社会的广泛关注。现在条件基本都就绪了，国务院法制办连续 3 年把著作权法修订列为立法一档，全国人大现在也把著作权立法作为全国人大立法的预备项目，我们也期待着这次修法尽快完成。

第三，我国仍处于知识产权纠纷高发期。近年来，我国在专利、商标、版权等重要知识产权领域发展很快，总体水平有了很大提高，但与美、日、韩、欧等世界知识产权强国和地区相比，在很多方面还存在不小的差距。另外，随着技术的不断进步，新问题、新挑战层出不穷，我们的判断是在一段时间内，我国仍将处于知识产权纠纷的高发期。据统计，近几年法院的知识产权诉讼持续上升，其中著作权民事诉讼案件的比例最高，以北京市为例，2014 年各级

法院共办理知识产权民事案件 11 332 件，其中著作权案件 8953 件，占 79%。而著作权案件中，网络案件又占一半以上。

三、关于对未来发展趋势的分析

在今后创新、协调、绿色、开放、共享的发展进程中，智力成果在推动社会进步、经济发展方面所发挥的作用将更加突出，而另一方面著作权的纠纷和矛盾也更加凸显，这就决定了我们仍然要将版权保护放在版权工作的重要位置，创造良好的版权保护环境，仍将是“十三五”版权工作的重点。

第一，创新及创新成果的运用将更为重要而紧迫，版权在其中的作用将更加凸显。“十三五”时期，我国经济发展将表现出速度变化、结构优化、动力转换等重要特点，经济社会发展将更多依靠创新作为发展动力的驱动，将更多依靠包括版权在内的智力成果的运用，将更多依靠以版权作为基础资源的版权产业的发展。

从目前开展的版权的经济贡献率调查来看，2014 年我国版权产业的经济贡献率已超过了 6%，而上海、北京和深圳三个城市已达到了两位数，这个数字超过了文化产业，原因在于文化和版权产业统计方法不同，范围、口径也不同。但文化的内核是版权，在文化产业发展中，版权的基础性、资源性作用将越来越凸显、越来越重要，特别是在传播方式正在发生革命性变化的今天，实现版权的价值，最重要的是依靠更多的优秀作品。现在的图书、电影和电视剧每年都增长很快，但真正能够实现两个效益统一的好作品，仍然是少数的，这样的一个规律让我们认识到挖掘版权的价值，重点就是要创造出好作品、掌握好作品，然后在这个基础上才能去制作和传播好作品，以推动文化产业和事业的大发展。

第二，在创新过程中，资本对版权作品的控制力在提高。鉴于版权在创新发展过程中的基础性、资源性作用，越来越受到资本的关注，目前很多电信运营商和平台商都正在进入或即将进入内容领域，对优秀作品和版权资源的竞争正在逐渐加剧。我们常说要重视国家文化安全，实际上国家应该首先通过资本来控制版权资源，而不仅仅限于出版传播机构。现在新技术环境下，这个问题将更加凸显，党的十八大提出传播正能量、唱响主旋律，贯彻落实党中央的这一要求，需要有大量的优秀作品在平台上投送，近年来，我们在基础设施和平台建设上投入很大，但如果缺乏对版权资源的投入和控制，后果将十分严重。最后，要注意实行国家调控和引导，对竞争过度集中的地方要进行调控，防止形成恶性竞争，恶性竞争对权利人、对企业、对传播者和消费者都不利；对一些新的领域，国家要加强政策和资金引导，使版权能够为文化发展提供一个很好的支撑。

第三，在新形势下，版权保护力量更需加强。

近年来，我国的版权保护力度不断加强，版权环境有了很大提升和改善，但总体来说我们的保护还是不够的。在“十三五”时期，国家鼓励大众创新、万众创业，推动创新成果转化，版权保护的任务将更重，版权保护力量也须进一步加强。目前，版权领域的刑事执法、行政执法和民事诉讼并存，这是当下我国的国情所决定的，但是存在着执法队伍专业化水平不高，执法能力相对薄弱的情况。今后需要进一步推动版权领域的执法改革，进一步推动刑事、行政执法衔接到合一，应当根据我国正处于版权矛盾纠纷高发期这样的现实，进一步加强版权执法力量，提高版权执法人员的专业化水平。版权刑事执法最具威慑力。现在达到刑事门槛的案件多，而版权刑事执法队伍相对薄弱，可以考虑学习借鉴韩国和中国香港地区的版权执法和管理经验，推动建立专业的版权执法警察队伍。

四、关于建立网络版权新秩序的几点看法

互联网的产生和发展，改变了世界也改变了中国。改变了人类的生存、生活方式，但是也为 20 多年前相对落后的中国，在互联网领域实现快速健康发展，提供了难得的机遇。在建立网络版权新秩序的实践中，也有几点看法与大家交流。

第一是版权和法律，版权和经济的关系。版权和法律的关系是不言而喻的，版权是因创作而产生的权利，是受法律保护的。而版权与经济的关系容易被忽视或者不愿意提及。事实上从著作权制度的诞生就能够看出，当复制有利可图时，这个经济上的动因催生了现代版权制度。其实 300 年过去，现在也是一样，经济上的动因、利益的调整与分配驱动法律的修改和调整。捅破这层窗户纸，有利于理性科学地看待网络中出现的各种问题，有利于推动建立网络新秩序，有利于激励创新，激励好作品不断涌现，同时也有利于降低社会网络治理成本。在世界知识产权组织的指导下，中国开展了版权对中国经济和社会发展中的贡献调研，这个调研不是要替代其他的社会统计，而是让人们清楚地看到版权不仅对文化发展有贡献，对经济发展也有贡献，这有助于人们认识版权的价值，认识不同类型作品的不同价值，也认识同一类型的作品因质量优劣而价值不同。这无论对于创新发展，对于社会进步，对于公众享有更好的文化作品，对于政府管理都是很有意义的。

第二是版权和文化的关系。版权和文化之间有天然的血缘关系，虽然文化远远早于版权制度产生，但是版权制度产生以来，所有的有价值的文化作品都不可避免地要打上版权的烙印。我们既不能抽象地谈版权，也不能抽象地谈文化。任何版权都是一定作品的版权，书的版权，影视的版权，音乐的版权等。脱离了具体的作品就没有版权。而文化也不是抽象的文化，也一定有它的表现形态，如文字作品的表现形态，视听艺术的表现形态，音乐会演唱会，电影电视等。我曾经请教英国创意产业先驱霍金斯先生版权和文化的关系，他在黑板上画了一个洋葱，然后告诉我，版权就是这个洋葱的内核，而洋葱就是文化。虽然不一定很严谨，但是很形象生动。前几年的情况是搞科技的人不愿意谈专利，而搞文化的人不愿意谈版权。现在已有很大改观，但重视程度仍不到位。

第三是要处理好加强保护和防止垄断滥用的关系。在当前，中国仍然是版权保护不足，要加强保护。这是我们的工作方针，这一点是坚定的。加强保护是为了鼓励创新，为创新发展提供一个良好的有秩序的市场环境。但是从国际范围看也要注意另一种倾向，就是美国等发达国家着力抬高知识产权的保护门槛。版权和其他知识产权都有一个前期投入和后期回报的平衡的问题，如果不保护，投入创新拿不到回报不行，但是一次投入无期限、无限制，垄断市场和价格的回报，也不是人类创造和发展知识产权的本来意义。因此知识产权和版权都有一个既要防止保护不够，损害创新的问题，也有一个防止垄断和滥用的问题。

中国的著作权保护起步比较晚，还存在许多矛盾纠纷和不足，特别是表现在互联网领域，但是我们有信心和能力，依法治理网络环境中的多类侵权问题，认真履行国际承诺，在世界贸易组织与贸易有关的知识产权协定的框架下，在世界知识产权组织《伯尔尼公约》、WCT、WPPT 等国际条约的框架下，广泛深入地进行多双边国际版权交流与合作，推动建立国际版权合作新秩序，推动建立网络环境下的更加健康有序的版权制度，以惠及广大的创作者、使用者和社会公众。

构建良好的网络音乐版权生态 推动我国网络音乐产业健康发展*

国家版权局版权管理司司长 于慈珂

近年来，网络音乐服务商、唱片公司、权利人对保护网络音乐版权反映强烈，希望版权部门加强网络音乐版权监管。由于音乐作品数量巨大，权利状况复杂，加强网络音乐版权保护要充分考量网络音乐产业链上的各个环节，积极平衡各方利益，从多个角度采取有效措施，才能真正有效维护网络音乐版权秩序，建立良好的网络音乐版权生态，推动我国网络音乐产业的健康发展。经过深入调研和多次研究论证，国家版权局已经形成了加强网络音乐版权保护的工作思路，将从以下五个方面加强网络音乐版权保护。

一、严厉打击各类网络音乐侵权盗版行为

规范网络音乐版权秩序是“剑网 2015”专项行动的首要任务。2015 年 7 月 8 日，国家版权局发出《关于责令网络音乐服务商停止未经授权传播音乐作品的通知》，将严厉打击各类未经许可传播音乐作品的侵权盗版行为：对于侵犯音乐作品著作权的网站、移动应用程序（APP），将依法加大行政处罚力度；涉嫌构成犯罪的，将依法加大刑事打击力度；对传播侵权盗版音乐作品的无备案网站，将协调通信主管部门予以关闭。

二、加强对网络音乐服务商的版权重点监管

自 2015 年 7 月起，将传播音乐作品的主要网络音乐服务商纳入版权重点监管范围，进一步创新监管方式，丰富监管手段，切实加强对网络音乐服务商的版权重点监管。对于被监管网络音乐服务商之间的版权纠纷，及时通过调解、约谈等方式予以化解；对于收到国家版权局通知后仍不下线无授权作品的，将约谈网络音乐服务商相关负责人并公开通报；对于多次不下线无授权作品的，将其列入警示名单并公开通报；对侵犯音乐作品著作权情况严重的，依法进行行政调查。

三、支持网络音乐服务商加强版权自律

网络音乐行业加强自我约束是规范网络音乐版权秩序的基础。鉴于目前唱片公司、网络音乐服务商有规范网络音乐行业版权秩序的共同要求，国家版权局积极支持有关方面讨论形成了“网络音乐版权保护自律宣言”，2015 年 7 月 15 日，《网络音乐版权保护自律宣言》的正式签署和公开发布，这是网络音乐版权自律的一个突出成果。希望网络音乐服务商、唱片公司能切实遵守自律宣言，主动接受版权行政管理部门、广大权利人和公众的监督。

四、促进音乐作品的广泛授权和有序传播

目前各家网络音乐服务商正在根据要求进行自查自纠、及时下架无授权的音乐作品；获得专有权的网络音乐服务商也正在积极进行转授权。这不仅仅是维护网络音乐版权秩序的应有态度，也是促进音乐作品有序广泛传播、推动音乐文化繁荣、助力音乐产业健康发展的应有态度。希望唱

* 本文系作者 2015 年 7 月 15 日在“网络音乐版权保护工作座谈会”上的发言，发表时略有删改。

片公司能够以长远眼光看待授权问题，积极以非独家授权的方式许可网络音乐服务商使用作品，以维护网络音乐市场的生态平衡，促进音乐作品的广泛授权和有序传播。

五、推动网络音乐相关利益方开展版权合作

互联网产业是一个“合作、共赢”的领域，对于网络音乐产业来说也是如此。希望网络音乐产业的各环节、各利益方能够本着这一理念，积极开展版权合作、诚信守法经营；国家版权局也将积极推动词曲作者、唱片公司、权利人组织等与网络音乐服务商建立“通知—删除”快速处理机制、绿色维权通道、版权纠纷快速解决机制等版权保护合作机制，与各方一道共同维护网络音乐版权秩序。

充分发挥司法保护知识产权的主导作用*

最高人民法院副院长　陶凯元

2008年6月国务院发布的《国家知识产权战略纲要》，将“加强司法保护体系”“发挥司法保护知识产权的主导作用”作为战略重点之一。党的十八大明确提出要“实施创新驱动发展战略”，党的十八届三中全会要求“探索建立知识产权法院”，党的十八届四中全会强调“完善激励创新的产权制度、知识产权制度和促进科技成果转化的体制机制”。2014年8月，全国人大常委会决定在北京、上海、广州设立知识产权法院。2014年12月，国务院发布《深入实施国家知识产权战略行动计划（2014—2020年）》，把“司法保护主导作用充分发挥”作为主要实现目标之一。人民法院要结合工作实际，扎实有效推动这一目标任务的实现。

一、发挥司法保护知识产权的主导作用具有重要意义

发挥司法保护知识产权的主导作用，是党和政府从国家战略高度出发，结合我国经济社会发展总体状况，在总结知识产权事业发展和知识产权保护规律基础上作出的战略决策。

主动适应新形势和服务大局的必然选择。当今世界，科学技术发展日新月异，知识经济和经济全球化深入发展，知识产权日益成为国家发展的战略性资源和国际竞争力的核心要素。我国经济发展进入新常态，低成本比较优势发生变化，环境资源约束更加明显，经济发展方式由要素驱动、投资规模驱动为主向以创新驱动发展为主转变。在大众创业、万众创新和“互联网＋”时代，创新对经济发展的引擎作用更加突出，我国实施知识产权战略的形势更加紧迫，充分发挥司法保护知识产权的主导作用，才能更好地服务党和国家工作大局。

司法本质属性和知识产权保护规律的内在要求。司法保护具有稳定长效优势。通过司法保护知识产权，可以很好地避免行政保护可能形成的执法弊端。司法保护具有明确规则优势。司法保护不仅能够解决纠纷，还能够基于裁判文书的公开性和说理性，明确法律标准和阐明法律界限，划定知识产权案件当事人的行为界限，为处理类似纠纷以及行业发展方向提供重要的依据、指导和参考。司法保护具有终局权威优势。司法保护是知识产权保护的最终

---

* 本文原载于《求是》2016年第1期。

环节和最后的救济途径，具有终局的救济效力，较之行政保护更具权威性。由于司法所具有的上述优势，知识产权权利人日益把司法保护作为维护权益最值得信赖的途径。

尊重市场规律和建设统一开放、竞争有序的市场体系的客观需要。党的十八届三中全会强调处理好政府和市场的关系，使市场在资源配置中起决定性作用和更好发挥政府作用，更加注重建设统一开放、竞争有序的市场体系。这就要求我们尊重市场规律，划清政府和市场的边界，搞好政府和市场“两只手”的协调配合。知识产权是私人权利，是市场主体参与市场竞争的核心资源和重要武器。知识产权司法保护由权利人自主发动，很好地契合了知识产权的私权属性、市场属性和竞争属性。司法有着严谨、规范、公开、平等的程序规则，通过司法途径保护知识产权，发挥司法保护知识产权的主导作用，对于明确公开开放透明的市场规则、营造公平竞争的法治环境具有根本性作用。

全面推进依法治国和提升司法公信力的重要体现。党的十八届四中全会对全面推进依法治国作出重要部署，标志着我国法治建设进入新阶段。司法是法治的重要体现和象征，司法工作在国家和社会生活中的地位、作用和影响更加凸显。在知识产权保护工作中，人民法院不仅负有知识产权民事保护和刑事保护的司法职责，还负有对知识产权行政执法行为的司法监督职责。强化人民法院对知识产权行政执法行为的监督，规范和促进行政机关依法行政，是司法保护知识产权主导作用的重要体现，是知识产权领域法治建设的重要内容。

提升我国国际影响力，树立大国国际形象的重要方式。司法保护是国际通行的保护知识产权的主导性机制，被国际社会广泛接受和认可。推行司法保护为主导的知识产权保护模式，有利于我国融入知识产权保护国际化进程，有利于我国的对外开放和国际交往，有利于我国发出中国声音、把握话语权、参与知识产权保护国际规则制定，有利于树立我国负责任大国形象，提高我国司法的国际公信力。

二、制约司法保护知识产权主导作用发挥的主要因素

“发挥司法保护知识产权的主导作用”这一战略决策提出以来，司法保护知识产权的主导作用日益凸显，但也受到内外各种因素的制约。

知识产权“双轨制”保护模式有待优化。我国法律确立了知识产权行政保护和司法保护并行的“双轨制”模式。在知识产权制度建立之初，“双轨制”模式充分利用行政力量，满足了在较短时间内建成有效知识产权保护体系的需要，为知识产权保护工作作出了重要贡献。但是，随着我国知识产权法律制度不断完善和知识产权司法保护的日益成熟，行政保护与司法保护在相互配合、相互协调过程中出现的问题不断增多，“双轨制”模式本身所存在的弊端不断显现，一定程度上制约了知识产权司法保护主导作用的发挥。必须妥善处理司法保护和行政保护之间的关系，正确厘定两者之间的职能范围，做好协调配合和相互衔接。

知识产权相关法律有待修改完善。随着知识产权保护实践的发展和全社会知识产权保护需求的不断提高，现行知识产权法律体系中一些与实践和需求不适应的环节和方面逐渐显现。比如，我国现行民事法律对知识产权法律的基本原则、一般规则及其重要制度、重要概念等未予明确规定；知识产权损害赔偿制度未对侵权人形成足够威慑；知识产权民事侵权诉讼程序与知识产权行政无效程序的各自分立，严重制约了司法保护效率；现行专利商标确权程序定位不科学且过于复杂冗长；人民法院缺乏司法变更行政决定的司法职权导

致循环诉讼屡有发生；知识产权证据制度不完善造成权利人维权困难，等等。

知识产权司法保护体制有待健全。我国已经建立起比较完备的知识产权司法保护制度，但仍亟待改革和加以完善。一是民事审判、行政审判和刑事审判相互分立的审判模式不尽合理，难以形成保护合力。二是知识产权审判体系尚待完善，技术类案件上诉审法院不统一，难免出现裁判结果不协调甚至冲突的情况，影响了知识产权司法保护的质效。三是知识产权法院各项制度均在探索当中，其运行效果在短时间内难以显现。四是人民法院对知识产权保护临时措施运用不足，影响了知识产权司法保护的及时性和有效性。

知识产权法官队伍建设有待加强。当前，知识产权法官的司法能力尚不能完全适应快速增长的司法需求。一是知识产权法官服务大局的针对性、有效性有待进一步提高。二是部分知识产权法官对新法律、新知识和新审判领域的学习研究不够，应对审判热点、难点问题、解决新问题的能力有待进一步提高。三是司法作风建设有待进一步加强，廉洁意识、为民意识、公正意识有待进一步提高。

知识产权保护的国家利益意识有待强化。部分知识产权法官对知识产权国际竞争形势了解不多，知识产权保护的国家利益意识有待进一步增强，国际视野还需进一步拓宽，参与和引领国际知识产权司法前沿的能力有待进一步提高。

三、充分发挥司法保护知识产权主导作用应采取的主要措施

司法保护知识产权主导作用的充分发挥，既需要立法的修改完善，又需要司法的改革调整；既需要人民法院积极采取行动，又需要全社会的理解、支持和配合；既需要顶层设计，又需要底层探索。

调整优化知识产权“双轨制”保护模式。逐步优化以司法保护为主导、以民事诉讼为主渠道的知识产权保护模式。加强司法保护与行政保护之间的相互配合协调和衔接。合理确定知识产权行政执法的执法事项和范围，将有限的行政资源集中于危害社会公共秩序和公共利益的严重侵权行为。加强对行政执法行为的司法监督，严格规范知识产权行政执法行为，强化对执法行为的程序审查和对执法标准的实体审查，依法纠正执法错误。积极引导行政执法的调查取证、证据审查、侵权判定等向司法标准看齐。

修改完善相关知识产权法律。加强知识产权立法的衔接配套，增强法律的可操作性。明确知识产权在民法典编撰中的定位。以修改专利法、著作权法和反不正当竞争法为契机，参照《商标法》的规定，增加惩罚性赔偿制度。研究知识产权民事侵权诉讼程序与知识产权行政无效程序各自分立的体制造成的诉讼效率问题及其解决方案，赋予人民法院在民事侵权诉讼中审查知识产权效力的司法职权。改革和简化专利商标确权程序，明确专利商标确权纠纷案件的民事纠纷属性，明确规定人民法院在专利商标确权案件中的司法变更权。建立知识产权案件诉讼证据开示制度，设置完善的程序和规则，赋予当事人披露相关事实和证据的义务，确保最大限度查明案件事实。增设文书提出命令制度和举证妨碍制度，明确侵权行为人的文书提出义务和无正当理由拒不提供证据的法律后果，强化实体和程序制裁，减轻权利人举证负担。

不断健全知识产权司法保护体制。推动建立知识产权民事、行政和刑事审判协调机制，提高司法效率，统一司法标准，发挥整体保护效能。加强与公安机关、检察机关以及知识产权行政执法机关的协调配合，完善工作配套机制，形成保护合力。研究和推动建立国家层面的知识产权高级法院，作为专利等技术类案件的上诉管辖法院，有效统一裁判标准。强化知识产权法

院在司法保护主导作用中的引领地位，落实法官员额制、司法责任制，完善各项诉讼制度，探索符合知识产权案件审判规律的专门化审理程序和审理规则，抓紧研究制定技术调查官制度。发挥知识产权保护临时措施的制度效能，妥当有效采取保全措施，依法满足权利人迅速保护权利、获取证据的正当需求，提高司法救济的及时性、便利性和有效性。

加强知识产权法官队伍建设。认真贯彻落实习近平总书记关于政法队伍建设的指示精神，按照“政治过硬、业务过硬、责任过硬、纪律过硬、作风过硬”的要求，进一步坚定理想信念，严明政治纪律，提升司法能力，改进司法作风。知识产权法官要着力提升群众工作能力，坚持司法为民，切实维护人民权益，让人民群众感受司法的“正能量”；着力提升维护公平正义的能力，坚守法治，秉公执法，从实体、程序和实效上体现维护社会公平正义的要求；着力提升业务能力，加强对新法律、新领域、新技术的学习培训，不断提高研究新情况、解决新问题的能力；着力提升拒腐防变能力，完善体制机制，确保司法廉洁。

不断强化知识产权保护的国家利益意识。强化国际视野和世界眼光，准确把握知识产权司法保护的国内外发展变化趋势，提高我国知识产权司法的国际影响力。

新形势下我国的知识产权司法政策

最高人民法院知识产权审判庭庭长　宋晓明

党的十八大尤其是十八届三中、四中全会以来，我国知识产权保护面临的国际、国内形势均有了一些新变化，呈现出一些新的阶段性特征和发展态势。知识产权司法需要在立法决定的空间和弹性幅度内，适应新特征和新态势，有针对性地予以回应和调整，以更好地服务于我国的创新和发展。

一、我国知识产权司法保护面临的新形势

（一）全面推进依法治国要求知识产权司法进一步提高公信力

党的十八届四中全会对全面推进依法治国作出了部署，要求保障公正司法、提高司法公信力。司法工作在国家和社会生活中的地位、作用和影响更加凸显。知识产权司法需要在已有成绩的基础上，根据全面推进依法治国对知识产权审判提出的新课题，加强审判体系建设，推进以审判为中心的诉讼制度改革，探索建立更加合理高效的审判流程，进一步强化程序公正和实体公正，不断提升社会大众对知识产权司法的信任度，努力让人民群众在每一个司法案件中都感受到公平正义。

（二）实施创新驱动发展战略要求知识产权司法进一步在营造激励创新的市场环境中发挥主导作用

我国经济发展进入新常态，经济发展方式正在由要素驱动、投资规模驱动为主向以创新驱动发展为主转变，创新对经济发展的引擎作用更加突出。2015 年 3 月，中共中央和国务院联合发布《关于深化体制机制改革加快实施创新驱动发展战略的若干意见》，明确提出“营造激励创新的公平竞争环境”“发挥市场竞争激励创新的根本性作用，营造公平、开放、透明的市场环境”，并将“实行严格的知识产权保护制度”作为“营造激励创新的公平竞争环境”的首要措施。司法是保护创新和知识产权的最有效、最根本、最权威的手段，是维护公平

竞争市场秩序的枢纽环节。我们必须责无旁贷地发挥保护创新和维护公平竞争的主导作用，更加注重保护知识产权，更加注重推动大众创业和万众创新，更加注重维护统一透明、有序规范、公平竞争、充满活力的市场环境。

（三）建设知识产权强国要求知识产权司法进一步提高国际影响力

我国已经是知识产权大国，但大而不强、多而不优的矛盾比较突出。国务院《深入实施国家知识产权战略行动计划（2014—2020年）》提出，认真谋划我国建设知识产权强国的发展路径，努力建设知识产权强国。优质高效的知识产权司法是知识产权强国的关键指标和核心要素之一。与美欧等知识产权强国相比，我国法院在知识产权案件审理质效方面还存在较大的提升空间，在知识产权国际治理规则形成方面发挥的作用还非常有限。我们既要正确认识自己的方位，增强自信和战略定力，又要以建设知识产权强国作为目标追求，迎头赶上。要在正确认定事实、妥当适用法律上进一步提高质量和水平，通过对大案要案的审理，进一步提高我国知识产权司法的国际影响力，努力使中国法院成为当事人信赖的国际知识产权争端解决“首选地”。

二、新形势下知识产权司法保护的政策导向

与新形势和新要求相适应，当前我国知识产权司法保护应以建设创新型国家和知识产权强国为目标，通过优质的知识产权司法服务，促进创新活力竞相迸发，创新成果得到充分保护，创新价值得到更大实现，切实使知识产权制度成为激励创新的基本保障。

（一）更加坚定不移地加强知识产权保护

创新是引领发展的第一动力。越是进入经济发展新常态，越是实施创新驱动发展战略，越要加强知识产权司法保护，真正使创新成为经济发展新引擎。要保证企业和个人在复杂和不确定的创新和知识生产过程中勇于探索、大胆投入，必须保证其创新成果能够得到充分保护，其能够从创造性劳动中获得应有的收益。知识产权是创新过程的终端产品之一，是创新成果的法律认可形式。要实现创新者强，领先者胜，必须“实行严格的知识产权保护制度”。随着我国的创新能力和研发投入逐年提高，国内创新者对于知识产权保护的内在需求更加强烈，我国将成为当前和今后加强知识产权保护的更大受益者。与此同时，我国从中央到地方、从官方到民间，对于加强知识产权保护已经形成广泛的、主导性的共识。知识产权司法必须关注和回应上述新需求、期待和共识，切实采取有效措施加强知识产权保护。对此，我们必须更加旗帜鲜明和坚定不移。

（二）更加注重发挥知识产权司法保护主导作用

全面推进依法治国要求司法成为知识产权保护的“压舱石”。进一步发挥司法保护知识产权的主导作用，一要发挥司法保护稳定长效的机制优势。司法具有中立性、稳定性、可预期性和长效性的特点，其由当事人自主发动，有着严谨、规范、平等的诉讼程序机制。只有充分发挥司法保护稳定长效的优势，才能真正营造公平、开放、透明的市场环境，切实发挥市场竞争激励创新的根本性作用。二要发挥司法保护规则引导的机制优势。司法保护不仅能够解决纠纷，还能够明确法律标准和阐明法律界限，规范当事人和社会公众的行为，指引行政执法。充分发挥司法保护的规则引导优势，才能切实提高知识产权保护的可预期性。三要发挥司法保护终局权威的机制优势。作为维护社会公平正义的最后一道防线，司法的核心价值之一是终局性和

权威性。要充分利用司法保护终局权威的制度优势，既注重纠纷的彻底解决，又注重对行政机关执法行为的司法监督，促进提高行政执法效能和执法水平。

（三）更加深入贯彻知识产权保护的比例原则

知识产权保护的比例原则是指，基于知识产权保护激励创新的目的，知识产权的保护范围和强度要与特定知识产权的创新和贡献程度相适应。只有使保护范围强度与创新贡献相适应、相匹配，才能真正激励创新、鼓励创造。如果二者不相匹配，要么会因保护过度形成对后续创新的妨碍，要么会因保护不足形成对创新活力的抑制。两种情况均会造成社会创新无法达到最佳水平。贯彻知识产权保护的比例原则，在专利权领域，要求根据专利权等科技成果类知识产权的创新程度，合理确定保护范围和保护强度，实现科技成果类知识产权保护范围和强度与其创新高度和贡献程度相适应。在著作权领域，要根据不同作品类型的特点和我国产业发展需求，合理确定独创性尺度，努力实现作品保护范围和强度与其独创性范围和尺度相适应。在商业标识领域，要妥善运用商标近似、商品类似、混淆、不正当手段等弹性因素，使商标权保护的强度与商标的显著性、知名度等相适应。在知识产权司法保护领域贯彻比例原则，还应注意根据不同侵权人的性质、作用和主观恶性程度，区分不同情况，恰如其分地予以处理。

（四）更加注意精准发力和定向施策

知识产权司法要进一步提高公信力、发挥主导作用，需要抓住影响和制约知识产权司法发展的关键领域和薄弱环节，精准发力，定向施策，尽快予以加强和改善。要加强我国经济发展阶段性所形成的特殊知识产权问题的研究和解决。例如“定牌加工”问题，该问题具有阶段性。随着我国从全球经济贸易价值链的低端向高端跃迁，这一现象和问题将最终得到缓解。在这个过程中，司法要考虑我国经济发展的阶段性、定牌加工的法律属性、社会共识等因素，稳妥地加以解决，不能超越现实和急躁冒进。要加强具有中国特色的知识产权领域的保护，维护我国国家利益。非物质文化遗产、计算机中文字库、中华老字号等的保护问题，是我国具有浓厚历史传统的智力成果与现代知识产权制度交汇而形成的特殊法律问题。要根据我国的历史、国情和产业发展需求，独立思考和判断，弄清我国产业的利益和成果价值所在，依法合理地运用现代知识产权制度予以保护。要加强对职务发明、技术合同、计算机软件侵权、商业秘密保护等对创新有重大影响的关键环节和领域的重视和研究，从有利于保障创新资源的市场优化配置、有利于维护创新机制的健康运行的角度分析和考虑问题，有针对性地采取相关司法措施。

三、新形势下知识产权司法保护的着力点

新形势下加强知识产权保护，既要整体推进，更要重点突破，以点带面，以达事半功倍之效。当前，我们需要抓好以下几个重要着力点：

（一）发挥知识产权法院的功能作用

知识产权法院是知识产权司法保护主导作用的引领者，是深化司法体制改革的先行者和探索者，是知识产权司法公信力的标杆和排头兵。知识产权法院的运转效能及其司法保护效果如何，直接决定着我国知识产权保护的总体效果。知识产权法院一要从社会反映最强烈、人民群众最期待的地方入手，大力提升知识产权司法保护质量与效率，发挥示范作用。下大力气探索和研究技术类案件的审判规律，统一技术类案件司法裁判标准和裁量尺度，缩短审理周期，提高审理效率。二要在发挥

司法保护主导作用方面积极作为，充分利用其专门法院的审判资源优势和制度优势。在加大对知识产权授权确权行政行为司法审查深度和力度上先行先试，促进行政争议的实质性解决；在探索有效率的技术事实查明机制方面加大力度，努力构建具有中国特色的技术调查官制度。三要在深化司法体制改革方面勇于担当，全面落实各项司法改革措施，努力做司法改革的先行者，发挥改革试验田作用。

（二）加大损害赔偿力度

从实践中看，确有相当比例的知识产权权利人对法院判决的赔偿数额有着较强烈的负面评价。我们必须予以高度重视并深刻反省。必须加大损害赔偿力度，确保损害赔偿数额与知识产权的市场价值相契合。侵权损害赔偿必须充分反映和实现该知识产权的真实市场价值，任何低于知识产权市场价值的损害赔偿，不仅会使侵权人获得不正当的利益，更会严重影响知识产权司法的权威。要促进形成符合市场规律和满足权利保护要求的损害赔偿计算机制，积极运用市场假定法、可比价格法、行业平均法等经济分析方法，提高损害赔偿计算的科学性和合理性。要强化裁量性赔偿方法的适用。这是一种根据损失或者获利确定损害赔偿数额的方法，不是法定赔偿，不受法定赔偿限额的限制。要强化举证妨碍制度的运用，探索惩罚性赔偿的标准和尺度，坚决遏制恶意侵权行为。

（三）规范网络竞争秩序

互联网经济是我国经济重要的新的增长点。当前，网络领域竞争极为激烈，竞争秩序亟待规制。加强网络领域竞争秩序的规制，一是要明确和细化网络不正当竞争行为的判断标准。对于互联网领域出现的法无明文规定的新型竞争行为的正当性判断，要综合运用道德评价、效能竞争、比例原则、竞争影响评估等方法，从多个角度进行评价，提高评价标准的客观性，防止陷入简单主观的道德评价。二是要充分考虑互联网领域竞争的特点，适当调整传统领域垄断行为分析的思路和方法，避免机械套用。在传统领域中广为适用的垄断行为分析思路和方法并不能直接套用到互联网领域，而是需要根据网络竞争的特点进行有针对性的调整和创新。

《中华人民共和国促进科技成果转化法》修改的有关情况

科技部政策法规与监督司　孙永俭　张杰军

2015 年 8 月 29 日，第十二届全国人大常委会第十六次会议作出了《全国人民代表大会常务委员会关于修改〈中华人民共和国促进科技成果转化法〉的决定》，自 2015 年 10 月 1 日起施行。这个修改决定，是对《中华人民共和国促进科技成果转化法》（以下简称《促进科技成果转化法》）的一次重要修改。它贯彻中央关于加快实施创新驱动发展战略的部署，着力解决当前制约科技成果转化的突出问题。修改后的《促进科技成果转化法》，进一步强化了企业在科技成果转化中的主体作用，加强了科技成果信息发布和科技成果转化服务，完善了科技成果处置和收益分配制度，提高了科技人员奖励和报酬的标准，以引导和激励科研机构和广大科技人员积极转化科技成果。毫无疑问，这次修改，对依法保障科研机构和科技人员的合法权益，调动广大科技人员的积极性，规范科技成果转化活动，促进科技成果转化为现实生产力，必将发挥重要的作用。

为便于大家更好地理解和把握这次修法，现就《促进科技成果转化法》的修改紧迫性与必要性、修改的主要原则和思路、主要内容，以及需要进一步说明的一些问题简要介绍如下。

一、修法的背景

（一）修法的紧迫性

新中国成立以来，尤其是改革开放以来，党和国家高度重视科技进步和科技成果转化及相关立法工作。1996 年 5 月 15 日，第八届全国人大常委会第十九次会议通过了《中华人民共和国促进科技成果转化法》，自 1996 年 10 月 1 日起施行。《促进科技成果转化法》的出台，对加速科技成果转化，促进科技成果转化为现实生产力，推动科技经济社会发展发挥了重要作用。

随着我国科技经济社会的发展和科技体制改革的深入，科技成果转化的环境和形势发生了很大变化，修改前的《促进科技成果转化法》的有些内容已难以适应实践需要，主要表现在：一是科技成果供求双方信息交流不够通畅，企业对科研机构取得的科技成果信息缺乏充分了解，影响科技成果的转化。二是科研机构和科技人员的考核评价体系以及科技成果处置、收益分配机制没有充分体现科技成果转化的特点，对科研机构和科技人员的考核评价存在重理论成果、轻成果运用的现象，国家设立的科研机构处置科技成果所得收益分配制度及审批手续，影响科研机构和科技人员积极性发挥。三是科研的组织、实施与市场需求结合不够紧密，产学研合作制度有待完善，企业在科技成果转化中的主导作用发挥不够。产学研合作各类创新主体的职责和权益界定不清，不利于调动和保护产学研各方的积极性；产学研合作科技成果转化的相关法律存在冲突，影响产学研合作相关激励政策落实到位。四是科技成果转化服务还比较薄弱，不便于科技成果转化的实施。产业技术创新服务平台的建设缺乏顶层设计，重复建设较为普遍；行业服务功能有待进一步加强，大部分平台只是为企业提供场地、物业管理和一般的咨询服务，缺少与科技信息、知识产权、创投资金和公共技术服务平台的有效融合；优质资源基本在本地或本区域发挥作用，跨地方的资源开放和共享服务程度低；创新资源分散，难以形成创新合力。

（二）修法的必要性

2012 年党的十八大以来，中央先后出台了一系列重要文件，为深化科技体制改革和加快科技成果转化工作指明了方向，并提出了具体的改革目标和要求。党的十八大报告提出，要实施创新驱动发展战略。深化科技体制改革，推动科技和经济紧密结合，加快建设国家创新体系，着力构建以企业为主体、市场为导向、产学研相结合的技术创新体系。2013 年《中共中央关于全面深化改革若干重大问题的决定》进一步提出，要深化科技体制改革。建立健全鼓励原始创新、集成创新、引进消化吸收再创新的体制机制，健全技术创新市场导向机制，发挥市场对技术研发方向、路线选择、要素价格、各类创新要素配置的导向作用。建立产学研协同创新机制，强化企业在技术创新中的主体地位，打破行政主导和部门分割，建立主要由市场决定技术创新项目和经费分配、评价成果的机制。发展技术市场，健全技术转移机制，改善科技型中小企业融资条件，完善风险投资机制，创新商业模式，促进科技成果资本化、产业化。2014 年《中共中央关于全面推进依法治国若干重大问题的决定》要求，完善促进科技成果转化的体制机制。2015 年 3 月，中共中央、国务院下发《关于深化体制机制改革加快实施创新驱动发展战略的若干意见》，对营造激励创新的公平竞争环境、建立技术创新市场导向机制、强化金融创新的功能、完善成果转化激励政策、构建更加高效的科研体系等进一步提出了具体要求。

二、修法的主要过程

(一)列入立法规划和计划

2012年《中共中央 国务院关于深化科技体制改革加快国家创新体系建设的意见》提出,要推动《促进科技成果转化法》的修订工作,加大对科技创新活动和科技创新成果的法律保护力度,依法惩治侵犯知识产权和科技成果的违法犯罪行为,为科技创新营造良好的法治环境。2013年,第十二届全国人大常委会将《促进科技成果转化法》的修改列入了常委会五年立法规划中的第一类项目,即"条件比较成熟、任期内拟提请审议的法律草案"。全国人大常委会2015年立法计划进一步将《促进科技成果转化法》的修改工作列入常委会年度立法计划。

(二)修改草案提出和国务院审议

2013年5月10日,科技部会同全国人大教科文卫委员会、发展改革委、教育部、工业和信息化部、财政部、农业部、人民银行、国资委、知识产权局、中科院、工程院、自然科学基金会、国防科工局、中国科协、解放军总装备部电子信息基础部等部门和单位联合成立了《促进科技成果转化法》修订起草工作领导小组和起草工作小组,并召开领导小组第一次会议。起草工作小组成立后,认真研究分析国内外促进科技成果转化的法律规定和成功经验,围绕技术转移法律制度、关于激励科技人员转化科技成果的法律制度、促进科技成果转化的产学研合作法律制度、促进科技成果转化的公共技术服务和中介服务机构法律制度、促进科技成果转化的财税措施等10个专题开展了调研,并形成了一系列调研报告。各省、自治区、直辖市、计划单列市及新疆生产建设兵团根据科技部的要求也开展了立法调研工作并提交了调研报告,在调研过程中,很多省市召开了专题座谈会征求科技界意见,与会人员对修订《促进科技成果转化法》提出了许多建议。这些工作为起草修订草案打下了良好的基础。

经过各方面的通力合作,2013年12月4日,科技部向国务院报送了《中华人民共和国促进科技成果转化法(修订草案)(送审稿)》。国务院法制办将该送审稿印发有关中央单位,各省、自治区、直辖市人民政府以及部分企业、科研院所、高校、行业协会、专家学者征求意见,并通过中国政府法制信息网向社会公开征求意见,召开专家论证会、企业征求意见会,赴上海、江苏、云南、湖北、辽宁进行调研,在此基础上,会同科技部等有关部门对送审稿进行反复研究、修改,形成了《中华人民共和国促进科技成果转化法修正案(草案)》。

2014年11月19日,国务院第70次常务会议讨论通过了《中华人民共和国促进科技成果转化法修正案(草案)》。12月12日,国务院向全国人大常委会提出了《关于审议中华人民共和国促进科技成果转化法修正案(草案)》的议案。全国人大常委会委员长会议将该议案交全国人大教科文卫委员会进行审议后,决定列入十二届全国人大常委会第十三次会议议程。

(三)全国人大常委会初次审议

2015年2月27日,十二届全国人大常委会第十三次会议对《关于审议中华人民共和国促进科技成果转化法修正案(草案)》进行了初次审议,科技部部长万钢受国务院委托,向常委会做了说明。常委会组成人员普遍认为,对《促进科技成果转化法》进行修改是必要的;草案重点突出,基础较好。常委会组成人员提出的主要意见有:一是认为草案行政管理的色彩比较浓,建议进一步发挥企业主体作用和市场机制的主导作用。二是进一步加大对科技人员的奖励力度。三是进一步合理界定科技成果转化收入的用途。四是明确科研人员到企业兼职的职务及时间限制。五是对中小企业、民营企业科技创新和成果转化给予支持。六是进一步增强法律规范的可执行性和可操作性。七是与《科技进步法》《专利法》等相关法律做好衔接,避免出现冲突。初次审议后,全国人大常委会法制工作委员会将草案印发各省(区、市)和中央有关部门、单位、部分高等院校、研究机构和中央企业征求意见。中国人大网站全文公布草案并向社会征求意见。全国人大法律委员会、常委会法制工作委员会到北京、天津、安徽、湖北等地进行调研,并与有关方面多次沟通协调,反复研究,对草案进行修改完善。全国人大法律委员会于 2015 年 7 月 23 日、8 月 18 日两次召开会议,根据常委会组成人员的审议意见和各方面意见,对草案进行了逐条审议,对修正案草案作了进一步的修改完善。

(四)召开法律草案通过前评估会

2015 年 7 月 31 日,全国人大常委会法制工作委员会召开会议,邀请部分全国人大代表、全国政协委员,一些专家学者和科技人员,以及科研院所、高等院校、企业和科技、教育行政部门等方面的代表,就草案中主要制度规范的可行性、法律出台时机、法律实施的社会效果和可能出现的问题等进行评估。总的评价是:草案着力解决当前制约科技成果转化的突出问题,体现了中央关于加快实施创新驱动发展战略的要求,回应了科研机构和广大科技人员的呼声和迫切要求。草案充分吸收了各方面的意见建议,已经比较成熟,具有较强的针对性和可操作性,现在出台是必要的、及时的,对当前推动大众创业、万众创新具有重要的现实意义。同时提出,法律实施后,有关部门和地方要做好贯彻实施工作,加强协调,确保法律规定落到实处。与会人员还对草案提出了一些具体修改意见,全国人大常委会法制工作委员会进行了认真研究,对部分意见予以采纳。

(五)全国人大常委会二次审议并表决通过

2015 年 8 月 25 日,十二届全国人大常委会第十六次会议对关于修改《促进科技成果转化法》的决定(草案)进行了审议。常委会组成人员普遍认为,修改决定草案已经比较成熟,建议进一步修改后,提请本次会议通过。同时,有些常委会组成人员还提出了一些修改意见。全国人大法律委员会于 2015 年 8 月 26 日下午召开会议,逐条研究了常委会组成人员的审议意见,对草案进行了审议,全国人大教育科学文化卫生委员会、国务院法制办公室、科技部的负责同志列席了会议。全国人大法律委员会认为,草案是可行的,同时,根据常委会组成人员的审议意见,对修改决定草案进行了必要的修改完善,并提出了关于修改《促进科技成果转化法》的决定建议表决稿。

二次审议时,全国人大常委会组成人员提出的审议意见和修改内容主要有以下方面:一是修改决定草案中规定,利用财政资金设立科技项目,有关行政部门、管理机构应当改进和完善科研组织管理方式,在制定相关科技规划、计划和编制项目指南时应当听取相关行业、企业的意见。有些常委委员提出,利用财政资金设立的科技项目既有应用类的,也有基础类的,本条规定应当突出编制应用类科技项目指南等听取相关行业和企业的意见。全国人大法律委员会经研究,建议将上述规定中的“利用财政资金设立科技项目”修改为“利用财政资金设立应用类科技项目和其他相关科技项目”。二是修改决定草案对国家支持的科技成果转化项目作了规定。有些常委会组成人员建议进一步突出能够显著提高国家安全能力的项目,增加规定有利于提高生产安全、食品安全等公共安全的项目。全国人大法律委员会经研究,建议在相应条款中单列一项规定“能够显著提高国家安全能力和公共安全水平的”。三是修改决定草案对军民科技成果相互转化作了规定。有的常委会组成人员提出，目前军民科技成果相互转化和国防科技协同创新缺乏有效的机制，建议进一步予以明确。全国人大法律委员会经研究，建议规定：国家建立有效的军民科技成果相互转化体系，完善国防科技协同创新体制机制。四是修改决定草案中规定，科技成果转化收入在对完成、转化职务科技成果作出重要贡献的人员给予奖励和报酬后，主要用于科学技术研究开发与成果转化工作。有的常委会组成人员建议增加规定，科技成果转化收入可以用于“人才培养工作”；有的常委会组成人员建议规定“主要用于本单位事业发展”；还有的常委会组成人员建议明确“由本单位自主决定”。全国人大法律委员会经研究，建议将“主要用于科学技术研究开发与成果转化工作”修改为“主要用于科学技术研究开发与成果转化等相关工作”。

《促进科技成果转化法》的修改工作得到了全国人大常委会组成人员的高度认可。2015 年 8 月 29 日，十二届全国人大常委会第十六次会议以 156 票赞成、2 票反对、1 票弃权的表决结果，高票通过了《关于修改〈中华人民共和国促进科技成果转化法〉的决定》。同日，国家主席习近平签署第三十二号主席令予以公布，修改决定自 2015 年 10 月 1 日起施行。

三、修改的基本原则和主要思路

法律的修改原则和思路是修法工作的先导。《促进科技成果转化法》的修改坚持党的领导，贯彻党的路线方针政策，按照依法立法、科学立法、民主立法的要求开展工作。主要遵循了以下几点原则和思路。

（一）全面贯彻落实党的十八大和十八届三中、四中全会精神，加快实施创新驱动发展战略

党的十八大以来，中央加快实施创新驱动发展战略对科技成果转化工作提出了新的要求。十八大报告提出实施创新驱动发展战略，提出科技创新是提高社会生产力和综合国力的战略支撑，必须摆在国家发展全局的核心位置。要坚持走中国特色自主创新道路，以全球视野谋划和推动创新，提高原始创新、集成创新和引进消化吸收再创新能力，更加注重协同创新。深化科技体制改革，推动科技和经济紧密结合，加快建设国家创新体系，着力构建以企业为主体、市场为导向、产学研相结合的技术创新体系。完善知识创新体系，强化基础研究、前沿技术研究、社会公益技术研究，提高科学研究水平和成果转化能力，抢占科技发展战略制高点。党的十八届三中全会提出，促进科技成果资本化、产业化。中央文件精神为修法工作提供了指导。当前，我国正处于全面建设小康社会的关键时期，实施创新驱动发展战略、加快转变经济发展方式、破解经济发展深层次矛盾和问题，急需发挥科技的支撑引领作用。科技成果转化是科技与经济结合的重要途径，是提高科技创新能力与经济社会发展能力、推动创新驱动发展的重要手段。修改《促进科技成果转化法》在坚持原法立法宗旨的基础上，着重体现新时期实施创新驱动发展战略对科技成果转化的新要求，完善和丰富促进科技成果转化的法律措施，为加速科技成果转化、实现科技支撑经济社会发展提供了法律保障。

立法工作必须牢固树立大局意识，将各项法律草案的起草、研究和修改工作放在全面深化改革和全面推进依法治国的大局中加以审视和考虑，吃透中央精神，厘清中央决策内容，全面、准确地将中央决策上升为法律制度。在修改《促进科技成果转化法》的过程中，起草部门和立法机关认真贯彻党的十八大和十八届三中、四中全会精神，以及 2015 年中央下发的《关于深化体制机制改革加快实施创新深入实施创新驱动发展战略的若干意见》的要求，充分反映实施创新驱动发展战略对科技成果转化

的新要求。紧紧围绕科技支撑经济社会发展、提高社会生产力和综合国力的目标和任务，按照深化科技体制改革、促进科技与经济紧密结合的要求，建立和完善符合科技发展规律和社会主义市场经济规律、有效调动各方面力量共同推进科技成果转化的法律制度。

（二）准确把握科技进步和成果转化的客观规律，充分发挥企业在促进科技成果转化中的主体作用

科技成果转化是一个涉及领域广泛、环节较多、关系复杂的系列化活动，既要遵循科技发展规律，又要符合当前条件下完善社会主义市场体制的要求。在修法过程中，立法机关准确把握科技进步和科技成果转化的客观规律，进一步突出企业在科技成果转化中的主体作用。在赋予国家设立的研究开发机构和高等院校成果转化自主权、明确其成果转化的义务、促进产学研合作、科技和金融结合等方面都充分体现了科技成果转化的市场导向。同时，注意正确处理好政府和市场的关系，在充分发挥市场在科技成果转化中的决定性作用的同时，更好地发挥政府的服务功能。即政府主要通过制定政策、加强公共服务等，为科技成果转化营造良好环境。

（三）认真总结科技体制改革和科技成果转化的实践经验，立法为改革的顺利推进提供法制保障

1996 年《促进科技成果转化法》颁布实施以来，国务院及其有关部门、各地方先后出台了相应的地方性法规、政府规章或者其他规范性文件，进一步贯彻落实法律规定。一些地方结合本地实际，在推动科技创新和促进成果转化方面积极探索改革措施，取得了丰硕的成果。科研机构、高等学校、企业和社会各界在科技创新和成果转化工作中积累和创造了大量的成功经验。尤其是 2011 年以来，财政部、科技部等部门在中关村国家自主创新示范区进行中央级事业单位科技成果处置权和收益权改革试点，逐步下放中央级事业单位科技成果处置权和收益权，并在改革过程中逐步扩大改革试点地区和试点单位，取得了明显成效，积累了不少好的经验和做法。

习近平总书记指出，凡属重大改革都要于法有据，需要修改法律的可以先修改法律，需要得到法律授权的，要按法律程序进行。这一重要论述精辟透彻地诠释了立法与改革的关系，充分肯定了立法作为国家重要政治活动、法治建设源头环节和深化改革制度保障的重要性。“凡属重大改革都要于法有据”，既是按照法治思维和法治方式有序、协调推进改革的要求，同时也对立法工作提出了新的更高的要求。在《促进科技成果转化法》修改过程中，起草部门和立法机关认真研究并妥善处理好科技体制改革与立法的关系。在修法过程中深入开展调查研究工作，认真总结《促进科技成果转化法》颁布实施以来，尤其是近年来科技成果转化“三权”改革的成功经验，将实践证明行之有效、有利于推动和促进科技成果转化的好的经验和做法，上升为法律制度；对尚处于实践探索阶段或者各方面认识有较大分歧的一些做法，法律仅做了原则规定，或者为后续改革留有余地。此外，在《促进科技成果转化法》修改过程中，起草部门和立法机关高度重视，并注意借鉴吸收部分发达国家在促进科技成果转化方面的成功经验。当前，科技竞争力已经成为国与国之间的核心竞争力，世界各国尤其是一些欧美发达国家在科技创新和成果转化方面积累了大量的成功经验，我国有必要了解并借鉴国外的先进做法，但又不是照搬照抄。

（四）修改重点是对现行法的补充完善，进一步增强法律规范的可操作性，并注意处理好与相关法律的衔接

《促进科技成果转化法》自 1996 年颁

布实施以来，总的来看，这部法律所确立的一些基本制度，实践证明是切实可行的。因此，本次修法，尽管从条文数量上看，修改的内容比较多，但这些修改内容主要是对现行法律规定的补充完善，而非推倒重来。此次修改《促进科技成果转化法》删除了原法中不适应形势发展的条款；细化和丰富了原法中较为原则、仍符合当前情况的条款；结合实践经验，大幅度补充了新的制度措施。

此外，科技成果转化是一项系统工程，涉及的相关法律问题也较多。起草部门和立法机关在修法过程中注意处理好本法与《科技进步法》《合同法》《专利法》等相关法律的关系。例如对科技成果转化中涉及的知识产权、职务发明等问题，《专利法》《合同法》等相关法律中已有明确规定的，在《促进科技成果转化法》的修订中不再规定；对反映的促进科技成果转化税收优惠、担任领导职务的科技人员参与转化并获取奖励和报酬等问题，由于涉及税收法定基本原则和党员干部廉洁从政等问题，在本法中仅作了原则规定，下一步可由中央有关部门进一步出台具体规定。

四、修改的主要内容

修改《促进科技成果转化法》的决定有44项内容，可以说是对《促进科技成果转化法》的一次“大修”。

（一）充分发挥企业在科技成果转化中的主体作用

此次修改明确规定了科技成果转化活动应当尊重市场规律，发挥企业的主体作用，并增加了以下具体规定：一是完善企业参与科研组织、实施的制度。修改后的《促进科技成果转化法》第10条的规定，利用财政资金设立应用类科技项目和其他相关科技项目，制定相关科技规划、计划和编制项目指南时应当听取相关行业、企业的意见；第22条规定，县级以上地方各级人民政府科学技术行政部门和其他有关部门应当根据职责分工，为企业获取所需的科技成果提供帮助和支持；第24条规定，对利用财政资金设立的具有市场应用前景、产业目标明确的科技项目，政府有关部门、管理机构应当发挥企业在研究开发方向选择、项目实施和成果应用中的主导作用。二是推进产学研合作，修改后的《促进科技成果转化法》第26条规定，国家鼓励企业与研究开发机构、高校及其他组织采取联合建立研究开发平台、技术转移机构或者技术创新联盟等产学研合作方式，共同开展研究开发、成果应用与推广、标准研究与制定等活动；第27条规定，鼓励研究开发机构、高校与企业及其他组织开展科技人员交流；第28条规定，国家支持企业与研究开发机构、高校、职业院校及培训机构联合建立学生实习实践培训基地和研究生科研实践工作机构，共同培养专业技术人才和高技能人才。此外，在赋予创新主体成果转化自主权、明确国家设立科研机构和高校、财政投入科技项目成果转化的义务、强化政府在政策环境建设中的作用、科技和金融结合等方面都充分体现了市场精神。

（二）关于科技成果信息发布

科技成果供求双方信息交流不够通畅是影响科技成果转化的突出问题。企业对科研机构取得的科技成果信息缺乏充分了解，影响科技成果转化。本次修法对原法规定的科技成果信息资料库制度作了修改和完善。修改后的《促进科技成果转化法》第11条规定，国家建立、完善科技报告制度和科技成果信息系统，向社会公布科技项目实施情况以及科技成果和相关知识产权信息，提供科技成果信息查询、筛选等公益服务。公布有关信息不得泄露国家秘密和商业秘密。对不予公布的信息，有关部门应当及时告知相关科技项目承担者。利用财政资金设立的科技项目的承担者应当按照规定及时提交相关科技报告，并将科技成果和相关知识产权信息汇交到科技成果信息系统。国家鼓励利用非财政资金设立的科技项目的承担者提交相关科技报告，将科技成果和相关知识产权信息汇交到科技成果信息系统，县级以上人民政府负责相关工作的部门应当为其提供方便。同时，增加了相应的法律责任规定，第46条第1款规定，利用财政资金设立的科技项目的承担者未依照本法规定提交科技报告、汇交科技成果和相关知识产权信息的，由组织实施项目的政府有关部门、管理机构责令改正；情节严重的，予以通报批评，禁止其在一定期限内承担利用财政资金设立的科技项目。

（三）关于国家重点支持的科技成果转化项目

科技成果转化工作需要国家政策和资金支持。修改后的《促进科技成果转化法》规定了国家支持的科技成果转化项目，与原法相比，变化主要有两点：一是增加了支持的方式。原法只规定了定期发布科技成果目录和重点科技成果转化项目指南两种方式，而新法规定了政府采购、研究开发资助、发布产业技术指导目录、示范推广等方式。这充分表明了国家对科技成果转化项目支持方式的多元化，以满足各类不同类别的科技成果转化的需求。二是增加了国家支持的项目种类。在原法的基础上能够形成促进社会经济健康发展的新产业、能够显著提高国家安全能力和公共安全水平、保护生态、提高应对气候变化和防灾减灾能力、能够改善民生和提高公共健康水平等类型的科技项目。这些项目是我国现阶段经济社会发展所急需的项目，在新法中予以明确规定后，各级政府对相关的科技成果转化进行支持就有法可依了，可以进一步促进这些科技成果转化为现实生产力。

（四）关于进一步明确科技成果完成单位的成果转化义务

修改前的《促进科技成果转化法》第14条第1款规定，国家设立的研究开发机构、高等院校所取得的具有实用价值的职务科技成果，本单位未能适时地实施转化的，科技成果完成人和参加人在不变更职务科技成果权属的前提下，可以根据与本单位的协议进行该项科技成果的转化，并享有协议规定的权益。该单位对上述科技成果转化活动应当予以支持。在修改过程中，一些常委会组成人员、有的地方和部门建议，明确“未能适时地”实施转化的具体期限，或者不作期限限制。全国人大法律委员会经研究，建议删去“未能适时地实施转化”这一限制，明确科技成果完成人和参加人在职务科技成果完成后，即可根据与单位的协议进行科技成果转化，并享有协议规定的权益，单位应当予以支持。这一修改的考虑是，由于职务科技成果的类别不同，原法中“本单位未能适时地实施转化”在实践中不宜作出统一的期限限定，应当转化的具体时限也不好把握，是否实施转化的主动权实际上掌握在单位手中，不利于调动科技成果完成人和参加人的积极性。也有的意见提出，删除原法中根据与本单位协议进行转化的规定，设置一个硬性的期限，比如1年或者2年，一旦单位未能按时实施转化，完成人和参加人即可转化。经过研究认为，在删除“本单位未能适时地实施转化”限制的前提下，保留按协议进行转化是必要的，这样既可以保证完成人和参加人积极参与成果转化，又能有效地规范职务科技成果的转化活动，通过双方协商确定的协议，使单位和科技人员对于职务科技成果的转化都有明确的预期，降低纠纷概率，实现转化活动的有序化。

（五）关于推动军民科技成果相互转移、转化问题

军民科技成果相互转移、转化是科技

成果转化的一项重要内容。党的十八大报告和中央《关于全面深化改革若干重大问题的决定》中都提出，推动军民融合深度发展。在国家层面建立推动军民融合发展的统一领导、军地协调、需求对接、资源共享机制。健全国防工业体系，完善国防科技协同创新体制，改革国防科研生产管理和武器装备采购体制机制，引导优势民营企业进入军品科研生产和维修领域。按照中央精神要求，修改后的《促进科技成果转化法》对推动军民科技成果相互转移转化进一步作了具体规定，该法第 14 条规定，国家建立有效的军民科技成果相互转化体系，完善国防科技协同创新体制机制。军品科研生产应当依法优先采用先进适用的民用标准，推动军用、民用技术相互转移、转化。

（六）关于完善科技人员考核评价体系

在《促进科技成果转化法》修改过程中，不少科研人员反映，研究开发机构、高等院校中重研发、轻转化的现象比较普遍，这与研究开发机构、高等院校的考核评价体系密切相关。为解决这一问题，修改后的《促进科技成果转化法》第 20 条规定，研究开发机构、高等院校的主管部门以及财政、科学技术等相关行政部门应当建立有利于促进科技成果转化的绩效考核评价体系，将科技成果转化情况作为对相关单位及人员评价、科研资金支持的重要内容和依据之一，并对科技成果转化绩效突出的相关单位及人员加大科研资金支持。国家设立的研究开发机构、高等院校应当建立符合科技成果转化工作特点的职称评定、岗位管理和考核评价制度，完善收入分配激励约束机制。

（七）关于科技成果转化服务

科技服务机构是联系科技成果供需双方的重要纽带，科技服务平台是开展科技成果转化活动的重要条件保障。修改后的《促进科技成果转化法》第 30 条第 1 款规定，国家培育和发展技术市场，鼓励创办科技中介服务机构，为技术交易提供交易场所、信息平台以及信息检索、加工与分析、评估、经纪等服务。第 31 条规定，国家支持根据产业和区域发展需要建设公共研究开发平台，为科技成果转化提供技术集成、共性技术研究开发、中间试验和工业性试验、科技成果系统化和工程化开发、技术推广与示范等服务。第 32 条规定，国家支持科技企业孵化器、大学科技园等科技企业孵化机构发展，为初创期科技型中小企业提供孵化场地、创业辅导、研究开发与管理咨询等服务。

（八）关于科技成果转化保障措施

对科技成果转化活动的保障措施是修改过程中各方面广泛关注的重点内容之一。修改后的《促进科技成果转化法》增加规定了银行业金融机构和政策性金融机构对科技成果转化的金融支持。第 35 条规定，国家鼓励银行业金融机构在组织形式、管理机制、金融产品和服务等方面进行创新，鼓励开展知识产权质押贷款、股权质押贷款等贷款业务，为科技成果转化提供金融支持。国家鼓励政策性金融机构采取措施，加大对科技成果转化的金融支持。此外，还规定了国家对保险机构、资本市场、创业投资机构参与科技成果转化活动进行鼓励和支持。

（九）关于科技成果处置权、使用权和管理权的下放

2011 年以来，财政部、科技部等部门开展中央级事业单位科技成果使用、处置和收益管理改革试点。2015 年，中共中央、国务院《关于深化体制机制改革加快实施创新驱动发展战略的若干意见》也对“三权改革”予以明确，提出单位主管部门和财政部门对科技成果在境内的使用、处置不再审批或备案，科技成果转移转化所得收入全部留归单位，纳入单位预算，实行统一管理，处置收入不上缴国库。修改后的《促进科技成果转化法》对此也予以明确规定，该法第18条规定，国家设立的研究开发机构、高等院校对其持有的科技成果，可以自主决定转让、许可或者作价投资。第43条规定，国家设立的研究开发机构、高等院校转化科技成果所获得的收入全部留归本单位，在对完成、转化职务科技成果做出重要贡献的人员给予奖励和报酬后，主要用于科学技术研究开发与成果转化等相关工作。

（十）关于提高给予科技人员奖励和报酬的标准

在全国人大常委会审议过程中，关于科技人员在转化收入中的权益分配比例是讨论的焦点，多数常委会组成人员建议，要进一步提高对科技人员奖励和报酬的标准，要使科技人员有获得感，要把“尊重劳动，尊重知识，尊重人才，尊重创造”落到实处。中共中央、国务院《关于深化体制机制改革加快实施创新驱动发展战略的若干意见》中明确提出，修订相关法律和政策规定，在利用财政资金设立的高等学校和科研院所中，将职务发明成果转让收益在重要贡献人员、所属单位之间合理分配，对用于奖励科研负责人、骨干技术人员等重要贡献人员和团队的收益比例，可以从现行不低于20%提高到不低于50%。根据中央文件要求和全国人大常委会组成人员的审议意见，修改后的《促进科技成果转化法》规定，科技成果完成单位可以规定或者与科技人员约定奖励和报酬的方式和数额。未规定和约定的，将奖励和报酬的最低标准，由现行不低于职务科技成果转让或者许可净收入，或者作价投资形成的股份、出资比例的20%提高至50%，并明确国家设立的研究开发机构、高等院校规定或者与科技人员约定的奖励、报酬的方式和数额应当符合上述标准。为保证奖励和报酬落实到位，进一步明确了国有企业、事业单位给予科技人员奖励和报酬的支出不受当年本单位工资总额的限制。

五、需要进一步说明的几个问题

法律的有效实施，是法律的生命。《促进科技成果转化法》的修改努力解决阻碍科技成果转化中的体制机制问题，但有的规定是具体的，有的规定是原则性的，都需要在实施中落实。

（一）关于科技成果价值的评估问题

在《促进科技成果转化法》修改过程中，一些地方和部门提出，目前科技成果转化中存在评估难和评估流于形式的问题，建议取消评估程序要求。主要理由是：科技成果等技术类无形资产并不是标准化的商品，成本难以衡量，价值缺乏参照物。由于不可能形成标准化的交易市场，且对收益的预计也难以根据市场来衡量，不同的评估机构、运用不同的评估方法会得出不同的评估结果。实践中科技成果转让价格往往是依据技术成熟度、生产应用规模等因素，经双方协商确定后再履行评估和报批程序，评估价格仅仅是对双方协商价格的认可，评估不仅不能完全体现科技成果的价值，反而延误了成果的时效性、增加了交易成本。也有的部门提出，有必要规定在科技成果转化中对科技成果进行评估。主要理由为：一是目前《国有资产评估管理办法》《国有资产评估管理若干问题的规定》等行政法规和规章明确要求对转移转化的科技成果进行评估，目前开展的中央级事业单位科技成果使用、处置和收益管理改革试点也没有取消评估要求。二是对科技成果进行资产评估是加强国有资产管理、防止不当利益输送的重要制度安排，如果没有评估把关，容易造成制度漏洞，不仅难以做到公开、公平、公正，还为违规私下交易和利益输送留下后门。三是资产评估是服务市场定价的专业手段，是国际上技术交易的通行做法，能为科技成果市场化定价提供客观公正的参考。从实践看，无论是国际还是国内都有专门针对无形资产的评估准则，不存在科技成果难以评估的问题。四是科技成果评估与市场定价并不矛盾，评估价格不是最终定价。评估结果作为定价的决策参考，有助于国有资产管理部门对科技成果交易加强监管，防止国有资产流失。

考虑到各方面对此问题有较大的分歧意见，修改后的《促进科技成果转化法》对此问题未作规定。该法第 18 条规定，国家设立的研究开发机构、高等院校对其持有的科技成果，可以自主决定转让、许可或者作价投资，但应当通过协议定价、在技术交易市场挂牌交易、拍卖等方式确定价格。在修改过程中有的意见提出，上述规定明确了科技成果持有单位可以通过市场化方式确定科技成果的价格，但是并没有明确排除科技成果转化过程中的评估环节。关于科技成果价值的评估问题，有关法律法规有明确要求的，仍然应当按照相关规定办理。例如，现行《公司法》规定，无形资产作价入股应当进行价值评估。按照这一规定，作为无形资产的科技成果作价入股仍然应当进行价值评估。又如，根据 2006 年《事业单位国有资产管理暂行办法》的规定，事业单位以非货币性资产对外投资和资产拍卖、转让、置换等，应当对相关国有资产进行评估。事业单位国有资产评估项目实行核准制和备案制。

（二）关于担任领导职务的科技人员在科技成果转化中的兼职和获取报酬问题

修改后的《促进科技成果转化法》第 27 条规定，国家鼓励研究开发机构、高等院校与企业及其他组织开展科技人员交流，支持本单位的科技人员到企业及其他组织从事科技成果转化活动。在修改过程中有很多意见提出，目前对党员领导干部到企业兼职和领取报酬问题有相关规定，但对担任领导职务的科技人员能否从科技成果转化收入中获取奖励和报酬，不够明确。建议法律对该部分人员到企业兼职和从科技成果转化收入中获取奖励和报酬作出具体规定。全国人大常委会法制工作委员会就此与中央有关部门作了专门研究。有关部门提出，担任领导职务的科技人员从成果转化收入中获取一定的奖励和报酬有必要，对符合规定的，应当予以支持。对高校、科研机构等事业单位中的领导干部到企业兼职的问题，按照党内有关规定的精神掌握。对获取奖励和报酬的问题，中管干部不得在企业获取股权奖励或现金奖励；其他领导干部有发明创造的，在科技成果转化后，担任主要领导职务的，根据实际情况可以获取一定的现金奖励，但不能获取股权激励，不担任主要领导职务的，可以获取一定的股权激励或现金奖励。对于这一问题，由于涉及党员领导干部廉洁从政等问题，法律作出了原则规定。下一步建议中央有关部门尽快出台相应的具体规定。

（三）关于科技成果转化收入的预算管理问题

修改后的《促进科技成果转化法》第 43 条规定，国家设立的研究开发机构、高等院校转化科技成果所获得的收入全部留归本单位，在对完成、转化职务科技成果作出重要贡献的人员给予奖励和报酬后，主要用于科学技术研究开发与成果转化等相关工作。在促进科技成果转化法修正案草案一审稿中，规定了转化收入对完成、转化职务科技成果作出重要贡献的人员给予奖励和报酬后，纳入本单位预算。对于草案的这一规定，有的意见提出，根据全口径预算管理的相关规定，科技成果转化收入应当首先全部纳入本单位预算管理，再用于对完成、转化职务科技成果作出重要贡献的人员给予奖励和报酬，以及用于科研开发和成果转化工作。也有的意见提出，科技成果转化收入是否纳入预算，以及纳入预算的时间节点，并不影响应当用于奖励和报酬的份额，不会因为纳入了单位预算或者在奖励和报酬前纳入预算，就降低了用于奖励和报酬的比例。考虑到《促进科技成果转化法》主要的立法宗旨是促进科技成果转化为生产力，预算属于专门的财政管理范畴，本法对这一问题未作规定，有关科技成果转化收入预算管理的问题，按照有关预算管理的法律法规规定执行。

(四)关于科技成果转化净收入的计算问题

修改后的《促进科技成果转化法》第 45 条对未规定、未约定情况下给予科技人员奖励和报酬的最低标准作了规定。其中第 1 款第(1)项规定，“将该项职务科技成果转让、许可给他人实施的，从该项科技成果转让净收入或者许可净收入中提取不低于百分之五十的比例”，理解这一规定中的“净收入”应当注意以下两点：第一，对于企业科技成果转化净收入，是指科技成果技术合同成交额扣除完成本次交易发生的直接成本(如谈判费用、专利维持费等)、税金和前期研发投入后的余额。第二，对于事业单位科技成果转化净收入，根据财政部《事业单位财务规则》的规定，事业单位财务管理主要从收入和支出两个方面进行核算。高校和科研机构等的净收入是指科技成果技术合同成交额扣除完成本次交易发生的直接成本，如谈判费用、专利维持费等和税金等。

《全国人民代表大会事务委员会关于修改〈中华人民共和国促进科技成果转化法〉的决定》于 2015 年 10 月 1 日起施行。徒法不足以自行，法律规定的贯彻落实需要各方面的共同努力。修改决定施行后，各地区、各部门应当认真组织学习，并大力宣传和贯彻落实修改后的促进科技成果转化法的各项规定，及时清理与修改后的法律不一致、不协调的相关规定。我们相信，在各地方、各部门的大力宣传和贯彻落实下，在科研单位和广大科技人员的共同努力下，我国的科技创新以及科技成果转化工作必将更上一个新的台阶。

知识产权作为第一财产权利是民法学上的一个发现

中国人民大学知识产权学院院长、教授　刘春田

工业革命之火点燃了创新驱动发展的发动机。从此，技术(或曰“知识”)之“形”，从其赖以栖身的物质实体中脱颖而出，以“知识”特有的通过“描述”可以呈现为“形式”或“符号”，并且不同于物质实体的自身样态，独立于物质载体之外。利用市场机制，对知识的支配力，作为一种新型的商品交换对象，进而成为商业的要素。于是，以技术为标的的知识财产作为有别于传统财产的新型财产形态，横空面世，渐成气候，令人注目地跻身财产队伍之列，成为人类财产历史上划时代的丰碑。今天，知识经济时代，以互联网为标记的数字技术，使时空观念、价值标准、经济秩序，乃至财产概念，都发生了颠覆性的变化。人类历史告诉我们，知识是人类生活的主宰。定义时代的力量，归根结底是技术。石器、青铜、铁、蒸汽机、电、核、互联网，这些促成人类社会不同时期伟大转型的技术，无疑是彪炳千秋，定义各自时代的颠扑不破的里程碑。知识或技术是人类的胎记。现代社会，正视知识产权，并赋予它与其性质、功能、作用相匹配的法律地位，已成为一个极其重要的法律问题。财产权利各有个性，

又具共性。民法制度据其根本，择其共性，容其个性，构建组成民法体系中的财产制度。其中，民法总则中如何处理好知识产权问题，事关重大。民法总则是个纲，是人身与包括知识产权制度在内的财产制度的总章程。它的指导思想和原则将极大地影响和决定知识产权制度的性质与面貌。1986年《民法通则》有关财产权体系的规定颁布实施，以及后续2001年加入世界贸易组织以来，我国知识产权制度的发展走向基本上是健康的，总的趋势是朝向与民法制度体系相整合的大方向进步。但是，由于知识产权实践的蓬勃发展态势和国家对知识产权问题的重视，使学界将本为民法学分支的知识产权法学从民法学中分离出来，列为与民法学同一位阶的法学学科。进而使同为民法学的知识产权法学，发展分化为与民法学既有联系，又相互区别的另一支学术队伍。其后果喜忧各半，喜的是有助于知识产权法学研究的专、精与深入，忧的是至少在表象上形成与民法学“两肋岔道，渐行渐远”的局面。知识产权法学界专注于自身的问题，“只拉车，不看路”，很少投入力量研究与民法有关的知识产权的根本问题，鲜有人对民事立法有发言权。民法学界投入的力量，则倾心于对民法总则、人格权制度、民事主体制度、法律行为、侵权行为和物权、债权等传统财产制度问题的思考，对由于技术进步所带来的财产领域的革命性变革的新现象、新问题的关注、探索与研究，如雾里看花，语焉不详。本为学术分野的问题影响到制度建设，导致由民法学界主导的民法制度的设计，忽视了被经济生活日益彰显的以“知识产权”以及“服务”等由“知识、技术”主导的，崭新的并日益增值上升为占主宰地位的财产形态的关注。在现有由学者提供的民法总则设计方案中，因陌生与偏见，天然地将它们排斥在民法典的主流财产制度之外，呈现为一种“残缺”的财产权体系，殊为不妥。这既是一个失误，也是一种落后。

民法典如何处理知识产权问题，包括对知识产权的性质、知识产权法的性质的表述以及在立法上的制度安排，如何结构，如何取舍，将影响知识产权法律的命运和实践。反过来也影响民法典，影响民法制度的严整性、系统性、科学性，影响整个民法的面貌和命运。作为“社会重器”的民法制度，在合理与失误，“巧”与“拙”的设计之间，可谓“失之毫厘，谬以千里”。些许失算，用于实践，足以大大增加制度的运行成本，严重削弱制度的力量，削弱创新驱动发展战略的法律保障，降低国家的竞争力。最终将影响一个国家经济结构的完整、经济秩序的合理，以及社会稳定、安全和经济健康运行与发展。这让人常常回想起20世纪80年代制定的合同制度，囿于认识水平，也囿于传统观念的束缚，我们曾经将统一的合同行为分别按主体、地域、标的，设计了《经济合同法》《涉外经济合同法》和《技术合同法》这三个不同的合同制度。尽管1999年将其合于一统，但若认真反思，仔细算一笔账，在近20年的时间里，因我们的无知、怯懦与自私，国人为分别学会和运用这些“器物”，究竟凭白多花费了多少人力、物力、财力，降低了多少发展速度，延缓了多少建设项目，这无疑是一个令人瞠目结舌的天文数字。今天的中国，人口如此之多，经济体量如此之大，发展速度如此之快，任何偏差，都非同小可。制度设计的任何失误，影响都难以估量，必须慎之又慎。本文认为，民法制度如何安排，既取决于立法者的主观认识和意志，也取决于法律学者的学术观点和制度价值取向。但是，法学毕竟是科学，立法毕竟是融科学与技术为一体的设计，制度客观上要求必须与相应的技术时代相匹配。如何规范知识产权，归根结底取决于技术进步的要求，取决于知识产权自身的性质，取决于它所规范的社会关系的客观属性，取决于民法制度的系统化要求。但是，常识和历史告诉我们，科学、理性的认识不会自发产生，它需要我们的探索与研究，需要学界的表达与辩难，需要克服传统知识和观念形成局限的偏见。而克服与纠正偏见正是创新的重要品性之一。当然，我们还应当有思想准备，即便科学、理性的认识无可置疑地摆在那里，能否被接受和采信，也会成为问题。本文认为，民法总则中要厘清的以下几个问题是最终影响民法典与知识产权制度设计的关键。

一、知识产权的私权本质

性质是事物分类的根据。权利的属性决定于它所反映和调整的社会关系的性质，这种关系是客观的，不因人的主观意志而改变。与传统民事权利相比，知识产权中的专利权、商标权等可称作“要式法律行为”，他们的产生需经过法定的程序方能确立。对中国这种有计划经济历史传统的社会，很容易造成对专利权、商标权性质的误解，甚至影响制度设计。拂去表象，究其本质，知识产权所反映和调整的社会关系是平等主体的自然人、法人之间的财产关系，因而具备了民事权利的最本质的特征，固为民事权利。民事权利被称作“私权”，民法被称作“私法”，私法调整具有平等地位的私人之间的人身与财产关系，例如民法、商法。这种平等主体之间所发生的“私”的事务，均适用“私法”来调整，它和主体的“公”“私”性质，以及他们的地位高下没有关系。所以，当国家、政府从事“私”的事务时，比如，政府与自然人、法人发生交易、为市场行为时，也被作为“私法”的主体，适用民法的规则，平等、等价、有偿地进行交易。唯其如此，世界贸易组织《TRIPs 协议》前言中，才把“承认知识产权为私权”(Recognizing that intellectual property rights are private rights)作为各成员开宗明义的最重要的共识之一。表面上看，这只是对知识产权属性的客观表述，但对不同经济体之间却意义不同、功能重大。对于具有发达的市场经济和成熟的法治传统的社会而言，此话天经地义，充其量不过是对一个不争事实的重述。但是，对于缺乏“私权”和“私法”传统的中国社会而言，无疑具有特殊的、重大的现实作用和长远的历史意义。这一表述所确立的原则和理念，对目前我国现实知识产权制度而言，是一个历史性的超越。该原则若能在民法典的制定和知识产权法制建设中得以充分、有效的贯彻，在民法制度中作出恰当的安排，将决定我国知识产权制度的根本面貌和立法走向，将有助于我国知识产权法律制度与整个民法制度整合于一统，有助于我国调整基本经济生活的市场关系的法律合于体系化，有助于市场主体在全球化的竞争中节约制度成本，提高竞争力。

要厘清知识产权的私权本质，需要拂去公权力作用表象所产生的误解。所谓公权力，就是公法上的权力，主要表现为国家对于个人、法人的权力，比如由政府征收税金的权力。私权，即个体的权利。个体是国家肌体的细胞，是国家的基础。个体私权利是国家公权力的基础。“小河无水大河干。”法治国家，保障细胞的健康与活力，满足个体对国家的认同和信赖是国家的职责，也是其正当性与强大的来源。个体基本权利的神圣是国家利益神圣的根本理由。保障和服务私权是公权力的基本职能。在私权的运行机制中，离不开公权力的辅助，如审查、确认、登记乃至于公示。如同物权中的房地产所有权、车船所有权一样，有些知识产权在权利形成、权利赋予、权利行使、权利请求和权利救济中，也需要公权力的参与。最突出的是专利权、商标权的运行机制，公权力参与其中。若没有一个具有公信力的机构对当事人请求事项中的技术问题以及可能发生的违反法律或利益冲突等问题进行必要的审核，专利权、商标权这种独占的、排他的权利就难以确认。这种现象很容易给人造成错觉，使人对专利权、商标权，以至于整个知识产权的私权属性产生疑问与动摇，出现了“私权公授”“知识产权是行政许可”和“知识产权私权公权化的趋势”的错误观点。有必要指出，社会生活中公权力与私权往往交织在一起，但二者却有本质的区别。知识产权作为民事权利，植根于私权之土壤，生长于私权之树。其间或有外力干预其生存空间或外在形态，或剪枝，或移植，都不改其存在、价值和生命之本质。在私法体系中，私权和公权力之间，私权始终居于目的、实体、主体、第一性的地位，公权力则居于手段、程序、辅助、第二性的地位。在私法体系中，为保障私权秩序的合理、公平，经常需要借助于公权力的介入，须有公法规范。但是公权力在其中也只是辅助的手段，体现公权力的是程序规范。在知识产权的保护中，公权力具有关键的作用，但是，公权力的作用再突出，也不可能超出或改变法律对私权确认的实体性规定，更不可能主辅颠倒。在知识产权法的机制中，公权力机构，比如商标局或专利局的职能，就是依法确权、私权登记和公示。它们对公民或法人提出的确认私权的请求所作出的决定，所遵照、适用的是实体私权法律。依程序规范，有义务给出依据，这些依据是商标法或专利法等私权法的规定，而非行政权力。构思该理由的方法也是私法的，而非公法的。按照私法的逻辑，该理由不仅是可以理解的、正当的，而且是可以证明的。这既不会造成私权利与公权力的混合，也不会导致私权属性的变异，更不会出现私权公权化。

知识产权作为民事财产权利的一个类型，与传统民事财产权利，没有本质的区别。知识产权是与物权属于同一逻辑层次、同一序列、同等重要的民事财产权。

二、知识产权与物权是同一位阶的民事财产权利

现代财产法主要由知识产权法、物权法、债权法这三个相互区别、相互关联、相互依存的部分构成。财产权也是由相应的物权、知识产权和债权组成的。知识产权作为财产权，其内容和特征，既不同于物权，也不同于债权。物权、债权和知识产权虽然同为民事财产权，但又互相区别，原因就在于它们各自的对象不同，因而其占有、使用和支配的行为方式不同。按照传统物权理论，物权产生的前提通常是占有一定空间，能够为人力所支配并能够满足人们一定的物质或精神需要，表现为动产和不动产的，有体有形的“物”。但是，随着科学技术的进步，物的范围在不断扩大。一些无体无形却又实实在在存在的东西，比如电，也成为物权的对象。债权产生的前提是以作为或不作为方式存在的“行为”。知识产权的产生前提，是以创造成果和工商业标记方式出现的“知识”。物权和知识产权分别表现为对“物”和“知识”的控制、利用和支配，其义务主体是不特定的多数人，因而是法定权利，其权利具有绝对权的性质。可见，债权与知识产权的区别显而易见，毋庸赘言。需要弄清的是同为绝对权利的知识产权与物权的相同与区别。

知识产权发生的前提，或曰对象或标的不同于物权。物权的前提是动产和不动产以及其他客观存在的经济学和法律学意义上的“物”。知识产权的前提是经济学和法律学上的“知识”，是不含物质实体的思想或情感的表现形式，是非物质的客观存在，是“虚”中之“拟”。

由于传统物质财产的历史悠久，财产制度日臻成熟，几乎千年不易。由此形成的财产观念也深入人心，几近天经地义。知识产权作为一个崭新的财产，因其据以发生的对象——知识，其来源、本体、运动方式……诸多的维度，作为人造的客观的事实存在，已经不以人们的主观意志而改变。但是，由于知识与受教育程度的差别，人们对技术、知识这类事物的认知能力不同于我们对那些与生俱来、耳熟能详的传统物质财产的认可。因此，法学家有责任认真研究知识产权，以简洁、明快、通俗的

语言向社会公众揭示知识财产权制度。立法者也要调整思路，因应知识产权的出现，综合现有财产制度，为社会设计一个融入知识产权制度的新的财产体系。同时，也要弄清知识产权与传统财产的异同。

首先，知识产权的独占、排他性程度弱于物权。物权人对物的占有、使用、收益和处分行为，只要不侵害他人的利益，不危及社会公众和国家的利益，不违反公认的社会公序良俗，不滥用法律赋予的权利，其行使权利的行为是绝对的和排他的，其他人无权为与物权人相同的行为。法律对物权人权利的限制规定，是个别现象。相比之下，知识产权的权利人，除了要遵循与物权人行使物权时的相同约束条件之外，法律还明确、具体、广泛地对知识产权人的权利做了合理的“剪裁”，规定了对知识产权的限制制度，主要是“合理使用”“法定许可使用”和“强制许可使用”等制度。也就是说，法律把原本赋予知识产权权利人的某些权利领域，通过设立权利限制制度，同时赋予了公众，使其得以与权利人共享。这种情况在物权法中是鲜见的。

其次，知识产权比其他绝对权利更容易受到侵害。物权人的利益既可以借助法律实现对利益的控制，也可以通过事实上对物权对象“物”的占有来实现其利益。知识产权权利人则无法通过对其“知识”实行“占有”来实现其利益，必须仰仗法律的保障。

其三，当知识产权与物权发生冲突时，知识产权通常要让位给物权。在一件实体物之上可以并存着物权与知识产权。但是，对附着于特定物质载体之上的“知识”的权利，同它所附着的载体之物权，是可以分离的。在物权和知识产权分别属于不同权利人的情况下，当两个权利人分别处分物权与知识产权，且不能就此达成一致时，尽管两种权利并无高下、优劣、尊卑之分，但基于物权人依法享有的对实物的独占、排他的支配权，往往导致知识产权因遭到物权的对抗而难以实现。

其四，知识产权的期限不同于物权的期限。作为财产，知识产权具有法定的期限，期限届满，权利便归于消灭，创造成果进入公有领域，成为人人可以无偿利用的公共资源；商业标记的注册，如商标、商号等，也有法定的时间效力，期限届满可以续展注册，法定期限不续展的，也进入公共领域。物权则无此法律品性，物权的期限与物的自然寿命竞合。

此外，知识产权作为一种财产权，其价值无论是质的规定性还是量的规定性，也都不同于物权。

尽管知识产权与物权等传统财产权在权利发生的前提、权利内容、独占性程度等方面存在明显的差异，但是在财产性、私权性、权利位阶等本质特征上，又是相同的。知识产权与物权，属于同一父母血缘的私的财产权基因下的同“姓”兄弟，相互之间的差别，不足以改变二者本质上共同的财产属性和在逻辑上处于同一位阶的性质。

三、知识产权法是民法不可分割的一部分

知识产权为私权。知识产权法为财产法。目前，各国知识产权法多以单行法律的形式存在，如著作权法、专利法、商标法、反不正当竞争法、商业秘密法等。尽管知识产权理论中存在知识产权包含人身权内容的观点，实践中也有这样的立法例，但知识产权本质上是财产权，知识产权法属于财产法却是不争的事实。

应当明确，知识产权法是民事普通法，不是民事特别法(顺便指出，我国新设立的三家知识产权法院也是普通法院系统的组成部分，不是所谓的“专门法院”或“特别法院”，准确的说法应为“专业法院”)。知识产权法就是民法本身，知识产权法与民法是部分与整体的关系，而非一般与特别的关系，它与民法的其他内容共同构成民法。所谓特别法，是以某一类别法律的普通体

系的存在为前提，由此派生出来的适用于特殊主体、特别地域或特定时段的特别规则体系。比如，香港特别行政区基本法和澳门特别行政区基本法，均是以宪法为前提，适用于中国香港、澳门地区的居民，为期50年的法律，故为宪法特别法。知识产权法是基础性的民事财产法，它不是从传统财产法中派生出来的特别财产法规则，它所调整的，不是个别的、特殊的、局部的民事关系，而是社会生活中普遍适用的基本规则。知识产权和知识产权法与物权、物权法处于相同的逻辑层次，分别属于民事基本财产权和民事财产基本法。

知识产权、物权、债权，虽然表面驳杂，物象各异，在权利对象等外在形式上，也有明显的差别，本质上却是“性相近，习相远”，属于同一“血缘”的财产权。我国知识产权法律是在无制度可延续、无理论可遵循、无实践可参酌、无人才可延揽的情况下，在一个与知识产权制度水土不服的计划经济的土壤上，白手起家，凭空建造起来的。初识发达国家知识产权制度的中国法学的先行者们，更多看到的是知识产权制度与传统财产制度的表面差异，难以形成对其共性和本质认识的逻辑抽象，没有完成知识产权法的学科建设。立法工作则是在不同政府部门起草的基础上完成的，相互间缺乏关照与衔接，更没有系统整合。因而影响了各项单行知识产权法律与同步建设的民法制度的共融性，致使知识产权法游离于民法制度体系之外，给法律实践造成先天的困难。比如，商标法、专利法、著作权法都曾经长期自设民事主体制度，2001年《商标法》和《著作权法》才作以修正。尽管1986年颁布的《民法通则》将知识产权规定于民事权利之中，为宏观上廓清知识产权的私权性质，提供了思维框架和制度分野，但是迄今仍有知识产权“去民事权利化”和“去民法化”的倾向，既阻碍了知识产权法与民法的整合，也影响了知识产权法自身的系统化，给法治建设造成困难。目前，我国再次兴起民法典建设。而有关知识产权法是否在民法典中安排、如何安排的问题仍存较大的争议。其中，不赞成知识产权编入民法典观点的理由之一，笼统地认为，受技术发展的影响，知识产权法是一个变动不居的、开放式的规范体系，若将其置于相对稳定、系统化的民法典中，会损害民法典的稳定性。本文认为，这种观点是将技术、艺术等日新月异、快速进步和变化的现象，与利益关系的相对稳定，以及规范利益关系的规则的相对稳定，这本属于三个层次的问题，混为一谈。实际上，日新月异的物质产品，随着技术发明创造的推广，不断出现在人们的生活中，只是因为人类已习惯于对物质产品的逻辑抽象，可以不假思索地将包罗万象的任何产品抽象为“物”，进而归为物权的对象所致。同理，在技术进步的推动下，技术产品、艺术作品推陈出新、气象万千，也都可以被抽象为“知识、技术”，都不超出知识的范畴，在市场条件下，所产生的利益关系并不随技术、艺术的多变而产生质的变化，都可以置于相对稳定的法律关系的调整之中。

技术是进步的，社会是发展的，民事法律必须反映和服务于时代的变迁。民法自罗马法始，历经漫长的形成历程，其间也发生过多次变革，才由被恩格斯所称道的“罗马法是纯粹私有制占统治的社会的生活条件和冲突的十分经典性的法律表现，以致一切后来的法律都不能对它做任何实质性的修改”[1]的制度演变为民法。罗马法的精髓是与时俱进的。当年，欧洲的先贤，若顾地窥天，作茧自缚，固守罗马法，便没有后世的《法国民法典》；若固守《法国民法典》，便没有《德国民法典》。民法典是一个规则系统，是一个具有严密逻辑的知识体系，同时，也是一个开放的体系。民事法律的法典化既不是从来就有的，也非一成不变。

---

[1] 《马克思恩格斯全集》，第21卷，人民出版社1965年版，第454页。

"体系性工作是一种永续的任务……没有一种体系可以演绎式地支配全部问题;体系必须维持其开放性。它只是暂时的概括总结。"[1]知识产权是否属于民事权利,应否编纂入民法典,是事物内部自身的本质属性和客观规律所决定的。不错,知识产权作为财产权利,相对于传统物权、债权等财产权而言,的确相对年轻,人类对它的认识、思考、归纳和提炼也还不够成熟,但这些情况都不足以改变知识产权作为类型化了的基本财产权的属性,也不足以否定它和物权在法律秩序中处于同一位阶的客观事实。从这个意义上讲,民法制度中理所当然地应当有知识产权法的一席之地。民法典的制定乃是基于法典化的理念,将涉及民众生活的私法关系,在一定原则之下作通盘完整的规范。[2] 民事立法的形式理性,不仅是逻辑的要求,也是实践的需要。"虽然法律从表面上看起来是非理性的、混乱的和特殊主义的,但是,如果我们挖掘得够深,并且知道自己正在寻找什么,那么我们很快就会发现:法律其实是一个内部逻辑一致的、统一的规则体。"我们的"目标是将法律展示为一个以一般性法律原则为基础的系统而又融贯的结构"[3]。立法既是一种从实践出发的科学研究过程,也是一种技术发明和艺术创造活动,既需要历史知识和科学方法,也需要着眼现实的态度和面向未来的智慧。法律学作为科学,尊重理性。立法作为技术,着眼于效率、性价比。不同制度的投入产出会有不同的性价比。因此,衡量立法的优劣不可以任由主观臆断,而是有客观尺度的。法治应当是理性的,立法应当排除不确定性,法治终将克服一时的认识局限。至于在立法技术上如何处理,建立何种民法典的系统模式,是将知识产权诸项单行法律经编纂独立成篇,全部纳入民法典,是在民法总则中对知识产权的一般性规则作出规定,留出接口,用以指导知识产权的诸项单行法律,以便给各单行法律的修订留出机动、灵活的空间,还是编纂为独立的知识产权法典,都可以作为选项。上述各种模式有俄罗斯、德国、越南等立法先例供参酌。不难看出,不同模式所花费的心力有很大差别,其中,俄罗斯民法典将知识产权法彻底民法典化,既需要立法者的勇气,也需要法学家的理论功底、智慧和一以贯之、坚韧不拔的科学态度,还需要决策者的战略眼光和历史担当。作为现代国家的"基础设施",民法典是奠定基本的经济秩序,保障社会稳定和长治久安的百年大计,俄罗斯民法典开创了民法典的新模式。老子曰:"道可道,非常道。"处于急剧转型中的中国社会,已经确立了"创新驱动发展"的战略,民法制度作为基本法律保障,"工欲善其事,必先利其器",是披坚执锐,迎潮而上,还是知难而退,我们也面临选择。

四、知识产权作为第一财产权利是民法学上的一个发现

知识是一切财产的源泉与根据,是财产权利之母。知识财产是人类对财产的真正发现。通过对知识创造财富的路径追寻,不仅可以发现财富的创造过程,而且可以揭示财富的本质。民法制度将知识产权位列财产权利之首,是财产制度漫长运动历史发展的必然结果,既是逻辑的,也是实践的。

知识创造和改变世界。现代社会,知识产权是实现上述改变的法律保障。众所周知,知识产权是近代工业文明的产物,它是由长期的贸易习惯而转变成的新型财产制度。创造成果是产业经济的发动机。作为一种精神力量,知识产权法律开创了"创新驱动发展"的财富生产的新模式。通过

---

[1] [德]卡尔·拉伦茨:《法学方法论》,陈爱娥译,商务印书馆 2003 年版,第 45 页。

[2] 参见王泽鉴:《民法总则》,中国政法大学出版社 2001 年版,第 22 页。

[3] [英]马丁·洛克林:《公法与政治理论》,郑戈译,商务印书馆 2003 年版,第 67 页。

知识产权的制度机制，把个人才智的结晶转化为巨大的社会财富，极大地推动了人类物质文明和精神文明的进步。诚然，作为一项财产，知识产权的历史远不如物权历史那样漫长，知识产权制度也不如物权制度成熟。但是，知识孕育、创造、催生、发展、完善“物”，贯穿“物”的历史，推进物权的进步，却是客观的。没有知识，便没有经济学、法律上的“物”却是一个不争的事实。对这一历史规律，大多民法学者的关注是不够的。平心而论，囿于欠缺法治传统，我国大多民法学者对博大精深的传统民法学，对于深入认识急剧转型中的中国社会现实，对于改革开放以来的经济与财产关系变革的法律诠释重任，已是应接不暇。他们倾其心力关注对物权等财产制度的思考与设计，很难有多余的精力旁顾随技术进步和经济变革所展示的新的财产形态——知识产权。但是，同样一个不争的客观事实是，主宰我们这个世界的不是物质，而是精神，是人。财产是人的重大发现，也是人类的重要标记。客观世界的物转变为财产的决定因素是知识。知识或技术，是财富的惟一源泉。人对这个世界的惟一贡献是创造知识。人类是通过知识、技术主宰世界的。如果没有知识、技术，人类和动物世界的其他生命一样，除却本能，对这个物质世界束手无策。如果说物是黄金，知识就是化腐朽为神奇的“点金术”，知识是一切“物”产生的真正原因，“物”是知识的结果。没有知识便没有“物”。知识产权制度发生以来，知识又成为“物权”发生的根据。随着琳琅满目的新产品逐渐进入我们的生活，甚至成为我们生活新宠的同时，一些生产、生活资料悄然退出了我们的生活。我们的生活方式每日每时都在发生变化，主导这一变化的，就是知识、技术。从宏观上看，在全球三大贸易中，技术与商业标记已成为贸易的主要诱因，其中，知识产权的价值含量在全球贸易的总市值中，已占到绝对的主导地位。今天，知识产权已不再是“养在深闺人未识”，无关大局的小角色，而是越来越成为当代财富的“巨无霸”，成为当代人类经济生活的主角。知识产权制度已成为现代财产制度的关键与核心，成为财产的主宰。从微观上看，无论在市场上，职场中，还是在家里，每一位身处其中的现代人，衣食住行，作息娱乐，从头到脚，品头论足，汽车、飞机、电脑、手机、衣着鞋袜，背包钱袋，沐浴护肤，美容化妆，医疗卫生、健康保健、香烟名酒，干鲜水果，蛋奶饮水，微信微博，网络购物、电影电视、报纸传媒、音乐美术、文学戏剧……这一切构成了我们的生活方式，我们每个人每日每时都自觉不自觉的、主动或被动的被上述生活元素中充斥其间的无数的发明、商业秘密、外观设计、文学艺术和各类商业标记等知识、技术所支配、决定、改变、统治和主宰。易言之，没有这些，我们的生活就会被颠覆，会失了方寸，会与现代社会隔绝。比如，哪怕有几个小时离开无所不能的智能手机，就足以让你六神无主，惶惶不安。其间，真正让人在意的是手机所承担的行为功能，而不是作为功能载体的那件“物”。赋予物料以不同形态，组合成为“物”，并使之具有各种功能的是知识、技术，而不是那些物料。可见，知识、技术才是“物”的灵魂，是物质财产的生命、真正价值和存在的原因所在。人之所以为人，端在于知识。一言以蔽之，没有知识、技术就没有财产，就没有我们今天的正常生活。当代世界，没有知识产权就无法建立稳定的经济秩序，社会生活的运作机制就会难以为继。现代经济生活的实践告诉我们，知识产权日益彰显其财产制度中的核心地位。对此，我们不可以“徒见金，不见人”，只认黄金，不识“点金术”。

从财产角度看，知识、技术是财富的前提和基础，精神财产是物质财产的主宰。没有精神创造，便没有物质财富的生产。物质财产的生产过程，实际上是人类把主观的思想、情感，通过创造，以知识、技术的客观外在描述、表达投射出来，借助于能，实现对自然界原始的物的安排、整合、配置、切割、琢磨、点化、转化，完成凤凰涅槃般的蜕变，进而完成财富生产。自然界原始的纯粹的物，如果没有人类物质与精神的需求，没有人类的心智介入，没有知识作为“点金术”赋予死物以生命，赋予物以各种用途，注入价值，它们始终是物理学意义上的物，而不是经济、法律意义上的财产。无论从逻辑上，还是实践上，创造都先于、优于劳动，创造成果的地位都先于、优于劳动成果。精神创造决定了物质财产的有无，规定了物质财富的样态，决定了物质财产所蕴含的价值的有无与多寡。按照著名的“微笑曲线理论”，创新对财富的生产具有决定性的作用。在物质财产的产业链中，知识、技术的创造始终居于上游，是财富的核心、起点与主流，在财富价值中占有最高的份额。物质产品的制造则处于财富生产的下游，属于技术实现所增添的附加价值。在任何情况下，精神财富都先于、优于物质财富。按照制度发生的历史顺序，知识产权虽远逊于物权，但知识产权自产生之日，就天然的青出于蓝而胜于蓝，逻辑的、实践的先于物权、优于物权。如果没有偏见，知识产权贵为财产权利体系中的“上游权利”是一个不争的事实，随着技术、制度创新对经济发展的决定性作用的彰显，作为民法科学上的一个发现，昭然若揭。

技术与制度是人类生活方式的总和。按照传统理论，技术与制度一个属于生产力，一个是上层建筑，二者泾渭分明、形同云泥。实践中它们却如影随形，浑然一体。技术决定一切。制度缔造者的任务，就是将制度与技术弥合在一起，让它们形神合一，指引、规范与佑护我们的生活。技术与制度的本质是发展的，进步的。在我们重启民法典的立法工作之际，应当继续弘扬百多年前《德国民法典》面向实践、面向未来的精神，作出新的开拓。当年，借助第二次工业革命的成果，德国法学家面对百年前堪称典范的《法国民法典》，他们没有因循守旧，而是与时俱进，制定出在当代同样堪称典范的《德国民法典》。

民法典是一个开放的法律体系。技术定义时代。中国民法典应当遵循理性、科学、开放的逻辑，面向现代化，借助于具有划时代意义的技术革命的新成果，创设属于互联网时代的法治重器。立法有关财产制度的体系设计，没有理由回避现实，无视21世纪技术、经济与社会发展，没有理由抱残守缺，固守由上一个工业革命时代所确立的财产制度秩序，更没有理由从《民法通则》在30年前确立的我国财产制度格局上后退。回首1986年，在计划经济时代，当时的最高决策者以威武之姿，当艰难之运，杀出旧有制度的重围，开创翻天覆地的战略大变局，彪炳历史。立法工作力排众议，在具有划时代意义的《民法通则》中采用知识产权这个纯属市场经济的私权法律概念，并将其列为与物权等财产权并列的独立的财产形态，既反映了我国老一代民法学家的远见卓识，也反映了当时立法者的高瞻远瞩，表达了立法机构的担当精神。《民法通则》作为我国民事立法的典范是法学界的共识。《民法通则》对知识产权的安排，是我国民事立法的创新，是法治的重大进步。本文特别强调，《民法通则》不是法治建设的负资产，赋予知识产权以独立财产权地位，与物权等财产权利并列，不是《民法通则》的败笔，知识产权不应是被“高抬贵手”，勉强被纳而屈居人下的“侧室”，更不是不登大雅的蛰居“外宅”，它理应成为与物权等同居财产权利的“正室”。知识产权制度对中国民法典不应成为一个急于要甩掉的包袱。今天，中国民法典的制定工作应当继承《民法通则》的创新精神，与时俱进，客观、理性、实事求是地面对当前的财产关系现实，对知识产权作出一个与其地位与作用相匹配的恰当安置。

本文认为，我国民事立法应当转变财产观念，尊重事实。如果国人公认“科学技术是第一生产力”是一个客观事实的话，那么，按照一以贯之的逻辑，知识产权成为第一财产权利，必将成为现代法治社会的共识。本文建议，在中国《民法总则》中将知识产权列为首要的财产权利。这既符合我国重视精神创造的传统，也是对当代各国民法典的一个超越。

此外，本文顺便提及，在技术的推动下，金融、保险、医疗保健、电信、电子商务、海运、空运、快递、会计、工程、咨询、法律等“服务”也作为既有别于物权，也有别于知识产权的新型财产，被列为贸易对象。随着信息技术和知识经济的发展，服务业已经取代制造业成为许多西方发达国家的支柱产业。1980～2012 年间，全球服务贸易总额从 7707 亿美元上升至 85 022 亿美元，增长 10 多倍。根据世界银行（World Bank 2010）的统计，发达国家服务业创造的增加值在 GDP 中所占的比重已经超过了 70%。[1] 世界贸易组织早在 20 多年前就将“服务”作为独立的贸易对象，与货物贸易、知识产权贸易并列为全球三大贸易进行规范与调整。应当看到，社会进步和市场需求将使“服务”的技术附加值日益提高，各种服务及服务产业日渐渗透进入我们的生活，并最终促使“服务”成为一种独立的财产形态和类型化的私权加入财产权利的队伍。这些正在悄然突破传统的财产构成格局，改变着传统的财产观念。对此，民法学必须做好思想准备，适应技术进步，顺应历史潮流。当前，服务业在我国蓬勃兴起。我国民法学界应当看到这一趋势，民事立法在重视知识产权的同时，也应当注意研究、重视对“服务”的规范与调整。

---

[1] 参见仲鑫，丁秀飞：“服务贸易技术结构优化的驱动因素研究”，载《中国高校社会科学》2015 年第 5 期，第 121 页。

全国知识产权工作概况

专利工作

一、法律事务

（一）法制建设

积极推进《专利法》第四次全面修改工作，广泛调研和听取意见，先后在全国召开13场征求意见会，完成11项专题研究，汇总整理50余万字书面意见。形成《专利法修订草案（送审稿）》，于2015年7月报送国务院。该草案对《专利法》提出了全面的修改建议，涉及实质性修改33处，并新增一章“专利的实施和运用”。全面启动《专利法实施细则》配套修改准备工作，组织开展专题研究。

联合科技部将《职务发明条例草案（送审稿）》上报国务院，积极配合国务院法制办的审查工作。

修改《专利行政执法办法》《专利代理管理办法》《用于专利程序的生物材料保藏办法》等部门规章。

继续完善地方专利立法指导协调机制，重点指导浙江省、宁夏回族自治区地方立法，就电子商务、展会专利保护和“一带一路”沿线国家知识产权保护开展专题调研。发布《全国知识产权系统地方专利立法指导协调机制工作方案》和《知识产权系统地方专利立法操作指南》。

在国家知识产权局范围开展普法工作，举办普法专题讲座，组织全局参加全国普法办法律知识竞赛和法治作品展播活动，提高干部职工依法行政能力和法律素养。

继续开展PCT制度实施情况调查，全面了解和分析我国PCT用户需求，并首次对外发布年度调查报告。

（二）专利代理行业管理

起草《专利代理行业中长期规划（2016—2025）》，并广泛征求意见，深入论证；配合有关部门完成行政审批清理和改革工作，拟定专利代理机构设立行政审批改革方案。

简化行政审批程序，完成行政审批事项服务规范。升级专利代理管理系统，提高审批效率，审批设立专利代理机构138家，办理机构变更380家。

取消年检，建立年度报告公示制度和经营异常名录及严重违法名单，共有24家专利代理机构被列入经营异常名录。指导各地方知识产权局开展事中事后监管，督查北京等6省市监管情况。加大惩戒力度，2015年共收到举报投诉27件，就违法违规事宜作出处罚决定8件。起草《专利代理服务质量规范》。继续实施全国代理人实务技能5年培训方案，完成1650人次实务技能培训计划。

顺利实现计算机化考试改革，优化考试流程、完善保密制度，指导代理人协会开展试卷命审题工作。设置全国考试监控中心，在全国 24 个考点城市共 89 个考站成功组织 2015 年考试，27 861 人报名，18 257人参考，4777 人通过。

(三)行政复议

2015 年共受理 73 件行政复议案件，以国家知识产权局名义应诉的一审行政诉讼案件有 27 件。

二、战略推进和保护管理

(一)战略推进

1. 国家知识产权战略工作

国务院第 115 次常务会议专题部署加快知识产权强国建设工作，印发实施《国务院关于新形势下加快知识产权强国建设的若干意见》，旨在深化知识产权领域改革，充分发挥知识产权制度激励创新的基本保障作用，为培育新的增长动力和国际竞争新优势提供有利条件，加快推进知识产权强国建设。

深入实施《国家知识产权战略行动计划(2014—2020)》，组织联席会议成员单位制订实施《2015 年国家知识产权战略实施推进计划》，逐条落实成员单位责任分工，从强化知识产权保护、促进知识产权创造运用、加强知识产权管理和服务、拓展知识产权交流合作、提高知识产权战略实施保障水平五个方面推进战略实施工作。

加强知识产权战略实施基础工作。组织开展知识产权强国系列重大战略研究，编制发布《2014 年全国知识产权发展状况报告》，建设 6 个国家知识产权战略实施研究基地，完善知识产权信息沟通机制，开展知识产权战略专题调研、宣传和培训活动。

2. 行业知识产权战略

在 17 个省市开展知识产权评议试点工作，提升知识产权评议能力，建设完善知识产权评议制度机制，开展知识产权评议精品评议项目。遴选第三批知识产权分析评议服务示范创建机构 34 家，指导全国知识产权分析评议联盟提升分析评议服务能力。宣贯《知识产权分析评议工作指南》，培训人数达 1500 余人次。确定 8 个产业集聚区开展知识产权集群管理试点工作。2015 年 4 月，产业国际化发展知识产权信息平台“智南针”网正式上线运行，为国际化发展企业提供“一站式”“引导式”和“平台化”的海外知识产权信息服务。在广东省、陕西省、江苏省、浙江省等地开展“知识产权走基层　服务经济万里行”活动，为当地企业提供知识产权公益咨询、实务培训、面对面审查等公共服务，帮助企业和公众提升知识产权意识，普及知识产权知识，提升知识产权能力。与人力资源和社会保障部共同举办战略性新兴产业企业“走出去”知识产权高级研修班，对 120 余名企业高层次知识产权管理人员进行培训。

3. 区域知识产权战略的组织协调

编制《2015 年全国地方知识产权战略实施工作要点及各地方战略实施要点汇编》。推进全国地方知识产权战略实施第三方评估。组织 2015 年地方知识产权战略实施培训班，强化知识产权强国建设与重大区域规划的工作衔接。支持新疆、陕西、湖北等省区研究制订本地支持“一带一路”“长江经济带”建设的工作方案，在东北探索中蒙俄知识产权服务中心建设。

创新开展知识产权区域布局工作，促进知识产权与经济社会发展相融合。开展知识产权区域布局重大问题研究，形成推进方案。开展知识产权区域布局试点申报工作，确定江苏省、广西壮族自治区、重庆市，浙江省宁波市、山东省潍坊市、广东省广州市和深圳市为第一批知识产权区域布局试点地方。推进知识产权区域布局工作机制建设，印发《知识产权区域布局试点管理办法》。开展知识产权区域布局专家支撑项目。支持江苏省、广东省、重庆市、甘肃省、合肥市、哈尔滨市开展专利资源分析等知识产权区域布局前期工作。

开展“一带一路”“长江经济带”等相关研究，形成《知识产权工作支持“一带一路”建设总体方案(征求意见稿)》和《长江经济带发展战略知识产权配套工作初步方案》。与财政部、科技部共同推动中央级事业单位科技成果使用、处置和收益管理改革试点相关工作。

4. 全国专利事业发展战略推进

组织实施《2015 年度全国专利事业发展战略推进计划》。围绕“专利制度创新”“专利制度运行保障体系建设”和“专利支撑经济社会发展”三大主体任务，确定 15 项具体任务、30 项工作措施，稳步推进各项工作落实，促进专利工作与产业、区域、科技、贸易等经济中心工作进一步融合。发布《2014 年全国专利实力状况报告》；编制完成《2014 年专利事业发展战略绩效评价报告》。赴吉林、江苏、黑龙江、贵州 4 省和新疆生产建设兵团知识产权局开展专利战略督办工作。组织实施 2015 年全国专利事业发展战略推进工作创新项目，从推进建设中国特色专利制度、创新专利行政管理模式、加强专利支撑经济社会发展等方面深入推进专利战略实施。进一步完善专利申请数量和质量指标监控机制。面向特定技术领域、特定区域，完成 12 项专利战略推进工程项目。

(二)政策研究

进一步规范课题管理，加强宏观课题研究统筹，完善相关工作机制，统一对外发布研究指南，加强课题的去重审核及研究成果的收集利用工作。围绕促进创新驱动发展战略实施、加快推进知识产权强国建设等，积极组织开展研究工作，形成了一批具有较高参考价值的研究成果，“外国在华知识产权收益调查”“知识产权产业化”等研究成果得到国务院有关领导高度重视。2015 年完成软科学研究项目立项 32 项，完成项目结题 45 项。

进一步加强政务信息工作。围绕党中央、国务院有关知识产权工作的重大决策部署的贯彻落实、加快推进知识产权强国建设、深入实施知识产权战略、深化知识产权领域改革以及国内外知识产权热点问题等，及时组织编写报送信息，为党中央、国务院掌握相关工作进展情况提供了信息支持。2015 年编发《知识产权局简报》24 期、《知识产权局信息》48 期、《知识产权工作动态》25 期，被中央办公厅、国务院办公厅采用信息 24 篇次。其中，《当前知识产权侵权及其对创新创业影响的分析》等信息得到国务院领导批示。

(三)保护管理

1. 知识产权保护相关工作

指导督促第一批培育市场在初步实现“有领导、有机构、有制度、有人员”的目标基础上加强“会管理、会运用”能力的提升。确定包括实体市场和电子市场在内的 38 家单位作为第二批知识产权保护规范化市场培育对象，指导市场制定培育方案和培育计划；起草《知识产权保护规范化市场认定管理办法(征求意见稿)》和《知识产权保护规范化市场认定标准(征求意见稿)》，完成国家知识产权局内外征求意见程序。开展规范化培育市场知识产权保护满意度调查，形成《第一批规范化培育市场知识产权保护满意度调查报告》。

整理分析相关调查数据，形成《2014 年度知识产权保护社会满意度调查报告》和《2014 年度专利保护满意度调查报告》。构建完善调查项目样本库，优化调整问卷表述和调查方式，顺利完成 2015 年度知识产权保护社会满意度调查工作，首次全面完成 31 个省(区、市)的调查数据采集工作。

指导上海市、江苏省、江西省 3 个首批知识产权纠纷调解试点地方不断深化试点工作，选择北京市、山东省、广东省、新疆维吾尔自治区等 4 个地方启动第二批试点工作。相关试点地方建立健全《知识产权纠纷调解试点管理办法》《知识产权纠纷调解流程》《调解员队伍管理办法》等多项规章制度，共建立 21 家知识产权纠纷人民调解组织，组建了一支具有约 350 人的专兼职调解员的人才队伍，成功调解案件近 430 件。

会同工商、版权、海关、公安等相关部门共同编写《2014 年中国知识产权保护状况白皮书》（中英文版）。

2. 知识产权执法维权

2015 年，专利行政执法办案总量突破 3 万件，达到 35 844 件，同比增长 46.4%。其中，专利纠纷案件首次突破 1 万件，达到 14 607 件，同比增长 77.7%，增幅同比提高 15.1 个百分点。假冒专利案件 21 237 件，同比增长 30.6%。电子商务领域专利执法办案量 7644 件，同比增长 155.2%；展会专利执法办案量 2743 件，同比增长 54.1%。

全国知识产权系统组织开展电子商务领域专利执法维权“闪电”专项行动，推进各地开展知识产权执法维权“护航”专项行动，展会专利执法维权力度持续加大。线上专利执法维权力度大幅增强，参与电商领域专利执法维权的地方知识产权局和维权中心的工作范围不断拓宽，电商与展会领域案件办案周期大幅缩短。深入推进专利行政执法能力提升工程。深化跨地区联合执法与协作执法机制。建立健全专利侵权判定咨询机制、专利纠纷快速调解机制。出台全国知识产权系统信用体系建设工作方案。执法目标责任制和绩效考核指标体系进一步完善。完善专利行政执法案件报送系统，专利纠纷网上办案系统、维权援助举报投诉系统上线试运行。

深化快速维权与维权援助举报投诉工作。在各产业集聚区加快快速维权中心布局，在顺德（家电）、花都（皮革皮具）、景德镇（陶瓷）批复设立 3 家知识产权快速维权中心。目前，已在灯饰、家纺、设计服务业、制笔、家具、家电、皮革皮具、陶瓷 8 个产业聚集区建立了知识产权快速维权中心。探索建立海外展会知识产权快速维权机制。扩大“12330”热线影响力，畅通知识产权保护监督渠道。

3. 知识产权管理

（1）综合改革试点。印发《国家知识产权局关于贯彻落实〈中共中央　国务院关于深化体制机制改革　加快实施创新驱动发展战略的若干意见〉的通知》，部署 3 类 11 项需要重点落实的举措。制定《全面创新改革试验具体实施方案》工作指引，召开知识产权系统落实全面创新改革试验工作会议；制订中新广州知识城知识产权运用和保护综合改革试验区建设工作方案；加强自贸试验区知识产权工作；推动知识产权综合管理改革试点，指导有条件的省份完成综合管理改革方案。

（2）大众创业、万众创新。联合财政部、人社部、全总、团中央印发《关于进一步加强知识产权运用和保护助力创新创业的意见》，全力助推“双创”。举办“第七届中国专利周”，以“强化知识产权运用保护，助力大众创业万众创新”为主题，面向企业、高校、科研院所开展各项服务，促进各类创新创业要素聚集交流对接。

（3）知识产权合作会商、试点示范。与广东省、广西壮族自治区以及中国科学院开展合作会商；制定《加快推进知识产权强省建设工作方案（试行）》；召开首批知识产权强省建设试点省专家评审会；与广东省政府、新加坡知识产权局开展三方会谈；筹备召开京津冀三地人民政府关于建立“一局三地”合作会商会议。截至 2015 年年底，已与 16 个省（区、市）人民政府及 4 家中央单位建立知识产权合作会商机制。完成第一批 23 个示范城市复核，新批具备示范资格城市 11 个、试点城市 18 个，强县工程示范县（区）27 个、试点县（区）36 个，传统知识知识产权保护示范县（市、区）6 个、试点

（市、区）3个，示范园区7家、试点20家。

（4）企业知识产权管理。会同科技部、工信部、商务部等8部门联合印发《关于全面推行〈企业知识产权管理规范〉国家标准的指导意见》，全面推动实施知识产权管理标准。指导各省、市加大标准推行力度，全国已有上万家企业贯彻实施企业标准，几乎覆盖所有省份。培育认证审核人员上千名，新设认证机构1家。成立知识产权管标服务联盟，全面提升服务机构能力。截至2015年12月底，全国共有1239家企业已通过认证审核。

印发《国家知识产权优势企业培育工作方案》和《国家知识产权示范企业培育工作方案》。确定58家企业为2015年度国家知识产权示范企业、609家企业为2015年度国家知识产权优势企业。截至2015年年底，共有国家知识产权示范企业185家，国家知识产权优势企业1324家。分别在江苏省、陕西省举办国家知识产权示范企业知识产权主管人员高级培训班。

完成高校和科研组织两个知识产权管理标准的送审稿。在15所科研组织开展"贯标"试点工作，协同教育部在全国5个省市69家高校开展标准实施试点，完成科研组织和高校标准培训工作。

成立全国知识管理标准化技术委员会，开展研究和制定专利代理服务质量、价值评估等标准，对未来5年全国知识产权标准化工作进行统筹安排。组织中国代表团参加国际标准化组织ISO/TC279创新管理标准化技术委员会国际标准化年会，提出设立知识产权特别工作组并由中国牵头负责相关工作、由中国举办第四次国际标准化年会等重要提议，受到ISO/TC279秘书处与会国家认可。

（5）专利运用及产业化。会同财政部开展以市场化方式促进知识产权运营服务试点工作。推进全国知识产权运营公共服务平台及2个特色试点平台建设，在11个省市采取股权投资等方式支持20家知识产权运营机构优先发展，在10个省市试点设立重点产业知识产权运营基金，在4个省份试点设立知识产权质押融资风险补偿基金，初步构建起"平台＋机构＋资本＋产业"四位一体的知识产权运营体系。

深入实施专利导航试点工程，印发《产业规划类专利导航项目实施导则（暂行）》，8个实验区在超硬材料、微纳制造、数字安防等产业专利导航分析成果基础上，编制完成专利导航产业创新发展规划。出台《产业知识产权联盟建设指南》，完成56家产业知识产权联盟备案。

印发《国家知识产权局关于进一步推动知识产权金融服务工作的意见》；组织42个地区和单位开展知识产权投融资试点工作，推进全国32个省区市知识产权局拓展和深化知识产权质押融资工作，在广东等省份开展知识产权质押融资风险补偿基金试点工作，开展互联网平台知识产权金融服务模式和风险管理体系研究，进一步扩大专利保险工作覆盖范围，深入推进专利保险试点工作，研究制定出口产品侵权责任保险方案。2015年，全国专利权质押金额560亿元人民币，较上年增长14.6%，惠及企业2000余家；全国有1164家企业投保专利保险，专利保险保障金额累计1.39亿元人民币，同比增长18.57%。

深化专利价值分析应用试点工作，指导科研院所将专利价值分析与科研考评工作结合，完善现有科研成果考评体系，在全国10个地区推动开展专利价值分析试点，推进专利价值分析指标体系标准化工作。专利价值分析培训专业人员约800人。

与世界知识产权组织共同完成第十七届中国专利奖评选，评出金奖25项，优秀奖564项。据不完全统计，自专利实施之日起至2014年年底，25个金奖项目新增销售额1493亿元，新增利润334亿元。

会同国务院有关部门、地方省政府共同举办8个与知识产权相关的展会，在展会上指导设立知识产权保护办公室和知识产权服务专区。

三、专利申请与审查

(一)专利申请与授权

2015年,我国专利申请受理量279.9万件,同比增长18.5%。在稳中求进的工作总基调下,围绕知识产权强国建设目标,我国知识产权创造取得新进展,我国发明专利申请受理量继续保持稳步增长,发明专利年度申请受理量首次超过100万件,企业知识产权创造主体地位持续稳固。每万人口发明专利拥有量达到6.3件,完成"十二五"规划纲要提出的目标。

1. 专利申请

2015年国家知识产权局共受理发明专利申请110.2万件,同比增长18.7%。其中,受理国内发明专利申请96.8万件,占总量的87.8%,同比增长20.9%;受理国外发明专利申请13.4万件,占总量的12.2%,同比增长5.2%。

受理的国内发明专利申请中,职务申请77.6万件,占80.2%,同比增长19.8%,非职务申请19.2万件,占19.8%,同比增长25.5%。受理的国内职务发明专利申请中,企业申请58.2件,占75.0%,同比增长20.2%;高校申请13.4万件,占17.3%,同比增长19.3%;科研机构申请4.5万件,占5.8%,同比增长12.4%;机关团体申请1.5万件,占1.9%,同比增长32.2%。

2015年,国家知识产权局共受理实用新型专利申请112.8万件,同比增长29.8%;受理外观设计专利申请56.9万件,同比增长0.8%。

表1　2015年国内发明专利申请受理量居前十位的企业

排名	申请人名称	申请量(件)
1	国家电网公司	6111
2	中国石油化工股份有限公司	4372

续表

排名	申请人名称	申请量(件)
3	中兴通讯股份有限公司	3516
4	广东欧珀移动通信有限公司	3338
5	华为技术有限公司	3216
6	小米科技有限责任公司	3183
7	北京奇虎科技有限公司	2777
8	京东方科技集团股份有限公司	2761
9	珠海格力电器股份有限公司	1981
10	联想(北京)有限公司	1826

表2　2015年国外发明专利申请受理量居前十位的企业

排名	国别	申请人名称	申请量(件)
1	开曼群岛	阿里巴巴集团控股有限公司	2742
2	韩国	三星电子株式会社	2117
3	美国	高通股份有限公司	1943
4	日本	丰田自动车株式会社	1921
5	德国	罗伯特·博世有限公司	1480
6	韩国	现代自动车株式会社	1441
7	美国	英特尔公司	1258
8	日本	三菱电机株式会社	1210
9	日本	佳能株式会社	1167
10	荷兰	皇家飞利浦有限公司	1161

表3　2015年国内发明专利申请受理量居前十位的高校

排名	申请人名称	申请量(件)
1	浙江大学	2739
2	哈尔滨工业大学	2577

续表

排名	申请人名称	申请量（件）
3	东南大学	2120
4	华南理工大学	2068
5	上海交通大学	1838
6	广西大学	1825
7	清华大学	1823
8	天津大学	1797
9	电子科技大学	1636
10	江南大学	1627

表 4　2015 年国内发明专利申请受理量居前十位的科研机构

排名	申请人名称	申请量（件）
1	中国科学院大连化学物理研究所	852
2	中国电力科学研究院	839
3	中国科学院长春光学精密机械与物理研究所	428
4	中国电子科技集团公司第四十一研究所	368
5	中国科学院合肥物质科学研究院	360
6	中国科学院宁波材料技术与工程研究所	354
7	广东电网有限责任公司电力科学研究院	338
8	电信科学技术研究院	326
9	国网智能电网研究院	297
10	财团法人工业技术研究院	296

2. 发明专利申请的地区和国别分布

2015 年国内发明专利申请受理量居前十位的省市依次是江苏、广东、山东、北京、安徽、浙江、上海、四川、重庆和广西。

表 5　2015 年发明专利申请受理量居前十位的省(区、市)

排名	申请人省份	申请量(件)
1	江苏	154 608
2	广东	103 941
3	山东	93 475
4	北京	88 930
5	安徽	68 314
6	浙江	67 674
7	上海	46 976
8	四川	40 437
9	重庆	35 086
10	广西	30 815

2015 年国外在华发明专利申请受理量排在前十位的国家依次是日本、美国、德国、韩国、法国、瑞士、荷兰、英国、瑞典和意大利。

表 6　2015 年发明专利申请受理量居前十位的国家

排名	申请人国家	申请量(件)
1	日本	40 078
2	美国	37 216
3	德国	13 851
4	韩国	12 907
5	法国	4702
6	瑞士	3432
7	荷兰	3032
8	英国	2221
9	瑞典	1948
10	意大利	1430

3. 专利授权

2015 年，国家知识产权局授权发明专利 35.9 万件，同比增长 54.1%。其中国内发明专利授权 26.3 万件，占总量的 73.3%；国外发明专利授权 9.6 万件，占总量的 26.7%。国内发明专利授权中，职务发明 23.9 万件，占 90.9%，非职务发明 2.4 万件，占 9.1%。

国内职务发明专利授权中，企业专利15.9万件，占66.5%；高校专利5.7万件，占23.8%；科研机构专利1.9万件，占8.0%；机关团体专利0.4万件，占1.7%。

2015年，国家知识产权局共授权实用新型专利87.6万件，同比增长23.8%；授权外观设计专利48.3万件，同比增长33.5%。

表7　2015年国内发明专利授权量居前十位的企业

排名	专利权人名称	授权量（件）
1	中国石油化工股份有限公司	2844
2	中兴通讯股份有限公司	2673
3	华为技术有限公司	2413
4	国家电网公司	2081
5	京东方科技集团股份有限公司	1115
6	深圳市华星光电技术有限公司	728
7	中国石油天然气股份有限公司	641
8	中联重科股份有限公司	596
9	腾讯科技（深圳）有限公司	581
10	比亚迪股份有限公司	509

表8　2015年国外发明专利授权量居前十位的企业

排名	国家和地区	专利权人名称	授权量（件）
1	美国	高通股份有限公司	1350
2	日本	佳能株式会社	1273
3	日本	丰田自动车株式会社	1240
4	日本	松下电器产业株式会社	1117
5	日本	三菱电机株式会社	1095
6	美国	通用汽车环球科技运作有限责任公司	1005
7	德国	罗伯特·博世有限公司	940
8	荷兰	皇家飞利浦电子股份有限公司	920

续表

排名	国家和地区	专利权人名称	授权量（件）
9	德国	西门子公司	915
10	韩国	三星电子株式会社	912

表9　2015年国内发明专利授权量居前十位的高校

排名	专利权人名称	授权量（件）
1	浙江大学	1865
2	哈尔滨工业大学	1454
3	东南大学	1453
4	清华大学	1165
5	上海交通大学	1113
6	江苏大学	985
7	华南理工大学	871
8	北京航空航天大学	860
9	西安交通大学	774
10	北京工业大学	750

表10　2015年国内发明专利授权量居前十位的科研机构

排名	专利权人名称	授权量（件）
1	中国科学院微电子研究所	403
2	深圳光启高等理工研究院	340
3	财团法人工业技术研究院	331
4	中国电力科学研究院	314
5	中国科学院大连化学物理研究所	277
6	中国科学院长春光学精密机械与物理研究所	249
7	中国科学院化学研究所	230
8	中国科学院过程工程研究所	224
9	电信科学技术研究院	215
10	中国科学院深圳先进技术研究院	199

表 11 2015 年发明专利授权量居前十位的省、自治区、直辖市

排名	专利权人省区市	授权量(件)
1	江苏	36 015
2	北京	35 308
3	广东	33 477
4	浙江	23 345
5	上海	17 601
6	山东	16 881
7	安徽	11 180
8	四川	9105
9	湖北	7766
10	陕西	6812

4. 专利拥有量

截至 2015 年年底,经国家知识产权局授权并维持有效的发明专利为 147.2 万件,同比增长 23.1%。其中,国内 92.2 万件,占总量的 62.6%,同比增长 30.1%;国外 55.0 万件,占总量的 37.4%,同比增长 12.9%。截至 2015 年年底,我国每万人口发明专利拥有量(不含港澳台)达到 6.3 件(人口数据为 2015 年初步数据)。

(二)专利审查

2015 年,审查结案量持续增长,审查质量进一步提升,审结高效、周期稳定,审查能力进一步增强。

1. 审查结案量

2015 年,3 种专利结案量持续增长,3 种专利共审结 208 万件,同比增长 10%,其中发明结案 55.8 万件。此外发出发明专利"第一次审查意见通知书"66.1 万件。发明专利申请优先审查请求量 10 036 件,同比增长 55%。

2. 审查质量

2015 年专利审查质量社会满意度为 82.8,比 2014 年(81.9)有所提高,连续 6 年处于满意区间。2015 年累计处理公众投诉约 760 件,比 2014 年减少 140 件。

为提升专利审查质量和效率,2015 年持续完善并发挥审查质量保障体系和业务指导体系的功能和作用,在专利局各审查部门设立质量保障处,进一步加强了审查部门的审查质量保障和同领域的审查质量协调交流;组织局审查业务指导组通过解决疑难问题、开展案例宣讲等方式,加强顶层业务指导;多次举办审查业务学习活动,加强法律理解,提高法律思维,促进对审查标准的统一理解;继续加强"道德、法律、技能"三项支撑的能力建设,开展"责任担当年"活动。

3. 审查周期

在专利申请量保持增长的情况下,3 种专利的审查周期稳中有降,发明专利实审审查周期为 21.9 个月,较 2014 年进一步缩短;实用新型专利审查周期为 2.9 个月;外观设计专利审查周期为 3.0 个月。

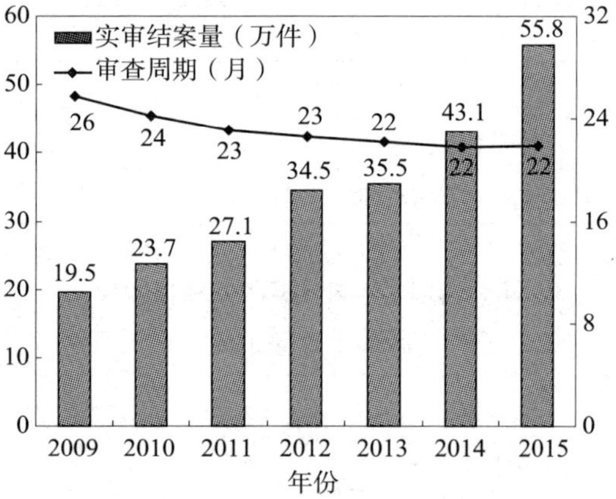

图 1 2009～2015 年实审结案量和审查周期变化趋势

4. 审查能力

截至 2015 年年底,国家知识产权局内设部门在编专利审查员人数达 2301 人。北京、江苏、广东、河南、湖北、天津和四川专利审查协作中心专利审查员达 8001 名。

(三)PCT 国际申请

国家知识产权局作为《专利合作条约》

(PCT)受理局，2015 年共受理国际申请 30 548件，同比增长 16.7%。自 1994 年起累计受理国际申请 163 113 件。

国家知识产权局作为国际检索单位，2015 年共完成国际检索报告 27 925 件，同比增长 9.02%。自 1994 年起累计完成 PCT 国际检索报告 146 296 件。

国家知识产权局作为国际初审单位，2015 年完成国际初步审查报告 436 件，自 1994 年起累计完成国际初步审查报告 7473 件。

2015 年，收到进入中国国家阶段的国际申请 82 965 件，同比增长 2.9%，其中发明专利申请 81 867 件，实用新型专利申请 1098 件。自 1994 年起收到进入中国国家阶段的国际申请累计 848 379 件。

(四)复审与专利权无效宣告

1. 受理复审请求与结案

2015 年专利复审委员会受理复审请求 12 678 件，同比下降 48%。在 2015 年受理的复审请求中，涉及对驳回发明专利申请决定不服的复审请求为 11 920 件，占当年受理总量的 94%；涉及对驳回实用新型专利申请决定不服的复审请求为 637 件，占当年受理总量的 5%；涉及对驳回外观设计专利申请决定不服的复审请求为 121 件，占当年受理总量的 1%。

2015 年复审请求结案共 25 756 件，其中涉及发明专利申请 24 026 件，涉及实用新型专利申请 1506 件，涉及外观设计专利申请 224 件。

自 1985 年以来，专利复审委员会共受理复审请求 130 182 件。截至 2015 年年底，复审请求结案 116 611 件。

2. 受理专利权无效宣告请求与结案

2015 年专利复审委员会受理无效宣告请求 3724 件，同比增长 9%。在 2015 年受理的无效宣告请求中，涉及发明专利权无效宣告请求为 746 件，占当年总量的 20%；涉及实用新型专利权的无效宣告请求为 1767 件，占当年总量的 47%；涉及外观设计专利权无效宣告请求为 1211 件，占当年总量的 33%。

2015 年无效宣告请求结案共 3652 件，其中涉及发明专利 743 件，涉及实用新型专利 1459 件，涉及外观设计专利 1450 件。

自 1985 年以来，专利复审委员会共受理无效宣告请求 41 511 件，截至 2015 年年底，无效宣告请求结案 37 537 件。

3. 专利行政诉讼

2015 年，当事人向北京市一中院起诉和向北京市高院上诉的案件总计 1676 件，其中针对复审审查决定起诉和上诉的有 478 件；对无效宣告请求审查决定起诉和上诉的 1198 件。

2015 年，北京市一中院对由专利复审委员会作出的各类决定审理结案 410 件，其中涉及复审决定的 99 件，涉及无效宣告请求审查决定的 311 件。

2015 年，北京市高院对由专利复审委员会作出的各类决定审理结案 312 件，其中涉及复审决定的 62 件，涉及无效宣告请求审查决定的 250 件。

2015 年，最高人民法院申诉案件立案 111 件，提审结案 68 件。

4. 集成电路布图设计撤销案件审理

自 2001 年 10 月 1 日《集成电路布图设计保护条例》颁布施行以来，专利复审委员会累计受理 13 件集成电路布图设计撤销案。截至 2015 年年底，审结 5 件。

5. 巡回审理庭的建设和使用

截至 2015 年年底，专利复审委员会已在广东、河南、山东、新疆、四川等 10 个省市建设了 11 个巡回审理庭。2015 年，选择广东、江苏巡回审理庭推广建设全网管理平台。

6. 复审和无效请求电子请求率

当事人通过复审和无效宣告电子请求系统提交复审无效请求的比率不断提高。据统计，2015 年，全国复审电子请求率为 60.57%，无效电子请求率为 19.42%。

四、信息化和文献

(一)信息化

2015 年,中国专利电子审批系统(E 系统)与专利检索与服务系统(S 系统)在稳定运行的基础上,持续推进系统扩容和功能优化,全年共实施配套项目 26 个,提高了系统性能,支撑国家知识产权局以及广大社会公众各类需求;中国 PCT 申请国际阶段审查和流程管理系统(CEPCT 系统)着力优化业务功能和提升连续服务能力,PCT 电子申请率从 2015 年年初的 30%上升到 60%;中国外观设计智能检索系统(D 系统)(三期)上线试运行;完成 EPOQUE 系统硬件平台迁移和检索引擎版本升级;根据管理决策及业务发展需要,还建成了统计报表系统、便捷审查系统、纸件文档管理系统,开展了代办处业务管理系统、费减证明备案系统、专利缴费信息网上补充及管理系统等一系列信息化建设工作。

持续推进各项智能审查系统建设,进一步优化专利受理、实用新型审查、外观设计审查等各阶段审查智能化信息系统建设,全面支持和推动业务工作发展;大力推进中国专利审查智库、智能辅助检索项目、中国专利申请案源配送等智能系统建设。

强化基础环境建设和保障工作,为信息化工作提供基础支撑和安全保障。数据服务进一步完善,2015 年为各核心业务系统提供 2600 余万条(件)加工数据,保障各级专利信息服务中心的数据更新,为审查业务系统正常运转、专利信息服务和国际数据交换等工作提供了及时的数据保障;优化运维服务,网络、存储、系统监控、用户终端保障等各项工作;开展服务器虚拟化建设;深入开展等保三级备案信息系统测评工作,实现国家知识产权局 50 个对外服务网站的风险监控,完成国家知识产权局 21 个互联网站资格复核和标识代码加挂工作。

完成全国专利信息公共服务体系中济南、上海、重庆区域中心的设立工作,圆满完成国家知识产权局区域专利信息服务中心设立工作,新增设立青海省专利信息服务中心,地方中心增至 44 家;为公众提供专利数据服务的专利数据服务试验系统新增 6 种日本专利数据,3 种韩国专利数据,目前该系统可以提供包括著录项目、英文摘要、申请公布、授权公告、分类数据等共计 29 种专利基础数据;完成广东顺德知识产权快速维权中心信息化建设,总计完成 6 家快速维权中心的信息化建设工作。为了持续满足社会公众查询和检索专利审查信息的需求,中国及多国专利审查信息查询系统,新增多国发明专利审查信息查询服务,方便公众一站式访问中、美、欧、日、韩五局受理的发明专利审查信息;升级专利检索与分析系统,扩展支持 9 种语言版本,增加代理人、代理机构等新检索字段,新增中国香港地区、中国台湾地区和新加坡文摘数据;搭建可在线申请和办理登记簿副本证明文件等业务的专利事务服务系统;升级可支持中、日、韩、英 4 种语言版本的中日韩三局合作网站。

深化信息化领域国际交流与合作,进一步拓展丰富合作内容。着力加强国际数据交换,2015 年新增 3 个,总计完成与 24 个国家、地区或组织的数据交换,继续开展电子优先权交换,完成对通过数据交换获取的美、日、欧、韩全文文本数据完整性比对和补齐工作,与日、韩签订数据交换谅解备忘录开放日、韩专利图像和全文文本信息;实施中国外观设计专利数据加入欧洲内部市场协调局(OHIM)Designview 项目;云专利审查系统(CPES 系统)正式上线运行,2015 年新增 7 个试用机构,总计为 31 个机构发放试用账号,与英国知识产权局开展云专利审查系统合作;不断丰富国际及港澳台合作内容,扎实推进海牙协定外观设计信息化项目建设、海峡两岸优先权电子交换合作;促进了国家知识产权局与相关机构信息化领域的沟通和交流、巩固了现有合作稳定发展。

（二）文献

1. 文献资源

2015年共配置各类文献资源166种，其中专利资源10种，非专利资源156种，为专利审查、专利信息公共服务、宏观管理及相关研究等工作提供了基础保障；新增英文语种的巴西、俄罗斯、印度、澳大利亚等9国专利全文数据资源，在满足专利审查的需求的同时，社会公众也能通过国家知识产权局政府网站的专利检索与服务及分析系统使用。继续保持与38个国家（地区）或组织专利文献双边交换关系，向7个PCT国际检索与初审单位提供/赠予中国专利文献。

截至2015年年底，国家知识产权局累计拥有450余种专利文献资源，其中著录文摘63种，全文图像124种，全文文本31种，辅助检索189种，自主加工专利数据数十种。著录文摘覆盖104个国家（地区）或组织，全文图像覆盖103个国家（地区）或组织，全文文本覆盖33个国家（地区）或组织。目前，中国专利文献总量超过1500万件。

2. 文献服务

围绕审查工作需求持续有效开展文献提取与咨询、专利分类培训等文献服务。组织各类非专利数据库培训19次，累计培训951人。修订知识产权图书分类表，进一步规范馆藏图书的管理。

深入扎实做好面向公众的专利文献信息服务。围绕社会上极为迫切的培训需求，如专利制度与专利文献、专利信息利用以及利用专利文献提升申请质量等，组织开展9个专题的系列培训，共举办专利信息公益讲座37期，公益讲座网络课堂覆盖全国15个省市，培训社会公众近4000人次，较2014年增长100.03%。在政府网站发布全球74个国家（地区）或组织互联网专利信息公共检索资源及使用指南，增设专利信息研究交流专栏并共享70余项专利信息研究成果信息。出版《全球专利创新活动研究报告（2014）》，出版《影响世界的专利》科普读物。知识产权陈列馆2015年接待团体参观36批800余人次。

3. 文献分类与研究

国家知识产权局IPC修订C464项目获得WIPO审议通过，并提供11余万条IPC再分类数据。国家知识产权局6项分类修订提案成为五局（中美欧日韩知识产权局）阶段F项目。针对部分领域新公开和新受理的发明专利申请开展CPC分类。开展PCT检索报告相关引文数据研究，完成全国、京津冀、“一带一路”专利文献统计分析。完成《知识产权文献与信息－基本词汇》国家标准修订相关研究，加强专利文献与信息标准管理标准体系的建设与应用。围绕产业分类与专利分类衔接、专利信息传播利用体系完善、专利文献工作标准化、知识产权全流程文献资源建设、科技成果转化、知识服务等方面完成多项研究，为文献业务发展提供全面支撑。

4. 文献出版物

2015年出版发明、实用新型和外观设计专利公报文献共2 622 499件，其中发明公布955 342件，发明授权333 153件，实用新型859 925件，外观设计474 079件。利用刊物平台推广文献研究成果，编辑刊发《专利文献研究》6期、《专利文献研究特刊》7期、《专利文献研究增刊》7期，编译刊发《国外知识产权资讯》29期、《国外知识产权资讯专刊》5期。

5. 专利信息传播与利用

召开全国专利信息传播与利用工作会，总结“十二五”期间全国专利信息传播与利用工作，研讨部署“十三五”时期工作。编制并发布《全国专利信息传播利用2014》白皮书。发布并实施《2015年全国专利信息传播利用基地能力培育和促进工作实施方案》，实现对基地工作的重点指导和培育。

修订《专利文献信息服务指南》，面向企事业单位进一步推广《企业专利信息利用工作指南》和《专利文献信息服务指南》的应用，逐步推动专利信息工作的标准化与规范化建设。完成国家4个重点技术领域的专利竞争情报研究，围绕大气污染防治的相关技术领域开展专利创新与竞争动态跟踪研究，指导基地完成12项重点产业或重点项目专利信息分析，积极推动专利信息情报支撑行业发展。面向12家基地、西部9个省区实施专利信息利用促进与帮扶项目，培育专利信息利用重点单位68家，新增小微企业专利信息服务试点30家，围绕企业专利申请消零、专利倍增、海外维权、风险防控、技术攻关等方面的需求开展专利信息服务，不断优化专利信息工作融入企业生产经营的工作模式。

新评选专利信息领军人才32名和专利信息师资人才81名，启动专利信息实务人才选拔工作；举办中部省区、“一带一路”有关省区8期专利信息利用培训班，培训学员700余人。

6. 专利文献国际交流与合作

组织两批学习团队赴欧洲专利局参加分类实习，邀请日本特许厅分类专家来国家知识产权局开展分类研讨。面向东盟组织及其成员国举办“2015年中国专利文献知识与应用发展中国家培训班”。与日本特许厅和韩国特许厅就建立专利信息专家交流机制达成共识。

五、宣传、人才培养和学术活动

（一）宣传

2015年，宣传工作紧紧围绕国家经济社会发展大局，以宣传国家知识产权战略实施为主线，以增强全社会知识产权意识为目标，探索改进宣传工作的方式方法，全面展示我国知识产权事业的发展成就。

为配合《新形势下关于加快知识产权强国建设的若干意见》出台，先后协同国新办举办例行政策吹风会，联合中国政府网组织在线访谈，协调《经济日报》刊发消息和专家访谈。为配合《关于全面推行〈企业知识产权管理规范〉国家标准的指导意见》出台，组织中央主要媒体赴江苏省、浙江省开展主题采访活动，重点采访基层一线特别是企业的典型案例。2015年，还先后对全国局长会、2014年发明专利授权排行、五局局长会、中国专利信息年会、“知识产权走基层、服务经济万里行”等10余项重要活动开展了专项报道。

联合中宣部等23个部门在全国范围内开展“4·26知识产权宣传周”活动，期间，组委会各成员单位单独或者多部门联合开展活动70余项次。全国各地宣传周活动同步启动，形成国家、省、地、县四级联动、全国一盘棋宣传局面。国家知识产权局通过网络举行启动仪式，召开新闻发布会，举办开放日，播出电视公益广告等主题鲜明、形式多样的宣传活动，引起社会各界广泛关注。据不完全统计，宣传周期间，参与报道的电台、电视台、报社、网站等媒体超过500家，有关原发性报道逾4000篇，网络转发总量数百万次，参与人数近千万。

继续支持人民网建设“知识产权频道”，联合《中国日报》出版《知识产权周刊》，委托《中国知识产权报》出版《知识产权双语周刊》。编辑出版刊物《每周知识产权舆情》《专利舆情周报》各52期。逐步健全例行新闻发布制度，共举办5场新闻发布会、1次吹风会。开通政务微信公众账号。

联合教育部启动开展全国中小学知识产权教育试点示范工作，并组织申报首批全国中小学知识产权教育试点学校，26个省（区、市）111所学校提交了有效申报材料，经评定，23个省（区、市）的30所学校入选首批全国中小学知识产权教育试点学校。

（二）人才培养

1. 全国知识产权人才工作

大力落实知识产权人才“十二五”规

划，开展知识产权人才“十三五”规划编制工作，建设知识产权人才体系，实施重大人才工程计划，推进知识产权人才队伍建设。目前，全国知识产权人才队伍规模超15万人，知识产权从业人员数量超过50万人。

深入贯彻《国家人才中长期发展规划纲要》，牵头落实“实施知识产权保护政策”，制定印发《关于进一步加强知识产权运用和保护　助力创新创业的意见》《关于知识产权服务标准体系建设的指导意见》等政策文件8篇。《职务发明条例草案(送审稿)》上报国务院。落实国家专业技术人才知识更新工程，举办丝绸之路经济带和现代农业知识产权高级研修班，开展重点领域知识更新，共培训5000余名急需紧缺专业技术人才。

积极开展知识产权专业人员情况调查研究和信息采集等工作，推动知识产权专业人员纳入国家职业分类大典。2015年，国家修订颁布了《中华人民共和国职业分类大典》，在经济和金融专业人员中增加了“知识产权专业人员”小类，下设“专利代理专业人员”等职业，为知识产权人才发展营造了良好政策环境。

实施知识产权高层次人才引领计划、人才信息化工程等9项人才工程计划。在全国7个省(区、市)开展领军人才巡讲7期，举办领军人才研讨班。开展第二批国家知识产权专家库专家评选工作。加强高层次人才培训，选派包括地方知识产权局高层次人才在内的24人赴德国马普创新与竞争研究所参加培训。

加强培训基地建设工作。截至2015年年底，在全国19个省(区、市)批复设立国家知识产权培训基地24家，其中中小微企业知识产权培训基地3家。2015年，国家知识产权培训基地举办培训班258期，培训2万余人次。指导各省级知识产权局设立省级知识产权培训基地50余家，形成了布局合理、品牌特色鲜明、影响辐射全国的培训基地体系。

全国知识产权系统共举办各级各类知识产权培训4000余期，培训人次42万左右。开展全国知识产权局局长高级研修班和全国知识产权专家高级研讨班，针对“深化知识产权领域改革　加快知识产权强国建设”主题以及知识产权“十三五”规划等相关问题进行研讨。承担国家行政学院开展国有重要骨干企业领导人员知识产权现场教学，推动知识产权培训融入国家重点人才培训。2015年共选派71人次赴美、日、欧等进行中长期培训。

中国知识产权培训中心共举办面授培训班103期，培训人员1万余人次；远程教育培训规模近27万人次。“十二五”期间，知识产权远程教育规模超过100万人次，子平台总数达到13个，分站总数达到132个，课程发布数量达到130余门。规划开发专利信息利用系列、专利法系列和专利实务系列等系列微课程，以及根据MOOC平台的发展需求，完成了243门的微课程、MOOC课程等开发工作。努力落实《知识产权教材建设工作实施方案(2012～2015年)》，推进教材体系建设。

2. 干部教育培训挂职工作

共选派23名司局级领导干部参加调训班次学习、31名司局级干部参加自主选学工作。组织全体司局级领导干部参加中组部中国网络干部学院在线学习，做好自主选学工作。2015年举办春、秋两期处级干部进修班，共培训学员113名。组织举办4期处级领导干部能力提升培训班，培训处级领导干部105人，主要课程包括领导与创新、授权与激励等方面的内容，新增“案例视频分析”与“学习行动计划表”。创新处级领导干部培训模式，设立卓越领导力微课堂。公务员初任培训96人次。

选派33名干部到局外单位挂职借调，其中选派23人到地方政府、地方知识产权局、代办处、专利导航区、国家信访局、团中央等挂职，选派10名干部借调到国防专利审查中心工作。同时安排194名干部在局内交流，安排 122 名干部到审查协作中心借调、挂职锻炼。

3. 局内人才培养工作

加强知识产权专业人才队伍建设。召开 2015 年国家知识产权局人才工作交流会。完成国家知识产权局 63 名首批领军人才培养对象和 758 名首批骨干人才培养对象结业考核。选拔第二批领军人才培养对象 41 人、第五批高层次人才培养对象 80 人和第四批骨干人才培养对象 177 人。首次举办领军人才知识产权强国论坛。举办“中国特色大国外交”“民族团结与国家安全”等专题培训班。举办“中国外交新形势”专题等 4 期高培系列集中研修班，共计培训 320 人次。

加强培训工作统筹管理。制定发布《国家知识产权局专利局审查业务培训局级师资认证管理办法(试行)》，选拔 158 名局级教师、282 名局级后备教师入选师资库。统筹专利局外派培训教师管理，选派教师 235 人次，有效满足审查协作各中心和社会各方面培训需求。出版 16 册《新审查员培训核心课程教案汇编》，保证核心课程教学内容统一。继续加强在岗审查员培训教学研究，新开发课程 13 门，修订课程 37 门。

举办在岗审查员培训局内面授班 10 期，培训 953 人次。组织召开 2015 年审查员培训经验交流会。组织完成 CPC 局级课程培训、分领域案例开发、审核和培训工作，并召开国家知识产权局 CPC 培训经验交流会。首次协调完成 21 名审查协作河南中心骨干审查员来局代培工作。组织国家知识产权局审查员 25 人次参加欧洲专利学院在线课程学习。通过长中短期班结合、线上线下互补的形式，针对各级人才有针对性地组织开展各类外语培训，完善局外语培训体系，2015 年共计 500 余人次。其中举办英、日、法等 24 个常规外语培训班，培训 300 余人次；举办北京语言大学脱产外语培训班，培训 40 余人次；举办无忧英语在线高级英语培训班，培训 60 余人次；举办 3 期涉外教师培训班，培训局涉外教师、国际型审查人才培养对象等约 130 人次。

进一步加强审查员专业技术培训工作。依托 10 家审查员实践基地，继续开展在岗审查员专业技术知识更新与实践培训工作、专业技术调研工作和专业技术实习工作。2015 年派出实践、调研和实习团组 136 个，共计 810 人次。派出 103 人次参加专业学术会议。加大审查员实践基地建设力度，拓宽审查员实践基地范围，新增山东、苏州、长沙等 3 家实践基地。

依托人才资源管理系统，加强审查员专业技术培训审批管理。推进 SIPOLeMS 二期系统建设，开展在线培训 17 325 人次。

4. 涉外培训工作

新开发“中国知识产权金融服务”“中国知识产权行政管理、执法体系与实践”“企业知识产权管理”等 3 门涉外培训课程。针对海湾地区国家审查员、朝鲜局审查员、东盟十国及秘书处官员举办 3 期涉外培训班，48 人参加。选派 1 名审查业务专家赴 GCC 专利局提供为期一个月的培训。

(三)学术活动

组织完成 2015 年度 8 项专项课题、34 项一般课题、10 项“青春求索”青年研究专项课题、10 项专利分析普及推广项目的结题验收工作。课题研究围绕审查标准和审查政策制定、审查能力提升、业务管理机制建设以及重点产业的专利技术等热点难点问题开展研究。

举办 10 期专利分析实战培训班，8 期专利分析行业研讨会，提升创新主体对专利信息运用能力。举办 5 期“中国专利学术论坛”，24 期技术说明会。

2015 年共编辑出版《学术观察》10 期，《审查业务通讯》12 期，《知识产权发展研究》(内刊)刊物 12 期,《产业专利分析报告》系列丛书第 29～38 册,《前沿技术领域专利预警分析报告》(一、二册)。组织完成了《2014 年度重大专项课题成果精编》《2014 年度一般课题优秀课题成果精编》《局学术委员会成立 10 周年优秀学术成果集》《局学术委员会成立 10 周年优秀征文集》等编撰工作,整理完成包括 1835 项研究成果的《国家知识产权局学术委员会成果表》。

六、港澳台交流活动

2015 年,国家知识产权局与港澳台地区知识产权领域的交流合作内容更加丰富,层次不断提升,取得新成效。

(一)与港澳地区的交流

积极推动与香港知识产权署签署的《关于专利领域合作安排》及与澳门经济局签署的《知识产权领域协议》相关合作内容的落实。通过高层访问、业务交流和举办会议等多种形式,促进内地与港澳地区的知识产权交流。

2015 年 12 月,申长雨局长率团赴香港参加第五届亚洲知识产权营商论坛,与特区政府和知识产权相关部门进行交流。2015 年 1 月,何志敏副局长会见香港商务及经济发展局常任秘书长容伟雄一行。2015 年 4 月,贺化副局长会见香港大律师公会代表团。2015 年 6 月,甘绍宁副局长会见香港知识产权署新任署长梁家丽一行。

2015 年 3 月和 10 月,分别组团赴澳门和香港进行业务交流。2015 年 4 月,在广东省中山市举办内地与香港、澳门特别行政区知识产权研讨会。

2015 年,继续为澳门经济局提供专利实质审查协助。

(二)与台湾地区的交流

继续稳步落实《海峡两岸知识产权保护合作协议》,积极有效地开展各项工作,以知识产权交流促进两岸经济发展,切实维护两岸同胞的知识产权合法权益。

2015 年 5 月,接待台湾地区“智慧财产局”3 名审查员来国家知识产权局进行审查业务交流。2015 年 6 月,派员赴台参加第六次两岸专利工作组会议。2015 年 9 月,在广东省广州市举办第八届两岸专利论坛。

七、国际合作

2015 年,国家知识产权局全面推进知识产权领域国际合作,继续深化与世界知识产权组织(WIPO)、各国各地区知识产权机构的友好合作,不断拓展新的合作伙伴关系。2015 年新签订 42 份各类多双边合作协议和联合声明,知识产权国际合作工作成果丰硕。

(一)涉外知识产权统筹协调

2015 年,国家知识产权局切实履行统筹协调职能,推动相关工作发展,圆满完成各项相关工作。

牵头组织协调有关部门参加 WIPO 和国际植物新品种保护联盟(UPOV)框架下的各类会议,包括发展与知识产权委员会(CDIP)、商标、工业品外观设计和地理标志法律常设委员会(SCT)、知识产权与遗传资源、传统知识和民间文学艺术政府间委员会(IGC)等会议。2015 年 10 月,申长雨局长率中国政府代表团出席 WIPO 第五十五届成员国大会。2015 年 11 月,廖涛副局长率团参加 WIPO 发展与知识产权委员会第十六次会议。

积极配合国内相关部委参加亚太经济合作组织(APEC)有关会议。建立 WIPO 中国办事处运行协调机制。

(二)参加机制性对话和磋商谈判

积极参加中美战略与经济对话、中美创新对话、中美商贸联委会、中欧知识产权对话和中欧创新对话、中英、中法经济财金对话政策成果磋商、中意政府间委员会，以及中美、中欧、中瑞（士）、中俄、中巴（西）知识产权工作组会议等机制性会议和磋商谈判。

积极参加中、日、韩自贸区以及区域全面经济伙伴关系协定（RCEP）中有关知识产权章节的谈判。

（三）与世界知识产权组织的合作

2015年，进一步深化与WIPO的合作。与WIPO签署《中华人民共和国国家知识产权局和世界知识产权组织关于自愿捐赠的谅解备忘录》，标志着WIPO中国信托基金的设立。

继续与WIPO开展短期专家互访和长期人员交流。在华联合举办PCT高级巡回研讨会和海牙协定巡回研讨会。合作举办夏季达沃斯知识产权分论坛和第二届世界互联网大会、互联网创新与知识产权分论坛。

（四）多边合作

1. 五局合作

发明专利领域的中、美、欧、日、韩五局合作稳步推进，有效提高了审查工作的效率和质量，并为公众获取知识产权信息，更好地利用专利制度提供了更多便利。2015年5月，在江苏省苏州市成功举办了第八届发明专利五局合作（IP5）局长系列会议，会议签署了对未来合作方向具有重要指引作用的《五局合作共识》，明确提出五局将共同努力为用户及社会公众提供更好的服务。

2015年12月，何志敏副局长率团参加“首届工业品外观设计五局合作论坛”及其相关活动，并签署《外观设计五局合作联合声明》。该论坛的成功召开标志着工业品外观设计五局合作（ID5）机制的正式建立，是中国国家知识产权局、美国专利商标局、欧洲内部市场协调局、日本特许厅、韩国特许厅五大知识产权机构之间开展的机制性合作，是继发明领域五局合作（IP5）以及商标领域五局合作（TM5）之后新的五大局合作机制，旨在通过增进ID5五局间的相互理解和深入合作进一步改进和提升工业品外观设计体系的效率、质量和用户友好性。

2. 金砖国家知识产权合作

2015年6月和10月，申长雨局长率团分别出席第四届和第五届金砖国家知识产权局局长会议，成立了金砖国家知识产权协调小组并将合作内容整合为六大合作领域，进一步完善了金砖国家知识产权合作机制。

3. 中国—东盟知识产权合作

2015年，与东盟知识产权合作不断加强。2015年7月，国家知识产权局在北京市主办了“第六届中国—东盟知识产权局局长会”，签署中国—东盟2015～2016年工作计划。举办东盟知识产权高级培训班、文献培训班，派遣专家团组赴东盟成员国交流传统知识保护及传统医药数据库建设等内容。

2015年，国家知识产权局与东盟主要成员国以及传统友好国家知识产权机构的合作关系进一步深化。与马来西亚知识产权局正式建立了双边合作关系，与新加坡知识产权局签署了“中新政府间知识产权合作谅解备忘录实施推进计划”，与泰国知识产权厅签署了“2015～2016年工作计划”。

4. 中、日、韩三局合作

中、日、韩三局合作推进顺利，在专利审查、外观设计、自动化、工作共享、复审和培训机构等领域开展了务实合作。2015年11月，“第15次中、日、韩三局局长政策对话会”和“第三届中、日、韩知识产权研讨会”在广州召开，申长雨局长与日本特许厅长官和韩国特许厅厅长率团出席会议并签署了会议纪要。中、日、韩三局共同宣布，新增中、日、韩三种语言的新版三边合作网站TRIPO正式上线，进一步完善了三局对公众的服务。

5. 中、蒙、俄合作

8月，国家知识产权局主办第三届中、蒙、俄知识产权研讨会及中、蒙、俄三局局长会，签署了《中、蒙、俄知识产权合作协议》，正式建立了中、蒙、俄三边合作机制。

（五）双边合作

1. 与欧洲专利局（EPO）的合作

2015年是国家知识产权局与欧洲专利局正式建立双边合作关系30周年，双方共同编辑出版中文版和英文版《三十年合作伙伴》一书并在中欧两地举办系列活动，包括知识产权国际研讨会、两局第九次局长会议等。2015年11月26日，王勇国务委员会见EPO局长巴迪斯戴利一行。双方的传统友谊进一步巩固，战略合作伙伴关系进一步深化。

申长雨局长于2015年11月在北京与巴迪斯戴利局长举行工作会议并签署两局2016年度工作计划。2015年4月、11月，何志敏副局长分别率团访问EPO慕尼黑总部和维也纳分局访问。2015年3月、5月、6月、11月，分别接待EPO局长、副局长等来华访问。

2. 与欧洲内部市场协调局（OHIM）的合作

2015年，继续落实与OHIM签署的3年期战略伙伴协议，积极协调并推动各合作项目圆满完成。2015年7月，何志敏副局长率团赴OHIM进行工作访问。2015年9月，国家知识产权局外观设计数据加入OHIM Designview数据库。

3. 与欧盟的合作

2015年6月，何志敏副局长率团参加在欧盟总部举行的“中欧知识产权对话机制建立十周年研讨会”以及中欧创新对话，并访问欧盟贸易总司。在中欧知识产权合作项目（IP－Key）框架下，在欧洲3个城市：哥本哈根、罗马和布达佩斯成功举办“中国专利制度巡回研讨会”，使欧洲用户更好地了解中国知识产权制度。

2015年，与欧盟驻华使团及欧盟增长总司就知识产权相关问题加强了交流。

4. 与欧洲国家的交流与合作

2015年，国家知识产权局进一步加强了与欧洲各国在知识产权领域的友好合作关系。与俄罗斯、英国、法国、德国、奥地利、瑞士、匈牙利、捷克、塞尔维亚、丹麦、瑞典、芬兰、西班牙、马耳他、摩尔多瓦、格鲁吉亚等国家的知识产权机构开展了高层交流。与英国、捷克、瑞士、匈牙利、波兰、马耳他、丹麦、法国、塞尔维亚等签署13项双边合作协议、工作计划或会谈纪要。恢复与意大利知识产权局的合作关系，新开拓与马耳他和塞尔维亚的合作关系。

5. 与美国的交流与合作

2015年，中美知识产权高层交流频繁，合作领域进一步拓宽。2015年5月25日，汪洋副总理在中南海会见了美国专利商标局新任局长李大乔。两局局长实现首次互访，并签署两局《合作谅解备忘录》及《2015～2016年度工作计划》。何志敏副局长分别于2015年6月和12月访美，出席“中美创新对话”和“首届外观设计五局合作论坛”。两局还共同举办了两次专利许可和技术转让研讨会，及中美实用新型和外观设计研讨会，在法律法规的修改、专利数据交流等多方面开展了广泛交流。

6. 与拉丁美洲国家的交流与合作

2015年，申长雨局长分别与巴西工业产权局局长、墨西哥工业产权局局长和秘鲁国家竞争防卫和知识产权保护中心主席举行会谈，与墨方续签了合作谅解备忘录，与秘方签署了关于人员培训的联合行动计划。

7. 与大洋洲国家的交流与合作

申长雨局长在北京分别与澳大利亚知识产权局局长和新西兰知识产权局局长举行会谈，并续签了双边合作谅解备忘录。2015年4月，杨铁军副局长率团访问澳大利亚知识产权局，就专利审查工作共享、数据交换、检索系统等内容举行工作会谈并签署会谈纪要。

8. 与海湾合作委员会(GCC)成员国的交流与合作

2015年5月，申长雨局长与GCC副秘书长和GCC专利局局长举行会谈。2015年9月，何志敏副局长会见沙特专利局副局长，双方就沙特专利局成为专利云审查正式用户达成意向。

9. 与亚洲和非洲国家的交流与合作

2015年，国家知识产权局进一步加强与亚非国家知识产权机构的交流与合作。与马来西亚、泰国、日本、韩国、新加坡、伊朗、土耳其、蒙古、摩洛哥、埃塞俄比亚等国知识产权主管部门开展高层交流。申长雨局长分别出席“第二十一次中韩局长会”和“第二十二次中日局长会”并签署会议纪要。与马来西亚、伊朗、摩洛哥知识产权主管部门分别签署合作协议，正式建立了双边合作关系，并分别与蒙古、泰国、非洲地区知识产权组织(ARIPO)等签署“2015～2016年行动计划”。

(六)面向发展中国家培训和与“一带一路”沿线国家的合作与交流

2015年，国家知识产权局利用面向发展中国家培训基金进一步加强与发展中国家和“一带一路”沿线国家的知识产权机构的友好合作关系。举办了“2015年发展中国家知识产权(春季)培训班——‘一带一路’知识产权培训班”、东盟知识产权高级培训班暨第六届中国—东盟知识产权局局长会、东盟知识产权文献培训班、GCC及其成员国专利审查培训班、发展中国家秋季培训班等多个知识产权综合培训班，共邀请了来自亚洲(包括中亚)、非洲、欧洲地区、拉美地区的近30个国家的100多名知识产权官员参加。

2015年，还分别举办了针对朝鲜、蒙古、土耳其知识产权机构的高级培训班。

2015年11月，向GCC专利局派遣1名专家进行为期4周的援外授课。

(七)审查业务合作

2015年，完成了与俄罗斯、波兰、加拿大、新加坡、日本、葡萄牙、丹麦PPH试点延长的磋商工作，以及与匈牙利PPH合作试点协议的磋商。目前，国家知识产权局共签署20项PPH试点协议，其中19项试点已启动，与匈牙利的试点将于2016年3月1日启动。

继续开展与日、韩、英、芬、德及EPO、WIPO的审查员互派或交流项目，进一步增进在审查业务规则和实务领域的理解与互信。

(八)与知识产权业界和相关机构的交流

2015年，国家知识产权局领导会见了“格鲁吉亚梦想”联盟干部考察团、美中贸易全国委员会高级副会长欧玉琳、中国美国商会会长杜骁勇、美国知识产权人协会主席菲利普·约翰逊、国际知识产权律师联合会(FICPI)会长道格拉斯·迪斯、法国最高法院知识产权法官阿兰·吉拉尔代、ABB集团高级副总裁布鲁斯·塞尔科夫、法国专利公司总裁让·查尔斯·霍卡德、诺基亚执行副总裁巴里·弗伦奇、爱立信公司知识产权副总裁加布里埃尔·莫勒、荷兰皇家壳牌集团知识产权高级副总裁大卫·克雷斯、联合利华知识产权总顾问马修·古德温、高通公司副总裁唐纳德·罗森博格、微软公司执行副总裁陆奇等相关机构和企业的高层。

2015年，接待了国际保护知识产权协会(AIPPI)、日本律师联合会、日本官民访华团、法国青年代表团、美国博德研究所、英特尔公司、日产公司、雅马哈公司、罗氏公司、三星电子、维美德公司等协会、高校和企业的来访。

(国家知识产权局办公室供稿)

集成电路布图设计登记申请

2015年，国家知识产权局收到集成电路布图设计登记申请2058件，予以公告并发出证书1800件。自2001年10月1日《集成电路布图设计保护条例》实施以来，共收到集成电路布图设计登记申请13 175件，予以登记公告并发出证书共计11 889件。

（国家知识产权局办公室供稿）

商标工作

2015年，全国各级工商行政管理和市场监督管理部门认真贯彻落实党的十八大和十八届三中、四中、五中全会精神，按照国家工商总局党组决策部署，坚持以改革统领全局，以法治建设贯穿始终，努力优化商标注册服务，切实加强监管执法，营造良好品牌发展环境，充分发挥商标服务创新驱动发展的积极作用，各项工作成效显著。

商标战略实施不断深化。一是理论研究取得新突破。“商标与经济发展关系”课题研究顺利结题。评审专家一致认为研究成果具有较高的理论价值和实践意义。二是宣传力度不断加大。强化中国商标网建设，完善栏目设置，加强商标战略实施工作情况的信息发布；组织编写《商标法理解与适用》，开展新《商标法》实施1周年巡礼活动，在全社会营造尊重商标、保护商标的良好氛围。三是加强对地方商标战略实施工作的指导和支持。国家工商总局派员赴多地进行商标工作调研，并根据地方需求，针对性开展商标战略、新《商标法》实施、国际注册、行政执法、地理标志等方面的培训。四是深化发展商标战略。针对新形势、新要求，根据国家工商总局的工作部署，国家工商总局商标局对商标战略实施工作进行总结和深化，开展实施商标品牌战略的可行性研究，提出建设性建议。

商标注册便利化水平不断提升。商事制度改革与国家创业创新政策形成叠加效应，市场主体自主创新活力持续增强，2015年度商标注册申请量287.60万件，同比增长25.85%，再创历史新高。国家工商总局商标局、商标评审委员会积极应对商标申请量快速增长和商标审查审理法定期限等多重压力，深入推进商标审查体制改革，有序开展独任审查考核，健全审查质量管理和人员考核制度，修订完善《商标审查及审理标准》，切实提升审查审理工作效能，加班加点完成审查任务。2015年共签发商标注册申请233.90万件，审结商标评审案件10.89万件，平均审查周期控制在法定期限以内。2015年年底，商标累计申请1840.27万件，累计注册1225.40万件，有效注册商标1034.39万件，实现“三个超千万”。

商标专用权保护不断加强。全国各级工商和市场监管部门按照国家工商总局统一部署，着力加强商标行政执法力度，深入开展打击侵权假冒工作，持续保持打击侵权假冒违法行为的高压态势。组织开展农村和城乡结合部市场假冒伪劣专项整治行动、中国制造海外形象维护“清风”行动、保护地理标志商标专用权专项行动、打击假冒伪劣日用品专项行动等系列行动，有效维护了公平竞争的市场环境。2015年，全系统查处商标侵权假冒案件2.74万件，涉案金额3.67亿元；依法向司法机关移送涉嫌犯罪案件238件，涉案金额1.2亿元。

同时，国家工商总局不断完善打击侵权假冒工作长效机制，整合全国商标行政执法数据，加快推进商标行政执法平台建设，进一步做好商标行政执法与刑事司法衔接配合工作。

商标指导运用能力不断增强。一是圆满完成“中国商标金奖”的评选及颁奖工作。对在商标创新、运用、保护和有效利用马德里商标国际注册体系方面取得突出成绩的获奖单位和个人给予表彰，展现我国企业、行政和司法机关运用商标品牌服务经济发展取得的显著成绩，树立典范，有效提升社会和企业商标品牌意识。二是持续推进“商标富农”工作。坚持地理标志商标审查的“绿色通道”制度，深入基层开展地理标志和农产品商标运用、管理工作的调研，切实加大农业品牌培育力度。截至2015年年底，地理标志商标累计注册2984件，农产品商标累计注册205.61万件。三是进一步做好马德里商标国际注册和宣传培训工作。举办有效利用马德里商标国际注册体系巡回研讨会和国际注册座谈会，赴多地开展商标国际注册的宣传培训，为企业实施“走出去”战略提供便利服务。2015年国内申请人提交马德里商标国际注册申请2321件（一件商标到多个国家申请），同比增长8.5%，外国申请人指定我国的马德里商标国际注册申请24 849件（一标多类），继续位居马德里联盟第一。四是指导企业开展商标权资本化运作，帮助中小企业解决融资难题。2015年共办理商标质权登记申请970件，同比增长40%，质押商标9463个，帮助企业融资288.5亿元。

商标公共服务水平不断提高。一是商标局以国家工商总局党组提出的积极营造“三个环境”、扎实推进“三项建设”为总要求，严明工作纪律，规范工作流程，不断优化商标注册大厅、商标局驻中关村办事处窗口服务，提升商标对外咨询服务水平。商标注册大厅和商标局驻中关村办事处2015年共受理各类申请18.36万件，接待咨询7万余人次。二是强调中国商标网的公共服务功能，扩大网上申请比例，着力为申请人提供高效便捷的商标注册服务。2015年网上注册申请商标198.82万件，占同期申请总量的69.13%。三是加强舆情收集和应对，及时回应公众期盼，共整理上报舆情报告9期，解决公众反映集中的重点问题20余项。四是积极配合国家发改委、财政部，从2015年10月15日起将商标注册申请费由800元降至600元，预计每年可为申请人减轻经济负担5亿～6亿元。五是创新服务方式，在商标局驻中关村办事处开展商标变转续实审工作；在浙江省台州市试点开展注册商标专用权质权登记申请受理工作，满足地方申请人高效便捷办理商标后续业务的需求。六是做好省、市、县三级行政区划商标数据统计的基础性工作，积极推进商标业务的信息采集和数据共享，搭建全国工商系统商标数据共享平台，为地方建设商标信息服务平台提供数据支撑。

此外，商标代理管理、法制建设、国际交流、队伍建设等各项工作也取得新的进步，为推动商标事业改革发展提供了重要支持。

（国家工商行政管理总局商标局供稿）

反垄断与反不正当竞争工作

2015年，是“十二五”规划的收官之年。全系统认真贯彻落实党的十八大和十八届三中、四中、五中全会精神，以及李克强总理视察国家工商总局时的重要讲话精神，以全面深化改革为契机，以打击侵权假冒不正当竞争行为为重点，以法治思维和手段提升工作水平，切实加强事中事后监管，各项工作取得新成绩，开创了打击侵权假冒工作新局面，为维护公平竞争的市场环境作出了积极贡献。

一、完善执法机制，加大执法力度

（1）案件查处方面，2015 年，在全系统的共同努力下，侵犯知识产权的不正当竞争行为得到了有效控制。据不完全统计，2015 年查处侵犯知识产权不正当竞争案件 6546 件，案值 1.23 亿元，没收金额 547 万元，罚款金额 7067 万元。其中：傍名牌不正当竞争案件 6526 件，案值 1.225 亿元，没收金额 533.5 万元，罚款金额 6968.2 万元，包含假冒他人注册商标案件 4757 件，案值 5864 万元，没收金额 194 万元，罚款金额 5383 万元；仿冒知名商品特有名称、包装、装潢案件 1396 件，案值 1888 万元，没收金额 197 万元，罚款金额 1169 万元；冒用他人的企业名称或姓名案件 373 件，案值 4506 万元，没收金额 142 万元，罚款金额 416 万元。侵犯商业秘密案件 20 件，案值 78 万元，没收金额 13.3 万元，罚款金额 98.3 万元。移送有关部门处理案件 33 件，其中移送司法机关处理 24 件；查处利用网络从事侵犯知识产权不正当竞争行为 36 件。海南省工商局对琼海今喜公司生产的“今喜”牌椰汁的外包装仿冒椰树集团生产的“椰树”牌椰汁特有的包装外观进行处理，依法对琼海今喜公司仿冒椰树牌椰汁的外包装、装潢和“椰树”字样注册商标的行为作出责令停止违法行为、没收违法所得人民币 234 488.35 元、处以罚款人民币 234 488.35 元的行政处罚。

（2）机制建设方面，一贯注重加强执法协作，确保上下联动、内外协调。2015 年，我们进一步加大条线上下沟通协调力度，积极完善跨区域联办协办、大要案件挂牌督办、重大案件报告等内部联动协作机制，形成执法办案的整体合力。在反不正当竞争处的协调下，天津市场监督管理委员会与北京工商局合作在北京市昌平区一窝点查处利用微商平台销售假冒玫琳凯、尚赫等公司化妆品案件，开拓了异地联合办案的新局面，为今后构建跨区域打击仿冒侵权不正当竞争行为协调机制积累了宝贵经验。江苏省工商局建立《江苏省工商系统行政执法事权划分的实施意见》，明确省、市、县三级执法办案机构事权，建立分工协作办案体系。福建、长春等省市工商局建立执法部门与知名企业联手打假机制，其中哈尔滨市工商局组织相关区、县局主动开展对哈尔滨统一企业公司、凯达林业、哈尔滨红肠等知名企业和品牌的执法保护，与玉泉酒业、滨西牛肉等 124 家知名企业签订了执法服务对接协议，与 100 家驰名、著名商标企业建立了协作制度。在与相关部门执法协作方面，全系统积极指导各地通过联席会议等多种形式加强与有关单位的沟通，2015 年，全系统移送有关部门处理的涉嫌侵权假冒违法、犯罪案件 33 件，其中移送司法机关处理 24 件。

二、突出工作重点，开展专项整治

（1）部署开展“集中整治空气和饮用水净化类生活用品专项行动”。在反不正当竞争处的统一部署和领导下，2015 年上半年各地工商、市场监管机关积极行动，开展了为期 3 个月的集中整治空气和饮用水净化类生活用品专项行动。全国工商机关共检查经营业户 112 364 户次，发放宣传用品 99 695 份，监测广告 6403 次，接受群众咨询 1000 次，进行集中宣传活动 161 次，行政约谈 168 次，行政指导 1258 次，立案 262 起，结案 49 起，移送 1 起。通过专项行动，全国范围内空气和饮用水净化类生活用品的生产销售中存在的假冒侵权不正当竞争行为大幅减少，公平竞争的市场环境得以维护，消费者利益得到了保障，专项执法行动取得了预期效果。

(2)部署开展针对假冒日用品的专项整治和查处打击行动。2015 年下半年，反不正当竞争处组织召开紧急会议部署山西、天津、山东、河南等省市针对假冒日用品的专项整治和查处打击行动。据不完全统计，天津、山西两省查处假冒香皂、洗发用品、化妆品等日化品 22 783 瓶(块)，移送司法机关 10 人，违法商品金额 180 万元。山东、河南等省对辖区内化妆品、生活清洁用品、生活纸制品类企业和日用品批发市场进行了全面登记。结合国家工商总局部署的专项行动，四川省开展“红盾春雷行动”专项行动，重点部署了针对侵犯“百岁山”“泸州老窖”“加多宝”“六个核桃”“宝岛眼镜”等注册商标专用权和特有名称包装装潢的专项查处行动，吉林、辽宁、贵州、青海等省也部署了打击“傍名牌”专项执法行动。

三、加强立法工作，完善执法依据

(1)积极推动《反不正当竞争法》修订工作。为了进一步发挥《反不正当竞争法》在打击侵权假冒行为方面的作用，全系统在《反不正当竞争法》的修改方面投入了大量精力，做了很多工作。2015 年 1 月召开课题评审会，组织由专家学者和地方工商部门代表组成的《反不正当竞争法》修订课题组开展课题评审和跟进工作。2015 年 8 月组织专家、学者在云南省开展了集中整理、讨论反不正当竞争执法成果和新型不正当竞争行为案例工作，并广泛收集汇总来自于人大代表、各地方工商机关、企业、群众等社会各界的意见和建议。在此基础上，拟定了《反不正当竞争法(建议稿)》，针对当前市场竞争中假冒侵权行为的新形式增添了相应的规制条款，对《反不正当竞争法》和《商标法》在打击侵权行为方面的适用作了更为明确的界定。在商业秘密的保护方面，《反不正当竞争法(建议稿)》进一步完善了商业秘密的定义与侵犯商业秘密行为的描述，丰富了侵犯商业秘密行为的主体，补充规定政府部门保护商业秘密的要求，规定了侵犯商业秘密行为的举证责任。《反不正当竞争法(建议稿)》在第五期执法专家型人才培训班上经过了广泛而又深入的讨论。2015 年 11 月在北京市召开《反不正当竞争法》修订草案研讨会，集中各课题组负责人和相关部委、总局相关业务司局同志深入征求意见，进一步完善《反不正当竞争法》修订草案。

(2)依法做好规范性文件清理工作。为了更好地指导全系统反不正当竞争执法工作，2015 年，我们对以国家工商总局名义下发的，指导基层执法的相关规范性文件进行了梳理，结合当前执法实际情况，确定了 54 份与反不正当竞争执法有关的规范性文件继续有效，其中涉及打击侵权假冒的规范性文件 7 件。

四、开展国际交流，拓宽工作视野

在国际竞争日趋激烈的今天，竞争执法的作用日益凸显，一直以来，全系统高度重视推动国内外专家学者在加强竞争执法、保护知识产权方面的国际交流与合作。

(1)2015 年 5 月，反垄断与反不正当竞争执法局先后参与了上海交通大学—华盛顿大学双边知识产权与竞争法案例教学研讨会、华东政法大学互联网领域不正当竞争行为法律规制研讨会，深入了解了来自中、美、澳、英等国的专家学者对于产品外观设计的知识产权与竞争法保护的经验和看法，认真听取了来自中、美、英、澳、德、台等国家和地区专家学者针对互联网竞争行为规制的法律适用、关键词搜索所涉及的法律问题及互联网领域的反不正当竞争行为等问题所做的报告，开阔了针对互联网领域不正当竞争工作的思路，为今后处理类似问题积累了良好的参考材料。

(2)2015 年 7 月，在深圳市组织召开了“反不正当竞争中的知识产权保护研讨会”，由欧盟专家、中国反不正当竞争执法人员就双方关注的反不正当竞争中的知识产权内容进行研讨。会上欧盟专家就欧盟的反不正当竞争政策及不正当竞争认定标准作出了解释，中国反不正当竞争执法人员则就具有代表性的案例进行了说明。2015年10月，在浙江省台州市组织召开了中美商业秘密保护研讨会，会上美国专家介绍了美国的商业秘密保护概况和相关法律制度，中方就国内商业秘密保护的工作协调机制、典型案例、执法难点进行了介绍。双方就执法过程中出现的新情况新问题进行了深入的互动和交流。通过交流，加强了中外在反不正当竞争领域的互相了解，开阔了工商执法人员在反不正当竞争领域的眼界，提高了针对知识产权不正当竞争案件的办案能力，从反不正当竞争的角度大大推动了知识产权保护的工作。

（国家工商行政管理总局反垄断与反不正当竞争执法局供稿）

版权工作

2015年，全国各级版权行政管理部门认真落实党中央、国务院关于新形势下加强版权工作有关要求，牢固树立法治思维，坚持体制机制创新，围绕中心，服务大局，各项工作取得显著成绩。

一、版权执法监管工作成效显著

（一）深入开展打击侵权盗版专项行动

（1）认真开展“双打”工作。按照国务院关于打击侵犯知识产权和制售假冒伪劣商品专项行动的工作部署，国家版权局印发《2015年全国新闻出版（版权）打击侵权假冒工作要点》，部署打击侵权假冒重点工作。2015年“双打”工作期间，各级版权执法监管部门共立案查办案件1177件，移送司法机关追究刑事责任92件，捣毁盗版窝点380个，案件信息公开368件。并独立督办36起、联合督办4起侵犯著作权案件。（2）联合开展“剑网2015”专项行动。联合国家互联网信息办公室、工业和信息化部、公安部开展第十一次打击网络侵权盗版“剑网2015”专项行动，对网络音乐、网络云存储空间、智能移动终端第三方应用程序（APP）、网络广告联盟、网络转载等进行专项整治，营造健康网络版权生态。在专项行动中，全国各地共查处网络侵权盗版案件383件，行政罚款450万元，移送司法机关刑事处理59件，涉案金额3845万元，关闭网站113家，有效震慑了网络侵权盗版行为。

（二）科学强化版权重点监管

（1）继续推进国家版权监管平台建设。二期工程第一阶段通过终验，第二阶段完成初验，召开国家版权监管平台应用专题培训，版权执法监管技术支持力度进一步提升。（2）规范网络转载版权秩序。印发《关于规范网络转载版权秩序的通知》，引导报刊单位和传统媒体进一步改进内部版权管理工作，鼓励报刊单位和互联网媒体开展版权合作。（3）启动网络音乐服务商版权重点监管。印发《关于责令网络音乐服务商停止未经授权传播音乐作品的通知》，对20家主要网络音乐服务商进行重点监管，促进音乐作品的合法、有序、广泛传播。2015年，16家直接提供内容的网络音乐服务商主动下线未经授权音乐作品220余万首，网络音乐版权秩序明显好转。（4）启动网盘服务商版权重点监管。印发《关于规范网盘服务版权秩序的通知》，启动对8家主要网盘服务商的版权重点监管工作，指导监督其进行版权自查整改，完善版权管理制度、强化技术措施、加强用户管理。（5）继续加强网络视频版权重点监管。对20家大中型视频网站继续进行版权重点监管，进一步完善公示、约谈、警示制度，推动权利人方与网络服务商建立版权保护合作机制，适时公布版权重点预警影视作品。全年总公布 7 批计 149 件影视作品。

(三)大力健全版权执法体系

(1)储备版权执法培训师资力量。开展全国版权执法培训师资选聘工作，探索从全国各级版权行政管理部门、文化市场综合执法机构中选聘师资，初步建立全国版权执法培训师资库。(2)举办 4 期版权执法培训班，对全国各地 800 余名版权执法人员进行了培训，进一步提升了基层执法人员的工作能力和业务水平。

二、软件正版化工作稳步推进

(一)推进软件正版化长效机制建设

国家版权局完善中央和省级机关单位软件正版化责任人数据库，印发《关于进一步落实政府机关软件正版化工作责任的函》，指导各省(区、市)建立市、县级机关单位责任人数据库，完善软件使用管理制度，推进责任落实到人。北京、天津、内蒙古、海南、新疆等省(区、市)出台了软件正版化工作考核评议细则。

(二)开展软件正版化专项督促检查

国家版权局联合有关单位组织 12 个检查组，对 12 个省(区、市)的 71 家省级机关和 24 家中央单位软件正版化工作进行抽查，共抽查计算机 1587 台。并对检查情况进行通报，督促各地区、各部门增强工作积极性、主动性。此外，会同国资委联合检查 10 家中央企业软件正版化工作。还组织了 5 个检查组，对各省(区、市)新闻出版企业集团软件正版化工作进行了全面检查。2015 年，各省(区、市)共督查了 3.35 万家(次)政府机关的软件正版化工作，各级政府机关共采购操作系统、办公和杀毒软件 95.19 万套，采购金额 4.92 亿元。企业软件正版化工作取得重要突破。中央企业和大中型金融机构基本实现软件正版化，全国累计 27 001 家企业通过检查验收实现软件正版化。2015 年，中央企业和金融机构采购、升级和维护操作系统、办公和杀毒软件金额共计 18.14 亿元。

(三)部署软件正版化专项自查和调研

会同国资委、银监会、证监会、保监会等部门组织 5 个调研组，深入了解中央企业和金融机构软件正版化工作情况。指导各地区、各部门开展软件正版化工作专项自查，推进各地区、各部门软件正版化工作常态化、规范化。

(四)做好软件正版化宣传培训

会同商务部、国管局、国资委等部门，举办 6 期大型软件正版化工作专题培训班，培训 960 余人次，有效提升了各地区、各部门软件正版化工作思想认识和业务水平。组织编写了《软件正版化专刊》，策划制作了软件正版化宣传海报，并利用微博、微信等新媒体宣传软件正版化成果，增强软件正版化宣传的针对性和有效性。

三、版权社会服务水平明显提升

(一)完成我国首例作品著作权捐赠事宜

为做好原文化部部长黄镇遗属捐赠其生前创作的长征画作著作权一事，按照《著作权法》《继承法》等相关法律的规定，经多方沟通协商，协助完成该捐赠的法律手续，为今后处理此类事项积累了经验。

(二)规范版权行政管理职能

(1)按照国务院行政审批制度改革及总局要求，对涉及版权的行政许可审批、简政放权、优化服务等事项进行梳理，制定了《版权管理司全面实施行政审批事项“一个窗口”受理工作方案》，合并对《著作权集体管理组织及分支机构设立》行政审批事项的受理和审查环节，实现受理大厅一站式完成。(2)对著作权集体管理组织换届、年检及其业务活动进行监管和指导。积极做好音乐著作权协会、音像著作权集体管理协会换届工作的业务审核工作；支持和鼓励其依法开展业务活动，规范其与权利人或使用者之间的利益关系。

(三)有序推进著作权登记工作

2015年，我国著作权登记继续保持大幅增长态势，总量达1 641 166件，比2014年增加429 853件，同比增长35.49%。其中，作品登记1 348 200件，同比增长35.90%；计算机软件著作权登记292 360件，同比增长33.63%；著作权质权登记606件，涉及主债务金额287 285万元，同比增长9.42%。

(四)扩大版权工作社会影响

充分利用网络传播优势，积极拓展版权宣传渠道，扩大版权工作社会影响。(1)以"4·26知识产权宣传周"为重要平台，配合"剑网"行动等版权重点工作开展常态宣传。在《中国新闻出版广电报》开辟8个专版，专题展示版权行政执法、社会服务、产业发展、软件正版化等工作成果。(2)充分利用新媒体平台。继续完善国家版权局官方网站，充分发挥其信息主渠道作用，全年发布信息1667条，首发信息51条，制作"剑网2015""4·26版权宣传周""第四届世界知识产权组织版权金奖"3个专题。2015年，国家版权局官网获"最具影响力政府网站"称号。"国家版权局"官方微博2015年累计发布信息260余条，粉丝达121万人，被评为政务微博十大新秀。"国家版权"官方微信累计推送150余条信息，成为版权对外宣传、政策阐释的重要阵地。"国家版权"入驻《今日头条》，累计发布85篇文章，阅读人次达56.5万，推荐人次超过220万。(3)以开展全国大学生版权征文活动、举办版权相关热点问题媒体研修班、"第四届世界知识产权组织版权金奖(中国)"等多种方式，引导版权宣传进校园、进传媒、进社会，把握版权正确宣传导向，提高版权社会影响力。

四、版权产业持续发展壮大

(一)加强版权示范创建工作

召开全国版权社会服务工作暨版权交易经验交流会，交流经验，沟通信息，有力促进版权社会服务工作开展。根据《全国版权示范城市、示范单位和示范园区(基地)管理办法》，考察、批准2家(东莞市、即墨市)创建全国版权示范城市，评选出34家全国版权示范单位、5家示范园区(基地)。不断促进版权在推动转变发展方式、提升综合竞争力等方面的引导作用。

(二)建立版权贸易基地、交易中心工作协调机制

国家版权局推动12家经国家版权局批准的国家版权交易中心(国家版权贸易基地)联合成立"国家版权交易中心联盟"，共同加强版权保护和运营，发挥各自特色，整合优势资源，互惠互利、资源共享、合作共赢，推动版权产业进一步发展。

(三)开展版权产业相关调研

(1)开展2013年度版权产业对国民经济贡献的调研，并发布调研数据。调查显示，2013年中国版权产业的行业增加值为42 725.93亿元人民币，占全国GDP的7.27%，比2012年增加7051.78亿元人民币，增长率为20%。其中，核心版权产业的行业增加值为25 325.83亿元人民币，占全国GDP的4.31%，比2012年增加4727.64亿元人民币，增长率为23%。(2)开展国有出版企业版权资产管理的调研工作，形成国有出版企业版权资产管理调研报告，提出相关政策建议。

五、国际交流合作不断深入

(一)积极参与国际多边版权事务

积极参与世界知识产权组织(WIPO)、世界贸易组织(WTO)、亚太经合组织

(APEC)等对华版权事务。参与《保护广播组织条约》《有关图书馆、档案馆和教育机构限制和例外国际文书》和《保护民间文艺条约》等国际条约的磋商。完成 WIPO 在福建省德化县设立版权保护优秀案例示范点调研结项工作。与 WIPO 合作举办“4·26 世界知识产权日音乐版权保护研讨会”及电影和版权在文化和经济中的重要性高端圆桌会，并签署《国家版权局与 WIPO 版权双边战略合作备忘录》。参加 WTO 对华贸易政策审议和 WTO 对其他经济体贸易政策审议以及 APEC 知识产权专家组会议，积极应对有关版权事务。

(二)努力拓展版权双边交流合作

积极做好中美商贸联委会(JCCT)和中美战略经济对话(SED)工作项下版权应对工作，落实中美、中英、中日、中韩版权战略合作框架下的各项活动。推进和深化中英版权合作，促进中英高层领导互访，共同开展版权专题研究。参与中欧知识产权工作组对话和相关工作，完成中欧知识产权合作项目，在华联合举行中欧版权集体管理研讨会。积极参与中日韩、区域全面经济合作框架协议(东盟 10+6)、中美投资协定和中欧投资协定等自贸区谈判，完成中韩、中澳自贸协定谈判。根据中韩、中日版权合作备忘录，举办 2015 年中韩著作权研讨会、中韩著作权工作组会谈及中日著作权工作组会谈。推动“海峡两岸知识产权保护合作协议”的具体落实，通过两岸著作权窗口和案件协处机制，协助台方处理多起版权侵权案件，完成 2015 年海峡两岸著作权交流活动及著作权工作组会谈。

(三)跟踪研究国际版权发展态势

依托中南财经政法大学知识产权研究中心成立的国家版权局国际版权研究基地，了解国际版权发展情况，研究有关版权问题，为提高我国版权工作整体水平、有效应对国际知识产权谈判提供智力支持。继续组织编写《国际版权动态》，就网络广播组织的法律地位、体育赛事著作权问题以及中澳、中韩自由贸易协定版权条款、TPP 版权条款等进行分析。对英国、美国、韩国、巴西、捷克、泰国等国家的版权保护状况开展了有针对性的专题研究。

(国家版权局版权管理司供稿)

打击盗版工作

2015 年，在党中央、国务院的坚强领导下，在全国“扫黄打非”工作小组的直接指挥下，在全国各地各有关部门的共同努力下，“扫黄打非”战线以五大专项行动和五个联防协作工程为平台，针对各类非法出版物、淫秽色情文化垃圾、“三假”敲诈等违法犯罪活动，坚决打、坚持打，将重点打击领域锁定在互联网主战场，不仅打出了声威也打出了效果，网上网下文化环境进一步净化，赢得了人民群众的广泛支持。

一、网上网下齐动员，五大专项行动显成效

在全国“扫黄打非”办公室的组织协调下，2015 年各地共收缴各类非法出版物 1500 余万件，查处各类案件 7200 多起，关闭非法和传播有害信息网站 2.8 万个。其中，“净网 2015”专项行动，网信、工信、公安等部门共处置网络淫秽色情信息 1000 余万条，收缴淫秽色情出版物 50 多万件，查处淫秽色情出版物案件 1821 起；“秋风 2015”专项行动，收缴非法报刊 190 余万件，查处案件 121 起；“护苗 2015”专项行动收缴非法有害少儿出版物70余万件。深入整治侵权盗版行为，收缴侵权盗版出版物700余万件，查处侵权盗版出版物案件2195起。查处了“优衣库试衣间”等系列涉不雅视频案、内蒙古自治区鄂尔多斯市“鄂市激情”QQ群传播淫秽物品案、广东省广州市“11·27”销售淫秽光盘案、陕西省西安市《大众创业》非法期刊诈骗案、湖南省衡阳市“3·10”发行非法小学教辅案、黑龙江省哈尔滨市“10·8”制售非法出版物案等大案要案。这一系列数据显示出2015年全国“扫黄打非”工作深入开展取得了显著成果与成效。

二、重拳整治微领域，声势大效果好

面对互联网技术迅猛发展对“扫黄打非”工作带来的严峻挑战，全国“扫黄打非”办公室于2015年3月部署开展了“净网2015”专项行动，重拳打击网上淫秽色情等有害信息。在往年“净网”行动的基础上，“净网2015”专项行动立足坚决打、坚持打，以互联网主战场新问题为导向，着力清查重点领域、平台，着力查办重点案件。专项行动开展以来，全国“扫黄打非”办公室先后挂牌督办了59起涉网络淫秽色情重点案件，目前已宣判13起、行政处罚结案11起，案件数量及查办质量较往年均有提升。

专项行动中突出“微领域”集中整治，是“净网2015”专项行动的一大亮点。随着互联网技术的发展，淫秽色情信息向“微领域”蔓延，利用手机等移动智能终端，通过微博、微信等平台传播淫秽色情信息的现象增多。对此，2015年5月底至7月底和8月初至9月底，全国“扫黄打非”办公室连续两次部署针对“微领域”以及网络淫秽色情视频、微视频的集中整治，以重点领域平台的清查为抓手，深化“净网”专项行动，先后分两批公布了34起微领域传播淫秽色情信息案件。一批违法违规企业被依法处罚，一批违法犯罪人员被严厉惩处，整治微领域传播淫秽色情信息取得阶段性成果，有效净化了网络文化环境。

三、严厉整治“三假”，有效维护新闻出版传播秩序

整治假媒体、假记者、假记者站等“三假”活动是“扫黄打非”的重要工作任务。2015年5～11月，全国“扫黄打非”办公室组织开展了“秋风2015”专项行动，严厉打击“三假”活动。专项行动以重点案件查办和重点问题整治为主线，以打击非法采编、非法印刷、非法出版、非法新闻网站和记者站整顿为突破口，各级部门协调联动，网上网下相互配合，形成了全方位打击、多环节管控的工作格局。

各地各相关部门按照全国“扫黄打非”办公室统一部署要求，以查办案件为着力点，保持对“三假”的严打高压态势。2015年，全国“扫黄打非”办公室共挂牌督办“三假”案件11起，有力推动了专项行动开展。

四、深入开展“护苗”行动，为童真守护一片蓝天

全国“扫黄打非”办公室自2015年3月起首次在全国范围内开展的“护苗2015”专项行动，是“扫黄打非”工作的又一大亮点之一。专项行动中，全国“扫黄打非”办公室一手抓打击，对制售传播非法有害少儿出版物违法行为坚持打、坚决打、狠狠打，查获了一批有影响的案件；一手抓引导，组织各地以“护助少年儿童健康成长，抵制和远离有害少儿出版物”为主题开展“绿书签”行动，联合相关部门深入开展了一系列正版生活、绿色阅读等宣传教育活动。与此同时，各地各部门也开展了集中整治中小学校园周边出版物市场，查缴含有淫秽色情、暴力、恐怖、迷信等内容以及非法出版、侵权盗版的少儿出版物，清理含有妨害少年儿童身心健康内容的互联网音视频、游戏、小说、动漫等；在各地中小学校开展“扫黄打非”、正版生活、绿色阅读等系列宣传教育活动，大力推介和组织阅读优秀少儿出版物，引导少年儿童自觉远离和抵制有害出版物及信息，工作取得明显成效，赢得了学校、老师、家长、学生们的广泛赞誉和支持。

（全国“扫黄打非”工作小组办公室供稿）

农业植物新品种保护工作

2015年，农业部植物新品种保护办公室开展品种权审查推进行动，加强农业植物新品种特异性、一致性和稳定性（DUS）测试体系建设，农业植物新品种权申请和授权量再创新高，DUS测试体系建设进展顺利，宣传培训、技术支撑和国际交流活动有序开展。

一、农业植物新品种权申请量和授权量创新高

2015年度，农业部共受理国内外植物新品种权申请2069件，同比增长17%，创历史新高，连续2年居国际植物新品种保护联盟（UPOV）成员第二位，申请总量达到15 552件。全年授予新品种权1413件，同比增长71%，累计授权6258件，居UPOV成员第四位。为做好农业植物新品种权审查、测试工作，2015年共下达集中测试任务3378个品种；开展新品种权申请实质审查3119件，审核DUS测试报告1292件，完成75个果树品种DUS测试现场考察。配合品种授权和维权需要，组织安排546份样品的转基因成分检测和2660份样品的DNA指纹图谱检测工作。

二、新品种保护、DUS测试体系建设进展顺利

在新品种保护体系建设方面，启用农业植物新品种保护受理大厅，实现受理、初审、缴费、咨询等业务“一站式”服务；开发完成植物品种权网上申请平台并进行试运行；修改完善品种权申请请求书等申请文件。在DUS测试体系建设方面，启动河北省张家口市、内蒙古自治区巴彦淖尔市和河南省原阳县3个分中心新建工作，完成11个拟新建分中心的选点、考察，完成测试中心和14个已有分中心改扩建、5个分中心新建的可行性研究报告编制。

三、宣传培训与合作交流不断加强

借助第二十二届中国杨凌农业高新科技成果博览会，先后举办全国（西北）玉米新品种宣传展示观摩会和植物新品种信息发布活动，展示优秀企业和品种。出版《中国授权农业植物新品种（2014）》和《2015年中国农业植物新品种保护发展报告》。在《农民日报》上就实质性派生品种、新《种子法》修订、DUS测试技术等内容进行专题报道。在贵州、吉林、云南、山东、海南等多省举办多次植物新品种保护和DUS测试技术培训班，培训学员700余人次。派员赴阿根廷、瑞士、法国、荷兰等国家开展新品种保护考察调研、参加UPOV系列会议，加强与UPOV成员合作交流；与荷兰在海南省儋州市举办中荷蔬菜DUS测试技术培训班；首次翻译并整理4800余份我国授权品种的英文数据，提交给UPOV用于构建PLUTO数据库。

四、技术支撑能力进一步提升

举办植物新品种保护研讨会和实质性派生品种制度研讨会，组织开展实质性派生品种制度论证和审查指南研究，确定20个品种保护领域研究课题，开展论文征集活动，为《种子法》修订和领导决策发挥了积极作用。成立农业植物新品种保护及测试技术专业委员会，设立6个技术工作组，建立新品种保护和DUS测试体系智囊团

队。颁布了《水稻品种鉴定 SNP 标记法》《植物品种特异性、一致性和稳定性测试指南：烟草》等 18 个农业标准；完成了《植物品种特异性、一致性和稳定性测试指南：马铃薯》等 22 个国家标准，《植物品种特异性、一致性和稳定性测试指南：樱桃》等 3 个农业标准以及《植物品种特异性、一致性和稳定性测试指南：甜菊》等 4 个 DUS 测试指南的审定工作。

五、市场秩序进一步好转，套牌侵权行为明显减少

2015 年农业部联合公安部、工商总局，继续在全国组织开展打击侵犯品种权和制售假劣种子行为专项行动，并启动了区域性制假售假专项治理打击行动，先后组织实施种子企业督查、春季市场检查、生产基地整治、秋季市场检查等。注重创新监管方式，通过强化“五个结合”，即部门协同与系统联动、部门打假与举报维权、查大要案与媒体曝光、挂牌督办与纪检问责、治标与治本相结合，监管取得明显成效。全国共检查企业 8000 多个(次)、市场 1.8 万个(次)。各地共查处种子案件 6000 多起，没收违法所得 424 万元，罚款 3340 万元，吊销许可证 24 个，移送司法案件 38 起，惩处不法分子 334 名。通过《农民日报》等新闻媒体两次曝光各地查处的 40 起典型种子案件。通过各地各部门共同努力，种子市场秩序明显好转，违法分子已不敢公开制售套牌种子，套牌侵权行为明显减少，企业自有品种销量明显提高。

(农业部科技教育司供稿)

农产品地理标志工作

2015 年，农业部根据国家知识产权工作总体部署，切实强化农产品地理标志知识产权工作，在制度建设、产品登记、证后监管、品牌宣传、人员培训、国际合作等方面取得了积极进展，农产品地理标志知识产权保护环境进一步优化，有力推动了地域特色经济和区域公用品牌的发展。

一、制度建设

为进一步加强依法管理，针对近年来登记审查工作发现的新情况和新问题，在广泛研讨并征求意见的基础上，组织修订了《农产品地理标志登记申请人资格确认评定规范》《农产品地理标志登记审查准则》2 个制度规范和《农产品地理标志登记申请书》《农产品地理标志产品品质检测报告》《农产品地理标志登记审查报告》3 个格式样本，通过受理公示、在先知识产权衔接、普查指导、目录完善等措施，实现关口前移，减少争议，提高工作的规划性、科学性和可操作性，相关制度已印发全国遵照实施。

二、产品登记

各级农业部门严格依据农产品地理标志审查程序及各环节审查周期时限，规范做好农产品地理标志登记审查工作。2015 年新公告颁证农产品地理标志 204 个。截至 2015 年年底，全国累计公告农产品地理标志 1792 个。

三、证后监管

“3·15 国际消费者权益日”期间，在全国范围内组织开展了农产品地理标志使用专项检查工作，对于各地标志使用授权、标志实际使用、伪造冒用及超范围使用证书标志等情况进行了检查，维护农产品地理标志的信誉和形象。继续开展 2015 年农产品地理标志监测工作，对大连、福建、贵州、云南、甘肃、青海等 6 个省(市)30 个获证产品共计120个样品进行了跟踪抽检，综合验证产品安全性和品质保持情况。从结果看，产品安全指标合格率连续7年保持100%，表明获证产品安全有保障。开展2015年全国农产品地理标志综合检查工作，在各省自查抽查基础上，组成4个督导检查组，对辽宁、大连、安徽、江西、山西、青岛、重庆、贵州8个省（市）的标志使用、质量管控、证后监管等情况进行综合检查，进一步强化各级农产品地理标志管理和知识产权保护意识。此外，根据国务院打击侵犯知识产权和制售假冒伪劣产品工作统筹安排，切实做好农产品地理标志侵权假冒案件统计报送工作。

四、公共宣传

在第十三届中国国际农产品交易会期间，成功举办了首次全国农产品地理标志专展，31个省（区、市）300余个获证产品及相关生产经营单位参加了本次专展，全面展示我国农产品地理标志发展成效。专展期间，举办了农产品地理标志品牌宣传推介专场，开展了国家级示范样板授牌、系统信息平台上线、纪录片推介、科普赠书、专家讲座、经验分享等一系列活动，极大地提升了农产品地理标志知名度和影响力。专展最终荣获本届农交会"最佳组织奖"。新授予百色芒果（广西）、大田高山茶（福建）、京西稻（北京）、柴达木枸杞（青海）、诺邓火腿（云南）、潜江龙虾（湖北）等6个农产品地理标志国家级示范样板创建资格，召开了全国农产品地理标志示范创建培训会议，对东宁黑木耳等首批6个国家级农产品地理标志示范样板试点进行了验收。在《农民日报》上刊发了世界知识产权日和农交会专版，并对农产品地理标志制度建设、资源普查、示范创建等工作进行专题报道；联合中央电视台制作了"世界知识产权日农产品地理标志专题"节目。组织各省开展农产品地理标志大型纪录片《源味中国》拍摄工作，各地参与意向踊跃。开展2015年全国地理标志品牌价值评价工作，组织各省积极参与评价，相关结果在央视财经频道权威发布。

五、人员培训

开展农产品地理标志核查员注册推荐工作，对978位符合条件的核查员予以注册。在南京市和西安市举办了两期全国农产品地理标志品牌建设培训班，并与内蒙古、山东、广西等省（区、市）举办了14期针对本地区、本行业的农产品地理标志核查员培训班，经统一培训和考试，共计880人获得了核查员注册资格考试合格证书。为进一步调动广大核查员的工作积极性，组织开展了首次全国农产品地理标志优秀核查员推荐工作，推荐过程中注重考虑基层一线人员比例，最终授予174位同志"全国农产品地理标志优秀核查员"称号。

六、国际合作

全面参与中欧、中美、中日、中韩、中瑞、WTO经贸联委会RCEP（区域全面经济伙伴关系）等双边（多边）地理标志及知识产权相关磋商、研讨和交流，与众多地区和国家建立了交流合作机制。在福州市召开了中欧农产品地理标志工作现场会，特邀国际交流和贸易促进方面专家专题授课，对出口产品基地进行实地考察，提高各级管理部门和生产经营单位"走出去"意识和能力水平。派员赴欧盟参加了第十一轮中欧地理标志协议谈判，并结合出口实际，对拟提交首批中欧互认产品名单进行了更新和完善。组织实施2015年农产品地理标志国际合作项目研究，会同中国农科院蔬菜所等单位开展农产品地理标志国际登记制度等方面的研究，为下一步开展境外产品受理、审查工作提供依据和参考。

（农业部科技教育司供稿）

林业植物新品种保护工作

一、林业植物新品种保护法规与政策

通过新修订《种子法》，单设了“植物新品种保护”一章，大幅度增加了植物新品种保护的条款。修订了《林业植物新品种保护行政执法办法》，出台了《植物新品种保护测试管理办法》，进一步规范了植物新品种测试行为。制定了实施植物新品种强制许可和向外国人转让林业植物新品种申请权或植物新品种权审批的审查工作细则和服务指南，印发了《林业植物新品种权变更事项的有关规定》。

二、林业植物新品种权审查和授权

国家林业局植物新品种保护办公室 2015 年共受理国内外林业植物新品种申请 273 件，授权 176 件。2015 年共完成 6 批 214 个新品种权申请的初步审查，组织对 158 个申请品种进行了特异性、一致性、稳定性的专家现场审查，转田间测试 3 批 30 个品种，购买国外测试报告 3 件，完成了 135 件申请文件补正工作。截至 2015 年年底，共受理国内外林业植物新品种申请 1788 件，其中国内申请 1481 件，占总申请量的 82.8%；国外申请 307 件，占 17.2%。共授予植物新品种权 1003 件，其中国内申请授权数量 839 件，占 83.6%；国外申请授权数量 164 件，占 16.4%。授权的植物种类中，观赏植物 654 件，占 65.2%；林木 211 件，占 21.0%，果树 90 件，占 9.0%，木质藤本 4 件，0.4%；竹子 4 件，0.4%；其他 40 件，占 4.0%。

三、林业植物新品种宣传应用

汇编出版了《中国林业植物授权新品种(2015)》一书，该书是品种权人、品种使用人沟通的桥梁，也是新品种转化应用与维权的重要依据。授权植物新品种转化应用是展示新品种生产潜力、发挥新品种效益的重要途径。2015 年开展了北林槐 1 号、新桉 1 号和含笑“花好月圆”3 个授权新品种转化应用试点，旨在推动我国新品种选育—生产—应用的整体发展。

四、林业植物新品种权行政执法

按照国务院的统一部署，2015 年 5～11 月国家林业局组织开展了打击侵犯林业植物新品种权专项行动，制定了行动方案，在北京市召开了林业植物新品种保护及行政执法工作座谈会，各级林业主管部门设立了举报电话，强化宣传，加大了植物新品种保护执法力度，有效遏制了侵权、假冒植物新品种违法行为，规范了植物新品种交易市场，保护了品种权人合法权益，激励创新，促进植物新品种培育，推动了植物新品种保护事业健康发展。在陕西、河北、山东三省开展了林业植物新品种权行政执法试点工作，构建了月季和牡丹 DNA 指纹数据库，为植物新品种权的行政执法取证提供技术支撑。

五、林业植物新品种测试体系建设

加快推进林业植物新品种测试中心、3 个分中心、2 个实验室和 5 个专业测试站的条件能力建设。按照国际植物新品种保护联盟(UPOV)对品种审查需依据相应的测试指南进行的要求，组织编制了悬钩子属、黄檗属、野牡丹属等 11 项测试指南，完善已知品种数据库构建。截至 2015 年年底，开展了 94 项林业植物新品种测试指南的编制工作，完成了杏属、槐属、蔷薇属、桉属、枸杞属等 33 项测试指南标准的制定，分别以国家标准或行业标准发布，以满足林业植物新品种测试机构开展新品种测试和审查的需要。委托月季测试站测试品种 30 件，提交测试报告 22 件，为月季品种授权提供了科学的审查依据。

六、国际合作交流与履约

（一）林业植物新品种履约与国际合作

2015 年 3 月国家林业局参加了 UPOV 的技术委员会第 51 次会议、理事会第 32 次特别会议、顾问委员会第 89 次会议及行政和法律委员会第 71 次会议，依据会议主题和国际植物新品种保护发展趋势，结合林业植物新品种保护特点，就发布 UPOV 进展动态、UPOV 信息文件公开、重视电子申报系统等方面提出了意见建议，履行了成员国责任，加大了我国的话语权。

（二）自贸区谈判与涉外知识产权工作

完成了“中韩自贸区协议”知识产权章节中的植物品种权谈判，派员参加了中日韩自由贸易区第八轮、第九轮知识产权章节中的植物品种保护内容谈判，提供了区域全面经济伙伴关系（RCEP）自由贸易区谈判植物新品种保护条款的谈判对案，参加了中欧知识产权工作组会议、知识产权国际合作交流状况报告会、涉外知识产权会议，就林业植物新品种保护工作进行了交流。

（三）参加第八届东亚植物新品种保护论坛

2015 年 9 月，国家林业局派员参加了在韩国召开的第八届东亚植物新品种保护论坛，来自东亚植物新品种保护论坛成员国的文莱、柬埔寨、印度尼西亚、老挝、马来西亚、缅甸、新加坡、泰国、越南和中国、日本及国际植物新品种保护联盟（UPOV）、荷兰植物新品种保护委员会等 43 位代表及韩国国内育种、植物新品种保护系统 100 多位代表参加了会议。论坛讨论了植物新品种保护政策和技术，交流了管理经验，就加强论坛成员国合作进行了探讨。

（四）参加 UPOV 第四十六届果树技术工作组（TWF）会议

2015 年 8 月 21～30 日，国际植物新品种保护联盟（UPOV）在南非普马兰加举行了第四十六届果树技术工作组会议，国家林业局科技发展中心、中国林科院有关管理人员和专家参加。会议讨论了果树新品种特异性、一致性和稳定性测试技术标准。由中国林科院裴东研究员主持编写的《UPOV 核桃属 DUS 测试指南》第三次提交会议进行讨论，作进一步修改完善，将提交 UPOV 技术委员会审查。此外，会议还讨论了由日本专家主持制定的板栗新品种测试指南和由墨西哥专家编制的黑核桃新品种测试指南。

（国家林业局植物新品种保护办公室供稿）

海关知识产权工作

2015 年海关总署深入学习贯彻党的十八届三中、四中、五中全会精神和习近平总书记系列重要讲话精神，按照 2015 年全国海关关长会议部署安排，紧扣国家创新驱动发展战略，积极参与知识产权强国建设，充分发挥海关进出境知识产权保护职能，严厉打击进出口领域侵权假冒活动，着力维护公平有序的贸易环境，取得了显著的成效。

一、2015 年中国海关查扣侵权嫌疑货物情况

2015 年中国海关共采取知识产权保护措施 2.5 万余次，实际扣留进出口侵权嫌疑货物2.3万余批，涉及货物7000余万件。

2015年中国海关查扣侵权嫌疑货物呈现以下特点。

(一)以海关依职权主动查扣为主

2015年海关依职权主动查扣的侵权嫌疑货物批次约占全年扣留批次总数的99.71%，涉及货物4500余万件，约占扣留货物总量的65.30%；海关依申请扣留侵权嫌疑货物68批次，但涉及货物较多，合计2400余万件，约占扣留货物总量的34.70%(参见表1、表2)。

表1　2015年海关采取知识产权保护措施

批次单位：批　　商品数量单位：件/双

	中止货物通关	扣留侵权嫌疑货物
批　　次	25 237	23 227
商品数量	98 513 199	69 773 125

表2　2015年海关知识产权执法模式

批次单位：批　　商品数量单位：件/双

执法模式	批次	占比	商品数量	占比
依职权扣留	23 192	99.71%	45 558 879	65.30%
依申请扣留	68	0.29%	24 214 246	34.70%

(二)进口环节查扣的侵权货物持续增长

海关在进口环节查扣的侵权货物连续多年保持增长态势，其中2015年在进口环节共查扣侵权嫌疑货物753批次，较2014年增长约10%，查获地主要集中在青岛、深圳、昆明、南宁等口岸。

与此同时，2015年海关在出口环节查扣侵权嫌疑货物约2.2万批次，占查扣批次总量的96.76%，较2014年下降2.64%；涉及货物约6944万件，占侵权嫌疑货物总量的99.53%，较2014年下降24.13%。海关在出口环节查扣的侵权嫌疑货物整体呈现下降趋势(参见表3)。

表3　2015年海关扣留货物的进出口流向

批次单位：批　　商品数量单位：件/双

进出口类型	批次	占比	商品数量	占比
合计	23 227		69 773 125	
进口	753	3.24%	330 416	0.47%
出口	22 476	96.76%	69 442 709	99.53%

(三)侵犯自主知识产权货物显著增多

2015年，海关持续加强对境内企业的自主知识产权保护，支持企业“走出去”。2015年共查扣涉嫌侵犯自主知识产权货物1939批次，案值5590余万元，同比分别为增长130.29%和571.41%，增幅显著。

(四)以侵犯商标专用权货物为主

2015年海关查扣的侵权嫌疑货物侵犯的知识产权类型包括商标专用权、专利权、著作权和与著作权有关的权利等，其中涉及侵犯商标权的货物高达6800余万件，约占侵权嫌疑货物总量的98.23%(参见表4)。

表4　2015年海关扣留货物涉及的知识产权类型

商品数量单位：件/双

知识产权类型	商品数量	占比
商标专用权	68 539 932	98.23%
著作权	258 460	0.37%
专利权	965 533	1.38%
奥林匹克标志专有权	9200	0.01%

(五)以消费类侵权货物为主

2015年海关查扣的侵权嫌疑货物主要是化妆护理产品、烟草制品、机电产品、五金机械、服装、鞋类等。与2014年相比，化妆护理用品、珠宝首饰、医疗器械、手表等类别侵权嫌疑货物有较大幅度增长；食品饮料、轻工产品、存储介质、其他机电产品等类别侵权嫌疑货物则呈下降趋势(参见表5)。

表 5　2015 年海关扣留货物的商品类别统计

批次单位:批　　商品数量单位:件/双

商品类别	商品数量	占比
烟草	15 427 424	22.11%
其他	15 285 434	21.97%
食品饮料	11 406	0.02%
其他轻工产品	488 787	0.70%
五金机械	2 776 167	3.98%
化妆、个人护理用品	27 931 281	40.03%
服装	1 392 332	2.00%
鞋类	1 094 242	1.57%
汽车、摩托车	508 778	0.73%
其他机电产品	3 159 293	4.53%
帽类	278 293	0.40%
箱包及皮革制品	344 458	0.49%
通讯设备	235 316	0.34%
手表	326 145	0.47%
玩具游戏	191 858	0.27%
药品	36 085	0.05%
存储介质	89 392	0.13%
运动器具	109 036	0.16%
珠宝首饰	78 078	0.11%
医疗器械	9320	0.01%

(六)邮递、海运渠道查扣侵权货物呈现不同特点

邮递渠道查扣侵权货物呈现批次多、数量少的特点,共查扣侵权嫌疑货物近 2 万批,约占查扣批次总量的 84.63%,同比增长 2.74%;海运渠道查扣侵权货物则呈现批次少、数量多的特点,虽查扣批次仅占查扣批次总量的 7.92%,但涉及侵权嫌疑货物近 6800 万件,约占侵权嫌疑货物总量的 97.64%(参见表 6)。

表 6　2015 年海关扣留货物的运输方式

批次单位:批　　商品数量单位:件/双

	邮递	快件	海运	航空	汽车	铁路	其他
批次	19 659	680	1840	336	229	23	463
占比	84.63%	2.93%	7.92%	1.45%	0.99%	0.10%	1.99%
商品数量	325 471	100 979	68 125 439	403 731	652 678	40 586	124 241
占比	0.47%	0.14%	97.64%	0.58%	0.94%	0.06%	0.18%

(七)侵权货物目的国(地)分布广泛

海关查扣的侵权嫌疑货物目的国(地)共涉及 141 个国家和地区。以侵权嫌疑货物批次计算,排名前十的目的国(地区)分别为美国、巴西、西班牙、意大利、法国、韩国、英国、比利时、俄罗斯联邦、中国香港;以侵权嫌疑货物数量计算,排名前十的目的国(地区)分别为伊朗、西班牙、巴基斯坦、比利时、澳大利亚、印度尼西亚、俄罗斯联邦、尼日利亚、阿联酋、埃及。

二、2015 年海关保护知识产权主要措施

(一)开展"清风"行动,维护"中国制造"海外形象

根据国务院"全国打击侵犯知识产权和制售假冒伪劣商品工作领导小组办公室"的统一部署,海关总署组织全国海关开展了"清风"行动。海关总署专门制定下发"清风"行动工作方案,全国 42 个直属海关均成立了"清风"行动领导小组;强化海关总署统一指挥和上下联动,集中执法资

源和执法力量，有力查处侵权违法行为；开展珠三角、长三角、京津冀等地区海关区域执法合作，构筑立体式打击侵权假冒网络；针对输往非洲、阿拉伯地区重点口岸、重点航线的货物加大情报分析和风险研判，实施精准打击；加强对非洲和阿拉伯地区国家海关执法能力建设的援助，提高协同打击的成效。据统计，2015 年海关共查扣输往非洲、拉丁美洲、阿拉伯地区的侵权货物 6182 批，涉及侵权货物数量 3881 万件，有力维护了“中国制造”的海外形象。“清风”行动期间，全国海关积极运用智能化管控手段，查获一批典型案例，例如，上海海关通过风险分析连续查获两起输往尼日利亚的侵犯“3M”商标权口罩近 15 万个，并及时通报公安机关，协助摧毁涉案总值千万的跨国制假售假团伙；宁波海关通过报关单信息分析查获出口至格鲁吉亚的侵犯“DONGIL SUPER STAR”商标的橡胶三角带 84 029 条；隶属于杭州海关的温州海关根据情报提供的线索开展精准分析布控，连续查获输往尼日利亚、莫桑比克等国的涉嫌侵犯知名运动品牌商标权运动鞋 46 400双。

（二）应对侵权违法新态势，针对重点领域开展专项治理

海关认真贯彻落实国务院《关于加强互联网领域侵权假冒行为治理的意见》，以促进跨境电子商务等新兴业态健康发展为目标，持续推进互联网领域侵权假冒专项治理，针对跨境电子商务交易商品主要通过邮递快件渠道寄递的特点，开展进出口邮递快件重点整治。2015 年共查获经由邮递、快件渠道寄递的侵权嫌疑货物 2 万余批，约占总批次的 86%，有效遏制了“蚂蚁搬家”式侵权假冒活动的多发高发态势。

此外，海关继续将危害消费者健康与安全的假冒食品药品、化妆品、汽车摩托车配件列为执法重点，加大查缉力度，查获一批大案要案。如，拱北海关查获 2 万余粒侵犯“费列罗”立体商标的巧克力；广州海关查获 62 328 件、价值 60 余万元的侵犯“POND’S”“U Unilever”等商标专用权的化妆品；大连海关查处 5628 件、价值 40 余万元的侵犯“CHERY”及其 Logo 标识的汽车零配件。

（三）推进信息公开，提高执法透明度

海关贯彻落实国务院关于公开侵权假冒案件信息的要求，根据《海关依法公开进出口侵犯知识产权货物行政处罚案件信息的实施办法（试行）》，在海关互联网门户网站和“信用中国”政府网站公开知识产权行政处罚案件信息，加大侵权假冒曝光力度，有力震慑侵权违法者。据统计，2015 年全国海关公开知识产权行政处罚案件信息 1000 余件，执法透明度明显提升。

与此同时，海关本着“守法便利，违法惩戒”的原则，将知识产权行政处罚与企业信用管理工作对接，对因侵权假冒受到处罚的进出口企业，依法降低信用等级，增加通关成本。上海海关将知识产权违法状况纳入企业享受自贸区便利措施评价标准，采取知识产权一票否决制，培育企业守法意识。

（四）降低企业维权成本，提升服务水平

为减轻企业维权负担，引导并鼓励企业积极向海关申请备案保护，自 2015 年 11 月 1 日起，海关总署暂停收取知识产权海关保护备案费（800 元/件）。政策实施后收到良好效果，短期内企业日均备案申请量较取消收费前增长约 100%。据统计，2015 年海关在线受理备案申请 7500 余件，审核通过 5600 余件，其中核准国内权利人备案 2878 件，约占审核通过总量的 50%。

此外，海关还建立了对口联系机制，为企业提供个性化法律指引等服务，有效帮助企业解决疑难问题。如拱北海关依托珠海市知识产权局主办的“珠海知识产权讲坛”，为珠海市知识产权保护协会 40 余家会员单位和关区重点自主知识产权企业举办知识产权海关保护专题培训。昆明海关的隶属海关与华为公司签署合作备忘录，联手打击非法输往境外的华为手机，有效维护了华为在境外的品牌形象和市场份额。

（五）加强执法协作，形成综合治理的执法合力

海关积极参与全国打击侵权假冒平台建设，加强跨部门执法协作、加强与各级地方政府合作，主动提供进出口环节侵权假冒情报信息和统计数据，与相关部门建立案件会商和执法协调机制，强化对侵权假冒商品的追踪溯源、属地管理和联合行动，建立部门联动、打建结合、内外协调的联防联动格局，为"查源头、清市场、端窝点"提供有力支持。福州海关与地方法院和其他知识产权主管部门签署了《关于建立知识产权纠纷"大调解"联动机制的若干意见》，参与知识产权纠纷大调解联动机制，收到较好效果。

海关进一步落实"两法衔接"，在查缉具体案件中与相关部门开展执法协作，尤其是会同公安机关联手"深挖源头、打网络、破渠道、毁链条"，2015 年共移送公安机关涉嫌违法犯罪案件 193 件。深圳海关与深圳市公安局共同研究修订合作备忘录，加快信息交换速度，为案件侦办赢得先机。2015 年海关对查获的重大案件，向公安机关通报重大案件线索 55 宗，收到公安机关立案通知 19 宗，较往年取得显著突破。

海关总署与国家知识产权局不断探索建立借助双方执法资源、形成执法合力的专利权保护协作模式，完善进出口环节专利权保护协作机制。目前，隶属于青岛海关的黄岛海关和青岛知识产权局已开展专利权保护协作机制的试点工作。

（六）开展与权利人的合作，提升执法协作水平

2015 年中国海关继续采取多种方式加强与知识产权权利人的合作。主要集中在以下几个方面。

（1）邀请权利人为海关关员举办侵权商品鉴别及风险趋势培训，有效提升了海关关员对侵权商品的查缉水平，协助海关掌握最新侵权风险趋势从而提高布控精准程度。同时通过深入交流，增进了企业对海关执法难点和需求的了解，增强企业主动配合海关执法的自觉性，对提升海关执法效能起到积极的促进作用。

（2）海关充分发挥企业信息渠道优势，鼓励企业主动收集侵权货物进出口信息。各地海关根据企业举报信息，查获多起重大侵权案件，如南京海关通过权利人安徽海螺集团有限责任公司举报信息，一举查获某公司海运渠道出口侵犯"CONCH"商标权水泥 15 000 吨，涉案货物价值人民币 475 万元。杭州海关、宁波海关共同与权利人开展举报线索布控查验工作，明确侵犯知识产权货物举报受理标准要求及办理流程，加强两海关侵犯知识产权货物举报执法协作。

（3）海关定期提醒知识产权权利人更新和完善"知识产权海关保护系统"合法使用人名单，减少海关误扣合法商品的情况发生，对怠于更新信息、发生误扣合法商品的权利人进行约谈，制约当事人的权利滥用。

（七）加强对自主知识产权的保护，支持企业"走出去"

2015 年全国海关按照海关总署的要求，进一步加强了对自主知识产权的保护。具体措施有以下几个方面。

（1）持续保持打击侵权力度。2015 年中国海关共查获涉嫌侵犯自主知识产权的进出口货物 1939 批，价值 5590 余万元。如天津海关查获 700 件侵犯"潍柴"商标权内燃机配件案；宁波海关查获 4068 台侵犯"COIDO"商标权的空气泵案；南宁海关在出口环节查获侵犯"MI"商标权移动电源及侵犯“OPPO”商标权耳机案等。

(2)引导企业合法经营和维权。海关总署正在探索建立海关帮助企业快速鉴别外商订单知识产权状态的机制，鼓励和引导企业合法开展出口加工业务。各地海关组织开展面向外贸企业、加工贸易企业、邮递和快件运输企业和报关企业的知识产权法律宣讲和培训活动，帮助企业提高维权意识和能力。如长三角、珠三角地区海关试点推行知识产权海关保护企业联系点制度，积极推广“出口品牌订单预确认服务”，防范企业被动侵权。

(3)加强与行业协会和企业的合作。海关在加强执法的同时，还注重会同相关领域行业组织开展对侵权行为的源头治理，引导和规范行业内企业健康发展。如海关总署加强与中国反侵权假冒创新战略联盟的联系配合，积极听取会员企业在维权方面的建议与诉求；广州海关、黄埔海关与“榄菊”的权利人进行座谈，听取企业意见，研究在当前新形势下进一步加强海关与权利人在知识产权保护方面的合作措施；龙口海关与烟台双塔粉丝进出口公司、威海海关与山东威达机械公司等签署保护协议。

(八)深化跨境合作，维护国际贸易安全

侵权贸易是一个全球性问题，打击侵权商品的跨境贸易需要各个国家和地区执法机关的密切合作。中国海关 2015 年开展了以下几个方面的国际合作。

海关总署继续落实与欧盟海关的《2014～2017 年知识产权合作行动计划》，开展风险信息交换；2015 年 6 月第七轮中美战略与经济对话期间，中国海关与美国国土安全部移民与海关执法局签署了中美海关知识产权合作文件，提升了打击跨境侵权贸易层次；与俄罗斯海关召开第五次工作组会，制定 2015～2016 年重点工作计划；与法国海关开展人员培训与执法交流；派员开展对拉丁美洲三国知识产权保护执法调研，研究“清风”行动下一步重点工作；推动中日韩三国海关执法合作；在世界海关组织、亚太经合组织、上海合作组织等多边国际合作场合积极宣传中国海关打击侵权的努力及成果。

2015 年年底上海海关代表中国海关参加世界海关组织开展的联合执法行动，期间查获侵权货物 15 万件。中国海关积极参与国际执法合作，展现了中国政府保护知识产权的决心。

海关广东分署继续推动完善粤港澳海关知识产权保护合作机制，进一步深化跨区域执法协作。(1)规范专项联络员工作，积极履行联络职责；(2)稳步推进信息通报，坚持开展粤港澳跨境侵权案件的月度通报和重大案件即时通报制度；(3)适时联合香港和澳门海关开展联合执法行动。2015 年年底，根据香港海关提供的情报，海关广东分署会同广州海关，在广州市南沙港成功查获申报出口的侵权化妆品近 6 万件。这是近年来粤港海关点对点情报合作查获最大的一起侵权案件。

(九)加大社会宣传力度，增强公众法律意识

2015 年中国海关在不断加大打击力度，提升执法威慑力的同时，注重通过宣传教育，提升全社会的知识产权保护意识，引导进出口企业树立“守法便利”的理念。

(1)持续开展集中宣传。2015 年海关总署和各地海关利用“4・26 知识产权宣传周”“8・8 海关法制宣传日”“12・4 国家宪法日”，集中开展多种形式的知识产权海关保护宣传。如“诚信兴商宣传月”“普法边境行”“海关开放日”等主题宣传活动，取得了良好的社会效果；各直属海关结合关区特点，以政策宣讲会、关企普法联络员等形式，为企业提供“量体裁衣”式法律服务，提高服务的针对性和实效性；天津、大连、福州、厦门、拉萨、乌鲁木齐等海关组织公开销毁侵权商品，宣传侵权假冒对社会公众的危害；上海、南京、杭州、厦门、广州、深圳、黄埔等海关通过新闻媒体以案说法，教育企业守法经营和尊重知识产权。

(2)加强日常普法宣传。海关注重在日常执法中运用各类媒体开展知识产权保护宣传教育，包括：借助海关政务微博和微信平台，宣传知识产权海关保护法律政策、执法动态和典型案例，如“穗关小青”“福关E家”“钱塘关语”“渝关律盾”等40余个微信公众号先后刊发知识产权海关保护相关内容；持续通过海关“12360”服务平台普及海关知识产权保护常识、解答热点疑难问题、接受社会各界意见与建议；通过拍摄视频等形式宣传知识产权海关保护，如北京海关制作了知识产权保护宣传专题片，向社会各界展示了近年来北京海关知识产权保护工作所取得的成果，南京海关拍摄“知识产权保护，海关在行动”的微电影，形象生动地讲述了海关通过上门宣讲、风险布控等方法帮助企业解决困难的故事。

(3)依托基地专题宣传。充分利用在浙江省义乌市建成的“海关知识产权保护展示厅”，宣传普及知识产权海关保护政策法规，增进社会各界对海关的了解，促进全社会知识产权保护意识的提升。2015年接待国内外政府团体、企业商户、权利人代表、新闻媒体等参观人员120余批6000余人次。

2015年，中国海关知识产权保护工作取得了显著成绩，获得各方的充分肯定。2015年9月，国际刑警组织授予中国海关“国际知识产权犯罪调查合作奖”，以表彰中国海关在打击侵权假冒工作方面的卓越表现。

（海关总署政策法规司供稿）

商务知识产权工作

2015年，商务部继续加强与经贸相关的多边双边知识产权谈判、双边知识产权合作磋商机制及国内立场的协调等工作，加强打击侵权假冒工作。巩固知识产权双边对话机制，增进多边双边交流和合作，扎实推进专项谈判，积极参与国际秩序构建，研究制定与经贸相关的知识产权规则，加强部门间信息沟通交流，加强知识产权海外维权援助机制建设，完善海外维权信息平台建设。加强知识产权行政处罚案件信息公开，强化行政执法与刑事司法衔接。知识产权对外交往、磋商谈判及规则制定等均取得积极进展。

一、巩固知识产权双边对话机制

中瑞知识产权工作组第八次会议2015年3月召开。双方就商标、地理标志、商业秘密、网络执法、植物新品种保护等多项议题进行了广泛而深入的讨论，并且双方业界还召开了企业圆桌会。

2015年4月，中巴知识产权工作组第五次会议在巴西的巴西利亚召开。中方代表团包括商务部、最高人民检察院、公安部、海关总署、国家工商总局、国家版权局、国家知识产权局、全国打击侵权假冒办、中国驻巴使馆等部门。

中美知识产权工作组司局级和副部级会议分别于2015年4月和2015年9月召开，双方主要就中美商贸联委会成果、商业秘密、美国“特别301报告”和“恶名市场报告”、标准与知识产权、应对知识产权滥用、体育赛事转播的保护、地理标志保护和中美知识产权合作等问题进行了深入交流。

2015年5月和11月分别召开了中欧知识产权第十六次、第十七次工作组会议。主要讨论的议题包括：相关法律修订、商业秘密、网络盗版、创新政策、知识产权执法和交流合作等。在第十六次工作组会议期间，中欧双方还在上海市举行相关知识产权座谈会，就上海知识产权法院、上海自由贸易区知识产权局的相关工作情况进行了介绍。

2015 年 6 月下旬，在中欧第 17 次领导人峰会期间，中欧知识产权对话机制 10 周年纪念活动在比利时的布鲁塞尔同期举行。中国商务部部长助理童道驰代表高虎城部长，与欧盟委员会贸易委员马尔姆斯特伦共同出席会议并致辞。双方共同决定将中欧知识产权对话机制提升为副部级，并在之后举行了升级后的第一次副部级中欧知识产权对话会议。

2015 年 5 月重启了中日知识产权工作组会议，中日双方就知识产权制度发展、知识产权战略、网络假冒盗版问题的应对以及彼此关注的具体议题进行了交流和探讨。

2015 年 8 月，"第八次中俄知识产权工作组会议"在北京举行。双方就商标、专利和版权的立法和执法情况、打击知识产权侵权方面、加强知识产权职能部门之间的合作等议题进行了交流。

二、增进知识产权多边双边交流和合作

为履行《中美知识产权合作框架协议》，2015 年 9 月中美知识产权创新交流项目在美执行，内容涵盖中美知识产权保护执法体系、鼓励创新促进知识产权成果转化过程中的税收减免、标准制定的相关措施，讨论未来知识产权创新政策的趋势等。中欧知识产权法律立法交流项目于 2015 年 7 月在欧盟执行，项目内容包括知识产权法律法规和部门规章规定及立法程序、司法解释的制定和执行、创新政策、互联网知识产权执法保护、相关机构设置及职能、知识产权与经贸关系等议题。

同时，商务部积极推动落实金砖国家知识产权合作，通过 2015 年金砖国家领导人峰会和经贸部长会议推动建立金砖国家知识产权合作工作机制。积极推进"一带一路"沿线国家知识产权合作交流。

三、研究参与国内外知识产权规则制定

针对与进口货物有关的知识产权保护问题，就落实《对外贸易法》中有关规则进行内部研讨。推动研究修订《展会知识产权保护办法》，加强大型展会知识产权保护协调工作，做好展前、展中、展后知识产权保护，开展调研。

商务部继续牵头组织参加了亚太经合组织（APEC）知识产权专家组第四十次及第四十一次会议。本着交流与合作的态度，中方积极参与专家组会议的相关议题，就美方提出的商业秘密议题与其进行反复磋商，积极推动达成有利于我国国家利益的成果。

牵头参加亚太经合组织知识产权专家组会议，牵头参与世界贸易组织知识产权理事会知识产权相关议题谈判。跟踪经贸领域国际知识产权制度的发展，密切关注反假冒贸易协定（ACTA）、跨太平洋伙伴关系协议（TPP）和跨大西洋贸易与投资伙伴协议（TTIP）知识产权相关内容。

四、扎实推进知识产权专项谈判

中欧地理标志协定第十一轮谈判于 2015 年 7 月举行，双方就文本保护范围、保护水平、保护方式等问题进行深入的技术性讨论。经过双方的艰苦磋商，目前文本谈判已近尾声，初步拟定了产品清单，并将继续协调讨论产品清单的拟定和审核工作。

牵头完成中国—韩国、中国—澳大利亚自由贸易协定知识产权章节最终案文审核工作，牵头中日韩第六轮、第七轮、第八轮以及区域全面经济伙伴关系协定（RCEP）第八轮、第九轮、第十轮的知识产权章节谈判。

五、加强部门间信息沟通交流

2015 年 4 月，商务部发布《2014 年中

国知识产权国际交流合作状况》报告，展示了中国政府秉承开放态度，积极建立、扩展和深化与世界各国和地区在知识产权领域的全方位、多层次和多种形式的合作和交流。通过组织相关部门进行会谈，不断促进部门间相互配合，达成对外知识产权工作统一立场。通过中国保护知识产权网、《知识产权国际快讯》等方式及时分享国内外知识产权相关动态信息。推动发挥驻外使领馆经商机构的作用，跟踪研究有关国家知识产权法律法规及政策发展，加强知识产权涉外信息分享。

六、加强知识产权海外维权援助机制建设

逐步完善知识产权海外维权及预警机制，推动驻外机构加强涉外知识产权工作。继续推进企业知识产权海外维权服务，2015 年 3 月、9 月分别在德国汉诺威消费电子、信息及通信博览会（CeBIT）和德国柏林电子消费品展览会（IFA）上继续设立知识产权服务站，聘请当地律师作为专家免费为中国参展企业提供法律咨询与协调服务，获得中国参展企业的好评。加强与国内产业的沟通联系，建立涵盖重点商协会、重点企业的国内联系网络。加强对海外知识产权贸易壁垒的研究，指导我国企业应对美国 337 调查并取得积极成效。完善海外知识产权信息平台建设，发布海外知识产权服务机构名录和案例库，开发建立海外维权案件信息报送平台。

（商务部条法司供稿）

公安机关保护知识产权工作

2015 年，公安部组织全国公安机关坚定履职，以打击为主业、建设为牵引、宣教为支撑，大力加强打击侵犯知识产权犯罪工作，服务我国经济社会科学发展。

一、重点推进，始终保持高压严打

2015 年，公安部按照国务院统一部署，继续将打击侵权假冒犯罪放在当前各项工作的突出位置，组织全国公安机关认真履行职能，突出打击主业，持续掀起打击破案强大声势。据统计，全国公安机关共破获侵犯知识产权和制售伪劣商品犯罪案件 2.1 万起，抓获犯罪嫌疑人 2.6 万名，涉案总价值 263.9 亿元。2015 年 9 月，天津市公安机关破获“3·30”特大假冒品牌轴承案，查获 300 余种型号的假冒品牌轴承 1 万余套，案值 1800 余万元。2015 年 11 月，福建、山东两省公安机关会同专利部门侦破“6·11”特大互联网假冒专利案，查明不法分子通过互联网销售假冒专利防蓝光眼镜 30 余种，销售订单 2.3 万余笔，共计 5.28 万余副，涉案价值 400 余万元。

二、集群作战，掀起战役攻坚高潮

针对假冒伪劣犯罪隐蔽化、跨区域化等特点，公安部指导各地从线索发掘、情报研判、组织指挥、侦控策略等方面，完善集群战役主战模式，着力提升执法质量和打击效能，彻底铲除 258 个制假售假犯罪网络，对不法分子形成高压震慑。2015 年 5 月，浙江、安徽、福建、广东、云南各省公安机关成功组织“5·12”特大网络制售烟机案集群战役，成功打掉一个涉及 5 省的非法制售烟机犯罪网络，抓获犯罪嫌疑人 29 名，查获烟机成品、半成品 19 台，假冒云烟、玉溪等成品卷烟、滤嘴棒 1046.2 万条（支），制假原料 19 吨。2015 年 11 月，安徽、浙江、江苏、山东、广东、广西、辽宁、内蒙古 8 省区公安机关收网“4·27”制售假汽配案集群战役，抓获犯罪嫌疑人 44 名，现场查获假冒“海沃”品牌的重型汽车油缸、齿轮泵等配件 1.69 万件，查扣钻床、车床、吊装设备等制假机械100余台，涉案价值8000余万元，荷兰权利人企业专程赴办案单位致送感谢信、牌匾。

三、主动作为，拓展国际合作宽度

坚持将国际执法合作作为知识产权刑事保护的重要阵地，以多元化对外执法合作有力策应我国加强知识产权保护的创新发展战略和经贸外交工作大局。先后与国际刑警组织，美国、英国、阿联酋、日本、韩国、新加坡、越南等25个国家开展案件合作与执法交流；连续3年参与并主导国际刑警组织打击侵权假冒犯罪“真实”行动，破获各类侵权假冒犯罪案件449起；积极参与第26届中美商贸联委会、第七轮中美战略与经济对话等高层对话机制，以及中美、中巴、中日、中欧等双多边知识产权工作组磋商，宣传中方主张；在中美刑事执法联合联络小组（JLG）机制下深化和创新知识产权刑事执法合作，成为中美执法合作一大亮点。2015年9月，国际刑警组织在“第九届国际知识产权执法大会”上授予公安部经侦局打击侵权假冒“杰出贡献奖”。

四、打建结合，不断强化基础工作

（1）会同阿里巴巴集团深化完善电商数据协查快速通道、网络侵权线索研判查处等工作机制，在实战中发挥积极成效。2015年以来，公安机关累计办理知识产权案件查询阿里巴巴相关数据351批次，涉及账户4607个。（2）推进“两法衔接”配合，充分运用全国打击侵权假冒领导小组、知识产权战略领导小组等多项平台，强化部门间信息分享、情报交换、联合行动，着力提升协作效能和打击精度。会同国家版权局、国家网信办、工信部联合开展“剑网2015”专项行动，第十一次开展针对网络侵权盗版的联合整治。指导各地公安机关会同烟草、海关等部门，连续侦破重庆市“7·7互联网卷烟售假贩私案”、浙江省“4·22跨境制售假烟案”等一批重点案件。（3）举办两期面向一线指战员的知识产权刑事执法培训班，编印公安机关打假经典战役选编，总结推广优秀技战法，推动提升基层执法效能。指导浙江省、山东省等重点地区结合司法实践，探索破解刑事案件管辖、犯罪数额计算、网络证据固定等难题，强化执法规范化建设，提升办案质量。

五、加强宣传，营造良好社会氛围

结合“3·15消费者权益保护日”“4·26知识产权宣传周”“5·15防范和打击经济犯罪宣传日”等重要节点，组织各地公安机关开展形式多样的宣传活动，剖析典型案例，讲解法律常识，征集案件线索，争取社会各界广泛参与。2015年6月，公安部经侦局联合中国外商投资企业协会优质品牌保护委员会，召开知识产权刑事保护座谈会，邀请强生、微软、奥迪、杜邦、辉瑞、耐克等30余家知名外商企业代表，以开放的姿态和务实的态度交流工作、收集线索、听取建议，维护和发展公安机关展示形象、服务经济发展的工作平台。同时，坚持以国际合作促进对外宣传，联合美方围绕“7·29”跨国制售假冒汽车安全气囊案等重点跨国案件开展同步宣传；应邀组成代表团赴欧洲，与荷兰、匈牙利、罗马尼亚警方、检方、海关和知识产权部门进行交流，以务实的交流合作赢得了国际社会的赞许。

（公安部经济犯罪侦查局供稿）

知识产权民事司法保护工作

2015年是人民法院贯彻落实党的十八大和十八届三中、四中、五中全会精神，全面深化改革的一年，是服务经济社会发展大局取得新成绩的一年。在党中央坚强领导下，在全国人民代表大会及其常务委员会的有力监督下，人民法院深入学习贯彻习近平总书记系列重要讲话精神，坚持围绕中心、服务大局、深挖潜力，大力弘扬改革创新精神，切实贯彻实施国家知识产权战略，忠实履行宪法和法律赋予的审判职责，积极发挥司法保护知识产权主导作用，严格知识产权司法保护，全面推进知识产权审判体制改革，着力加强审判监督指导，深化司法公开，不断提高司法能力和司法公信力，知识产权司法保护工作取得了新进展，为实现“十三五”规划营造了良好的法治环境，为实施创新驱动发展战略作出了积极贡献。

一、推进司法审判，服务保障创新发展

人民法院紧紧围绕党和国家工作大局，贯彻落实中共中央、国务院《关于深化体制机制改革　加快实施创新驱动发展战略的若干意见》，牢牢坚持司法为民宗旨，积极履行知识产权司法审判职责，着力提高审判质量和效率，坚定不移地维护知识产权权利人的合法权益，更好地适应和服务经济发展新常态，服务和保障创新驱动发展战略实施。2015年人民法院共新收一审、二审、申请再审等各类知识产权案件149 238件，审结142 077件，比2014年分别上升11.49%和11.76%。

（一）加强民事审判工作，切实维护权利人合法权益

人民法院紧紧把握以创新发展为核心的时代机遇，紧紧把握我国的发展思路、发展方向和发展着力点，紧紧围绕激发全社会创新活力和创造潜能，营造大众创业、万众创新的公平竞争环境以加强知识产权民事审判工作，坚持平等保护，鼓励科技创新，更加重视对商业模式创新的保护力度，打破制约创新的行业垄断和市场壁垒，为保护好创新成果、维护好创新环境、实现好创新价值发挥司法保护的引领作用。2015年，全国地方人民法院共新收和审结知识产权民事一审案件109 386件和101 324件，同比分别上升14.51%和7.22%，一审结案率为82.66%。其中，新收专利案件11 607件，同比上升20.3%；商标案件24 168件，同比上升13.14%；著作权案件66 690件，同比上升12.1%；技术合同案件1480件，同比上升38.19%；不正当竞争案件2181件（其中垄断民事案件156件），同比上升53.38%；其他知识产权纠纷案件3093件，同比上升22.45%。全年共审结涉外知识产权民事一审案件1327件，同比下降22.67%；审结涉港澳台知识产权民事一审案件387件，同比下降9.15%。全国地方人民法院共新收和审结知识产权民事二审案件15 114件和15 025件，同比分别上升9.84%和9.61%；共新收和审结知识产权民事再审案件115件和114件，同比分别上升43.75%和21.28%。

2015年，最高人民法院新收和审结知识产权民事案件381件和377件，同比分别上升13.39%和11.2%。其中，新收和审结二审案件8件和7件；新收和审结申请再审案件329件和321件；新收和审结提审案件18件和23件（含旧存）。

人民法院审理的具有较大社会影响的知识产权民事案件有：石家庄双环汽车股份有限公司与本田技研工业株式会社确认不侵害专利权、损害赔偿纠纷上诉案，高仪

股份公司与浙江健龙卫浴有限公司侵害外观设计专利权纠纷再审案，广州星河湾实业发展有限公司等与江苏炜赋集团建设开发有限公司侵害商标权及不正当竞争纠纷再审案，上海帕弗洛文化用品有限公司与上海艺想文化用品有限公司等商标使用许可合同纠纷上诉案，陈喆与余征等侵害著作权纠纷上诉案，暴雪娱乐有限公司等与成都七游科技有限公司等著作权侵权及不正当竞争纠纷诉中禁令案，李卫国与中国电信股份有限公司陕西分公司等垄断定价及捆绑交易纠纷案等。

（二）加强行政审判工作，切实促进依法行政

人民法院贯彻落实全面推进依法治国的重大部署，认真贯彻新修改的《行政诉讼法》，加强对知识产权授权、确权案件的司法审查力度，加强对行政执法行为的司法监督，严格规范知识产权行政执法行为，支持、监督、促进依法行政，回应群众关切。2015 年，全国地方人民法院共新收知识产权行政一审案件 9839 件，同比基本持平；审结 10 926 件（含旧存），同比上升 123.57%，一审结案率为 70.5%。其中，新收专利案件 1721 件，同比上升 219.29%；商标案件 7477 件，同比下降 19.65%；著作权案件 10 件，同比下降 16.67%；其他行政案件 631 件，同比上升 917.74%。审结涉外、涉港澳台案件 4928 件，占知识产权行政一审案件结案数的 45.10%，同比持平。其中，涉外案件 4348 件，涉港案件 295 件，涉澳案件 8 件，涉台案件 277 件。在审结的一审知识产权行政案件中，判决维持具体行政行为的 3541 件，判决撤销的 1664 件。全国地方人民法院新收知识产权行政二审案件 2245 件，审结 2329 件（含旧存），同比分别下降 7.8%和上升 9.96%；其中，维持原裁判 1896 件，改判 356 件，发回重审 3 件，撤诉 50 件，驳回 16 件。

2015 年，最高人民法院新收和审结知识产权行政案件 378 件和 377 件，同比分别上升 161%和 150%。其中，新收申请再审案件 367 件，审结 361 件。在审结的 361 件申请再审案件中，驳回再审申请 272 件，占 75.35%；提审 50 件，占 13.85%；和解撤诉 10 件，占 2.77%；指令再审 10 件，占 2.77%；以其他方式结案 19 件，占 5.26%。

人民法院审理的具有较大社会影响的知识产权行政案件有：沃尔尼·朗伯有限责任公司与国家知识产权局专利复审委员会、北京嘉林药业股份有限公司等发明专利权无效行政纠纷再审案，贵州赖世家酒业有限责任公司与国家工商行政管理总局商标评审委员会、中国贵州茅台酒厂（集团）有限责任公司商标异议复审行政纠纷申请再审案，北京福联升鞋业有限公司与国家工商行政管理总局商标评审委员会、北京内联升鞋业有限公司商标异议复审行政纠纷申请再审案，熊克生与武汉市江岸区工商行政管理局、武汉蔡林记商贸有限公司工商行政处罚纠纷上诉案等。

（三）加强刑事审判工作，切实制裁侵犯知识产权犯罪行为

人民法院认真贯彻总体国家安全观，不断增强忧患意识、责任意识，坚持宽严相济的刑事政策，依法严惩侵犯知识产权犯罪行为，切实维护知识产权权利人的合法权益，维护社会经济秩序的长治久安。2015 年，全国地方人民法院共新收涉知识产权刑事一审案件 10 975 件，同比基本持平。其中，侵犯知识产权罪案件 4913 件（假冒注册商标罪等侵犯注册商标犯罪案件 4358 件，侵犯著作权罪案件 504 件），同比下降 6.28%；涉及侵犯知识产权的生产、销售伪劣商品罪案件 3925 件，同比下降 1.03%；涉及侵犯知识产权的非法经营罪案件 1923 件，同比上升 13.32%；涉及侵犯知识产权的其他案件 214 件，同比上升 16.94%。

全国地方人民法院共审结涉知识产权

刑事一审案件 10 809 件，同比基本持平，一审结案率为 89.29%；生效判决人数 12 741人，同比下降 8.36%；给予刑事处罚 12 580 人，同比下降 9.52%。其中，审结侵犯知识产权罪案件 4856 件，生效判决人数 6402 人；涉及侵犯知识产权的生产、销售伪劣商品罪案件 3965 件，生效判决人数 4127 人；涉及侵犯知识产权的非法经营罪案件 1844 件，生效判决人数 2095 人；涉及侵犯知识产权的他罪名案件 144 件，生效判决人数 117 人。在审结的侵犯知识产权罪案件中，假冒注册商标罪案件 2133 件，生效判决人数 3089 人；销售假冒注册商标的商品罪案件 1789 件，生效判决人数 2222 人；非法制造、销售非法制造的注册商标标识罪案件 358 件，生效判决人数 500 人；假冒专利罪案件 1 件，生效判决人数 0 人；侵犯著作权罪案件 523 件，生效判决人数 547 人；销售侵权复制品罪案件 5 件，生效判决人数 9 人；侵犯商业秘密罪案件 47 件，生效判决人数 35 人。

全国地方人民法院共新收和审结涉知识产权的刑事二审案件 790 件和 782 件，同比分别上升 37.87%和 50.1%。

人民法院审理的具有较大社会影响的知识产权刑事案件有：被告人张盛、邹丽假冒注册商标罪、被告人王渭宝销售非法制造的注册商标标识罪案，郭明升、郭明锋、孙淑标假冒注册商标罪案，翁存兴侵犯著作权罪案等。2015 年，人民法院始终重视发挥知识产权司法保护主导作用，知识产权司法审判持续推进并呈现出新面貌：

（1）案件数量持续增长。人民法院新收知识产权民事、行政和刑事一审案件 130 200件，比 2014 年上升 11.73%。其中，知识产权民事一审案件增幅明显，达到 14.51%。从案件分布来看，北京、上海、江苏、浙江、广东五省市收案数量持续在高位运行，新收知识产权民事一审案件数约占全国法院该类案件总数的 70%；除广东省在新收案件数量上保持稳定外，其他四省市新收知识产权民事一审案件数量同比均大幅增加，江苏省增幅最为明显，达到 38.71%。随着京津冀一体化建设的推进，北京市知识产权案件数量持续增长的态势逐步向周边辐射，天津市在知识产权收案数量上大幅攀升，全市三级法院新收知识产权民事一审案件同比上升 50.41%。安徽省随着建设创新型省份目标的加速推进，知识产权案件数量增长迅速，全省三级法院新收知识产权民事一审案件同比上升 101.26%。山东、陕西、湖南、黑龙江四省新收知识产权民事一审案件同比增幅较大，均在 30%以上。

（2）审理难度不断加大。随着我国市场经济的发展和创新驱动发展战略的实施，涉及复杂技术事实认定的技术类案件，特别是涉及尖端技术的专利行政案件、专利侵权纠纷案件、涉及新技术合作开发、技术成果应用的技术合同纠纷案件不断增加，涉及市场竞争秩序维护的垄断和不正当竞争案件也呈持续攀升态势，增加了案件事实查明和审理的难度。2015 年，人民法院新收专利行政一审案件 1721 件，同比上升 219.29%；新收专利和技术合同民事一审案件 13 087 件，同比上升 22.1%；新收不正当竞争民事一审案件 2181 件（其中垄断民事案件 156 件），同比上升 53.38%。与此同时，涉及知名企业品牌利益保护和市场份额的商标纠纷案件，涉及著名影视文化作品互联网传播的著作权纠纷案件等也不断增多，特别是随着“互联网＋”行动计划的实施，涉互联网知识产权侵权纠纷不断涌现，使知识产权审判不断面临新挑战。人民法院积极应对新形势、新任务，加强对重大疑难复杂案件的审理，及时回应社会关切；加强案例指导工作，注重研究解决司法实践中的突出问题，及时统一裁判标准，增强法律的确定性和可预见性，取得良好的法律效果和社会效果。

（3）审判质效稳步提升。全国地方人民法院审结知识产权一审案件 123 059

件，同比上升11.68%。其中，知识产权民事一审案件结案数同比上升7.22%；再审率为0.11%；审结的上诉案件的改判发回重审率为5.06%，在审结案件数明显增加的情况下，再审率和改判发回重审率基本持平。知识产权行政一审案件结案数同比上升123.57%，再审率为0.027%，同比基本持平；审结的上诉案件的改判发回重审率为15.41%，同比上升6.77%。在审结案件数大幅上升的情况下，再审率基本持平，改判发回重审率增幅较为明显，较好地发挥了上诉审的纠错功能。人民法院始终重视加强知识产权民事案件诉前和诉中调解工作，民事一审案件调解撤诉率达到63.12%，二审案件调解撤诉率达到28.26%，取得了良好的社会效果和法律效果。海南省高院创新调解方式，知识产权民事案件调解撤诉率达到93.75%；宁夏回族自治区和安徽省知识产权民事一审案件调解撤诉率达到70%以上；安徽省宿州市中院将调解关口前移，在庭审前成功调处了“九阳”商标侵权案。人民法院为提高诉讼效率，进一步加强庭审工作，落实“精细化审判”要求，强化庭审中心意识，突出当事人的主导地位，发挥庭审的功能和作用，当庭宣判民事一审案件19 873件，当庭宣判率达到19.61%。

(4)保护力度不断加强。人民法院以充分实现知识产权的市场价值为目标，综合运用多种保护手段，有效维护权利人的合法利益。严厉打击制假售假、“傍名牌”“搭便车”、侵犯商业秘密等行为，加大损害赔偿力度，准确把握法定赔偿和酌定赔偿的关系，提高损害赔偿计算的科学性和合理性，增加惩罚性赔偿的适用，遏制重复侵权，提高违法侵权成本积极合理适用知识产权临时措施，发挥其制度效能，提高司法救济的及时性、便利性和有效性，严格执行罚金刑，使侵犯知识产权的犯罪分子丧失再侵权的能力。河南省高院对非法获取富士康公司及苹果公司计算机信息系统数据，将利用“水货”苹果手机刷机谋利的吴某等16人中的9人分别判处2～5年有期徒刑外，并处罚金441万元。加大对诉讼不诚信行为的处罚力度，保护权利人的合法权益。最高人民法院在江苏大象东亚制漆有限公司与广东华润涂料有限公司等不正当竞争纠纷提审一案中，对伪造关键证据的江苏大象东亚制漆公司及其法定代表人分别处以100万元和10万元的罚款，维护了良好的诉讼秩序，树立了司法保护权威；福建省加强对陶瓷版权的司法保护，该省的德化县法院被评为全国版权保护示范单位以及联合国世界知识产权保护组织版权保护优秀案例示范点；宁夏回族自治区加强对涉文化类知识产权的保护，促进文化体制创新发展。

二、深化司法改革，完善审判体制机制

2015年是人民法院全面深化司法体制改革的重要一年。全面深化司法体制改革是坚持和完善中国特色社会主义司法制度的必然要求，也是加强司法为民、公正司法的必然要求。人民法院以建设公正、高效、权威的知识产权司法审判制度为目标，以知识产权法院建设为重点，不断创新和加强制度建设，推动知识产权司法审判持续向前发展。最高人民法院副院长陶凯元在《求是》杂志上发表“充分发挥司法保护知识产权的主导作用”专题文章。

(一)知识产权法院工作扎实有效推进

北京、上海、广州知识产权法院成立后，各项工作有序开展，制度建设初见成效，实现良好开局。截至2015年12月31日，3家知识产权法院共受理知识产权民事和行政案件15 772件。北京知识产权法院审判一庭荣获世界知识产权组织(WIPO)和国家工商总局共同颁发的第二届“中国商标金奖—商标保护奖”。

(1)建章立制，落实各项改革措施。知识产权法院从成立伊始，就承担着中国司法改革的探索者和先行者的使命。为全面落实各项改革措施，3 家知识产权法院通过出台《关于落实审判权运行机制改革的实施方案》《合议庭办案工作暂行规定（试行）》《权力清单细则》等文件，改革和优化司法权配置，落实主审法官、合议庭办案负责制、司法责任制、司法人员分类管理等改革措施，形成法官主导、人员分类、权责明晰、协同合作的审判管理新模式。北京知识产权法院积极探索法官团队（由 1 名法官、1 名法官助理和 1 名书记员组成）办案模式，大幅提升了审判效率，法官团队平均结案 236 件。转变院庭长职能，实现院庭长办案常态化，明确院庭长与其职权相适应的审判管理与监督职责，确保监督不越位，失职必担责。北京知识产权法院由院庭长审结的案件数占全院审结案件数的11%。改革审判委员会运行机制，明确审判委员会统一裁判标准的职能。北京知识产权法院在审判委员会下设法官专业会议，作为案件前置咨询和过滤机构，增强审判委员会决策的科学性和专业性，率先实现由审判委员会直接公开开庭审理重大、疑难、复杂案件中的法律问题，并将审判委员会决定理由在裁判说理部分公开。改革庭审模式，优化庭审程序，提高庭审效率，强化庭审中心意识，突出当事人的主导地位。积极推进案件繁简分流，推动裁判文书说理改革，简化简单案件的裁判文书，增强复杂案件裁判文书的说理性。

（2）加强指导，及时研究化解新问题。为扎实有效地推进知识产权法院的各项工作，落实好党中央加强知识产权司法保护的决策部署，最高人民法院高度重视知识产权法院的建设、管理、审判等各项工作，本着“从解决问题入手，在不断发现问题、解决问题中深化改革，推动工作发展”的工作思路，及时研究解决发展难题，坚定不移夯实发展基础。为准确研判形势、厘清思路、凝聚共识、推进工作，最高人民法院召开了知识产权法院工作座谈会，最高人民法院副院长陶凯元在讲话中强调，要充分发挥好知识产权法院在促进创新驱动发展战略实施、深化司法体制改革中的示范作用，当好发挥司法保护知识产权主导作用的排头兵，为做好下一阶段知识产权法院的工作指明了方向。为更好地促进知识产权法院建设，最高人民法院在调查研究的基础上，向中央改革领导小组提交了《知识产权法院工作情况及问题建议》，得到高度重视和充分肯定。最高人民法院进一步制定了《关于进一步推动知识产权法院建设的任务分工方案》，将各项任务具体分解，明确责任主体，切实强化落实。

（3）积极探索，切实发挥引领示范作用。知识产权法院坚持以改革创新破解发展难题，积极探索发挥司法保护知识产权主导作用的新路径。北京知识产权法院积极探索案例指导理论和实践问题，注重培养法官研究案例、遵循先例的意识，取得积极成效，最高人民法院知识产权案例指导（北京）基地于 2015 年在北京知识产权法院设立。上海知识产权法院深入贯彻落实党中央对上海市发展的新要求，制定《上海知识产权法院服务保障上海建设具有全球影响力的科技创新中心的意见》，积极服务上海科技创新中心建设；成立“陈惠珍法官工作室”，为上海市张江高新技术产业开发区提供知识产权法律咨询和服务，助力科技创新产业发展。广州知识产权法院充分发挥广东省的地缘优势和市场优势，大力加强知识产权市场价值研究，促进最高人民法院知识产权司法保护与市场价值研究（广东）基地的设立，以期为充分实现创新成果的市场价值提供可推广的经验。为落实诉讼“两便”原则，广州知识产权法院在广东省中山市古镇设立远程立案、查询、咨询等诉讼服务处，探索推广远程视频开庭，让司法更加贴近人民群众，把司法为民落在实处。为回应社会各界对知识产权法院建设的关切，树立中国法院知识产权审判新形象，最高人民法院编辑出版了《中国知识产权法院》宣传画册，并召开知识产权法院设立运行情况新闻发布会，受到社会各界高度赞誉。

（二）“三合一”改革试点工作取得突破性进展

为贯彻落实党的十八届四中全会确定的司法体制改革任务以及《关于深化体制机制改革　加快实施创新驱动发展战略的若干意见》和《深化科技体制改革实施方案》提出的“推进知识产权民事、行政、刑事案件审判‘三合一’”的具体要求，全面推进“三合一”改革，最高人民法院知识产权审判庭组织召开了全国部分法院知识产权审判“三合一”改革试点工作座谈会，认真总结交流改革试点工作取得的成效和经验，深入分析目前存在的困难和问题，在充分研究论证的基础上，完成了《关于知识产权审判“三合一”改革试点工作情况的报告》，并起草了《关于在全国法院推进知识产权民事、行政和刑事案件审判“三合一”工作的意见（讨论稿）》，推动“三合一”改革试点工作迈向新台阶。截至 2015 年 11 月，全国共有 6 个高院、95 个中院和 104 个基层法院开展了“三合一”改革试点工作。四川省自 2014 年 4 月在全省范围内开展知识产权审判“三合一”改革试点工作以来，全省各类知识产权案件一审服判息诉率平均提高 3.46％，审理周期平均缩短 11.5 天，“三合一”审判机制在优化司法资源配置、统一裁判规则、提高审判质效等方面的优势得以显现。

（三）知识产权案件管辖布局进一步优化

知识产权案件管辖布局是关系审判资源合理配置，促进审判质量效率提升，保障日益增长的知识产权司法保护需求的一项基础性工作。2015 年，最高人民法院进一步探索优化知识产权案件管辖布局新模式，从严集中布局专利等技术类民事案件的审判管辖，按需灵活布局驰名商标、垄断等特殊类型民事案件的审判管辖，科学合理布局一般知识产权民事案件的审判管辖。积极探索第一审一般知识产权案件的跨区域管辖，适当集中北京市和广东省部分基层法院的知识产权案件管辖权，完善管辖布局。加强对自由贸易试验区知识产权案件的管辖布局，指定福建省福州市马尾区法院、福州市平潭综合实验区法院、厦门市湖里区法院管辖发生在本辖区及所辖自由贸易试验区片区内的第一审一般知识产权民事案件；指定天津市滨海新区法院管辖滨海新区行政区域内的第一审一般知识产权民事案件，助力自由贸易试验区的经济建设。天津市滨海新区人民法院立足辖区司法保护工作的实际需求，在天津中心生态城设立知识产权巡回法庭，有效回应天津产业布局要求，促进生态城知识产权交易平台建设。根据不同区域经济发展、案件数量、审判力量的变化，对专利案件的管辖布局适时作出适当调整，指定安徽省芜湖市中院管辖安徽省部分第一审专利民事案件。

（四）技术事实查明机制进一步完善

人民法院积极探索知识产权审判专业技术事实查明的有效方式，建立和完善司法鉴定、专家辅助人、专家咨询、技术调查官等技术事实查明制度，提高技术事实查明的准确性。最高人民法院在礼来公司诉常州华生制药公司侵害发明专利权纠纷上诉一案中，首次启用技术调查官调查技术事实，着力发挥示范作用。积极发挥知识产权法院集中审理技术类案件的优势，在知识产权法院大力推进技术调查官制度，要求知识产权法院按照最高人民法院公布的《关于知识产权法院技术调查官参与诉讼活动若干问题的暂行规定》选任和配置技术调查官，发挥技术调查官在查明技术事实中的独特作用。上海市高院专门召开知识产权法院技术调查官制度研讨会，上海知识产权法院出台技术调查官管理办法等规定，为查明技术事实提供制度保障。北京知识产权法院探索把专业机构关于技术问题的意见写进判决书，增强裁判公信力。积极研究技术调查官制度与专家咨询制度的有效衔接，建立完善技术事实查明机制。湖北省高院积极探索，建立湖北法院知识产权审判咨询专家库，并出台专家库运行制度，规范其运行管理；内蒙古自治区高院续聘了25位知识产权审判科学技术咨询专家，借助其技术资源解决知识产权案件中的专业技术性问题；青海省高院通过聘请技术专家作为人民陪审员参与案件审理，解决技术事实审查难题；重庆市高院出台技术咨询专家制度等规定，发挥技术咨询专家和专家辅助人参与诉讼活动的积极性；四川省高院完善技术专家咨询制度，出台管理办法，规范、促进技术专家在技术咨询、技术调查方面发挥积极作用，2015年共引入技术专家参与或协助审理各类知识产权案件36件。

(五)多元化纠纷解决机制进一步推进

全面深化多元化纠纷解决机制建设，是实现国家治理体系和治理能力现代化的重要内容，是促进社会公平正义、维护社会和谐稳定的必然要求。人民法院在知识产权司法保护中始终重视多元化纠纷解决机制建设，注重发挥多元化纠纷解决机制的作用，加强与知识产权行政管理部门、人民调解组织、仲裁机构、行业协会、专业调解组织等的协调配合，创新纠纷解决方式，动员和发挥社会各界力量，打造知识产权保护的立体平台，形成保护合力。北京知识产权法院成立志愿者服务队，将15家高校的250余名学生吸纳到诉讼服务和审判研究中来；浙江省高院为畅通诉调对接机制，加强人员保障，提高纠纷解决透明度，联合浙江省知识产权局、国家互联网协会等单位开展了国内首家知识产权纠纷专业调解第三方独立公益平台试点工作，着力打造专业的第三方独立公益平台，化解知识产权纠纷200余件；广西壮族自治区高院邀请行业协会参与知识产权纠纷调解，加强非诉调解与司法调解的衔接，从源头上化解矛盾纠纷；新疆维吾尔自治区高院与自治区知识产权局联合制定了《专利民事纠纷司法审判与行政调处衔接机制的实施意见》和《诉调对接机制合作备忘录》，形成以司法为主导，“委托调解、调诉对接、司法审判”合一的知识产权纠纷处理新模式。

三、加强监督指导，保障公正高效司法

加强审判监督和业务指导，对于保障知识产权司法裁判的公正性，维护司法权威，提高法律统一适用标准，提升审判质量和效率具有重要作用。2015年，人民法院继续加强司法解释和司法政策的制定工作，进一步完善审判监督和审判管理工作机制，强化审判指导，不断提高知识产权审判工作水平。

(一)加强审判管理和审判监督工作

人民法院坚持以管理保公正，以公正促公信，加强规范知识产权司法行为，努力构建符合知识产权审判工作特点的管理新模式。

(1)坚持制度化管理。健全完善从院庭长到司法辅助人员，从立案到审判的全方位、立体化的审判管理制度，强化审判管理的效能。发挥案件信息管理、案件质量评估、审判流程管理、审判运行态势分析、审判绩效考核制度的功能，构建统一、协调的管理制度体系，确保公正高效司法。山东省高院狠抓制度落实，开展了全省法院2015年知识产权审判工作情况运行态势分析和审判绩效评估工作，及时掌握审判动态，改进审判工作；黑龙江省高院坚持开展案件质效评查工作，加强整改落实，强化监督管理；贵州省高院建立长期未结案件督办机制，提高均衡结案水平。

(2)坚持信息化管理。充分发挥信息化建设对创新和加强审判管理的作用，依

托信息化进行科学精细、简便易行的管理，以信息化管理推进落实对审判权力运行的有效监督，为知识产权司法审判提供充分有效的支撑。重庆、甘肃、青海等地高院充分运用信息技术，加强对审判工作流程和节点的监控，使审判管理更加精细严谨。

(3)坚持主体化管理。完善以审判权为核心、以审判监督权和审判管理权为保障的审判权力运行机制，落实审判责任制。最高人民法院严格案件讨论制度，细化审判长联席会议工作规则，严格落实办案责任制，严把案件质量关。江苏省高院推进以团队审判为核心的审判权运行机制改革，审判质效明显提升；辽宁省高院试点固定合议庭制度，推行合议庭办案责任制，提高合议效能，确保由审理者裁判、由裁判者负责的审判责任制的落实。河北省高院推进庭长办案制度改革，全年由庭长、副庭长参加庭审的案件占全庭审结案件数的60%以上。

(二)加强司法解释和司法政策制定工作

最高人民法院发布《关于修改〈最高人民法院关于审理专利纠纷案件适用法律问题的若干规定〉的决定》重新界定了专利权评价报告的法律地位，明确了专利侵权损害赔偿数额计算方法的选择等重大问题；发布《关于新修订的〈中华人民共和国行政诉讼法〉实施后专利代理人能否继续代理专利行政诉讼的批复》，及时厘清专利代理人在新《行政诉讼法》实施后的诉讼地位；完成《最高人民法院关于审理侵害专利权纠纷案件应用法律若干问题的解释(二)》的起草工作，并经最高人民法院审判委员会讨论通过；完成《最高人民法院关于知识产权和竞争纠纷行为保全适用法律若干问题的解释(讨论稿)》以及《最高人民法院关于审理商标授权确权行政案件若干问题的规定(征求意见稿)》的起草工作，有力保障了知识产权法律适用统一。

(三)加强审判指导和审判调研工作

(1)加强案例指导工作。在北京知识产权法院设立最高人民法院知识产权案例指导研究(北京)基地，这是全国法院首家知识产权案例指导研究基地，旨在汇集、编撰、整理指导性案例，发挥辐射作用，推动建成全国知识产权案例指导综合服务中心。最高人民法院编辑出版《知识产权审判指导》《中国知识产权指导案例评注》等书籍，定期发布知识产权审判动态，坚持问题导向，加强对下指导，及时总结裁判经验，统一裁判标准，规范对自由裁量权的行使。最高人民法院发布"柏万清诉成都难寻物品营销中心等侵害实用新型专利权纠纷案"指导性案例，明确了专利权保护范围明显不清楚的侵权判定问题。

(2)加强知识产权司法保护调研工作。设立最高人民法院知识产权司法保护研究中心，凝聚各方研究力量，加强理论与实践的结合与互动，不断提高知识产权司法保护水平；在广州知识产权法院设立最高人民法院知识产权司法保护与市场价值研究(广东)基地，以期研究解决知识产权维权成本高、赔偿额低、侵权损害赔偿额与维权成本及市场价值不相适应的突出问题；开展"加大知识产权司法保护，发挥知识产权司法保护主导作用"专题调研，找准发挥主导作用的着力点。

(3)加强法律修订建议工作。最高人民法院设立《专利法》第四次修改研究小组，系统总结《专利法》施行30年来司法实践中积累的经验，深入研究专利审判中遇到的困难和问题，向法律修订部门提出解决审判实践问题的针对性修法建议；参与《种子法》的修订，就种子生产许可证制度、实质性衍生品种等重大法律问题提出有针对性的修改意见和建议，均被最终采纳。

(4)加强知识产权审判专题调研工作。在上海市浦东新区法院自贸区知识产权法庭，设立最高人民法院知识产权审判庭自贸区知识产权司法保护调研联系点，并召开自贸区知识产权司法保护座谈会，就健全完善自贸区知识产权司法保护机制、自贸区商品出口和平行进口贸易中的知识产权保护等问题进行专题调研；天津市高院以知识产权司法保护服务天津自贸区建设作为重点调研课题开展调研活动，助力自贸区发展；在重庆市召开中国审判理论研究会知识产权专业委员会年会，以“互联网+”时代知识产权保护热点为主题进行深入研讨；江苏省高院加强对知识产权审判亟待解决问题的调研，完成了有关经济新常态下市场竞争秩序的维护、地理标志、知识产权刑事司法保护等专题调研；浙江省高院围绕市场开办者的知识产权侵权责任开展专题调研；山东省高院抽调全省业务骨干，成立首个专业审判调研小组，针对审判中的疑难问题，开展专题调研；贵州省高院开展“黔茶知识产权保护问题”调研，为品牌发展保驾护航；重庆市高院围绕知识产权权利冲突等专题进行深入调研，并促进成果转化。

四、加强司法公开，优化司法保护环境

加强司法公开、扩大司法宣传、展现司法形象，是人民法院深化司法改革，更好地促进司法为民、公正司法，营造良好司法环境的重要举措。2015 年，人民法院以审判工作为抓手，以司法宣传为着力点，以人民法院信息化建设为基础，不断加大知识产权司法保护公开力度，增强中国法院知识产权司法保护透明度，回应社会各界以及国际社会对中国知识产权司法保护的关注，传播中国知识产权司法保护“好声音”，推动全社会形成尊重和保护知识产权的良好氛围。

（一）加强审判公开，以公开促公正

（1）加强庭审公开。最高人民法院加强对社会关注度高、法律适用典型案件的公开审理，提升审判影响力，对王老吉与加多宝知名商品特有包装装潢纠纷系列案，依法组成由最高人民法院知识产权庭庭长宋晓明担任审判长的五人合议庭进行公开开庭审理，并进行庭审直播；依法公开审理礼来公司诉常州华生制药公司侵害发明专利权纠纷上诉案，邀请驻华使节、大学生、专家学者旁听庭审，开放中外媒体记者全程报道，中国法院网、最高人民法院微博全程庭审直播，受到国内外高度评价。河北省高院严格执行庭审直播规定，除涉及商业秘密等依法不宜公开的案件外，全部向社会公众直播，庭审直播率达到 97%。陕西、广东等省区高院对重点案件的审判进行网络和微博直播，邀请人大代表、政协委员等社会各界人士旁听庭审。

（2）加强裁判文书公开。充分发挥中国裁判文书网的功能，及时上网发布全部可以公开的裁判文书，提高裁判文书的公布范围和公布效率。截至 2015 年年底，公开各级人民法院生效知识产权裁判文书 154 532 份。广东省高院建立规范化、制度化和常态化的裁判文书发布机制，推动全省法院上网公布知识产权裁判文书，在中国知识产权裁判文书网发布裁判文书总量居全国首位。

（3）加强审判流程公开。以中国审判流程信息公开网为载体，大力推进审判流程公开，及时推送知识产权案件流程信息；推行网上办案，实现全程留痕，实时监督，保障当事人的知情权、监督权，提高审判质量和效率。河北省高院不断提升审判流程信息录入的完整性，知识产权案件公开率达到 100%。

（二）加强法治宣传，提升司法公信力

人民法院充分借助中国法院手机电视、微信、微博等平台，加强知识产权法治宣传，引导社会形成尊重产权、依法维权的良好法治环境。最高人民法院继续精心筹划开展“4·26 知识产权宣传周”活动，召开媒体见面会和新闻通气会，发布《中国法

院知识产权司法保护状况（2014）》（中英文）、2014年中国法院十大知识产权案件、十大创新性知识产权案件和50件典型知识产权案例，发布《最高人民法院知识产权案件年度报告（2014）》，发行《中国知识产权司法保护年鉴（2014）》，编印出版知识产权法院宣传册，邀请外国驻华使节、国家知识产权战略部际联席会议成员旁听涉外知识产权案件庭审，组织“知识产权司法保护重庆行”。上述活动，构建了立体化的宣传内容和宣传模式，提升了宣传效果，扩大了知识产权审判的影响力。

地方各级人民法院也积极拓宽宣传渠道，创新宣传方式，开展了富有成效的宣传工作。北京市高院利用“京法网事”官方微博等网络新媒体宣传知识产权案件审判情况，充分展示全市法院知识产权审判工作取得的新成果；上海市高院召开“4·26”知识产权司法保护新闻发布会，邀请中国欧盟商会等外国非企业经济组织代表出席，宣传上海法院知识产权司法保护成果；浙江省高院推出“浙江法院新闻网·知之汇”网站，讲述浙江知识产权司法保护故事，传播浙江知识产权司法保护声音；江苏省高院通过“知产视野”栏目在新浪微博和微信公众号平台推送68期文章，集中展示江苏省法院系统审理的典型案件及理论研究成果；四川省高院开通“司法智慧助力创新”微信平台，通过“随案指导”“知产动态”等模块加强诉讼指引，提高人民群众运用、保护、管理知识产权的能力；山西省高院丰富“4·26知识产权宣传周”活动方式，深入企业宣传知识产权司法保护的重要性；湖南、内蒙古法院系统积极开展知识产权宣传进校园、进社区、进企业活动，宣讲万众创新、大众创业；新疆维吾尔自治区高院生产建设兵团分院第八师中院积极开展送法进基层工作，加强对农垦地区的知识产权司法宣传；西藏自治区高院编制知识产权法治宣传手册，向藏区群众发放，提高藏区群众的知识产权意识；陕西省西安市中院连续10年召开“4·26新闻发布会”，发布知识产权司法保护情况，获得良好效果。

（三）加强司法交流，提升司法形象

加强知识产权国际交流合作长效机制建设，不断拓展交流渠道，扩大交流成果，提升中国法院在国际知识产权舞台上的参与权、话语权和主动权。最高人民法院以“中国知识产权司法保护国际交流（上海）基地”为平台，进一步加强知识产权司法保护的国际和区际交流，积极支持召开“知识产权与贸易国际论坛”；积极派员参加中欧知识产权对话、工作组会议、自由贸易区知识产权章节谈判以及中瑞、中美、中澳、中俄知识产权工作组会议等各类对外工作会议，积极为我国对外谈判提供智力支持，得到充分肯定；接待法国最高法院、国际商标协会、美国知识产权法律协会等代表团的来访，介绍交流司法保护成果。上海市高院和上海知识产权法院分别接待欧盟、英国、美国、印度尼西亚、马来西亚、土耳其、埃及等20多个国家的政府官员、行业协会和企业代表团的来访，取得积极成效。加强与行政执法部门、科研院所、学术团体的交流互动。最高人民法院加强与国家知识产权局、国家工商总局商标局等知识产权行政部门的交流，通过召开座谈会、邀请有关人员授课等方式，共享信息，共同促进知识产权司法保护工作的开展。江苏省高院与江苏省工商局商标处联合举办全省商标疑难案例研讨会，交流执法经验；重庆市高院与西南政法大学共同举办“中国知识产权法官大讲坛”，加强理论界和实务界的互动交流，展示法官良好的司法形象；辽宁法院系统加强与政府部门、行业协会的交流，了解政府产业发展政策和企业的法律需求，助力辽宁老工业基地振兴发展。

五、落实从严管理，加强审判队伍建设

加强知识产权司法保护，充分发挥司

法保护知识产权主导作用，关键在队伍，重点在管理。人民法院认真贯彻落实习近平总书记关于政法队伍建设的指示精神，高度重视加强知识产权审判队伍的正规化、专业化、职业化建设，严格落实“党要管党，从严治党”要求，切实加强审判队伍管理，有力提升了审判队伍的司法能力和司法水平，为推进知识产权审判工作奠定了坚实基础。

（一）大力加强思想政治建设

思想政治建设是队伍建设的根本。人民法院以建设一支忠诚、干净、担当的知识产权审判队伍为目标，将加强思想政治建设与司法能力建设相结合，组织干警深入学习贯彻习近平总书记系列重要讲话精神，扎实开展“三严三实”专题教育活动，深入整治审判工作中的不严不实问题，引导干警牢固树立政治意识、大局意识、责任意识，牢固树立法治信仰，坚定不移走中国特色社会主义法治道路。大力弘扬社会主义核心价值观，深入开展向邹碧华同志学习活动，树立“法官当如邹碧华”意识，争当公正为民、敢于担当的好法官、好干部。

（二）大力加强审判专业建设

审判专业建设是队伍建设的重心。人民法院积极适应知识产权领域技术更新日新月异、制度更新层出不穷以及司法实践快速发展对法官队伍建设提出的新要求，不断加强对法官的业务培训和科学技术知识的培训，坚持不懈提高法官队伍司法能力和司法水平。最高人民法院继续组织开展对全国法院知识产权审判人员的业务培训，在国家法官学院接受培训的审判人员达到 200 余名。上海、山东、内蒙古、湖北、湖南、江西等高院举办了全省（区、市）法院知识产权审判业务培训班，加强对新法律、新领域、新技术的学习，上海市高院还选派部分法官赴美国、德国等进行学习交流；黑龙江省高院举办了以“商业标志权利的产生与限制”等为主题的 6 期法官讲坛活动；浙江省高院加强对业务骨干、新进人员和人民陪审员的分级培训，增强培训的针对性；贵州省高院重视培养青年干部的审判调研能力，为青年干部开展审判理论研究创造良好条件；辽宁省高院编辑知识产权审判专刊，为全省法官交流经验提供平台，提高法官研究新情况、解决新问题的能力。

（三）大力加强司法廉洁建设

司法廉洁建设是队伍建设的保障。人民法院始终把司法廉洁建设作为队伍建设的一项硬任务抓紧抓好。坚持对知识产权审判队伍进行党的政治纪律和政治规矩集中教育，以“踏石留印、抓铁有痕”的劲头从严管理队伍，坚决杜绝司法不公、司法不廉的隐患，防止“千里之堤，溃于蚁穴”。坚持完善体制机制，严格落实党风廉政建设责任制，防控廉政风险，着力提升拒腐防变能力，将权力牢牢关进制度的笼子里。切实落实好中央“八项规定”精神，坚持对违纪违法行为从严惩处，以零容忍的态度坚决惩治司法腐败，确保司法廉洁，让人民群众感受到司法的“正能量”。

（最高人民法院知识产权审判庭供稿）

知识产权刑事司法保护工作

2015 年，全国各级人民法院深入贯彻国家知识产权战略，牢牢把握“司法为民、公正司法”工作主线，切实履行审判职责，依法公正高效审理各类知识产权刑事案件，严厉打击侵犯知识产权犯罪，维护市场公平、有序竞争，保护知识产权权利人的合法权益，充分发挥刑事审判惩罚和预防侵犯知识产权犯罪的主导作用。

一、严格依法办案，大力推进知识产权刑事审判工作

2015年，地方各级人民法院以执法办案为第一要务，高度重视知识产权刑事审判工作，严格依法办案，确保案件质量，严厉打击各类侵犯知识产权犯罪，取得了良好的法律效果和社会效果。2015年共新收侵犯知识产权罪案件4913件，其中：假冒注册商标罪案件2204件，销售假冒注册商标的商品罪案件1792件，非法制造、销售非法制造的注册商标标识罪案件362件，假冒专利罪案件2件，侵犯著作权罪案件504件，销售侵权复制品罪案件5件，侵犯商业秘密罪案件44件。共审结侵犯知识产权罪案件4856件，生效判决人数6402人。其中：假冒注册商标罪案件2133件，生效判决人数3089人；销售假冒注册商标的商品罪案件1789件，生效判决人数2222人；非法制造、销售非法制造的注册商标标识罪案件358件，生效判决人数500人；假冒专利罪案件1件；侵犯著作权罪案件523件，生效判决人数547人；销售侵权复制品罪案件5件，生效判决人数9人；侵犯商业秘密罪案件47件，生效判决人数35人。

二、加强调研、指导，统一裁判标准

最高人民法院和地方各级法院高度重视知识产权刑事案件调研工作。2015年，最高人民法院刑一庭深入调研侵犯著作权相关犯罪司法实践中的定罪量刑问题以及网络侵权的法律适用问题，指导下级法院准确理解、适用法律，统一裁判尺度。许多地方法院关注知识产权刑事审判中的热点、难点问题，及时总结审判实践经验，深入研判疑难、争议问题，确立处罚原则和处理方案，并通过发布典型案例，指导辖区内的审判工作，取得了较好的效果；有的地方法院还积极开展知识产权刑事审判业务讲座、培训，着力提升审判人员的业务能力。

为提高知识产权司法保护的整体效能和综合效能，多个地方法院依托知识产权审判庭，积极探索，大胆尝试，通过整合知识产权审判庭法官在权利合法性、侵权判断等基本事实认定方面，和刑事法官在刑事案件诉讼程序、证明责任、诉讼理念把握方面的专业优势，积极推进知识产权民事、行政、刑事审判“三合一”，在统一司法标准、合理调配审判力量、优化审判资源配置方面取得了明显成效。

三、加强部门间沟通协作，完善刑事保护协作机制

最高人民法院积极加强与公安、检察机关的沟通，并注重与工商、版权、专利等行政主管部门在行政执法程序上的衔接，努力实现刑事司法保护与行政保护的优势互补和良性互动。对于实践中出现的新问题，力争及时掌握情况，研究司法对策，避免被动司法造成应对不力。对于试行知识产权审判“三合一”的法院，建立与公安、检察机关及各行政主管部门的衔接配合机制尤为重要，各试点法院普遍建立了与公安、检察机关在知识产权刑事司法程序中的协调机制，共同出台相关文件，对知识产权刑事案件的管辖、立案侦查、审查起诉、提起公诉和案件审理等司法程序之间的衔接协作予以明确规定，共同推进知识产权刑事案件审判工作。

四、强化司法公开，加强法制宣传

地方各级法院坚持大力推进裁判文书网上公开工作，通过公开审理，对重大有影响的案件由新闻媒体进行庭审直播等多种方式，增强司法透明度，接受社会各界监督。有的法院还积极邀请人大代表、政协委员、人民陪审员等旁听开庭，听取各界对法院知识产权审判工作的意见和建议。各地法院还重视通过召开新闻发布会、评选和公布典型案例等方式，展示人民法院打击侵犯知识产权犯罪的成果，有力震慑侵犯知识产权的犯罪分子，提高全社会保护知识产权、抵制侵权产品的意识。

（最高人民法院刑一庭供稿）

检察机关保护知识产权工作

2015年，全国检察机关认真贯彻落实中央的决策部署，按照《深入实施国家知识产权战略行动计划（2014—2020年）》的目标要求，加强对知识产权的司法保护，依法履行各项检察职能，加强与有关单位的交流合作，提高知识产权侵权行为惩治力度，全力支持"大众创业、万众创新"发展战略。曹建明检察长在2016年3月向全国人大的工作报告中，7次提到保护知识产权的有关工作，并明确将服务创业创新、营造法治化创新环境作为检察机关的重要工作内容。

一、充分履行批捕、起诉职能

2015年，全国检察机关共批准逮捕涉及侵犯知识产权犯罪案件（涉及知识产权犯罪案件是指包括《刑法》分则第三章第七节侵犯知识产权罪、数罪中含侵犯知识产权罪和他罪中含侵犯知识产权行为的案件）犯罪嫌疑人4772人，提起公诉8664人。通过刑事检察工作，有力打击了侵犯知识产权犯罪。

二、加强对办理侵犯知识产权犯罪案件的专业指导

最高人民检察院于2015年组织编写了《刑事案件审查逮捕指引》和《刑事公诉案件证据审查指引》两本工具书，对侵犯商业秘密、侵犯著作权等案件的基本审查方法、证据审查判断、社会危险性条件把握等方面进行引导和规范，以实现相关案件审查逮捕和审查起诉工作的法治化现代化及标准化精细化要求。

三、严肃查办职务犯罪

2015年，全国检察机关共决定逮捕放纵制售伪劣商品犯罪行为的犯罪嫌疑人3人，提起公诉3人；决定逮捕涉嫌徇私舞弊不移交刑事案件的犯罪嫌疑人15人，提起公诉118人；决定逮捕涉嫌帮助犯罪分子逃避处罚案件的犯罪嫌疑人52人，提起公诉129人。检察机关针对放任乃至袒护、包庇侵犯知识产权违法犯罪的徇私舞弊、失职渎职行为，发现一起，查处一起。

四、认真开展诉讼监督

2015年，全国检察机关共监督公安机关立案侦查侵犯知识产权涉嫌犯罪案件49件61人。

五、深化重点领域突出问题专项治理

2015年3月，最高人民检察院部署开展了为期两年的全国检察机关"危害食品药品安全犯罪专项立案监督活动"，将打击食品药品领域的侵权假冒案件作为重点之一。

六、大力推进信息共享平台建设

最高人民检察院与全国"双打"办密切协作，推动打击侵权假冒领域信息共享平台广泛建立，截至2015年年底，全国已有27个省（区、市）建成省级信息共享平台，其中由检察机关建设完成9个。截至2015年12月，全国检察机关通过信息共享平台发现行政执法中涉嫌犯罪而未移送司法处理的案件500件，占到同期全部受理数的8%，逐步实现以技术手段提升衔接功效的目的。

七、举办全国检察机关行政执法和刑事司法衔接工作网络培训班

紧紧围绕“两法衔接”工作现状，就全面加强“两法衔接”制度机制建设，拓展法律监督途径，推动工作深入健康发展进行了系统讲授，取得了较好效果。全国“双打”办负责人受邀对行政执法和刑事司法衔接工作的由来和发展、全国“两法衔接”工作开展状况、目前存在的问题和下一步工作推进等内容进行了宏观全面的介绍。

八、开展宣传交流扩大司法保护影响力

全国检察机关自上而下组织开展各种宣传活动，产生了广泛而积极的社会影响。最高人民检察院在《检察日报》、正义网等开设专栏进行重点宣传，并在2015年4月发布了“2014年度中国检察机关保护知识产权十大典型案例”。2015年6月，最高人民检察院派员赴欧盟进行了以知识产权刑事执法为主题的交流活动，实现了加强了解、增进互信、推动合作的目的。最高人民检察院接待来访的英国版权执法局高级官员，并与之座谈中国检察机关的知识产权保护工作，多次派员参加美国大使馆主办的保护知识产权大使圆桌会议，中欧、中俄、中日、中美等知识产权工作组会议，就相关议题发表意见，不断提升中国知识产权司法保护的国际影响力。

（最高人民检察院侦查监督厅供稿）

全国知识产权社团工作

中国知识产权研究会（第六届）

名誉理事长	路甬祥　任建新　姜　颖
理　事　长	田力普
常务副理事长	甘绍宁
副理事长	于慈珂　马　浩　孔祥俊　王玉庆　王宏祥　王　涛　刘春田　吕国强　许瑞表　何训班　吴汉东　宋晓明　张　平　张雪峰　张　辉　张　勤　李成钢　李明德　李顺德　杨铁军　单晓光　周渝波　孟庆丰　林　新　贺志辉　徐志武　真才基　郭庆存　高　峰　黄　峰　曾祥菱
秘　书　长	张云才
副秘书长	马秀山　李亚莉　李　剑　段玉萍　焦　刚

2015年，在国家知识产权局党组领导下，在广大理事会成员和会员大力支持下，研究会全体员工团结一心、开拓进取，较好地完成了全年工作任务，现总结如下。

一、理事会建设得到加强

一是如期召开研究会第六届四次常务理事会，总结一年来的工作，部署新一年任务，并增补和调整部分理事会成员，理事会成员达到339人，创历史新高；二是理事会成员积极参加研究会各项活动，起到了骨干作用；三是副理事长吕国强等5名理事会成员入选全国知识产权保护最具影响力人物，占10名上榜人数的1/2，提升了研究会理事会的影响力。

二、学术顾问委员会力量进一步充实

在2011年成立研究会学术顾问委员会（首批聘请16名委员）的基础上，2015年上半年，为适应形势发展要求，研究会又从我国中青年知识产权学术理论人才中，选拔了14名佼佼者，聘为第二批学术顾问委员会委员。学术顾问委员在引领我国知识产权学术理论建设方面发挥了积极作用。

三、学术理论研究不断深化

一是为配合中央提出的“一带一路”战略构想，完成了国家知识产权局规划司委托的“一带一路”有关国家和地区知识产权环境以及拉美地区知识产权环境两项课题研究工作，并取得良好成果，为我国企业“走出去”提供了行动指南；二是更新了“俄罗斯知识产权环境研究报告”，确保了企业和公众获取国外知识产权环境发展变化最新动态；三是继续做好基础研究，完成了国家知识产权局审业部委托的“各行业专利技术发展趋势”等三大课题研究工作，国家知识产权局领导和专家给予充分肯定；四是顺利完成了河北省5家重点企业与国家知识产权局专利分析人才合作研究项目对接工作。

四、知识产权国际合作全面展开

一是开拓了与世界知识产权组织(WIPO)中国办事处的合作：2015年4月，与WIPO中国办联合举办“知识产权保护与互联网未来发展”研讨会，并将会议发言整理成册，提供有关部门参阅，国务院“双打”办领导对会议给予高度评价；2015年10月，与WIPO中国办联合举办“WIPO知识产权服务体系有效运用培训”研讨班，系统讲解工业品外观设计海牙协定和国际商标马德里体系，为广大企业有效实施“走出去”战略提供了指导。二是加强了中美合作，接待了美国知识产权法律协会(AIPLA)代表团一行19人来访。安排代表团访问了国家知识产权局、最高人民法院、商标局等10部门。三是巩固了中日韩合作，副理事长李顺德率研究会代表团赴日本东京参加日中韩知识产权国际研讨会，加强了交流，进一步巩固了业已建立的中日韩非政府组织合作机制。四是加强与英国《知识产权管理》杂志(MIP)合作，接待了MIP的来访，并对其2015年9月在上海市举办的全球知识产权及创新峰会给予支持。

五、会员队伍建设和服务工作不断加强

一是切实履行服务承诺，不断提高服务水平，保持了会员队伍稳定。目前团体会员有476余家、个人会员48人，保持了较好水平。二是推荐20个会员单位参加国家知识产权专家库评选工作；推荐两个会员单位参加专利信息师资人才选拔工作；推荐1个会员单位参加第十四届中国青年科技奖候选人推荐工作。这些工作增强了研究会的凝聚力、影响力。三是继续开展知识产权实务培训，2015年全年共为会员举办专利、商标、版权等知识产权实务培训班19期，受到普遍欢迎。

六、知识产权宣传工作成效显著

一是高质量出版《知识产权》杂志。结合知识产权热点问题，策划了5个专题栏目：“纪念中国专利法实施30周年”“微信案商标理论探讨”“知识产权与民法典”“著作权行政执法”“体育赛事节目著作权保护问题”“强国知识产权研究”，取得良好社会反响。现杂志印数每期5600册，有的当期销售一空。二是加强杂志理事会建设。新发展杂志理事单位7家，杂志理事会成员达到65家；举办“杂志理事会年会暨知识产权学术热点问题研讨会”已形成制度，且会议质量、影响力逐年提升，2015年深圳年会暨学术研讨会又一次取得成功，促进了理事会工作和自身学术水平的提高。三是继续出版《知识产权竞争动态》和《中国知识产权研究会通讯》，为会员及时提供国内外知识产权信息。四是根据分管局领导要求，首次组织了《知识产权蓝皮书》编撰工作，从非政府组织角度，向社会公众全面呈现我国知识产权发展状况。目前，蓝皮书已编辑完成，进入印制阶段。五是利用研究会网站和微信公众平台等现代化手

段，发布最新知识产权信息和研究会主要工作情况，加强知识产权宣传，扩大中国知识产权研究会影响。

七、知识产权研讨交流广泛开展

一是结合知识产权重大事件举办纪念活动。2015 年 3 月 25 日，召开纪念中国专利法实施 30 周年座谈会，与会专家学者全面总结专利法实施实践，并为《专利法》第四次修改和我国知识产权法律制度建设提供了重要参考意见。二是受国家知识产权局委托，2015 年先后举办了“专利司法保护”“企业知识产权战略运用”等 5 期知识产权宏观政策研讨培训班。三是与有关单位联合举办学术交流活动：2015 年 1 月，与北京三友代理有限公司联合举办“专利侵权诉讼”国际研讨会；2015 年 3 月，与高卢麟基金会联合举办“集成电路布图设计专有权保护”高层研讨会；2015 年 5 月，与美国飞翰律师事务所联合举办“美国知识产权近期热点问题”研讨会；2015 年 9 月，与专利复审委员会联合举办“中日韩复审无效制度和程序”论坛；12 月，与湖南知识产权研究会联合举办“互联网知识产权”研讨会。上述活动均取得了良好社会效果。

八、网络知识产权委员会工作打开局面

网络知识产权委员会自 2014 年 12 月成立一年来积极开展各项工作，已初见成效。一是举办互联网相关研讨活动：2015 年 4 月，在北京举办“知识产权保护与互联网未来发展”研讨会；2015 年 7 月，参加在北京举办的中国互联网大会，并组织了知识产权分论坛；2015 年 11 月，在北京举办“互联网时代软件保护”研讨会；2015 年 12 月，在苏州举办“互联网知识产权”论坛。二是开展互联网与知识产权有关课题研究工作，其中，“专利确权维权程序中互联网证据问题研究”“‘互联网＋’新商业模式的知识产权保护研究”两课题已完成，并通过专家评审。

九、知识产权司法鉴定和咨询服务稳步发展

一是 2015 年共完成鉴定案件 39 件，商业秘密案件数量明显增加；二是司法鉴定专家队伍健康稳定发展，2015 年度新增 7 人，特别是吸收了专利复审委员会有关退休人员，进一步完善了鉴定专家的专业覆盖领域；三是组织司法鉴定专家业务培训活动，进一步提升了专家的司法鉴定能力和水平。

十、队伍建设和保障工作巩固加强

一是根据国家知识产权局的部署，积极开展“三严三实”专题教育活动，提高了员工使命感、责任感和与党中央保持一致的自觉性；二是根据中组部有关文件规定和党组要求，顺利更换了中国知识产权研究会法人，并完成了一系列配套工作，保证了正常工作秩序和队伍稳定；三是加强了财务管理和后勤工作，为中国知识产权研究会各项工作顺利开展并不断发展壮大提供了保障；完成了中国知识产权研究会部分人员保险遗留问题的处理工作，解决了员工后顾之忧；严格执行各项规章制度，内部管理工作规范有序。

（中国知识产权研究会供稿）

中国专利保护协会

会　　长　王景川

副 会 长　（按姓氏笔画排名）

干　勇　王　宇　王明文
土雄姿　田洪福　白　莉
龙传红　刘喜鹊　朱兵许
开　华　吴殿清　宋柳平
张夕勇　张　劼　张雪红
李　勇　李　彬　肖　彪
肖鲁青　邱则有　陈　晗
孟凤朝　郑永锋　郑泰强
侯玉奇　赵　杰　徐　炎

柴洪峰　耿文军　郭小明
康克军　梁丽丽　傅　彤
喻子达　董友梅　董伟良
解辰阳　裴振江　戴厚良

秘　书　长　肖鲁青(兼)

2015年,中国专利保护协会认真贯彻党的十八大和十八届三中、四中全会精神,围绕深入实施创新驱动发展战略和国家知识产权战略,以创新和拓展企业服务、加快协会发展和服务能力建设为着力点,较好完成全年工作计划。主要工作开展情况如下。

一、加强创新,拓展和深化企业服务

协会积极开拓创新,紧密结合会员、企业需求不断拓展和深化服务。协助行政部门面向企事业单位深入调研,听取对专利法修改、职务发明条例草案、PCT制度、国际规则需求等的意见建议,共举办法律调研活动16次,企业参与600多人次。

二、加强行业性、专业性服务

搭建国际、法律事务工作组及互联网、冶金行业研讨会等专业性交流平台,协助企业成立智能语音知识产权联盟,举办"2015中国企业知识产权战略论坛",开展2014年度知识产权保护评议活动。

三、注重实效,为企业提供培训、研讨、咨询、第三方认证等服务

2015年举办各类培训、研讨活动16期,企业参加人员1500多人次;根据企业需求提供专利分析咨询,专利维权协调等服务;中知(北京)认证公司2015年开展企业知识产权管理体系初次认证审核、监督审核以及试点企业审核共计725家,发出认证证书530件。

四、拓展企业对外交流合作

主办五局合作产业界会议和全球案卷任务组产业界会议;与日本、美国知识产权协会分别举办中外企业研讨会;与欧洲专利局合作举办"专利质量伙伴会议"。

五、积极承接委托事项,为政府和企业提供服务

根据行政部门委托,组织侵权赔偿典型案例评议汇编,开展海外服务机构信息征集推介,承办知识产权保护社会满意度调查结果发布会,参与知识产权"万里行"活动,完善专利审查咨询技术专家库并提供服务,参与"十三五"人才规划企业调研等工作。积极利用政策为企业提供服务。协助企业申报专利奖评选项目、推荐企业人才备选专家库等。

六、加强自身建设,促进协会发展

加强会员联系和发展工作,会员数量进一步增加;举办全国保护协会工作交流会,推动各地保护协会服务工作开展。扎实开展"三严三实"专题教育活动,提高了党员、干部践行"三严三实"要求和廉洁自律、遵规守纪的自觉性;文化建设活动活跃开展,为工作开展提供了保障。贯彻行业协会商会脱钩工作要求,研究提出协会脱钩试点工作建议,为协会脱钩改制后的发展打好基础。

(中国专利保护协会供稿)

中华全国专利代理人协会

名 誉 会 长　高卢麟　马连元
会　　　长　杨　梧
副　会　长　林柏楠　马　浩　王宏祥
姜建成　李　勇(港专)
任　虹　陈　浩　胡　杰
吴大建
顾　　　问　戈　泊　乔德喜　须一平
李建蓉
秘　书　长　徐媛媛

2015年,中华全国专利代理人协会在

国家知识产权局的正确领导下，在国家知识产权局条法司的指导以及协会全体员工的全力配合下，紧密围绕局中心工作，充分发挥对专利代理行业的领导、引导、指导和服务的职能，以促进行业发展为重点，以加强自身建设为保障，各项工作稳步扎实推进，顺利完成了全年各项任务，现总结如下。

一、重点工作完成情况

（1）扩大人才队伍。努力扩大队伍数量，举办了4期面向偏远地区的考前培训班。截至2015年12月底，实习备案的人数达到3550人，比2014年同期增加了14.6%。截至2015年12月底，我国专利代理机构共1256家，专利代理人共12 629人，分别比2014年同期增加了13%、20%。

（2）提升服务能力。一方面，加大培训交流工作力度。开展多层次的培训交流活动，2015年共举办各类培训及交流研讨活动30期，培训人数近4300余人次。同时，丰富远程培训内容，涵盖审代、初审流程、诉讼、管理经验等，全年共6244人次参加了远程培训。此外，配合开展能力促进培训28期，配合开展实务技能培训19期，培训人数共4040人次。另一方面，进一步加强专利代理人队伍建设，开展专利代理行业高层次人才能力提升培训，提高高层次人才的综合素质，推动行业形成人才梯队；开展高端增值业务培训，包括专利分析、专利布局、企业专利战略、预警分析、海外维权、认证贯标等，推动专利代理机构参与企业高端增值业务服务；加强专利代理人诉讼能力的培养工作，继续做好诉讼相关的管理和服务工作；拓展培训思路，创新培训模式，与国家大中型企业合作，培养满足企业业务的专利导航人才，为行业输送新鲜血液。

（3）规范行业发展。加强行业自律，促进诚信体系建设。加强协会的行业监督职能，做好投诉查处工作，2015年共受理投诉案件25起，与2014年相比增长了79%。按规定对违纪行为进行了严肃处理，目前已作出处分决定的共5起。加强对专利代理机构规范化建设的指导，就专利代理机构内部管理问题举办专题交流活动。密切关注行业发展中的热点，针对代理机构利用互联网进行业务经营的行为，协会及时向各代理机构下发了《关于规范专利代理行为的通知》。

（4）优化会员管理。研究非执业会员管理办法，了解企业知识产权工作者对加入协会成为非执业会员的需求，于2015年9月出台《非执业会员管理办法》并开始试行，截至2015年年底，共有20余人成为协会非执业会员。优化执业证办理流程，简化提交纸质材料的环节，使办证程序更加便捷、高效。实现实习备案的网上申请及审批流程，为代理机构提供便利。切实考虑专利代理机构和代理人的困难，出台《会费减免办法》。

二、年度工作目标完成情况

（一）做好行业各项工作，服务于专利事业发展大局

（1）加强制度建设和做好行业服务。一方面，积极参与专利代理行业发展中长期规划研究工作、修订协会《章程》，推动《专利代理服务指导标准》在行业内的贯彻实施，促进专利代理行业的制度化、规范化建设。另一方面，做好行业服务。配合《行政诉讼法》修改及时有效地做好应对工作。协会经与最高人民法院努力沟通协调，为专利代理人争取到可以由协会推荐担任专利行政案件的诉讼代理人的权利。出台了《诉讼代理管理办法》。开展了第三批诉讼代理人的集中申报工作，进行诉讼代理人个案申报审批工作，截至2015年年底，共发放民事诉讼及行政诉讼个案推荐函共计1632份。实施专利代理职业责任保险新方案，做好保险续保工作，截至2015年年底，当年全国共160家代理机构的2857名

代理人办理了续保手续；做好中小专利代理机构EAC升级改版、推广工作，并配套做好后续跟踪服务，为广大中小专利代理机构提高信息化管理水平做好服务。

(2)做好沟通配合和对外交流合作。加强与主管部门及相关部门的沟通联系，发挥桥梁纽带作用，做好相关配合工作。根据国家知识产权局条法司工作安排，针对专利代理机构行政审批事项，协会及时成立工作组，面向代理机构发放了《专利代理机构设立行政审批满意度调查问卷》、面向创新主体发放了《专利代理行业行政审批调查表》，并进行了统计分析及报告撰写工作，就专利代理机构设立行政审批的必要性及满意度进行了评估，为相关工作的开展提供了基础性参考材料。承接国家知识产权局专利管理司的海外知识产权工作站项目，为我国企业"走出去"参加海外展会提供知识产权维权援助开展了研究，提出了方案，组建了海外维权专家团队，首度开展了海外展会快速维权服务和专利侵权判定咨询服务工作。另一方面，深化对外交流，提升行业国际影响力。参加了世界知识产权组织第55次成员国大会、中欧合作30周年国际研讨会、FICPI、AIPPI、全球知识产权从业者协会网络峰会等国际知识产权NGO的活动和会议；召开了第五届中国知识产权研讨会。发挥非政府组织优势，积极协助国家知识产权局相关部门开展外事活动。2015年共接待美国知识产权法律协会等组织的来访5次，接待外宾共计约44人次。组团出访了日本、韩国专利代理人协会，宣传了我国的知识产权制度，扩大了行业的国际影响力。

(3)加强行业宣传和重视文化建设。一方面，加大行业宣传力度，提升行业社会认知度。改版协会中文网站，提高网站宣传效能；《专利代理》公开发行，全年发行期刊24 600册，编审和印刷质量明显提升。创建《专利代理》微信平台，与中国知网(CNKI)签订合作协议，利用多媒体平台不断扩大行业社会影响力。另一方面，首次开展了扶贫倡议活动，积极调动9家专利代理机构出资援建了桑植县廖家村镇和崇礼县高家营镇的2个扶贫项目。举办了第一届"友谊杯"羽毛球比赛，此次比赛共有13家代理机构的190余人参加。这次比赛展示了行业朝气蓬勃的精神风貌。

(4)支撑标准贯彻和实现机制运行管理。由协会出资设立的中规公司，于2015年3月正式运营。2015年中规公司主要开展了以下工作：一是"贯标"咨询工作。目前，中规共受理企业递交的认证申请200余家，已完成认证审核100余家；在广州市成立了全国第一家知识产权"贯标"认证机构办事处。目前，中规已有20名经CCAA确认的全职审核员以及120余名兼职审核员。二是"贯标"培育工作。全国知识产权"贯标"咨询服务联盟于2015年7月成立。联盟成立后，一方面加强知识产权"贯标"宣传工作；另一方面开展知识产权"贯标"培训及审核相关培训，力图针对不同类型的企业的不同需求，分别落实有针对性的培育措施。截至2015年年底，共完成6期外审员培训，近20期内审员培训，1期审核提高培训，宣贯培训数十次(受培训人员3000余人)。

(二)加强秘书处内部建设，提高综合能力

(1)加强制度建设和人事管理工作。一方面，建章立制，重新修订了《员工入、离职管理办法》等，制定了《服务协议管理办法》《实习生管理办法》《专项培训服务期协议》《特殊福利服务期协议》等。另一方面，协会2015年不断完善考核、激励、选拔、交流等机制，做好人才资源开发工作，通过送出交流、培训等方式，进一步提高人员业务素质和综合能力。开展新员工招聘工作，并对员工基本信息进行登记、补充、更新。协会员工的个人基本信息资料均已归类编号妥善留存，为协会人才库的建设提供有效保障。

(2)加强党建工作。扎实推进协会党建工作，以开展“三严三实”教育活动为契机，落实全面从严治党要求和国家知识产权局党委各项工作部署。通过集中学习、个人自学等方式，提高党员干部的政治理论水平和党性认识。开展谈心活动，沟通思想、深入交流，增加了向心力以及凝聚力。召开民主生活会，深刻剖析思想根源，深入开展批评和自我批评，切实改进工作作风。

（中华全国专利代理人协会供稿）

中华商标协会

会　　　　长　刘　凡
副会长兼秘书长　姜瑞斌
副　秘　书　长　肖　芸　汪　泽　张国鹏

2015年，中华商标协会在国家工商总局党组的坚强领导下，紧紧围绕国家工商总局中心工作，立足协会实际，以服务商标品牌建设为抓手，开拓工作思路、创新工作方法、践行“三严三实”、助力创新发展，各项工作稳步推进，以实际行动贯彻习近平总书记提出的“中国产品向中国品牌转变”，为进一步落实国家工商总局张茅局长建设朝阳协会的指示打下了坚实的基础。

一、服务转型升级，积极推进商标品牌建设

党中央国务院高度重视品牌工作。2014年习近平总书记在河南考察时提出了“推动中国制造向中国创造转变、中国速度向中国质量转变、中国产品向中国品牌转变”的要求，品牌建设已上升到国家战略的层面，已成为我国经济实现转型升级的关键。国家工商总局党组将推动商标品牌建设工作部署给协会，自2014年以来协会就把这项任务列为工作重点。2015年上半年，遵照国家工商总局领导有关加强商标品牌理论和实务研究以及建立第三方公正客观的研究机构的指示精神，协会经过前期大量调研和多方接洽，在综合考虑各种因素的基础上，选择与中国人民大学开展合作，积极筹备设立中国商标品牌研究院。

2015年7月28日，经国家工商总局批准，协会和中国人民大学共同发起组建的中国商标品牌研究院正式挂牌成立。在挂牌仪式上，国家工商总局和中国人民大学签订了《战略合作协议》，协会和中国人民大学签订了《合作协议》。同时还举办了“品牌竞争与创新发展论坛”，国家工商总局张茅局长出席论坛并发表了题为“促进品牌竞争　服务创新发展”的主旨演讲，中国人民大学陈雨露校长等领导和著名专家学者出席论坛并作演讲。中国商标品牌研究院的正式成立，标志着一个具有开放性、兼容性、专业性、权威性的商标品牌学术研究平台的正式诞生，对于深化商标品牌理论和实务研究、提升我国商标品牌研究工作的水平、助推中国商标品牌国际化建设与发展，具有重大的现实意义。

中国商标品牌研究院成立以来，协会和人民大学商学院持续加强沟通，稳步推进相关工作。一是充分酝酿，形成了理事会和专家委员会提名名单，健全和完善研究院的组织架构。二是成立商标品牌评价体系课题组，对国内外主要品牌价值评估方法进行梳理。三是提出了中国特色商标品牌价值评价体系的初步设想，包括品牌经济价值评价体系、品牌社会价值评价体系、品牌国际化评价指标体系三个方面。

二、坚持创新务实，成功举办商标品牌节

中国国际商标品牌节是一年一度的品牌盛会，是中外商标品牌领域专业人士交流合作的重要平台，也是协会工作的重中之重。经国家工商总局批准，“2015中国国际商标品牌节”于 10 月 16～19 日在海南省海口市举办。本届商标品牌节紧紧围绕国家经济发展主线和国家工商总局工作部署，呼应社会各界对实施商标品牌战略的热切期望，以“实施商标战略，发展品牌经济”为主题，举办了 2015 中国商标年会、2015 中华品牌博览会及一系列主题活动，坚持创新与务实并重，创多项“历届之最”。一是人数之最。共有 927 名代表参会，其中注册参会人数 810 人，较 2014 年分别增长了 18.8% 和 37.8%。二是规格之最。第十一届全国人大常委会副委员长周铁农出席开幕式，海口省委常委、海口市委书记孙新阳在开幕式上致辞，国家工商总局刘俊臣副局长、海南省人民政府副省长李国梁在商标年会主论坛上发表演讲。三是国际化之最。世界知识产权组织（WIPO）、国际商标协会（INTA）和美国全国商会分别协办了商标年会中的相关分论坛。四是内容之最。商标年会共设置有 1 个主论坛及 14 个分论坛或沙龙，论坛数量之多和内容之丰富创历届之最。五是参与之最。有 3 家会员单位自主举办了商标沙龙，3 家会员单位举办了主题招待会（酒会），会员单位参与之深入创历届之最。六是人气之最。本届商标品牌节欢迎招待会和闭幕招待会均设置有相关主题活动，参与人员广泛，气氛热烈，人气之旺创历届之最。七是影响之最。首次采用微信、H5 等科技手段推广商标品牌节，社会各界浏览关注量近 7 万人次，在全社会各界产生了巨大反响，受到社会各界关注。八是宣传之最。商标品牌节期间新闻媒体报道近 200 篇，众多微信公众号、微博账号等新媒体对商标品牌节每天的动态活动进行跟踪发布，现场微信关注量达 6000 多人次。

本届商标品牌节内容丰富，亮点纷呈，对于增强全社会商标品牌意识、推动商标品牌战略实施、推动经济转型升级产生了积极影响。一是紧紧围绕我国经济发展新形势和商标品牌事业的热点组织活动，品牌效应凸显。二是汇聚全球精英，商标品牌节已成为展示我国形象的国际性盛会。三是活动形式创新多，内容设置专业务实，商标品牌节已成为业界“奥斯卡”。四是增加服务会员新举措，增强协会凝聚力，促进行业新发展。五是廉洁自律，严格执行中央“八项规定”。

三、履行法定职责，积极服务会员发展

服务会员是协会发展的根本。2015 年以来，协会以新《商标法》为契机，充分发挥法律赋予的职能，积极作为，加强商标代理行业组织行业自律管理；多措并举，主动服务会员发展。

一是举办商标代理人业务培训及考试。协会代理分会于 2015 年 4 月初发布了《中华商标协会商标代理分会加强行业自律建设的若干意见》，提出要加强培训工作，促进商标代理从业人员的知识更新和素质提高；2015 年 4 月分别在北京市、上海市举办了商标代理人业务免费培训活动，并组织了业务知识考试，共计 3000 多人参加培训、1609 人参加考试。培训考试活动得到广大会员的广泛支持，取得了良好的社会效果。二是积极维护争取会员合法权益。新《行政诉讼法》实施后，由于该法第 31 条有关内容作出了对代理人不利的解释，部分同志对商标代理人参与行政诉讼案件造成了困扰。2015 年以来，协会与全国人大法工委、最高人民法院、北京知识产权法院等相关部门就此问题进行了反复沟通。这项工作得到了国家工商总局的大力支持，也得到全国人大法工委、法院系统有关知识产权部门的充分理解，目前此项工作还在进行之中。三是主动服务会员商标品牌建设。2015 年 7 月以来，协会会同全国 11 个省市的工商部门和商标协会，举办了 10 余场企业商标品牌建设座谈活动，邀请商标主管部门的业务骨干和业界、学界专家重点介绍我国商标注册与保护制度，为企业商标申请注册和商标权益保护出谋

划策，传授品牌推广和价值提升知识，解决企业商标品牌工作最基础、最共性的问题，受到广大企业的欢迎。四是多次举办商标业务交流活动。2015年以来，协会分别在广州市、西安市和北京市组织了“商标申请书式培训班”“商标评审实务暨《商标审理标准》修订高级研讨班”和“商标业务交流会”等活动，解决商标代理人工作中遇到的实际问题；就相关审理标准举办的讨论，向商标实务界敞开了参与政策制定的大门，使行政机关的政策和制度具有更好的针对性和操作性。五是积极宣传会员形象。在2015年的商标品牌节期间，开展了“会员文化展示”活动，以视频、展板和拱门等形式免费为会员作形象宣传；在协会的网站上开辟会员风采展示区，并提供与会员官网的链接；在协会的微信订阅号上，刊登会员单位的新闻动态；在《中华商标》杂志上设立“会员之窗”“品牌人物”等栏目，刊登有关会员的报道文章。

四、举办公益活动，积极推动大众创业

为落实李克强总理关于全社会要积极创造条件，促进众创空间蓬勃兴起，推动各类创新要素融合互动的有关要求，按照国家工商总局党组积极推动大众创业、万众创新的部署，协会立足职能，找准定位，主动作为。2015年8月，分别在北京中关村创业大街和上海“创投家”举办了两场“大众创业 商标先行”公益讲座，邀请有关专家就我国的商标法律制度、商标品牌培育和推广策略以及商标保护实务方案进行了讲解，并同与会小微企业和创业者进行了现场互动，受到热烈欢迎。商标作为保护创新成果的重要知识产权，对于起步阶段的小微企业尤其重要。公益讲座对小微企业在创业初期遇到的商标方面的困惑和问题，提出了解决的思路和具体方案，为小微企业通过商标保护自己的权益、运用商标战略提升自身竞争力提供了指导，必将对小微企业适应商事制度改革后新的营商环境，推动“大众创业，万众创新”产生积极的作用。

五、拓宽媒体渠道，积极宣传《商标法》

2015年年初，中宣部专门发文，要求加强对中国品牌的宣传工作。宣传《商标法》、促进全社会商标品牌意识提升是协会的主要职能之一。2015年以来，在协会领导的部署和督办下，协会的宣传工作有了很大提高。一是按照2014年制定的《中华商标协会关于加强宣传报道工作的若干意见》，协会每个部门及下属单位都设立了宣传员，负责结合本部门的工作，及时报道协会的各项活动；每月定期召开月度宣传工作会议，会后印发宣传工作简报，有效调动了各部门的积极性。二是拓宽媒体渠道，大力加强新媒体建设。协会领导高度重视新媒体作用，亲自抓协会网站改版和微信、微博宣传工作。截至2015年11月初，协会网站共发文160余篇，微信发文190余篇，粉丝增长1700多人，单篇文章阅读量最高达900人次；微博发文将近900余篇，单篇博文最高阅读量将近5000人次。三是制作新《商标法》实施成就宣传片，在商标品牌节开幕式上播放，在品博会设置各省市“新《商标法》执法成就展”专区，宣传新《商标法》施行以来取得的成就，产生了广泛的国际影响。四是编辑出版《中华商标》杂志和《中国商标年鉴》。结合国家宏观政策和协会工作，在杂志上设立“深度解读”“基层商标”“品牌人物”“会员之窗”等新栏目，对“一带一路”地区商标战略发展状况和会员企业品牌保护工作进行重点宣传。通过整合协会各媒体平台，互联互通，提高发文频率，积极互动，及时对商标法知识、国家工商总局重要发布以及协会活动进行宣传报道，有效提升了协会的社会影响力。

六、搭建交流平台，积极推进国际和地区合作

中华商标协会在商标品牌领域，是开

展民间外交的一个重要平台。协会充分发挥协会民间社团组织的优势，积极与国外行业协会开展交流合作，在开展民间外交、积极推进国际和地区的交流合作方面，发挥了积极的作用。一是应国际商标协会(INTA)邀请，协会派员参加了2015年5月初在美国圣地亚哥举行的国际商标协会第137届年会及相关活动，并与国际商标协会高层进行了双边会谈，达成了进一步加强合作的意向。二是2015年5月，协会分别派出两个团组，赴中国台湾地区参加“2015年海峡两岸商标研讨会”并进行相关参访活动，与台湾地区商标界充分交流，为两岸企业解决实际问题，有力地推动了民族品牌的发展。三是2015年10月，协会王培章秘书长随国家工商总局刘俊臣副局长赴匈牙利首都布达佩斯参加了“世界地理标志大会”，并随团赴匈牙利、捷克、波兰访问，分别与匈牙利知识产权局、捷克工业产权局和波兰专利局进行会晤，出席在上述3国举行的“中国商标体系巡回研讨会”，扩大了协会在国际知识产权领域的影响。

七、践行“三严三实”，积极开展专题教育活动

按照中央关于开展“三严三实”专题教育的统一部署和要求，协会认真组织学习，积极贯彻落实。一是制定实施方案，及时上报国家工商总局机关党委，并根据方案制定了持续到2015年年底的学习计划。2015年组织各项专题活动17次，其中召开集中学习专题会11次，召开与会员交流座谈会4次。二是领导带头讲党课，协会秘书长王培章同志等党支部成员结合协会实际工作，亲自为全体党员讲党课，同时对专题教育进行动员部署。三是组织了赴河南省兰考县考察学习，认真学习和领会焦裕禄精神；将学习与服务相结合，在兰考县举办了服务企业商标品牌建设座谈会，实地走访当地企业，为其商标品牌工作出谋划策，以实际行动践行“三严三实”，服务地方品牌经济发展。

（中华商标协会供稿）

中国版权协会(第五届)

名誉理事长	柳斌杰		
顾问名单	沈仁干	王文章	陈建功
	钱小芊	郭寿康	苏士澍
理事长	阎晓宏		
常务副理事长	王国庆		
副理事长	郭义强	于慈珂	刘正荣
	邹建华	王野霏	刘晓霞
	张胜友	刘春田	吴汉东
	王　涛	殷忠民	石　村
	陈一丹	邱文友	童之磊
	万　捷	葛　珂	张鸿成
	赫思佳	王六一	
秘书长	孙　悦		
副秘书长	翟丽凤	刘双阳	张有立
	殷秩松		

中国版权协会于1990年3月9日成立，是国家新闻出版广电总局(国家版权局)主管的全国性版权专业社会团体，是我国版权领域唯一具有广泛代表性的社会团体。

中国版权协会本届理事会为第五届理事会，于2013年1月29日选举产生，国家新闻出版广电总局、国家版权局副局长阎晓宏为理事会理事长，王国庆为常务副理事长，副理事长20名，秘书长1名，常务理事单位143家。

2015年协会积极贯彻落实新闻出版广电总局版权工作方针和政策，本着协会宗旨完成了以下工作。

一、加强建设，建章立制、提高协会服务国家版权大局的能力

(1)加强内部建设，提高服务会员能力。2015年，中国版权协会严格按照民政部、新闻出版广电总局人事司、机关党委、纪检等部门对社会团体管理的各项要求，加大协会内部制度建设和管理、建章立制，强化内部人员培训，严格执行协会《财务管理制度》《人事制度》《行政管理制度》及《文件管理制度》等，严格执行中央“八项规定”。2015年，协会加强自身建设，建立党支部、工会组织等，进一步完善了协会机构，并开展相关活动，践行“三严三实”；协会工作人员认真学习贯彻《新闻出版广播影视从业人员职业道德自律公约》，并纳入到工作责任书中，努力践行公约准则，自觉履行职业道德，树立新闻出版广播影视从业人员的良好形象。

协会秘书处工作人员积极与会员单位沟通，开拓服务会员方式，切实做好服务会员。自2013年协会换届以来，成功举办了第六届、第七届中国版权年会及几个研修班，嘉宾演讲和专家授课得到了与会人员的高度好评。为使广大会员受惠于这些智力成果，2015年4月，由国家版权局指导，中国版权协会编辑的《版权的力量》一书由北京大学出版社正式出版发行，该书汇集了柳斌杰、蒋建国、铁凝、莫言、李彦宏、雷军、谭跃、于慈珂、王涛、陆益民、齐向东、万捷、徐沛东、宋柯等国内近30位知名人士在中国版权协会主办的年会和研讨会上的演讲，是一部高端版权演讲录，中央电视台“新闻联播”节目播出了该书出版发行的消息。该书能帮助更多会员多角度、多层次了解版权法律、版权工作和版权产业、也进一步宣传了协会、扩大了协会影响力。

协会还继续为会员免费提供《中国版权》杂志。《中国版权》是国家版权局主管的我国版权专业的权威期刊，多年来刊发了大量的版权立法、司法、产业发展的深度文章，可以为会员提供专业的版权资讯，对会员了解版权产业发展中的热点难点问题有较大帮助。

(2)成立以万捷副理事长为主任，祝君波、林阳、杜军、张子康、潘文海、王山为副主任的艺术品版权工作委员会，拓展协会的服务领域，切实服务版权产业发展。

近年来，随着我国社会经济、科学技术水平和信息传播手段的迅猛发展，社会形成了对各种艺术作品与文化产品的巨大需求。但是艺术品侵权现象严重，客观上抑制了艺术品市场的健康发展，为此，2015年，中国版权协会下成立了二级分支机构艺术品版权工作委员会，在会员与政府之间发挥桥梁和沟通渠道作用。

协会在2015年还成立了中国版权协会艺术品信息认证服务中心，开展书画等艺术作品的鉴证备案工作。并邀请业内龙头企业雅昌文化集团和北京东方雍和等企业，开展具体艺术品鉴证备案服务以及其他与艺术品“去伪存真”的相关业务。

二、举办培训班、座谈会和研讨会，落实新闻出版广电总局软件正版化工作部署、协会影响力不断扩大

(1)举办了4期软件正版化培训班和2期研讨会、推进软件正版化工作和长效机制建设。软件正版化工作培训是协会2015年工作的重点内容之一，也是协会工作职能的拓展和丰富。2015年，协会成功承办了3期地方政府机关软件正版化工作培训班及1期中央和国家机关软件正版化工作培训班。这4个培训班对100多个中央和国家机关及全国31个省(市)的政府办公厅、工信厅、财政厅、发改委、版权局等900多名代表进行了培训，对推进中央和国家机关及地方政府机关软件正版化工作及建立长效机制起到了重要的作用。

为巩固政府机关软件正版化工作成果，建立健全使用正版软件工作长效机制，协会还举办了两期使用正版软件工作长效机制研讨会，围绕各地各部门使用正版软件工作开展情况，就如何更好“推进使用正版软件工作长效机制”建设，进行经验交流、问题讨论和意见建议征集等工作。国家版权局版权管理司、国管局资产司、工信部标准化院等部门出席会议，陕西、甘肃、宁夏、青海、新疆、西藏、黑龙江、四川等各省、自治区使用正版软件工作领导小组或软件正版化工作联席会议成员部门代表和专家等，就相关议题进行了富有建设性的探讨。

（2）积极参与“剑网 2015”专项行动，举办了 1 个座谈会和 2 个研讨会、推进版权秩序规范和版权生态建设。为贯彻落实“第十一次打击网络侵权盗版专项治理剑网行动”（“剑网 2015”专项行动）精神，推进“剑网”行动的深入开展，协会积极落实新闻出版广电总局要求，承办了“剑网 2015”专项行动座谈会。

围绕“剑网 2015”专项行动工作重点和部署，协会还主办了“影视创作版权保护研讨会”和“网络云存储版权保护研讨会”，前者邀请法学界、司法界、影视界相关专家探讨影视作品相关领域的侵权认定，重点讨论了影视作品、剧本和原著之间侵权认定问题；后者在举办研讨会的同时，发布了互联网视频正版化联盟自律宣言，对推进我国网络视频和云盘版权规范起到了一定的推进作用，新华社、中央电视台等媒体都报道了这次会议。

（3）主办地方论坛。协会 2015 年加强了与地方版权机构的联系与合作，在山东、宁夏等省区举办版权主题相关活动，取得了良好的效果。2015 年 4 月 30 日至 5 月 3 日与青岛市政府共同举办第二届青岛·东北亚版权创意精品展示交易会暨正版优秀图书展。2015 年 9 月 1 日，协会主办、黄河出版传媒集团承办的“一带一路背景下民族地区的版权保护论坛”在宁夏银川市举办，就民族地区的版权保护和版权发展相关问题展开深入研讨。

三、积极参与政府公共服务项目，协会职能不断丰富

（1）成立软件正版化工作办公室，承接软件正版化督查技术服务。为支持和配合国家版权局等部门积极推进软件正版化工作，协会于 2015 年 7 月 7 日成立“正版化工作办公室”，作为协会内部常设部门，办公室制定了相关工作机制和工作部署，建立了正版化督查储备人员库，从储备人员库挑选技术专家组成专家组，分组参加 2015 年政府机关软件正版化检查工作。各技术专家组在实地检查结束后提交了政府部门使用软件正版化检查工作报告和检查数据资料等。正版化检查工作充分发挥了协会的行业组织协调作用，使协会职能丰富、也是协会进一步开展工作的有力抓手。

（2）实地调研完成正版软件管理系统调研项目。受国家版权局版权管理司的委托，协会在 2015 年开展了正版软件管理系统开发使用的调研工作。在认真论证、确定调研方案的基础上，项目组分别调研了国外著作权管理机构、软件生产企业、地方版权局。在调研的基础上，参考国家信息技术标准，结合我国政府机关正版软件管理现状和版权管理部门正版软件管理工作模式，数易其稿，于 2015 年 9 月完成《政府机关正版软件管理实施指南》终稿。该指南包括正版软件管理相关概念，政府机关正版软件管理工作规程、县级、市级、省级版权部门、国家版权局正版软件管理工作规程。指南中设计的大量管理表格，能规范正版软件管理、数据报送，便于相关数据统计分析。

四、成功举办“第八届中国版权年会”，主题论坛高端专业、会员代表大会形式创新

2015 年 11 月 27 日，协会主办的“第八届中国版权年会”成功举行。其中，上午年会论坛以“互联网＋时代的音乐——价值挖掘与实现途径”为主题，全国政协副主席齐续春，世界知识产权组织副总干事王彬颖，国家新闻出版广电总局（国家版权局）副局长、中国版权协会理事长阎晓宏，中国

音乐家协会主席、著名作曲家叶小钢，小米科技董事长雷军，中国联通集团公司总经理陆益民，网易公司董事局主席兼首席执行官丁磊，阿里音乐集团董事长、著名音乐人高晓松，国际唱片业协会亚洲区总裁洪伟典，海洋音乐公司总裁谢国民等重量级嘉宾在论坛上发表演讲，论坛由中央电视台著名主持人张斌主持。相关部委领导、知名版权专家学者、互联网领袖、著名音乐词曲作者与表演者、重要音乐权利人与传播、教育机构、媒体等代表 500 余人参加。主题论坛紧密联系“互联网＋”的时代特征，深入探讨了如何运用互联网的音乐资源整合与价值发掘功能，实现共赢。年会论坛得到了社会各界的好评、也引起了各大媒体的关注，央视新闻联播在当晚播出此条新闻，新华网做了全程直播，新华社、《光明日报》等 30 余家媒体做了报道。

同日下午，2015 年协会会员代表大会召开。本次会员代表大会在形式上作了创新，以会员论坛的形式举办，协会理事长阎晓宏作主题报告；万捷、黄书元、王野霏、吴冠勇分别从艺术品版权保护、出版社版权资产管理、版权行政执法与产业发展、版权监测等方面作了专题报告。中国版权协会常务副理事长王国庆作 2015 年协会工作总结和 2016 年工作计划报告。陈铎主持了会员代表大会。这次形式的创新也进一步体现了协会学习型、服务型、专业型组织的建设理念。

与年会主论坛呼应，与新华社联合主办的“保护新闻作品版权论坛”、与掌中浩阅公司联合主办的“书山论道 2015”两个平行论坛分别于 2015 年 12 月 3 日、12 月 7 日成功举办。

五、积极推进海外交流，成功举办海峡两岸著作权保护研讨会

中国版权协会和海峡两岸商务协调会“第八次海峡两岸著作权保护研讨会”于 2015 年 7 月在我国台湾地区成功举行。此次大陆代表团一行共 24 人，分别来自版权管理部门、版权协会、版权公共服务机构、版权相关企事业单位等，特别是腾讯、金山、奇虎 360 等互联网企业代表参加了此次访问交流，使得双方的交流和探讨更务实。

为期 6 天的访问交流中，先后在台北市举行了“数字时代下文创产业之发展与著作权保护”的主题座谈会，在花莲市举行了“两岸影音产业发展与保护”座谈会，这两个座谈会就两岸大数据时代下版权业面临的新问题、新特点进行了广泛深入的交流。代表双方充分表达了全方位开展两岸版权合作的意向，促进我国版权事业和版权产业的发展、促进中华民族伟大复兴的心愿。

总体来看，2015 年是协会的发展年，在国家版权局指导下，在理事长的直接领导下，在协会副理事长、常务理事、理事及全体会员的支持下，协会通过搭建版权相关服务平台，聚集了一大批有影响、有实力的优秀协会成员，各项工作取得一定成效，开拓了协会发展的新局面，这些都成为协会不断发展的强劲动力，为协会下一步的持续发展、为我国版权事业和版权产业的繁荣和发展奠定了基础。

（中国版权协会供稿）

中国音乐著作权协会

主　　席　赵季平
副 主 席　陈晓光　屈景明　雷　蕾
终身名誉主席　王立平
名誉主席　傅庚辰　谷建芬　阎　肃
常务理事　（排名不分先后）
王世光　刘文金　刘春田
那日松　宋小明　张丕基
张亚东　李海鹰　柯肇雷
唐建平　徐沛东

一、会员发展

2015 年中国音乐著作权协会（以下简

称音著协)新发展会员数为401,其中词作者137人、曲作者228人、继承人32人、出版公司4家,截至2015年年底,会员总数达8101个。

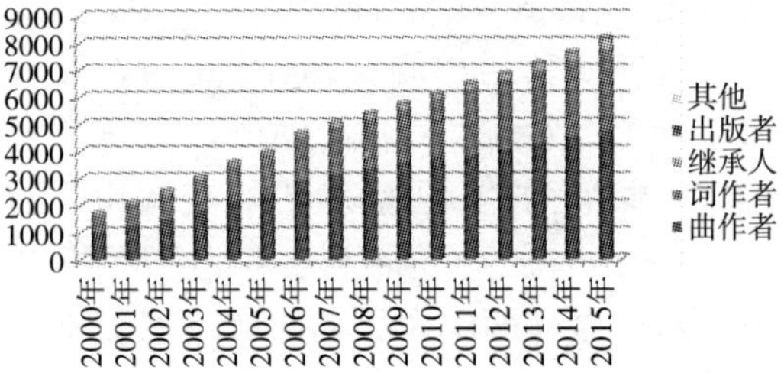

图1 2000～2015年会员发展情况柱形图

二、音乐作品资料管理

截至2015年年底,DIVA数据库作品数目达到656万余首,其中音著协会员登记作品为36.8万余首(其中原创作品300 554首,影视作品55 446首,改编作品7062首,填词作品5004首),申请ISWC作品为12.7万余首。主要完成工作如下。

(一)全面打造数字化信息管理网络

升级音乐作品版权信息数据库DIVA,在新媒体的授权许可、多种语言的录入、出版协议的添加、查询功能的增速等方面具有新的功能。

2015年9月,音著协对数据库DIVA3进行了功能性升级,并与到访的香港作曲家及作词家协会(CASH)技术工作人员就新增在线登记影视剧作品资料AVR功能进行研讨。AVR功能通过实现在线登记影视作品,给音著协与海外同类协会之间交换影视资料带来了诸多便利,通过DIVA系统的改进、开发和使用,将进一步提高音乐作品登记的规范化、标准化和信息化水平。

2015年,印度尼西亚音乐著作权协会WAMI加入DIVA系统,至此DIVA大数据已拥有了5个国家及地区的音乐作品著作权协会的数据资源,包括中国大陆、中国香港、中国台湾、马来西亚、印度尼西亚。

此外,自2013年启动电子登记模式以来,音著协会员登记新作品的积极性明显上升。2015年,共有228位会员通过网络进行电子作品登记,登记音乐作品总数达3416首,影视剧182部共1820集。

(二)版权信息登记及核查

音著协对许可过程中涉及的大量音乐作品进行了音乐版权信息登记及核查工作,确保准确地实现使用费的分配。

1. 完成热播影视剧中的音乐作品版权信息登记工作

2015年,音著协完成了2013～2014年中央电视台及各主要地方电视台热播影视剧中所涉及使用的音乐作品版权信息的登记和完善。

2. 关于复制、表演权、广播权许可业务的音乐版权信息核查

2015年,音著协完成复制权许可业务的1000余份版权信息清单核查,其中涉及网络音乐作品数万首,影视剧及广告300余部;完成了400余份现场演出歌曲核查;针对18家广播电视台124个节目的广播权诉讼所涉音乐作品的权利信息查询工作,共涉及歌曲1000余首;完成其他诉讼中音乐作品的版权信息审核工作,涉及歌曲1000余首。

3. 关于海外协会

在完成大量海外音乐作品版权信息核查的同时,补充完善了17个相关同类协会的音乐作品资料,使外国音乐著作权人在中国的著作权收益可得到更准则细致的分配。

4. 完成2013年卡拉OK和2014年百度音乐作品版权信息复核工作

利用DIVA数据库的强大资料比对功能,对相关音乐作品使用清单中的版权信息进行核查,顺利完成了2014年卡拉OK公示保留分配复核歌单共20 000余首以及2014年百度音乐作品保留分配复核歌单30 000余首音乐作品版权信息的复核工作。

(三)署名核查

2015年,音著协完成了包括对中央电视台“2015年春节联欢晚会”在内的众多晚会、综艺节目中使用音乐作品的署名确认及权利核查工作,防止音乐著作权人的署名权受到侵害。

三、音乐作品许可使用工作

2015年,音著协许可总收益约为人民币1.7亿元(含海外收益人民币约635万元),创历年收入新高,较2014年增长24%。

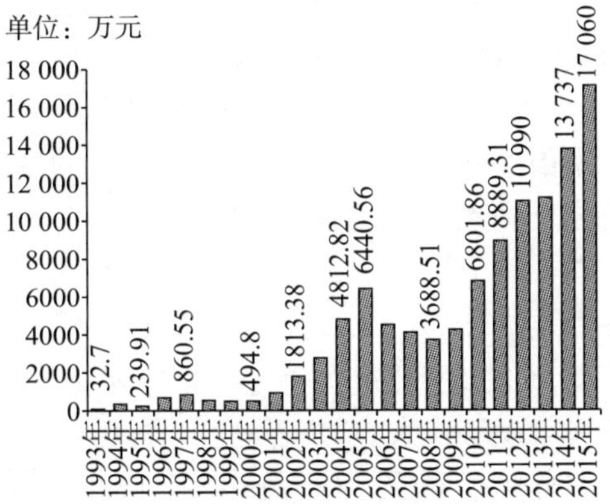

图2　1993～2015年许可收入图

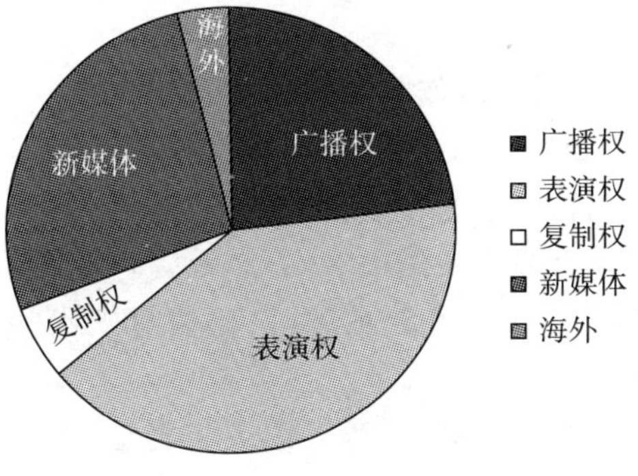

图3　2015年许可收入构成

(一)表演权许可工作

2015年,音著协表演权许可收益约为人民币6987万元。

1. 现场表演

2015年,越来越多的演出主办方承办异地演出项目是现场演出许可中面临的新情况,这类主办单位存在管理松散、无固定办公场所、拒绝申请版权许可等问题。针对这种情况,音著协发挥地方资源共享的优势,利用网络平台进行信息互通,通过各地协同处理的手段处理这类演出的许可事宜,提高了许可工作效率,节省了工作成本。此外,在实际演出中,个别场次表演的作品使用数量远超出正常申请许可的范围。对于这种情况,音著协积极核实音乐实际的使用情况,对超出部分的作品进行额外的费用计算,以保证权利人获得相应收益。

2. 机械表演

由于部分音乐服务公司(提供音乐编排、选曲服务的公司)向音乐使用者不负责任地宣传错误的版权概念,并以压低价格、承诺包揽一切版权责任等手段,扰乱正常的音乐版权许可的市场秩序,2015年,音著协背景音乐许可工作的开展遇到许多困难,整体许可市场有不断恶化之势。同时,受网络电商的影响,实体企业的经营不断受到挑战,利润下滑,导致其削减开支、控制经营成本。一些企业铤而走险违规使用音乐或者不再使用音乐。面对这种情况,音著协许可工作人员通过加强宣传沟通与诉讼相结合的手段,一方面着力于版权知识的宣传,另一方面坚持通过向相关版权管理部门投诉、向法院诉讼等手段严厉打击侵权使用者,争取早日排除影响,恢复正常的许可市场秩序,维护会员的合法权益。

(二)广播权许可工作

2015年音著协共实现广播权许可收益约为人民币3918万元。主要完成以下重点工作。

1. 对已签约电视台的续签

截至2015年,与音著协完成许可付酬协议签署工作的电视台共计36家,其中大多数电视台都已完成了新一期许可合同的续签工作,其余各电视台的续约工作也在进行中。

2. 新增签约的广播电台

2015年，音著协共完成新增签约广播电台4家，包括上海人民广播电台、新疆建设兵团电台、山东人民广播电台、山西人民广播电台等。

3. 启动对侵权广播组织的诉讼

2015年，音著协已向厦门广播电视集团（二次）、济南人民广播电台、南京广播电视集团（南京广播电视台）、宁波广播电视集团、江西广播电视台、广州广播电视台、苏州广播电视台、武汉广播电视总台和郑州电视台等侵权的广播组织发起了10起广播权维权诉讼，其中已判决的8起均获胜诉。但被判决败诉的侵权广播组织在判决生效后，不仅拒绝整体解决广播权问题，且持续恶意侵权。音著协将继续坚持对恶意侵权的广播组织诉讼到底，并积极通过以诉带谈的方式敦促更多未依法付酬的广播组织早日加入到合法使用音乐的行列中来。

（三）复制权及新媒体许可工作

2015年音著协复制权许可收益约为人民币904万元，新媒体业务许可收益约为人民币4556余万元，继续保持快速增长。

1. 复制权业务

（1）保持传统音像、图书等复制权许可业务市场规模。

（2）根据市场变化，在新兴产业（儿童玩具、早教机、电子游艺）领域，开拓了新的许可合作业务，取得了不错的成绩。

2. 新媒体许可业务

世界知识产权组织把2015年世界知识产权日的主题定为“因乐而动，为乐维权”，音乐版权问题越来越受到世界范围内的关注。随着国家版权局颁布的《关于责令网络音乐服务商停止未经授权传播音乐的通知》，2015年中国音乐产业整体格局发生了变化，产业形成了海洋音乐、腾讯音乐、阿里音乐、太合音乐四大音乐平台。在数字音乐方面，音著协许可业务实现了量变到质变的一个过程，拓展多年的“主渠道合作模式”在产业合作方面已见成效，逐步获得了产业的尊重和认可，同百度、腾讯、网易、阿里、酷狗、酷我、中国移动、中国联通、iPodMUSIC都达成了战略合作。至此，中国大陆地区最具代表性的大型音乐平台几乎全部与音著协达成合作。

四、音乐作品许可使用费分配

2015年，音著协面向海内外音乐著作权人分配音乐许可使用费金额约1.396亿元人民币（其中主要为2014年到账的使用费）。其中，来自图书、音像制品、点歌机等的复制权使用费分配金额约为人民币548万元，来自互联网的使用费分配金额约为人民币2844.8万元，来自卡拉OK的使用费分配金额约为人民币2248.3万元，来自演唱会表演歌曲的使用费分配金额约为人民币442.4万元，来自经营性场所播放背景音乐的使用费分配金额约为人民币2745.2万元，来自广播电台、电视台的使用费分配金额约为人民币4661.58万元，来自海外许可的使用费分配金额约为人民币470.15万元。

五、音乐作品诉讼维权工作

2015年，音著协共办理民事诉讼案件106件。通过诉讼方式获得判赔、调解及和解金共计人民币38万余元，待执行款人民币436万元余元，诉讼花费总支出为人民币11万余元。

重点案例有：音著协诉王力宏2012火力全开长沙演唱会侵犯表演权案，音著协诉陈奕迅2014LIFE演唱会武汉站侵犯表演权案，音著协诉无锡国美电器有限公司背景音乐侵权案，音著协诉上海水渡石公司天天动听手机音乐播放器软件侵权案，音著协诉“优酷网”侵权使用音乐作品案，音著协诉厦门广播电视集团、济南人民广播电台等10家广播组织广播权侵权案。

六、信息宣传工作

2015 年音著协制作完成《会讯》第 28 期、第 29 期。

《会讯副刊》改为不定期制作电子版，仍有部分会员参与到与音著协的互动中来。2015 年音著协收到会员投稿近百次，制作完成一期电子版《副刊》，刊登会员词曲作品共 38 首。2015 年年初起，音著协积极联系网络媒体，于“搜狐”“新浪”《中国知识产权报》等知名媒体刊登关于广播权诉讼的报道，期间也有数家媒体转发，引起了社会上一定深度的关注。

2015 年 9 月 11 日，由音著协与日本一般财团法人远藤实歌谣音乐振兴财团共同主办的“中日著作权研讨会”在北京诺富特和平宾馆召开。本次研讨会的内容主要围绕中日两国的著作权保护问题展开，分析中日版权实务的具体情况，探讨互联网高速发展下著作权保护的应对方案，介绍日本网络音乐传播的实际情况，分享日本音乐著作权协会（JASRAC）的卡拉 OK 收费经验等。包括著作权国际组织、司法机关、高校、音乐产业以及中日著作权集体管理组织的各位专家学者、音乐作者等 80 余人参加了会议。

七、国际事务

（一）海外签约

2015 年，音著协分别与巴西音乐著作权协会 SOCINPRO、菲律宾音乐著作权协会 FILSCAP、黑山共和国音乐著作权协会 PAM CG、美国音乐著作权协会 AMRA 签订相互代表协议。截至 2015 年年底，音著协签约的海外著作权集体管理组织已将近 70 家。

（二）处理海外签约协会咨询、投诉及联系海外授权许可业务

音著协每年均会接到相当部分使用者就涉外音乐作品影音合成权授权（例如广告、影视剧使用音乐）或涉及改编、翻译等权利的委托代理。对此，音著协积极帮助联系海外相关权利公司/个人解决好相关权利的授权问题，为涉外音乐作品在国内市场的使用和传播搭建桥梁。2015 年，音著协授委托代理 30 余件涉以上权利的版权授权业务。

2015 年，音著协共接到海外签约协会就表演权、复制权相互代表协议方面的投诉共 80 余件，其中绝大多数为现场演出投诉和互联网音乐方面的投诉。根据投诉方要求，音著协积极联系因多种复杂原因而导致未能授权许可的演出组织方/互联网音乐服务提供商协商解决版权问题。截至 2015 年年底，部分投诉的版权许可问题已得到解决并进入著作权使用费分配程序，部分仍在处理当中。

（中国音乐著作权协会供稿）

中国音像与数字出版协会
第四届理事会

理　事　长　孙寿山
第一副理事长　张毅君
副 理 事 长　张拥军　朱启会
常务副理事长　王　炬
副 理 事 长　（以下按姓氏笔画排序）
王　岳　毛凤昆　朱　光
朱　泓　刘晓松　池宇峰
杨　祥　宋　柯　张宛沙
林佑钦　林　鹏　周建潮
胡　奎　郝振省　敖　然
费玉珍　蒋勇青　韩宝昌
童之磊　赖秀薇　臧志君
臧彦彬　戴和忠
秘　书　长　王　炬(兼)
副 秘 书 长　王　强　朱　禾　王　勤
汪京京

2015 年，中国音像与数字出版协会在管理部门的指导下充分发挥桥梁和纽带的作用，在圆满完成新闻出版广电总局数字出版司、出版管理司、印刷发行管理司、外事合作司等管理部门交办任务的同时，还积极主动地开展了为二级工委的组织管理和会员单位的服务工作，基本完成了2015年年初预定的工作计划，归纳起来主要有以下几个方面的工作。

一、强化服务意识

中国音像与数字出版协会继续秉承为行业、为会员服务的理念，强化服务意识，服务好数字出版转型的大局，完成好管理部门交办和委托的任务、服务好行业发展的需要、服务好企业和会员，进一步发挥好桥梁与纽带的作用。

（一）产业调查研究工作

“十三五”时期是我国出版产业全面落实“四个全面”战略布局的关键时期，也是实现传统新闻出版转型升级并与新兴出版融合发展的关键时期。

协会贯彻党的十八大关于加快文化与科技融合的精神，在“互联网＋”文化和科技融合发展的态势下，结合出版企业在数字化转型升级的过程中面临的问题，广泛开展调查研究工作，通过走访、座谈、考察等多种形式先后上门调研了13个省市、自治区的60余家出版企业和技术公司。

根据调查研究，目前，数字出版企业采用的平台、系统、技术、应用水平都存在不同程度问题，50％处于基础建设阶段；30％尝试数字出版产业和新媒体科技融合探索；15％以对外合作或购买服务模式；5％具有自主研发团队，在技术创新、引进和转化模式已有实验成果，并开展应用。众多出版企业所采用的技术大多是传统出版过程数字化技术，而基于“互联网＋”的移动互联网技术、云技术和大数据技术语言较少。

研究结果表明，数字出版企业较为突出的问题是编辑流程的扁平化、渠道共享化、产业链最优化、交易节点最小化等，如何利用信息技术和智能技术和大数据分析技术，为出版产业和科技融合发展提供支撑，是促进并催生出数字出版产业与科技深度融合的新业态以及未来发展趋势。协会将在此基础上，启动产业征信系统的构建工作，以期为产业的有序发展提供支撑。

同时，在音像出版领域，协会（音乐产业促进会为主）与中国传媒大学、中国移动音乐平台等机构合作，连续第二年编制了《中国音乐产业发展报告》，较为完整、细致地汇总了各种数据，分析了发展状况和趋势，尤其在数字音乐出版方面，更是作出了令人信服和比较权威的观点和看法。

受新闻出版广电总局印刷发行司委托，协会光盘工作委员会从2015年5月到11月期间开展了一次全行业发展情况摸底调查。

（二）高新技术的跟踪工作

协会针对数字出版产业的发展需要重点互联网企业和移动互联网企业在内容处理、大数据分析、知识服务及高可靠信息获取与管理等方面高新技术的应用展开了相应跟踪工作。同时，我们对业内的数字出版企业在高新技术的探索也进行了充分调研。例如：电子工业出版社、人民交通出版社、人民卫生出版社、北京日报报业集团、湖南女报、中国少年儿童新闻出版总社、人民法院出版社等单位在基于“互联网＋”大数据和媒体的信息化、专业化、数据化和品牌整合能力方面，在异型异构数据库及平台接口的开发、面向终端用户服务产品开发等方面都作出了积极的探索并取得较好的社会效益和经济效益。

（三）学术交流研讨活动

协会积极组织会员单位开展学术交流活动，先后组织开办中央文化企业数字内容资源投送平台建设调研会、基于大数据技术的出版行业数字化转型探索研讨会、数字产品运营与服务研讨会、“‘互联网＋’

形势下数字资源开放式创新出版生态链的构建”论坛、“学术出版的知识组织与知识服务”专题研讨会、西藏数字出版培训班等，在对外交流方面，协会还开展了2015中韩数字出版论坛、两岸三地电子书产业发展论坛等活动。

协会唱片工作委员会、游戏出版工作委员会音乐产业促进工作委员会还分别主办了“中国音乐产业盛典”纪念我国音像业曾经的辉煌历史和经典篇章；中国游戏产业年会在业界产生了积极影响；积极参与了“中国音乐产业高峰论坛”发布，《中国音乐产业报告》和“音乐产业大会”等活动。

(四)“十三五”数字出版人才培养规划制定

为强化人才培养，协会组织业内专家，根据产业发展需要，制定了“五个一批”数字出版人才培养规划，并上报新闻出版广电总局数字出版司和人事司，以期为数字出版人才的有序培养提供支持。

二、政府主管部门委托相关工作

协会在新闻出版广电总局数字出版司的直接领导下，承担了ISLI国际标准的申办任务。2015年4月，在MPR基础上发展起来的ISLI国际标准，在新闻出版广电总局数字出版司有关领导的带领和全体工作组成员的努力下，经过数年艰苦卓绝的申办、辩论、修改和谈判，终于获得国际标准组织ISO投票确认，成为在文献领域中、由中国主导的、具有自主知识产权的国际标准。在更加严苛的准入条件限制下，经过与ISO多次协商和谈判，ISO第一次同意将一项国际标准的国际注册机构交由中国有关机构承办。无论是ISLI国际标准的批准、实施，还是ISLI RA(国际注册机构)由中国有关机构(协会是主要发起方之一)承办，都增加了我国在知识产权领域、高新技术领域和国际标准领域的话语权和主导权。此项工作是协会在新闻出版广电总局直接领导下、在数字出版司具体指导下，在获得了相关财政资助的情况下完成的一项具有划时代意义的工作。经过协商和筹备，由协会与ICIA(国际信息内容产业协会)共同承担了ISLI国际注册中心的工作。

受政府主管部门委托，协会承担了MPR国家注册中心的组织、人员管理和日常业务的管理工作，扶植该中心在数字出版领域推广MPR技术和应用工作。

受政府主管部门委托，协会承担了《新闻出版业数字化转型升级项目管理》的项目管理工作。制定了《项目管理规范》，开展了项目管理培训、建设了在线交流平台，完成了项目信息采集、开展了项目建设中期监督检查和项目验收合规性审查工作，协会将在新闻出版广电总局数字出版司的指导下继续做好此项工作。

受新闻出版广电总局委托，协会连续7次承担了组团参加在法国戛纳举行的MIDEM(世界音乐博览会)，主办中国音像展位和论坛，举办“中国音乐之夜”的现场演出，胜利、圆满完成了任务。

三、二级机构组织管理工作

根据第四届理事会第一届常务理事会决议，在数字出版领域为会员单位组建若干专业二级机构，经业务主管部门批准，2015年协会新成立了专业数字出版工作委员会、大众数字出版工作委员会、数字阅读工作委员会、数字教育出版工作委员会、电子出版工作委员会等5个分支机构，在协会秘书处的大力支持下，已分别为行业和会员单位开展了相关活动和服务工作，在各自领域发展中也取得了较好效果。

四、新媒体重点联合实验室

2015年协会新筹建的10家新媒体重点联合实验室紧密结合政府主管部门知识服务工程和本单位的资源特点及用户需求，已经有序开展了知识挖掘、知识组织、知识服务的试点工作，为推动出版产业数字化和信息化转型的进程，全面提高内容产品的设计、生产、供给、消费和服务模式的多向交互融合(扁平化)和创新，促进内容服务业与实体经济的深度融合做了有益的探索。

(中国音像与数字出版协会供稿)

中国发明协会
第七届全国理事会

顾　　问　袁隆平
理 事 长　潘云鹤
常务副理事长兼秘书长　余华荣
副 理 事 长　(按姓氏笔画为序)
马　云　王子纯　王传福
王锡娟　尹　利　朱义明
刘彭芝　闫楚良　孙连桂
李家民　杨　松　邹远东
沈福昌　林晓东　林章利
易　建　郑浩峻　房汉廷
房建成　钱为强　徐士龙
徐宇栋　唐大立　曹　强
崔卫燕　粟　斌　蔡　镭
名誉副理事长　王永民　包起帆　曹培生

"十二五"期间，中国发明协会在科技部、国家知识产权局领导下，围绕着贯彻"大众创业　万众创新"的宗旨与指导思想展开各项工作。

一、重要工作进展

(一)贯彻新形势下的协会宗旨与指导思想

协会一贯的宗旨是调动广大群众中蕴藏的发明创造积极性，引导和推动群众性的发明创造活动，发掘和支持发明创造人才，维护发明者的合法权益，促进科学技术进步，为经济建设和社会发展服务。在新形势下，"大众创业　万众创新"与以往的宗旨是一致的，更精炼、更明确、更具时代感。协会2015年的各项工作就是围绕着贯彻"大众创业、万众创新"的宗旨与指导思想展开的。继续贯彻落实"双创"和国家的"三个战略"。

(二)探索建立"众创服务平台"

2015年"众创服务平台"探索工作包括，与华人苑公司签订协议，支持华人苑在江苏省南通市建立创新创业基地；与江苏省盐城市政府签订协议，在盐城市建立创新创业基地；继续在安徽省芜湖市基地实施创业促进工作，在四川省绵阳市建立创业示范基地等。已建立的基地在知识产权创造、运用、保护等方面已初见成效。

(三)举办"第一届世界发明创新论坛"

2015年协会在江苏省盐城市举办了第一届世界发明创新论坛，来自世界23个国家和地区的创新机构、创新团体、发明人共计300多人(其中外国来宾70多人)参加。论坛开设了技术转移与商业化、创新环境、发明方法与成果3个分论坛，以及2个技术项目对接专场，共有16个中外项目对接成功，供需双方现场签约；其中有几项重大项目正在落实当中，如风光渔项目在外国来宾中引起强烈反响，巴基斯坦、伊朗、塞尔维亚等国要求在本国合作建立示范项目。

二、年度工作目标完成情况

(一)第七届理事会换届准备工作

新一届领导班子更换人员较多，特别是理事长、常务副理事长、秘书长都要更换，因此在确定新人选上花了大量精力，到现在为止，协会依照相关规定与要求已初步确定新一届常务理事会候选人。新一届领导班子保留了一批老发明家，同时还选拔了一批中青年发明家。

(二)举办第二十一届全国发明展览会

2015年在浙江省永康市举办的第二

十一届全国发明展览会共有来自全国各省市、自治区、港澳台及行业协会、解放军等单位组织的近1100个项目参展。展览同期重点举办了创客论坛与技术对接会。第二十一届全国发明展览会的成功举办为推动永康市知识产权工作快速发展，开启永康市创新发展新的里程碑搭台助力。

(三)举办第九届发明家论坛

在第九届发明家论坛开幕式上，协会副理事长兼秘书长鹿大汉宣读了《关于推动“大众创业 万众创新” 建设“众创服务平台”倡议书》，全国人大原副委员长路甬祥院士、科技部党组书记王志刚、协会理事长(全国人大教科文卫委员会原主任、科技部原部长)朱丽兰都到会并做了讲话。中国科协、国家知识产权局领导，全国总工会有关负责人都参加了会议。

(四)开展第九届“发明创业奖·人物奖”评选活动

开展第九届“发明创业奖·人物奖”的评选工作。根据国家奖励办要求，协会完善了评选信息管理系统：扩大了专家库，增选了“千人计划”入选者、国家杰出青年基金获得者、中科院“百人计划”等10位年轻专家进入专家库；在中国发明网上公告历届“发明创业奖·人物奖”的相关信息，供社会公众查询。第九届“发明创业奖·人物奖”形式审查合格的推荐候选人为222人，最终评选出发明创业奖特等奖候选人15名，发明创业奖候选人84名。

2015年继续国家科技奖励的推荐工作。

(五)继续加强青少年创新与知识产权培训工作

协会2015年继续做好中小学信息技术创新与实践活动师生、全国高职高专“发明杯”大学生创新创业大赛师生以及全国中小学劳技教育创新作品邀请赛参赛院校教师的知识产权培训工作，青少年培训共1183人。

2015年培训重点围绕自主创新与知识产权、高职高专院校专利工作经验交流、专利申请程序及相关手续、申请文件和权利要求分析、“审查意见通知书”的答复等专题进行授课与研讨。本次活动为加强大学生的知识产权保护意识起到了积极作用。

(六)知识产权品牌培训项目工作

协会2015年继续举办6期创新与知识产权培训班，继续加强品牌培训项目的相关工作，如人社部支持的新产品研发高级专业人才能力提升高级研修班、国家知识产权局人事司支持的“企业走出去”知识产权战略研修班，均因契合企业急需及高水平师资而受到全国“一带一路”相关省份企业欢迎。2015年全国共举办培训班11期，2102人参加。

(七)探索新形势下参加境外国际发明展的有效方式

在新形势下，为了使我国更多的发明人走向国际市场，协会经过1年的探索与实践(共组团8个，分别是巴黎、日内瓦、匹兹堡、纽伦堡、俄罗斯、泰国、韩国、中国澳门地区)，根据不同的国际发明展，探索出独立组团、合作组团、自助行参展等不同的有效方式，以便进一步加强和扩大我国在国际发明界创新和保护知识产权的形象和影响。

(八)坚持不懈地进行内部建设

2015年进一步加强队伍建设，加强对协会年轻人的培养，采取培训、给机会、压担子等方法锻炼他们，使其尽快成长并走向管理岗位。2015年协会已有2个年轻同志成长为部门负责人，并较好地完成本部门工作。

(中国发明协会供稿)

国际保护知识产权协会(AIPPI)中国分会第七届理事会

会　　长	田力普
副 会 长	于　平　李玉光　孔祥俊　许瑞表　龙传红　李　勇　杨　梧
秘 书 长	李　毅
副秘书长	宋建华　何训班

2015年国际保护知识产权协会(AIPPI)中国分会积极开展了以下活动。

一、AIPPI中国分会第七届四次理事扩大会

2015年4月8日,AIPPI中国分会在北京召开了第七届四次理事扩大会,这次会议的主要精神是传达和布置分会2015年的工作。2015年AIPPI中国分会的重点工作是继续举办以英文为演讲和讨论语言的"青年知识产权研讨会",并在这次理事扩大会上成立了"2015中国分会青年知识产权研讨会"组委会。同时在此次会议上正式宣布AIPPI中国分会专业委员会成立,中国分会专业委员会与AIPPI常设委员会一一对应,任命常设委员会中的中国分会成员担任专业委员会主席,制定专业委员会工作方法同时安排各专业委员会2015年的工作计划。会议还就成立企业委员会进行了讨论。

二、2015年AIPPI中国分会与美国AIPLA联合研讨会

2015年5月25日下午,AIPPI中国分会再次在北京接待美国AIPLA代表团,并与AIPLA代表团共同举办了一场联合研讨会。这是两协会组织之间继2014年之后举办的第二次活动。中国分会方面由中国专利代理(香港)有限公司的李慧惠和永新专利商标代理有限公司的邵伟分别介绍了《专利法》第四次修改草案的主要内容和《职务发明条例(草案)》的主要内容。邵伟的演讲引述了最近上海市一中院和上海市高院审理的一件有关发明人报酬的诉讼案,引起热烈讨论。美国AIPLA方面安排的两个演讲,分别介绍了美国专利诉讼的最新变化,以及专利授权之后的无效请求程序。

三、2015年AIPPI中、日、韩三国分会交流会

2015年6月12～14日,第十三届AIPPI中、日、韩三国分会交流会在日本奈良市召开,来自中国、日本、韩国的知识产权执业者和学者,以及日本特许厅的官员和日本知识产权高等法院的法官共计100余位代表参加了会议,其中中国分会有43人报名参加。此次三国交流会的3个议题,除了传统上的分别介绍三国知识产权最新发展的议题一以外,另外两个议题分别是"职务发明"和"商业秘密保护"。会议期间中、日、韩三国分会领导讨论了有关三国分会交流会的一些议题。中国分会副会长龙传红和秘书长李毅代表中国分会参加了会议。三国分会经协商确定2016年的会议地点为中国青海省西宁市,时间是2016年7月15～17日。

四、AIPPI中国分会专业委员会主席会议

2015年6月18日,AIPPI中国分会召开了第一次专业委员会主席会议。首先由龙传红副会长代表AIPPI中国分会向与会的部分专业委员会主席颁发了聘书,之后由秘书长李毅介绍了AIPPI常设委员会工作指南、常设委员会职责范围等。要求各专业委员会参考AIPPI常设委员会工作指南及职责范围制定AIPPI中国分会专业委员会工作指南及职责范围。会上秘书长还传达了分会领导对专业委员会2015年工作提出的要求,要求各专业委员会按期完

成总会常设委员会安排的任务。

五、2015 年 AIPPI 中国分会青年知识产权研讨会

2015 年 7 月 24～25 日，AIPPI 中国分会在北京市怀柔区静之湖酒店再次成功举办了 AIPPI 中国分会青年知识产权研讨会，来自北京市、上海市和广州市的 25 家知识产权代理事务所的 AIPPI 中国分会会员、部分非会员以及特邀嘉宾共计 100 多位专利/商标代理人、律师、知识产权管理部门的领导和法官参加了此次研讨会。2015 年 7 月开幕式由秘书长李毅主持，中国分会田力普会长在开幕式上致辞，田会长高度赞扬分会开展的这项活动对于中国知识产权事业发展作出的贡献，他鼓励参会代表积极参与研讨，要利用各种机会在国际上发出中国的声音，宣传我国知识产权保护的发展和进步。

六、2015 年 AIPPI 里约世界知识产权大会

2015 年 10 月 11～14 日，2015 年 AIPPI 大会在巴西里约热内卢召开。根据官方统计的结果，本次大会共有来自 80 个国家和地区的 1566 人注册，其中来自中国大陆的参会会员有 34 人。会议期间共举办了 2 次执委会和多场专题讨论会，来自中国的马浩以 AIPPI 副会长的身份作为事务局领导参加大会并主持部分会议，中国分会副会长龙传红作为代理会长，参加了会长理事会，另外中国分会还指定了 9 位会员作为代表参加了执委会。执委会通过了以下专题报告的决议：Q244－跨国发明的发明人资格；Q245－不正当利用他人商标行为：寄生虫行为与搭便车；Q246－在图书馆、档案馆、教育机构及信息研究领域对著作权保护的限制和例外；Q247－商业秘密：与贸易限制的重叠，权利维护的几个方面。

在会长理事会举行的选举中，中国分会推荐的段晓玲和林晓红分别当选为 AIPPI 法定委员会的通讯委员会和提名委员会成员，其中林晓红还是在五选三中差额当选。在执委会二举行的选举中，中国分会推荐的李勇当选为会员发展委员会成员。从本次大会开始，会长理事会今后将作为事务局的顾问委员会，权力比之前削弱，执委会将成为主要的权力机构。

（国际保护知识产权协会中国分会供稿）

《中国知识产权年鉴》编撰部门相关信息一览表

部门名称	主要或分管领导	联络机构	负责人	联系人	联系电话	电子信箱	地址
国家知识产权局	申长雨	办公室	赵志彬	沙开清	010—62085202	shakaiqing@sipo. gov. cn	北京市海淀区西土城路6号
国家工商行政管理总局	刘俊臣	商标局	崔守东	陈　奎	010—63219616	ywp1111@163. com	北京市西城区茶马南街1号
	孙鸿志	反垄断与反不正当竞争执法局	任爱荣	杜长红	010—88650527	duchanghong@saic. gov. cn	北京市西城区三里河东路8号
国家版权局	阎晓宏	版权管理司	于慈珂	叶婷婷	010—83138036	copyrightncac@sina. cn	北京市西城区宣武门外大街40号
全国“扫黄打非”工作小组办公室	吴尚之	全国“扫黄打非”工作小组办公室	薛松岩	王　松	010—83138733	xinxichu@shdf. gov. cn	北京市西城区宣武门外大街40号
农业部	张桃林	科技教育司	汪学军	林祥明	010—59193073	cq@agri. gov. cn	北京市朝阳区农展南里11号
国家林业局	孙扎根	科技发展中心	王焕良	龙三群	010—84238710	longsanqun@forestry. gov. cn	北京市东城区和平里东街18号
海关总署	邹志武	政策法规司	杨宗仁	张芬涛	010—65195362	ipr@customs. gov. cn	北京市东城区建国门内大街6号
商务部	张向晨	条约法律司	陈福利	李　明	010—85093116	ipr@mofcom. gov. cn	北京市东城区东长安街2号
公安部	刘金国	经济犯罪侦查局	孟庆丰	张菲菲	010—66263698	18611140287@163. com	北京市东城区东长安街14号
最高人民法院	陶凯元	知识产权审判庭	宋晓明	夏君丽	010—67556787	spcipr@163. com	北京市东城区东交民巷27号
最高人民检察院	朱孝清	侦查监督厅	刘慧玲	罗　强	010—65209630	luoqiang1911@sina. cn	北京市东城区北河沿大街147号

地方知识产权工作概况

北京市

专利工作

2015年，北京市知识产权局充分发挥知识产权办公会议的统筹协调作用，会同各部门、各区县深入实施首都知识产权战略，全面完成了各项工作任务。根据国家知识产权局权威发布，北京市知识产权综合实力连续6年稳居全国第一。

一、利用首都知识产权工作的优势地位，推动京津冀知识产权一体化进程不断加快

深入贯彻落实《京津冀协同发展规划纲要》文件精神，在国家知识产权局的指导下，与天津市知识产权局、河北省知识产权局共同起草了《知识产权促进京津冀协同发展合作会商议定书》，探索推动建立起"一局三地"知识产权合作会商机制。牵头组建京津冀知识产权发展联盟，利用首都知识产权工作的优势地位和资源，辐射带动三地企业提升创新实力。

二、积极调动各方优势资源，知识产权服务科技创新中心建设的作用不断增强

促成《中华人民共和国北京市人民政府与世界知识产权组织关于加强知识产权合作的谅解备忘录》的签署，借助其在数据、人才等方面的优质资源提升北京创新实力。积极与财政部和国家知识产权局沟通，使全国知识产权运营公共服务平台建设顺利推进。设立总规模10亿元人民币的重点产业知识产权运营基金，其成为全国首支由中央和地方财政资金发起设立的知识产权运营基金。利用首都服务业扩大开放的有利契机，加大对知识产权服务业的扶持力度。截至2015年年底，本市已有专利代理机构371家，占全国总数的30%；执业专利代理人5030名，占全国总数的40%。中关村知识产权一条街已经开街，吸引了上百家知识产权高端服务机构聚集。

三、充分发挥统筹协调的职能作用，知识产权在区域经济社会发展中的影响力不断扩大

发布《深入实施首都知识产权战略行动计划(2015－2020年)》，编制《北京市知识产权(专利)"十三五"发展规划》，明确未来5年发展目标和路径。深化顶层设计，与北京市发改委、财政局等部门加强配合，在专利运用、纠纷调解、金融创新、中医药发展等领域出台10余个政策文件。与北京市教委深入开展知识产权进校园工作。与中关村管委会联合实施《中关村知识产权推进计划》，开展专利导航等一系列先行先试工作，中关村企业年度专利申请量首次突破6万件。与北京经济技术开发区管委会联合组建知识产权促进中心，帮助开发区企业提升创新能力。

四、全面做好知识产权创造、运用、保护等工作，企业创新实力不断提升

推动自主创新技术及时"确权"，2015

年全市专利申请量、授权量分别达到15.63万件和9.4万件，处于全国领先地位。最能体现区域创新能力的指标“万人发明专利拥有量”达到61.8件。开展知识产权示范企业与优势企业培育工作，拥有专利试点示范单位4100家，其中国家级知识产权示范企业27家，占全国总量的15%。实施近千件专利企业培植计划，15家企事业单位年度专利申请量超过千件，7家企事业单位年度专利获权量超过千件，知识产权优势企业规模全国最大。支持社会资本参与知识产权运营，服务创新主体有效“用权”，北京市知识产权运营专业机构已达10余家。在新能源汽车等领域指导新建5家知识产权联盟，联盟总数达到16家。推动创新主体依法“维权”，着力优化知识产权保护环境。全年查处假冒专利和专利侵权案件677件，同比增长87.5%。进驻科博会等30个大型展会开展知识产权执法工作。加强对电商和网络交易平台的监控。在中关村创业大街等区域新建10个知识产权保护服务工作站，总数达55个，覆盖14个区，知识产权保护公共服务体系不断完善。

五、全面推进知识产权文化建设，北京市尊重和保护知识产权的社会氛围和国际影响力不断改善

召开知识产权保护状况新闻发布会，发布白皮书。探索构建立体化知识产权人才培养体系，在5所高校开设知识产权课程，联合培养知识产权实务人才。与北京工业大学联合组建北京知识产权学院、研究院，开展知识产权理论研究和实践教学。与北京社科院共同开展新型智库建设。同以色列、芬兰等10余个国家、地区和国际组织开展双边交流合作，为北京市企业“走出去”搭建平台，同时做好首都知识产权发展成就的对外宣传，营造良好的国际舆论环境。

（北京市知识产权局）

商标工作

北京市工商和市场监管部门积极实施创新驱动发展战略、商标知识产权战略，切实履行职能，发挥商标监管工作在维护市场秩序和助推经济发展方面的积极作用，为区域经济发展提供了有力支撑。

深入实施商标战略，推动首都品牌经济发展。发挥“北京市商标战略推进工作办公室”的平台作用，从建立信息交换机制、统筹支持企业发展、加强商标专用权保护等方面为北京市企业实施商标战略提供全方位、多领域、立体化的政策支持。注重商标宣传工作，按照新《商标法》编写印发《商标法律法规选编》和《商标知识百题问答》，利用“4·26知识产权宣传周”，采取多种形式开展知识产权保护宣讲工作，2015年4月16日召开北京市知识产权保护状况新闻发布会，介绍2014年保护知识产权、打击假冒伪劣商品的情况和2015年打击商标侵权行为的工作要点。加强对外交流合作，顺利完成奥地利驻华大使馆高级知识产权官员、国家工商总局非洲知识产权研修班来访和韩国驻华大使馆知识产权官员的交流访问任务，参加英国驻华大使馆和法国驻华大使馆高级知识产权官员的接待活动，很好地展现了我国在商标知识产权领域的权威与形象。北京市工商局推荐的企业和单位全部获选第二届“中国商标金奖”奖项，北京市工商行政管理局朝阳分局获选“商标保护奖”。

切实发挥服务职能，凸显商标助推经济优势。加强驰著名商标推荐认定工作，企业争创驰著名商标的积极性不断增强，全市驰著名商标数量逐年增加。坚持“扶持、培育、推荐”相结合的工作原则，加强对优势、传统产业和有竞争潜力企业培育，在强化企业内部商标管理、推动企业开展科技与服务创新、提升品牌附加值方面取得成效。

继续做好监管执法，营造良好社会环境。做好对分局案件的指导工作，指导内容主要是：深入调查，确定本辖区整治的重点区域、突出问题和重点企业，制定整治计划；加强对重点市场的日常检查，落实监管责任，完善市场分级分类监管制度，提倡商户注册自有商标，经营自主品牌；加大对重点商品的查处力度，集中力量查办大要案件，彻底解决问题。强化“双打”工作，取得“双打”专项行动案件量、罚款和捣毁窝点等关键数据大幅增长的成果，有效遏制了市场内公开销售假冒知名品牌的违法行为，尤其在日化用品专项整治行动中，加大对假冒伪劣日化用品制售窝点及储存仓库的打击力度，特别是对市场主办单位加大整治力度，同时加强对城乡结合部市场内商品的抽测力度，取得较好成效。2015 年办结商标侵权及假冒伪劣商品案件 1291 件，罚款 2821 万元人民币，移送司法机关 2 件，捣毁窝点 20 个。稳步推进案件信息公开工作，通过企业信用信息公示系统和专门网站及时全部公开行政处罚案件信息，2015 年公开侵犯商标权及其他假冒伪劣商品案件 1291 件。积极参与建设全国打击侵权假冒工作行政执法与刑事司法衔接工作信息共享平台，推动企业信息公示系统与司法部门的衔接工作，充分发挥企业信息公示系统在促进企业诚信自律、扩大社会监督、营造公平竞争市场环境方面的作用。

2015 年，北京市商标申请量 302 456 件，注册量 164 964 件，累计有效注册量 692 204 件。

（北京市工商行政管理局）

版权工作

2015 年，北京市版权局认真贯彻落实北京市委市政府关于 2015 年版权工作的指示要求，紧紧围绕服务首都经济建设大局，有效宣传普及著作权法，扎实推进软件正版，切实加强版权保护力度，大力促进版权相关产业发展，积极推动版权输出“走出去”，圆满完成了各项工作任务。2015 年，北京地区作品自愿登记数量为 601 014 项，比 2014 年增长了 17.7%。版权引进 8945 项，其中软件 28 项，电子出版物 111 项，图书 8806 项（含期刊 557 项）。北京地区软件著作权登记量为 63 898 项，比 2014 年增长了 31.34%，占全国总登记量的 21.91%（全国总登记量为 291 637 项）。

一、版权宣传工作

2015 年 4 月 24 日，北京市版权局组织了“共识・共商・共赢”第五届音乐版权保护与产业发展论坛。邀请来自行业协会、唱片公司、音乐网站、法律服务机构、学术研究机构的专家学者以及音乐人代表，对如何加强数字音乐版权保护、如何建立音乐产业发展的新模式和新机制等发表真知灼见。

为响应李克强总理“大众创业、万众创新”号召，强化广大青年版权意识，北京市版权局与中国下一代教育基金会青年创业基金于第十五个世界知识产权日联合举办了“加强版权保护　勇立双创潮头”版权进校园主题宣传活动。来自不同领域的专家学者围绕“版权保护与创新创业”展开探讨，北京市各高校学生代表共同签署了《“保护知识产权”联名倡议书》。此次版权进校园主题宣传活动于 10 所高校设立会场，活动通过多种形式，对青年大学生进行广泛深入的宣传，为北京市培育知识产权文化作出了积极努力。

利用《视听表演北京条约》签订 3 周年的契机，北京市版权局组织召开了多期贯彻落实《视听表演北京条约》研讨会，邀请专家以及版权管理相关同志探讨《视听表演北京条约》批准后的版权保护问题；与主流媒体机构合作，在几大纸质媒体开辟外交会议宣传专版专栏，刊发专题文章；联合新浪网利用版权局官方微博，开展知识问答;开展地面推介活动,制作展板,印制主题宣传单页,发放给市民和活动参与者。

二、软件正版化工作

北京市积极贯彻落实《政府机关使用正版软件管理办法》的各项要求,充分发挥联席会议办公室牵头单位组织协调作用,各成员单位密切配合,在全面完成全市各级国家机关软件正版化工作的基础上,巩固成果,乘势而上,积极推进政府机关软件正版化工作长效机制建设;同时,继续深入开展市属国有三级以上企业和新闻出版行业企业使用正版软件工作。

(一)国家机关软件正版化工作

(1)全面总结软件正版化工作成果并通报检查情况。2014 年全市范围各级国家机关软件正版化常态化检查考核工作取得了很好的效果,对此,2015 年充分做好工作经验及措施的总结工作,并重点针对工作中存在的问题和不足,以北京市政府的名义,在全市范围进行了工作情况的通报。

(2)加快制定北京市使用正版软件管理办法。北京市使用正版软件工作联席会议办公室加快《北京市政府机关使用正版软件管理办法》的制定工作进度,并于 2015 年 9 月 23 日,经北京市政府办公厅正式印发施行。

(3)印发 2015 年工作方案,全面动员部署,确保工作稳步推进。北京市使用正版软件工作联席会议办公室制定了《北京市 2015 年全市国家机关软件正版化工作方案》;2015 年 6 月 23 日,北京市 2015 年全市国家机关软件正版化工作动员部署会在市政府召开,对 2015 年软件正版化各阶段工作任务及实施步骤作了规范和细化。

(4)根据年度工作重点及难点多次召开会议进行研讨协调,并全面开展经验交流及先进措施分享。

(5)多形式多角度做好宣传与培训工作。2015 年 8 月举办了 3 期软件正版化工作推进培训班。为进一步提高各级机关工作人员对软件正版化工作的认识,专门印发了《软件正版化宣传手册》共计 2000 余册。同时,根据各机关具体培训需求,还派遣相关专业人员,赴有关机关针对工作背景意义、检查实施流程、日常使用规范、软件应用技巧等内容开展多次专项培训工作。

(6)责成专人采取电话督导跟进的形式,通过近 200 次的电话沟通,对全市 110 余家市级国家机关及 16 个区县人民政府的软件正版化相关资产清查、采购落实、迎检准备等各项工作进行全面了解与督促,并做好翔实记录(形成工作记录 200 余条),根据记录结果,对工作进展缓慢的单位采取现场督导,为 2015 年 10 月正式启动的软件正版化检查验收工作打好了坚实的基础。

(二)企业软件正版化工作

(1)做好 2014 年企业软件正版化工作总结,印发 2015 年工作实施方案,并全面开展部署。2014 年市属国有企业软件正版化检查整改工作于 2015 年 3 月全面结束,北京市使用正版软件工作联席会议办公室对检查中所收取的各单位软件正版化相关文件资料按企业集团为单位进行整理存档,汇总各检查组在检查中记录反馈的问题,分析并提炼形成了《2014 年市属国有企业软件正版化工作检查情况的通报》。

根据 2014 年的工作实施完成情况,对以往的工作实施方案进行了修改和完善,并充分结合市属国有企业的实际,制定完成了《2015 年市属国有企业软件正版化工作实施方案》。

2015 年 4 月,召开北京市使用正版软件工作联席会议成员单位会议,会议审议通过了《2014 年市属国有企业软件正版化工作检查情况的通报》和《2015 年市属国有企业软件正版化工作实施方案》等相关工作文件，并确定了2014年北京市市属国有企业软件正版化工作优秀组织奖名单及先进单位和先进个人的推荐方式。2015年6月26日，召开北京市2015年市属国有企业使用正版软件工作动员部署会，全面启动了年度各项工作任务。

（2）确认2015年市属国有企业软件采购价格优惠报价目录。委托北京市正版软件采购平台，与2014年入围正版软件采购谈判的10余家软件厂商通过邮件沟通、座谈交流等多种方式进行了磋商，并对软件厂商提交的报价文件、服务内容条款等进行了收集整理，本着“服务内容优于去年、软件产品价格不高于去年”的原则，形成了初步的软件产品采购价格目录。2015年5月，北京市使用正版软件工作联席会议办公室组织召开了“2015年市属国有企业软件采购价格研讨会”，研究商讨2015年市属国有企业软件采购价格相关事宜。随后，第一时间向企业转发了《关于2015年市属国有企业软件采购优惠报价目录》，为企业正版软件采购提供了最直接、最有效的参考。

（3）全面覆盖、广泛宣传，开展软件正版化工作培训。北京市使用正版软件工作联席会议办公室确定各项培训内容及议程后，统筹协调相关专业人员，重点就软件正版化工作自查清查、检查验收等工作标准及程序，软件采购流程及规范，软件资产管理知识，有关软件产品简介等内容进行了针对性、专业性的培训，完成培训30余场，涉及参训人员近600人次，期间共向各企业发送相关宣传海报2000余份、工作手册500余本。

（4）责成专人采取电话督导跟进的形式，通过近100次的电话沟通，督促全市近50家市属国有企业总部对其纳入年度工作范围内的200余家所属企业的软件正版化相关资产清查、采购落实、迎检准备等各项工作进行全面了解与督促，并做好翔实记录（形成工作记录100余条）。根据记录结果，对工作进展缓慢的单位采取现场督导，为2015年10月正式启动的软件正版化检查验收工作打好了坚实的基础。

（三）新闻出版行业软件正版化工作

北京市使用正版软件工作联席会议办公室先后通过召开新闻出版行业企业推进会、企业集团领导人员座谈会及现场督导等形式，共同研究探讨资金落实、软件采购问题，最终确定了把采购办公软件的重点转向国产软件，并采取场地授权的方式解决。

同时，根据“2015年新闻出版行业企业软件正版化工作培训班”的相关会议要求，国家新闻出版广电总局于2015年10月对全国各省（自治区、直辖市）开展新闻出版行业企业软件正版化督促检查工作。2015年9月下旬，北京市使用正版软件工作联席会议组成检查组对有关企业集团总部及其所属企业的软件正版化工作情况进行了检查、督导。检查组采取听取汇报、查阅资料、现场抽查的形式重点针对企业明确软件正版化工作责任制度、将软件纳入资产管理体系、制作软件安装管理台账、制定软件资产管理制度、规范软件日常安装使用等长效机制建立情况进行了检查。针对检查中发现的问题，提供有效意见、建议，并严格要求有关企业限期予以整改解决。

三、版权保护工作

北京市版权局通过各种手段有效加强监督监测，切实抓好大案要案，不断增强版权保护的力度和实效。

（1）积极实施网络版权主动监管，继续推动《信息网络传播权保护指导意见》的贯彻、实施。2015年，重点针对年度热播电视剧、综艺节目、热门电影、音乐共4类各10部作品，通过技术监测、人工监测、行业监督等多种方式进行常规主动监管，全面检测重点作品的版权授权及使用情况。围绕国家版权局关于规范转载他人作品和责令网络音乐服务商停止未经授权传播音乐作品的通知精神，多次约谈百度、阿里巴巴、网易、腾讯等业内有影响力的网络企业，支持权利人积极维护自身权益，指导网站积极开展了自查自纠工作，加强自身侵权风险的防范措施，及时下线未取得授权的音乐作品，音乐侵权链接下线处理成功率从 2014 年的 16%上升至 75%以上，侵权现象得到明显遏制。

(2)结合主动监管工作，继续推行《版权声明试行办法》。利用版权资源信息中心网站建立定向链接，对声明公示的登记作品加强保护，版权声明公示制度在明晰版权归属、预防版权纠纷方面发挥了越来越明显的作用。接受权利人申请，对《超能陆战队》《港囧》《九层妖塔》等 12 部热门电影院线上映期间的互联网点播及下载等侵权情况进行全网监测，针对一些小网站的侵权现象进行重点打击。在监测过程中，针对侵权严重的网站在北京版权资源信息中心官网上发布版权监测通报，配合执法部门采取有效措施，严厉打击侵权盗版行为。

(3)深入开展国家版权局等四部委联合启动的“剑网 2015”专项行动。主动联系通信、网管、公安和行政执法部门，制定工作方案；落实北京市“双打”办的工作部署，坚持快速反应机制，积极移送侵权案件线索，提供侵权网站信息和侵权证据，积极支持、配合司法机关办理侵犯著作权刑事案件，协助公安司法机关对侵犯著作权刑事案件提供有力证据支持。对有侵权行为同时未经许可从事视听服务或未经登记的非法网站实施快速清理，进一步净化网络版权环境。对被举报投诉的网站进行定向监测、整体评估。组织网络企业和执法部门重点对云空间和 APP 客户端侵权盗版情况进行交流分析，加强重点监管，督促企业落实整改方案。

(4)积极推进版权工作站建设。在重点领域和企业新建了 11 个版权工作站，重点加强了版权登记的培训和工作指导，结合各站特点，开展版权进校园系列活动，支持软交所、中文在线等 5 家版权工作站组织大型主题宣传、咨询活动，积极扶持出版创意产业园区和视觉中国等权利人著作权声明和维权保护工作。

(5)逐步建立著作权专业调解、服务平台，维护著作权人权益，积极开展版权调解工作。北京版权调解中心 2015 年回复网络咨询 200 多次，受理著作权纠纷调解案件 35 起，其中 25 个案件已结案，结案金额超过 500 万元人民币。

（北京市版权局　赵晓鹏）

司法工作

2015 年北京市各级法院知识产权审判工作在最高人民法院的监督指导下，努力实现“让人民群众在每一个司法案件中都感受到公平正义”的工作目标。面对各类挑战，全市法院充分发挥知识产权审判职能，在各个方面取得了新的成绩，主要体现在以下几个方面：

一、坚持审判第一要务，公正高效完成审判任务

北京市三级法院 2015 年共新收一审知识产权民事案件 13 939 件，同比增长 24.1%；审结 11 858 件（含上年旧存，下同），同比增长 8.49%。其中：新收专利案件 506 件，商标案件 1210 件，著作权案件 10 935 件，技术合同案件 263 件，不正当竞争案件 540 件，其他案件 485 件。北京市高院、各中院共新收二审及申诉知识产权民事案件 1332 件，审结 1274 件；北京市一中院和北京知识产权法院 2015 年共新收一审知识产权授权确权行政案件 7948 件，同比减少 18.38%，其中专利案件 1443 件，商标案件 6505 件；审结 8819 件，同比增长 86.53%。北京市高院共新收二审及申诉知识产权授权确权行政案件 2243 件，同比减

少6.19%，其中专利案件180件，商标案件2063件；审结2312件，同比增长11.15%。

全市法院严格执法、公正高效裁判，确保法律效果和社会效果统一。北京市高院二审审结了琼瑶诉于正侵害著作权纠纷案、广药集团诉加多宝公司虚假宣传纠纷案、搜狗公司诉奇虎公司不正当竞争纠纷案、苹果公司诉专利复审委员会“聊天机器人”发明专利无效行政纠纷案等一系列具有重大社会影响的知识产权案件，北京知识产权法院和各基层法院也审结了“西湖龙井”“五常大米”等一系列地理标志证明商标维权案件，爱奇艺公司诉优视公司广告快进、小窗播放等不正当竞争纠纷案，《后宫甄嬛传》著作权纠纷案，久亿财富公司诉融世纪公司“网贷评级”商业诋毁纠纷案等一大批知识产权案件，有效维护了知识产权权利人的合法权利，维护了公平有序的市场竞争秩序。

二、积极推进司法改革，大力加强专门法院建设

全市法院积极推进司法改革。北京知识产权法院作为整建制推进司法改革的法院，深入推进以审判权运行机制为核心的各项改革，为全面司法改革提供可复制、可推广的经验和模式。

(一)改革法官团队和合议庭组成

由1名法官、1名法官助理和1名书记员组成法官团队，法官专司审判，法官助理负责司法辅助工作，书记员负责事务性工作，形成法官主导、人员分类、权责明晰、协同合作的审判新模式。法官之间组成相对固定的合议庭，不设固定审判长，由主审法官担任案件审判长，确保司法民主，保证合议庭平等规范用权。

(二)改革庭审和裁判方式

改革传统庭审模式，将案件争议焦点交由当事人确认，开展一焦点一质证一论辩的“焦点式审判”，合议庭围绕焦点进行审理和裁判，实现以庭审为中心的诉、审、判一致。鼓励当事人援引先例支持诉讼主张，将“同案同判”作为裁判的刚性要求，约束法官自由裁量权。积极推进案件繁简分流，在部分商标行政案件中探索适用简易程序，创设适用于简单案件的要素式裁判文书体例，将文书撰写与开庭审理有机结合，实现庭审与文书制作同步化，确保“简出效率”；对于疑难、复杂和新类型案件，通过援引先例等方式增强说理性，探索在裁判理由中公开合议庭少数意见，确保“繁出精品”。

(三)建立专业咨询机制

院庭长原则上不再听取个案汇报，裁判结果以合议庭多数意见为准。建立多元化专业咨询机制。

(四)转变院庭长职能

明确院庭长与其职权相适应的审判管理与监督职责，确保审判去行政化后监督不缺位。制定院庭长权力清单，监督活动全程留痕，确保监督不越位，失职必担责。发挥院庭长的资深法官引领作用，实现院庭长办案常态化，落实入额法官办案的改革精神。

(五)改革审判委员会职能和决策方式

探索审判委员会职能范围，北京知识产权法院在全国首次实现由审判委员会直接公开开庭审理重大、疑难、复杂案件中的法律问题，并将审判委员会决定理由在裁判说理部分公开。下设法官专业会议，作为案件前置咨询和过滤机构。

(六)建立符合知识产权审判特点的审判管理新模式

设立法官自治机构审判研究与管理办公室，成立自主独立开展调研的专业调研小组，定期召开由全院法官参加的法官联席会，推行“自觉、自律、自治”的法官管理新模式，建立以裁判质量为核心的符合知识产权审判特点的审判考评新机制和司法责任制，探索将社会公众评价纳入法官考核体系。

（七）探索司法保障新举措

综合办公室积极拓展司法保障渠道，通过向社会购买服务的方式组建信息化运维服务团队、档案管理服务团队、文印校核服务团队和后勤保障服务团队，通过“智援”项目探索调研等审判疑难事项外包模式，内外形成合力。

三、强化督导调研工作，适应知识产权保护新常态

2015年，受知识产权案件管辖规定变化导致管辖权下沉，《最高人民法院关于适用〈中华人民共和国民事诉讼法〉的解释》颁布以及立案登记制的实施影响，北京市知识产权案件收案数量显著增长，新类型的案件明显增多，社会媒体关注度持续升温，审判压力有增无减。北京市高院着力加强督导调研工作，知识产权法院和各基层法院积极响应，三级法院上下联动采取有效措施。

（1）周密部署，努力推动基层法院知识产权案件适度集中管辖的顺利实施。北京知识产权法院的设立，在中院层面实现了知识产权案件的集中管辖，但在基层法院层面，还存在知识产权审判力量分散、案件数量不均、审判水平参差不齐等问题。北京市高院根据全市各基层法院知识产权审判庭的具体情况，按照方便当事人诉讼、确保案件相对均衡、兼顾审判实际的原则，提出了基层法院知识产权案件适当集中管辖的方案，报请最高人民法院并得到批准。2015年12月17日，北京市高院对外发布《关于北京市基层人民法院知识产权民事案件管辖调整的规定》，规定全市远郊区法院将不再受理第一审知识产权民事案件。

（2）坚持理论与实践相结合，率先探索具有中国特色的知识产权案例指导制度。北京市各级法院率先探索案例指导理论和实践问题，在北京市高院多次开展专题调研，撰写请示报告，最终促成最高人民法院在北京知识产权法院设立了“最高人民法院知识产权案例指导（北京）基地”。北京知识产权法院逐步将“遵循先例”作为裁判的刚性要求，鼓励当事人提交先例支持诉讼主张，鼓励法官在法律空白或者模糊之处积极创设具有标杆指引意义的先例。

（3）坚持精品理念，着重加强调研工作，着力形成专家法官品牌效应。北京市高院将“网络知识产权案件审判实务研究”“专利创造性司法判断规则研究”重点调研课题作为全年调研工作的重点，完成了《北京市高级人民法院关于网络知识产权案件的审理指南》初稿，形成重要阶段性成果；起草了《北京市高级人民法院关于专利创造性司法判断指南》。为了规范专利复审委员会在专利授权案件审理中依职权引入复审理由，北京市高院将“专利复审案件程序性法律问题的调查研究”作为重大课题，顺利完成了《北京市高级人民法院关于专利复审案件司法审查案件司法审查中若干问题的解答》征求意见稿。此外，北京市高院还完成了北京市知识产权局委托课题《专利民事纠纷委托调解机制的调查研究》的调查报告，同时，针对互联网企业新的经营模式可能遇到的法律问题，与工信部电子知识产权中心联合进行了《云平台法律问题研究》等相关课题的调研。北京市高院还编辑出版了《北京市高级人民法院知识产权疑难案例要览（第三辑）》等4本专业图书。北京知识产权法院以及海淀区法院等6家基层法院知识产权审判庭，也结合各自辖区特点开展了特色调研。通过对一系列调研成果的公布，逐步形成了北京市各级法院知识产权专家法官的品牌效应。

（4）加强司法公开，加大法制宣传力度，努力营造知识产权法治环境。北京市高院发布《北京法院知识产权司法保护(2014)》白皮书，并公布了北京市法院年度十大知识产权案件和知识产权十大创新性案件，充分展示全市法院知识产权审判工作取得的最新成果。北京市高院多次组织公开庭审，宣传王老吉诉加多宝虚假宣传案、搜狗诉腾讯不正当竞争案等一大批有重大影响的案件，利用“京法网事”官方微博等网络新媒体进一步树立了知识产权审判公信力。北京知识产权法院在全市范围内率先开通网上立案。东城区法院将审判长观摩庭与庭审视频直播、图文直播相结合，定期选取优秀案例进行庭审观摩、展示活动。海淀区法院利用网络、移动客户端、微博、微信等新媒体、自媒体，直播庭审、宣传典型案例。

(5)加强与知识产权司法保护相关方的协调合作，多元化解决矛盾纠纷，积极应对知识产权司法保护新常态。北京市高院积极参与北京市人大内务司法委员会组织的座谈会，听取多方意见、建议。北京知识产权法院成立了全国首家知识产权法院志愿者服务队，将青年学生、专家学者引入诉讼服务和审判研究中来。2015 年，已有 15 家高校共计 250 余名在校大学生参与到北京知识产权法院司法志愿者服务中。朝阳区法院、丰台区法院、石景山区法院等基层法院知识产权审判庭，本着“调解优先、调判结合、促进社会整体和谐”的原则，积极建立并完善同北京市保护知识产权举报投诉服务中心、中国互联网协会调解中心以及各商业协会之间的联动调解合作机制。

四、德才兼备、以德为先，努力建设专家型法官队伍

深入学习贯彻党的十八大和十八届三中、四中、五中全会精神，落实习近平总书记系列重要讲话精神，坚定理想信念；扎实开展“三严三实”专题教育实践活动，筑牢政治底线。落实主体责任，筑牢反腐倡廉防线，将整治“六难三案”问题的各项要求落在实处，坚持审判工作和廉政建设两手抓、两手硬。开展学习邹碧华同志先进事迹的活动，进一步坚定了理想信念。围绕司法改革、行政诉讼法和民事诉讼法司法解释实施等新情况、新问题，开展有针对性的业务培训。

北京市各级法院始终重视知识产权专家型法官培养，以陈锦川、宋鱼水、姜颖、曹丽萍为代表的一批专家型法官展现出首都知识产权法官的良好形象。同时北京市各级法院创造一切条件，帮助法官形成国际视野和世界眼光，及时把握知识产权司法保护的国内外发展变化趋势，不断提升我国知识产权审判国际话语权和影响力。北京知识产权法院与各大学、各地方知识产权局广泛开展合作共建，举办首届中国知识产权法院论坛，与美国、欧盟、日本等国家和地区建立健全的知识产权国际交流合作机制。

(北京市高级人民法院知识产权审判庭)

检察工作

2015 年以来，北京市检察机关深入贯彻落实党的十八大四中全会精神，紧紧围绕首都经济社会建设中心工作，积极参与加强和创新社会管理，促进经济社会发展，不断强化和创新发展行政执法与刑事司法衔接，整合执法司法资源，提高打击侵犯知识产权和制售假冒伪劣商品违法犯罪的力度，为首都经济社会又好又快发展营造良好的社会环境和法制环境。

一、建立健全领导体制和工作机制，加强理论业务研究，确保工作平稳健康发展

北京市检察院以营造平安北京的良好社会管理秩序为要求，积极推动“双打”工作制度建设，先后制定了“双打”专项监督活动方案、“双打”工作中两法衔接工作意见，要求各院明确 1 名副检察长为“双打”工作负责人，侦监部门作为主责牵头部门，与公诉、自侦、控申、预防等相关部门做好组织协调，做好工作衔接，形成工作合力。北京市检察院侦监处专门设立专项工作指导组，专人负责组织协调全市检察机关“双打”等各专项工作。海淀区检察院成立了全国首家知识产权检察处，推行批捕、公诉、民行“三检合一”的工作模式，发挥各项检察职能的协同作用，加强同行政、公安、法院等司法行政机关的沟通联系，形成打击侵犯知识产权和制假售假犯罪的工作合力。2015 年 1 月，海淀区检察院联合中关村科技园区管理委员会、中国互联网协会调解中心举办互联网刑事犯罪法律问题研讨会，重点研究了互联网领域侵犯知识产权犯罪法律适用问题，为促进网络发展、净化网络空间建言献策，为司法实务提供了宝贵的现实素材和理论指导。

二、加强工作配合，发挥监督职能，保证专项工作取得实效

各级检察院普遍与行政机关、公安机关、人民法院建立了专项联系，既加大引导侦查取证力度，加强工作衔接配合，又加强对有案不移、有案不立、有罪不究、以罚代刑、重罪轻判的检察监督力度。检察机关内部着力强化捕诉衔接，提高办案效率，保证案件质量，实行重点案件挂牌督办。为更好地发挥知识产权检察监督的职能，2015 年 7 月，北京市检察院第四分院与中国互联网协会调解中心举行《加强协作保护知识产权框架协议》签约仪式，并为百度、新浪、阿里巴巴、腾讯、搜狐、京东 6 家知名企业授牌，确定为“互联网法律问题调研合作单位”。与互联网协会调解中心会签的沟通协作机制，涵盖了互联网领域知识产权纠纷的调解、和解工作协调、线索移送、信息共享、学术调研和人员培训等多项内容。与百度等 6 家互联网领域领军企业建立调研合作机制，旨在通过对互联网领域最新法律问题进行合作调研，拓宽检察机关参与并服务“互联网＋”行动计划的渠道，推进互联网领域立法、司法中相关法律难题的破解。

三、加强“两法衔接”工作，深化“双打”工作机制建设

北京市各级检察机关以开展“双打”专项整治工作为契机，积极组织干警应用市级“双打”领域的“两法衔接”平台，着力推动基层单位“两法衔接”平台建设，全市大部分区县基本实现信息共享。北京市检察院池强检察长对“两法衔接”工作高度重视，并于 2015 年 4 月 16 日针对《北京市 2015 年行政执法与刑事司法衔接工作计划》专门作出批示，要求检察机关“继续深化两法衔接工作，注意社会影响和效果，重点是依法治市，行政执法”。2015 年 5 月，北京市政府法制办召开行政执法工作会议，由北京市检察院侦监处负责人向全市各行政执法单位讲解 2015 年“两法衔接”工作计划和有关工作要求。

（最高人民检察院侦查监督厅供稿）

天津市

专利工作

一、推动知识产权战略深入实施

召开 2015 年天津市知识产权工作会议暨知识产权战略领导小组会议，总结 2014 年工作，部署 2015 年重点任务。召开天津市政府知识产权新闻发布会，发布 2014 年天津市知识产权发展状况和保护状况。印发《天津市知识产权“十三五”规划编制工作方案》，完成《天津市知识产权“十三五”规划》（征求意见稿），组织国内专家对《天津市知识产权“十三五”规划》（征求意见稿）进行多轮的研究论证。制定完成《深入实施天津市知识产权战略行动计划（2016—2020年）》。

二、提升企业专利工作能力

深化专利试点示范工作，全市新增长荣印刷等国家级知识产权优势企业32家，国家级优势企业累计达到58家；新增市级专利试点199家、区级试点备案企业669家，专利试点示范企业累计达到2364家。全年试点示范单位申请专利32 005件，拥有有效专利47 258件。开展专利消零促进行动，全市3627家企业实现专利消零。173家高新技术培育企业被纳入专利试点范围接受试点培育和备案。全市有专利的企业达到9829家。金锚、海鸥、天狮3家企业获得《企业知识产权管理规范》国家标准审核认证。中交一航局“深水抛石整平船”专利获得第十七届中国专利金奖。

三、推动开展专利运营工作

华北知识产权运营中心在自贸试验区挂牌运行。知识产权出版社与东丽区共同出资成立中知厚德知识产权运营管理（天津）有限公司。成立全市首家“知识产权运营联盟”和“知识产权运营服务联盟”。搭建银企对接平台，组织8次知识产权融资路演，举办2场专利权质押贷款对接会。编制并发放《2015年天津市专利运营与融资工作信息手册》500册。制定出台专利权质押贷款专利评估费补贴政策，对符合条件的8家企业给予评估费补贴。全市69家科技型中小企业办理专利权质押贷款103笔，贷款总额达到16.6亿元人民币。天津市知识产权局与天津市保监局联合召开专利试点企业专利保险培训暨工作推动会，支持首批25家企业投保专利执行保险。天津市知识产权局等四部门印发《关于市级事业单位科技成果使用、处置和收益管理改革试点工作的通知》，促进专利实施与转化。

四、加强知识产权保护力度

深入组织实施“双打”专项行动，加强专利行政执法力度。2015年，出动专利执法人员500余人次，检查商业场所250个（次），检查商品31.3万件，同比增长42.3%；立案各类专利行政案件433件，同比增长36.6%，结案率达99%。进驻第十五届北方自行车展、津洽会等30个大型展会开展专利执法。天津知识产权维权援助中心（天津12330）全年受理各类有效举报、投诉、咨询4260件并及时妥善处理，同比增长139.3%。创新自贸试验区知识产权保护制度，设立滨海新区知识产权保护服务中心和知识产权国际仲裁中心，建立行政调处、法院判决、仲裁、人民调解“四位一体”知识产权保护体系。

五、提升区域知识产权工作水平

天津市知识产权局与天津市科委印发《天津国家自主创新示范区“一区二十一园”知识产权强区建设方案（2015～2020年）》。天津市知识产权局与滨海高新区签订《共同推进自主创新示范区知识产权工作提升自主创新能力合作协议》，提升自创区核心区知识产权综合实力。东丽区建立企业知识产权服务专员制度。西青区成为天津市首家国家知识产权示范城区，北辰区进入国家知识产权试点城区行列，全市试点示范城区达到6个。确定开发区、宝坻低碳产业园区和武清京津科技谷3个园区成为本市首批专利密集产业培育园区。全市19个区县（功能区）围绕1012件核心产品（技术）开展专利布局，形成一批专利密集型产品。

六、营造良好知识产权氛围

举办天津市青少年小发明设计大赛和

"我的快乐发明"故事会活动，实验小学和汉沽第九中学入选首批"全国中小学知识产权教育试点学校"。开展工业品外观创意设计大赛，5 类 30 件作品获得表彰奖励。印发《天津市专利信息传播利用工作站实施办法(试行)》，在全市建立 4 家专利信息工作站，组建"天津市专利信息传播利用讲师团"，开展 25 期"专利信息大讲堂"活动。印发《2015 年促进天津市知识产权服务业发展实施方案》，新增知识产权服务机构 15 家，新增 114 人取得专利代理人资格。加强对全市知识产权工作的宣传，发布各类知识产权报道 1200 余篇次。制定印发《2015 年知识产权培训工作实施方案》，全市开展各类知识产权培训近 300 期，培训人员 2 万人次。拓宽专利电子申请覆盖面，全市综合电子申请率达到 92.3%，专利代理机构电子申请率达到 100%。开展 2015 年天津市专利奖评选，评选出天津市专利金奖 16 项、优秀奖 25 项。

(天津市知识产权局)

商标工作

天津市工商和市场监管部门积极探索深入实施商标品牌战略新思路、新举措，切实发挥商标战略对企业发展的推动作用，带动全市商标品牌发展工作再上新水平。

大力推进商标战略实施。编制《天津市实施商标战略十三五规划》，明确主要预期指标和任务，强调从支持支柱和优势产业发展、提升民营企业和科技型企业商标意识、培育农产品商标和地理标志、运用商标质押贷款、加强商标行政执法信息公开和执法协作、推进商标国内国际注册、推动商标战略实施示范工作等方面推动全市商标战略实施，并提出相应的保障措施。下发《2015 年全市商标监管目标量化考核指导表》，对商标注册数、驰名商标申报数、著名商标认定数等具体工作规定了详细的量化目标。加强驰著名商标申报认定工作，全年共向国家工商总局商标局报送驰名商标申请 8 件；有 11 件商标被新认定为中国驰名商标；开展年度天津市著名商标认定和延续认定工作，新申报天津市著名商标 121 件，申请延续认定著名商标 336 件。

初步建立天津市商标网络系统平台。具有与国家工商总局商标局数据对接，与本市"经济户口"系统相联，对全市商标数据进行查询、统计、分析，实现委、区县局、基层所三级对接、管理、统计、分析的功能。初步实现全市商标监管网络化、数据统一标准化和资源信息共享。有利于全面掌握天津市商标注册申请及企业推动商标战略实施情况，为全市推进商标战略实施提供有力决策依据。

深入开展"双打"工作。加强组织筹划，先后制定下发了《2015 年天津市市场和质量监督管理系统打击侵犯知识产权和制售假冒伪劣商品工作要点》《关于做好侵犯知识产权和制售假冒伪劣商品环境无害化处理工作的通知》《关于印发天津市市场和质量监督管理委员会打击侵犯知识产权和制售假冒伪劣商品"清风"行动方案的通知》《天津市市场监管委关于继续开展保护地理标志商标专用权专项行动的通知》《天津市市场监管委关于开展保护"迪士尼"注册商标专用权专项行动的通知》等文件，在天津市范围内开展酒类市场专项整治活动和绿色食品标志、地理标志证明商标等商标专项保护行动，取得显著成效。

积极开展宣传教育。围绕"建设知识产权强国，支撑创新驱动发展"主题目标，集中开展"4·26 世界知识产权宣传月活动"，各区县局组织商标管理、执法和商标代理人员，通过在本辖区繁华区域、地段提供咨询，召开座谈会、深入企业宣传，积极同法院、海关、区县机关部门及乡镇等联系，采取多种形式宣传《商标法》《商标法实施条例》及相关法律法规。全系统共发放宣传资料 24 000 余份，现场受理涉嫌商标侵权投诉（举报）29 余起，接待商标咨询 580 余人次，解决商标疑难问题 100 余件。召开天津市企业知识产权行政与司法保护问题座谈会，探讨解决企业发展中遇到的知识产权保护新情况、新问题。举办基层商标管理人员和一线执法干部，部分涉农企业、农业合作社、涉农区县相关主管部门和商标代理机构等人员参加天津市商标管理知识暨地理标志保护专题培训班，进一步普及了商标知识，有效提升了全市商标品牌意识。

2015 年，天津市商标申请量 28 289 件，注册量 25 896 件，累计有效注册量 113 580件。

（天津市工商行政管理局）

版权工作

2015 年，天津市版权局在天津市市委、市政府的领导下，全面贯彻落实《天津市知识产权战略纲要》，积极推进天津市软件正版化工作纵深发展，主要完成了以下几个方面的版权工作。

一、软件正版化工作

（一）政府机关软件正版化工作

（1）健全制度，建立机制。天津市推进使用正版软件工作联席会议，积极探索建立软件正版化长效管理机制，努力构建完善规范的制度体系。天津市联席会议办公室和成员单位分别制定、修订印发了《天津市政府机关使用正版软件管理办法》《天津市 2015 年推进使用正版软件工作实施方案》《关于加强政府机关使用正版软件审计监督工作的通知》等材料。

（2）加强管理，完善信息。为实现政府机关软件正版化工作成果与具体责任人挂钩，建立了市级党委、人大、政协机关和市、区县两级政府部门共 70 个单位软件正版化工作牵头部门及责任人信息数据库。天津市版权局制定、印发了天津市市级政府机关计算机安装软件登记表，汇总天津市 70 个政府机关正版软件安装使用情况，建立了正版软件使用情况信息库。

（3）查摆问题，完成工作。按照推进使用正版软件工作部际联席会议第二检查组对天津市政府机关软件正版化工作检查情况的反馈意见，天津市联席会议办公室和 6 家被检查单位，积极制定整改措施，认真开展自查整改，开展计算机软件安装使用情况普查，制定、修订并完善软件正版化工作管理办法等。2015 年 11 月初，向国家版权局报送了天津市政府机关软件正版化工作整改情况报告。

（4）采取措施，完成检查。按照《天津市政府机关使用正版软件工作考核实施方案》部署，天津市联席会议成员单位组织召开了专门会议。市联席会议成员单位组成 4 个考核小组，完成了对 10 家市级政府机关、4 个区县政府机关推进使用正版软件工作情况的检查考核。

（5）加强培训，增强意识。天津市联席会议成员单位按照职责分工，采取多种方式，宣讲使用正版软件的重大意义和建立长效管理机制的必要性。天津市版权局与天津市环保局联合组织开展了天津市环保系统所属事业单位软件正版化工作培训。

（6）严格审计，完成任务。按照《天津市审计局关于加强政府机关使用正版软件审计监督工作的通知》（津审办〔2014〕17 号）要求，2015 年，天津市审计局完成了对 15 个机关事业单位软件正版化工作情况审计，并将审计结果纳入年度审计报告中。2015 年，天津市市、区县两级政府机关采购正版操作系统软件 3482 套、办公软件 4918 个、杀毒软件 7281 套，采购金额 915.77 万元人民币。

（二）企业软件正版化工作

（1）全面推进国有企业、银行业软件正版化工作。天津市国资委、天津市银监局按照职责分工，及时印发推进使用正版软件工作材料，召开软件正版化工作培训会，按时完成了正版软件采购任务，共采购正版操作系统软件 2116 套、办公软件 9189 套、杀毒软件 10 359 套，采购金额 2612.80 万元人民币。

(2)推动建立新闻出版行业二级企业软件正版化长效管理机制。2015 年，天津市完成了新闻出版行业二级企业软件正版化工作，推动建立了软件正版化长效管理机制，完成了对天津出版传媒集团、天津日报传媒集团所属 14 家企业推进使用正版软件工作的检查。

(3)继续推进勘察设计企业软件正版化工作。按照《天津市第二批勘察设计企业推进使用正版软件工作实施方案》部署，在完成 14 家勘察设计企业软件正版化检查整改工作基础上，继续推进 12 家勘察设计企业软件正版化工作。2015 年，12 家勘察设计企业完成了正版软件使用情况自查，拟定了正版软件采购计划。

二、开展“剑网 2015”专项行动

(一)扩大监管范围

2015 年，天津市版权局在已有的 43 家市重点监管网站的基础上，又选取了在天津市有一定的影响和规模的 10 家网站，作为市重点监管网站，列入市版权局日常重点监管范围。

(二)加大监管力度

天津市版权局核实更新了市重点监管网站联系方式、地址、负责人信息，并分别对负责人提出了具体要求，将《天津市加强互联网传播作品版权监管工作办法》下发至新增加的 10 家重点监管网站。天津市版权局指定专人负责网站日常监管工作。

在国家版权局公布重点预警作品名单后，天津市版权局立即将名单在局政务网公布，并将重点预警作品名单通知市重点监管网站，再次提出要求。各网站在收到预警作品名单后，按要求立即进行了自查自纠和整改。

(三)召开中期推动会

2015 年 9 月 8 日，天津市“剑网 2015”专项行动协调小组召开了中期推动会，对专项行动进行了阶段总结，分析了天津市网络作品版权形势与各成员单位进行了沟通协调。

(四)开展联合执法检查

2015 年 10 月 29 日和 11 月 5 日，天津市“剑网 2015”专项行动协调小组成员单位组成联合检查组，对 4 家网站进行了执法检查。

三、版权示范单位、示范园区(基地)的评选工作

2015 年，天津市版权局评选出 8 家单位为市版权示范单位、示范园区，成为天津市首批版权示范单位。其中，4 家企业荣获国家级示范称号，天津神界漫画有限公司“四大名著”系列漫画作品荣获世界知识产权(中国)版权金奖作品奖。

四、版权“走出去”相关工作

天津市版权局起草并转发《关于申报 2015 年度“经典中国国际出版工程”资助项目的通知》，组织天津市出版单位完成申报工作，2015 年天津市申报单位为 3 家出版单位，项目共计 9 种，版权输出 6 个国家。

天津市版权局起草并转发《关于申报 2015 年度“丝路书香工程”重点翻译资助项目的通知》，组织天津市出版单位完成项目申报工作，天津市申报单位为 3 家出版单位，申报项目共计 9 种，版权输出 4 个国家；积极参加第 22 届北京国际图书博览会，指导天津市出版单位做好版权引进与输出的报备、审核工作。

五、开展多种形式的宣传活动，营造版权保护氛围

（一）加强宣传引导，提高维权守法意识

（1）开展“剑网 2015”专项行动宣传。在开展“剑网 2015”专项行动期间，天津市版权局充分利用电视、报刊等媒体进行宣传。（2）开展“4·26 知识产权宣传周”活动。天津市版权局起草了《关于做好 2015 年全国知识产权宣传周版权宣传活动的通知》，并下发 16 个区县。围绕“因乐而动，为乐维权”的世界知识产权日活动主题，在天津市版权局的网站、市版权协会网站、16 个区县网站上同时发布宣传片。（3）开展版权宣传咨询服务活动。2015 年 4 月 30 日至 5 月 3 日，在“2015 书香天津·春季书展”现场，开展了为期 4 天的版权咨询与服务活动。

（二）开展培训工作，提高尊重版权的自觉性、主动性

（1）组织开展推进软件正版工作的宣传培训。2015 年 11 月 12 日，天津市版权局与天津市环保局联合组织培训，开展推进天津市环保局下属事业单位的软件正版化工作，并以此为试点，引导其他市级政府机关组织开展本机关下属单位的软件正版化推进工作。2015 年 9 月 28 日，与天津市国资委联合开展了推进国有企业软件正版化工作培训。2015 年 11 月 20 日，与天津市银监局共同开展了推进银行业软件正版化工作培训。

（2）2015 年 9 月 21 日，天津市“剑网 2015”专项行动协调小组组织市重点监管网站负责人举办了版权保护工作培训会。

（3）2015 年 6 月 30 日，天津市版权局组织召开了全市版权示范单位、示范园区授牌活动。

六、做好版权管理工作，促进版权产业发展

2015 年，天津市版权局完成电子出版物和计算机软件著作权认证 18 件、著作权作品登记 137 件，审核涉外图书出版合同 278 件、电子出版物合同 4 件。认真进行审核、批复、发证等各环节工作，保证了软件认证批复、涉外图书出版合同备案、作品登记证书的质量。每月按时完成作品登记统计上报工作，在详细解答版权业务咨询的同时做好版权宣传工作，接待版权咨询百余次。

（天津市版权局　张　倩）

司法工作

2015 年是全面推进依法治国的开局之年，是全面完成“十二五”规划的收官之年。天津市各级法院全面贯彻党的十八大和十八届三中、四中、五中全会精神，深入贯彻习近平总书记系列重要讲话精神，深入实施知识产权战略和创新驱动发展战略，为全面深化改革，加快建设法治天津、美丽天津作出了贡献。2015 年，天津市各级法院知识产权司法保护工作呈现如下特点：

一、忠实履行审判职责，努力让人民群众在每一个司法案件中都感受到公平正义

（一）依法审理各类知识产权案件

2015 年，民事审判方面，天津市各级法院新收各类知识产权案件 1887 件，同比上升 40.08%，审结 1899 件，同比上升 47.10%。其中，新收各类一审案件 1459 件，同比上升 50.41%。从类别看，著作权案件新收 989 件，占新收一审案件的 67.79%，同比上升 39.49%；商标案件新收 270 件，占新收一审案件的 18.51%，同比上升 112.60%；专利案件新收 60 件，占新收一审案件的 4.11%，同比下降 13.04%；技术合同案件新收 106 件，占新收一审案件的 7.26%，同比上升 165%；其他案件 34 件，占新收一审案件的 2.33%，同比上升 36%。审结一审案件 1469 件，同比上升

60.55%。新收二审案件428件，同比上升13.53%；结案430件，同比上升14.36%。

刑事审判方面，全市法院新收知识产权刑事一审案件20件，同比下降35.48%。其中，生产、销售有毒、有害食品罪案件1件；假冒注册商标罪案件8件；销售假冒注册商标罪案件10件；非法制造、销售非法制造的注册商标标识罪案件1件。全市法院审结知识产权刑事一审案件27件，同比下降6.90%，生效判决人数48人，同比上升4.35%；给予刑事处罚35人，同比下降10.26%。

行政审判方面，全市法院新收知识产权行政一审案件1件，与2014年同期持平。通过知识产权行政执法的司法审查，规范知识产权行政执法行为。

（二）知识产权审判呈现新的特点

2015年天津市各级法院知识产权工作呈现出新特点：(1)亮点突出，审判影响力增大。天津市各级法院继续通过典型案件审判，提高知识产权审判的影响力，依法公正高效审结了一批具有较大社会影响的知识产权纠纷案件。如：法国大酒库公司诉慕醍天津公司侵害商标权纠纷案，该案涉及《商标法》未予明确的商标平行进口问题，天津市高院明确了此类案件的裁判规则，该案对于保障天津自贸区科学发展具有重要意义。(2)新类型案件增多，审理难度加大。随着创新驱动发展战略的深入开展，技术创新与市场开放度不断提升，商业模式推陈出新，新类型案件层出不穷。如天津港东公司诉天津科岸仪器公司侵害实用新型专利权纠纷案，涉及环境技术特征的专利侵权认定问题；天视卫星传媒公司诉南京大道行知文化传媒公司等侵犯著作权纠纷案，涉及电视节目模式的法律保护问题；上海星客特汽车销售公司诉天津世之源汽车销售公司侵害外观设计专利权纠纷案，涉及改装汽车外观设计专利权保护范围的确定和设计空间有限的情况下侵权行为的认定问题。(3)商业维权案件继续增多。除卡拉OK和网络图片著作权商业维权案件保持较高数量外，因擅自使用著名画家的美术作品和因动漫形象商业化利用而引发的著作权纠纷案件数量明显上升，如已故著名画家齐白石的继承人提起数百起维权案件，天津市著名画家彭连熙因唐德影视公司、吉林电视台等多个被告擅自在影视作品和图书中使用其画作而提起的维权案件，涉及“凌风”“熊大”“熊二”“光头强”等动漫美术作品的著作权维权案件等。

（三）加强知识产权司法保护，营造良好的创新环境

天津市一中院民五庭成功审结中国海洋石油总公司诉天津海油正信公司侵害商标权纠纷案及捷安特投资公司诉杜某某等6起商标侵权案，保护了企业的知识产权，维护了消费者的合法权益。和平区法院在审理涉及“五常”大米、“五粮液”“津酒”“小米”手机、“西湖”龙井、“三A”扑克牌等多起知名品牌的商标侵权案件中，注重澄清混淆行为，遏制恶意“傍名牌”的行为，加大侵权赔偿力度，降低权利人的维权成本，对于恶意侵权、重复侵权的严重侵权行为加重赔偿，切实保护权利人的合法权益。滨海新区法院积极与海关建立长效沟通机制，在涉嫌侵权货物的证据保全、财产保全方面建立畅通的渠道。

二、注重提高司法能力，确保司法公正

（一）健全完善规范，确保司法保护协调统一

天津市高院制定和印发了《2015年天津法院知识产权审判工作要点》，部署2015年知识产权审判工作。针对商标侵权纠纷案件法律适用不统一、裁判尺度参差不齐等情况，天津市高院制定了《关于侵害商标专用权纠纷案件的审理指南》。天津市高院继续定期发布《天津知识产权审判》，实

现三级法院对典型案件、疑难案件的互动交流。天津市二中院邀请审判经验丰富的法官就知识产权案件相关的指导性案例、天津市高院印发的《关于侵害外观设计专利权纠纷案件的审判指南》《关于查明知识产权案件技术事实的解答》等文件进行专题讲解，加强知识产权审判业务学习，提高审判队伍司法能力。

（二）全面推行司法标准化工作，促进审判质效的提升

天津市各级法院在知识产权审判工作中切实落实“让审理者裁判，让裁判者负责”的司法改革精神，严格按照天津市高院司法标准化文件的各项规定，保障司法活动各个环节的标准化运行，采取多种措施着力提高审判质效。天津市高院按照《天津法院裁判文书质量标准（试行）》的要求，对全市法院2015年的知识产权裁判文书进行评查，将评查结果向全市法院公布，并以一文书一评查表的方式反馈到每一个承办法官。天津市一中院着重对商标侵权案件审判的研究工作，制定了《商标侵权案件的审理标准》。

（三）深化司法公开，维护司法公信力

天津市高院在“4·26知识产权活动月”期间召开知识产权司法保护新闻发布会，发布2014年天津市各级法院知识产权司法保护状况、典型案例。新华社、中央人民广播电台等10多家中央和地方媒体出席。天津市高院审理的深圳市盟世奇商贸公司诉天津某商贸公司侵犯著作权纠纷案被人民法院报社与中国教育电视台联合出品的《法治天下》栏目播出，法官走进直播间，展示辨法析理过程。天津市高院审理法国大酒库公司诉慕醍天津公司侵害商标权纠纷案的主审法官接受了媒体专访。天津市一中院、天津市二中院、和平区法院在“4·26知识产权宣传周”期间，安排了丰富多样的主题宣传活动。

三、发挥司法保护职能，服务创新驱动发展

（一）充分发挥知识产权司法保护的主导作用，为天津市自贸区实现功能定位保驾护航

知识产权审判如何服务天津市自贸区科学发展是天津市各法院面临的新挑战，为此，天津市高院将《关于为天津自贸区建设提供司法保障的调研——加强知识产权司法保护服务（天津）自贸区建设》作为2015年重点调研课题。天津市各级法院将该课题申报最高人民法院2015年度审判理论自选课题并获得成功。

为保障滨海新区开发、开放和天津市自贸区建设，天津市高院协助滨海新区法院向最高人民法院申请指定滨海新区法院管辖滨海新区行政区域内，诉讼标的额在300万元以下的第一审一般知识产权民事案件，并获得最高人民法院的正式批复。滨海新区法院立足辖区司法保护工作的实际需求，与天津中心生态城管理委员会沟通协商后确定在生态城设立知识产权巡回法庭。

（二）加强与行政机关的交流合作，共同促进知识产权保护水平提升

2015年，天津市各级法院进一步加强与知识产权行政执法部门的沟通协作，努力实现知识产权行政与司法相衔接的全面保护。天津市高院先后到天津市商务委员会、天津市知识产权局、天津市版权局、天津市海关、天津港保税区管委会、东疆港保税区管委会等相关部门以小型研讨会的形式进行交流，共同探讨天津五大战略叠加背景下，知识产权行政和司法保护中遇到的新情况、新问题，研究解决问题的对策。天津市二中院民三庭与天津市娱乐场所协会召开座谈会，针对天津市二中院近期KTV著作权侵权诉讼所反映的问题进行沟通交流。和平区法院知识产权审判庭与红桥区市场和质量监督管理局、天津都行市场管理公司联合举办了题为“提高知识产权意识，创建和谐文明市场”的讲座，向大胡同天津都行商城的经营商户进行法律宣传。此外，天津市各级法院应邀参加天津市知识产权局、天津市海关组织的知识产权执法人员的业务培训。

（天津市高级人民法院知识产权审判庭）

检察工作

2015年，天津市各级检察机关在最高人民检察院、市委的正确领导下，充分发挥检察职能作用，强化工作措施，完善工作机制，加大工作力度，依法打击各类侵权假冒犯罪案件，着力提高对该类案件的刑事司法保护水平，取得了明显成效。

一、依法对“双打”案件履行捕诉检察职能

天津市各级检察机关依法对侵权假冒类案件及时批捕、起诉，加大对侵权假冒类案件刑事打击力度。2015年，天津市各级检察机关共批准逮捕侵犯知识产权和制售假冒伪劣商品类犯罪案件38件60人，提起公诉侵犯知识产权和制售假冒伪劣商品类犯罪案件43件79人，有效打击了该类犯罪。

二、建立办理“双打”案件统计月报制度

为维护公平有序的市场环境，加大天津市知识产权刑事司法保护力度，天津市检察机关建立了打击侵权假冒工作统计月报制度，按时填报《部门案件查办数量月报表》，及时汇总案件查办数据。通过案件月报制度，分析案件规律，总结办案经验，加强对天津市办理侵权假冒类案件的指导工作。

三、加强办理“双打”案件机制建设

加强对公安机关的联系与沟通，及时了解公安机关办理案件情况，防止立而不侦、侦而不结，力争把监督落到实处。对于影响重大、社会关注度高的“双打”案件，及时派员提前介入引导侦查，参与案件的研究讨论，提出收集、补强证据的意见，引导侦查机关固定证据。案件报捕后及时依法作出批准逮捕决定，并对案件进行跟踪监督。

四、开展侵犯知识产权犯罪案件开展专题业务培训

天津市检察院第二分院组织了以“如何审查侵犯商业秘密犯罪案件”为题的业务培训工作。主讲人结合近期承办的一起侵犯商业秘密无罪抗诉案件，从案件概况、诉讼过程、证据情况、一审判决无罪原因、案件争议焦点进行了介绍分析，并针对侵犯商业秘密案件中商业秘密的审查认定、被告人主观故意的界定、重大损失的计算方法等方面进行了详细讲解。通过此次培训，促使办案干警提高对侵犯知识产权案件的审查能力。

五、开展保护知识产权法制宣传教育活动

（1）采取悬挂宣传横幅、设置宣传专栏、发放宣传资料等形式，以及利用“3·15消费者权益日”等大型活动，广泛开展宣传；（2）利用院报、政务平台、走进社区等形式进行宣传。提高广大居民群众识假辨假的能力；（3）充分发挥社会监督作用，设立举报信箱，向群众公布办公室电话，调动群众参与监督管理的积极性，警示企业与经营者诚实经营，自觉接受社会监督，营造良好的打击侵权和制售假冒伪劣商品的工作氛围。

六、积极完成“两法衔接”信息共享平台建设和使用工作

天津市各级检察机关按照全市统一规划，配合牵头部门，顺利完成了市级、区县

信息共享平台的建设任务，各级信息共享平台的使用正在有序推进中。2015 年以来，天津市各级检察机关共审查行政执法机关录入的行政处罚案件 700 余件。通过信息共享平台的使用，延伸了检察机关的监督触角，真正将“两法衔接”工作落到实处。

（最高人民检察院侦查监督厅供稿）

河北省

专利工作

2015 年，河北省知识产权工作以充分发挥知识产权制度对创新驱动发展的基本保障作用为核心，以贯彻落实河北省人民政府《关于加强知识产权保护和运用工作的意见》为主线，以实施知识产权“三优”培育工程、推进专利权质押贷款、探索专利权作价入股、加强知识产权保护等重点工作为抓手，知识产权各项工作成效显著。2015 年，全省专利申请量 44 060 件，较上年增长 46.9%。专利授权量 30 130 件，较上年增长 49.7%。每万人口发明专利拥有量为 1.66 件，较上年增长 34.5%。

一、积极谋划制定河北省《加强知识产权保护和运用工作的意见》

按照河北省政府安排部署，研究起草了河北省人民政府《关于加强知识产权保护和运用工作的意见》，并于 2015 年 3 月由省政府颁布实施。《关于加强知识产权保护和运用工作的意见》明确了全省知识产权工作发展的总体思路、主要目标和重点任务，提出通过实施知识产权三年行动计划，为推进全省知识产权事业健康发展提供了政策保障。

二、深入推进实施知识产权“三优”培育工程

（1）积极开展企业知识产权管理标准推行工作，重点推进 50 家试点企业知识产权规范化管理。目前河北省 14 家企业入选国家知识产权优势、示范企业。在第十七届中国专利奖评选中，河北省在奖项等级和获奖总数上实现了新突破，乐凯集团的“一种太阳能电池背板及其制备方法”和东旭集团的“铂金通道中玻璃液的处理方法”荣获专利金奖；神威药业的“一种治疗颈椎病的药物及其制剂”等 9 个项目获得优秀奖。（2）及时启动百项优质专利品牌产品培育工程，筛选了 200 余项专利产品，通过专题培训、品牌宣介、形象展示、维权保护等帮扶措施，大力提升专利产品品牌价值。（3）全面实施知识产权优秀人才培育工程，合作共建了 3 个省级知识产权培训基地，完成了河北省知识产权人才库建设，举办了近百期各类知识产权专题培训班，培训知识产权人员近万人次。

三、大力促进知识产权金融服务并取得新突破

（1）在全国率先推进专利权作价出资入股工作，开创性地出台了《关于推进专利权作价出资入股的试行办法》，鼓励专利权人创新创业，大力培育和壮大市场主体。全省以专利权作价新设立企业 3 个，以专利权作价入股新增注册资本企业 20 个，有力地促进了科技型中小企业的创新发展。（2）进一步推进专利权质押融资工作上规模、提质量，采取多种工作措施，强力推进专利权质押融资工作取得新成效，全年全省近 50 家企业专利权质押贷款突破 11 亿元人民币。（3）进一步做好专利保险工作，扩大试点范围，提升工作质量。全省 42 家企业投保专利执行保险，投保专利 295 项。

四、稳步推进专利导航产业发展工程

2015年，在对特定技术领域专利信息检索分析需求摸底调查的基础上，确定华药股份、石药中奇等全省重点产业中的10家重点企业开展专利导航产业发展试点工程，完成了企业专利战略发展报告，建成了企业特定技术领域专题专利信息数据库，完善了企业专利信息利用工作机制，促进河北省各企业形成关键技术领域专利优势，帮助企业努力打通从科技强到知识产权强、从产业强到经济强的“最后一公里”，引导企业创新活动向高端产业发展。

五、不断加大知识产权保护力度

(1)进一步强化专利行政执法与司法衔接，与河北省高院签署了《关于完善专利民事纠纷诉调对接机制的合作备忘录》，建立了专利行政执法和司法诉调对接工作机制。(2)深入开展知识产权执法维权“护航”专项行动，全省共立案查处假冒专利案件338件，调处专利侵权纠纷302件，较上年增长84.4%。(3)进一步加大专业市场的知识产权保护工作，针对省内14家专业市场开展知识产权保护规范化培育工作，建立了专业市场保护管理系统平台，实现了省、市、市场、商家四级动态管理。河北省保定市白沟和道国际箱包交易中心等6家市场被认定为国家级知识产权保护规范化培育单位。(4)积极推进知识产权维权援助工作。截至2015年年底，全省知识产权维权援助体系基本完善，11个设区市全部设立维权援助分中心，全年处理维权援助案件20件，移交举报投诉案件42件。

六、大力推进知识产权服务业加快发展

(1)及时制定印发了《关于促进河北省专利代理行业发展的规定》，成功引进北京科亿等优质专利代理机构8家，全省专利代理机构增至34家，用一年时间实现了河北省各设区市专利代理机构全覆盖。(2)高质量完成专利代办业务。石家庄专利代办处受理专利申请42 150件，受理差错率创历史新低。办理专利申请加快审查207件，完成专利权质押登记29项，办理专利实施许可合同备案157件，出具专利登记簿副本1315件。(3)积极推进国家知识产权局河北专利信息中心建设。目前已可以免费向省内企业、高校、科研单位和社会各界提供专利信息公共服务。

七、扎实有效开展知识产权宣传工作

(1)按照国家知识产权局的统一部署，在“4·26知识产权宣传周”期间认真组织开展了广场主题宣传、专题讲座等70项宣传活动。(2)持续在省级以上多家媒体对全省知识产权工作进行宣传报道。(3)积极组织开展河北省第六届大学生工业设计创新大赛和首届青少年创新大赛。

八、大力推进京津冀知识产权部门更加紧密合作

(1)为充分利用京津资源，及时补齐河北省的短板，认真组织专家对河北省产业布局与区域优势、知识产权工作现状以及促进京津冀协同发展的知识产权工作需求进行调研分析，并形成调查报告，理清与京津的合作思路，把握现实与长远需求。(2)积极推进国家知识产权局与京津冀建立“一局三地”联合会商机制。已初步形成合作意向文本，正在积极准备合作会商会议。(3)与北京市知识产权局、天津市知识产权局和世界知识产权组织共同推进外向型企业与世界知识产权组织合作对接，组建了京津冀外向型企业国际化发展联盟，助力河北省企业走出去。

九、专利战略推进等专项工作较好完成

(1)制订了2015年河北省专利战略推进计划，明确了年度专利工作主要任务，向

各设区市下达了任务目标，开展了中期调度和绩效评价工作。(2)积极谋划编制专利事业发展“十三五”规划，在充分调研的基础上完成了9项专题研究，形成了规划初稿。(3)深入开展区域知识产权试点示范，石家庄市高新区成为河北省第一个国家知识产权示范园区，元氏县被列为国家知识产权强县。

(河北省知识产权局)

商标工作

河北省工商和市场监管部门以“谋创新、重民生、促发展”为工作主线，进一步创新监管服务方式，拓展监管服务手段，提升监管服务水平，将商标监管发展与全省经济转型升级紧密结合，促进了全省经济健康有序发展。

深入推进商标战略实施。全面开展“商标兴企”行动。出台《河北省工商行政管理局关于印发〈河北省工商行政管理局市场主体帮扶专项行动方案〉的通知》，下发《关于开展2015年度河北省著名商标认定和延续工作的通知》《关于下发〈河北省工商行政管理局开展商标战略示范县(市、区)、示范企业工作方案〉的通知》；召开河北省商标工作会议，部署工作；制定专项行动推进计划表，并就商标兴企工作进行专题培训；及时了解各市工作进展情况，先后到各地督导商标兴企专项行动，确保“商标兴企”工作落到实处，不断加强商标行政指导和商标战略示范工作。组织各级工商部门深入企业进行调研走访，近距离做好行政指导工作，深入各地了解地理标志发展情况，深挖地理标志商标丰厚的文化底蕴和独特的自然资源，努力推进地理标志商标的注册、保护、运用；下发《关于下发〈河北省工商行政管理局开展商标战略示范县(市、区)、示范企业工作方案〉的通知》，积极争取各地政府对工作的支持，完成了河北省商标战略实施示范县(市、区)和示范企业认定工作。认真组织驰著名商标申报认定工作。在驰名商标申报工作中，加强案件审查，确保案件定性准确，同时强化一对一申报指导，帮助企业完善申报证据材料；河北省著名商标认定工作中，各市积极动员，充分发掘优势品牌资源，以推动优势产业升级和促进新兴战略产业发展为着力点，认真做好企业申报指导工作。

着力强化商标监管执法。开展保护注册商标专用权保护专项行动，依法查处滥用、冒用、伪造涉农产品地理标志证明商标的行为；以驰著名商标和涉外商标为重点，严厉打击商标侵权违法行为。开展农村和城乡结合部市场假冒伪劣专项整治行动，围绕与农村居民日常生活和农业生产紧密相关的消费品和农资产品，结合红盾护农工作，针对商品集散地集中开展执法检查，严肃查处制售侵权假冒商品违法经营行为，遏制假冒伪劣商品向农村和城乡结合部转移的趋势，维护正常的农村市场经济秩序。

高度重视商标宣传培训工作。开通“河北商标”微信公共服务平台，向社会公众普及商标法律法规知识，宣传河北省工商系统的商标工作，展示河北省著名、驰名商标企业风采；编印发放《河北省著名商标》宣传册、《商标法律文件汇编》。各地都以“3·15国际消费者权益日”“4·26世界知识产权日”为契机，发放宣传资料，答疑解惑。有的市局还组织举办“商标兴企”大讲堂、商标品牌建设经验交流会以及主管市长参加的全市商标发展座谈会。组织召开河北省工商系统查办商标侵权案件研讨会，通过以案说法的形式，交流办案经验，帮助与会人员准确理解、把握和运用新商标法及其实施条例，破解查处商标侵权案件中的疑难问题，有效提升了河北省工商系统执法办案水平。

2015年，河北省商标申请量66 580件，注册量56 160件，累计有效注册量240 212件。

(河北省工商行政管理局)

版权工作

2015年，河北省各级版权行政部门按照国家有关部门的安排和部署，进一步巩固政府机关和企业软件正版化工作成果，严厉打击侵权盗版行为，探索创建版权示范单位和园区（基地），不断提高版权服务能力，取得了显著成效。

一、政府机关和企业软件正版化工作

（1）加强组织领导。河北省省长张庆伟于2015年8月27日、11月12日分别作出"软件正版化既是承诺，也是责任，党政机关要带头抓好"和"继续抓好"的重要批示。分管副省长姜德果多次听取软件正版化工作汇报，并作出批示。河北省政府根据情况变化，制定并下发了《关于调整河北省使用正版软件工作领导小组的通知》，及时调整了领导小组组成人员，并新增1个成员单位。

（2）强化机制建设。河北省版权局起草了《河北省政府机关使用正版软件工作考核办法（试行）》，并于2015年8月5日印发至各地政府、省直各单位，将软件正版化考核工作纳入制度化、常态化管理轨道。2015年10月中旬，河北省版权局印发了《河北省使用正版软件工作领导小组各成员单位职责》，进一步明确了各成员单位的主体责任。

（3）开展检查考核。2015年1月中旬，全国"双打"办考核组对河北省"双打"工作进行了年度考核，还对河北省人社厅的软件正版化工作进行了突击检查。2015年8月中旬，推进使用正版软件工作部际联席会议软件正版化第十一检查组对河北省进行了检查。检查组抽查了河北省交通厅、河北省发改委等6家单位，还随机抽查了90台计算机，查看了软件安装使用情况。河北省版权局2015年9月组织人员对部分县级政府的软件正版化工作进行检查后，又于2015年12月上、中旬组织13个组，对99家省直单位和24个市、县级政府进行了全面督导检查和考核评议。2015年，全省先后完成了800余次督导，检查了7100余家单位。

（4）深入推进企业软件正版化工作。2015年，河北省版权局多次深入省内3家新闻出版行业企业及其二级企业进行检查。2015年9月28日，河北省工商联和河北省版权局联合印发《关于做好推进我省民营企业使用正版软件工作有关事项的通知》，对各地工商联和版权局开展民营企业软件正版化工作给予指导。

二、打击侵权盗版专项行动

（1）组织开展专项行动。河北省版权局会同河北省互联网信息办公室、省通信管理局、省公安厅等部门转发了国家版权局等四部门的有关通知，在全省开展了打击网络侵权盗版"剑网2015"专项行动。（2）加大对印刷复制企业的监管力度。协调新闻出版行业监管部门，对各类印刷复制企业进行专项检查，特别是在全国"两会"期间印刷复制发行的专项检查中，严厉查处非法印刷复制行为，从源头上遏制侵权盗版行为。（3）加大出版物市场监管力度。通过现场检查图书、软件、音像制品等出版物销售场所，及时发现并处理了一批违法违规出版物销售企业。（4）加大版权执法力度。先后查处了张某某等人侵犯著作权案、叶某销售侵权复制品案、开元印刷厂盗印图书案等侵权盗版案件。2015年河北省共出动检查人员7.8万余人次，检查出版物市场、店档摊点、印刷复制企业3.3万家次，查办侵权盗版案件26起，收缴各类非法出版物16.46多万件，主动监管互联网站9000多家次，关闭网站62家，列入黑名单9家。

三、版权活动宣传报道工作

（1）突出宣传软件正版化工作成果。

2015年5月6日,《中国新闻出版报》刊登了“2014年推进软件正版工作成果”专题,对河北省2014年软件正版化工作情况进行了宣传。2015年10月30日,国家版权局印发的《关于政府机关软件正版化工作检查情况的通报》,对河北省的软件正版化工作典型经验做法进行了宣传介绍。

(2)强化知识产权保护周宣传。2015年4月23～26日,河北省版权局及时转发了国家版权局的相关通知,积极组织各地、各有关单位开展了2015年“4·26知识产权宣传周”活动。宣传周期间,全省各地版权部门按照省版权局要求,认真组织开展知识产权宣传周活动。

(3)推荐宣传查办案件的有功单位和个人。2015年5月20日,国家版权局印发《关于奖励2014年度查处侵权盗版案件有功单位及有功个人的决定》,河北省版权局版权管理处、河北省通信管理局通信保障处等9家单位,以及8名个人分别获奖。

四、版权知识和执法能力培训工作

2015年,河北省各地不断加大培训力度,先后组织软件正版化、版权执法等方面培训180余次,参训人员达1.6万余人次。

(1)积极参加国家版权局组织的各类培训学习。2015年4月下旬,河北省版权局组织部分市级版权局代表参加了国家版权局在青岛市举办的版权执法培训班。6月初,河北省版权局组织全省11个设区市版权局以及相关部门人员,参加了国家版权局在天津市举办的政府机关软件正版化工作培训班。10月上旬,河北省版权局组织人员赴北京市参加了国家版权监管平台应用专题培训。

(2)组织开展省级软件正版化和版权执法专业培训。7月10日、7月14日,河北省版权局在石家庄市召开政府机关软件正版化工作会议暨版权执法监管工作会议。2015年11月中、下旬,河北省版权局专门对13个督查与考核组的主要成员进行了两次集中培训。

(3)从2015年7月下旬开始,唐山、定州、衡水、邢台、沧州等市版权局陆续组织开展了市、县两级政府机关软件正版化工作培训,就软件正版化的长效机制建设、制度管理、自查整改工作提出了具体要求,并在改进软件采购预算与采购模式等方面进行了业务培训。

五、版权示范单位、园区(基地)建设及版权登记和服务工作

2015年2月下旬,河北省版权局印发了《河北省版权示范单位和示范园区(基地)认定办法》。2015年,版权示范单位、园区(基地)创建工作已扎实开展,石家庄、廊坊等版权示范城市正在筹建,近20家版权产业单位、基地陆续申报。河北省版权保护中心为强化版权服务功能,建设深入基层、贴近群众的版权公共服务体系,采取了一系列措施。

(1)建立省会作品登记代办站。2015年4月,在石家庄信息工程职业技术学院举行了省会作品登记代办站授牌启动仪式,共设立代办机构24家,同时制定了与代办机构的协议和管理制度,多次对工作人员进行免费培训。(2)为著作人和版权产业单位提供相关法律服务,全年共调处版权纠纷10余起。(3)拍摄制作了河北省首部版权公益宣传片,以“鼓励原创　尊重版权”为主题,开展了有奖征集版权公益海报及“河北省版权保护小卫士”卡通形象活动。(4)组织河北省高院法官等版权工作相关人员作客河北新闻网,就全省版权保护的现状、版权产业的发展进行访谈。2015年,河北省版权部门共为省内各出版社登记外国及港澳台图书出版合同130件,为社会公众登记美术、文字和音乐等作品259件。

(河北省版权局　李冬群)

司法工作

2015年,河北省各级法院全面贯彻落实党的十八大、十八届四中、五中全会、省委八届十二次全会的重大决策部署,认真学习领会习近平总书记系列重要讲话精神,以“努力让人民群众在每一个司法案件中都感受到公平正义”为目标,大力加强知识产权司法保护力度,积极服务保障经济强省美丽河北建设,努力为创新驱动发展、“一带一路”建设、京津冀协同发展保驾护航。

一、继续以提高审判质效为核心,努力抓好执法办案第一要务

2015年,河北省各级法院共受理知识产权民事案件1150件(一审案件1033件、二审案件117件),其中新收一审案件601件,同比下降25.16%。审结知识产权民事案件919件(一审806件、二审113件),其中专利案件349件,占37.98%;商标案件260件,占28.29%;著作权案件205件,占22.31%;不正当竞争纠纷17件,占1.85%;技术合同纠纷18件,植物新品种纠纷7件及其他63件,共占9.58%。2015年,河北省知识产权案件总数量与往年大致持平,这与2015年度大批量的商业维权案件数量减少,与此同时,其他新类型、复杂、复合权利知识产权案件类型有所增多,审理难度不断加大有一定关系。

(1)继续以提升审判质效为目标。河北省各级法院知识产权2015年度结案率达到79.91%,同比上升17.57个百分点;一审服判息诉率为85.48%,同比上升3.01个百分点;知识产权案件调撤率为54.41%。

(2)继续推进知识产权精品案件战略的实施。河北省各级法院注重在办案中积累宝贵的审判经验,尤其注重对于典型案例的研判,先后审结了一批具有典型意义的精品案件。如:陈某某诉华港燃气公司不正当竞争纠纷案,入选“推动河北法治十大案件”;本田与双环专利权纠纷案,入选人民法院报编辑部评选的“2015年度人民法院十大民事行政案件”;郝某某诉郭某不正当竞争纠纷案中,依法维护了河北正定老字号“郝家排骨”的合法权益;在天津大桥焊材集团公司与盐山县大华五金销售公司侵害商标权纠纷案中,就权利人虽然未提供相应的合理费用书面证据,但该费用肯定会实际发生的特殊情况,对权利人请求的合理费用予以适当支持,为“京津冀协同发展战略”提供有力的知识产权司法保障。

二、不断创新知识产权审判机制

(1)注重繁简得当,尝试案件差异化审判模式。根据案件的特点设定不同的审判方式,实行差异化审判。对于社会影响较大的疑难复杂案件,充分利用好审判联席会议制度,妥善运用证据规则,充分听取专业技术人员对专业技术问题的说明;对于大众化的案件,实行标准化审判程序,合议庭开庭合议后,马上出判,尽量缩短办案周期,让权利尽快确定以发挥更大的经济效益;针对不同类型的知识产权案件,设定合乎该类案件特点的法律程序规范,增强庭审针对性,提高庭审效率,避免多次开庭,切实落实公正、高效的要求。对于事实清楚、争议不大的纠纷,尽可能简化审判程序,速调即执。

(2)用制度促效率,尝试审判长负责制模式。基于知识产权案件的自身特点以及保护科技创新的内在需求,河北省高院研究制定了《关于严格遵守案件审理期限的规范意见》以及庭长、副庭长做审判长的考核评分机制。河北省高院庭长、副庭长参加庭审的案件全年达到70件以上,占全庭审结案件数的60%以上,全面落实了“让审理者裁判,由裁判者负责”的司法改革要求。

（3）推进与知识产权行政管理部门、工商、新闻出版等单位的沟通联系，建立完善多元化纠纷解决机制。为建立完善知识产权纠纷的多元化解决机制，河北省高院民三庭先后走访河北省知识产权局、出版社等单位，就诉讼与非诉讼相衔接的纠纷协调解决机制进行了多次沟通交流，与相关单位在委派及委托调解、调解的启动和要求、调解与诉讼的衔接、调研培训合作等多方面达成一致意见，形成了以知识产权司法保护为核心，多方参与、共同致力于创新型省份建设的新局面。

（4）注重庭前准备程序。首先，注重强化庭前证据交换功效。其次，对于技术性较强的案件，在庭前准备程序中还邀请专家对案件进行听证，由当事人在听证会上就技术问题进行陈述，专家可以提问以澄清疑点。待听证会结束，由专家对专业问题向审判人员讲解。

三、继续推进阳光司法，促进知识产权司法公正

（1）不断推进庭审公开。全省法院严格按照河北省高院《关于庭审直播的相关规定》进行全面庭审直播。除涉及商业秘密案件外，知识产权案件全部都通过法院外网向社会公众直播。河北省高院的庭审直播率达到97%。

（2）不断推进文书公开。河北省高院专门制定了裁判文书上网的规定，除涉及商业秘密及调解书外，全省的生效裁判文书都将严格按照规定上传到中国裁判文书网向社会公开。

（3）不断推进当庭宣判力度，提升办案效率。针对知识产权案件需要及时厘清权利的特点，2015 年以来，河北省高院加大当庭宣判力度，对适宜当庭宣判的案件，力争当庭宣判，共当庭宣判 6 件次，宣判后及时制发裁判文书，促进了科技成果的快速转换。

（4）不断提升审判流程信息录入完整性。河北省高院知识产权审判庭新收案件审判流程全部及时公开，公开率达到100%。案件当事人为自然人的，力争全部录入身份证号；当事人为单位的，尽可能录入组织机构代码，便于当事人快捷登录查询。

四、充分利用“4·26 世界知识产权日”等平台，不断延伸审判职能作用

在“4·26 知识产权宣传日”期间，河北省高院下发通知要求全省法院知识产权审判部门积极开展“知识产权司法保护宣传周”系列活动，活动内容形式多样，效果显著。《人民法院报》详细介绍了河北省法院知识产权司法保护取得的成绩。

（1）组织代表座谈。河北省高院于 3 月 31 日邀请部分驻冀全国人大代表召开“知识产权司法保护座谈会”，河北省高院卫彦明院长、杨泰安常务副院长出席会议。（2）举办新闻发布会。河北省高院于 4 月 23 日召开河北省知识产权司法保护新闻发布会，介绍了近两年来河北省各级法院知识产权司法保护的基本情况，并发布《河北法院知识产权司法保护状况（2013～2014）》白皮书及 10 件知识产权司法保护典型案例。（3）参加专题访谈。河北省高院知识产权审判庭于 4 月 24 日应邀派员与河北省新闻出版广电局、河北省版权保护中心等共同参加河北新闻网世界知识产权日访谈节目。（4）开展宣传咨询活动。河北省高院知识产权审判庭联合河北省知识产权局、河北省公安厅等单位于 4 月 26 日举办“4·26 保护知识产权大型广场宣传咨询活动”。（5）公开审理案件。河北省高院知识产权审判庭及石家庄市、秦皇岛市、沧州市等中院知识产权审判庭积极开展知识产权案件集中开庭、集中宣判活动。

五、多措并举，落实京津冀协同发展战略的工作部署

（1）积极“走出去”，积极支持和推动京

津冀地区法院之间法官的学习交流。(2)积极“请进来”,邀请京津地区的业务专家对河北省审判人员进行培训。(3)积极利用内部数据库等便利条件,最大限度统一裁判标准。

(河北省高级人民法院知识产权审判庭)

检察工作

2015 年,河北省检察机关立足检察工作实际,加强组织领导、严密筹划实施,强化法律监督、突出打击重点,落实责任分工,密切协同配合,依法从快批捕、起诉一批侵犯知识产权犯罪案件,为促进改革发展和建设法治化营商环境、维护河北省市场经济秩序稳定和社会和谐提供了有力的司法保障。

一、强化组织领导,完善工作制度,确保责任落实

河北省检察院成立了“打击侵犯知识产权和制售假冒伪劣商品专项行动领导小组”,设立了办公室,负责全省检察机关参加专项行动的组织领导、指挥、协调、调度及案件督办工作。2015 年年初制定印发了《打击侵犯知识产权和制售假冒伪劣商品年度工作安排》,明确目标任务、工作措施等。各设区市人民检察院均建立相应的领导机构和办事机构,制定了具体实施方案。

二、认真履行职能,严惩侵犯知识产权犯罪

对侵犯知识产权犯罪,河北省检察机关始终坚持依法从快的方针和“两个基本”的原则,对公安机关提请批准逮捕、移送起诉的重大犯罪案件,只要基本事实清楚,基本证据确凿,就依法快捕、快诉,不纠缠细枝末节,绝不在检察环节贻误战机,确保打击效果。侦查监督、公诉部门坚持对重大、有影响的侵犯知识产权犯罪案件,适时介入侦查、引导取证。把好事实关、证据关、程序关和适用法律关,不枉不纵,不错不漏,提高打击实效。

三、突出打击重点,深入推进专项整治工作

河北省各级检察机关根据国家、河北省打击侵犯知识产权犯罪工作的统一部署,突出打击工作重点,及时对消费者投诉集中的商品开展流通环节专项整治,积极配合有关部门做好开展农村和城乡结合部市场、车用燃油以及互联网领域侵权假冒专项整治工作,严厉打击农村和城乡结合部经营主体、区域性重点商品集散地、大型专业市场、农村集市贸易等制假售假行为,切实保障民生,服务科学发展。

四、依法规范行政,深入推进行政执法与刑事司法相衔接机制

(1)制定下发《河北省人民检察院“两法衔接”信息共享平台运行管理办法(试行)》等一系列工作制度,进一步强化了河北省检察机关“两法衔接”队伍建设。(2)下发《关于全省检察机关行政执法与刑事司法衔接信息共享平台联网运行情况的通报》,推动了“两法衔接”信息共享平台建设,截至目前,河北省检察机关信息共享平台接入率达到了 98%。(3)认真开展录入平台案件的备案审查工作,备案审查率明显提高。(4)各级检察院主动加强与司法、行政执法机关的沟通联系,共同探索完善了“两法衔接”工作联席会议、咨询会商、提前介入等工作机制。(5)强化对行政执法机关案件录入情况的检察监督,依法监督移送涉嫌犯罪案件。

五、搞好宣传发动,努力营造良好工作氛围

结合工作实际,因地制宜地组织干警通过电视、广播、网络、发放宣传材料等方式大力宣传国家保护知识产权的政策和法律、法规,在群众中普及知识产权保护知

识，提高全社会保护知识产权的意识。河北省各级检察机关组织举行大型宣传活动256次，发放宣传材料276 000万余套（份），接待群众法律咨询5625余次，受理案件线索589件。

（最高人民检察院侦查监督厅供稿）

山西省

专利工作

2015年，山西省知识产权事业在国家知识产权局和山西省委、省政府的正确领导下，按照《山西省知识产权（专利）事业"十二五"发展规划》的安排部署，坚持"激励创造、有效运用、依法保护、科学管理"的方针，取得了可喜的成绩。

一、深入推进知识产权战略实施工作

由山西省知识产权局牵头，联合山西省知识产权战略实施工作领导小组各成员单位制定了《山西省知识产权战略实施行动计划（2015～2020年）》，山西省政府办公厅于3月16日印发。

二、围绕专利目标责任考核指标全面开展工作

根据国家和山西省不断创新考核管理方式的有关要求，山西省知识产权局组织开发了《山西省有效发明专利目标考核系统》。该软件系统可实现山西省各市对有效发明专利数据的查看、了解本年度目标完成情况和提醒有效发明专利年费缴纳等功能，准确提供了全省有效发明专利的统计分析和对比数据，及时反映了各市有效发明专利任务完成情况。截至2015年年底，山西省有效发明专利拥有量达到8104件，每万人有效发明专利拥有量为2.2件。

三、大力实施专利推广资助工作

围绕山西省产业转型与科技创新，2015年山西省专利推广实施资助项目共40项，安排资金510万元，涉及领域包括高端装备制造、新能源、新材料、现代农业、医药卫生、化工、电子信息等。项目承担单位累计专利申请量4059件，平均每家单位106.8件；累计专利授权量2367件，平均每家单位62.3件；累计发明专利授权量1322件，平均每家单位34.7件，均远高于全省企业平均水平。

四、推动《山西省专利奖励办法（草案）》实施

按照《山西省专利实施和保护条例》要求，开展设立山西省专利奖的准备工作。起草了《山西省专利奖励办法（草案）》及其实施细则，召开了多次专家论证会，并公开征求了各市县人民政府、各有关厅局、科研单位、企事业单位意见，现已报送省政府待批。

五、努力推动专利运营质押融资工作

启动了专利质押融资工作，筛选山西省近3年来专利授权5件以上企业500余家，开展了融资需求调查，建立了"山西省企业专利权融资需求数据库"并实施动态跟踪；积极推动政银企合作，联合山西省技术产权交易中心、太原高新区中小企业融资担保有限公司、浦发银行太原分行、晋商银行等推进了专利权质押融资工作，构建多方位服务体系，推动解决科技型中小企业融资难问题。

六、积极推行专利依法行政工作

组织制定山西省知识产权局权力清单、山西省政府政务办事指南、依法行政办事流程图。组织起草并印发《山西省2015

年专利事业发展战略推进计划组织实施方案》，组织制定《山西省专利行政执法案件信息公开实施细则》，以电商领域、展会、民生领域、重大项目等为切入点，结合本地产业特点，不断加强专利行政执法保护工作。2015 年查办案件数量大幅增长，全年共查处专利案件 42 件。山西省专利行政执法工作顺利通过国家打击侵犯知识产权和制售假冒伪劣商品工作考核组的考核。

七、大力加强知识产权服务机构工作

召开了山西省知识产权服务联盟年会，有效整合知识产权服务资源，完善联盟成员协作、激励机制，提升联盟整体服务水平，加强知识产权服务业建设，推进知识产权服务业快速发展。全省专利代理机构达到 9 家，山西省专利代理人已增至 217 名，事务所电子申请率达到 100%。

八、努力营造知识产权文化氛围

围绕“创新驱动发展战略”和“科技计划体制改革”，进一步营造全社会知识产权文化氛围。在“4·26 知识产权宣传周”期间，联合山西省知识产权战略实施工作领导小组成员，举办大型知识产权街头宣传、新闻媒体采访、“知识产权三晋行”宣讲等大型系列宣传活动。

九、积极加快知识产权人才体系建设

全面落实《关于加强知识产权人才体系建设的意见》，督导检查了全省各市人才工作开展情况，并依托国家知识产权培训（山西）基地先后举办了各类人才培养活动：联合国家知识产权局人事司、专利局各部、中国知识产权培训中心等单位分别举办了“山西省专利运用实务培训班”等人才培训班，参加培训人员达到 1000 余人。

十、努力加强知识产权信息服务工作

根据国家知识产权局下发数据和山西省知识产权局的专利数据资料，对山西省申请和授权的专利、有效专利、失效专利、专利代理、行政执法等进行统计分析，形成《2014 年山西省专利统计分析报告》；开展了对新疆维吾尔自治区、西藏自治区和云南省专利信息服务需求的初步调研工作。

（山西省知识产权局）

商标工作

山西省工商和市场监管部门紧紧围绕全省经济社会发展大局，充分发挥职能作用，不断提高企业商标注册、运用、保护和管理的能力，继续全面推进商标战略实施，严厉打击商标侵权和制售假冒伪劣商品等违法犯罪行为，各项工作取得明显成效。

加强商标行政指导工作。大力提升企业运用商标的能力，鼓励支持企业加大驰著名商标的使用许可力度，提高商标的市场影响力和带动力；引导优势企业利用驰名商标、著名商标出质、出资，发挥无形资产的融资功能，提升商标的市场化程度，推进商标在资本方面的运营和市场化运作；引导支持涉农企业、经营者运用农产品商标和地理标志增产增收，把资源优势转化为品牌优势和市场竞争优势，推进农业结构战略性调整。进一步推进企业商标管理，引导企业培养商标专职管理人员，建立健全企业商标管理机构和商标管理档案，完善商标管理制度，加快推进企业商标研发力度，不断创新自主品牌，有效提升了企业商标附加值和产品的市场占有率。

积极做好商标培训工作。组织对山西省商标监管干部开展《商标法》及《商标法实施条例》培训，探讨研究在商标监管和商标执法工作中遇到的难点问题，请有关专家和商标局领导答疑解惑，提升了商标监管人员对新《商标法》及《商标法实施条例》的理解和运用，为今后正确、规范执法奠定了理论基础。

深入开展打击商标侵权和制售假冒伪劣商品专项行动。制定下发了《2015 年山

西省工商系统打击侵犯知识产权和制售假冒伪劣商品工作要点》《2015 年工商系统打击侵权和假冒伪劣工作方案》，对 2015 年开展打击商标侵权和制售假冒伪劣商品专项行动进行安排部署。完善与公安、海关、质检等部门的协作与沟通机制，建立案件线索通报、案件查处协助、复杂疑难案件会商、重大案件联合查办督办等工作制度，形成打击合力。以涉农商标、涉外商标、地理标志为重点，对商标侵权行为保持高压打击态势；重点查办跨区域、大规模、社会公众反映强烈的商标侵权案件；还在全省范围内进一步开展打击侵犯汾酒注册商标专用权专项执法行动，严厉打击各类侵犯汾酒系列注册商标专用权行为，保护汾酒集团创新成果和商标知识产权。2015 年山西省工商系统共出动执法人员 10 165 人次，检查经营主体 11 791 户次，检查批发零售市场、集贸市场等 2283 个次，立案查处案件 140 件，其中查处驰名商标案件 48 件。案值 293.22 万元人民币，罚款金额 521.21 万元人民币。

2015 年，山西省商标申请量 19 380 件，注册量 18 117 件，累计有效注册量 77 018件。

（山西省工商行政管理局）

版权工作

2015 年，山西省版权工作坚持创新思维、依法行政、加强管理、注重实效的原则，积极发挥版权在文化强省建设中的基础性、资源性和战略性作用，全面落实依法行政原则，着力加强版权监管力度，逐步拓展版权宣传范围，扎实开展打击侵权盗版和软件正版化等重点工作，荣获全国打击侵权盗版有功集体三等奖，并以满分的成绩通过了“双打”行动考核组的检查验收。

一、版权行政执法和市场监管工作

版权管理与执法工作是山西省“双打”工作的重要内容。山西省版权局将打击侵权盗版作为 2015 年工作的重要任务，全面提高工作标准，不断加大打击力度，密集开展集中行动，坚决保持对侵权盗版不法分子和违法行为的高压态势。2015 年版权行政执法工作主要呈现以下特点。

（一）加强领导，有效整合各种执法资源

山西省版权局多次对山西省版权领域“双打”工作进行部署，要求版权、扫黄打非、印刷、发行等部门分头行动，加强版权监管源头治理，开展印刷复制发行企业大检查、大整顿、大治理工作，保持对生产、销售侵权盗版制品违法行为的高压打击态势。明确了打击侵权盗版工作的基本要求，确保各项行动落到实处，全面净化山西省出版物市场。

（二）突出重点，大力打击网络侵权盗版

从 2015 年 7 月起，开展为期半年的打击网络侵权盗版专项治理“剑网”行动。以查办大案要案为重点，突出整治传播侵权盗版音乐、影视、新闻、游戏、文学、软件等作品的网站和智能移动终端第三方应用程序（APP）等，严厉查处通过网络云存储空间、网络广告联盟、智能移动终端应用软件商店、网络字幕组等信息平台实施的侵权盗版行为。开展网站主动监管工作，共监管重点网站 6 个。重点查办了“儿童资源网”案。

（三）集中力量，全面整顿传统出版物市场

坚持日常巡查与抽查暗访相结合，突出重点时段和重点部位集中清理整治工作，开展了全省“两会”“两节”期间出版物市场整治行动、全省出版物市场春季集中清查行动和暑期出版物市场专项治理行动；关注未成年人成长环境，在不同时段开展了“少儿出版物市场整治行动”等三大集中行动；加强对图书报刊音像市场、交通枢纽、集市景区、数码电脑城等重点部位的监管。共计出动检查人员 2.1 万余人次，收缴各类侵权盗版出版物 32 万余件，全年共立案查办各类案件 47 起，同比增长 38%。

(四)注重宣传，改善版权管理社会环境

2015 年 4 月 20～26 日，集中开展“4·26 知识产权宣传周”版权系列宣传活动。

(1)组织版权宣传进媒体活动。山西省各级电视台播放版权公益广告 1050 余次，山西新闻网等媒体以各种形式宣传版权法律法规和相关知识。(2)组织版权宣传进机关活动。设计制作了以“使用正版软件、维护信息安全”为主题的版权宣传海报(3 种共计 15 000 张)发给省、市级政府机关。(3)组织版权宣传进企业活动。太原市要求赛格、青龙、阳光、颐高四大电脑城悬挂“打击侵权盗版，保护知识产权”的宣传标语，朔州市在城区主要书店张贴宣传海报。(4)组织版权宣传进校园活动。太原市编辑出版了《小学生漫画版权读本》10 万册发放给全市十县(区)各小学，其他市也开展了丰富多彩的版权知识进校园活动。(5)开展全省知识产权街头集中宣传活动。在太原市高新区政务广场参与了“2015 年山西省知识产权宣传周宣传推介活动”和知识产权集中宣传活动，共发放版权宣传资料和宣传品 1000 余份。

二、软件正版化工作

(一)加强政府机关使用正版软件工作长效机制建设

按照国家版权局的统一部署，山西省版权局下发了《山西省 2015 年推进使用正版软件工作实施方案》，要求进一步巩固政府机关使用正版软件工作成果。

(1)推动制度建设。下发了《关于加强政府机关正版软件使用管理工作的通知》。(2)加大督查力度。组织各级政府机关在 2015 年 8 月 17 日至 9 月 11 日期间对使用正版软件工作情况进行全面自查，督促、指导各市软件正版化工作机构对本市政府机关软件正版化工作进行全面检查。(3)落实工作责任。要求完善并及时更新省级政府机关软件正版化责任人数据库，督促各市建立县级各单位责任人数据库。推进各单位进一步明确软件正版化工作责任部门和责任人。(4)组织业务培训。2015 年 11 月 18 日，组织召开了山西省政府机关使用正版软件工作培训会议，对全省 108 个省级政府机关和 11 个市版权局的分管领导和工作人员进行培训。(5)开展审计工作。组织各级审计部门围绕政府机关软件资金预算编制、软件采购实施和软件资产管理情况进行审查。

(二)推进山西企业和省银行系统使用正版软件工作

山西省版权局与山西省国资委制定下发了《关于做好推进省属国有企业使用正版软件工作的通知》，积极推进省属国有企业的软件正版化工作。山西省版权局与山西省国资委邀请国资委、国家版权局有关领导共同组织召开省属国有企业使用正版软件工作培训会议，对全省目标推进企业工作责任人和具体负责人进行了培训。山西省版权局与山西省银监局共同组织召开银行系统企业软件正版化工作协调会，下发了《关于推进银行业金融机构使用正版软件工作的通知》。山西省版权局与山西省工商联积极联系，研究加快推进民营企业软件正版化工作。

三、版权公共服务工作

下发《关于加快推进山西省版权示范单位和示范园区(基地)创建工作的通知》，通知全市范围内的相关企业与单位开展创建工作，并积极给予帮助支持。

在版权公共服务体系建设中，山西省特别注意加强作品版权登记工作，努力为广大著作权人提供可靠便捷的版权保护服务，为版权贸易的不断拓展保驾护航。

2015年山西省完成作品版权登记122件，完成版权贸易合同备案43件。授权山西省影视集团开展版权登记代理业务。2015年总计答复著作权方面的社会咨询近200人次，调解多起著作权纠纷。山西省版权局帮助山西省版权协会完成换届选举工作，完善了协会会员单位的组成，吸纳了除出版、报刊等传统出版单位外的影视、广电、演艺、工美、软件、动漫、游戏、法律、科研院所等行业代表。

（山西省版权局　郝子谋）

司法工作

2015年，山西省各级法院坚持以执法办案为第一要务，充分发挥知识产权司法保护的主渠道作用，认真贯彻落实加强知识产权司法保护的政策导向，进一步强化司法保护措施的有效性和针对性，努力为全省经济转型创新发展营造更好的法治环境。

一、以执法办案为第一要务，圆满完成审判任务

2015年共受理一审知识产权案件263件，审结229件，全部实现在审限内结案，审结率为87.1%，调撤结案97件，调解率为42.4%。其中受理著作权类案件95件，商标权类案件121件，专利权类案件37件，其他知识产权案件10件。受理二审知识产权案件44件，结案44件。知识产权案件二审上诉率仅为19.2%，大大低于普通民商事案件的上诉率。山西省近年来知识产权案件受理数呈平稳发展态势。

二、创新庭审方式，确保案件审判质效

知识产权案件开庭审理一般遵循普通民商事案件的程序，对一些复杂疑难案件，都要求做好庭前准备会议，组织证据交换，认真总结庭审重点，充分发挥合议庭职能，运用集体智慧处理好案件。忻州市中院在审理一起著作权权属纠纷案件中，原被告双方为证明自己是《决战忻口》作品的著作权人，均提供的是该作品的电子文稿和电子打印件，文稿内容基本相同，而当事人对对方提供的证据又互不认可，由于双方提供证据的证明力相当，鉴于电子证据的可复制性和易修改性，真伪难以判断。考虑到文学创作的一般规律，以历史事件为题材的小说，通常不会限于对历史事件的描述和再现，更多是结合了作者对情节、人物、事件的假设、虚构和想象性描写来表达其思想。基于作品的这一属性，庭审时采用当庭提问作答的方式，要求双方当事人就涉案作品中部分章节的故事梗概、创作思路、主要人物刻画、关键情节描述等问题，在规定的时限内同时默写答案，当庭进行比对和质证，法院根据该比对结果作出驳回原告诉讼请求的判决，原告当庭服判。该庭审方式让案件当事人和参加旁听的群众很直观地感受到审判程序的公开和公正。

三、能动司法，抑制商业化诉讼，节约审判资源

知识产权审判领域中的商业化诉讼是一种常态，法院无法拒绝裁判，但该类诉讼又往往造成对审判资源的极大浪费。近年来山西省出现的著作权侵权案件就有从省会城市到地级市、县逐个起诉的态势，给知识产权审判工作带来很大压力。临汾市中院2015年受理的中国音乐著作权协会同时起诉该市尧都区24家歌厅侵犯著作权案，法院在判定侵权过错和确定赔偿数额时，积极与版权部门沟通，参照版权部门的收费标准进行处理，大大节省了审判时效。晋城市中院结合该类情况创立提早协调解决机制办案模式，主动与晋城市文化局等相关部门协商，在出现此类侵权时，共同配合，把矛盾解决在诉讼之前，大大节约了司法资源，减少了当事人的诉累。

四、坚持发挥调解在知识产权案件审理中的独特作用

以调解方式结案在知识产权民事诉讼中始终占有很大比重，这也是知识产权案件区别于其他民商事案件的一个显著特征。知识产权是权利人通过智力劳动所创造的价值，在知识产权侵权案件中，侵权认定容易，确定赔偿数额则始终是一个难题。虽然不断有指导案例和裁判标准的统一，但毕竟个案的差异因权利属性、当地经济、适用范围、市场价值的不同而呈现出较大的不同，所以通过调解的方式结案是处理知识产权案件中应积极采用的一种方式。山西省各级法院在审理知识产权侵权案件时，设法为双方创造调解的基础，正确分析当事人的权益诉求，找准矛盾切入点，努力做到既保护权利人的合法权益，又能让侵权人认识到自身侵权行为的危害并自愿承担相应的责任。2015 年知识产权一审案件调解率达 42.4%就是对此很好的阐释。

五、多渠道宣传，提高全社会的知识产权保护意识

加强知识产权审判工作宣传，提高全社会的知识产权保护意识是法院知识产权审判的一项重要职责。2015 年的“4·26 知识产权宣传周”活动，两级法院采用发布典型案例、走上街头、走进企业等方式，宣传知识产权司法保护的重要性。同时，临汾市中院等还大力扩大和增加人民陪审员参加知识产权案件庭审合议的范围和数量。因为很多知识产权案件的侵权人被诉至法院都全然不知自己为何侵权，所以针对此类案件，精心挑选相关领域人民陪审员参加审判。人民陪审员参加知识产权案件的审理，可以通过其自身的传播效应达到向普通群众宣传知识产权司法保护重要作用的良好效果。人民陪审员参加案件审理，还有利于知识产权案件的妥善处理。这一有效经验正逐步在山西省各级法院得到推广，既节约了审判力量，达到妥善处理案件的效果，又有利于知识产权司法保护的对外宣传。

（山西省高级人民法院知识产权审判庭）

检察工作

近年来，山西省检察机关根据中办发[2011]8 号文件的要求，深入推进行政执法与刑事司法衔接长效机制建设，有力地促进了行政执法机关和公安机关的规范执法，着力维护人民群众的合法权益，取得了良好的成效。

一、密切协作配合

为确保打击侵犯知识产权工作有效、有序开展，山西省检察院加强与行政执法机关的沟通与协调，陆续出台了一系列的规范性文件。与卫生厅等 9 家行政执法机关会签了《关于深入推进开展危害民生刑事犯罪专项立案监督活动的通知》，与山西省高院、公安厅和食品药品监督管理局共同会签了《山西省办理食品药品涉刑案件物证检验鉴定的工作规定(试行)》。

二、拓宽案源渠道

(1)通过加强与新闻媒体的联系与沟通、公布举报电话、关注微信朋友圈等方式拓展案源渠道；(2)从与行政执法机关座谈中透露的信息发现重点案件；(3)通过审查行政处罚案件台账，选择案值大的案件作为重点检查案件；(4)通过审查行政处罚案件立案文书、案件调查报告与财务罚没收据等方式，检查有无漏报、瞒报的情况；(5)与行政执法机关开展联合检查或共同现场执法，及时收集、固定涉嫌犯罪案件的证据；(6)对于行政执法机关商请检察机关介入的重大、复杂案件，及时提前介入，引导取证，确保案件质量。

三、强化线索管理

在认真梳理、排查监督线索时，大力加

强案件线索管理工作，组织侦监部门、自侦部门的精干力量对获取的案件线索进行审查和评估，努力提升案件线索的价值，提高案件线索成案率。如在2015年专项立案监督活动中，朔州市检察院采取3项措施加强线索管理。一是集中统一备案审查制度。朔州市检察院立案监督活动领导小组统一负责线索登记、分类、备存，县（区）检察院发现和受理的线索必须在3日内上报朔州市检察院，必须经朔州市检察院同意后初查，对违反规定的严肃追究责任。二是建立案件线索统一评估制度。成立由朔州市检察院立案监督活动领导小组成员组成的案件线索评估小组，综合评估和筛选线索，提出具体处理意见。三是建立案件线索处理进展情况备案制度。朔州市检察院全程、动态掌握每件案件的立案监督等情况，避免因各种干扰因素而造成线索流失，立案监督破坏环境资源和危害食品药品安全犯罪案件的质量明显提高。

四、完善考核机制

为完善“两法衔接”工作机制，确保打击侵权假冒工作取得实效，山西省检察院将开展危害民生刑事犯罪专项立案监督活动的主要内容纳入年终考核。对积极开展专项行动并取得明显成效的各级检察机关在年终工作考核中加以肯定，促进专项行动的开展。

五、积极参加培训

为更好地应用“两法衔接”信息平台，山西省检察机关侦监干警积极参加省、市“双打”办组织的培训，就“两法衔接”信息平台录入案例、流程运转、填写要求等内容进行了细致地学习，取得了良好的效果。

（最高人民检察院侦查监督厅供稿）

内蒙古自治区

专利工作

一、2015年自治区知识产权创造情况

2015年内蒙古自治区申请专利8867件，同比增长39.58%。其中发明2254件，同比增长17.15%；实用新型5609件，同比增长57.47%；外观设计1013件，同比增长6.04%。

授权专利5522件，同比增长36.99%。其中发明797件，同比增长74.02%；实用新型3758件，同比增长29.02%；外观设计968件，同比增长45.56%。

二、2015年自治区工作情况

（一）研究制定相关政策

（1）内蒙古自治区人民政府制定《内蒙古自治区深化科技体制改革实施方案》，全面部署内蒙古自治区科技和知识产权各项重点改革工作。（2）总结“十二五”专利事业发展成果，完成“十三五”规划初稿；编制《2015年内蒙古自治区专利事业发展战略推进计划》，提出11个方面的工作措施。（3）对《内蒙古自治区专利促进和保护条例（草案）》进行修改与完善。

（二）开展知识产权工作调研

组织开展调研活动10次，撰写调研报告3份，信息10余条，学习借鉴先进地区和优秀企业的做法，全面提升管理能力。

（三）加大知识产权保护力度

（1）制定印发《自治区知识产权执法维权“护航”专项行动实施方案》，对全自治区“护航”专项行动进行统一部署，确保各盟市每月开展执法活动一次以上。（2）加强对盟市的执法指导和监督检查，深入盟市开展联合执法，指导开展专利纠纷的调处、假冒专利行为的查处以及执法档案的建立工作。(3)推进“知识产权保护规范化市场培育”工作。截至目前5家国家级专业市场和10家自治区级专业市场都已建立知识产权保护的相关制度。(4)开展展会“护航”。入驻中国(满洲里)北方国际科技博览会、中国北方农业科技成果博览会和中国新丝绸之路·锡林郭勒草原畜牧业创新品牌展示交易会等展会，设立咨询服务台，为展会提供知识产权举报投诉与维权援助服务。(5)开展电商领域专利执法维权专项行动。2015年年底，在电商平台查处假冒专利案件3件。(6)加大培训力度，共培训执法人员700余人。

(四)推进企业知识产权托管工作

(1)制定印发《内蒙古自治区企业知识产权托管工程实施方案》。(2)开展试点盟市托管工程督查工作。(3)组织试点单位调研学习先进省区企业知识产权工作经验。(4)编制印发《内蒙古企业知识产权托管工作手册》。

(五)实施专利转化项目

(1)扶持专利转化项目37项，投入经费700多万元。(2)对2016年计划储备项目进行梳理，43个项目进入储备。(3)组织专家对项目进行实用性评审，24个项目通过评审。

(六)培育知识产权试点示范

(1)包头市稀土高新技术开发区被认定为国家知识产权示范园区。(2)内蒙古第一机械集团有限公司、内蒙古蒙牛乳业(集团)股份有限公司被认定为国家知识产权示范企业。(3)内蒙古宇航人高技术产业有限责任公司等6家企业被认定为国家知识产权优势企业。

(七)推动知识产权金融工作

通过制定政策、开展调研、问卷调查、召开会议、对接银企，实现知识产权质押融资贷款金额1000万元人民币，完成了2015年年初制定的计划。

(八)开展企业贯标工作

起草《关于开展2015年度贯彻企业知识产权管理规范国家标准工作的通知》；组织召开“贯彻企业知识产权管理标准中期推进会”；组织贯标企业进行现场辅导；2015年实施贯标企业10家。

(九)实施专利导航工程

实施专利导航试点工程。完成乳业、农业机械、蒙药、绿色农产品等内蒙古自治区优势特色产业专利信息服务平台建设，将专利分析与产业运行决策融合，提高产业创新能力，增强竞争优势。

(十)加强宣传培训

(1)组织开展“4·26知识产权宣传周”、中国专利周各项宣传展示活动。(2)组织知识产权运营方面培训6次，专利执法、专利信息方面培训6次。(3)组织参加国家级展会4次，设置展位32个，推荐参会项目62个。(4)刊发和播出各类新闻消息、通讯8条，组织厅局长访谈1次，各类网站摘登、转载近30次。(5)利用知识产权信息公众服务平台快速传递新政策、新消息，制作知识产权宣传动画片3部，其中1部获全国法制办微视频大赛三等奖。国家知识产权局《知识产权工作动态》采用内蒙古自治区稿件5篇；上报内蒙古自治区科技厅动态67条，采用63条。

(内蒙古自治区知识产权局)

商标工作

内蒙古自治区工商和市场监管部门扎

实推进商标品牌战略实施，加大注册商标专用权保护力度，为促进自治区商标事业健康发展作出了积极贡献。

扎实推进商标战略实施。内蒙古自治区召开颁奖授匾大会，表彰2014年度驰著名商标的企业；认真落实驰名商标奖励政策；筹划成立“内蒙古商标品牌研究院”；起草《内蒙古自治区人民政府关于实施商标品牌战略促进县域经济创新发展的意见》（讨论稿），就自治区“十三五”时期的指导思想、目标任务和具体措施提出意见；自治区和各盟市局均编发2014年度商标发展报告，为制定地方经济发展决策服务。

创新实施商标品牌战略工作机制。建立商标品牌战略培育机制，内蒙古自治区各级工商机关深入辖区企业开展行政指导，通过推行“四书一卡”“一所一标”“一乡一品”和“公司（合作社、协会）＋商标（地理标志）＋农户”的模式，重点加强对地方支柱产业和龙头企业的帮扶指导，积极开展著名商标的认定和驰名商标推荐、地理标志商标申报工作，著名、驰名商标和地理标志商标三大梯次方阵初步建立。完善商标品牌战略机制，在各旗县工商局和基层工商所建立商标联络员制度，及时解决企业在实施商标品牌战略方面需要协调解决的问题。

不断推进商标富农工程。内蒙古自治区工商局召开地理标志商标调研座谈会，举办全区地理标志商标专题培训班和实施商标品牌战略促进创新驱动发展专题培训班，组织人员深入多地就地理标志商标注册、管理和使用情况进行调研指导和授课，发出地理标志商标注册、使用、保护建议函，促进了地理标志商标的注册使用与保护，较好地发挥了地理标志商标在促进地方经济发展、推动农牧民增收方面的作用。

加大商标品牌保护力度。深入开展打击侵犯知识产权和制售假冒伪劣商品专项行动，以驰名商标、著名商标、涉外商标、地理标志商标为重点，加大对商标侵权违法行为的打击力度，有效维护商标权人的合法权益；进一步加强商标执法协作，建立工商部门与公安等相关行政执法机关的执法联动机制、与驰著名商标企业的联合打假机制、省（区、市）工商机关间的案件查处协作机制，集中力量查办跨区域、大规模、社会公众反映强烈的商标侵权案件；加强工商行政执法与刑事司法衔接，主动支持配合司法机关做好打击侵权假冒犯罪工作；大力宣传商标品牌保护政策措施，解读商标法律法规，普及识假防骗知识，及时公示处罚案件信息，公开曝光重大典型案件，提高社会公众商标品牌意识，营造公平竞争的市场秩序。

2015年，内蒙古自治区商标申请量20 811件，注册量17 074件，累计有效注册量80 139件。

（内蒙古自治区工商行政管理局）

版权工作

2015年，内蒙古自治区版权局在国家版权局和自治区党委、政府的领导下，紧紧围绕大局，以营造良好版权环境、推动版权相关产业繁荣发展为目标，大力推进软件正版化，加强版权行政执法工作，坚持不懈地开展版权法律知识宣传教育，提升版权公共服务能力，各项工作取得了显著成绩。

一、软件正版化工作

（一）政府机关软件正版化工作

2015年，内蒙古自治区各级政府机关带头使用正版软件，打击盗版工作的认识明显提高。内蒙古自治区人民政府办公厅印发了《关于贯彻落实〈政府机关使用正版软件管理办法〉的实施意见》。此意见的实施，标志着内蒙古自治区政府机关软件正版化工作真正走向了制度化、常态化。2015年，内蒙古自治区党委考核办将软件正版化工作纳入对盟市厅局党政领导班子的年度考核，出台《内蒙古自治区推进政府机关使用正版软件工作考核评价实施细则》。

（二）国有企业软件正版化工作

2015 年 9 月 6 日，内蒙古自治区版权局、国资委全面部署自治区、盟市两级 27 家国有企业使用正版软件工作任务，明确要求各有关企业于“十三五”末期基本完成软件正版化工作任务。

二、版权执法工作

（1）内蒙古自治区拟订了《关于加强 2015 年版权行政执法工作力度及做好案件信息公开与信息报送工作的通知》，梳理各地版权执法机构信息、细化版权案件统计台账，规范报送时间，强化新形势下版权执法和监管工作，促进文化产业的健康发展。

（2）按照国家版权局“剑网 2015”专项行动部署，召开全区“剑网 2015”专项行动电视电话会议，并制作打击网络侵权盗版专项行动公益公告，运用多部门网络专项治理协作机制，针对网络音乐、网络云存储空间、智能终端 APP、网络广告联盟以及网络文学等重点领域实施立体布控，全面清查，打击网络侵权盗版行为。2015 年，内蒙古自治区自行查办网络侵权案件 3 件，向国家版权局上报“乎兰电影网”等案件 3 件，实现了内蒙古自治区查办网络侵权案件“零的突破”。

（3）有效开展打击侵犯知识产权和制售假冒伪劣商品专项行动。按照国家版权局和内蒙古自治区“双打”专项行动领导小组要求，严格落实版权执法信息月报制度，全面掌握全区版权执法案件进展情况和重要成果。

（4）协调国际版权纠纷。根据国家版权局的案件转移函，内蒙古自治区协调处理了一起发生在内蒙古自治区文艺工作者中的涉外版权纠纷。通过实地走访调查并约谈有关责任人，完成了此案件的调解工作。

三、版权宣传培训工作

2015 年，内蒙古自治区始终将版权宣传教育工作贯穿于版权执法监管和管理服务之中，建立起版权宣传、教育和培训的常态机制。

（1）依托国家版权局在呼和浩特举办全国版权执法培训班之机，同期举办了内蒙古自治区 2015 年版权行政管理执法培训班，各盟市及部分旗县区基层版权行政执法人员 50 余人参加培训。举办了 2015 年内蒙古自治区政府机关软件正版化工作培训班。对包括自治区各委办厅局软件、各盟市推进政府机关软件正版工作成员单位相关人员在内的共计 180 余人进行了培训。

（2）内蒙古自治区、盟市、旗县三级版权部门围绕第 15 个“4·26 世界知识产权日”，开展了形式多样、内容丰富的版权宣传活动。宣传活动期间，内蒙古自治区组织召开了面向自治区主要媒体参加的宣传工作协调会议，牧仁副局长带领有关处室人员赴呼和浩特市开展版权执法检查和版权产业调研；内蒙古自治区、各盟市组织了打击侵权盗版和非法出版物集中销毁活动，全区共销毁侵权盗版和非法出版物 64.3 万件，其中盗版图书 12.9 万件、盗版音像电子出版物 36.2 万张（盘）；各盟市、旗县文化版权执法部门开展了为期一周的版权市场集中整治行动，印制、发放宣传海报 20 000 余份；内蒙古自治区、呼和浩特市广播电视台播出 5 期版权工作报道，各级各类报刊、网站刊发版权宣传报道 26 篇，版权公益广告 4 期 4 版；制作了版权宣传视频，在内蒙古自治区新闻出版广电局楼宇、新华广场广播电视台户外墙面 LED 屏及局网站进行播放。

（3）组织内蒙古自治区有关单位参加国家版权局 2014 年度查处侵权盗版有功单位与有功个人评选表彰活动，其中，内蒙古自治区版权局、通辽市文化市场综合执法局获先进单位三等奖，沙力同志获先进个人二等奖。

四、版权公共服务工作

(1)组织内蒙古自治区出版单位参加第二十二届北京国际图书博览会,并与举办方积极联系,就内蒙古自治区出版单位参展工作作出周密安排,推动内蒙古自治区出版工作"走出去"战略的实施。

(2)试运行国家版权登记平台。作为首批5个试运行的省区之一,内蒙古自治区积极运用国家版权登记平台,开展各项业务工作。

(3)进一步理顺版权作品登记流程,完善作品登记办理审核备案,积极支持符合条件的社会版权服务机构参与作品登记。2015年,内蒙古自治区办理作品登记201件,同比增长近80%。

(内蒙古自治区版权局　沙　力)

司法工作

2015年,内蒙古自治区各级法院以党的十八大及十八届三中、四中、五中全会精神和习近平总书记系列重要讲话精神为指导,牢牢把握"司法为民、公正司法"的主线,紧紧围绕"让人民群众在每一个司法案件中都感受到公平正义"的目标,持续提升知识产权审判业绩,为服务保障"一带一路"建设和自治区"8337"发展思路提供有力司法保障。

一、坚持公正司法,不断提升案件审理绩效

(一)基本情况

2015年内蒙古各级法院受理知识产权纠纷案件464件,其中知识产权民事案件440件,案件类型涉及商标专用权纠纷、著作权纠纷、专利权纠纷等;知识产权刑事案件28件,案件类型涉及销售假冒注册商标的商品罪,非法制造、销售非法制造的注册商标标识罪,侵犯著作权罪。知识产权民事案件审结378件,审限内结案率为100%;知识产权刑事案件审结24件,结案总标的为1904万元,审限内结案率为100%。

(二)突出特点

(1)案件数量与2014年持平,但审理难度增加。2014年,中级、高级两级法院审理的关联案件和批量上诉的关联案件较多,但在2015年受理的案件总数未产生明显变化的前提下,知识产权关联案件数量显著减少,2015年审理案件的工作量增多,审理难度明显增加。

(2)刑事案件数量呈上升趋势,且共同犯罪案件较多,审理难度增加。个别案件中,受害人(商标权利人)提出刑事附带民事诉讼,进一步增加了案件的审理难度。

(3)各中院受理案件的数量不均衡。内蒙古地域广阔,东西跨度大,经济发展及地区差异较大,因此各中院受理的知识产权民事和刑事案件的数量差异很大。首府呼和浩特市中院审理的知识产权民事案件165件,占内蒙古各级法院知识产权民事案件的43%;知识产权刑事案件6件,占内蒙古各级法院知识产权刑事案件的21.43%。但阿拉善盟中院无知识产权案件;兴安盟中院和乌兰察布中院无知识产权刑事案件。

(三)主要举措

(1)着力提高裁判文书质量,提升案件质量。针对内蒙古多数中院受理的知识产权案件偏少,审判经验缺乏的实际情况,为切实提高知识产权裁判文书质量,在内蒙古各级法院开展知识产权裁判文书评选活动。同时,对入选文书的精华之处和不足书写点评,形成《全区法院知识产权优秀裁判文书汇编及点评》。

(2)继续开展"三合一"审判工作,努力探索,总结经验,不断提升知识产权专业化审判能力。内蒙古高院指导呼和浩特市中院加强与公、检、法及行政机关的协同合作，专门召开知识产权刑事保护座谈会，总结“三合一”工作的开展情况，深入探讨新情况、新问题，会后形成《呼和浩特市中级人民法院关于“三合一”试点工作开展工作总结报告》。

(3)加强审判公开，增加透明度，不断拓宽司法公开的广度和深度。内蒙古高院对上诉人北京都星酒业公司与被上诉人衡水张衡酿酒公司、孟某某侵害商标权纠纷案庭审进行微博直播，实现内蒙古高院首例微博庭审直播。继续贯彻落实内蒙古高院于2011年下发的《内蒙古自治区高级人民法院关于在互联网公布知识产权案件裁判文书的实施办法》，指导全区各中院在互联网上公布知识产权案件裁判文书。

(4)延伸法律服务，提升法律服务的针对性。2015年，内蒙古高院与自治区科技厅、工商局、新闻出版广电局等单位联系，在广泛征求意见的基础上，续聘了25位知识产权审判科学技术咨询专家。借助技术专家的技术资源，有效解决知识产权案件专业技术性问题。

二、坚持为民司法，切实转变作风，不断提升司法公信力

(一)增强知识产权司法保护的主动性

切实增强知识产权审判工作服务的主动性与实效性，进一步落实内蒙古高院《关于强化企业知识产权司法保护工作的若干意见》，强化与科技名牌企业、知识产权试点企业、文化产业示范基地的联系。两级法院分别与蒙牛乳业集团等知识产权试点企业代表进行座谈，得到企业高度赞誉，努力营造知识产权司法保护的良好氛围。

(二)着力加强培训的针对性、实用性，不断提高法官素质

为了提高内蒙古各级法院知识产权审判业务水平，2015年7月28日至8月1日，内蒙古高院在最高人民法院、北京市高院、江苏省高院等大力支持下，举办了全区法院知识产权审判业务培训班。本次培训班参与人员广泛，包括全区各级法院知识产权审判部门业务骨干120余人。培训老师规格高，对法律的解读权威性强。培训内容既包括基础理论，又包括审判前沿问题。

(三)参与社会管理，高度重视司法建议工作

对知识产权审判实务中发现的问题，及时形成司法建议，建议市场主体规范经营，有效避免知识产权诉讼风险。在包头市永盛成百货公司以及包百集团公司侵犯商标注册专用权纠纷案中，针对销售商出具的付款凭证记载的商品信息不准确、不完整的问题，分别向上述两家销售商提出司法建议。

(四)指导全区法院知识产权审判庭开展“4·26知识产权宣传周”系列活动

“4·26知识产权宣传周”活动期间，围绕“建设知识产权强国，支撑创新驱动发展”主题活动，主动走访科技名牌企业和知识产权试点企业，特别是与自治区“8337”发展思路相关的辖区内企业，主动征求意见，提供法律咨询，积极帮助他们解决在生产经营中遇到的实际问题。加大全区知识产权司法保护力度，增强服务针对性。指导全区法院公开开庭审理各类知识产权典型案件，开展“送法进企业、进学校、进社区等”活动。

三、坚持推进阳光司法，回应人民群众司法公开的新需求和新期待

(一)将评选发布典型案例作为司法工作的新常态

内蒙古高院知识产权审判庭连续3年公开发布《内蒙古自治区高级人民法院知识产权案件年度报告》。2015年4月24日，内蒙古高院知识产权审判庭会同高院研究室召开新闻发布会，向社会首次成批

公布2012～2014年全区法院知识产权典型案例。同时指导下级法院准确把握知识产权裁判要旨，统一裁判标准，确保裁判质量。新闻发布会还通报了近年来全区知识产权司法保护的基本情况，收到很好的社会效果。

（二）积极回应人大代表对内蒙古自治区高院知识产权审判庭工作的关切

自觉主动接受人大监督，认真做好人大代表议案建议的办理工作。针对2015年人大代表对知识产权审判工作中民事案件管辖权、刑事案件管辖权及民事案件的赔偿数额问题提出的意见和建议，内蒙古高院分别就三个问题予以详细答复，形成书面报告并及时予以回复。

（三）认真落实司法公开，扩大司法公开的影响力

尝试通过新闻媒体促进审判公开，回应人民群众对司法公开的新期待，保证人民群众的知情权和社会各界的监督权。主动邀请社会各界人士旁听案件的庭审，增加司法公开透明度，提升企业诚信守法意识，提高消费者识假辨假能力。全区法院知识产权审判庭均把司法公开常态化，特别是邀请社会各界旁听庭审，是深化司法公开、主动接受监督的新举措，也是增强知识产权审判的透明度，进一步推进以审判公开促审判公正的新做法。充分协调媒体积极宣传全区知识产权审判新动态，2015年人民法院报登载关于内蒙古知识产权审判相关内容的专题报道。

（内蒙古自治区高级人民法院
知识产权审判庭）

检察工作

一、工作情况

内蒙古自治区检察机关以开展“危害食品药品和破坏环境资源领域专项立案监督活动”为契机，通过依法履行侦查监督、审查起诉职能，积极参与打击侵权假冒专项行动，依托行政执法与刑事司法信息共享平台，加强与各地打击侵权假冒办、公安机关、法院和相关行政执法机关的沟通联系，确保了对该类犯罪的严打态势。

（一）将侵权假冒违法犯罪作为打击重点

以开展两个专项立案监督活动为契机，依法履行监督职能，加大对侵权假冒特别是侵害民生、民利案件的打击力度。在工作中注重建立健全工作联系机制，充分发挥“两法衔接”信息平台的作用，强化沟通配合，形成工作合力。为内蒙古市场经济秩序健康发展、服务大局、保障民生提供有力的司法保障。如自治区检察院与食品药品监督管理局、自治区公安厅、自治区高院共同会签《关于加强食品、药品领域行政执法与刑事司法衔接的工作意见》。

（二）重视信息通报共享，分析研判工作形势

内蒙古自治区三级检察机关为强化工作效果，注重加强与行政执法机关、公安机关之间的信息统计、通报制度。鄂尔多斯市检察院公诉处会同鄂尔多斯市公安经侦支队、鄂尔多斯市法院知识产权审判庭定期召开联席会议，通报各自工作情况和上级的工作部署，并指定专职信息员走访相关部门，了解掌握区域内侵犯知识产权和制售假冒伪劣商品犯罪情况的第一手信息，及时研判，明确工作方向。

（三）加强法制宣传教育，引导群众提高维权意识

各地结合工作实际，采取各种形式开展普法宣传，引导群众尊重知识产权和抵制假冒伪劣商品，培养敢于同侵权假冒犯罪作斗争的意识。如呼和浩特市两级检察机关积极开展了保护知识产权、打击制假售假的宣传活动。一方面加强了对相关行政执法机关的宣传，打消了一些单位、部门对检察机关立案监督的顾虑，使其从内心理解支持立案监督工作，相互间建立了良好的合作平台；另一方面加强了与新闻媒体的沟通联系，积极宣传检察机关开展专项行动的重要部署、阶段成果、典型案件和经验做法，达到教育预防犯罪的目的，为专项行动的顺利进行营造良好氛围。此外，还严把宣传尺度，对有较大社会影响的案件，按照上级统一部署，做好宣传计划，统一宣传步骤。

二、工作成效

（一）“两法衔接”信息共享平台建设得到推进

除鄂尔多斯市已经建成全市范围内的“两法衔接”信息共享平台之外，赤峰市投资近200万元人民币搭建全市“两法衔接”信息共享平台，将全市两级500多家执法单位纳入其中，确保实现案件网上移送、网上受理、网上立案、网上监督的无障碍对接。

（二）侵权假冒案件均依法得到及时批捕、起诉

认真落实《刑事诉讼法》的办案时限和国家打击侵权假冒违法犯罪的政策要求，对于公安机关提请批准逮捕、移送审查起诉的案件，均做到在时限要求内依法办结。

（三）发挥法律监督职能，对行政执法机关和公安机关打击侵权假冒工作依法监督

如锡林郭勒盟太仆寺旗检察院先后深入公安局、环保局、食品药品监督局、农牧业局、工商局等行政执法单位，共查阅案件300余起，对执法机关2014年以来作出的行政处罚和涉嫌犯罪尚未移交的案件进行了排查，于2015年10月26日建议太仆寺旗农牧业局移送1起销售假种子的案件，该局于2015年10月27日将案件移送至太仆寺旗公安局。

（最高人民检察院侦查监督厅供稿）

辽宁省

专利工作

一、不断加强体制机制建设

组织起草并由辽宁省政府办公厅正式印发了《辽宁省深入实施知识产权战略行动计划（2015－2020年）》。组织召开了辽宁省政府知识产权办公会议。国家知识产权局批准在大连理工大学建立国家知识产权战略实施研究基地。

研究制定了《辽宁省知识产权“十三五”规划》并将其首次列入《辽宁省“十三五”规划》的专项规划，在全国知识产权系统率先通过省政府审议。承办2015年全国知识产权系统规划发展工作会议，贺旻副省长出席会议并致辞。

制定出台《辽宁省举报假冒专利行为奖励办法（试行）》《关于贯彻企业知识产权管理规范的指导意见》两部规范性文件。

开展辽宁省知识产权维权援助专家库专家申报遴选工作，确定维权援助专家库成员。辽宁省维权中心在辽宁科技大学等单位建设3家知识产权维权援助工作站。

二、专利创造、运用、保护、管理均取得较好成绩

2015年，辽宁省发明专利申请19 332件，同比增长5.0%；发明专利授权6569件，同比增长65.3%；有效发明专利量23 242件，同比增长26.2%；每万人有效专利5.29件；PCT国际专利申请178件。

审核、发放省发明专利申请费用补助

资金737.6万元人民币。继续开展全省具有创新能力的规模以上工业企业“专利清零”，2015年辽宁省共有705家实现“专利清零”。

20个优秀项目获得第十七届中国专利奖，其中金奖1个；对第十六届中国专利奖获奖的16个项目给予360万元人民币奖励；辽宁省专利奖首次列入辽宁省政府奖励序列，评出7个获奖项目，给予45万元人民币奖励。

在日常执法检查的基础上，先后在8个市组织开展10次省市联合专利执法检查和展会执法维权活动，出动执法人员近400人次，检查商品6000余种，发现涉嫌假冒专利案件线索150余条，立案查处106件；2015年共查办专利行政案件483件，年增长23%，其中专利纠纷调处案件79件，同比增长110%，纠纷调处案件结案周期为6周，同比缩短40%。在电商执法专项行动中共检查电商800余家，商品4300余件，发现假冒专利案件线索40余条，立案查处21件。与浙江省知识产权局合作，处理淘宝网平台侵权投诉案件19件。编印了《辽宁省专利行政执法典型案例》。邀请专家深入企业，开展定向知识产权维权援助服务。

辽宁省被国家知识产权局选定为开展知识产权质押融资风险补偿试点，获得5000万元人民币风险补偿基金资助。鞍山市和盘锦市被列为开展知识产权质押融资试点工作地区，沈阳市、大连市被列入国家第二批专利保险试点城市。

发布2014年《辽宁省知识产权发展与保护状况》白皮书。开展了以“建设知识产权强国 支撑创新驱动发展”为主题的“4·26知识产权宣传周”系列活动，省、市各种媒体及手机短信、微博、微信等新兴媒体对此做了集中宣传报道。《辽宁日报》连续6天专版刊登2014年度授权发明专利3975项。

三、重视试点示范、优势企业培育和人才培养，搭建综合平台，提高服务能力

鞍山市知识产权局被评为全国知识产权试点先进单位，丹东市被评为国家知识产权试点城市，本溪县、辽阳市太子河区被评为国家知识产权试点县区。另有国家级知识产权示范企业2家，国家级知识产权优势企业48家，省级知识产权优势企业54家。西柳市场被确认为第一批国家知识产权保护规范化市场。锦州汉拿电机有限公司等被确定为专利信息传播利用工作体系试点及专利信息传播利用重点促进单位。2家企业达到国家知识产权规范化管理标准。

开展多层次知识产权培训，国家知识产权局（辽宁）培训基地、鞍山市知识产权局、阜新市知识产权局被评为全国知识产权系统人才工作先进集体，3名同志被评为全国知识产权系统人才工作先进个人。

深度开发专利代理信用信息平台和假冒专利信息平台，完善专利信用信息平台。进一步完善“12330”维权援助、举报投诉热线电话和网上受理平台，热线全年共接听电话3000余人次，办理案件189件，召开疑难案件专家论证会和侵权判定咨询会33次。

开发了特种钢材和通用航空产业专题专利数据库，完成了《辽宁省汽车增压器行业发展研究》课题项目。2家专利代理公司入选第二批全国知识产权服务品牌机构培育单位名单；确定10家单位为第一批省知识产权服务品牌机构培育单位。

（辽宁省知识产权局）

商标工作

辽宁省工商和市场监管部门以贯彻实施新《商标法》为主线，扎实深入实施商标战略，大力支持品牌建设，有效引导商标注册和运用，加强商标管理和保护，商标工作不断取得新进展。

进一步推进商标战略深入实施。各地扎实做好 2015 年“三书一表”发放和指导工作，对已具备一定生产规模和市场潜力的产品，指导生产经营者及时办理商标注册，持续提高辽宁省企业自主商标拥有量。主动走访企业，宣传商标国际注册知识和补贴政策，指导企业申请商标国际注册。认真贯彻《辽宁省商标专用权质押贷款暂行办法》和《关于进一步推进我省商标专用权质押贷款工作的意见》，积极宣传引导银行和企业对接，主动帮助他们办理质权登记，有效推动了商标专用权质押贷款工作开展。主动适应产业政策调整要求，对产业集群、重点行业和文化创意、设计服务、传统和新兴媒体、外向型企业申报辽宁省著名商标进行政策性扶持，力争打造一批拥有较高知名度的省自主品牌。

进一步加强商标富农效应推广力度。指导地理标志商标注册人制定地理标志商标推广应用规划，完善地理标志商标许可使用规范，推广农户、基地、龙头企业、地理标志和农产品商标紧密结合的农产品经营模式；对地理标志注册和使用情况开展专题调研，形成《辽宁省地理标志商标状况调查》。促进了地方特色农业向综合效益明显的现代化方向发展。

进一步加强商标权益保护力度。辽宁省制定下发《辽宁省工商局关于印发 2015 年辽宁省工商系统打击侵犯知识产权和制售假冒伪劣商品工作要点的通知》。以商标专用权保护、打击“傍名牌”、流通领域商品质量监管、网络交易监管、红盾护农、广告监管等六个方面为工作重点，继续深入开展打击侵犯知识产权和制售假冒伪劣商品专项行动，严厉查处侵权假冒违法行为，取得了预期成效。2015 年共立案查处侵权假冒案件 1021 件，办结案件 900 件，案值 1287.58 万元人民币，移送司法机关 5 件，捣毁窝点 3 个。

2015 年，辽宁省商标申请量 45 481 件，注册量 35 367 件，累计有效注册量 179 505件。

（辽宁省工商行政管理局）

版权工作

2015 年，辽宁省版权工作紧紧围绕局党组确定的“工作提高年”部署，坚持改革创新，坚持真抓实干，突出工作重点，全面提升版权保护与管理水平。

一、落实国发 28 号文件精神

全面落实国发 28 号文件《国务院关于近期支持东北振兴若干重大政策举措的意见》，争取国家版权局支持是 2015 年辽宁省版权局的中心工作，通过对华中和西部两家国家版权交易中心进行考察调研，初步完成了“北方国家版权交易中心”项目可行性报告的前期准备工作。

二、政府和企业软件正版化工作

（1）增补辽宁省审计厅、辽宁省政府法制办、辽宁省政府采购中心为领导小组成员单位，截至 2015 年年底，辽宁省政府使用正版软件工作领导小组增至 19 个部门。

（2）2014 年 11 月至 2015 年 2 月，采取分期培训方式，完成了 14 个市的 100 个县区级政府机关软件正版化业务培训任务，参训单位 1326 家，受训人员 1500 余人，召开了两期共 101 家省直机关软件正版化业务培训。

（3）组织开展了辽宁省政府使用正版软件工作领导小组成员单位联络员会议，总结了 2014 年软件正版化工作情况，讨论通过了《辽宁省 2015 年推进使用正版软件工作实施方案》，对 2015 年推进使用正版软件工作作出部署。

（4）为进一步贯彻落实国务院办公厅印发的《政府机关使用正版软件管理办法》，在省级政府机关部署、开展巩固软件正版化工作成果“回头看”工作，全面巩固正版化工作成果。组织成员单位组成6个检查组，于2015年8月和12月分两轮对14个市30个县区及101家省直机关开展深化政府机关软件正版化工作成果工作情况进行实地督查。

（5）2015年，共组织召开3期企业软件正版化培训。来自辽宁省内勘察设计、金融、证券、商业服务等领域的96家企业参加了培训；深入推进辽宁省新闻出版行业企业软件正版化工作，高标准通过了国家版权局的检查验收；联合辽宁省国资委制定印发了《关于推进全省国有企业软件正版化工作实施方案》，全面启动辽宁省国有企业使用正版软件工作。

三、版权执法与监管工作

（1）部署开展辽宁省新闻出版广电和版权领域2015年打击侵权假冒工作。围绕建设执法制度、提高执法效能、加强“两法衔接”、提升全民守法意识四项工作任务，重点组织开展“剑网2015”专项行动、印刷复制发行监管专项行动、“秋风2015”专项行动。2015年2月中旬，国家打击侵权假冒工作考核组对辽宁省“双打”工作进行检查验收，对辽宁省版权局负责的打击侵权盗版和推进软件正版化工作给予了充分肯定。

（2）组织开展打击网络侵权盗版“剑网2015”专项行动。联合辽宁省互联网宣传管理局、辽宁省通信管理局、辽宁省公安厅等部门共同启动了辽宁省打击网络侵权盗版“剑网2015”专项行动，起草制定了实施方案，组织召开了省内主要运营商会议，明确提出了以查办侵权盗版大案要案为突破口，开展规范网络音乐版权专项整治行动和规范网络转载版权秩序重点工作。专项行动期间，共查办网络侵权盗版案件9件，没收服务器3台，罚款23万元人民币。

四、版权宣传培训工作

（1）开展“4·26”版权集中宣传活动。为配合宣传活动的开展，印制了《版权保护宣传手册》。2015年4月20日，在沈阳市浑南新区亿丰时代广场举行的辽宁省集中销毁盗版及非法出版物活动现场，联合辽宁省知识产权局，以及沈阳市版权、文化执法、工商、法院等部门设立版权宣传咨询台，集中开展版权咨询宣传活动。在宣传周期间，协调辽宁广播电视台在中午时段《辽宁卫视说天下》栏目以滚动字幕形式连续播放了“保护版权，尊重创造，从你我做起！”宣传语。

（2）2015年4月23日，组织召开了“加强版权保护实施技术防伪工作座谈会”。来自省内出版、发行单位相关负责人共计50余人参加了会议。

（3）组织辽宁省内各市版权管理人员、版权执法人员，以及省直有关部门参加了国家版权局举办的8次强化版权执法、推进正版化、版权监管平台、版权社会服务等业务培训或工作会议，根据安排，辽宁省版权局分别就开展软件正版化审计监督、推进政府机关软件正版化、查办网络侵权盗版案件、推进正版化助力创新创造共4次在培训或会议上作了交流发言。2015年8月底，参加了由辽宁省打击侵犯知识产权和制售假冒伪劣商品工作领导小组办公室组织召开的全省打击侵权假冒业务培训会。辽宁省版权局应邀就进一步巩固政府机关软件正版化工作成果，全面落实政府机关软件正版化常态化管理在会议上作交流发言。

五、组织辽宁省出版单位参加北京国际图书博览会

组织辽宁出版集团有限公司、北方联合出版传媒有限公司及所属出版社、东北财经大学出版社、大连出版社共11家出版单位，携1600种最新出版的“走出去”系列精品图书参会。为期5天的展会，共签订版贸协议及达成版权合作意向近百项。

六、举办辽宁省基层版权执法人员业务培训班

举办了辽宁省版权执法人员业务培训班。来自辽宁省内各市县的版权执法人员80余人参加了培训，邀请了辽宁省服务业委、辽宁省“双打”办、辽宁省通信管理局和辽宁省内版权法律方面的专家为学员授课，同时安排大连市文化市场综合执法总队就查办网络侵权盗版案件进行了业务交流。

七、版权公共服务工作

2015年，共办理作品自愿登记10 337件，审核涉外著作权合同登记180件，办理著作权合同备案登记8件，办理涉外电子出版物和计算机软件著作权认证4件。

（辽宁省版权局　李安庆）

司法工作

2015年是“十二五规划”的收官之年，在我国经济社会发展进入新常态、党中央提出创新驱动发展战略的背景下，面对知识产权司法的新形势、新任务，辽宁省各级法院继续努力提高知识产权司法能力，不断加大知识产权保护力度，为辽宁省科技创新进步、市场经济健康运行提供有力司法保障。

一、辽宁省知识产权案件审理总体情况

2015年辽宁省受理知识产权一审民事案件1191件，审结990件，结案率为83.12%，调撤551件，调撤率为55.66%。受理二审民事案件158件，审结142件，结案率为89.87%，调撤54件，调撤率为38.03%。受理刑事一审案件109件，审结98件。受理行政一审案件0件。

二、辽宁省知识产权案件的主要特点

（1）知识产权民事案件数量与2014年持平，大量案件集中于沈阳市、大连市两个经济较发达城市。2015年沈阳市、大连市地区两级法院受理知识产权民事案件数占辽宁省总受理案件数72.05%。

（2）常见的传统侵权案件继续存在，同时新类型案件不断涌现。知识产权案件在辽宁省除沈阳市、大连市以外的其他城市仍以传统的侵害商标权、著作权纠纷为主，其中以商标侵权为主要类型，著作权纠纷中多为中国音像著作权集体管理协会等诉本地KTV俱乐部等娱乐部门侵犯音乐作品著作权的案件。在沈阳市、大连市则出现一批诸如滥用市场支配地位的反垄断纠纷，信息网络传播权、网络域名权属纠纷，涉及商业诋毁、商业贿赂、低价倾销、侵害商业秘密的不正当竞争纠纷等新类型案件。

（3）知名企业集中维权的系列案件占较大比重。权利主体提起诉讼不仅以获得经济赔偿为目的，更通过维权诉讼来扩大企业的社会影响力，增强市场竞争能力。以大连市西岗区法院为例，2015年该院受理的老凤祥公司、中粮集团公司、福建七匹狼公司、上海电影制片厂、安庆市高平老奶奶食品公司、彤德莱餐饮管理公司等企业集中维权系列案件占其全部知识产权案件的93%。

（4）合同类纠纷案件增加。侵权案件数量有所减少，而技术合同、特许经营合同、计算机软件开发合同、专利代理合同及植物新品种育种合同等合同类纠纷案件大幅上升。

三、加强辽宁省知识产权司法工作的主要举措

（一）树立正确的知识产权司法理念

知识产权审判作为知识产权保护事业和国家发展战略的重要组成部分，担负着促进自主创新、维护当事人合法权益和社会公共利益的重要职责。随着振兴东北老工业基地战略的推进，辽宁科技革命和产业变革面临难得的历史机遇。辽宁省各级法院知识产权审判人员充分发挥知识产权司法保护激发创新动力、创造潜力和创业活力的特殊作用，始终坚持“加强保护、分门别类、宽严适度”的基本政策，合理界定知识产权权利边界和保护强度，维护市场竞争的平等和公平，优化资源配置效率，助推辽宁省经济快速健康发展。

(二)加强辽宁省知识产权司法队伍建设

完成好知识产权审判任务的关键在人，影响司法公信力的核心因素是法官的司法能力。辽宁省各级法院注重知识产权司法队伍建设，利用多种方式加强业务学习，提高业务水平。(1)由辽宁省高院民三庭与大连市中院、沈阳市中院知识产权审判庭共同对上一年度发改案件进行评查，交流工作思路，查找不足。(2)编辑印制《辽宁知识产权审判》专刊，为全省知识产权法官开阔视野、交流经验提供平台。(3)对知识产权审判必备的法律及司法解释进行汇编，印制《知识产权法律手册》。(4)建立全省法院人才储备机制。积极选送知识产权法官参加最高人民法院组织的培训班、研讨会。(5)与高等院校开展合作交流，邀请学者对知识产权审判的热点、难点问题进行授课。建立专家库，就案件技术事实的查明和判断咨询有关专家。例如大连市西岗区人民法院与大连理工大学共建知识产权司法保护研究基地，定期与技术专家就审理知识产权案件中所涉及的相关技术难题召开分析交流研讨会。(6)注重培养锻炼年轻法官，发挥老法官的“传帮带”作用，侧重于提高年轻法官的驾驭庭审和做调解工作等的能力。

(三)依法裁判，发挥知识产权司法保护的示范作用

在审理具体案件中，全面认定事实，准确适用法律，通过依法裁判，起到震慑、警示社会的作用。司法实践中主要在以下方面取得实际效果。(1)在审理普拉达、香奈儿、长城干红等知名品牌维权诉讼中，坚持平等保护原则，树立辽宁省知识产权司法保护的良好形象。(2)面对知识产权案件普遍存在的侵权证据难以收集的问题，辽宁省各级法院依法采取证据保全措施，及时固定侵权证据。(3)对知识产权刑民交叉案件，作出有益探索。在原告北方重矿公司与被告和昌机械制造公司、山河智能装备公司、山河矿业装备公司、龚某等侵害技术秘密纠纷案中，龚某等人因窃取北方重矿公司商业秘密而获刑，但刑事判决中并未涉及雇佣龚某等人的和昌机械制造公司及因此获益的山河矿业装备公司。沈阳市中院经审理后认为，和昌机械制造公司和矿业装备公司对于龚某等人的行为，主观上存在过错，判决其承担民事侵权责任，及时有效地保护了被侵权人的合法权益。(4)充分维护权利人利益，进一步加大损害赔偿力度，正确把握法定赔偿和酌定赔偿的关系，提高损害赔偿计算的科学合理性。鉴于《商标法》《著作权法》及有关司法解释对赔偿数额规定并不明确，在合议庭评议时，从权利人享有权利商标、作品等的知名度、侵权行为性质等具体方面，酌情确定赔偿数额。

(四)精心调解，引导市场主体进入良性竞争轨道

辽宁省各级法院在严格依法办案的前提下，加大调解工作力度，不仅降低了侵权人的赔偿数额，也减少了权利人的维权诉累。辽宁省各级法院的知识产权审判都建立了有效的调解机制，让调解贯穿整个诉讼过程。

(五)阳光司法，拓宽知识产权司法公开渠道

(1)辽宁省各级法院继续推行网络直播和微博直播知识产权案件庭审。(2)除具有法定不公开理由的，其余生效裁判文书一律要求上网公开。(3)对有指导意义和公众关注的典型案件，主动邀请人大代表、政协委员、新闻媒体等旁听庭审，自觉接受各界监督指导。(4)开展内容丰富的“4·26世界知识产权日”主题宣传活动，召开新闻发布会；设计制作知识产权保护宣传手册及宣传展板；进校园开展知识产权巡回审判；大连市西岗区法院还定期在《大连日报》上介绍典型知识产权案例。

(六)延伸服务，加强与政府、企业、行业协会的交流互动

(1)积极开展“走访企业”活动。辽宁省高院与辽宁省国资委联合开展“国有企业法律风险防范”专项调研，走访省内多家国有企业，梳理它们当前面临的进出口贸易和知识产权法律难题，并结合近年来有关案例提出法律意见。各中院定期组织法官到大型企业调研，并进行座谈会、专题授课、现场答疑、知识产权保护风险提示手册的发放等。(2)建立与政府主管部门、行业协会的联动机制，对案件审理中发现的突出问题，有针对性地提出司法建议，并共同向相关市场经营者发出倡议书。(3)对重点案件实施回访，了解当事人对案件结果的感受，最大限度地保护当事人合法权益，不断改进工作方法。

(七)推进改革，优化审判运行机制

辽宁省各级法院大力推进司法改革试点工作，辽宁省高院民三庭作为院内第一批试点庭室，组建知识产权、涉外商事、海商海事和申诉复查四个专业化合议庭，人员固定，推行合议庭负责制，审批流程简化，由合议庭成员共同签发案件、共同对案件负责，保证了案件质量，提高了审理效率。辽宁省高院在各级法院配合下对辽宁省实施知识产权案件“三合一审判”机制的可行性进行调研，借鉴沈阳市沈河区法院、大连市西岗区法院的经验，合理规划知识产权案件管辖布局，为进一步完成此项工作做好前期准备。

(辽宁省高级人民法院知识产权审判庭)

检察工作

2015年，辽宁省各级检察机关深入贯彻落实党中央、国务院及最高人民检察院的工作部署，按照辽宁省打击侵犯知识产权和制售假冒伪劣商品工作领导小组的具体要求，提高认识，统一思想，紧紧围绕社会矛盾化解、社会管理创新、公正廉洁执法三项重点工作，完善工作机制，加大工作力度，突出工作重点，打击侵犯知识产权和制售假冒伪劣商品工作取得了新的明显成效。

一、认真履行法律监督职责，依法严厉打击侵犯知识产权犯罪活动

辽宁省各级检察机关不断加大对侵犯知识产权犯罪的打击力度，依法及时批捕、起诉严重侵犯知识产权犯罪案件。对于有重大影响的案件，及时予以督办。在工作中，积极研究、学习打击侵犯知识产权和制售假冒伪劣商品犯罪中的相关法律适用问题，明确各项标准。同时注重与公安机关、法院的配合，形成打击犯罪的合力，保持对打击侵犯知识产权犯罪案件的高压态势。

二、开展专项监督活动，促进“两法衔接”工作取得实效

2015年3月，最高人民检察院决定在全国范围内开展破坏环境资源犯罪专项立案监督活动和危害食品药品安全犯罪专项立案监督活动，辽宁省检察机关迅速行动，细化措施，狠抓落实，取得了明显成效。专项监督活动开展以来，辽宁省检察机关共督促行政执法机关移送涉嫌犯罪案件14件24人。加强对下督导，认真指导沈阳市、大连市等地办理最高人民检察院督办的破坏环境资源和危害食品药品安全犯罪案件，在督办过程中，加强沟通和协调，及时提出意见建议，确保了上述案件的及时办结，得到了最高人民检察院的肯定。

三、积极探索建立完善知识产权保护工作的长效机制

(1)积极探索推动行政执法与刑事司法机关衔接机制。2014 年年底，辽宁省打击侵权假冒领域行政执法与刑事司法信息共享平台建成。平台建成后，辽宁省检察院积极参与起草了《辽宁省打击侵权假冒领域行政执法与刑事司法衔接工作联席办公会议制度》《辽宁省打击侵权假冒两法衔接平台管理办法》等一系列工作制度，并与辽宁省打击侵犯知识产权和制售假冒伪劣商品工作领导小组会签、印发了《关于做好打击侵权假冒领域行政执法与刑事司法信息共享平台管理工作的通知》，对信息共享平台的运行、管理提出具体的要求，增强了可操作性和规范性，将检察机关的监督职能贯穿于案件办理工作的始终。(2)积极开展法制宣传教育活动。2015 年，辽宁省检察机关共开展各类与打击侵犯知识产权和制售假冒伪劣商品有关的法制宣传教育 100 余次，设立宣传点 50 余处，还通过电视、广播、网络、报纸、宣传单等多种形式进行宣传，提高人民群众参与、检举侵犯知识产权和制售假冒伪劣商品的热情，通过广泛的宣传，近 1 年来共获取案件线索 30 余条。

(最高人民检察院侦查监督厅供稿)

吉林省

专利工作

2015 年吉林省知识产权工作认真落实全国知识产权局局长会议和吉林省委十届五次全会、全省经济工作会议精神，围绕中心，扎实工作，为加快推动吉林省新一轮振兴发展提供知识产权支撑。

一、加强宣传培训，营造知识产权氛围

以“4·26 知识产权宣传周”、中国专利周为契机开展大型户外宣传及知识产权进机关、进企业、进学校、进社区宣传活动。针对行政机关、高校、科研院所、企事业单位专利管理人员、专利技术人员和专利代理机构人员、专利推进与转化项目承担单位人员及发明人等开展现场培训。吉林省知识产权远程教育初具规模，已建成 10 个分站，注册学员 3000 余人。

二、明确发展目标，推进专利战略实施

吉林省政府办公厅转发了吉林省知识产权局会同吉林省委宣传部等 25 个部门制定的《吉林省深入实施知识产权战略行动计划(2015～2020 年)》，制定并实施了《2015 年吉林省专利事业发展战略推进计划》。2015 年 6 月，国家知识产权局专利战略检查小组对吉林省专利事业发展战略推进工作进行了中期检查和调度。

三、推动试点示范，提供区域发展动力

组织指导试点、示范培育城市、强县工程试点、示范县(区)工作。受国家知识产权局委托，对知识产权示范培育(试点)城市、知识产权强县工程示范(试点)工作进行了年度考核；吉林市船营区被国家知识产权局确定为国家知识产权强县工程试点县(区)。

四、实施专利牵引，大力推动专利运用

完成了 2015 年 33 个专利转化项目任务书的签订，资助资金 700 万元人民币。制定了《2016 年专利转化项目指南及指南说明》，完成了 2012 年专利转化项目验收工作。围绕“强化知识产权运用保护，助力大众创业万众创新”主题，举办了专利展示推介会。组织推荐发明创业者参加由中国发明协会举办的第九届“发明创业奖·人物奖”评选活动。组织8个专利项目参加了第二十一届全国发明展览会，获银奖1项。

五、推动企业发展，激发创新主体潜能

加强专利推进项目工作，对2013年29个专利推进项目、2014年20个专利推进项目进行了中期检查指导。完成了2015年41个专利推进项目任务书签订工作，资助资金600万元人民币。制定了2016年专利推进项目指南。与北京国之专利预警咨询中心签订专利工作合作框架协议，选择10家企业、5家高校和科研院所重点开展“贯标”工作指导。吉林省知识产权局推荐的3项发明专利荣获第十七届中国专利奖优秀奖。

六、完善资助机制，增强申请专利意识

2015年确定816项专利给予补贴，补贴金额200万元人民币。2015年吉林省共申请专利14 800件，比上年增长24.03%。其中，发明6154件，比上年增长16.38%；实用新型7345件，比上年增长29.82%；外观设计1301件，比上年增长31.81%。获授权专利8878件，比上年增长32.59%。其中，发明2240件，比上年增长56.21%；实用新型5638件，比上年增长24.38%；外观设计1000件，比上年增长37.17%。每万人口发明专利拥有量2.8件，比上年增长22.27%。

七、加强立法执法，提高专利保护水平

进一步推动立法工作，按照立法程序，针对各地、各部门单位所提意见和建议对《吉林省专利条例(征求意见稿)》进行研究作进一步修改；印发了《2015年全省专利行政执法工作要点》，部署专利执法工作，重点对电子商务领域和展会开展专项执法行动，设立吉林省通化市东昌区医药行业知识产权快速维权援助中心，组织各市(州)签订《吉林省专利行政执法协作协议》。确定辽源市东北袜业园为省级知识产权保护规范化市场，开展第十届“东博会”展会执法，组成督查组赴有关市(州)开展专利行政执法督导工作。专利行政执法队伍进一步壮大，有30人取得国家知识产权局颁发的专利行政执法证。2015年吉林省共受理专利行政案件78件，其中专利侵权纠纷案件40件，查处假冒专利案件36件，其他专利纠纷2件。

八、加强体系建设，提高专利服务水平

制定并印发了《吉林省知识产权局关于为科技型企业提供融资服务的通知》《吉林省知识产权局关于印发吉林省专利试点工作指导意见的通知》《吉林省专利保险补贴办法》。在通化市和延边朝鲜族自治州分别设立了知识产权质押融资试点和专利保险试点，其中中国科学院长春应用化学科技总公司被纳入首批国家知识产权运营服务试点单位，延边朝鲜族自治州被国家知识产权局定为专利保险试点地区。2015年，吉林省知识产权局对参加专利保险的66家企业376项专利予以保险补贴，补贴资金34.84万元人民币。质押专利24件，协议贷款9000万元人民币。实施专利代理能力促进工程，开展专利代理机构从业人员培训。通过2014年全国专利代理人资格考试人员20人(总参考人员109人)，组织180人报名参加2015年全国专利代理人资格考试；2015年，吉林省专利代办机构共受理专利申请10 661件，比上年增长30.0%，受理的专利申请电子申请率达到100%，办理专利实施许可备案50件，出具专利登记簿副本231件，办理专利申请用户注册382户。

(吉林省知识产权局)

商标工作

吉林省工商和市场监管部门认真贯彻落实《商标法》，充分发挥职能作用，指导全省系统强化商标行政指导，加强商标专用权保护，推动商标战略深入实施，服务品牌经济发展。

突出重点领域监管，进一步加强商标行政执法工作。开展商标印制专项整治，印发《关于开展商标印制企业专项整治行动的通知》，组织开展专项行动，从源头上遏制商标侵权行为的发生。加强对商标代理机构的监管，下发《关于开展商标代理机构专项检查的通知》，开展商标代理机构检查，引导其诚信服务、规范经营。深入开展“双打”工作，组织开展农村和城乡结合部市场假冒伪劣专项整治、2015 红盾网剑专项行动、儿童用品专项整治、农资打假百日行动等专项执法，2015 年侵权假冒案件立案 621 件，结案 621 件，案值 657.81 万元人民币，罚没金额 729.97 万元人民币。加大商标专用权保护力度，以保护高知名度商标、地理标志商标、涉外商标为重点，加强商标行政执法，维护商标注册人合法权益，2015 年共查处商标侵权案件 218 件，案值 191.61 万元人民币，罚没金额 319.70 万元人民币。

扎实推进商标行政指导，提升服务经济发展工作水平。吉林省有效落实“三书五进”商标行政指导工作法和“一所一标”工程；召开地理标志专题调研座谈会，对地理标志商标注册使用、规范管理、宣传角度等方面进行指导；召开电子商务环境中商标专用权保护暨服务涉农企业开展电子商务工作现场会，鼓励涉农企业开展电子商务营销，指导企业在互联网经济中强化商标专用权保护；通过抓住区域重点产业培育商标，建立品牌服务站，集中力量实施精准服务，积极推进以农产品、景区等为重点的特色资源产业品牌化。

品牌建设成效明显，商标培育制度得到进一步完善和落实。2015 年新增中国驰名商标 17 件，总数增至 144 件；新增地理标志商标 4 件，总数达到 45 件；新增吉林省著名商标 88 件；上年驰名商标工作成果写入 2015 年吉林省政府工作报告。完善商标品牌建设法规制度体系，启动《吉林省著名商标认定和保护条例》修订工作，起草完成《吉林省著名商标审查工作制度（送审稿）》。吉林省工商局不断推动政府发挥品牌发展引导作用，协调发放品牌建设奖励金，所辖市局协调政府对驰名商标、著名商标、国际注册商标企业实施奖励，出台关于加快实施商标品牌战略的意见、规划，并将之纳入市政府总体工作，有力促进了商标品牌战略深入发展。开展吉林省著名商标企业回访工作，调查了解商标持有人情况，落实退出管理制度，维护著名商标声誉，督促和指导企业提高商标运用水平。

加强商标宣传，营造良好的知识产权氛围。吉林省在商标知识产权宣传周期间开展商标宣传“五进”（进企业、进商场集市、进机关、进高校、进社区）活动，召开全省系统打击侵犯知识产权和制售假冒伪劣商品工作情况通报会；组织吉林省内部分高知名度商标企业参加丝绸之路经济带品牌（商标）建设与经济发展合作交流大会和第七届中国国际商标·品牌节，参加《中国品牌看精彩》专栏系列宣传活动和第二届“中国商标金奖”评选；利用吉林红盾网、吉林商标网发布商标工作相关信息。

2015 年，吉林省商标申请量 24 637 件，注册量 18 308 件，累计有效注册量 86 541件。

（吉林省工商行政管理局）

版权工作

2015 年，吉林省各级版权管理部门在吉林省省委、省政府和国家版权局的领导下，不断创新工作方法，认真履行职责，规范版权监管，加强版权保护、运用及转化机制，推进版权产业健康发展，为吉林省经济社会发展作出了应有贡献。

一、版权监管和行政查处工作

（1）加强了统一领导和工作指导，落实版权行政执法案件月报制度，对重点案件进行指导、重大案件进行督办，形成全省上下联动、协调配合的行政监管及执法机制。吉林省各地版权机关根据本地情况组织开展各类集中执法行动，针对印刷复制企业开展了阶段性集中检查；针对高校周边复制、销售盗版教材行为开展了集中治理。吉林省版权局还举办了版权执法专题培训班，全省各市县级执法人员总计 140 人参加了培训。

（2）积极主动查办典型侵权案件。2015 年，吉林省各级版权执法机关，围绕图书、音像发行、计算机软件、互联网等重点领域，积极主动开展版权侵权案件的行政查处工作，案件查办质量比上一年度明显提高。吉林省版权局直接立案查处典型侵权案件 4 起。2015 年，吉林省共立案查处行政执法案件 60 件，国家版权局督办案件 1 件，吉林省版权局督办案件 2 件，移送司法机关 1 件，全部结案，行政处罚金额总计超过 50 万元人民币。

（3）集中开展“剑网 2015”行动。2015 年 7 月末，吉林省版权局与省互联网信息办公室、省公安厅、省通信管理局联合印发了《吉林省 2015 年打击网络侵权盗版专项治理“剑网”行动工作方案》，启动开展全省第 11 次打击网络侵权盗版专项治理“剑网”行动。在此次专项治理行动中，吉林省版权局将延边朝文音乐网站作为网络音乐侵权的治理重点，指导延吉市文化综合执法机关开展调查工作，梳理存在侵权风险的网站并进行重点监控，利用梳理出的有关线索协调相关部门进行调查。对存在转载使用他人作品不规范行为的网站，约谈相关负责人，督促其整改。

“剑网”行动开展期间，吉林省各级版权管理部门与公安、网信等部门密切合作，对重点网站、连锁网吧等重点领域和场所及网络运营接入服务商等重点环节进行日常监管和执法检查，对严重的侵权行为依法予以查处。据统计，吉林省各级版权管理部门主动监管网站 100 余个，对有关服务器进行检查 70 余次，进行立案调查的案件 20 件，结案 14 件，约谈有关网站负责人 30 多人次，罚款金额总计 11.4 万元人民币。

（4）进一步完善了版权执法案件信息公开制度。吉林省版权局积极开展依法行政和法治政府建设工作，建立、完善制度，依法及时、主动、全面公开版权行政处罚案件信息。针对各级版权执法机关信息公开的渠道资源不平衡、部分地区案件信息公开滞后和不规范等情况，制定了《版权行政处罚信息公开工作实施细则》；利用吉林省新闻出版广电局的政府门户网站设立版权行政执法案件信息公开栏（版权工作动态），为全省各级版权执法机关提供统一的信息公开平台。

二、软件正版化工作

（1）加强组织协调，明确责任分工，全面部署软件正版化工作。2015 年年初，吉林省推进使用正版软件工作领导小组办公室组织各成员单位召开专题会议，研究制定了《吉林省 2015 年推进使用正版软件工作实施方案》，对 2015 年度的软件正版化工作作出统一部署。

（2）强化责任落实，开展监督检查，形成长效工作机制。吉林省版权局于 2015 年 7～9 月期间集中开展了省级机关单位软件正版化工作检查。共现场检查省级机关单位 60 家，抽查办公电脑 360 台，检查各单位软件正版化工作制度建设情况及软件管理台账，对存在的问题进行记录，并进行现场反馈，提出明确具体的整改意见。

按照《吉林省 2015 年推进使用正版软

件工作实施方案》要求，各市县级政府明确了软件正版化工作的责任部门，结合实际组织开展机关单位软件正版化工作检查或抽查，通过督促检查和工作指导，进一步推进了各市县机关单位软件正版化自查及制度建设，建立了长效工作机制。长春市版权局根据实际，及时制定长春市机关正版软件管理工作制度，通过“正版软件管理系统”软件等技术手段，加强对正版软件安装使用、升级维护管理，将长春市政府采购的8000套操作系统、办公软件及其他正版软件全部录入“正版软件管理系统”软件中。

(3)加强协调配合，确定工作重点，扎实推进国有企业软件正版化。吉林省版权局将推进省属国有企业软件正版化整改确定为本年度企业软件正版化工作的重点。依照《吉林省2015年推进使用正版软件工作实施方案》，吉林省版权局与吉林省国资委密切合作、相互配合，共同研究制订并正式下发了《吉林省2015年推进国有企业使用正版软件工作实施方案》。该实施方案下发后，吉林省版权局组织指导各相关国有企业开展自查。为进一步推进工作，2015年11月，吉林省版权局与吉林省国资委共同举办了企业软件正版化工作培训。

三、版权宣传工作

以“4·26世界知识产权日”宣传为重点，结合吉林省实际，制定《关于集中开展2015年版权宣传周的通知》，组织、指导各地结合实际开展系列宣传活动：

(1)组织中心城市开展街头主题宣传，版权宣传进校园、进社区。“4·26知识产权宣传周”期间，吉林省共张贴宣传海报超过3000张，发放宣传材料40 000多册(张)，制作展板及宣传条幅200余幅，接待市民咨询超过1000余人次。

(2)到相关企业开展版权登记上门服务。在“4·26世界知识产权日”前夕，吉林省版权局派出工作人员到吉林动漫游戏原创产业园开展上门主动服务，活动当日，共为相关动漫企业受理作品登记200余件。

(3)利用各类媒体全方位宣传著作权法。协调吉林省内主要报纸媒体，对宣传周期间的主要活动进行报道。宣传周期间，吉林电视台及省内32个数字影院等媒体连续播放版权宣传公益广告。

四、版权社会化工作

2015年吉林省版权局继续完善版权作品自愿登记工作机制，优化登记工作程序，为省内著作权人提供便利。2015年10月，举办了吉林省版权作品自愿登记代办员培训班，全省共21名代办员通过培训考核，获得作品自愿登记代办员资格证书；在各市州级版权管理机关建立版权作品自愿登记咨询代办服务站，陆续开展登记服务工作。同时，继续在吉林省版权重点企业或全省文化产业园区开展版权集中登记，不断扩大版权登记的社会影响力。

此外，积极改进工作方法和措施，为社会公众提供更加便捷有效的咨询服务渠道；通过在版权产业园区(基地)建立版权咨询服务站、与重点版权企业建立直接沟通机制等方式，积极探索主动服务的工作模式。

(吉林省版权局　田庆权)

司法工作

2015年，在最高人民法院的监督指导下，在地方各级党委的领导下，吉林省各级法院知识产权审判始终将保护创新、维护公平作为工作重心，全面落实党的十八大和十八届三中、四中、五中全会精神，深入贯彻习近平总书记系列重要讲话精神。在审判工作中，坚持围绕吉林省委各项决策部署，加强知识产权审判领域改革创新，完善知识产权审判体制机制，审判质效得到明显提升。吉林省各级法院审理的相关案件，已连续4年入选最高人民法院发布的全国 50 件知识产权典型案例。

一、知识产权案件审判基本情况

2015 年，吉林省各级法院共新收各类知识产权案件 620 件，同比增长 6.3%，旧存 159 件，合计收案 779 件，同比增长 19.48%，审结 610 件，同比增长 23.73%。年总体结案率为 78.3%，提升了 2.6 个百分点，当年收结案率为 98.38%，提升了 13.81 个百分点。其中，长春地区各级法院审结 369 件，结案占比 60.49%，列全省第一位，吉林地区各级法院审结 76 件，结案占比 12.45%，增幅明显，经济发展规模与知识产权案件数量的对比关系十分明显。

在全部已结案件中，涉及著作权纠纷案件 324 件，占比 53.16%；涉及商标权纠纷案件 142 件，占比 23.29%；涉及专利权纠纷案件 105 件，占比 17.29%。商标权、专利权纠纷案件占比有明显提升。

二、知识产权审判工作经验

（一）提升审判站位，裁判与宣传并重

与其他民商事案件的审判工作不同，很大一部分当事人对知识产权法律规则相对陌生，对自身的注意义务和侵权违法行为认识不足。因此，知识产权审判的过程，不但是一个定纷止争的过程，更是一个释法明理、向当事人及相关行业商事主体普及和宣传知识产权法律制度的过程。为此，我们坚持放大审判视野，提高审判工作站位，在审判工作中对案件的裁量不以个案标的为限，而以案件背后所关系的社会利益为确定审判思维的根本点，通过个案的审判工作，向相关市场主体昭示了人民法院坚决打击违法侵权行为的裁判铁则。通过裁判的示范效应，不但涉案主体认识到了违法行为的严重性，主动承担了侵权责任，更通过他们的口耳相传，使各个领域内潜在的侵权行为得到了有效的预防。

2015 年，全省法院共审结一审知识产权案件 519 件，其中，调解 58 件、撤诉 164 件，调撤率为 37.5%，在全部二审知识产权案件中，有 49 件以当事人调解和撤诉结案，调撤率高达 55.68%，创造历史新高。人民法院在审判过程中的普法宣传作用及裁判的示范引导作用取得的社会效果显著。

（二）注重研究学习，紧跟时代步伐

在“互联网＋”时代，随着信息技术的高度发达，科技发展和文化传播一日千里，知识产权相关案件中，不但客体发展变化较快，更加隐蔽的和更富有争议的新的侵权方式更是迭出不穷。为保持审判理念的先进性，提高审判队伍素质，吉林省高院始终坚持向先进地区兄弟法院学习先进经验，在辩证地借鉴外省审判经验的同时，因地制宜地发展具有吉林特色的知识产权审判工作。同时，我们坚持将知识产权审判与高校、科研院所等研究机构对接，2015 年，吉林省高院派员参加各类知识产权学术会议 10 余次、与科研机构组织座谈交流 5 次，并在各类学术会议中多次发表论文和进行主旨发言，形成了关于中医药的知识产权保护、知识产权侵权赔偿数额考量因素、知识产权证据保全若干规则等一系列对审判实践极具指导意义的调研报告。

（三）创新审判方法，提升审判效率

随着商业维权行为的日益广泛，法院的知识产权审判工作面临着更多的数量上的压力。为此，我们总结商业维权案件的特点，对于事实清楚、争议不大的案件，不但广泛开展一、二审的诉前调解，在降低当事人诉讼成本的前提下促成各方达成和解，还就同一系列案件，通过集中开庭、多庭并审的方式，组织被诉侵权主体与维权方集中调解，在增强被诉侵权人的议价能力的同时，引导当事人即时履行，不但减少了各方当事人的诉累、极大地提升了审判效率，还最大限度地降低了造成执行积案

的可能性。

同时，为节约当事人诉讼成本，提高审判效率，吉林省高院在 2015 年通过电子法院，首次远程公开开庭审理了 4 起知识产权纠纷案件。上诉人通过电子法院系统，在千里之外参与了庭审，实现了以高技术含量的庭审方式审理高技术含量的案件，实现了“互联网＋诉讼”的应有之意。

（吉林省高级人民法院知识产权审判庭）

检察工作

2015 年，在最高人民检察院和吉林省检察院党组的有力领导下，吉林省各级检察机关以“务实、规范、创新、科学”发展检察总基调为统领，立足职能，全力打击侵犯知识产权犯罪，为维护市场经济秩序，促进吉林省经济社会健康发展作出了应有贡献。

一、高度重视，积极谋划，侵权假冒工作被列入检察工作重点

吉林省检察机关作为全国司法改革试点先行先试地区，深刻认识到打击侵权假冒对维护社会稳定、保障经济社会发展大局平稳的重要意义，切实将打击侵权假冒工作作为重点调研内容。2015 年 1 月，吉林省检察院下发了《关于 2015 年全省检察工作重点任务分工的意见》，全省检察机关以推进平安建设为依托，严格落实全国、全省打击侵权假冒要求，积极开展工作。2015 年 6 月，吉林省检察院机关机构整合及人员分工完成后，打击侵权假冒工作由刑事检察部牵头负责，综合办公室指定专人负责具体落实。此外，吉林省检察院在全国范围内率先成立行政检察部，具体负责行政违法线索的审查。

二、立足职能，重拳出击，侵权假冒违法犯罪得到有力遏制

吉林省检察机关立足审查逮捕、审查起诉职能，通过提前介入、引导取证、对进入批捕、起诉环节的案件依法快捕快诉。各级检察机关依托诉讼监督职能，通过走访行政执法机关和公安机关，查询“两法衔接”信息平台、行政处罚台账，关注新闻媒体报道，受理控告、举报、申诉，加强媒体宣传等多种方式，依法监督行政执法机关移送案件，纠正公安机关有案不立的违法情况。职务犯罪侦查部门结合惩治和预防工作，严肃查处侵权假冒背后的行政执法机关、公安机关徇私舞弊、渎职等职务犯罪，打掉侵犯知识产权犯罪背后的“保护伞”。

三、沟通协作，多措并举，“两法衔接”和案件信息公开工作有序推进

吉林省检察院牵头与 7 家行政执法单位会签文件，《吉林省检察机关打击侵权假冒信息共享平台查询终端管理办法》正式下发执行，吉林省“两法衔接”平台建设完成，有力推动了打击侵权假冒领域“两法衔接”和案件信息公开工作。吉林省检察院大力推进“两法衔接”信息共享平台建设，督促行政执法机关依法及时移送案件，并不断完善监督机制，努力形成对侵权假冒违法犯罪的打击合力。

四、注重宣传，弘扬法治，打击预防合力出击

通过检务公开，网络平台宣传，多手段、多渠道进行法制宣传活动，提高检察公信力，引导公众用法律武器捍卫消费者权益。在吉林省“双打”办牵头举报的吉林省纪念“3·15 国际消费者权益日”咨询服务活动中，吉林省检察院派员现场“一对一”“面对面”接受群众的法律咨询并提供法律解答，不仅让群众知晓如何通过法律途径保护自身权益，还起到让群众认识到假冒伪劣商品和侵犯知识产权对社会经济发展危害的良好效果，切实做到普法宣传与预防的有机统一。

（最高人民检察院侦查监督厅供稿）

黑龙江省

专利工作

一、知识产权战略实施

积极推进实施知识产权战略和专利战略。《黑龙江省深入实施知识产权战略行动计划(2015～2020年)》于2015年7月16日由黑龙江省政府办公厅正式颁布实施。协调领导小组各成员单位制定实施《2015年黑龙江省知识产权战略实施推进计划》和《2015年黑龙江省知识产权战略实施分类指导工作方案》;印发《黑龙江省知识产权局关于开展2015年知识产权战略实施评价指标统计工作的通知》;制定贯彻落实《中共中央国务院关于深化体制机制改革加快实施创新驱动发展战略的若干意见》实施方案和贯彻落实《国务院关于大力推进大众创业万众创新若干政策措施的意见》实施方案;发布黑龙江省《“互联网+知识产权”行动计划》;启动《黑龙江省专利事业“十三五”规划》编制工作;推进哈尔滨市知识产权示范城市建设。

二、知识产权创造

(1)强化企业专利创造主体地位。2015年度新认定黑龙江省专利优势企业27家。继续实施企业专利申请“除零”“超50”“超100”计划,19家企业年度专利申请超过50件,60家企业年度专利申请超过100件。截至2015年年底,黑龙江省专利优势企业已达279家,国家级知识产权示范企业2家、优势企业24家。

(2)深入开展高校、科研院所专利“提质促量”工作。走访调研哈尔滨理工大学科技园、黑龙江大学创业园等20余家单位。哈尔滨金融学院知识产权专业学生达195人,并成立了百名知识产权志愿者服务队。

(3)加大专利资助工作力度。2015年共受理黑龙江省高校、科研院所和社会发明人的专利资助资金申报项目4265项。经审核,共3122项申报项目获得资助,资助金额共计350万元人民币。

2015年,黑龙江省专利申请34 611件,同比增长8.65%。其中,发明专利申请14 663件,同比增长8.87%。企业专利申请14 236件,同比增长4.78%。2015年,全省授权专利18 942件,同比增长22.90%。其中,发明专利授权4023件,同比增长63.94%。企业专利授权5709件,同比增长34.17%。全省有效发明专利12 955件,每万人口发明专利拥有量为3.38件。

三、知识产权运用

筹备建立知识产权转化基金,举办专利运营沙龙系列活动。组织黑龙江省29家企事业单位及个人的71项专利技术参加第三届中国(上海)国际技术进出口交易会。面向高校、科研院所、企业开展专利项目征集,收集项目近4000件。全省受理专利实施许可合同备案131件,备案金额4063万元人民币。

推进专利预警分析和重大经济科技活动知识产权评议试点工作。重点围绕焊接和机器人领域启动专利预警分析工作。黑龙江省知识产权局进入2015年国家重大经济科技活动知识产权评议试点单位。松花江专利商标事务所被国家知识产权局评为知识产权分析评议服务示范创建机构。组织2015年黑龙江省专利优势企业、专利申请大户企业与省内投资担保公司进行服务对接。黑龙江省完成专利权质押登记40件，登记金额5.7亿元人民币。

四、知识产权保护

制定实施《全省专利执法工作指导方案》，开展全省专利执法绩效考评和执法案卷评查工作。组织全省11个市(地)共同参与第二届中俄贸易博览会联合执法。2015年，黑龙江省知识产权局系统共查处各类专利违法案件487件，其中查处假冒专利案件225件，专利侵权案件173件，专利权属纠纷案件89件。共接听“12330”电话163个，接待专利申请人、专利权人来访60余人次，受理举报投诉案件26件，受理维权援助案件22件。新建立佳木斯市、鸡西市、鹤岗市3个维权援助分中心，全省知识产权维权援助分中心(工作站)已达到7个。牡丹江市和鸡西市的两家商场被国家知识产权局确定为“2015年知识产权保护规范化培育市场”。

五、知识产权管理

制订实施《2015年黑龙江省知识产权服务能力培育推进计划》。建立《黑龙江省首批知识产权服务机构名录》，共征集成员单位46家。成功举办“2015年全国知识产权服务品牌机构牵手黑龙江发展行动”。针对小微企业开展相关行业专利专题数据包推送服务。新设立1家知识产权代理有限公司和2家分支机构，全省专利代理机构和分支机构达到24家。

哈尔滨代办处2015年窗口受理专利新申请27 000件、专利收费54 000笔，专利服务业务种类增加至18项，专利电子申请比例提高至89%，居全国第二十位。全年业务质量实现零差错。

六、知识产权宣传培训

联合黑龙江省直机关工委、省体育局、哈尔滨市知识产权局共同组织了第二届省直暨哈尔滨市知识产权系统“知识产权与我同行”徒步大赛，省内其他市(地)同步举办，1万余人参加活动。联合黑龙江省科技厅、省教育厅和省科学技术协会举办了第三届“知识产权杯”高校发明创新竞赛。《中国知识产权报》、人民网等刊发黑龙江省知识产权宣传稿件120余篇。2015年，共举办各类培训活动70余场次，培训各类人员超过8000人次。目前黑龙江省有国家级知识产权专家2人，专利信息领军人才2人，专利信息师资人才3人，百名高层次人才工程10人。

(黑龙江省知识产权局)

商标工作

黑龙江省工商和市场监管部门不断提升商标注册、使用、保护和管理水平，强化商标监管职能，狠抓各项工作落实，取得了明显成效。

加强引导扶持，做好商标品牌培育工作。积极引导企业、组织、社会团体申请注册商标，较大幅度提升了黑龙江省注册商标总量；支持重点产业及地方特色产业发展，有针对性地宣传驰名商标法律知识和认定程序及要求，积极推荐驰名商标认定保护；抓住黑龙江省大力发展绿色食品产业的有利契机，积极建议对获得驰著名商标以及地理标志商标的食品企业和协会给予一定的资金和政策扶持。

扎实做好著名商标认定和延续认定工作。修订《黑龙江省著名商标认定和管理办法》，使认定工作更加科学、公正。按照新办法扎实开展了著名商标认定工作，2015年共新认定省著名商标121件，延续认定省著名商标184件。

加大商标宣传培训力度。重点宣传商标战略实施及其对于创新驱动发展的支撑作用、新《商标法》、修订后的《黑龙江省著名商标认定和管理办法》等内容，组织黑龙江省100余户驰著名商标企业参加与中华商标协会共同举办的“黑龙江企业商标品牌建设座谈会”，有效提升企业的商标知识、品牌意识及商标权自我保护意识，营造重视商标、保护商标的良好社会氛围；组织9户省重点企业参加中国国际商标（品牌）节，集中展示黑龙江省商标（品牌）。组织召开著名商标认定和延续认定工作座谈会，培训全省著名商标推进工作人员；举办地理标志商标行政指导培训班，培训各地（含省垦区）主管领导、商标科负责人和地理标志商标所在辖区分管农业的政府负责人；通过深入开展培训，提高了商标工作能力和水平。

深入开展打击侵犯知识产权和制售假冒伪劣产品专项行动。制定《2015年黑龙江省工商系统打击侵犯知识产权和假冒伪劣商品专项行动方案》，针对突出问题进行重点整治，查处侵权假冒违法行为。特别是以“五常大米”等重点品牌保护为切入点，开展打击假冒品牌的专项整治行动，严厉打击侵犯商标专用权、假冒地理标志保护产品标识、生产销售假冒伪劣产品等违法犯罪行为，切实维护了广大消费者的合法权益，提升了黑龙江省绿色食品品牌形象。2015年共检查市场主体36 104户次，出动执法人员32 081人次，受理投诉举报1306件，开展行政指导2031次，立案306件，已办结279件，罚没金额251.68万元人民币，移送司法机关2件。有效保持了打击侵权假冒违法行为的高压态势。

2015年，黑龙江省商标申请量31 094件，注册量23 262件，累计有效注册量113 609件。

（黑龙江省工商行政管理局）

版权工作

2015年，黑龙江省版权局进一步加大力度，在推进使用正版软件、打击侵权盗版、建设版权示范单位和园区、加强版权宣传与教育以及调解版权纠纷等方面开展了系列工作，达到了良好的效果。

一、软件正版化工作

（一）政府机关软件正版化工作

（1）制定方案。以黑龙江省政府办公厅名义上报了《关于我省推进使用正版软件工作情况和2015年工作要点的函》，对2014年软件正版化工作进行了总结并对2015年软件正版化工作作出了总体部署。按照国务院办公厅《关于印发政府机关使用正版软件管理办法的通知》和部门联席会议下发的《关于贯彻落实〈政府机关使用正版软件管理办法〉的实施意见》的要求，进一步健全“三个制度一本账”等长效机制。

（2）完善信息。统计黑龙江省省直各部门、单位责任人信息变更情况，组织市县两级政府机关建立单位责任人信息，进一步明确软件正版化工作责任部门和责任人。

（3）加强培训。2015年6月，由黑龙江省政府办公厅软件正版化工作负责同志带队，组织黑龙江省财政厅、黑龙江省商务厅、黑龙江省审计厅、黑龙江省省直机关事务管理局、黑龙江省版权局及市地相关部门负责同志，参加了国务院举办的2015年第一期全国政府机关软件正版化工作培训班。

（4）强化督导。印发《关于各市（地）软件正版化工作检查情况的通报》，本着“整改问题，分类指导”的原则，向市地分别通报软件正版化工作检查情况，并提出整改要求。2015年8月，迎接国家检查组来黑龙江省检查省直机关单位软件正版化工作开展情况，顺利通过检查。2015年9月，印发《关于国家检查组对我省政府机关软件正版化工作检查情况和我省贯彻落实意见的通报》，同时对省直机关及市（地）工作中存在的问题指出整改方向。

（二）企业软件正版化工作

黑龙江省版权局、省国资委印发《关

于做好推进省国资委出资企业使用正版软件工作有关事项的通知》。按照“整体规划、先易后难、分步推进”的原则，启动调查摸底工作，分阶段落实软件正版化工作目标。

部门联席会议组织黑龙江出版集团等相关部门负责同志召开新闻出版行业企业软件正版化工作会议，部署下一步工作安排；参加国家版权局组织的培训学习；督促企业建立“三个制度一本账”等长效机制；加强二级企业的自查自纠，完成国家检查工作。

二、版权执法工作

（一）打击网络侵权盗版“剑网 2015”专项行动

（1）组织部署。调整打击网络侵权盗版专项治理工作领导小组，健全“剑网”行动的组织领导机构。印发《关于开展打击网络侵权盗版“剑网 2015”专项行动的通知》。

（2）网络版权执法与监管。加大网络版权执法力度，规范网络音乐版权、网络云存储、网络转载版权，打击智能移动终端第三方应用程序（APP）、网络广告联盟侵权盗版。加大对网站的主动监管力度，不定期对黑龙江省纳入主动监管的互联网企业和网站进行检查，主动浏览网站内容，查找问题线索。在黑龙江省版权局网站上刊登举报电话，广泛发动群众，征集办案线索，建立了周报、月报制度，确保了专项行动的实效取得。佳木斯市在开展主动监管工作中，发现个别广告网站违法刊登网络小说、散文情况，立即责令其自行删除；大庆市重点围绕文学、影视、音乐、游戏、软件等作品的数字版权保护，加大了对互联网网站、网络销售平台、移动智能终端应用软件商店等平台的监管。加大行政执法联动力度，强化与各地工信、网信、公安部门及电信公司的协调与合作，组织指导市地版权局对侵权行为进行严查。加大网络版权法律宣传教育力度，利用电视台、报纸、网站及政务微博等媒体开展宣传。大庆市在主要出版物经营管理单位悬挂宣传条幅进行宣传；黑河市通过报纸、电视、展览、印发宣传资料等手段，开展普法教育、警示教育。黑龙江省版权局组织市（地）、省管县局和综合执法部门的负责同志，进行了集中培训，系统学习“互联网＋”状态下的版权保护与版权执法。

（二）打击侵犯知识产权和制售假冒伪劣商品专项行动

开展打击侵犯知识产权和制售假冒伪劣商品专项行动。迎接国家“双打”办工作检查，完成各项考核任务，获得检查组肯定。设立打击侵犯知识产权和制售假冒伪劣商品专项行动领导小组，由专项行动领导小组办公室（版权管理处）具体负责组织协调、部署专项行动，督促检查工作进展，督办重大案件。加强市场监管，“双打”行动期间和节假日，组织有关部门对黑龙江省大部分城市的出版物及计算机软件市场开展检查，加强日常监管，共查缴侵权盗版出版物 16 975 件。

（三）整顿规范歌舞娱乐场所依法使用音乐和音乐电视作品工作

印发《关于整顿规范歌舞娱乐场所依法使用音乐和音乐电视作品的通知》，联合省文化厅制定了方案，对全省歌舞娱乐场所侵权经营行为进行清理整顿。

三、版权示范单位和示范园区建设工作

（1）制定办法，组织推进。根据国家版权局《全国版权示范城市、示范单位和示范园区（基地）管理办法》的相关要求，制定《黑龙江省版权示范单位和示范园区（基地）认定管理办法（试行）》。（2）宣传发动，着力推进。对黑龙江动漫产业（平房）发展基地、哈尔滨广告产业园创业孵化基地等

11家单位进行调研。(3)规范标准，严格把关。经各市(地)新闻出版(版权)行政管理部门初审，符合报送条件的单位(园区)共16家。其中黑龙江动漫产业(平房)发展基地、哈尔滨广告产业园创业孵化基地等5个园区(基地)申请认定黑龙江省版权示范园区(基地)，哈报集团、黑龙江新洋科技有限公司等11家单位申请认定黑龙江省版权示范单位。

四、版权宣传工作

开展形式多样的"4·26知识产权宣传周"活动；召开黑龙江省暨哈尔滨市侵权盗版及非法出版物集中销毁大会；参加"打击侵权盗版、保护知识产权"大会签名活动，现场开展版权法律法规咨询宣传，发放宣传材料、海报等；参加黑龙江省知识产权保护状况新闻发布会；在黑龙江省直属机关暨哈尔滨市知识产权系统"知识产权与我同行"徒步大赛活动中，发放版权宣传材料；在黑龙江省版权局官方网站上滚动播出版权宣传片及宣传海报。

五、版权纠纷调解工作

调解各类著作权侵权纠纷，先后对黄某诉黑龙江科技出版社、哈尔滨工程大学出版社诉哈尔滨工业大学出版社等纠纷进行调解；相关人员鉴定出版物2500余册，其中侵权非法出版物2400余册。

(黑龙江省版权局 闫 石)

司法工作

2015年，黑龙江省各级法院在最高人民法院、黑龙江省委的正确领导下，全面贯彻落实最高人民法院关于加强知识产权司法保护工作的各项要求和部署，围绕"让人民群众在每一个司法案件中都感受到公平正义"的工作目标，结合审判工作实际，坚持以执法办案为中心，以审判管理为重点，精心抓好司法服务和调研指导，不断提升审判质量和司法能力。

一、依法履行职责，切实提高审判质效

2015年，黑龙江省两级法院新收知识产权案件数量较往年有所上升，全年共受理各类知识产权民事案件291件(含旧存3件)，同比2014年的216件上升34.7%；结案263件，同比2014年的177件上升48.6%；结案率达到了90.4%，高于2014年81.9%的结案率8.5个百分点。全年两级法院共受理各类型知识产权民事一审案件238件，其中新收235件，与去年同期的179件相比上升31.3%；审结207件，结案率87%，高于2014年的80.3%。共调解和经调解撤诉126件，调撤率为60.9%，高于2014年3.5个百分点。在新收一审案件中，权属侵权纠纷案件205件，占知识产权民事案件收案总数的86.1%，合同纠纷案件25件、不正当竞争纠纷案件8件。在案件类型上，著作权纠纷案件、商标权纠纷案件、专利纠纷案件分别为113件、79件和20件，分别占收案总数的47.5%、33.2%和8.4%，其余为不正当竞争纠纷案件和技术合同纠纷案件。黑龙江省高院民三庭共受理各类型知识产权民事二审案件56件，其中新收56件(著作权纠纷2件、商标权纠纷19件、专利权纠纷27件、其他8件)，同比2014年新收的21件上升167个百分点，审结56件，结案率为100%，审结案件中共调解和经调解撤诉28件，调撤率为50%。

2015年，全省法院共审结生效假冒注册商标，销售假冒注册商标的商品，非法制造、销售非法制造的注册商标标识，侵犯著作权等侵犯知识产权犯罪案件50件78人，其中3年以上5年以下有期徒刑6人，3年以下有期徒刑11人，缓刑37人，单处罚金41人，并处罚金55人。

二、推进服务大局，切实发挥审判职能

(1)开展多种形式的知识产权宣传活

动。在“4·26世界知识产权日”期间，召开全省法院知识产权审判工作情况新闻发布会，通报过去3年全省法院知识产权审判工作情况，发布上一年度全省知识产权司法保护十大典型案例，人民网、新华社、东北网等中央、省级媒体对此活动进行了解读报道；接受黑龙江法院网专访，积极宣传介绍黑龙江省知识产权司法保护成绩；连续四年参加全省知识产权保护状况新闻发布会，介绍黑龙江省各级法院知识产权审判工作情况。

(2)推进法官“五进”活动。与黑龙江大学联办第四届黑龙江知识产权司法保护论坛，选取审判实务中较具典型意义的案件由黑龙江大学师生进行模拟庭审，并以座谈研讨的方式对庭审的争议焦点及庭审情况进行点评、互动交流。与黑龙江省知识产权法学研究会联合召开黑龙江知识产权司法保护研讨会暨省知识产权法学研究会换届会议，进一步扩大了黑龙江省知识产权司法保护的影响力。

(3)积极推进司法公开。按照司法公开的要求，及时向社会公布立案、庭审、文书、送达等审判流程信息。坚持做好知识产权裁判文书上网工作，截至2015年年底，黑龙江省高院知识产权审判庭通过中国裁判文书网共发布裁判文书54篇，占依法可公开裁判文书的100%。在对所有应当开庭审理的案件全部开庭审理的基础上，对社会影响较大和具有典型意义的案件，邀请人大代表、政协委员、新闻媒体等旁听庭审，征求对案件审理及法院工作的意见和建议。

三、统一裁判尺度，切实强化调研指导

(1)积极组织开展调研。充分调动干警参与调研工作的积极性，形成了一批如“关于知识产权民事诉讼中公证证据的相关问题”“充分发挥知识产权保护与促进作用，推动黑龙江省‘品牌战略’实施”等具有较高决策参考价值的调研成果。完成最高人民法院布置的《第四次修改专利法征求意见》《关于知识产权审判工作中存在的疑难问题》等一系列调研任务；对《全省深化科技体制改革实施方案》提出了贯彻意见；对黑龙江省知识产权局开展的《全省知识产权战略实施推进计划》《2014年全省知识产权白皮书》等工作及时上报意见和建议。

(2)积极开展案例撰写工作。针对审判中遇到的新类型、疑难复杂案件，尤其是同一类型案件，积极组织干警撰写案例，及时提炼推广案件审理中的规律性经验，统一法律适用，提高审判质量。

(3)积极拓展对下指导渠道。2015年共编辑刊印4期《黑龙江知识产权、涉外民商事审判参考》，其中第2期以最高人民法院2014年知识产权案件年度报告专刊的形式编辑、刊印，及时有效地传达了最高人民法院的最新司法政策。此外，还选取了全省法院近10年来所审结的、较具典型意义的知识产权案件50余件，编辑了《全省法院知识产权案例选》，供全省法院参考学习。

(4)积极推进庭审规范化建设。为了进一步规范全省法院民事诉讼庭审程序与法官庭审行为，结合黑龙江省审判实际，制定了《省法院民商事案件第二审普通程序庭审规则》，同时制作全省二审庭审规范化视频，供全省法院参考使用。

四、抓好队伍建设，切实提高司法能力

(1)加强廉政教育建设。(2)继续举办法官讲坛。截至目前，共举办“商业标志权利的产生与限制”“关于专利纠纷案件适用法律问题的若干规定的修订解读”“新民事诉讼法司法解释修订解读”“商标权与商号权冲突的原因及解决途径”及“反垄断纠纷案件的审理思路”等为主题的6期法官讲坛活动，由审判人员按照黑龙江省高院知识产权审判庭《人才培养计划》确定的专业方向主讲各自领域的专题，有效提高了干

警的业务能力和理论水平。(3)丰富学习内容。

(黑龙江省高级人民法院知识产权审判庭)

检察工作

黑龙江省检察机关始终将案件查办工作作为各项工作的重中之重,依法、公正、高效审查批捕、起诉侵犯知识产权和制售假冒伪劣商品相关的犯罪案件,有效发挥刑事诉讼的惩治和震慑功能。

一、加强领导,统筹部署

黑龙江省检察院党组、徐明检察长对打击侵权假冒专项行动高度重视,从适应经济发展新常态,做好服务大局工作的高度对专项工作进行了多次部署。为深入检察机关开展专项行动的工作,确定了以下工作重点:(1)加大对侵权假冒犯罪的打击力度,依法及时批捕、起诉严重侵犯知识产权和制售假冒伪劣商品的犯罪案件,保持对打击侵权假冒行为的高压态势。(2)充分发挥监督职能,将打击侵权假冒专项行动与最高人民检察院开展的"破坏环境资源犯罪专项立案监督活动"和"危害食品药品安全犯罪专项立案监督活动"结合起来,切实加强对行政执法机关移送涉嫌犯罪案件的监督。(3)加强调查研究,结合规范司法行为专项整治工作,积极完善打击侵权假冒工作的长效机制。(4)加强统筹,积极配合牵头部门按领导小组的要求完成专项活动规定的各项工作。

二、协调配合,健全机制

为了加强检察机关与公安机关的协调配合,促进严格公正司法,黑龙江省检察院与黑龙江省公安厅联合会签了《黑龙江省人民检察院　黑龙江省公安厅关于在刑事诉讼活动中加强配合、制约的若干意见(试行)》,解决了长期以来监督信息匮乏、渠道不畅的问题,为履行监督职能提供了重要保障。根据黑龙江省省委、省政府制订的《黑龙江省有关部门贯彻落实省委十一届五次会议〈实施意见〉重要举措分工方案》的要求,制订了《黑龙江省检察机关关于进一步加强行政执法和刑事司法衔接工作的实施方案》,并走访黑龙江省公安厅、黑龙江省环保厅、黑龙江省食品药品监督管理局等单位,在交换工作意见的同时研究工作举措,为下一步共同推进打击侵权假冒工作奠定了基础。

三、突出重点,依法监督

在 2014 年开展"破坏环境资源和危害食品药品安全犯罪专项立案监督活动"的基础上,为进一步巩固工作成果,积极回应人民群众期待,根据最高人民检察院的统一部署,黑龙江省检察院于 2015 年 3 月至 2016 年 12 月在全省检察机关部署开展了为期两年的"破坏环境资源犯罪专项立案监督活动"和"危害食品药品安全犯罪专项立案监督活动"。为增强工作的主动性和职业敏感性,着力扩大监督信息来源,建立了重点案件报告制度和重大案件挂牌督办制度。对于本地区的重大、有影响的案件,予以挂牌督办。各级检察机关定期、主动与行政执法机关、公安机关通过召开研讨会、联席会议等多种方式通报阶段性情况,解决案件移送、证据收集、检验鉴定、涉案物品处置等工作中存在的问题。通过会签座谈会纪要、规范性文件,联合下发典型案例等方式,在环境资源监管和食品药品监管领域不断建立和完善案件移送标准和程序。

(最高人民检察院侦查监督厅供稿)

上海市

专利工作

2015年，上海市知识产权局以建设知识产权强国为契机，以加快打造亚太地区知识产权中心城市为目标，大力实施知识产权战略，支撑具有全球影响力的科技创新中心建设。

一、实施知识产权战略，支撑上海科创中心建设

加强顶层设计，上海市市委、市政府发布了《关于加强知识产权运用和保护支撑科技创新中心建设的实施意见》，围绕“强化保护、促进运用、完善服务、推进改革”提出12项具体措施。稳步推进改革，支持浦东新区与扩容后的自贸试验区深化知识产权行政管理和执法体制机制改革。深化国际合作与交流，落实上海市政府与世界知识产权组织《谅解备忘录》，推动世界知识产权组织知识产权暑期学校项目首次进入中国，成功举办第十二届上海知识产权国际论坛，合作开展了WIPO知识产权服务体系有效运用高级研修班等项目。2015年，上海市发明专利申请量和授权量分别为46 976件和17 601件，同比分别增长20.0%和51.5%；PCT国际专利申请量为1060件，同比增长2.1%。截至2015年年底，每万人口发明专利拥有量为28.9件。

二、提升管理能力，构筑企事业知识产权竞争优势

2015年，上海市新认定市级专利工作试点、示范单位共146家，知识产权优势企业18家，知识产权试点、示范园区各4家；13家企业分别入选国家知识产权示范、优势企业；2所学校入选首批全国中小学知识产权教育试点学校。指导相关区县、园区推进国家知识产权试点示范城区、园区、专利导航产业发展试验区等建设，推进国家区域知识产权促进工程项目、专利事业发展战略推进计划试点项目、专利质押融资试点、专利保险试点等工作。2015年共完成52家企业的173件专利质押登记，融资金额11.4亿元人民币；有近30家企业的343件专利投保，保险金额超过700万元人民币。

三、优化服务体系，助力市场主体创新发展

研究制定《促进上海知识产权服务业发展意见》；推进国家知识产权运营试点项目，研究制定知识产权运营服务、产业知识产权运营基金工作方案；加强国家知识产权局（上海）专利信息传播与利用基地建设；上海市知识产权（专利信息）公共服务平台全国注册用户达8554家，年访问量4万余人次；实施“智能穿戴设备技术知识产权评议”等一批知识产权评议试点项目，推进知识产权评议（专利信息分析）技术导则编制；漕河泾国家知识产权服务业集聚发展试验区、国家知识产权局区域专利信息服务（上海）中心分别通过验收；2家机构入选国家知识产权分析评议服务示范创建机构。

四、加大保护力度，营造良好的创新创业环境

研究加强“迪士尼”知识产权保护工作方案；在第三届“上交会”现场设立知识产权保护服务中心，受理各类咨询354个，首次发布《上交会知识产权保护指南》，连续三届实现知识产权“零投诉”。加强专利行政保护，共组织市场执法检查34次，出动

执法人员 185 人次，检查商业单位 62 家，检查商品 50 余万种；立案各类专利行政案件 204 件，同比增长 41%；派出专利行政执法人员等 257 人次入驻 33 个大型国际展览会，现场处理专利侵权纠纷投诉 253 件。推进国家知识产权规范化市场培育工作；持续开展商业系统“双真”承诺活动，2015 年有 266 家单位的 3439 个门店参与。研究制定知识产权纠纷人民调解指导意见、工作规则等，编制有关案例汇编。

五、加强文化建设，夯实知识产权事业发展基础

加强智库建设，开展“十三五”知识产权人才发展规划编制研究；成立了上海市知识产权专家咨询委员会，举办以“加强知识产权保护和运用、支撑上海科技创新中心建设”为主题的知识产权专家咨询会。有 5 人分别入选全国专利信息领军人才、师资人才，96 人获得专利管理工程师资格，培训上海专利工作者 1000 余人，20 103名专业技术人员完成了知识产权公需科目培训。开展了以“建设知识产权强国、支撑创新驱动发展”为主题的上海“4·26知识产权宣传周”活动；发布了 2014 年知识产权白皮书、知识产权十大典型案件等；举办了长三角地区知识产权发展与保护状况新闻发布会、上海知识产权状况通报会、专利情况发布会等。

（上海市知识产权局）

商标工作

上海市工商和市场监管部门从加强商标行政保护、加快商标培育发展、营造商标发展环境等方面入手，推动商标品牌建设取得长足进展。

深入推进“双打”工作，大力开展商标专用权保护。以驰著名商标、涉外商标、地理标志商标为重点，密切关注建材、汽车配件、消防器材、日用家电、农资等关系群众生产、生活安全的商品，严厉打击侵权假冒违法行为，切实开展各项“双打”工作。

印发《上海市工商行政管理局关于开展迪士尼注册商标保护工作的实施意见》，部署开展迪士尼商标保护工作；开展保护地理标志商标专用权专项行动，加强和规范地理标志商标和地理标志专用标志使用管理，以农产品为重点检查商品，以地理标志产品销售集散地为重点检查区域，突出对农业种植合作社的监督检查，指导规范地理标志使用行为；深入开展“清风”行动，严厉打击出口侵权假冒商品违法行为，维护正常的进出口贸易秩序；全面梳理摸排主要商业街（区）、服饰和小商品市场（商场）、特卖（展销）会场所，以及食品、农产品、建材等专业交易市场等商标侵权行为易发风险点，采取错时执法、交叉执法、动态巡查和驻场巡查等方式，有效提高执法监管效能；以查处大要案件为提升商标执法保护工作的突破口，进一步加大对服饰和小商品市场、汽车配件市场、商标标识印制和仓储运输单位等侵权易发风险点的整治力度；牵头开展《商标代理服务规范》（地方标准）调研起草工作，并在上海市开展商标代理行业专项整治，摸清了商标代理机构的底数，建立了辖区商标代理机构数据库及其信用档案，进一步增强了商标代理机构诚信经营、公平竞争的自律意识。

组织各区县商标监管干部开展商标法律知识培训会，解读新《商标法》和《商标法实施条例》的内容，培训商标案件办理的实务操作技能；加强著名商标申报培训；开展上海市迪士尼商标保护工作培训，全面提升行政执法能力。

规范自由裁量权。制定了《上海市工商行政管理局关于侵犯注册商标专用权行为行政处罚裁量基准》。同时，加强商标侵权违法案件处罚信息公示工作，增强信用惩戒效果。

营造商标品牌建设良好环境，服务上海科创中心建设。积极推动商标审查派出机构落户上海。着手启动了上海商标品牌数据库建设。扎实开展著名商标工作，首次在著名商标申报认定工作中创新引入年报公示信息比对审查，发挥了年报公示制度“信息公示、信息共享、信用约束”的作用，而且提升了著名商标申报认定工作的公信力和透明度。与进出口、会展行业协会、上海市商务委、上海市知识产权局合作，加强企业培训，指导企业开展商标品牌建设；与大专院校合作，将品牌推广培训送进校园。广泛进行商标法律宣传，开展纪念新《商标法》实施一周年宣传活动、“4·26知识产权宣传周”系列宣传活动，增强广大企业商标法律意识，营造良好的商标保护环境。坚持开展企业走访指导活动，帮助企业提高商标确权、维权和运用能力，及时给予企业商标发展的政策倾斜和资金支持。协助召开中国商标金奖颁奖大会。

2015年，上海市商标申请量207 394件，注册量131 545件，累计有效注册量548 362件。

（上海市工商行政管理局）

版权工作

2015年，上海市版权工作紧密围绕和服务全局中心工作，进一步加大版权保护力度，强化版权公共服务，营造良好的版权产业发展环境，各项工作任务取得新进展。

一、推进政府机关与企业使用正版软件工作

（一）围绕长效机制建设，组织开展政府机关软件正版化督查工作

积极协调上海市软件正版化工作领导小组成员相关单位，组织开展政府机关软件正版化工作自查和督查，认真落实软件正版化工作责任人制度。根据上海市《关于贯彻落实〈政府机关使用正版软件管理办法〉的实施意见》，组织落实对上海市市级机关及相关区县政府的检查工作，针对检查情况，提出整改意见。

（二）规范采购流程，健全服务体系，积极推进国产软件应用

（1）通过调研和检查，积极探索有效的正版软件统一采购、统一安装、统一技术支持的模式，提供更加安全、专业、高效的服务。（2）继续通过政府软件服务中心平台，为市级机关用户搭建出一套自助式产品试用和解决方案演示的综合性环境，部分软件试用环境已经在平台中开放。截至2015年11月，通过此服务平台共向427家市级预算单位提供在线订购和技术支持服务。（3）积极推进国产基础软件应用。市级财政预算单位国产基础软件应用信心大幅提升，应用范围不断扩大，国产基础软件的使用数量同比增长45%。

（三）稳步推进企业软件正版化工作

认真贯彻落实国家版权局《关于推进新闻出版行业企业使用正版软件工作的通知》精神，及时进行信息收集、整理，针对突出的问题，提出相应的整改建议，确保上海市新闻出版行业企业软件正版化工作按时保质完成。

此外，为推进上海市国有企业软件正版化工作进程，会同上海市国有资产管理委员会对上海市大型国有企业相关单位进行软件正版化工作抽查，切实帮助引导国有企业建立使用正版软件长效工作机制。

二、版权专项整治工作及行动

（一）继续推进“双打”专项整治工作

在上海市“双打”办统一部署下，完成了2015年度上海市政府机关软件正版化以及网络侵权盗版专项治理工作，同时，积极配合上海市“双打”办，做好中央对地方“双打”工作的检查考评。

（二）开展2015年度“剑网”行动

为有效加大对网络侵权盗版的刑事打

击力度，协调上海市公安部门治安、经侦、网安条线认真落实具体任务，积极搜索网络侵权盗版犯罪线索，对重大案件线索，及时成立专案组进行联合查处。成功侦破网络侵权盗版案件10起，抓获犯罪嫌疑人10人。

三、版权主动监管与互联网版权自律工作

（一）网络版权主动监管工作

2015年，上海互联网版权监测平台累计完成监测影视剧作品8000部，音乐作品70万首，新闻、文学作品10 000部（篇），发现侵权链接超过200万条，监管成效显著，其中音乐作品在侵权链接下线处理成功率较“剑网”行动之前有了巨大提升。

（二）互联网行业版权秩序的整治

（1）为从源头防范侵权盗版行为的发生，上海市版权局组织相关互联网企业开展自查自纠。（2）为有效规范网络转载行为，主动联合上海市网信办，根据“剑网”行动的部署，重点规范上海市新闻类网站转载信源，对重点网站实行督导制。（3）积极鼓励新闻网站通过各种方式对“剑网”行动进行正面宣传，帮助网民提高网络版权意识。（4）主动约谈相关问题企业如城通网盘，严格要求其立即停止侵权，并限期整改。

（三）引导帮助权利人版权维权

“剑网”行动期间，通过行动部署、对外宣传、工作联系等途径，积极引导并帮助权利人进行维权。据不完全统计，2015年，上海版权行政管理及执法部门共接到各类网络版权侵权投诉或举报近千起。其中传统出版业的网络版权维权需求有显著增强。为帮助世纪出版集团等多家出版社解决有关淘宝网销售盗版图书等突出问题，上海市版权局通过长三角版权保护协作机制，帮助出版社与淘宝网之间建立维权快速通道，依法及时对相关侵权人采取下线以及停止侵权处理。

（四）互联网企业版权自律工作

（1）加强服务。通过上海市版权协会、版权服务中心等机构为自律联盟成员企业会员优先提供作品登记、合同备案、版权纠纷调解、侵权盗版线索监测等服务。（2）加强调研。通过走访阅文集团等，了解成员单位在版权管理中面临的突出问题，积极为其提供帮助。（3）发挥先进模范作用。自律联盟成员坚决贯彻“剑网”行动有关要求，主动开展自查自纠，自觉防范网络侵权盗版行为，在行业中起到先进带头作用。

四、版权宣传培训工作

（1）开展2014年度上海版权保护十大典型案件评选及宣传活动。进一步加大版权保护宣传力度。（2）举办“上海市各区（县）政府机关及相关企业软件正版化工作专题培训”。（3）通过聘请版权理论与实务界专家，举办互联网版权执法专题培训。（4）完成2014年度全国查处侵权盗版案件有功单位及有功个人组织推荐及颁奖工作，上海共有20家单位和22名个人获表彰。（5）聘请国内外版权领域专家，举办版权保护专题国际培训班。

五、版权行政审批职能及其他工作

2015年共完成各类行政审批工作1277件，其中，境外图书出版合同登记1083件，复制境外音像制品著作权授权合同登记92件，出版和复制境外电子出版物授权合同登记35件，互联网游戏出版合同登记67件。同时，根据上海市政府相关规定，继续做好版权行政审批权下放工作。

六、版权对外交流与合作

根据国家版权局的部署与安排，成功承办了国家版权局与世界知识产权组织（WIPO）联合主办的“电影和版权在文化与经济上的重要性”高端圆桌会议、国家版权局与世界知识产权组织版权合作谅解备忘录签署仪式以及中欧版权保护和产业研讨会等一系列重要版权国际会议。

七、版权公共服务工作

（1）登记数量稳步增长，登记类别有所突破。2015年以来，在保证作品登记数量稳步上升的前提下，严把登记作品质量关。2015年，共完成作品登记199 148件，新登记了3个戏剧作品，使戏剧作品登记数量实现了“零的突破”，进一步丰富了登记类别。

（2）软件登记资助有序推进，上海市软件产业享受实惠。软件著作权登记资助工作有序开展，2015年，共收到来自上海市企业及个人资助申请12 158件，其中有效申请12 025件，受理并审核通过10 474件，800万元人民币扶持资金全部支付完成。

（3）版权工作站有序扩容，不断提高服务水平。2015年3月，批复成立解放日报版权服务工作站，成为继SMG外，第二家设在大型企业的工作站。2015年9月，批复成立黄浦区版权服务工作站，实现中心城区工作站全覆盖。上海市共有版权服务工作站14家，其中区县工作站12家，大型企业2家。

（4）理顺体制机制，协会工作成效逐步显现。开展《企业版权管理指南》课题调研，以协助没有专门版权服务团队的中小企业建立行之有效的版权管理体系。出版《捍卫与分享——上海版权经典案例评析》。

（5）结合司法体制改革，探索诉仲调合作新模式。2014年12月28日，上海知识产权法院正式挂牌成立，这是上海市司法体制改革的重要突破。上海纠纷调解中心积极与知识产权法院对接，探索诉仲调合作新模式。

八、版权产业工作

（1）继续组织开展示范评比工作。截至2014年，上海市已评出市级版权示范单位60家，2015年开展了第四批“上海版权示范园区（基地）、示范单位”评选工作。指导上海版权示范园区（基地）、示范单位申报全国版权保护示范单位的推荐工作，上海世纪出版集团、上海冠勇信息科技有限公司被认定为2015年全国版权示范单位，上海紫竹高新技术产业开发区被认定为2015年全国版权示范园区（基地）。

（2）以资金申报为契机，积极引导产业发展。依托版权服务工作站的辐射作用，积极发动版权企业申报上海市文创资金和新闻出版专项资金，以资金为导向，扶持优秀版权项目。新闻出版专项资金已完成评选，共有4家单位的8个项目入选，得到300万元人民币的专项资金支持，主要用于版权公共服务项目。继续开展版权“走出去”扶持资金申报工作。

（3）以优秀项目评选为抓手，推动工作站服务能力升级。面向工作站开展2014年度版权服务优秀项目评审，共收到7家版权服务工作站和上海版权服务中心申报的18个项目材料，经专家评审，共评出金奖2个、银奖4个、铜奖2个，并给予一定奖励。

（4）积极推进国家版权贸易基地的建设。继续支持基地举办授权交易会，2015年11月举办的第二届交易会吸引了100多家中外参展商，逾万件授权作品及项目参展，达成合作意向近百项，合作意向金额数亿元人民币。

（5）完成2014年版权贸易统计工作。2014年上海市共引进版权2047种，同比下降16.1%，其中引进图书版权1459种，同比下降15.7%；共输出版权1658种，同比下降15.3%，其中输出图书版权174种，同比下降20.9%。

九、版权调查研究工作

（1）多方协调，版权产业报告与国际化接轨。在与上海市统计局、上海海关等单位的积极沟通下，完成《上海版权产业报告（2013）》《上海版权产业报告（2014）》的撰写，于 2015 年 12 月底发布。

（2）结合上海市重点规划，开展电影版权产业研究。开展《上海电影版权产业发展状况调研》课题研究。与上海市文广局、闸北区文化局等单位合作，对上海市电影版权产业发展状况进行调研，并从版权的角度提出促进电影产业发展的相关意见。

（3）结合国家战略，加强自贸区版权工作分析研究。开展“自贸区版权产业发展及当前版权国际条约最新趋势研究”，对自贸区内的版权产业样态进行分析，研究相关企业的发展情况及其对版权制度的需求，并提出前瞻性的应对策略。

（4）调研软件登记资助，加强经验总结。计算机软件登记资助工作自 2013 年 4 月正式启动以来，已先后投入资助资金近 2500 万元，有力地推动了上海市软件行业的发展。2015 年，与上海软件行业协会合作，撰写《2014 年度上海市计算机软件著作权登记资助工作分析报告》调研课题。

（5）统筹布局，完成版权“十三五”规划。在总结版权“十二五”工作的基础上，提出“十三五”期间上海版权工作的发展目标和重点项目。

（上海市版权局　王　骞）

司法工作

2015 年，在上海市高院党组的领导下，上海知识产权法院正式履行职责，司法体制改革在知识产权审判工作中得到有效落实，知识产权司法保护体制进一步优化，审判队伍建设和精品案例工程实现新发展，中国法院知识产权司法保护国际交流（上海）基地有序运行，为促进上海建设具有全球影响力科技创新中心，深入实施创新驱动发展战略，加快经济发展转型升级提供了有力的司法保障。

一、狠抓执法办案，审判工作实现新跨越

（1）收结案总量再创新高。2015 年，上海市各级法院受理各类知识产权案件 10 095件（首次突破 1 万件）、审结 9353 件，同比分别增加 29.01%、22.87%。其中，受理一审知识产权民事案件 8004 件、审结 7337 件，同比分别增加 30.19%、23.69%。知识产权行政、刑事案件总体继续呈下降趋势，受理一审知识产权行政案件 11 件，同比减少 35.29%，审结 13 件，同比减少 13.33%；受理一审知识产权刑事案件 237 件、审结 250 件，同比分别减少了 29.88%和 30.36%。

（2）审判质效稳步提升。2015 年，上海市各级法院在收案总数继续保持大幅增长、办案力量严重不足的情况下，审判质效继续稳步提升。其中审限内结案率为 99.47%，同比上升 1.04 个百分点；二审改判发回瑕疵率 1.78%，继续保持低位运行。上海知识产权法院审理的一审案件取得零发回、零改判的优异成绩。

（3）大标的额和有影响力案件多。2015 年，上海市各级法院共受理标的额 500 万元以上 1000 万元以下的知识产权案件 45 件，标的额 1000 万元以上 1 亿元以下案件 30 件，标的额 1 亿元以上案件 3 件；审结或者受理了一批有重大影响的案件，如上海帕弗洛文化用品公司诉上海艺想文化用品公司等侵害著作权纠纷上诉案、北京搜狗科技发展公司诉北京百度网讯公司侵害发明专利权纠纷案等。

（4）精品案件成果丰硕。2015 年，上海市各级法院知识产权精品案例工作继续取得较好成绩，共有 4 件案件入选最高人民法院发布的 2014 年中国法院知识产权司法保护十大案件、十大创新性案件和 50

件典型案件。另外，上海知识产权法院审理的勃贝雷公司诉陈某等侵害商标权纠纷案等4件案件入选最高人民法院公布的知识产权法院典型案例。

二、服务大局举措有力，司法体制改革稳步推进

(1)制定服务保障科技创新中心意见。2015年上海市高院牵头会同其他8个部门起草了《上海市高级人民法院关于服务保障上海加快建设具有全球影响力科技创新中心的意见》，意见通稿被最高人民法院简报采纳并报送中央有关部门。同时，上海知识产权法院和上海市浦东新区法院也立足各自审判实际，分别制定发布了《上海知识产权法院服务保障上海建设具有全球影响力的科技创新中心的意见》和《上海市浦东新区人民法院司法服务保障浦东新区科技创新建设的意见》。2015年6月，“陈惠珍法官工作室”成立运行，与张江高新技术产业开发区就知识产权主题宣传、建立法官巡回工作机制、开展园区知识产权纠纷调解指导、搭建双向服务平台等工作开展合作。

(2)上海市浦东新区法院自贸区知识产权法庭、最高人民法院知识产权审判庭自贸区知识产权司法保护调研联系点揭牌仪式以及自贸区知识产权司法保护座谈会顺利举行。

(3)有效落实和推进司法改革。2015年，全市知识产权条线在案件数量大幅增加、部分人员变动的情况下，司法改革工作落实有力，尤其是法官员额制、法官助理制度和院庭长办案机制得到有效推进。

(4)调研设立技术调查室。上海市高院于2015年11月召开了知识产权法院技术调查官制度研讨会，对技术调查官的人员组成、参与诉讼活动等相关问题进行探讨。上海知识产权法院随后出台了《上海知识产权法院技术调查官参与诉讼活动工作规则(试行)》和《上海知识产权法院技术调查官管理办法(试行)》等规定。

三、调研指导进一步加强，繁简分流和案件管辖工作取得实质性进展

2015年，上海市高院就知识产权案件繁简分流，知识产权民事、刑事案件管辖调整以及办理知识产权刑事案件证据规定等方面进行了大量的调研，调研工作取得实质性的进展。

(1)知识产权案件繁简分流工作措施得力。上海市高院民三庭起草并经审委会讨论通过了《上海市高级人民法院关于部分知识产权案件适用简易程序进行审理的意见》，积极探索繁简分流的审判新机制，尝试在基层法院对部分一审知识产权民事、刑事案件适用简易程序进行审理。

(2)刑事、民事案件管辖调整工作及时到位。一是知识产权刑事案件管辖实现有序过渡。上海市高院会同上海市检察院、上海市公安局等单位发布了《关于跨行政区划人民法院、人民检察院刑事案件管辖的规定》，决定将在上海市有重大影响的侵犯知识产权一审案件和二审上诉案件划归上海市三中院管辖，为实现上海知产法院“2＋1”知识产权案件审理模式提供了制度保障。二是知识产权民事案件管辖调整及时到位。面对静安闸北撤二建一、基层法院知识产权案件收案不均匀以及知识产权民事案件三级法院管辖不明的情况，上海市高院就相关问题进行了调研，民三庭起草并经审委会讨论通过了《上海市高级人民法院关于调整本市法院知识产权民事案件管辖的规定》。

(3)审判理论研究和审判规则确立的有效推进。一是出台知识产权刑事证据办案标准。上海市高院民三庭起草了《关于办理知识产权犯罪案件若干问题的意见》，会同各部门、各级法院知识产权审判庭进行了多次讨论和修改。二是审判实务研究取得进展。2015年，上海市高院民三庭完成了《侵犯商业秘密刑事与民事案件法律和程序问题研究》《上海法院设立技术调查官制度相关问题研究》等多项课题。另外，上海知识产权法院制定了《上海知识产权法院主审法官联席会议及专业法官会议工作规定》等规范性文件，上海市浦东新区法院还就扩大知识产权刑事案件管辖范围进行了有益探索和尝试。截至 2015 年年底，全市基层法院知识产权审判庭共发表论文 95 篇。

四、持续推进对外交流，司法保护知识产权影响力日益扩大

(1)司法保护国际交流工作进一步发展。一是参与举办“知识产权与国际贸易论坛”。二是《最高人民法院知识产权案件年度报告》开始在交流基地翻译出版。三是接待了大批国际知识产权行业协会和政府官员代表。上海市高院、知识产权法院 2015 年共 20 余次接待欧盟驻华使团贸易处人员、英国知识产权企业法院首席法官、美国联邦巡回上诉法院律师协会主席、美国驻上海总领事馆领事以及印度尼西亚、马来西亚、土耳其、埃及等 20 多个国家政府官员、行业协会和企业代表的来访，参加了中欧知识产权工作组第十六次会议并进行交流。

(2)“4·26”系列专题活动影响力进一步扩大。在“4·26 世界知识产权日”活动期间，上海市高院召开了知识产权司法保护新闻发布会，发布 2014 年《上海法院知识产权司法保护状况》白皮书和 2014 年上海法院知识产权司法保护十大案件，新华社、《人民日报》等媒体记者共 50 余人参加；美国商会、美中贸易协会、中国欧盟商会等外国非企业经济组织代表机构相关人员应邀出席新闻发布会。此外，上海市高院和同济大学共同主办了“上海科技创新中心建设与知识产权司法保护”论坛。在“4·26 知识产权宣传周”期间，上海知识产权法院举行首批 18 名特邀科学技术咨询专家聘任仪式，全市法院知识产权审判庭还开展了一系列丰富多彩的知识产权司法保护宣传活动，浦东新区法院与浦东新区知识产权局等签署《服务保障科技创新中心建设，共建张江园区知识产权司法和行政保护体系三方合作协议》，黄浦区法院在华东政法大学知识产权学院进行“知识产权审判思维”讲座，闵行区法院参加“紫竹国家高新区商标管理研讨会”，普陀区法院与上海市测绘院召开地图类作品著作权侵权维权座谈会，徐汇区法院举办“计算机软件的著作权保护”论坛，杨浦区法院举办“企业知识产权纠纷案例分析”讲座等活动。

(3)知识产权司法保护平台建设进一步完善。为完善上海市各级法院十大公开平台建设，上海市高院民三庭制定了《上海法院知识产权司法公开平台建设实施细则》，在上海法院知识产权司法保护网站的基础上提出 9 项具体改进措施，增加了上海知识产权法院和中国法院知识产权司法保护国际交流(上海)基地的相关内容。上海法院知识产权司法保护网得到了最高人民法院和社会各界的普遍认同，也为最高人民法院即将建设的中国法院知识产权司法保护英文网奠定了一定基础。浦东新区法院也通过加强“浦东知识产权司法保护网”网站建设，定时公开开庭安排、审判及调研信息，回答群众提问，拓宽与社会公众的交流渠道，推动知识产权审判司法公开。2015 年，全市基层法院知识产权审判庭共有新闻报道 264 篇，电视直播或者图文播报共 46 次。

五、加强队伍建设，政治素质和业务素质进一步提高

(1)加强思想政治建设，专题活动取得成效。2015 年上海市各级法院知识产权条线深入开展“向邹碧华同志学习活动”，知识产权审判人员忠诚敬业、锐意进取、勇于创新、乐于奉献的精神得以进一步提升，推进了知识产权审判工作的新发展；深入开展"三严三实"专题教育活动，加强思想作风建设，明确和夯实了上海市知识产权法官的做人准则和政治品格；专题学习《中国共产党廉洁自律准则》和《中国共产党纪律处分条例》。

(2)知识产权审判专题培训顺利举行。2015 年 8 月 24～28 日，上海市高院举办"2015 年全市法院知识产权审判业务专项培训班"。此外，还有部分法官前往最高人民法院、国家知识产权局专利复审委员会以及美国、德国、日本等国的法院进行深入交流和培训。

（上海市高级人民法院知识产权审判庭）

检察工作

2015 年，上海市检察机关在最高人民检察院和上海市市委的正确领导下，全力开展打击知识产权犯罪工作。尤其建设有全球影响力的科创中心是中央交给上海市的重要任务，是上海市当好"改革开放先行者，创新发展排头兵"的新引擎，上海市检察机关深刻认识到科创中心对落实创新驱动战略、营造大众创业、万众创新良好环境的引领作用，惩治预防知识产权犯罪是上海市检察机关维护科创中心建设的有力切入点和着力点。

一、严厉惩治假冒侵权，关注互联网领域犯罪

2015 年，上海市检察机关受理了特大销售假冒注册商标的商品系列案，该系列案涉及上海韩城服饰礼品广场(原"淘宝城")内的特大售假团伙，捣毁售假囤假窝点 38 处，查获假冒世界知名品牌的箱包、服饰、手表、眼镜等 1.3 万余件，涉案总价值达 2 亿元人民币。针对该案犯罪团伙组织体系严密、层级分工明确、售假时间较长、售假手段隐蔽，采取多种手段逃避侦查，且售假对象多为境外人士，国际影响恶劣等情况，上海市检察机关高度重视，积极应对，加强协作，确保案件办理质量和效果，于 2015 年 11 月成功起诉系列案件中的 19 名嫌疑人。

在"3・15 消费者权益保护日"前夕以及"4・26 知识产权宣传周"，上海市检察院组织全市检察机关对侵犯知识产权和制售伪劣商品犯罪案件集中公诉，共将 60 件 88 人诉至法院，总案值 3212 万余元人民币。通过以集中公诉为载体，有效加快了一批涉案金额高、专业性强、社会影响大的案件的办理节奏，打击成效较为显著。

二、畅通沟通协调，重点统一执法标准

(1)与上海市公安局经侦总队签署了《关于侵犯知识产权案件办理若干问题的指引》，全市检察机关受理审查相关案件中，将全面执行上述办案指引，与公安机关就证据标准、法律适用达成统一认识，确保案件审查质量。

(2)与工商、质检、新闻出版、知识产权等行政执法部门及知识产权权利人组织建立联系制度等有效措施，通过召开研讨会、座谈会，开展专题研讨、案例剖析等形式，加强相互间的沟通与交流，形成工作合力，提高打击力度。譬如，2015 年 9 月奉贤区检察院办理於某等假冒注册商标案获得中国外商投资企业协会优质品牌保护委员会评选的"2014～2015 年知识产权保护特殊贡献"案例。被侵权人壳牌集团全球法律顾问 David Koris、中国外商投资企业协会优质品牌委员会主席陈小东一行专程赴奉贤区检察院表示感谢，奉贤区检察院领导接待并就检察机关在知识产权保护中的重要作用和地位组织座谈。

三、加强对外宣传，突出对权利人的保护

2015 年 3 月，上海市检察院推出了"上海检察机关知识产权(2013～2014)典型案例"。根据案值、社会影响、争议性等要素，对两年内全市受理侵犯知识产权案件筛

选，选出一批典型案例并向社会公布。

四、聚焦自贸区知识产权，突出服务保障实效

(1)密集走访知识产权行政监管部门，建立沟通联系工作平台，相互通报新情况、新问题。(2)探索知识产权检察一体化保护机制，建立了知识产权“刑、民、行”三合一的办案机制。(3)在园区内发布了《法律服务指南》《知识产权法律保护指南》，突出对金融、海关、市场监管等重点领域的服务保障措施。

（最高人民检察院侦查监督厅供稿）

江苏省

专利工作

2015 年，江苏省知识产权局系统紧紧围绕“迈上新台阶、建设新江苏”总体目标，积极适应和引领新常态，认真谋划和推进新发展，知识产权强省建设实现良好开局。2015 年 11 月 5～6 日，国务委员王勇到江苏省专题调研知识产权工作，充分肯定了江苏省知识产权发展取得的成效。

一、知识产权战略实施开创新局面

江苏省委、省政府出台《关于加快建设知识产权强省的意见》，江苏省委办公厅、省政府办公厅制定下发目标任务分解方案，开启知识产权强省建设新征程。江苏省成为首批国家知识产权区域布局试点省。新增 1 个国家知识产权示范城市、2 个试点城市，2 个国家知识产权强县工程示范县、6 个试点县，9 个示范园区，进入国家知识产权试点示范的市、县及园区达到 81 家，总数位居全国首位。启动知识产权强省建设区域示范工作，16 个县(市、区)获批示范单位。6 个省辖市、部分县(市、区)出台《关于加快建设知识产权强市的意见》，省市县联动推进知识产权强省建设。

二、专利创造提质增效迈上新台阶

进一步调整优化激励政策导向，把重点集中在优质发明专利授权和 PCT 专利申请上。2015 年，江苏省专利申请量和授权量、发明专利申请量、企业专利申请量和授权量分别达 428 337 件、250 290 件、154 608件、275 249 件、166 445 件，保持全国第一位；发明专利授权量 36 015 件，首次跃居全国第一位，实现六项指标全国第一。每万人发明专利拥有量达 14.22 件，PCT 专利申请量达 2442 件。启动高价值专利培育计划，围绕新材料、智能装备等战略性新兴产业布局 7 个高价值专利培育示范中心。在第十七届中国专利奖评选中，荣获专利金奖 1 项、外观设计金奖 2 项、专利优秀奖 71 项，获奖项目总数达 74 项。

三、企业知识产权工作取得新进展

成立首个省级知识管理标准化技术委员会，引导 851 家企业参与贯标创建工作，504 家企业完成省标向国标过渡，新增 19 家企业通过国标认证，全省参与贯标企业总数达到 5036 家。深入推进企业知识产权战略推进计划，遴选 24 家高端服务机构为 75 家项目承担企业提供专业服务。新增国家示范企业 4 家，优势企业 78 家。江苏省有专利申请的企业达到 2.4 万家，企业专利申请量、授权量占比分别达到 64.26%、66.50%。

四、知识产权运用模式取得新突破

推动江苏(国际)知识产权运营交易中心建设，发展社会化运营机构。筹建 1 亿

元人民币省重点产业知识产权运营基金，投入 4650 万元人民币支持 18 家高校、科研院所、服务机构开展知识产权运营，累计运营收入突破 3 亿元人民币。江苏省知识产权局与江苏银行联合印发《关于共同推进专利权质押信用贷款工作的通知》，2015 年专利权质押贷款额达 21.9 亿元人民币。积极开发知识产权保险产品，签订保单 800 余份，保险金额达 5000 万元人民币。开展“知识产权密集型产业统计指标体系及实施方案”专题研究，初步形成统计指标体系和产业目录。推进知识产权区域布局试点，加快发展专利导航产业发展实验区，引导知识产权资源与创新、产业、金融等资源匹配融合。

五、知识产权保护效能实现新提升

开展知识产权执法维权“护航”专项行动，立案查处专利违法案件 4918 起，其中假冒专利 4189 起，专利纠纷 729 起，结案 4907 起。与“苏宁易购”建立知识产权保护协作机制。对“中国（昆山）品牌产品进口交易会”等 20 余个展会进行现场监管。认定 24 家“正版正货”示范创建街区、5 家示范创建行业协会、173 家承诺企业。推荐 5 家示范创建街区列入国家知识产权保护规范化培育市场。江苏省知识产权维权援助机构接听咨询热线 5378 个，接收举报投诉 316 起，调解知识产权纠纷 80 起，服务企业 2344 家，发放维权援助资金 216 万元人民币。

六、知识产权服务能力再上新水平

国家区域专利信息服务（南京）中心业务覆盖 12 个省。国家知识产权局专利局专利审查协作江苏中心年审查专利超过 10 万件，营业收入达 4 亿元人民币。国家知识产权局南京代办处及苏州分理处全年受理专利申请 32.1 万件，收取专利费用总额达到 3.9 亿元人民币。新增专利代理及分支机构 28 家，总数达到 191 家。苏州国家知识产权服务业集聚发展试验区入驻服务机构达 63 家，从业人员超过 2000 人，营业收入达到 5 亿元人民币。制定推行《专利代理服务质量管理规范》地方标准，开展服务机构星级评定工作，促进了以“专利巴巴”为代表的“互联网＋知识产权服务”新业态蓬勃发展。

七、知识产权宣传培训取得新成效

南京理工大学知识产权学院构建全序列知识产权学历教育和通识教育课程体系。南京工业大学开设知识产权管理双学位课程班。启动实施“知识产权 54321 人才培育计划”，加大知识产权领军人才、骨干人才和企业知识产权实务人才培养力度，培训企业知识产权总监 1081 人、知识产权工程师 2421 人。各地围绕“4·26 知识产权宣传周”、专利执法维权“护航”专利行动等开展系列宣传活动，《人民日报》等重要媒体对江苏知识产权工作进行专题报道，《中国知识产权报》开办“创新江苏”专刊 5 个。

八、知识产权国际交流合作迈出新步伐

配合国家知识产权局成功举办第八次中美欧日韩知识产权局局长会议，形成了“苏州共识”。促进知识产权国际学术交流，成功举办第十二届中国（无锡）国际设计博览会、首届世界发明创新论坛等国际研讨会。在中国以色列常州创新园建立知识产权合作与保护试验区，支持中国（江苏）—以色列知识产权国际转移平台建设，促进一批知识产权成果跨境转移和运用。

（江苏省知识产权局）

商标工作

江苏省工商和市场监管部门坚持监管与发展并重，将监管执法摆在突出位置，加强调研，认真谋划，精心部署，狠抓落实，商

标工作取得新进步。

扎实开展商标执法监管。完善信用监管制度，提出商标印制、商标代理组织、商标主体商标使用的信用监管新要求，将商标代理机构严重失信行为列入黑名单管理，在驰名商标申报和江苏省著名商标认定中推行信用约束，对有严重违法行为的一律不予上报和认定。强化大要案件查处，开展了“四个专项、七个重点”专项整治工作，突出典型案件查办力度，查处了一批大要案件。突出日常监管，开展重点商标保护、地理标志商标专用权专项行动以及商标代理市场专项整治等行动，将具有较高知名度且有明确保护诉求的商标列入江苏省重点商标保护名录，严厉打击侵犯地理标志商标和农产品商标专用权行为，部署开展了商标代理市场专项整治工作。巩固协同监管机制，加强与公安、海关、知识产权等部门沟通与协作，会商重大案件；与江苏省高院召开研讨会，交流和探讨商标疑难案件，提升商标执法效能；充分发挥华东六省一市商标协作网、长江三角洲协作网、淮海经济区协作网等省级商标执法区域协作网的作用，形成域外维权保护合力。

全力服务助推“双创”工作。以创牌激发“大众创业”，组织实施“商标战略宣传进校园”活动，激发大学生群体的创业热情；举办江苏省农产品和地理标志品牌博览会，加快农超对接；举办品牌管理专业人才培训班，积极引导学员自主创业。以护牌保障“万众创新”，举办小微企业创业创牌知识产权风险与防范座谈会；选择5家高新技术企业、创业领先型企业商标纳入重点商标保护名录；针对网络市场、民生服务等小微企业创业发展的主要领域，强化商标侵权执法力度。以育牌深化“双创”工作，深入开展小微企业商标质押贷款工作，帮助中小企业通过组合担保方式增加贷款额度；推进商标质押贷款工作，着力向小微企业倾斜；深入小微企业上门指导品牌培育。

以发展商标密集型产业为重点，深入推进商标战略实施。突出重点，着力推进商标密集型产业发展。就纺织服装和旅游两大产业品牌建设进行研究推进，突出宣传江苏省两大产业重点品牌，以两大产业骨干企业为重点开展品牌专题培训，着力打造两大产业特色品牌。拓展领域，深化国有企业商标战略实施和品牌国际化步伐。指导10家省属国有企业开展著名商标认定与保护工作，加大品牌建设力度；着力围绕地区规模出口企业，进一步指导各地推进商标国际注册工作；加强与世界知识产权组织合作，承办商标国际注册培训，鼓励企业“走出去”，提升品牌竞争力。创新载体，着力提升品牌创建工作影响力。首次举办了以“商标富农、品牌强省、聚焦淮安”为主题的全省地理标志商标产品及优质农产品展示会及地理标志发展论坛，形成了商超对接，显著提升了江苏省农业品牌的影响力；联合省属相关媒体，开展了“2014江苏农产品和地理标志商标20强”颁奖活动，营造了浓厚的品牌发展氛围。

2015年，江苏省商标申请量155 670件，注册量127 553件，累计有效注册量632 187件。

（江苏省工商行政管理局）

版权工作

2015年，江苏省版权局在国家版权局和江苏省委省政府的领导下，深入贯彻落实党的十八大和十八届三中、四中、五中全会精神，认真落实年度工作安排，各项重要工作有序推进，取得了较好工作实效。

一、软件正版化工作

（一）《政府机关使用正版软件管理办法》的贯彻落实和宣传工作

大力推进省、市、县三级政府机关单位明确软件正版化工作责任部门和责任人，建立省级机关软件正版化工作责任人数据库，将软件正版化工作成果巩固情况与具体责任人挂钩，并进一步明确要求各县(区、市)建立软件资产管理制度。2015年6月，江苏省版权局在南京举办了政府机关软件正版化工作培训班，并编印下发了《政府机关软件正版化工作选编》。

(二)顺利通过国务院政府机关软件正版化工作情况检查

以江苏省版权工作领导小组办公室名义向全省各省级机关和各市下发了《关于做好迎接推进使用正版软件工作部际联席会议软件正版化检查工作的通知》，并组织培训和迎检协调会，指导各级机关做好迎检准备。2015年8月上旬，国务院政府机关软件正版化工作检查组对江苏省政府机关软件正版化工作情况进行现场考核。2015年10月，推进使用正版软件工作部际联席会议办公室通报检查情况，对江苏省的做法给予了充分肯定。

(三)继续推动江苏省新闻出版行业企业软件正版化工作

在2014年基本完成江苏省新闻出版行业企业软件正版化工作后，2015年继续推动大型新闻出版集团的软件资产管理制度建设，并将正版化工作从通用软件向专业软件、字库、图片等领域延伸。2015年11月，国家版权局工作组对江苏省新闻出版行业企业软件正版化工作进行了督查，实地检查了新华报业集团和凤凰出版传媒集团两家集团总部及所属二级企业的软件正版化工作。

二、打击网络侵权盗版工作

(一)加强对江苏省版权执法工作的指导和督办

按国家版权局等四部门部署，大力组织开展打击网络侵权盗版“剑网2015”专项行动。江苏省版权局与江苏省公安厅、江苏省网信办、江苏省通管局等制订“剑网2015”专项行动工作方案，赴徐州、常州、南通、扬州、淮安等市进行督查。江苏省查处的“千炮捕鱼手游被侵权案”和“老调网侵犯电影作品著作权案”等两起案件被国家版权局等列为“剑网2015”专项行动督办案件。2015年江苏省共立案侵权盗版案件39起，办结15起，并调解了11起侵权案件。江苏省版权局共挂牌督办2起案件。

(二)发挥典型案例的示范引导作用

评选并向社会公布了江苏省2014年度打击侵权盗版十大案件。在国家版权局评选的2014年度有功集体、有功个人中，江苏省获奖的有功集体和有功个人数、奖金额均居全国第一，江苏省版权局版权处被评选为有功集体一等奖，宋晓春被评选为有功个人一等奖。在国家版权局公布的2014年度全国打击侵权盗版十大案件中，江苏省查处的“爱漫画”网侵犯著作权案和“放放电影网”侵犯著作权案两起案件入选。

(三)组织版权执法培训

江苏省版权局2015年10月在淮安市举办了一期面向基层版权执法和行政管理人员的执法培训，邀请了国家版权局版权管理司执法处、东南大学的专家学者，江苏省高院知识产权庭法官等进行专题授课；美国电影协会和国际唱片业协会中国区代表分别就影视作品和音乐作品的侵权盗版案例进行了集中讲解。江苏省版权局还组织来自全省各地的一线版权执法人员参加了国家版权局举办的3期版权行政监管和执法培训。

三、版权宣传工作

(1)继续发布《江苏省版权产业的经济贡献(2013)》报告，分析了江苏省版权产业在行业增加值、就业人数和对外贸易三个方面对国民经济的贡献。(2)在江苏书展期间开设文创版权馆，共有来自影视、软件、工艺品、设计等行业的50余家版权相关企业参展，成交额达到49.7万元人民币。(3)举办了江苏省保护音乐版权·促进音乐产业发展论坛，来自国家版权局、国际国内著作权集体管理组织、国内知名音乐人和音乐公司等领导和代表就如何加强音乐作品版权展开热烈讨论。(4)举办了创客阅读沙龙，邀请创客结合自身创业、创新经历，畅谈阅读对创业的影响。(5)"4·26世界知识产权日"期间在江苏省各地举行了形式多样、丰富多彩的版权宣传活动，江苏省版权局在南京市举办了"创意南京、版权护航"活动。

四、版权示范创建工作

江苏省版权局以版权示范创建工作为抓手，积极推进各地在作品登记、软件正版化、版权执法、产业促进等领域的工作，指导、鼓励各地版权部门培育版权相关企业、版权产业集聚园区，并积极申报省版权示范。2015年4月，江苏省版权局命名了一批省版权示范单位和示范园区，并从中遴选示范引领作用较突出的企业和园区申报全国版权示范。张家港市于4月被国家版权局正式批准为全国版权示范城市。2015年10月，江苏东渡纺织集团有限公司、江苏新天工广告有限公司两家企业与南京新城科技园、淮安软件园两个园区被国家版权局命名为全国版权示范单位、示范园区。

五、版权公共服务工作

江苏省自2013年10月开始对全省一般作品实行免费登记后，全省一般作品登记量节节攀升，江苏省版权局又开发建设了新的全省一般作品登记平台，平台于2015年3月23日正式上线。2015年4月，江苏省版权局举办了一期全省作品登记培训班。承担全省一般作品登记工作的江苏版权保护中心注重加强与各市县版权管理部门和作品登记分支机构的协调，进一步规范和简化作品登记程序，更好地为权利人服务。2015年，共完成作品登记109 377件，同比增长了106.3%，大幅超额完成江苏省政府下达的2015年6万件任务指标。江苏版权保护中心还继续为江苏省紫金奖文化创意设计大赛参赛作品做好著作权登记工作。

（江苏省版权局　万进萍）

司法工作

2015年，是全面推进依法治国的开局之年，也是加快实施创新驱动发展战略的关键之年，江苏省各级法院认真贯彻落实党的十八大和十八届四中、五中全会以及中央政法工作会议精神，积极履行审判职能，紧紧围绕"努力让人民群众在每一个司法案件中感受到公平正义"的目标，充分发挥司法保护知识产权、规范市场竞争秩序的主导作用。

一、加强知识产权司法保护，适应和服务经济发展新常态

（1）依法审理大量知识产权案件。2015年，江苏省各级法院共受理知识产权民事案件10 587件，其中新收一审案件9173件，同比增加38.71%；共审结8964件，同比增加42.11%。新收一审案件中，著作权纠纷案件4125件，占45%；商标权纠纷案件3593件，占39%；专利权纠纷案件824件，占9%；不正当竞争纠纷案件207件，占2.3%。技术合同类案件161件，占1.8%；其他类型案件263件，占2.9%。

(2)继续大力推进知识产权审判精品战略。石某某诉泰州华仁电子资讯公司侵害计算机软件著作权纠纷案入选最高人民法院指导性案例，南京宝庆银楼首饰公司等诉南京宝庆银楼连锁公司等特许经营合同纠纷、商标侵权纠纷案入选2014年中国法院十大知识产权案件，麦格昆磁（天津）公司诉夏某、苏州瑞泰新金属公司侵害技术秘密纠纷案入选2014年中国法院十大

创新性知识产权案件，章某某诉江苏真慧影业公司导演聘用合同纠纷案、江苏祥和泰纤维公司诉江苏省工商局工商行政处罚纠纷案入选2014年中国法院50件典型知识产权案例，谢某某侵犯著作权罪案入选国家版权局发布的2014年度打击侵权盗版十大案件。

(3)明确和统一争议性、新类型问题的裁判理念与尺度。审结深圳市声影网络公司诉无锡市侨声娱乐公司侵害作品复制权、表演权纠纷案，法院认为非集体管理组织对涉案音乐电视作品进行集体管理，并以自己的名义提起诉讼，没有法律依据。审结上海柴油机公司诉江苏常佳金峰动力机械公司侵害商标权纠纷案，确立并完善了涉外贴牌加工案件应当采用的“必要审查注意义务”裁判标准，同时提出根据个案情形认定涉外定牌加工行为是否构成商标侵权。审结磊若软件公司诉捷奥比电动车公司侵害计算机软件著作权纠纷案，从技术层面入手，判定举证责任应由提出例外情形的当事人承担。审结磊若软件公司诉江苏同昌电路公司侵害计算机软件著作权纠纷案，提出在无合理情形可导致巨大差价的情况下，其他地域的产品售价亦可作为确定产品市场价值以及赔偿额的参考因素。

(4)探索精细化裁判，不断加大知识产权司法保护力度。充分运用精细化裁判的理念和方式，区分不同案件类型与案情体现差异化裁判。审结美国美利肯公司诉吴江敏捷通信器材公司等侵害发明专利权纠纷案，依权利人申请就侵权人销售被控产品合同情况进行调查，并参考权利人的专利产品利润率，估算出侵权人依据法院调查核实确认的合同交易量的侵权获利，在此基础上酌定赔偿。审结上海香思食品公司诉苏州徽思餐饮管理公司、叔叔的味道(中国)投资公司侵害商标权及不正当竞争纠纷案，审判结果体现了对知名品牌加大保护力度的精神。

(5)切实加强司法调研。江苏省高院完成《经济发展新常态下江苏知识产权司法保护的应对》《经济新常态下市场竞争秩序的司法规制与维护》等调研课题。泰州市中院依托最高人民法院在该院设立的医药产业调研基地，走访苏中药业、扬子江药业，形成年度调研报告。

(6)进一步加强与相关部门的司法保护协作。江苏省高院与江苏省文化厅联合进行卡拉OK音乐作品著作权保护的调研，深入研究涉集体管理案件的司法裁判导向与裁判尺度，推动音乐作品KTV纠纷案件的妥善解决和音乐作品付费使用制度的顺利实施；继续与江苏省工商局商标处联合举办全省第四届商标疑难案例研讨会；赴江苏省律师协会座谈、调研，听取意见和建议；与苏州大学知识产权研究院联合举办第二届太湖知识产权论坛。南通市中院与南通市工商局依照《关于构建辖区内商品交易市场商标保护司法行政联动机制的意见》的精神，加大对辖区内商品交易市场商标保护的力度。徐州市中院邀请徐州市公安局等相关司法及行政执法单位参加联席会议，就知识产权“三合一”审判工作规范化问题听取意见和建议。

二、继续稳步推进知识产权审判“三合一”改革试点工作

江苏省各级法院共受理知识产权“三合一”改革试点刑事案件269件，其中新收一审案件233件，审结224件；共受理知识产权“三合一”改革试点行政案件25件，其中新收一审案件19件，审结20件。

继续坚持“突出重点，区别对待，宽严相济”的刑事司法政策，加大对重点行业、重点领域的打击力度，加强与相关部门的沟通，准确把握刑事司法裁判尺度和刑法保护边界。江苏省高院与江苏省公安厅、检察院合作举办全省知识产权刑事审判业务研讨班，全省法院、公安、检察系统60余人就知识产权刑事司法保护的边界、证据规则适用等重要问题进行研讨。常州市中院围绕社会反映强烈、投诉较多的领域，尤其是在近年社会广泛关注的食品、药品安全领域，加大惩处力度，形成了一批典型案例。

继续加强知识产权行政审判，明确司法审查标准，充分发挥“双轨制”执法体系中司法保护的终局权威性作用。审结南京东赤商贸公司不服江苏省工商局工商行政处罚决定案，经审理法院认为工商机关认定南京东赤商贸公司构成商标侵权的证据明显不当，判决撤销了工商机关作出的行政处罚决定。

三、全面深化司法改革，完善知识产权审判工作机制

（1）继续推进以团队审判为核心的审判权运行机制改革。还权于合议庭，实现让审理者裁判，让裁判者负责，使以审判长为中心的团队审判运行机制更加顺畅，管理模式更加成熟。庭长、副庭长带头重点审理一审和疑难复杂案件。江苏省高院全年提交审判长联席会议讨论的案件持续下降，审判团队讨论定案的案件比例达到95%左右。

（2）继续推进专家诉讼辅助人制度在案件审理中的适用。江苏省各级法院持续推进知识产权专家诉讼辅助人参与知识产权案件审判的改革。除技术专家参与技术类案件审判外，无锡市中院在审理汪某某诉万达公司著作权侵权案中，双方当事人聘请的专家证人和法庭指定的专家辅助人共同参加了法庭主持的圆桌会议，最终促使双方当事人达成调解协议。连云港市中院已经落实著作权专业陪审员参与相关案件审理，收到一定效果。

（3）自觉践行司法为民工作宗旨，不断完善司法便民利民举措。南通市中院充分发挥家纺城巡回审判庭的功能，以简易、便捷方式审理涉家纺案件。根据《家纺知识产权案件快速处理暂行办法》，建立涉家纺案件即时立案、就地开庭、随时调解的机制。宿迁市中院在知识产权侵权纠纷多发地洋河新区组织典型知识产权案件巡回审判，公开巡回开庭审理苏酒集团贸易公司诉宿迁某白酒企业侵犯商标权及不正当竞争案。

四、进一步推动司法公开，不断延伸审判职能

（1）积极采用新媒体形式宣传，不断增强司法公开的力度和广度。在江苏省高院新浪微博、微信公众号平台开设“知产视野”栏目，2015年共刊发68期。建立全省知识产权法官微信群，加强业务交流。江苏省高院还依托苏州大学知识产权学院，开设江苏省法学会微信公众号，促进各会员单位相互借鉴和利用丰富的研究资源。常州市中院继续借知识产权保护QQ群这一平台，邀请更多专利复审委员会审查员、大学教授和学者等相关人士加入，并向专利代理事务所、律师事务所、企业及其他社会公众开放。苏州市昆山市法院在新华网以微访谈的形式向网民介绍知识产权司法保护。

（2）进一步做好司法公开与宣传工作，健全司法延伸服务机制，推进阳光司法。江苏省各级法院认真落实公开开庭、庭审网络直播、裁判文书上网等“阳光司法”措施。江苏省高院向社会发布2014年《江苏法院知识产权司法保护》蓝皮书，继续发布2014年全省法院知识产权司法保护十大民事、刑事和行政典型案例，连续第四年发布《江苏法院知识产权案件年度报告》，及时公布新类型案件的裁判尺度。“4·26世界知识产权日”期间，邀请人大代表、政协委员、特邀监督员、技术专家辅助人等参加公开开庭案件的旁听，开展法制讲座等活动。南京市中院走访专业游戏研发企业炫彩互动网络科技公司，结合司法实践，提供了相关的知识产权保护方面的建议和帮助。镇江市中院分别走进恒顺集团、醋业协会、丹阳眼镜协会，就如何加强对“镇江香(陈)醋”“丹阳眼镜”集体商标的司法保护进行专题调研。泰州市高新区启动医药知识产权“123456”护航工程；建立服务平台，开通“医药知识产权司法保护李霖微信平台”，建立服务企业QQ群；根据企业需求，定制司法服务。盐城市中院勇于担当司法社会责任，主动为地方经济的发展大局建言献策。盐城市中院在审理北京中文在线诉东台唐洋中学侵犯著作财产权纠纷系列案件中，发现学校因数字图书馆建设不规范而涉嫌侵犯他人著作权的现象较为突出，若不及时采取措施加以预防，其他学校也会陷入侵权被诉的泥潭，势必会影响全市教育发展大局，故向盐城市教育局发送了关于规范学校数字图书馆建设的司法建议，教育局专门下发通知进行整改。

（江苏省高级人民法院知识产权审判庭）

检察工作

2015年，江苏省检察机关紧紧围绕全国和全省打击侵犯知识产权和制售假冒伪劣商品工作会议内容，落实国务院、最高人民检察院和江苏省政府的相关要求，将打击侵犯知识产权作为服务经济社会发展的重要内容，加强组织领导、加大工作指导协调力度，依法履行打击、保护、监督、预防等检察职能，扎实开展打击侵犯知识产权和制售假冒伪劣商品专项行动，取得了较好成绩。

一、注重业务指导

为充分展示检察机关保护知识产权工作的成绩，加强知识产权司法保护工作的系统性和稳定性，江苏省检察院征集、编写了2014年已有生效判决的侵犯知识产权犯罪典型案例和知识产权民事行政抗诉案例。2015年11月23～27日，江苏省检察院与北京大学联合举办了江苏省检察机关知识产权专题培训班，邀请了中国知识产权法学研究会会长刘春田、北京理工大学法学院院长曲三强、工信部知识产权司法鉴定所所长游涛、北京市中院知识产权法院副院长宋鱼水等专家教授，就知识产权保护、司法鉴定、网络著作权审判、互联网知识产权等问题进行了授课、互动和研讨，部分分管知识产权案件工作的领导、部门负责人及业务骨干共计79人参加了学习培训。无锡市检察院制定《关于深化知识产权司法保护服务保障无锡苏南国家自主创新示范区建设的意见》。

二、开展江苏省知识产权宣传周活动

江苏省检察机关按照江苏省知识产权宣传周活动组委会通知要求，紧扣“建设知识产权强国，支撑创新驱动发展”的活动主题，充分利用各类媒体，尤其是网络、微博、微信等新兴媒体，开展了形式多样、内容翔实的宣传活动，取得了良好效果。南通市检察院、崇川区检察院联合南通市知识产权局等10余家单位组成联合执法小组，进行了联合执法活动，南通市海门市、南通市海安县两院通过网络、微博宣传知识产权保护等工作。苏州市常熟市检察院召开新闻通报会，通报了近年来办理知识产权案件情况，工业园区进入知识产权重点企业，开展现场宣传、咨询、讲解、答疑活动，先后接待群众500多人，发放各类资料600余份。连云港市东海县院在东海水晶市场举办知识产权宣传周，连云港市连云区检察院开展“进广场、进社区、进校园”等知识产权宣传活动。泰州市靖江市检察院开展以“三个一”为内容的知识产权宣传活动。南京市玄武区检察院主动牵头与玄武区商务局、玄武区科技局等兄弟单位联系，积极策划，通力合作，举办玄武区“百家汇”杯电子商务知识产权竞赛。知识面涵盖专利权、著作权、商标权等多个方面，提升企业和群众的电商知识产权保护意识。扬州市江都区检察院联合江都区科技局、市场监督管理局、文广局等多家部门在张纲镇商贸城社区共同开展“4·26世界知识产权日”宣

传活动，邀请报社、电视台共同参与宣传，共向现场群众发放 300 余份宣传手册，共接受群众咨询 100 余人。

三、继续加强知识产权案件办理专业化建设

江苏省检察机关深入探索知识产权研究小组和知识产权案件办理小组机制，坚持专人审查、集体研究、共同决定，增强工作的连续性、专业性和准确性，确保案件质量和诉讼效率。常州市检察院探索实行“一个中心、三个一体化、五项制度”的一三五知识产权保护执法联动机制。无锡市开发区检察院共批捕知识产权犯罪案件 2 件 14 人，LV 公司专门送了感谢铜牌。

（最高人民检察院侦查监督厅供稿）

浙 江 省

专利工作

2015 年，浙江省知识产权局系统认真贯彻实施创新驱动发展战略和知识产权战略，以建设知识产权强省为目标，各项工作取得新进展。2015 年，浙江省专利申请总量达到 30.7 万件，专利授权总量为 23.5 万件，分别较上年增长 17.5%和 24.7%。其中，发明专利申请量、授权量分别为 6.8 万件和 2.33 万件，同比增长 29.8%和 74.3%，每万人发明专利拥有量达到 12.89 件。

一、积极推进制度保障体系建设

(1)地方专利立法取得新进展。浙江省人大表决通过了《浙江省专利条例》，2016 年 1 月 1 日起正式实施。(2)率先出台行动计划。浙江省政府办公厅印发了《浙江省深入实施知识产权战略行动计划(2015～2020 年)》。(3)出台了一系列推进知识产权战略实施的工作举措。浙江省联席办印发了《关于印发〈浙江省 2015 年知识产权战略工作实施要点〉的通知》，联合浙江省财政厅印发了《浙江省知识产权保护与管理专项资金管理办法》等。

二、加强统筹协调，合力推进知识产权战略实施

(1)组织召开省知识产权联席会议成员单位第一次全体会议。(2)相继印发《2015 年浙江省“知识产权宣传周”活动方案》《关于印发〈浙江省 2015 年知识产权战略工作实施要点〉的通知》。(3)推进地区协同发展。积极探索欠发达地区知识产权战略推进模式，根据地区特色产业布局，实施差异化专利战略推进工程，促进专利战略更好融入并服务于地方经济社会发展。

三、加强专利执法，严厉打击侵权假冒行为

(1)加强案件调处力度。2015 年，浙江省知识产权局系统共立案上报数为 8584 起，同比增长 144%；其中，侵权立案上报数为 7981 起，同比增长 169 %；假冒立案 603 起，同比增长 66%；案件结案上报数为 8579 起，结案率 99.9 %。(2)深入开展电子商务领域专利保护专项行动工作。组织执法人员和知识产权维权援助中心工作人员 610 余人次，受理电子商务领域专利侵权投诉案件上报数为 1891 起，结案上报数为 1672 起(实际处理 23 406 起)，关闭、屏蔽或断开网店、商品链接 19 419 个。(3)持续推进打击假冒专利专项整治行动。共查处假冒专利案件 220 余起。

四、以企业为支点，推进区域和重点领域知识产权工作

(1)区域知识产权试点示范稳步推进。

推进金华市、义乌市开展国家知识产权示范城市建设，将丽水市、江山市纳入国家知识产权试点城市，新昌县申报国家知识产权强县工程试点。宁波市入选国家首批知识产权区域布局试点。长兴县、湖州市吴兴区、中国美术学院通过国家知识产权区域试点考核工作。(2)高新园区(科技城)知识产权工作取得新进展。出台《加强高新技术产业园区(科技城)知识产权工作的指导意见》。杭州市高新区成功获批建设国家知识产权服务业集聚发展实验区。(3)积极推进企业知识产权工作。加快企业知识产权贯标推广工作，5家企业入选国家知识产权示范企业，40家企业入围国家知识产权优势企业，新认定省级专利示范企业109家。

五、提升专利助推产业发展成效

(1)深入实施专利导航试点工程，推动杭州市高新区、浙江省磁性材料行业协会启动实施国家专利导航工程。(2)知识产权评议试点工作持续深入。推荐浙江大学等3家单位申报国家知识产权评议示范培育中介机构，浙江大学获批申报国家知识产权评议示范培育。(3)继续加大对专利质押融资工作的顶层设计和政策支持。完成6家专利保险试点县(市、区)验收工作。(4)启动2015年产业知识产权运用基金试点省工作，推动以市场化方式开展知识产权运营体系建设。

六、积极营造知识产权服务大众创业万众创新氛围

(1)全省共新增专利代理机构4家，新增分支机14家(其中驻外省分支机构3家)，全省代理机构达56家，分支机构达72家。(2)成功承办国家知识产权局"知识产权走基层 服务经济万里行"活动。开展以"优化知识产权环境 支持创新驱动发展"为主题的知识产权宣传巡回宣讲活动，组织开展公益讲座22场，受众2000余人。(3)国家知识产权培训(浙江)基地和中小微企业(温州)基地共组织开展各类知识产权培训40余期，受训5000余人。选派17位知识产权高层次骨干人才参加2015年度知识产权高层次人才赴外培训。(4)集中开展"4·26知识产权宣传周"活动，充分利用《中国知识产权报》、省局门户网站等媒体平台，加强知识产权信息宣传。

(浙江省知识产权局)

商标工作

浙江省工商和市场监管部门以"三名"工程为重点，全面推进商标品牌战略实施，不断提升全省品牌经济的比重和自主商标品牌的核心竞争力。

商标品牌示范引领抓手作用逐渐强化。启动商标示范评价工作，出台《关于印发浙江省商标品牌示范企业评价管理办法(试行)和浙江省商标品牌示范县(市、区)与示范乡镇(街道)评价管理办法(试行)的通知》，并评定了2015年度首批浙江省商标品牌示范县(市、区)、示范乡镇(街道)和示范企业。深化"三名"工程指导服务工作，走访和服务品牌型"三名"工程企业，落实责任书各项任务要求，帮助解决商标侵权问题。进行商标创建水平科学评价，制定《浙江省商标品牌发展评价体系》，力争实现对各市商标工作水平评价结果的科学化和合理化。

商标服务企业转型升级作用逐渐凸显。商标质押融资强势推开，开展"商标质押百亿融资行动"，支持重点产业开展商标专用权质押贷款，在台州市试点设立全国第一个商标质权登记申请受理点；召开浙江省商标质押融资工作现场推进会，总结交流"商标质押百亿融资行动"的经验做法，推动建立知识产权向现实资本转化的长效机制，服务小微企业稳定健康发展。小微企业品牌助力举措明确，下发《关于开展2015年度浙江省著名商标认定工作的通知》,明确对列入小微企业3年成长计划的企业等给予重点指导和认定倾斜。商标公众服务平台建设启动,建设"一库两平台"(商标综合信息库以及商标服务平台和商标监管平台),完成《浙江省著名商标申报和管理系统项目》立项,深化商标品牌信息化工作,促进商标监督管理能力的提升。

商标品牌保护环境逐渐净化。"红盾护航"部署开展,出台《关于在全省开展"红盾护航"知识产权保护专项行动的通知》,明确年度工作重点和各项任务,在城乡结合部市场、网络市场、驰著名商标等重点领域部署开展专项行动。案件公示扎实推进,各地对照行政处罚信息公示的要求,对软件的操作权限、流程衔接、案件信息录入、数据存储与安全、保密要求等环节予以规范,提高案件处罚信息的公示率,进一步加强社会监督。社会宣传力度升级,结合"4·26知识产权宣传周"和"3·15国际消费者权益日"纪念等活动,联合知识产权局等部门,扩大浙江省"双打"行动影响;在新华社、《浙江日报》、浙江卫视等主流媒体广泛宣传商标工作成绩。

2015年,浙江省商标申请量231 125件,注册量210 905件,累计有效注册量114 903件。

(浙江省工商行政管理局)

版权工作

2015年,浙江省版权局认真履行版权保护工作职责,进一步推进政府机关党群系统和国有企业软件正版化工作,以"剑网"行动为重点积极组织开展打击侵犯知识产权和制售假冒伪劣商品等专项行动,着力打击损害公共利益的侵权盗版行为,开展"建设知识产权强国,支撑创新驱动发展"为主题的系列版权宣传培训活动,努力提升版权服务水平,促进版权产业和版权事业的繁荣发展。

一、版权宣传工作

(1)组织开展"4·26知识产权宣传周"活动。印发了《关于开展2015年浙江省知识产权宣传周活动的通知》,在全省组织了"建设知识产权强国,支撑创新驱动发展"为主题的宣传活动。(2)举办了浙江省第三届"知识产权杯"创意设计大赛活动。第三届"知识产权杯"创意设计大赛由浙江省版权局和中国美术学院联合主办,活动期间,共收到来自各高等院校作品1097件。2015年4月24日,在中国美术学院举行了颁奖典礼暨获奖作品展,来自各新闻单位记者、学生、教师等100多人参加了现场活动。(3)参与了长三角地区知识产权发展与保护状况新闻发布会。(4)加强版权公益广告宣传,在杭州K290公交车上刊登"保护正版、打击盗版"字样及图片。

二、版权保护工作

(一)打击侵犯知识产权和制售假冒伪劣商品工作

(1)做好2014年度打击侵犯知识产权和制售假冒伪劣商品绩效考核的有关工作。起草并上报了《关于2014年浙江省打击侵权盗版专项治理"剑网行动"工作情况的自评报告》《关于2014年浙江省政府机关软件正版化工作情况的自评报告》。(2)制订并印发了《2015年版权行政执法工作方案》。(3)做好浙江省2014年度全国查处侵权盗版案件有功单位及个人推荐工作。浙江省共有20家单位及个人分获有功单位及有功个人一、二、三等奖。(4)部署开展打击网络侵权盗版"剑网2015"专项行动。印发了《浙江省打击网络侵权盗版"剑网2015"专项行动实施方案》,2015年7月30~31日,在绍兴市召开了打击网络侵权盗版"剑网2015"专项行动专题会议。(5)做好上级督办案件的协调跟踪工作。2015年4月29日,宁波市文化市场行政执法总队查处了施婷芝非法复制销售侵权盗版出版物案，此案被国家版权局列为督办案件。

（二）软件正版化工作

（1）印发《2015年浙江省推进使用正版软件工作方案》。（2）2015年5月28日，召开了浙江省省级机关软件正版化工作会议，省级84家单位95人参加了会议。（3）2015年6月30日至7月1日，在绍兴市召开浙江省市县级政府机关软件正版化工作培训会。（4）做好迎接中央检查组赴浙江省检查政府机关软件正版化相关工作。2015年7月28～31日，中央检查组对浙江省科技厅、国土资源厅、商务厅、财政厅、审计厅等单位的软件正版化工作责任落实、软件资产管理、软件日常管理制度制定落实情况进行了现场检查。2015年7月30日，中央检查组听取了浙江省政府机关及党群系统软件正版化工作情况汇报。（5）2015年11月12～17日，浙江省使用正版软件工作领导小组办公室组成联合检查组对湖州市、德清县、嘉兴市、桐乡市政府机关的软件正版化工作进行检查。（6）浙江省版权局和浙江省国资委联合印发了《浙江省推进国有企业使用正版软件工作实施方案（2015－2020年）》。

三、版权服务工作

（1）2015年9月17～24日，由浙江省版权局、浙江省新闻办和有关出版、发行、图书外贸单位组成的代表团赴斯里兰卡、马来西亚举办浙江版权贸易图书展，对浙江省14家图书出版社最新出版的1900种图书进行了集中展示。书展期间，代表团成员参加了第17届科伦坡国际书展。

（2）2015年8月13～14日，浙江省新闻出版"走出去"工作培训会在绍兴召开，来自图书出版、电子音像出版单位和部分复制、发行单位的代表共计70余人参加了会议。

（3）组团参加第二十二届北京国际图书博览会。浙江省14家图书出版社、浙江华硕国际贸易公司和有关数字出版单位在博览会上集体亮相，参展出版物达1000多种。

（4）2015年9月2日，由浙江省版权局和英国驻华使馆共同举办的"新媒体时代的版权与创意产业"交流活动在杭州举行，来自浙江、英国政府、出版影视界的代表共计40多人参加了活动。

（5）2015年10月12～14日，香港联合出版集团到浙江访问，浙江省新闻出版等方面与他们进行了广泛的交流。

（6）2015年12月4日，在杭州召开浙江省新闻出版业向周边国家和"一带一路"沿线国家"走出去"工作会议，来自全省新闻出版及有关企业、高校的70多人参加会议。

（7）继续做好作品版权登记和著作权合同登记、备案等日常工作。2015年，浙江省共登记各类作品15 354件，核准登记出版境外图书合同352件，办理涉外图书、音像制品、电子出版物制作合同登记818件，计算机软件著作权合同备案138件。

（浙江省版权局　严庆荣）

司法工作

2015年，浙江省各级法院在最高人民法院的有力指导下，认真学习十八大精神，贯彻实施创新驱动发展战略，知识产权民事审判工作取得显著成效。

一、坚持执法办案第一要务，提升司法公信力

2015年，浙江省各级法院共新收知识产权一审案件16 999件，同比上升23.22%，审结15 668件，同比上升14.73%，其中著作权案件新收11 407件，上升17.45%；专利权案件新收2118件，上升46.07%；商标权案件新收3058件，上升34.42%；技术合同案件94件，下降17.54%；不正当竞争案件

107件，上升33.75%。新收知识产权二审案件1348件，审结1378件。浙江省各级法院在知识产权案件收案量大幅度上升的情况下，狠抓办案质效，建立案件办理跟踪、督促和指导机制，注重审判长和审判长联席会议的审判功能。

浙江省各级法院充分发挥知识产权司法保护的主导作用，加大保护力度、促进自主创新，依法公正审结了一批具有较大社会影响的知识产权民事案件。如华为公司诉中兴公司、阿里巴巴公司侵害发明专利权案中，合议庭走访了多位专业技术人员，在深入分析涉案网络通信设备技术问题的基础上，以华为公司未能证明涉案产品在正常使用状态下会使用到涉案专利方法为由，判决驳回其诉请，该案入选全国律师协会知识产权委员会2015年年会十佳案例。浙江省各级法院还一揽子调解了苏泊尔公司和九阳公司之间的36件侵害专利权纠纷，有效化解矛盾，杜绝了双方之间报复性诉讼的再次发生。此外，上蒋火腿厂诉雪舫工贸公司侵害商标权纠纷，杭州聚合公司诉中国移动浙江公司、浙江融创公司侵害计算机软件著作权纠纷两起上诉案件入选2014年中国法院十大创新型知识产权案件。

二、重视实务调研，加强基础性审判指导工作

针对浙江省知识产权审判实际，通过多种形式，拓宽指导途径，加强对浙江省知识产权民事审判工作的基础性指导。

（1）开展重点调研。针对涉市场开办者知识产权纠纷频发、相关司法裁判规则不明晰的现状，由浙江省高院牵头开展了2015年全省法院重点课题《关于市场开办者知识产权侵权责任的调研》。各地中院也针对本地区审判实践，主动开展调研活动并取得丰硕成果。

（2）解答疑难问题。针对新形势下全省法院知识产权审判中存在的新类型疑难问题，浙江省高院编发《知识产权审判疑难问题解答（二）》，逐题分析并提出解决思路，指导各级法院正确适用法律。

（3）遏制重复侵权。针对知识产权案件中存在的审执矛盾，与执行局、立案庭就妥善处理知识产权重复侵权行为中审判与执行程序衔接等方案进行专题讨论并达成共识，联合下发《关于妥善处理知识产权重复侵权行为若干问题的纪要》。

（4）转化调研成果。针对浙江省老字号企业知识产权保护意识淡薄的现象，浙江省高院在2014年重点调研课题《关于老字号知识产权保护的调研》的基础上，完成成果转化，制定并下发了《关于老字号知识产权保护的纪要》。

（5）放宽简易程序适用条件。在充分调研的基础上，对原试行规定进行修订，正式下发《关于适用简易程序审理部分知识产权民事纠纷案件的规定》。新规定适当放宽了基层法院适用简易程序的条件，将原先的审批制改为备案制。2015年，在原有18家基层法院的基础上，湖州市吴兴区和嘉兴市桐乡市法院经备案开始适用简易程序审理知识产权案件。

此外，浙江省高院还分别在杭州、宁波、温州、金华、丽水等地召开知识产权审判工作片区调研座谈会；分别对2014年全年和2015年上半年各中院上报的和浙江省高院审结的二审案件质量进行了通报，指出案件审理及裁判文书中存在的问题。

三、加强横向合作，实现与行政机关的优势互补

浙江省各级法院重视与知识产权行政执法部门的沟通交流，始终保持良性互动，力求实现优势互补。

（1）整合社会资源，打造纠纷多元化解决机制的升级版。浙江省高院主导推出“打造专业的第三方独立司法公益平台”的改革思路，力求在强化知识产权司法保护主导作用的同时，重塑知识产权多元化纠

纷解决机制。2015 年 7 月，联合浙江省知识产权局、国家互联网协会等单位在义乌市开展了国内首家知识产权纠纷专业调解第三方独立公益平台的试点工作，《人民法院报》等媒体对此进行了深度报道。自该平台运转以来，从行政主管部门、行业专家、资深律师等具有丰富知识产权从业经验的人员中遴选出来的 23 名调解员已化解 200 余起知识产权纠纷。在此基础上，浙江省高院于 2015 年 10 月在宁波市开展了“知识产权综合运用与保护第三方平台”的试点工作。此外，杭州市余杭区法院继续开展与中国互联网协会调解中心驻余杭区法院工作站的诉调对接工作，共委托该工作站处理诉前调解 1288 件，调解成功 421 件；诉中调解 1645 件，调解成功 458 件。

（2）增补专业型人民陪审员。浙江省各级法院于 2010 年选任了第一批 116 名专业型人民陪审员参与审理知识产权案件。现该批陪审员的任期已陆续届满，2015 年在调整、增补原有人选的基础上选任了第二批专业型人民陪审员。

（3）邀请行政机关派员参加座谈会。为深入探讨涉外贴牌加工商标侵权问题，更好地统一司法审判与行政执法标准，浙江省高院邀请浙江省工商局、浙江省经信委、杭州海关等部门领导出席涉外贴牌加工商标侵权问题研讨会，为法院审理涉外贴牌加工案件提供了新的思路。

（4）向行政机关发送司法建议。2015 年，浙江省各级法院共向行政机关、企事业单位等发送司法建议 10 余条。如：为解决 KTV 案件反复成讼的问题，绍兴市诸暨市法院向当地文广新局发出司法建议，建议该局加强对 KTV 行业的监管和法制宣传教育，引导建立自主管理与自律平台，建立诉前纠纷解决机制。

四、加强宣传交流，传播浙江知识产权司法保护正能量

（1）“浙江法院新闻网 · 知之汇”正式上线。该网站以“讲述浙江知识产权司法保护故事，传播浙江知识产权司法保护声音”为主题，以“公正、创新、开放、互动、便民”为理念。自网站正式上线以来，浙江省各级法院陆续通过该平台发布了多起具有典型意义和较大社会影响的案例，分享了多篇具有较高学术价值的文章，公开了近期知识产权审判动态和会议实录。此外，温州市中院发布了温州知识产权审判微信公众号。

（2）开展形式多样的知识产权宣传活动。自 2009 年以来，浙江省高院已连续 7 年邀请境内外媒体、机构列席知识产权审判工作会议。浙江省各级法院也通过发布白皮书、公布典型案例、召开新闻发布会、举办知识产权成果展等活动，回应社会公众对知识产权司法保护工作的关注。

（3）加强学术交流。与中国政法大学学术团队、华东政法大学学术团队建立良好的学术交流合作机制，开展多项知识产权司法保护理论与实务交流研讨活动；与浙江省知识产权法学研究会合作，筹建知识产权审判实务委员会；与中国法学会知识产权法学研究会达成在浙江建立知识产权司法保护研究基地的初步意向；与浙江省知识产权局达成建立知识产权交流中心的初步意向。

五、坚定信仰、转变学风，强化审判队伍自身建设

（1）恪守“严实作风”，践行“司法为民”，不断探索诉讼便民利民途径。如三级法院共同推进庭审记录改革，提高审判效率；杭州市中院、嘉兴市中院、衢州市中院、湖州市吴兴区法院等因地制宜，在知识产权纠纷多发的交易市场、经济技术开发区等地新设巡回审判点，方便权利人维权；开展电子商务网上法庭建设，4 家试点法院的网上法庭成功上线并顺利运行；其他非试点法院也充分利用互联网技术便利当事人诉讼，积极探索网上送达、网络调解、视频庭审等“互联网＋审判”模式。

（2）改革庭务管理，强化合议庭审判与调研的主体地位。浙江省高院改变以往审判与调研相对分离的工作格局，配备综合组实务、行政双内勤人员组合，裁减综合组其他成员充实审判一线，组建两大合议庭，将综合组工作中涉及审判实务调研性质的工作分解到合议庭，以“扁平化”管理模式强化法官团队在案件审理和审判调研中的主体作用，发挥合议庭成员的调研积极性。

（3）转变学风，营造浙江省知识产权学术氛围。浙江省高院联合研究室等部门与华东政法大学学术团队举行了浙江法院知识产权司法保护理论与实务交流研讨会；借助浙江省高院和中国政法大学学术团队的学术交流机制，在全省法院遴选了 20 篇专业论文供合集出版；浙江省高院民三庭法官团队在浙江省知识产权法学研究会年会上成功举办浙江知识产权司法保护实务论坛。浙江省高院将新进人员与审判业务骨干分为两期培训，根据不同培训对象设置相应培训课程，另新增一期人民陪审员培训班。

（浙江省高级人民法院知识产权审判庭）

检察工作

2015 年，浙江省各级检察机关扎实履行对侵权假冒犯罪案件的批捕、起诉和诉讼监督职能，加大查处行政执法人员在办理侵权假冒案件中的失职渎职等涉嫌犯罪行为，积极做好沟通协调工作，着力构建打击制售伪劣商品犯罪和知识产权刑事保护协作机制，为维护浙江省市场经济秩序，维护人民群众生命健康安全作出了自己的贡献。

鉴于各地检察机关在办理侵权假冒案件中存在的问题，浙江省检察院 2015 年多次组织赴台州、温州、金华等市，就办理侵犯知识产权和制售伪劣商品犯罪案件中存在的法律适用问题与基层检察院进行沟通交流，并提出指导意见。如瑞安市检察院、义乌市检察院等以《知识产权检察白皮书》的形式，从近年来所办理的案件入手，重点研究、分析了近年来侵犯知识产权犯罪案件的主要特点、发展趋势、案发原因及法律适用问题等，结合司法实践提出了进一步加强对侵犯知识产权犯罪防控的对策建议，取得了良好效果。

浙江省各级检察机关在加大个案打击力度的同时，着眼长效机制建设，积极推动侵权假冒领域行政执法与刑事司法有效衔接。2015 年年初，浙江省检察院会同浙江省法制办、浙江省公安厅、浙江省法院、浙江省监察厅会签下发了《关于印发浙江省行政执法与刑事司法衔接工作台账管理规定（试行）》。针对社会关注的食品药品、环保等领域的行政执法与刑事司法衔接问题，浙江省检察院与浙江省食安办、浙江省法院、浙江省公安厅等部门共同会签出台了《关于建立打击食品违法犯罪协作机制的意见》等规范性文件。

浙江省检察机关注重加强对知识产权保护工作的宣传和引导，2015 年 1 月召开浙江省检察机关推进知识产权等三项检察工作情况的新闻发布会，集中公开了一批典型案例，20 余家新闻媒体进行了宣传报道。义乌市检察院将有关知识产权检察保护工作材料制成宣传大展板和宣传手册，积极开展知识产权检察保护的宣传和犯罪预防工作，目前已发放宣传手册数百份，同时，义乌市检察院继续运用网络平台“义乌购”论坛中的“检察官说法”版块，以案例评析的方式向公众展示知识产权犯罪案件办理情况，剖析发生在公众身边的真实案例，普及知识产权相关知识。通过加大宣传，进一步扩大了知识产权检察保护工作效果。

（最高人民检察院侦查监督厅供稿）

安徽省

专利工作

一、专利法规政策逐步完善

2015年9月24日，安徽省十二届人大常委会第二十三次会议审议通过《安徽省专利条例》，从激励、运用、保护、管理和服务等方面对专利工作进一步作出规范，首次提出设立安徽省政府专利奖、专利执法权下放到县级政府、建立重大经济活动专利审议制度等。将“每万人口发明专利拥有量”纳入2015年安徽省政府目标管理绩效考核。经安徽省政府同意，安徽省科技厅等23个部门出台了《安徽省深入实施国家知识产权战略行动计划（2014～2020年）实施方案》。

二、专利创造量质同步提升

2015年，安徽省专利申请量127 709件，同比增长28.8%。其中发明专利申请量68 314件，同比增长36.7%，高于全国平均增幅15.8个百分点。合肥市、芜湖市、蚌埠市发明专利申请量34 374件，占全省50.3%，同比增长28.8%。合肥市代办处年受理专利申请量突破10万件；全省电子申请率达到94.3%。安徽省PCT国际专利申请量125件。

2015年，安徽省专利授权量59 039件，同比增长22.0%。其中发明专利授权量11 180件，同比增长115.7%，高于全国平均增幅53.8个百分点，创安徽省发明专利授权历史最高增幅。合肥市、芜湖市、蚌埠市发明专利授权量6230件，占全省55.7%，同比增长90.3%。截至2015年年底，安徽省有效发明专利拥有量26 075件，每万人有效发明专利拥有量4.28件，提前5个月完成《安徽省国民经济和社会发展第十二个五年规划纲要》制定的“到2015年，每万人口发明专利拥有量达到3.4件”的目标。

企业创新主体地位进一步增强。2015年，安徽省企业发明专利申请量45 219件，发明专利授权量7399件，均占全省的66.2%。有3800家企业拥有有效发明专利共计17 413件，占全省有效发明专利量的66.8%。

三、专利运用能力显著增强

第四届安徽省专利奖共评出金奖19项，优秀奖75项，获奖项目的技术质量、效益与产业化水平均较往届有较大提升。安徽省有12件专利荣获第十七届中国专利奖优秀奖。加强专利信息利用，选择马钢“高端工具钢”等10个项目开展重大经济科技活动知识产权评议，为企业研发和专利布局提供了支撑。选取两批共105家企业开展“贯标”培育工作，其中第一批53家企业已通过省级验收。2015年安徽省新增国家级知识产权示范企业5家，优势企业42家。安徽省现有国家、省、市、县四级知识产权优势企业758家，其中国家级知识产权示范企业9家，优势企业84家，数量居全国前列。2015年，安徽省共为143家企业的549件专利办理专利权质押贷款156笔，融资金额达11.56亿元人民币，同比增长72.5%；专利权质押融资工作首次实现16个市全覆盖，芜湖市进入国家专利权质押融资试点城市。

四、专利保护效果不断加强

2015年，安徽省共组织各种形式的执法检查活动300余次，出动执法人员1000余人次，检查商品4万余件。重点跟踪督办专利纠纷案件100余件，全年共立案调处专利案件 501 件，较上年增长 38.8%。加强执法培训，2015 年共有 96 人通过考试取得行政执法资格。为提高办案质量，重点督办检查了 100 件行政执法案件。

五、专利管理水平整体提升

2015 年，宁国市获批成为安徽省首家县级国家知识产权示范城市，界首市成为国家知识产权试点城市。至此，安徽省有国家知识产权示范城市 3 家，示范创建与试点城市 7 家。首批 10 家省级知识产权示范市（县）全部通过验收。霍山县等 6 个县（区）入选国家知识产权强县工程示范县（区），至此安徽省国家知识产权强县工程示范县达 9 家。歙县入选国家传统知识知识产权保护示范县。安徽省现有国家知识产权示范创建园区和试点园区各 1 家，省级知识产权示范创建园区 30 家。2015 年，安徽省知识产权局共举办各类企业专利联络员培训班 13 场，1300 余人次参加培训；调整补充企业专利联络员队伍达 3020 名，基本实现了每个高新技术企业拥有 1 名以上企业专利联络员的目标。建立高校、科研院所知识产权专员队伍 102 名，做到了省内本科高校和重点科研院所全覆盖。

六、专利服务能力不断增强

（1）加强专利代理队伍的培养和管理。2015 年安徽省有 143 人通过了全国专利代理人资格考试，通过率 35.2%，较上年增长 21%。目前安徽省取得专利代理人资格人数超过 500 人，执业专利代理人 167 人，经培训合格的专利代理人助理 32 人，省内专利代理机构达 23 家，引进省外专利代理机构设置分支机构 17 家。（2）开展省级知识产权服务品牌机构培育工作，首批 24 家服务机构入选。（3）加强省专利信息服务中心和专利传播与利用基地建设，深入开展专利统计与分析工作。（4）分行业举办企业专利信息分析与利用培训班，举办第三届安徽省高校科技成果转移转化知识产权研修班和第三届全省科研院所知识产权研修班，推广专业数据库和检索工具。

（安徽省知识产权局）

商标工作

安徽省工商和市场监管部门以实施商标品牌战略为主线，大力实施商标品牌战略，继续全面推进商标注册、管理、运用和保护工作，各项工作有了新进展。

深入实施商标品牌战略，大力开展商标品牌建设。制订 2015 年安徽省实施商标品牌战略工作计划，将全省商标工作目标以发展指导数的形式分解到各市、省直管县，明确考核依据。市县政府和实施商标战略工作领导机构层层制定了商标发展目标任务，狠抓工作落实。引导企业依法申报驰名商标、安徽省著名商标，发展品牌经济，不断提升全省商标品牌影响力。出台了支持战略性新兴产业、现代制造业、现代农业、旅游业、现代服务业、文化产业等一系列商标品牌建设支持企业和行业发展的政策，着力打造一大批有市场竞争力和影响力的安徽自主商标品牌。

积极引导商标注册，巩固实施商标品牌战略基础工作。将地理标志商标注册作为一项重点，推进各地挖掘、整理、申报注册一批地理标志商标，不断推进农业产业化、品牌化进程；及时出台了《基层市场监督管理所开展商标指导工作的意见》，切实把商标指导工作落实到基层。

扎实推进商标专用权质押贷款工作，着力帮助企业解决融资难问题。印发了 2015 年上半年安徽省商标质押贷款工作情况通报，并到部分县市深入企业专题走访，推动各地做好商标质押贷款工作。2015 年，安徽省共办理商标质押贷款 252 件，贷款金额 21.779 亿元人民币。

扎实开展打击侵犯知识产权和制售假冒伪劣商品工作，维护良好的市场环境和消费环境。开展农村和城乡结合部市场整治行动、2015 年中国制造海外形象维护“清风”行动、保护地理标志商标专用权专项行动、打击制售假冒伪劣日用品专项行动、商标代理机构专项整治行动；组织督查组分赴各地开展督查指导，确保整治工作落到实处；举办了淮海经济区商标保护协作会议，推进区域间商标保护协作。

广泛开展各类业务培训，努力提高商标法制意识和业务素质。举办了针对各市县局分管局长和商标科长的安徽省工商系统贯彻实施新《商标法》与商标品牌建设培训班、面向全省市县政府分管领导的安徽省商标战略和商事制度改革专题培训班。安徽省各地还通过深入企业走访、举办培训班等形式，对重点企业开展了商标知识、品牌知识和商标法律法规的培训和宣传，增强了企业的商标品牌意识和法律意识。

2015 年，安徽省商标申请量 60 054 件，注册量 48 570 件，累计有效注册量 194 580件。

（安徽省工商行政管理局）

版权工作

2015 年，安徽省版权管理工作深入贯彻落实党的十八大和十八届三中、四中、五中全会和习近平总书记系列重要讲话精神，坚持创新发展理念，紧紧围绕全局中心工作，推动科学依法管理，提供优质高效服务，为法治安徽、创新安徽建设提供了良好版权支撑。

一、版权执法监管工作

（一）“剑网 2015”专项行动

安徽省版权局会同安徽省公安厅、安徽省网宣办、安徽省通信管理局等部门制定安徽省“剑网 2015”专项行动方案。专项行动期间，安徽省各级版权行政管理部门会同公安部门、通信管理部门共立案查处重大典型案件 7 起，涉及金额百余万元。7 起案件中，申请国家版权局挂牌督办 3 起。此外，安徽省各级版权行政管理部门通过主动监管、劝诫、说服教育等纠正网络侵权行为 20 余起，关闭网站 10 余家。

（二）出版物市场侵权盗版行为专项治理行动

安徽省版权局积极联合有关部门，开展对重点区域、重点部位、重点环节的出版物市场检查。联合安徽省“双打”办、安徽省扫黄打非办于 2015 年 5 月 15 日至 7 月 31 日开展了出版物市场侵权盗版专项治理行动；参加安徽省“扫黄打非”检查组赴蚌埠市、宿州市、淮北市检查“两节”“两会”期间“扫黄打非”工作；配合安徽省“扫黄打非”办公室赴亳州市、六安市、黄山市等地检查暗访出版物市场；先后 3 次会同合肥市有关部门检查合肥市书刊、音像制品和电脑软件市场。

参加了安徽省暨合肥市侵权盗版及非法出版物集中销毁活动，共销毁侵权盗版及非法出版物 72.4 万余件。来自文化、新闻出版、公安、工商、城管、武警、文化经营单位和学生代表等 10 个方阵的 460 余人参加了集中销毁活动仪式。仪式现场还举办了“扫黄打非”成果展、万人签名反盗版活动、“打击侵权盗版、保护知识产权”宣誓活动等。

（三）版权执法培训和指导工作

（1）组织安徽省版权执法人员培训班，全省各市、县版权局分管领导、版权管理工作人员、执法队员近 200 人参加。培训班邀请了公安部门、检察院、版权行政执法部门专家进行授课。同时，组织安徽省各级版权执法人员参加国家版权局举办的 4 期版权执法人员培训班。（2）在案件的具体查办过程中，特别是重大典型案件，安徽省版权局组织公安、检察院、法院、“扫黄打非”等部门专家召开联席会议，开展案情商研，指导案件查办。

(四)案件信息公开和信息报送工作

下发《关于进一步加强版权行政处罚案件信息公开与信息报送工作的通知》。进一步推进政府政务信息公开。安徽省打击侵权假冒工作领导小组办公室的检查结果显示，安徽省版权执法信息公开率和报送率均为100%。

2015年，安徽省共有5家单位(部门)和26名个人获得国家版权局颁发的2014年度查处侵权盗版案件有功单位及有功个人荣誉称号。其中，安徽省版权局版权管理处已连续3年获得有功单位一等奖，蒋某等销售盗版图书案入选2014年度全国打击侵权盗版十大案件。

二、软件正版化工作

(一)政府机关软件正版化工作

贯彻落实国务院办公厅下发的《政府机关使用正版软件管理办法》，确保安徽省政府机关软件正版化工作制度化、规范化、常态化。出台《安徽省政府机关使用正版软件工作管理办法》，对安徽省政府机关使用正版软件工作作出了具体、详细规定。

针对个别政府机关单位软件正版化工作出现反弹的情况，积极开展“回头看”工作，安徽省版权局会同安徽省商务厅，以安徽省“双打”办的名义开展督促检查工作。合肥市及部分省直机关单位新增购各类通用软件2万余套，采购资金2000多万元人民币，有效防止反弹，巩固工作成果。

(二)企业软件正版化工作

将省属企业及所属二级企业纳入2015年企业软件正版化工作推进重点，进行专题部署。着力推进新闻出版广播影视行业企业软件正版化工作，将省、市党报社和广播电视台列入2015年重点推进工作计划，对新闻出版、广播影视行业企业开展软件正版化工作提出了详细的要求。全力做好安徽省诚信示范企业软件正版化工作，在全省诚信示范企业评选活动中，将企业使用正版软件情况作为硬性指标纳入评选条件。

为确保取得工作实效，安徽省版权局共计开展了25次督查行动，对分布在全省16个市的28家省属企业，50家诚信示范企业，36家新闻出版、广播影视企业进行了现场指导和督促检查。

三、版权公共服务工作

(一)推动版权示范单位创建

积极引导符合条件的企业单位申报省级版权示范单位，充分发挥版权示范单位的引领带动作用，推动全社会版权意识。对申报单位进行严格审核，加强把关，马鞍山洪滨丝画手工艺术有限公司等3家单位被确立为省级版权保护示范单位。在此基础上，安徽省版权局积极推动、指导该3家省级版权示范单位申报全国版权示范单位，并全部获批。

(二)积极开展作品版权登记服务工作

指导并委托安徽省版权交易中心积极开展作品版权登记工作，2015年共有1405份作品申请登记，比2014年增长近10%。

四、版权产业工作

(一)积极推动版权贸易

充分利用北京国际图书博览会平台，组织优秀皖版精品“走出去”。展会期间，共签订版权输出合同621项，实现“八连冠”，输出地区实现从华语国家和地区向非华语国家和地区的突破。

(二)搭建版权交易平台

充分发挥安徽省版权局联合合肥市产权交易所建成的安徽省版权交易中心的作用，为版权产业企业和有关权利人搭建版权交易平台。

五、版权宣传工作

(一)发布十大版权典型案件

在《安徽日报》、中安在线等媒体上发布2014年安徽省十大版权典型案例，通过典型案例的教育意义，普及版权知识，培养版权意识，震慑版权违法犯罪行为。

(二)开展版权宣传周活动

围绕“4·26世界知识产权日”，启动2015年版权宣传周活动，制订并印发《2015年安徽省版权系统知识产权宣传周活动方案》。组织开展各类形式的版权宣传教育活动：联络安徽广播电视台、安徽移动网络电视等媒体播放国家版权局制作的版权宣传公益视频等。

(三)举办知识产权博士论坛

联合中国科学技术大学、安徽省知识产权局、安徽省律师协会举办“经济新常态下的知识产权发展”博士论坛，邀请相关专家在论坛做专题报告和演讲。有关省直机关、高校、律师事务所、企业代表共200余人参加论坛。

(安徽省版权局　琚迎迎)

司法工作

2015年，安徽省各级法院努力适应知识产权审判工作新形势新任务，坚持问题导向，加强态势分析，妥善应对司法改革“最关键期”、干警思想“最活跃期”、案件增长“超常态期”三期叠加挑战，不断探索适应省情、凸显特色的知识产权司法保护之路。

一、狠抓执法办案，彰显服务大局新成效

2015年，安徽省法院共新收和审结知识产权民事一审案件2860件和2679件(含旧存)，同比增长101.26%和83.36%；新收和审结知识产权民事二审案件262件和251件，同比增长158.76%和158.7%。一、二审收、结案指标均创新高。

(一)充分发挥审判职能作用

妥善审理技术类知识产权案件，推进科技攻坚与自主创新。正确运用专利侵权判定方法，安徽省高院在审理马鞍山利尔开元新材料公司与马鞍山雨山冶金新材料公司侵害实用新型专利权纠纷上诉案中，驳回了专利权人的不当诉请，体现了利益平衡理念，规范了市场主体的竞争行为。

妥善审理商标权类案件，推动品牌建立、创新。商标权案件同比增长27.69%，呈现出企业间竞争向纵深发展、当事人对品牌的争夺日趋激烈的特点。安徽省高院在浙江大光明眼镜公司与合肥市大光明眼镜公司商标侵权纠纷上诉案审理过程中，从使用在先、诚实信用、商誉积累、公平原则等多个角度进行说理论述，在厘清两者权利界限的同时寻找双方利益保护的平衡点。合肥市中院审理的江西报恩堂药业公司诉江西樟都药业公司、杨某某、聂某某侵害商标专用权案，从历史上使用的先后顺序和商标注册的现状两方面着手，认定被控侵权人在先权利和通用名称抗辩不成立，避免合法商业标识的淡化和通用化。

依法审理著作权案件，保障促进文化创意创新。著作权案件同比增长477.95%，新收案件中91%涉及计算机软件著作权及信息网络传播权，涉及的法律问题和技术问题日趋广泛深入。亳州市中院审理乐视网(天津)公司诉亳州市广播电视台侵害作品信息网络传播权纠纷案，通过分析“知道”这一主观要件，认定提供信息平台服务的网络服务提供者的间接侵权责任。

依法审理反不正当竞争类案件，着力维护公平竞争的市场经济秩序。安徽省高院审理中粮集团公司与桐城中粮福润肉业公司不正当竞争纠纷上诉案，在法律法规尚无明确规定的情况下，把握知识产权司法保护政策，结合中粮集团对“中粮”文字使用在先、“中”“粮”文字的渊源、“中粮”企业名称的形成历史等多方面因素，判令桐城市中粮福润肉业有限公司停止在企业名称中使用“中粮”文字等不正当竞争行为。

(二)加大知识产权司法保护力度

多管齐下，降低知识产权维权成本，提高知识产权侵权代价。严格合法来源抗辩审查标准，在小商小贩进货时往往难以取得正规发票的情况下，综合考量多方面因素，避免合法来源认定失之于宽。贯彻全面赔偿原则。合肥市经济开发区法院在杭州上岛咖啡公司诉巢湖上岛咖啡人民路店等侵害商标权纠纷案中，首次参照商标许可使用费的倍数合理确定侵犯商标专用权的赔偿数额。节约维权时间成本，在专利案件审理中，利害关系人向专利复审委员会提出申请宣告涉案专利无效的请求时，并不立即中止诉讼，而是通过公开审理的方式对当事人中止诉讼的理由进行审查后作出决定。

(三)重视以调解手段化解矛盾

关口前移，节约诉讼成本。宿州市中院在审理以小型商户为被告的系列知识产权案件时，针对被告流动性较强的特点，采取直接送达方式，在送达诉状、传票等法律文书的同时进行法律释明工作，促成多个系列案件部分被告在庭审前主动赔偿调解，节约了诉讼成本和司法资源。安徽省高院、安庆市中院在上海家化联合公司、厦门雅瑞光学公司、上海红双喜公司商标权系列维权案件中，选择有代表性案件形成判决后，借此引导双方当事人形成合理预期，带动了其余案件以调解或撤诉结案。全省法院知识产权民事一审案件调撤率达74%。

二、落实目标任务，展现司法改革新作为

(一)推进专利案件分片集中管辖改革

为突破区划制约、合理配置资源、统一裁判标准，安徽省高院提出了专利案件分片跨行政区划管辖的改革方案，于2016年1月1日正式实施。安徽省形成了合肥市中院管辖安徽北片地区、芜湖市中院管辖安徽南片地区的专利民事案件管辖格局。这种打破行政区划，划片集中管辖的做法，在全国具有开创性的意义。

(二)深入推进司法公开

(1)安徽省高院从全省法院2013年、2014年度审结的知识产权案件中选取典型案件，撰写并首次发布了《安徽省高级人民法院知识产权案件年度报告(2013～2014)》。(2)常态化发布白皮书和典型案件。在“4·26世界知识产权日”前夕，安徽省高院召开新闻发布会，第三次发布知识产权审判白皮书、第九次发布年度典型案件。(3)借力信息化推进审判流程、裁判文书公开。实现“每庭必录”，并发挥科技法庭优势，提供技术支持。规范司法文书公开工作，按照信息化平台提示的案件特征确定文书是否上网，文书公开的同时保护当事人隐私。(4)以重点案件为抓手提升审判透明度。安徽省高院在山东法博赛尔生物公司与合肥法珀赛尔生物公司不正当竞争纠纷上诉案审理过程中，基于该案社会影响大、争议标的额大等因素，主动邀请多名省人大代表、政协委员、特邀监督员旁听庭审，并对案件审理情况进行了同步“微”直播。

(三)积极参与规范裁量权改革

蚌埠市禹会区法院利用其“三合一”试点法院优势，积极总结知识产权刑事审判经验，结合蚌埠地区审判实践，发布《知识产权犯罪量刑指导意见》。

三、提升审判质效，形成执法办案新局面

（一）加强审判调研

安徽省高院通过专题调研、支部共建活动等形式与下级法院对审判中热点、难点问题进行交流、探讨、总结。铜陵市中院与铜陵学院、铜陵市律师协会共同发起成立铜陵市知识产权法研究会。

（二）深入推进精品战略

在安徽省业务条线建立包括科学分案过滤、精细打磨关键环节、强化衍生开发等一整套精品培育机制，注重挖掘、审理类型新颖、规则意义突出的典型案件，打造法律效果和社会效果突出、对适法统一具有示范效应的精品案件。2015 年，安徽省法院 1 起案件入选最高人民法院公布的中国知识产权司法保护 50 件典型案件，1 起案件入选国家版权局公布的打击侵权盗版十大案件。

（三）持续推进知识产权审判“三合一”试点工作

召开合芜蚌知识产权审判“三合一”研讨会，为破解实践难题提供了意见和思路。形成深入推进知识产权“三合一”改革试点方案，努力将试点工作由合芜蚌三地基层法院向对应中院推进，实现知识产权民事、刑事、行政案件一、二审程序和三类案件之间的顺利对接。安徽省高院与合肥市高新区法院出席最高人民法院召开的“三合一”改革试点工作调研座谈会。

四、加快职能转变，开拓司法服务新境界

（一）对接企业知识产权实践，主动回应创新主体的司法需求

安徽省高院走访安徽荃银高科种业公司、安徽丰原集团，宣城市中院走访当地知名企业中良枣业公司，芜湖市经济开发区法院先后走访安徽三只松鼠电子商务公司、安徽影星银幕公司。合肥市中院联合召开“新常态下创新成果与品牌保护座谈会”，安徽省知识产权局，相关检察、行政执法机关，律师协会，以及 19 家省内知名企业到会。蚌埠市禹会区法院联合高新区管委会、市科学技术和知识产权局共同成立全省首个知识产权维权援助工作站——蚌埠市高新区知识产权维权援助工作站。

（二）联合其他执法力量，形成知识产权保护合力

亳州市中院每月与知识产权行政执法部门互相交流案件审理查处工作简报，并定期召开通气会。蚌埠市禹会区法院针对蚌埠市辖三县知识产权刑事案件未按规定移送的情况，深入蚌埠市经侦队和三县公安局进行专题调研走访。

（三）加强知识产权普法宣传，培护社会创新氛围

亳州市中院通过法院网站、微信公众平台同步开设“知识产权审判”栏目公开知识产权司法保护的最新状况。宣城市中院知识产权审判庭法官于“4·26 世界知识产权日”前夕在宣州区水东镇农贸市场集中宣讲知识产权法律知识。铜陵市法官协会会同铜陵市法学会、铜陵学院法学院联合举办主题征文活动。

（安徽省高级人民法院知识产权审判庭）

检察工作

2015 年，安徽省检察机关把打击侵权假冒工作作为服务经济社会发展大局的重要抓手，充分发挥检察职能，持续加大对侵权假冒行为的打击力度，积极为知识产权保护提供有力司法保障。

一、整合检察职能，严厉打击侵权假冒行为

一是依法从严批捕起诉。安徽省检察

机关共批捕侵权假冒犯罪案件136件224人，起诉190件336人。其中，批捕制售伪劣商品犯罪案件62件109人，起诉93件153人；批捕侵犯知识产权犯罪案件74件115人，起诉97件183人。二是严肃查办职务犯罪。深挖严查侵权假冒案件背后的职务犯罪，坚决打击侵权假冒行为“保护伞”，促进行政执法机关依法严格履行市场监管职责。三是全面强化刑事诉讼监督。综合运用立案监督、侦查活动监督等措施，监督纠正有案不立、有罪不究、重罪轻判等现象，确保侵权假冒犯罪行为受到应有刑事处罚。四是积极加强民事行政诉讼监督。经最高人民检察院批准，安徽省2015年9月正式启动公益诉讼试点。

二、深化“两法衔接”，增强打击侵权假冒合力

一是进一步健全“两法衔接”机制。围绕侵权假冒重点领域，主动加强同工商、质监、食药监等部门沟通协调，对“两法衔接”工作程序予以细化明确，提高衔接效率。安徽省检察院侦监一处联合安徽省“双打”办专门走访安徽省食品药品监督管理局，就进一步加强食药监领域“两法衔接”机制建设、强化“两法衔接”信息共享平台运用等达成共识。二是进一步加强“两法衔接”信息共享平台运用管理。安徽省检察院逐月对各地检察机关“两法衔接”平台连接、登录及信息录入情况等进行通报，督促各地加强平台连接和应用。目前，安徽省检察机关已全部连接平台，信息平台作用初步显现，安徽省检察机关共监督行政执法机关移送涉嫌侵权假冒犯罪案件88件99人。三是开展“两法衔接”工作专项检查。联合安徽省高院、公安厅、环保厅、工商局、食药监局，于2015年8～9月分别开展了工商行政管理和食品药品监管领域以及环保领域“两法衔接”工作专项检查，促进了工商、食药监、环保等重点领域“两法衔接”机制的落实和信息平台的应用。

三、延伸工作触角，积极助力知识产权保护

一是积极建言献策。针对办案中发现的知识产权保护领域存在的问题，主动向有关单位发出检察建议，促进其增强知识产权保护意识，完善知识产权保护制度，预防和避免侵犯知识产权行为发生。以检察机关办理的相关案件为基础，动态监控分析侵权假冒工作形势，及时向有关部门提出加强监管的检察建议。二是扩大知识产权保护宣传。充分利用世界知识产权日、举报宣传周等时机，组织干警开展设点集中宣传；常年组织检察干警，深入机关、乡村、社区、学校、企业、单位等开展常态化宣传；积极运用广播、电视、报纸、网络以及微博、微信广泛开展知识产权保护宣传，提高宣传的覆盖面和传播速度，促进全社会形成“保护知识产权、抵制假冒伪劣”的浓厚氛围，取得良好社会反响。

（最高人民检察院侦查监督厅供稿）

福建省

专利工作

2015年，福建省知识产权系统认真贯彻落实国家知识产权及福建省委、省政府工作部署，努力推动知识产权事业迈上新台阶，为支撑创新驱动发展作出新贡献。

2015年，福建省受理专利申请量8.31万件，同比增长43.2%。其中发明专利申请量1.77万件，同比增长41.0%。福建省专利授权量 6.16 万件，同比增长 62.8%。其中发明专利授权量 5730 件，同比增长 67.3%。福建省 PCT 国际专利申请量 351 件。截至 2015 年年底，福建省每万人口发明专利拥有量 4.7 件。共有 19 项专利获第十七届中国专利奖，获奖数量为历年最多。

一、专利创造水平进一步提升

加快实施专利提升行动计划。新设立知识产权服务工作站 39 个，鼓励专利代理机构入园服务企业 4000 多家；对 264 家首次获得发明专利授权企业进行奖励；安排省级资金 420 万元人民币对 3538 件国内授权发明专利、PCT 国际申请的国际阶段和外国（地区）授权专利进行资助；对设区市政府发明专利创造绩效进行考核；开展以发明专利拥有量及专利转化运用为重点的设区市知识产权工作评价，通过采取多种措施，使福建省专利申请与授权继续实现“双增长”。

二、专利转化运用取得新成效

着力促进专利成果转化实施。牵头制定并由福建省政府办公厅出台《福建省专利运用行动计划实施方案（2015～2017 年）》，提出推进专利转化运用四个专项行动、10 条政策措施并得到有效落实。

（1）围绕福建省政府产业龙头促进计划工作部署，组织遴选并确认省知识产权优势企业 101 家，安排专利产业化项目 82 项、涉及专利 559 件，支持经费 1000 万元人民币。

（2）加强知识产权金融服务。出台小微企业专利权质押贷款风险补偿资金管理办法，设立专项资金 1000 万元人民币，推动开展小微企业助保贷业务。全年共有 161 家企业以专利权质押方式获金融机构贷款，质押专利 593 件，质押金额 23.2 亿元人民币，同比增长 65.2%。共有 67 家中小企业偿还专利权质押贷款金额 6 亿元人民币，福建省财政安排专项贴息资金 1275.7 万元人民币，同比增长 233.3%。继续推进专利保险试点工作，全省共有 144 家企业投保专利执行险，涉及专利 940 件，保额 2327.9 万元人民币，有效降低企业维权成本。

（3）着力促进专利对接转化。依托“6·18”平台，在第十三届中国·海峡项目成果交易会展出优秀专利项目 46 项，并征集企业专利技术需求 85 项与高校科研单位对接。联合福州大学等五所高校、院所举办化工领域专利对接会，共征集 400 多项专利技术进行推介，签订专利技术转让（许可）合同 20 份，涉及专利技术 47 项，总金额 2197 万元人民币；宁德师院也举办了首届专利成果推介会。依托国家专利运营试点企业组织开展专利收储运营工作。

（4）探索开展专利导航试点示范。遴选福耀公司等 9 家知识产权优势企业开展专利导航工作，指导试点企业选择有较强实力的专利咨询服务机构为其开展专利预警分析。

（5）参与制定出台《福建省科技成果购买补助项目管理实施细则》，鼓励企业购买专利技术，提升产品竞争力；与福建省财政厅联合出台《福建省高等学校科研单位专利转移运用奖励资金管理办法（暂行）》，对厦门大学等高校将专利成果转让或许可给省内企业的行为给予奖励，鼓励福建省高校、科研单位专利技术向企业转移。

三、专利行政保护得到加强

增强对专利行政执法、维权援助和举报投诉的处理能力，为宸鸿科技等企业有关专利纠纷案件提供指导。推进知识产权纠纷诉调对接机制建设，指导福州、厦门、泉州等市知识产权局与当地法院建立诉调对接机制，受法院委托就 14 件专利纠纷案件进行调解。

加强“6·18”“9·8”等展会专利执法保护服务工作。支持莆田市与阿里巴巴共同组织开展“中国质造·莆田好产品”系列活动，通过线上平台约束与线下执法维权互联共治，遏制电商领域专利侵权假冒行为，维护产品品牌。全省知识产权系统办理专利行政执法案件1269件，办理维权援助和举报投诉案件341件，分别同比增长33.4%、32.2%，超额完成全国“双打”绩效考核指标。

加强专利代理行业事中事后监管，组织编制专利代理行业发展规划，开展专利代理机构巡查。

四、自贸试验区知识产权体制创新取得突破

在福建省委省政府的大力支持下，福建自贸试验区三个片区实现专利、商标、版权行政管理、执法“三合一”，2015年开展的主要工作：(1)福建省知识产权局牵头与工商、版权及海关等部门联合制定《关于建立福建自贸试验区知识产权行政执法与海关保护协作机制的意见》，提高自贸区知识产权行政执法与海关保护的协调性和便捷性；(2)安排人员到福州、平潭、厦门片区挂职或协助工作；(3)在福州、厦门、平潭片区设立知识产权服务工作站，组织专利代理机构和维权援助中心进驻工作站，为片区内企业提供专利申请及维权援助等服务；(4)积极争取国家知识产权局支持在厦门片区设立知识产权快速确权、维权中心等。

五、国家专利审查福建分中心建设扎实推进

福建省政府多次召开协调会，研究加快推进专利审查协作福建分中心建设事宜。完成了专利审查协作福建分中心项目立项、设计勘探单位招标、设计方案评审确定、可行性研究报告编制论证、征迁等工作。

六、闽台知识产权交流合作继续深化

依托海西专利受理服务中心，负责受理台湾地区申请人提交的非PCT专利申请、收缴专利费用等业务，全年共受理台湾地区申请人提交的专利电子申请15 483件。推进厦门开展两岸知识产权经济发展试点，举办两岸知识产权经济论坛。继续做好台湾居民参加全国专利代理人资格考试有关服务工作。

七、知识产权试点示范和宣传培训进一步加强

福州市、泉州市顺利通过复核进入新一轮示范城市建设；厦门市、龙岩市国家知识产权示范（试点）城市建设有序推进，莆田市新列入国家知识产权试点城市，泉州市鲤城区等4个县（区）新入选国家知识产权强县工程试点示范县（区）；龙净环保等12家企业新入选国家知识产权示范（优势）企业；新培育省级知识产权优势企业101家。

组织开展“4·26知识产权宣传周”活动，发布《2014年福建省知识产权发展与保护状况》白皮书。组织举办企业人员知识产权培训班131期，培训人数1.2万人次；依托福建省知识产权远程教育平台，组织举办远程教育培训班47期，参训人员达3.1万人次。

八、大众创业万众创新稳步推进

认真落实福建省政府《关于大力推进大众创业万众创新十条措施》，建立专利申请绿色通道。对在融资、合作等过程中需要出具证明的2944件专利，优先办理专利登记簿副本或批量法律状态证明。引导专利代理机构到创客空间为创客提供知识产权服务，组织开展创客企业管理人员知识产权培训。

（福建省知识产权局）

商标工作

福建省工商和市场监管部门紧紧围绕深入实施商标品牌战略，充分发挥职能作用，立足监管促进发展，取得显著成效。

深化商标战略实施。各级工商机关进一步加大向当地政府和相关部门的汇报沟通力度，初步形成了各级地方党委、政府扶持商标战略实施的良好环境。福建省工商局及各地工商、市场监管局落实《关于推进商标品牌工作的若干措施》，为新认定的驰名商标及新注册的马德里国际注册商标落实省级财政奖励及补助金 1145 万元人民币。

强化商标培育指导。着力完善驰著名商标培育、管理、推荐、审查工作，开展福建省著名商标考察评估表、认定申请表、认定工作程序及监督规定、驰名商标审查规范等文件的调研编制，科学推进高知名度商标的培育、审查、认定工作。支持企业在“一带一路”沿线国家开展商标国际注册工作，尤其是加强“海上丝绸之路”沿线国家和地区商标国际注册工作，帮助企业“走出去”，开拓国际市场。重点引导信息技术、新能源、节能环保等领域的企业进行商标注册，开展预约上门指导服务，为企业提供便捷高效的服务。

加强商标富农工作。各级工商部门日益重视农产品商标和地理标志商标工作，从注册、使用、管理、保护各环节入手，积极服务新农村建设。2015 年福建省新增地理标志商标 31 件，总数 272 件，被认定为驰名商标的地理标志商标总数 25 件。

强化商标行政保护。以开展“双打”专项行动为重点，认真落实商标监管职责，严厉打击商标侵权假冒行为，取得良好成效。2015 年，福建省共查处各类商标违法案件 1521 件，罚没金额 2428.96 万元人民币。结合日常监管，开展多项整治行动；建立和完善协作机制，加强内外协调配合，消除监管盲区，填补监管空隙；加强对商标印制企业的监督和检查力度，从源头上防范商标侵权违法行为的发生；坚持打击惩治与宣传引导相结合，加大宣传引导力度，公开企业信用信息，提高广大市场经营主体守法意识和能力，巩固商标权行政保护的工作成效。

扩大宣传培训。开展以“着力商标管理，创立自主品牌”主题的“4·26 知识产权宣传月”活动，营造知法守法的良好氛围；组织部分商标监管人员及企业代表参加 2015 中国国际商标品牌节，展示福建品牌；2015 年 9 月 11 日，国家工商总局商标局、商标评审委员会、中华商标协会在福建省组织召开了企业商标品牌建设座谈会，有效提高了参会代表的商标理论知识、拓宽了工作视野；组织新《商标法》实施一周年征文活动。福建省商标协会举办服务商标使用与管理经验交流会视频培训，帮助商标工作人员和企业进一步掌握商标知识和商标管理规范，提升商标发展与维权能力；召开商标代理机构座谈会，推进商标代理行业健康规范发展。

2015 年，福建省商标申请量 123 930 件，注册量 107 259 件，累计有效注册量 523 514 件。

（福建省工商行政管理局）

版权工作

2015 年，福建省版权工作按照年初总体工作安排，围绕目标，突出重点，创新亮点，积极稳妥，有序推进，各项工作取得了新进展、新成效。

一、软件正版化工作

召开福建省推进使用正版软件厅际联席会议全体成员会议，制定《2015 年福建省推进使用正版软件工作实施方案》与《福建省省直机关使用正版软件工作考核评定办法》，组织各市县级政府、各省直机关加强机关软件正版化长效机制建设，重点落实工作责任，巩固工作成果。从 2015 年 5 月开始，福建省版权局组织省、市、县三级 4913 家政府机关开展使用正版软件情况专项自查，各机关单位对计算机数量和软件正版许可数量进行新一轮核查、统计，报福建省版权局汇总后上报国家版权局，并初步建立了三级政府机关软件正版化责任人数据库。福建省版权局对省直各机关单位2015年度使用正版软件工作进行了考核，同时对部分机关单位进行了抽查。与福建省国资委联合制订下发《福建省省属国有企业软件正版化工作方案》，确定“十三五”期间省属国有企业软件正版化工作目标任务、方法步骤及相关要求，召开福建省国有企业软件正版化工作培训会，会同福建省国资委、福建省证监局对部分省属国有企业和上市公司使用正版软件情况进行督查。超过84家福建省国资委所出资企业及其二级权属企业被列入软件正版化工作范围，并基本完成任务。配合国家版权局检查组对福建省新闻出版系统集团公司及所属二级公司共90家企业软件正版化工作进行检查。

二、版权监管工作

持续开展打击侵权盗版工作。重点是牵头福建省网信办、通管局、公安厅联合开展为期半年的打击网络侵权盗版“剑网2015”专项行动，组织、指导、协调各地查办（调解）各类侵权盗版案件58起（其中，网络侵权盗版案件29起），晋江“8·22”谭某销售盗版音像制品案被国家版权局和公安部列为联合督办案件，福州“6·20”大众小说网侵权案、福州“1·27”批销盗版和淫秽光盘案被国家版权局列为单独督办案件。福建省124家相关网站被列入主动监管范围，组织59家重点互联网企业开展自查自纠，下架未经授权的作品2万多部。福建省查缴各类侵权盗版制品22万多件，关闭侵权网站11家，删除6家涉案网站侵权链接157条，处理涉案服务器26台。经福建省版权局推荐，8个单位和2名个人被国家版权局评为全国查处侵权盗版案件有功单位和个人，其中福州市检察院侦查监督处被授予有功单位一等奖，福建省版权局版权处被授予有功单位三等奖。

三、版权公共服务工作

(1)进一步做好作品登记工作。在2014年试点工作基础上，2015年全面推行网上作品登记，目前所有作品登记的申报、审核均在网上进行。全年共审核登记各类作品38 450件，同比增长53%。同时，审核登记省内图书出版社出版境外图书合同73项，同比增长46%。

(2)积极开展版权示范工作。认真实施《福建省版权示范单位和示范园区（基地）申报评定办法》，组织各地版权行政部门动员版权相关单位开展创建工作，对24家申报版权示范单位、园区的单位进行实地考核，形成考核意见，其中符合条件要求、具有版权示范效应的20家企业被评定为首批“福建省版权示范单位”，1家单位被评定为“福建省版权示范园区”。

(3)协助世界知识产权组织和国家版权局在厦门市成功举行“第四届世界知识产权组织版权金奖（中国）”颁奖仪式、德化陶瓷产业版权保护优秀案例示范点调研项目结项暨新闻发布会等系列活动。

(4)加强广播影视领域版权保护。深入福建广电集团公司、福州广播电视台以及部分影视动漫企业，通过召开座谈会、上门服务等方式，加强沟通，引导其加强优秀作品创作，注重版权保护。2015年福建省广播影视作品和影视剧本作品登记量呈现较大幅度增长。

四、版权产业发展工作

(1)积极推进国家海峡版权交易中心实体公司组建工作。应福建省版权局请求，经请示福建省省委、省政府领导，省政府办公厅同意由厦门文广传媒集团发起设立运营交易中心实体公司。2015年6月11日，海峡国家版权交易中心有限公司成立揭牌仪式在厦门市举行。2015年10月，经国家版权局批准，国家海峡版权交易中心与中国人民大学国家版权贸易基地等全国11家版权交易中心(贸易基地)成立“国家版权交易中心联盟”。

(2)全面完成德化陶瓷版权保护调研项目。该调研项目属于世界知识产权组织和国家版权局合作项目,由福建省版权局和福建省德化县政府具体实施,并于2012年完成《版权保护促进中国德化陶瓷产业发展的研究》(调研报告)初稿,之后又经反复论证,不断完善,于2015年6月通过国家版权局和世界知识产权组织审定,由福建人民出版社正式出版。2015年6月11日,世界知识产权组织和国家版权局在厦门市举行该项目结项暨新闻发布会。

五、版权宣传教育工作

(1)以“4・26世界知识产权日”为重要时间节点,制订宣传方案,组织各地开展系列宣传活动。参与召开福建省知识产权宣传周活动新闻发布会,通报福建省版权发展与保护成效;副局长蒋达德带队到莆田市仙游县调研红木木雕家具版权保护工作,深入红木木雕家具市场和企业宣传版权法律;首次在省内各市县主要影院播映版权知识公益广告宣传片5000多场次,受众达到24万人次;在福建电视台少儿频道播放由福建省版权局制作的普及版权知识系列动画片;向印刷、发行企业发送版权宣传短信1000多条;派人到省内有关图书出版单位讲解版权法律知识;继续配合福建省委党校组织春季处级领导干部主体班赴德化县开展版权现场教学活动。

(2)以“6・11”在厦门市举行的国际性版权金奖颁奖仪式和德化版权保护调研项目新闻发布会等系列活动为契机,组织、协助几十家中央及省级主要新闻媒体对福建省版权工作及其成效进行广泛、深入的宣传报道。

(福建省版权局　郑开辟)

司法工作

2015年,福建省各级法院在福建省委领导、福建省人大监督和最高人民法院指导下,深入贯彻落实党的十八大和十八届三中、四中、五中全会精神和习近平总书记系列重要讲话精神,围绕“四个全面”战略布局,充分发挥审判职能作用,知识产权司法保护工作取得新进展、新成效。

一、紧抓审判第一要务,加大知识产权司法保护力度

2015年,福建法院共受理知识产权民事、刑事、行政一、二审案件4367件(民事3823件、刑事526件、行政18件),同比增加220件,增长5.31%。其中新收3992件,同比增加155件,增长4.04%;结案3820件,增加96件,同比增长2.58%,结案率为87.47%,同比减少2.33%;调撤2172件,增加477件,同比增长28.14%,调撤率为56.86%,同比提升11.33%。

福建省高院知识产权审判庭共受理各类案件706件,同比增加314件,增长80.10%。其中新收691件,同比增加310件,增长81.36%;结案575件,同比增加198件,增长52.52%,结案率为81.44%。调撤128件,调撤率22.26%。

2015年,福建省各级法院依法界定知识产权侵权行为,加大民事司法保护力度,充分发挥诉讼保全、财产保全以及证据规则的作用,及时制止侵权行为,切实保护权利人合法权益;依法审理好知识产权行政案件,坚持合法性审查,依法保护公民、法人和其他组织的合法权益,监督和支持行政机关依法行政;贯彻宽严相济的刑事政策,依法打击知识产权犯罪。一年来,审结了一大批类型新颖、法律关系复杂、社会影响广泛的知识产权案件。例如:圆满调解武汉晶源公司与华阳电厂专利侵权纠纷案,泉州特易通公司商业秘密纠纷案被评为中国法院 50 件典型知识产权案例，“珍视明”商标侵权案入选福建法院消费者权益保护典型案例。

二、深化司法体制改革，完善知识产权审判机制

（1）探索建立知识产权法院。福建省各级法院在多年知识产权审判民事、行政、刑事“三合一”试点的基础上，充分论证在福建建立知识产权法院的必要性和可行性，探索符合知识产权案件审判规律的专门程序、管辖制度和审理规则，并形成专门的调研报告。

（2）首次设立试点合议庭。福建省高院知识产权审判庭顺应司法改革新要求，认真开展司法责任制试点合议庭工作，设立 3 个试点合议庭，落实“让审理者裁判、让裁判者负责”。

三、服务社会发展，打造知识产权司法保护特色亮点

（1）加强版权司法保护，获评世界知识产权组织版权保护优秀案例示范点。为进一步加强陶瓷版权保护，福建省高院于 2013 年报请最高人民法院批准同意指定福建省德化县法院管辖部分知识产权民事纠纷案件，福建省德化县法院被评为全国版权保护示范单位以及联合国世界知识产权保护组织版权保护优秀案例示范点。

（2）深化多元化纠纷解决机制，加强知识产权司法保护合力。福建省各级法院积极与当地政府、特别是知识产权行政主管部门、行业协会等沟通协调，2015 年进一步深化多元化纠纷解决机制。创新“申请＋介入”诉前简易调处模式；完善“委托＋协助”诉中调解模式；建设“智慧服务站＋法律驿站”强化诉后纠纷化解模式，借助各方力量，及时化解纠纷。形成“政府＋司法＋协会”三位一体保护网络，如上海盈扩实业公司诉利源陶瓷、唯艺陶瓷、华亿陶瓷 3 家电子商务企业侵犯其《爬缸仰望天空》《仰望星空》等系列 36 个作品著作权侵权纠纷，针对权利人先行起诉的 8 件案件，多方合力，采取“打包调解”的方式，诉前化解纠纷 108 件。

（3）利用“4·26”宣传平台，扩大知识产权司法保护影响力。福建省各级法院积极开展“4·26 知识产权宣传周”活动。福建省高院召开知识产权司法保护工作专题新闻发布会，公布 2014 年福建法院知识产权司法保护状况白皮书及十大典型案例，十几家主流新闻媒体对活动进行了采访报道，向人大代表、政协委员及社会各界寄送司法保护白皮书 1508 份。全省各级法院也开展不同形式的知识产权法律咨询及宣传活动。福州市中院召开涉企业知识产权案件审判白皮书发布会、软件知识产权保护座谈，举办庭审直播、集中公开宣判活动。厦门市中院召开新闻发布会，通报 2014 年度厦门两级法院知识产权司法保护状况，公布典型案例，走访厦门市软件园高新企业，邀请人大、政协、知识产权行政机关代表参加保护座谈会。漳州市中院联合知识产权局深入台企、渔区、景区、高新科技园区开展法律宣传活动。泉州市中院发布《2014 泉州法院知识产权司法保护白皮书》及十大典型案例，在《法制今报》等报刊开设法制宣传专栏，召开品牌企业知识产权司法保护座谈会。南平市中院建立完善司法鉴定、专家辅助人、专家陪审员等制度，走访辖区重点企业，联合工商、知识产权等部门进行专题调研。龙岩市中院选任专家人民陪审员，完善诉调对接机制，协助其他部门进行执法培训。宁德市中院走访茶叶、电机、食用菌等企业，召开座谈会、举办法制讲座，配合其他部门开展专项清理活动。

（4）增设管辖法院，加强自贸区知识产权司法保护。积极服务保障福建自贸区建设，认真分析和研判自贸区设立可能面临的知识产权审判新情况、新问题，组织专门审判力量进行重点课题调研；健全完善自贸区知识产权案件的集中管辖制度，报请最高人民法院批复同意3个自由贸易片区所在地基层法院福州市马尾区法院、厦门市湖里区法院和平潭县法院管辖一审一般知识产权民事案件。至此，福建省共有8个基层法院具有一审一般知识产权民事案件的管辖权。

四、加强队伍建设，提升知识产权司法能力

2015年，福建省各级法院知识产权审判队伍建设成效显著。形成《关于福建省特许经营合同纠纷案件的调研报告》和《中国福建自由贸易试验区建设中的知识产权司法保护问题研究》等多篇专题调研报告；多人次在全国性会议上作主题发言，获得全国法院知识产权精品案例一等奖、最高人民检察院保护知识产权十大典型案例等。在包括《人民司法》《中外知识产权评论》《电子知识产权》《人民法院报》在内的各类报刊发表理论调研文章、案例分析等。

（福建省高级人民法院知识产权审判庭）

检察工作

2015年，福建省检察机关始终把打击侵权假冒专项工作作为检察机关服务党和国家工作大局、保障民生的重要举措。按照《福建省贯彻落实2015年全国打击侵犯知识产权和制售假冒伪劣商品工作要点的任务分工》和最高人民检察院对全国检察机关打击侵权假冒的工作部署，明确将互联网领域、农村和城乡结合部市场、“清风行动”、危害食品药品安全等作为专项工作重点，制订工作计划，切实加强对打击侵权假冒工作的领导和指导。2015年，福建省检察机关共批捕侵犯知识产权犯罪案件58件76人，起诉222件294人。

一、结合专项，不断强化侵权假冒犯罪的法律监督力度

紧密结合最高人民检察院部署开展的“破坏环境资源犯罪专项立案监督活动”和“危害食品药品安全犯罪专项立案监督活动”，积极推进打击侵权假冒工作。一是强化协作配合，实现监督“四个全覆盖”。即实现监督环节从生产、流通、销售到消费环节全覆盖；监督范围从2012年以来行政违法案件到违法线索全覆盖；监督内容从移送涉嫌犯罪到立案侦查全覆盖；监督职能从批捕、起诉、查办职务犯罪到综合治理全覆盖。二是强化法律监督，严格纠正有案不移和有案不立。充分发挥省院为主导、市院为主体、县区院为基础的上下一体的工作机制，加强工作督导和案件挂牌督办，强化对行政执法机关移送涉嫌犯罪案件和公安机关立案活动的监督。三是强化机制建设，推进社会共治。龙岩市检察院完善挂钩责任制，检察机关根据人员结构，优化资源，建立分片挂钩联系人制度，由专人专门负责联系具体的行政执法机关，对行政备案案件进行审查跟踪，提高了工作效率，形成既相对独立又有机统一、条块结合、相辅相成的侦监工作格局。

二、健全机制，大力推进“两法衔接”平台规范高效运行

2015年以来，福建省检察院相继与福建省政府出台了《关于建立依法行政与检察监督工作互动机制的纪要》；与福建省政府法制办联合制定并由福建省省委办公厅、省政府办公厅转发了《福建省“两法衔接”信息共享平台工作办法》，对平台录入的内容和时限、电子巡查、情况通报等作出具体规定，进一步推进平台规范运行。截至2015年12月底，福建省“两法衔接”信息共享平台共接入成员单位1866家，录入行政处罚案件信息41 671件，其中农业、文化、林业、工商、质监、新闻出版广电、食药监、知识产权、海关等部门共录入行政处罚案件信息7261件；移送涉嫌犯罪案件信息1304件。

三、加强宣传，积极参与知识产权保护社会治理体系建设

一是通过广泛宣传，提升知识产权人和社会公众的知识产权保护意识。福建省检察院通过两微一端、“举报宣传周”等方式向社会和新闻媒体通报危害食品药品专项立案监督活动开展情况，拓展监督线索来源；龙岩、宁德等市县检察院在《法治今报》、福建长安网、官方微信等积极宣传打击侵权假冒、保障“舌尖上的安全”等工作，提高民众知识产权保护意识。二是通过检察建议，促进社会治理法治化。如莆田城厢区检察院在办案中发现出租房屋成为侵犯知识产权犯罪行为的主要实施地，向公安治安大队、辖区派出所发出检察建议，要求协同房管部门、居委会等加大对房屋租赁市场的清理整顿，严格执行租赁房屋登记备案制度，铲除侵犯知识产权犯罪的生存窝点。三是积极推进知识产权专业化建设。福州市、厦门市等地探索集中批捕、起诉知识产权刑事案件工作机制，着力提升办理侵权假冒案件专业化水平；泉州市检察院在福建省创新成立知识产权刑事司法保护研究中心，聘请厦门大学法学院李兰英副院长等13名专家担任咨询委员会委员，加大打击侵权假冒工作力度，建立知识产权刑事保护长效工作机制，保障泉州“大众创业、万众创新”和创新驱动发展战略的深入实施。

（最高人民检察院侦查监督厅供稿）

江西省

专利工作

近年以来，江西省知识产权局全面贯彻落实党的十八大，十八届三中、四中、五中全会精神，按照“四个全面”战略布局和江西省委“十六字”方针要求，努力推动江西省知识产权事业发展升级。

一、2015年主要工作情况

2015年，江西省知识产权局大力推进实施创新驱动发展战略和知识产权战略，确立“咬定3615，加大两个专项，常抓四大体系，强攻十百千万”的工作总基调，继续坚持“四以三化”的总思路，推动江西省知识产权事业发展。

（1）专利综合实力不断提升，专利申请授权再上新台阶。2015年1～12月，江西省累计专利申请量36 936件，同比增长44.3%；授权量24 161件，同比增长74.7%；每万人发明专利拥有量1.18件，同比增加了0.27件，圆满完成了“3615”的工作目标。

（2）着力顶层设计，强化战略推进和规划制定。制订出台《江西省实施知识产权战略行动计划》，由江西省政府办公厅印发。制定完成《江西省知识产权“十三五”规划》。

（3）强化工作抓手，两个专项工程扎实推进。知识产权富民强县专项和专利产业化示范专项扎实推进，市县（区）管理体系基本实现全覆盖。

（4）入园强企“十百千万”工程形成江西品牌，“企业升级年”活动全面启动。在知识产权入园强企“十百千万”工程的强力助推下，截至2015年12月底，企业专利申请量为18 197件，占申请总量49.3%，授权量12 671件，占比52.4%，专利申请授权分别增幅49.4 %和99.5%，均高于全省平均水平，江西省企业创新主体地位牢固确立。

（5）聚焦专利质押融资和导航试点，专利金融服务呈现新亮点。制定出台《江西省中小微企业知识产权质押融资管理办法（暂行）》，召开江西省知识产权质押融资工作研讨会，启动江西省首批知识产权质押融资试点工作；实行江西省十大战略性新兴产业电动汽车及锂电池专利导航工程，抚州地区还设立了变压器专利导航项目。

（6）优化职能，搭建专利转移、转化及应用推广平台。江西省“互联网＋知识产权”专利技术交易对接会成功举办，并在共青城设立了青年知识产权交易孵化中心。

（7）强化行政执法，专利行政保护能力不断提升。2015 年全省案件量首次突破 400 件大关，达到 466 件，同比增长 24％，其中专利侵权纠纷案件首次突破 100 件，达 115 件，维权援助中心接受举报投诉案件 32 件，比 2014 年的 18 件增长了 78％，2015 年 12 月“中国景德镇（陶瓷）知识产权快速维权中心”成立。目前江西省有 5 个设区市已设立省知识产权维权援助分中心。

（8）打牢人才基础，知识产权人才培养向纵深推进。《2015 年江西省知识产权人才培训工作要点》正式下发，对江西省知识产权人才培训给予政策引导，全年共有 4 人通过了中级职称评审，1 人通过了高级职称评审。

二、存在的问题与不足

江西省知识产权事业已从蹒跚学步阶段迈入快步劲走阶段。但是跟全国其他地区相比，江西省知识产权事业发展起步晚、起点低、基础差、底子薄，总体实力与专利大省强省相比还有很大差距，在全国仍居于中等偏后位次，实现专利强省、知识产权大省的目标还任重道远。

存在的主要问题有：（1）专利质量有待提高，地区专利发展水平不平衡，特别是每万人发明专利拥有量和全国平均水平差距较大；（2）企业主体的专利运用能力仍然较弱，专利对经济社会发展的支撑作用尚未充分发挥；（3）专利管理工作仍有提升空间；（4）专利保护工作还有待进一步提高；（5）专利运营能力亟须增强，以适应经济社会快速发展的要求。

（江西省知识产权局）

商标工作

江西省工商和市场监管部门紧扣江西省省委、省政府和国家工商总局的知识产权战略和创新驱动发展战略部署，迈出了“发展升级、小康提速、绿色崛起、实干兴赣”新步伐，取得商标工作新成绩。

推动商标品牌战略，助力地方经济发展。江西省工商行政管理系统认真贯彻落实江西省省委、省政府有关商标发展战略的各项措施，引导商标发展战略由部门行为上升为政府行为，全省 11 个设区市均实现以政府名义下发商标战略文件。

商标总量稳定增长，商标价值稳步提升。服装、鞋、帽类商标，家具业商标和服务业商标注册量成倍增长，涉农商标注册量连续多年增长均超 50％，生物制药、中药药材商标注册量增长也超过 50％。江西省工商局积极推动商标专用权质押融资工作，与北京银行建立战略合作伙伴关系，在风险可控的基础上，积极审慎地稳步实现商标价值的转化，帮助商标权人拓宽融资渠道。根据合作方案，北京银行力争在 1 年内对江西省内 200 家企业进行授信，在未来 3 年内意向性提供 20 亿元人民币的商标权质押融资授信额度。

自主品牌迈向成熟、特色品牌集群崛起。实施以“生态鄱阳湖、绿色农产品”为主题的品牌发展战略，切实做好地理标志和农产品商标工作，引导农业产业化龙头企业、农民专业合作社等涉农经济组织加强农产品商标和地理标志商标的注册运用；加强商标富农工作，促进农产品地理标志基地建设，下发了《关于进一步做好农产品和地理标志商标培育工作的通知》，对江西省具有地理标志特征的产品进行了全面摸底，编制了地理标志商标注册备选名录。以区域内产业集群为基础，建设特色鲜明的产业集群商标品牌培育基地，扶持现代服务业和中小企业商标建设。各地工商部门围绕鄱阳湖生态经济区的南昌核心增长极的新动力汽车、新材料、生物医药等优势产业集群，九江沿江开放开发的化工、钢铁优势产业集群，沪昆线两翼的新能源、新型电子、机电光学、铜精深、建筑陶瓷等优势产业集群，赣南等原中央苏区的稀土、家具优势产业集群，打造成支柱产业、传统产业、特色资源产业品牌集群。上游品牌产业带动下游产业发展，推动商标品牌资源集聚，激发区域经济增长极内生动力。

有序开展行政保护、“双打”工作成效明显。深入贯彻落实《工商总局办公厅关于印发〈2015 年全国工商系统打击侵犯知识产权和制售假冒伪劣商品工作要点〉的通知》和 2015 年江西省打击侵犯知识产权和制售假冒伪劣商品工作电视电话会议精神，按照“整体推进、突出重点、打防结合、务求实效”的总体要求，巩固“双打”成果，保持高压态势。主动加强与当地公安、检察院、法院、质检、海关、商务、知识产权等部门的通力合作，对涉嫌犯罪的，及时移送当地司法机关。

规范商标代理机构，加强基层队伍建设。下发《关于商标代理机构专项治理工作的通知》，开设商标代理机构培训班，提高从业人员职业素养，加强对商标代理组织的监管，严厉查处黑代理、恶性竞争、恶意抢注等违法行为。开设江西省著名商标认定审查培训班，对审查人员进行省著名商标认定审查标准、程序和规范的培训。

2015 年，江西省商标申请量 38 971 件，注册量 32 036 件，累计有效注册量 133 264件。

（江西省工商行政管理局）

版权工作

2015 年，江西省各级版权部门紧密围绕江西省委、省政府中心工作和战略部署，积极服务全省经济社会发展，全面加强版权行政执法，持续推进软件正版化工作，广泛开展版权宣传，不断提升版权公共服务水平，大力推动版权示范和版权“走出去”工作，取得了较好的成绩。

一、版权执法监管工作

“剑网 2015”等专项行动初见成效，案件数量同比递增 30%。根据国家版权局、国家互联网信息办公室等四部委和江西省政府 2015 年打击侵犯知识产权和制售假冒伪劣商品工作部署，江西省版权局与江西省互联网信息办公室、江西省公安厅、江西省通信管理局在全省联合下发了《关于开展打击网络侵权盗版“剑网 2015”专项行动的通知》，全面开展打击网络侵权盗版“剑网 2015”专项行动，规范互联网传播作品的版权秩序，发布了专项行动新闻稿及举报公告，向社会公开了侵权盗版典型案例。2015 年，全省各级版权部门共立案查处各类案件 38 起，办结案件 35 起，其中已作出行政处罚的案件 34 起，刑事立案 4 起，法院已判决结案的 1 起，关闭违规网站 30 余家。

二、软件正版化工作

（1）软件正版化工作实现了常态化管理。2015 年，江西省深入贯彻落实《省委办公厅关于贯彻〈政府机关使用正版软件管理办法〉的实施意见》，不断巩固软件正版化工作成果，建立完善了软件正版化工作常态化管理机制，严格落实层级负责制。在江西省下发了《2015 年江西省推进使用正版软件工作实施方案》《关于做好推进地方国有企业使用正版软件工作有关事项的通知》等文件，省、市、县纷纷出台相关制度、措施，明确工作责任。及时更新完善了软件工作信息，逐级建立了软件正版化责任人数据库。

(2)多措并举全面铺开江西省软件正版化工作。采取全面自查与督查整改相结合，先后下发了《关于组织开展对机关软件正版化工作进行检查的通知》和《关于进一步落实政府机关软件正版化工作责任的通知》。2015年7月和11月，分别组织开展了全省机关和新闻出版企业软件正版化工作督查，随机抽查了5个省直单位、11个设区市及其22个市直单位、11个县(区)及其22个县直单位，检查计算机共计294台，下发了《关于对全省机关软件正版化督查情况的通报》。江西省各地也纷纷开展了各项督查和整改。在推进软件正版化工作中，还采取将软件正版化与信息化结合、与年度绩效考核相结合的做法，效果较好。2015年11月，国家新闻出版行业企业软件正版化督查组赴赣，对江西出版集团、中文传媒股份公司和江报集团软件正版化工作取得的成绩表示肯定。

(3)组织了"2015年第三期政府机关软件正版化工作培训班"，召开了2015年全省国有企业软件正版化工作推进会。

三、版权社会服务工作

(1)江西省有两个项目入选首届国家2015年度"丝路书香工程"重点翻译资助项目。2015年，江西省版权局积极组织省内出版单位共12个项目申报2015年度"丝路书香工程"资助项目，最终江西人民出版社的《世界历史第25册：殖民扩张与南北关系》和二十一世纪出版社集团的《腰门》入选首届"丝路书香工程"。

(2)下发《江西省版权局关于申报省级"版权示范单位"的通知》，在全省广泛开展版权示范单位、园区(基地)申报审核工作。2015年，新增江西日报社、江西新华发行集团有限公司两家"全国版权示范单位"和省级"版权示范单位"。

(3)组织参加第二十二届北京国际图书博览会。2015年8月26～30日，江西省版权局联合江西出版集团，组织中文传媒旗下9家图书出版单位和新媒体出版公司700种具有"走出去"推广价值的优秀图书和最新研发的数字出版产品参展。本届博览会上，江西省达成版权贸易合同与意向220种，其中版权输出合同29种、输出意向121种，引进合同1种、引进意向69种。

(4)江西省版权公共服务平台项目顺利收官。2015年4月18日，作品登记系统以及门户网站率先上线试运行。2015年6月，交易系统、合同备案系统、统计系统、移动客户端等全面完成开发并投入使用，11月中旬正式通过验收。

(5)作品登记数量和质量再攀新高。2015年，江西省社会公众版权意识显著增强，作品登记数量呈现爆发式增长，全年登记总量达3374件，同比增长100.8%，连续两年翻一番。作品登记的质量也不断提高，对一大批地方特色版权作品和富有创意的作品进行了版权登记。特别是江西广播电视台，对其开办的近80个节目进行了版权登记。

(6)江西省首家知识产权仲裁中心获批成立。

四、版权宣传工作

2015年，以迎接第二十个"世界图书与版权日"、第十五个"4·26世界知识产权日"和版权公共服务平台上线为契机，成功策划实施了一系列宣传活动，收到了较好的效果。(1)在全国首开"世界读书日"注入版权宣传因素的先河，取得了非常显著的成效。(2)运用电影院线宣传平台进行版权保护公益宣传。据统计，2015年4月26日至5月3日，仅江西省星河院线65家影院、210块银幕，就放映版权保护公益广告1.9万余次。(3)将《著作权法》纳入《江西省2015年普法教育工作要点》，在全省展开学习和宣传。(4)江西省版权局、江西省普法办和新法制报社在江西法制网联合开展了以“因乐而动、为乐维权”为主题的“江西知识产权宣传月”版权宣传活动。(5)推动新闻媒体广泛参与版权保护宣传。据不完全统计,《人民日报》、新华网等几十家媒体对江西省版权宣传活动进行了报道或转载。

(江西省版权局　钟　娜)

司法工作

江西知识产权审判工作在最高人民法院的指导下,认真贯彻落实党的十八届四中、五中全会精神,紧紧围绕“努力让人民群众在每一个司法案件中都感受到公平正义”这一目标,坚持司法为民、公正司法,努力提高办案质效,充分发挥司法保护作用,较好地完成了各项工作目标、任务。

一、认真履职,较好地完成了执法办案第一要务

2015 年江西省各级法院共受理知识产权民事案件 789 件,审结 466 件。其中,受理知识产权民事一审案件 744 件,审结 424 件;其中调撤 193 件。受理知识产权民事二审案件 45 件,审结 42 件,其中调撤 9 件。2015 年以来江西省高院审结的二审案件没有出现在最高人民法院再审改判情况,有效地维护了企业合法权益,营造了良好的市场环境,促进了科技创新、品牌创新、文化繁荣。江西省各级法院根据本地实际情况和案件特殊性,采取了一些卓有成效的做法,如萍乡市中院 2015 年在受理 8 件涉及 KTV 侵犯著作权纠纷案件后立即与文化监察部门取得联系,由文化监察部门与法院共同召集涉案公司就 KTV 播放影视作品情况、侵权情况、外地诉讼等情况进行相应的沟通,并由法院统一送达法律文书,与文化监察部门一起开展法律释明工作,统一协商赔偿事宜,统一标准。

二、能动司法,有效服务大局

各级法院充分利用“4·26 世界知识产权日”和“4·26 知识产权宣传周”开展内容丰富、形式多样的宣传活动。如江西省高院开展知识产权宣传进校园活动,向法学院学生讲授知识产权案件审理过程中的审判理念、经验法则和裁判思路。对于社会关注度高的案件,江西省高院以“全媒体”形式对案件审理进行全景展示,不断增强司法公开的力度和广度。如在审理江西江中食疗科技公司知名商品特有名称纠纷案时,主动邀请相关人员旁听庭审,赢得了社会各界的高度评价。九江市中院特邀请九江市知识产权执法培训班的学员于 2015 年 4 月 10 日来院观摩浙江康恩贝制药公司诉朱某某(德安县好一生大药房经营业主)侵害商标专用权纠纷案庭审,起到了较好的法制宣传效果,该案后经调解结案。

三、坚持改革,各项措施扎实推进

进一步完善知识产权审判工作体制机制,稳步推进知识产权案件“三合一”审判方式改革,在江西省高院指导下,景德镇市中院正积极与当地检察院沟通,解决知识产权刑事案件集中管辖问题。南昌市高新区法院建立专家陪审员制度,聘请南昌市专利局副局长担任人民陪审员,参与知识产权案件审理,优化合议庭对专业技术的认知能力。

四、夯实基础,队伍素质不断提升

江西省各级法院始终坚持队伍建设,牢固树立以人为本、队伍为本的意识,在司法能力、司法作风和司法廉洁上狠下功夫。深入学习党的十八届三中、四中、五中全会和习近平总书记的系列重要讲话精神,坚守政治规矩、政治纪律。紧扣知识产权审判实践,全面加强能力建设。通过主动走访辖区企业与技术人员交流和学习、召开全省法院知识产权审判业务培训班、对外交流和案件质量评查、全省知识产权裁判

文书评先等方式全面提升审判人员的业务素质。江西省各级法院审判人员廉政监督、廉洁自律不断加强，未发生一起违法违纪行为。

（江西省高级人民法院知识产权审判庭）

检察工作

2015年，江西省检察机关充分发挥检察职能作用，与有关部门密切配合，积极开展打击侵犯知识产权和制售假冒伪劣商品等严重危害民生的刑事犯罪，较好地维护了江西省社会经济秩序，保护了知识产权所有人的合法权益。

一、领导重视，高位推动“两法衔接”工作

为切实解决江西省“两法衔接”工作中存在的问题，江西省检察院刘铁流检察长与江西省公安厅郑为文厅长联名向鹿心社省长写信，建议加强江西省“两法衔接”工作，得到鹿心社省长的高度重视和充分肯定。在江西省领导的高度重视和高位推动下，江西省政府办公厅立即组织相关部门召开协调会议，明确各部门责任，落实分工，成立江西省推动“两法衔接”工作协调小组，由江西省政府常务副省长任组长，江西省政府法制办、江西省检察院、江西省公安厅、江西省商务厅、江西省信息中心有关负责同志为成员，负责组织、协调、推动“两法衔接”工作。2015年2月9日，江西省省委办公厅、省政府办公厅联合印发了江西省第一部关于“两法衔接”的工作文件——《江西省行政执法与刑事司法衔接工作办法》。

二、组织领导到位，推进扎实有力

一是认真部署安排、组织实施最高人民检察院关于在全国检察机关开展“破坏环境资源犯罪专项立案监督活动”和“危害食品药品安全犯罪专项立案监督活动”。二是专门发出通知要求全省三级检察院按照上级检察院以及全国打击侵权假冒工作办公室的部署和要求积极参与打击侵权假冒工作。

三、开展宣传教育，营造良好氛围

为加强知识产权保护，提高社会维权意识，江西省检察机关积极加强宣传报道力度和舆论引导，采用法制宣传的形式向群众普及国家保护知识产权的政策和法律法规，提高群众法律意识。抚州市金溪县检察院会同商务、公安、工商、质监、知识产权、农牧、食品药品监管等单位和新闻媒体，利用“3·15国际消费者权益日”和“4·26世界知识产权日”“举报宣传周”等重要节点开展宣传活动，结合各自工作实际，采取宣传展示、播放录音录像、发放宣传手册和宣传资料、播报典型案件、现场解答等形式，深入开展了“双打”工作的宣传活动，向社会公众普及侵权假冒相关法律法规知识，提高公众和企事业单位知识产权保护意识。

四、发挥犯罪预防职能，惩防并举防控侵权假冒领域犯罪

一是紧紧围绕办案，采取召开座谈会、观摩“双打”领域职务犯罪案件法庭审理、服刑人员现身说法等方式同步开展警示教育。二是通过警示教育基地建设，深入挖掘警示教育资源。如吉安市安福县检察院以“安福廉政警示教育馆”为载体，选用了查办“金色时代公司销售假种子”的渎职案件作为典型案例，对外开展28场警示宣传，有593名党员干部接受教育。

（最高人民检察院侦查监督厅供稿）

山 东 省

专利工作

2015年，山东省发明专利申请量93 475件；发明专利授权量16 881件，同比增长60.2%；PCT专利申请量为837件，同比增长45.6%；累计有效发明专利量47 694件，每万人有效发明专利拥有量4.9件，完成国家“十二五”规划确定的3.3件目标。办理专利权质押融资205项，融资金额80.26亿元人民币。专利行政执法办案总数达2747件。获得第十七届中国专利奖金奖3项，创历史新高。根据《2015年全国专利实力状况报告》，山东省专利综合实力位居全国第五位，较2014年度上升3个位次。

一、积极推动知识产权强省建设

山东省政府印发《山东省深入实施知识产权战略行动计划(2015－2020年)》，明确提出了知识产权强省建设目标。参与制定《中共山东省委山东省人民政府关于深入实施创新驱动发展战略的意见》，积极营造公平竞争的创新环境。专利奖由部门奖升格为省政府奖。制订了山东省专利事业发展战略推进计划组织实施方案。国家区域信息(济南)中心顺利通过国家验收，这是全国第三个正式建成的区域信息中心。青岛市崂山区获批为国家知识产权服务业集聚发展试验区。拥有国家知识产权示范城市6个，国家知识产权示范园区9个，国家知识产权强县工程试点示范县区19个。

二、积极推动知识产权运用能力进一步提升

同时被财政部、国家知识产权局批准为首批知识产权质押融资风险补偿试点省份和专利运营试点省份。扎实推进专利运营试点工作，建立山东省重点产业知识产权运营基金。推动专利技术展示交易平台建设，展示交易中心达到6家。深入开展知识产权金融服务，对小微企业知识产权质押融资项目给予贴息和评估补助，建立知识产权质押融资风险补偿基金。启动实施专利导航试点工作，获批国家专利导航产业发展实验区2家，获批国家专利协同运用试点单位1家，入选国家专利运营试点企业6家，数量均居全国前列。9个战略性新兴产业知识产权集群管理试点项目顺利通过考核，战略性新兴产业知识产权集群管理的“山东模式”受到国家知识产权局领导的肯定。

三、积极推动知识产权保护能力进一步提升

不断完善知识产权执法政策体系，与山东省高院建立了专利民事纠纷诉调对接机制。全面推进市场流通领域执法，11家专业市场被评为国家级知识产权保护规范化培育市场，出台电子商务领域开展专利执法和维权的意见，开展保护知识产权、“护航”、打击侵犯知识产权和制售假冒伪劣商品等各类专项执法活动。逐步建立知识产权协作机制，组建环渤海地区知识产权行政执法协作机制，省内建立石油机械、石墨烯、能源化工、防水材料4个产业保护联盟，开展跨省市执法活动近20次。完善知识产权维权援助平台和体系建设，初步形成了覆盖全省、深入重点园区和重点企业的维权援助服务网络及良好的维权、投诉服务体系。在国家知识产权局公布的2015年度专利执法维权工作考核中，山东省知识产权局名列全国省(区、市)知识产

权局第四名，中国（山东）、中国（青岛）知识产权维权援助中心并列于76个知识产权维权援助中心中的第二名。

四、积极推动知识产权服务能力进一步提升

深入推进企业知识产权工作，建立省级示范、国家优势和国家示范三阶段培育体系，成立山东知识产权管理标准咨询服务联盟。加快发展知识产权服务行业，制定了山东省知识产权服务业转型升级实施方案，精简和公开专利代理机构审核流程和审批条件，编制了相关指南。全省通过“贯标”工作认证并获颁证书企业165家，国家级示范和优势企业已分别达到7家和79家，省级知识产权示范企业33家，数量均位居全国前列。拥有专利代理机构总数51家、分支机构60家、执业代理人417人、有专利代理资格人员1200余人。

五、积极营造良好的创新创造发展环境

强化知识产权宣传和知识产权文化建设，深入开展知识产权文化进校园活动，连续13年发布了《山东省知识产权发展状况》白皮书。加强知识产权人才培养工作，组织各类培训班60余个，搭建了中国知识产权远程教育山东子平台。积极拓展知识产权对外交流，举办“香港：让您的知识产权业务腾飞的首选平台”论坛，与台湾工业总会共同举办了“2015首届山东省知识产权系列专题交流会”。

（山东省知识产权局）

商标工作

山东省工商和市场监管部门以宣传落实新《商标法》、基层商标管理队伍和品牌指导站建设、整治规范商标代理秩序为重点，健全完善商标战略实施机制和商标保护长效机制，全面提升商标注册、运用、保护和管理水平，各项工作取得新进展。

大力推进商标战略。向各市政府通报了2014年山东省各市商标发展与保护情况；完成《山东省品牌发展战略研究报告》，印发省委、省政府、省直有关部门、行业主管部门，以及各市、县（市、区）政府，各市、县（市、区）工商部门，对山东省商标战略的实施发挥理论指导作用；完成了山东省商标监管与服务系统软件开发及商标数据库建设工作；编制了2014～2015年度山东省推进商标战略实施专项资金分配方案并划拨到各市。

继续推进驰著名商标认定和保护。引导、支持企业多程序申请驰名商标认定和保护，2015年新增认定驰名商标118件，是近年来单批次认定最多的一次。积极做好2015年山东省著名商标认定的相关工作，全年共受理、审查申报材料1189件，其中新申请430件；对通过初审的369件商标和续展的711件商标进行了公告。

抓区域品牌建设。引导农业龙头企业、农民专业合作社、家庭农场、农产品市场、行业协会等各类农产品市场经营主体，加强农产品商标和地理标志商标注册。2015年新增地理标志商标30多件，山东省已有地理标志商标425件，稳居全国第一位。全国部分省市地理和农产品商标工作经验交流会在山东省临沂市召开，会上介绍了地理标志证明商标“平邑金银花”使用管理模式。

扎实开展“双打”专项行动。组织开展了保护地理标志商标专用权专项行动、维护“中国制造”海外形象“清风”行动和打击假冒伪劣日用品专项行动等。开展山东省商标代理组织专项整治。2015年共立案查处商标违法案件1179件，罚没金额1178.4万元人民币。

积极探索建立商标专用权保护长效机制。按照“以点带面、逐步推进”原则，在山东省推广商标查验备案制和商标授权经营制度。加强与系统内各级各业务部门的联

动，强化与公检法、质监、海关、商务、知识产权等部门的协作，建立落实信息通报、线索移送、案件协查、案件移送机制，形成商标专用权保护合力。继续发挥淮海经济区等商标保护协作网的作用，加强商标专用权的区域协作保护，形成打击侵犯知识产权违法犯罪的合力。督促各级工商机关落实“山东省打击侵权假冒领域行政执法与刑事司法衔接信息共享平台”案件信息录入机制，及时督促按要求公开适用一般程序查办的商标侵权及其他商标违法行政处罚案件信息，接受社会监督。

2015 年，山东省商标申请量 132 613 件，注册量 109 015 件，累计有效注册量 493 139 件。

（山东省工商行政管理局）

版权工作

2015 年，根据国家版权局的工作部署，山东省版权局结合工作实际，按照版权保护、产业发展和社会服务“三位一体、整体推进”的工作思路，紧紧围绕“突破版权”开展工作，取得了六大突破。

一、打击侵权盗版专项行动

（一）严格执法监管，积极查处侵权盗版大案要案

山东省版权局始终把案件查办作为版权执法重中之重。2015 年，山东省共打掉地下非法印刷、发行、藏匿窝点 65 个，查办各类案件 466 起，其中依据著作权法律法规查处的案件 103 起，行政处罚案件 94 起，刑事移交判决的 9 起，收缴各类非法出版物 120 多万件。2015 年，山东省版权局先后向国家版权局申请督办案件 11 起，其中菏泽“4·13”侵犯著作权案等 6 起重大案件定为国家版权局督办案件；青岛“1·28”侵犯著作权案等 5 起案件由国家版权局给予办案经费补贴。

2015 年 4 月，国家版权局在青岛市举办首期版权执法培训班，山东省版权局做《山东省版权执法情况介绍》典型发言。2015 年 6 月，国家版权局在厦门市举办全国版权执法监管工作座谈会，山东省版权局做《多措并举，促进版权执法工作》经验介绍。2015 年 12 月，在南宁市的全国版权执法高级研修班上，山东省介绍版权执法经验。

（二）开展专项整治，加强重点领域监管

在开展版权执法专项行动过程中，始终将开展打击网络侵权盗版专项治理“剑网”行动和开展印刷业专项整治行动以及开展图书、软件、音像制品市场集中检查整治行动作为重点任务，抓实抓好。

（1）加大对印刷复制企业的源头治理。山东省和各市版权执法部门会同“扫黄打非”、公安、工商等部门，开展打击违规非法印刷集中行动。对印刷工具书和教材教辅等各类出版物、包装装潢印刷品及商标标识标签的企业和复制光盘及计算机软件的企业进行专项检查。2015 年专项行动期间，共检查印刷复制企业 1.5 万多家次，收缴非法印刷品 3 万余册，行政处罚案件 130 起，罚款 10 万余元人民币。

（2）开展图书、软件、音像制品市场集中检查整治行动。与“扫黄打非”工作密切配合，以查缴违禁非法出版物为重点，持续对图书、软件、音像制品集中经营场所和批发零售单位，重点场所及印刷企业进行全方位监控、高密度清查。山东省共出动执法检查人员 12 万余人次，查处案件 333 起，查缴各类侵权盗版出版物 120 万余册（盘），清理取缔非法游商摊点 326 个。

（3）着力抓好“剑网”行动。山东省版权局、山东省互联网信息办公室、山东省通信管理局、山东省公安厅四部门成立山东省“剑网”行动领导小组。2015 年“剑网”行动期间，山东省共查处网络侵权盗版案件 30 起，已刑事移交的 3 起，关闭侵权网站 18 家，有效地维护了全省网络版权环境。

(三)加强督导检查,消除问题隐患

山东省将督导检查版权执法工作作为掌控市场动态,解决苗头性、倾向性问题的有效措施来抓,组织力量,不间断地对出版物市场进行暗访检查,对有关工作落实和专项行动开展情况进行督导。山东省版权局先后 4 次下发通报,及时将暗访检查发现的问题和工作开展情况通报全省,3 次约谈有关市的负责同志。

(四)加大宣传力度,营造舆论氛围

(1)制定《山东省新闻出版广电(版权)行政执法部门依法公开制售假冒伪劣商品和侵犯知识产权行政处罚案件信息的实施细则》。按照该细则要求,2015 年山东省共公开侵权盗版案件信息 103 件。

(2)组织多种形式的宣传活动。2015 年 3 月 17 日,山东省政府新闻办公室召开了"版权保护与发展"新闻发布会,有 50 多家媒体参加,公开发布了山东省 2015 年版权重点任务。2015 年 4 月,组织山东省 17 个市举行侵权盗版及非法出版物集中销毁活动,共销毁侵权盗版及非法出版物 110 万件,张贴宣传海报,向群众、学生发放绿书签、反盗版宣传单 2 万余张。公开曝光了山东省 10 起侵权盗版典型案件。山东省版权局负责同志 4 次参加山东广播电台"阳光政务"热线节目,宣传打击侵权盗版、推进软件正版化工作成果及有关法律法规,受理举报、解答咨询。2015 年 4 月和 11 月,国家版权局组织中央媒体"版权相关热点研修班"两次走进山东省,宣传报道山东省在版权保护和版权创意产业发展的做法。

二、软件正版化工作

2015 年,山东省确立了"以制度建设为中心,完善经费保障和政府采购两项机制,强化监督检查、责任考核和宣传培训三项举措"的工作思路,全力抓好软件正版化长效机制建设。

(一)政府机关软件正版化工作

山东省在推进软件正版化检查整改工作中,坚持检查整改与建章立制相结合,先后下发了《山东省政府机关使用正版软件管理办法》等一系列规章制度,形成了较为完备的制度体系。2015 年,山东省版权局、山东省财政厅等部门联合制定下发了《关于建立健全政府机关采购使用正版软件长效机制的通知》。山东省省政府各部门、各市也根据《山东省政府机关使用正版软件管理办法》制定了实施意见。

(二)企业软件正版化工作

按照国家《关于做好推进地方国有企业使用正版软件工作有关事项的通知》要求,山东省认真做好推进国有企业使用正版软件工作。2015 年 4 月,山东省版权局联合山东省国资委制订了《关于推进全省国有企业软件正版化工作实施方案》。2015 年 9 月 2 日,山东省版权局、山东省国资委联合在济南市召开推进国有企业软件正版化工作座谈会,山东黄金集团等 19 家企业代表及北京金山软件等 3 家软件厂家参加了会议。2015 年 11 月 5 日,山东省版权局联合山东省国资委在济南市召开了全省国有企业使用正版软件培训会议,共 150 余人参加了会议。山东省各市版权部门和国资部门联合下发本市国有企业使用正版软件工作实施方案。青岛市、济南市、威海市、临沂市、烟台市等版权部门和国资部门均联合召开了全市国有企业软件使用正版软件工作会议。

(三)严格督查培训

成立督查组,定期对省、市、县三级党政机关软件正版化工作进行督查。2015 年,共组织软件正版化检查 6 次,实地检查党政机关部门 20 个,检查电脑 100 多台。组织党政机关软件正版化培训 6 次,培训

人员700多人。2015年8月，国务院检查组抽查了山东省5家省级机关的84台计算机，对山东省的经验做法给予了充分肯定。

三、版权产业工作

（一）积极培育版权示范城市、示范单位、园区（基地）

2015年，即墨市继昆山市、张家港市等县级市之后，被批准列入创建全国版权示范城市行列。临沂市也积极申请创建全国版权示范城市。山东省7家单位、企业获得全国版权示范单位称号，公布省级版权示范单位、园区（基地）44家，为版权产业发展打下良好基础。

（二）版权交易活动

2015年，通过积极推动，3家国家级版权交易中心（贸易基地），2家省级版权交易中心形成了"3＋2"模式，在版权交易、质押、评估、投融资等方面发挥了独特作用。青岛国际版权交易中心西区积极开拓版权产业服务实体经济能力，在全国首个提供版权质押、评估、融资一条龙服务。2015年，版权评估总额近2亿元人民币，解决融资2000万元人民币。潍坊云计算与天下雍和国际版权交易中心有限公司合作主要从事已进行版权登记的艺术品的股权式交易，以此在艺术品市场实现去伪存真、保值增值的目的。

（三）积极举办版权交易博览会

2015年4月29日至5月1日，山东省版权局与中国版权协会、青岛市政府主办了第二届中国青岛·东北亚版权创意精品展示交易会。展会期间共接待专业观众和社会观众9万余人次，实现版权项目交易20余项，交易额超过20亿元人民币，实现版权项目融资15亿元人民币。

山东省版权局推动"第五十届全国工艺品交易会"在青岛市举办。来自全国28个省、自治区、直辖市的近千家企业参展。经初步统计，5天展期内参观交易会人数超过10万人次，现场交易额1.2亿元人民币，总计订货销售额达4.2亿元人民币。

四、版权社会服务体系建设

（一）版权登记平台建设

山东省开发使用的数字版权保护平台拥有20年山东省版权作品登记资料库，权利人可以24小时网上注册登记，登记、审核、发证等所有手续一律免费。在此基础上，又在全省开通了12个登记端口，建立起了省市联动的版权登记工作机制。

（二）作品登记的数量与质量

全部实现网上免费登记之后，著作权人作品登记的积极性大大提高。2015年，山东省版权作品登记数量已超过5万件，作品登记量较上年明显提高。同时，作品登记质量也大幅提升。

五、版权宣传培训工作

山东省逐步建立起由政府主导、新闻媒体支持、社会公众广泛参与的版权宣传普及教育常态化机制。

（一）宣传工作新突破

2015年3月，山东省政府新闻办公室举办了版权保护与发展新闻发布会，宣传推介山东省版权工作，有70多家媒体参加。

2015年4月28～30日，"中央媒体版权研修采访团"走进青岛，30余名来自《人民日报》、新华社等媒体的记者参观采访了第二届中国青岛·东北亚版权创意精品展示交易会。2015年11月13～15日，中央媒体记者采访团走进济南市，对"十二五"期间山东省版权工作进行实地调研和采访。

结合版权工作特点，进一步抓好宣传工作。据初步统计，2015年上半年山东省版权管理处在国家版权局网站、《中国新闻出版报》等媒介，刊发文章 50 多篇。配合“4·26 世界知识产权日”活动，2015 年 4 月 24 日，联合济南市文化广电新闻出版局、山东友谊出版社在济南市胜利大街小学共同举办了“版权进校园”系列活动启动及版权示范单位授牌仪式。以此为契机，推动各市开展一系列宣传活动。各市结合各自的特点，举办咨询、论坛、讲座、开放日、报告会、展览等，开展版权进课堂、社区、企业、家庭、园区“五进”活动。

(二)培训工作新突破

加强山东省版权管理与版权行政执法人员系统培训。2015 年 4 月，承办国家版权局举办的全国执法培训班，17 个市的版权管理人员、版权执法人员共 50 人参加了培训。2015 年 8 月，国家版权局在内蒙古自治区举办软件正版化培训班，山东省组织 18 人参加培训。2015 年 9 月，举办山东省版权工作培训暨版权保护与发展现场会，共 148 人参加会议。2015 年 11 月，举办山东省企业软件正版化培训班，150 人参加培训。

六、版权对外合作

(1)2015 年，山东省版权局成功承办了第二届中国青岛·东北亚版交会暨正版优秀图书展和第十一届中韩著作权研讨会，青岛市文化广电新闻出版局承办了第五十届全国工艺品交易会。山东出版集团与韩国文化体育观光部、韩国中小出版企业协会共同主办的 2015 年中韩图书贸易洽谈会取得丰硕成果，共签订版权输出合同 65 项，达成输出意向 58 项。(2)积极协调有关省市，牵头成立全国版权示范城市联盟。2015 年 4 月 29 日，青岛市文化市场行政执法局代表全国版权示范城市发出了《全国版权示范城市联盟倡议书》。(3)进一步规范涉外著作权合同登记、著作权专有权合同备案及著作权转让合同备案工作。(4)2015 年6 月 12 日，第四届“世界知识产权组织版权金奖(中国)”评选结果揭晓，山东省推荐的青岛出版集团有限公司获得“推广运用奖”，明天出版社的《笑猫日记》获得“作品奖”。

(山东省版权局　高　睿)

司法工作

2015 年，山东省各级法院贯彻落实党的十八大和十八届三中、四中、五中全会精神，深入学习贯彻习近平总书记系列重要讲话精神，紧紧围绕“努力让人民群众在每一个司法案件中感受到公平正义”的目标，忠实履行知识产权审判职责，积极发挥司法保护知识产权的主导作用，知识产权司法保护工作取得新成效，为推动创新驱动发展战略、加快建设创新型省份提供了有力的司法保障。

一、充分履行审判职责，全面加强知识产权司法保护

2015 年，山东省各级法院共新收各类知识产权民事一审案件 6852 件，同比增长 35.8%。其中，新收著作权案件 3805 件，同比增长 87.8%；专利案件 504 件，同比增长 4.1%；技术合同案件 114 件，同比增长 21.3%；商标案件 2099 件，同比下降 10.5%；不正当竞争等其他知识产权案件 330 件，同比增长 247%。共审结各类知识产权民事一审案件 6644 件，同比增长 30.8%。2015 年全省知识产权案件审理工作总体呈现以下特点。

(一)案件数量大幅增长，审判质效不断提高

山东省各级法院新收知识产权民事一、二审案件 7249 件，比 2014 年上升 33.4%，案件数量增幅为 2014 年同期的 3.7 倍。其中，著作权一审案件收案增幅最为显著，达到 87.8%；技术合同案件同比增长21.3%,也呈现了较快增长势头。在案件多压力大的情况下,山东省各级法院知识产权民事一审案件结案数同比上升30.8%,结案率达到97%,知识产权民事二审案件结案率达到99%,一审案件上诉率从2014年的7.2%下降至6%。知识产权民事一审案件共调撤结案4185件,调撤率达到63%,枣庄市、济宁市、泰安市、威海市、莱芜市、滨州市等中院知识产权案件调撤率均在70%以上,其中莱芜市中院调撤率高达92.9%;知识产权民事二审案件调撤率为31.6%。大量知识产权民事案件通过调撤方式解决纠纷。

(二)新类型、疑难复杂案件增多,审理难度加大

同往年相比,各类知识产权民事案件中,关联案件所占比例大幅缩减,涉及知名企业品牌利益保护、争夺品牌市场份额的商标纠纷案件,涉及著名影视文化作品互联网传播的著作权纠纷案件,涉及国际领先高精尖技术的专利侵权纠纷案件,涉及新技术合作开发、技术成果市场应用的技术合同案件以及涉及市场竞争秩序维护的不正当竞争案件等增多。诸多新类型案件给法院案件审理带来一系列新问题,知识产权案件审理难度不断加大。

(三)精品案件审理成果显著

山东省各级法院继续深入推行"精品案审判"工程,准确把握和贯彻"加强保护、分门别类、宽严适度"的知识产权司法保护政策,打造出一批具有指导意义和较大影响的精品案件。"鲁锦"商标纠纷案和百度搜索不正当竞争纠纷案入选最高人民法院发布的第十批指导性案例,美商NBA产物公司与特易购商业(青岛)公司侵害商标权纠纷上诉案等3起案件入选2014年中国法院50件典型知识产权案例,袁某诉山大出版社汇编作品著作权侵权案等两篇案例入选《人民司法案例》,另外还有4篇案例被《中国法院2015年度案例》采用。

二、发挥司法主导作用,助力创新驱动发展战略实施

(一)以保护创新为基点,服务经济社会发展大局

(1)提出大量建设性司法建议和司法保护意见。枣庄市中院研究制定《关于进一步加强知识产权审判工作为建设创新型城市提供司法保障的意见》等;东营市中院制定实施"知识产权司法保护十五条";济南市、青岛市、淄博市、济宁市等中院均有针对性地向相关部门、企业提出司法建议。

(2)加强与行政机关的联系协作。山东省高院完成并向山东省委、省政府报送了《省法院关于贯彻落实〈中共山东省委、山东省人民政府关于深入实施创新驱动发展战略的意见〉情况的报告》,同时,针对相关文件提出了专业修改意见;淄博市中院积极探索与文化市场执法局共同成立淄博市版权保护中心。

(3)多种形式服务区域经济发展。山东省各级法院针对地方经济社会发展特色,创造性地开展司法服务工作。青岛西海岸新区建成后,青岛市中院率先在青岛国际经济合作区中德生态园设立了知识产权巡回法庭,加大对创新型企业的保护力度;东营市中院与当地经济技术开发区、胜利工业园建立协作沟通机制,把石油装备制造基地、生态谷、临港产业园区列为知识产权司法保护调研基地。

(二)以加强保护为导向,创新知识产权审判体制机制

(1)继续优化调整知识产权案件管辖布局。目前,山东省各级法院知识产权审判已经形成了1个高院、18个中院、5个基层法院的总体管辖布局,其中多个中院分别具有专利、植物新品种、驰名商标、集成电路布图设计案件管辖权。2015年7月山东省高院又召开了"优化山东法院知识产权案件管辖布局”研讨会。

(2)知识产权审判“三合一”改革试点稳步推进。济南市中院实现了知识产权民事、刑事、行政案件的“三合一”，由于“三合一”审判机制改革成效突出，济南市中院作为全国5个中院的代表之一，在全国知识产权审判工作座谈会上作典型发言。

(3)诉调对接，推动知识产权纠纷多元化解。山东省各级法院着力探索知识产权纠纷的多元解决机制，注重发挥科技专家和行业协会的独特作用，妥善化解知识产权纠纷。烟台市中院探索建立了专利纠纷诉调对接机制，与烟台市知识产权局联合制定下发《关于建立专利纠纷诉调对接机制的规定(试行)》，成立专利纠纷调解委员会。

(4)推进人民陪审制度改革，提高知识产权司法公信力。最高人民法院《人民陪审员制度改革试点工作实施办法》出台后，山东省各级法院进一步深入推进人民陪审制度的改革创新。2015年，东营市、烟台市、济宁市、泰安市、菏泽市等中院知识产权案件人民陪审员参审率均达100%。

(三)以司法公开为契机，提升司法公信与权威

(1)审判流程公开、庭审直播和裁判文书上网工作有条不紊。知识产权案件从立案开始各个审判流程节点信息全部实现网络可查询，当事人可以随时掌握审判流程、联系法官，充分保障诉权；全省法院知识产权裁判文书上网采取季度汇报、年度总结制度，专人监督、专人负责，2015年山东省高院知识产权裁判文书上网率达到100%，全省法院上网公开知识产权裁判文书数量达到7856篇；网络庭审直播常态化，以直播促进规范审判机制有序运行。

(2)积极开展“4·26知识产权宣传周”活动。活动期间，山东省高院召开新闻发布会，公布了《2015年山东法院知识产权司法保护报告》白皮书和2015年全省法院知识产权司法保护十大案件，同时邀请人大代表、政协委员和部分媒体观摩知识产权案件庭审，并召开知识产权司法保护工作座谈会；山东省各中院也于“4·26知识产权宣传周”期间通过多种形式积极宣传知识产权审判工作。

(3)拓宽渠道，加强知识产权法治宣传。济南市中院采用微博、微信直播等方式向社会通报知识产权典型案件10余件，并在省市级平面媒体刊登多篇报道；青岛市中院在《青岛财经日报》开辟知识产权专版；莱芜市中院在莱芜电视台《以案说法》栏目开设知识产权司法保护专栏。此外，山东省各级法院均定期开展知识产权司法宣传活动。

三、抓好审判监督指导调研，确保法律适用的准确统一

(一)研判结合加强审判监督管理

(1)整体跟进，把握山东省知识产权审判工作质效。山东省高院始终注重加强全省知识产权审判整体发展，完成了《2015年度全省法院知识产权审判工作绩效评估情况报告》。(2)对山东省案件审理情况进行重点观测研究，加强监督。山东省高院撰写《全省法院知识产权一审案件情况及运行态势分析》等文章。(3)强化调度职能，加强大要案协调机制。在全省实行知识产权重大案件和关联案件每月报送制度，掌握审判动态，加强整体调控。(4)严格落实司法责任制。山东省高院认真落实随机组成合议庭、随机分案，审判长签发文书、案件节点管控、审判长联系会等制度。济南市中院积极开展主审法官、合议庭办案责任制改革试点，探索新模式下的审判规律。

(二)拓宽渠道加强审判指导

(1)及时明确工作要点，统筹全年工作。山东省高院于年初制定公布《2015年知识产权审判工作要点》，对全省2015年知识产权审判工作作出统筹安排。(2)适时研讨座谈，加强对下指导。举办山东省“知识产权审判法律适用疑难问题”研讨会，针对知识产权疑难案件的法律适用问题澄清认识，统一裁判标准；召开山东省知识产权审判庭庭长工作座谈会。(3)健全沟通协调机制，加强信息交流。通过法院系统内部网站、“山东知识产权审判微信群”等平台，及时发布知识产权相关政策、理论研究、审判动态。(4)加强案例指导工作。通过《知识产权审判要情》季刊，及时刊发重点类型案例，发布全省法院知识产权司法保护十大案件，明确相关类型案件的审理要点和政策导向。

(三)多种形式加强司法调研

(1)从山东省三级法院甄选18位办案骨干成立山东省首个专业审判调研小组。18位法官分组负责对专利、著作权、商标、不正当竞争等领域进行专题调研，提出并解决全省审判实践中遇到的疑难问题，调研小组成员多次在《人民司法》《法律适用》等核心期刊发表理论调研文章。

(2)积极参与知识产权热点问题研讨交流。山东省高院先后参加了最高人民法院举办的“互联网＋”时代知识产权保护热点问题研讨会、ICT行业反垄断法实施研讨会等会议；分别参加了美国华盛顿大学、华东政法大学、清华大学举办的多个论坛和研讨会。

(3)调研工作成果显著。山东省高院向最高人民法院报送了《关于涉剧本抄袭侵害著作权纠纷案件审理情况的调研报告》等报告。济南市中院多篇调研文章被《人民司法》《中国知识产权审判研究》等刊物采用，多人在国家级、省级的调研成果评比中获奖。青岛市中院完成了近4万字的最高人民法院《信息网络传播权司法保护新情况》课题的调研工作，并应邀在全国“‘互联网＋’时代知识产权保护热点问题研讨会”上作专题发言。全省其他中院也均在知识产权审判业务调研和研讨中取得出色成绩。

四、坚持提升司法能力，打造高素质知识产权审判队伍

(一)加强司法能力建设，提升业务素养

举办山东省法院知识产权审判业务培训班，邀请最高人民法院和北京知识产权法院的全国审判专家和资深法官讲解授课。济南市中院与济南市律师协会联合举办了知识产权法律适用专题讲座，邀请最高人民法院法官进行专题授课。全省法院知识产权法官业务能力和素养得到显著提升，在学术和实务研究中取得不菲成绩。

(二)加强廉政作风建设，全心服务群众

山东省各级法院严格落实最高人民法院“五个严禁”“十个不准”、惩治“六难三案”等制度要求，严守党章党规党纪，守好廉政防线；狠抓纪律作风，深入学习落实“四心工作法”，通过邮寄立案、送法下乡等制度机制方便群众诉讼、维护群众合法权益、赢得群众信任，打造了一支风清气正、干事创业的优秀知识产权审判队伍。

(山东省高级人民法院知识产权审判庭)

检察工作

2015年以来，山东省检察机关充分履行检察职责，依法从严从快打击侵犯知识产权和制售假冒伪劣商品等影响企业创新发展的犯罪活动，严厉查处侵权假冒背后的职务犯罪，积极参与“两法衔接”信息共享平台和相关工作机制建设，着力推动相关领域严格规范执法，有效维护了市场经济秩序和群众的合法权益。

一、高度重视，周密部署

山东省检察机关高度重视，紧密结合2015年开展的“破坏环境资源犯罪专项立案监督活动”和“危害食品药品安全犯罪专项立案监督活动”，坚持“干在实处、干出实效、走在前列”要求，认真负责，主动作为，细化措施，狠抓落实，以实实在在的成效检验和推动侵权假冒工作的深入开展。

二、依法履职，从严打击

山东省各级检察机关充分发挥检察职能作用，始终保持对侵权假冒犯罪依法从严打击力度。对重大案件，及时派员提前介入，通过适时参与现场勘查、案件讨论，对公安机关收集、固定、保全证据和行政执法机关收集的证据使用等问题提出意见和建议，确保案件依法批捕起诉。与法院经常就个案及类案中存在的问题进行交流，对案件定性、证据标准、法律适用等方面达成共识，确保案件顺利判决。

三、强化指导，挂牌督办

山东省、市两级检察院对重大案件进行挂牌督办，加强对案件的重点督察。2015年以来，山东省检察院侦监处和公诉一处先后两次联合发文，对18起危害食品药品安全犯罪案件联合挂牌督办。2015年山东省烟台市芝罘区检察院办理的华仕酒业公司、徐某某等8人假冒注册商标案，被最高人民检察院评为中国检察机关保护知识产权十大典型案例。

四、两法衔接，突出实效

山东省检察院与山东省打击侵权假冒领导小组办公室两次召开“两法衔接”信息平台建设座谈会，就打击侵权假冒领域“两法衔接”信息平台的建设、人员培训、信息录入、机制建设等事项达成共识。各级检察机关积极加强与公安、工商、质检、食药监及公安机关、法院等有关部门的联系，通过派驻检察室，走访当事人、行政执法机关、公安派出所，以及调阅行政执法卷宗、信息共享平台等形式，积极拓宽监督渠道，发现监督线索，及时督促建议移交了一批涉嫌犯罪的线索。

五、宣传教育，扩大影响

山东省检察机关利用网络、报纸和“两微一端”等宣传阵地，大力宣传打击侵权和假冒伪劣行为，定期曝光侵权假冒犯罪典型案例，震慑犯罪分子，教育和引导社会公众自觉抵制侵权和假冒伪劣产品。2015年12月28日，山东省检察院召开新闻发布会，发布全省检察机关开展两个专项立案监督活动的情况，《人民日报》《大众日报》、山东电视台、新华网等17家中央驻济和山东省内媒体记者参加了新闻发布会，《检察日报》、最高人民检察院、山东省检察院微信平台进行转载，充分展示了检察机关着力保障和改善民生的成果，传播了检察正能量。

（最高人民检察院侦查监督厅供稿）

河南省

专利工作

2015年，河南省知识产权工作以增强自主创新能力为核心，着力加强知识产权运用和保护，知识产权事业发展成效突出，有力支撑了经济社会发展。

一、加强顶层设计，举起知识产权强省建设大旗

国家知识产权局知识产权强省试点省创建工作启动后，河南省委省政府主要领导对此给予了高度重视和大力支持。河南省知识产权局积极研究制定并按时报送了实施方案和申报材料。目前，国家知识产权局已正式明确河南省获得知识产权强省试点省入围资格。知识产权强省工作被列入《河南省国民经济和社会发展“十三五”规划》建议；“每万户科技型小型微型企业拥有授权专利数、同比增速”被列为河南省工信厅、科技厅、财政厅《河南省小型微型企业发展考核评价办法》创新指标。

二、数量与质量并重，知识产权创造能力显著提升

2015年，河南省注重强化政策导向，数量与质量并重，全省专利申请与授权保持了良好的增长态势。2015年专利申请量74 373件，同比增长19.1%；专利授权量47 766件，同比增长43.2%。每万人口拥有发明专利1.87件，较上年增长29.9%。发明专利申请21 338件，发明专利授权5384件，分别是“十一五”末年的3.3倍、3.6倍。

三、强化执法维权，严格的知识产权保护体系正在形成

加强执法能力建设，组织开展执法维权“护航”专项行动，探索开展电子商务领域专利执法维权工作，进驻大型展会开展展会知识产权执法保护，及时处理多起侵权假冒案件。继续深化河南省十市执法协作长效机制，加大案件移交办理力度，在全省形成资源共享、信息互通、移送顺畅的工作局面。加大维权援助力度，6家国家级知识产权维权援助中心共设立分中心和工作站32家，14个分中心开通“12330”公益服务热线；组建95名各领域专家组成河南省知识产权维权援助专家库。全年受理专利侵权假冒案件1448件。

四、加强专利运用，知识产权支撑经济发展能力更加凸显

推进专利质押融资，获批国家知识产权专利质押融资重点推广省，出台《关于进一步推动知识产权质押融资工作的意见》；广泛开展质押融资巡讲和银企对接活动；开通知识产权融资服务网络平台，全年实现专利权质押融资6.14亿元人民币。推进专利运营，获批国家知识产权运营试点省和5000万元人民币知识产权运营专项资金支持；着手设立首期规模不少于2.5亿元人民币的重点产业知识产权运营基金，重点支持河南省以新材料为主的产业知识产权联盟建设。推进知识产权评议试点，河南天冠集团一项目被列为国家知识产权局能力提升评议项目并通过考核验收。

五、夯实发展基础，知识产权管理和服务更加高效

（1）加强国家知识产权重点项目建设。近年来，国家知识产权局在河南省批准建设了专利审查协作河南分中心、专利导航（超硬材料）产业发展实验区、知识产权创意产业试点园区、知识产权服务业集聚发展试验区等一批知识产权重点项目，目前这些重点项目建设扎实推进，服务地方经济发展能力初步显现。

（2）推进知识产权试点示范工作。新认定10家省知识产权优势企业；3家企业获批国家知识产权示范企业；9家企业获批国家知识产权优势企业；9家企业通过国家企业知识产权管理规范“贯标”认证；9项专利获中国专利奖。安阳市成功获批国家知识产权示范城市，郑州市、洛阳市顺利通过国家示范城市复核。

（3）培养壮大知识产权人才队伍。加强知识产权人才培养，新选拔全省第四批高层次人才19名。新建河南科技大学等3个知识产权远程教育分站，远程教育新增注册学员4629人，选课12 824人次。加强培训基地建设，指导郑州大学设立知识产权学院。连续8年举办县处级领导干部知识产权战略研修班。新建20所中小学知识产权普及教育实验基地，1所入选全国中小学知识产权普及教育试点学校。

(4)加强知识产权文化建设。围绕"4·26知识产权宣传周"等重大活动的举办和知识产权强省试点省创建等重点工作的开展,创新宣传模式,利用网络等新兴媒体开展专题宣传活动。丰富宣传形式,依托河南省知识产权高层次人才举办"中原知识产权大讲堂"活动。提升宣传层次,在各类国家级媒体刊发宣传稿件。

(河南省知识产权局)

商标工作

河南省工商和市场监管部门以贯彻落实党的十八大和十八届三中、四中、五中全会精神为指导,认真贯彻落实河南省政府豫政〔2013〕55号文件和2015年4月20日河南省推进商标战略实施工作会议精神,全力推进商标战略实施,各项工作取得了新的进展。

高度重视推进商标战略工作。2015年4月10日召开河南省实施商标战略推进工作现场会,总结上年全省商标战略工作,交流经验,推广典型,表彰先进,部署年度工作,促进商标战略实施新发展。

加大了商标宣传力度。河南电视台、《河南日报》等各大主流媒体和系统内部刊物《河南工商管理》及时、全面、深入地报道宣传了河南省各级政府和有关部门认真贯彻落实豫政〔2013〕55号文件、河南省推进商标战略实施工作现场会精神和河南省商标战略实施工作取得的新进展情况,引起社会各界积极关注和良好反响,进一步增强了河南省做好下一步商标战略工作的信心和决心。

切实抓好商标培育、注册,争创中国驰名商标、中国地理标志和著名商标工作。河南省各级工商机关继续扎实开展各级商标培育、注册和申报工作。出台了2015年河南省著名商标认定和保护文件,要求市、县(区)局继续搞好申报和认定工作。河南省各级申报中国驰名商标工作成效明显,一方面,对河南省自1999年已认定的175件中国驰名商标从类别、时间、区域进行统计分析,为全省各级领导决策和发展中国驰名商标提供了最新、最直接的数据和经验,另一方面,对各地申报中国驰名商标和中国地理标志所提交的材料,进行了归纳整理并下发到各地工商局,为下一步尽力做好申报工作奠定了较好的基础。

深入开展保护中国地理标志专项行动,积极做好各项商标维权打假工作。在大力促进商标发展培育的同时,系统上下始终保持打击商标侵权的高压态势,积极做好商标维权打假工作,维护良好市场秩序和公平竞争市场环境。在河南省相继组织开展了保护中国地理标志商标专用权专项行动和新疆"若羌红枣"地理标志注册商标专用权等典型案件查处工作,规范了地理标志商标使用行为,使侵犯地理标志商标专用权、擅自使用地理标志产品专用标志等违法行为得到有效遏制,提升了地理标志商标监管执法能力;制定下发了《河南省工商行政管理局开展商标代理市场专项整治行动实施方案》,积极开展专项整治,切实规范商标代理行业的经营行为,促进完善公平有序的商标代理市场环境;下发了《关于开展保护高知名度商标涉外商标地理标志专用权专项行动的通知》,开展以商标打假维权为主题的专项整治行动,重点是严厉查处各种侵犯驰著名商标、涉外商标和地理标志商标专用权的违法行为,维护商标专用权人和消费者合法权益。

2015年,河南省商标申请量89 253件,注册量70 922件,累计有效注册量285 721件。

(河南省工商行政管理局)

版权工作

2015年,河南省版权局深入贯彻落实党的十八大、十八届四中全会和五中全会精神,紧紧围绕继续深入推进使用正版软件工作、提高版权监管执法水平、查处侵权盗版案件、开展打击侵犯知识产权和制售假冒伪劣商品专项行动、加强普法宣传教育等中心任务认真扎实地开展工作，各项任务顺利完成。

一、软件正版化工作

（1）继续推进河南省政府机关软件正版化工作。河南省版权局向全省党委、人大、政府、政协、法院、检察院部门转发了推进使用正版软件工作部际联席会议办公室《关于进一步落实政府机关软件正版化工作责任的函》。要求全省各级机关高度重视软件正版化工作，加强组织领导，进一步做好自查整改。同时加强软件资产管理，建立健全软件资产管理办法，建立软件资产台账。制定软件正版化工作考核办法，把软件正版化工作纳入年度目标任务考核体系。

（2）部署推进河南省国有企业使用正版软件工作。根据国务院统一部署及国家版权局、国务院国资委《关于做好推进地方国有企业使用正版软件工作有关事项的通知》要求，河南省版权局联合河南省政府国资委下发了《关于推进河南省国有企业使用正版软件工作的通知》。截至 2015 年年底，河南省国有企业软件正版化工作已完成自查工作。

（3）推进民营企业使用正版软件工作。根据国家版权局办公厅、全国工商联办公厅《关于做好推进民营企业使用正版软件工作有关事项的通知》安排，河南省版权局与河南省工商业联合会联合下发《关于做好推进民营企业使用正版软件工作有关事项的通知》，对河南省民营企业使用正版软件工作作出部署。

（4）河南省版权局要求所有新闻出版行业集团及二级企业明确软件正版化工作目标，继续做好软件正版化整改工作，对使用的未经合法授权的软件，采取有效措施及时予以更换，并建立软件资产管理制度。同时，按照国家版权局《关于举办 2015 年新闻出版行业企业软件正版化工作培训班的通知》要求，河南省新闻出版行业集团总部及未完成软件正版化整改任务的新闻出版行业二级企业参加了软件正版化工作培训班会议。

（5）按照国家版权局要求，河南省开展金融、保险、证券行业企业软件正版化工作。要求相关企业做好软件正版化自查工作，并做好检查整改，建立软件资产管理制度，完成软件正版化工作整改任务。

二、版权监管执法工作

（1）加大日常监管执法工作力度，严厉打击侵权盗版。2015 年，坚持日常监管与专项行动相结合，加强版权行政监管执法。一方面，结合“双打”专项行动，加大对河南省版权监管执法情况的检查督导力度，强化对印刷复制源头企业、出版物仓储物流运输企业、出版物批发零售经营商家的监督和管理。另一方面，继续联合有关部门开展打击网络侵权盗版的“剑网”行动，针对网络文学、音乐、视频、游戏侵权盗版开展专项治理。开展打击假冒书画作品专项治理行动。

（2）做好国家版权局督办案件组织查办工作。巩义市竹林新华印刷厂涉嫌印制侵犯他人著作权案等 6 起案件列入国家版权局挂牌督办案件。

2015 年，河南省版权局联合省公安厅、省检察院赴安阳市、驻马店市、巩义市、滑县等地对查处侵权盗版案件进行协调、指导、督办。受到了各地文化市场综合执法队和公安部门的好评，达到了联合督办侵权案件的预期效果。

（3）2015 年 7 月 1～3 日，2015 年河南省版权行政执法培训班在郑州举办。河南省 18 个省辖市文化广电新闻出版局、文化市场综合执法支队、10 个省直管县文化广电新闻出版局和文化执法大队共 130 余名执法干部参加了培训。

(4)2015 年，河南省相关部门系统涌现出一批查处侵权盗版案件表现突出的办案单位、办案个人或专案组。在 2014 年度查处侵权盗版案件有功单位和有功个人评选中，共有 11 家单位获得有功单位，9 人荣获有功个人。其中，获得有功单位一等奖 4 个。

三、版权普法宣传工作

2015 年 4 月 26 日，河南省版权局举办 2015 年“4·26 世界知识产权日”活动。活动以宣传省、市、县三级政府软件正版化工作全部完成为重点，同时宣传打击侵权盗版案件取得的显著成就。

河南省版权局通过展板、现场讲解、发放宣传资料等形式，开展了丰富多样的保护知识产权宣传活动，并现场接受群众关于版权登记、侵权盗版投诉等方面的咨询，共发放《版权登记指南》等图书 200 余册。

四、培育版权保护示范园区工作

根据国家版权局《全国版权示范城市、示范单位和示范园区(基地)管理办法》，河南省版权局在全省范围内对企业版权保护环境、自主创新能力、智力成果的创造、运用、保护和管理情况进行调研，先后调研了郑州市高新技术开发区、郑州市国家知识产权示范园区等部门。

五、著作权行政管理部门机构设置摸底工作

按照国家新闻出版广电总局《关于报送著作权行政管理部门机构设置有关情况的通知》要求，河南省统计了全省市县两级版权行政管理部门和版权行政执法机构情况，进一步理顺了版权行政执法监管工作机制。

六、作品著作权登记和版权贸易合同审核登记工作

继续开展作品著作权自愿登记工作，认真做好版权贸易合同审核登记，为公众提供良好的公共服务。2015 年共受理各类作品著作权登记 643 件，审核登记出版单位从国、境外引进版权贸易合同 529 件。

(河南省版权局　焦艳娜)

司法工作

2015 年，河南省各级法院在最高人民法院的指导下，深入贯彻落实十八大三中、四中、五中全会精神，以及党中央、国务院关于“严格保护”知识产权的精神，围绕中心、服务大局，充分发挥知识产权审判的职能作用，取得了较好的工作成效，为河南省全面深化改革和实施创新驱动发展战略提供了有力司法保障。

一、狠抓审判“第一要务”，坚持公正司法，高质高效审结了一大批知识产权纠纷案件

2015 年，河南省各级法院坚守习近平总书记提出的“在每一个司法案件中实现公平正义”的办案目标，实现了法律效果和社会效果的统一。(1)有效应对知识产权案件数量高位运行的态势，不断提高审判效率。2015 年，河南省各级法院共审结知识产权民事、刑事、行政案件 3501 件(其中二审审结 370 件)，比 2014 年增长 7.6%，为历年来结案数量最多的一年；审限内结案率达到 98%，全年无矛盾激化案件、无重大信访案(事)件发生。(2)实施精品战略，不断提高审判质量。针对知识产权案件侵权认定标准不统一，酌定侵权赔偿数额依据不充分，著作权、商标权侵权等类型化案件同案不同判现象突出的问题，河南省高院提出知识产权“精细化审判”的要求，紧紧围绕庭审中心，重点查明侵权事实、侵权人过错类型、侵权人因侵权获利情况、权利人因侵权遭受的损失等情况。通过典型案例的方式，规范侵权认定标准，统一类型案件的裁判尺度。河南省各级法院在音乐作

品著作权侵权、商标权侵权等易发常发案件的侵权认定尺度和赔偿数额等方面提出了裁判主要考量因素，裁判标准基本统一。(3)加大公开审判力度，以过程公开促结果公正。坚持贯彻以公开促公正的司法理念，利用庭审网络直播平台和裁判文书网络平台，把案件审判的过程展示在“阳光”下，主动接受社会各界的监督。凡是有重大影响的案件，全部实行庭审网络直播，对不涉及国家秘密、商业秘密、个人隐私的裁判文书“应上网尽上网”。全省法院 2015 年度审结的知识产权案件没有一例出现被网民批评、围观等负面问题。

二、贯彻落实中共中央关于知识产权“严格保护”精神，不断加大知识产权司法保护力度

(1)对侵犯知识产权刑事犯罪尤其是涉及民生的知识产权刑事犯罪，依法在法律幅度内判处较重的刑罚。2015 年，对假冒“双汇”“新华”“美的”等知名商标，生产、销售与人民群众生命财产安全密切相关的食品、药品、家用电器的犯罪分子全部判处实刑，并处以较高的罚金。(2)在区分侵权情节、侵权恶意、获利程度等不同情形的基础上，整体提高侵权赔偿数额，提高侵权人的违法成本。河南省高院在审理“盼盼”食品集团公司起诉商标侵权纠纷案件中，调处侵权人停止使用“盼盼”商标，并赔偿 100 万元，该公司董事长专门向院长写信表示感谢。(3)对侵权主观恶意较大、情节严重的侵权人，尝试处以惩罚性赔偿，使其丧失再侵权的经济能力。2015 年，对非法获取富士康公司及美国苹果公司计算机数据，将“水货”苹果手机刷机谋利的吴某等 16 人中的 9 人分别判处 2～5 年有期徒刑外，并处罚金 441 万元，且罚金全部执行到位。(4)重视对创新产品的保护和创新环境的维护。对发明专利、知名商标侵权等诉讼加强审判指导，综合运用多种保护手段，充分维护权利人的合法利益，维护公平竞争的市场秩序。如河南省高院副院长史小红亲自审理了全国知名药企山东“新华”公司起诉的商标侵权、不正当竞争纠纷案件，除责令侵权企业对权利人进行赔偿外，还要求侵权企业更换企业名称，对规范河南省医药产业竞争秩序，起到了良好的指引作用。

三、持续推进改革创新，进一步优化知识产权审判体制机制

(1)大力推进知识产权“三合一”试点工作。2015 年年初，河南省高院下发了《关于配合郑州、洛阳中级人民法院做好知识产权“三合一”刑事审判工作有关要求的通知》，落实郑州、洛阳两个试点中院对知识产权刑事案件集中管辖的规定，加强各地法院在送达法律文书、提审被告人等方面的配合，促进“三合一”试点工作有序开展。(2)由河南省高院牵头成立了河南省法学会知识产权法学研究会。为加强知识产权法学理论研究，提升知识产权整体保护水平，河南省高院联合省内各部门和高等院校，在 2015 年 4 月 21 日召开了河南省法学会知识产权法学研究会成立大会。研究会为全省从事知识产权审判的法官提供了交流、研究、咨询、合作的平台。

四、加大知识产权普法力度，不断提高知识产权的社会影响力

(1)在“4·26 世界知识产权日”到来之际，河南省各级法院通过多种方式开展了知识产权集中宣传活动。河南省高院选择了有代表性的十大知识产权典型案例并向全社会发布。(2)大力开展巡回审判活动。河南省各级法院坚持选择有代表性的知识产权案件，到高校、产业集聚区、侵权行为发生地巡回开庭。(3)注重对典型案例的宣传报道。对有社会影响的知识产权纠纷案件，作出宣传预案，强化审判效果。中央电视台先后对河南省高院审理的“澳门豆捞”“刘忠喜烧饼”等商标侵权典型案例进行了采访报道。

五、大力加强队伍建设，不断提高知识产权审判队伍的政治素养和专业素养

(1)在河南省知识产权审判队伍中认真组织开展“三严三实”专题教育。2015年，河南省30余位知识产权审判法官收到当事人送来的锦旗或感谢信。(2)加大业务培训力度。2015年11月，河南省高院举办了知识产权司法实务培训班，邀请知名教授以及最高人民法院知识产权审判经验丰富的法官，对全省知识产权法官进行培训。(3)高度重视知识产权调研工作。针对审判中发现的疑难热点问题及时展开调研，用调研成果指导审判实践，服务经济社会发展大局。《河南省地理标志调研报告》被最高人民法院评为2015年度优秀调研报告，全省法官在《人民法院报》《中国知识产权报》等发表知识产权理论调研文章30余篇。

（河南省高级人民法院知识产权审判庭）

检察工作

2015年，河南省检察机关积极行动，批捕并起诉了一批侵权假冒犯罪分子。2015年，河南省检察机关共批准逮捕涉嫌侵犯知识产权类犯罪案件56件96人；共提起公诉涉嫌侵犯知识产权类犯罪案件105件226人。

一、从重从快，依法重点打击涉嫌侵权假冒类犯罪行为

河南省检察院要求全省检察机关加大对专利权的保护力度，严厉打击各类专利侵权、假冒、冒充等违法行为；打击各类商标和地理标志侵权、假冒行为；加大对侵权盗版案件的打击力度，打击制售、传播盗版产品的行为；依法保护著作权人的合法权益，维护公平的市场竞争秩序，并特别要求各级检察院对社会影响恶劣、群众反映强烈的案件，要集中力量、集中时间、介入侦查、优先办理。各级检察院组织精干的办案力量，及时介入侦查活动，与公安机关密切配合，克服取证难，在取得关键证据上下工夫，坚决、及时地批捕和起诉了一批犯罪分子。

二、切实履行法律监督职能，加大立案监督力度，积极开展专项立案监督活动

多地检察机关通过采取主动上门走访、调研等方式，加强与工商、药监、质检等行政执法机关的沟通协调，对排查出的侵权假冒案件线索和监督立案案件，建立专人负责制度，并建立跟踪监督机制。

三、完善行政执法与刑事司法相衔接的长效机制

在省级层面出台“两法衔接”工作办法的基础之上，河南省大部分地区以“双打”专项活动与破坏环境资源和危害食品药品安全犯罪专项监督活动为契机，结合专项监督活动中发现的行政执法机关在执法和管理中存在的突出问题加强调研、沟通、协调，对规范移送案件程序、制度化解决“两法衔接”工作中的有关难题起了积极作用，并极大地推动了“两法衔接”机制的完善。

四、积极完善并加快推动省级与下级“两法衔接”信息共享平台的对接

河南省检察院把信息平台互联互通和利用情况纳入2015年度对市分院的考核指标。同时积极与河南省“双打”办、河南省级信息平台技术服务单位积极沟通协调，要求为全省互联互通提供必要的支持和配合。截至目前，加入省级平台的省直行政执法机关已达16家。2015年5月，河南省检察院召集河南省国土厅、环保厅、农业厅等16家相关单位召开了“两法衔接”工作联席会议，印发了由18家行政执法机关会签的《河南省行政执法与刑事司法相衔接信息共享平台使用管理暂行规定》。

许昌市检察院组织专人对多个行政执法单位 200 余册已结行政处罚卷宗进行调卷检查，督促录入信息平台处罚案件 80 余件，发现涉嫌犯罪案件线索 6 件。

（最高人民检察院侦查监督厅供稿）

湖北省

专利工作

2015 年，湖北省知识产权局坚持问题导向，紧密结合工作基础相较薄弱、转化运用较难、服务业发展不够等突出问题，创新思路，推动形成知识产权工作合力，实现知识产权工作快速跃升。

一、突破解决知识产权工作基础相对较薄弱的问题

2015 年，湖北省知识产权局多途径寻求各部门对知识产权工作的重视和支持，对局机关内设机构进行了调整，优化了工作职能，新增保护协调处，加强了专利行政保护工作。湖北省专利发展服务中心更名为湖北省知识产权发展中心。2015 年湖北省知识产权局机关和知识产权发展中心新进人员 16 人，有效充实了工作力量。在财政资金比较困难、省直部门工作预算一般不予增加的情况下，知识产权专项工作经费增幅超过 15%。另一方面，湖北省知识产权局推动形成上下工作联动。以帮助市州解决工作困难、督导完成主要业务目标、提升机关工作人员服务能力为出发点，建立局机关处室对口联系市州知识产权工作机制，将任务分解到处室和个人两个层面，制定标准化的工作制度，形成常态化机制。一年来，湖北省知识产权局机关干部 100 余人次深入基层，宣传政策，提供服务。

二、突破解决知识产权转化运用问题

湖北省知识产权局注重发挥高校专业优势，试点部属、省属高校共建，构架知识产权转移转化平台，与中国地质大学（武汉）共建湖北省知识产权与技术转移中心（资源环境），中心组建了职业化、市场化的运营管理团队，搭建了湖北省资源环境知识产权专业信息与服务平台，已实现 50 项专利技术转移、转化，总评估金额 1.2 亿元人民币，累计孵化公司 42 家。与武汉工程大学共建的湖北省知识产权与技术转移中心（化工）也有效运转。深化知识产权示范企业建设工程，遴选 175 家企业开展第二批省级知识产权示范企业建设工程，通过明确工作任务、细化工作措施、加强支撑措施、召开工作现场会等措施，大幅提升企业知识产权管理。第一批 220 家示范建设企业全面完成“五个一”工程基础建设，积极推进各项建设任务的开展。为提升企业管理人员知识产权素养，在宜昌市、襄阳市、武汉市成功举办 3 期企业 CEO 培训班，培训近 600 名企业高管。同时，启动工业光纤激光器等 4 个产业链知识产权评议工作，选取汽车制造业等开展面向产业发展的专利分析布局，探索、推广专利导航产业发展等新模式，引领战略性新兴产业快速健康发展。

三、突破解决知识产权服务业发展不够问题

一方面，发挥专利审查协作湖北分中心作用，坚持融入地方、服务地方，与荆门、黄石、襄阳等地市政府签署知识产权合作协议，支撑市州支柱产业、重点企业发展。专利审查协作湖北分中心构建专门工作组，选取 41 家重点企业，一对一提供企业

知识产权分析报告，为企业发展战略提供知识产权支撑。另一方面，全力推进长江经济带（区域）知识产权运营中心建设。建设湖北省知识产权综合服务大平台，构建网络社区模式的交易运营、人才培养及增值服务平台，提供“一站式”知识产权公共服务。积极申请在东湖高新区建设国家知识产权服务业集聚区并成功获批，以此为基础，扩大工作成果，推进长江经济带（区域）知识产权运营中心建设。同时，在推动本地知识产权服务机构做大做强的基础上，赴北京、山东、江苏等地，引进高水平知识产权服务机构进驻湖北，提高知识产权服务水平。还在高校建设8家省级知识产权培训基地并均正式运行，2015年已正式授牌5家，结合产业特点和企业需要开展专业培训。

通过努力，湖北省知识产权工作取得快速跃升。全省年度专利申请74 240件，其中发明专利申请30 204件，同比增长34%。两个专利项目获第十七届中国专利金奖，还有15个项目获优秀专利项目奖和外观设计奖，创历史最好成绩。湖北省395家知识产权示范和示范创建企业全年申请发明专利3197件，829家企业完成“专利扫零”。全省专利行政执法办案量达到1409件，同比增长48%，结案率达97%，新设2家知识产权维权援助中心。

（湖北省知识产权局）

商标工作

湖北省工商和市场监管部门以实施品牌升级行动为抓手，坚持发展和监管并举，数量和质量并重，突出商标有效运用和管理，强化商标监管和保护，不断推进品牌强省建设深入开展。

推进品牌强省建设取得新发展。研究制定年度工作重点目标及措施，明确责任分工，增强推动合力；坚持“湖北商标年度发展报告”发布制度，定期交流各地各单位工作情况；继续将各地有效注册商标总量、驰名商标、地理标志和著名商标等四项指标列入湖北省委对市州党政领导班子和领导干部的年度考核内容；广泛开展品牌示范基地建设，确定品牌建设示范县（市、区）、示范乡镇（街道）、示范企业，带动品牌建设向深度和广度发展；谋划将商标品牌发展目标任务纳入湖北省经济社会发展“十三五”规划中统筹加以推进。

商标发展取得新成绩。创新商标服务工作机制，在湖北省推行商标服务“四书五进”工作制度，即以“商标注册建议书”“商标管理提示书”“商标运用指导书”“商标保护警示书”为载体，以推进商标工作进窗口、进企业、进商场、进园区、进乡村为平台，进一步明确基层一线商标工作主要内容和重点对象，建立完善基层一线商标工作机制；湖北省工商系统召开了“四书五进”工作现场会，交流各地工作情况，全面部署推动工作。持续推进知名品牌创建，根据湖北省商标培育发展情况，动态调整全省驰名商标、地理标志孵化库，对全省329家企业和202件地方特色产品实施跟踪培育；广泛开展商标宣传和培训，组织各地广泛开展“4·26”主题宣传活动，首次面向基层工商所所长举办了湖北省工商系统商标行政指导培训班；引导和支持湖北省37家企业通过商标出资、质押、许可、转让等手段，获得商标质押贷款19.2亿元人民币。

监管执法取得新成效。积极创新商标行政保护工作机制，以湖北省驰著名商标为重点，变坐等投诉为主动上门征求意见，探索建立“订单式打假”维权新机制。严厉打击侵犯驰（著、知）名商标专用权违法行为，对涉及省内的打假线索，下达督办函转交属地工商部门调查处理，涉及外省的侵权投诉，由湖北省工商局专函请求外省商标工作部门协助处理；湖北省工商系统结合企业需求组织开展地理标志商标专用权等专项行动。对大型超市、农贸市场及粮食加工企业开展了大规模摸底排查和专项执法。扎实做好“双打”工作，组织开展“四打一治”综合执法行动，严厉打击侵犯知识产权和制售假冒伪劣商品，集中整治不正当竞争突出问题。因地制宜、有的放矢地部署2015“蓝剑”行动、2015“红盾护农”、2015“红盾网剑”、“清风”行动、“打击假冒伪劣日用品”等专项整治行动。开展地理标志保护和商标代理机构监管，走访了解湖北省已注册的203件地理标志的使用情况，开展“若羌红枣”“京山桥米”专项打假保护行动；开展商标代理机构专项整治行动和信用分类监管，重点对经国家工商总局商标局备案的491家商标代理机构及其分支机构进行全面清理，实施商标代理机构信用分类管理。

2015年，湖北省商标申请量59 331件，注册量45 516件，累计有效注册量194 035件。

（湖北省工商行政管理局）

版权工作

2015年，湖北省版权行政执法管理部门认真贯彻落实全省新闻出版广电工作会议精神，坚持以建设版权强省为目标，以“双打”“剑网”等专项行动为抓手，注重加大版权行政执法力度，严厉打击各类侵权盗版行为，不断巩固软件正版化工作成果，保证了年度各项任务圆满完成。

一、版权行政执法管理工作

湖北省依托“双打”“剑网”专项行动，查处了一批侵权盗版案件，有效打击各类侵权盗版行为。在2014年度国家版权局查处侵权盗版有功单位和有功个人评奖活动中，湖北省有26家单位、17名个人获奖。荆门“10·12”侵犯网络游戏著作权案入选国家版权局2014年度打击侵权盗版十大案件，《知音漫客》杂志被侵权系列案入选“剑网2014”专项行动十大案件。湖北省版权局版权管理处先后3次在青岛市、厦门市和呼和浩特市举办的全国版权行政执法监管座谈会和版权执法人员培训班上介绍了湖北省加强版权执法管理，打击侵权盗版工作的成功经验。

（一）加大侵权盗版案件查处力度

湖北省各级版权行政执法部门积极收集线索、加大巡查检查力度、突出重点区域，注重协调配合，查处了一批大案要案。武汉“2·13”章某某侵权盗版出版物批销案、“2·20”孙某某侵权盗版出版物批销案已审结宣判；荆门“073漫画网”涉嫌侵权著作权案已被国家版权局挂牌督办。2015年全省各级版权行政执法部门累计查处各类侵权盗版案件34起，移送公安机关3起。在“剑网2015”专项行动期间，四部门累计办理（含核查）案件线索540多起，查处侵权盗版或非法互联网视听网站51家，对相关工作开展不力的5家互联网接入企业下达了整改通知书。

（二）强化“两法衔接”联动机制建设

2015年7月初，湖北省版权局组织召开了“两法衔接”工作座谈会，邀请相关单位对口业务部门领导及相关人员参会。对版权行政执法和刑事司法工作中遇到的证据标准不统一、联合办案机制不健全、运行渠道不顺畅等具体问题进行了认真研究和深入交流。

（三）加强行政监管队伍培训工作

2015年4月中旬，湖北省版权局联合华中科技大学主办了首期华中知识产权专业技术人员高级研修班，6个行业、121个单位共计212人参训。积极组织人员参加国家级执法培训，先后选送3批20余人参加了4期国家版权局版权执法培训。

（四）开展执法维权宣教系列活动

（1）配合拍摄普法专题片。湖北省版

权局与央视社会与法频道“一线”栏目合作拍摄了有关“规范网络转载”的央视知识产权日特别节目《依法而转》，并于“4·26世界知识产权日”当天在央视黄金时间播出。(2)组织开展知识产权法律法规巡回宣传活动(进高校、进社区、进单位)。先后在湖北大学、武汉理工大学组织开展了“全国知识产权宣传周”版权宣传进高校主题活动。还分别到华中图书交易中心和湖北出版文化城图书批发市场开展了版权宣传活动。(3)武汉、黄石、襄阳等市州同步在当地举行集中销毁活动，共销毁各类侵权盗版及非法出版物113万件。(4)积极指导湖北高校法学辩论联盟、武汉市文化局(版权局)共同举办了第五届“法理争鸣”法学专业辩论赛暨2015年版权专题辩论赛。(5)开展在线互动活动，局官方微博关注率上升了近20个百分点，版权行政管理部门逐渐进入普通公众的视线。

(五)开展维权服务工作

根据权利人的举报，处理了襄阳万州电气股份有限公司武汉研发中心涉嫌侵犯著作权、广东咏声动漫股份有限公司投诉“猪猪侠”三维动画形象被侵权案等两起投诉。为黄梅县文化局关于《黄梅采茶戏》涉嫌侵犯著作权案提供了法律咨询服务。2015年以来，为公安、文化行政执法等司法行政机关出具出版物鉴定27份、出版物鉴定复函20份、侵权复制品认定25份、侵权比对书2份，共涉及出版物1273种，图片近10万张。

二、软件正版化工作

2015年软件正版化工作的重点是贯彻落实《政府机关使用正版软件管理办法》，积极巩固政府机关软件正版化工作成果，分步推进国有大中型企业软件正版化工作。

(一)加强软件正版化工作组织领导

2015年4月10日，以湖北省推进使用正版软件工作领导小组名义，通过了《湖北省2015年推进使用正版软件工作计划》和《湖北省2015年推进使用软件正版化督查工作实施方案》，明确了全年的工作任务和要求，确保软件正版化工作任务明确。

(二)开展政府软件正版化督查检查

为切实贯彻落实《政府机关使用正版软件管理办法》的相关规定，持续推动政府机关正版软件管理精细化和正规化。从2015年6月底开始，先后组织17个督查检查组对省直单位、17个市州、80多家企业进行了覆盖式督查检查。2015年11月初，湖北省部分新闻出版行业企业二级单位再次接受国家版权局督查，长江日报报业集团等3家企业及其二级单位顺利通过检查，并以扎实的工作得到检查组的好评。

(三)企业软件正版化工作

湖北省版权局联合湖北省国资委下发了专门通知，为推进国有企业软件正版化工作明确了时间界限、工作目标和具体要求。根据软件正版化工作部署和权利人投诉，2015年组织人员对省内80家企业使用正版软件情况进行了督导检查并提出整改意见。2015年9月下旬，配合国家版权局承办全国新闻出版行业企业软件正版化工作培训班。2015年11月下旬，举办了湖北省大中型企业软件正版化培训班，两次累计300多人次、80余家单位参训。

三、版权公共服务工作

(一)推进版权示范创建工作

拟制了《湖北省版权示范城市、示范单位、示范园区(基地)创建和管理办法》初稿并申报进入湖北省政府立法程序。2015年3月，经考核验收批准授予华中国家版权交易中心、知音传媒集团有限公司等8家单位首批“湖北省版权示范单位”称号。2015年10月，知音传媒集团有限公司等3家单位荣获“全国版权示范单位”称号，实现了湖北省版权示范创建零突破，而且是“一中三元”。

（二）创新版权登记备案工作机制

通过创新服务模式，缩短办理期限，免去登记费用，提升服务质量，强化版权公共服务体系建设。(1)将投诉率与年终考核相结合，2015年上半年实现了零投诉，提升了服务质量。(2)借助华中国家版权交易中心平台优势，推动版权登记数字化。(3)积极推行版权登记免费登记机制。截至2015年12月，共办理版权自愿登记8032件，其中作品登记7600件，与上年同时期相比增幅达300％，合同登记358件，合同备案69件，软件登记5件。

（三）完成湖北省版权保护协会换届工作

2015年6月，组织召开了湖北省版权保护协会第二次会员大会，大会审议通过了协会第一届理事会工作报告、财务报告，选举了协会新一届理事会理事、会长、副会长、秘书长及监事。

（四）做好“十三五”版权规划工作

为确保“十三五”期间湖北省版权产业有新发展、新突破，认真拟制了“十三五”期间版权工作规划，提出建设全国版权强省的战略目标，明确新阶段重点任务，提出具体的保障措施。

四、版权产业发展情况

（一）推进华中国家版权交易中心工作

2015年年初，召开了专家论证会，对交易中心交易规则、业务范围、风险防范等进行了综合评估，并于2015年3月向湖北省政府上报了关于华中国家版权交易中心从事版权及文化产品交易的请示。2015年5月底，湖北省政府正式批复明确交易中心从事版权交易有关事项。华中国家版权交易中心有限公司股权分割调整基本完成，2015年12月7日湖北省版权局领导亲自主持召开股东大会，签订了公司章程及相关合作协议，首批资金2375万元人民币已到位。为拓展业务范围，华中国家版权交易中心有限公司联合苏州相关文化产业单位成立了苏州华中版权艺术品交易有限公司。

（二）落实版权产业“走出去”战略

湖北省版权局组织华中国家版权交易中心、湖北广播电视台等省内20多家版权单位参加了2015年5月在青岛举行第二届中国青岛·东北亚版权创意精品展示会暨正版优秀图书展，携手推出精品图书、电子书、动漫、影视作品350多种。2015年11月，应邀参加了第八届2015海峡两岸(厦门)文化产业博览交易会。

（三）探索版权产业发展新思路

2015年9月中旬，由湖北省版权局和中南财经政法大学共同承办的第二届华中国际版权高峰论坛在武汉市举行。依托华中国际版权高峰论坛这一高端平台，行业主管部门领导、国内外知名专家学者、业界企业领头人齐聚一堂，深入探索“互联网＋”新形态下版权交易运营模式，共同聚焦创意经济时代的版权保护与交易，围绕网络环境下的版权风险与法律应对、我国版权贸易研究等议题展开讨论。

（湖北省版权局　张　威）

司法工作

2015年，在最高人民法院的指导下，湖北省各级法院按照“让人民群众在每一个司法案件中都感受到公平正义”的目标，以司法为民、公正司法为主线，充分发挥知识产权审判职能作用，着力服务国家创新驱动发展战略，较好完成了各项工作任务。

一、知识产权司法保护主导作用进一步发挥

(1)案件数量持续高位运行。2015

年，全省法院共受理知识产权民事一审案件5859件(其中，新收5111件，旧存748件)，结案5243件，结案率为89.5%；新收知识产权民事二审案件786件(其中，新收757件，旧存29件)，结案761件，结案率达96.8%。与此同时，全省法院积极发挥知识产权刑事审判的惩治和震慑功能，加大对知识产权犯罪行为的惩处力度，共受理知识产权的刑事一审案件142件(其中，新收124件，旧存18件)，结案173件，结案率为87.3%。全省法院还新收知识产权行政一审案件4件，依法履行了对知识产权行政行为的审查职能。

(2)审判质量不断提高。湖北省各级法院坚持引导法官树立精品意识，着力打造知识产权精品案件。2015年4月，湖北省法院审理的申请人深圳腾讯计算机公司与被申请人广州网易计算机公司、中国联合网络通信公司湖北省分公司等侵害音乐作品信息网络传播权诉前禁令纠纷案入选最高人民法院评选的中国法院十大知识产权案件。覃某某与宜昌市知识产权局、葛某某不服专利侵权行政处理决定纠纷案等3起案件入选最高人民法院评选的中国法院50件典型知识产权案例。

(3)保护力度持续增强。2015年，湖北省各级法院严格规制各种侵权和不正当竞争行为，严厉惩处"搭便车""傍名牌"等侵权行为。例如，微软公司与武汉银嘉信息技术公司侵害计算机软件著作权纠纷案，终审判决被告赔偿610万元；武汉天龙黄鹤楼酒业公司与武汉金黄鹤酒业公司等侵害注册商标专用权及不正当竞争纠纷案，终审判决被告停止使用"黄鹤楼"商标并赔偿83万多元。通过典型案例的判决，有力地制止了侵权行为，保护了知识产权人的合法权益，维护了正常的市场竞争秩序。

(4)化解矛盾效果明显。2015年，湖北省受理的知识产权民事一审案件调解1417件、撤诉1443件，调解、撤诉率为54.5%；知识产权民事二审案件调解170件、撤诉424件，调解、撤诉率达75.6%。全省法院紧紧围绕"案结事了"工作目标，妥善化解了大量知识产权领域的矛盾纷争。

二、技术事实查明方式进一步创新

湖北省高院积极探索，建立了湖北法院知识产权审判咨询专家库，并同时出台了《湖北省高级人民法院知识产权审判咨询专家库运行办法》等。2015年7月，湖北省高院召开了专家聘任会。审判咨询专家库建立以来，有关专家已为专业技术性很强的知识产权案件提供了权威、中立、客观的咨询意见。

三、知识产权司法公开进一步加强

(1)裁判文书及时公开。2015年，湖北省高院上网知识产权裁判文书748篇，全省知识产权裁判文书上网5307篇。(2)典型案件公开开庭。2015年4月20日，湖北省高院在专利审查协作湖北中心公开庭审一起侵害实用新型专利权纠纷案件，并邀请湖北中心、东湖新技术开发区企业代表及相关媒体旁听庭审。(3)创新司法公开方式。例如，武汉市中院与《湖北经视》合作，选择典型知识产权案件进行庭审电视直播；宜昌市中院选择典型知识产权案件，进行庭审微博直播。

四、"三合一"审判机制改革进一步推广

(1)召开全省"三合一"调研会议。2015年，湖北省各级法院知识产权"三合一"审判工作机制改革的试点范围已经扩大到武汉市中院、宜昌市中院、襄阳市中院、随州市中院和武汉市江岸区法院。2015年5月，湖北省高院在随州市中院召开了全省法院知识产权审判"三合一"改革试点调研工作座谈会。(2)"三合一"案件审理成效显著。2015年，湖北省高院、襄阳市中院、随州市中院等“三合一”试点法院，通过组建联合合议庭，吸纳刑事审判经验丰富的刑事法官参加合议的形式，依法公正审理知识产权刑事案件。

五、知识产权服务大局职能进一步拓展

（1）发布白皮书和典型案例。2015年“4·26知识产权宣传周”期间，湖北省高院召开湖北法院知识产权司法保护状况新闻发布会，公开发布《湖北法院知识产权司法保护状况及十大典型案例》白皮书，并发放全省人大代表。

（2）服务企业创新发展。宜昌市中院倡议成立了企业知识产权与司法保护联谊会，全市18家重点企业签署了《知识产权企业与司法保护联谊倡议书》。黄冈市中院向企业发放知识产权维权资料，帮助企业提高知识产权创新、管理、运用和保护能力。荆州市中院、孝感市中院、随州市中院、鄂州市中院等法院通过举办企业知识产权保护座谈会、开展“知识产权法官进企业”等方式，听取企业对法院知识产权司法保护工作的意见和建议。

（3）积极提出司法建议。随州市中院在审理的1起知识产权刑事案件中，发现该市专业汽车改装行业存在大量侵犯知识产权行为及犯罪现象，为此随州市中院向主管单位提出司法建议。

（4）开展普法宣传活动。襄阳市中院与《襄阳晚报》合作，刊登《知识产权其实离你很近》专题报道。襄阳市中院还与襄阳市知识产权局、湖北文理学院共同举办专利法培训班。十堰市中院为湖北汽车工业学院的学子们提供了知识产权司法保护相关法律知识的咨询服务。

六、知识产权法官司法能力进一步提高

积极举办与参加专业培训与学术交流活动。湖北省高院于2015年7月举办了全省法院知识产权审判业务培训班，共计80名知识产权法官参加了培训。

2015年，湖北省派出知识产权法官参加了国家法官学院组织的合同纠纷案件、欧洲大陆法系案例指导制度、民事诉讼法司法解释及知识产权审判业务培训，最高人民法院知识产权司法保护研究中心举办的“创新驱动发展战备背景下的知识产权司法保护高端研讨会”等学术交流活动。

（湖北省高级人民法院知识产权审判庭）

检察工作

2015年，湖北省检察机关贯彻落实中央、省委省政府、最高人民检察院关于加强知识产权保护、打击侵犯知识产权违法犯罪等一系列部署，强化法律监督，维护发展环境，严厉打击侵犯知识产权违法犯罪，为保护合法知识产权主体的权益、维护科技人员创新创业合法权益、促进高校科技成果在鄂顺利转化、激励科技人才为社会创造财富提供法律保障，进一步推动创新湖北、法治湖北建设。湖北省检察机关严厉打击各种知识产权违法犯罪行为，严肃查办国家工作人员在知识产权的审批、授权、保护等环节和高校科技成果转化过程中的职务犯罪行为。加大对涉及侵犯知识产权和制假售假案件的立案活动、侦查活动、审判活动的法律监督力度。

湖北省各级检察机关以信息平台建设为抓手，以健全“两法衔接”工作机制为保障，全面加强和推进“两法衔接”工作。一是督促运用“两法衔接”信息共享平台，落实平台操作制度。全省三级信息平台共接入行政执法单位2764家，上传案件42221件，移送案件628件。二是进一步完善“两法衔接”机制建设。湖北省检察院与湖北省最高人民法院、湖北省公安厅、湖北省食药监局、湖北省林业厅等部门联合会签了《关于加强林业执法与刑事司法衔接工作的意见》《关于查办违法经营牛肉等冷冻肉制品案件行刑衔接的指导意见》多份文件保障落实衔接机制。各地也相应推进机制建设。

同时逐渐完善考评机制。对内，完善湖北省检察院“两法衔接”工作考核方案，对各地工作成绩分阶段、分层次、有重点地进行考核。通过考核，指明了工作方向，加强了工作力度；对外，湖北省检察院争取湖北省政府相关部门的支持，将“两法衔接”工作考核从依法行政考核项目中独立出来，给予10分的分值，由湖北省检察院为主评定分数，有力地促进了省直行政执法机关对“两法衔接”工作的重视程度。各市州检察院积极行动，争取当地政府支持将“两法衔接”纳入当地政府绩效考核。自上而下的考评机制，有力地促进了“两法衔接”工作。

（最高人民检察院侦查监督厅供稿）

湖南省

专利工作

2015年，湖南省知识产权部门根据《深入实施国家知识产权战略行动计划（2014～2020年）》的总体要求，紧紧围绕服务“四化两型”“四个湖南”建设以及开放型经济发展的新要求，深入实施知识产权战略，以促进创新成果知识产权转化为基础，以促进专利转化运用为重点，以加强知识产权保护，激发创新创业热情为关键，以支撑体系建设为保障，坚持“四抓”，务实办好五件实事，推动全省知识产权工作迈上新台阶。

一、全面完成五件实事

成立了湖南省知识产权交易中心，建立和培育一批集申请代理、诉讼维权、信息服务、战略研究等为一体的综合性中介机构，成立了知识产权专家顾问团队，“12330”举报投诉热线实现全省覆盖，营造了良好的知识产权事业发展舆论环境。

二、优化知识产权政策环境

推进知识产权战略实施，组织26家单位共同起草《湖南省实施知识产权战略行动计划（2015～2020年）》并下发实施；组织起草《湖南省知识产权（专利）事业发展“十三五”规划》，确定湖南省知识产权工作新阶段的目标；修订《湖南省促进专利代理行业发展的意见》，出台《湖南省知识产权战略推进专项资金管理办法》。

三、提升知识产权创造水平

加大专利资助力度，建立专利信息公共服务平台，发挥专利奖激励作用，评选2015年湖南专利奖51项，获中国专利奖25项。湖南省2015年专利申请量54 501件，专利授权量34 075件。其中发明专利申请量19 499件，发明专利授权量6776件，PCT国际专利申请量203件，每万人口发明专利拥有量达3.29件。

四、加大知识产权保护力度

完善执法机制，规范执法行为，全面推进执法信息化工作；加强案件质量监督，组织抽查各类案卷187宗，评选出9宗专利行政执法优秀案卷；推进诉讼与行政调解无缝对接，专利行政执法办案2040件，结案3072件。推进打击侵权假冒工作，建立健全协作执法机制和绩效评估机制。河南省行政执法机关立侵权假冒案件13 140件，移送司法机关44件，涉案金额5.4亿元人民币，捣毁窝点80个。加强企业知识产权维权援助工作，举办维权工作培训班，8次入驻大型博览会、展会开展巡查。

五、加强知识产权转化运用

推进国家知识产权运营试点工作，争取4000万元人民币中央财政资金建立重点产业知识产权运营基金，争取1000万元人民币引导资金开展运营试点工作；加大专利质押融资力度，促成44家企业出质专利257件，质押金额3.9亿元人民币，专利实施许可合同备案156件，促成专利技术许可交易528万元人民币；实施专利产业化项目，择优安排44个专利技术产业化示范项目，资助全省重点发明专利698件，2014年有668件重点发明专利实施，联合经信委继续实施百项专利转化推进计划。

六、加强知识产权基础工作

规范知识产权管理，成立项目管理办公室，完善项目管理；开展园区试点示范工作，推进知识产权密集型科研院所创建工作，推进《企业知识产权管理规范》的实施，立项支持省级知识产权试点、示范县14个；加强对知识产权工作的考核，长沙市等6个市（州）被评为知识产权工作先进单位。加强对外合作交流，首次争取党政人员出国培训任务，首次组织赴发达国家考察知识产权情况，首次在香港举办知识产权运营研修班。加强知识产权人才培育工作，举办专题培训班20余期，参加培训人员达3600余人；121人通过2015年全国专利代理人资格考试，1人获评全国百名高层次人才，2人入选全国专利信息领军人才和师资人才，全省执业代理人202人。选派10名知识产权协理员进入8家企业开展知识产权服务工作。

（湖南省知识产权局）

商标工作

湖南省工商和市场监管部门切实履行商标监管职责，一手抓商标品牌培育，一手抓商标监管执法，大力推进商标品牌战略实施，取得了显著成绩。

完善政策措施，发挥政策效应。湖南省工商局积极落实湖南省政府下发的《关于深入推进实施商标战略的意见》，进一步明确了实施商标品牌战略相关政策措施；组织开展湖南省商标战略实施、驰著名商标企业发展、出口企业商标国际注册、地理标志资源、代理行业等专项调查调研活动，为完善政策措施、做好商标相关工作提供依据参考；为鼓励各级工商部门加大推动基础商标、地理标志商标和马德里国际商标注册以及查办商标案件力度，湖南省工商局用经费补助政策，有效调动了各级工商部门的积极性；各市州也进一步加大实施商标战略的政策支持力度，陆续出台了相关鼓励扶持政策。

加强请示汇报，争取重视支持。湖南省工商局及时向省委、省政府领导汇报商标工作，赴国家工商总局就商标工作进行协调汇报。在湖南省政府和国家工商总局的重视支持下，湖南省工商局协调长沙市政府妥善解决商标权管理职责调整问题，保持了全省工商系统商标权管理体制的相对稳定；同时帮助一大批重点商标品牌解决了驰名商标认定、商标授权确权等问题，有力支持了湖南省相关重点商标品牌的注册保护和培育发展。

强化工作举措，加强组织指导。以下发湖南省商标工作要点、召开会议等形式，对全系统的商标工作进行统一部署安排；以“4·26世界知识产权日”为契机开展商标宣传周活动，组织面向企业和工商系统的商标集中宣传培训；加强指导企业商标品牌工作的机制建设，建立重点商标品牌梯次培育制度，加强对企业商标品牌工作的分类指导，加大重点商标品牌培育力度；在湖南省13个国家级园区全部挂牌成立商标品牌指导中心，有效搭建了指导服务园区和园区企业商标品牌工作平台；进一步完善了驰名商标申报、著名商标认定制度，规范了驰名商标申报审查流程，修订了

《湖南省著名商标认定工作规则》；大力推进地理标志、马德里国际商标注册，各市州工商局进一步建立健全地理标志商标和马德里国际商标注册培育库，研究制定推进地理标志和马德里国际商标注册工作规划（2015～2017年），将推进地理标志和马德里国际商标注册工作责任落实到承办机构、落实到人，纳入年终绩效考核内容；加强了打击侵权假冒的组织协调和商标执法办案的指导监督，进一步建立健全了全系统打击侵权假冒的领导和工作机制，制定年度工作意见，明确目标、重点和要求，加强了工商部门执法机构间的协调配合；组织开展了保护驰著名商标、涉外商标、地理标志证明商标、日用品商标、中国制造海外形象维护“清风”行动、商标代理机构整治等一系列商标专项执法行动；根据企业投诉举报，统一部署开展了商标保护专项行动，并加强了对重点、复杂商标案件查处的具体指导和督促监督。

2015年，湖南省商标申请量63 638件，注册量51 095件，累计有效注册量208 992件。

（湖南省工商行政管理局）

版权工作

2015年，湖南省各级版权部门贯彻落实党的十八大和十八届三中、四中全会精神，加强社会服务职能，积极巩固软件正版化工作成果，加大版权行政执法和监管力度，认真贯彻落实2015年年初工作计划的各项任务，取得了积极的工作成果。

一、版权指导与版权创新体系工作

（1）创建全国版权示范企业，带动企业版权管理水平的提升。通过申报考评，选取了省内6家企业作为第一批全国版权示范创建单位，指导和帮助企业按照《全国版权示范城市、示范单位和示范园区（基地）管理办法》的要求，提高自主创新能力，完善版权管理体系，提升版权运营水平，并将工作突出的中广天择和鼎瀚文化作为省级示范向国家版权局推荐。在2015年9月中旬国家版权局组织的现场考核中，上述两家企业在版权创新方面的突出成效得到国家版权局的充分肯定，顺利通过了创建验收。

（2）继续推动优势企业培育工作。指导长沙市贯彻落实《版权优势企业培育工程管理暂行办法》，确定了中南传媒、红网等15家版权企业为培育对象，加强经费支持；开通企业版权登记绿色通道，优势企业的版权登记数量明显上升，占到湖南省登记总数的50%以上。中广天择的“节目购”电视节目版权交易系统，实现了每天300小时的节目交易量，成为全国最大的电视节目版权交易平台。

（3）开展基层版权工作站试点。在调研和借鉴外省成功经验的基础上，湖南省版权局起草了《湖南省基层版权工作站管理办法（试行）》，对版权工作站的性质、地位、申办条件与主要职能进行了明确规定。根据该办法，经过当地政府的申请和实地调研，选取了天心区文化产业园、铜管镇陶瓷产业基地作为首批版权工作站试点，进行了办公场所、设备以及人员、经费配备方面的创建辅导。

二、版权社会服务工作

（1）进一步创新和优化版权登记工作的方式方法。启用了作品网上登记平台，开通了湖南版权登记网，实行线上登记与线下登记相结合，湖南省版权局与代办点相联动，为各类权利人提供了更加便捷高效的作品登记服务。推动长沙市完善作品登记资助制度，根据登记资助办法，已累计发放资助资金15万余元人民币，补贴各类文字、美术、软件、影视作品1000余件。2015年湖南省作品登记总量达到2103件，比上年增长35%以上。

（2）指导开展合同登记推动版权贸易。

指导天闻印务、益阳天格印务等印刷企业办理海外承印著作权授权登记 38 项，办理版权引进合同审核登记 182 项。

（3）完善版权纠纷调处机制。进一步规范调解工作流程，制定了版权纠纷调解规则，增强了纠纷调处的权威性。积极调解达索软件、微软公司等多起软件使用纠纷，有效化解相关企业的侵权风险，促进了作品的顺利流通。

三、版权执法监管工作

（1）开展专项行动集中整治。2015 年 7 月 14 日，联合湖南省网信办、湖南省通信管理局和湖南省公安厅召开了“剑网 2015”专项整治工作会议，对全省集中整治的任务、目标和实施步骤进行了全面部署。行动期间，各地共查处网络侵权盗版案件 24 件，其中国家版权局交办的案件 7 件，没收服务器 3 台，提请有关部门关闭盗版网站 8 个。

（2）狠抓重大案件查处。将案件查处作为衡量各级版权部门工作成效的一个重要标准，通过直接办案、指导督办、与公安及“扫黄打非”等部门联合办案等多种方式加大案件查处力度。2015 年上半年，湖南省版权局直接立案查处了“人人影视网”侵犯电影字幕著作权案。该案是国家版权局交办的新类型侵权案件，涉及境内外众多服务器和当事人，在国内外影响重大，该案的顺利查处锻炼了执法队伍，提升了执法能力。湖南省版权局还派人赴岳阳市、长沙市等地开展案件督办，实地指导调查取证，参与法律论证，顺利办结 0730DJ 网侵犯音乐作品著作权等网络案件。协助公安部门查处“四五中文网”“QQ 九仙”私服案等一批侵权著作权刑事案件，6 名涉案人员被依法追究刑事责任。

（3）加强主动监管和网上巡查。首次将云存储、手机 APP 应用纳入监管范围，在国家版权局的支持下，对违法网站利用百度云上传侵权盗版作品行为进行监控。组织对湖南省 70 家主要网站实施主动监管，对音频、视频网站开展日常巡查，督促各网站对使用的作品开展自查自纠，形成“先授权、后传播”的良好秩序。

（4）加大技术支持力度。与湖南天网电子证据技术司法鉴定中心开展合作，为各级版权部门在网络案件查办上提供技术咨询，为准确固定和分析网络证据提供协作。2015 年 7 月，专门邀请中心技术专家为各市州一线执法人员讲授网络执法实务，有效提升了基层版权执法的水平。

四、软件正版化工作

（1）建立健全工作机制。2015 年年初，湖南省人民政府办公厅批复同意成立由版权部门牵头，财政、信息、商务等相关职能部门参加的正版化联席会议机制，通过联席会议的平台议定重大事项、沟通信息，协调统筹全省的正版化工作。

（2）加强业务培训。印制《政府机关软件正版化工作文件汇编》5000 份，邮寄至各级政府和省直单位 230 余家。两次组织市州和相关单位正版化工作负责同志 30 余人参加国家版权局组织的正版化业务培训。2015 年 10 月 23 日，在长沙市举办全省软件正版化工作培训班，邀请了国家版权局的领导和中国版权保护中心的专家讲授正版化长效机制建设工作实务，省直各单位、各市州推进使用正版软件工作领导小组成员单位、新闻出版行业企业等共计 95 名工作人员参训。

（3）加强督促检查。按照国家版权局的要求部署，组织专人对湖南省地税局、粮食局等 20 家省直单位，以及中南传媒等 10 家企业进行实地督导检查。2015 年 11 月，国家版权局检查组来到湖南检查新闻出版企业正版化工作，岳麓书社完备的软件台账管理、华文俪制公司抵制盗版的自觉意识得到了检查组的充分肯定。

五、版权宣传普法工作

指导长沙市举办了首届天心杯网络版

权作品大奖赛。2015年5～10月活动期间，共征集网络音乐、摄影、公益广告、工业设计、网络文学等五大类原创作品2092件，作品点击率总计数十万余次，最终通过网络投票和专家评审，推出获奖作品83件，总奖金达30万元人民币。并对参赛作品免费予以版权登记，将获奖作品向全国重点新闻网站和主要商业网站推介，以更好地促进作品的利用和开发。

除此之外，“4·26世界知识产权日”期间，湖南省政府新闻办举办了专题新闻发布会；在全省各地统一进行了集中销毁行动，部分地区组织“绿书签”签名和“版权进校园”、版权征文等系列社会活动，发放“绿书签”1万份，张贴活动海报1000余张，促进社会公众提升了对版权和版权制度的认识与认同，强化了“尊重版权、抵制盗版”的意识。

（湖南省版权局　宋　亮）

司法工作

2015年，湖南省各级法院认真贯彻实施国家知识产权战略，依法加大知识产权司法保护力度，司法保护知识产权主导作用进一步发挥，各项工作取得新的进步。全省法院共受理知识产权案件3675件，审结2465件，结案率为67.07%。其中，受理知识产权民事一审案件2882件，同比增长35.4%；民事二审案件193件，同比增长34.2%。受理的知识产权民事一审案件中，商标权纠纷案件1909件，占66.24%；专利权纠纷案件234件，占8.12%；著作权纠纷案件608件，占21.1%；其他知识产权案件131件，占4.54%。受理知识产权刑事案件293件，同比增长60.75%。受理知识产权行政案件9件。完成湖南省知识产权软科学重点课题《湖南知识产权司法保护状况实证研究》；湖南省高院民三庭入选全国法院巾帼文明岗候选单位并受到最高人民法院通报表彰。

一、认真履行知识产权审判职能，为创新型湖南建设提供司法保障

（1）坚持提升审判质效，推进知识产权审判精品战略。怀化正好制药公司与湖南方盛制药公司确认不侵害专利权纠纷上诉案，因在侵权警告函的认定上的有益实践，入选中国法院十大创新性知识产权案件。索某某诉友谊阿波罗公司商标侵权案，法院在商标侵权认定标准中进行有益探索，该案例被《人民司法》刊载。

（2）坚持加大保护力度，维护公平有序的市场竞争环境。认真贯彻中共中央、国务院实行严格知识产权保护的政策，严格法定赔偿的适用，尽力查明侵权人的获利或权利人的损失，据实确定赔偿数额。在中国港中旅集团公司诉张家界中港国际旅行社侵害商标权及不正当竞争纠纷案中，法院将知识产权侵权判赔标准精准化，促使湖南省旅游市场竞争秩序进一步规范。对侵权事实明确的案件，尽快判决，维护权利人正当的市场利益。

（3）坚持能动司法，注重知识产权审判法律效果和社会效果的有机统一。全省法院全年调解和撤诉知识产权民事一审案件1328件，调撤率达到46.1%，高于普通民事案件同期水平。在上诉人周某与被上诉人湖南省老杨明远眼镜公司侵犯企业名称（商号）权纠纷案中，周氏兄弟围绕“老杨明远”商标及字号在全国多个法院提起多起行政争议、行政诉讼和民事诉讼，纠纷持续25年之久，给该品牌的发展带来极为不利的影响。湖南省高院刘庆富副院长亲自担任该案审判长组成合议庭，通过10余次调解，最终双方握手言和，并合作成立专门的品牌管理公司，实现知识产权品牌优势和效益最大化。

二、深入开展调研指导，着力提升知识产权司法保护水平

（1）紧密结合湖南省经济社会发展大

局开展重点课题调研。湖南省高院完成了2014年湖南省知识产权软科学重点课题《湖南知识产权司法保护状况实证研究》结题工作；申报了2015年湖南省知识产权软科学重点课题《专利纠纷案件技术事实查明机制研究》并完成初稿；指导岳麓区法院开展《关于专利纠纷调解救济机制的研究》课题研究并成功申报最高人民法院《专利法》第四次修改司法调研重大课题；指导株洲市中院研究全省法院重点调研课题《地方特色产业的知识产权保护研究——以醴陵瓷器产业为样本》，加强对湖南省特色优势资源品牌的保护。

(2)紧密结合湖南省知识产权司法保护存在的突出问题开展专题调研。2015年上半年，湖南省高院刘庆富副院长带队到株洲硬质合金集团和三一重工集团，就企业知识产权司法保护状况和企业外向型经济发展中面临的法律问题等进行调研。

(3)深入开展案例指导。为了统一湖南省各级法院裁判理念和裁判标准，湖南省高院实行案例指导制度，对典型的、具有普遍指导意义的案件以案例形式对下级法院进行指导。湖南省高院编撰《知识产权审判动态》，编写典型案例，就全省法院知识产权司法实践中存在的知识产权侵权判赔标准精准化、公证证据的审查和认定等问题进行深入分析和有针对性地指导。

(4)多形式开展全面的对下业务指导。湖南省高院对全省部分法院开展实地指导、召开全省法院知识产权审判工作座谈会和庭长座谈会、创建全省法院知识产权审判微信群、指导岳阳市中院向最高人民法院申请专利案件一审管辖权等。长沙市中院加大对基层法院审理知识产权刑事案件的指导力度。

三、探索推进机制创新，努力突破知识产权司法保护瓶颈

(1)深入推进"三合一"改革试点工作。受最高人民法院委托，湖南省高院于2015年5月承办了全国部分法院知识产权审判"三合一"改革试点调研工作座谈会。湖南省高院知识产权民事、行政审判"二合一"，长沙市中院、长沙市岳麓区法院、株洲市中院和株洲市天元区法院的"三合一"试点也日见成效。

(2)积极合理开展证据保全。鼓励和引导权利人积极举证，对确有必要进行证据保全的，根据权利人的申请进行证据保全，解决权利人取证难的问题。长沙市中院指导长沙市岳麓区法院执行了5起知识产权证据保全案，保障了案件的顺利执行。

(3)不断健全沟通协调机制。积极处理人大代表、党代表和政协委员的建议、提议，为知识产权和涉外商事审判工作创造良好环境。进一步完善知识产权纠纷诉与非诉相衔接的纠纷解决机制，继续深入推进国家级长沙经济技术开发区ADR中心建设，该中心自2011年成立以来截至2015年年底，共受理案件265件，成功调解案件224件。长沙市岳麓区法院稳妥推进专利纠纷行政调解协议司法确认试点工作。

四、加强司法公开和宣传，着力提升知识产权司法保护公信力

(1)深入开展4·26知识产权宣传活动。湖南省高院召开新闻发布会，公布《2014年湖南法院知识产权司法保护状况》白皮书和十大典型案例。长沙市中院在省内多家电视及网络媒体先后对知识产权典型案例、商业维权案件审理工作等开展专访、跟踪报道及重大案件庭审直播。

(2)开展知识产权宣传进校园、进社区、进企业活动。在湘潭大学公开开庭审理侵害"老杨明远"企业名称权纠纷案；湖南省高院民三庭向滩头坪社区广大群众开展"万众创新，大众创业"的课程；湖南省高院民三庭与中南大学法学院、岳麓区法院共同开设教授现场讲课、法官现场分析、大学生共同参与的"三师同堂"法学课。

(3)拓宽宣传渠道，全面展示湖南省知

识产权审判工作。湖南省高院在湖南法院微信公众号开通“知产天地”栏目，推送知识产权审判动态。长沙市中院通过开展法院开放日、法律讲座、网络直播等多种形式开展知识产权法制宣传活动。

五、加强队伍建设，着力打造高素质的知识产权审判队伍

（1）举办全省培训班，提升业务能力。湖南省高院于2015年上半年组织了为期4天的全省法院知识产权审判业务培训班。（2）加强交流和培训，拓宽法官视野。积极派员参加最高人民法院组织的各类培训班和会议。与中国台湾地区中华法学会访问团、北京市高院、江苏省高院、上海市高院开展学习交流。利用“双千计划”契机，与中南大学、湘潭大学等高校就知识产权审判理论研究、专业人才培养、案例发掘等问题进行经常性交流。

（湖南省高级人民法院知识产权审判庭）

检察工作

2015年以来，湖南省各级检察机关切实贯彻落实党的十八届四中全会精神，继续认真履行对侵犯知识产权刑事案件审查逮捕、审查起诉和依法对有关刑事诉讼活动实行法律监督的职责，严厉打击侵权假冒犯罪活动，加大“两法衔接”工作力度，提升对知识产权的司法保护水平。

一、依法严厉打击侵权假冒犯罪

一是密切协作，强化工作指导。上级检察机关加强对下业务指导，对重大疑难复杂或干扰阻力大的案件及时挂牌督办，限期办结，必要时直接赴当地督导办理。湖南省各级检察机关加强与公安机关协作配合，及时了解案件进展情况，适时介入侦查、引导取证，依法快捕快诉。二是依法把关，确保案件质量。湖南省检察机关坚持以事实为依据、以法律为准绳，认真把好案件事实关、证据关、程序关和法律关，做到不枉不纵，既依法严惩侵权假冒犯罪分子，又注重宽缓刑事政策的运用，最大限度地化解社会矛盾。三是强化监督，突出打击效果。湖南省各级检察机关充分发挥法律监督职能，对涉嫌犯罪案件不依法移送或者有案不立、有罪不究、以罚代刑、重罪轻判的，依法予以监督纠正，确保打击到位，做到不枉不纵。如郴州市苏仙区检察院办理的陈某某销售假冒注册商标的商品案被评为2014年度全国检察机关保护知识产权十大典型案例。

二、推进机制建设，形成执法合力

一是推进信息共享平台建设。湖南省检察院根据湖南省“双打”工作分工，积极推进建设完成了行政执法与刑事司法衔接信息共享平台建设，并采取面授和视频教学相结合的方式对全省三级“两法衔接”成员单位联络员进行了平台操作培训，并狠抓数据录入，取得了一定成效。二是加强协作配合，形成执法合力。湖南省各级检察机关针对食品药品安全、涉农惠农、环境资源等涉及民生民利的重点领域和重点问题，加强与相关单位的衔接，形成了相互协调、相互促进的工作局面，积极推进“危害食品药品安全犯罪专项立案监督活动”、农资打假、打击侵犯知识产权和制售假冒伪劣商品行为等专项工作，维护社会主义市场经济秩序，保障人民群众切身利益。长沙市雨花区检察院办理的“王某某等人生产、销售伪劣产品案”成功入选全国检察机关加强食品安全司法保护典型案例，被最高人民检察院向全国通报。该案不仅监督移送一起危害食品安全的刑事犯罪案件，检察机关还从该案中发现并监督立案一起食品监管渎职案件，某质监局副局长舒某某被追究食品监管渎职刑事责任，该渎职案是《刑法》修正案（八）颁布以来，湖南省首例以食品监管渎职立案查处的案件，起到了有效的震慑作用。三是狠抓机制落实，挖掘案件线索。湖南省各级检察机关认真谋划，通过关注媒体报道、网络舆情、走访行政执法机关以及受理群众举报等各种渠道加强与人民群众、行政执法机关和公安机关的联系，主动挖掘扩大监督线索来源，依法严厉打击侵权假冒犯罪。

三、延伸检察职能，营造良好氛围

一是积极参与社会治理工作。湖南省各级检察机关结合办案积极向当地党委、政府和相关企业提出消除隐患、预防犯罪和建章立制的检察建议，促进企业管理和社会治理创新。二是积极开展宣传活动。通过检察外网、微博、微信等方式，将检察机关在打击侵权假冒方面发挥的作用、取得的成绩、典型案例和先进经验等内容进行宣传，营造打击侵权假冒的良好氛围。三是及时编发工作简报，推广经验做法。湖南省检察院对各地在打击侵权假冒工作中取得的成效和好的经验做法，及时以工作简报的形式在全省推广，以便各级检察机关学习借鉴，提高对侵犯知识产权犯罪和制售假冒伪劣产品犯罪行为的打击处理能力。

（最高人民检察院侦查监督厅供稿）

广 东 省

专利工作

2015年，广东省知识产权工作紧紧围绕产业转型升级和创新驱动发展大局，根据国家和广东省的总体部署，深入实施知识产权战略，扎实推进知识产权创造、运用、保护、管理和服务等各项工作，取得显著成效。

一、深入实施知识产权战略，稳步推进知识产权强省建设

2015年，广东省政府印发《广东省深入实施知识产权战略推动创新驱动发展行动计划》，明确将广东省建设成为国际化知识产权创造运用中心和保护高地，树立成为知识产权强国建设先行省的目标，部署了“实施严格的知识产权保护”“提升企业掌握核心专利能力”等十大重点行动计划。佛山市、中山市入选国家知识产权示范城市，广东省示范城市达5家。

二、扎实推进部省战略合作，先行先试探索发展新路径

2015年，在国家知识产权局的关怀下，广东省深入推进部省知识产权高层次战略合作，一批试点示范工作和重点项目有效推进。第二轮部省会商议定书特别强调“紧紧围绕广东经济结构战略性调整的中心任务，发挥知识产权制度优势，以‘服务转型升级、服务创新驱动、服务扩大内外需’为切入点”。在会商框架下，国家知识产权局支持广东省先后开展了知识产权服务业发展示范省建设、知识产权运营分平台建设、知识产权运营机构试点、重点产业知识产权运营基金试点、知识产权质押融资扶持与风险补偿基金试点等；积极推进中新广州知识城知识产权运用保护综合改革试点等。

三、突出企业市场主体地位，大力推进知识产权创造运用

2015年，广东省知识产权工作坚持市场主导和政府激励相结合，大力促进知识产权创造和运用，促进发明创造增量提质。

据统计，2015年广东省发明专利申请受理量103 941件，同比增长38.32%；发明专利授权量33 477件，同比增长50.28%；PCT国际专利申请受理量15 190件，占国内PCT国际专利申请受理总量的

53.49%，连续14年保持全国第一位；截至2015年12月，广东省有效发明专利量138 878件，居全国第一位。在第十七届中国专利奖评选中，广东省获金奖6项，优秀奖119项。

突出企业知识产权主体地位。2015年，广东省2.6万家企业提交专利申请量20.56万件，同比增长37.42%；1.15万家企业提交发明专利申请量7.32万件，占广东省发明专利申请受理量的70.47%。华为、中兴、腾讯等创新型企业在发明专利、PCT国际专利方面屡创佳绩。

建立产业专利预警、导航和专利联盟机制。实施省战略性新兴产业专利信息资源利用专项计划，推进重点产业专利信息分析评议项目。推进产业知识产权联盟建设，截至2015年年底，广东省建立各类产业专利联盟25个。

探索建设知识产权运营体系。广东省政府批准建立广州市知识产权交易中心。国家知识产权局支持在珠海市横琴新区设立知识产权运营特色平台。一批民营投资、市场化、网络化运营的知识产权运营机构不断涌现，极大地活跃了知识产权转让、许可、交易市场。

四、行政保护与司法保护相结合，维护创新市场竞争秩序

持续推进“双打”工作，专项行动长效化。2015年，各行政执法部门共立案查处侵权假冒案件逾2.98万件，占全国案件总量的1/6。同时加强会展业的知识产权行政保护。坚持每届每期进驻“广交会”设立知识产权投诉站，维护展会知识产权市场秩序。目前，广东省已有30多个展会进驻知识产权执法队伍。

推进知识产权快速维权中心建设。2015年，皮具产业知识产权快速维权中心落户广州市花都区，刀具产业知识产权快速维权中心落户阳江市，广东省已经拥有5个产业的快速维权中心。设立华南地区专利侵权判定中心并正式提供服务。

五、创新知识产权服务模式，打造知识产权公共服务平台

全面启动知识产权服务业发展示范省建设各项工作，深圳市福田区、佛山市被认定为国家知识产权服务业聚集发展试验区，广州市越秀区、东莞市松山湖科技产业园区、广州市开发区被认定为省级试验区。知识产权金融服务日益成熟，专利保险试点扎实推进。

完善国家区域专利信息服务（广州）中心服务功能，构建专利大数据服务平台，打造“互联网＋专利信息”服务新模式，推出手机APP专利检索平台；开展专利信息推送服务，建立省、市、镇、企业四级服务推送工作渠道，向中小微企业免费推送专利信息产品。

完善知识产权人才培养体系，加强培训基地建设，开放远程教育平台资源，引进国内知名专家建立中策知识产权研究院，积极推进知识产权专业技术资格评定试点工作。

（广东省知识产权局）

商标工作

广东省工商和市场监管部门充分发挥市场监管职能，坚持发展保护并重，努力营造知识产权发展的良好社会环境和市场环境。

创新商标品牌战略实施措施，服务创新驱动发展战略。实施商标品牌战略，服务“一带一路”与创新驱动发展。建立维权援助平台和重点产业知识产权快速维权中心，开展知识产权海外护航，支持行业、企业建立商标海外维权联盟；完成《“一带一路”战略中广东海外商标发展的问题与应对》报告初稿；研究扶持商标国际注册的资助政策措施，鼓励开拓“一带一路”市场的企业尽早申请注册商标；支持商标品牌维权援助服务平台为小微企业发展提供国内外商标法律法规、产业发展政策等信息；制定的《商标代理服务规范》成为全国商标代理行业首部地方标准，开展商标代理市场专项整治行动，严厉打击商标代理违法行为。加大政策扶持力度，构建商标品牌战略实施体系。各地政府重视商标品牌战略，出台政策扶持措施，广东省共有 18 个地级以上市出台实施商标品牌战略的政策，14 个地级以上市及顺德区设立商标扶持资金和专项工作经费；指导开展商标战略实施示范活动和区域品牌建设，促进企业向价值链高端发展转型；指导广东省工商部门开展商标质押贷款研究，支持企业的商标运用与品牌发展。

全面推进打击侵权假冒工作，培育法治化营商环境。大力开展专项整治行动。先后组织中国制造海外形象维护"清风"行动、保护地理标志商标专用权专项行动、打击假冒伪劣日用品专项行动、商标代理市场专项整治行动以及保护"迪士尼"商标专用权专项行动等专项整治，沉重打击了商标侵权行为，强化了驰名商标保护工作，有力保护了国内外驰名商标专用权。持续开展"双打"工作，2015 年共立案查处商标违法案件 4208 件，其中商标侵权案件 3974 件，案值 3600.25 万元人民币，罚款 4893.28 万元人民币。加强展会与专业市场的执法监管，派人指导广州市工商局参加第 117 届广交会驻场商标监管工作。提升对外商标保护合作水平。落实与香港的商标执法与案件协作制度，与澳门海关磋商建立商标案件线索通报、协查、联络制度，参加粤港在广州市举办的粤港知识产权与中小企业发展（广州）研讨会、在港澳举行的泛珠三角区域知识产权公务人员交流活动，指导广东商标协会继续履行粤港合作项目，支持在粤港资企业申请认定广东省著名商标。

强化商标品牌宣传培训，营造商标保护与品牌创建的良好氛围。开展以"保护知识产权　营造公平环境　建设品牌强省"为主题的"4·26 知识产权宣传周"活动，召开新闻发布会通报新《商标法》实施 1 年来的商标工作情况。举办广东省工商系统商标品牌战略专题培训班、商标品牌战略实施培训班，增强商标执法责任感，提高执法办案水平，确保广东省商标执法的统一与高效。推进港澳及海外商标注册与保护宣传，与香港特区政府知识产权署联合举办新《商标法》研讨会、品牌国际化知识产权保护培训班，倡导运用知识产权参与国际竞争；参加 2015 中国国际商标品牌节，围绕"实施商标战略、发展品牌经济"主题，研讨引导企业加强商标品牌建设的工作，展示广东省企业的良好形象，提高广东省优势品牌的知名度；加强商标国际注册宣传培训。编印发放《商标国际注册指引》，逐步提高企业创建国际化商标品牌的意识与能力。

2015 年，广东省商标申请量 512 877 件，注册量 395 539 件，累计有效注册量 1 659 477件。

（广东省工商行政管理局）

版权工作

2015 年，广东省版权局在局党组的领导下，以"保护版权，发展经济"为重心，按照国家版权局和广东省省委、广东省政府以及局党组的部署和要求，深入实施国家、广东省知识产权战略，强化版权行政管理，认真履行监督指导检查职责，协调全省各级版权行政管理部门和有关机构有计划、有组织地开展各类保护版权的宣传活动和专项行动，取得了较好的效果。

一、版权管理工作

（一）开展版权经济贡献率专题调研

为充分体现版权的经济特性，专门委托中国新闻出版研究院开展"广东省版权经济贡献率专题调研"，通过行业增加值、就业人数、出口额等指标，利用统计方法来定量描述版权在国民经济中的贡献率。

研究结果表明：2014 年广东省版权产业行业增加值为 5691.14 亿元人民币，占全省地区生产总值的 8.39%；就业人数为 461.18 万人，占全省就业人数的 7.46%；商品出口额为 891.51 亿美元，占全省商品出口额的 13.80%。

(二)促进版权价值转化

围绕“信息化、大数据、云版权”，谋划版权产业的跨越式发展，建设“广东省新闻出版广电局(版权局)综合监管与决策服务大数据云平台”。在数字环境下，构建起汇聚版权内容资源、版权分发渠道、专业版权服务及各类版权开发应用的开放式服务平台，使版权核心价值在流通和应用中向经济价值和社会价值转化。

二、版权社会服务工作

(一)部署版权社会服务工作

2015 年 4 月 28 日，广东省版权局在肇庆市召开广东省版权社会服务工作会议。广东省 21 个地级市版权局、版权社会组织、重点产业单位领导 100 多人参加了会议。

(二)作品著作权自愿登记工作

伴随著作权登记工作的规范化、标准化、信息化水平的增长，著作权自愿登记数量持续增长。2015 年广东省作品著作权登记数量为 20 347 件，比 2014 年增长 28.93%。

(三)激励创新，助力版权兴业战略

一方面，支持、指导东莞市全国版权示范城市创建工作；另一方面，协调广东省财政下拨 600 万元人民币专项资金资助粤东西北和珠江三角洲欠发达地区的“版权兴业示范基地”建设。2015 年，为打造广东具备国内影响力的区域品牌、做大做强产业集群，广东省版权局授予斯达高瓷艺发展(深圳)有限公司等 10 家企业“广东省版权兴业示范基地”称号。至此，广东省共有 86 家“版权兴业示范基地”。

以评促优，促进版权产业优质发展。通过评选年度“广东省最具价值版权产品”，培育版权产品品牌，提升版权产业市场竞争力，促进广东省版权产业的持续发展。2015 年，广东省版权局从全省各地版权行政部门申报的几十件作品中，评选认定了计算机软件、雕塑、美术、动画片、微电影、漫画、设计图等 7 大类共 12 件作品为 2014 年度广东省最具价值版权产品。至此，广东省共有 46 个“最具价值版权产品”。

(四)强化服务意识，护航“漫博会”

2015 年 8 月，第七届“漫博会”在东莞市举行。“漫博会”期间，“版权服务工作站”加强版权保护，版权服务得到进一步提升，版权贸易成绩显著。“漫博会”组委会授予广东省版权局、广东省版权基层工作站东莞站等单位“突出贡献奖”以示嘉奖。展会期间，共核发《著作权来源信息登记卡》1022 个；受理参展作品著作权登记申请 312 项，比上届增长 106%；工作站现场完成著作权登记并出证 256 宗，比上届增长 30%。

2015 年 8 月 20～23 日展会期间，共出动执法人员 89 人次，开展之前处理版权投诉 2 宗，连续七届“漫博会”开展期间实现侵权盗版“零投诉”。

三、版权监管保护工作

(一)创新版权宣传倡导方式

依托“4·26 版权保护宣传周”，印发《2015 年广东省保护著作权宣传周活动计划》，通过播放版权宣传短片、赠送版权笔记本、派发《图解中华人民共和国著作权法》等宣传资料进行版权相关知识的宣传。以“4·26”活动为契机，全省文化执法部门加大巡查力度，严密布控，对广东省音像经营场所、电子出版物市场、印刷厂、游商、地摊，进行全面清查。共出动执法人员 8988 人次，检查经营商户 5273 家，行动中清理取缔非法出版物地摊 96 个，查处违法违规经营单位 3 家，收缴涉嫌侵权盗版出版物 101 922 张(册)。

(二)开展“剑网 2015”专项行动

2015 年，广东省各地市共出动执法人员 78 976 人次，巡查网络经营单位 3204 家，主动监管本地网站 800 余家，查办案件 35 宗，行政罚款 145.2 万元人民币，为全省版权产业的发展提供了良好的版权保护秩序和有利的发展环境。

2015 年 7 月 20 日，广东省新闻出版广电局(版权局)、广东省互联网信息办公室、广东省通信管理局、广东省公安厅在广州市联合召开广东省“剑网 2015”专项行动视频会议。2015 年 10 月 14～16 日，广东省新闻出版广电局(版权局)在清远市举行了“全省新闻出版广电版权行政执法培训班暨‘剑网 2015’专项行动座谈研讨会”。

(三)积淀经验，版权保护工作再接再厉

组织力量查处的侵权盗版案件，荣获国家版权局 2014 年度有功集体二等奖。指导各地办理了一批侵权盗版案件，版权执法监管工作得到了国家版权局的肯定，2015 年 6 月，广东省版权局在全国版权执法监管工作座谈会上介绍了有关经验。

四、软件正版化工作

(一)提升软件正版化水平

2015 年 8 月 5～6 日广东省版权局在广州市和东莞市分别召开全省政府机关和企业软件正版化培训。培训班上，国家版权局版权管理司副司长段玉萍讲解《著作权法》《计算机软件保护条例》等法律法规和推进企业使用正版软件工作的政策措施；金山软件公司等公司分别介绍了软件行业动态、软件性能和盗版软件识别鉴定的知识；中国版权保护中心政府合作办公室副主任姜川介绍了计算机软件资产管理的相关制度和做法。

(二)建立健全软件正版化长效机制

广东省版权局专门印发《建立政府机关软件正版化工作长效机制实施意见》等，深入推进政府机关和企业软件正版化工作。2015 年 8 月 10～12 日，推进使用正版软件工作部际联席会议第七检查组一行，先后对广东省政府办公厅、广东省政府信息中心、广东省商务厅、广东省质监局、广东省国资委等 6 个省直单位进行了实地检查，现场抽查了 60 台电脑，听取了广东省推进使用正版软件工作的专题情况汇报。经检查验收，广东省政府机关软件正版化工作符合国务院的要求，软件正版化工作成效显著。

五、粤港合作情况

(一)开展活动，深入交流

2015 年 2 月 12～13 日，广东省版权局与香港海关、香港知识产权署在香港联合举办了 2015 年粤港中学生版权知识和版权保护交流活动，广东省版权局、广州市版权局、广州市教育局、广州市越秀区版权局、广州市越秀区教育局、广州市执信中学、广州市第十七中学、广州市恒福中学的师生代表等 25 人组成交流团赴港进行了交流活动。交流活动提高了大家对“保护知识产权，尊重劳动、尊重知识、尊重创造、尊重人才”的思想认识，推动了“拒绝盗版、从我做起”的实践理念。

2015 年 5 月 6～8 日，广东省版权局与香港特别行政区知识产权署在香港联合举办了 2015 年粤港版权产业企业交流活动。在港期间，交流团在香港知识产权署的精心组织下，先后赴香港知识产权署、香港动漫基地、香港海关总部、数码港等地进行深入考察交流。

(二)协作互助，加强合作

通过加强粤港交流，完善粤港版权案件协作处理机制，持续更新“粤港版权资料库”与“粤港版权合作专栏”，加强执法联动，提高粤港两地版权保护水平，为创新驱动保驾护航。

（广东省版权局　沈　欣）

司法工作

2015年，广东省各级法院按照党的十八届三中、四中全会对深化司法体制改革、全面推进依法治国作出的重大战略部署，以及全国法院知识产权审判工作座谈会精神，加强知识产权司法保护，依法履行民事、刑事和行政审判职能，为全面深化改革和实施创新驱动发展战略提供了有力的司法服务和司法保障。

一、积极履行审判职能，有效回应知识产权司法保护需求

(1)民事审判在知识产权司法保护中的主渠道作用进一步发挥。2015年，全省新收知识产权民事一审案件23 766件，同比减少0.56%；新收二审案件6132件，同比增长11.37%。全年共审结知识产权民事一审案件20 215件，同比减少18.03%，结案率为75.04%，同比下降18.13个百分点；审结知识产权民事二审案件6272件，同比增长13.32%，结案率为93.63%，同比上升2.74个百分点；二审发改案件224件，发改率为3.57%，同比上升1.06个百分点。广东省高院新收各类知识产权案件827件，审结982件。

(2)刑事审判惩治和震慑知识产权犯罪的职能作用进一步加强。2015年，全省新收知识产权刑事一审案件6780件，同比增长65.20%，占全省新收一审刑事案件总数5.25%，同比上升1.30个百分点；全省审结知识产权刑事一审案件6621件，同比增长68.56%，占全省审结一审刑事案件总数5.49%，同比上升1.67个百分点。其中，审结生产、销售伪劣商品罪3255件3982人；假冒注册商标罪1047件2215人；销售假冒注册商标的商品罪649件1100人；非法制造、销售非法制造的注册商标标识罪192件319人；侵犯著作权罪248件275人；侵犯商业秘密罪11件20人。

(3)行政审判对行政执法行为的审查监督职能进一步发挥。2015年，全省新收知识产权行政一审案件22件，审结22件，分别同比增长13.33%和10%；新收知识产权行政二审案件16件，审结18件，分别同比增长5.88%和28.57%。在有力地促进行政执法机关充分发挥职能作用、强化知识产权行政保护的同时，又依法有效地监督行政机关依法行政。

(4)审结一大批新类型、复杂疑难和重大案件，较好发挥了司法的规范和导向作用。审结南京微盟电子公司诉泉芯电子技术(深圳)公司侵害集成电路布图设计专有权纠纷案，通过对生活常理与行业经验的分析认定，探讨了《集成电路布图设计保护条例》第33条第1款不视为侵权的条件规定；审结广州医药集团公司诉广东加多宝饮料公司、彭某某虚假宣传纠纷案，准确把握了虚假宣传判断的要件与时间点，划清了客观正当行使权利与不正当竞争的界限，发挥了规范市场秩序、引导正当竞争的判例导向作用。审结珠海格力电器公司诉广东美的制冷设备公司、珠海市泰锋电业公司侵害商标权及不正当竞争纠纷案，明确注册商标未实际使用的，商标权人无权请求侵权人承担损害赔偿责任；审结广东联塑科技公司诉江苏联塑高分子材料公司侵害商标权及不正当竞争纠纷案，厘清商标使用行为在侵害商标权与不正当竞争中的界限和成立要件，认定将他人注册商标登记为企业名称的行为构成不正当竞争。2015年，广东省各级法院有1件案件入选最高人民法院公布的中国法院十大知识产权案件，1 件案件入选中国法院十大创新性知识产权案件，7 件入选中国法院 50 件典型知识产权案例。

二、坚持体制机制创新，知识产权司法保护整体水平明显提升

(1)深入推进“探索完善司法证据制度破解知识产权侵权损害赔偿难”试点工作。2015 年 3 月 30 日，广东省高院下发了《关于确定广东法院“探索完善司法证据制度破解知识产权侵权损害赔偿难”第二批试点法院的通知》，扩大了“赔偿难”试点法院的范围，增加了 5 个中院和 12 个基层法院作为试点单位。

(2)探索基层法院跨区域集中管辖，优化知识产权案件管辖布局。经最高人民法院同意，新增广州市黄埔区、阳江市江城区 2 个法院管辖一般知识产权案件，至此广东省有一般知识产权案件管辖权的基层法院数量增加至 35 个。同时深入分析全省案件增长态势和审判力量等情况，进一步向最高人民法院申请调整广州市越秀区、天河区和萝岗区 3 个基层法院跨区域管辖第一审一般知识产权民事案件的地域范围，申请佛山市禅城区、珠海市香洲区、惠州市惠城区、肇庆市端州区、清远市清城区 5 个基层法院跨区域集中管辖所在市第一审一般知识产权民事案件。基层法院跨区域集中管辖能够有效解决案多人少的矛盾，促进中院和基层法院知识产权审判队伍建设，集中中院、省高院的优质审判资源应对案情复杂、诉讼标的额较大、社会影响大的案件。

(3)落实司法体制改革部署，探索推进知识产权法院建设工作。“最高人民法院知识产权司法保护与市场价值研究(广东)基地”在广州知识产权法院挂牌成立。针对珠三角部分地市及部分人大代表、政协委员提出的设立广州知识产权法院派出法庭的意见和建议，广东省高院会同广州知识产权法院进行了深入调研，认为现阶段设置广州知识产权法院派出法庭的条件尚不成熟。同时，为了落实诉讼“两便”原则，广州知识产权法院在中山市古镇设立全省首家远程诉讼服务处，作为广州知识产权法院立案窗口的延伸，并进一步探索推广远程视频开庭。针对广州知识产权法院干警待遇较低、吸引力有限的问题，广东省高院起草了《关于提高广州知识产权法院干警待遇的报告》。

(4)深入推进司法公开，彰显司法保护的权威和公正。推动全省法院上网公布知识产权裁判文书，建立规范化、制度化和常态化的裁判文书发布机制，广东省各级法院在中国知识产权裁判文书网发布裁判文书总量排名全国第 1 位。不断扩大庭审公开程度，邀请社会各界人士旁听庭审。“新百伦”商标侵权纠纷、“奥的斯”商标侵权纠纷、“梦特娇”商标侵权纠纷等 10 余件社会关注度较高案件的公开开庭均通过网络全程视频直播。2015 年“4·26 知识产权宣传周”期间，举行了广东省法院新闻发布会，发布了 2014 年度广东省知识产权司法保护状况白皮书和广东省十大知识产权典型案例。

(5)加强业务沟通交流，提升知识产权保护合力。广东省各级法院注重与行政管理部门、高等院校、行业协会和国外知识产权保护机构之间的沟通交流，介绍广东知识产权审判经验，深入交流探讨专利法、商标法、著作权法的热点难点问题，就《专利法》第四次修改的相关工作进行座谈；与知识产权司法鉴定机构进行座谈，就开展知识产权鉴定工作的情况、华南地区知识产权侵权纠纷类型和特点、广东省知识产权审判工作对司法鉴定的具体需求等内容开展交流。派出业务骨干百余人次参加最高人民法院、全国各法院、行政部门、高等院校及行业协会召开的高端学术研讨会和国际性交流活动，如“互联网＋时代知识产权保护热点问题”研讨会、“互联网＋民商事案件热点难点问题高端论坛”等。

三、强化监督指导工作，有效统一司法保护标准

（1）健全和落实审判情况分析通报机制。运用审判情况分析通报、分类指导和沟通协调三项工作机制，依法加强审判监督指导。每季度对广东省各项审判数据进行统计分析并印发《全省知识产权审判工作统计分析情况的通报》，加强对工作发展趋势的分析研判。针对广州市、深圳市等地存案数量较多的情况，及时进行分析并报告院党组，指导当地法院落实清理案件的工作。

（2）建立健全沟通协调机制。随着广州知识产权法院挂牌成立，集中管辖广东省（除深圳外）的专利等技术性较强的第一审知识产权民事和行政案件，其在广东知识产权审判工作中的重要性凸显。加强广东省高院与广州知识产权法院之间审判业务工作的沟通协调既是提升广东省各级法院知识产权审判质效的迫切需要，也是司法改革新形势下解决全国知识产权法院乃至各专门法院上下级沟通协调的必然要求。为此，广东省高院研究出台了《关于加强与广州知识产权法院审判业务工作沟通协调的若干意见》。在此基础上，进一步制定了《关于加强全省法院知识产权审判业务工作沟通协调的若干意见》，加强对全省知识产权审判工作的监督指导。

（3）做好典型案例收集整理发布工作。广东省各级法院及时收集、整理已审结的重大、疑难、复杂和新类型知识产权案件，报送到广东省高院进行分析汇总，分别形成了 2015 年第一批和第二批典型案例。

四、强化审判队伍建设，保障公平正义的实现

（1）加强作风建设，促进公正廉洁司法。在作风建设和廉政建设中将用制度管人的要求，落实到审判管理流程各个环节和审判工作各个方面。进一步查摆和整改审判工作中存在的“四风”和“六难三案”等问题。坚持实行廉政监督卡制度和约见法官答疑释法制度。

（2）开展业务培训，提高审判业务水平。积极组织审判人员参与各种形式的业务培训，派出审判人员参与国家法官学院等组织的培训班。针对经审判长会议或主审法官联席会议讨论的典型案件，提炼审判规则供学习参考。在审判中发挥法官团队作用以及审判业务骨干的传帮带作用。加强与兄弟省法院、国内外相关机构的业务交流。

（广东省高级人民法院知识产权审判庭）

检察工作

2015 年，广东省检察机关贯彻中央、省委关于切实加强法律监督，维护司法公正和法律权威的要求，按照最高人民检察院和广东省政府的工作部署，立足检察职能，切实维护广大知识产权权利人和消费者的合法权益，严厉打击侵犯假冒犯罪行为，加大行政执法与刑事司法衔接力度，充分发挥检察机关在知识产权保护中的保障和促进作用，取得的工作成效主要有以下方面。

一、服务广东自贸区建设，保障创新驱动发展战略

广东省检察院郑红检察长亲自主持制定《保障中国（广东）自由贸易试验区建设的若干意见》，着力服务保障创新驱动发展战略，严厉打击发生在自贸区内的侵犯知识产权犯罪，主动为自贸区内企业提供法律咨询、法律服务，为促进自贸区建设营造国际化、法治化营商环境。

二、依法严厉打击侵权假冒犯罪

广东省检察机关充分履行批准逮捕、刑事公诉职能，坚决严厉打击侵权假冒犯罪活动，成功办理了一批侵权假冒犯罪案

件。珠海市高新区知识产权检察室承办的马某某、孙某某假冒注册商标一案入选全国检察机关2014年度保护知识产权十大典型案例。深圳市南山区检察院办理的刘某某等六人假冒注册商标案被中国外商投资企业协会优质品牌保护委员会评为“2014～2015年度知识产权保护最佳案例”。

三、全面推进广东省“两法衔接”工作上新台阶

广东省检察机关监督行政执法机关移送涉嫌侵犯知识产权犯罪的案件75件，监督公安机关立案侦办涉嫌犯罪的46件。2015年年底前实现省直行政执法与刑事司法衔接信息共享平台与各市平台在网上信息互通，共有3059件侵犯知识产权案件录入平台。

四、探索成立跨行政区域知识产权专门检察院

深圳市检察院在《深圳市人民检察院关于加强服务保障中国(广东)自由贸易试验区前海蛇口片区和前海深港现代化服务业合作区建设的意见》中提出探索成立跨行政区知识产权专门检察院。针对珠海市知识产权刑事案件主要集中在香洲区的情况，珠海市检察院就知识产权刑事案件跨区域集中受理问题，多次与法院等相关部门进行了沟通、协调，最终由珠海市香洲区检察院管辖珠海市各基层检察院办理审查批捕和审查起诉的“知识产权罪”案件。2015年3月18日，珠海市检察院正式印发《珠海市人民检察院办理知识产权案件工作规则》，这标志着珠海市知识产权刑事案件跨区域审理诉讼格局正式形成，保障了案件的专业化办理和统一性法律适用。

五、加强知识产权保护宣传

广东省检察机关通过加大在广播、电视、报刊、网络、微博等媒体进行知识产权法制宣传的力度，引导和促进市场主体依法诚信经营，增强其维权意识，营造全社会尊重知识产权的氛围。深圳市南山区检察院走访区内多家高新企业，倾听企业诉求，研究解决问题，并向华瑞同康、迈瑞等企业赠送其编撰的《知识产权刑事司法保护精编》，为企业知识产权的刑事法律保护提供对策和指引。

(最高人民检察院侦查监督厅供稿)

广西壮族自治区

专利工作

2015年，广西壮族自治区知识产权工作以开展全民发明创造活动和实施发明专利倍增计划为主线，以强化组织领导、完善政策措施、优化发展环境为重点，切实提升全区专利创造、运用、保护和管理能力。

一、“一把手”挂帅推动，知识产权战略实施成效显著

完善“一把手”挂帅、政府主导、分工协调、严格考评、全面推动的工作联动机制。广西壮族自治区政府制定出台《〈广西实施知识产权战略意见〉2015年度部门工作推进计划》《广西深入实施知识产权战略行动计划(2015～2020年)》《广西实施发明专利双倍增计划(2016～2020年)》等文件，进一步深化知识产权战略的实施。2015年，广西壮族自治区政府与国家知识产权局首次建立合作会商制度；广西壮族自治区成为全国首批知识产权区域布局试点7省(市、区)之一；区域知识产权指数在全国排名第十七位，知识产权产出水平全国排名首次进入前十名，排在第九位。

二、深入实施发明专利倍增计划，发明创造能力跃上新台阶

继续将发明创造主要指标列入区市县政府绩效考评，全面实施发明专利倍增计划，通过强化科技项目知识产权政策导向，推动千亿元产业研发中心、重点实验室等科技创新平台申请发明专利，激励企业产生大量发明专利申请，鼓励民众参与发明创造活动，引导发明人将技术成果专利化，实现了发明专利申请量大幅度增长。2015年，广西壮族自治区发明专利受理量首次进入全国前十名。2015年度发明专利授权量实现倍增；每万人口发明专利拥有量达到2件，是“十一五”期末的近7倍；专利综合实力指数在全国排位比2011年提升8位，由第二十七位升至第十九位。

三、主动融入经济社会发展，转化运用成效更加凸显

继续开展优势特色产业专利导航、重大技术产品研发专利预警评价及应用示范，支持企业以专利权转让方式引进发明专利并消化吸收再创新，形成新的专利，增强企业的核心竞争力；建立多渠道专利质押融资协同推进机制，搭建政府、服务机构、金融机构三方合作平台，支持企业以专利权质押融资。2015年，广西壮族自治区4家企业的4项专利获第十七届中国专利奖优秀奖；10家企业以专利权质押获得商业贷款7980万元。

四、优化法治环境，依法保护水平和能力稳步提升

加强知识产权执法机构和队伍建设，广西壮族自治区知识产权局内设机构“法律事务处”更名为“执法与监督处”。贵港市率先成立市一级专利行政执法支队。泛珠三角区域合作逐步建立和完善，形成打击与防范相结合、日常执法与专项整治相结合的工作机制。2015年，全区开展专利执法行动共174次，查处假冒专利案件415件，同比增长63%，办理专利纠纷案件27件，同比增长125%。广西壮族自治区在全国专利执法办案总量中排名第十九位，较2014年度排名上升2位；建成南宁市、柳州市、桂林市等7个设区市维权援助分中心。

五、推进知识产权试点示范工程，知识产权管理再创新

继续开展知识产权强县强区试点示范，推进知识产权优势企业培育试点工作，推行《企业知识产权管理规范》，支持中小学校发明创造单位试点建设。2015年，安排专项经费支持知识产权试点示范县建设，广西壮族自治区知识产权示范县（市、区）总数达到20个，知识产权试点县（市、区）总数35个；南宁市列为国家知识产权试点城市并通过验收；新增15家国家级知识产权优势企业，总计24家；新增两批自治区知识产权优势企业培育单位98家，总计134家；推动100家企业开展知识产权管理规范“贯标”工作，其中5家企业通过企业知识产权管理体系认证；2所学校列入全国中小学知识产权教育试点学校。

六、加强服务机构平台建设，知识产权服务体系逐步构建

广西壮族自治区政府继续举办第五届广西发明创造成果展览交易会，搭建集宣传、展示、转化和交易于一体的展示平台，集中展示发明创造成果1100多项，促成展会交易总额2.2亿元人民币。成立广西壮族自治区知识产权交易中心，推介项目4500余项。知识产权交易网正式上线，并与中国技术交易所合作共建广西服务站及“技E网”广西频道。大力发展专利服务机构。2015年，广西壮族自治区专利代理机构达到33家，知识产权分析评议服务机构达到10家。

七、紧抓培养人才及加大社会宣传力度，专利事业基础日益夯实

实施广西壮族自治区“十百千”知识产权（专利）人才工程，建立健全培训体系，加大培养支持力度。2015 年，举办自治区层面培训活动 45 场，培训 4900 多人次；建立广西首个知识产权培训基地（广西民族大学），新增 2 个广西知识产权培训基地培育单位，总计达到 5 个；遴选第二批广西壮族自治区“十百千知识产权（专利）人才”173 人；开通中国知识产权远程教育广西平台；1 人获评全国专利信息领军人才，2 人获评全国专利信息师资人才；新增拥有专利代理资格人员 57 人，全区拥有专利代理资格人员达 352 人。

紧紧抓住“4·26 知识产权宣传周”“中国专利周”、第五届广西发明创造成果展览交易会等重要时间节点，利用多种形式，策划各种知识产权宣传活动；拍摄、制作《发明创造未来》电视系列宣传片，编制《2014 年广西知识产权工作报告》和《广西知识产权年鉴（1985～2014 年）》等。

（广西壮族自治区知识产权局）

商标工作

广西壮族自治区工商和市场监管部门加强商标战略实施，加强监管执法，注重宣传教育，开创了商标工作新局面。

广西壮族自治区工商局在开展“双打”工作中，加强商标专用权保护。着眼查处侵犯中国驰名商标、广西著名商标、涉外商标、地理标志商标、农产品商标专用权违法行为，特别是遏制规模性侵权违法行为，在农村和城乡结合部、城镇的批发零售市场、集贸市场、商场、超市以及商品出口集中地等场所，开展了农村和城乡结合部市场假冒伪劣专项整治行动、打击侵犯注册商标专用权专项整治行动、地理标志商标和农产品商标专项整治行动、保护“若羌红枣 RUO QIANG HONG ZAO 及图”地理标志注册商标专用权行动、打击制售假冒伪劣商品专项行动、打击假冒伪劣日用品专项行动等一系列的商标侵权和制售假冒伪劣专项整治行动；特别注重加强了对商标印制企业的监管，从源头上把好关。

广西壮族自治区各级工商机关将商标法律法规及工作成果的宣传作为一项重要工作长抓不懈。在“3·15 国际消费者权益日”“4·26 世界知识产权日”以及每次专项行动，都将形式多样的《商标法》及配套法规规章的宣传培训、驰著名商标及地理标志商标等创牌和运用的经验推广、商标行政保护的成果展示贯穿在整个活动当中，达到面向社会普法宣传、针对个体群体具体指导运用的效果。

2015 年，广西壮族自治区商标申请量 25 338 件，注册量 18 864 件，累计有效注册量 84 887 件。

（广西壮族自治区工商行政管理局）

版权工作

2015 年，广西壮族自治区版权局在局党组的领导下，努力做好广西壮族自治区版权工作，重点抓好软件正版化长效机制建设和“剑网 2015”专项行动，大力打击互联网侵权盗版。

一、软件正版化工作

（一）加强对软件正版化工作的领导与督查

2015 年 6 月，制定并印发了《广西壮族自治区 2015 年推进使用正版软件工作方案》。2015 年 7 月，调整自治区推进使用正版软件工作厅际联席会议成员单位人员名单，并召集联席会议 13 个成员单位召开 2015 年第一次全体会议，进一步健全完善了各级政府推进使用正版软件的工作机制。在此基础上，督促各市完善软件正版化工作领导机构。

2015 年，迎接国家版权局组织的各类

检查3次，技术调研1次。其中，国家推进使用正版软件工作部际联席会议组织的政府机关软件正版化工作检查组对包括广西壮族自治区版权局在内的6家区直单位进行了检查。迎接国家版权局版权管理司对广西新闻出版行业企业的软件正版化工作检查2次。在以上检查中，检查组对广西壮族自治区的软件正版化工作予以肯定。

(二)巩固软件正版化工作成果

落实软件正版化工作责任制，做好信息统计工作，加强常态化管理。2015年上半年，在广西开展调查统计，于6月向国家版权局报送全区4323家区、市、县机关软件使用情况，并将调查统计结果录入全区正版软件管理系统。

2015年，完成广西壮族自治区正版软件管理系统研发和安装工作，在全区各市县版权管理部门安装正版软件管理系统，实现区局与全区各级版权管理部门联网，及时掌握全区各级党政机关采购和使用正版软件有关信息。在2015年10月国家版权局印发的《关于政府机关软件正版化工作检查情况的通报》中，广西壮族自治区版权局将软件正版化工作与信息化工作相结合的做法，被作为地方典型经验在通报中予以介绍。

(三)加强软件正版化工作培训

加强对全区各级版权管理部门、企事业单位的软件正版化工作培训。2015年7月和11月，先后举办两期培训班，对广西各市县版权管理部门、国有大中型企业、新闻出版广电系统各企事业单位、局直属各单位相关工作人员进行了软件正版化工作培训。

(四)做好宣传教育工作

2015年4月，在“4·26世界知识产权日”活动期间，邀请专家举办版权知识讲座，在广西进行版权知识宣传，在社会上培养使用正版的意识，营造保护版权的氛围。

2015年12月，国家版权局主办的全国软件正版化工作座谈会在南宁市举行。广西壮族自治区版权局局长彭钢、副局长覃益功到会并做了典型发言，介绍了自治区软件正版化工作经验。

二、打击侵权盗版工作

(一)部署“剑网2015”专项行动

广西壮族自治区版权局根据国家版权局、国家互联网信息办公室、工业和信息化部、公安部联合开展“剑网2015”专项行动的要求，在全区开展打击侵权盗版工作。2015年7月，召开广西壮族自治区“剑网2015”专项行动动员部署会，印发《关于开展全区打击网络侵权盗版“剑网2015”专项行动的通知》，制订行动方案，并对全区各市版权执法人员进行了执法培训。

(二)做好侵权盗版案件查办工作

2015年，加强对全区网站的监管工作。对全区100余家主要音乐、视频网站开展日常巡查，搜集网络侵权盗版案件线索。通过主动监管，发现涉嫌侵权盗版的网站5家，其中1家报国家版权局处理；2家同国家版权局移转线索重合，转桂林市版权局查处，2家转来宾市版权局查处。

2015年，广西壮族自治区共查办侵权盗版案件30余起，其中包括国家版权局移转案件2起。

(三)抓好案件查办协调和督办

为推进具体案件的查办，组织由自治区检察院、自治区高院、自治区公安厅等相关单位参加的案件讨论会4次，对重点案件进行会诊。还组织开展了对相关各市查办的重点案件的协调和督办。2015年，会同自治区检察院和自治区版权局法制处等相关单位、部门，深入来宾、柳州、桂林等市检查“剑网2015”行动案件行政执法工作以及“两法衔接”工作情况，对移交来宾市版权局、桂林市版权局的案件进行协调指导，对柳州市3起已进入司法程序的案件进行会商论证和督办，有力地推动了案件查办工作。

(四)做好行政处罚案件信息公开和案件上报工作

督促各市版权执法部门在自治区“双打”办的“两法衔接”平台，依法公开办结的行政处罚案件信息。同时，要求各市版权执法部门每月报送案件查办数量和进度信息。

(广西壮族自治区版权局　马永志)

司法工作

2015年，广西壮族自治区各级法院知识产权审判庭认真贯彻落实十八大和十八届三中、四中、五中全会精神，深入贯彻习近平总书记系列重要讲话精神，认真开展“三严三实”专项教育活动，积极履行知识产权审判职能，不断探索完善符合自治区边疆民族地区特点的知识产权司法保护工作机制司法保护知识产权的主导作用得到进一步加强。

一、2015年案件审理情况

2015年，广西壮族自治区各级法院按照国家和自治区知识产权发展战略的部署和要求，扎实认真做好案件审判工作，不断提高审判质量和效率。2015年结案率91.67%，比2014年提高3.8个百分点。所审结的案件质量、效率都较高，无一超审限结案，审限内结案率100%，也没有因处理不当引发群体上访和突发事件。

二、工作亮点

(1)深化改革，促进审判工作创新。为加强知识产权保护力度，促进双核驱动战略实施，广西壮族自治区高院撰写了《广西法院加强知识产权保护服务创新驱动战略》；柳州市中院通过对当地螺蛳粉行业的生产经营和发展情况进行调研，形成题为“关于柳州市螺蛳粉餐饮行业发展特许经营模式的调研——以柳州市特许经营纠纷案件审理为视角”的调研报告及两份转化成果：《柳州市中级人民法院关于柳州市螺蛳粉餐饮行业发展特许经营的司法建议》《柳州市商业特许经营合同示范文本(建议稿)》。广西壮族自治区高院在审理广西德保县金蛤蚧酒厂诉广西德保县德雄酒业公司、桂林市漓江酒业公司案时，案件主办人结合案件走访调研，向德保县政府提出整合地方资源、申请原产地地理标志对产品进行保护等司法建议，德保县政府根据司法建议制定了一系列规范发展德保地方特色产品的措施，有效服务地方特色经济发展。

(2)阳光司法，提升司法公信力。广西壮族自治区各级法院知识产权审判庭不断推进庭审公开和裁判文书上网，除当事人申请不公开或涉及商业秘密的案件外，知识产权案件都公开开庭、公开宣判，一些案件还以网络直播形式公开庭审过程，裁判文书都上传至中国知识产权裁判文书网和广西法院网。积极探索建立完善专家人民陪审员、专家证人、专家咨询等制度。

(3)攻坚克难，妥善审理新型案件。如由广西壮族自治区高院审结的桂林市某广告公司诉某画家地图著作的知识产权纠纷案，该案在我区乃至全国属首例关于地图著作的新型案件，为今后类似案件的审理提供较高的参考价值。

(4)关注民生，维护社会和谐稳定。近年来广西壮族自治区持续发生大量涉KTV音乐电视作品著作权纠纷、涉知名品牌商标侵权纠纷等系列案件，对相关行业的经营发展产生重大影响，一些知名品牌持有者提起大批量维权诉讼，广西壮族自治区大批小商户涉诉，权利人的维权触角从城区扩张至县、乡镇甚至村屯。鉴于诉讼波及范围较广、涉及人群较为特殊，广西壮族自治区各级法院通过类型化案件的审理研究，及时总结裁判规则，统一司法尺度，同时加大调解力度，妥善化解纠纷。2015年，广西壮族自治区调解审结案件达到53.75%。

三、主要做法

（1）依法公正审理知识产权案件。在知识产权案件的审理中，严把案件质量关，注重建立健全审理知识产权案件的各种制度，注重保护当事人的合法权益，确保涉及社会热点、难点的案件得到及时、公正的处理。2015年审结了一些疑难复杂、社会关注度高、影响力大的案件，如诉讼标的达6000万元的“朗科”发明专利侵权纠纷案件、“新华书店”确认商标不侵权纠纷案、涉及著名作曲家乔羽的“山歌好比春江水”署名权侵权纠纷案件等。其中“朗科”发明专利侵权案是广西高院民三庭有史以来知识产权案判赔数额最高的案件，一审判赔4000万元；“新华书店”确认商标不侵权案是全区首例确认商标不侵权案件，也是全区首例涉集体商标案件。

（2）注重运用多种手段对基层法院知识产权审判工作的监督指导。一是要求基层法院在遇到新类型案件、系列案件、影响大的案件时要加强沟通，慎重审理。同时，重视对下级法院请示问题的研究，多次召开全区知识产权会议，为全区法院正确理解和适用法律提供指导。二是对拟改判案件，坚持听取基层法院合议庭的意见，通过沟通指导下级法院。三是加强对类型化案件的研究指导。2014年以来，全区各地法院受理涉及北京华捷盛公司自动伸缩门专利、五粮液商标等的商业维权案件不断增多，对使用侵权产品的机关、事业单位的正常工作、乡村群众生活等有较大影响，广西高院开展对类型化案件的专题研究，形成相关的侵权认定和赔偿标准等指导意见。在此基础上，各级法院加大调解力度，使这几类案件无论是调解或是判决都取得良好的法律效果和社会效果。

（3）积极探索建立知识产权司法保护与行政保护联动协调工作机制。加强与工商、版权、专利、海关等行政主管部门在知识产权行政执法程序上的衔接配合与沟通协调。加强与行业组织、相关行政机关和仲裁机构的协调配合，发挥摄影协会、音乐著作权协会、网吧协会等行业协会保护知识产权、促进知识产权产业化、协调权利人利益的作用，主动邀请行业协会参与相关知识产权纠纷调解。广西高院民三庭提出了多种调解方式方法，做当事人的调解工作，有效化解了一大批影响大的知识产权案件。

（4）坚持调判结合、和谐司法，促进知识产权的有效应用。广西壮族自治区过半数知识产权一审民事案件通过调解或经调解双方和解撤诉结案。实现了法律效果、政治效果、社会效果的有机统一，促进了广西经济社会、文化产业健康发展。

（5）鼓励知识产权法官结合案件审理进行审判理论和实务研究。如桂林豆腐乳花桥商标纠纷案的主审法官总结办案心得提出注册商标公示法定性的判断规则并撰写成文，文章被《人民司法》刊发，该案例入选全国法院知识产权50件典型案例。注重开展专项调研，总结经验，有效应对知识产权审判新情况、新问题。

（广西壮族自治区高级人民法院
知识产权审判庭）

检察工作

一、继续保持对打击侵犯知识产权和制售假冒伪劣商品犯罪活动的高压态势，做好对相关刑事案件的审查批捕、审查起诉工作

2015年广西壮族自治区各级检察机关保持了对打击侵犯知识产权和制售假冒伪劣商品犯罪的打击力度，对于公安机关提请批准逮捕、移送审查起诉的相关案件，

在注重对证据的审查，准确把握批捕、起诉条件的同时，坚决依法及时批捕、起诉严重侵犯知识产权和制售假冒伪劣商品的案件。对重大、有影响的案件加强与公安机关、人民法院的联系与配合，形成打击犯罪合力，保持对打击侵犯知识产权和制售假冒伪劣商品犯罪行为的高压态势。2015年1～12月，广西检察机关批准逮捕涉嫌侵犯知识产权犯罪（包括他罪中含侵犯知识产权行为）24件37人，提起公诉21件31人；批准逮捕涉嫌制售假冒伪劣商品犯罪案59件133人，提起公诉60件92人，有力地打击和震慑了违法犯罪分子。

二、严格按照分工要求，积极与相关部门密切配合，确保正确查处涉嫌犯罪的刑事案件

一是积极参与打击侵犯知识产权和制售假冒伪劣商品犯罪专项行动。自治区检察院派员多次走访了打击侵犯知识产权和假冒伪劣商品工作小组办公室、“扫黄打非”办和版权局以及质量技术监督、食品药品监督、工商管理等部门，了解打击侵犯知识产权和制售假冒伪劣商品犯罪专项行动执法情况，及时解决办理专项行动中遇到的执法适法问题，增强执法合力。

二是加强个案协调，参加自治区“扫黄打非”工作小组办公室组织的盗版教辅丛书案，参与自治区版权局组织到南宁、来宾、柳州、桂林等地督办李某某、黄某某和颜某某涉嫌侵犯著作权案，确保了案件在期限内快捕、快结。

三是开展对下指导，自治区检察院侦查监督部门与全区14个市级检察院及其所辖基层检察院侦查监督部门保持密切联系，对在办理侵犯知识产权案件中遇到的问题给予指导帮助。

四是各级检察机关对上级督办的涉嫌侵犯知识产权和制售假冒伪劣商品犯罪案件以及公安机关商请检察机关提前介入的重大、复杂、疑难案件，都能依法提前介入，及时引导取证，并有针对性地提出补充、完善证据的建议，共同研究解决问题，确保案件质量。

三、充分发挥检察职能在打击侵犯知识产权和制售假冒伪劣商品犯罪中的作用，为推动打击侵犯知识产权和制售假冒伪劣商品犯罪提供可靠的检察保障

广西壮族自治区检察机关通过积极走访工商、海关、新闻出版、版权、知识产权等有关行政执法机关，认真贯彻落实行政执法与刑事执法相衔接工作机制，以联席会议、情况通报、查阅行政执法案件台账和案卷等方式，摸排一批涉嫌犯罪的案件线索，督促行政执法机关向公安机关移送侵犯知识产权和制销假冒伪劣的犯罪案件伪劣线索，及时纠正有案不立、有罪不究、以罚代刑等问题。2015年1～11月，全区检察机关监督行政执法机关移送案件39件，监督公安机关立案侦办案件31件。

四、注重通过办案发现和解决在保护知识产权和打击制售假冒伪劣商品犯罪工作中存在的难点问题，积极参与建立健全知识产权保护工作的长效机制

广西壮族自治区各级检察机关结合办案加强调查研究，积极向当地党委、政府和相关企业提出强化管理、消除隐患、预防犯罪和建章立制的检察建议，促进企业管理和社会治理创新，与公安机关以及其他行政执法机关就联席会议、情况通报、备案审查、查阅行政执法案件台账和案卷等方式加强沟通，达成共识，研究建立打击侵犯知识产权和制售假冒伪劣商品犯罪工作的长效机制。

（最高人民检察院侦查监督厅供稿）

海南省

专利工作

2015年，海南省加大知识产权工作投入力度，全年用于知识产权事业的各类资金共708万元人民币。2015年，海南省专利申请受理量3125件，同比增长29.3%。其中发明专利申请受理量1211件，增长25%，占全省申请受理量的38.8%；实用新型专利申请受理量1519件，增长58.9%，占全省申请受理量的48.6%；外观设计专利申请受理量395件，负增长19.6%，占全省申请受理量的12.6%；PCT国际专利申请量10件。专利授权量2060件，同比增长29%。其中发明专利授权量417件，同比增长9.7%；实用新型专利授权量1146件，增长35.1%；外观设计专利授权量497件，增长34.7%。有效发明专利量达到2111件，同比增长17.8%，每万人有效发明专利拥有量2.34件。

海南省2015年获第十七届中国专利奖优秀奖5项。海南省5家企业以78项专利权与5家金融机构签约1.97亿元人民币质押贷款。

一、大力实施知识产权战略，组织编制海南省知识产权“十三五”规划

根据国家知识产权局《关于做好落实〈深入实施国家知识产权战略行动计划(2014～2020年)〉相关工作的通知》等的要求，结合海南省情，总结并报送了《海南省2015年上半年深入实施国家知识产权战略行动计划落实情况》，组织起草《海南省“十三五”知识产权发展规划》初稿。“4·26知识产权周”和“中国专利周”期间，联席会议制度成员单位配合海南省知识产权局开展了“知识产权雷霆联合执法活动”。

二、积极推进专利事业发展战略推进计划实施

海南省知识产权局制定和实施了“2015年海南省专利事业发展战略推进工作组织实施方案”，推动海南省专利法律法规体系等方面工作的开展。

三、大力推进专利行政执法

组织联合执法队，定期在海口、三亚、陵水和澄迈等市县开展专利行政执法专项行动。掌握一批假冒专利产品线索，与广东、广西两省区知识产权局联合开展统一执法行动。依法调处了多起专利侵权纠纷案件。

四、大力推进知识产权培育

(1)开展企业知识产权培育中期检查。组织开展对知识产权“贯标”、优势在培企业的中期检查，指导帮助企业推行国家知识产权管理规范。海南省共发展了2家国家级示范企业、11家国家级优势企业、9家省级优势培育企业、1家国家知识产权服务品牌机构培育单位、1家国家专利运营试点企业、23家“贯标”在培企业和14家优势在培企业。积极推荐了国家专利事业发展战略推进工作创新项目1家、知识产权强企建设项目1家、国家专利协同运用试点单位1家等参加国家知识产权局项目评选。(2)稳步推进知识产权试点园区建设。指导海口市高新区开展国家知识产权试点园区建设工作。(3)推进知识产权示范城市建设。积极指导海口市创建国家知识产权示范城市建设工作。(4)扎实推进企业专利“消零”试点工作。在海口市高新区开展企业专利“消零”试点工作中，已完成企业专利“消零”试点31家，提交申请发明专利4件、实用新型70件，较好地实现了2

年内完成企业专利“消零”试点任务 30 家的目标。

五、大力推进知识产权人才工程体系建设

建立健全知识产权人才体制机制，形成省、市、县三级人才工作体系和政府职能部门、科研院所、企业紧密相连的人才工作格局。目前，海南省知识产权人才库包含 120 余名专家信息，涉及通信、医疗、生物制药、动漫、游戏、农业、材料、新能源等多个领域。

六、大力推进知识产权培训

围绕知识产权创造、运用、保护、管理、服务的能力水平提高，开展了一系列培训活动，参加人数达 2000 余人。(1)集中培训。承办了“中国专利奖工作交流会”“全国专利统计培训班”等全国性培训、会议。举办了“专利成果推介及专利应用工程师高级培训班七期”。举办“海南省知识产权金融服务高级培训班”“海上丝绸之路技术创新中专利信息利用培训班”“海南省企业知识产权贯标内审员培训班”等 5 个培训班。培训人数达 930 人。(2)专题讲座。先后举办了“企业管理中知识产权专题七讲”“专利挖掘和专利申请文件撰写”“知识产权普法及知识产权保护价值”“实用新型专利申请、挖掘和保护”“互联网＋知识产权战略”等专题讲座，参加人数达 630 人。(3)组织开展工作研讨会、座谈会、知识产权沙龙、调研会多期，参加人数达 650 人。(4)组织开展知识产权培育调研辅导，近 20 家知识产权在培企业参加，人数达 600 余人。

七、大力推动知识产权产业联盟创建

积极推动海南省知识产权产业联盟创建工作，加快实现知识产权信息资源共享，促进知识产权服务能力提升。目前，海南省已组建海南热带高新农业知识产权联盟等 3 家知识产权产业联盟；海南省知识产权局推选知识产权“贯标”咨询服务联盟知识产权服务机构 2 家参加国家知识产权联盟评选，为海南省知识产权运用、服务等工作提供平台和信息支撑。

八、大力推动知识产权信息服务

(1)培育知识产权服务品牌。引进广东省、北京市等知识产权服务机构在琼设立分支机构开展服务。(2)联合海南省科协为省内 100 家企业免费安装了《专利数据检索系统(1998～2010 年版)》，并进行系统使用专题培训和指导。

九、大力推进知识产权政务服务

组织召开海南省科技与知识产权工作会议、海南省知识产权战略实施工作联席会议、专利战略推进计划启动会议等。加强知识产权宣传，在国家级、本省主流媒体刊发信息共 32 篇，在省政府、厅网站刊发信息 28 篇。

十、认真开展“三严三实”工作

落实党的“三严三实”专题教育活动要求，积极改进工作作风，认真查摆和梳理不严不实等问题，取得良好成效。(1)深入园区、院校等单位开展“三严三实”专题教育辅导。(2)积极深入企业开展调研。深入企业调研申报中国专利奖项目转化实施情况，已完成对海南电力研究院等 13 家企业的实地调研。(3)深入海口市高新区展开专利“消零”试点工作中期调研。组织省市知识产权管理部门、相关专利服务机构深入企业和高新区进行调研和对接，指导企业专利“消零”试点工作，为企业专利“消零”提供技术支撑。

(海南省知识产权局)

商标工作

海南省工商和市场监管部门将培育商标、运用商标、保护商标作为工作重点，深入开展商标战略实施，大力推进商标富农、

商标强企工程，努力服务海南国际旅游岛建设。

大力开展商标宣传培训活动。2015年10月16～19日在海口市成功举办2015中国国际商标品牌节。期间，举办了海南省实施商标战略发展成果展和“互联网经济与海南国际旅游岛特色产品商标”分论坛，充分展现了海南实施商标战略的新成果和海南特色产品商标品牌；国内外420家企业参展，其中海南省近200家企业汇聚展出海南“名、优、特、新”产品，彰显了海南省商标工作长足进步成果和海南国际旅游岛特色品牌形象。向消费者发放新《商标法》和《商标法理解与适用》等各类宣传资料约2.26万份，悬挂打击侵权假冒商品宣传横幅860条，粘贴海报2000余张，LED显示屏播放宣传标语8223次，发送消费维权短信提示1万多条次；以“3·15国际消费者权益日”“4·26世界知识产权日”和各类专项整治执法行动为主要契机，共设立120个消费维权宣传点，以搭设展板、发放宣传资料、现场答疑等形式全面展示工商部门商标维权成果，宣讲商标维权知识和假冒伪劣商品鉴别方法，现场接受群众咨询9000余人次。海南省工商系统共举办各类商标业务培训班60批次，培训人数达4844人次。通过广泛开展宣传培训活动，营造了重视商标、精心培育商标、主动运用商标、自觉保护商标的良好氛围。

加强服务指导。加强商标富农工作，大力培育农产品商标品牌，强化对特色农业产业进行分类指导，指导企业培育农产品和地理标志商标，在提高农产品附加值和促进农业增效、农民增收方面取得了明显成效，2015年海南省涉农注册商标同比增长34%。积极实施改革创新，改变以往由政府部门直接认定省著名商标的做法，在依据《海南省著名商标认定和管理办法》的基础上，积极引入社会化市场推选机制，首次将商标通过网络投票的方式开展市场推选，为公众的广泛参与提供平台，进一步增强著名商标认定工作的公信力，受到了社会的广泛赞誉。帮助企业解决“五指山”“天涯海角游览区”及“棋子湾”等商标争议，维护本地商标合法权益取得实效。通过海南省工商系统积极开展商标宣传、学习和培训活动，以基层工商所为单位，深入辖区调查动员，积极引导商标注册，1年来，海南省新增注册商标10 505件，同比翻番，是历年来商标注册量增长最高的1年。

严厉打击商标侵权行为。制定了《关于开展2015年打击侵犯商标专用权和制售假冒伪劣商品工作要点》，组织开展了打击侵犯商标专用权和制售假冒伪劣商品专项行动、农村和城乡结合部市场假冒伪劣专项整治行动、车用燃油专项整治行动、集中整治空气和饮用水净化类生活用品专项行动、“红盾网剑”专项行动、保护地理标志专用权专项行动、中国制造海外形象维护“清风”行动、流通领域商品质量抽查检验工作、打击假冒伪劣日用品专项行动、商标代理市场专项整治行动、保护“迪士尼”注册商标专用权专项行动等11次专项整治行动，有效打击了侵犯知识产权和制售假冒伪劣商品行为，维护了公平有序的市场环境，规范了市场经济秩序，取得了阶段性成果。2015年共查处商标侵权假冒案件179件，结案193件，案值149.4万元人民币，罚没金额177.25万元人民币。

2015年，海南省商标申请量10 343件，注册量10 505件，累计有效注册量42 103件。

（海南省工商行政管理局）

版权工作

2015年，海南省版权工作深入贯彻落实党的十八大和十八届四中、五中全会精神，认真实施《著作权法》及著作权相关法律法规，以严厉打击侵权盗版保护创新，以积极开展版权宣传营造版权保护氛围，以大力鼓励版权创作推动创新发展，为海南省创新发展助力。

一、软件正版化工作

（一）巩固政府机关软件正版化成果

2015 年，为做好海南省政府机关软件正版化推进工作，海南省版权局联合海南省旅游委、海南省工信厅等 10 家单位对全省各级政府机关软件正版化工作进行了认真安排，并组织开展了培训、督查和考核等工作。

（1）为确保市县政府机关软件正版化工作不反弹，海南省版权局向海南省财政局申请专项资金，与金山办公软件有限公司续签市县政府机关 WPS 办公软件场地授权。（2）2015 年 7 月 10 日，海南省版权局在海口市举办软件正版化培训班，各市县政府办、文体局、工信局、财政局、机关事务管理局等部门分管领导及工作人员参加了培训。（3）2015 年 7～8 月，海南省版权局牵头组织督查组，对正版化工作推进较慢的市县进行了督导检查。（4）2015 年 8 月 7 日，海南省版权局召开了省直机关软件正版化工作会议，对 2015 年软件正版化考核工作进行了部署，并进行了相关知识培训。（5）2015 年 9 月 10 日，海南省版权局邀请金山办公软件有限公司技术顾问对各市县开展软件正版化工作的技术员做了 WPS 办公软件使用的技术讲解。（6）2015 年 10 月，海南省版权局联合各相关单位组成 6 个考核组，分别对省直机关和各市县政府的所有机关软件正版化工作情况进行了考核。（7）海南省版权局向海南省政府请示，在原海南省使用正版软件工作领导小组的基础上，建立“海南省使用正版软件工作厅际联席会议制度”。2015 年 12 月 28 日，海南省政府常务会议批准设立联席会议制度。

（二）推进企业软件正版化

（1）新闻出版行业企业软件正版化情况。海南日报报业集团、海南新华凤凰发行出版有限公司两家企业的 29 家二级企业作为 2015 年的完成目标，于 2015 年年底分别完成了软件正版化任务。2015 年 12 月 8 日，国家版权局组织检查组对两家单位的部分二级企业完成软件正版化情况进行了抽查。经查，各企业均按照国家版权局的要求，完成了软件正版化的检查整改任务。

（2）其他行业软件正版化工作情况。海南省国资委制订了国有企业软件正版化工作计划，省属二级企业于 2015 年年底完成摸底工作，拟于 2017 年年前完成所属国有企业的软件正版化。海南省工商联在所属行业企业中挑选了部分民营企业作为软件正版化试点企业，同时以点带面在全行业中宣传发动开展软件正版化工作。2015 年，海南省 32 家证券企业采购软件 9313 套，总金额 489.78 万元人民币，升级维护总费用 285.87 万元人民币；5 家银行企业采购软件 11 203 套，金额 138.1 万元人民币，升级维护费用 18.9 万元人民币。

（三）建设软件正版化长效管理机制

（1）海南省版权局拟订《海南省政府机关使用正版软件工作考核细则》，确定了考核范围和考核事项。2015 年 4 月 3 日，海南省政府办公厅印发了《海南省政府机关使用正版软件工作考核细则》。

（2）海南省版权局向各市县文化广电出版体育局（版权局）下发通知，要求各市县文化广电出版体育局（版权局）联合市县工商局、公安局等相关部门加大协同执法力度，把销售和非法预装盗版软件作为打击侵犯知识产权的执法重点，对涉及计算机软件的各种侵权行为要及时依法查处。

（3）海南省财政厅制定并印发了《海南省政府机关软件资产管理暂行办法》，要求各级政府机关将软件作为资产纳入本部门资产管理范围，加大软件日常管理和维护力度。

二、版权保护工作

（一）开展“剑网 2015”专项行动

（1）2015 年 6 月 30 日，海南省文化广电出版体育厅（版权局）联合海南省互联网信息办公室、海南省公安厅、海南省通信管理局等单位，召开全省“剑网 2015”专项工作会议，制定实施方案，部署打击侵权盗版行为。（2）为开展好“剑网 2015”专项行动，成立了行动领导小组，按照各自职责分工，负责开展行动。（3）明确工作目标和任务，加大对网络侵权盗版的行政处罚和刑事打击力度，依法治理网络空间，净化网络版权环境。（4）制定行动措施。一是通过媒体发动群众投诉举报。二是组织开展清理检查。三是进一步健全快速处理机制。（5）按照职责分工开展行动。从 2015 年 7 月开始，海南省版权局协调省通信管理局，海南省版权局、海南省文化市场行政执法总队工作人员联合对海南省通信管理局提供的海南省网站传播作品行为进行监管。（6）开展网站侵权盗版自查自纠。2015 年 8 月 6 日，海南省版权局向南海网等省内各大互联网企业下发通知，要求各网站在 2015 年 8 月开展一次全面的自查自纠，认真清查网站上是否存在未经授权传播音乐、影视、新闻、游戏等作品的行为。

（二）开展出版物销售市场清理

2015 年 5 月，为减少侵权盗版出版物在省内销售，海南省版权局组织海南省文化市场行政执法总队和各市县文化市场行政执法大队，开展出版物市场清理，集中检查了各市县的出版物销售店铺，并对地摊游商进行了清查。专项行动期间，全省出动执法人员 1000 多人次，查缴涉嫌侵权盗版音像制品 1 万多张，涉嫌侵权盗版图书 500 多册。2015 年累计出动执法人员 3000 多人次，累计缴获涉嫌侵权盗版音像制品达 3 万多张，图书 3000 多册。

（三）盗版制品集中销毁和“绿书签活动”

按照全国“扫黄打非”工作领导小组的统一部署，2015 年 4 月 24 日上午 10 点，海南省文化广电出版体育厅（省版权局）在海南省歌舞剧院广场，举行全国统一时间的“2015 年全国侵权盗版及非法出版物集中销毁海南分会场活动”，共销毁侵权出版及非法出版物 31 万多件。海南省“扫黄打非”领导小组成员单位有关负责同志、各市县“扫黄打非”办负责同志、海口市文化场所经营业主及学生代表近千人参加了此次销毁活动。活动现场还开展了现场签名和发放绿书签活动。

（四）查处侵权盗版案件有功单位及个人表彰

组织开展 2014 年度查处侵权盗版案件有功单位和个人表彰的初评和推荐工作，组织公安、检察、法院、文化稽查、海关、工商等系统推荐参评单位和个人。经国家版权局评选，海南省获有功单位一、二、三等奖各 1 家，获有功个人二、三等奖各 1 名。

三、版权宣传培训工作

（一）开展 2015 年知识产权宣传周活动

以“4·26 知识产权宣传周”为契机，组织全省文体系统开展广泛宣传活动，通过网络、电视、电子屏幕和广场发放传单等方式向广大群众宣传著作权知识。在海口市名门广场发放著作权法知识小册子，并开展现场咨询。部署各市县文体局开展“4·26 知识产权宣传周”版权宣传。

（二）举办政府机关软件正版化培训班

省直机关和各市县分别派办公室或信息化部门负责人及信息员近 200 人参加了培训；三亚市、海口市、文昌市、屯昌县等分别组织开展了全市政府机关软件正版化培训。

四、版权服务工作

2015 年 6 月 14 日，海南省版权协会举行第二届会员大会，选举出新一届协会负责人，海南省版权协会正式与海南省版权局脱钩。

2015 年，继续做好作品自愿登记工作，全年受理作品自愿登记申请 122 件，发放作品自愿登记证 113 份；受理全省出版单位涉外图书出版合同登记申请 113 件，备案登记合同 110 件。

（海南省版权局　曾伯林）

司法工作

2015 年，是“十二五”规划的收官之年，海南省各级法院在最高人民法院的指导和关心下，在院党组的正确领导下，在有关部门配合和海南省委、人大指导下，深入推进知识产权审判领域改革创新，充分发挥知识产权司法保护激发创新动力、创造潜力和创业活力的独特作用。坚持司法为民、公正司法的工作主线，不断提高知识产权案件审判质效。

一、公正司法促审判，高效审理树权威

2015 年，海南省各级法院共受理涉及知识产权案件 160 件，其中民事类 124 件，占 77.5%；刑事类 35 件，占 21.9%；行政类 1 件，占 0.6%。其中一审 131 件，占 81.87%；二审 29 件，占 18.13%。收案数比 2014 年增加 18 件，数量增幅虽不大，但案件类型有较大变化，尤其是实行知识产权审判“三合一”以来，刑事和行政案件的数量增长较快。二审案件中，发回重审 1 件，改判 2 件。

（1）公正高效审理各类知识产权案件。适用修改后的《商标法》关于诚信原则、驰名商标认定、法定赔偿额度变化等新条文，坚决遏制商标恶意抢注行为，合理把握商标近似、商标类似、混淆性原则等裁量性标准，对商标、专利进行合法性审查，准确判断“抢注商标”“垃圾专利”。

（2）充分发挥典型案例指导作用。继续落实海南省司法改革中提高案件质量的类案参考与法官会议制度，将 2015 年新收典型案例以知识产权十大典型案例的形式于“4·26 知识产权宣传周”活动时推出，并作为类案参考知识产权卷第二辑的储备。对于案情重大复杂或存在法律适用疑难问题的知识产权案件启动庭务会、法官会议等制度予以讨论。

（3）实现均衡结案。继续推行海南省知识产权审判庭实施的每月工作计划表及每周工作汇报制度，积极了解各中院知识产权收结案情况，努力实现全年均衡结案。

（4）不断提高庭审和裁判文书质量。积极落实 2015 年海南省高院民事案件审理操作规范，做到庭前碰头，当庭认证，庭后 3 日内合议，并通过完善庭前准备工作、准确归纳案件事实争点与争议焦点。规范裁判文书格式，强化裁判文书说理，加强裁判文书校核，落实裁判文书上网。

二、积极发挥审判职能，依法审理各类案件

（1）明确和统一知识产权刑事案件的裁判尺度，打击制假售假犯罪分子，维护产品质量安全，净化市场环境。针对海南省各类知识产权违法行为进行了排查和研究，及早统一了相关司法处理尺度。在知识产权刑事案件的处理上，经过内部法官会议、庭长审核制以及审委会的决议，已建立相对统一明确的处罚标准。如被告人柯某某大量购入劣质电线贴上“68”牌及“威特”牌等名牌电线产品的商标标识，以低价销售，涉案金额达 30 余万元。在审理此类案件时，依法对被告人进行了刑事制裁，并通过庭审教育促使其悔罪改正。

（2）权利保护和教育引导相结合，加大

对知识产权民事侵权纠纷案件调解力度，促进创新和公平竞争。个别普通民众对知识产权保护缺乏认知，法律意识淡薄，生产经营活动中的仿冒外省商标品牌的“傍名牌”“搭便车”行为，无意识中触碰了“法律红线”，侵犯了别人的知识产权。这类侵权行为容易引发商标权人的集中维权诉讼，加大了商标权人的维权成本。针对此情况，海南省高院在依法维护商标权人合法权益的同时，加大对侵权人的知识产权法律宣传教育和引导。在侵权人认识错误的基础上，争取权利人的谅解以减少赔偿额。2015年，海南省采取这种“维权和教育”的方式调解、调撤审结一批知识产权民事侵权纠纷，如暴龙眼镜商标侵权案、联想(北京)科技公司游戏软件侵权案、佛山照明电器商标侵权案等共计15宗，占知识产权民事案件收案的88%，知识产权案件调撤结案率为93.75%。

三、多措并举，积极宣传，扩大司法保护影响力

(1)进一步落实“阳光司法”，不断增强司法保护的透明度。海南省高院认真落实公开开庭、裁判文书上网等“阳光司法”措施。对于所有知识产权案件依法公开开庭审理，严格按照《最高人民法院关于人民法院在互联网公布裁判文书的规定》的要求，上网率100%。

(2)采取精选知识产权案例进行庭审录播、微博直播、悬挂宣传横幅标语、走进企业座谈交流等多种形式，积极开展知识产权保护宣传活动。海南省各级法院通过典型案例的庭审公开播报，既震慑了犯罪分子，也教育了普通民众。

(3)主动司法，提高企业知识产权保护意识，增强企业核心竞争力。海南省各级法院选取海南省的一些民营企业开展知识产权法律宣传活动，解答企业在知识产权保护方面的困惑，消除企业可能存在的知识产权侵权和被侵权风险，将知识产权保护意识进一步向企业延伸和扩展。

(4)多部门沟通，形成知识产权保护合力。应邀对全省知识产权综合治理部门的工作人员进行授课，探讨交流知识产权综合保护的经验。经过摸索，海南省知识产权审判在全省范围内已具有一定的影响力。

四、以改革为契机，打造专业化审判队伍

海南省以知识产权“三合一”改革为契机，开展学习型审判庭建设，打造专业化审判队伍，妥善、慎重审理好各类知识产权重大案件。通过定期学习的方式致力于建设学习型队伍，通过对外地有关知识产权法院的考察、座谈借鉴审判经验，妥善、慎重审理好一批重大知识产权案件，统一知识产权侵权和违法案件的司法标准，构建统一、全面、立体型的知识产权审判机制。

五、创新工作方式，充分利用双打联动平台，积极发挥法院审判职能

充分利用“双打”联动平台，完善行政执法与刑事司法的有效衔接，通过信息共享平台，就知识产权案件办理中的专业性问题接受相关单位咨询，学习交流工作经验，实现资源共享。通过信息共享平台发布法院工作动态、典型案例等，积极发挥法院的审判职能优势，积极加强与其他部门的联系和协调，建立长效的横向交流、沟通机制和平台，实现行政执法与司法信息共享。

六、队伍建设常抓不懈，公正廉洁常记心间

海南省以“三严三实”作为干部修身做事的基本准则，根据司法改革要求、审判人员特点，相对固定知识产权民事、刑事及行政案件合议庭，优化审判资源配置。加大业务培训力度，积极派员报名参加国家法官学院相关培训的同时，积极邀请知识产

权专家为法官授课。同时，对内完善庭内业务学习制度。除对疑难个案以庭务会方式进行讨论外，定期开展知识产权审判业务学习交流会。对外加强对下指导。对知识产权案件审理过程中发现的问题进行梳理，及时与各中院进行反馈交流，召开知识产权发改案件座谈会。紧密结合知识产权审判工作的特点和实际，增强反腐倡廉的自觉性，避免“六难三案”问题。

（海南省高级人民法院知识产权审判庭）

检察工作

2015年，海南省检察机关积极部署打击侵犯知识产权和制售假冒伪劣商品专项活动，推动行政执法和刑事司法衔接机制的建立健全，工作取得了明显成效。

一、突出打击严重干扰经济发展秩序的侵犯知识产权和制售假冒伪劣商品犯罪

2015年1～11月，海南省检察机关切实履行检察职能，加强审查批捕、审查起诉和诉讼监督职能，依法“稳、准、狠”地打击侵犯知识产权和制售假冒伪劣商品犯罪，共批捕侵犯知识产权和制售假冒伪劣商品的审查逮捕案件19件25人；审查起诉案件35件78人；立案监督和监督行政执法机关移送4件4人。

二、继续推进“两法衔接”机制建设

在专项活动中，各级检察院与有关行政执法机关、公安机关定期召开联席会议，通报工作情况，加强沟通，形成执法合力。海南省打击假冒领域行政执法与刑事司法衔接三级信息共享平台自2014年9月运行以来，共接收录入行政处罚案件3383件，扩宽了立案监督渠道。在运行中，海南省检察院针对信息平台录入案件信息不及时、不全面的问题，向海南省商务厅提出检察建议。海南省检察院派员向海南省食品药监局的同志讲解行政执法与刑事司法衔接课题，海口市美兰区检察院、洋浦区检察院等也到有关行政执法机关授课，加强沟通了解。目前食品药品监督管理部门在贯彻落实“两法衔接”工作机制中走在前列，在向公安机关移送涉嫌犯罪案件的同时，都能抄送当地检察机关备案。

三、健全完善协调机制，形成打击合力

为促进行政执法和刑事司法衔接顺畅、加大对案件跟踪监督力度、深挖职务犯罪线索，各地检察机关一方面加强与行政执法机关的沟通合作，进一步推动“两法衔接”机制建设；另一方面加强检察机关内部协作，加大部门之间的配合力度。海南省检察院与海南省最高人民法院、海南省食药监局联合会签《食品药品违法犯罪案件联合督办工作制度》，着力解决重大案件由上级督办，并形成办案合力。琼海市检察院着手建立与环保部门、食药监管部门、公安机关定期召开联席会议、研讨会制度；三亚市检察院侦监部门加强与民行部门的沟通协调，制定联合执法机制，共同到各乡镇政府调取土地承包合同，加强对假种子、假化肥使用的监督。

四、延伸检察职能，检察建议助推办案社会效果

海南省一分院在办理郑某甲、郑某乙销售有毒、有害食品案中，专门与文昌市公安、食药监部门开展座谈，要求加强对文昌市的保健品市场进行专项整治，会后食药监部门专门对文城镇的保健品市场进行了巡查和抽查。

（最高人民检察院侦查监督厅供稿）

重庆市

专利工作

重庆市专利申请量82 791件，居全国第十位，同比增长49.7%，其中发明专利申请量26 479件，同比增长36.4%。专利授权量达到38 915件，居全国第十一位，同比增长60.1%，其中发明专利授权量3964件，同比增长70.8%。重庆市有效发明专利拥有量12 810件，每万人口发明专利拥有量达到4.31件，同比增长26.8%。重庆市规模以上工业企业专利产品数量达到16 000类，同比增长12.1%；专利产品产值达到3000亿元人民币，占工业总产值比重达到12.5%。出台《重庆市知识产权质押融资管理办法（试行）》和《重庆市知识产权质押融资操作指引》，2015年实现质押融资22笔，金额4.4亿元人民币，知识产权重点领域改革初见成效。支持20个区县的45家企业实施专利战略，积极推进重庆市江北区创建国家知识产权示范城市。基本建成区域专利信息服务中心，电子商务模块1期上线试运行，新培育国家知识产权服务品牌培育机构2家，新增高层次知识产权服务人才32名。推动石墨烯、生物医药等战略性新兴产业的30家龙头企业建立专利导航机制，引导企业投入2500万元人民币开展主导产品专利分析，节约研发经费5.7亿元人民币。培育国家知识产权优势企业30家、示范企业3家。8家企业获第十七届中国专利奖优秀奖，获奖项目新增销售金额35.7亿元人民币、利润7.5亿元人民币。推动13家高校开展知识产权规范化管理试点，指导试点高校修改、完善了知识产权激励政策。完成138项高校重点发明专利维持与托管运营工作，启动18家高校院所产学研协同创新专利服务项目。深入开展打击侵犯知识产权和制售假冒伪劣商品违法犯罪活动，绩效考核得分位列全国第七位，全年立案查处违法案件5400件，涉案金额7.5亿元人民币。

（重庆市知识产权局）

商标工作

重庆市工商和市场监管部门以发展、监管、运用为重点，深入推进商标品牌战略实施，加大商标监管力度，夯实商标工作基础，提高商标发展质量，促进商标有效运用，各项工作取得显著成效。

商标代理管理工作全国瞩目。组织开展商标代理机构专项整治工作，召开了重庆市商标代理机构集体约谈会，开展了“六规范、三上墙”活动，成功查获商标代理违法案件4件，有效净化了商标代理行业秩序。创新建立商标代理机构长效监管机制，建立了委托人回访制度、日常监测机制、案件线索发现等机制，出台全国首个商标代理机构规范代理指引，制定商标注册申请代理合同示范文本，成功承办全国工商系统商标代理管理工作座谈会并作经验交流发言，得到了国家工商总局领导和全国同行好评。

重大商标品牌项目有序推进。探索建立“重庆商标品牌云基地”，即建立以市场为导向，以互联网、大数据、云计算等现代信息技术为保障，集商标代理、法律咨询、商用化服务、信息服务等于一体的商标服务业聚集区。目前形成了建设方案，对功能定位、发展目标、平台系统等进行了整体设计和科学规划，以实际行动创新性地深入推进重庆市商标战略实施。

商标发展培育工作再谱新篇。以“建设知识产权强国，支撑创新驱动发展”为主题，组织开展了形式多样的“4·26 知识产权宣传周”活动，参与了重庆市政府知识产权保护新闻发布会以及《2014 年重庆市知识产权保护状况白皮书》的发布，全系统通过发放宣传资料、开展咨询活动、加强媒体报道、举办培训会议等多种形式强化商标宣传，营造了良好的商标发展氛围。积极协调重庆市财政落实商标奖励政策，1840 万元人民币商标奖励资金全部兑现到位，进一步激发企业商标创新发展活力。重庆市共新增注册商标 5.15 万件，比上年同期增长 52.4%，创历史新高，有效注册商标总量达到 19.7 万件。扎实开展重庆市著名商标认定工作，严格认定标准，确保认定质量，新认定著名商标 108 件，续展认定 381 件，续展不予认定 15 件，重庆市著名商标总量达到 1293 件。

商标管理基础工作有力夯实。召开了重庆市商标工作会议，全面总结近年工作，安排部署下一阶段实施商标品牌战略工作任务。加强商标信息化建设，开发集商标查询、统计分析、商标预警等功能为一体的商标监管服务系统，建立起驰名商标、著名商标、地理标志、代理机构、商标质押等专项数据库，实现了重庆市商标信息数据实时查询，已投入市局、区县局两级使用，为商标监管服务工作提供了全面、准确、及时、高效的数据信息服务和辅助决策手段，极大地提高了商标监管服务效能。深入开展调查研究，调研重庆市地理标志管理运用情况，全面掌握现状，对全市地理标志运用先进典型和成功运作经验进行总结，为下一步推进地理标志管理运用工作做好准备。加强信息综合分析利用，发布了《2014 年度重庆市商标发展报告》，为领导科学决策提供了高质量的信息服务。

商标监管保护工作成效明显。组织开展了保护地理标志专项行动，以地理标志产品成熟时节、生产集中地、销售集散地为重点，开展执法排查，共出动巡查监管和执法人员 595 人次，检查各类地理标志经营网点 953 个。继续深入开展打击侵犯知识产权和制售假冒伪劣商品工作，依法严厉打击商标侵权假冒行为，2015 年全系统共查处各类商标违法案件 257 件，案值 444.24 万元人民币，罚没金额 623.97 万元人民币，没收、销毁侵权商品 52 734 件，收、销毁侵权商标标识 53 998 件。

2015 年，重庆市商标申请量 54 040 件，注册量 51 577 件，累计有效注册量 197 361件。

（重庆市工商行政管理局）

版权工作

2015 年，重庆市版权局紧密围绕国家版权局和重庆市委市政府的部署，扎实推进工作，圆满完成工作任务。

一、软件正版化工作

（1）精心组织迎接国家“双打”工作检查。组织和指导部分市区县两级政府机关圆满通过国家“双打”办的检查，软件正版化工作一项获得满分。

（2）协调重庆市政府印发《重庆市 2015 年软件正版化督查工作实施方案的通知》，明确了 2015 年软件正版化工作的对象、目标和时间节点。

（3）开展政府序列外机关软件正版化工作检查。按照《重庆市政府序列外其他国家机关软件正版化检查整改工作方案的通知》要求，印发了《关于开展政府序列外机关软件正版化工作检查的函》，联合重庆市财政局、重庆市审计局、重庆市经济信息委、重庆市机关事务管理局组成两个检查组，于 2015 年 5 月，对大足、巫溪、秀山等 10 个区县（自治县）政府序列外机关软件正版化工作情况进行了督导，以检查促整改。前往沙坪坝区开展培训和现场答疑，确保 2015 年 6 月底以前全市政府序列外机关检查整改任务按时完成。

（4）实施政府机关软件正版化工作考

核。协调市政府办公厅出台《重庆市人民政府办公厅关于印发政府机关使用正版软件工作考核细则的通知》，印发《重庆市文化委员会关于开展政府机关使用正版软件工作考核的通知》，组织重庆市经济信息委等14个部门和单位，以及从相关单位抽调人员和技术专家组成五个检查组，采取实地检查和书面考核两种方式，对重庆市市委办公厅等33个市级部门，以及万州等15个区县的123家机关单位进行了实地检查。对存在问题的单位，责成其2015年12月底以前全面完成检查整改任务。

(5)启动国有企业软件正版化工作。与重庆市国资委多次会商，共同推进国有企业软件正版化工作。组织召开2015年重庆市国有企业软件正版化工作部署暨培训会，对全市国有企业软件正版化工作进行总体部署，同时邀请相关政府工作人员及软件技术专家对国有企业相关负责人进行软件正版化工作业务培训。印发《关于开展国有企业使用正版软件工作检查的通知》，于2015年11～12月，组织有关市级部门组成若干督查组，实地抽查了30家市属国有企业使用正版软件的管理和实际安装情况。通过听取汇报、查阅资料、现场检查的方式对相关企业软件正版化工作情况进行督查。此外，按照《国家新闻出版广电总局关于对新闻出版行业企业软件正版化工作进行督促检查的通知》要求，转发了《重庆市版权局关于做好新闻出版行业企业软件正版化迎检工作的通知》，深入组织重庆日报报业集团、重庆出版集团和重庆新华书店3家单位做好软件正版化工作迎检准备，并于2015年10月顺利通过国家版权局督察组的检查验收。将市属国有重点金融企业作为2015年下半年推进企业软件正版化检查整改工作的重点对象，联合重庆市国资委、重庆市银监局、重庆市证监局组成督察工作组，于2015年11月下旬对重庆银行等4家单位的软件正版化工作情况进行了实地检查。

(6)推进软件正版化工作规范化和科学化管理。根据国家版权局“研究建立符合中国国情的软件正版化工作管理平台”工作计划，启动了“正版软件资产管理和日常监督平台”建设前期工作。同时，协调重庆市经信委制定2015年正版软件及供应商推荐目录，规范软件采购行为和售后服务内容，确保软件质量和后续升级。

(7)开展首届软件正版化与信息安全工作专题培训。针对重庆市各级政府机关信息化管理和建设人员相关法律法规及专业知识匮乏等突出问题，与重庆市人力资源和社会保障局密切合作，在全国范围内率先开展面向全市各区县(自治县)政府机关使用正版软件与信息安全工作专题培训。本届培训截至2015年12月底，已举办6期，覆盖荣昌、铜梁、垫江、云阳、巫山、石柱、綦江等20多个区县(自治县)，共计1000余人参加。

二、版权维权工作

协调重庆邮电大学知识产权中心，对广电集团(总台)“拍案说法”栏目被爱奇艺、乐视等网络媒体侵权案件进行了维权指导，并对广电集团版权管理开发中心开展版权保护和市场开发工作进行了实地指导。推荐上报5家单位为2014年度查处侵权盗版案件有功单位候选单位，推荐4位同志为2014年度查处侵权盗版案件有功个人候选人，最终5家单位荣获2014年度查处侵权盗版案件有功单位二、三等奖，3位同志荣获2014年度查处侵权盗版案件有功个人二、三等奖。设立九龙坡区黄桷坪艺术园区重庆版权保护分中心和九龙坡区黄桷坪艺术园区重庆艺术品版权司法鉴定分中心。

三、著作权保护和管理工作

指导和帮助重庆市版权保护中心进一步优化作品登记服务机制，开展“四个上门”服务55次，派出人员153人次，完成作品登记 40 667 件，计算机软件登记 419 件，图书版权贸易合同备案登记 360 件，版权保护产值达 45.6 亿元人民币。

四、版权产业发展工作

实地指导荣昌县鸦屿陶瓷有限公司等企业版权保护和产业发展，促进了版权产业的发展。其中，指导重庆荣昌陶瓷市场、重庆荣昌夏布市场、重庆版权交易市场入选国家知识产权保护示范基地培育名单。隆讯科技自主研发的手游《圣殿之门 3D》海外独立版权卖出 2000 万元人民币，创新了重庆市原创手游单笔海外版权最高独家代理成交额。

指导和协助重庆市版权保护中心与重庆市协同创新知识产权研究中心开展战略合作。指导和协助九龙坡区黄桷坪艺术园区启动集艺术品展示、交易、拍卖为一体的版权交易平台及衍生品研发中心的建设。指导和协助重庆市版权保护中心与猪八戒网联合成立中国首个威客创意网络版权保护中心，为网络创意作品提供极具公信力的保障，解决其在版权保护中的专业性和技术性问题，实现对 9035 件网络普通作品、2000 余件计算机软件的登记保护工作，版权交易价值近 5000 万元。

五、版权宣传工作

(1)2015 年 4 月 21 日，会同重庆市知识产权局、重庆市工商局、重庆市文化执法大队在重庆市政府新闻发布厅召开新闻发布会，向新闻媒体通报了全市 2014 年度版权工作相关情况及 2015 年度版权工作计划。

(2)2015 年 4 月 23 日，重庆市版权局联合九龙坡区委区政府组织全市版权、数字出版、网络视听传播行业在九龙坡区杨家坪步行街开展“保护版权、绿色网络融合发展”公开承诺活动，副市长谭家玲及相关领导为全市首批 30 家版权保护示范单位和网络视听传播示范单位代表授牌。向社会公开发出五大倡议，全市版权、数字出版、网络视听传播行业代表公开向社会作出四个承诺。

(3)为贯彻落实《国家知识产权战略行动计划(2014～2020)》，重庆市版权局会同重庆市商业委员会、重庆市知识产权局在全市范围内开展重庆市商贸行业“保护知识产权、销售正版正货”承诺活动。来自各区县(自治县)知识产权、商贸、文化行业管理部门，有关协会、商贸企业的 100 余人参加了承诺活动。

(4)2015 年 4 月 17 日，重庆市版权局会同重庆市商委、重庆市知识产权局召开了重庆市“保护知识产权，销售正版正货”承诺活动 Logo 发布及培训会。来自市级相关部门、有关商品交易市场、零售商场、超市的 100 人参加了本次培训会。

(5)2015 年 4 月 23～26 日，重庆市版权局联合全市版权、数字出版、网络视听传播行业在九龙坡区步行街开展了版权保护、数字出版转型升级及网络视听传播相关知识的宣传和咨询活动，发放版权保护知识宣传手册近 1000 份。

(6)联合重庆理工大学、重庆市知识产权研究会在重庆理工大学举办“知识产权与产业发展”讲座。

(7)根据国家版权局、国家互联网信息办公室、公安部、工业和信息化部的统一部署，会同重庆市多个部门，从 2015 年 7 月下旬至 10 月下旬，在全市范围内开展了为期 3 个月的打击网络侵权盗版的“剑网 2015”专项行动。

充分利用门户网站和电视台、报纸等媒体进行多角度动态宣传报道。积极动员社会力量参与、配合专项治理，还通过发倡议书、公布举报电话和电子邮箱、聘请义务监督员等形式，广泛搜集案件线索，扩大专项行动的社会影响。

举办重庆市版权执法培训会，全市 40 个区县文化委版权工作分管领导、业务骨干、文化市场行政执法大(支)队执法骨干共计 172 人参加了培训。

(8)协同重庆市高院、重庆市知识产权局举办全国法院知识产权宣传周媒体见面会暨“中央媒体知识产权司法保护重庆行”活动。

(9)作客“阳光重庆”,宣传普及版权保护知识。在调频 968 上,介绍版权保护对促进经济和社会发展的积极意义、作用,以及全市作品登记、版权产业发展、软件正版化、打盗维权重点工作情况,并与广大听众进行了现场互动交流。

(重庆市版权局 左图强 许家伟 汤裕洁)

司法工作

2015 年,重庆市各级法院深入学习贯彻党的十八届三中、四中、五中全会精神,努力践行“让人民群众在每一个司法案件中都感受到公平正义”,同时将“三严三实”专题教育融入知识产权审判中,紧紧围绕全市工作大局,充分履行审判职能,扎实推进知识产权审判工作,为重庆实施创新驱动发展战略提供有力司法保障。

一、高效审理各类案件,确保司法公正

2015 年,重庆法院共受理一、二审知识产权案件 2956 件,与 2014 年案件受理量 2676 件相比,同比上升 10.46%;审结一、二审知识产权案件 2603 件,结案率 88.06%,与 2014 年审结量 2385 件相比,同比上升 9.14%。新收知识产权一、二审案件共 2592 件,同比增长 6.19%。从案件类型看,著作权侵权纠纷案件占 71.95%,商标权侵权纠纷案件占 9.17%,专利权侵权纠纷案件占 7.92%,技术合同和其他纠纷案件占 10.96%。与 2014 年相比,著作权侵权纠纷案件所占比例大幅下降,商标权侵权纠纷案件、专利权侵权纠纷案件及其他纠纷案件所占比例均有所上升,尤其是技术合同和其他纠纷案件所占比例大幅上升,增幅达 286%。

重庆市各级法院依法审理了一批社会影响较大、关注度较高的典型案例,如广州王老吉大健康产业公司与加多宝(中国)饮料公司系列不正当竞争纠纷案、中国嘉陵工业公司与重庆市沙坪坝区嘉陵摩托车配件公司侵害商标权及不正当竞争纠纷案等。此外,成都同德福合川桃片公司诉重庆市合川区同德福桃片公司、余某某侵害商标权及不正当竞争纠纷案入选重庆市法院第六批参考性案例,乔天富诉重庆华龙网新闻传媒公司侵害著作权纠纷案入选重庆市法院第八批参考性案例并被最高人民法院评为典型案例。

二、强化指导的针对性,重视调研的实务性

(1)注重发挥二审形成裁判规则作用。重庆市高院突出以审判为中心发挥上级法院指导作用,充分发挥二审在明确裁判规则方面的示范效果。如通过四川省古蔺郎酒厂与张某某侵害商标权纠纷,明确了《酒类流通随附单》在判断酒类销售商是否具有合法来源时的关键作用等。另一方面,坚持改发案件沟通制度,与一审法院进行改判前的沟通;同时,对改判案件及具有固化裁判规则的维持案件,撰写裁判要点,通过审判长联席会通报并及时将相关文书发布于部门园地等方式,指导全市法院类型案件的审判。

(2)重视疑难问题的研讨与解答。重庆市高院在取消个案请示的同时,定期收集审判实务中的疑难问题,召开审判长联席会进行深入探讨,达成共识。在重庆市四中法院召开全市法院知识产权暨涉外商事法律适用问题研讨会,围绕销售知名卡通形象衍生品纠纷案件中销售者提出合法来源抗辩是否需要审查其主观过错等疑难问题展开讨论,并于会后出台《关于知识产权和涉外商事审判实务问题解答(二)》。

(3)结合审判实务积极开展调研工作。

重庆市高院始终坚持围绕以审判为中心展开调研，突出调研的实务性，注重将审判中的典型案例转化为调研成果，撰写了《互联网背景下知识产权侵权案件的证据裁判规则》等案例分析。2015年，重庆市高院完成了《“渝新欧”大通道国际贸易中的知识产权保护问题研究》等重点调研课题。全市法院在《人民司法》《人民法院报》等报刊上发表知识产权案例评析及学术理论文章10余篇。

三、创新工作机制，促进审判、指导工作再上台阶

（1）以庭审为中心，认真落实审判权运行机制改革的要求。审判工作中明确分管庭长与合议庭的职责，充分调动合议庭的能动性与积极性，充分体现“让审理者裁判”。对合议庭存在分歧、有重大影响的案件、需要明确裁判规则的案件，由全庭法官会议研究。强化庭长、审判长在文书签发中的把关作用，提高文书质量。庭长对审判工作的监督，更多地体现在对审判运行态势的把握，对审判流程节点的监督控制，及对交督办案件、有社会影响案件、需要统一裁判尺度案件的指导上。强调以庭审为中心，注重庭前准备，疑难案件要求庭前评议；充分发挥庭审查明案件事实的功能，提高审判效率。

（2）完善审判辅助机制建设。重庆市高院出台《关于设立知识产权审判技术咨询专家制度的意见》《关于知识产权审判专家辅助人参与诉讼活动的意见》，设立知识产权审判技术咨询专家库，充分发挥技术咨询专家和专家辅助人参与诉讼活动的积极作用，切实提高重庆市知识产权审判水平。

（3）重庆市两江新区知识产权法庭的窗口作用效果初显。两江法庭自2014年年底开始受理部分专利案件，2015年共受理专利纠纷案件44件，审结42件。两江法庭在全市率先推广知识产权案件适用简易程序，简化裁判文书格式，提高工作效率。2015年，两江法庭共有811件案件适用了简易程序，有56件著作权案件使用了简化文书格式。

（4）积极推进司法公开，着力提高司法公信力。一是着力开展主题宣传。积极开展“4·26世界知识产权日”系列宣传活动，向社会发布《2014年重庆法院知识产权司法保护状况》白皮书，公布重庆法院知识产权十大典型案例。二是坚持“阳光司法”，严格按要求做好庭审公开、生效裁判文书上网制度，定期选择案件微博直播。三是开展“庭审进校园”活动，通过人大代表及学校师生旁听开庭、庭后讨论交流的方式，展现知识产权司法保护的良好形象。四是以“法官在社区”活动为契机，举办专题讲座、接待法律咨询，开展形式多样的普法活动。

四、充分利用专委会平台，不断扩大重庆知识产权审判对外影响

（1）举办“知识产权司法保护重庆行”活动。4月20日，“知识产权司法保护重庆行”活动举行。重庆市委副书记、市长黄奇帆接受了媒体书面采访；最高人民法院陶凯元副院长通报了全国法院2014年知识产权司法保护的情况；最高人民法院民三庭宋晓明庭长向媒体发布了《中国法院知识产权司法保护（2014）》（白皮书）、2014年中国知识产权司法保护十大案例、十大创新案例和50件典型案例。该活动系最高人民法院在中西部地区首次举办的全国法院知识产权宣传周相关活动，《人民日报》《法制日报》等主流媒体进行了深入报道。

（2）组织召开知识产权专委会年会。2015年11月上旬，以“‘互联网+’时代知识产权保护热点问题”为主题，与西南政法大学联合举办了知识产权专业委员会2015年年会。

（3）继续办好“中国知识产权法官讲

坛”。重庆市高院依托知识产权专委会与西南政法大学共同主办的“中国知识产权法官大讲坛”自2014年开办以来，在知识产权审判及实务界具有越来越大的影响力。2015年，先后邀请最高人民法院宋晓明庭长、王艳芳审判长，北京知识产权法院宋渔水副院长等，举办了七期讲坛。

五、注重学习，全方位加强队伍建设

（1）高度重视业务学习，不断提高业务能力。重庆市高院为打造学习型庭室，培养专家型法官，开展了多种形式的业务学习。一是强调日常学习。针对新民事诉讼法司法解释的出台，采取审判人员轮流主讲的方式集中学习；对新颁布的立法、司法解释，重要会议、最高人民法院发布的指导案例与其他典型案例等进行认真学习讨论。二是继续组织办好“知识产权与涉外商事审判法官讲坛”。2015年，围绕涉外著作权纠纷的法律适用、商标使用的认定，举办了两期讲坛。

（2）开展法官交流，努力提高审判人员素质。为切实锻炼知识产权法官的办案能力，重庆市高院加大了上挂下派的力度，让有办案经验的同志到最高人民法院开拓视野，让刚办案的同志到基层法院充实审判经验，并从中级、基层法院选拔优秀干部到重庆市高院锻炼。同时，还与重庆大学、西南大学建立长期合作交流机制，由大学教授到法院挂职。

（3）扎实开展专题教育，不断增强队伍凝聚力。重庆市各级法院认真落实党风廉政责任制度，做到防微杜渐、警钟长鸣。通过专题教育资料、习总书记系列讲话等，结合工作实际查找不严不实问题，针对党员及领导干部模范作用发挥、公正司法中的担当精神、司法能力的提升及司法作风等方面存在的问题，进行了彻底的整改。重庆知识产权法官在审判工作中秉承“零违纪”的优良作风，始终坚持秉公执法，廉洁自律。

（重庆市高级人民法院知识产权审判庭）

检察工作

2015年，重庆市检察机关立足检察职能，主动积极作为，依法严厉打击了一批侵权假冒犯罪，不断完善“两法衔接”工作机制，为维护群众生命健康安全、规范市场竞争秩序、保护智慧创新成果作出了新的贡献。

一、进一步提高思想认识，强化组织领导，确保“双打”工作高效运转

重庆市检察院党组高度重视“双打”工作，要求把打击侵犯知识产权和制售假冒伪劣商品犯罪工作提高到推进全面依法治国和平安重庆建设的高度来认识，采取有效措施抓好抓实。重庆市检察院成立“双打”工作领导小组，办公室设在侦查监督处，负责督促、指导各级检察院开展“双打”工作。各分院、基层院均成立专门工作机构，选派业务骨干办理此类案件，确保“双打”领域内的案件及相关工作得到高效、高质处理。

二、充分发挥批捕、公诉和职务犯罪查办职能，严厉打击侵权假冒犯罪

重庆市检察院在2015年年初工作部署时，均将严打侵权假冒犯罪及其背后的职务犯罪作为重点进行部署，重庆市检察院侦监、公诉等部门加强横向沟通协调和对下指导，加大对重大、疑难、复杂案件的协调指导力度，全力确保相关案件诉讼顺利进行。

三、强化法律监督职能，促进依法行政和公正廉洁执法

重庆市各级检察机关立足执法办案，主动加强与行政机关的沟通协调，及时建议移送涉嫌犯罪案件线索，并强化对公安机关侦查活动的监督。2015年7月，重庆市检察院联合重庆市公安局召开了2015

年公检刑事执法联席会，制定印发《关于办理立案监督案件相关问题的通知》《关于对公安派出所刑拘后未报捕未移送起诉案件进行专项检查的通知》《关于办理延长侦查羁押期限案件的指导意见》等规范性文件，为全面履行法律监督职能提供制度保障。2015 年，重庆市检察机关共建议移送侵权假冒案件 42 件，监督立案 6 件，有力促进了依法行政和公正廉洁执法。

四、加强与重庆市“双打”办及有关单位的沟通协调，确保“两法衔接”信息平台正常运行

重庆市检察院加强与重庆市“双打”办的工作沟通，将信息共享平台的运行作为“双打”工作的重要日常内容来抓，配合重庆市“双打”办加强了对信息共享平台的管理，督促有关单位积极录入案件。截至 2015 年年底，重庆市“双打”领域“两法衔接”工作信息共享平台共录入案件 3769 件。与此同时，重庆市检察院以开展破坏环境资源犯罪专项立案监督活动为契机，成功推动重庆市“双打”办将环保部门纳入联网单位，实现了平台向所有行政执法机关扩容的初步效果。

五、采取多种形式加强宣传，深入推进普法和法制宣传工作

重庆市检察院积极落实“谁执法谁普法”的要求，认真开展“双打”领域的法制宣传和普及活动。全市检察机关根据工作情况，通过送法进企业、检察开放日、预防宣讲等活动，广泛开展宣传和普法工作。全市检察机关还充分利用派驻检察室密切联系群众的优势，将有关侵权假冒犯罪的案例、法律向群众和企业进行普法和宣传，取得了较好的效果。

（最高人民检察院侦查监督厅供稿）

四川省

专利工作

2015 年，四川省专利工作紧紧围绕实施“三大发展战略”、推进大众创业万众创新，以制订《2015 年四川省知识产权战略纲要实施推进计划》和《2015 年四川省专利战略推进计划》为主线，“十二五”各项指标全面超额完成。四川省专利申请首次突破 10 万件，达到 110 746 件，同比增长 21.5%。其中申请发明专利 40 437 件，增长 35.1%。获得专利授权 64 953 件，增长 37.8%。其中获得发明专利授权 9105 件，增长 60.2%。四川省每万人发明专利拥有量 3.54 件。

一、落实全面创新改革部署，推动知识产权与经济科技紧密融合

将跨区域知识产权行政执法、完善知识产权侵权查处机制、降低专利代理机构准入门槛、建立知识产权运营机制等知识产权改革创新举措纳入《四川省全面创新改革试验方案》。将知识产权相关指标和措施纳入四川省政府《关于全面推进大众创业、万众创新的意见》《“中国制造 2025”四川行动计划》《四川省“互联网＋”行动方案》。四川省政府办公厅印发《深入实施四川省知识产权战略行动计划（2015～2020 年）》。四川省知识产权工作领导小组制定《知识产权助力扶贫开发攻坚八条措施》。联合省直部门制定《关于加强职务发明人合法权益保护促进知识产权运用的实施意见》和《关于加快培育和发展知识产权服务业的实施意见》。制定实施《知识产权助力扶贫开发攻坚六条措施》《知识产权支持小微企业助力大众创业万众创新的七条措施》。

二、落实多点多极支撑发展战略，深入推进重点城市试点示范和强县工程，增强重点区域知识产权综合实力

四川省知识产权局在四川省五大经济功能区，持续推动中心城市开展国家知识产权试点示范城市创建工作。绵阳市、德阳市新获批国家知识产权示范城市，泸州市新获批国家知识产权试点城市，四川省国家知识产权试点示范城市达到8个。推动四川省37个县(区、市)开展国家知识产权强县工程试点示范，其中9个县获批国家知识产权强县工程示范县，数量位居全国第一。

三、深化企业、园区知识产权工作，助力四川省企业技术创新和产业转型升级

先后推动541家企业开展省级知识产权试点示范和优势培育工作，创建国家级知识产权示范企业和知识产权优势企业。2015年四川省新获批国家级示范企业4家，累计13家；新获批国家级优势企业49家，累计77家；全省国家级知识产权示范企业和优势企业达到90家。推进四川省94家企业开展"企业知识产权管理规范"国家标准"贯标"，其中35家通过"贯标"认证。面向四川省51025产业园区，深入推进四川省3个国家级、57个省级知识产权试点示范园区工作，搭建园区知识产权服务平台28个，全省组建产业专利联盟16个，其中省级4个。

四、探索知识产权运营，推进知识产权质押融资，促进知识产权运用和产业化

会同四川省财政厅设立四川省知识产权运营基金和知识产权质押融资风险补偿基金。深化成都市、绵阳市全国知识产权质押融资试点和专利保险试点，攀枝花市、遂宁市经济技术开发区、自贡市高新区新获批国家知识产权质押融资试点。四川省专利质押融资金额首次突破20亿元人民币，达20.39亿元人民币，增长16.12%。表彰2014年四川省专利奖41项，完成2015年四川省专利奖专家评审，产生拟奖项目41项。支持专利实施和产业化项目330项，带动四川省新增实施专利技术10 109项，增长3.25%；新增产值1401.27亿元人民币，增长6.93%；新增利税164.66亿元人民币，增长6.82%。

五、加强知识产权保护，激发创新热情，营造创新创业环境

深入开展"双打""护航"专项行动，组织开展食品药品、农药农资市场执法检查和"中国西部国际博览会""绵阳科技城国际科技博览会"等大型展会保护，启动电商知识产权保护工作，深化知识产权保护规范化市场培育和无假冒专利商场创建活动。积极探索建立专利侵权判定咨询机制，完善覆盖四川省21市州的知识产权(专利)维权援助网络平台，会同四川省商务厅编发《企业知识产权海外维权指引》，助力四川省企业"走出去"。四川省开展专利执法检查887次，检查商业场所906个，检查商品16.32万件，专利案件立案896件，结案891件，结案率99.4%。

六、加快培育发展知识产权服务业，加强知识产权服务和人才培养

积极推进专利审查协作四川分中心建设和运营，加快专利审查高端人才在四川省聚集，到位审查员580人。国家知识产权服务业集聚发展试验区在成都市高新区揭牌，深入推进专利代理机构业务能力促进试点，代理服务由专利申请代理等基础业务向复审与无效、专利诉讼、专利运营等增值业务拓展，获批国家知识产权服务品牌机构2家、培育单位4家。2015年四川省新增专利代理机构5家，达到41家；新增分支机构5个，达到26个。开展战略性新兴产业和高端产业专利信息分析，新建重点企业专利数据库15家，累计120家。

先后设立了1个国家级、6个省级知识产权培训基地，建立中国知识产权远程教育四川平台和11个市州远程教育分站。2015年共培训党政领导干部2320人次、企事业管理人员8936人次、技术人员2.3万人次。四川省已入选国家级知识产权高端人才32人，新考取专利代理人资格96人，执业专利代理人达到323人。

（四川省知识产权局）

商标工作

四川省工商和市场监管部门在“强基础、促创新”上下功夫，全力推进商标战略实施向纵深发展，加强商标行政指导，逐步提高商标注册、运用、管理和保护能力，四川省商标品牌建设稳步发展。

深入推进商标战略。制订《四川省商标战略2015年实施计划》，总揽工作全局；出台《四川省工商行政管理局关于开展商标行政指导推进商标战略实施工作的意见》，全面推进行政指导工作；下发《四川省工商行政管理局关于建立实施商标战略重点联系企业制度的通知》，深入推进“个十百千”工程；印发《四川省工商行政管理局关于园区商标工作指导站(点)规范建设的指导意见》，积极创建商标工作示范指导站(点)，商标战略进园区工作在重点园区内实现全覆盖。

强化商标品牌意识。召开四川省商标战略实施示范工作座谈会总结交流经验做法，激发典型示范引领效应；印制下发《2014年度中国商标战略年度发展报告》《商标法理解与适用》《商标知识宣传册》等宣传资料；在《四川日报》开设“实施商标战略，推进转型升级”专栏，宣传商标战略实施融合新常态经济发展情况；发布商标侵权典型案例；举办四川省工商系统促进品牌经济发展培训班。

强化商标品牌培育。通过管理案件程序向商标局培育推荐驰名商标5件，加强四川省著名商标培育认定工作，加强对企业商标确权的行政指导，沟通协调国家工商总局支持企业商标注册。

强化商标品牌运用。组织“惠民购物全川行动”“万企出国门”“川货全国行”三大市场拓展活动，召开四川省知名企业商标品牌推介会。建成四川商标管理分析平台，集成了四川省市场主体商标注册、运用、管理、保护等方面的信息，能实现商标、品牌的检索和分析，满足商标品牌管理工作需要，有效提升商标工作信息化水平。2015年商标有效质押贷款新增24家企业贷款13亿元人民币。

强化商标专用权保护。开展“红盾春雷行动2015”打击侵犯注册商标专用权违法行为专项行动；分阶段有步骤推动打击侵权假冒工作；组织召开涉外汽车工业品牌保护工作交流会，围绕品牌保护、识假辨假等方面作交流，提高了商标执法人员对品牌汽车配件识假辨假的能力；探索建立商标专用权保护协作机制，起草《四川省工商行政管理局、四川省高级人民法院关于建立商标专用权保护协作机制的意见》，进一步加强商标专用权行政保护与司法衔接，切实增强打击侵权假冒违法犯罪行为的合力，推进完善执法协作机制程序化、信息资源共享化、力量互补常态化；在四川省部署商标代理市场专项整治行动，严厉打击商标代理违法行为，规范商标代理行业有序发展。

2015年，四川省商标申请量94 289件，注册量75 105件，累计有效注册量324 045件。

（四川省工商行政管理局）

版权工作

2015年，四川省版权局深入贯彻落实党的十八大和十八届四中、五中全会精神，按照国家版权局版权工作部署，全面推进版权战略，认真组织著作权法律法规教育宣传，深入开展打击侵权假冒工作和“剑网2015”专项行动，持续推进和全面巩固软件正版化工作，积极推动版权公共服务体系建设，版权工作取得新成效。

一、著作权法宣传普及工作

在《四川日报》等主流新闻媒体、城市中心电影院公布版权保护举报投诉电话，呼吁全社会积极参与打击侵权假冒工作和网络侵权盗版专项治理行动。开展著作权行政处罚责任清单清理工作，组织相关单位参与《著作权法》等法律法规征求意见活动。牵头组织开展联合执法检查活动，重点检查省、市图书批发市场，加强计算机软件市场检查，打击非法预装计算机软件行为。召开新闻发布会，向省内主要媒体公开发布《四川省2014年版权保护典型案例》。参加四川省政府新闻发布会，会同相关部门公开发布《2014年四川省知识产权保护状况》。在四川省新闻出版广电局、四川省版权局门户网站和官方微博上宣传四川省版权工作成果和产业发展状况。

版权宣传普及工作以“尊重创新、保护版权”为主题，以宣传普及著作权法律法规为重点，以促进版权创造、管理、运用和保护为目的，大力提升全社会版权认知度。

(1)设计制作宣传海报、知识手册等宣传资料，组织举办版权“进机关、进校园、进社区、进企业”活动，以宣教展览、定点咨询、发放资料等形式加强版权主题宣传。(2)发挥党报党刊阵地作用，刊登报道版权相关工作；策划拍摄版权工作宣传视频，并在电视台、公交移动电视、楼宇外墙LED等视频媒体播放。(3)设计制作版权平面宣传公益广告，并在城市广场、公园、大型商场等地适时投放、张贴。(4)在“4·26知识产权宣传周”期间，开展一系列版权宣传活动。会同“扫黄打非”部门开展侵权盗版和非法出版物集中销毁活动以及“绿书签”签名活动；组织版权执法相关部门，深入重点地区开展联合执法检查。(5)举办版权知识讲座；召开座谈会，邀请版权执法相关单位以及版权专家、学者、企业和权利人参加。

二、版权执法监管工作

召开四川省版权执法监管工作会议，全面部署全省各级版权部门执法监管工作。积极组织实施全省新闻出版广播影视版权系统开展打击侵犯知识产权和制售假冒伪劣商品工作，行政执法共立案48个；联合四川省公安厅、省通管局、省网信办制订工作方案，组织开展了为期6个月的全省打击网络侵权盗版“剑网2015”专项行动。召开四川省网络执法专题工作培训会，进一步提升全省各级版权执法部门网络版权行政执法能力和水平。查办一批侵权盗版案件，“成都风云丝路网站侵犯著作权案”被国家版权局列入“2015年度打击侵权盗版十大案件”。

(1)重点打击侵权假冒行为，对侵权假冒问题多发地区和重点市场加强督查。对重大案件采取挂牌督办查处，深挖生产源头，端掉“黑窝点”，震慑犯罪分子。

(2)加强与宣传部门及有关媒体的沟通联系，及时向媒体提供宣传线索和素材，曝光一批违法违规企业和大案要案，报道工作成果和经验做法，营造舆论宣传的强大声势。

(3)切实健全完善版权行政执法工作制度，进一步完善沟通协调机制。对重大案件及时组织会商，密切部门执法协作，加强对侵权假冒多发地区的督查，及时发现问题，组织联合整治，形成打击侵权假冒行为的合力。

(4)深入分析典型案件，针对日常监管和专项行动中暴露出的问题深入开展调研，加强版权行政执法，密切行政执法与刑事司法有效衔接，推动建立完善版权保护的联动机制和长效工作机制，有效防止侵权盗版行为反弹现象发生。

三、版权公共服务工作

积极推动版权贸易工作，完成年度图书版权贸易合同登记备案 316 项，其中，引进 219 项，图书输出 87 项。鼓励创新，推动作品登记范围和登记数量、质量实现较大突破，2015 年全省各类作品登记 3002 件，计算机软件版权登记突破 3000 余件。积极举办版权贸易工作培训，进一步提升全省出版单位版权贸易工作水平。向国家版权局提出申请并获得批准，正式建立了成都国际版权交易中心，进一步增强版权产业发展的聚集效应。大力开展版权示范创建工作，2015 年 10 月，眉山青神竹编产业园区荣获"全国版权示范园区（基地）"称号。

以版权示范创建工作为抓手，全面推动版权公共服务体系建设。

（1）抓宣传普及，不断增强全社会版权意识。把加强版权普法宣传，提高全社会版权意识纳入版权的战略性、基础性工作。

（2）抓案件查办，依法打击侵权盗版行为。以打击侵犯知识产权和制售假冒伪劣商品工作为抓手，以打击网络侵权盗版的"剑网"行动为载体，积极会同相关部门，依法打击各类侵权盗版行为。

（3）抓软件正版化工作，树立政府保护知识产权的良好形象。进一步完善了政府机关软件正版化的经费保障、资产管理等长效机制，确保全面覆盖、长期正版。

（4）抓"走出去"战略，推动中华文化走向国际市场。大力开展版权贸易，先后与英国、美国等 10 余个国家和中国香港、台湾地区形成长期的版权贸易伙伴关系，版权进出口贸易合同备案稳步增长。

（5）抓作品登记，大力积累版权产品资源。加大作品自愿登记工作力度，重点资助省内优秀的非物质文化遗产中新创作作品的登记工作，扩大作品登记数量和覆盖面。

四、推进使用正版软件工作

全面巩固省、市、县三级政府机关软件正版化工作成果，建立健全软件正版化工作长效机制。2015 年，四川省 58 个省级部门、21 个市（州）1356 个市级部门、183 个县（市）区 9632 个县级部门，共采购正版软件 15 921 套，实施采购资金 1353.74 万元人民币。2015 年 8 月，国务院推进使用正版软件工作部际联席会议办公室第九检查组对四川省 6 个省级政府部门机关软件正版化工作情况进行了检查。2015 年 11 月，国家版权局软件正版化工作检查组对四川省新闻出版行业企业四川党建期刊集团和新华文轩出版传媒股份有限公司软件正版化工作进行了检查。

四川省在推进政府机关使用正版软件工作中采取了强有力的措施。

（1）加强组织领导。各级政府及时调整推进使用正版软件工作领导机构，进一步健全工作机制，强化工作职责，为推进工作提供了重要组织保障。（2）落实监管责任。各地区、各部门领导小组成员单位坚持率先垂范，明确职责分工，落实相关责任，强化部门协作，切实做好推进使用正版软件各项具体工作。（3）强化督导检查。四川省政府领导小组积极强化工作督导检查，多次派出督查组，深入一线基层，开展业务指导、动态跟踪、重点督查。（4）完善管理机制。坚持一手抓软件正版化，一手抓打击侵权盗版，加强对软件市场的日常监管与专项整治，严厉打击计算机非法预装行为。（5）建立长效机制。各级版权行政管理部门认真履行领导小组办公室职责，开展软件正版化工作宣传教育和培训指导，督促各地区各部门建立完善软件正版化工作台账制度，积极推进软件正版化工作的科学化、规范化、制度化，为实现软件使用长期正版化提供制度保障。

（四川省版权局　王志坚）

司法工作

2015年，四川省各级法院深入贯彻落实党的十八大和十八届三中、四中、五中全会精神，坚持司法为民、公正司法，充分发挥司法保护知识产权的主导作用，着力打造裁判尺度统一、裁判标准明确的四川知识产权审判新模式，为创新驱动发展及“万众创业、大众创新”战略的实施提供了坚强有力的司法保障。

一、加大知识产权保护力度，进一步强化司法保护知识产权的主导作用

2015年，四川省各级法院按照“三合一”审判模式，共受理各类知识产权案件3531件，审结3196件，结案率为90.51%。其中受理民事知识产权案件3367件，审结3057件，结案率为90.79%；受理知识产权刑事案件143件，审结119件，结案率为83.21%；受理知识产权行政案件21件，审结20件，结案率为95.24%。四川省各级法院审理了一系列社会影响大、关注度高的知识产权案件，有力维护了知识产权人的合法权益，彰显了人民法院加强知识产权司法保护以及严厉打击侵权行为的力度与决心。如泸州老窖公司诉泸州宏窖酒业公司侵害商标权纠纷案、徐某某诉四川帝王洁具公司侵犯著作权纠纷案、成都松川雷博机械设备公司诉成都索拉泰克精密机械公司侵害实用新型专利权纠纷案。各级法院在保证判决协调性的基础上，普遍加大了对知识产权的侵权损害赔偿数额，司法保护知识产权的主导作用进一步发挥，有力促进了“万众创业，大众创新”战略实施。

二、扎实推进知识产权审判“三合一”改革试点工作，有效提升案件审判质效

四川省各级法院自2014年4月在全省范围内开展知识产权审判“三合一”试点工作后，由知识产权审判庭统一审理知识产权民事、行政、刑事案件，明确了“侵权—违法—犯罪”界限的区分和衔接，有效避免了不同审判业务庭就同一法律关系或相同法律事实作出不同认定。四川省高院通过强化条线监督指导、加强审判规范化建设，有效统一了知识产权案件裁判标准。如针对音像作品著作权商业维权案件中的新情况、新问题开展调研，及时制定下发了《关于确定音像作品著作权侵权损害赔偿数额的意见》，重新明确了该类案件的裁判标准。试点工作开展以来，全省各类知识产权案件一审服判息诉率平均提高3.46个百分点，审理周期平均缩短11.5天。

三、充分发挥技术专家作用，不断提高法官在查明技术事实方面的能力和水平

(1)提高陪审率。将具有专业技术特长和一定法律知识的专业人士选聘为人民陪审员，与法官共同组成合议庭，帮助法官解决专业性技术问题。(2)完善技术专家咨询制度。四川省高院制定了《知识产权审判技术专家管理办法(试行)》，进一步规范全省法院知识产权审判技术专家选任、使用和管理工作，推动建立全省法院知识产权审判技术专家库，有效发挥技术专家在案件审理、技术咨询、技术调查方面的积极作用。(3)充分发挥专家证人的作用。四川省各级法院严格按照四川省高院出台的《关于知识产权案件专家证人出庭作证的规定(试行)》的要求对专家证人的资格、专家证人意见采信等问题进行全面规范，在知识产权审判工作中充分运用专家证人帮助查明案件技术事实。2015年，四川省各级法院共引入技术专家参与或协助审理各类知识产权案件36件。

四、切实加强业务指导培训，努力提升知识产权法官的司法能力

为提高知识产权法官的司法能力和综

合素质，四川省高院与四川法官学院密切配合，开展全省知识产权法官的集中专业培训，邀请最高人民法院相关领导、资深法官、专家学者等进行专题讲座。四川省高院知识产权审判法官及全省负责知识产权案件审理工作的中级、基层法院相关庭领导及骨干法官共计 200 多人参加了培训。四川省各级法院还分别就民事、行政、刑事案件组织部分知识产权法官参加庭审观摩，努力培养精通知识产权三类诉讼的审判人员，倾力打造审判队伍。

五、努力拓展知识产权司法保护的宣传途径，提升全民知识产权保护意识

四川省各级法院以“4·26 知识产权宣传周”为抓手，结合全省知识产权司法保护的现状和特点，开展了一系列活动。四川省高院在发布《2014 年知识产权司法保护白皮书》、2014 年知识产权司法保护十大典型案例之外，还牵头组织中级、基层法院开展了知识产权审判进园区、进校园、进社区等巡回审判宣传活动。全省三级法院共精选 13 件知识产权典型案例进行公开开庭审理，并邀请社会公众旁听案件庭审。全省法院积极创新宣传模式，将宣传工作与传统媒体、新兴通讯工具相结合。如开通“司法智慧助力创新”微信平台，及时向社会公众提供个性化的意见和建议；有的法院知识产权审判庭与当地电视台录制主题访谈节目，选取与人民群众生活密切相关的知识产权真实案例宣传法治精神，树立了正确的司法导向。有的法院前往当地创新型重点、骨干企业，开展以“商业秘密保护与竞业限制”等为主题的法律讲座，并就企业如何增强知识产权司法保护意识、提高知识产权保护能力进行座谈，努力助推地方创建国家知识产权示范城市。

（四川省高级人民法院知识产权审判庭）

检察工作

2015 年，四川省检察机关按照最高人民检察院和四川省打击侵权假冒领导小组办公室的要求和部署，坚持把打击侵犯知识产权和制售假冒伪劣商品工作摆在突出位置，始终保持对侵权假冒犯罪高压态势，认真开展诉讼监督，不断推动相关领域行政执法与刑事司法衔接工作，不断提升知识产权司法保护水平和能力，在打击侵权假冒工作方面取得了较好成效。

一、立足职能，严厉打击侵犯知识产权和制售假冒伪劣商品相关犯罪

四川省各级检察机关在办理侵权知识产权和制售假冒伪劣商品案件中，严把事实关、证据关、程序关和法律适用关。对于公安机关立案侦查的重大、复杂、疑难案件，检察机关坚持提前介入，引导侦查取证，在确保办案质量的同时，做到及时高效，确保相关案件办理在检察环节不堵不塞。2015 年，四川省批捕侵权知识产权犯罪案件 48 件 92 人，起诉 100 件 217 人。

二、深挖细查，严肃查处侵权假冒案件背后的职务犯罪

加强对国家工作人员为侵犯知识产权和制售假冒伪劣商品犯罪活动充当“保护伞”和徇私舞弊不移交刑事案件、帮助犯罪分子逃避处罚等职务犯罪行为的监督，对办案中发现的相关行政管理和执法机关、司法机关及其人员在涉及知识产权保护案件中受贿、滥用职权、玩忽职守、徇私舞弊等职务犯罪线索，及时移送职务犯罪侦查部门办理，并配合做好查办工作，形成监督合力，促进公正廉洁执法。

三、注重协调配合，积极推进全省打击侵权假冒领域“两法衔接”工作

四川省检察院作为全省“两法衔接”工

作的牵头单位之一，注重依托“两法衔接”工作机制，通过案件咨询、案件会商、交叉培训等形式，加强与商务厅、知识产权局、新闻出版广电局等部门的协作配合，为侵权假冒犯罪案件移送提供协助和配合，确保违法必究、有罪必究。2015年，经检察机关建议，四川省行政执法机关移送侵权假冒领域涉嫌犯罪案件232件268人，公安机关已立案185件215人。其中，移送侵犯知识产权犯罪案件29件37人，公安机关立案22件28人。

同时，积极推进四川省三级“两法衔接”信息共享平台的应用管理。截至2015年12月，四川省“两法衔接”信息共享平台已登陆接入单位7339个，登录接入率为97.53%；接收行政处罚案件信息87 388条；行政执法机关录入主动移送信息587条，检察机关录入建议移送涉嫌犯罪案件信息262条，向国家“双打”平台推送侵权假冒犯罪案件信息29条。

四、强化宣传工作，营造知识产权保护的良好氛围

四川省检察院以《四川省行政执法与刑事司法衔接工作动态》专刊为平台，介绍各地行政执法机关和司法机关打击侵权假冒工作动态和典型案例，推广好的做法和经验，加强全省各地各部门打击侵权假冒工作交流。2015年，共编发“两法衔接”专刊13期。同时，注重与报刊、网络、电视台等新闻媒体的联系沟通，积极提供新闻素材，做好打击侵权假冒工作和“两法衔接”宣传工作。2015年“4·26知识产权宣传周”期间，四川省检察院与成都市检察院、成华区检察院共同筹备检察机关打击侵犯知识产权犯罪宣传工作，通过现场咨询、展板展示等方式，宣传检察机关打击知识产权犯罪成果，提高人民群众保护知识产权意识。

（最高人民检察院侦查监督厅供稿）

贵州省

专利工作

一、知识产权战略方面

(1)组织实施了知识产权战略推进计划执行情况考核。依据《实施知识产权战略2015年度推进计划》，分别从知识产权创造和运用等方面明确37项工作任务，分解到19个省直知识产权职能部门；牵头组织对各市（州）2014年度实施知识产权战略绩效进行了考核并通报。协调统筹各级各部门重点围绕黔酒、黔茶、黔药、旅游商品和其他农特产品，推进地理标志的申请、保护和运用，对“桐梓方竹笋”等10件地理标志兑现奖励，新增12个地理标志产品。(2)加强知识产权宣传和人才培养。组织开展“4·26知识产权宣传周”活动，召开了《2014年贵州省保护知识产权状况》白皮书新闻发布会；举办知识产权普及培训和讲座共15期，约3500人参加培训。

二、知识产权保护方面

制定实施专利行政处罚自由裁量规定、执法协作和罚没财物管理等执法制度。举办贵州省专利行政执法资格培训班，培训省、市（州）、县（市、区）三级执法人员178名。制订实施《贵州省2015年知识产权执法维权“护航”专项行动方案》。2015年共计查处1346件专利案件，比2014年增长74%，查处专利案件总数位列全国第八名。其中，查处假冒专利案件1300件，比2014年增长77%，查处假冒专利案件总数位列全国第五名。

三、知识产权创造运用方面

(1)与贵州省财政厅联合制定下发《贵州省专利申请资助管理办法》,该办法突出专利资助政策的质量导向,专利申请由提前资助改为授权后资助,由对3种专利进行资助改为仅对发明专利予以资助,资助额度由每件2600元人民币提高到5000元人民币,且首件发明专利10 000元人民币。分4批资助专利申请8043件,金额1881.34万元人民币。2015年,贵州省专利申请量18 295件,专利授权量14 115件,每万人口发明专利拥有量为1.55件。其中发明专利申请量7538件,同比增长7.9%。专利授权量14 115件,同比增长39.7%。其中发明专利授权1501件,同比增长43.3%。(2)推动知识产权与经济融合,大力促进知识产权运用。制定贵州省科技项目立项的“三查”规定,对2015年申报的1721个科技计划项目实行“查重、查新、查专利”,并将结果运用到项目的立项管理中。(3)实施知识产权强企工程,大力培育知识产权优势。改革知识产权优势企业的评价方式,由计算机系统自动遴选产生。20家企业被确定为贵州省知识产权优势企业,选择40家企业开展第六批知识产权优势企业培育工程,并对2014年认定的29家企业给予580万元人民币补助。投入400万元人民币选择20件核心专利技术组织实施及转化运用,项目实施期预计实现新增销售收入9.16亿元人民币、利税1.03亿元人民币。投入近200万元人民币选择10个重点产品或主要技术领域以及2个重点产业开展专利战略研究和专利导航产业发展。对通过第三方认证的3家企业分别给予10万元人民币补助。(4)加强知识产权公共服务平台建设,大力提高知识产权服务能力和水平。对4家知识产权服务辅导机构分别给予30万元人民币补助。评选优秀专利代理机构和代理人员,对新设立的专利代理机构给予一次性补助。截至2015年年底,贵州省专利代理机构达16家,其中7家为省外在黔设立的分支机构,贵州省专利代理机构年内共代理专利申请6120件,超计划数22.4%,服务企业1065家。(5)开展专利权质押贷款贴息补助。对7家企业的专利权质押贷款给予贴息补助146万元人民币,7家企业利用专利权质押获得银行贷款共计1.29亿元人民币。对荣获第十六届中国专利奖、2013～2014年度贵州省专利奖、外观设计专利奖的25个项目给予表彰奖励,奖励金额达到145万元人民币。组织申报和推荐7个项目参评第十七届中国专利奖,最终其中5个项目获得中国专利奖优秀奖。

(贵州省知识产权局)

商标工作

贵州省工商和市场监管部门大力推进商标战略实施,切实发挥商标战略带动地方经济发展的作用。

加强商标服务指导。组织赴基层开展帮扶调研,向当地企业普及商标专业实务知识,帮助解决商标运用中的困难和问题,积极协调国家工商总局支持贵州省商标战略的实施和促进企业、地方经济的发展。深入企业开展驰名商标培育工作,按照《2015年度实施商标战略推进计划》安排,深入实地考察,加大对各地驰名商标的培育和指导力度,支持企业申报驰名商标,打造自主品牌,提高市场竞争力,贵州省2015年度有9件商标被认定为驰名商标,创历年驰名商标被认定数之最。开展著名商标认定工作,发布《省工商局关于做好2015年著名商标认定工作的通知》,到多地了解著名商标申报情况,走访企业和农民专业合作社,指导申报贵州省著名商标工作。深入开展“商标富农”工作,完善“商标富农”机制,积极指导行业组织申报地理标志,推动发展特色品牌之路。

开展一系列打击侵犯知识产权和制售假冒伪劣商品的专项行动,为经济社会健康有序发展提供了保障。其中，开展保护茅台集团和习酒公司知识产权专项行动，净化贵州省白酒市场；开展保护地理标志商标专用权专项行动，有效遏制侵犯地理标志商标专用权、擅自使用地理标志产品专用标志等违法行为。还在媒体上公布贵州省“双打”十大典型案例，有效地震慑了制假、售假等违法犯罪分子。开展了商标代理机构专项整治工作，贯彻落实专项整治措施，宣传法律法规，严查案件，打击违法行为，有效规范代理市场。

深入开展商标宣传培训。注重在“4·26知识产权宣传周”期间强化《商标法》及相关法律法规的宣传工作，通过媒体大力宣传商标工作成效和商标品牌力量，提升了贵州省企业产品知名度，强化了全民知识产权保护意识；举办贵州省商标行政执法培训班，提升了行政执法水平。

加强基础设施建设。健全商标基本数据库，以贵州省工商行政管理门户网站为平台，建设商标专栏，公开申请注册商标程序、著名商标申报流程、商标代理机构以及相关法律法规等商标信息，统计商标注册等数据资料；开发“驰名、著名、地理标志商标查询统计软件”，采用信息化手段监督管理商标，提高商标监管工作效率和服务水平。

2015年，贵州省商标申请量22 846件，注册量19 352件，累计有效注册量72 482件。

（贵州省工商行政管理局）

版权工作

2015年，贵州省版权局根据国家版权局的工作部署和贵州省版权局年度工作安排，紧紧围绕实施知识产权战略的方针，以服务贵州省经济、文化建设发展为版权工作出发点，积极开展版权管理与服务工作。

一、软件正版化工作

按照推进使用正版软件工作部际联席会议办公室印发的《2015年推进使用正版软件工作计划》要求，制订了《贵州省2015年推进使用正版软件工作实施方案》，该实施方案印发到贵州省9个市、州和93个省直部门，对推进政府部门使用正版软件工作进行了部署。按照方案的要求，各市、州及省直部门上报了2015年推进使用正版软件工作计划及工作情况。

按照《关于进一步落实政府机关软件正版化工作责任的函》的要求，开展软件使用情况专项自查，并按时将《软件使用情况表》报送推进使用正版软件工作部际联席会议办公室。建立健全软件正版化责任人数据库，及时更新和补充省级机关软件正版化责任人相关信息，进一步明确各级政府机关软件正版化工作责任部门和责任人。制定了《贵州省政府机关软件正版化工作考核细则》并将其印发至93家省直部门及各市（州）人民政府。2015年8月3～5日，推进使用正版软件工作部际联席会议对贵州省政府机关软件正版化工作进行检查。检查采取随机抽查的方式，抽检了贵州省政法委等4个省直部门。此次检查，对推进各级政府机关落实软件正版化政策措施、健全考核和责任追究制度、层层落实责任起到积极作用。2015年11月下旬，国家版权局办公厅《关于政府机关软件正版化工作检查情况的通报》对24家中央部门和12个省（区、市）的71家省级机关的检查情况，进行了通报，指出：“贵州省积极探索适合省情的软件正版化工作新思路，将推进政府机关软件正版化工作与促进国产软件引用相结合，在四个区（县）开展国产操作系统软件应用试点，有效解决软件采购经费紧张问题。”对威宁县、织金县、黔西县以及百里杜鹃管委会在贵州省率先试点应用国产操作系统软件，推进政府机关软件正版化工作进行了充分肯定。

持续推进企业软件正版化。贵州省版权局和贵州省国资委联合下发《关于做好推进地方国有企业使用正版软件工作有关事项的通知》，要求市(州)版权局、国资监管机构、省属国有大中型企业明确目标，做好整体规划进一步推进企业软件正版化工作。新闻出版广电总局督查组于 2015 年 10 月 27～28 日到贵州日报报业集团、贵州出版集团，对新闻出版行业企业软件正版化工作完成情况进行督查。督查组听取汇报，查阅相关资料，实地抽检了贵州日报报业集团、贵州出版集团下属二级企业计算机软件安装使用情况。检查组向贵州省版权局及被检查单位反馈了检查情况，指出了企业计算机及软件安装使用中存在的问题和改进的办法，要求两个集团尽快健全和完善推进使用正版软件工作领导机构，建立工作体系，层层落实责任，确立最后时限，以实现集团企业总部全部使用正版软件为首要任务，再到二级企业，分步推进，逐级落实，按要求完成新闻出版企业使用正版软件工作。

二、版权行政执法工作

积极开展打击网络侵权盗版"剑网 2015"专项行动。根据国家版权局、国家互联网信息办公室、工业和信息化部、公安部等四部门《关于开展打击网络侵权盗版"剑网 2015"专项行动的通知》精神，贵州省版权局牵头贵州省互联网信息办公室等 4 家单位，联合下发了《关于开展贵州省打击网络侵权盗版"剑网 2015"专项行动的通知》，同时，成立了贵州省打击网络侵权盗版"剑网 2015"专项行动领导小组，启动贵州省第十一次打击网络侵权盗版专项治理行动。贵州省各地及各有关部门按照通知要求，随即开展行动贯彻落实。贵州省版权局、省互联网信息办公室、省通信管理局、省公安厅建立了快速联动机制，将"剑网 2015"专项行动的具体工作落实到处(室)、落实到人，确保开展查处行动时能实现迅速对接。在"剑网 2015"专项行动的清理整治阶段，全省各地对辖区涉及著作权的网站和论坛进行排查，组织开展自查自纠。专项整治行动期间，接国家版权局移转案件两次，涉及网络侵权盗版案件线索 11 起。接报后迅速启动快速联动机制，和贵州省通信管理局等有关部门取得联系。经过认真调查，所涉案件都得到了查明落实。

三、版权公共服务管理和宣传工作

2015 年，贵州省版权局办理作品自愿登记 220 件，有效保护了著作权人的合法权益。完成作品登记数据库录入上报工作。

加大著作权法律法规宣传教育活动的力度，不断提高社会公众的版权意识。对"4·26 世界知识产权日"宣传周活动进行安排，并结合实际，指导地(州)版权局组织开展具有地方特色的版权宣传教育活动。

参与制定《贵州省知识产权保护状况白皮书》，巡视员胡德怀参加了"贵州省知识产权保护状况白皮书"新闻发布会。

(贵州省版权局　徐　梅)

司法工作

2015 年，贵州省知识产权审判以党的十八大会议精神为指引，认真贯彻中央、贵州省委和最高人民法院的要求，围绕贵州省高院党组年初制定的工作要点，以"让人民群众在每一个司法案件中都感受到公平正义"为目标，紧紧围绕"司法为民、公正司法"的主线，充分发挥审判职能，全年各项知识产权工作均取得显著成绩。

一、抓好执法办案第一要务，充分发挥审判职能

2015 年，贵州省全年共新收各类知识产权案件 256 件(新收案件 239 件，旧存 17 件)，审结 215 件，审结率为 83.98%。其中，民事案件 189 件(含 15 件旧存)，审结 150 件，审结率为 79.37%；刑事案件 66 件(含 2 件旧存)，审结 64 件，审结率为 96.97%；行政案件 1 件，审结 1 件，审结率为 100%。所结案件均在审限期内审结，各

项审判质效指标完成情况良好。

(1)精益求精提高审判质效。审判实践中切实把好案件事实关、证据关、法律关和文书关，强调不能就法论法，就案论案，要做好判前释法、庭审释明、裁判说理和判后答疑等工作，从源头上预防涉诉信访案件的发生。例如，贵阳市中院受理的原告洪某某、邓某某与被告贵州某银行和贵州某食品公司著作权纠纷案件。该案是贵阳市中院审理的首例涉及蜡染民间艺术著作权侵权纠纷案件，合议庭在开庭前查阅大量资料，对蜡染这一民间艺术做了深入了解。庭审中，合议庭清晰地梳理并归纳争议焦点，充分听取双方当事人的陈述，引导他们围绕涉案美术作品是否能纳入著作权法保护范围，被告是否存在侵权行为等展开举证、质证、认证。判决后，当事人双方握手言和。这是贵阳市中院认真贯彻“庭审中心主义”的具体体现，也是贵阳市中院积极探索运用司法保护民族民间文化艺术的一次生动实践。

(2)加强审判监督管理。全省知识产权审判庭充分利用法院网上办公系统，加强审判管理信息化、规范化、制度化建设，严格案件审判流程管理，强化审判质效分析。通过建立长期未结案件督办机制，杜绝产生超审限案件、长期未结案件。

(3)加强诉讼调解工作。贵州省始终坚持贯彻“调解优先，调判结合”工作原则，统筹协调好调解与判决的关系，注意调解的成效，努力做到“调解一个，化解一片”。例如，贵州省高院受理的金某某与某网络通信公司侵害作品信息网络传播权纠纷案，因该案既涉及如何保护贵州省民间音乐创作人的创作积极性及创作成果，又涉及维护我国大型国有企业的商业形象，更重要的是促进民间音乐创作人与大型国有企业之间合作，给民间音乐创作人更广阔的发展空间，承办法官从长远利益与发展前景等多角度为当事人作耐心细致的思想工作，最终促成双方达成调解协议。由于本案的成功调解，原告放弃了与本案相关联的，仍在中院进行审理的 14 个案件的权利主张，彻底化解了这起纠纷。并促成了双方的合作。

二、积极开展调研活动，不断丰富审判理论

(1)开展“黔茶知识产权保护问题”课题调研。品牌战略离不开知识产权的保驾护航，为了助推黔茶品牌发展稳步进行，贵州省高院知识产权审判庭成立了课题组，对贵州省茶产业知识产权保护课题展开专项研究。课题组以贵州省“三绿一红”茶叶品牌为样本，走访了省和地方茶叶管理部门、行业协会、生产企业等，对贵州省茶产业的发展现状、品牌管理等与知识产权保护相关的问题进行梳理、分析，完成“黔茶知识产权保护问题研究——模式、问题及对策”的调研报告。

(2)注重培养年轻干部，推动审判理论创新。贵州省特别注重鼓励、培养知识产权审判人员的调查研究能力。其中，肖瑶、许文艳申请了省高院的青年课题，并完成了“贵州民族民间文化知识产权保护问题研究——民间文学艺术表达的传承与发展”一文。该课题的成果，有利于全省法院厘清民族民间文化类纠纷中著作权、商标权相关的法律适用问题。

三、加大宣传力度，树立良好司法形象

(1)举办知识产权活动月系列活动。“4·26 知识产权活动月”期间，贵州省高院以“保护、运用、发展”为主题，编写《贵州法院知识产权司法保护状况(2010～2014年)》白皮书以及贵州法院近 5 年知识产权司法保护十大典型案例，进行了新闻发布会等形式多样的活动。

(2)延伸审判触角，宣传知识产权司法保护。2015 年 12 月中旬，贵阳市中院精选 2009～2014 年已审结的 29 个典型知识产权案例，编写了《辩法析理——贵阳中院知

识产权案例采撷》一书。

四、推进审判改革，完善审判工作机制

（1）继续深化知识产权案件“三审合一”试点工作。一是为充分体现知识产权“三合一”审判模式，满足知识产权审判机构专门化要求，方便对外开展工作，贵州省高院民三庭成功申请挂牌“知识产权审判庭”；二是为深入推进知识产权审判“三合一”试点改革，合理规划知识产权案件管辖布局，贵州省高院积极开展了知识产权民事和行政案件集中管辖改革试点工作，印发《贵州省高级人民法院关于开展知识产权民事和行政案件集中管辖改革试点工作方案》。

（2）加强兄弟单位之间的沟通，破解审判难题。贵阳市中院主动牵头，由贵阳市公、检、法、司四家政法单位联合参加的关于知识产权刑事案件审判专题座谈会，于2015年4月24日在贵阳市中院召开。4家单位分别就知识产权刑事案件的“诱惑侦查”、涉案货值的计算、证据的移送和比对、执行的衔接机制等问题发表了意见。

（贵州省高级人民法院知识产权审判庭）

检察工作

2015年，贵州省检察机关按照国务院、最高人民检察院及贵州省政府的统一安排部署，充分发挥检察职能，结合本地实际，认真组织，积极参与，深入开展打击侵犯知识产权和制售假冒伪劣商品犯罪工作，有力地打击了一批制假、售假、侵犯知识产权的犯罪行为，取得一定成效。

一、充分发挥检察机关打击犯罪职能，严惩侵犯知识产权和制售假冒伪劣商品犯罪

贵州省各级检察机关强化与相关部门协作配合，合力对重点地区、重点部位，有针对性地开展专项整治。目前，全省各级检察机关已与法院、公安、工商、烟草、食药监、环保等单位建立了良好的“两法衔接”机制，定期召开联席会，及时通报打击侵权假冒犯罪工作情况，商讨解决在打击侵权假冒违法犯罪工作中存在的问题和困难，建立合力打击侵权假冒违法犯罪工作机制，为社会主义市场经济秩序健康发展提供有力保障。

二、依托专项行动的开展，强化打击侵犯知识产权和制售假冒伪劣商品犯罪

贵州省检察机关根据贵州省打假办的安排和部署，贵州省检察院侦查监督处下发了《关于开展打击农村和城乡结合部侵犯知识产权和制售假冒伪劣商品犯罪的通知》，要求全省各级检察机关侦查监督部门积极配合开展好打击农村和城乡结合部侵犯知识产权和制售假冒伪劣商品犯罪专项整治工作，及时报送工作开展情况及典型案例。按照最高人民检察院的部署和安排，2015年3月11日，贵州省检察院印发了《贵州省检察机关开展“破坏生态环境资源犯罪专项立案监督活动”和“危害食品药品安全犯罪专项立案监督活动”工作实施方案》的通知。专项立案监督活动期间，全省三级检察院通过走访公安、环保、林业、食品药品监督管理等单位，查阅行政执法台账，摸排有案不移、有案不立、以罚代刑线索。

三、大力推进“两法衔接”工作机制建设

2015年12月29日，贵州省检察院与贵州省政法委、贵州省法制办联合下发了《关于建立行政执法机关、公安机关、检察机关、审判机关信息共享、案情通报、案件移送工作机制的意见》。贵州省“双打”办、贵州省检察院联合牵头建设的贵州省打击侵权假冒领域行政执法与刑事司法衔接信息平台也取得重大进展，按计划于2016年上半年正式运行。

四、加大典型案例的经验总结

贵州省检察院侦查监督处在全省各级检察机关共征集2014年度检察机关保护知识产权典型案例15件，向最高人民检察院侦查监督厅推荐了周某某假冒注册商标案和刘某某、邓某某销售假冒注册商标的商品案参评全国十大典型案例，现正按最高人民检察院的工作部署，收集、整理2015年打击制假售假、侵犯知识产权典型案例，通过典型案例以案说法，大力提升检察机关立案监督、审查逮捕、刑事追诉该类案件的能力，确保案件质量，保证专项活动打出声威、打出成效。

（最高人民检察院侦查监督厅供稿）

云南省

专利工作

2015年，云南省围绕全省中心工作，突出企业技术创新主体地位，强化知识产权服务，着力提升知识产权运用和保护能力，营造大众创业、万众创新知识产权法治环境，坚定不移地推动创新驱动发展战略的实施，知识产权的数量、质量和运用能力稳步提升，云南省知识产权事业取得新成效。

一、专利创造能力实现新突破

2015年，云南省专利申请量17 603件，专利授权量11 658件，同比分别增长31.93%和43.5%，分别高出全国平均增幅12.53和11.5个百分点，其中云南省专利授权量首次突破万件大关。其中发明专利申请量6301件，发明专利授权量2079件，同比分别增长33.16%和46.1%；通过国家知识产权局受理国际专利申请48件，同比增长77.78%，超额完成了建设创新型云南行动计划2015年专利增长目标任务。截至2015年年底，发明专利有效量为7608件，比2014年增长24.68%，每万人发明专利拥有量1.61件，增长23.08%。2015年，云南省专利申请量、授权量、发明专利拥有量三项指标均居全国第二十二位。

二、扎实推进知识产权战略实施

（1）由云南省知识产权局牵头组织联席会议27个成员单位起草了《贯彻深入实施国家知识产权战略行动计划（2014～2020年）的实施意见》，并由云南省政府办公厅印发实施。（2）云南省知识产权战略实施工作联席会议审议通过并实施了《2015年云南省知识产权战略实施推进工作指导意见》。（3）牵头组织召开了“4·26知识产权宣传周”及云南省知识产权新闻发布会。（4）制定实施了《云南省知识产权局关于〈2015年全国专利事业发展战略推进计划〉任务分解的通知》。（5）科学研究制定各州市2015年度专利目标任务，将其纳入创新型云南行动计划指标。（6）继续实施知识产权强县工程。2015年，曲靖市麒麟区被确定为国家知识产权强县工程试点县（市、区），古城区作为全国6个县（市、区）之一入选国家传统知识产权保护示范区。

三、深入实施强企工程

2015年，云南省级专利转化实施计划项目共立项26项，安排专利转化资金300万元人民币，带动项目总投资1.43亿元人民币。认定云南龙润药业有限公司等22家企业为第五批云南省知识产权优势企业。启动首批云南省知识产权优势企业培育工作，遴选211家企业作为培育对象。3

项发明专利获得第十七届中国专利奖优秀奖。稳步推进知识产权质押融资工作。与中国人民银行昆明中心支行等部门联合建立知识产权、科技、金融及评估机构工作联动机制。开展了知识产权质押贷款需求征集工作，向 4 家银行提供了 30 余家有质押贷款需求的企业情况，促进了银企对接。2015 年，云南省专利质押贷款金额 5.12 亿元人民币。

四、加大知识产权保护力度

云南省知识产权局组织开展省、州、县三级联合专利行政执法工作，先后组织开展 4 次大型省、州、县联合执法维权活动。2015 年，云南省共办理专利案件 162 件，检查各种专利产品 1100 余件。以第三届中国—南亚博览会暨第二十三届中国昆明进出口商品交易会为重点，开展专利行政执法和维权服务。

2015 年，云南省知识产权局与云南省高院签署了《专利民事纠纷司法审判与行政调处衔接机制合作备忘录》，建立专利民事纠纷司法审判与行政调处的衔接机制。2015 年云南省知识产权局受理该机制移交案件 19 件，成功调处 12 件。

2015 年，在云南省德宏州设立中国(云南)知识产权维权援助中心，形成一中心多网点服务机制，使云南省知识产权维权援助网点达 4 个，2015 年办理维权援助申请 48 件。

五、推进宣传培训及人才培养

深化知识产权普及培训和业务培训。组织和承办了国家知识产权局在云南开展专利代理机构业务能力促进工作培训班；分别在文山、楚雄等州市举办知识产权行政管理人员行政执法实务培训；组织相关人员前往浙江省学习电子商务知识产权执法维权培训。2015 年，累计培训各类人员达 6000 多人次。

2015 年，云南省知识产权局与大连理工大学国家知识产权培训(辽宁)基地签署了战略合作框架协议。在知识产权启蒙教育方面，昆明市、保山市等继续深化中小学生知识产权启蒙和普及教育，昆明市官渡区第五中学被列为首批"全国中小学知识产权教育试点学校"。

六、强化服务能力建设

(1)依托国家知识产权局专利局昆明代办处，进一步优化服务，继续推行服务质量公众评价制度，各岗位的公众意见评价表满意率达 100%。(2)通过专利电子申请知识宣传、用户注册、电子申请数字证书下载等一站式服务，提高社会公众专利电子申请意识和操作技能。2015 年，云南省电子申请率继续位居全国第一。(3)专利资助政策导向作用更加凸显，突出对重点产业、战略性新兴产业和生物医药等方面的专利资助。2015 年，云南省对符合资助条件的专利共资助 4540 项，发放资助资金 300 余万元人民币。

(云南省知识产权局)

商标工作

云南省工商和市场监管部门坚持一手抓发展，一手抓保护，加强商标品牌培育，强化商标行政保护，加大商标宣传培训，全面推进云南省商标战略实施，取得显著成效。

加快实施商标战略，服务品牌经济发展。各级工商行政管理机关紧紧围绕当地优势产业和产品，继续推进"一所一标""一所多标""一人一标"，加强商标注册申请的指导服务，云南省商标申请和注册数量快速增长，保持了连续高速增长。稳步推进著名、知名商标认定工作，完成 2015 年第十三届云南省著名商标认定活动，全年认定省著名商标 487 件；共 15 个州市开展了知名商标认定活动，全年各州市新认定知名商标 323 件。引导企业利用驰名商标法律制度维护自身合法权益，依法依规做好驰名商标认定申请的审查上报，驰名商标快速发展，2015 年云南省被认定驰名商标 23 件。围绕当地农产业发展规划，积极发掘当地地理标志资源，主动协调有关部门，指导地理标志注册人完善并提交注册资料，地理标志商标发展迅速，对推动农业产业化发展、推进高原特色农业品牌建设起到了积极作用。

加大商标保护力度，努力维护商标品牌市场秩序。下发《2015 年云南省工商系统打击侵犯知识产权和制售假冒伪劣商品工作实施方案》，深入开展“双打”行动。2015 年共立案查处商标侵权假冒案件 334 件，案值 231.89 万元人民币，罚没金额 218.91 万元人民币。以保护云南省中国驰名商标、云南省著名商标、州市知名商标和地理标志商标专用权为切入点，在全省范围内开展保护商标专用权和地理标志商标专用权专项行动，依法查处商标侵权和违法使用行为、侵犯地理标志商标专用权行为和擅自使用地理标志产品专用标志行为。针对云南省重点产业、重点企业在商标异议、商标争议等案件中遇到的困难和问题，积极提供业务指导咨询，加强同省委、省政府和国家工商总局请示汇报和沟通协调，切实维护云南省品牌权益。

加强商标宣传培训，营造推进商标品牌战略实施的积极氛围。坚持加大商标宣传力度，认真组织开展“4·26 知识产权宣传周”工作，发布了云南省工商系统打击侵权假冒工作开展情况和新《商标法》及《商标法实施条例》实施以来云南省查处的包括地理标志商标在内的十大典型案例，举办了题为“打造地理标志商标品牌　助推高原特色农业发展”的新闻发布会，组织开展了全省相关地理标志商标产品的展示和品鉴活动；组织云南省驰名、著名、地标企业参加“第十九届西洽会暨丝博会”和“丝绸之路经济带品牌(商标)建设与经济发展合作交流大会”专题活动。强化商标业务培训，继续在全系统开展业务培训和岗位练兵活动，从县级工商局层层选拔“商标服务能手”，组织开展了“省级商标服务能手”竞赛。各州、市工商系统分级分类开展了商标业务培训，2015 年云南省工商系统内共开展商标法律法规、商标业务知识、商标案件指导等各类培训 179 次，培训人数 5783 人次。通过宣传培训，切实增强了商标战略实施能力，提高了全社会商标品牌意识。

继续完善机制，不断强化商标战略实施制度保障。认真梳理商标工作权力和责任清单，清理规范性文件。继续将商标战略实施工作纳入年度重点工作考核指标体系，分别对 16 个州市工商局开展三级商标品牌的培育申报、地理标志商标的指导申报、“双打”等工作情况进行了目标任务考核。严格执行云南省工商系统商标监管工作人员行为规范，结合党的群众路线教育实践活动整改措施，狠抓商标监管工作人员队伍建设，提高廉洁自律意识，云南省工商局严格执行《云南省工商系统商标监管工作人员十不准》，严守工作纪律，提高工作效能，维护好商标权利人和消费者的合法权益。

2015 年，云南省商标申请量 46 850 件，注册量 33 271 件，累计有效注册量 137 285件。

（云南省工商行政管理局）

版权工作

2015 年，云南省版权工作紧紧围绕制定的工作目标，大力提升版权的创造、运用、保护和管理水平，全省版权工作有序推进。

一、版权宣传工作

(1)参加由云南省知识产权局和云南省新闻办公室共同举办的 2015 年云南省知识产权保护状况新闻发布会暨宣传周活

动启动仪式，并发布云南省版权保护、软件正版化工作所取得的成果。

（2）云南省版权局联合昆明市版权局开展了系列版权宣传活动。一是举办了2015年云南省版权知识演讲大赛，19支参赛队伍的38个参赛作品进入了决赛，最终评出版权知识演讲比赛特等奖1名、一等奖3名、二等奖10名、三等奖16名以及优秀组织奖和组织奖各10名。二是开展新闻媒体宣传活动。分别在《云南日报》等主流媒体开辟专栏，连续宣传软件正版化暨版权相关知识。三是2015年4月24日在昆明市南屏步行街广场开展“4·26知识产权宣传周”广场宣传活动和“拒绝盗版 从我做起”万人签名活动，现场对2015年云南省版权知识演讲大赛的获奖选手进行颁奖，活动现场共发放各类版权宣传品2万余份。

二、软件正版化工作

（1）按照云南省政府办公厅要求，云南省版权局版权处草拟《2015年云南省软件正版化工作实施方案》，在征求云南省推进使用正版软件工作联席会议14个成员单位意见后，报国家推进使用正版软件工作部际联席会议办公室（国家版权局），并逐步建立全省州市县政府机关软件正版化工作责任部门责任人数据库。

（2）为切实巩固政府机关软件正版化工作成果，进一步建立健全正版化长效机制。编印了《云南软件正版化工作文件汇编》并发送到全省各级政府机关，为做好软件正版化工作提供指导和参考。

（3）与云南省国资委联发《关于做好推进云南国有企业使用正版软件工作有关事项的通知》到各省属企业，各州市新闻出版广电（版权）局、国资委具体布置具体工作。并在连云宾馆联合举办云南省国有企业软件正版化工作培训班，全省40多家国有企业共计70余人参加培训，培训为完成全省目标企业软件正版化工作打下良好基础。

（4）组织召开了云南省推进使用正版软件联席会议联络员会议，省推进使用正版软件工作联席会议15个成员单位联络员参加了会议。会议传达了国家版权局举办的2015年第三期政府机关软件正版化工作培训班有关精神。

（5）根据云南省版权局关于组织开展“稳增长 抓落实”重点项目督查工作的通知要求，积极做好软件正版化重点项目的督查工作，对16个州市落实《云南省人民政府办公厅关于政府机关使用正版软件的实施意见》等文件精神的情况进行督查，查阅相关台账，对督查中发现的问题要求州市积极整改。

（6）举办了2015年云南省省级政府机关软件正版化工作培训班，来自全省45家省级政府机关的70多人参加了培训。同时，举办了云南省州市县软件正版化培训班，来自全省16个州市的相关部门负责人及129个县（市、区）文体广电旅游（新闻出版）局相关负责人共230多人参加了培训。

（7）积极配合国家检查组对云南出版集团、云南日报报业集团两家大型行业出版集团的软件正版化情况进行了检查。

三、版权执法监管工作

（1）作为全省“双打”领导小组的成员单位，认真总结2014年云南省版权局打击侵权假冒工作，形成《云南省新闻出版广电局关于2014年打击侵权假冒绩效考核工作分项报告》《云南省新闻出版广电局关于2014年打击侵权假冒工作总结》，并报送云南省商务厅。认真做好国家督查组对云南相关工作检查的台账整理准备工作，获得督查组的好评。

（2）根据国家版权局《关于推荐查处侵权盗版案件有功单位及有功个人的通知》要求，认真开展筛选推荐工作。经过国家版权局评定，云南省共获有功单位一等奖1个，有功单位三等奖1个，有功个人二等奖1个，有功个人三等奖1个。其中，“3·28”

销售盗版《新华字典》案被评为 2014 年度打击侵权盗版十大案件。

(3)加强版权执法培训。积极组织云南省基层版权执法人员分别参加国家版权局的 3 期版权执法培训。举办了 2015 年云南省边境版权执法管理培训班，来自全省 16 个州市新闻出版局以及 25 个边境县市版权执法人员共计 160 余人参加了本次培训。

(4)开展为期半年的“剑网 2015”专项行动。召开了“剑网”行动相关职能部门协调会，会上对《云南省“剑网 2015”专项行动通知(征求意见稿)》征求相关部门意见，会后云南省版权局、云南省互联网信息办公室、云南省通信管理局、云南省公安厅、云南省文化厅联合下发《云南省“剑网 2015”专项行动通知》，指导全省的“剑网 2015”专项行动。

(5)2015 年 10 月 12～13 日，举办了“剑网 2015”专项行动培训班。来自云南网等省内相关大型网站的 40 余名代表参加了培训。

(6)加大版权执法力度。据不完全统计，2015 年云南省共查处侵权盗版案件 26 起，收缴侵权盗版物品 53 906 件。

四、版权公共服务工作

(1)与云南省司法厅公证处、法制宣传处等相关处室就版权保护与公证工作的协作机制以及将版权法律法规宣传纳入云南省普法工作等相关事宜进行了座谈和调研工作，并形成调研报告。

(2)2015 年，云南省共登记作品 302 件，完成图书引进合同的备案登记 109 件，避免了图书版权贸易中的纠纷。开展企业软件正版化信息统计工作，共备案 19 份。受云南省出版物鉴定委员会的委托，积极做好侵权盗版出版物鉴定工作，2015 年共对 35 件抽样鉴定物作出鉴定。

(云南省版权局　马云虹)

司法工作

2015 年，云南省各级法院在院党组的领导下，坚持以“三个代表”重要思想和科学发展观为指导，紧紧围绕“三严三实”“忠诚、干净、担当”专题教育活动和法院“规范管理年”的要求，牢固树立“司法为民”的服务宗旨，爱岗敬业，依法办案，认真履行职责，圆满地完成了各项工作。现就 2015 年的工作总结如下。

一、加强学习，提高政治素质

只有坚持学习政治理论，才能使思想常新、精神充实、工作见成效。为了使“公正司法、一心为民”的理想信念转变为现实，云南省各级法院认真学习邓小平理论和“三个代表”重要思想，深入学习科学发展观理论，掌握精神实质。通过认真学习贯彻科学发展观以及党的十八大，十八届三中、四中全会精神，云南省各级法院全面深入地掌握了科学发展观的精神实质和深刻内涵，把思想和行动统一到民事审判工作上来，自觉地用科学发展观理论武装头脑，强化法官为民的责任感。只有强化法官为民的责任感，才能发扬服务大局、情系百姓、勤奋工作的敬业精神，做好每一件，哪怕是非常细小的工作，才能成为像邹碧华一样的新时期的人民好法官。而没有责任感的法官则远远不能称得上一名合格的法官。

同时，为了使全体庭员在思想政治方面也不放松学习，云南省高院知识产权审判庭多次组织集中学习和要求个人自学党的各项理论政策，并通过邹碧华、高德荣、杨善洲同志的先进事迹，激励大家坚定理想信念，坚守法治精神，忠诚敬业，乐于奉献。

二、依法履职，积极开展工作

2015 年，云南省高院知识产权审判庭

主要完成了以下工作:(1)2015 年庭上案件旧存 11 件,新收 158 件,结案 138 件,结案率达 81.7%。(2)为了加大对知识产权权利人的保护力度,提高知识产权侵权案件处理的专业化和高效化,云南省高院知识产权审判庭主动与云南省知识产权局相关部门联系和协调,建立了专利纠纷司法审判与行政调处衔接机制。2015 年,实际经过法院办理的该机制下的案件共有 19 件,其中诉调前移送案件 17 件,调解 12 件,撤案 3 件,由于找不到当事人退回昆明市中院 2 件;诉中委托调解案件 2 件,退回昆明市中院继续审理。总体而言,19 件案件的调撤率达 79%。(3)为了进一步提高涉外民商事案件的审判水平,云南省高院知识产权审判庭在最高人民法院要求报送典型案件的契机下,先在庭内开展优秀裁判文书点评活动,让审判人员学习借鉴好的审判思路和文书制作经验,提高裁判文书质量。同时,为了使涉外民商事审判工作保障和服务于党中央和国务院提出的"一带一路"建设,云南省高院知识产权审判庭还参加了最高人民法院"一带一路"司法研究中心成立的座谈会,与其他法院交流学习。(4)为了加大知识产权宣传力度,增强全社会知识产权的维权意识,云南省高院知识产权审判庭负责整理了 2014 年知识产权司法保护十大典型案例,并在"4·26 知识产权宣传周"向社会公布;并且,为了协助云南省高院民二庭关于民营企业法律保护的主题调研,云南省高院知识产权审判庭也积极参与撰写了有关民营企业如何加强自身知识产权创新和保护、防范他人侵害或避免侵害他人知识产权权利的有关案例。(5)加大与其他部门的沟通协调,统一知识产权案件裁判标准。2015 年由于卡拉 OK 侵权案件大批量出现,云南省高院知识产权审判庭与昆明市中院知识产权审判庭通过座谈方式,对该批案件的证据采纳、判赔金额、合法来源等进行探讨,基本形成该批案件的处理思路和方式。同时,为了规范知识产权案件中采用频繁的公证取证行为,云南省高院知识产权审判庭与云南省司法厅、云南省公证协会就公证过程中的一些问题进行探讨,以便公证机关合法有效地开展工作。(6)为了贯彻落实云南省委、省政府扶贫攻坚战略部署,按照"挂包帮""转走访"的工作要求,云南省高院知识产权审判庭率先进村入户开展遍访,了解摸清结对帮扶贫困户的有关情况。

三、廉洁自律,确保司法公正

加强法律职业道德建设,使法官充分认识当前党风廉政建设的重要性及严峻形势。2015 年年初云南省高院知识产权审判庭各法官与院党组签订了《党风廉政责任书》,严格按照约定落实责任,时刻敲响廉政警钟。使法官做到清正廉洁,严格执行审判纪律,不与当事人私自接触,管住自己的嘴,管住自己的手,管住自己的腿,养成良好的生活作风,自觉抵制社会的不正之气,守护住自己纯洁的心灵,守住廉洁的做人底线,坚持自警、自励、自省,在工作中刚正不阿,不受利诱,坚持以事实为依据,以法律为准绳。云南省各级法院知识产权法官在工作中努力学习,廉洁奉公,恪尽职守,努力实践"科学发展观""人民法官为人民"的理念。

(云南省高级人民法院知识产权审判庭)

检察工作

2015 年,云南省检察机关紧紧围绕云南省改革发展稳定大局,认真贯彻落实党的十八届四中、五中全会精神,发挥检察职能,以强化监督能力建设为抓手,依托信息共享平台,严格依法打击侵犯知识产权和制售假冒伪劣商品犯罪活动,促进社会和谐稳定和公正廉洁执法,为建设"法治云南""平安云南"提供了有力司法保障。

一、高度重视打击侵权假冒工作

云南省各级检察机关高度重视打击侵权假冒犯罪工作,为加强组织领导,均成立了由院领导任组长,侦监、公诉、反贪、反渎、宣传等部门主要负责人为成员的领导小组。权责明确、责任到人。同时积极开展"扫黄打非、清源2015专项行动""打击整治传销集中行动""清风行动"等,扩大打击侵权假冒犯罪的声势和成效。

二、稳步推进"两法衔接"工作

云南省作为全国检察系统中首批建立涵盖多个行政执法机关的大信息平台的省份,共接入16个州市18个行政执法机关的1827个行政执法部门,已经实现了与全国"双打"办信息平台的对接。截至2015年12月,共接收录入行政处罚案件1万余件,法律法规820多条,拓宽了立案监督渠道。

三、积极开展重点领域专项治理

云南省检察机关以专项活动的开展为契机,积极推动打击侵权假冒工作领域行政执法与刑事司法衔接机制的完善。云南省检察院分别走访了云南省公安厅、云南省食药监局等单位,了解掌握了全省食品药品领域侵权假冒行政处罚案件的基本情况,对建立和完善相关领域的信息共享、案情通报、案件移送标准和程序等长效机制达成了共识。

四、加强宣传营造良好的舆论氛围

云南省检察机关结合"六五"普法、法制宣传周、"送法下乡"等活动,通过发放传单、图片展览、法律知识讲座等多种形式广泛宣传,树立诚信守法典型,曝光违法案件,提高保护和尊重知识产权、自觉抵制侵权产品的意识,鼓励群众及时发现并揭发打假造假行为,维护健康有序的市场竞争环境。红河州检察机关多部门联动,先后多次组织了形式多样、丰富多彩的法制宣传活动,共计向群众发放宣传资料近4万余份、手提袋1600余个、摆放法律展板200余块。

(最高人民检察院侦查监督厅供稿)

西藏自治区

专利工作

一、2015年工作概况

2015年,西藏自治区专利申请受理量310件,较2014年增长25.5%。其中发明专利申请受理量128件,较2014年增长39.1%。PCT国际专利申请受理量1件,专利受理结构:发明专利41.4%、实用新型专利29.1%、外观设计专利29.4%。发明专利授权量40件。截至2015年12月底,全区有效发明专利量为298件,专利密度为93.8件/百万人。

二、知识产权宣传

西藏自治区精心组织开展了丰富多彩的"4·26知识产权宣传周"活动和"中国专利周"活动,邀请《西藏日报》进行专访,开展知识产权系列讲座、设置知识产权宣传板、发放相关宣传资料、邀请法律专家接受群众咨询等,发放各种宣传资料共计20余品类7000多份。积极参加西藏自治区"五下乡"活动和公安厅"5·15"打击经济犯罪宣传活动,累计发放知识产权保护运用等各种宣传资料2000余册(份),营造了尊重和保护知识产权的浓厚氛围,激发了全区知识产权创造、运用、管理、保护热情。

三、知识产权培训

组织以全国知识产权领军人才为主体的高水平讲师团进藏分别在山南、拉萨等地举办了第十六期西藏(企业)知识产权培训班和第二期西藏专利信息帮扶培训班。在阿里地区科技局举办知识产权专题讲座。培训大大提高了全区知识产权工作者对专利运营管理、政策保护和专利信息利用的认识和运用能力。选派西藏自治区知识产权局 1 名工作人员到国家知识产权局专利复审委员会挂职学习半年。

四、知识产权管理与服务

实施《西藏知识产权交易与信息服务平台建设》项目,为专利信息利用打下基础。开展《西藏自治区高新技术企业传统藏药知识产权保护现状及对策研究》课题研究,有针对性地提出藏药产业知识产权保护措施和对策。积极做好西藏自治区第十七届中国专利奖评选组织推荐工作。面向全区企业开展专利检索和信息服务。

五、专利行政执法

开展知识产权执法检查,先后在拉萨、日喀则、林芝和山南四地市的大型商场超市、土特产商店、农贸市场等进行了专项执法检查,对专利标识不正确现象进行了纠正,对发现的假冒专利进行了处理。

(西藏自治区知识产权局)

商标工作

西藏自治区工商和市场监管部门扎实推进商标战略实施,以推进、培育著名商标、驰名商标、地理标志商标为重点,狠抓商标工作,积极服务地方经济发展。

扎实推进商标战略实施。认真贯彻落实《西藏自治区人民政府关于大力实施商标战略的意见》,商标注册申请量稳步增长;表彰西藏自治区著名商标企业并发放奖金,引导更多企业走品牌发展之路;制定《自治区工商局 2015 年特色农牧业品牌建设实施方案》,农牧业品牌带动农牧业发展的贡献率明显提升,并形成一批具有行业主导能力、市场竞争优势的农牧业品牌产品;各地(市)也协调成立商标战略工作领导小组,出台实施商标战略意见、中长期发展规划或推进产业商标战略意见,召开推进商标战略实施会议,表彰和奖励地理标志商标企业、西藏自治区著名商标企业和推进商标战略实施工作先进单位。

深入实施商标富农工程。对地理标志产品资源的现状进行摸底调查,掌握发展地理标志商标的优势及存在的不足等情况,为培育和发展地理标志商标打好基础。各地(市)在辖区范围内确定 2～3 个有特色、有发展潜力的地理标志产品,作为“十三五”期间培育和发展的重点,引导行业协会、农技推广机构等组织积极申请地理标志商标注册。强化农产品地理标志和商标保护工作,开展为期半年的保护地理标志商标专用权专项行动,加强和规范地理标志商标和地理标志专用标志使用管理,依法查处侵犯地理标志商标专用权行为和擅自使用地理标志产品专用标志行为。

加强商标服务指导。下发了《关于做好 2015 年商标重点工作的通知》,各地市组织开展商标使用与管理专项检查,重点检查驰著名商标和地理标志商标使用管理情况,抽查其他商标。下发《关于开展第九批西藏自治区著名商标评审认定工作的通知》,认真开展第九批西藏自治区著名商标认定工作。组织了 6 家具有西藏地域特色和发展前景的驰著名商标企业参加 2015 年的中国国际商标品牌节,在中华商标协会免费为西藏参展企业提供了 12 个商品展位的基础上,西藏自治区工商局出台相应配套措施,为每家参展企业资助人员差旅费和商品托运费,减轻了企业负担,扩大了品牌效益,获得了良好的社会及经济效益。主动消除不稳定因素,积极处理商标代理公司负责人失联后给有关委托人造成损失的事件，2015 年共协助申请人完成申请注册 105 件，转让申请 10 件，续展注册 1 件，补证 5 件，共计费用 140 800 元人民币；对事关维稳大局的流通商标“TSAMPA EATER(藏文)及图样”(意为“吃糌粑的人”)的商品问题进行妥善处理。

认真组织“双打”行动。根据《2015 年全国工商系统打击侵犯知识产权和制售假冒伪劣商品重点工作要点》和《2015 年西藏自治区打击侵犯知识产权和制售假冒伪劣商品重点工作要点》，西藏自治区工商系统有效开展了打击侵犯知识产权和制售假冒伪劣商品专项行动。2015 年西藏自治区共查处商标侵权假冒案件 68 件，罚没金额 55.37 万元人民币。

2015 年，西藏自治区商标申请量 3469 件，注册量 1769 件，累计有效注册量 6217 件。

(西藏自治区工商行政管理局)

版权工作

2015 年，西藏自治区版权局版权工作紧紧围绕自治区党委政府中心，以贯彻区党委八届六次全委会精神为主线，以推进版权公共服务、机关和企业软件正版化、打击侵权盗版专项行动为主要工作，积极发挥版权在服务社会主义先进文化建设中的基础性、资源性和战略性重要作用。

一、版权公共服务工作

(1)参加青岛版权交易博览会。应山东版权局的邀请，按照西藏自治区版权局领导在《关于参加“青岛·东北亚版权创意精品展示交易会暨正版优秀图书展”的邀请函》上的批示要求，精心组织自治区出版、传媒机构参加青岛·东北亚版权创意精品展示交易会暨正版优秀图书展，组织了《漫画中国西藏》《布达拉宫》等正版优秀图书、音像电子类出版物近 400 册(盘)参加了展出。在 2015 年 4 月 30 日的开幕式上，以独具民族特色的展台布置和优秀的作品展示，受到了主办方的高度关注和各方面参展人员一致好评。其中，优秀图书《八大藏戏》荣获银奖，音像制品《文成公主》荣获铜奖。

(2)组织局系统加强版权保护、规范版权管理工作座谈会。在部署打击网络侵权盗版工作基础上，召集西藏人民广播电台、西藏电视台等单位，就日常工作中加强版权保护、规范版权管理的做法进行座谈交流。

(3)提出西藏自治区开展作品登记可行性方案。在总结前些年探索自治区作品登记的基础上，结合当前自治区经济社会发展和版权工作实际，从机构人员编制、登记平台建设、登记办公用房、收费问题和开展唐卡作品研讨等方面，形成了一个主体报告和四个分报告的自治区开展作品登记可行性方案。

(4)思考研究“十三五”版权重点项目。结合自治区版权工作现状，着眼于“互联网＋”形势下的版权管理，建议把版权服务平台与版权监管(二期)平台建设，作为“十三五”时期版权工作的重点项目。

二、软件正版化工作

(1)安排部署 2015 年正版化工作。根据自治区政府领导要求，制订《西藏自治区 2015 年推进使用正版软件工作实施方案》，提出十项主要工作，经自治区政府批准，报国家联席会议并下发至各地市各单位。

(2)调整联席会议成员单位。根据自治区机构整合和人员变动的实际，2015 年年初，在原有自治区推进使用正版软件工作厅际联席会议成员单位的基础上，对联席会议成员单位进行了重新确认。经书面请示自治区政府分管领导同意，下发《关于充实调整自治区推进使用正版软件工作厅际联席会议成员的通知》。

(3)召开自治区联席会议。自治区政

府副秘书长、联席会议召集人李秀珍授权副局长游胜苗主持召开自治区联席会议，通报了2014年全区软件正版化推进工作情况，认真分析自治区推进政府机关软件正版化的工作态势，着眼于进一步推进自治区政府机关落实软件正版化工作责任，确实巩固政府机关软件正版化成果，研究通过了需要开展的九项工作。

(4)部署落实推进软件正版化工作责任制。根据自治区政府分管领导在国家联席会议《关于进一步落实政府机关软件正版化工作责任的函》上的批示要求，及时制定下发《关于进一步推进政府机关落实软件正版化工作责任的通知》，安排部署开展专项自查、建立正版软件数据库、完善软件资产管理、制定软件正版化工作考核办法等四项工作。

(5)全面开展专项自查和建立正版软件数据库工作。根据国家联席会议要求，着眼于打基础、摸底数，对7地市、自治区60多个机关的计算机现有软件使用情况以及各机关计算机的软件管理部门、负责人等信息进行统计。据统计，西藏自治区2015年使用的计算机为49 000多台，比前两年正版化工作中统计的数字增加了8000多台，操作系统以微软Windows 7和XP为主，办公软件以金山WPS为主，汇总数据上报给国家联席会议办公室。

(6)开展地市正版化督查工作。利用“双打”督查、版权执法等工作之便，分期分批赴昌都市、林芝市、日喀则市、山南地区、阿里地区等地市开展政府机关正版化工作督查，从建章立制、长效机制上督促正版化工作。

(7)建立政府机关正版化长效机制。自治区财政厅制定了《关于进一步规范和加强政府机关软件资产管理的意见》，自治区审计厅制定了《关于加强政府机关使用正版软件审计监督工作的通知》，自治区版权局制定了《西藏自治区政府机关使用正版软件工作考核细则》。

(8)启动西藏自治区国有企业软件正版化工作。根据国家版权局和国务院国资委《关于做好推进地方国有企业使用正版软件工作有关事项的通知》精神，制订下发《关于推进自治区国有企业办公软件正版化工作的实施方案》。为确保推进国有企业办公软件正版化工作取得实效，联合自治区政府国资委等成员单位，深入首批自治区国资委监管的国有企业开展调研。

(9)启动西藏自治区非公有制企业软件正版化工作。根据国家版权局办公厅和全国工商联办公厅《关于做好推进民营企业使用正版软件工作有关事项的通知》精神，制订下发《关于推进民营企业办公软件正版化工作的实施方案》。为确保推进民营企业办公软件正版化工作取得实效，联合自治区政府国资委等成员单位，深入会员企业开展调研，对民营企业使用的计算机操作系统、办公软件、杀毒软件进行抽查，指导民营企业开展推进办公软件正版化工作。

(10)开展软件正版化培训工作。在林芝市举办软件正版化培训班，林芝市的市直及各县80多个单位参加培训班。在拉萨市举办全区企业软件正版化工作研讨会，自治区38家国有企业和46家会员制民营企业参加会议。

三、版权执法工作

(1)积极开展“双打”工作。积极配合自治区“双打”办工作，制订工作方案，围绕市场侵权盗版现象，协调自治区文化市场综合执法总队、区“扫黄打非”办等单位，就加强版权执法，查处案件进行沟通协调。

(2)配合开展“双打”督查工作。赴昌都市和拉萨市的6县10镇开展专项督查，重点对软件正版化工作和网络侵权盗版、出版物市场进行了督查。

(3)安排部署“剑网2015”专项行动。制定专项行动工作方案，多次召开版权、网管、公安、通信四部门协调会议，成立工作小组，协调网管、通信、公安、互联网营运商、文化综合执法等部门，部署工作任务，组织开展“剑网2015”专项行动。

(4)有效开展“剑网2015”专项行动。重点围绕文字、影视、音乐、游戏、软件等作品的网站进行监管。确定西藏新闻网、西藏之声网等5家重点门户网站作为自治区主动监管网站，召集各网站负责人召开座谈会，组织区内主要网站开展“先授权，后传播”自查自纠工作。

(5)举行打击侵权盗版有功单位授牌仪式。对受到国家版权局表彰的乃东县人民法院、人民检察院等单位组成的“3·06”侵犯著作权案件专案组进行鼓励，赴山南地区举行自治区2014年度查处侵权盗版案件有功单位授牌仪式。

四、知识产权宣传周活动

紧紧围绕2015年“4·26世界知识产权日”“因乐而动、为乐维权”这一主题，认真筹划知识产权宣传周相关工作，及时召开保护知识产权宣传周活动协调会，对“4·26知识产权宣传周”活动做了具体的安排和部署。

从国家版权局官方网站下载了以“因乐而动、为乐维权”为主题的图片、音乐、视频等素材，翻译成藏文，以藏汉两种文字形式印制各类宣传海报2000张，分别发放给新闻出版广电系统、拉萨市等地，粘贴在各大中小学校、新华书店、电影院等公共场所，派发知识产权宣传资料。向西藏电视台、《西藏日报》等本地区平面媒体、网络媒体等提供宣传报道的素材，在2015年4月23～26日，用藏汉两种语言在西藏卫视和藏语频道滚动播放宣传周公益宣传短片，做到与国家版权局上下联动、形成合力，扩大版权宣传的社会影响力。

（西藏自治区版权局　张百忍）

司法工作

2015年，西藏自治区两级法院在西藏自治区高院党组的正确领导下，在自治区党委的坚强领导和最高人民法院的正确指导下，深入贯彻党的十八大和十八届三中、四中全会精神和习近平总书记关于依法治国的重要讲话精神，尤其是中央第六次西藏工作座谈会精神，充分履行宪法和法律赋予的职能，紧紧围绕“努力让人民群众在每一个司法案件中都感受到公平正义”的目标，始终坚守以“司法为民，公正司法”为主线，立足反分裂斗争主战场实际，狠抓审判工作，维护公平正义，提升能力素质，忠实履行司法职能，圆满完成了各项任务。现对西藏自治区高、中两级法院2015年的知识产权司法保护工作进行总结。

一、2015年工作完成情况

（一）参加政治理论学习情况

西藏自治区高、中两级法院能够认真贯彻落实党的路线、方针、政策和中央新时期西藏工作指导思想，按照自治区党委的决策部署，立场坚定、旗帜鲜明地反对分裂、维护稳定，做到服务大局不动摇，落实司法为民不放松。在始终坚持按时完成机关党委安排的学习任务以外，西藏自治区高院民三庭还自行安排了学习任务，要求每位干警认真做好每次的学习笔记和心得体会。与此同时，抓好对西藏自治区高院民三庭《工作目标管理责任书》的落实，切实做到有令必行、有禁必止，要求西藏自治区高院民三庭所有人员严格遵守中央“八项规定”、自治区党委“约法十章”“九项要求”、最高人民法院“六项措施”“十个不准”等铁规和禁令。

（二）案件审理情况

2014年10月至2015年12月，西藏自治区高院民三庭没有新收关于知识产权方面的民事案件。在上述期间，7 个地（市）中院中只有拉萨市中院民三庭受理了 1 件涉及知识产权民事案件，案由为技术委托开发合同纠纷，诉讼标的 22 万元人民币，现已结案，结案方式为撤诉。其他 6 个地（市）中院均没有受理知识产权案件。

（三）积极宣传知识产权司法保护情况

（1）针对自治区知识产权法律及知识产权案件的审判状况，西藏自治区高院民三庭积极加强宣传知识产权司法保护情况的工作，发挥主观能动性，编撰了一套知识产权法制宣传手册（共九册），在西藏自治区高院政治部宣教处的协助下，印刷成册。不仅利用“4·26 世界知识产权日”和“12·4 国家宪法日”这两个平台，把法制宣传材料发放给群众，而且利用调研的机会，将宣传材料送给各地（市）法院从事知识产权审判的同志，同时对知识产权法制宣传工作进行指导。

（2）借助“4·26 知识产权宣传周”，由西藏自治区高院宣教处协调，通过《西藏法制报》《西藏日报》、西藏新闻网等几家主流媒体，大力宣传西藏自治区高院民三庭在知识产权审判工作方面取得的成效以及下一步工作的重点，着力推进知识产权司法保护力度。此次宣传使群众更加了解西藏自治区知识产权司法保护的情况并强化了诉讼指导。

二、认真做好其他工作

2015 年，西藏自治区高院民三庭在人员紧缺的情况下，能够克服困难，认真完成值班、学习、会议工作，参与最高人民法院知识产权审判庭及西藏自治区高院各部门安排的材料报送任务、网络培训，协助其他部门完成要求报送材料的撰写工作。

西藏自治区高院民三庭还规定每周一上午为庭务会的时间，总结上一周的工作，安排下一周的工作任务。并安排每周二下午为业务学习时间，要求每位干警都认真进行业务学习并做好相应的笔记，努力提高自己的业务水平和办案能力。

（西藏自治区高级人民法院
知识产权审判庭）

检察工作

自国务院决定在全国集中开展打击侵犯知识产权和制售假冒伪劣商品违法犯罪活动以来，全区检察机关加大知识产权保护力度，查禁假冒伪劣商品，维护市场经济秩序，创造了良好的社会经济发展环境。

一、发挥组织协调作用，确保专项活动有序开展

打击侵犯知识产权和制售假冒伪劣商品活动是关乎人民切身生活利益，政府职责所在的一项重要工作，开展此项工作需要多个部门的密切配合和通力协作，检察机关是强化对行政执法机关移送涉嫌犯罪案件的监督机关，同样发挥着极其重要的作用，西藏自治区检察机关逐一将打击侵权假冒活动的一般“参与”角色变为“主动”角色，充分发挥组织协调的“能动”作用，把握重点，加强联系，督促行政执法机关及时移送案件，监督公安机关及时立案侦查涉嫌犯罪案件。昌都市检察院以“破坏环境资源和危害食品药品安全犯罪”的专项立案监督活动为契机，与昌都市公安局、昌都市工商行政管理局、昌都市质量技术监督局、昌都市食品药品监督管理局、昌都市林业局、昌都市环境保护局等六家单位共同签订了《行政执法与刑事司法衔接工作机制》，形成了监督检查组织优势、办案合力和宣传声势。

二、突出重点，围绕重点领域严肃打击各类违法犯罪行为

西藏自治区检察机关结合本地工作实际确定重点突出问题，要求严肃依法严厉打击，确保打击侵犯知识产权和制售假冒伪劣商品工作有重点、有实效。例如严肃打击销售假劣药品和化肥、农药、兽药、农机等农资方面的犯罪行为；严肃打击假劣汽柴油、日用商品等方面犯罪行为。

三、广泛开展宣传，营造浓厚舆论氛围

充分依托日常法制宣传，下乡巡回法制宣讲，积极营造舆论宣传氛围，强化人民群众对行政执法与刑事司法相衔接工作的认识和了解，更好地推动“两法衔接”工作良性开展。例如昌都市江达县检察院积极利用“检察开放日”“举报宣传周”“女子检察官”宣传队等活动，选择典型案例“以案说法”，在广大人民群众中广泛开展与人民群众的生产生活息息相关的法制宣传活动。

四、积极总结，建立长效机制

西藏自治区检察机关积极协调相关行政执法部门开展联合执法检查活动，目前，未发现需要移送的犯罪线索。打击侵犯知识产权和制售假冒伪劣商品行动是一项长期开展的工作，西藏自治区检察机关将进一步研究部署，积极会同相关执法部门协作、配合，总结工作经验，达成工作意见，建立长效工作机制，以发现行政执法过程中和检察机关监督立案中存在的问题，构建各单位齐抓共管的工作格局，形成打击侵犯知识产权和制售假冒伪劣商品工作的合力，确保西藏自治区公平有序的市场经济秩序。

（最高人民检察院侦查监督厅供稿）

陕西省

专利工作

2015年，陕西省以实施知识产权“一一八”工程为抓手，认真落实陕西省政府《贯彻国家知识产权战略行动计划建设创新型省份知识产权工作方案（2015～2017年）》，积极担当，追赶超越，努力开创全省知识产权发展新局面。

一、做好陕西省知识产权工作顶层设计

根据国家知识产权战略行动计划，结合陕西省建设创新型省份的实际，陕西省政府印发了《贯彻国家知识产权战略行动计划建设创新型省份知识产权工作方案（2015～2017年）》，对未来3年陕西省知识产权工作的指导思想、主要目标、重点工作、保障措施等进行全面部署。积极牵头协调，督导考核陕西省政府相关部门落实该工作方案。

二、启动知识产权密集型产业培育工作

在全国率先开展知识产权密集型产业培育发展工作，在陕西省战略性新兴产业、特色产业中遴选首批工业设计、光电信息、能源装备制造、电子材料、富硒食品、3D打印、新能源汽车、钛产业等8个产业，采取“一产业一方案、综合施策”的办法，开展培育发展工作。

三、推进知识产权管理规范化

开展“贯标年”行动，分别与陕西省国资委、中小企业局联合成立企业贯标领导小组，组织全省150家企业开展“贯标”。与陕西省教育厅联合成立高校贯标领导小组，组织23所高校在全国首批开展高校“贯标”。与中科院西安分院（陕西省科学院）联合，组织2家科研机构开展“贯标”试点工作。制定《知识产权管理规范贯标服务及质量管理办法》等配套文件，完善“贯标”工作体系，提升“贯标”质量。目前，陕西省是全国唯一同时贯彻实施企业、高校、科研组织3个标准的省份。陕西省已形成“政府推动、企业（高校、科研机构）实施、中介支持”的“贯标”工作格局。

四、加强知识产权培训工作

开展“培训年”活动。制定管理办法和培训计划，完善、优化课程设置，建立师资库，开展多层次、全方位、多样化、专题化培训，使陕西省培训工作向规范化、专业化、常态化发展。2015年举办235个培训班，培训人员4.11万人，超额311%完成了2015年目标任务。

五、加强知识产权保护

加强专利行政执法，完善专利行政裁决、行政调解、行政处罚、行政强制等权力清单。2015年共受理专利案件574件，结案567件。开展专利行政执法检查43次，对陕西省各市区专利行政执法进行全面督导，加强对电商、展会等重点领域专利执法，建立全省维权援助工作体系，在西安、咸阳、宝鸡等市区建立维权援助分中心。

六、开展知识产权分析咨询

开展新材料、集成电路、新能源汽车等10个领域的知识产权评议，开展3D打印、电子信息材料、钛产业等产业专利导航，开展云计算、大气污染治理技术及设备等项目专利预警，为政府、产业、企业等提供决策依据。同时，开展知识产权信息分析应用75项。

七、加强专利代理能力建设

实施“专利代理能力倍增计划”。新增专利代理机构5家，发展到33家。新增执业专利代理人29名，发展到182名。同时，促进专利代理机构创新服务业态，积极开展“贯标”、导航、评议、预警、诉讼、维权援助等。

八、推进知识产权金融和运营平台建设工作

会同陕西省银监局、陕西省中小企业局等单位，推进质押融资工作。陕西省专利质押合同登记数达到258件（质押专利469件），居全国第一，占全国总数的11.7%。专利权质押合同金额12.5亿元人民币，惠及企业226家。2015年12月17日，由陕西省政府与国家知识产权局联合主办的平台揭牌仪式暨全国军民融合知识产权运营高峰论坛在西安市举行，注册资本1200万元人民币的市场化平台运营机构——西安科技大市场创新云服务股份公司正式运营。

九、开展知识产权管理创新

建立与市、区纵向联动机制，开展知识产权试点示范市县建设、知识产权密集型产业培育、“贯标”、培训等工作。与省级相关部门建立横向协同机制，开展“贯标”、知识产权金融服务、陕西省专利企业普查、大学生工业设计大赛、专利代理人资格考试等工作。与产业相关大企业、高等学校建立战略合作机制，形成陕西省知识产权工作发展的合力和机制。

（陕西省知识产权局）

商标工作

陕西省工商和市场监管部门以服务经济发展为己任，以保护商标专用权为目标，以维护市场经济秩序为宗旨，大力营造商标保护、发展的良好环境，全面推进实施商标战略。

加大商标知识普及宣传力度，提升宣传效果。突出利用“3·15国际消费者权益日”“4·26知识产权宣传周”等时机，集中宣传商标法律法规和陕西省工商系统商标专用权专项执法行动成果，做好年度《陕西省知识产权保护状况》发布工作；通过手机短信、微博、微信、LED显示屏等新型媒体，重点宣传商标国际注册知识；突出典型宣传，对新认定的23户中国驰名商标企业开展系列宣传报道，为广大企业树立标杆；承办了由陕西省政府和世界知识产权组织主办的“一带一路建设与知识产权国际保护高层讲座”，促进加快发展海外业务。

推进商标注册指导工作，服务经济发展。积极引导并鼓励现代煤化工、装备制造业、文化旅游、特色食品工业等具有省地域特色的优势产业企业注册和使用有创新的商标，一大批具有陕西特色、在国内外市场享有盛誉的品牌健康成长；以驰著名商标培育为重点，落实兑现驰名商标奖励专项资金2800万元人民币，扎实推进实施商标战略，品牌建设成效逐步显现。2015年陕西省中国驰名商标105件、陕西省著名商标2683件，与上年同期相比分别增长了约460%和106%；起草了《关于鼓励和促进商标国际注册工作的实施意见》，提出了“十三五”期间商标国际注册工作的指导思想、目标任务和主要措施；组织开展集体、证明商标调研，2015年陕西省新增地理标志商标10件，加强地理标志品牌保护，促进农村区域经济和特色产业发展；组织并承担第二十一届西洽会暨丝博会有关活动，举办了丝路经济带商标品牌建设与经济发展合作交流大会、西洽会首次商标拍卖会、丝绸之路沿线省区商标展览等大型活动，促进品牌发展与交流合作。

开展政企联动精准维权，取得显著成效。围绕促进陕西省支柱产业发展，完善政企合作常态机制，陕西省工商局与重点企业签订《注册商标专用权保护合作协议》，采取省内“上下联动、严格执法”，省外“注重协调、专项整治”，境外“加强合作、联手打假”的维权方式，建立政企联动协作、工商全面统筹、境内境外协查维权机制，维护企业商标品牌和市场声誉；抽调骨干力量赴外地组织协调当地工商或市场监督管理部门开展保护本省重点企业商标的专项维权打假行动，实施精准维权，极大地提高了打假维权的打击实效。

加大执法力度，深入开展打击侵犯知识产权和制售假冒伪劣商品专项行动。组织陕西省工商系统扎实有效地开展打击侵犯知识产权和制售假冒伪劣商品专项行动。以驰著名商标、涉外商标、地理标志商标为重点，严厉查处商标违法案件，相继开展了“西凤酒”“迪士尼”等注册商标专项执法行动。2015年陕西省工商系统立案查处各类商标违法案件577件，罚没金额354万元人民币；加强与系统内各级各业务部门的联动，强化与公检法、质监、海关、商务、知识产权等部门的沟通协作，建立落实信息通报、线索移送、案件协查、案件移送机制，形成商标专用权保护合力。

2015年，陕西省商标申请量45 857件，注册量43 672件，累计有效注册量169 201件。

（陕西省工商行政管理局）

版权工作

2015年，陕西省版权工作认真贯彻国家版权局的决策部署，在陕西省委省政府的领导下，按照2015年目标任务的要求，细化责任，创新举措，突出重点，打造亮点，各项工作均取得了良好成效。

一、软件正版化工作

经陕西省政府授权，印发了全省软件正版化年度工作方案，陕西省版权局联合陕西省财政厅、审计厅、国资委等职能部门，重点对省级机关31家单位进行了专项检查，及时发现问题，并提出了整改要求。同时，创新工作思路，陕西省版权局采取在省、市、县三级机关分别树立“六四二”个本级机关软件正版化工作创优示范单位，以点带面，推动软件正版化工作不断取得新进展、新成效。此外，贯彻国家推进企业软件正版化工作要求，陕西省版权局同陕西省国资委研讨工作方案，督促其向各市区、各监管企业进行了国有企业软件正版化工作部署，明确了目标，制定了措施，并深入陕西煤炭化工集团现场授课辅导，为推进企业软件正版化工作提供了有力的指导。

二、版权行政执法工作

根据中央和省里有关部门部署，印发“双打”行动方案，联合陕西省网信办、陕西省通信管理局和公安厅共同组织开展了打击网络侵权盗版“剑网 2015”专项行动。注重对基层版权行政执法指导、督办。全省共查处侵权盗版案件 20 起，其中“西安 4·28 印刷盗版图书案”由西安市中院审结。被告人胡某某犯侵犯著作权罪，被判处有期徒刑 3 年，并处罚金 4 万元人民币；被告人路某某犯侵犯著作权罪，被判处有期徒刑 2 年，并处罚金 3 万元人民币。

经陕西省版权局推荐，全省荣获 2014 年度全国查处侵权盗版有功单位二等奖 2 个，三等奖 1 个，有功个人三等奖 3 名，进一步调动了版权执法人员的工作积极性。

三、版权产业发展工作

拓展思路，着力推动版权产业发展。

(1)支持、指导省内图书出版单位举办了首届中韩图书交流展，进行版权洽谈、出版业务交流。据不完全统计，2015 年陕西省输出版权 40 种，引进版权 259 种。

(2)做好第二十二届北京国际图书博览会参展工作，无论是图书品种(2014 年 339 种，2015 年 464 种)还是参展规模均超过了以往，尤其是版权输出签约 14 种，取得历史性突破。

(3)辅导西安电视剧版权交易中心、西安荣信教育文化发展股份有限公司开展版权贸易。该中心共参与影视版权运营项目 10 个，提供投融资服务 5145 万元；荣信公司版权输出 7 种(其中输出台湾 5 种，港澳 2 种)，达成金额 173 万人民币，版权引进 114 种(其中新书引进 95 种，续约 19 种)。该公司已在股市新三板上市，创出文化企业与金融结合的新路。

(4)推动西部国家版权交易中心的平台建设。2015 年 10 月 28 日，支持该中心加入了国家版权局倡导并支持成立的“国家版权交易中心联盟”，与其他 11 家国家级版权交易机构实现抱团发展。在全国版权社会服务工作暨版权交易经验交流会上，西部国家版权交易中心作为大会 3 家介绍经验单位之一介绍了该中心在影视版权、图文版权和互动娱乐版权交易领域所做的实践和探索。2015 年 11 月 11 日，由国家版权局组织的来自《人民日报》等 10 家中央媒体记者专程来陕，对西部国家版权交易中心进行了专题采访和宣传报道。

四、版权宣传教育培训工作

借助省知识产权保护状况新闻发布会，陕西省版权局官网、陕西省广播电视台、报纸和微博微信等公众信息平台，发布版权公益广告、海报、视频，宣传版权工作动态。同时，创新工作方法，采取“走出去”战略，与陕西省作协联合举办版权咨询座谈会；深入影视制作企业，举办版权侵权风险防范专题讲座；指导举办“音乐版权：互联、规范、繁荣”高峰论坛等多种活动，不断提升版权工作的影响力。2015 年 9 月和 10 月，先后举办了全省省级机关软件正版化工作培训班和全省版权执法工作培训会，培训人员达到 200 余人。

五、版权公共服务工作

探索作品登记新途径，调研起草了《陕西省作品登记指定代理机构管理办法》，采取指定作品登记代理机构试点，调动文化企业能动性，扩大作品登记量，取得了明显成效。2015 年作品登记达 1808 件，版权合同备案 620 件，均比上年有较大增长。组织开展评选“省级版权示范单位”，通过示范单位的评选，推动版权公共服务工作的进一步开展。同时，经推荐，荣信教育文化发展股份有限公司成为又一家入选“全国版权示范单位”的企业。

（陕西省版权局　王新民）

司法工作

2015年，陕西省各级法院认真学习党的十八届四中全会、五中全会会议精神，积极开展党的群众路线教育实践活动，落实“三严三实”教育，从思想上根本转变工作作风，深入理解新时期司法为民群众路线新目标，积极化解社会矛盾，全力服务大局，促进社会创新，力争让老百姓在每一起案件中感受到公平和正义。认真学习、深入调研、转变作风、扎实工作，着力开展知识产权审判工作，并取得了较为明显的成效。根据《最高人民法院知识产权审判庭关于报送2015年知识产权司法保护有关材料的通知》要求，现将陕西省一年以来知识产权审判工作主要做法和特点汇报如下。

一、工作成效

（一）案件数量大幅上升，审判任务圆满完成

2015年1～12月，陕西省各级法院共受理知识产权民事纠纷一审案件1077件（含旧存234件），其中知识产权合同纠纷122件，知识产权权属、侵权纠纷929件，不正当竞争纠纷15件，侵害商业秘密纠纷10件，垄断纠纷1件。2015年共审结一审案件1020件，其中调解、撤诉的案件141件，调撤率为13.8%。受理知识产权民事纠纷二审案件103件（含旧存14件）。其中知识产权合同纠纷18件，知识产权权属、侵权纠纷76件，不正当竞争纠纷9件。2015年共审结二审案件98件，其中调解、撤诉的案件23件，调撤率为23.5%。2015年相比2014年一审案件增幅为49.6%（2014年全年案件为720件）。

（二）调研工作不断深入，取得较为明显的成效

面对新形势、新问题，陕西省各级法院不断加大对新类型知识产权案件调查与研究。针对知识产权审判工作的特点，一方面要求审判人员学习相关知识并借鉴兄弟法院经验，另一方面对于既无法律明确规定又无先例可循的案件，在实践的基础上大胆进行有益的探索。在调研为审判服务的方针指导下，2015年全省十分重视对审判工作的调查研究。为了适应审判工作需要，陕西省高院采取多种措施，鼓励全省知识产权审判人员结合工作实践撰写调研文章，多次派员参加最高人民法院举办的知识产权审判工作座谈会。通过学习和调研，为审判经验交流和疑难法律问题研究提供了平台，有力地促进了审判水平的提高。

二、工作亮点

陕西省各级法院积极推进审判机制创新，提高知识产权司法保护水平。重点抓了以下两个方面：

（一）加强知识产权行政与司法工作衔接，加大知识产权保护力度

2015年2月，陕西省高院民三庭与陕西省知识产权局就加强知识产权行政与司法工作衔接进行座谈，就密切加强双方执法协作，共同推进全省知识产权保护体系建设等事项达成一致意见。2015年3月，陕西省高院张小燕副庭长带领部分法官与陕西省知识产权局相关同志一同前往铜川市耀州窑唐宋陶业公司、耀州窑盛源陶业公司两家企业进行知识产权相关法律政策宣传活动。在详细了解耀州瓷传统手工工艺的相关商标、外观设计专利、实用新型专利等基本情况后，陕西省高院民三庭及保护协调处共同对企业如何保护自身合法权益及如何维权等方面问题进行了详细解答，对相关法律问题进行了讲解，并对企业如何运用法律保护科技创新提出了建议，特别是对企业如何拓宽市场，走出省、走出国门，提升企业专利产品知名度，提升专利产品认可度等提出了相关建议。

(二)注重实效，实现法律效果和社会效果的统一

近年来，陕西省高院民三庭针对知识产权社会关注度高的特点和审判公开要求，坚持通过“4·26知识产权宣传周”，积极探索庭审的电视、网络媒体宣传的新形式，秉承打造精品案件的理念，全方位打造高质量审判，发挥高质量审判对行业发展和社会的规范和引领作用。2015年4月24日，陕西省高院民三庭对当事人为陕西万电电气制造公司与浙江中凯科技公司、西安市国美电器公司北大街商城与浙江苏泊尔公司、西安摩尔农产品公司与王某某等的3起知识产权案件集中公开开庭宣判。2015年4月29日，在西安理工大学新校区，陕西省高院民三庭对西安三林能源科技公司与王某某专利申请权权属纠纷案进行了公开开庭审理。陕西省高院邀请部分陕西省人大代表、省政协委员、省知识产权局领导及西安理工大学近百名师生到庭全程旁听，并对庭审全过程进行微博直播。庭审结束后，应邀旁听的陕西省人大代表、省政协委员对此次庭审给予了高度评价，认为这次活动效果显著，增强了学生崇尚科学和保护知识产权的意识，营造了鼓励科技创新和保护知识产权的人文环境。西安市中院成功组织召开4·26知识产权新闻发布会，发布了2015年陕西法院知识产权司法保护状况及十大民事案件。

(陕西省高级人民法院知识产权审判庭)

检察工作

2015年，陕西省检察机关认真开展打击侵犯知识产权和制售假冒伪劣商品犯罪活动，加强了对知识产权的刑事保护工作，加大了对制售假冒伪劣商品犯罪的打击力度，有力地净化了市场环境，维护了人民群众的合法权益，取得了一定的成效。

一、高度重视，精心组织，确保专项行动扎实开展

陕西省检察院成立了以陕西省检察院领导为组长，侦查监督一处、办公室、公诉一处、反渎局等相关部门负责同志为组员的领导小组，并由侦查监督一处承担领导小组办公室的具体工作，研究制定了全省检察机关“打击侵犯知识产权和制售假冒伪劣商品专项行动”实施方案。

二、发挥职责，加大力度，确保打击侵犯知识产权犯罪工作取得成效

(1)加大宣传力度，营造浓厚氛围。在打击侵犯知识产权犯罪工作中，陕西省各级检察机关采取广播电台、上街宣传、标语横幅等形式广泛深入宣传，营造浓厚氛围，调动人民群众参与法律监督的热情，争取社会各界对该项工作的支持。2015年6月23～27日，陕西省检察院组织全省检察机关把打击侵犯知识产权犯罪作为一项重点内容在宣传周进行了宣传，共发放宣传材料160 000余份，受理群众咨询3200人次。

(2)发挥检察职能，认真办理案件。一是摸排案件线索，二是加大对个案的跟踪监督力度。对侵犯知识产权的重大案件，在第一时间组织强有力的办案人员及时介入，引导取证。

(3)加强部门协作，提升活动效果。全省各级检察机关积极加强与公安机关、监察机关和知识产权等部门的协作，通过联席会议、查阅行政执法案件台账和案卷等方式，摸排涉嫌犯罪的案件线索，建立动态跟踪机制，及时通报有关情况，研究解决有关问题，提升打击活动效果。

三、建立和完善“两法衔接”机制，推进信息共享平台建设

陕西省检察院与陕西省国土资源厅会

签了《关于建立协调配合机制严肃查处国土资源违法犯罪案件的若干意见》，并建立了省级国土资源违法案件查处联席会议制度。积极推进信息共享平台建设，拓宽立案监督知情渠道。2015 年 10 月 28 日，陕西省检察院邀请部分陕西省和宝鸡市人大代表、政协委员到凤翔县对检察机关“两法衔接”工作进行视察，与会代表、委员在视察后指出，全省检察机关充分发挥检察职能，切实加强法律监督，积极搭建信息共享平台，不断强化机制建设，取得了“两法衔接”工作的突出成效。

四、加强检察建议，积极推动源头治理

陕西省检察机关在两个专项立案监督活动中，注重发挥法治保障作用，结合办案，深入分析和研判刑事犯罪发案规律、特点和趋势，针对发现的风险漏洞和制度缺陷，依法向相关单位提出改进社会治理、防范违法犯罪的意见和建议。在加强执法监督过程中充分发挥检察建议的作用，通过检察建议提出完善管理的办法与措施，督促相关单位建章立制，加强管理，使该类犯罪案件从源头上得以遏制。

（最高人民检察院侦查监督厅供稿）

甘肃省

专利工作

2015 年，甘肃省知识产权工作以党的十八大和十八届三中、四中、五中全会精神为指引，深入实施创新驱动发展战略，大力推进知识产权战略，全省知识产权工作又好又快发展。

一、知识产权战略深入推进

（1）研究制定《深入实施甘肃省知识产权战略行动计划（2015～2020 年）》和《2015 年甘肃省知识产权战略实施推进计划》，经甘肃省政府常务会审议通过，已由甘肃省政府办公厅印发实施。（2）联合甘肃省财政厅、甘肃省科技厅制定印发《甘肃省专利资助资金管理办法》，会同甘肃省科技厅、甘肃省工信委、甘肃省国资委联合制定了《关于加强企业知识产权工作的意见》。（3）大力推进知识产权试点工作。镇原县获批 2015 年国家知识产权强县工程试点县，环县、庆城县、肃南裕固族自治县获批 2015 年国家传统知识知识产权保护试点县。西北师范大学附属中学获批建设全国首批中小学知识产权教育试点学校。

二、知识产权创造数量与质量全面提升

2015 年首次将每万人口发明专利拥有量指标纳入“2015 年甘肃省经济社会发展主要指标”，继续将市州专利申请量及每万人口发明专利拥有量指标纳入《2015 年甘肃省科技进步和创新工作考核目标责任书》。2015 年共受理专利申请 14 584 件，同比增长 21.3%，高于同期全国 19.4%的增幅；授权 6912 件，同比增长 35.6%，高于同期全国 32.0%的增幅。

三、知识产权的运用效能显著提升

（1）开展甘肃专利奖评审。在首届甘肃专利奖评审过程中，产生了 50 项专利奖授奖专利，其中，一等奖 5 项，二等奖 20 项，三等奖 25 项。（2）大力开展知识产权优势企业培育工作。2015 年，新增 1 家国家知识产权示范企业，10 家国家知识产权优势企业。使甘肃省知识产权优势企业总数达到 101 家。（3）专利权质押融资工作取得显著成效。甘肃省专利权质押融资 14 笔，融资额达到 8.76 亿元人民币。（4）知识产权计划项目工作进展顺利。研究制定了《知识产权专项资金管理办法》。完成 2015 年度知识产权计划项目评审立项和部分项目的结题验收工作。

四、知识产权保护能力进一步加强

(1)积极开展知识产权执法维权“护航”专项行动工作,加大对各类市场假冒专利商品的查处。(2)进行展会知识产权保护,在兰州投资贸易洽谈会期间,现场设立知识产权维权援助与举报投诉工作服务站,开展法律咨询和假冒专利查处工作。(3)中国(甘肃)知识产权维权援助中心发挥“12330”维权援助功能,接听投诉电话1200余次,移交案件11起。

五、知识产权服务水平进一步提高

(1)制定了甘肃省每万人口发明专利拥有量目标责任考核办法,发布《甘肃省专利申请授权统计分析月报》和《甘肃省各市州专利指标情况通报》。甘肃省知识产权事务中心和中科院兰州文献情报中心获批为国家知识产权局“2015年知识产权分析评议服务示范创建机构”。(2)专利代办工作取得新进展。2015年共受理专利申请28 394件,同比增长15.2%,其中电子申请率达到100%。

六、知识产权人才建设不断取得新突破

(1)实施“百千万知识产权人才工程”。新增3名全国专利信息师资人才,截至目前,甘肃省共有12名全国专利信息人才。(2)强化专利代理人才队伍建设。2015年全国专利代理人资格考试兰州市考点,报名通过考生人数347人,较上年增长24.4%,是历来报名通过考生人数最多的一年,也是考试通过人数最多的一年。(3)举办了甘肃省知识产权执法维权工作研讨班,全省各市州知识产权局分管领导及维权中心近50余人参加了研讨班。

七、知识产权助力战略性新兴产业和兰白试验区发展

(1)完成首批16家战略性新兴产业骨干企业“个性化服务清单”制定;组织4家服务机构开展甘肃省战略新兴产业专利预警分析,形成了八大优势行业的专利分析报告。(2)积极助力推动“兰白”制定专利创造。2015年,兰州市专利申请受理量5703件,同比增长33.0%;白银市专利申请受理量837件,同比增长36.1%。积极实施兰白知识产权运用工程,培育了兰州、白银两市20余家知识产权优势企业。

八、加大宣传着力营造知识产权文化氛围

(1)知识产权战略纲要实施5周年宣传。(2)组织各市州开展以“因乐而动,为乐维权”为主题的2015年“4·26知识产权宣传周”活动和以“强化知识产权运用保护,助力大众创业万众创新”为主题的“中国专利周”甘肃分会场活动。

(甘肃省知识产权局)

商标工作

甘肃省工商和市场监管部门以认真贯彻《国家知识产权战略纲要》和《关于加快实施商标战略推进甘肃经济发展的意见》精神为主线,突出增量提质,优化服务指导,进一步推进全省商标工作持续稳定发展。

深入推进“商标兴省”战略实施。印发了《2015年全省商标监管服务工作要点》,建立完善省、市(州)、县(区)、所四级分别以驰名、著名、知名、注册商标培育保护为主的分层分类监管服务工作机制;制定了甘肃省工商行政管理局深入实施国家知识产权战略行动计划(2014～2020年)行动措施;有效开展了甘肃省著名商标续展及认定工作,首次采用相邻市(州)科长交叉参与考察的方式,对2010年认定的143件届满甘肃省著名商标续展和2015年新申报的182件商标,严格按照到实地、看实绩、查实情的“三实”原则进行审查认定,认

定110件商标为2015年度甘肃省著名商标，119件商标为届满续展甘肃省著名商标，全省著名商标的总数达到967件；积极支持帮助甘肃特色商标注册、创牌和保护工作，增加注册商标数量，努力提升甘肃特色商标品牌档次，服务地方经济社会发展。

积极开展商标宣传工作。充分利用“3·15国际消费者权益日”“4·26知识产权宣传周”活动、工商时讯、网络等，加强对新《商标法》及相关法律法规政策的宣传，编印《商标手册》下发到基层工商系统每名干部手中，通过多形式的宣传，增强了全社会重视商标、宣传商标、保护商标、积极申请认定著名、驰名商标的良好氛围，为甘肃省商标事业又好又快发展营造了良好的外部环境。

进一步加强商标服务指导。各级对辖区内富有甘肃特色商标的使用、注册、保护等情况进行调研摸底，为提升商标品牌效用、促进经济发展出谋划策；将商标培育、商标注册、商标运用、商标保护、商标续展等监管服务工作深入到各个企业；加强对驰著名商标企业的回访工作，指导和帮助企业建立健全商标管理制度、遵守新商标法律法规、规范商标使用行为；组织企业参加第十九届中国东西部合作与投资贸易洽谈会。

进一步强化“商标富农”工作。坚持“培育一批、扶持一批、申请核准一批、规划储备一批”的地理标志品牌培育发展思路，紧紧围绕具有地区特色农产品，积极指导注册商品商标和地理标志证明商标；组织举办了甘肃省地理标志商标培训班，对全省市、州商标监管人员和地理标志所有人进行培训。

进一步加强商标行政执法。认真抓好“双打”工作，下发了各季度“双打”重点，对抓好系统打击侵权假冒工作重点提出了明确的意见，组织开展各类专项行动。各地以高知名度商标、涉外商标、地理标志和农产品商标为重点，围绕食品、农资、建筑材料、汽车配件等行业，依法查处商标侵权行为和商标违法使用行为，2015年共查处商标侵权案件406件，案值262.14万元人民币，罚没金额254.31万元人民币；加强对商标代理机构监管，在甘肃省范围开展商标代理机构专项整治工作，严厉打击商标代理违法行为，接待处理涉及商标注册、代理、侵权的咨询、投诉170多人次，进一步规范了商标代理行为。

2015年，甘肃省商标申请量10 112件，注册量8145件，累计有效注册量34 442件。

（甘肃省工商行政管理局）

版权工作

2015年，甘肃省版权管理工作以党群机关软件正版化为重点突破，同时兼顾版权行政执法及法律服务，以此带动全省版权行政管理工作的全面进步。

一、党群机关软件正版化工作

甘肃省在巩固政府机关软件正版化、逐步推进企业软件正版化的基础上，大力推进党群系统软件正版化工作。

（一）党群机关软件正版化工作进展

（1）省级推进情况。甘肃省省级党群机关38家，共有计算机4540台，购置正版软件8739套，投入自筹资金1018.4万元人民币。（2）市县推进情况。甘肃省14个市州86个县区，共有3542个机关，计算机68 458台，需购置正版软件103 601套，投入资金10 378万元人民币。按照要求，省、市、县三级党群机关软件正版化工作任务全面完成。

（二）党群机关软件正版化工作的特点

1. 领导重视

2015年年初，甘肃省使用正版软件工作领导小组组长、副省长夏红民先后3次就党群机关软件正版化工作作出批示，对相关地区、单位负责人提出工作要求，并专门给工作进展缓慢的市州主要领导写信督促；甘肃省版权局党组对此项工作也给予高度重视，将党群机关软件正版化工作列为重点工作，多次听取工作汇报，提出工作要求，下发督办通知。在全省市州文广局局长会上，再次督导软件正版化工作。在执行属地管理、分级采购原则的同时，甘肃省领导小组 13 个成员单位组成 5 个督查组，各由 1 名地级领导带队，对省级 38 家党群机关、14 个市州、86 个县区进行了全面督查。

2. 措施得力

(1)强化组织保障。确立了省党群机关软件正版化工作领导小组人员名单。(2)落实单位职责。要求省级党群机关均须成立正版工作小组。(3)强化沟通。建立了涵盖省、市、县三级的党政机关正版工作联络员 QQ 群。(4)区别督导。对已完成任务的单位、地区进行实地检查验收，对未完成的省级单位由其主管领导，市、县由市州召集县区主管领导，就推进情况、存在问题、拟采取措施，直接向督查组予以汇报，曝光督办。(5)衔接落实。与甘肃省财政厅、甘肃省公共资源交易局协商落实党政机关电脑与软件配套采购及集采价格等问题。(6)运用资金杠杆。党群机关正版软件采购资金采取各单位自筹为主，财政以奖代补为辅的方式。甘肃省版权局协调财政落实的 1000 万元人民币正版资金已全部到位。(7)加强通报督导。在常规督导无法推进的情况下，及时进行书面通报，并将通报报送省领导小组、政府和省委主管领导，同时还直接送达任务完成迟缓单位的主要负责人。

3. 推进扎实

“两办”方案印发的同时，甘肃省版权局即向甘肃省编办落实省级党群机关名单，同时指导市州落实情况，保证党群机关正版工作全覆盖，同时以工作培训会为抓手，通过密集培训方式，有效部署工作全面推进。

4. 决心大

甘肃省正版工作不仅有认识问题，还有资金问题，需要克服的困难相对更大。但为保证软件正版工作任务如期完成，据不完全统计，党政机关正版投入资金 2 个多亿元人民币，仅省一级财政集中拨付和单位自筹软件采购资金就接近 4000 万元人民币。

5. 覆盖面广

省、市、县党群机关软件正版化工作同时推进，省一级、14 个市州、86 个县区共计 3580 个党群机关、72 998 台计算机，共投入资金 11 396.4 万元人民币，目标是全部计算机操作系统、办公软件、杀毒软件必须 100%全面正版覆盖，不打折扣。

6. 效率高

按照全国时间安排，党政机关一体完成期限为 20 个月。甘肃省前期因领导小组办公室调整问题，省级政府机关仅用 79 个工作日就完成了任务，省级党群机关完成时限也仅为 8 个月，市县为 9 个月。该任务已全面完成。

二、政府机关软件正版化工作

在推进党群机关软件正版化的同时，甘肃省使用正版软件工作领导小组组成 5 个督查组对省直 40 家政府机关软件正版化工作进行了复查。复查结果为 70%的单位正版率保持在 100%。

三、企业软件正版化工作

企业软件正版化工作采取“依次推进”的原则，优先选择国企、金融业等具备条件、经营规范的重点企业、行业开展工作。企业软件正版化的工作推进，主要由各成员单位指导、监督本行业企业开展进行。

(一)省属企业

截至 2015 年年底，建投集团等 5 家企业集团本部以及建投集团所属9个二级单位已基本完成软件正版化实施工作；窑街煤电等两家企业已完成2014年度正版软件采购量；白银公司正版软件采购招标、安装实施工作也基本完成。为了切实做好省属企业使用正版软件工作，2015年8月，甘肃省版权局与国资委联合下发了《关于加快推进省属监管企业软件正版化实施工作的通知》。

（二）金融保险业

甘肃银监局监管的3家法人机构软件正版化率达100%。甘肃省24家保险省级分公司所有信息化设备均由集团统一采购，并由总公司统一提供正版电脑操作系统和应用软件，行业软件知识产权保护意识较强，使用正版软件氛围良好，正版化率较高。

（三）新闻出版行业

甘肃省新闻出版行业企业包括读者集团、甘肃日报报业集团、飞天出版传媒集团。三大集团本部和所属二级企业均按照国家版权局对新闻出版行业企业使用正版软件的要求，初步建立了软件资产管理长效工作机制，基本完成了软件正版化工作目标。

四、版权执法监管工作

（一）“两法衔接”及行政处罚案件信息公开情况

按照甘肃省“双打”办的部署安排，甘肃省版权局派专人参加了“两法衔接”信息共享平台建设培训班，并按照平台运行维护要求，实行专人负责、专机操作，已通过政务专网接入平台。修改完善并印发了《甘肃省新闻出版广电局行政处罚案件信息公开制度（试行）》，对行政处罚案件信息公开的内容、方式、程序、监督等进行了规定。

（二）全面落实“剑网2015”专项行动

2015年，继续开展为期半年的“剑网”专项行动。专项行动中，全省各级版权行政部门以网络文学、音乐、影视、游戏、动漫、软件等为重点领域，以图书、音像制品、电子出版物、网络出版物等为重点产品，以查破办结一批大案要案为重点目标，积极协调公安、通信、网信部门，主动出击。各地版权行政执法部门、“扫黄打非”办、文化市场执法队、公安机关等采取多种手段深挖案件线索，确定一批网络侵权盗版重点案件，集中力量，快速查办。

（三）案件查处取得新突破

2015年，甘肃省版权局将著作权案件查处与“扫黄打非”工作相结合，相继开展了“剑网”“净网”“护苗”等专项整治行动，联合公安机关暗访、摸排，查办大案、要案。将治理游商、清门店、查市场与印刷复制企业的整顿工作有机结合，最大限度地净化出版物市场，确保甘肃省出版物市场平稳有序，营造良好的文化氛围。2015年共查获各类案件100余起。

（四）组织开展年度侵权盗版出版物集中销毁活动

为迎接“4·26世界知识产权日”，结合在全国范围内启动以“拒绝盗版，共筑未来”为主题的“绿书签行动”系列宣传活动，2015年4月20日，组织开展了“2015年侵权盗版及非法出版物集中销毁活动甘肃分会场活动”，销毁非法出版物77万件。

（五）进一步加强市场监管

2015年以来，甘肃省版权局坚持在不断加强日常监管的同时，以案件为抓手，以打击出版、印刷、发行行业侵权盗版行为为重点，不断推动打假工作向纵深发展。

（1）开展了“两会”期间印刷复制发行以及政治性非法出版物印制销售专项行

动，甘肃省版权管理处以联合执法方式，检查企业440多家、报刊亭255家、游商地摊8家，依法查扣非法出版物300多册，查处违规印刷企业9家，收缴政治类非法出版物27本。

(2)开展了中小学教辅材料治理工作，全省各级行政执法部门共检查印刷发行企业1092家，中小学校356所，检查中小学教辅材料1795种、1499万册。

五、版权法律服务工作

甘肃省版权局加大了作品登记工作宣传力度，提高了登记工作效率，为权利人提供优质、快捷的服务，鼓励权利人积极进行作品登记，保护自己的版权。截至2015年年底，受理作品著作权登记120多件。与此同时，注意强化诸如版权纠纷调解、作品登记、版权贸易合同的指导与版权咨询等工作。

甘肃省版权局注意抓好版权法律宣传，以“4·26知识产权宣传周”为平台，创新形式，深入宣传知识产权、版权保护的措施和成效。在推进政府机关使用正版软件工作中，充分利用会议、培训等形式开展宣传活动。积极联系甘肃省版权局有关处室，组织局机关、局系统播放和收看版权法律宣传片；编写版权宣传标语，并联系局机关、局系统相关单位利用现有条件在公众场合滚动播放或进行悬挂；在2015年的销毁侵权盗版制品活动上，组织了万人签名活动。

六、日常工作

(1)文件材料。起草了《2015年甘肃省推进使用正版软件工作计划》等文件；完成了《2015年甘肃省知识产权白皮书》中涉及著作权内容的起草工作；对国家版权局《著作权行政处罚实施办法》(修订草案)提出修改意见等。(2)调研工作。赴甘南临夏就党群机关正版化工作进行调研，并提交了《关于全省党群机关软件正版化工作的调研报告》。(3)组织会议。先后组织召开了省级党群机关软件正版化工作培训会，省级政府机关软件正版化工作联络员座谈会，在天水市、张掖市召集东南八市州片区会和河西五市片区会等12次会议与培训等。

(甘肃省版权局　夏　玲)

司法工作

一、全省法院知识产权案件审理情况

2015年全省各级法院共受理知识产权案件211件，一审案件175件，二审案件36件。其中，专利权纠纷44件，占20.9%；著作权纠纷4件，占1.9%；商标权纠纷82件，占38.9%；植物新品种权纠纷49件，占23.2%；其他21件，占9.9%。技术合同纠纷11件，占5.2%。截至2015年12月底共审结169件，未结42件，结案率80%。2015年甘肃省知识产权司法保护存在植物新品种纠纷、商标权纠纷、专利权纠纷等知识产权案件收案数大幅度上升，公民维权意识不断增加，知识产权司法保护领域日益拓展的新特点，今后甘肃省将面临知识产权审判任务日益艰巨和繁重的形势。

二、主要做法

(一)紧抓执法办案，提高审判质效，努力适应知识产权审判发展的新要求

(1)妥善审理大要案。2015年甘肃省各级法院按照“加强保护，分门别类，宽严适度”的知识产权司法保护政策，集中精力成功审理了一大批具有典型性和代表性的案件：沈阳中铁与宁波中铁哈尔滨铁路局减速顶调速系统研究中心、哈尔滨铁路局侵害实用新型专利权纠纷案，该案是甘肃省各级法院审理的赔偿额最大的专利纠纷案件；玉树藏族自治州三江源药业公司与兰州嘉伟商贸公司、兰州文利文化传播公司商标侵权纠纷案，法院针对两个

经依法注册的商标之间发生商标权冲突，且两个商标构成近似情况下，充分考虑到利益平衡问题，被人民网等媒体广泛报道。

（2）严控案件质量标准，强化裁判文书说理性。甘肃省高院民三庭积极开展“案件质量大评查”工作，制定了《民三庭案件评查表》，实行随机抽查“一案一表”，以便及时发现问题、反馈问题并提出整改方案，提升案件审判质量。

（3）创新审判管理制度，确保司法公正透明高效。甘肃省高院民三庭先后制定了《合议庭工作规则》《审判流程权力清单》《司法审判权力运行流程图》《错案责任追究暂行规定》等33项审判管理制度，实现了用制度管人、管事、管案的科学化审判管理模式。

（二）坚持能动司法，潜心钻研理论，努力提升知识产权司法保护水平

（1）建立健全常态联动机制。2015年4月，甘肃省高院民三庭牵头组织并邀请甘肃省知识产权局、甘肃省版权局、甘肃省工商局等相关部门参加“甘肃省知识产权司法保护工作座谈会”，积极探索在甘肃省建立健全诉调对接机制、建立甘肃省知识产权司法保护专家库、进一步搞好多元化纠纷解决机制等问题。2015年12月，召开“法官与律师沟通监督机制落实情况座谈会”，为甘肃省知识产权司法保护搭建了全方位、多角度的沟通交流平台。

（2）注重调研成果转化推动审判。甘肃省高院民三庭制定了《民三庭审判调研工作管理制度》，先后形成了多个调研报告，同时努力把调研成果转化为推进工作、推进发展的办法和举措。针对近几年此类案件审判实践中出现的问题，组织召开了植物新品种司法保护座谈会，于2015年12月经甘肃省高院研究讨论通过《甘肃省高级人民法院关于审理侵犯植物新品种纠纷案件有关问题的通知》并下发全省贯彻落实，较好地解决了审理植物新品种案件的难点和热点问题，对促进甘肃省制种产业的良性发展具有积极意义。

（3）充分发挥司法建议在知识产权保护中的独特作用。天水市秦州区法院针对审理的网吧经营者播放影视作品、商场出售或赠送音像制品等侵犯知识产权案件，向文化局等相关部门发出司法建议，以通过规范网吧经营和酒店商铺管理，提高全民知识产权意识，加大知识产权保护力度，促进知识产权市场健康发展。

（三）推进司法公开，监督促进审判，不断提高知识产权司法公信力

（1）充分运用现代信息技术，增强知识产权审判的透明度。按照甘肃省高院信息化建设要求，2015年全面启用“案件审判流程管理系统”和“甘肃法院系统网络办公平台”两大信息网络技术，所有审理案件自动关联审判流程，当事人随时登录甘肃省高院司法公开网即可查询案件进程。依托“微博官网”“甘肃法院网”推进当庭宣判和庭审视频网络直播进度。严把裁判文书上网关，设立专人负责文书上网工作，对于应当上网的裁判文书实现100%上网公布，对于不上网的裁判文书进行一案一批。

（2）有效发挥司法宣传作用，传播知识产权司法保护的正能量。在“4·26知识产权宣传周”期间，召开了知识产权司法保护新闻发布会，通报2014年甘肃法院知识产权审判状况，并发布甘肃知识产权司法保护十大典型案例，新华社、甘肃电视台等十多家中央和地方媒体出席。通过“法院开放日”，对具有指导意义、社会关注度高的典型案件，邀请人大代表、政协委员、新闻媒体、高校企业和社会各界代表旁听庭审。

（四）大胆探索实践，筑牢精神底线，多措并举加强党风廉政建设

2015年6月，甘肃省直机关工委确定

甘肃省高院民三庭为全省政法系统廉政风险防控试点部门，全省各级法院知识产权审判部门以此为契机，结合“三严三实”“四抓一保证”等专题教育活动，形成了制度化、科学化的党风廉政建设新常态。

（甘肃省高级人民法院知识产权审判庭）

检察工作

甘肃省检察机关在甘肃省委省政府以及最高人民检察院的正确领导和指导下，认真履行法律监督职能，以最高人民检察院部署的“破坏环境资源犯罪专项立案监督活动”和“危害食品药品安全犯罪专项立案监督活动”为契机，发挥行政执法与刑事司法衔接机制的作用，加强同行政执法机关、公安机关的协作，以维护民生民利为己任，严厉打击侵权假冒犯罪活动，取得了突出成效。

一、大力发挥检察职能，严惩“两打”领域的违法犯罪行为

甘肃省检察院和甘肃省政府法制办要求成员单位中的行政执法机关对近年来的行政执法活动进行自查，对于存在以罚代刑、降格处理或应当累加多次违法行为的涉案标的额不累加等问题，要依法纠正。检察机关要依法快捕快诉危害民生犯罪案件，注意发现和深挖相关职务犯罪线索，严厉打击为危害民生犯罪分子充当“保护伞”的案件。

二、着力自主研发软件，全力助推“两法衔接”信息平台建设

2015 年全省检察系统省、市、县三级“信息共享平台”安装工作基本完成，三级检察机关“两法衔接”信息共享平台均已开通运行。信息共享平台的运行，为实现行政执法与刑事司法“衔接无缝化、打击常态化、机制实效化”奠定了基础。

三、全力强化机制建设，保证信息平台规范运行

“两法衔接”信息共享平台的功能，主要是通过对行政执法机关录入的案件进行审查，解决案件来源渠道不畅、违法情形发现难等问题，以信息化手段监督的同时，实现案件的网上移送、网上办理、执法动态的交流和业务研讨、案件信息的流程跟踪和监控。2015 年 10 月甘肃省检察院与甘肃省打假办、甘肃省法制办联合制定印发《甘肃省打击侵犯知识产权和制售假冒伪劣商品“两法衔接”信息共享平台建设运行管理办法（试行）》，于 2015 年 10 月 31 日起施行，为“两法衔接”信息共享平台进入轨道化、规范化运行提供了制度保障。

四、注重宣传舆论引导，提升司法公信力

各级检察院广泛开展宣传活动，营造保障食品药品安全的良好氛围，拓展社会监督渠道，扩大专项监督活动影响力。如天水市组织全市侦查监督干警在五县两区举行专项立案监督法制宣传，共发放宣传材料 1000 余份，受理群众咨询 200 余人次；嘉峪关市充分利用“3·15 国际消费者权益保护日”、综治宣传月、世界环境日、全国用药安全月、食品安全宣传周以及乡镇赶集日、唱戏日的宣传时机，以群众喜闻乐见的形式，开展了广泛的宣传教育活动，使群众更加了解专项监督活动的内容，查办有关食品、药品犯罪案件的范围、渠道、方法。

（最高人民检察院侦查监督厅供稿）

青海省

专利工作

在国家知识产权局的关心和支持下，青海省知识产权局2015年深入实施知识产权战略，紧紧围绕全省知识产权中心工作，在各个方面取得了突破性进展。现将“十二五”期间及2015年青海省知识产权的工作情况汇报如下。

一、政策环境体系不断完善

(一)政策体系不断完善

2015年以来，青海省知识产权局起草制定了《青海省贯彻落实〈深入实施国家知识产权战略行动计划(2014～2020年)〉的实施意见》，已经由青海省政府办公厅转发。建立了由省直24个部门和单位组成的知识产权战略实施组织机构。制定了《青海省专利奖评奖办法》，联合青海省银监局、人民银行西宁支行修订了《青海省专利权质押贷款实施指导意见》。在起草制定《青海省深化体制机制改革加快实施创新驱动发展战略行动方案》过程中，分别负责完成了知识产权保护制度的创新与改革和知识产权质押融资工作调研报告。

(二)政策落实不断加强

2015年，青海省专利申请量的大幅增长，很大程度上得益于专利优惠政策的有效落实。从2015年年初开始，青海省知识产权局在全省范围内开展了专利申请、专利奖励资助申报工作。2015年共受理专利申请资助1108件，其中发明607件，实用新型349件，外观设计152件，经过审查符合条件的已向社会公示并得到资助。专利奖励资助申报，共受理110件新授权发明专利、11家专利年申请量超过50件或发明专利年申请量超过20件的单位、3家获得中国专利奖优秀奖以及1家获得中国外观设计奖优秀奖单位的申请，经过审核，下达的奖励资助资金346万元人民币已按程序全部兑现。

组织开展了第十七届中国专利奖申报推荐工作，向国家知识产权局推荐了6家单位的7项专利，最终有2项获中国专利优秀奖。

二、专利申请数量、质量大幅提升

2015年，青海省知识产权局充分利用“4·26知识产权宣传周”“五月科技活动周”“专利活动周”等各种机会组织人员深入工业园区、科研院所、高校和企业进行宣传培训和专利优惠政策宣讲，开展专利服务和挖掘工作。

2015年，青海省共申请专利2590件，同比增长68.84%。其中，发明专利1103件，占42%，同比增长67.12%；实用新型专利1183件，占46%，同比增长100.51%；外观设计专利304件，占12%，同比增长7.04%。获得专利授权1217件，同比增长96.61%，其中，发明专利207件，占17%，同比增长88.18%；实用新型专利687件，占56%，同比增长92.44%；外观设计专利323件，占27%，同比增长112.5%。有效发明专利655件，同比增长43.64%，每万人口有效发明专利拥有量1.12件，同比增长42.33%。

三、专利质押融资工作跨越推进

为进一步推动专利质押融资工作，2015年，青海省知识产权局共向70家企业征求了专利质押融资需求，有10家企业有明确的融资意向。同时，积极与交通银行和招商银行就开展专利质押融资工作进行商谈。2015 年已帮助 3 家企业实现质押融资达 3.55 亿元人民币。

起草《关于知识产权质押融资工作、建立知识产权质押融资市场化风险补偿机制的建议和举措》报送青海省金融办。还与国家知识产权局签订了关于《金融服务推进工作委托合同书》。

四、专利行政执法不断加强

积极配合青海省“双打”办深入开展打击侵犯知识产权和制售假冒伪劣商品专项行动。2015 年，全省共开展专利执法检查 13 次，处理、查处专利案件 8 起，其中处理专利侵权纠纷案件 6 起，查处专利假冒案件 2 起。同时，通过组织人员培训、开展业务指导、执法工作实践等方式，不断提高专利执法人员的执法水平和办案能力。2015 年，通过参加国家知识产权局和青海省法制办组织的行政执法培训，青海省知识产权局有 3 人获得省级行政执法证。

五、专利服务水平不断提高

2014 年 10 月，国家知识产权局专利局西宁代办处正式挂牌运行，2015 年共完成专利申请受理 10 332 件，其中纸件申请 57 件，电子申请 10 275 件；完成电子申请用户注册 64 件；专利实施许可合同备案 17 件；专利登记簿副本 12 件；专利许可合同质押登记 1 件；收取专利费用 3253 笔，涉及金额 230.4605 万元人民币。在按时完成审查任务的同时，狠抓工作质量，对所有案子进行 100％质检，确保了纸件申请受理、电子申请受理、电子申请用户注册、专利登记簿副本制作、专利收费等各项业务“零差错”。

不断强化专利代办处的对外服务，充分发挥和展示科技创新服务窗口功能。一方面，从代办处自身做起，建立业务咨询 QQ 群，加强与企业之间的沟通与交流；制作专利申请和事务办理指南，提供专利申请范本；推广电子申请和网上缴费，方便申请人足不出户办理专利业务；为通过银行转账缴费的当事人提供收据邮寄业务；缩短电子申请用户注册手续办理时间，当天完成，立等可取。另一方面，转变工作理念，变被动服务为主动服务，走出窗口，走向社会，开展电子申请推广和专利基础知识业务培训班，向高校及企业的知识产权工作人员普及专利知识，提高专利保护意识。

六、专利宣传广度不断扩大

以“4·26 知识产权宣传周”“五月科技活动周”为平台，积极做好知识产权宣传活动。特别是 2015 年的“4·26 知识产权宣传周”，青海省知识产权局大胆改革，创新宣传模式，联合青海省工商局委托服务机构举办了一场别开生面的启动仪式。青海省知识产权局还组织人员深入西宁市工业园区、格尔木市、德令哈市、果洛藏族自治州等地，有针对性地开展知识产权专题讲座和培训，举办企业专利申请与挖掘、专利信息利用等培训班 30 期，培训 2000 余人次。

累计向国家知识产权局、科技厅报送各种信息 46 条，国家知识产权局采稿 2 条，《青海日报》刊登信息 5 条，青海新闻联播播发 1 条。同时，按照青海省政府对政府网站的整改要求，不断充实、完善青海省知识产权局网站。

（青海省知识产权局）

商标工作

青海省工商和市场监管部门紧紧围绕省委、省政府推进“品牌强省”的战略部署，坚持商标培育和保护两手抓，商标工作取得显著成效。

推动商标战略深化发展。实施商标战略得到政府全力支持，青海省政府召开“青海品牌表彰大会”，省长等众多领导出席大会，并为 2014 年以来认定的中国驰名商标、青海省著名商标企业和注册成功的地理标志证明商标持有人颁奖，深化商标战略实施日益成为全省共识。

扎实开展商标培育工作。制定下发《2015 年全省商标工作要点》，细化商标培育、注册、申报驰名商标、评选著名商标等方面的任务。认真组织开展了驰著名商标的培育和推荐工作，从青海省政府“双百”企业名录和青海省著名商标企业中，有针对性地精选出具有高原特色、一定规模、发展前景广阔的企业，进行一对一的跟踪服务，指导企业争创中国驰名商标，中国驰名商标总数较 2014 年增长了 23%。指导企业争创青海省著名商标取得新成果，根据《青海省著名商标认定和保护办法》规定的条件和程序，认定 26 件商标为 2015 年度青海省著名商标，使青海省著名商标总数达 175 件，较 2014 年增长了 11%。

大力开展宣传培训活动。为了做好“4·26 世界知识产权日”宣传工作，开展了以“商标提升价值、品牌驱动发展”为主题的系列宣传活动，协调青海省省属报刊、电视广播开设“聚焦青海品牌栏目”“青海品牌商品走进武汉栏目”“青海品牌商品专栏”等专刊、专栏或专题；承办“大美青海，特色品牌——青海品牌商品武汉推介会”，组织 207 家品牌企业参展，签订贸易及购销协议总金额 72.11 亿元人民币。期间成功举办了集中商贸签约、青鄂两省企超对接恳谈、品牌企业观摩交流和大美青海风情展演、旅游品牌推介等一系列专场活动。充分展示了青海省品牌形象，宣传了大美青海，促进了省内外企业的交流与合作；举办了有 300 家企业参加的“食企品牌对对碰”和“商标知识专题讲座”，组织了 19 家青稞酒类企业的 80 余名代表参加的知识产权培训班。

有效组织商标专用权保护工作。下发《开展打击假冒伪劣日用品专项行动的通知》《商标代理市场专项整治行动的通知》《2015 年下半年青海省工商系统打击侵犯知识产权和制售假冒伪劣商品工作要点》等通知，并按月向相关部门报送了《关于开展保护商标专用权专项行动的阶段性总结和专项行动情况统计表》；参加了青海省知识产权战略实施工作联席会议，交流《青海省贯彻落实国家知识产权战略行动计划（2014～2020 年）实施意见的通知》落实情况；积极整合各方力量，深入开展“双打”工作，加强工商、公安、质监等部门协作，形成了既有统一领导，又有分工负责的有效工作机制，为专项行动的顺利开展提供了强有力的组织保障，2015 年全系统共查办各类打击侵犯知识产权案件 76 件，涉案金额 38.96 万元人民币、收缴罚没款 41.89 万元人民币。

2015 年，青海省商标申请量 4091 件，注册量 3362 件，累计有效注册量 15 374 件。

（青海省工商行政管理局）

版权工作

2015 年，青海省版权局在省委、省政府的领导下，按照国家版权局的工作部署和要求，围绕法制建设、版权管理和推进青海省政府机关及企业软件正版化等工作，把握重点，认真谋划，精心实施，圆满完成了各项工作任务。

一、版权宣传工作

青海省版权局始终把法制宣传普及作为工作的重中之重常抓不懈。充分利用“4·26 知识产权宣传周”活动平台，着力加强了著作权法主题宣传普及活动。2015 年 4 月 20 日上午，在西宁市新宁广场开展了宣传咨询活动，悬挂横幅标语 1 条、展出展板 10 块、散发宣传资料 500 余份，集中展示了近年来青海省实施知识产权战略以来取得的显著成效。

二、版权市场监管工作

（一）打击网络侵权盗版“剑网 2015”专项行动

根据国家版权局、国家互联网信息办

公室、工业和信息化部、公安部联合印发的《关于开展打击网络侵权盗版“剑网 2015”专项行动的通知》要求，结合实际，制定下发了青海省“剑网 2015”专项行动工作计划。同时，向相关单位转发了《关于规范网络转载版权秩序的通知》。截至 2015 年年底，全省未发生一起网络版权侵权案件，专项行动取得了明显的成效。

(二)销毁侵权盗版及非法出版物活动

2015 年 4 月 20 日上午，青海省“扫黄打非”领导小组、青海省版权局、西宁市“扫黄打非”领导小组在西宁市举行了侵权盗版及非法出版物集中销毁活动。此次活动，省、市“扫黄打非”部门集中销毁侵权盗版及非法出版物 5.13 万件。其间，全省各市、州、县也开展了集中销毁活动。据不完全统计，全省集中销毁侵权盗版及其他各类非法出版物共计 12.1 万件。青海省“扫黄打非”领导小组各成员单位负责同志，青海省版权局机关处室和下属单位工作人员，西宁市“扫黄打非”领导小组及四区三县文化市场管理执法人员、出版物经营单位代表等 160 余人参加了销毁活动。

(三)打击侵犯知识产权和制售假冒伪劣商品专项行动

青海省版权局严厉打击各类侵权盗版经营活动，持续组织开展了以抓源头、清市场、打网络、查办大案要案为重点的“双打”行动，有效提升了版权执法监管效能。2015 年，青海省版权局版权管理处荣获国家版权局 2014 年度全国查处侵权盗版案件有功集体三等奖。根据西宁市城东区“扫黄打非”领导小组办公室《关于申请鉴定张斌涉嫌非法销售盗版音像制品的报告》，大通县关于申请鉴定马某某涉嫌非法销售盗版音像制品的报告，分别对送鉴的 571 类 1200 张、149 类 308 张音像制品样品进行了鉴定，并出具了认定意见书。根据微软公司的投诉，对互助青稞酒股份有限公司使用盗版软件问题进行了调解，最终双方达成了一致。

2015 年，青海省文化市场共出动检查执法人员 5.2 万人次，检查出版物市场、文化娱乐经营单位 4 万余家(次)、印刷复制经营单位 700 家次；查缴各类非法出版物及宣传品 5.1 万件，其中涉藏、涉疆非法宣传品和政治性非法出版物及宣传品等 6630 件、侵权盗版出版物 3.1 万件、淫秽色情出版物 2452 件、非法报纸期刊 1820 份；删除网络有害信息 2.6 万余条，取缔游商摊点 320 处。通过文化市场专项治理，切实净化了全省文化市场环境。

三、软件正版化工作

(1)着力加强政府机关软件正版化工作的制度化、规范化和常态化建设，部署完成 2015 年青海省政府机关软件正版化考核评议工作。

(2)部署开展省属国有企业、市(州)国有企业软件正版化检查整改和西宁地区网吧软件正版化试点工作。

(3)加强软件正版化工作督查，完成了对玉树州软件正版化检查整改督查工作和省属国有企业软件正版化检查验收工作。配合国家软件正版化督查组圆满完成了对青海省新华发行集团有限公司软件正版化工作的督查。

四、版权行政执法培训工作

为切实提高行政执法人员法律素质和水平，青海省版权局于 2015 年 3 月举办了全省版权行政执法人员培训班，来自全省市(州)县版权执法岗位的 95 名执法人员参加了培训；2015 年 5 月和 7 月分别举办了企业和政府机关软件正版化工作培训班，280 人参加了培训；2015 年 12 月举办了全省文化市场综合执法业务骨干培训班，并取得良好效果。先后组织 32 人次参加了由国家版权局举办的版权执法和软件正版化工作培训班。2015 年,共计 500 余人次参加了执法培训,有效地提升了行政执法人员的执法能力和水平。

五、版权行政处罚案卷评查工作

2015 年 5～12 月,青海省版权局开展了全省新闻出版版权行政处罚案卷评查工作,西宁市城东区科技文化旅游局查处的马某某销售盗版音像制品案和索某某销售非法出版物案获得 2014 年度全国新闻出版广电(版权)行政处罚优秀入围案卷,青海省文化和新闻出版厅获得全国新闻出版广电(版权)行政处罚案卷评查优秀组织单位奖。

六、版权服务工作

2015 年,青海省版权局完成了自 1997 年以来全省著作权作品登记档案整理工作。2015 年接待来人(来电)版权咨询 500 余人(次),进行著作权作品登记 54 件。

(青海省版权局　付成久)

司法工作

2015 年青海省各级法院知识产权审判工作,紧紧围绕学习贯彻落实党的十八大和十八届四中、五中全会精神,学习领会习近平总书记系列重要讲话,以科学发展观为指导,以公平正义为目标,司法为民,忠实履行了宪法和法律赋予的职责,依法独立公正行使了审判权。

一、知识产权审判基本情况

根据近几年的审判情况,青海省各级法院管辖的知识产权案件呈现如下特点:(1)案件数量增减幅度不明显,法院收案趋于稳定。(2)外地企业或者权利人起诉本地企业或侵权人的案件减少。(3)发生的关联案件降低,以往集中起诉驰名商标侵权、网络著作权侵权案件的现象已不多见。(4)本地企业及专利权人依法保护知识产权的意识持续增强,逐渐从被动应诉转变为积极保护知识产权,依法维权的主动性提高。(5)人民法院强化对知识产权的保护力度,加强了制止侵权的力度,提高了侵权赔偿的数额。与发达地区知识产权保护相比,青海省发生的知识产权案件典型性不强,侵权判定较为容易,争议对抗性相对较弱,因此,呈现出一审案件调解率高、上诉率较低的特点。

青海省两级法院知识产权案件案由基本为商标侵权、专利侵权、著作权权属案件,还有一些技术委托合作开发合同、技术服务合同,案由并不复杂,数量不多。其制约原因主要有以下几个:(1)青海省立足资源开发,企业科技含量不高,经济总量小,品牌意识不强;(2)企业技术开发、科技创新能力与发达地区相比较弱,处在低水平阶段;(3)企业维权意识不强,维权主体经验有限,尚处在摸索起步阶段。在这种情形下,法院知识产权案件受经济发展的制约,呈起伏状运行符合发展规律,属正常现象。

二、知识产权审判工作的主要做法和经验

(一)坚持"调解优先,调判结合"的司法原则,保证并提高了案件审判质量和效率,公正高效地审理各类案件

坚持把调解工作贯穿于诉讼全过程,主要做法是:(1)从主审法官阅卷开始,就认真分析双方矛盾的症结,认真分析一审裁判在认定事实和适用法律时可能存在的问题及引起上诉的原因,努力寻找各方利益的契合点,充分运用法官释明权,在各个诉讼环节上有的放矢地进行调解,妥善化解矛盾。(2)法官在审理案件过程中,注重灵活适用法律,更加侧重了办案的社会效果。(3)充分利用当事人与代理律师的信任关系,积极与代理律师进行沟通,邀请律师参与调解,即使当事人在庭审中表示不接受调解的情况下,仍不放弃,通过协商,帮助各方当事人分析各自利弊，成功调解了多起涉知识产权案件。

（二）强化培训措施，加强上下级法院沟通，着力提高审判质效，规范审判行为

为进一步提高审判质效，结合青海省知识产权及涉外商事审判案件相对集中，审判队伍素质与形势要求有相当差距，专业化水平相对不高的实际情况，青海省两级法院重点加强对现有审判人员的业务培训。除组织人员参加院里组织的业务学习外，先后派出多名审判人员参加知识产权审判业务培训班，组织青海省高院知识产权审判庭与西宁市中院民三庭全体干警进行业务座谈与交流。与此同时，对拟进行重大改判、发回重审的案件，裁判前由合议庭通过适当方式与原审法院沟通情况、听取意见，增强一审法官的内心确信，增进上下级法院之间的互信与共识，提高法律适用的精确度，及时纠正了一审中可能出现的偏差。

（三）坚持裁判文书上网，加强知识产权审判宣传工作，保证案件公开、公正

青海省高院知识产权审判庭坚持并强化网上办案和裁判文书上网工作，审结的知识产权案件全部上网公布。通过裁判文书上网公开，使社会公众对知识产权司法保护工作有了进一步的了解，起到了很好的司法保护宣传效果。

（四）强化知识产权技术认证工作

由于专利案件、计算机网络侵权方面的案件，涉及专业、技术问题多，青海省各级法院的做法是：聘请技术专家作为陪审员，对个别技术问题请教专家、学者，以先解决技术、专业问题入手，然后适用法律，对侵权行为等作出评判。为充分发挥技术专家的论证作用，青海省两级法院也在不断探索、创新相关工作机制。

（五）审慎认定驰名商标，确保司法认定驰名商标的准确性和公信力

驰名商标在经济社会中具有显著影响力，驰名商标的认定受到有关行业和社会各界的高度关注。在驰名商标司法认定案件的审理中，坚持重证据、重标准，严格审查被告有无实际经营的侵权行为，严格把握驰名商标司法认定条件，采用证据审核与实地考察相结合的审查方式，既实现了司法保护为经济发展保驾护航的目的，也保证了司法保护的严肃性。

（六）加强知识产权宣传教育，增强保护意识

侵权事实发生以后，企业往往要投入大量的精力、金钱和时间，不仅浪费司法资源和行政资源，也增加了企业负担。因此，加强知识产权宣传教育，增强保护意识，做好预防工作是首要问题。（1）企业要加强维权机制建设。（2）多宣传，提升权利人依法维权的意识。（3）开展对大中型企业的走访工作。（4）积极开展知识产权保护行动月活动。

（七）邀请各领域的技术专家担任人民陪审员，提供专业知识帮助

知识产权案件审判最大的难点在于“缺乏技术背景”，这已成为困扰法官的主要问题。随着专业技术类案件在法院受理的知识产权案件中的比例不断增加，审判难度不断增大，这也逐渐成为制约知识产权审判整体效率和质量的瓶颈。为解决这一难题，西宁市法院积极探索借助技术专家解决技术难题的新途径、新方法，即在案情涉及专业技术问题时，聘请各相关领域的专家作为人民陪审员参与审判，推行专业技术人员辅助审判，邀请专家参与调解等，对解决审判实践中的技术难题起到了很好的促进作用，也为法院准确查明事实提供参考意见。

（青海省高级人民法院知识产权审判庭）

检察工作

2015年，全省检察机关在最高人民检察院和青海省打击侵犯知识产权和制售假冒伪劣商品领导小组的统一领导下，认真履行法律监督职责，严格公正执法，依法规范办案，加强“两法衔接”，以维护人民群众的切身利益为出发点和落脚点，以保障市场秩序规范有序和社会公平正义为目标，圆满完成了检察环节打击侵犯知识产权和制售假冒伪劣商品的各项工作。

一、完善组织机构，责任落实到人

2015年，青海省各级检察机关积极投入到“打击侵犯知识产权和制售假冒伪劣商品专项行动”中，全省各级检察机关积极配合有关部门，稳步推进“双打”工作。由于人员变动，青海省检察院及时调整了“打击侵犯知识产权和制售假冒伪劣商品专项行动领导小组”成员，各州、市检察院也成立了以分管副检察长任组长，相关内设机构负责人为成员的领导小组，安排专人负责日常工作，做到有人抓，有人管。

二、完善“两法衔接”机制，形成保护合力

青海省各级检察机关在认真贯彻落实《关于做好青海省打击侵犯知识产权和制售假冒伪劣商品工作中行政执法与刑事司法衔接的实施意见》和《关于进一步加强工作联系，建立行政执法与刑事司法相衔接工作机制的意见》文件精神的基础上，进一步推进与公安机关、行政执法机关信息共享、联网查询、案件移送、案件协查等衔接机制的建立和不断完善工作，各地均取得实效。

三、注重宣传舆论引导，开展业务培训

2015年4月30日，青海省检察院邀请了青海日报社、青海法制报社等省内10余家新闻媒体召开新闻发布会，对青海省检察机关开展“两项监督”及专项检察活动的安排部署进行介绍，随后，《青海日报》《青海法制报》、人民网、新华网等10余家媒体登载。同时，以2015年“举报宣传周”活动为契机，制作典型案例宣传图48套480张，进行了集中宣传，扩大了宣传面。预防部门围绕相关犯罪开展预防调查5次，提出检察建议1次，进行案例剖析6个，警示教育宣传31次，受教育人数1100余人。在“两法衔接”培训方面，青海省检察院组织全省侦查监督部门人员以会代训的形式参加最高人民检察院组织召开的视频会3次、青海省检察院组织召开视频会2次，培训普及面进一步加大。

（最高人民检察院侦查监督厅供稿）

宁夏回族自治区

专利工作

2015年，宁夏回族自治区知识产权工作紧紧围绕自治区党委、政府关于加强知识产权保护的重大决策部署，结合宁夏回族自治区实际，大力推动《宁夏回族自治区知识产权战略实施行动计划（2015～2020年）》有效实施，在各方面都取得了显著进步。

一、自治区知识产权战略实施

积极沟通协调相关部门，落实自治区知识产权战略纲要精神，经过大量的调查研究，起草制定了《宁夏回族自治区知识产权战略实施行动计划（2015～2020年）》，由自治区政府正式发文颁布。推动建立了自治区知识产权战略实施部门统筹协调机制，制定了《宁夏回族自治区知识产权战略实施工作部门联席会议制度》。

二、自治区发明专利申请量和授权量

2015 年，宁夏回族自治区发明专利申请量 2626 件，同比增长 20.3%；发明专利申请占 3 种专利申请的比例为 59.8%；发明专利授权量 442 件，同比增长 81.9%；PCT 国际专利申请 4 件。截至 2015 年年底宁夏回族自治区有效发明专利 1148 件，同比增长 45.3%；每万人拥有发明专利达到 1.74 件。2015 年，宁夏回族自治区 4 项发明专利荣获第十七届中国专利优秀奖。

三、知识产权强企工程

积极推进国家级知识产权优势、示范企业，自治区级知识产权试点示范企业的知识产权创造、运用、保护和管理能力建设。制定出台了《宁夏回族自治区优势企业培育工作总体方案》，组织开展国家级知识产权示范、优势企业申报工作，共享集团、宝塔石化等 14 家企业获批国家级优势企业，各类知识产权示范、优势、试点企业达到 52 家。加强企业专利人才培养，举办 3 期企业专利专员培训班，参训人员 400 人次。邀请两批审查员赴企业开展调研、座谈、交流，为企业专利申请、专利审查、专利信息利用出谋划策，建立了审查员和企业的沟通联系渠道。

四、知识产权人才培养和宣传工作

2015 年共举办各类培训班 12 期，培训各类人员 3000 余人次。特别是专利专员培训和代理人培训成效显著。一批针对企业需求的特色培训受到了企业的热烈欢迎。创新知识产权宣传工作方式，日常宣传和集中宣传相结合，利用自办刊物、新闻媒体、有奖竞赛、网络、发放《中国知识产权报》4·26 特刊等形式进行宣传。

五、知识产权质押融资工作

开展以知识产权质押融资需求为主题的企业调查工作；邀请国内知识产权无形资产评估领域的专家、区内相关银行的主管，为企业管理和技术人员讲授知识产权融资方面的知识和政策；选择有意向开展知识产权质押融资的企业进行政策宣传，程序讲解。2015 年，宁夏回族自治区专利质押融资规模大幅度增加，完成 71.46 亿元人民币的专利质押融资，质押项目数量达到 10 项。

六、专利行政执法工作

积极贯彻专利行政执法工作“关口前移、重心下移”的方针，改变坐等专利权人上门投诉的局面，积极寻找专利侵权纠纷案源，唤醒专利权人的维权意识，打破“权利睡眠”状态。有针对性地主动开展对专业市场，商品流通环节的食品药品、医疗器械、农业机械等领域的专项执法活动。2015 年依法查处假冒专利案件 28 件，调处专利侵权纠纷案件 25 件，办案数量比 2014 年增长 71%。

配合宁夏回族自治区人大顺利完成了地方专利立法调研工作。开展了银川市西北农资城、中卫市中宁国际枸杞交易中心知识产权保护规范化培育工作。圆满完成了国家知识产权局交办的全国地方专利立法指导协调会的承办工作。完成了宁夏回族自治区社会信用体系规划和公共信用信息指导目录知识产权部分的撰写和编制工作。围绕互联网、电子商务等领域进行了前瞻性知识产权政策研究。

七、自治区中小企业专利项目转化运用和产业化工作

面向中小企业举办以专利实施许可、专利权质押程序等促进专利运用的知识讲座，促进专利技术成果的转化运用。区市两级知识产权局密切配合，选择 17 个优秀

专利项目，资助资金 100 万元人民币。

八、企业专利信息利用

重点选择神华宁夏煤业等 6 家单位开展专利文献信息利用帮扶工作，分批邀请区内外的专家赴企业开展“一对一”的专利信息利用帮扶。针对企业在技术创新、专利挖掘、专利查新查全等方面利用专利文献信息能力不足的问题，邀请国家知识产权局审查员专门开展企业层面的专利信息检索培训。

九、专利服务

批准广州市一新专利商标事务所在宁夏回族自治区银川市设立分所，增强自治区专利代理能力，为申请人提供高效、优质的服务。对专利代理机构代理发明专利申请授权情况进行摸底，分析案件驳回原因，监督代理机构为申请人提供优质服务。组织 2015 年专利代理人资格考试，举办两期宁夏回族自治区专利代理人资格考试考前培训班，近百人参加培训、考试，13 名考生拿到证书。加快培养合格专利代理人才，确定合天律师事务所为专利代理人才培养基地，为获得资格的专利代理人提供实习和锻炼的机会。

十、专利代办工作

专利受理、收费业务数量、质量实现双增长，2015 年专利受理量 11 266 件，首次破万，同比增长 13.7%。收缴费用 6823 笔，计 4 616 535 元，收缴费用次数和金额同比增长 20.9%和 18.6%。自 2014 年 6 月，受理、收费连续 20 个月零差错。开展流程服务，不断扩大服务范围，2015 年完成电子用户注册 100 件，通知书打印 3151 件，纸件扫描 72 件，登记簿副本制作 54 件。

（宁夏回族自治区知识产权局）

商标工作

宁夏回族自治区工商和市场监管部门突出“商标培育、商标注册、商标管理、商标保护”四个重点环节，全方位推进商标战略实施，使宁夏回族自治区注册商标数量和质量得到迅速提升，商标战略对经济社会发展的促进作用进一步显现。

进一步开展宣传培训，营造商标发展舆论环境。利用电视、报刊等媒体以专刊专栏形式开展主题系列报道、演播和公益广告等活动。各级工商部门开展商标知识宣传周、商标知识进千家企业等形式多样的宣传活动，与重点企业和专业合作社对接，专题普及商标注册及地理标志知识，为相关部门组织的企业培训班讲授商标法律知识和运用商标策略争创驰著名商标专题课，分级举办商标指导员和企业联络员培训班，有效提升了企业和全社会的商标意识，提高了企业注册、运用、管理和保护商标的能力。

进一步强化行政指导，注重商标注册使用成效。举办第四届中阿博览会，通过国际性展会平台使用特殊标志重点打造宁夏自主穆斯林用品、清真食品商标品牌，并帮助博览局制定了《中阿博览会标志管理规则》；指导帮助宁夏建筑联合会起草商标使用管理规则；指导协调有关部门做好中阿经贸论坛特殊标志的使用管理工作；上报《关于申请注册贺兰山东麓酿酒葡萄和贺兰山东麓葡萄酒地理标志证明商标有关问题的请示》，帮助指导自治区林业产业发展中心申请注册了贺兰山东麓酿酒葡萄和贺兰山东麓葡萄酒地理标志证明商标；帮助指导宁夏矿业开发勘查院申请注册了贺兰砚地理标志证明商标；针对当地商标被抢注的情况，及时通过异议程序提供帮助；积极协助企业和地方政府解决商标疑难问题，取得跨省纠正外省商标行政处罚错案的成功；与多省市工商局签订了驰名商标保护框架协议。有效地保护了地方特色自主商标品牌。

进一步创新工作机制，提升商标服务监管水平。宁夏回族自治区各级工商管理部门积极推行“四书两卡”“商标指导员”“一所一标”“一乡一标”制度、商标经济户口规范管理制度等工作模式；积极推行商标电子监管系统，建立了商标电子档案，开发了商标电子地图，创立了商标的网格化管理模式；指导帮助驰著名商标企业利用商标专用权质押取得了1.2亿元人民币贷款，填补了宁夏回族自治区商标专用权质押贷款工作的空白；建立商标经济户口，为商标监管工作提供准确的信息和预警分析资料。

进一步加大保护力度，维护企业和消费者权益。宁夏回族自治区各级工商局扎实开展了一系列保护商标专用权专项行动，重点打击侵犯高知名度商标和驰著名商标专用权的假冒侵权行为。组织力量对侵犯宁夏回族自治区中宁枸杞、盐池滩羊等驰名商标专用权的行为进行了专项整治。特别是在全区集中开展了打击侵犯知识产权和制售假冒伪劣商品专项行动，各地工商部门集中执法力量，重拳打假治劣，捣毁了一批制假售假窝点，处罚了一批违法违规企业，曝光了一批典型案例，有效维护了宁夏回族自治区市场经济秩序和生产者、经营者、消费者的合法权益。2015年共查处商标侵权假冒案件105起，案值41.99万元人民币，罚没金额42.78万元人民币。

2015年，宁夏回族自治区商标申请量7443件，注册量4678件，累计有效注册量19 908件。

（宁夏回族自治区工商行政管理局）

版权工作

2015年，宁夏回族自治区版权局在局党组的领导下，按照国家版权局及全国“扫黄打非”办的统一部署，加强版权、“扫黄打非”执法和日常监管工作，打击各类侵权盗版行为，确保版权工作顺利开展。

一、软件正版化工作

（1）完善政府机关软件正版化工作长效机制。2015年年初，自治区版权局起草制定了《关于进一步加强软件正版化工作长效机制建设的通知》等文件，对政府机关推进使用正版软件工作长效机制建设和工作责任落实情况提出了明确要求。随后，为了进一步巩固提升使用正版软件工作成果，印发了《关于对全区政府机关使用正版软件工作进行检查的通知》，从联席会议成员单位抽调相关人员组成两个检查组，由宁夏回族自治区版权局派员带队，于2015年11月2日起用3天时间，对6个市、县（区）和17个自治区级机关单位进行实地检查。从检查情况看，市县操作系统正版率为31%，办公软件正版率为21%；厅局机关操作系统正版率为45%，办公软件正版率为34%。

自治区版权局协调自治区审计厅与财政厅制发由自治区版权局代拟的《关于加强政府机关使用正版软件审计监督工作的通知》等文件，以促进自治区软件正版化工作扎实推进，达到国务院推进使用正版软件部际联席会议检查组的要求。

（2）大力推进自治区国有企业软件正版化工作。根据国家版权局、国务院国有资产监督管理委员会要求，与自治区国有资产监督管理委员会联合下发了《关于做好推进宁夏国有企业使用正版软件工作有关事项的通知》，对自治区国有企业软件正版化情况进行了摸底调查，并提出具体要求。2015年8月24～25日，自治区版权局举办了2015年全区国有企业软件正版化工作培训班。2015年11月初，自治区版权局又督促协调自治区国有资产监督管理委员会印发文件，定于12月对自治区国有企业软件正版化工作进行实地检查。

（3）有序开展自治区民营企业软件正

版化工作。联系自治区工商联印发，逐步有序开展民营企业使用正版软件工作。

(4)继续做好新闻出版行业企业软件正版化工作。按照国家新闻出版广电总局(国家版权局)的要求，督促黄河出版传媒集团等单位做好办公软件正版化工作，做好国家推进使用正版软件工作部际联席会议办公室对自治区新闻出版行业企业软件正版化工作进行督促检查的准备工作。

二、版权保护及宣传工作

(1)2015年4月20日，按照全国"扫黄打非"工作小组办公室的统一部署，宁夏回族自治区在银川市光明广场举行侵权盗版及非法出版物集中销毁活动。这次自治区集中销毁的侵权盗版制品及非法出版物共计4.3万余件，其中政治类、宗教类非法出版物1961册(本)，侵权盗版出版物26 478册(本)，非法报纸期刊15 040本(张)。

(2)2015年5月20日至6月20日，为深入开展"扫黄打非·护苗2015"专项行动，在全区开展以"扫黄打非护助少年儿童健康成长，远离和抵制有害出版物"为主题的"绿书签"系列宣传活动。各市"扫黄打非"办在55所中小学校(银川市15所，吴忠市、固原市、石嘴山市、中卫市各10所)张贴"绿书签"宣传海报，向中小学生派发绿书签，组织"加入绿书签行动"签名活动；"六一"国际儿童节前后，各市"扫黄打非"办在大型广场和人员密集社区，张贴"绿书签"宣传海报，向群众派发绿书签，组织"加入绿书签行动"签名活动，并现场受理群众举报。此外，各市"扫黄打非"办还开展了"绿书签·优秀少儿出版物"推介活动。

(3)利用《新闻热线》等新闻媒体加大版权工作宣传力度。2015年4月28日，自治区新闻出版广电局(版权局)副局长、自治区"扫黄打非"工作领导小组办公室主任李宝宁，自治区新闻出版广电局版权管理处处长张世明，自治区新闻出版广电局版权管理处调研员张秀年，走进宁夏人民广播电台《新闻热线》，就自治区版权保护、"扫黄打非"工作与主持人进行访谈，并与听众进行了互动。

三、打击侵权盗版专项行动

(1)"剑网2015"专项行动。按照国家版权局、国家互联网信息办公室、工业和信息化部、公安部《关于开展打击网络侵权盗版"剑网2015"专项行动的通知》要求，自治区立即制定下发了《关于在全区开展打击网络侵权盗版"剑网2015"专项行动的通知》，就开展第十一次打击网络侵权盗版专项治理"剑网"行动进行了部署。2015年7月9日，自治区版权局组织互联网信息办公室、通信管理局、公安厅在银川市召开打击网络侵权盗版"剑网2015"专项行动会议。

在"剑网"行动中，自治区版权局认真做好案件查处工作，及时上报案件情况。2015年9月17日，接国家版权局《"剑网2015"专项行动移转函》，查处好碟曲库网涉嫌侵犯国际唱片业协会著作权案，自治区版权局协调组织区通信管理局等相关部门对案件进行了查处。经查，该网站服务器所在地为香港，域名解析地在美国。按相关规定，已注销该网站的备案编号。

(2)协调石嘴山市文化市场综合执法队查处大武口区靓声音像部销售盗版音像制品案。石嘴山市文化市场综合执法队现场扣押盗版音像制品985张，对涉嫌侵权的4000余张盗版音像制品进行了封存，此案被国家版权局列为侵权盗版挂牌督办案件。

(3)查处青橙音像制品经销店发行侵权盗版音像制品案。2015年8月3日，自治区版权局根据群众举报，组织银川市文广局、吴忠市文广局、固原市文广局、中卫市文广局统一行动，对自治区京藏高速公路4个服务区的出版物市场进行了突击检查，检查中发现在4个服务区内的8家青橙音像制品经销店销售的《小捷音乐系列》

涉嫌侵权盗版，执法人员现场查缴盗版音像制品5000余张。成立了"8·3"侵犯著作权案专案组，并将案件上报国家版权局挂牌督办，专案组委派银川市文化新闻出版广电局具体办理此案。2015年9月8日，"8·3"侵犯著作权案专案组在银川市召开专门会议，决定抽调相关人员，组成调查组赴河南省等地进行详细调查取证，经查，发现郑州小捷音乐礼仪服务有限公司复制、发行的音像制品涉嫌侵犯《著作权法》，此案已经向国家版权局进行了汇报，并提出了处理意见。

四、版权基础工作

(1)进一步做好作品版权登记和著作权合同登记、备案等版权服务工作。共登记作品160件。(2)做好出版物鉴定工作，共鉴定10批出版物、160余种出版物。(3)做好版权及"扫黄打非"信息报送工作。2015年共上报信息45篇，其中15篇被全国"扫黄打非"网站采用转发，2篇被政府门户网站采用，12篇被《信息快报》采用。(4)做好数据报送工作。做好与自治区"双打"办、自治区综治办、自治区禁毒委等单位的相互沟通、信息数据共享工作。按照国家版权局、全国"扫黄打非"办公室、自治区"双打"办、自治区综治办的要求，及时报送信息数据。

（宁夏回族自治区版权局　张世明）

司法工作

2015年，为实现国家知识产权战略，在最高人民法院、宁夏回族自治区高院党组的正确领导下，宁夏回族自治区各级法院认真贯彻落实党的十八大和十八届三中、四中、五中全会精神，充分发挥知识产权审判职能，推动知识产权文化建设，为"四个宁夏"和最适宜银川建设向纵深推进提供了司法保障。现将主要工作总结如下。

一、妥善处理各类纠纷，为社会和谐保驾护航

(一)案件审理工作情况

2015年，宁夏回族自治区各级法院受理民事一审知识产权案件125件，二审知识产权案件10件，共计135件。其中，审结119件，结案率88.15%。其中专利案件10件，结案7件；商标案件52件，结案49件；著作权案件45件，结案42件；技术合同案件25件，结案19件，其他知识产权纠纷案件3件，结案2件。

(二)审判态势分析

从上述数据分析，宁夏回族自治区各级法院审理的知识产权案件具有以下特点：(1)案件类型较为传统，受理的案件均为传统的专利权纠纷、商标权纠纷、著作权纠纷等常见案件。(2)案件数量呈上升趋势。2014年，宁夏法院受理的各类民事一、二审知识产权案件103件，2015年共受理135件，比2014年增加32件，同比上升31.07%。(3)五市法院案件分布不平衡。首府银川市的经济较为活跃，受理的知识产权案件最多。2015年，在宁夏回族自治区各级法院受理的民事一审知识产权案件中，银川市中院受理102件，占全部受理案件的81.6%，石嘴山市中院受理10件，固原市中院受理5件，中卫市中院受理4件，吴忠市中院受理4件。(4)诉讼标的金额不大，且法院确定的赔偿额与当事人诉求的标的额相差很大。

(三)主要工作措施

(1)准确把握当前形势下知识产权司法政策和执法理念，牢固树立服务大局意识。在案件审理中，以公正司法为核心。切实贯彻执行"加强保护、分门别类、宽严适度"的知识产权司法保护基本政策。统筹兼顾地处理好知识产权保护与利用的关系，正确处理依法保护与适度保护的关系，把知识产权案件置于经济发展大局中去考虑。

（2）坚持调解优先，调判结合，妥善化解矛盾纠纷。针对诉讼调解机制和纠纷起源规律，深入探索调解新机制和新方式，采取了促进调解、以合作双赢为目标引导调解、以标准化办案为基点强化调解等多种新调解方式。特别是加强对疑难复杂案件、有重大社会影响案件、系列案件以及可能引发上访案件的调解工作。在审判实践中，始终坚持根据个案特点合理设计调解方案，努力追求社会稳定和谐、当事人双方共赢的最佳结局。2015 年，宁夏法院共调解案件 30 件，撤诉案件 55 件，共计 85 件，调撤率达 71.43%。

（3）加强涉及商业标识类案件的审理工作。随着市场品牌竞争的日益激烈，目前在涉及商业标识类的案件中，行为人“打擦边球”手段不断翻新，在侵权认定上出现了较多存在一定争议的“模糊地带”。对此，宁夏回族自治区各级法院通过对商业标识类案件进行集中审理，加强个案分析与类型化研究相结合，指导判决了在宁夏范围内具有典型意义的案件。

（4）图文并茂，加强分析对比。知识产权案件的审理，在判决侵犯专利权及商标权的案件中，在裁判文书的查明事实中，将当事人持有的专利图、注册商标、主要特征与被控侵权专利、商标的图形附上，然后进行分析对比，判断是否构成侵权。

（5）拓宽审判监督指导途径，提高案件质量，促进裁判尺度的统一。一是加强对下级法院的业务指导和审判监督，宁夏回族自治区高院民三庭制订了《业务指导与审判监督制度》，对指导监督的范围、方式作出了进一步规范。二是深入调查研究。在银川市等五市中院针对立案由审查变为登记之后，知识产权案件受理的情况、知识产权审判庭法官的基本情况，知识产权审判庭受理其他案件的情况等新问题进行了调研。三是抓住重点案件加强协调指导。针对各中院受理的疑难、复杂、新型及同案不同判等案件，及时调研、指导、沟通、协调，促进了五市中院裁判尺度的统一。四是建立发改案件座谈制度。

（6）加强涉文化类知识产权保护，依法促进文化体制创新。宁夏回族自治区高院民三庭起草了《关于充分发挥知识产权审判职能作用为宁夏民族文化强区建设提供司法保障的实施意见》。

（7）注重宣传。一是宁夏回族自治区高院民三庭开展了关注商标侵权的活动。就一起关于“成辉”商标侵害商标权纠纷的案件，邀请相关部门的工作人员旁听案件庭审。二是组织参加银川市中院的知识产权案件观摩庭活动，并就知识产权案件审理中存在的问题与银川市中院、自治区知识产权局、北方民族大学等进行交流座谈。三是开展“4·26 世界知识产权日”的宣传活动，宁夏回族自治区高院民三庭利用周末时间，在银川市光明广场，现场解答群众法律问题，发放宣传资料。

（8）深化司法公开，提升司法公信力，积极接受社会各界监督。一是全面落实公开审判原则，对于依法能够公开的案件全部实行公开开庭审理；对一些有影响的案件，在开庭审理时，允许新闻媒体进行公开报道；同步录音录像，并实现了庭审现场网上同步直播；二是高度重视裁判文书上网工作，将所有依法可以公开的生效知识产权裁判文书全部上传，主动接受社会各界的监督。

二、不断加强队伍建设，筑牢审判基础

（一）加强知识产权法官的思想政治、司法作风与司法廉政建设

（1）始终重视思想政治建设。采取多种形式深入学习习近平总书记系列讲话和对法院工作重要批示精神，党的十八大和十八届三中、四中、五中全会精神，引导干警牢固树立社会主义法治理念。同时，把“崇法厚德，致公为民，凝心聚力，务实卓

越”的宁夏法院精神牢固树立在每位干警的心中。(2)始终重视加强司法作风建设。坚决贯彻落实中共中央关于改进工作作风、密切联系群众的八项规定精神和最高人民法院印发的《关于进一步改进司法作风的六项措施》,进一步改进司法作风。(3)始终重视加强司法廉政建设。

(二)加强学习,增强知识产权审判能力

(1)结合工作实际,认真学习《商标法》《著作权法》和《专利法》及其司法解释;(2)积极参加最高人民法院和宁夏回族自治区高院组织的知识产权审判热点、难点问题的经验交流学习会、专业培训班;(3)充分利用全国法院信息化平台,共享审判信息,利用公开裁判文书上网等相同案例进行学习;(4)通过召开典型案例分析会、讨论会等形式,解决学习、办案中存在的对法律适用的模糊认识。

(宁夏回族自治区高级人民法院知识产权审判庭)

检察工作

根据最高人民检察院和宁夏回族自治区“双打”办关于打击侵犯知识产权和制售假冒伪劣商品工作部署,宁夏回族自治区检察机关高度重视,精心组织,周密部署,严厉打击侵权假冒犯罪,健全“两法衔接”工作机制,广泛开展法制宣传教育,各项工作取得了新成效。

一、高度重视,加强组织领导

宁夏回族自治区检察院高度重视打击侵犯知识产权和制售假冒伪劣商品工作,2015年年初制订下发了工作计划,要求各市、县(区)检察院在进一步加大打击力度的同时更加注重健全该领域的“两法衔接”工作机制,特别是重点做好监督移送涉嫌犯罪案件有关数据的统计上报和三级(县级)信息共享平台的建设应用工作。各地高度重视,迅速行动,积极协调当地打击侵权假冒工作领导小组办公室研究制订2015年度工作方案,并结合工作实际主动商请有关部门落实三级(县级)信息共享平台建设要求。

二、突出重点,严厉打击侵权假冒犯罪

宁夏回族自治区检察机关充分发挥法律监督职能,及时督办构成犯罪的重大、有影响的知识产权侵权案件,针对侵犯知识产权犯罪行为的方式、特点,提出防范、遏制的建议,依法打击侵犯知识产权的犯罪活动。实行定案、定人、定时间、包片负责、包案件质量的“三定两包”方案,建立了由侦查监督、公诉部门分片负责制和案件质量负责制。

三、健全“两法衔接”工作机制

宁夏回族自治区检察院认真贯彻落实之前联合自治区人民政府出台的《宁夏回族自治区行政执法工作与检察监督工作相衔接的若干规定》,协商自治区党委办公厅和政府办公厅转发了《关于进一步推进行政执法与刑事司法衔接工作的实施意见》,从基本工作要求、法定职责、工作机制以及监督机制四个方面为进一步加强和完善“两法衔接”工作机制提出具体要求,明确录入信息标准、范围和时限,并开创性地将“两法衔接”工作的落实情况纳入政府效能考核体系。目前青铜峡市政府和红寺堡区政府已将“两法衔接”工作纳入当地“平安建设”考核内容。

四、加强宣传,营造良好氛围,提高全社会保护意识

为更好地开展工作,与有关部门协作,采取多种形式,加大宣传力度,有针对性地开展富有特色的知识产权保护宣传工作。深度挖掘宣传素材,通过宁夏电视台、宁夏广播网、互联网、《宁夏日报》《银川晚报》《法治新报》等媒体多角度报道知识产权保护宣传，树立知识产权保护的理念，增强保护知识的法律意识，特别是知识产权保护的措施。吴忠市青铜峡市检察院侦监部门会同渎职侵权部门、控告申诉等业务部门编写了制假售假等危害民生的典型案例和法律咨询、解答，举报控告知识等宣传材料，抽调干警利用集日上街进行了法律宣传，以案说法，共散发宣传材料 10 余种 2000 余份。

（最高人民检察院侦查监督厅供稿）

新疆维吾尔自治区

专利工作

2015 年，在新疆维吾尔自治区党委、政府的正确领导和国家知识产权局的大力支持下，新疆维吾尔自治区知识产权局围绕自治区中心工作，贯彻落实国家和自治区《知识产权战略纲要》，自治区知识产权工作取得显著成效。

一、自治区知识产权战略纲要实施工作扎实推进

按照《自治区知识产权战略纲要实施推进计划(2011～2015)》及年度推进计划，在自治区范围内组织实施了《新疆维吾尔自治区知识产权战略纲要》中期目标任务的绩效评估和督查。组织了第二届新疆维吾尔自治区专利奖申报，申报数量上升至 111 个，较上年增加了 46%，同时在专利数量和质量上都有了明显的提高。2015 年，新增推荐鄯善县工业园区申报国家知识产权试点园区，推荐乌鲁木齐市经济技术开发区(头屯河区)申报国家知识产权示范园区。2015 年 12 月，《关于开展重大经济科技活动知识产权评议工作的意见》由自治区政府办公厅正式发布实施。2015 年共确定 22 家企业作为贯标试点企业。新特能源有限公司等 2 家企业已通过中知(北京)认证有限公司“贯标”认证，新疆知识产权“贯标”企业已达 57 家。与国家知识产权局审查协作北京中心、自治区中医民族医药管理局就《维药产业专利分析与利用》和《维药专利数据库》签署了三方合作协议，共同完成了分析报告和数据库的初步建设。

2015 年 1～12 月，新疆专利申请受理量 12 250 件，同比增长 19.98%，其中发明专利 3024 件，同比增长 28.14%。企业专利申请量 6368 件，同比增长 26.90%，占自治区专利申请受理量的 51.98%；截至 2015 年 12 月底，自治区每万人口发明专利拥有量达 1.34 件。

二、不断强化知识产权保护工作

制订印发《2015 年全区知识产权局系统执法维权工作方案》和《2015 年自治区知识产权局系统执法维权“护航”专项行动实施方案》，启动电子商务领域专利执法维权“闪电”等专项行动。与新疆高院签署《专利民事纠纷司法审判与行政调处衔接机制》备忘录，完善司法与行政保护诉讼调解机制。继续开展乌鲁木齐市华凌综合市场规范化市场培育项目。设立中国(新疆)知识产权维权援助中心阿克苏市分中心。开展专利权人回访工作，召开中小型企业知识产权保护座谈会。继续实施“专利行政执法能力提升工程”，为有力开展执法维权工作奠定基础。分片区召开南疆、北疆跨地区执法协作机制工作会议，并与兵团知识产权局签订了《新疆维吾尔自治区知识产权局系统与新疆生产建设兵团知识产权局系统加强专利行政执法协作备忘录》，建立了“兵地”跨区域专利行政执法协作机制。

三、加速专利技术成果运用转化

2015年10月，“2015年新疆石油石化科技成果暨专利技术交易会”在克拉玛依市隆重举办。国内38家单位的93项石油石化技术项目进行对接洽谈，共有104项成果和专利技术达成合作意向，23家企业与科研机构、高校院所签订合作协议，促成了新疆油田技术服务产业创新战略联盟的组建。2015年新增专利转化项目64项，财政资金2000万元人民币。通过项目的实施，实现了企业专利技术产业化，促使企业获得核心技术、核心产品和有价值的品牌，从而获得市场竞争优势，提高了企业市场开拓能力。由北京国之专利预警咨询中心为克拉玛依市白碱滩区政府开发克拉玛依钻井机械产业专利数据平台，专利导航项目成果正式交付使用，为当地政府找准其在各类资源整合、创新创业环境营造中的角色定位发挥了重大作用。

四、营造知识产权事业发展的良好环境

与新疆各级组织部门及党校常年合作开展县处级(或科级)党政领导干部知识产权专题培训，与教育部门联合在中小学校开展知识产权教育试点、创新实验室建设试点。通过“4·26知识产权宣传周”和“中国专利周”等活动，强化面向社会各界的知识产权宣传教育，全社会的知识产权意识得到提高。积极实施国家知识产权局“百千万知识产权人才工程”和《自治区知识产权万人培训计划》，充分发挥国家知识产权培训(新疆)基地的作用，充分利用区内外各种培训资源，以提升知识产权能力为目标，积极开展人才培养和培训工作。

(新疆维吾尔自治区知识产权局)

商标工作

新疆维吾尔自治区工商和市场监管部门进一步完善各项工作程序和工作制度，加强调研指导，扎实推进商标监管执法与商标战略实施，商标工作取得了新成效。

商标宣传培训工作有序开展。商标培训针对性进一步增强，举办以商标权质押贷款为重点商标综合业务培训班，学习《自治区商标专用权质押贷款暂行办法》、新《商标法》等内容，培训班之后至2015年年底短短6个月时间就已成功办理质押贷款2300万元人民币，占历年质押融资总额3000万元人民币的76.7%，商标专用权质押贷款取得历史性突破；成功举办有效利用马德里商标国际注册体系巡回研讨会，为企业了解运用马德里商标国际注册体系，强化商标国际注册和保护，实施“走出去”战略发挥了积极作用；编辑《新疆商标》杂志3期，科学设置网站板块，及时更新新疆商标网站信息178条，搭建了商标宣传有效平台。

商标战略实施稳步推进。积极组织各地联合农业、林业等相关部门开展了地理标志资源的普查摸底，在深入考察研究的基础上，建立了新疆完善的地理标志商标资源库，并专门召开地理标志商标工作座谈会，全面推进全区地理标志商标工作深入发展。2015年新疆新增地理标志商标15件，创年度历史新高。大力推进商标“走出去”战略，组织4家企业参加了第十九届西洽会“丝绸之路经济带品牌(商标)建设与经济发展合作交流大会”，并整理制作106件商标品牌图文资料借力宣传，认真组织区50家特色、名优产品企业参加了“中国国际商标·品牌节”，努力推动新疆特色产品走向全国走向世界。编制发布《2014年度新疆商标发展报告》，为政府部门和社会各界提供了决策参考。有序开展第十二届新疆著名商标评审认定和第九届新疆著名商标复审工作，2015年新认定新疆著名商标31件，复审认定134件。

商标专用权保护力度日益强化。扎实推进“双打”专项行动，2015年查处商标侵权假冒案件463件，案值548万元人民币，罚没金额440万元人民币。不断加强商标

专用权保护工作力度，组织开展了7个专项行动，特别是空前加大地理标志商标专用权保护力度，组织开展了在全国对“若羌红枣”地理标志商标专用权保护的专项行动，“若羌红枣”成为在全国范围内开展专项保护的新疆首例，有效维护了市场公平竞争的良好秩序。

指导服务企业有序发展成效显著。赴各地调研，通过对企业实地走访、座谈讨论、现场指导等多种方式，调研指导商标工作，宣传普及商标法律知识，切实帮助企业解决在许多商标注册、使用、保护和品牌创建中存在的问题和困难。特别是加强行政沟通协调，帮助协调解决30余件商标的注册、变更、续展、驳回复审案件、商标异议案件、撤三案件、驰名商标申报和地理标志注册等相关事宜，顺畅了困扰企业多年的商标发展难题，促进了企业经济的健康有序发展。

涉疆商标监测机制不断创新完善。探索尝试对监测的内容、方法、形式和工作机制等方面的改进，监测手段由商标局每期的初审公告的书面审查改为通过白兔商标查询信息系统的电子审查，监测商标数量由以前的全国初审公告的上百万件降至新疆新申请商标的1万余件，监测方式由商标初审公告后审查变为在申请环节进行审查，实现监测关口前移、高效快捷、有效规避矛盾纠纷和风险责任的目的。2015年共监测商标221.8万余件，对可能存在问题的163件商标提请不予注册或予以撤销，减少和预防了涉疆商标注册过程中带有民族歧视性或有害于社会主义道德风尚等影响新疆社会稳定问题的发生，有利于新疆的社会稳定、民族团结。

2015年，新疆维吾尔自治区商标申请量25 305件，注册量17 949件，累计有效注册量82 610件。

（新疆维吾尔自治区工商行政管理局）

版权工作

2015年，新疆维吾尔自治区版权局在区委、区政府的领导和国家版权局的指导下，积极开展软件正版化、版权宣传培训、版权执法监管、版权服务和相关研究工作，各项工作进展顺利。

一、软件正版化工作

（1）政府软件正版化工作。进一步规范新疆政府机关使用正版软件行为，制定《新疆维吾尔自治区软件正版化工作考核和责任追究制度》，对软件购买、使用管理、考核评议、责任追究等进行细化；完成了2014年度对14个地州、94家自治区级党政机关软件正版化考核评价工作的总结分析报告，并向全区政府机关一对一下发了《关于对自治区政府机关使用正版软件工作考核评议情况的通报》；向全区政府机关印发《关于进一步落实政府机关软件正版化工作责任的函》，建立健全新疆维吾尔自治区政府机关软件正版化责任人数据库，建立了软件资产台账；对乌鲁木齐市、塔城地区、昌吉州政府机关软件正版化工作进行检查，共检查18家单位的156台电脑；组织由自治区版权局、国资委、经信委、审计厅等厅局组成的5个检查组对自治区50个厅局机关开展软件正版化工作检查，共检查计算机500多台；在国务院软件正版化工作督查组来自治区督查时，获得了检查组的充分肯定。

（2）企业软件正版化工作。与自治区国资委联合转发了国家版权局与国务院国有资产监督管理委员会印发的《关于做好推进地方国有企业使用正版软件工作有关事项的通知》，并对自治区开展此项工作提出具体要求；督促指导新疆股权交易中心、新疆中广传播有限公司等65家企业完成软件正版化工作，兑现25家企业软件正版化奖补资金57.5万元人民币；向被投诉的

13家建筑设计和工业设计企业发出了《关于妥善应对侵权风险，开展软件正版化工作的函》，要求各企业按照自治区人民政府会议安排，积极开展软件正版化工作。

二、版权培训宣传工作

组织地州版权执法人员共28人，参加国家版权局在山东省青岛市、江西省南昌市、内蒙古自治区呼和浩特市举办的版权执法培训班。举办2015年自治区政府机关软件正版化培训班，共有155人参加培训。积极支持和指导和田地区举办软件正版化培训班，派专人前往授课。

三、版权监管执法工作

加大网络监管力度，对全疆维文网站进行了摸底排查，重点对10家较大的电影、视频网站进行跟踪搜索，并对存在的问题进行了分析记录；加强对地州市新闻出版部门出版物市场监管和执法的指导监督，不断提高出版物市场行政执法质量；加强版权侵权案件的信息收集、报送工作，按时向自治区"双打"办报送案件信息，共查办侵权案件24件，捣毁窝点2个，移送司法机关3件，办结12件，罚款3.1万元人民币，案件信息公开5件。

与乌鲁木齐市新闻出版局联合办理涉嫌侵权复制品的案件，罚款1万元人民币，没收侵权复制品287件；受理CAD软件侵权案件13起；受理模拟考试软件侵权案件1起。

四、版权服务和研究工作

2015年完成作品登记856件，出版外国图书合同登记23件。

着眼于修改《著作权法》中有关新疆少数民族免费使用汉文创作作品的法定许可条款，与新疆大学合作开展"民族地区免费使用内地影视剧进行译制传播情况调研"课题研究，已完成课题的初稿。与自治区发改委联合下发《关于转发国家版权局与国家发展和改革委员会〈使用文字作品支付报酬办法〉的通知》，该办法较1999年的标准有较大幅度的提升，为出版、翻译单位提供了具有权威性的参考标准。

（新疆维吾尔自治区版权局　施晓娟）

司法工作

新疆维吾尔自治区高院高度重视知识产权审判工作，紧紧围绕"努力让人民群众在每个司法案件中都感受到公平正义"的目标，认真落实《新疆维吾尔自治区知识产权战略纲要》，积极履行审判职能，充分发挥司法保护知识产权、规范市场竞争的主导作用，通过司法裁判为知识产权战略和创新驱动发展战略实施提供有力保障。

一、抓好执法办案

2015年，新疆各级法院立足审判职能，狠抓执法办案第一要务，妥善化解各类知识产权纠纷。新疆高院民三庭新收知识产权案件加旧存共计收案89件，已全部审结。全区法院共审理知识产权一、二审案件600余件，比2014年同期增长8%，结案率达98%。

在运用裁判方式审判案件的同时，自治区各级法院特别注重知识产权案件的诉讼调解，调撤率仍保持较高水平。而且，调解结案的案件呈现高执行率的特点，当事人当场或达成调解协议后迅速、主动地履行。继续保持了知识产权案件申诉、信访为零的状况。

新疆知识产权类案件以知识产权商业维权案件为主。知识产权商业维权案件特点是诉讼标的较小，事实较为清楚，被告多为个体工商户，涉及的侵权影响范围较小，因此案件多以调撤结案，以判决方式结案的案件上诉率较高。

（1）加强商标权保护。加大对驰名商标、著名商标等标识类权利的司法保护，加大对恶意侵权、重复侵权的制裁力度。通过对商标侵权案件的审理，保护了“长城”“三环”“小米”等驰名商标的商标权人合法权益。通过对吐鲁番楼兰酒业公司、乌鲁木齐佰昱食品公司等企业商标案件的审理和裁判，充分保护了商标权人的合法权益，公平公正保护知识产权，对国内外企业的知识产权一视同仁、同等保护。审结普拉达公司商标案，对商标指示性使用的合理边界予以确认，充分保护了世界著名商标在我国境内的合法权益。

(2)加强著作权保护。在依法保护传统文化产业的同时，高度重视文化创意、动漫形象、网络、计算机软件等战略性新兴文化产业的著作权保护。审结姬某诉阿某等侵害作品署名权、复制权、改编权纠纷案，判决被告停止侵权，赔偿损失，体现了对高校教材著作权人的权利保护，对教材抄袭者敲响警钟。审结新疆绢道映画影视公司诉某公司侵害作品复制权案，通过调解方式给予了上述作品著作权保护，提高了本土企业文化的影响力。

(3)加强专利权保护。对批量起诉的商业维权案件，在同案同判的原则下，适时给予释明，充分考虑不同被告的情况，在维护专利权人合法权益的同时，也规范了小商户、市场管理公司的合法经营、特许经营。

(4)积极应对信息化发展和新的商业模式不断出现给知识产权保护带来的新挑战。2015年自治区技术合同纠纷案件和特许经营合同纠纷案件较往年都有所增长。

(5)充分发挥知识产权刑事和行政审判职能作用，依法打击知识产权犯罪，促进知识产权行政保护水平提高。加大刑事制裁力度，在依法适用主刑的同时，加大对罚金等附加刑的适用与执行力度，制止侵权人重复犯罪；强化行政审判对涉知识产权行政行为的司法审查职责，妥善处理因行政机关查处知识产权侵权行为引发的行政纠纷，保障行政相对人的合法权益，监督和支持行政机关依法行政。

二、重视服务大局

(1)组织开展“4·26知识产权宣传周”各项活动。2015年继续做好固定项目的宣传活动，召开新闻发布会，通报全区法院知识产权司法保护状况，公布自治区十大知识产权典型案例，回答记者提出的热点、难点问题。走进企业开展知识产权宣传活动，组织知识产权案件庭审观摩等。

(2)服务知识产权战略大局。为配合自治区知识产权战略实施，领导小组制订自治区《知识产权战略实施推进五年计划(2016～2020年)》和《2016年度自治区知识产权战略实施推进计划》，制订新疆维吾尔自治区高院《知识产权司法保护五年计划》和《2016年度推进计划》。

(3)健全诉调对接机制，实现司法调解与社会调解的优势互补。全区法院始终坚持依法、自愿、规范调解的原则，不断创新调解工作方法，拓宽调解渠道。新疆高院与自治区知识产权局联合制定了《专利民事纠纷司法审判与行政调处衔接机制的实施意见》和《诉调对接机制合作备忘录》，并召开新闻发布会。形成了以司法途径为核心手段，“委托调解、调诉对接、司法审判”合一的知识产权纠纷处理新模式。

昌吉回族自治州中院积极与昌吉州工商局建立《商标侵权类案件协调机制的实施意见》，并在昌吉州各县(市)工商局挂牌设立知识产权巡回法庭，组织工商行政执法人员和经营者旁听庭审。

(4)加强与自治区知识产权保护职能部门之间的协调与配合。除了固定项目的联系协调外，新疆高院民三庭因时因地制宜开展“新举措”。如2015年与自治区知识产权局、商务厅等单位共同组织召开中小企业知识产权保护座谈会，按照中央和自治区统一部署，进一步加强对中小企业知识产权保护，鼓励支持中小企业创新。

三、强化调研工作和对下指导

(1)强化对下指导,统一案件裁判尺度。新疆高院受理的二审知识产权类案件80%以上来源于乌鲁木齐市中院,以乌鲁木齐市中院开展业务培训为契机,以新疆高院民三庭2014年发改案件为载体,发现开庭审理及裁判文书制作中存在的问题和不足,提出意见和建议,促进开庭审理的进一步规范和裁判文书质量的进一步提高。积极组织乌鲁木齐市中院、昌吉回族自治州中院知识产权法官参加业务研讨和交流活动。

新疆高院民三庭针对知识产权审判中存在的案件诉讼程序、法律适用、实体处理及裁判文书说理等方面存在的突出问题积极开展调研。

(2)通过授课培训开展对下指导。2015年9月,新疆高院举办全区法院知识产权和涉外民商事工作培训班,邀请最高人民法院民三庭业务骨干来新疆授课,促进了业务交流,提升了法官的综合能力。

(3)调研工作进展顺利,相关研讨会顺利召开。新疆高院民三庭承担的重点调研课题《新疆法院知识产权商业维权诉讼案件调研报告》如期完成,并已通过评审验收。新疆高院民三庭法官积极撰写典型案例及调研文章,撰写的典型知识产权案例有多篇在《新疆审判》上发表。

(新疆维吾尔自治区高级人民法院
知识产权审判庭)

检察工作

2015年以来,新疆维吾尔自治区检察机关认真履行法律监督职责,依法严厉打击侵犯知识产权和制售假冒伪劣商品的犯罪,积极推动建立、健全行政执法与刑事司法相衔接的工作机制,进一步加强知识产权保护工作和打击制售假冒伪劣商品犯罪的力度,取得了一定成效,为规范社会主义市场经济秩序和促进全疆经济的良性发展作出贡献。

一、主要做法

(1)领导重视,部署周密。新疆维吾尔自治区三级检察机关结合当地实际,加大知识产权保护工作和打击制售假冒伪劣商品犯罪的力度,为打击侵权假冒犯罪案件的顺利进行提供了扎实的基础。

(2)加大宣传力度,营造良好氛围。制订宣传计划,同时结合办案加大普法宣传力度,大力宣传新疆检察机关加强知识产权保护和打击制售假冒伪劣商品犯罪的措施和成效,营造知识产权保护和打击制售假冒伪劣商品犯罪的良好环境。

(3)加大立案监督力度,切实防止对侵犯知识产权和制售假冒伪劣商品犯罪的以罚代刑问题。检察机关进一步加强与公安机关、法院以及各行政执法机关、公安机关联系配合,以便于检察机关及时发现和掌握制售假冒伪劣商品、侵犯知识产权的犯罪线索,同时进一步加强检察机关内部职能部门深化衔接配合和统筹协调,努力形成加强对国家工作人员为侵犯知识产权犯罪活动充当“保护伞”和徇私舞弊不移交刑事案件、帮助犯罪分子逃避处罚等职务犯罪行为进行监督的合力。切实增强了打击侵犯知识产权和制售假冒伪劣商品犯罪的力度。

二、取得成效

(1)有效深化了思想共识。通过与公安、监察、经贸、知识产权部门联系和沟通,各成员单位进一步统一了思想,提高了认识,明确了做好行刑衔接工作既是新形势下促进行政执法部门依法行政,严格执法的现实需要,也是严厉打击经济犯罪,整顿和规范社会主义市场经济秩序的现实需要,从而积极协调配合,共同推进工作发展。

(2)进一步深化了检察机关的法律监督权。新疆检察机关加强了对公安机关及其他行政执法机关的监督，以食品药品监督管理局、质量技术监督局、工商局、烟草局、知识产权局等执法单位为重点监督对象，达成了对于行政执法机关在查处案件过程中无法确定是否涉嫌犯罪的，可以就涉嫌犯罪的标准、证据等问题向检察机关咨询，以及进一步明确了拒不移交刑事案件的法律责任，防止行政执法机关以罚代刑。

(3)规范了行政执法和刑事司法相衔接工作。在检察机关办理侵犯知识产权和制售假冒伪劣商品犯罪案件中，与相关部门密切配合，特别是与公安机关、监察机关、经贸委员会等共同联合行动，不仅增强了对相互工作职能的理解，而且对行政执法与刑事司法相接衔有极大的促进作用，比单方面检察机关行动收效要好。

(最高人民检察院侦查监督厅供稿)

新疆生产建设兵团

知识产权工作

2015年新疆生产建设兵团专利申请量和授权量分别达到1537件和930件，同比增长42.45%和56.83%。其中发明专利授权量174件，增长85.11%。每万人口发明专利拥有量达到1.57件。“一种电石法氯乙烯气体中氯化汞的脱除方法”“一种沥青路面施工质量实时控制方法”两项专利获得中国专利奖优秀奖。

一、实施知识产权战略

加强知识产权政策顶层设计，组织制订了《2015年兵团知识产权战略推进计划》《兵团知识产权局2015年专利事业发展战略推进工作组织实施方案》《兵团知识产权支持小微企业发展的落实方案》等，积极开展《兵团知识产权“十三五”发展规划》的编制工作。推进知识产权战略的实施。

2015年9月16～17日，国家知识产权局直属机关党委副书记、纪委书记关宝兰带队，赴新疆生产建设兵团科技局(知识产权局)，通过听取汇报、查验资料、现场考察和走访基层等形式，全面检查了2015年新疆生产建设兵团专利战略推进工作，调研了党风廉政建设工作开展情况，新疆生产建设兵团专利战略的落实工作通过国家知识产权局检查。

二、《企业知识产权管理规范》工作

2015年4月24日在乌鲁木齐市召开了兵师联动“贯标”启动会暨经验交流会，确定冠农股份等5家企业为2015年“贯标”试点企业。2015年5月11～19日，在北京市中国知识产权培训中心举办知识产权战略培训班，新疆生产建设兵团及各师市企事业单位、大专院校及中介机构等40余人参加了内审员培训。目前5家企业经过中介服务机构辅导、策划和诊断，基本形成知识产权企业管理制度。新疆天业集团的兵团现代绿色氯碱化工工程研究中心(有限公司)获得由中知(北京)认证有限公司颁发的知识产权管理体系认证证书，成为新疆生产建设兵团和新疆维吾尔自治区首家获得《企业知识产权管理规范》达标认证的企业。

三、开展执法维权工作

将联合行政执法和专项执法相结合，加大了对流通领域涉及民生商品和电子商务的执法力度，分别赴一师、二师、三师、五师和八师等地组织参加联合专利行政执法10余次。建立兵地联合执法机制。2015年5月19日，新疆生产建设兵团知识产权局和新疆维吾尔自治区知识产权局签订了

执法备忘录，推进无缝执法衔接。

四、知识产权宣传工作

在新疆生产建设兵团组织开展以“建设知识产权强国、支撑创新驱动发展”“强化知识产权运用保护，助力大众创业万众创新”为主题的“4·26知识产权宣传周”和“中国专利周”活动。活动期间，召开2015年新疆生产建设兵团知识产权宣传周新闻发布会、企业知识产权“贯标”工作推进会，开展“新疆知识产权杯”大学生主题演讲比赛暨“2014年度新疆发明创造优秀大学生”评选活动，举办“我与知识产权”征文比赛等活动。

五、知识产权人才工作

服务大众创业万众创新需求，加强知识产权人才培养工作。2015年与中国知识产权培训中心合作在北京市举办兵团企业专利战略推进工作培训班。争取国家知识产权局初审流程部的支持，在石河子举办2015年兵团专利代理机构业务能力促进培训班。邀请北京专利代理中介服务机构专家授课，在乌鲁木齐市举办2015年兵团知识产权金融暨专利信息培训班。共举办3期知识产权专题培训班，培训人员201人。

2015年，新疆生产建设兵团知识产权人才工作受到国家知识产权局表彰，兵团知识产权局、八师知识产权局、兵团知识产权信息中心被评为国家知识产权人才工作先进集体，3人获得全国知识产权人才工作先进个人荣誉称号。

六、专利信息的传播与利用工作

积极实施《兵团专利信息利用帮扶项目》，深入企业开展专利信息的帮扶工作。建立了新疆生产建设兵团企业乳制品和棉种加工专利数据库。累计为兵团企业、高校及科研院所撰写专利法律状态咨询报告、查询报告108份，国内专利检索报告4份，国际专利检索报告2份，开展专利信息咨询150余次，开展“专利信息检索与利用”培训2次。借助高校文献信息检索课的平台，为高校5000多名学生进行了专利文献检索的授课。

七、推进中小学知识产权教育试点示范工作

走访、检查和督导新疆生产建设兵团中小学知识产权教育试点、示范学校的知识产权工作，在兵团三中对200余名师生开展知识产权进校园普及讲座活动，二师华山中学获批成为新疆唯一一所全国首批知识产权试点学校。

（新疆生产建设兵团知识产权局）

司法工作

一、新疆生产建设兵团各级法院2015年审理知识产权案件情况

（一）兵团三级人民法院收结案情况

2015年，兵团三级人民法院共受理知识产权案件54件，结案47件。

各垦区、中院审理一审案件共46件，分院审理1件，结案40件，未结的7件因当事人对所涉专利效力问题向国家知识产权局提出申请而中止审理。所结案件中，判决15件，调撤24件，驳回起诉1件。调撤案件中有19件因双方达成和解协议当庭给付而调解或撤诉，另5件案件中，因原告所诉主体不适格而撤诉，或因原告丧失专利权属等而撤诉。兵团法院审理一审案件的案件类型为：侵害作品署名权纠纷1件；侵害作品放映权纠纷26件，侵害商标权纠纷2件，侵害发明专利权纠纷3件，侵害外观设计专利权纠纷1件，侵害实用新型专利权纠纷7件，侵害植物新品种权纠纷1件，技术咨询、服务合同纠纷3件，特许经营合同纠纷3件。

审理二审案件7件，分院审理4件，其中侵害作品署名权纠纷1件，特许经营权纠纷2件，技术咨询合同纠纷1件。第六

师、第八师中院审理3件(其中著作权权属纠纷、侵害商标权纠纷以及技术服务合同纠纷各1件,均已结案)。分院审理的4件中维持1件,改判2件,发回重审1件;中院审理的案件中维持2件,调解1件。

(二)2015年知识产权审判工作亮点

2015年9月6日,第八师中院受理19件同类型知识产权案件,即原告中国音像著作权集体管理协会诉石河子市19家KTV经营者侵害作品放映权纠纷案,2015年11月20日全部结案,17件案件经调解,双方当事人当庭达成并签订《著作权许可使用及服务合同》,且缴纳了1年的著作权使用费,原告申请撤诉,法院予以准许;未达成协议的2件案件经一审判决后,当事人均未提出上诉。除涉案KTV经营者外,石河子市、沙湾县、玛纳斯县共有25家KTV娱乐场所与中国音像著作权集体管理协会达成和解。

另外,兵团第六师五家渠市法院2015年8月至11月20日审理了5件侵害作品放映权纠纷案,这些案件也是以中国音像著作权集体管理协会为原告,五家渠美丽方量贩KTV欢唱城等5家经营者为被告,一审法院分别判决5家经营者从其卡拉OK点唱曲库中删除侵权作品,并赔偿部分经济损失及为制止侵权行为合理支出的费用。一审判决后,双方当事人均未提出上诉。

兵团各法院通过对案件的审理,对本地区KTV经营者使用音乐电视作品的法治化、市场化进行了指引,石河子、五家渠片区绝大部分KTV经营者使用音乐电视作品的行为被纳入市场化、法治化的轨道。

二、2015年知识产权司法宣传及保护工作

(1)第八师中院知识产权审判庭积极参加所在师、市2015年"4·26知识产权宣传周"普法活动。

(2)第八师中院知识产权审判庭深入辖区,对相关部门开展《专利法》适用解答活动,开展送法进基层工作。围绕2015年兵团知识产权工作年度主题,第八师中院知识产权审判庭于2015年6月26日,在新疆农垦科学院召开了以"提升知识产权转型升级,加强知识产权司法保护,激励科技创新,营造良好环境"为主题的座谈会。第八师中院、第八师石河子市知识产权局、新疆农垦科学院的3个企业和9个研究所的相关人员参加了此次座谈会。

三、针对知识产权案件审理司法公开的新举措

根据全国知识产权司法公开座谈会的会议精神,兵团各级审理知识产权案件的法院对会议的内容进行了认真学习,积极做好知识产权司法公开工作的贯彻执行。

(1)在2015年公开开庭审理的知识产权案件中,积极组织辖区工商界代表和本地有关媒体旁听案件审理,主动与社会大众和媒体接触,积极接受社会监督。(2)对于2015年审理的案件积极撰写新闻稿件,多家媒体刊发,主动将案件向社会公众曝光,接受社会公众监督。(3)选派"知识产权裁判文书网"信息员,将知识产权裁判文书全部审核上网。(4)积极与新疆维吾尔自治区高院伊犁州分院、乌鲁木齐市中院等交流知识产权案件的审理工作,对全疆知识产权案件裁判尺度的标准问题等进行沟通和联络,打开了兵团法院知识产权审判庭业务交流互动的新局面,为今后知识产权审判工作开创新局面奠定了基础。

(新疆维吾尔自治区高级人民法院生产建设兵团分院知识产权审判庭)

检察工作

新疆生产建设兵团检察机关按照兵团打击侵犯知识产权和制售假冒伪劣商品工作领导小组的工作要求,依法办理侵犯知识产权和制售假冒伪劣商品的刑事案件,为维护兵团市场经济秩序，促进兵团经济又好又快发展作出一定贡献。

一、高度重视，认真部署打击侵权假冒工作

2015 年年初，新疆生产建设兵团检察院将打击侵权假冒犯罪作为 2015 年度重要工作纳入全年计划，在《2015 年工作要点》中明确要求各级检察机关要着力维护公平有序的市场体系和法治化营商环境，坚决惩治侵犯知识产权和制售假冒伪劣商品等犯罪活动，切实保障民生民利，服务经济平稳健康发展。

二、立足职能，依法办理侵权假冒犯罪案件

2015 年新疆生产建设兵团检察机关充分发挥检察适时介入、引导侦查、审查逮捕、指控犯罪、法律监督的职能作用，使一批侵权假冒犯罪分子得到依法惩治。共办理相关领域审查逮捕案件 12 件 15 人，办理相关领域审查起诉案件 12 件 18 人。

三、依托专项，切实加强对查办涉嫌侵权假冒犯罪案件的监督力度

新疆生产建设兵团检察机关根据最高人民检察院统一部署，组织开展了为期两年的“危害食品药品安全犯罪专项立案监督活动”，并下发《关于依托“两个专项立案监督活动”推进行刑衔接工作的通知》，将维护职工群众“舌尖上”的安全作为一项政治任务和重点工作来安排，逐级成立专项活动领导小组，制定实施方案，通过增强内部协作、关注新闻媒体报道和社会舆情、查访相关行政执法部门等方式对涉嫌危害食品药品安全的刑事犯罪进行细致排查，严防有案不移、有案不立、以罚代刑等问题的发生，切实当好兵团生命健康卫士。

四、强化“两法衔接”，深入推进打击侵权假冒工作

与新疆生产建设兵团公安局、食药监局等单位会签了《关于在查处破坏环境资源犯罪和危害食品药品安全违法犯罪工作中加强协作配合的意见》等文件，建立起稳定的长效协作机制。2015 年 4 月，新疆生产建设兵团检察院组织三级检察院开展了关于办理知识产权案件的业务培训。2015 年 12 月底汇编完成一本有关“两法衔接”的工作手册。2015 年，新疆生产建设兵团各级检察机关采取建立行刑衔接机制、主动走访、信息交换、召开联席会议、专项座谈会议、联合法制宣传、提出检察建议等多种方式，努力推进行政执法与刑事司法的无缝对接，共同打击相关领域违法犯罪活动。

五、加大宣传力度，在预防上下工夫

新疆生产建设兵团各级检察机关侦监部门与预防、控诉、公诉、反贪等部门以举报宣传周、宪法宣传日和其他街头宣传活动为载体，将侵权假冒犯罪、侵犯知识产权纳入预防宣传中，利用所办案件向团场职工宣传侵权假冒犯罪、侵犯知识产权犯罪的社会危害性，向职工群众介绍了如何区分真假商品，如何避免购买假冒产品等。

（最高人民检察院侦查监督厅供稿）

香港特区

知识产权工作

一、行政架构

香港特区知识产权署辖下设有商标注册处、专利注册处、外观设计注册处和版权特许机构注册处。香港特区知识产权署负责就知识产权的政策和法例提出建议，并向政府提供知识产权方面的民事法律意见。此外，香港特区知识产权署还负责加强公众对知识产权的认识和尊重，以及促进和推广香港特区成为领先的知识产权贸易中心。

二、保护知识产权

香港特区有健全的知识产权保护制度，通过周全的法例、简便易用的注册系统、严厉的执法行动和持续的公众教育计划，在有效保护知识产权方面，建立了良好声誉。

(一)注册

香港特区知识产权署致力于为市民提供高质和迅捷的注册服务。香港特区知识产权署提供多项电子服务，使商标、专利和外观设计的注册及管理更有效率和更具成本效益。有关的注册记录册以电子格式存储，公众可以通过互联网（http://ipsearch.ipd.gov.hk）随时免费查阅中英文兼备的资料。此外，电子提交系统亦为知识产权拥有人或代理人提供既安全稳妥又简便易用的平台（https://iponline.ipd.gov.hk），让他们可以随时提交申请。

知识产权拥有人或其代理人亦可使用香港特区知识产权署的互动服务，直接更改注册记录册上有关其注册及申请的某些资料，而系统亦会即时更新储存在注册处的相关记录。该署的电子服务，特别是电子提交服务，广受用户欢迎。2015 年，以电子方式提交商标、专利和外观设计注册申请的比率分别为 62%、81%及 77%，与 2014 年相比，分别增加 6%、8%及 8%。

(二)商标

2015 年，香港特区知识产权署商标注册处接获 39 179 件注册申请。2015 年注册的商标共有 37 476 件，较 2014 年增加 9.4%。提出注册申请的国家和地区共有 121 个，主要包括(数字为件数)：

中国香港特区	14 376	法国	939
中国内地	8241	英国	907
美国	3901	中国台湾地区	851
日本	2158	德国	730
韩国	1343	瑞士	666

截至 2015 年年底，注册记录册上共有 364 081 件注册商标。

(三)专利

《专利条例》订明，标准专利的批予以三个指定专利局，即中国国家知识产权局、英国专利局或欧洲专利局(适用于指定英国的专利)所批予的相应专利为基础。该条例也订明短期专利申请经形式审查后可获批予。2015 年，香港特区知识产权署专利注册处接获 12 212 件标准专利申请及 702 件短期专利申请。2015 年共批出 5963 件标准专利及 495 件短期专利，与 2014 年相比，分别增加 0.5%及减少 5.2%。

香港特区政府在 2015 年 11 月向立法会提交《2015 年专利(修订)条例草案》，为改革香港特区的专利制度提供了法律框架。《2015 年专利(修订)条例草案》的主要建议包括：设立"原授专利"制度，同时保留现行批予标准专利的“再注册”制度；为短期专利设立批予后的实质审查机制；以及设立暂行措施规管使用某些与专利代理服务有关的名衔及描述。根据立法工作及其他筹备工作的进展，香港特区政府计划最早在2017年实施新专利制度。

（四）注册外观设计

2015年，香港特区知识产权署外观设计注册处共接获2769件申请，要求为5182件外观设计注册。2015年获准注册的外观设计共有4702件，较2014年增加9.3%。

（五）版权

根据《版权条例》，文学作品、戏剧作品、音乐作品、艺术作品、已发表版本的排印编排、声音纪录、影片、广播、有线传播节目，以及表演者的表演，不论其版权拥有人属何国籍，均可获得保护。依循国际惯例，该条例并无版权拥有人必须注册版权之规定。

在2015年，香港特区立法会继续审议香港特区政府于2014年6月提交的《2014年版权（修订）条例草案》，以更新香港特区的版权制度，确保制度与时俱进，紧贴科技和海外的发展。

三、公众教育

2015年，9个商会共1054个零售商参加了香港特区知识产权署举办的“正版正货承诺”计划，涉及6785个销售点。香港特区知识产权署探访了71所学校共17 790名学生，并于122所学校举办互动剧场，共有31 310名学生参与。香港特区知识产权署亦通过研讨会和展览，推广知识产权贸易的价值及保护知识产权的重要性。

四、知识产权贸易

香港特区知识产权贸易工作小组已完成工作，并于2015年3月发表报告，提出发展香港特区为区内领先的知识产权贸易中心。报告提出的28项建议措施，分属4个策略范畴，即优化知识产权保护制度、支援知识产权的创造和使用、促进知识产权中介服务和提升人力资源，以及推广、教育和对外合作的工作。香港特区政府现在正同公营机构、专业团体、业界人士及其他相关机构合作，以落实这些建议措施。

五、与内地有关部门合作

香港特区知识产权署与内地有关部门紧密合作，推广知识产权及其管理与贸易。

六、参与国际组织活动

香港特区知识产权署参与国际论坛，包括世界贸易组织辖下与贸易有关的知识产权理事会及世界知识产权组织的活动。香港特区知识产权署代表中国香港特区出席国际及地区知识产权研讨会和会议，包括在菲律宾举行的亚太经合组织知识产权专家小组第四十次和第四十一次会议。

（国家知识产权局港澳台办公室）

（注：根据香港特别行政区知识产权署提供资料整理）

澳门特区

知识产权工作

一、工业产权申请与授权

(一)商标申请与注册

2015年澳门特区的商标申请量承接2014年的升势,达至历史新高,全年共受理13 140件申请,比2014年增加6.94%。在各类工业产权申请总量中,商标申请量一如既往地高居榜首,比重达95.78%。

2015年,澳门特区经济局受理的商标注册申请中,产品商标的申请量为7795件,服务商标的申请量为5345件,相对2014年而言,产品商标减少2.40%,而服务商标增加24.30%。此外,2015年获准注册的商标共12 129件。

2015年商标注册申请的类别主要集中在第三十五类、第九类、第四十一类、第四十三类、第五类、第三十类、第二十五类、第三类、第四十二类及第十四类等,这10类产品或服务共有7720件申请,占2015年全年商标注册申请量的58.75%。

2015年,中国内地的商标申请占据全年申请总量的榜首位置,其次是中国澳门、美国、中国香港、英属维尔京斯群岛、日本、中国台湾、英国、瑞士和法国,这10个国家及地区的申请量共占2015年全年申请量的80.74%。

截至2015年12月31日,商标注册的累计申请总量为122 847件,其中产品商标85 745件,服务商标37 102件,各占申请总量的69.80%和30.20%。

(二)专利申请与授权

1. 发明专利申请与授权

(1)在澳门特区提交的发明专利申请与授权。

2015年全年发明专利的申请共有65件,较2014年减少38.68%。申请主要集中在A63F类(纸牌、棋盘或轮盘赌游戏;利用小型运动物体的室内游戏;其他类目不包含的游戏),G07F类(投币式设备或类似设备)及G06F类(电数字数据处理),其中属于A63F类别的申请占全年申请量的60.27%,G07F类别和G06F类别的申请分别占全年申请量的15.07%和5.48%。此外,2015年获授权的发明专利共37件。

2015年,在澳门特区提出发明专利申请的国家及地区共有13个,包括日本、美国、中国香港、中国台湾、中国澳门、西班牙、英国、加拿大、澳大利亚、中国内地、韩国、奥地利和印度,其中日本和美国的申请占全年申请量的60.00%。

此外,2015年送往中国国家知识产权局作实质审查的发明专利申请共68件,较2014年减少13.92%。

截至2015年12月31日,发明专利的累计申请总量为1421件。

(2)内地发明专利延伸至澳门特区生效的申请与审批。

2015年申请延伸至澳门特区生效的内地发明专利共有382件,较2014年增加23.23%。此外,2015年获准延伸至澳门特区生效的内地发明专利共321件。

2015年的申请含多类别申请,主要集中在A61K类(医用、牙科用或梳妆用的配制品)、A61P类(化合物或药物制剂的治疗活性)及C07D类(杂环化合物),这三个类别占所有类别全年申请量的71.05%。

2015年,内地发明专利延伸至澳门特区生效的申请来自32个国家或地区,包括美国、日本、瑞士、瑞典、中国内地、中国香港、韩国、西班牙、德国、加拿大及印度等,其中美国、日本及瑞士的申请分别占全年申请量的37.17%、15.18%及8.90%。

截至2015年12月31日，中国内地发明专利延伸至澳的累计申请总量为2006件。

2. 实用专利申请与授权

2015年全年实用专利的申请共有20件，较2014年减少28.57%。此外，2015年获授权的实用专利共15件。

2015年的实用专利申请主要集中在A63F类（纸牌、棋盘或轮盘赌游戏；利用小型运动物体的室内游戏；其他类目不包含的游戏）、E03F类（下水道；污水井）、A47B类（桌子；写字台；办公家具；柜橱；抽屉；家具的一般零件）、B65F类（家庭的或类似的垃圾的收集或清除）、E04D类（屋顶覆盖层；天窗；檐槽；屋顶施工工具）以及E04H类（专门用途之建筑物或类似的建筑物；游泳或溅水浴槽或池；桅杆；围栏；一般的帐篷或天篷），这6个类别共占全年申请量的66.67%。申请来自中国内地、中国澳门、中国香港、中国台湾、日本和西班牙，其中来自中国内地、中国澳门及中国香港的申请占全年申请量的40.00%、20.00%及20.00%。

截至2015年12月31日，实用专利的累计申请量为188件。

(三)设计/新型申请与授权

2015年全年设计/新型的申请共有249件，较2014年大幅增加88.64%。

2015年的设计/新型申请主要集中在第十类（钟、表和其他计量仪器、检测和信号仪器）、第九类（用于商品运输或装卸的包装和容器）、第十一类（装饰品）、第三类（其他类未列入的旅行用品、箱子、阳伞和个人用品）、第十六类（录音、通讯或信息再现设备）及第二十一类（游戏器具、玩具、帐篷和体育用品），这6个类别的申请占全年申请量的78.00%。此外，2015年获授权的设计/新型共177件。

2015年，提出设计/新型申请的国家及地区共有17个，包括瑞士、德国、中国内地、中国澳门及意大利等，来自这5个国家及地区的申请占全年申请量的73.49%。

截至2015年12月31日，设计/新型的累计申请总量为1555件。

(四)其他工业产权的申请与登记

1. 营业场所名称/标志的申请与登记

2015年全年营业场所名称/标志的申请共有30件，较2014年增加100.00%；2015年获准登记共24件。

截至2015年12月31日，营业场所名称/标志的累计申请量为234件，申请主要集中在零售贸易及餐饮业，这两个服务类别共有129件申请，占申请总量的55.13%。

2. 原产地名称/地理标记的申请与登记

截至2015年12月31日，澳门特区经济局共受理1件有关原产地名称/地理标记的申请。

二、优化行政服务

为提升公共行政服务的整体质量，切合市民对服务不断提高的需求，2015年，澳门特区经济局进一步精简内部工作业务流程，减少流程环节，缩短处理时限，提升对外服务水平，推动了知识产权服务及其他服务效率与效能的进一步提升。

(一)跟进及完善“服务承诺计划”

澳门特区经济局“服务承诺计划”自2008年首次获公共服务评审委员会发出《服务承诺认可证明书》后，通过了3次定期覆审，证明书有效期续期至2017年4月16日。

自推行“服务承诺计划”以来，澳门特区经济局不断检讨现行服务承诺项目的执行效果，为公众提供更优质的公共服务。其中，在知识产权服务承诺方面，通过持续完善内部运作，以及通过服务承诺监察计算机系统对有关服务作持续监控，全面提升了整体服务水平和目标。2015年，澳门特区经济局共11项知识产权服务项目，65项服务质量指标全部达标，实际执行率均达到或高于目标比率的要求。

为掌握服务对象的意见，达至持续改善，澳门特区经济局就所推行的服务设立收集服务对象意见的机制。2015年5月至11月9日期间，澳门特区经济局进行了年度服务满意度调查，以作为服务承诺认可制度中收集市民意见回馈的措施，并通过收集市民对服务的评价，检讨服务质量，达到持续改善的目的。

这次市民满意度评估调查以问卷方式进行，调查范围为澳门特区经济局2015年度提供的所有服务，包括已推行服务承诺和未推行服务承诺的44项对外及对内服务，其中包括商标、发明专利、内地已授权发明专利延伸、实用专利、设计/新型、营业场所名称/标志、内地发明专利申请之延伸、半导体产品拓扑图登记、原产地名称及地理标记登记、著作权及相关权利集体管理机构登记、发出已登记之著作权及相关权利集体管理机构数据证明、药品及植物药剂产品保护补充证明书及嘉奖登记等13项工业产权注册申请服务，测量因素包括服务提供的方便程度、员工服务、环境设备、内部流程、服务效果、服务信息、电子服务、服务承诺及整体服务。问卷要求受访者就上述9项因素，对澳门特区经济局的一般公共服务，监督、审批及执法性公共服务，以及福利性公共服务作出满意度评价。

调查结果显示，市民对澳门特区经济局提供的包括知识产权项目在内的各项公共服务的满意度，以及整体服务的满意度均达满意水平。

(二)继续优化电子卷宗的管理

为使工业产权注册申请信息查询更高效便捷，进一步提高工作效率，澳门特区经济局已将所有工业产权档案转为电子化，并继续优化工业产权注册申请卷宗的信息管理。

2015年，因面对经不同来源和不同格式产生的纸张和电子纪录数量不断增加的情况，为强化电子档案的服务功能，使数据的输入和处理更方便，澳门特区经济局综合应用人工管理和信息技术管理手段，提升工业产权注册申请流程各个环节的卷宗管理，进一步提高数据处理、储存、检索和存盘工作的运作效率和效能，以为工业产权的注册申请及查询服务提供有力的支撑和保障。

三、电子化建设

善用信息科技已成为企业的成功要素，政府亦不例外。为配合澳门特区政府电子政务的发展，切合公众对服务不断提高的需求，2015年，澳门特区经济局继续通过电子化建设，致力于提升知识产权电子服务的创新和便捷程度。

(一)开发“商标注册申请－上载申请数据”及“在线缴付专利年费服务功能”

为响应公众对政府现代信息服务的需求，使公众得到更适切的公共服务，澳门特区经济局继2014年11月4日推出“商标注册申请电子服务”后，在2015年开发并将于2016年推出“商标注册申请－上载申请数据(授权书、优先权文件等)”及“在线缴付专利年费服务功能”，向电子申请用户提供更便捷的申请数据提交及年费缴付途径。

自商标注册申请电子服务于2014年11月开通后，实现了商标注册申请的实时处理电子化，商标注册申请人可于澳门特区经济局网站登记成为电子提交服务用户，通过服务系统以电子方式提交申请。随着该项服务日渐被申请人了解和熟悉，以及上述服务功能的增加及系统的不断完善，提高了用户的支持与参与度，使用者将不断增加。

(二)继续推广商标注册申请网上填表与提交备案服务

自2009年推出商标注册申请网上填表与提交备案服务以来,为确保服务更方便易用,澳门特区经济局根据用户意见,不断完善系统功能。随着系统的日益完善,该项服务的优势已被用户了解和认识,并得到商标注册申请人的认可。2015年,通过商标注册申请网上填表与提交备案系统提交的商标申请为6717件,占总申请量的51.12%。

(三)优化工业产权信息系统

为提高工业产权注册申请内部流程效率,进一步提升审查能力、提高审查质量、缩短审查周期及降低审查成本,澳门特区经济局持续通过电子化手段不断完善工业产权信息系统。

2015年,澳门特区经济局在保证信息系统稳定运行的基础上,根据工作发展需要,继续推进工业产权信息系统的优化工作,包括完善检索功能、优化系统性能、改进用户体验、提高查询效率,以及优化现有的审批流程,为工业产权注册申请的审查和审批工作提供了技术保障。

四、合作与交流

(一)与国家知识产权局的合作与交流

1. 专利保护工作的合作

自2003年1月24日签署《国家知识产权局与澳门特区经济局关于在知识产权领域合作的协议》以来,在国家知识产权局的积极支持和技术援助配合下,澳门特区的专利保护工作取得一定的进展。自该协议生效起至2015年12月31日止,澳门特区经济局寄送国家知识产权局作实质审查的发明专利申请900件,实用专利申请117件。

此外,按照该协议的规定,已向国家知识产权局提出发明专利申请的申请人以及已获得国家知识产权局授予发明专利的权利人,为获得澳门特区的保护,可根据澳门特区《工业产权法律制度》的规定,向澳门特区经济局办理相关的延伸手续。此项快捷方便地取得保护的申请方式,吸引了更多企业将其内地发明专利延伸至澳门特区生效。截至2015年12月31日,澳门特区经济局共接获2006件内地发明专利要求延伸至澳门特区生效的申请,其中已获准在澳门特区生效的达1671件,占申请总量的83.30%。

2. 数据和文献合作

2015年,澳门特区经济局继续与国家知识产权局展开数据和文献合作,定期向国家知识产权局寄送澳门特区的各类专利数据和文献数据,以便及时跟踪相关信息的动态,为国家知识产权局信息化业务发展提供参考。

3. 澳门特区的全国专利代理人资格考试报名工作

根据《内地与澳门关于建立更紧密经贸关系的安排》第二阶段达成的协议中有关专利代理服务领域对澳门特区扩大开放的内容,符合资格的澳门特区居民自2004年起,可报名参加由国家知识产权局举办的全国专利代理人资格考试,考试合格者可取得《专利代理人资格证书》。

2015年的全国专利代理人资格考试于2015年11月7~8日在全国包括广州市在内的24个城市同时举行,澳门特区经济局负责接受公众的相关咨询。

4. 举办"内地专利法律知识讲解会"

为进一步推动内地与澳门特区知识产权合作交流机制,加强国家知识产权局与澳门特区经济局在知识产权领域的合作,增进澳门特区企业和知识产权业界人士对内地专利法及专利实务的认识,澳门特区经济局于2015年3月24~25日举办"内地专利法律知识讲解会"。

讲解会邀请了国家知识产权局专利复审委员会二处杨克非处长、国家知识产权局专利局审业部质评三处刘瑞斌处长和条法司专利代理管理处金云翔副处长来澳,围绕“内地专利法”“专利申请的审查程序与内容”及“专利侵权判定方法、原则与实务”三个专题，进行系统的实务讲解和经验分享。会后，专家们与参会人士现场进行了互动交流。来自澳门特区政府部门的官员、法律界和知识产权界的专家、学者以及商界企业人士出席了讲解会。

5. 举办三地知识产权研讨会

2015 年 4 月 28 日，由国家知识产权局、香港特区政府知识产权署和澳门特区经济局联合主办的“2015 年内地与香港、澳门特别行政区知识产权研讨会”在广东省中山市举行。

来自内地、香港特区和澳门特区 200 余名知识产权界与法律界人士、专家、学者及企业界人士围绕“三地知识产权的最新发展”“电子商务领域的知识产权保护”，以及“国际展会中的知识产权保护”三个主题进行了交流研讨，提出了诸多具有前瞻性和建设性的建议。专家们一致认为，建立健全电子商务领域和大型展会执法维权机制，对形成新常态经济发展新增长点具有重要意义。

“内地与香港、澳门特别行政区知识产权研讨会”自 2000 年举办以来，已成为三地知识产权界开展交流和加强沟通的重要平台，不但加深了三地间对知识产权领域的相互沟通和了解，有利于保持良好协作关系，而且对提升三地知识产权创造、运用、保护、管理和服务水平发挥了积极的推动作用。

(二)与国家工商总局的合作与交流

1. 举办“内地、澳门特区的商标注册与保护座谈会”

为让澳门特区工商业界进一步了解内地与澳门特区的商标注册制度，掌握两地商标的审批流程与标准，提升维权意识，借以协助澳门特区中小企业通过有效运用知识产权策略取得竞争优势，同时推动澳门特区服务提供者在内地开展商标代理业务，拓展业务发展空间，澳门特区经济局于 2015 年 9 月 17 日举办“内地、澳门特区的商标注册与保护座谈会”。

座谈会邀请了国家工商总局商标局质量监督处程萌处长、广东省工商局商标管理处林方处长作为主讲嘉宾，联同澳门特区经济局代表，分别就“内地新《商标法》及其实施条例”“澳门特区服务提供者如何在内地从事商标代理业务”“内地商标的行政管理和保护制度”“澳门特区的商标法律制度及注册申请手续”4 个主题进行专题介绍。约 100 位澳门特区知识产权业界、法律界及工商界人士参加了座谈会。

2. 参加中国商标年会

2015 年 10 月 16～19 日，澳门特区经济局人员应邀出席由国家工商总局直接领导的中华商标协会在海南省海口市举办的 2015 中国商标年会，并参加了以“信用、创新、法治”为主题的年会主论坛，以及国际商标法律动态论坛、商标典型案例评析论坛、“互联网＋”时代商标品牌保护论坛、商标评审口头审理(公开演示)、商标品牌战略与区域经济发展等分论坛。

中国商标年会是国内规格最高、规模最大、影响最广的品牌盛会。此次参会者近千人，包括国家工商总局领导、司法领域的专家领导、地方政府和工商系统代表、世界知识产权组织高级官员、港澳台地区和境外商标主管部门官员及知识产权相关行业组织的代表、国内外知名专家学者及中华商标协会会员单位、国内外企业和商标代理机构的代表。

(三)与泛珠三角区域知识产权机构的合作与交流

2015 年 10 月 28～30 日，香港特区政府知识产权署与澳门特区经济局联合举办泛珠三角区域知识产权公务人员交流活动，借以增进泛珠三角区域公务人员对彼此知识产权工作的了解，促进知识产权保护的合作与交流。

澳门特区经济局派员出席前3天在香港特区进行的交流活动。香港特区部分活动结束后，20多位来自泛珠三角区域知识产权部门的代表到访澳门特区经济局及参观澳门特区设计中心，了解澳门特区知识产权行政管理和执法概况，以及澳门特区本地制造和设计品牌的发展情况。

(四)粤澳合作与交流

1. 与广东省知识产权研究与发展中心司法鉴定所及专利审查协作广东中心进行交流

为实施《粤澳知识产权合作计划(2014～2016年)》有关加强两地知识产权行政管理机构交流的合作项目，加强与粤澳知识产权工作小组成员单位的相互了解与合作，借鉴学习有效的经验做法，澳门特区经济局和澳门特区海关组团于2015年7月10日赴广州市，与广东省知识产权局辖下的广东省知识产权研究与发展中心司法鉴定所及国家知识产权局辖下的专利审查协作广东中心进行了交流，并实地参观了专利申请实质审查的工作情况。

2. 实施有关宣传培训的合作项目

为实施《粤澳知识产权合作计划(2014～2016年)》有关宣传培训的合作项目，增进澳门特区工商业界和社会各界人士对内地新《商标法》、澳门特区商标法及商标实务的认识，澳门特区经济局邀请国家工商总局商标局质量监督处程萌处长、广东省工商局商标管理处林方处长作为主讲嘉宾，联同澳门特区经济局代表，于2015年9月17日在澳门特区举办了上述“内地、澳门特区的商标注册与保护”座谈会。

(国家知识产权局港澳台办公室)

(注：根据澳门特别行政区经济局提供资料整理)

台湾地区

知识产权工作

一、专利事务

(一)统计数据

2015年中国台湾地区“智慧财产局”发明专利初审案请求实质审查的共计40 489件，较2014年减少1.6%；发明专利初审结案68 369件，较2014年减少2.6%。由于请求实质审查件数近年连续下降，同时审查能力有所提升，发明专利初审案的待办案件量逐年递减，2015年已降至72 510件。由发明专利初审案结案状态显示，2015年授权45 826件、驳回20 840件及其他1703件，各占67%、30.5%及2.5%。2015年授权件数及百分比均有所增加。2015年发明专利初审案共发出64 839件审查意见通知书，其中发出第一次审查意见通知书59 366件，较2014年减少4.9%，发出第二次(含以上)审查意见通知书5473件，较2014年增长4.0%。此外，2015年发明专利初审案发出审查意见最后通知书108件。发明专利初审案的处理周期近5年逐年下降，2015年平均首次通知周期与平均审结周期分别为15个月和22.9个月，均为近5年最低，较2014年缩短6个月以上。

2015年新型专利申请案为21 404件，较2014年减少8.9%，结案件数为22 527件。2015年新型专利平均审结周期为2.7个月，已降至3个月以下。新型技术报告核发件数2013～2015年分别为2678件、2109件、2116件，平均完成周期维持在10个月左右。

设计专利初审案结案状态显示，2011～2015年平均授权、驳回件数各占87.6%、

8.7%。2015年设计专利申请案平均审结周期为8.7个月，已降至9个月以下，为近5年最低。

(二)审查人力现况

目前专利各级审查人员350人、约聘专利审查委员34人、5年任期制审查人员170人，共计554人，另有41名研发替代役人员协助专利前案检索业务。

(三)修订法制及相关配套措施

1. 专利相关法规

(1)“发明创作奖助办法”。为应对发明创作奖举办周期的调整，同时改进奖项甄选工作，于2015年7月21日修订“发明创作奖助办法”部分条文，包括参选资格放宽为举办评选年度前6年内之专利、以新型专利参选者应附新型专利技术报告、评选委员增加为40人，增订复选程序、鼓励个人发明人措施，及申请复查评选结果等。

(2)“专利电子申请及电子送达实施办法”。为提升专利电子申请率的政策目标，加强对专利电子申请使用人的保护措施，2015年7月13日修订发布相关条文，增订使用人账户余额不足的通知义务规定，专利申请文件如有缺漏、失真或不一致的情形，应确保使用人权益，以及使用人送件后如已取得系统自动回复送件或缴费成功的通知信，亦应确保使用人权益的规定。

(3)“发明专利申请延缓实质审查作业方案”。考虑到专利申请人申请策略、专利布局及专利商品化时机而弹性调整申请案审查时程的需求，自2015年4月1日起受理延缓实质审查的申请。本机制适用于发明专利申请案，但申请案已受有审查意见通知等情况则不适用。申请人应自行指定续行审查的时间，但不可超过申请日后满3年之日。

(4)研拟延长设计专利权期限。为应对国际设计专利制度发展趋势及《海牙协定》议题，研拟修正“专利法”第135条延长设计专利权期限为15年。于2015年4月30日举办修法议题公听会，达成将设计专利权期限修正为申请日起15年的共识。

2.“专利师法”

台湾地区“专利师法”修订条文于2015年7月1日修订公布，并于2016年1月1日正式施行。此次修订的目的在于“提升专利师专业技能，确保专利申请人权益”。除增订专利师受雇于法人的执业方式外，还扩大了专利师可受委托办理的业务范围，赋予专利师参与在职进修的义务，并增订违法行为状态，加重对违法行为的处罚。

二、商标事务

2015年商标注册申请案受理以案件计共有78 523件，较2014年增长3.4%，为近5年最高；办结74 116件，较2014年下降3.8%；待办案件为53 542件，较2014年增长10.3%。

2015年商标注册申请案受理以类别计共有101 327类，较2014年增长3.6%；办结95 719类，较2014年减少3.0%；待办案件为76 448类，较2014年增加9.7%。

在商标注册申请案持续增长的情况下积极赶办案件。2015年商标注册申请案的平均首次通知周期和平均审结周期已分别降至5.5个月和7.5个月，均为近5年最低。

三、著作权事务

完成著作财产权人不明著作申请2件，音乐著作强制授权申请案65件，集管团体设立申请案2件，电子核验著作权授权文件28 218件。

四、两岸交流与合作

(一)继续稳步落实《海峡两岸知识产权保护合作协议》

进一步推动两岸知识产权领域合作。派出3位专利审查人员赴国家知识产权局进行审查实务交流；组织召开第六次两岸专利工作组会议，总结《海峡两岸知识产权保护合作协议》框架下专利领域各合作项目的执行情况，共同商讨下一步工作。

2015 年，共有 76 名台湾地区考生通过大陆专利代理人资格考试并取得专利代理人资格。

（二）继续深入开展民间交流

在《海峡两岸知识产权保护合作协议》框架下，2015 年 9 月，两岸专利主管部门分别以中华全国专利代理人协会和台湾工业总会名义在广东省广州市共同举办“两岸专利论坛”，以加深双方的相互了解和交流。

（国家知识产权局港澳台办公室）

（注：资料来源于台湾地区“智慧财产局”年度报告）

国家知识产权局

1. 纪念建局35周年座谈会在京举行。 1月12日，国家知识产权局纪念建局35周年座谈会在北京市举行。

2. 全国知识产权局局长会议在京召开。 1月15日，全国知识产权局局长会议在北京市隆重召开。

3. 国家知识产权局党风廉政建设工作会议在京召开。 1月23日，国家知识产权局党风廉政建设工作会议在北京市召开。

4. 全国知识管理标准化技术委员会成立大会在京召开。 2月13日，全国知识管理标准化技术委员会成立大会在北京市召开。

5.《中国科学院 国家知识产权局第二轮合作会商议定书》签字仪式在京举行。 3月12日，《中国科学院 国家知识产权局第二轮合作会商议定书》签字仪式在北京市举行。

6. 与国防科技工业局战略合作议定书签字仪式在京举行。 3月17日，国家知识产权局与国防科技工业局战略合作议定书签字仪式在北京市举行。

7. 中共中央、国务院印发《关于深化体制机制改革加快实施创新驱动发展战略的若干意见》。 3月23日，中共中央、国务院印发《关于深化体制机制改革加快实施创新驱动发展战略的若干意见》。

8. 中国国家知识产权局、新加坡知识产权局、广东省政府三方会谈在广州举行。 4月14日，中国国家知识产权局、新加坡知识产权局、广东省政府三方会谈暨中国国家知识产权局、新加坡知识产权局会谈纪要签字仪式在广东省广州市举行。国家知识产权局与广东省政府第二轮知识产权高层次战略合作2015年度会商工作会议同日举行。

9. 全国知识产权宣传周活动举办。 4月20～26日，全国知识产权宣传周活动举办。

10. 国家知识产权局开放日活动在京举行。 4月26日，国家知识产权局开放日活动在北京市举行。《2014年全国专利实力状况报告》同日发布。

11. 新增的7种语言版本的专利检索与服务系统上线运行。 4月27日，新增的俄、西、葡、德、阿、日、法7种语言版本的专利检索与服务系统上线运行。

12. 内地与香港、澳门特别行政区知识产权研讨会在中山召开。 4月28日，2015年内地与香港、澳门特别行政区知识产权研讨会在广东省中山市召开。

13. 国家知识产权局“三严三实”专题教育工作部署会暨党建工作会在京召开。 5月7日，国家知识产权局“三严三实”专题教育工作部署会暨党建工作会在北京市召开。

14. 全国知识产权系统党风廉政建设工作

会议在四川召开。5月13日,全国知识产权系统党风廉政建设工作会议在四川省召开。

15. 多国发明专利审查信息查询服务上线运行。5月18日,中国及多国专利审查信息查询新增多国发明专利审查信息查询服务正式上线运行。

16. 呼和浩特代办处正式开业运营。5月20日,国家知识产权局专利局呼和浩特代办处正式开业运营。

17. 第四次中美欧日韩知识产权局局长与五国或地区产业界会议在苏州召开。5月21日,第四次中美欧日韩知识产权局局长与五国或地区产业界会议在江苏省苏州市召开。

18. 第八次中美欧日韩知识产权局局长会议在苏州召开。5月22日,第八次中美欧日韩知识产权局局长会议在江苏省苏州市召开,并签署《五局合作共识》。

19. 云专利审查系统上线运行。5月22日,国家知识产权局云专利审查系统(简称CPES)正式上线运行。

20. 第六届中日韩知识产权培训机构领导会议在京召开。6月2日,第六届中日韩知识产权培训机构领导会议在北京市召开。

21. 第四届金砖国家知识产权局局长会议在巴西举行。6月10～11日,第四届金砖国家知识产权局局长会议在巴西里约热内卢举行,并成立了协调小组。

22.《专利行政执法办法》开始施行。7月1日,修改后的《专利行政执法办法》开始施行。

23. 全国知识产权外事工作会议暨涉外工作培训班在京举办。7月22～23日,2015年全国知识产权外事工作会议暨涉外工作培训班在北京市举办。

24. 第六届中国—东盟知识产权局局长会议在京召开。7月27日,第六届中国—东盟知识产权局局长会议在北京市隆重召开。

25. 第三届中蒙俄知识产权研讨会在京举行。8月28日,第三届中蒙俄知识产权研讨会在北京市举行。

26. 五部门联合印发《关于进一步加强知识产权运用和保护助力创新创业的意见》。9月7日,国家知识产权局、财政部、人力资源社会保障部、中华全国总工会、共青团中央五部门联合印发《关于进一步加强知识产权运用和保护助力创新创业的意见》。

27. 申长雨在京会见世界知识产权组织总干事弗朗西斯·高锐一行。9月8日,国家知识产权局局长申长雨在北京市会见世界知识产权组织总干事弗朗西斯·高锐一行。

28. 第九届夏季达沃斯论坛知识产权分论坛在大连举办。9月10日,第九届夏季达沃斯论坛知识产权分论坛在大连市举办。

29. 中国专利信息年会在京开幕。9月15日,2015年中国专利信息年会在北京市隆重开幕。

30. 国家知识产权专家咨询委员会高级研讨班在京举办。9月17日,国家知识产权专家咨询委员会高级研讨班在北京市举办。

31. 第八届两岸专利论坛在广州举办。9月22日,第八届两岸专利论坛在广州市举办。

32. 申长雨率团出席世界知识产权组织成员国大会第五十五届系列会议。10月5～7日,国家知识产权局局长申长雨率团出席世界知识产权组织成员国大会第五十五届系列会议,期间出席第五届金砖国家知识产权局局长会议。

33. 与欧洲专利局合作30周年国际研讨会在法国举行。10月9日,国家知识产权局和欧洲专利局合作30周年国际研讨会在法国里昂举行。

34. 印发《加快推进知识产权强省建设工作方案(试行)》。10月21日，国家知识产权局印发《加快推进知识产权强省建设工作方案(试行)》。

35. 国务委员王勇在江苏调研知识产权工作。11月5～6日，国务委员王勇在江苏省调研知识产权工作。

36. 第二十一次中韩知识产权局局长会议和第二十二次中日知识产权局局长会议在广州召开。11月16日，第二十一次中韩知识产权局局长会议和第二十二次中日知识产权局局长会议在广东省广州市召开。

37. 第十五次中日韩知识产权局局长政策对话会在广州召开。11月17日，第十五次中日韩知识产权局局长政策对话会在广东省广州市召开。

38. 国务委员王勇会见欧洲专利局局长一行。11月26日，国务委员王勇会见欧洲专利局局长伯努瓦·巴蒂斯泰利一行。

39. 与欧洲专利局第九次局长会议在京举行。11月27日，国家知识产权局与欧洲专利局第九次局长会议在北京市举行。

40. 第九届中国专利周开幕。11月30日，以"强化知识产权运用保护，助力大众创业万众创新"为主题的第九届中国专利周开幕。

41. 国务院常务会议确定改革完善知识产权制度的措施。12月9日，国务院常务会议确定改革完善知识产权制度的措施，保障和激励大众创业万众创新。

42. 第十七届中国专利奖颁奖大会在京举行。12月15日，由国家知识产权局和世界知识产权组织共同主办的第十七届中国专利奖颁奖大会在北京市举行。

43. 国家知识产权运营军民融合特色试点平台在西安揭牌。12月17日，国家知识产权运营军民融合特色试点平台在陕西省西安市揭牌。

44. 国务院印发《关于新形势下加快知识产权强国建设的若干意见》。12月18日，国务院印发《关于新形势下加快知识产权强国建设的若干意见》。

45. 国家知识产权局党组传达贯彻中央经济工作会议和中央城市工作会议精神。12月24日，国家知识产权局党组传达贯彻中央经济工作会议和中央城市工作会议精神，传达学习《国务院关于新形势下加快知识产权强国建设的若干意见》。

(国家知识产权局办公室供稿)

国家工商行政管理总局商标局

1. 张茅会见欧盟驻华大使暨欧盟驻华代表团团长史伟一行。1月19日，国家工商总局局长张茅在北京市会见了来访的欧盟驻华大使暨欧盟驻华代表团团长史伟先生一行，双方就在2015年中欧建交40周年之际完成中欧地理标志协定谈判、欧盟地理标志产品清单部分产品与在先商标权利冲突的解决办法等事宜进行了磋商。商标局局长许瑞表陪同会见。

2. 刘俊臣会见香港特区政府商务及经济发展局常任秘书长容伟雄一行。1月30日，国家工商总局副局长刘俊臣会见中国香港特区政府商务及经济发展局常任秘书长容伟雄先生一行。商标局副巡视员吴群陪同会见。

3. 召开商标档案中长期存放专题会议。

2 月6 日，国家工商总局召开商标档案中长期存放专题会议。国家工商总局副局长刘俊臣主持会议。商标局局长许瑞表出席会议。

4. 刘俊臣会见非洲知识产权组织总干事鲍林·艾都·艾都一行。2 月 16 日，国家工商总局副局长刘俊臣在北京市会见非洲知识产权组织总干事鲍林·艾都·艾都一行。双方围绕中非知识产权事业的发展以及加强中非相关领域合作，特别是加强国家工商总局对非洲开展知识产权援助等议题深入交换了意见。商标局副巡视员吴群陪同会见。

5. 张茅会见法国驻华大使顾山一行。2 月 26 日，国家工商总局局长张茅会见法国驻华大使顾山先生一行。商标局局长许瑞表陪同会见。

6. 张茅会见巴西驻华大使瓦尔德玛·卡内罗·雷昂一行。3 月 9 日，国家工商总局局长张茅会见巴西驻华大使瓦尔德玛·卡内罗·雷昂一行。双方就巴西有关企业在华商标注册和用植物名称注册商标事宜进行了沟通和探讨。商标局局长许瑞表参加会见。

7. 2015 年全国打击侵权假冒工作电视电话会议召开，汪洋参加会议并讲话。3 月 18 日，2015 年全国打击侵权假冒工作电视电话会议在北京市召开，中央政治局委员、国务院副总理、全国打击侵权假冒工作领导小组组长汪洋参加会议并讲话。国务院副秘书长毕井泉主持会议。会议通报了 2014 年打击侵权假冒工作的进展情况，总结交流了经验，对下一阶段打击侵权假冒重点工作进行了部署安排。国家工商总局副局长刘俊臣出席会议，商标局副局长闫实陪同参会。

8. 马正其、刘俊臣主持召开商标档案中长期存放用房项目筹备小组第一次会议。3 月19 日，国家工商总局副局长马正其、刘俊臣主持召开商标档案中长期存放用房项目筹备小组第一次会议。会议明确了项目筹备小组成员、项目初步设想、工作计划和分工。商标局局长许瑞表、副局长闫实参加会议。

9. 张茅会见世界知识产权组织副总干事王彬颖。4 月 10 日，国家工商总局局长张茅在北京市会见世界知识产权组织副总干事王彬颖。商标局局长许瑞表陪同会见。

10. 国务院新闻办公室举行 2015 年中国知识产权发展状况新闻发布会，刘俊臣出席发布会。4 月 16 日，国务院新闻办公室举行 2015 年中国知识产权发展状况新闻发布会，国家工商总局副局长刘俊臣出席发布会并回答记者提问。商标局副局长闫实陪同参会。

11. 2015 年全国工商、市场监管系统打击侵权假冒工作电视电话会议召开。4 月 17 日，2015 年全国工商、市场监管系统打击侵权假冒工作电视电话会议在北京市召开。国家工商总局副局长刘俊臣出席会议并讲话。商标局局长许瑞表，副局长闫实、陈文彤，专职副书记欧阳少华，副局长刘中杰，副巡视员吴群、夏青出席会议。

12. 刘俊臣率中华商标协会代表团出席 2015 海峡两岸商标论坛。4 月 19～26 日，国家工商总局副局长刘俊臣率中华商标协会代表团赴我国台湾地区出席 2015 海峡两岸商标论坛。商标局副局长陈文彤陪同参会。

13. 刘俊臣会见欧盟委员会农业和农村发展总司总司长泽西·波格丹·普莱瓦一行。5 月 7 日，国家工商总局副局长刘俊臣会见来访的欧盟委员会农业和农村发展总司总司长泽西·波格丹·普莱瓦先生一行，商标局副巡视员吴群陪同会见。

14. 刘俊臣参加第十九届西洽会暨丝博会开幕式，并出席丝绸之路经济带商标品牌建设与经济发展合作交流大会。5 月 21～

22日，国家工商总局副局长刘俊臣在陕西省西安市参加第十九届西洽会暨丝博会开幕式，并出席丝绸之路经济带商标品牌建设与经济发展合作交流大会。商标局副局长陈文彤陪同参会。

15. 刘俊臣会见美国专利商标局新任局长米歇尔·李一行。5月26日，国家工商总局副局长刘俊臣会见美国专利商标局新任局长米歇尔·李女士一行。双方就两局间合作、网络假冒商标、商业秘密立法以及知识产权与竞争等议题进行交流。商标局局长许瑞表陪同会见。

16. 刘俊臣会见海湾阿拉伯国家合作委员会副秘书长阿卜杜拉·希布里一行。5月28日，国家工商总局副局长刘俊臣在北京市会见海湾阿拉伯国家合作委员会副秘书长阿卜杜拉·希布里先生一行。商标局副局长吕志华陪同会见。

17. 刘俊臣会见法国国家反仿冒委员会主席理查德·杨一行。6月2日，国家工商总局副局长刘俊臣会见法国国家反仿冒委员会主席理查德·杨一行。商标局局长许瑞表陪同会见。

18. 中法地理标志研讨会召开。6月2日，中法地理标志研讨会在北京市召开。商标局局长许瑞表出席会议。

19. 马正其召集有关司局研究商标档案库房建设工作。6月2日，国家工商总局副局长马正其召集有关司局研究商标档案库房建设工作。国家工商总局副局长刘俊臣出席会议，商标局局长许瑞表、副局长闫实参加会议。

20. 张茅、刘玉亭会见上海市市长杨雄、副市长时光辉一行。6月11日，国家工商总局局长张茅、副局长刘玉亭会见上海市人民政府市长杨雄、副市长时光辉一行。商标局局长许瑞表陪同会见。

21. 张茅会见世界知识产权组织副总干事王彬颖和新任中国办事处主任陈宏兵一行。6月18日，国家工商总局局长张茅会见世界知识产权组织副总干事王彬颖和新任中国办事处主任陈宏兵一行。商标局局长许瑞表、商标评审委员会主任何训班陪同会见。

22. 刘俊臣会见世界知识产权组织副总干事王彬颖和新任中国办事处主任陈宏兵一行。6月19日，国家工商总局副局长刘俊臣会见世界知识产权组织副总干事王彬颖和新任中国办事处主任陈宏兵一行，讨论中国国际商标·品牌节和中国商标金奖等事宜。商标局副巡视员吴群陪同会见。

23. 刘俊臣会见新西兰知识产权局局长阿曼达·麦克唐纳一行。6月23日，国家工商总局副局长刘俊臣会见新西兰知识产权局局长阿曼达·麦克唐纳一行。商标局副局长闫实陪同会见。

24. 全国打击侵权假冒工作领导小组第八次全体会议召开。7月15日，全国打击侵权假冒工作领导小组第八次全体会议在国务院第四会议室召开。国家工商总局副局长刘俊臣出席会议，商标局副局长闫实陪同参会。

25. 人民日报社举办中国品牌论坛。7月16日，人民日报社在北京市举办中国品牌论坛。国家工商总局副局长刘俊臣出席论坛。

26. “中国人民大学中国商标品牌研究院挂牌仪式暨品牌竞争与创新发展论坛”在中国人民大学举行。7月28日，“中国人民大学中国商标品牌研究院挂牌仪式暨品牌竞争与创新发展论坛”在中国人民大学举行。国家工商总局局长张茅出席并发表主旨演讲，国家工商总局副局长刘俊臣、商标局局长许瑞表参加活动。

27. 刘俊臣召集会议研究《国家知识产权局广东省人民政府关于在中新广州知识城建设国家知识产权运用和保护综合改革试

验区的请示》会签有关事宜。8月19日，国家工商总局副局长刘俊臣召集会议研究《国家知识产权局广东省人民政府关于在中新广州知识城建设国家知识产权运用和保护综合改革试验区的请示》会签有关事宜，商标局副局长陈文彤参加会议。

28. 国家工商总局打击侵权假冒工作领导小组召开第六次全体会议。8月25日，国家工商总局打击侵权假冒工作领导小组召开第六次全体会议。国家工商总局打击侵权假冒工作领导小组组长、国家工商总局副局长刘俊臣主持会议。国家工商总局打击侵权假冒工作领导小组各成员单位负责人出席会议。国家工商总局打击侵权假冒工作领导小组办公室主任、商标局局长许瑞表，国家工商总局打击侵权假冒工作领导小组办公室副主任、商标局副局长闫实出席会议。

29. 刘俊臣赴新疆出席世界知识产权组织有效利用马德里商标国际注册体系巡回研讨会。8月26～28日，国家工商总局副局长刘俊臣赴新疆出席世界知识产权组织有效利用马德里商标国际注册体系巡回研讨会，并在新疆进行工作调研。商标局副巡视员吴群参加研讨会并陪同调研。

30. 张茅会见意大利驻华大使谢国谊一行。8月31日，国家工商总局局长张茅会见意大利驻华大使谢国谊一行，介绍了中国商标注册和保护的最新情况，听取了意方关于相关商标被抢注案等情况的介绍。商标局局长许瑞表陪同会见。

31. 张茅会见世界知识产权组织总干事弗朗西斯·高锐一行。9月8日，国家工商总局局长张茅会见世界知识产权组织总干事弗朗西斯·高锐一行。商标局副局长吕志华陪同会见。

32. 全国工商系统商标代理管理工作座谈会召开。9月8～10日，全国工商系统商标代理管理工作座谈会在重庆市召开，国家工商总局副局长刘俊臣出席会议并讲话，商标局副局长闫实参加会议。

33. 张茅会见丹麦新任驻华大使戴世阁一行。9月25日，国家工商总局局长张茅会见丹麦新任驻华大使戴世阁一行。双方就推动中丹两国建交65周年联合工作建议书以及国家工商总局与丹麦商业和经济增长部合作谅解备忘录中重点领域合作等议题进行了交流。商标局局长许瑞表参加会见。

34. 刘实赴商标大楼对党风廉政建设工作进行调研和指导。9月28日，中央纪委驻国家工商总局纪检组组长、国家工商总局党组成员刘实赴商标大楼对党风廉政建设工作进行调研和指导。刘实一行与商标局、商评委的班子成员、党委委员、支部书记和各处处长座谈，并听取了各单位领导班子关于党风廉政建设的情况汇报。

35. 刘俊臣赴海南省就地理标志进行考察调研。10月15～16日，国家工商总局副局长刘俊臣赴海南省就地理标志进行考察调研并听取工作汇报。商标局副局长吕志华陪同前往。

36. 刘俊臣出席2015中国国际商标·品牌节开幕式并作演讲。10月17日，国家工商总局副局长刘俊臣在海口市出席2015中国国际商标·品牌节开幕式并作演讲。商标局副局长吕志华、闫实参加相关活动并作演讲。

37. 刘俊臣率团赴匈牙利、捷克和波兰访问并出席世界地理标志大会。10月19～28日，国家工商总局副局长刘俊臣率团赴匈牙利、捷克和波兰访问并出席世界地理标志大会。商标局副局长吕志华陪同前往。

38. 张茅会见德国驻华大使柯幕贤一行。10月20日，国家工商总局局长张茅会见德国驻华大使柯幕贤一行。商标局局长许瑞表陪同会见。

39. 张茅、刘玉亭和程虹等视察国家工商总局商标局驻中关村国家自主创新示范区办事处。11月12日,国家工商总局局长张茅、副局长刘玉亭和北京市副市长程虹等视察国家工商总局商标局驻中关村国家自主创新示范区办事处。商标局局长许瑞表、副局长闫实和副巡视员田明珠等汇报中关村办事处工作情况。

40. 刘俊臣在福州市出席工商和市场监管系统行政复议工作座谈会。11月18～20日,国家工商总局副局长刘俊臣在福建省福州市出席工商和市场监管系统行政复议工作座谈会,并率队在福建省平潭综合试验区进行调研。商标局局长许瑞表参加会议并陪同调研。

41. 2015年中国商标金奖颁奖会议召开。11月30日,2015年中国商标金奖颁奖会议在上海市召开,国家工商总局局长张茅出席会议并发表了题为“大力实施商标品牌战略　积极促进经济创新发展”的主旨演讲,世界知识产权组织总干事弗朗西斯·高锐和上海市市长杨雄出席会议并致辞,国家工商总局副局长刘俊臣宣读《国家工商总局关于授予2015年中国商标金奖的决定》并宣布获奖名单,世界知识产权组织副总干事王彬颖宣布马德里商标国际注册特别奖获奖名单。与会领导和嘉宾共同为获奖者颁奖。

42. 张茅、刘玉亭会见成都市市委书记黄新初一行。12月8日,国家工商总局局长张茅、副局长刘玉亭在北京市会见成都市市委书记黄新初一行。商标局局长许瑞表陪同会见。

43. 刘俊臣会见英国知识产权局局长约翰·阿尔蒂一行。12月8日,国家工商总局副局长刘俊臣会见英国知识产权局局长约翰·阿尔蒂一行。商标局副局长闫实陪同会见。

44. 刘俊臣出席世界互联网大会“互联网时代知识产权体系的挑战与机遇”论坛。12月16～17日,国家工商总局副局长刘俊臣在浙江省乌镇出席世界互联网大会“互联网时代知识产权体系的挑战与机遇”论坛。商标局副局长闫实陪同出席。

45. 张茅会见华特迪士尼公司大中华区高级副总裁裴逸群一行。12月17日,国家工商总局局长张茅会见华特迪士尼公司大中华区高级副总裁裴逸群一行,对方就商标局开展保护“迪士尼”注册商标专用权专项行动当面致谢。商标局副巡视员夏青陪同会见。

(国家工商行政管理总局商标局供稿)

国家版权局

1.《著作权法》修订草案送审稿报送国务院。2015年2月,国务院有关部门已对现行《著作权法》进行了全面修订,并将《著作权法》修订草案送审稿报请国务院审议。

在2014年3月举行的十二届全国人大二次会议期间,姜健等31位代表提出关于修订《著作权法》的议案。代表议案提出,现行《著作权法》没有全面概括侵犯著作权的所有行为形态或者类型,著作权集体管理的规定有待完善。

修订《著作权法》是十二届全国人大常委会立法规划第一类项目。国务院法制办已就法律草案进行了两次大范围的征求意见,并对意见分歧较大的问题进行了研究。

2. 规范APP列入国家版权局2015年工作重点。2015年3月3日,在由中国版权保护中心主办的2015CPCC中国版权服务年会上,国家版权局版权管理司副司长段玉萍介绍了国家版权局 2015 年在互联网版权方面的工作安排。她表示，2015 年将继续开展“剑网行动”，同时加大管理力度。她还特别提到规范 APP 是 2015 年的工作重点。

由于相关政策和监管制度尚不完善，各类问题频发，APP 产业也面临着不小的风险和挑战。同时，大量软件提供方单纯地模仿其他 APP 的界面和功能，造成知识产权侵权纠纷。段玉萍提到，APP 迅猛发展，形式有音乐的、视频的、文字的等，2015 年要作好分类管理；另外现在很多网络服务商采取的方式只是提供一些技术服务，不直接提供内容，在这种情况下其应该承担怎样的法律责任，特别是随着技术的发展这种问题越来越突出，2015 年应加大对 APP 的监管力度。

3. 国家版权局扩大版权监管范围。2015 年 3 月 6 日，国家版权局进一步扩大版权监管范围，适时将传播音乐、新闻、文学和游戏作品的大型网站、网盘、云服务等新型网络服务平台以及传播影视、音乐、新闻、文学作品的主要 APP 纳入监管范围。

4. 2014 年中国知识产权发展状况新闻发布会举办。2015 年 4 月 16 日，国务院新闻办公室举行新闻发布会，介绍 2014 年中国知识产权发展状况。国家知识产权局局长申长雨、国家工商行政管理总局副局长刘俊臣、国家新闻出版广电总局（国家版权局）副局长阎晓宏分别介绍了 2014 年中国知识产权发展状况并回答了记者提问。

5. 国家版权局入驻“今日头条”。2015 年 4 月 16 日，为提升政府行政管理效能，并利用新媒体扩大版权宣传范围，国家版权局正式入驻移动资讯客户端“今日头条”，并开通“头条号”。此举是国家版权局继开通官方微博（“@国家版权局”）、微信（“国家版权”）后，在第十五个“4·26 世界知识产权日”来临之际开辟的又一个新媒体阵地。

6. 国家版权局发布《关于规范网络转载版权秩序的通知》。2015 年 4 月 22 日，国家版权局在北京市召开规范网络转载版权秩序座谈会暨传统媒体与新媒体版权合作签约仪式。会上，国家版权局依据我国现行《著作权法》相关规定，发布了《关于规范网络转载版权秩序的通知》，就规范网络转载行为确立了 9 条“新规”。

7. 国家版权局公布 2014 年度打击侵权盗版十大案件。2015 年 4 月 22 日，国家版权局在北京召开新闻通气会，通报了 2014 年度查处侵权盗版案件有功单位、个人的评选工作情况；发布了 2014 年度打击侵权盗版十大案件，介绍了 2014 年度开展网站版权重点监管的工作情况。

8. 国家版权局集中开展版权宣传活动。2015 年 4 月起，国家版权局决定在全国围绕“因乐而动，为乐维权”这一主题集中开展版权宣传活动，并以 4 月 20～26 日全国知识产权宣传周期间为重点宣传时段。2015 年 4 月 9 日，国家版权局办公厅向全国各地版权部门下发了《关于做好 2015 年全国知识产权宣传周版权宣传活动的通知》。

9. 第十一届中韩著作权研讨会在济南召开。2015 年 5 月 27 日，由中国国家版权局和韩国文化体育观光部主办的第十一届中韩著作权研讨会在山东省济南市召开。来自中韩两国的著作权管理部门、企业、运营商、媒体等共 100 多位嘉宾代表出席会议。

研讨会以“新形势下的作品保护以及应用”为主题，针对中韩文化交流中的版权贸易、版权业务进行了更广阔的交流。通过专题研讨、案例分析、经验交流、综合讨论等形式展示两国在影视作品版权保护方面所采取的政策和版权管理经验，以及在推动影视作品版权贸易及版权服务合作领域所取得的成果。

10. 中英版权部门召开 2015 年视频会议。2015 年 5 月，中国国家版权局与英国知识产权局召开2015年视频工作会议。双方就著作权立法及修法进展、著作权集体管理、著作权执法，以及追续权在英国的发展情况等进行了探讨与沟通。

针对各自在版权行政执法中所遇到的问题，双方进行了进一步沟通。英方表示，针对网络盗版他们采取了一系列措施，包括民事诉讼、刑事诉讼，以及借助一些版权中介机构来减少网络的侵权行为。中方向英方介绍了“剑网2014”专项行动、版权监管和推进软件正版化等工作，并表示目前在版权执法中遇到的最大挑战是网络环境下的侵权盗版，这需要多方共同治理。

11. 四部门启动“剑网2015”专项行动。 2015年6月10日，全国版权执法监管工作座谈会在福建省厦门市召开，国家版权局、国家互联网信息办公室、工业和信息化部、公安部在会上联合下发《关于开展打击网络侵权盗版“剑网2015”专项行动的通知》，全面启动“剑网2015”专项行动。

国家版权局副局长阎晓宏在会上总结了“剑网”十年来版权执法监管工作取得的成果，并对深入推进版权执法工作提出要求：要敢于亮剑、密切协作、规范执法，在查处大案要案、构建版权执法监管工作新格局、进一步提升版权执法监管工作效能方面下功夫求实效。

12. WIPO和国家版权局共推版权保护“德化经验”。 2015年6月11日，根据世界知识产权组织（WIPO）与国家版权局合作计划，WIPO和国家版权局在厦门市联合举行德化陶瓷产业版权保护优秀案例示范点调研项目结项暨新闻发布会，共同发布调研项目成果——《版权保护促进中国德化陶瓷产业发展的研究》，让全世界共享“德化经验”。WIPO副总干事王彬颖、国家版权局副局长阎晓宏、福建省副省长李红出席新闻发布会并讲话。

13.“电影和版权在文化与经济上的重要性”高端圆桌会议举行。 2015年6月15日，国家版权局与世界知识产权组织（WIPO）在第十八届上海国际电影节上，共同主办“电影和版权在文化与经济上的重要性”高端圆桌会议。与会者就版权保护促进电影产业发展，尤其是电影和版权在文化与经济上的重要性展开讨论，探索电影版权保护的新途径和版权合作的新模式。

14. 中美关注数字环境下的图书馆版权保护。 2015年6月19日，中国国家版权局与美国专利商标局在上海市共同举办“图书馆/教育环境下的版权保护”圆桌会议。会议对学术、教育和图书馆环境下版权保护的重要性和共同关注的版权热点问题进行了探讨，分享中美两国在该领域中的成功经验，促进中美在图书馆版权保护方面的进一步合作和交流。此次会议是《中国国家版权局与美国专利商标局、美国版权局战略合作备忘录》2015年工作计划的一部分。

15. 国家版权局明确涉外著作权合同登记工作为“行政确认”事项。 2015年6月，根据中共中央办公厅、国务院办公厅印发的《关于推行地方各级政府工作部门权力清单制度的指导意见》，国家版权局向各省（区、市）版权局、新疆生产建设兵团版权局及中国版权保护中心下发通知，进一步明确涉外著作权合同登记工作的性质。

通知提出，各省级版权行政管理部门和中国版权保护中心分别开展的出版境外音像制品、复制境外音像制品、出版境外图书、出版和复制境外电子出版物和计算机软件、委托印刷境外出版物、重印外国期刊等各项涉外著作权合同登记工作的性质，应为“行政确认”事项。各相关单位在清理行政审批事项及制定政府工作部门权力清单工作过程中，要参照该意见执行。

16. 规范网络音乐版权专项整治行动启动。 2015年7月8日，国家版权局下发通知，责令网络音乐服务商停止未经授权传播音乐作品的行为。通知要求2015年7

月31日前，各网络音乐服务商必须将未经授权传播的音乐作品全部下线。

通知指出，为加强对音乐作品著作权人权利的保护，规范网络传播音乐作品版权秩序，依据《著作权法》等相关规定，以及“剑网2015”专项行动有关工作部署，自2015年7月起，启动规范网络音乐版权专项整治行动，加强对网络音乐服务商的版权执法监管力度，推动建立良好的网络音乐版权秩序和运营生态。

17. 国家版权局通报网络音乐服务商签署版权保护自律宣言。2015年7月15日，国家版权局在北京召开网络音乐版权保护工作座谈会，通报了国家版权局重点开展网络音乐版权专项整治的有关情况和关于加强网络音乐版权保护的工作安排，各大网络音乐服务商签署了《网络音乐版权保护自律宣言》。

18. 国家版权局召开“剑网2015”座谈会。2015年8月17日，国家版权局在北京召开“剑网2015”座谈会。会议总结了“剑网2015”阶段性成果及存在的问题，明确了第二阶段的重点任务。会议要求，查办案件是推进专项行动的重中之重。各地要依法加大行政处罚和刑事打击力度，集中查办一批大案要案；要敢于依法亮剑，善于依法用剑，树立版权执法部门的办案权威，在规范网络版权秩序方面发挥主导作用。

19.《著作权行政处罚实施办法》修订公开征求意见。2015年9月8日，国家版权局公布《著作权行政处罚实施办法（修订征求意见稿）》，向社会公开征求意见。

《著作权行政处罚实施办法（修订征求意见稿）》主要就行政处罚程序、网络服务提供者的行政责任以及网络环境下的版权执法等内容进行了修改，以解决版权行政执法工作中特别是办理侵犯著作权行政案件中遇到的实际问题，进一步完善版权行政保护制度，加大对侵权盗版行为的行政打击力度。

20. 国家版权局召开网络音乐版权保护工作座谈会。2015年9月14日，国家版权局在北京召开网络音乐版权保护工作座谈会。会议要求，各网络音乐服务商应在“剑网2015”专项行动中进一步加强版权自律，要看长远、顾大局，共同推动建立良好的网络音乐版权秩序和运营生态，共谋网络音乐产业繁荣发展。会上，腾讯QQ音乐与网易音乐达成版权合作协议，大型网络音乐服务商之间的独家版权转授权工作取得突破。

21. 国家版权局主办2015年版权执法第三期培训班。2015年9月17日，由国家版权局主办、新闻出版教育培训中心承办的2015年版权执法第三期培训班在江西省南昌市开班。来自全国各地的120余名基层版权行政执法人员参加培训。国家新闻出版广电总局副局长、国家版权局副局长阎晓宏出席开班式并讲话。

22. 国家版权局发布《关于规范网盘服务版权秩序的通知》。2015年10月14日，为切实规范网盘服务版权秩序，国家版权局发布了《关于规范网盘服务版权秩序的通知》。该通知根据现行著作权法律法规并参考有关司法解释，进一步明确了网盘服务商在提供网盘服务中应当履行的义务和承担的责任，将法律法规中的有关要求具体化，增加了可操作性和执行性。为推动该通知的贯彻落实，国家版权局于2015年10月20日召开了规范网盘服务版权秩序座谈会。

23. 全国标准版权政策宣贯会举行。2015年10月30日，国家质检总局、国家版权局、国家标准委在广东省深圳市联合举办了全国标准版权政策宣贯会，这也是2015年世界标准日的系列主题活动之一。

从2010年10月开始，国务院在全国部署打击侵犯知识产权和制售假冒伪劣商品专项行动，并在2012～2015年连续4年将“打击针对含有著作权的标准类作品侵权盗版行为”列入打击侵犯知识产权工作的重要内容，取得显著成效。同时，全国“双打”办还在 2015 年下半年的工作安排中，将“查处网络非法转载含有著作权的标准类作品的侵权盗版行为，取缔曝光一批利用互联网非法上传标准的网站、单位”纳入重点工作。

24.《刑法修正案（九）》增加知识产权保护内容。2015 年 11 月 1 日，《中华人民共和国刑法修正案（九）》（以下简称《刑法修正案（九）》）正式实施，增加了知识产权保护，明确了网络帮助侵权行为的刑事责任。

《刑法修正案（九）》在原来的《刑法》第 287 条（利用计算机实施金融诈骗、盗窃、贪污、挪用公款、窃取国家秘密或者其他犯罪）基础上增加了相关的规定。从条款内容看，“提供互联网接入、服务器托管、网络存储、通讯传输等技术支持，或者提供广告推广、支付结算等帮助”的主体，除了自然人，也包括网络服务商。因此，在《刑法修正案（九）》施行后，对于明知他人利用网络实施侵犯著作权的犯罪行为，仍然提供相应网络服务的服务商，情节严重的，很可能将身罹牢狱之灾。这强化了对网络行为和网络犯罪的监管，表现在著作权领域，就是明确了对于侵犯著作权罪的网络帮助行为的追究。

25. 国资委和国家版权局联合对软件正版化工作进行督导督查。2015 年 11 月 6～11 日，根据国务院有关部署和要求，为了解中央企业软件正版化成果巩固情况，国资委和国家版权局联合对部分中央企业软件正版化工作进行督促检查。检查的主要内容包括管理责任落实、管理制度及长效机制建立等情况，并对部分企业计算机正版软件安装情况进行现场抽查。从检查情况看，各企业高度重视软件正版化工作，主要领导亲自部署，逐级落实责任，建立了自上而下的工作机制，制定了软件资产管理制度，软件正版化工作取得明显成效。检查组对企业巩固已有成果，继续完善软件资产管理制度，形成长效机制提出了明确要求。

26. 国家版权局与世界知识产权组织签署版权合作谅解备忘录。2015 年 12 月 1 日，国家版权局和世界知识产权组织在上海市签署了《关于进一步加强中国国家版权局与世界知识产权组织双边合作的谅解备忘录》，并举行了新闻发布会。国家新闻出版广电总局副局长、国家版权局副局长阎晓宏与世界知识产权组织总干事弗朗西斯·高锐分别代表双方在备忘录上签字。

根据备忘录，双方将在版权领域全面开展合作。在巩固和加强版权领域现有交流合作的基础上，进一步加强版权宣传、人才培养、推动双方高层及工作层交流与沟通，以规划未来合作方向，从而更好地鼓励创新，保护创新成果。

27. 国家版权局发布规范网盘服务版权秩序成果。2015 年 12 月 3 日，国家版权局发布规范网盘服务版权秩序成果。为规范网盘服务版权秩序，国家版权局于 2015 年 10 月 14 日发布了《关于规范网盘服务版权秩序的通知》，并于 2015 年 10 月 20 日召开规范网盘服务版权秩序座谈会，召集国内主要网盘服务商及视频网站、权利人组织代表参会，要求各网盘服务商严格贯彻落实该通知要求。

2015 年下半年，国家版权局对 2015 年发布的六批共计 131 部版权重点预警影视作品在主要网盘上的传播情况进行了全面监测，未发现大规模侵权现象。对于个别网盘上还存在少量热播影视作品侵权链接的现象，国家版权局已要求相关网盘服务商进一步加强内部监测、管理和处置工作。此外，国家版权局监测发现，城通网盘传播侵权盗版作品的现象较为严重。

（国家版权局版权管理司供稿）

农 业 部

1. 与最高人民法院就植物新品种权司法保护进行座谈会商。 3月3日，农业部种子管理局局长张延秋带队到最高人民法院知识产权审判庭就农业植物新品种权司法保护议题进行座谈会商。

2. 启动3家植物新品种测试分中心新建工作。 3月12日，农业部批复河北省张家口市、内蒙古自治区巴彦淖尔市、河南省原阳县3家植物新品种测试分中心可行性研究报告，启动了DUS测试体系二期建设工作。

3. 召开农业植物新品种DUS测试暨新品种保护工作会议。 3月23～25日在广州市召开工作会议，农业部植物新品种保护办公室对2015年新品种保护工作和DUS测试工作进行部署。

4. 派员参加UPOV系列会议。 3月23～27日，农业部植物新品种保护办公室派员参加在日内瓦市召开的UPOV第五十一届技术委员会(TC)会议、第七十一届行政与法律委员会(CAJ)会议、第八十九届顾问委员会(CC)会议和第三十二届理事会(C)特别会议等系列会议，参与新品种保护国际事务。

5. 开展两岸植物新品种保护交流。 应我国台湾地区社团法人中华种苗学会邀请，4月12～16日，农业部种子管理局副局长马淑萍一行3人赴台出席了2015年两岸植物品种保护研讨会和第四次两岸植物品种权工作组会议。

6. 开辟DUS测试指南研制新渠道。 4月17日，农业部植物新品种测试中心启动自筹自资开展DUS测试指南研制渠道，吸引社会、科研力量进行DUS测试指南研制。

7. 成立农业植物新品种保护及测试技术专业委员会。 为加强农业植物新品种保护政策法规和新品种测试技术研究，5月9日，农业部科技发展中心(农业部植物新品种测试中心)成立农业植物新品种保护及测试技术专业委员会，并设立信息技术、生物技术、大田作物、蔬菜、观赏植物和果树6个测试技术工作组。

8. 开展第十批农业植物品种保护名录征集论证工作。 5月4日，农业部植物新品种保护办公室公开征集第十批农业植物品种保护名录，并于9月22日组织专家对推荐名单进行论证。

9. 与荷兰进行植物新品种保护合作项目磋商。 应荷兰园艺检测总署邀请，5月18～19日，农业部种子管理局局长张延秋一行4人在荷兰阿姆斯特丹参加中一荷植物新品种保护合作项目进展情况磋商会议。

10. 新品种保护年费再降。 9月1日，国家发展改革委员会、财政部联合下发通知，自10月15日起，植物新品种保护权费，由现行的在保护期内，年费为第1～6年每年1000元、以后每年1500元，调整为第1～6年每年1000元不变、以后每年降为1200元。

11.《种子法》修订案获得通过。 11月4日，第十二届全国人大常委会第十七次会议审议通过了《种子法》修订案。修订后的《种子法》将于2016年1月1日起实施。新《种子法》中，新品种保护被列为单独一章，提升了新品种保护的法律位阶，加大了侵权处罚力度，有利于进一步推动品种育种创新。

12. 举办中荷蔬菜品种DUS测试技术培训班。 作为第四期中荷植物新品种保护合作项目的重要内容，11月15～21日，农业部科技发展中心（农业部植物新品种测试中心）在海南省儋州市成功举办中荷蔬菜品种DUS测试技术培训班，来自DUS测试体系和企业的56名学员参加了培训。

（农业部科技教育司供稿）

国家林业局

1.《林业知识产权战略实施年度推进计划》公布。《2015年林业知识产权战略实施推进计划》以实施《国家知识产权战略纲要》为目标，重点围绕提高林业知识产权创造质量、提升林业知识产权运用效益、提高林业知识产权保护效果、提升林业知识产权管理和服务水平、提高林业知识产权基础能力、促进知识产权宣传培训和国际交流6个方面，提出了30项工作任务，分别由国家林业局相关司局和直属单位牵头完成。

2. 开展林业知识产权"十三五"规划研究。国家林业局开展了"十三五"林业知识产权规划研究，全面总结了"十二五"期间林业知识产权工作取得的主要成绩和存在的主要问题，提出了林业知识产权"十三五"发展思路、目标和重点任务，相关内容纳入国家知识产权事业"十三五"规划、林业科学和技术"十三五"等发展规划中。2015年8月3日，由国家林业局科技发展中心和国家林业局知识产权研究中心承担的"林业知识产权工作发展思路与政策研究"通过了国家知识产权局召开的全国知识产权"十三五"规划编制课题研究结题验收。

3. 印发《中国林业遗传资源保护与可持续利用国家行动计划（2015－2025年）》。2015年6月，国家林业局印发了《中国林业遗传资源保护与可持续利用行动计划（2015—2025年）》。该行动计划由林业遗传资源保护利用现状、林业遗传资源保护与利用战略、林业遗传资源保护重点领域与行动计划、保障措施4个部分组成。保护利用现状部分客观分析了中国林业遗传资源的多样性状况和受威胁状况，总结了保护与利用成就，以及存在的问题。保护与利用战略部分确定了指导思想、基本原则和战略目标。重点领域与行动计划部分确定了林业遗传资源保护与可持续利用的4个重点领域和18项重点行动。保障措施部分从组织、政策、科技、资金4个方面提出具体的举措，以确保该行动计划的顺利实施。

4. 继续开展核桃遗传资源调查编目工作。2015年国家林业局继续开展全国核桃遗传资源调查编目工作，制定并发布了《核桃遗传资源调查编目技术规程》《泡核桃遗传资源调查编目技术规程》《山核桃遗传资源调查编目技术规程》《薄壳山核桃遗传资源调查编目技术规程》，作为调查的技术依据。在22个省市区同时启动了核桃遗传资源调查编目外业工作。

5. 完成油茶遗传资源调查编目工作。2015年国家林业局完成了全国油茶遗传资源调查编目外业调查工作。通过本次调查，在全国17个油茶省份，发现特异性状个体资源2000多份，完成性状观测调查1700多份，收集保存1200多份，全国油茶遗传资源信息库收录1600多份，起草了《中国油茶遗传资源状况报告》和《中国油茶编目》。

6. 开展林产品地理标志保护发展动态跟踪研究。国家林业局开展了国际林产品地理标志保护发展动态跟踪研究，完成了美国、欧盟、韩国和印度4个国家和地区的林产品地理标志报告。落实国家质检总局与国家林业局签署的《关于促进生态林业民生林业发展合作备忘录》，赴国家质检总局等有关部委协调推进林产品地理标志保护工作。组织编制了《林产品地理标志质量控制技术规范编写指南》《林产品地理标志产品品质鉴定规范》2 项行业标准。开展了林产品地理标志保护调研，2015 年林产品地理标志保护 57 项（未含通过商标保护的林产品地理标志数量），2001 年至今林产品地理标志保护数量累计达 730 项。

7. 组织开展林业重点领域专利分析研究。 2015 年国家林业局知识产权研究中心组织开展了全球主要林业科研机构专利对比分析研究、木材用生物质胶黏剂情报分析研究、全球木门相关专利分析以及桉树、银杏、蔷薇属植物等相关主题的专利统计分析研究工作。完成了《人造板连续平压机专利分析报告（2015）》和《木地板锁扣技术与采暖木地板技术专利分析报告（2014）》。完善了林业知识产权基础数据库 15 个，2015 年新增数据量 5 万多条，入库数据记录累计 60 万条。建立了网上林业专利动态决策分析系统。林业相关专利累计公开量共计 230 645 件。

8. 林业专利产业化推进。 国家林业局科技发展中心 2015 年组织实施了“湿地用竹基纤维复合材料制造技术产业化”等 6 项林业专利技术产业化推进项目。开展了林业知识产权交易平台建设调研，建成林业知识产权转化应用项目库。在中国林业知识产权网建立了林业知识产权展示对接平台，展示内容包括林业专利、林业植物新品种等。

9. 启动“2015 全国林业知识产权宣传周”活动。 国家林业局于 4 月 21 日正式启动了“2015 年全国林业知识产权宣传周”活动。活动期间，国家林业局科技发展中心与有关司局和单位配合，以中国林业网（国家林业局政府网）、中国林业知识产权网、《中国绿色时报》等媒体为载体，开通了“2015 林业知识产权宣传周”网站，通过媒体集中报道、出版科技图书等，向公众普及和宣传林业知识产权知识，展示林业实施知识产权战略取得的新进展、新成就。编辑出版了《2014 中国林业知识产权年度报告》。该报告全面总结了 2014 年林业知识产权工作的主要进展和成果，通过介绍和展示，让更多人了解、关心、支持林业知识产权工作，共同推进林业知识产权的创造、运用、保护和管理。编印了 6 期《林业知识产权动态》，每期内容包括动态信息、政策探讨、研究综述、统计分析 4 个栏目，全年共发表动态信息 42 篇，政策探讨论文 6 篇，研究综述报告 6 篇和统计分析报告 7 篇。

10. 落实《海峡两岸知识产权保护合作协议》。 2015 年 4 月与我国台湾地区有关方面共同举办了“2015 两岸植物品种保护研讨会”和“第四次两岸植物品种权工作组会议”，会议主题是落实《海峡两岸知识产权保护合作协议》，促进海峡两岸植物新品种权的创新、应用、管理及保护，加强两岸品种权保护机构间的技术交流与合作。本次会议取得了丰硕成果，除对 2014 年度植物新品种保护合作进展进行了总结分析外，还达成了 2015 年度开展合作的共识，促进了两岸品种权技术合作深入交流。根据两岸 2015 年度品种权工作组会议安排，2015 年 9 月，在南京市举办了“两岸植物新品种保护一桂花测试技术交流研讨会”，两岸相关管理人员及专家 50 余人参加了研讨，交流桂花新品种测试技术，商谈桂花新品种测试合作事项。

11. 推进林业知识产权联盟建设。 推进木地板、竹材加工等 4 个林业专利联盟建设。2015 年 6 月 13 日，广东园林植物产业技术创新促进会（新品种联盟）在顺德陈村花卉世界举行成立大会，会议审议通过了联盟章程，选举产生了第一届理事会和监事会。同时，举办了首届园林植物新品种权拍卖，来自全国的 100 多个最新、特、优花卉苗木品种参与了拍卖，拍卖会现场总成交 1532

万元。木地板专利联盟于2015年9月在上海市召开“木地板专利创造与合作研讨会”，木地板专利联盟13家会员的专利申请量从2014年的211件增至2015年的455件，增加了115.64%。

（国家林业局植物新品种办公室供稿）

海关总署

1. 海关总署对中国海关博物馆“海关与知识产权”展厅布展。 1月8～15日，海关总署对中国海关博物馆“海关与知识产权”展厅进行实物布展。

2. 召开《知识产权海关保护条例的实施办法》修订研讨会。 3月25～28日，海关总署在江苏省无锡市召开《知识产权海关保护条例的实施办法》修订研讨会，对《知识产权海关保护条例的实施办法》中存在的问题进行了交流和研讨。

3. 下发《开展2015年“全国知识产权宣传周”活动方案》。 3月30日，海关总署下发《开展2015年“全国知识产权宣传周”活动方案》，要求各地海关围绕“建设知识产权强国，支撑创新驱动发展”的主题，有重点、有针对性地组织开展相关宣传活动。

4. 推动各地海关主动参与当地知识产权行政执法与刑事司法衔接平台建设。 4月22日，海关总署积极推动各地海关主动参与当地知识产权行政执法与刑事司法衔接平台的建设，对尚未完成的平台建设积极参与开发改造。

5. 发布《2015年知识产权海关保护状况》及典型案例。 4月26日，海关总署发布了《2015年知识产权海关保护状况》及典型案例。

6. 派员参加第三次中欧海关知识产权工作组会议。 6月9～11日，海关总署派员参加在比利时布鲁塞尔举行的第三次中欧海关知识产权工作组会议，研究《中欧海关2014—2017年知识产权合作行动计划》项下各项重点行动的进展，并对该行动计划的实施情况进行中期评估。

7. 海关总署与法国海关举办“中法知识产权海关保护研讨班”。 6月16～18日，海关总署与法国海关在大连教育培训基地举办“中法知识产权海关保护研讨班”，对中法海关知识产权保护执法、风险分析经验、科技装备应用等开展交流和研讨。

8. 下发《2015年海关系统开展“清风”行动的工作方案》。 6月9日，海关总署下发《2015年海关系统开展“清风”行动的工作方案》，要求各地海关加强执法，积极主动开展工作，针对性地加强执法，力争行动取得实效。

9. 海关总署召集部分海关开展集中工作。 7月28～31日，海关总署在宁波海关召集部分海关开展集中工作，对“知识产权海关保护移动查询系统”的开发工作进行评估，并对罚没侵权货物的“管办分离”工作进行研究。

10. 与俄罗斯海关召开第五次中俄知识产权工作组会议。 8月18～22日，海关总署与俄罗斯海关在四川省成都市召开第五次中俄知识产权工作组会议，会议总结了第四次工作组会议以来的双方执法合作情况，交流了执法经验，制订了下一年度的工作计划。

11. 派员参加第二届中美海关知识产权工作组会议。 9月9～11日，海关总署派员参加由美国海关在美国洛杉矶举办的第二届中美海关知识产权工作组会议。双方根据中美战略经济对话后续工作的安排，研究组织第二次中美海关知识产权联合执法行动方案。

12. 海关总署暂停收取备案费。10 月 19 日，海关总署发布公告，自 2015 年 11 月 1 日起（含本日），根据财政部、国家发展改革委员会《关于取消和暂停征收一批行政事业性收费有关问题的通知》的规定，海关总署暂停收取备案费。同时同步升级了知识产权海关保护备案系统。

13. 海关总署参加“清风”行动的媒体吹风会。11 月 9 日，海关总署参加全国打击侵犯知识产权和制售假冒伪劣商品工作领导小组联合国务院新闻办公室组织召开的“清风”行动的媒体吹风会，会上通报了海关打击侵权假冒工作的总体情况，“清风”行动的主要措施及阶段性成果，部分直属海关查获的典型案例。

14. 上海海关参加亚太地区知识产权联合执法行动。11 月 23 日至 12 月 4 日，上海海关根据海关总署要求，参加了世界海关组织（WCO）组织的亚太地区知识产权联合执法行动。

15. 国家知识产权局和海关总署召开进出口环节专利执法合作研讨会。11 月 26～28 日，国家知识产权局和海关总署在山东省青岛市召开进出口环节专利执法合作研讨会，分析当前专利执法面临的形势，并就双方执法合作开展研讨。

16. 义乌海关知识产权科获第二届“中国商标金奖”。11 月 30 日，杭州海关隶属义乌海关知识产权科获国家工商总局和世界知识产权组织联合组织评选的第二届“中国商标金奖”。

17. 海关总署开展互联网领域侵权假冒专项治理。12 月 3 日，海关总署开展互联网领域侵权假冒专项治理，以侵权假冒食品药品、化妆品、医疗器械、电子产品、汽车零配件、儿童用品以及服装鞋帽等社会反映集中，关系人民生命健康安全的货物、物品为重点，强化风险防控的针对性和有效性，加强对跨境电子商务交易中侵权假冒行为治理。

（海关总署政策法规司供稿）

商 务 部

1. 商务部、工信部、中国贸促会在 CeBIT 设知识产权服务站。在 3 月 16～20 日举办的 2015 德国汉诺威消费电子、信息及通信博览会（CeBIT）上，商务部、工信部、中国贸促会联合设立了中国企业知识产权服务站，为众多中国参展企业提供免费法律咨询，在维护展会秩序、保护企业合法权益方面取得了良好效果。

截至 2015 年，由商务部与中国贸促会联合打造的中国企业知识产权服务站在境外重要展会上提供服务已经有 6 年，并已覆盖多个国外知名展会。下一步，两部门还将进一步开拓，为更多的走出去企业服务。

2. 高虎城部长出席全国打击侵权假冒工作电视电话会议。3 月 18 日，全国打击侵权假冒工作电视电话会议在北京召开，国务院副总理、全国打击侵权假冒工作领导小组组长汪洋出席会议并讲话。商务部部长、全国打击侵权假冒工作领导小组副组长高虎城出席会议，对 2014 年全国打击侵权假冒工作情况作了通报。

国家工商总局、国家质检总局负责同志和辽宁、上海、浙江、安徽四省市负责同志分别在主会场和分会场作了发言。全国打击侵权假冒工作领导小组成员单位及相关部门负责同志约 120 人在主会场参加会议。

3. 中瑞知识产权工作组第八次会议在北京召开。2015 年 3 月 30～31 日，商务部条法司陈福利副司长和瑞士联邦知识产权局执行副司长 Mathias Schali 在北京共同主持召开了中瑞知识产权工作组第八次会议。双方就商标、地理标志、商业秘密、网络执法、植物新品种保护等多项议题进行了广泛而深入的讨论。最高人民法院、农业部、国家工商总局、国家质检总局、国家版权局、国家林业局、国家食品药品监管局、国家知识产权局及瑞方代表 30 余人参加了会议。3 月 30 日下午，双方还召开了企业圆桌会。

4. 商务部发布《2014 年中国知识产权国际交流合作状况》报告。2015 年 4 月 20 日，商务部发布《2014 年中国知识产权国际交流合作状况》报告，介绍了我国有关部门知识产权国际交流和合作的工作成效。中国政府高度重视知识产权创造、运用、保护和管理，秉承开放态度，积极建立、扩展和深化与世界各国和地区在知识产权领域的全方位、多层次和多形式合作，取得积极成效。在开展国际交流合作过程中，中国负责知识产权立法、执法和司法相关工作的部门积极介绍中国知识产权和促进创新的政策措施，学习和借鉴国外有益经验和做法，增进共识，依法维护中外企业的合法权益，营造合作共赢的良好氛围，不断提高中国知识产权保护的国际影响力。

5. 2015 年中美知识产权工作组司局级会议在华盛顿召开。4 月 25 日、27 日，2015 年中美知识产权工作组司局级会议在美国华盛顿召开。商务部条法司陈福利副司长与美国商务部、美国专利商标局高级顾问马克·柯恒、美国贸易代表办公室知识产权与创新处处长迈克·迪尔共同主持了会议。中方代表团由商务部、最高人民检察院、公安部、海关总署、国家工商总局、国家版权局、国家知识产权局、全国打击侵权假冒办、中国驻美使馆等部门组成。美方代表团由美国商务部、专利商标局、贸易代表办公室、司法部、国土安全部、国会图书馆版权局、美驻华使馆组成。双方就 2014 年中美商贸联委会成果、知识产权立法最新情况、中美知识产权合作项目以及具体领域知识产权问题进行了广泛而深入的讨论。

6. 中巴知识产权工作组第五次会议在巴西利亚召开。2015 年 4 月 29 日，中巴知识产权工作组第五次会议在巴西的巴西利亚召开。商务部条法司陈福利副司长与巴西外交部知识产权司马塞洛司长主持了会议。中方代表团由商务部、最高人民检察院、公安部、海关总署、国家工商总局、国家版权局、国家知识产权局、全国打击侵权假冒办、中国驻巴使馆等部门组成。巴西代表团由巴西外交部、发展工贸部、文化部、农业部、总检察长办公室、联邦税务局、工业产权局等部门组成。双方就共同关注的一系列问题进行了深入交流。

7. 中日知识产权工作组第四次会议在北京举行。2015 年 5 月 11 日，商务部条法司陈福利副司长与日本经济产业省制造产业局审议官小川诚共同主持召开了第四次中日知识产权工作组会议。双方就知识产权制度发展、知识产权战略、网络假冒盗版问题的应对以及彼此关注的具体议题进行了交流和探讨。来自中方科技部、公安部、农业部、国家工商总局、国家质检总局、国家版权局、国家知识产权局的代表和来自日方政府有关部门及其产业代表共 40 余人参加了此次会议。

8. 中欧知识产权工作组第十六次会议在北京召开。2015 年 5 月 12 日，商务部条法司陈福利副司长和欧盟委员会贸易总司 Anders C. Jessen 副司长共同主持召开了第十六次中欧知识产权工作组会议。双方就中欧知识产权合作 10 周年活动、商标、版权、专利、植物新品种、商业秘密、知识产权执法等广泛议题开展了深入讨论。来自最高人民法院、最高人民检察院、工信部、农业部、国家工商总局、国家版权局、林业局、国家知识产权局的中方代表和来自欧盟委员会贸易总司、农业总司、欧盟驻华使团及其业界的代表共 40 余人参加了此次会议。

9. 中欧知识产权工作组地方座谈会在上海举行。2015 年 5 月 13 日，中欧双方共同在上海举行了中欧知识产权工作组地方座谈会。会议就上海知识产权法院、上海自贸区知识产权局、上海国际经济贸易仲裁委员会的相关工作情况进行了介绍和探讨。来自商务部、最高人民法院、国家工商总局、国家版权局、全国打击侵权假冒办、国家知识产权局、上海商委、上海市高院、上海知识产权法院、浦东新区知识产权局等单位的中方代表和来自欧盟委员会贸易总司、欧盟驻华使团及其业界的欧方代表共 30 余人参加了此次会议。

10. 中欧举行知识产权合作对话 10 周年纪念活动。6 月 29 日，中欧第 17 次领导人峰会期间，中欧知识产权对话机制 10 周年纪念活动在比利时的布鲁塞尔同期举行。中国商务部部长助理童道驰代表高虎城部长，与欧盟委员会贸易委员马尔姆斯特伦共同出席会议并致辞。双方共同决定将中欧知识产权对话机制提升为副部级。

当天，在李克强总理和欧盟委员会主席容克见证下，高虎城部长与马尔姆斯特伦贸易委员共同签署了《关于加强中欧知识产权对话机制的谅解备忘录》。

11. 中俄知识产权工作组第八次会议在北京召开。2015 年 8 月 26 日，商务部条法司陈福利副司长与俄罗斯知识产权局副局长 KIRIY Liubov 共同主持召开了第八次中俄知识产权工作组会议。双方就商标、专利和版权的立法和执法情况、打击知识产权侵权方面、加强知识产权职能部门之间的合作等议题进行了交流和探讨。来自中国商务部、全国打击侵权假冒办、最高人民法院、最高人民检察院、公安部、海关总署、国家工商总局、国家版权局、国家知识产权局、中国贸促会的代表和来自俄罗斯知识产权局、经济发展部、总检察长办公室、文化部、俄驻华商务代表处、俄驻华使馆的代表共 30 余人参加了此次会议。

12. 2015 年中美知识产权工作组副部级会议在北京召开。为做好 2015 年中美商贸联委会(JCCT)的准备工作，中美知识产权工作组副部级会议于 9 月 29 日在北京召开。商务部部长助理童道驰与美国贸易代表办公室副贸易代表霍利曼、美国专利商标局副局长斯里夫共同主持会议。

中方代表团由商务部、最高人民法院、农业部、国家工商总局、国家质检总局、国家版权局等部门派员组成。美方代表团由美国商务部、专利商标局、贸易代表办公室、美驻华使馆等部门代表组成。双方就商业秘密、美国“特别 301 报告”和“恶名市场”报告、标准与知识产权、应对知识产权滥用、体育赛事转播的保护、地理标志保护和中美知识产权合作等问题进行了广泛而深入的讨论，取得积极进展。

13. 商务部条法司陈福利副司长带队进行软件正版化检查。2015 年 10 月 20 日，根据国务院部署和推进使用正版软件工作部际联席会议要求，商务部条法司陈福利副司长率领政府机关软件正版化工作检查第二组，赴中国科学技术协会、共青团中央两家单位进行检查。检查组成员来自商务部、国家机关事务管理局和中国版权协会。检查组通过听取汇报、查阅资料、实地上机检查、反馈意见等多种形式开展了检查工作，并听取了被检查单位对软件正版化工作的意见与建议。

14. 商务部：要有效遏制互联网领域侵权假冒行为。商务部 11 月 17 日召开例行新闻发布会，商务部新闻发言人沈丹阳在会上表示，《互联网领域侵权假冒行为治理的意见》已经由国务院办公厅印发执行。该意见明确了 4 个方面 14 项任务，计划用 3

年左右时间，有效遏制互联网领域侵权假冒行为。主要内容包括突出监管重点，比如现在大家比较关注与消费者的健康相关的食品、药品、化妆品、医疗器械、电器电子产品、汽车配件等，以及大家比较关注的互联网侵权盗版，这些都是整治重点。

15. 中欧知识产权工作组第17次会议在北京召开。2015年11月26日，商务部条法司陈福利副司长和欧盟委员会贸易总司Anders C. Jessen副司长共同主持召开了第十七次中欧知识产权工作组会议。

双方就知识产权对话重点领域的最新进展，包括相关法律修订、商业秘密、网络盗版、创新政策、知识产权执法和交流合作等议题开展了广泛讨论。

16. 商务部条法司组织邀请驻华使馆知识产权官员访问北京知识产权法院。为加强对外知识产权交流合作，促进外界对中国知识产权司法保护主渠道作用的进一步了解，2015年12月1日，商务部条法司陈福利副司长率队访问北京知识产权法院，并组织邀请相关驻华使馆知识产权官员一同参访。活动采取座谈交流、实地参观等形式。商务部条法司陈福利副司长、最高人民法院民三庭王闯副庭长、北京市高院民三庭杨柏勇庭长出席活动并致辞，北京知识产权法院宿迟院长详细介绍了有关知识产权司法改革及北京知识产权法院的运作情况。中外双方人员就相关问题进行了交流讨论。座谈会后，中外双方人员一同到法庭、志愿者之家、立案大厅等进行了参观。

17. 中欧“标准化中的知识产权”研讨会在北京召开。由商务部条法司和欧洲委员会主办的中欧“标准化中的知识产权”研讨会于12月10日在北京召开。商务部条法司陈福利副司长和欧盟驻华使团罗本诺公使衔参赞出席会议并致辞。

会议邀请了中欧双方的政府官员、企业代表和知名学者作主题发言，从标准制定机构的知识产权政策、标准化中的知识产权竞争政策、法院对标准中知识产权案件的判决、标准化中的知识产权前进之路四个方面进行了深入的探讨和交流。来自中欧双方相关部门和业界的代表共80余人参加了本次会议。

（商务部条法司供稿）

公 安 部

1. 参加国际刑警组织反假冒行动协调会。2015年4月，公安部经侦局参加国际刑警组织反假冒行动协调会，会同国际刑警组织及韩国、越南、菲律宾等国家警方、海关等执法部门，研究、组织开展打击侵权假冒犯罪国际联合执法行动。

2. 在中国刑警学院举办中欧警务培训项目打击制造假冒伪劣商品犯罪培训班。2015年5月，中欧警务培训项目打击制造假冒伪劣商品犯罪培训班在中国刑警学院举办。部分省市公安机关一线执法人员和欧盟相关部门、西班牙警方代表参加培训。

3. 联合举办知识产权刑事保护座谈会。2015年6月，公安部经侦局会同中国外商投资企业协会优质品牌保护委员会在北京联合举办知识产权刑事保护座谈会，听取外商投资企业对公安机关知识产权刑事保护工作的意见和建议，就今后深化公安机关与外商企业的执法合作进行了探讨。中国外商投资企业协会优质品牌保护委员会以及强生、微软、奥迪、杜邦、辉瑞、耐克、新百伦、LV等30余家知名外商企业应邀参加了会议。

4. 赴欧洲开展知识产权刑事执法交流活动。2015年6月，公安部经侦局组团赴荷兰、匈牙利、罗马尼亚，开展知识产权刑事执法交流活动，与欧盟有关单位及相关国家警方、检察官、法官代表就知识产权刑事执法及国际合作等议题进行交流。

5. 国际刑警组织授予公安部经侦局打击侵权假冒“杰出贡献奖”。2015 年 9 月，国际刑警组织在第九届国际知识产权执法大会上授予公安部经侦局打击侵权假冒“杰出贡献奖”，以表彰中国公安机关近年来在打击侵权假冒犯罪中的突出战绩。

6. 在浙江警察学院举办中欧警务培训项目打击侵犯知识产权犯罪培训班。2015 年 9 月，中欧警务培训项目打击侵犯知识产权犯罪培训班在浙江警察学院举办，来自全国 10 个省区公安机关经侦部门的学员参加了培训。

7. 参加第五届中东北非地区应对知识产权犯罪会议。2015 年 11 月，公安部经侦局参加国际刑警举办的第五届中东、北非地区应对知识产权犯罪会议，并应邀进行大会主旨发言，介绍公安机关打击侵权假冒犯罪工作进展、打击策略和执法措施。

（公安部经济犯罪侦查局供稿）

最高人民法院

1. 公布《最高人民法院关于修改〈最高人民法院关于审理专利纠纷案件适用法律问题的若干规定〉的决定》。2015 年 1 月 22 日，最高人民法院公布《最高人民法院关于修改〈最高人民法院关于审理专利纠纷案件适用法律问题的若干规定〉的决定》，自 2015 年 2 月 1 日起施行。

2. 最高人民法院知识产权司法保护研究中心在北京成立。2015 年 3 月 18 日，最高人民法院知识产权司法保护研究中心在北京成立，最高人民法院院长周强为研究中心揭牌，并为研究中心首届学术委员会委员、研究员颁发了聘书。

3. 上海市浦东新区法院自贸区知识产权法庭揭牌。2015 年 4 月 9 日，上海市浦东新区法院自贸区知识产权法庭暨“最高人民法院知识产权审判庭自贸区知识产权司法保护调研联系点”揭牌。

4.“知识产权司法保护重庆行”启动。2015 年 4 月 20 日，中央媒体“知识产权司法保护重庆行”正式启动。

5. 发布白皮书和典型案例。2015 年 4 月 20 日，最高人民法院在重庆市发布《中国法院知识产权司法保护状况（2014）》（白皮书）和 2014 年中国法院知识产权司法保护十大案件、十大创新性案件和 50 件典型案例。

6. 发布知识产权案件年度报告（2014）。2015 年 4 月 21 日，最高人民法院发布《最高人民法院知识产权案件年度报告（2014）》。

7. 宋晓明在西南政法大学知识产权论坛上作重要演讲。2015 年 4 月 22 日，最高人民法院审判委员会委员、民三庭庭长宋晓明在西南政法大学知识产权论坛上作重要演讲“新形势下我国的知识产权司法政策”。

8. 技术调查官第一次出现在最高人民法院的法庭上。2015 年 4 月 22 日，最高人民法院在第一法庭公开开庭审理礼来公司诉常州华生制药公司侵害发明专利权纠纷上诉案。技术调查官第一次出现在最高人民法院的法庭上。

9. 首次知识产权法院工作座谈会在北京召开。2015 年 4 月 23 日，首次知识产权法院工作座谈会在北京召开，最高人民法院副院长陶凯元出席会议并讲话。

10.“最高人民法院知识产权案例指导研究(北京)基地”正式设立。2015年4月24日,“最高人民法院知识产权案例指导研究(北京)基地”在北京知识产权法院正式设立,这是全国法院首家知识产权案例指导研究基地。

11. 召开全国部分法院知识产权审判“三合一”改革试点工作座谈会。2015年5月28日,最高人民法院在湖南省长沙市召开全国部分法院知识产权审判“三合一”改革试点工作座谈会。最高人民法院审判委员会委员、民三庭庭长宋晓明出席会议并讲话。

12. 审理加多宝与王老吉、广州医药擅自使用知名商品特有包装装潢纠纷上诉两案。2015年6月16日,最高人民法院在第一法庭公开开庭合并审理上诉人广东加多宝饮料食品公司与被上诉人广州王老吉大健康产业公司、广州医药集团公司擅自使用知名商品特有包装装潢纠纷上诉两案。最高人民法院组成了由民三庭宋晓明庭长担任审判长的五人合议庭对两案进行审理。

13. 周强主持专题会议听取关于知识产权法院工作情况的报告。2015年6月30日,最高人民法院院长周强主持专题会议听取关于知识产权法院工作情况的报告并讲话。

14.“最高人民法院知识产权司法保护与市场价值研究(广东)基地”揭牌。2015年9月18日,“最高人民法院知识产权司法保护与市场价值研究(广东)基地”在广州知识产权法院揭牌。

15.“知识产权与贸易国际论坛”在上海开幕。2015年10月19日,由中国知识产权法学研究会、华东政法大学和美国联邦巡回上诉法院律师协会共同主办,由中国最高人民法院知识产权司法保护研究中心和中国法院知识产权司法保护国际交流(上海)基地特别支持的“知识产权与贸易国际论坛”在上海开幕,最高人民法院副院长陶凯元应邀出席并发表演讲。

16. 中国审判理论研究会知识产权专业委员会2015年年会在重庆召开。2015年11月7日,中国审判理论研究会知识产权专业委员会2015年年会在重庆召开。最高人民法院副院长陶凯元出席年会并致辞。

17. 陶凯元在《求是》杂志发表重要专题文章。2015年12月29日,最高人民法院副院长陶凯元在《求是》杂志发表重要专题文章“充分发挥司法保护知识产权的主导作用”。

(最高人民法院知识产权审判庭供稿)

最高人民检察院

1. 开展全国检察机关“危害食品药品安全犯罪专项立案监督活动”。2015年3月,最高人民检察院部署开展了为期两年的全国检察机关“危害食品药品安全犯罪专项立案监督活动”,将打击食品药品领域的侵权假冒案件作为重点之一。

2. 发布“2014年度中国检察机关保护知识产权十大典型案例”。2015年4月,最高人民检察院发布了“2014年度中国检察机关保护知识产权十大典型案例”。

3. 组团赴欧盟进行以“知识产权刑事执法”为主题的访问交流活动。2015年6月,最高人民检察院根据中国和欧盟商定的知识产权第三期合作项目的安排,组团赴欧盟进行以“知识产权刑事执法”为主题的访问交流活动。

4. 参加中欧知识产权对话十周年纪念活动。2015 年 7 月，最高人民检察院派员赴欧盟参加中欧知识产权对话十周年纪念活动。

5. 举办全国检察机关行政执法和刑事司法衔接工作网络培训班。2015 年 9 月，最高人民检察院举办全国检察机关行政执法和刑事司法衔接工作网络培训班。

6. 接待来访的英国版权执法局高级官员。2015 年 9 月，最高人民检察院接待来访的英国版权执法局高级官员，就中国检察机关的知识产权保护工作进行座谈。

7. 参加美国大使馆主办的保护知识产权大使圆桌会议。2015 年 4 月和 9 月，派员参加美国大使馆主办的保护知识产权大使圆桌会议。

8. 召开司法体制改革领导小组会议。2015 年 11 月，最高人民检察院召开司法体制改革领导小组会议，听取了侦查监督厅关于健全“两法衔接”机制工作进展情况的汇报，并对下一步工作进行研究部署。

（最高人民检察院侦查监督厅供稿）

1. 国务院批准《深入实施国家知识产权战略行动计划(2014—2020年)》

2014年12月10日,国务院办公厅转发国家知识产权局等单位《深入实施国家知识产权战略行动计划(2014—2020年)》(以下简称《行动计划》),明确了下一阶段国家知识产权战略实施的指导思想、主要目标和行动措施。

《行动计划》提出,认真谋划我国建设知识产权强国的发展路径,努力建设知识产权强国,为建设创新型国家和全面建成小康社会提供有力支撑。在主要目标中,《行动计划》提出,到2020年,知识产权创造水平显著提高,运用效果显著增强,保护状况显著改善,管理能力显著增强,基础能力全面提升。

《行动计划》强调,要加强组织实施,加强督促检查,加强财政支持,完善法律法规,加大对侵权行为的惩处力度,建立健全知识产权保护长效机制。

2. 专利行政执法办案总量首次突破2万件

2014年,我国专利行政执法办案总量首次突破2万件,达到2.4479万件,同比增长50.9%。其中,办理专利纠纷案件8220件(专利侵权纠纷7671件),同比增长62.6%;假冒专利案件1.6259万件,同比增长45.5%。

一年来,我国专利纠纷办案量与假冒专利办案量的比例约为1∶1.98,与2013年的1∶2.21相比,办理难度较大的专利纠纷案件占案件总量的比重有所增加,彰显出全系统办案能力进一步提升。在受理的专利纠纷案件中,虽然仍以实用新型专利和外观设计专利案件为主,但发明专利案件量明显有所上升。2014年受理的8220件专利纠纷案件中,发明专利案件1239件,占15.1%,比2013年上升了4个百分点。

与此同时,2014年,我国涉外专利侵权纠纷案件有所增长,全年共办理涉外专利侵权纠纷案件521件,占全部7671件专利侵权纠纷案件的6.8%;同比2013年的362件和7.7%的占比,案件量增长了43.9%,占比下降了0.9个百分点。

(李　群)

3. 2014年我国发明专利授权量达23.3万件

2015年2月11日,国家知识产权局在北京市召开新闻发布会,公布了2014年我国发明专利授权量的有关数据。2014年,国家知识产权局共受理发明专利申请92.8万件,同比增长12.5%,连续4年位居世界首位;共授权发明专利23.3万件,其中,国内发明专利授权16.3万件,比2013年增长了近2万件。截至2014年年底,代表较高专利质量指标、体现专利技术和市场价值的国内(不含港澳台)有效发明专利拥有量共计66.3万件。每万人口发明专利拥有量达到4.9件。数据显示,我国专利创造重心继续向技术水平较高的发明专利倾斜,表明我国创新水平不断提升,发明专利引领创新发展的“龙头”作用更加突出。

(李　群)

4.“两高”工作报告发布　我国加大知识产权司法保护力度

2015年3月12日，十二届全国人大三次会议举行第三次全体会议，分别听取和审议了最高人民法院和最高人民检察院的工作报告。报告分别显示，2014年，各级法院审结一审知识产权案件11万件，同比上升10%；全国检察机关起诉侵犯商标权、专利权、著作权和商业秘密等犯罪9427人，同比上升7.1%。

最高人民法院院长周强表示，2014年，我国在北京、上海、广州设立知识产权法院，审理知识产权民事和行政案件，落实国家知识产权战略，发挥司法保护知识产权的重要作用。他指出，2015年，人民法院要落实稳中求进的要求，妥善化解投资消费、对外贸易、知识产权等领域的矛盾纠纷，为经济社会发展营造公平正义的法治环境。

最高人民检察院检察长曹建明表示，2014年全国检察机关加大知识产权司法保护力度，与有关部门共建打击侵权假冒信息平台，坚决打击侵权行为，妥善办理科研活动和成果转化中的案件，严格区分罪与非罪，支持和保护科技创新。他指出，2015年，全国检察机关将主动适应经济发展新常态，依法履行法律监督职能。

（李　群）

5. 2014年中国PCT专利申请增长18.7%

2015年3月19日，世界知识产权组织发布《知识产权服务报告》。报告显示，2014年中国的PCT国际专利申请达2.5539万件，较2013年增长18.7%，系全球唯一一个出现两位数增长的国家。

据报告显示，在2014年企业PCT国际专利申请方面，中国的华为技术有限公司以3442件位居首位；美国高通公司位列第二，专利申请量为2409件；中国中兴通讯股份有限公司以2179件位列第三。此外，在企业PCT国际专利申请量的前50位排名中，来自中国的腾讯科技、深圳华星光电、京东方、华为终端也分列第17位、第23位、第34位和第46位。

（李　铎）

6.《中共中央国务院关于深化体制机制改革加快实施创新驱动发展战略的若干意见》知识产权亮点频出

2015年3月23日，《中共中央国务院关于深化体制机制改革加快实施创新驱动发展战略的若干意见》（以下简称《意见》）正式对外发布，知识产权亮点频出，引发了业界的广泛关注。

“《意见》在一些重大问题上有新突破，特别是在推动创新驱动发展的理念上，突破了传统思路，把激励创新的制度机制保障摆在更加突出的位置。”国家知识产权局保护协调司有关负责人在接受采访时表示，作为激励创新基本保障的知识产权制度，在《意见》中体现出更重的分量。可以预见，在我国实施创新驱动发展战略的再定位、再调整和再布局中，知识产权工作必将获得更大作为的空间，将在经济新常态下更加有力地推动我国经济向创新驱动发展转型。

7. 国家知识产权局出台意见进一步推动知识产权金融服务工作

2015年3月30日，国家知识产权局印发了《关于进一步推动知识产权金融服务工作的意见》，加快促进知识产权与金融资源的有效融合。该意见要求，全国知识产权系统应积极会同有关部门，深化和拓展知识产权金融服务工作，引导和促进银行业、证券业、保险业、创业投资等各类金融资本与知识产权资源有效对接，加快完善知识产权金融服务体系，切实落实国家对中小微企业发展金融扶持政策，为深入实施创新驱动发展战略和知识产权战略提供有力保障。

（崔静思）

8. 专利法修改草案公开向社会征求意见

2015年4月1日，由国家知识产权局

主持起草的《中华人民共和国专利法修改草案（征求意见稿）》公布，面向社会公开征求意见。

此次修改的主要内容包括加大专利权保护力度，维护权利人合法权益；促进专利的实施和运用，实现专利价值；实现政府职能法定，建设服务型政府；完善专利审查制度，提升专利质量；完善专利代理法律制度，促进知识产权服务业健康发展五个方面。（赵建国）

9.《2015年全国知识产权系统执法维权工作方案》发布

为深入贯彻党中央、国务院关于加强知识产权保护的一系列新部署、新要求，国家知识产权局制订印发了《2015年全国知识产权系统执法维权工作方案》，深入开展“护航”“闪电”等专项行动，推进加大执法办案力度等成为亮点。

该方案从以下方面提出了工作措施与任务分工：各省知识产权局要积极组织辖区内各局、各维权中心深入开展“护航”“闪电”等专项行动，推进加大执法办案力度；发挥知识产权执法强局和执法办案骨干引领示范作用，推进执法队伍和执法能力建设；加快知识产权快速维权中心布局，大力加强快速维权与维权援助工作；深化跨地区联合执法与协作执法机制，健全执法办案督导巡查与案件督办机制，强化对全系统执法办案工作的指导协调；加强案件信息公开与报送工作，积极推进社会信用体系建设，充分利用外部专业资源，共同推进执法办案效率与办案水平的不断提升。

（安亚磊）

10.《职务发明条例草案（送审稿）》公开征求意见

2015年4月2日，国务院法制办就国家知识产权局、科技部报请国务院审议的《职务发明条例草案（送审稿）》公开征求社会各界意见。

该送审稿共7章44条，从发明的权利归属、发明的报告和申请知识产权、职务发明人的奖励和报酬、促进职务发明知识产权的运用实施、监督检查和法律责任等多个方面对职务发明制度作出了规定。

据了解，国家知识产权局联合科技部等相关主管部门于2010年启动了该条例的起草工作，在深入调查研究、广泛征求意见、反复论证的基础上形成了《职务发明条例草案（送审稿）》并报送国务院审议。

（王　宇）

11.《2015年国家知识产权战略实施推进计划》发布

2015年4月10日，《2015年国家知识产权战略实施推进计划》印发实施。该推进计划共确定五个方面的重点工作、80项具体措施。据了解，2015年国家知识产权战略实施的重点工作包括强化知识产权保护，鼓励创新创造；促进知识产权创造运用，支撑产业转型升级；加强知识产权管理和服务，促进创新成果转移转化；拓展知识产权交流合作，推动国际竞争力提升；加大支持力度，提高知识产权战略实施保障水平等。（王　宇）

12. 国家知识产权局、新加坡知识产权局、广东省政府举行三方会谈

2015年4月14日，中国国家知识产权局、新加坡知识产权局、广东省政府三方会谈暨中国国家知识产权局、新加坡知识产权局会谈纪要签字仪式在广州市举行。中国国家知识产权局局长申长雨、新加坡知识产权局局长陈一山、广东省政府副省长陈云贤出席会议并讲话。申长雨指出，此次三方首次会谈，是落实中新两国政府间合作协议的重要举措，对于推进中新广州知识城建设与广州知识城知识产权运用和保护综合改革试点工作意义重大，要围绕这一工作，努力探索知识产权支撑创新驱动发展的新路径。

申长雨表示，当前，中国经济发展进入了新常态，创新已经成为引领发展的第一动力，这对知识产权工作提出了更高的要求。要依托国家知识产权局专利局专利审查协作广东中心、知识产权服务中心、知识产权学院、知识产权法院，打造一个"四位一体"的知识产权核心区，围绕这个核心区，形成一个知识产权密集型产业的集聚区，进而建成一个依托知识产权实现创新发展的试验区。（赵建国）

13. 申长雨率团访问墨西哥工业产权局

2015 年 4 月 20 日，中国国家知识产权局局长申长雨率团访问墨西哥工业产权局，与墨西哥工业产权局局长米格尔·安赫尔·马根举行双边会谈，并签署《中华人民共和国国家知识产权局与墨西哥合众国工业产权局关于工业产权合作的谅解备忘录》。会谈中，申长雨向墨方代表介绍了中国知识产权事业发展最新进展和中国实施创新驱动发展战略、知识产权战略行动计划，谋划和推进知识产权强国建设的有关情况。访问期间，申长雨一行参观了解了墨西哥工业产权局的办公场所、人员情况、文献保存及专利受理的基本流程等。

（吴　锐）

14. 申长雨率团访问美国专利商标局

2015 年 4 月 21 日，中国国家知识产权局局长申长雨率团访问美国专利商标局，与美国专利商标局局长米歇尔·李举行会谈，并签署《中华人民共和国国家知识产权局与美国专利商标局 2015－2016 年工作计划》。

访问期间，申长雨一行还参观了解了美国专利商标局文档馆藏、历史文献、信息检索服务、发明人名人堂等。国家知识产权局专利局副局长徐治江、中国驻美知识产权专员于宁等参加了上述活动。申长雨率团访美期间，专程拜会了中国驻美国大使馆。中国驻美大使崔天凯会见申长雨一行，并就知识产权有关工作做了交流。

（吴　锐）

15. 上海自贸区查获首起进境货物侵犯知识产权案件

2015 年 4 月 22 日，上海自贸区挂牌一年半以来，查获首起进境货物侵犯知识产权案件。上海海关在洋山港一举查获某公司申报进境自贸区的标有"NIKE 及钩形图"商标的运动鞋 1.0164 万双。经过耐克国际有限公司确认，该批货物侵犯了其"NIKE 及钩形图"商标专用权。据初步统计，涉案货物市场价值为 500 余万元人民币。

为了在上海自贸区推行"一线放开、二线管住"的新型监管模式，上海海关先后推出了 23 项监管创新制度，其中有 9 项融合了知识产权保护内容，建立了知识产权守法便利和违法惩戒机制。在进一步提升海关备案合法授权企业通关便利性的同时，加大了对违法企业惩戒力度，并先行先试自贸区内企业侵权行政处罚案件信息公开制度。（崔静思）

16. 修改后的《专利代理管理办法》5 月 1 日施行

新修改的《专利代理管理办法》（以下简称《办法》）于 2015 年 5 月 1 日施行。《办法》简化了审批手续。《办法》修改对加强专利代理行业管理，规范专利代理人和专利代理机构的执业行为，促进专利代理行业发展，维护委托人的合法权益，都具有重要意义。

"《办法》的施行，将为推动专利代理行业发展提供更好的支撑。"中国科学院大学法律与知识产权系主任李顺德教授在接受采访时表明，2014 年以来，我国专利工作贯彻"数量布局、质量取胜"的新理念，受理专利申请数量年均增速近 20%，而且专利的创造、运用、保护、管理诸项工作的提升，都对专利代理及相关服务提出了更高的要求，因此，专利代理行业正面临良好机遇，实现更加科学、规范、高效的管理，对于行业的健康发展至关重要。

17. 中美欧日韩五局局长系列会议在苏州召开

2015年5月20日，中美欧日韩五局局长系列会议在江苏省苏州市召开。当天上午，中国国家知识产权局局长申长雨与欧洲专利局局长伯努瓦·巴迪斯戴利举行了会谈。

申长雨在与巴迪斯戴利会谈时表示，中欧两局一直高度重视双方的战略合作伙伴关系，近年来双边合作项目进展非常顺利，在专利分类体系、强化质量管理、人员培训交流等方面已经取得了丰硕成果，并就中国国家知识产权局推出的云专利审查系统进行了深入探讨。在为知识产权用户提供更好的服务方面，双方有许多共同的理念，要进一步加强双方的交流与合作，更好地推动中欧之间的经济合作与科技文化交流。2015年是中欧两局合作30周年，双方将通过举办一系列纪念活动，更好地总结两局合作的成果与经验，展望未来，携手共进，推动双方的合作更上一层楼。

（赵建国）

18. 申长雨与美国专利商标局局长米歇尔·李在北京举行会谈

2015年5月25日，中国国家知识产权局局长申长雨与美国专利商标局局长、商务部副部长米歇尔·李在北京举行会谈。双方就两国知识产权领域宏观政策、两国公众和产业界共同关心的话题，以及进一步发展和深化两局关系等议题进行了深入探讨。双方签署了《中华人民共和国国家知识产权局与美国专利商标局关于知识产权领域的合作谅解备忘录》。

申长雨表示，近一年来，中美两局之间在高层互访、政策沟通、政府间对话和具体业务等方面开展了卓有成效的合作，有效增进了两国政府在知识产权领域的理解与共识，为两国企业提供了良好的知识产权服务。中美两局作为全球专利申请受理量最大的两个专利局，面临着新的机遇和挑战，中国国家知识产权局重视与美国专利商标局保持良好合作关系，愿与美国专利商标局在业务层面继续保持沟通和交流。

19. 新修改的《专利行政执法办法》将于7月1日起施行

《国家知识产权局关于修改〈专利行政执法办法〉的决定》经国家知识产权局局务会议审议通过，于2015年5月29日公布，并于7月1日起施行。

此次修改主要从“贯彻法治原则，强调依法行政宗旨”“完善执法程序，规范执法行为”和“发挥行政执法优势，适应展会和互联网发展需求”三个方面着手，对2011年2月1日起施行的《专利行政执法办法》进行完善，将为进一步规范专利行政执法行为、加强保护专利权人和社会公众的合法权益、充分维护社会主义市场经济秩序发挥积极作用。

（姚　忻）

20.《2014年中国知识产权发展状况报告》发布

2015年6月4日，由国家知识产权局知识产权发展研究中心制定的《2014年中国知识产权发展状况报告》在北京发布。报告显示，2014年全国知识产权综合发展水平不断提高，国际排名进步显著。

报告显示，2014年全国知识产权综合发展指数达63.74，较2013年增长0.98。知识产权创造、运用、保护和环境水平稳步改善，各项指数基本呈现平稳增长。各主要类型知识产权申请、登记、注册数量有较大幅度增长，创造结构不断优化；专利、商标等知识产权权利转让数量以及质押融资金额进一步提升；知识产权司法受理案件与专利行政执法案件数量有所上升；制度环境不断优化，服务机构、人员数量逐年稳

步提升，社会公众知识产权意识快速提高。（王　宇）

21. 申长雨率团访问秘鲁国家竞争防卫和知识产权保护中心

当地时间2015年6月8日上午，中国国家知识产权局局长申长雨率团访问秘鲁国家竞争防卫和知识产权保护中心，与该中心主席塔萨诺举行双边会谈，并签署《中华人民共和国国家知识产权局与秘鲁国家竞争防卫和知识产权保护中心关于人员培训的联合行动计划》，双方将互派学员参加培训项目，以及国家知识产权局将派专家赴秘鲁为秘鲁国家竞争防卫和知识产权保护中心进行专利审查员培训。

双方就中秘两国知识产权发展和保护状态、专利申请的受理和授权、知识产权法律制度最新进展、遗传资源和传统知识保护等多个议题进行了深入探讨，并就建立中秘知识产权工作组和专利云审查系统(CPES)合作达成共识。（曾燕妮）

22. 金砖国家知识产权协调小组成立

当地时间2015年6月10～11日，第四届金砖国家知识产权局局长会议在巴西里约热内卢市举行，中国国家知识产权局局长申长雨，巴西工业产权局代理局长阿德米尔·塔德里，俄罗斯联邦知识产权局代理局长柳波芙·基里，印度专利、外观设计和商标局局长拉吉夫·阿戈瓦尔，南非公司与知识产权注册局局长诺蒙德·迈梅拉分别率团出席了会议。会议签署了金砖国家知识产权局局长会议纪要，并决定成立金砖国家知识产权协调小组，负责组织和协调相关知识产权合作事宜。

会上，各方回顾了金砖国家知识产权合作历程，并对金砖国家知识产权合作路线图进行了深入探讨。各方一致同意对未来金砖五局间的合作领域进行整合，共同确立了知识产权局员工培训和审查员交流、提高金砖国家公众知识产权意识、知识产权信息服务、知识产权的受理和流程、国家知识产权战略和企业知识产权战略、国际论坛上的合作等合作领域。（盛　莉）

23. 国务院印发《关于大力推进大众创业万众创新若干政策措施的意见》

2015年6月16日，国务院印发《关于大力推进大众创业万众创新若干政策措施的意见》，从九大领域、30个方面明确了96条政策措施。其中，涉及知识产权运用、保护和服务的部分政策措施格外引人关注。

在加强创业知识产权保护方面，该意见明确，研究商业模式等新形态创新成果的知识产权保护办法。完善知识产权快速维权与维权援助机制，缩短确权审查、侵权处理周期。集中查处一批侵犯知识产权的大案要案，加大对反复侵权、恶意侵权等行为的处罚力度，探索实施惩罚性赔偿制度。完善权利人维权机制，合理划分权利人举证责任，完善行政调解等非诉讼纠纷解决途径。（王　宇）

24. 我国启动知识产权区域布局试点工作

2015年6月17日，国家知识产权局决定在部分省(区、市)启动知识产权区域布局试点工作。目前，相关试点的申报工作已经陆续展开，国家知识产权局将对相关地区的申报方案进行评审后，根据实际需要确定试点名单。根据国家知识产权局拟定的工作方案，通过知识产权区域布局试点工作，将摸清知识产权资源区域分布，推动知识产权工作融入区域经济建设，推动区域知识产权宏观管理向精细化转型，探索知识产权资源与区域科教、产业、经济、社会协同发展机制，引导并实现创新资源的区域集聚。试点区域将开展知识产权资源分析、知识产权区域布局综合评价、探索区域知识产权分类指导工作模式、建设知识产权资源布局信息平台和建立知识产权布局支撑服务体系等主要工作。（崔静思）

25. 新一批国家级知识产权保护规范化培育市场单位确定

2015 年 6 月 25 日，我国确定了北京当当网信息技术有限公司等 38 家单位为第二批国家级知识产权保护规范化培育市场单位，并于此后下发通知启动了培育工作。

根据国家知识产权局办公室印发的《关于确定第二批国家级知识产权保护规范化培育市场并启动培育工作的通知》，这 38 家第二批国家级知识产权保护规范化培育市场的培育期限为 2015 年 6 月至 2017 年 5 月。该通知要求各有关省（区、市）知识产权局要制订本地区的《知识产权保护规范化市场培育方案》，明确培育目标、工作机制、主要工作、具体措施和进度安排等内容。（崔静思）

26. 国务院印发《关于积极推进“互联网＋”行动的指导意见》，明确提出强化知识产权战略

2015 年 7 月 1 日，国务院印发《关于积极推进“互联网＋”行动的指导意见》（以下简称《指导意见》），明确了 11 项重点行动和 7 方面保障支撑措施，推动互联网由消费领域向生产领域拓展，加速提升产业发展水平，增强各行业创新能力，构筑经济社会发展新优势和新动能。其中，《指导意见》明确，由国家知识产权局牵头强化知识产权战略，为推进“互联网＋”行动提供保障支撑。在一定意义上讲，从 2015 年全国两会“互联网＋”概念首次提出到如今《指导意见》进一步明确了知识产权工作融入“互联网＋”行动计划的工作任务和方式方法，知识产权工作正在全面拥抱“互联网＋”的新时代。（赵建国）

27. 我国每万人口发明专利拥有量和研发人员发明专利申请量等“十二五”科学和技术发展规划指标提前完成

2015 年 7 月 8 日，中国科学技术发展战略研究院发布了《国家创新指数报告 2014》（以下简称《报告》）。《报告》显示，中国创新能力稳中有升，国家创新指数排名居第 19 位。中国科学技术发展战略研究院副院长武夷山表示，从创新实力而言，我国已迈入世界“第二梯队”之中。其中，我国每万人口发明专利拥有量和研发人员发明专利申请量等《国家“十二五”科学和技术发展规划》中的指标目前已提前完成。

（崔静思）

28. 申长雨在北京接受世界知识产权组织首席新闻官专访

2015 年 7 月 22 日，在世界知识产权组织（WIPO）中国办事处成立一周年之际，中国国家知识产权局局长申长雨接受了 WIPO首席新闻官、媒体部部长萨玛·莎蒙的专访。申长雨对 WIPO 中国办事处一年来的工作给予高度评价，他同时表示，知识产权要为经济社会创新发展提供有力支撑。

“当前，中国经济发展进入新常态，创新在中国经济发展中的作用日益凸显。”申长雨表示，知识产权作为创新与经济社会发展之间的桥梁和纽带，正发挥着越来越重要的作用。在他看来，这是因为知识产权制度本身蕴含着三个重要机制：知识产权制度是一种新型的产权安排机制，通过赋予创新成果财产权，明确了创新主体对创新成果拥有合法的支配权和使用权，以及通过成果转移转化获得收益的权利；知识产权是一种创新激励机制，它通过依法保护创新者的合法权益，激发人们的创新热情；知识产权是一种有效的市场机制，是人们针对知识产权无形性特点制定的许可转让规则，使知识产权在市场环境下，可以顺利实现转移转化，产生效益，从而推动经济社会实现创新发展。（赵建国）

29. 第六届中国—东盟知识产权局局长会召开

2015 年 7 月 27 日，第六届中国—东盟知识产权局局长会在北京召开。中国国家知识产权局局长申长雨、东盟知识产权合作工作组轮值主席陈一山出席会议并致辞，东盟各国知识产权局局长和高级官员出席了会议。申长雨表示，近年来，在中国国家知识产权局和东盟各国知识产权局的共同努力下，双方在人员培训、专利审查、信息化建设、传统知识保护等方面开展了富有成效的合作，取得了丰硕成果；希望双方共同努力，开创中国—东盟知识产权合作新局面，推动知识产权国际规则朝着普惠包容的方向发展，为促进中国和东盟各国科技创新、经济社会发展提供有力支撑。

（柳　鹏　孙　迪）

30. 知识产权专业人员正式纳入国家职业分类

2015 年 7 月 29 日，国家职业分类大典修订工作委员会审议并颁布了 2015 版《中华人民共和国职业分类大典》（以下简称《大典》），知识产权专业人员作为新职业正式纳入《大典》，标志着其职业身份在“国家确定职业分类”上首次得以确认。

据了解，新版《大典》共分为 8 个大类、75 个中类、434 个小类、1481 个职业。其中在“经济和金融专业人员”中类下增加了“知识产权专业人员”小类，下设“专利代理专业人员”“专利审查专业人员”“专利管理专业人员”“专利信息分析专业人员”4 个相关职业。

（曾凡夫　王　斌）

31. 2015 年上半年全国专利行政执法办案总量超万件

创业创新群体对于通过专利行政执法途径维权的信心，正通过不断攀升的执法办案量体现出来。2015 年前 6 个月，全国专利行政执法办案总量突破万件，达 1.0190 万件，同比增长 107.7%。其中，办理专利纠纷案 5437 件（包括专利侵权纠纷办案 5332 件），同比增长 167.6%；查处假冒专利案 4753 件，同比增长 65.4%。

与 2014 年相比，我国专利行政执法办案结构已发生较大变化。2014 年，我国专利纠纷办案量与假冒专利办案量的比例约为 0.51∶1，2015 年上半年，这一数字提升至约 1.14∶1，办理难度较大的专利纠纷案件量首次超过假冒专利案件量。

（王　宇　安亚磊）

32. 全国知识产权维权援助工作取得新突破

近年来，全国知识产权系统通过政策引导、绩效考核、信息联网、督导督察、强化宣传等工作措施，有效推进知识产权维权援助工作，在多方面取得实质性突破。国家知识产权局积极完善政策与工作体系，制定了《关于开展知识产权维权援助工作的指导意见》《关于开展专利行政执法和知识产权维权援助举报投诉绩效考核评价工作的通知》《2015 年全国知识产权系统执法维权工作方案》等；全国共成立知识产权维权援助中心 76 家，下设分中心、工作站等分支机构共 400 余个，知识产权维权援助与举报投诉网络覆盖全国大部分城市；各地积极推进维权援助举报投诉相关法律法规、行政规章制定工作，其中北京、天津、山东、江苏等 13 个省（直辖市、自治区）在地方性法规中明确了维权援助中心的法律地位与工作职责。

（关　健）

33. 第三届中蒙俄知识产权研讨会在京举行

2015 年 8 月 28 日，第三届中蒙俄知识产权研讨会在北京举行。中国国家知识产权局局长申长雨、蒙古国知识产权局局长辛巴特、俄罗斯联邦知识产权局副局长柳波芙·基里出席会议并发表讲话。

研讨会上，中蒙俄三局分别就各自的知识产权法律制度最新发展状况作了介绍。研讨会期间，中蒙俄三国知识产权局局长共同签署了《中蒙俄知识产权局合作备忘录》。该备忘录明确在三局间建立局长级对话机制，在知识产权立法、执法、专利申请、专利审查、人员培训以及知识产权商业化等诸多领域开展交流合作，就世界知识产权组织及其他多边国际框架下的知识产权议题交流意见、交换看法。

（柳　鹏　王　璐）

34. 国家知识产权局等五部门联合出台政策，进一步加强知识产权运用和保护，助力创新创业

2015 年 9 月 7 日，国家知识产权局、财政部、人力资源社会保障部、中华全国总工会、共青团中央等五部门联合印发《关于进一步加强知识产权运用和保护，助力创新创业的意见》，从 7 个方面提出了 14 条具体措施，通过进一步加强知识产权运用和保护，激发创新创业热情，保护创新创业成果。

该意见指出，充分发挥市场在资源配置中的决定性作用，更好发挥政府作用，创新知识产权管理机制，健全知识产权公共服务体系，引领创新创业模式变革，优化市场竞争环境，释放全社会创造活力，催生更多的创新创业机会，让创新创业根植知识产权沃土。（孙　迪）

35. 申长雨在京会见 WIPO 总干事高锐一行

2015 年 9 月 8 日，中国国家知识产权局局长申长雨在京会见了世界知识产权组织（WIPO）总干事弗朗西斯·高锐一行，双方就进一步深化和发展合作关系及共同关心的话题进行了深入交流。

会上，双方还就《专利合作条约》（PCT）、专利文献和数据交换等领域的合作交换了意见。会后，双方签署了《中华人民共和国国家知识产权局和世界知识产权组织关于自愿捐赠的谅解备忘录》，此举标志着 WIPO 中国信托基金的正式设立。双方还就 2016～2017 年重点合作事项进行了深入交流。（柳　鹏　孙　迪）

36. 申长雨出席夏季达沃斯论坛知识产权分论坛

2015 年 9 月 10 日，第九届夏季达沃斯论坛知识产权分论坛在大连国际会议中心成功举办，国家知识产权局局长申长雨应邀出席论坛，并与世界知识产权组织总干事高锐等与会嘉宾就信息时代的知识产权问题进行了深入交流。

申长雨在主旨发言中指出，信息时代不仅给知识产权的发展注入了新活力，创造了新机遇，也带来了新挑战。目前，信息领域已经成为知识产权创造最为活跃的领域之一，创造着越来越多的知识产权。而且信息技术的发展，为知识产权的申请、审查、信息服务等也都提供了新的平台，有效提高了工作效率。（盛　莉）

37. 申长雨出席 2015 美国“大使知识产权圆桌会议”并作主旨发言

2015 年 9 月 14 日，以“创新在行动：专利和商业秘密”为主题的 2015 美国“大使知识产权圆桌会议”在北京召开，中国国家知识产权局局长申长雨应邀出席会议并作主旨发言。申长雨指出，在经济全球化的今天，各个国家和地区之间的联系越来越紧密，特别是随着互联网等新技术的快速发展，更是给各国知识产权保护带来了新的挑战，加强知识产权国际合作，共同营造良好的营商环境，是各国的共同责任。

（柳　鹏　孙　迪）

38. WIPO 发布 2015 年全球创新指数报告，中国内地位列世界第 29 位

2015 年 9 月 17 日，世界知识产权组织（WIPO）发布了 2015 年全球创新指数报告。报告显示，中国内地以 47.47 分位列榜单第 29 名，与 2014 年排名持平，在中高收入国家中排名首位。

“中国的创新指数持续攀升，说明我国对创新高度重视，投入越来越大。”在中国科学院大学法律与知识产权系主任李顺德看来，在世界各国都越来越注重创新、各国创新指数均不同程度上升的大背景下，中国的名次稳居前列，某种意义上正是一种进步。李顺德同时指出，世界各国都意识到创新对于国家发展的重要意义，都在不断提升自身的创新水平。“中国应当根据国情特点，推动创新成果转化成现实生产力，针对创新成果转化短板加大投入力度，这样才能让创新的步伐比其他国家更快，提升国际排名。”李顺德说。

（孙 迪 孙易恒）

39. 广东省政府印发《关于深入实施知识产权战略，推动创新驱动发展行动计划》

2015 年 9 月 24 日，广东省政府印发《关于深入实施知识产权战略，推动创新驱动发展行动计划》。按照部署，该行动计划明确了 10 项重点内容：实行严格的知识产权保护，促进发明创造增量提质，提升企业掌握核心专利能力，实施重点产业专利导航计划，推动专利技术实施转化，构建知识产权运营交易机制，大力发展知识产权金融，加快知识产权快速维权机制建设，积极开展知识产权海外护航和全面增强知识产权服务能力等。（顾奇志 吴 勇）

40.《深化科技体制改革实施方案》印发，强化知识产权保护

中共中央办公厅、国务院办公厅印发《深化科技体制改革实施方案》（以下简称《方案》），提出 10 个方面 32 项改革举措。其中强调积极营造公平、开放、透明的市场环境，推动大众创业、万众创新，强化知识产权保护。

《方案》提出，深入推进科技成果使用、处置和收益管理改革，强化对科技成果转化的激励。推动修订促进科技成果转化法和相关政策规定，在财政资金设立的科研院所和高等学校中，将职务发明成果转让收益在重要贡献人员、所属单位之间合理分配，对用于奖励科研负责人、骨干技术人员等重要贡献人员和团队的比例，可以从现行不低于 20%提高到不低于 50%。

41. 申长雨出席第五届金砖国家知识产权局局长会议

当地时间 2015 年 10 月 5～7 日，中国国家知识产权局局长申长雨在日内瓦出席世界知识产权组织（WIPO）成员国大会第 55 届系列会议，期间出席了第五届金砖国家知识产权局局长会议，并会见了多个国家或地区知识产权机构高级代表。

申长雨在大会期间还先后会见了来自以色列、美国、瑞士、智利、瑞典、新西兰、丹麦、埃及、加拿大、俄罗斯、日本等 15 个国家知识产权机构的高级代表，以及世界知识产权组织、欧洲内部市场协调局、非洲知识产权组织等 4 个国际或地区性组织的高级代表。在上述双边或多边活动中，申长雨通报了中国知识产权工作的最新进展，并与相关国家、地区知识产权管理机构就共同关心的知识产权议题进行了交流与探讨。（邱隽畅）

42. 中法专利混委会第 28 次会议举行

2015 年 10 月 8 日，中国国家知识产权局局长申长雨率团访问法国，并与法国工业产权局局长伊夫·拉普耶在法国里昂共同出席中法专利混委会第 28 次会议。双方一致表示，要加强知识产权合作，促进中法全面战略伙伴关系发展。

会谈中，申长雨和伊夫·拉普耶就中法两国知识产权领域最新发展、中法两局人员培训以及双边合作等议题进行了深入交流，并就共同关心的国际知识产权事务交换了意见。（王 颖）

43. 国家知识产权局和欧洲专利局合作 30 周年国际研讨会在法国里昂举行

2015 年 10 月 9 日，中国国家知识产权局和欧洲专利局合作 30 周年国际研讨会在法国里昂举行，中国国家知识产权局局长申长雨，欧洲专利局局长伯努瓦·巴迪斯戴利，罗纳—阿尔卑斯大区工商联合会主席让·保罗·默狄等出席研讨会并讲话。

来自中国国家知识产权局、欧洲专利局、中欧双方知识产权界、企业界和学术界的代表140余人出席了研讨会，围绕中欧专利制度最新发展以及知识产权对中国商业战略与运营的支撑作用等进行了深入研讨。

（王　颖）

44. 申长雨率团访问匈牙利知识产权局

2015年10月12日，中国国家知识产权局局长申长雨率团访问匈牙利知识产权局，与该局局长米克洛斯·本德塞尔举行双边会谈，就双方工作最新发展、双边合作以及共同关心的国际知识产权事务深入交换了意见。会后，申长雨与本德塞尔就双方开展专利审查高速路（PPH）合作试点签署了协议。匈牙利知识产权局副局长米哈利·费瑟、索博尔奇·法卡斯参加了上述活动。

据了解，近年来，中匈两局一直保持着友好的合作关系，高层互访日益频繁，合作内容不断深化。2001年两局正式签署合作协议。2015年4月，匈牙利知识产权局局长本德塞尔率团访问中国国家知识产权局，两局在北京签署了新的合作谅解备忘录，合作领域进一步拓展。

（王　颖）

45.《加快推进知识产权强省建设工作方案（试行）》印发，知识产权强省建设路线图和时间表确立

2015年10月21日，国家知识产权局印发《加快推进知识产权强省建设工作方案（试行）》，从远期的目标初步提出知识产权强省建设的远景规划，并从近期的重点对知识产权强省建设试点阶段的工作任务进行了部署。

该方案要求，到2030年，基本形成布局合理、科学发展、支撑有力的知识产权强省建设战略格局，加快推进知识产权强国建设进程。为此，该方案提出“试点探索、分类推进、分步实施、动态调整、整体升级”的工作方针，明确了引领型、支撑型、特色型知识产权强省建设各自的主要试点任务，并按照知识产权强省建设总体思路和目标要求，制定了知识产权强省建设路线图和时间表。

（王　宇）

46.“十三五”规划建议提出，要深化知识产权领域改革，加强知识产权保护，加强技术和知识产权交易平台建设

2015年10月29日，中共十八届五中全会审议通过了中共中央关于制定“十三五”规划的建议。建议指出，加强技术和知识产权交易平台建设，建立从实验研究、中试到生产的全过程科技创新融资模式，促进科技成果资本化、产业化，深化知识产权领域改革，加强知识产权保护。

“十三五”规划建议关注知识产权运用与保护，从多个方面提出促进科技成果转化的措施，就是要让创新成果中承载的知识产权“落地”，让这些知识产权资源转化为现实生产力，推动科技经济社会发展。

（孙　迪　孙易恒）

47. 第15次中日韩知识产权局局长政策对话会和第三届中日韩知识产权研讨会召开

2015年11月17日，第15次中日韩知识产权局局长政策对话会在广州召开。中国国家知识产权局局长申长雨、日本特许厅长官伊藤仁、韩国特许厅厅长崔东圭出席会议并讲话。

会上，中日韩三局围绕外观设计、自动化、复审和培训机构等领域的合作进行了广泛而深入的交流。此外，三局还通报了各自国家的知识产权最新发展情况。会后，三局局长共同签署了《第15次中日韩三局局长政策对话会会谈纪要》。

11月17日，在第三届中日韩知识产权

研讨会上，中日韩三局共同宣布，新增中日韩三种语言的新版三边合作网站 TRIPO 正式上线，进一步明确了三局更好地为公众服务的目标。（柳　鹏）

48.“知识产权、创新与创业”国际研讨会在京召开

2015 年 11 月 26 日，中国国家知识产权局与欧洲专利局在京共同举办以“知识产权、创新与创业”为主题的中欧两局合作 30 周年国际研讨会。中国国家知识产权局局长申长雨和欧洲专利局局长伯努瓦·巴迪斯戴利出席研讨会并发表了主旨演讲。

会议围绕“中欧知识产权合作推动全球知识产权制度的进步”“技术创新、创业与知识产权”“合作促进中欧知识产权服务业更好发展”三个主题进行了深入交流和研讨。（王　璐　孙　迪）

49. 上海知识产权国际论坛成功举办

2015 年 12 月 1～2 日，由上海市人民政府与世界知识产权组织（WIPO）共同主办的第十二届上海知识产权国际论坛在沪成功举办。论坛开幕前，上海市市长杨雄会见了前来出席论坛的国家知识产权局局长申长雨一行。杨雄、申长雨共同出席了论坛开幕式并致辞。WIPO 总干事弗朗西斯·高锐出席论坛开幕式并作主旨演讲。

来自世界多个国家和地区的政府官员、专家学者围绕“全球知识产权和科技发展与可持续发展目标”“营造尊重知识产权与尊重竞争的环境”“面向未来从事科学技术相关职业人员的知识产权教育”等议题进行了深入交流。（王　宇　聂　莉）

50. 申长雨出席第五届亚洲知识产权营商论坛

2015 年 12 月 3～5 日，国家知识产权局局长申长雨率团赴港，出席第五届亚洲知识产权营商论坛并致辞。此届论坛以“知识产权：带领全球转型”为主题。香港特别行政区行政长官梁振英、世界知识产权组织（WIPO）总干事弗朗西斯·高锐、亚太经济合作组织知识产权专家小组主席马根、香港贸易发展局总裁方禹文等出席论坛并致辞。

申长雨在致辞中指出，知识产权作为激励创新的基本保障和国际经贸往来的基本规则，日益成为营商环境的重要构成、企业发展的战略资源和竞争力的核心要素，受到越来越多的重视。经过多年的努力，中国的知识产权事业取得了举世公认的巨大成就，成为名副其实的知识产权大国。专利、商标申请量居世界前列，基本建立了符合国际通行规则、门类较为齐全的知识产权法律制度，加入了几乎所有重要的知识产权国际公约，成为世界知识产权领域不可或缺的重要力量。在这些工作中，中国香港地区发挥了积极作用。（冯宪萍）

51. 申长雨在京会见英国知识产权局局长约翰·阿尔蒂

2015 年 12 月 7 日，中国国家知识产权局局长申长雨在京会见了英国知识产权局局长约翰·阿尔蒂一行。双方就进一步深化双边合作关系进行了深入交流。申长雨表示，期望通过此次会谈，进一步加深相互了解，开展务实合作，巩固两局近年来的良好合作势头，努力取得更加丰硕的合作成果。

会上，双方回顾总结了过去一年的合作情况，交流探讨了 2016 年的工作目标，重点围绕 2016 年中英知识产权研讨会、专利审查技术合作、全球专利审查高速路等议题进行了深入交流。会后，双方签署了 2016 年中英两局工作计划。

（王　璐　孙　迪）

52. 国务院常务会议确定改革完善知识产权制度的措施

国务院总理李克强 2015 年 12 月 9 日

主持召开国务院常务会议，确定改革完善知识产权制度的措施，保障和激励“大众创业、万众创新”。

会议认为，用改革的办法加快建设知识产权强国，是实施创新驱动发展战略和激励“大众创业、万众创新”的重要支撑。为此，一要实行更加严格的知识产权保护，完善快速维权机制，加大侵权行为查处力度，提高法定赔偿上限，将故意侵犯知识产权纳入企业和个人信用记录。依法查处滥用知识产权排除和限制竞争等行为。二要简化审查和注册流程，实现知识产权在线登记、申请和审批，降低专利申请和维持费用。三要健全职务发明、专利许可等制度，强化电商、大数据等新领域、新业态知识产权保护。建立重大经济活动知识产权评议制度，提高创新效率。四要加大财税、金融等政策支持，建设知识产权信息和运营交易服务平台，建立财政资助项目形成的知识产权信息披露制度，推动专利、商标、版权等基础信息免费或低成本开放，活跃创业创新。

53. 第十七届中国专利奖颁奖大会在北京举行

2015 年 12 月 15 日，由中国国家知识产权局和世界知识产权组织共同主办的第十七届中国专利奖颁奖大会在北京举行。国家知识产权局局长申长雨、世界知识产权组织副总干事王彬颖出席大会并讲话。申长雨在讲话中指出，要充分发挥中国专利奖的激励和导向功能，催生更多高质量的专利成果，有力地推动知识产权强国建设。

会上，申长雨、王彬颖和国家知识产权局副局长贺化、何志敏共同为第十七届中国专利金奖、中国外观设计金奖获奖代表和部分中国专利优秀奖获奖代表颁奖。金奖获奖代表、比亚迪股份有限公司副总裁罗红斌，中国工程院院士、大连理工大学教授蹇锡高，东旭集团有限公司副总裁王建强，苏州宝时得电动工具有限公司副总裁王家达等作了发言。（赵建国）

54. 国务院印发意见，加快知识产权强国建设

经李克强总理签批，国务院 2015 年 12 月 18 日印发《关于新形势下加快知识产权强国建设的若干意见》。该意见明确，深入实施国家知识产权战略，深化知识产权重点领域改革，实行更加严格的知识产权保护，促进新技术、新产业、新业态蓬勃发展，提升产业国际化发展水平，保障和激励“大众创业、万众创新”。到 2020 年，知识产权重要领域和关键环节改革上取得决定性成果，创新创业环境进一步优化，形成国际竞争的知识产权新优势，为建成中国特色、世界水平的知识产权强国奠定坚实基础。

55. 新一批国家知识产权试点园区出炉

江阴高新技术产业开发区等 14 个园区被确定为新一批国家知识产权试点园区。据悉，新一批 14 个国家知识产权试点园区是国家知识产权局按照《国家知识产权试点示范园区评定管理办法》，经集中评定后所确定的。试点期间，国家知识产权局将加强对试点园区的项目扶持、业务指导和跟踪管理，督促落实试点工作方案，并要求各有关省、直辖市知识产权局加强对试点园区的日常管理和具体指导，将试点园区作为相关专项工作的推进平台，鼓励开展先行先试，予以政策倾斜和项目扶持，确保试点工作取得实效。（吴　珂）

56. 商标注册申请实现“三个超千万”

2015 年，国家工商总局积极应对商标注册申请量快速上涨和法定审查时限的双重挑战，进一步做好商标申请受理和注册审查工作。2015 年共受理商标注册申请 287.6 万件，比上年增长 25.85%，创历史新高，商标申请量持续快速上涨的趋势仍然延续。2015 年商标网上注册申请达

198.82 万件，占同期申请总量的 69.13%，为纸件申请的 2.2 倍。我国每万户市场主体的平均有效商标拥有量从 2011 年的 1074 件增至 2015 年的 1335 件，增幅为 24.3%。

截至 2015 年年底，我国商标累计申请 1840.27 万件，累计注册 1225.39 万件，有效注册 1034.39 万件，实现“三个超千万”，平均每 7.5 个市场主体拥有 1 件有效商标。（鞠　闻）

57. 地理标志商标惠“三农”

2015 年，国家工商总局稳步推进地理标志和农产品商标审查工作。截至 2015 年年底，我国累计注册地理标志 2984 件，其中外国地理标志 83 件。从地域分布来看，已注册地理标志数量最多的 5 个省市分别为山东、福建、湖北、江苏、重庆。在 83 件外国地理标志中，法国最多，共有 33 件，意大利(18 件)和美国(14 件)紧随其后。

与此同时，全国各级工商和市场监管部门不断加大地理标志和农产品商标保护力度，深入开展地理标志和农产品商标研究指导工作。2015 年 4 月 1 日至 9 月 30 日，国家工商总局组织开展了为期半年的保护地理标志商标专用权专项行动。

（中　禾）

58. 商标评审案件申请量、行政复议申请量和审结量均创新高

2015 年，国家工商总局商标评审委员会共收到各类评审案件申请 117 684 件，月均申请量 0.98 万件，再创历史新高，是 2014 年申请量的 1.34 倍。其中，收到驳回复审申请 99 557 件，收到涉及双方当事人的复杂案件申请 18 127 件。2015 年，商标评审委员会共审结各类评审案件 10.89 万件，其中驳回复审案件 9.07 万件，复杂案件 1.82 万件。除因法定事由需要中止审理或延期审理的 806 件外，均已严格按照审限要求完成了案件审理任务。案件诉讼工作量在超过往年的情况下，一审应诉仍保持 82.7%的高胜诉率。

2015 年，商标评审委员会共收到行政复议申请 943 件，是 2014 年申请量的 3 倍多，行政复议申请量已连续两年增长超过 2 倍；已审结案件 769 件，是 2014 年审结量的 2.82 倍。行政复议申请量和审结量均超过历史纪录。（尚　萍）

59. 商标代理事业持续快速发展

2015 年，我国商标代理事业持续快速发展。修改后的《商标法》及《商标法实施条例》施行和商事制度改革的深入推进，促使商标代理机构的数目持续快速增长。2015 年 9 月，国家工商总局组织召开了全国工商系统商标代理管理工作座谈会，部署了商标代理机构整治专项行动，对商标代理机构的监管更加严格。

截至 2015 年年底，我国商标代理机构总数为 23 721 家，其中律师事务所 8643 家。2015 年新增经工商登记的商标代理机构 2504 家，新增律师事务所 226 家。自 2003 年以来，我国商标代理机构数量一直保持快速增长势头。（鞠　闻）

60. 商标权质权融资工作顺利开展

2015 年，国家工商总局积极支持企业开展商标权资本化运作，全年共办理商标权质权登记申请 970 件，同比增长 40%，质押商标 9463 件，帮助企业融资 288.5 亿元。

为缩短商标专用权质权登记办理时间，提升服务效能，2015 年 6 月 30 日，国家工商总局批复同意在台州市创新设立商标专用权质权登记申请受理点，远程同步受理商标专用权质权登记。2015 年 7 月 21 日，国家工商总局在台州市试点设立的商标专用权质权登记申请受理点正式启动运行。当日，受理点通过远程受理流程，办理了商标专用权质权登记第一证。（商　综）

61. 商标国际注册助企业"走出去"

2015 年，国家工商总局扎实做好马德里商标国际注册审查工作。据世界知识产权组织国际局统计，2015 年，我国国内申请人提交马德里商标国际注册申请 2321 件(一件商标到多个国家申请)，比上年增长 8.5%，在马德里联盟中排第六位，有效注册量达 20 179 件，首次突破 2 万件。外国申请人指定我国的马德里商标国际注册申请 24 849 件(一标多类)，比上年增长 22.4%，继续居马德里联盟第一位，累计注册申请量达 22.4 万件。

与此同时，全国工商和市场监管部门积极支持中国企业"走出去"，积极加强国际交流合作，畅通维权渠道，协商解决相关商标案件，提升国际话语权。（鞠　闻）

62. 商标多、双边国际谈判呈现密集化趋势

2015 年，商标多、双边国际谈判呈现密集化趋势，包括中欧地理标志协定、区域全面经济伙伴关系协定、中日韩自贸区协定、中美商贸联委会、中欧知识产权对话、中英财经对话、中法财经对话等。国家工商总局积极参与国际谈判，研究相关国际条款和背景材料，认真准备谈判预案和表态口径，及时总结提交谈判报告。在中美商贸联委会框架下，商标局多次就第二十六届中美商贸联委会美方议题清单地理标志优先关注议题以及恶意注册、合作性活动等普通议题研提意见。在 2015 年中美知识产权工作组会议上，国家工商总局就实体市场假冒问题、商标恶意申请等议题研提意见。

与此同时，国家工商总局积极开展与港澳台地区的交流与合作。（鞠　闻）

63. 有关行政审批事项得到清理或取消

2015 年，国家工商总局商标局积极组织开展非行政许可审批事项的清理工作，商标注册、特殊标志登记、特殊标志使用许可合同备案三项由非行政许可审批事项调整为具有行政确认性质的事项，驰名商标认定由非行政许可审批事项调整为具有行政裁决性质的事项，调整后不再属于行政审批事项。针对调整事项，商标局进行了规范自查，并及时向社会公众告知调整情况，切实避免变相审批和授权审批，确保行政审批改革成果落实到位，为行政相对人提供更好的服务。（鞠　闻）

64. 商标局受理声音商标申请 235 件

2013 年新修订的《商标法》将声音商标纳入可申请注册的范围。商标局从 2014 年 5 月 1 日起开始受理和审查声音商标，截至 2015 年 6 月 16 日，商标局已受理声音商标申请 235 件；截至 2016 年 1 月底，已受理声音商标申请 450 件(未找到截至 2015 年年底数据)。

在已经申请的声音商标中，有不少消费者耳熟能详的旋律，如恒源祥的"羊羊羊"，太阳神口服液的"当太阳升起的时候"，腾讯 QQ 的信息提示音"滴滴滴滴"、QQ 朋友上线提示音"咚咚咚"、微信摇一摇的声音等。中国国际广播电台每天的开始曲，是中国第一例声音商标申请。

（李　春）

65. 尼斯分类第十版 2015 文本启用

自 2015 年 1 月 1 日起，国家工商总局商标局根据《关于启用尼斯分类第十版 2015 文本的通知》，正式启用修改后的《类似商品和服务区分表》。此次修改由于新增了电商平台等项目而备受业界关注。

《尼斯协定》是一个有多国参加的国际公约，宗旨是建立一个共同的商标注册用商品和服务国际分类体系，并保证其实施。国际分类共包括 45 类。目前世界上已有 130 多个国家和地区采用此分类表。我国自 1988 年 11 月 1 日起采用国际分类。1994 年我国加入《尼斯协定》以来，积极参与了对尼斯分类的修改与完善，已将多项

有中国特色的商品加入尼斯分类中。

（李　春）

66. 商标五方会谈商品和服务清单上线

经过中国国家工商总局、美国专利商标局、欧洲内部市场协调局、韩国知识产权局、日本特许厅的共同努力，商标五方会谈各成员于2015年1月26日正式启用商品和服务清单（ID List）网上检索工具。该检索工具将极大方便商标申请人快捷高效地检索各成员共同受理的商品和服务数据库。

目前正式启用的商品和服务清单包含有1.4万个各成员可以受理的用于商标注册的商品和服务项目。申请人暂时只能使用英语检索商品和服务清单，以后会逐渐实现使用中文、韩文等进行检索。

（李　春）

67. 国际商标协会2015亚洲第一次圆桌会议举办

2015年2月6日，国际商标协会（INTA）2015亚洲第一次圆桌会议在北京市举办。本次会议由高文律师事务所主办，针对修改后《商标法》施行以来的热点话题——"'恶意'在商标确权和侵权中的认定和影响"展开，探讨了商标恶意抢注、恶意侵权认定及"恶意"对赔偿数额的影响等实务问题。

知名商标专家董葆霖发表了题为"商标抢注的成因、危害及解决方法"的演讲，认为遏制"恶意"的根本举措在于诚实信用原则的充分落实以及对驰名商标异化的纠正。高文律师事务所合伙人商家泉律师发表了题为"诚实信用原则在商标法中对'恶意抢注'认定的作用"的演讲，引起热烈反响。

（晓　春）

68. 商评委裁定"中国黄金及图"商标有效

广东省东莞市炬星文化传播有限公司于2013年5月就中国黄金集团公司的第5366862号"中国黄金ChinaGold及图"商标，向国家工商总局商标评审委员会提出撤销注册申请。2015年2月，商标评审委员会作出最终裁定，第5366862号"中国黄金ChinaGold及图"商标予以维持。

商标评审委员会指出，争议商标由汉字"中国黄金"及其对应英文"ChinaGold"与图形组合构成，整体上具备作为商标的显著性，指定在核准商品上并未构成"仅有本商品的通用名称"情形。被申请人提交的证据亦表明，争议商标长期持续使用，已经与被申请人形成了唯一对应关系，起到了识别商品来源的作用。申请人称争议商标系恶意注册并有不良影响，并无相应事实依据。

（刘　永）

69. 上海高通主张处以美国高通巨额罚款

继2014年4月就"全球手机芯片霸主"美国Qual comm公司（以下简称美国高通）在中国使用"高通"字样涉嫌商标侵权和不正当竞争向上海市高院提交诉状之后，上海高通半导体有限公司（以下简称上海高通）时隔近1年再次高调进入公众视野。

2015年3月17日，上海高通在北京市召开发布会，重申在商标知识产权上的维权立场，要求美国高通立即停止侵犯其第662482号（第9类）、第776695号（第38类）、第4305049号（第38类）和第4305050号（第42类）注册商标专用权的全部行为。

据了解，虽然早在接到上海高通诉状1个月后的2014年5月，上海市高院就正式立案，但该案的诉讼进展并不顺利。面对诉讼进展不顺的窘境，上海高通选择更换维权团队，并请求工商部门对美国高通罚款1000亿美元。

此外，上海高通方面表示，为了加快案件进展，上海高通可能将寻求起诉共同侵权责任方，国内已经使用美国高通芯片的企业都有可能成为起诉对象。对于上海高通的高调维权行动，美国高通暂未作出回应。

（邵甜甜）

70. 欧委会商标改革法案获支持

经过历时两年的内部磋商，2015 年 4 月，欧洲议会、欧盟理事会和欧盟委员会就商标改革法案达成临时协议。

此次欧盟商标制度改革主要涉及两个法律文书：《1989 指令》（囊括了各成员国与商标有关的法律）以及与共同体商标有关的《1994 条例》。改革的主要内容包括：在 28 个成员国范围内大幅削减企业注册、维持欧盟商标的费用；在整个欧洲范围内协调统一商标的注册流程，便捷的注册流程将为处在成长期的企业提供极大的便利，尤其是那些在业务拓展过程中希望在欧盟多个成员国寻求商标保护的中小企业；对假冒特别是在欧盟境内的过境假冒产品采取更强有力的手段；增加商标制度的确定性，使商标制度更适应现代化的贸易环境。这项由欧洲议会、欧盟理事会和欧盟委员会共同达成的三方协议，仍有待通过正式程序被欧洲议会和欧盟理事会批准。（张　刚）

71. 陕西省地理标志产业协会成立

2015 年 4 月 21 日，陕西省地理标志产业协会成立大会暨第一届会员大会召开，会议选举产生了首届协会领导班子。协会成立后，将开发整合各地地理标志产业，定期组织地理标志商标持有人参加知识产权保护及品牌运营维护等培训，组织代表性地理标志产品对外参展，指导其不断提升品牌价值。（龙　云）

72. 世界知识产权组织 11 个成员共同签署里斯本协议日内瓦文本

2015 年 5 月，世界知识产权组织举行《保护原产地名称和地理标志的里斯本协议》签署仪式，11 个成员（大部分都是现行里斯本系统的成员）共同签署了该协议的日内瓦文本。

除原产地名称外，日内瓦文本还准予对地理标志进行国际注册，并允许某些政府间组织加入《里斯本协议》。文本进一步发展了里斯本体系的法律框架，有助于提高许多在全球销售的产品的知名度。其他变化涉及费用条款、保护范围、防止成为通用名称以及在先商标权的保障等。《里斯本协议》日内瓦文本将在 5 个有资格的缔约方交存其批准或加入的法律文书 3 个月后生效。（晓　春）

73. 王老吉与加多宝连环诉讼案无休无止

2014 年 5 月，广药集团提起诉讼称，从 2010～2012 年，加多宝的 6 家公司侵犯广药集团“王老吉”注册商标，并造成本方经济损失 10 亿元。2015 年 2 月，广药集团将原 10 亿元赔偿金额变更为 29.9 亿元，该诉讼得到了广东省高院的受理。加多宝对于此次诉讼表示不服，向广东省高院提起了反诉，请求广东省高院判令广药集团赔偿加多宝经济损失 10 亿元。2015 年 5 月，广东省高院裁决不予受理。加多宝随后向最高人民法院上诉，不过这次上诉又被驳回。

据统计，这是加多宝在与王老吉的系列纠纷案中第 12 次失利，甚至可以被解读为这次对加多宝反诉的驳回，是一种间接对王老吉获赔 29 亿元的支持。（中　禾）

74.“飞人”乔丹商标官司二审败诉

2015 年 5 月 11 日，北京市高院对 78 起乔丹体育股份有限公司（以下简称乔丹体育）商标争议案中的 32 起作出判决，维持一审判决，驳回迈克尔·乔丹撤销乔丹体育争议商标注册的上诉请求。

乔丹体育为国内知名体育用品公司。2000 年以来，该公司在服装、鞋、书包等多个商品上注册了 QIAODAN、侨丹、桥丹、乔丹王等商标。2012 年，“飞人”乔丹向国家工商总局商标评审委员会申请撤销乔丹体育的 78 件相关注册商标。

2014 年 4 月，商标评审委员会裁定维持乔丹体育的一系列商标注册。“飞人”乔丹随后向北京市一中院提起诉讼。2015年年初，北京市一中院一审驳回了乔丹的诉讼请求。乔丹随后上诉至北京市高院。北京市高院最终维持一审判决，认为乔丹是常见的美国人姓氏，与迈克尔·乔丹不具有唯一、必然的对应关系。“飞人”乔丹方面则表示将继续向最高人民法院申请再审。（商 综）

75. 组建中国商标品牌研究院

国家工商总局于2015年7月与中国人民大学签订战略合作协议，并由中华商标协会和中国人民大学共同发起组建“中国商标品牌研究院”，正式成立了第三方公正客观的商标品牌研究评价机构。

中国商标品牌研究院是一家学术研究机构，旨在开展与商标品牌相关的基础理论研究及实务应用研究，推动国际学术交流与合作。中国商标品牌研究院将研究建立具有中国特色、符合国际惯例的商标品牌价值评价体系，并发布客观公正的《中国品牌500强》《中国行业品牌100强》《中国商标品牌发展报告》等重大研究成果。

（邵甜甜）

76.“五谷丰登”商标引发格力、美的大战

2015年7月15日，广东省高院对珠海格力电器股份有限公司（以下简称格力公司）与广东美的制冷设备有限公司（以下简称美的公司）、珠海市泰锋电业有限公司（以下简称泰锋公司）之间的商标纠纷案作出终审判决，判定美的公司立即停止生产、销售侵犯格力公司第8059133号“五谷丰登”商标专用权的空调产品，并赔偿格力公司为制止侵权行为所支付的合理开支5510元，同时判定泰锋公司立即停止销售相关侵权空调产品。

而此前的一审判决，珠海市中院判令美的公司立即停止侵权行为，赔偿格力公司380万元，赔偿格力公司为制止侵权行为所支出的合理开支5510元，并就侵权行为刊登声明。美的公司不服一审判决，向广东省高院提起上诉。广东省高院最终判定美的公司支付格力公司为制止侵权行为所支付的合理开支5510元，驳回格力公司其他诉讼请求。

格力公司与美的公司同为我国家电行业影响力颇大的知名企业，因此本案判决发布后，立刻引起广泛关注。

（邵甜甜 李 春）

77. 商标审查协作中心独任审查员系统上线

2015年7月31日，国家工商总局商标审查协作中心首批独任审查人员上线操作，正式开展商标独任审查工作。

商标独任审查工作是按照国家工商总局《关于完善商标审查机制、提高审查工作效率的意见》中关于“改革商标审查流程，将一审一核制调整为独任审查制，进一步提高审查效率”的决定开展的。（商 综）

78. 新三板出现首家知识产权企业

2015年8月14日，四川超凡知识产权服务股份有限公司（以下简称越凡公司）在全国中小企业股份转让系统正式挂牌，成为全国首家在新三板成功挂牌的知识产权企业。

超凡公司于2002年进入知识产权行业，先后在全国开设了14家分公司，拥有800人的知识产权专业团队，并成功研发了超凡网电子商务系统进行营销管理、业务处理、信息存储和客户服务，初步实现了知识产权业务的互联网化。

超凡公司相关负责人表示，该公司不仅仅是一家大型、综合型知识产权代理机构，未来还会切入科技服务行业，专注于专利数据的收集、整理、开发、传播，成为一家知识产权数据提供商。（小 春）

79. 云南省商标协会成立

2015年9月8日，云南省商标协会第

一次会员代表大会暨成立大会日前在昆明市召开，会议按程序选举产生了会长、副会长、秘书长和各位理事。云南省商标协会的成立是云南省商标事业发展的重要里程碑，将填补云南企业商标品牌社会化、组织化发展与保护的空白。截至 2015 年 8 月底，云南省有效注册商标总量从 2008 年的 2.5 万件增至 11.2 万件，地理标志商标注册数从 2008 年的 11 件增至 129 件，全省企业通过马德里体系注册国际商标的总数达到 107 件。（施静明）

80. 受理商标注册费降低

2015 年 10 月 9 日，国家工商总局商标局印发关于受理商标注册费降低的通知，自 2015 年 10 月 15 日起，降低受理商标注册费收费标准，即由 800 元（限定本类 10 个商品。10 个以上商品，每超过 1 个商品，每个商品加收 80 元）降为 600 元（限定本类 10 个商品。10 个以上商品，每超过 1 个商品，每个商品加收 60 元），预计每年可为申请人减轻经济负担 5 亿～6 亿元。

（鞠　闻）

81. 第七届中国国际商标品牌节在海口举办

2015 年 10 月 16～19 日，国内规格最高、规模最大、影响最广的商标品牌盛会——中国国际商标品牌节在海南省海口市举办。本届商标品牌节由 2015 中国商标年会、中华品牌博览会和系列主题活动构成。除主论坛外，本次商标品牌节还设置了 12 个分论坛，不仅数量上比上年有所增加，在内容和形式上也有不少创新之处，比如首次进行了“商标评审口头审理（公开演示）”。在本届商标品牌节系列活动之商标典型案例评析论坛上，中华商标协会还发布了 22 个“2014～2015 年优秀商标代理案例”。

（李　春）

82. 三一重工在新西兰打赢商标官司

2015 年 11 月，新西兰高等法院作出判决，驳回德国戴姆勒—奔驰汽车公司（以下简称戴姆勒公司）关于我国三一重工公司侵犯其“三叉星”商标的上诉。这是三一重工公司继在英国胜诉后，在与戴姆勒公司商标诉讼中的又一次获胜。

德国汽车制造商戴姆勒于 1909 年正式使用“三叉星”商标。1911 年，该商标在新西兰投入使用。2006 年 8 月，三一重工公司在新西兰申请商标注册，并获得批准。戴姆勒公司反对三一重工公司的商标注册，理由是其商标与戴姆勒公司的“三叉星”商标相似，极易造成商标混淆和欺骗。

新西兰高等法院法官认为，三一重工公司的商标和戴姆勒公司商标的设计元素在视觉或概念上并不相似，相关市场的购买者不会混淆三一重工公司与戴姆勒公司的商标。（闻　湘）

83. 北京知识产权法院建院首年商标案件最多

在北京知识产权法院建院 1 周年新闻发布会上，北京知识产权法院副院长陈锦川介绍，近几年我国企业商标意识增强，每年商标申请注册量大幅增加，商标纠纷案也随之增多。建院首年，北京知识产权法院收案中约有七成是商标行政类案件，共 5000 多件，比 2013 年北京全市法院收案数量增加了 1.5 倍。

北京知识产权法院院长宿迟介绍，北京知识产权法院建院首年收案规模超预期，截至 2015 年 11 月 6 日，共收案 7918 件，其中一审案件 6699 件、二审案件 1204 件、申诉案件 15 件，共审结案件 3250 件，商标行政类案件占比尤为突出。（予　向）

84. 中国商标金奖颁奖大会在上海举行

2015 年 11 月 30 日，国家工商总局和世界知识产权组织在上海市召开中国商标金奖颁奖大会，表彰在商标创新、运用、保护和有效利用马德里商标国际注册体系方面取得突出成绩的单位和个人。本次中国商标金奖评选，展现了我国企业、行政和司法机关运用商标品牌服务经济发展取得的显著成绩，对于提升中国商标品牌的国际影响力和竞争力，增强我国商标注册、运用、保护和管理能力具有重要意义。评选中，中国国际航空股份有限公司等 7 家单位荣获商标创新奖，中国北京同仁堂(集团)有限责任公司等 7 家单位荣获商标运用奖，北京市工商局朝阳分局等 6 家单位和广东省东莞市工商局商标广告管理科科长卢静娜荣获商标保护奖，中国北京同仁堂(集团)有限责任公司等 5 家单位荣获马德里商标国际注册特别奖。 (李 晶)

85. “剑网 2014”专项行动总结会暨新闻通气会举办

2015 年 1 月 14 日，国家版权局、国家互联网信息办公室、工业和信息化部、公安部在北京联合召开“剑网 2014”专项行动总结会暨新闻通气会。专项行动开展期间，各地版权行政执法部门共查处案件 440 起，移送司法机关 66 起，行政罚款 352 万余元，关闭网站 750 家。会上还通报了“剑网 2014”专项行动十大案件。国家版权局联合有关部门自 2005 年起连续开展打击网络侵权盗版专项治理工作，“剑网”专项行动 2015 年已经是第 10 年。 (赖名芳)

86. 国家版权局发布 2015 年度第一批重点影视作品预警名单

2015 年 4 月，国家版权局公布了 2015 年度第一批热播、热映的重点影视作品预警名单。

国家版权局要求相关网站对名单内的作品采取相应保护措施：直接提供内容网站未经许可不得上传预警名单内的作品，用户上传内容网站应禁止用户上传预警名单内的作品，提供搜索链接网站应仅提供获得合法授权网站的搜索结果及跳转链接服务，电商网站及应用平台应加快处理预警名单作品权利人关于删除侵权内容或断开侵权链接的通知。 (赖名芳)

87. 第七届全国大学生版权征文活动在京颁奖

2015 年 4 月 17 日，由国家版权局主办，中国版权杂志社承办的第七届全国大学生版权征文颁奖仪式在北京举行。国家新闻出版广电总局副局长、国家版权局副局长阎晓宏向获奖学生颁发证书并讲话。

共有 80 所高校 1995 名大学生参加本届大学生版权征文活动，创历年新高。从内容上看，本届论文关注点更加多样和深入，特别是对目前集中讨论的法律修改问题以及新技术带来的新挑战、新模式进行探索。很多论文具有较高学术水准，充分体现出选题范围广、观点新颖独到、论证深刻等特点，体现了我国重视版权立法与普及，特别是高校重视版权理论研究与实践的成果。 (李明远)

88. 国家版权局公布 2014 年度打击侵权盗版十大案件

2014 年度打击侵权盗版十大案件为上海“射手网”侵犯著作权案、江苏“爱漫画”网侵犯著作权案、合肥安海电子科技公司销售盗版软件案、湖南广大消防安全培训职业学校发行盗版教材教辅案、安徽“DY161”电影网侵犯著作权案、江苏“放放电影网”侵犯著作权案、湖北“10·12”侵犯网络游戏著作权案、黑龙江刘某等侵犯网络游戏著作权案、青岛“6·25”销售盗版报刊案和云南“3·28”销售盗版《新华字典》案。这批案件中行政处罚案件 4 起，刑事判决案件 6 起，涵盖了侵犯网络影视、网络游戏、网络动漫著作权案以及销售侵权盗版图书、报刊、软件案等多种类型。

(赖名芳)

89. 版权相关热点问题媒体研修班走进青岛

2015 年 4 月 28～30 日，由国家版权局主办、中国新闻出版报社承办的2015年第一期“版权相关热点问题媒体研修班”走进山东青岛。30余名媒体记者参加了国家版权局举办的版权执法培训班及全国版权示范城市联盟成立大会，参观采访了第二届中国青岛·东北亚版权创意精品展示交易会，走进山东一些版权相关企业，通过“边学习边调研，边采访边报道”的形式，了解版权对创意产业发展的促进作用。

（方　圆）

90. 第四届“世界知识产权组织版权金奖”颁发，进一步激发版权创新创造活力

6月12日，世界知识产权组织与国家版权局在厦门市共同举办“第四届世界知识产权组织版权金奖（中国）”颁奖仪式，《舌尖上的中国Ⅰ》等14个作品著作权人、版权相关企业和机构获此殊荣。此奖项是目前国际版权领域最高奖，旨在表彰最具创意或艺术技巧的版权作品的创作者、表演者和相关组织，以及对我国文化艺术、版权保护作出突出贡献的个人或组织。该奖项为激发我国版权创新能力，提升我国版权保护形象，推动知识产权强国建设，起到了促进和推动作用。

91. 阎晓宏就《著作权法》第三次修订工作答网友问

2015年6月16日上午，国家新闻出版广电总局（国家版权局）副局长阎晓宏在回答微博网友提问时表示，国务院法制办正在进行《著作权法》的第三次修订工作，增加了著作权行政管理部门的查封扣押权，并提高罚款数额。

以打击网络盗版侵权为主要目的“剑网行动”已经连续开展了10年，10年来共查办案件4681起，依法关闭侵权盗版网站2676个，移送司法机关追究刑事责任案件388件。阎晓宏介绍，除了查办案件，国家版权局还积极推动网络版权保护法律法规的完善。阎晓宏表示，从规范网络秩序来看，网络版权法律法规建设是走在前面的，这为网络版权执法监管工作提供了有力的法律保障。

（魏　艳）

92. “剑网2015”专项行动成效显著，网络版权生态进一步优化

6～11月，国家版权局等四部门联合开展的“剑网2015”专项行动，针对网络侵权盗版第11次亮剑，有效规范网络音乐、网络云存储、网络转载等重点领域版权秩序。专项行动期间，各地共查处行政案件383件，行政罚款450万元，移送司法机关刑事处理59件，涉案金额3845万元，关闭网站113家。“剑网行动”的开展，对依法治理网络空间，进一步规范网络版权秩序，优化网络版权生态，促进文化发展繁荣具有重要意义。

93. 国家版权局发布“最严版权令”，网络音乐版权秩序明显好转

7月8日，国家版权局发布《关于责令网络音乐服务商停止未经授权传播音乐作品的通知》，要求各网络音乐服务商于7月31日前将未经授权传播的音乐作品全部下线，否则将依法从严查处。截至7月底，16家直接提供内容的网络音乐服务商主动下线未经授权音乐作品220余万首。此后，国家版权局启动了对20家主要网络音乐服务商的版权重点监管，指导主要网络音乐服务商、唱片公司和版权公司加强自律，推动各方积极开展转授权等版权合作，依法严厉打击各类侵犯网络音乐著作权行为，有效促进音乐作品的合法、有序、广泛传播，网络音乐版权秩序明显好转。

94. 国家版权交易中心联盟在京成立，共同打造版权交易服务体系

10月28日，北京国际版权交易中心等12家经国家版权局批准设立的国家版权交易中心和国家版权贸易基地在北京市共同发起成立“国家版权交易中心联盟”。12

家联盟单位代表当日共同签署了加入联盟的协议书。联盟旨在加强版权保护和运营，发挥各自特点，整合优势资源，互惠互利、资源共享、合作共赢，联手打造全国性、国际化版权交易服务体系，共同搭建版权产业投融资服务平台，推动版权产业发展。

95. 国家版权局与世界知识产权组织签署版权合作备忘录，版权国际合作开启新篇章

12 月 1 日，中国国家版权局与世界知识产权组织在上海市签署了《关于进一步加强中国国家版权局与世界知识产权组织双边合作的谅解备忘录》。根据备忘录，双方将在现有合作基础上，进一步加强版权宣传、人才培养、推动双方高层及工作层交流与沟通，双方的合作领域将会进一步拓宽，版权交流机制将更加常态化。备忘录的签署，对我国版权事业发展具有重要意义，将对规划双方未来合作方向、鼓励和保护创新成果产生深刻影响。

96. 琼瑶诉于正抄袭案终审胜诉，版权司法保护力度不断加大

12 月 18 日，北京市高院就琼瑶起诉于正侵权一案作出终审判决：维持原判，认定《宫锁连城》侵犯《梅花烙》的改编权和摄制权，判令于正等 5 名被告公开道歉，停止传播侵权作品，赔偿原告琼瑶 500 万元人民币。至此，历时 600 个日夜的琼瑶诉于正案有了最终结果。本案的最终宣判，对于依法加强原创作品保护，维护著作权人合法权益，提振权利人维权信心，优化版权保护环境具有深远意义。

97. 国务院发布《关于新形势下加快知识产权强国建设的若干意见》，版权强国建设提上日程

12 月 22 日，国务院发布《关于新形势下加快知识产权强国建设的若干意见》。该意见明确，深入实施国家知识产权战略，深化知识产权重点领域改革，实行更加严格的知识产权保护，促进新技术、新产业、新业态蓬勃发展，提升产业国际化发展水平，保障和激励大众创业、万众创新。到 2020 年，知识产权重要领域和关键环节改革上取得决定性成果，创新创业环境进一步优化，形成国际竞争的知识产权新优势，为建成中国特色、世界水平的知识产权强国奠定坚实基础。该意见的出台，为“十三五”期间版权工作指明了方向，版权强国建设提上日程。

98. 我国版权产业对 GDP 贡献增至 7.27%，对促进经济社会发展的重要作用日益凸显

12 月 30 日，中国新闻出版研究院发布《2013 年中国版权产业经济贡献调研结果》，调查显示：2013 年，我国版权产业行业增加值逾 4.27 万亿元，占全国 GDP 的 7.27%，同比增长 20%。我国版权产业包括核心版权产业、部分版权产业、相互依存的版权产业和非专用支持版权产业四大部分，涵盖新闻出版、广播影视、文学艺术、信息网络等众多行业。近年来我国版权产业保持平稳增长态势，版权产业对促进经济社会发展的重要作用日益凸显。

99. 植物新品种保护进度加快，品种将获 DNA“身份证”

5 月 29 日，国家标准化管理委员会批准国家标准《农作物种子检验规程真实性和品种纯度鉴定》修改，自 2015 年 7 月 1 日起，品种真实性或身份鉴定允许采用 DNA 分子检测方法。新修改的《种子法》中，原有的新品种保护的一条被增为一章。

新品种保护持续加强，农业部植物新品种测试中心 2015 年组织 DUS 测试 2000 件，比 2014 年增长 1 倍。截至 2015 年 11 月底，农业部植物新品种权保护公告授权 1413 件，比 2014 年同期增长 71%，申请总量达 15 000 件以上，总授权量达到 6258 件。2010 年之前的 7762 件品种权申请实际结案率达到 99.7%。同时,农业部决定组织开展农作物品种 DNA 身份鉴定体系构建工作,构建全国统一的农作物品种 DNA 信息数据库及品种身份查询平台,推行品种 DNA 身份信息标识制度,提升我国农作物品种管理和种业信息化水平。品种真实性或身份鉴定 DNA 分子检测方法列入国家标准,为快速准确打击品种假冒侵权违法行为提供了有力依据。

(《农民日报》)

100. 新修订的《中华人民共和国种子法》正式颁布出台

11 月 4 日,第十二届全国人大常委会第十七次会议审议通过了《种子法》修订案。新修改的《种子法》将于 2016 年 1 月 1 日起实施。

这次《种子法》修订历时 3 年,在充分调研、充分听取各方意见的基础上进行修订。新修改的《种子法》的颁布,标志着中国种业向市场化方向又迈出了重要的一步。

新修改的《种子法》共 10 章、94 条,其中,新增新品种保护、扶持措施两章,并将原法种子生产、种子经营、种子使用三章合并为种子生产经营一章,将原种子质量、种子行政管理两章合并为种子监督管理一章。新修改的《种子法》集中体现了三大立法指导思想:一是鼓励创新发展,深化种业体制改革;二是推进简政放权,充分发挥市场的决定性作用;三是强化主体责任,切实保护农民合法权益。

(《农民日报》)

专　利

一、专利申请受理与授权状况

表 1　国内外三种专利申请受理年度状况(1985.4～2015.12)　(单位:件)

	年份	合计	发明	实用新型	外观设计
合计	1985～2010	7 032 481	2 323 494	2 411 776	2 297 211
	2011	1 633 347	526 412	585 467	521 468
	2012	2 050 649	652 777	740 290	657 582
	2013	2 377 061	825 136	892 362	659 563
	2014	2 361 243	928 177	868 511	564 555
	2015	2 798 500	1 101 864	1 127 577	569 059
国内	1985～2010	5 995 367	1 428 130	2 394 975	2 172 262
	2011	1 504 670	415 829	581 303	507 538
	2012	1 912 151	535 313	734 437	642 401
	2013	2 234 560	704 936	885 226	644 398
	2014	2 210 616	801 135	861 053	548 428
	2015	2 639 446	968 251	1 119 714	551 481
国外	1985～2010	1 037 114	895 364	16 801	124 949
	2011	128 677	110 583	4164	13 930
	2012	138 498	117 464	5853	15 181
	2013	142 501	120 200	7136	15 165
	2014	150 627	127 042	7458	16 127
	2015	159 054	133 613	7863	17 578

表 2　国内三种专利申请受理量(1985.4～2015.12)　(单位:件)

地区	总累计			2015 年		
	发明	实用新型	外观设计	发明	实用新型	外观设计
合计	4 853 594	6 576 708	5 066 508	968 251	1 119 714	551 481
北京	516 498	355 078	92 296	88 930	53 243	14 139
天津	145 744	220 335	66 928	28 510	46 845	4608
河北	60 453	147 804	44 206	11 259	24 646	8155
山西	42 651	59 377	24 565	5680	7911	1357
内蒙古	15 305	31 505	10 291	2254	5609	1013

续表

地区	总累计			2015 年		
	发明	实用新型	外观设计	发明	实用新型	外观设计
辽宁	153 355	224 283	67 500	19 332	19 554	3267
吉林	42 402	63 383	16 291	6 154	7345	1301
黑龙江	76 804	128 143	43 987	14 663	16 914	3034
上海	328 678	305 543	218 335	46 976	41 736	11 294
江苏	792 823	818 746	1 399 505	154 608	154 281	119 448
浙江	306 085	803 090	799 671	67 674	150 172	89 418
安徽	205 014	247 928	102 507	68 314	51 559	7836
福建	77 145	188 212	139 692	17 663	44 339	21 144
江西	31 870	73 369	43 935	5722	18 620	12 594
山东	387 729	586 979	218 065	93 475	85 872	13 873
河南	109 113	225 009	85 946	21 338	40 778	12 257
湖北	133 585	212 776	105 739	30 204	35 676	8360
湖南	102 364	165 200	82 969	19 499	23 641	11 361
广东	550 720	733 616	949 607	103 941	135 717	116 281
广西	87 151	57 994	21 372	30 815	9740	3141
重庆	105 230	166 650	75 352	35 086	38 533	9172
四川	161 153	234 486	207 084	40 437	41 859	28 450
贵州	34 400	45 365	29 535	7538	8317	2440
云南	33 798	47 703	20 614	6301	9147	2155
西藏	815	601	1024	128	90	91
陕西	129 817	138 635	98 755	17 322	21 449	36 133
甘肃	27 831	36 044	10 968	5504	6825	2255
青海	4170	4675	2683	1103	1184	303
宁夏	9767	9619	4145	2626	1591	177
新疆	15 958	40 141	15 008	3024	6354	2872
海南	7811	7861	4808	1211	1521	395
香港	10 412	10 910	26 408	1001	881	1437
澳门	276	309	297	26	35	152
台湾	146 667	185 339	36 420	9933	7730	1568
广州	95 011	122 451	130 911	20 087	24 763	18 563
长春	27 958	29 213	8432	4664	4907	611
武汉	74 781	107 409	39 268	15 077	16 158	2385
南京	138 627	97 506	83 104	27 825	20 549	7767
杭州	104 763	166 556	113 466	17 814	29 126	14 041
西安	110 335	103 699	77 877	14 244	15 970	31 447
济南	69 242	96 426	27 863	15 120	12 235	1630
沈阳	59 004	72 166	20 031	9946	7046	1120

续表

地区	总累计			2015 年		
	发明	实用新型	外观设计	发明	实用新型	外观设计
成都	113 048	141 958	157 496	29 791	26 084	21 663
大连	59 176	66 423	28 590	5130	4696	744
厦门	21 481	42 240	25 478	4326	8057	4011
哈尔滨	59 762	64 359	24 003	12 500	11 058	1944
深圳	280 796	217 131	169 329	40 028	41 632	23 841
青岛	148 739	88 957	44 818	44 962	15 926	2800
宁波	62 154	167 669	196 813	16 056	24 869	17 854
新疆建设兵团	2032	3317	336	564	912	62

表 3 国外三种专利申请受理量(1985. 4～2015. 12) (单位:件)

国家和地区	总累计			2015 年		
	发明	实用新型	外观设计	发明	实用新型	外观设计
合计	1 504 266	49 275	202 930	133 613	7863	17 578
安道尔	14	1	2			
阿联酋	75	18	162	16	3	3
阿富汗			11			
安提瓜和巴布达	8		3			
安圭拉	2	1	1	1		
阿尔巴尼亚						
亚美尼亚	7		1	1		
荷属安的列斯群岛	315	1	11	6		
安哥拉			1			
阿根廷	131	12	16	17	1	3
美属萨摩亚		1				
奥地利	7688	230	827	982	26	62
澳大利亚	9882	494	2611	635	70	183
阿鲁巴	1					
阿塞拜疆	6			1		
波斯尼亚和黑塞哥维那	1					
巴巴多斯	1014	3	68	116	1	18
孟加拉国	7	1	4	5		
比利时	7441	120	678	638	29	78
保加利亚	89	6	26	9		4
巴林	3		1			1
布隆迪	1					
贝宁			1			

续表

国家和地区	总累计			2015 年		
	发明	实用新型	外观设计	发明	实用新型	外观设计
百慕大群岛	968	124	115	97	4	1
文莱	40	36	23	1	1	
玻利维亚	1					
巴西	1394	80	478	134	6	30
巴哈马	205	18	52	22		1
白俄罗斯	19	3	6			
伯利兹	33	52	12	7	14	1
加拿大	13 197	457	1494	1025	46	82
刚果民主共和国			13			13
中非			2			
瑞士	39 256	1114	7184	3432	166	840
科特迪瓦						
库克群岛	5	1	13	1		
智利	167	5	6	22		
喀麦隆	2					
哥伦比亚	61	3	13	8		
哥斯达黎加	7		1	1		
捷克斯洛伐克	63	6	3			
塞尔维亚和黑山	2					
古巴	168		3	12		
库拉索	1			1		
塞浦路斯	267	14	52	17	4	2
捷克	350	71	677	41	11	101
德国	147 183	4287	17 252	13 851	771	1623
丹麦	9369	242	1809	845	32	135
多米尼克	3					
多米尼加	3	2				
阿尔及利亚	6	1		1		
厄瓜多尔	11	2	5			2
爱沙尼亚	46	3	18	2		2
埃及	29	5	21	5		
西撒哈拉		1				
厄立特里亚						
西班牙	4275	235	1858	342	34	139
埃塞俄比亚		1	1			

续表

国家和地区	总累计			2015 年		
	发明	实用新型	外观设计	发明	实用新型	外观设计
芬兰	14 798	399	1717	1041	68	116
斐济	1	8	1			
福克兰群岛(马尔维纳斯群岛)			1			
法国	54 403	1620	8367	4702	289	663
英国	28 836	867	5553	2221	115	696
格林纳达	1					
格鲁吉亚	6		7			4
英属根西岛	1			1		
直布罗陀	24	1	4		1	3
希腊	251	3	64	18	1	23
危地马拉	1		6			6
中国香港						
洪都拉斯			1			
克罗地亚	132	4	6	3		1
海地			1			
匈牙利	927	14	30	43	3	2
印度尼西亚	84	25	134	9		3
爱尔兰	1945	63	208	189	6	9
以色列	6200	240	654	700	33	44
印度	2609	54	385	235	9	36
伊拉克	4	2	4	1		2
伊朗	11	3	20			14
冰岛	207	1	1	10	1	
意大利	18 447	651	7027	1430	137	549
泽西岛	10			2		
牙买加	4		1	1		
约旦	21	6	8	7		4
日本	523 158	17 889	69 312	40 078	2701	3827
肯尼亚	5		1	1		
吉尔吉斯斯坦	5					
柬埔寨	2			2		
圣基茨和尼维斯	5	1				
朝鲜	22	3				
韩国	124 409	3601	19 737	12 907	672	2818
科威特	14		2			

续表

国家和地区	总累计			2015 年		
	发明	实用新型	外观设计	发明	实用新型	外观设计
开曼群岛	7399	290	1054	2961	36	419
哈萨克斯坦	31	7		4		
黎巴嫩	11	11	6	2	2	1
列支敦士登	1319	10	567	114	3	37
斯里兰卡	17	2	48	1		14
利比里亚	2		1			
莱索托		1				
立陶宛	17	1	9	5		
卢森堡	1652	122	407	231	19	63
拉脱维亚	54	2	11	4		1
摩洛哥	12	2	42	1		34
摩纳哥	139	3	20	15	2	1
摩尔多瓦	4		2			
马达加斯加	2					
马绍尔群岛	12	3		2	1	
马其顿	2					
马里	39	6	6	9	2	5
缅甸			4			
蒙古	4	1				
马耳他	149	7	12	39	6	3
毛里求斯	86	33	34	3		2
马尔代夫	2					
马拉维	2					
墨西哥	405	17	229	52	3	30
马来西亚	815	163	605	92	14	29
纳米比亚	2					
尼日尔	1					
尼日利亚	4	3	10			
荷兰	46 881	487	4518	3032	111	252
挪威	3207	37	352	224	7	26
尼泊尔		2	1			
新西兰	1447	68	342	164	10	41
阿曼	3					
巴拿马	275	8	39	1	3	7
秘鲁	12	2		1		

续表

国家和地区	总累计			2015 年		
	发明	实用新型	外观设计	发明	实用新型	外观设计
巴布亚新几内亚			2			2
菲律宾	74	28	34	23	6	3
巴基斯坦	12	3	11	1	1	2
波兰	493	19	154	81	2	6
波多黎各	18	1	3	3		
葡萄牙	244	4	78	28		4
巴拉圭	1		1			
卡塔尔	13		4	6		2
罗马尼亚	32	2	6		1	
塞尔维亚	13			2		
俄罗斯	2114	220	243	148	24	25
沙特阿拉伯	652	10	308	152	1	1
塞舌尔	115	41	37	13	11	18
苏丹	2			1		
瑞典	24 627	439	2757	1948	53	210
新加坡	4830	454	1222	714	93	68
斯洛文尼亚	283	1	48	22		7
斯洛伐克	72	3	38	11		5
圣马力诺	14	3	2			
塞内加尔	1		1			
萨尔瓦多	2					
叙利亚	2	1	3	1		1
斯威士兰	1					
特克斯和凯科斯群岛			1			
乍得	1	1			1	
泰国	245	100	329	20	5	16
突尼斯	16		2	2		
土耳其	595	75	459	82	8	36
特立尼达和多巴哥	4		1			
中国台湾						
坦桑尼亚		1	1			
乌克兰	121	24	12	13	1	
乌干达			2			
美国	381 746	12 698	38 408	37 216	2110	3952
乌拉圭	24	3		5		

续表

国家和地区	总累计			2015 年		
	发明	实用新型	外观设计	发明	实用新型	外观设计
乌兹别克斯坦	9	1				
梵蒂冈	2					
圣文森特和格林纳丁斯	9			2		
委内瑞拉	54		9	4		
英属维尔京群岛	1996	615	1420	174	58	86
越南	20	4	45	2	1	8
瓦努阿图	11		1			
萨摩亚	125	98	51	18	7	3
也门			5			
南斯拉夫	31		8			
南非	1266	31	117	68	5	14
赞比亚	3	1		1	1	
津巴布韦	7		1			

表 4　　国内外三种专利申请授权年度状况(1985.12～2015.12)　　(单位:件)

	年份	合计	发明	实用新型	外观设计
合计	1985～2010	3 897 359	721 753	1 713 106	1 462 500
	2011	960 513	172 113	408 110	380 290
	2012	1 255 138	217 105	571 175	466 858
	2013	1 313 000	207 688	692 845	412 467
	2014	1 302 687	233 228	707 883	361 576
	2015	1 718 192	359 316	876 217	482 659
国内	1985～2010	3 384 472	336 134	1 699 465	1 348 873
	2011	883 861	112 347	405 086	366 428
	2012	1 163 226	143 847	566 750	452 629
	2013	1 228 413	143 535	686 208	398 670
	2014	1 209 402	162 680	699 971	346 751
	2015	1 596 977	263 436	868 734	464 807
国外	1985～2010	512 887	385 619	13 641	113 627
	2011	76 652	59 766	3024	13 862
	2012	91 912	73 258	4425	14 229
	2013	84 587	64 153	6637	13 797
	2014	93 285	70 548	7912	14 825
	2015	121 215	95 880	7483	17 852

表 5　　国内三种专利申请授权量(1985.12～2015.12)　　(单位:件)

地区	总累计			2015 年		
	发明	实用新型	外观设计	发明	实用新型	外观设计
合计	1 161 979	4 926 214	3 378 158	263 436	868 734	464 807
北京	166 773	275 099	69 435	35 308	45 773	12 950
天津	27 005	127 151	28 179	4624	28 486	4232
河北	16 824	113 105	34 152	3840	19 103	7187
山西	11 896	42 936	10 857	2432	6037	1551
内蒙古	4137	22 527	7925	797	3757	968
辽宁	34 849	163 802	28 641	6569	15 706	2907
吉林	12 996	45 647	10 306	2240	5638	1000
黑龙江	19 728	91 501	29 302	4024	12 502	2417
上海	90 109	243 334	150 868	17 601	33 131	9891
江苏	124 496	604 001	838 612	36 015	119 513	94 762
浙江	90 320	637 302	642 242	23 345	124 465	87 173
安徽	29 731	187 106	66 416	11 180	41 094	6765
福建	21 286	146 225	110 719	5730	34 086	21 805
江西	7311	51 221	29 279	1639	13 408	9114
山东	65 372	445 030	106 885	16 881	68 776	12 444
河南	23 948	164 293	50 152	5384	32 592	9790
湖北	33 475	142 613	40 894	7766	25 298	5717
湖南	29 211	120 417	50 813	6776	18 467	8832
广东	161 410	578 352	708 219	33 477	105 254	102 445
广西	10 892	40 862	16 004	4017	7091	2465
重庆	16 781	106 463	53 192	3964	25 444	9506
四川	36 604	167 689	148 973	9105	31 420	24 428
贵州	6721	32 172	20 275	1501	7007	5607
云南	10 776	36 927	15 611	2079	7437	2142
西藏	287	425	863	40	51	107
陕西	30 703	93 986	27 213	6812	16 151	10 387
甘肃	5981	23 515	5600	1238	4478	1196
青海	888	3061	1939	207	687	323
宁夏	1610	7250	3004	442	1267	156
新疆	4017	28 911	9174	950	5049	2762
海南	2494	5503	3890	417	1148	496
香港	4115	9617	24 599	621	802	1517
澳门	82	229	229	17	20	105
台湾	59 151	167 942	33 696	6398	7596	1660

续表

地区	总累计			2015 年		
	发明	实用新型	外观设计	发明	实用新型	外观设计
广州	30 653	93 283	96 720	6626	17 293	15 964
长春	9272	21 754	4595	1832	3681	468
武汉	26 503	78 149	17 756	6003	13 609	2128
南京	35 283	69 205	32 486	8268	15 093	4792
杭州	39 861	134 848	92 082	8298	24 816	13 206
西安	26 145	68 690	17 400	5992	12 135	7245
济南	16 070	74 186	10 468	3915	10 070	1588
沈阳	14 025	50 731	11 586	2680	5388	966
成都	24 720	101 056	115 099	6206	19 954	18 692
大连	11 420	46 453	6771	2337	4076	768
厦门	6575	35 676	21 832	1694	6619	4161
哈尔滨	15 692	43 973	13 783	3490	7579	1398
深圳	93 795	173 489	135 545	16 956	33 104	22 066
青岛	15 658	67 591	23 525	5170	12 320	2686
宁波	17 507	137 027	165 901	5412	23 071	17 605
新疆建设兵团	483	2576	224	174	709	47

表 6　　国外三种专利申请授权量(1985.12～2015.12)　　(单位:件)

国家和地区	总累计			2015 年		
	发明	实用新型	外观设计	发明	实用新型	外观设计
合计	749 223	43 122	188 186	95 880	7483	17 852
安道尔	5	1	2		1	
阿联酋	24	16	153	8	5	6
阿富汗			10			
安提瓜和巴布达	4		3			
安圭拉		2				
亚美尼亚	2		1			
荷属安的列斯群岛	207	1	9	8	1	
安哥拉			1			
阿根廷	33	10	15	6		3
美属萨摩亚	1	1		1		
奥地利	3665	209	764	690	26	70
澳大利亚	4373	416	2435	458	71	237
阿塞拜疆	2			1		
巴巴多斯	425	4	52	107		21

续表

国家和地区	总累计			2015 年		
	发明	实用新型	外观设计	发明	实用新型	外观设计
孟加拉国		1	3			
比利时	3725	96	636	499	23	90
保加利亚	27	5	23	3	1	1
巴林	1					
贝宁			1			
百慕大群岛	367	105	103	34	8	8
文莱	24	33	28	7	1	3
巴西	568	75	429	88	8	60
巴哈马	110	19	47	18		4
白俄罗斯	8		6			
伯利兹	3	47	12		11	1
加拿大	5836	388	1340	731	46	97
刚果民主共和国			6			6
中非			2			
瑞士	19 855	994	6489	2580	185	659
库克群岛	4	1	15			
智利	56	5	4	14		1
喀麦隆	1					
哥伦比亚	24	3	12	4		
哥斯达黎加	1		1			
捷克斯洛伐克	23	6	3			
古巴	97		2	7		
库拉索	1					
塞浦路斯	109	13	49	9	3	1
捷克	151	75	643	14	12	98
德国	70 583	3782	15 985	10 533	920	1739
丹麦	4376	212	1709	636	38	147
多米尼加	5	2		1		
阿尔及利亚	1	1	2	1		
厄瓜多尔	3	1	5			2
爱沙尼亚	16	3	16	5	1	4
埃及	5	6	21			
西班牙	1614	200	1693	234	32	148
埃塞俄比亚		1	1		1	
芬兰	7651	352	1615	852	59	116

续表

国家和地区	总累计			2015 年		
	发明	实用新型	外观设计	发明	实用新型	外观设计
斐济		8	1			
福克兰群岛(马尔维纳斯群岛)			1			
法国	28 020	1255	7733	3503	274	664
加蓬	2					
英国	12 675	748	5083	1414	102	675
格鲁吉亚	2		3			
直布罗陀	18	1	3	2	1	2
希腊	108	1	50	16		14
危地马拉			1			1
洪都拉斯			1			
克罗地亚	55	5	5			
海地			1			
匈牙利	376	16	26	22	2	1
印度尼西亚	30	18	127	3		5
爱尔兰	869	50	196	171	7	13
以色列	2119	208	577	365	33	55
印度	992	46	350	198	9	34
伊拉克		2	3			1
伊朗	4	3	17			14
冰岛	122		1	9		1
意大利	9621	531	6381	1156	74	539
泽西岛	5					
牙买加						
约旦	2	5	7			3
日本	301 469	16 130	66 664	36 418	2799	4218
肯尼亚	1		1			
吉尔吉斯斯坦	3					
圣基茨和尼维斯	1	1				
朝鲜	9	4			1	
韩国	57 301	2980	18 191	6262	470	2689
科威特	6		2			
开曼群岛	1048	258	838	318	32	374
哈萨克斯坦	14	8		1		
黎巴嫩	5	7	5	3		1
列支敦士登	638	6	550	89	1	35

续表

国家和地区	总累计			2015 年		
	发明	实用新型	外观设计	发明	实用新型	外观设计
斯里兰卡	7	2	24	2		1
利比里亚	2		1			
莱索托		1				
立陶宛	3	1	8	1		
卢森堡	813	102	348	142	20	71
拉脱维亚	26	3	10	5		2
摩洛哥	8	2	42	1		34
摩纳哥	62	8	20	3	1	1
摩尔多瓦	1		1			1
马达加斯加	2					
马绍尔群岛	2	3		1	2	
马其顿						
马里	3	3	4	1		4
缅甸			4			4
蒙古	4	2	1			
马耳他	63	1	6	9		
毛里求斯	60	28	38	7		3
马尔代夫	1					
墨西哥	205	10	184	31		79
马来西亚	294	142	554	53	14	60
纳米比亚	1					
尼日利亚		2	11			3
荷兰	22 826	401	4193	2284	86	288
挪威	1653	29	313	202	4	32
尼泊尔		2	1			
新西兰	561	54	302	73	13	45
阿曼	1					
巴拿马	226	6	36	2	1	4
秘鲁	3	2		1		
巴布亚新几内亚			1			1
菲律宾	23	21	28	9	1	3
巴基斯坦	2	2	9	1		3
波兰	169	19	135	36	1	7
波多黎各	3	1	3	3		
葡萄牙	91	3	62	21		11
巴拉圭			1			
卡塔尔	1		4			2

续表

国家和地区	总累计			2015 年		
	发明	实用新型	外观设计	发明	实用新型	外观设计
罗马尼亚	12	2	7		1	1
塞尔维亚	4	1		1		
俄罗斯	770	224	214	89	32	32
沙特阿拉伯	204	11	298	55	3	1
塞舌尔	34	27	31	9	10	17
瑞典	13 052	393	2578	1495	49	233
新加坡	1823	372	1139	343	61	85
斯洛文尼亚	144	1	44	25		6
斯洛伐克	29	3	33	6		3
圣马力诺	5	3	2			
塞内加尔			1			
萨尔瓦多	2					
叙利亚	1	1	3			1
斯威士兰	1					
特克斯和凯科斯群岛			1			
乍得						
泰国	84	81	298	17	3	7
突尼斯	1		2			
土耳其	257	67	409	61	7	44
特立尼达和多巴哥	3		1			
坦桑尼亚		1	1			
乌克兰	50	20	10	8	2	2
乌干达			2			
美国	164 410	11 023	34 156	23 157	1844	3841
乌拉圭	11	1	1			
乌兹别克斯坦	5	1		2		
圣文森特和格林纳丁斯	8			1		
委内瑞拉	40		7	3		1
英属维尔京群岛	1004	534	1244	149	54	38
越南	7	3	35	3		3
瓦努阿图	5					
萨摩亚	25	97	50	7	10	4
也门			4			
南斯拉夫	17		7			
南非	596	28	105	61	5	13
赞比亚		1			1	
津巴布韦	3		1			

表 7　　国内外三种专利有效状况(2015.12)　　(单位:件)

	年份	合计	发明	实用新型	外观设计
合计	2011	2 739 906	696 939	1 120 596	922 371
	2012	3 508 561	875 385	1 501 044	1 132 132
	2013	4 195 139	1 033 908	1 936 789	1 224 442
	2014	4 642 506	1 196 497	2 291 326	1 154 683
	2015	5 477 625	1 472 374	2 732 554	1 272 697
国内	2011	2 303 015	351 288	1 109 958	841 769
	2012	3 005 023	473 187	1 486 839	1 044 997
	2013	3 635 929	586 493	1 917 122	1 132 314
	2014	4 032 362	708 690	2 265 224	1 058 448
	2015	4 792 356	921 757	2 700 833	1 169 766
国外	2011	436 891	345 651	10 638	80 602
	2012	503 538	402 198	14 205	87 135
	2013	559 210	447 415	19 667	92 128
	2014	610 144	487 807	26 102	96 235
	2015	685 269	550 617	31 721	102 931

* 有效量:报告期末处于专利权维持状态的案卷数量。统计范围为:发明、实用新型、外观设计。与申请量和授权量不同,有效量是存量数据而非流量数据。

表 8　　国内三种专利有效量(2015.12)　　(单位:件)

地区	2015 年			
	合计	发明	实用新型	外观设计
全国总计	4 792 356	921 757	2 700 833	1 169 766
北京	344 916	133 040	175 610	36 266
天津	103 775	18 493	73 557	11 725
河北	86 360	12 279	57 744	16 337
山西	34 009	8104	21 773	4 132
内蒙古	16 799	3 051	10 769	2979
辽宁	90 970	23 242	58 904	8824
吉林	29 046	7705	17 693	3648
黑龙江	58 789	12 955	37 013	8821
上海	251 157	69 982	144 098	37 077
江苏	674 053	113 160	370 168	190 725
浙江	668 889	70 981	363 027	234 881
安徽	162 177	26 075	114 736	21 366
福建	162 451	17 868	93 335	51 248
江西	51 824	5322	29 514	16 988
山东	270 920	47 694	186 544	36 682

续表

地区	2015 年			
	合计	发明	实用新型	外观设计
河南	126 381	17 571	87 001	21 809
湖北	119 345	24 998	79 125	15 222
湖南	107 088	22 183	63 061	21 844
广东	802 493	138 878	370 988	292 627
广西	37 215	9418	20 921	6876
重庆	94 975	12 810	59 821	22 344
四川	169 203	28 723	90 146	50 334
贵州	34 909	5428	19 428	10 053
云南	34 045	7608	20 543	5894
西藏	724	298	161	265
陕西	86 053	22 662	48 040	15 351
甘肃	18 580	4093	12 013	2474
青海	2975	655	1557	763
宁夏	5317	1148	3612	557
新疆	21 681	3072	13 936	4673
海南	6416	2111	2953	1352
香港	14 608	3948	3874	6786
澳门	360	73	127	160
台湾	103 853	46 129	49 041	8683
广州	125 200	24 142	58 161	42 897
长春	19 423	5724	11 629	2070
武汉	70 850	19 610	44 404	6836
南京	87 830	27 173	46 979	13 678
杭州	142 177	30 280	77 349	34 548
西安	67 216	19 787	37 187	10 242
济南	46 854	11 387	30 862	4605
沈阳	30 301	9104	18 069	3128
成都	109 668	19 758	55 229	34 681
大连	26 655	8135	16 284	2236
厦门	41 144	5550	24 626	10 968
哈尔滨	35 846	10 618	20 921	4307
深圳	274 348	83 905	123 086	67 357
青岛	58 165	13 047	36 057	9061
宁波	145 588	14 132	74 772	56 684
新疆建设兵团	2248	432	1694	122

表 9　　国外三种专利有效量(2015.12)　　(单位:件)

国家和地区	2015 年			
	合计	发明	实用新型	外观设计
合计	685 269	550 617	31 721	102 931
安道尔	8	6	1	1
阿联酋	89	31	14	44
阿富汗	7			7
安提瓜和巴布达	7	4		3
安圭拉	1		1	
亚美尼亚	1			1
荷属安的列斯群岛	89	88	1	
安哥拉	1			1
阿根廷	30	23	3	4
美属萨摩亚	4	1	2	1
奥地利	3432	2769	179	484
澳大利亚	3907	2361	244	1302
阿塞拜疆	2	2		
波斯尼亚和黑赛哥维那	1	1		
巴巴多斯	512	447	2	63
孟加拉国	2		1	1
比利时	3318	2806	89	423
保加利亚	25	17	3	5
巴林	3	3		
贝宁	1			1
百慕大群岛	460	308	65	87
文莱	46	24	14	8
巴西	742	391	56	295
巴哈马	120	98	3	19
伯利兹	45	4	31	10
加拿大	5595	4425	221	949
刚果民主共和国	6			6
瑞士	19 314	14 708	937	3669
库克群岛	23	5	1	17
智利	52	48	2	2
喀麦隆	1	1		
哥伦比亚	23	17	2	4
哥斯达黎加	1			1
古巴	72	72		
库拉索	1	1		
塞浦路斯	83	59	7	17

续表

国家和地区	2015 年			
	合计	发明	实用新型	外观设计
捷克	510	111	52	347
德国	66 854	52 764	3231	10 859
丹麦	4383	3297	128	958
多米尼加	2	2		
阿尔及利亚	3	1		2
厄瓜多尔	7	3		4
爱沙尼亚	26	15	1	10
埃及	9	4		5
西班牙	1934	1038	97	799
埃塞俄比亚	2		1	1
芬兰	6602	5462	308	832
法国	25 440	20 237	1105	4098
英国	10 892	7755	468	2669
格鲁吉亚	1	1		
直布罗陀	21	17	1	3
希腊	115	72	1	42
危地马拉	1			1
克罗地亚	8	7	1	
匈牙利	166	140	8	18
印度尼西亚	60	17	7	36
爱尔兰	929	829	30	70
以色列	2025	1501	184	340
马恩岛	1	1		
印度	865	720	31	114
伊拉克	6		3	3
伊朗	20	3	2	15
冰岛	101	100		1
意大利	10 354	6678	341	3335
泽西岛	3	3		
约旦	3			3
日本	267 493	221 854	12 195	33 444
肯尼亚	1	1		
吉尔吉斯斯坦	1	1		
圣基茨和尼维斯	3	2	1	
朝鲜	4	2	2	
韩国	54 535	42 312	1514	10 709
科威特	3	2		1

续表

国家和地区	2015 年			
	合计	发明	实用新型	外观设计
开曼群岛	2499	1538	271	690
哈萨克斯坦	14	10	4	
黎巴嫩	10	3	2	5
圣卢西亚	2	2		
列支敦士登	584	400	2	182
斯里兰卡	5	4		1
立陶宛	12	3	2	7
卢森堡	1483	1110	79	294
拉脱维亚	29	21	2	6
摩洛哥	44	8		36
摩纳哥	46	39	1	6
摩尔多瓦	1			1
马达加斯加	2	2		
马绍尔群岛	3	1	2	
马里	8	2	2	4
缅甸	4			4
蒙古	1	1		
马耳他	65	61	1	3
毛里求斯	132	114	3	15
墨西哥	343	225	5	113
马来西亚	638	264	83	291
尼日利亚	4			4
荷兰	17 046	14 602	342	2102
挪威	1283	1081	29	173
尼泊尔	3		2	1
新西兰	594	371	34	189
阿曼				
巴拿马	172	142	3	27
秘鲁	4	2	2	
巴布亚新几内亚	1			1
菲律宾	74	56	3	15
巴基斯坦	8	2	2	4
波兰	218	118	11	89
波多黎各	6	3	1	2
葡萄牙	111	77	1	33
卡塔尔	6	2		4
罗马尼亚	4	2	2	

续表

国家和地区	2015 年			
	合计	发明	实用新型	外观设计
塞尔维亚	3	3		
俄罗斯	662	394	129	139
沙特阿拉伯	357	186	6	165
塞舌尔	100	42	30	28
瑞典	11 583	9597	313	1673
新加坡	2370	1579	223	568
斯洛文尼亚	116	100	1	15
斯洛伐克	32	16	1	15
圣马力诺	1	1		
萨尔瓦多	2	2		
叙利亚	2		1	1
特克斯和凯科斯群岛	1			1
泰国	218	58	26	134
突尼斯	1	1		
土耳其	505	228	45	232
特立尼达和多巴哥	3	3		
坦桑尼亚	2		1	1
乌克兰	43	22	13	8
美国	149 545	122 829	7968	18 748
乌拉圭	6	6		
乌兹别克斯坦	3	3		
圣文森特和格林纳丁斯	25	25		
委内瑞拉	25	24		1
英属维尔京群岛	1964	959	363	642
越南	27	7	2	18
萨摩亚	323	186	102	35
也门	1			1
南斯拉夫	2	2		
南非	480	406	14	60
赞比亚	1		1	

表 10　　国际申请业务进展统计表(1985.4～2015.12)　　(单位:件)

项　目	总累计	2015 年
收到国际申请	163 113	30 548
进入中国国内阶段的国际申请(发明)	843 788	81 867
进入中国国内阶段的国际申请(实用新型)	4591	1098

二、专利行政执法

表 11　　2015 年各地区管理专利工作的部门专利执法统计表　　(单位:件)

地区	类别/时间	侵权纠纷		其他纠纷		查处假冒专利案件
		立案	结案	立案	结案	结案
合计	总累计	46 916	41 287	3950	3389	72 079
	2015	14 202	14 040	405	377	21 237
北京	总累计	787	658	225	221	1170
	2015	126	107	1	0	551
天津	总累计	329	302	36	33	1211
	2015	99	98	1	0	333
河北	总累计	1066	931	142	147	1553
	2015	275	246	27	27	338
山西	总累计	116	82	52	38	123
	2015	7	1	1	0	34
内蒙古	总累计	146	133	11	11	1829
	2015	9	9	0	0	377
辽宁	总累计	462	439	230	197	1721
	2015	46	42	33	33	404
吉林	总累计	297	287	60	52	266
	2015	40	43	2	2	36
黑龙江	总累计	670	618	309	278	776
	2015	173	169	90	83	226
上海	总累计	929	871	79	79	318
	2015	152	129	8	7	42
江苏	总累计	2755	2262	336	325	11 651
	2015	700	689	29	29	4189
浙江	总累计	13 675	13 293	538	466	1459
	2015	7981	7976	0	0	603
安徽	总累计	717	557	38	30	1623
	2015	147	136	7	8	347
福建	总累计	896	713	56	55	2709
	2015	160	171	13	12	1096
江西	总累计	556	400	40	27	1337
	2015	115	112	0	0	351
山东	总累计	3168	2613	200	191	10 903
	2015	343	317	8	8	2396
河南	总累计	2085	1 491	163	110	3478
	2015	202	157	24	20	1 222
湖北	总累计	1283	1015	232	178	3390
	2015	99	56	1	0	1309

续表

地区	类别 时间	侵权纠纷		其他纠纷		查处假冒专利案件
		立案	结案	立案	结案	结案
湖南	总累计	1388	1094	437	397	10 282
	2015	225	172	134	124	2756
广东	总累计	10 592	9324	216	189	3792
	2015	2490	2625	2	1	722
广西	总累计	201	169	55	38	762
	2015	27	21	0	0	415
海南	总累计	96	89	12	10	292
	2015	1	2	3	2	28
重庆	总累计	545	504	151	43	454
	2015	149	146	0	0	210
四川	总累计	1345	1212	159	134	2440
	2015	222	221	16	16	658
贵州	总累计	255	200	25	21	3155
	2015	46	50	0	0	1300
云南	总累计	368	304	29	22	784
	2015	64	59	0	0	98
西藏	总累计	11	9	0	0	10
	2015	0	0	0	0	0
陕西	总累计	500	369	37	33	1972
	2015	96	89	5	5	473
甘肃	总累计	312	218	25	18	660
	2015	47	55	0	0	293
青海	总累计	36	26	9	10	67
	2015	6	0	0	0	2
宁夏	总累计	208	193	27	18	150
	2015	25	25	0	0	28
新疆	总累计	1122	911	21	18	1742
	2015	130	117	0	0	400

三、中国专利金奖

表 12 中国专利金奖分布统计表 （单位：件）

地 区	总 计	第十七届
合计	252	20
北京	65	4
天津	6	1
河北	5	2
辽宁	11	1

续表

地　区	总　计	第十七届
吉林	2	0
黑龙江	3	0
上海	16	0
江苏	17	1
浙江	7	1
安徽	6	0
福建	2	0
江西	1	0
山东	15	3
河南	7	0
湖北	8	2
湖南	10	1
广东	36	4
广西	1	0
海南	4	0
重庆	5	0
四川	5	0
贵州	2	0
云南	3	0
陕西	12	0
甘肃	1	0
青海	1	0
宁夏	1	0

（本统计数据由国家知识产权局规划发展司提供）

商　标

一、商标申请与注册

表 1　　**2015 年度商标申请与注册概况表**　　（单位:件）

<table>
<tr><th>项目</th><th>国内</th><th>国际</th><th>马德里</th><th>合计</th></tr>
<tr><td>注册申请</td><td>2 699 156</td><td>116 687</td><td>60 205</td><td>2 876 048</td></tr>
<tr><td>异议申请</td><td>31 196</td><td>27 669</td><td>257</td><td>59 122</td></tr>
<tr><td>续展申请</td><td>102 766</td><td>17 514</td><td>9596</td><td>129 876</td></tr>
<tr><td>变更申请</td><td>170 066</td><td>31 665</td><td>9290</td><td>211 021</td></tr>
<tr><td>转让申请</td><td>130 384</td><td>6694</td><td>5523</td><td>142 601</td></tr>
<tr><td>注销申请</td><td colspan="2">7953</td><td rowspan="2">9268</td><td rowspan="2">38 378</td></tr>
<tr><td>撤销申请</td><td colspan="2">21 157</td></tr>
<tr><td>许可备案申请</td><td colspan="3">17 173</td><td>17 173</td></tr>
<tr><td>注册商标</td><td>2 077 037</td><td>99 852</td><td>49 552</td><td>2 226 441</td></tr>
<tr><td>审定商标</td><td colspan="2">1 431 744</td><td>23 572</td><td>1 455 316</td></tr>
<tr><td>核驳商标</td><td colspan="2">436 227</td><td rowspan="2">33 550</td><td rowspan="2">883 650</td></tr>
<tr><td>部分核驳商标</td><td colspan="2">413 873</td></tr>
<tr><td>异议裁定量</td><td colspan="3">63 720</td><td>63 720</td></tr>
<tr><td>变更注册商标</td><td colspan="2">172 300</td><td>3902</td><td>176 202</td></tr>
<tr><td>转让注册商标</td><td colspan="2">127 241</td><td>3733</td><td>130 974</td></tr>
<tr><td>续展注册商标</td><td colspan="2">124 332</td><td>11 121</td><td>135 453</td></tr>
<tr><td>注销注册商标</td><td colspan="2">8103</td><td rowspan="2">9846</td><td rowspan="2">39 786</td></tr>
<tr><td>撤销注册商标</td><td colspan="2">21 837</td></tr>
<tr><td>许可合同备案办理</td><td colspan="3">25 682</td><td>25 682</td></tr>
<tr><td>补发商标注册证</td><td colspan="3">18 969</td><td>18 969</td></tr>
</table>

表 2　　**2015 年度各省、自治区、直辖市商标申请与注册统计表**　　（单位:件）

省、自治区、直辖市	申请件数	注册件数	有效注册量
北京	302 456	164 964	692 204
天津	28 289	25 896	113 580
河北	66 580	56 160	240 212
山西	19 380	18 117	77 018
内蒙古	20 811	17 074	80 139
辽宁	45 481	35 367	179 505
吉林	24 637	18 308	86 541
黑龙江	31 094	23 262	113 609

续表

省、自治区、直辖市	申请件数	注册件数	有效注册量
上海	207 394	131 545	548 362
江苏	155 670	127 553	632 187
浙江	231 125	210 905	1 149 703
安徽	60 054	48 570	194 580
福建	123 930	107 259	523 514
江西	38 971	32 036	133 264
山东	132 613	109 015	493 139
河南	89 253	70 922	285 721
湖北	59 331	45 516	194 035
湖南	63 638	51 095	208 992
广东	512 877	395 539	1 659 477
广西	25 338	18 864	84 887
海南	10 343	10 505	42 103
重庆	54 040	51 577	197 361
四川	94 289	75 105	324 045
贵州	22 846	19 352	72 482
云南	46 850	33 271	137 285
西藏	3469	1769	6217
陕西	45 857	43 672	169 201
甘肃	10 112	8145	34 442
青海	4091	3362	15 374
宁夏	7443	4678	19 908
新疆	25 305	17 949	82 610
香港	73 756	80 713	279 920
澳门	1050	612	3510
台湾	20 301	18 360	128 888
合计	2 658 674	2 077 037	9 204 015

注：1. 由于不予受理件未电子化，以上各省数据的申请量不含不予受理量。

2. 申请件数、注册件数指 2014. 12. 16 至 2015. 12. 15 的商标统计情况，其他指截至 2015. 12. 15 的统计情况。

表 3　2015 年度外国（地区）在华商标申请统计表　（单位：件）

外国（地区）	外国（地区）申请件数	马德里申请件数	合计
阿尔巴尼亚	0	4	4
阿尔及利亚	12	0	12
阿富汗	13	0	13
阿根廷	125	5	130
阿联酋	409	42	451
阿曼	13	0	13

续表

外国(地区)	外国(地区)申请件数	马德里申请件数	合计
阿塞拜疆	20	7	27
埃及	97	17	114
埃塞俄比亚	1	0	1
爱尔兰	336	196	532
爱沙尼亚	19	25	44
安道尔	6	0	6
安哥拉	4	0	4
奥地利	295	987	1282
澳大利亚	3205	2304	5509
巴巴多斯	126	5	131
巴布亚新几内亚	5	0	5
巴哈马	95	14	109
巴基斯坦	77	0	77
巴拉圭	2	0	2
巴勒斯坦	1	0	1
巴林	22	1	23
巴拿马	66	9	75
巴西	626	3	629
白俄罗斯	16	62	78
百慕大群岛	176	16	192
保加利亚	63	173	236
贝宁	3	0	3
比利时	351	937	1288
冰岛	22	63	85
波兰	305	532	837
玻利维亚	16	0	16
伯利兹	74	24	98
博茨瓦纳	1	0	1
不丹	1	0	1
朝鲜	8	6	14
丹麦	999	700	1699
德国	5175	10 209	15 384
多哥	1	0	1
多米尼加	24	0	24
多米尼克	0	1	1
俄罗斯	466	1170	1636
厄瓜多尔	24	0	24
法国	3500	6014	9514

续表

外国(地区)	外国(地区)申请件数	马德里申请件数	合计
菲律宾	285	24	309
斐济	3	0	3
芬兰	580	1413	1993
冈比亚	3	0	3
刚果民主共和国	10	0	10
哥伦比亚	84	3	87
哥斯达黎加	12	0	12
格鲁吉亚	9	16	25
英属根西岛	30	4	34
古巴	37	0	37
圭亚那	12	0	12
哈萨克斯坦	14	31	45
海地	27	0	27
韩国	16 909	1031	17 940
荷兰	1349	1931	3280
荷属安的列斯群岛	9	0	9
黑山	0	8	8
洪都拉斯	1	0	1
吉布提	2	0	2
吉尔吉斯斯坦	4	1	5
几内亚	5	9	14
加拿大	2450	58	2508
加纳	6	0	6
柬埔寨	64	3	67
捷克	107	295	402
喀麦隆	4	10	14
卡塔尔	71	0	71
开曼群岛	4810	8	4818
科特迪瓦	3	0	3
科威特	42	0	42
克罗地亚	9	20	29
肯尼亚	39	8	47
库克群岛	6	0	6
库拉索	3	29	32
拉脱维亚	33	73	106
老挝	8	0	8
黎巴嫩	59	7	66
立陶宛	3	24	27

续表

外国(地区)	外国(地区)申请件数	马德里申请件数	合计
利比亚	4	0	4
列支敦士登	361	131	492
卢森堡	604	775	1379
卢旺达	0	1	1
罗马尼亚	27	53	80
马达加斯加	1	1	2
马恩岛	146	0	146
马尔代夫	1	0	1
马耳他	168	120	288
马来西亚	1167	12	1179
马里	16	0	16
马其顿	0	12	12
马绍尔群岛	202	0	202
毛里求斯	40	0	40
毛里塔尼亚	2	0	2
美国	29 834	7043	36 877
蒙古	5	0	5
孟加拉国	15	0	15
秘鲁	54	0	54
缅甸	101	0	101
摩尔多瓦	187	52	239
摩洛哥	21	42	63
摩纳哥	143	100	243
莫桑比克	0	3	3
墨西哥	423	64	487
南非	208	0	208
尼泊尔	3	0	3
尼日尔	1	0	1
尼日利亚	26	0	26
挪威	121	406	527
葡萄牙	148	165	313
日本	12 889	3514	16 403
瑞典	847	1140	1987
瑞士	2027	4178	6205
萨尔瓦多	2	0	2
萨摩亚	358	0	358
塞尔维亚	4	31	35
塞拉利昂	2	0	2

续表

外国(地区)	外国(地区)申请件数	马德里申请件数	合计
塞浦路斯	119	208	327
塞舌尔	357	5	362
沙特阿拉伯	127	8	135
圣卢西亚	4	3	7
圣马利诺	12	12	24
斯里兰卡	36	0	36
斯洛伐克	17	132	149
斯洛文尼亚	10	70	80
苏丹	6	0	6
塔吉克斯坦	2	2	4
泰国	1138	3	1141
坦桑尼亚	23	0	23
特立尼达和多巴哥	47	3	50
突尼斯	4	8	12
土耳其	208	830	1038
土库曼斯坦	2	0	2
瓦努阿图	16	0	16
危地马拉	1	0	1
委内瑞拉	24	0	24
文莱	53	0	53
乌干达	1	0	1
乌克兰	22	219	241
乌拉圭	50	0	50
乌兹别克斯坦	18	4	22
西班牙	1206	1237	2443
希腊	77	106	183
新加坡	2408	521	2929
新西兰	992	409	1401
匈牙利	36	186	222
叙利亚	46	0	46
牙买加	6	0	6
亚美尼亚	4	12	16
也门	55	0	55
伊拉克	111	0	111
伊朗	196	91	287
以色列	378	226	604
意大利	2562	4698	7260
印度	365	130	495

续表

外国(地区)	外国(地区)申请件数	马德里申请件数	合计
印度尼西亚	349	4	353
英国	6804	4410	11 214
英属维尔京群岛	3940	198	4138
约旦	64	0	64
越南	206	78	284
赞比亚	10	0	10
泽西岛	17	12	29
乍得	3	0	3
直布罗陀	32	3	35
智利	463	2	465
合计	116 687	60 205	176 892

表 4　　2015 年度外国(地区)在华商标注册统计表　　(单位:件)

外国(地区)	外国(地区)注册件数	马德里注册件数	合计
阿尔巴尼亚	0	3	3
阿尔及利亚	33	0	33
阿富汗	20	0	20
阿根廷	197	0	197
阿联酋	413	26	439
阿曼	10	1	11
阿塞拜疆	27	1	28
埃及	52	8	60
埃塞俄比亚	3	0	3
爱尔兰	268	133	401
爱沙尼亚	13	39	52
安道尔	2	1	3
安哥拉	19	0	19
安圭拉	195	0	195
奥地利	342	842	1184
澳大利亚	2291	1393	3684
巴巴多斯	48	2	50
巴布亚新几内亚	2	0	2
巴哈马	104	9	113
巴基斯坦	46	4	50
巴拉圭	5	0	5
巴勒斯坦	3	0	3
巴林	5	0	5
巴拿马	88	26	114
巴西	476	1	477

续表

外国(地区)	外国(地区)注册件数	马德里注册件数	合计
白俄罗斯	3	68	71
百慕大群岛	173	23	196
保加利亚	27	152	179
贝宁	1	0	1
比利时	252	763	1015
冰岛	19	56	75
波多黎各	6	0	6
波黑	0	1	1
波兰	188	365	553
玻利维亚	5	0	5
伯利兹	98	13	111
布隆迪	2	5	7
朝鲜	3	1	4
丹麦	863	686	1549
德国	4627	9005	13 632
多哥	3	0	3
多米尼加	4	1	5
多米尼克	1	0	1
俄罗斯	450	1561	2011
厄瓜多尔	15	0	15
法国	4252	5450	9702
菲律宾	104	13	117
芬兰	343	913	1256
刚果民主共和国	2	0	2
哥伦比亚	115	4	119
哥斯达黎加	15	0	15
格鲁吉亚	1	9	10
英属根西岛	5	0	5
古巴	7	3	10
哈萨克斯坦	10	29	39
韩国	9033	799	9832
荷兰	1401	1494	2895
荷属安的列斯群岛	58	4	62
吉布提	1	0	1
吉尔吉斯斯坦	3	7	10
几内亚	2	0	2
加拿大	1850	40	1890
加纳	3	0	3
柬埔寨	8	0	8

续表

外国(地区)	外国(地区)注册件数	马德里注册件数	合计
捷克	65	291	356
津巴布韦	3	0	3
喀麦隆	3	3	6
卡塔尔	58	0	58
开曼群岛	3294	6	3300
科特迪瓦	3	0	3
科威特	68	0	68
克罗地亚	21	24	45
肯尼亚	4	0	4
库克群岛	28	0	28
库拉索	3	20	23
拉脱维亚	10	51	61
黎巴嫩	49	2	51
立陶宛	5	24	29
利比里亚	2	0	2
利比亚	7	0	7
列支敦士登	67	135	202
卢森堡	356	642	998
罗马尼亚	24	93	117
马达加斯加	1	13	14
马恩岛	165	3	168
马耳他	113	351	464
马拉维	1	0	1
马来西亚	892	3	895
马里	3	1	4
马绍尔群岛	85	0	85
毛里求斯	69	0	69
毛里塔尼亚	1	0	1
美国	26 778	4003	30 781
蒙古	5	2	7
孟加拉国	21	0	21
秘鲁	21	0	21
缅甸	29	0	29
摩尔多瓦	0	4	4
摩洛哥	44	74	118
摩纳哥	99	194	293
莫桑比克	0	3	3
墨西哥	368	10	378
纳米比亚	5	0	5

续表

外国(地区)	外国(地区)注册件数	马德里注册件数	合计
南非	302	0	302
尼泊尔	4	0	4
尼加拉瓜	4	0	4
尼日利亚	40	0	40
挪威	133	393	526
欧亚专利组织	0	14	14
葡萄牙	150	255	405
日本	13 327	2935	16 262
瑞典	775	762	1537
瑞士	1833	3595	5428
萨摩亚	170	0	170
塞尔维亚	0	27	27
塞拉利昂	2	0	2
塞内加尔	1	0	1
塞浦路斯	80	159	239
塞舌尔	340	8	348
沙特阿拉伯	153	0	153
圣基茨和尼维斯	2	0	2
圣马利诺	16	12	28
斯里兰卡	27	0	27
斯洛伐克	16	144	160
斯洛文尼亚	11	73	84
苏丹	3	0	3
塔吉克斯坦	2	2	4
泰国	1321	4	1325
坦桑尼亚	12	0	12
特克斯和凯科斯群岛	7	0	7
特立尼达和多巴哥	1	0	1
突尼斯	20	1	21
土尔耳	347	637	984
土库曼斯坦	3	0	3
瓦努阿图	1	0	1
危地马拉	14	0	14
委内瑞拉	39	0	39
文莱	61	0	61
乌干达	2	0	2
乌克兰	55	211	266
乌拉圭	18	0	18

续表

外国(地区)	外国(地区)注册件数	马德里注册件数	合计
乌兹别克斯坦	3	0	3
西班牙	1101	876	1977
希腊	89	62	151
新加坡	2098	384	2482
新西兰	969	277	1246
匈牙利	23	145	168
叙利亚	15	0	15
牙买加	1	0	1
亚美尼亚	7	15	22
也门	15	0	15
伊拉克	56	0	56
伊朗	126	83	209
以色列	247	200	447
意大利	2764	4264	7028
印度	356	53	409
印度尼西亚	377	1	378
英国	6479	3710	10 189
英属维尔京群岛	3990	281	4271
约旦	26	0	26
越南	85	53	138
泽西岛	11	3	14
直布罗陀	10	5	15
智利	327	2	329
合计	99 852	49 552	149 404

表 5　　2015 年度按类申请和注册商标统计表　　(单位:件)

类别	申请				注册			
	国内	国际	马德里	合计	国内	国际	马德里	合计
1	34 532	1793	1349	37 674	32 465	1931	1192	35 588
2	16 379	648	379	17 406	15 667	719	388	16 774
3	93 387	8482	2558	104 427	66 900	5014	1965	73 879
4	13 923	815	478	15 216	12 175	789	469	13 433
5	86 632	5357	2549	94 538	62 392	4560	2097	69 049
6	37 270	1675	1037	39 982	38 082	1643	995	40 720
7	54 248	3150	2277	59 675	57 939	3345	1950	63 234
8	14 752	1275	671	16 698	13 931	1094	622	15 647
9	175 040	10 440	6195	191 675	126 332	9241	4827	140 400
10	31 258	2437	1507	35 202	23 658	2049	1126	26 833

续表

类别	申请				注册			
	国内	国际	马德里	合计	国内	国际	马德里	合计
11	78 652	3254	1737	83 643	77 177	2741	1392	81 310
12	42 566	2218	1296	46 080	37 297	2290	962	40 549
13	3458	163	68	3689	3353	164	93	3610
14	44 421	2395	1357	48 173	37 040	1908	1148	40 096
15	7296	362	136	7794	5582	374	142	6098
16	46 091	3540	1859	51 490	38 175	3215	1706	43 096
17	15 450	898	680	17 028	17 165	1024	708	18 897
18	40 511	3545	1969	46 025	45 192	3344	1624	50 160
19	36 207	821	582	37 610	38 401	753	565	39 719
20	58 942	1928	1171	62 041	55 265	1708	1049	58 022
21	44 929	2734	1191	48 854	41 716	2433	1028	45 177
22	7921	435	214	8570	7525	506	231	8262
23	5064	187	95	5346	5055	243	109	5407
24	30 549	1703	930	33 182	33 704	1493	793	35 990
25	187 187	7125	3282	197 594	218 131	6435	2328	226 894
26	10 671	628	303	11 602	10 350	645	294	11 289
27	12 290	570	304	13 164	12 871	534	267	13 672
28	39 322	2965	1325	43 612	32 454	2490	1153	36 097
29	118 601	3583	1135	123 319	89 671	2958	927	93 556
30	159 080	4933	1580	165 593	121 968	3888	1321	127 177
31	77 604	1204	520	79 328	61 711	913	430	63 054
32	55 398	3069	973	59 440	39 520	2076	873	42 469
33	58 134	2782	1102	62 018	43 490	3071	885	47 446
34	8739	575	289	9603	6650	424	255	7329
35	286 383	8219	4102	298 704	170 891	6246	2734	179 871
36	63 198	1787	910	65 895	31 953	1616	680	34 249
37	36 482	1297	1330	39 109	31 244	1358	1194	33 796
38	47 323	1579	1083	49 985	19 495	1186	936	21 617
39	40 272	1232	747	42 251	26 453	1288	695	28 436
40	20 227	750	800	21 777	18 374	707	765	19 846
41	103 678	4705	2443	110 826	59 786	3788	2010	65 584
42	123 555	3805	3441	130 801	62 842	3174	2771	68 787
43	118 776	3021	874	122 671	83 821	2467	645	86 933
44	44 707	1594	800	47 101	29 695	1253	694	31 642
45	27 569	1009	577	29 155	13 479	754	514	14 747
合计	2 658 674	116 687	60 205	2 835 566	2 077 037	99 852	49 552	2 226 441

注：由于不予受理件未电子化，以上数据不含不予受理量。

表 6　　1979～2015 年商标注册申请及核准注册商标统计表　　（单位：件）

年度	申请				核准注册			
	国内	国际	马德里	合计	国内	国际	马德里	合计
1979	0	0	0	0	27 459	5130	0	32 589
1980	26 177	0	0	26 177	15 348	1297	0	16 645
1981	23 004	0	0	23 004	15 707	2049	0	17 756
1982	17 000	1565	0	18 565	12 385	4672	0	17 057
1983	19 120	1687	0	20 807	4293	2278	0	6571
1984	26 487	3077	0	29 564	13 252	1518	0	14 770
1985	43 445	5798	0	49 243	19 584	2084	0	21 668
1986	45 031	5939	0	50 970	26 993	5126	0	32 119
1987	40 014	4055	0	44 069	27 687	4454	0	32 141
1988	41 683	5866	0	47 549	25 448	3604	0	29 052
1989	43 202	5209	0	48 411	31 810	4625	0	36 435
1990	50 853	4371	2048	57 272	25 966	4036	1269	31 271
1991	59 124	5885	2595	67 604	34 501	3523	2306	40 330
1992	79 837	8367	2591	90 795	42 710	4198	1180	48 088
1993	107 758	21 014	3551	132 323	42 668	3999	2059	48 726
1994	117 186	20 238	5193	142 617	47 482	7803	3016	58 301
1995	144 610	21 442	6094	172 146	59 895	12 591	19 380	91 866
1996	122 057	22 615	7132	151 804	101 178	15 843	11 407	128 428
1997	118 577	21 676	8502	148 755	188 047	24 958	10 033	223 038
1998	129 394	18 252	10 037	157 683	80 095	14 137	13 478	107 710
1999	140 620	18 883	11 212	170 715	96 139	13 896	12 366	122 401
2000	181 717	24 623	16 837	223 177	129 441	16 327	12 807	158 575
2001	229 775	23 234	17 408	270 417	167 563	19 017	16 259	202 839
2002	321 034	37 221	13 681	371 936	169 904	23 364	19 265	212 533
2003	405 620	33 912	12 563	452 095	206 070	21 188	15 253	242 511
2004	527 591	44 938	15 396	587 925	225 394	25 069	16 156	266 619
2005	593 382	52 166	18 469	664 017	218 731	23 792	16 009	258 532
2006	669 276	56 840	40 203	766 319	228 814	25 254	21 573	275 641
2007	604 952	59 714	43 282	707 948	215 161	19 159	29 158	263 478
2008	590 525	60 704	46 890	698 119	342 498	31 870	29 101	403 469
2009	741 763	51 966	36 748	830 477	737 228	68 471	31 944	837 643
2010	973 460	67 838	30 889	1 072 187	1 211 428	108 510	29 299	1 349 237
2011	1 273 827	95 831	47 127	1 416 785	926 330	66 074	30 294	1 022 698
2012	1 502 540	97 190	48 586	1 648 316	919 951	58 656	26 290	1 004 897
2013	1 733 361	95 177	53 008	1 881 546	909 541	59 496	27 687	996 724
2014	2139 973	93 284	52 101	2 285 358	1 242 840	86 394	45 870	1 375 104
2015	2 699 156	116 687	60 205	2 876 048	2 077 037	99 852	49 552	2 226 441
合计	1 6542 649	1 207 264	612 348	18 402 743	10 866 578	894 314	493 011	12 253 903

二、商标评审案件

表 7 **2015 年度商标评审案件统计表** （单位：件）

项目	案件类型	数量(件)
评审案件申请量	驳回商标注册申请复审	99 557
	不予注册复审	1746
	撤销注册商标复审	4430
	无效宣告	11 951
	合计	117 684
评审案件裁决量	驳回商标注册申请复审	90 658
	异议复审	7032
	不予注册复审	31
	撤销注册商标复审	3729
	无效宣告	7465
	合计	108 915
参与行政诉讼	一审	7632
	二审	2012
	再审	224
	合计	9868
行政复议	申请量	943
	结案量	769

三、商标行政执法案件

表 8　　**2015 年全国查处商标一般违法案件统计表**　　（单位：件）

项目		案件总数（件）		其中：涉外案件		案值（万元）	罚没金额（万元）	其中：立案查处（件）				收缴和销毁商标标识（件）	销毁物品（件）
		合计	其中：投诉案件	小计	其中：投诉案件			小计	其中：投诉案件	罚款 10 万～100 万元	罚款 100 万元以上		
合　计		3337	531	85	23	13 417	3634	1719	388	62		18 180	2456
注册商标使用的管理	自行改变注册商标的	247	17	15	1	241	*	154	17	*	*	*	*
	自行改变注册商标注册人名义、地址或其他注册事项的	16	4	3	3	30	*	11	3	*	*	*	*
	自行转让注册商标的	1					*			*	*	*	*
	商品粗制滥造、以次充好、欺骗消费者的	247	37	5		194	218	63	27	2		*	*
未注册商标使用的管理	冒充注册商标的	1952	383	39	15	11 758	2430	983	257	49		*	*
	商品粗制滥造、以次充好、欺骗消费者的	423	12	16	1	645	535	255	10	3		*	*
	违反《商标法》第 6 条规定的	46	1			18	19	14				*	*
	违反《商标法》第 10 条规定的	42	2			235	79	9	1	2		*	*
违反《商标法》第 40 条第 2 款规定的		47	22			25	*	28	22	*	*		
违反《商标法》第 13 条规定的		24	11			13	*	19	13	*	*	222	
违反《商标印制管理办法》规定的		237	32	5	1	170	238	157	28	1		8368	1300
违法使用地理标志的		12	1			9	34	11	1	2			1156
违法使用地理标志产品专用标志的		8	6			10	5	7	6			9590	
违法使用特殊标志的		35	3	2	2	68	76	8	3	3			

表 9

2015 年全国查处商标侵权假冒案件统计表(一)

项目		案件总数(件)		其中:涉外案件		案值(万元)	罚没金额(万元)	其中:立案查处(件)					
								小计	其中:投诉案件	处罚程度		利用互联网实施侵权假冒案件	
		合计	其中:投诉案件	小计	其中:投诉案件					罚款 10 万~100 万元	罚款 100 万元以上	案件数(件)	案值(万元)
合计		27 379	8984	6460	2764	36 672	32 564	19 802	7422	721	6	300	558
假冒商标	小计	4487	1450	1347	572	5945	6118	3377	1268	123	1	74	137
	未经注册商标所有人的许可,在相同商品上使用与其注册商标相同的商标的	2030	733	670	265	2905	2932	1561	646	33		13	10
	伪造、擅自制造他人注册商标标识或者销售伪造、擅自制造的注册商标标识的	627	83	125	34	644	795	352	65	38		2	7
	销售明知是假冒注册商标的商品的	1830	634	552	273	2396	2391	1464	557	52	1	59	120
商标侵权	小计	22 892	7534	5113	2192	30 726	26 446	16 425	6154	598	5	226	421
	未经注册商标所有人的许可,在相同商品上使用与其注册商标近似的商标或在类似商品上使用与其注册商标相同或近似的商标的	4050	1146	1010	356	11 763	6407	2869	1002	96		33	156
	销售侵犯注册商标专用权的商品的	17 885	6037	3983	1787	17 361	18 653	12 885	4861	442	5	163	255
	在同一种或类似商品上,将与他人注册商标相同或近似的标识作为商品名称或者商品装潢使用,误导公众的	414	163	52	20	636	531	276	130	13			
	故意为侵犯他人注册商标专用权行为提供仓储、运输、邮寄、隐匿便利条件的	46	13	17	5	77	120	33	12	7			
	未经商标注册人同意更换其注册商标并将该更换商标的商品又投入市场的	8	2	2	1	2	6	5	2				
	给他人注册商标专用权造成其他损害的	113	60	25	19	146	177	73	48	4			
	侵犯地理标志专用权的	31	19	2		91	35	22	13	6			
	侵犯特殊标志所有权的	11	4			2	5	7	4			1	
	侵犯驰名商标权益的	334	90	22	4	648	511	255	82	30		29	11

表 9

2015 年全国查处商标侵权假冒案件统计表(二)

项目		没收、销毁侵权商品(件)	没收、销毁侵权商标标识(件)	没收、销毁专门用于制造侵权商品和伪造注册商标标识的工具(件)	移送司法机关					
					案件数			其中:涉外案件		
					合计	其中:投诉案件	人数	合计	其中:投诉案件	人数
合计		8 614 952	3 894 218	10 310	*	*	*	*	*	*
假冒商标	小计	2 052 903	1 185 571	939	164	66	171	76	27	76
	未经注册商标所有人的许可,在相同商品上使用与其注册商标相同的商标的	1 770 854	328 831	177	76	37	68	25	12	22
	伪造、擅自制造他人注册商标标识或者销售伪造、擅自制造的注册商标标识的	50 912	843 232	702	16	8	11	8	5	5
	销售明知是假冒注册商标的商品的	231 137	13 508	60	72	21	92	43	10	49
商标侵权	小计	6 562 049	2 708 647	9371	*	*	*	*	*	*
	未经注册商标所有人的许可,在相同商品上使用与其注册商标近似的商标或在类似商品上使用与其注册商标相同或近似的商标的	3 320 115	1 868 335	6199	*	*	*	*	*	*
	销售侵犯注册商标专用权的商品的	3 029 938	579 072	3100	*	*	*	*	*	*
	在同一种或类似商品上,将与他人注册商标相同或近似的标识作为商品名称或者商品装潢使用,误导公众的	110 234	7953	64	*	*	*	*	*	*
	故意为侵犯他人注册商标专用权行为提供仓储、运输、邮寄、隐匿便利条件的	25 069	53 205		*	*	*	*	*	*
	未经商标注册人同意更换其注册商标并将该更换商标的商品又投入市场的	200			*	*	*	*	*	*
	给他人注册商标专用权造成其他损害的	45 072	176 022	3	*	*	*	*	*	*
	侵犯地理标志专用权的	523	18 000	1	*	*	*	*	*	*
	侵犯特殊标志所有权的	5								
	侵犯驰名商标权益的	30 893	6060	4	*	*	*	*	*	*

表 10　　2015 年全国各地区查处商标违法案件基本情况统计表

地区	一般违法				侵权假冒			
	案件总数（件）	其中:涉外案件(件)	案值（万元）	罚款金额（万元）	案件总数（件）	其中:涉外案件(件)	案值（万元）	罚款金额（万元）
合计	3337	85	13 416.52	3634.46	27 379	6460	36 671.71	32 563.97
北京	3		6.00	20.50	984	466	928.12	1128.82
天津	10		307.32	7.10	310	4	255.09	261.45
河北	147	16	109.79	169.44	569	84	375.32	596.38
山西	42		18.06	19.80	299	15	92.75	170.81
内蒙古	40		39.80	31.91	185	1	95.93	140.22
辽宁	7		19.70	8.01	401	45	735.87	380.86
吉林	18		7.56	5.88	247	25	203.91	335.80
黑龙江	5		4.10	0.80	25		19.72	21.50
上海	31	1	1013.37	77.11	1309	735	3901.25	1211.33
江苏	67		3406.37	311.63	1370	96	5053.90	2641.79
浙江	234	20	4870.09	353.42	3904	2032	7118.95	8114.46
安徽	202		60.01	130.52	2114	57	908.06	1142.22
福建	362	26	319.92	206.73	1340	432	1518.73	2222.23
江西	23		8.33	14.54	309	5	282.74	313.19
山东	92		138.97	107.23	1087	105	818.73	1071.19
河南	362		419.94	339.30	1871	26	1471.20	1314.74
湖北	441	1	769.11	567.92	1768	71	4433.65	2302.76
湖南	223		269.51	372.51	854	6	1463.11	1003.86
广东	234	7	645.28	213.38	3974	2021	3600.25	4893.28
广西	11		1.60	3.97	692	20	513.45	277.98
海南	4	3	0.90	4.90	177	17	235.90	97.31
重庆	17		48.17	39.50	240	23	396.07	584.47
四川	205		231.02	185.16	1034	22	716.69	778.06
贵州	84	3	144.58	39.17	403		316.71	243.08
云南	70		91.33	75.30	334	8	231.89	218.91
西藏	19		6.07	16.65	68		49.03	55.37
陕西	116		140.67	92.31	461	78	43.04	262.51
甘肃	55	2	50.23	56.05	406	26	262.14	254.31
青海					76		38.96	41.89
宁夏	25		9.44	11.91	105		41.99	42.78
新疆	188	6	259.28	151.81	463	40	548.56	440.41

（本统计数据由国家工商行政管理总局商标局提供）

版 权

表 1 **2015 年全国版权合同登记情况统计表** （单位：份）

	合计	图书	期刊	音像制品	电子出版物	软件	电影	电视节目	其他
合计	19 030	15 964	121	1688	190	762	2	4	299
中国版权保护中心	1718			1590	19	109			
北京	8945	8686	120	0	111	28	0	0	0
天津	300	278	0	4	18	0	0	0	0
河北	130	130							
山西	43	43							
内蒙古	0	0	0	0	0	0	0	0	0
辽宁	185	181	0	0	0	4	0	0	0
吉林	182	182							
黑龙江	64	64							
上海	1277	1083		92	35				67
江苏	1087	658			7	422			
浙江	551	368				183			
安徽	318	318							
福建	75	74	1						
江西	334	334							
山东	403	403							
河南	529	529							
湖北	389	389							
湖南	209	205	0	2	0	0	2	0	0
广东	442	205				1		4	232
广西	282	282							
海南	110	110							
重庆	360	360							
四川	306	306							
贵州	17	17							
云南	109	109							
西藏	0	0	0	0	0	0	0	0	0
陕西	634	619				15			
甘肃									
青海									
宁夏	5	5	0	0	0	0	0	0	0
新疆	26	26							

表 2　　2015 年全国作品自愿登记情况统计表　　（单位：份）

	合计	文字	口述	音乐	曲艺	舞蹈	杂技	美术	摄影	建筑	影视	设计图	地图	模型	其他
合计	1 349 552	485 539	4	2839	90	119	5	279 884	540 722	163	13 820	4003	309	144	21 911
中国版权保护中心	236 080	19 991	0	392	43	75	0	83 779	121 734	1	4471	762	0	1	4831
北京	601 014	228 199	0	265	0	5	1	4605	357 914	0	79	697	6	26	9217
天津	137	71	0	1	0	0	0	59	2	0	3	0	1	0	0
河北	259	128	0	8	0	0	0	120	0	0	0	0	0	0	3
山西	124	36	0	16	0	0	0	31	1	0	5	1	0	32	2
内蒙古	199	31	0	19	0	2	0	103	8	19	0	0	1	0	16
辽宁	10 337	5983	0	92	0	0	0	1012	1	0	1	1	20	0	3227
吉林	1186	278	0	368	0	0	0	367	4	0	0	0	0	0	169
黑龙江	1396	986	0	99	0	1	1	230	73	0	4	0	0	0	2
上海	199 148	181 001	0	142	0	0	0	9607	3193	0	4581	41	72	13	498
江苏	109 377	15 367	0	203	1	20	2	49 057	39 463	5	2125	1178	105	4	1847
浙江	15 354	391	0	130	2	0	0	14 179	478	0	57	9	0	0	108
安徽	1440	939	0	12	0	0	0	399	47	0	41	0	0	0	2
福建	38 447	439	0	92	6	0	0	37 482	21	77	100	140	1	2	87
江西	3372	221	0	282	0	0	0	2148	54	0	657	0	0	3	7
山东	50 200	23 525	3	32	18	1	0	15 665	10 360	3	51	323	10	42	167
河南	643	222	0	40	5	1	0	344	1	0	16	2	0	0	12
湖北	10 129	1853	0	30	1	2	1	7171	868	2	83	107	10	1	0
湖南	2698	540	0	26	0	0	0	1544	206	50	293	7	20	1	11
广东	20 347	942	0	138	0	1	0	14 017	2964	6	128	659	26	18	1448
广西	241	93	0	66	2	1	0	70	0	0	1	1	0	0	7
海南	113	31	0	15	0	0	0	53	0	0	13	0	0	0	1
重庆	40 667	1258	0	74	0	0	0	34 986	3138	0	979	46	10	1	175
四川	3002	1575	0	47	0	9	0	1281	37	0	23	25	1	0	4
贵州	220	7	0	0	0	0	0	204	4	0	4	0	0	0	1
云南	299	65	0	42	0	0	0	89	103	0	0	0	0	0	0
西藏	0	0	0	0	0	0	0	0	0	0	0	0	0	0	0
陕西	1808	1158	0	24	8	0	0	508	0	0	103	0	0	0	7
甘肃	156	35	0	3	4	0	0	103	3	0	0	3	0	0	5
青海	54	15	0	0	0	0	0	30	0	0	0	0	4	0	5
宁夏	178	64	1	53	0	0	0	58	0	0	2	0	0	0	0
新疆	927	95	0	128	0	1	0	583	45	0	0	1	22	0	52

表 3　　**2015 年版权输出地汇总表**　　（单位：项）

输出版权总数 \ 版权购买者所在国家或地区名称	合计	图书	录音制品	录像制品	电子出版物	软件	电影	电视节目	其他
	10 471	7998	217	0	650	2	0	1511	93
美国	1185	887			168			124	6
英国	708	546			36			60	66
德国	467	380			27			60	
法国	199	138				1		60	
俄罗斯	135	135							
加拿大	144	81						63	
新加坡	555	262	63		87			123	20
日本	313	285	11		16			1	
韩国	654	619	25		8			2	
中国香港地区	499	311			60	1		127	
中国澳门地区	99	31						68	
中国台湾地区	1857	1643			144			70	
其他	3656	2680	118		104			753	1

表 4　　**2015 年版权引进地汇总表**　　（单位：项）

引进版权总数 \ 原版权所在国家或地区名称	合计	图书	录音制品	录像制品	电子出版物	软件	电影	电视节目	其他
	16 467	15 458	133	90	292	34	324	136	0
美国	5251	4840	34	68	120	13	157	19	
英国	2802	2677	7	17	55	5	1	40	
德国	815	783	9	1	15	6		1	
法国	999	959	2		30	3		5	
俄罗斯	87	86							
加拿大	153	151			1			1	
新加坡	242	240						2	
日本	1771	1724	13		31	1		2	
韩国	883	826	2	1	6			48	
中国香港地区	333	159	13		5		154	2	
中国澳门地区	1	1							
中国台湾地区	1117	1052	43	1	7	1	10	3	
其他	2013	1960	10	2	22	4	2	13	

表 5 　　**2015 年全国版权执法情况统计表**

案件查处				收缴盗版品			
项目	上年度数量	本年度数量	同比增减(%)	项目	上年度数量	本年度数量(种)	同比增减(%)
行政处罚数量(件)	4728	3477	-26.46%	合计	16 665 890	11 420 929	-31.47%
案件移送数量(件)	366	160	-56.28%	书 刊	6 117 975	5 396 752	-11.79%
检查经营单位数量(个)	1 063 061	846 140	-20.41%	软件	673 163	368 499	-45.26%
取缔违法经营单位数量(个)	8686	9340	7.53%	音像制品	9 224 736	3 734 808	-59.51%
查获地下窝点数量(个)	482	392	-18.67%	电子出版物	333 876	177 506	-46.83%
其中:地下光盘生产线(条)	4	0	-100.00%	其他	316 140	669 196	111.68%
违法经营网站服务器(个)	794	475	-40.18%	未分类项		1 074 168	
罚款金额(元)	13 499 937	9 746 538	-27.80%				

（本统计数据由国家版权局版权管理司提供）

集成电路布图设计

表 1　　2015 年集成电路布图设计登记申请统计表　　（单位：件）

地区	申请数量
合计	2058
国内	1976
东部地区	1583
中部地区	229
西部地区	154
东北地区	1
北京	176
天津	21
河北	16
山西	1
内蒙古	0
辽宁	0
吉林	1
黑龙江	0
上海	552
江苏	238
浙江	211
安徽	109
福建	56
江西	32
山东	24
河南	1
湖北	58
湖南	28
广东	289
广西	9
海南	0
重庆	22
四川	61
贵州	0

续表

地区	申请数量
云南	1
西藏	0
陕西	61
甘肃	0
青海	0
宁夏	0
新疆	0
香港	5
台湾	4
国外	82
美国	81
韩国	0
开曼群岛	1
日本	0

注:统计范围为向我国国家知识产权局提出集成电路布图设计登记申请的国内外申请人以及获得我国国家知识产权局登记发证的集成电路布图设计国内外专有权人。

表 2　2015 年集成电路布图设计登记发证统计表　(单位:件)

地区	发证数量
合计	1800
国内	1694
东部地区	1361
中部地区	175
西部地区	132
东北地区	17
北京	166
天津	9
河北	14
山西	1
内蒙古	0
辽宁	16
吉林	1
黑龙江	0
上海	466
江苏	210
浙江	153

续表

地区	发证数量
安徽	102
福建	56
江西	16
山东	24
河南	1
湖北	23
湖南	32
广东	263
广西	8
海南	0
重庆	17
四川	57
贵州	0
云南	1
西藏	0
陕西	49
甘肃	0
青海	0
宁夏	0
新疆	0
香港	5
台湾	4
国外	106
美国	106
韩国	0
开曼群岛	0
日本	0

注：统计范围为向我国国家知识产权局提出集成电路布图设计登记申请的国内外申请人以及获得我国国家知识产权局登记发证的集成电路布图设计国内外专有权人。

（本统计数据由国家知识产权局规划发展司提供）

农业植物新品种

1999～2015 年品种权申请情况汇总表

表 1 根据植物种类划分的统计表 （单位:件）

作物种类	植物种类	申请	授权	2014 年申请	2015 年申请	2015 年授权
大田作物 申请:12 928 授权:5378	水稻	4522	1917	566	508	389
	玉米	5135	2142	553	763	331
	普通小麦	1238	522	123	148	114
	大豆	645	242	69	116	63
	甘蓝型油菜	284	155	15	11	47
	花生	184	51	32	21	15
	甘薯	79	21	9	16	7
	谷子	76	26	4	29	8
	高粱	67	31	12	7	13
	大麦属	100	40	11	7	12
	苎麻属	3	2	1	0	0
	棉属	481	204	35	18	65
	亚麻	4	1	0	0	0
	芥菜型油菜	1	0	0	0	0
	蚕豆	18	7	2	5	1
	绿豆	22	4	3	8	2
	芝麻	17	1	4	6	1
	甘蔗属	47	12	2	10	12
	小豆	5	0	1	2	0
	燕麦	0	0	0	0	0
蔬菜 申请:972 授权:327	大白菜	76	34	11	10	5
	马铃薯	106	30	19	10	13
	普通番茄	133	35	18	35	8
	黄瓜	80	46	7	4	19
	辣椒属	147	44	18	27	13
	普通西瓜	99	40	8	15	17
	普通结球甘蓝	49	12	6	11	2
	食用萝卜	15	3	3	3	0
	茄子	29	15	5	6	7

续表

作物种类	植物种类	申请	授权	2014 年申请	2015 年申请	2015 年授权
蔬菜 申请:972 授权:327	豌豆	2	1	0	0	1
	菜豆	17	4	3	2	3
	豇豆	8	2	0	1	2
	大葱	3	1	0	2	0
	西葫芦	34	7	6	12	6
	花椰菜	22	8	7	1	5
	芹菜	3	0	4	0	0
	胡萝卜	0	0	0	0	0
	白灵侧耳	3	1	0	0	0
	甜瓜	51	17	5	13	7
	草莓	52	22	6	9	14
	大蒜	5	3	0	0	3
	不结球白菜	25	2	8	8	2
	苦瓜	7	0	5	0	0
	芥菜	3	0	1	1	0
	芥蓝	2	0	0	2	0
	莴苣	1	0	1	0	0
	冬瓜	0	0	0	0	0
花卉 申请:1061 授权:387	春兰	0	0	0	0	0
	菊属	255	142	14	25	48
	石竹属	118	41	12	5	24
	唐菖蒲属	3	2	0	0	2
	兰属	44	12	0	1	0
	百合属	117	45	6	15	12
	鹤望兰属	0	0	0	0	0
	补血草属	4	1	0	0	1
	非洲菊	125	70	9	0	35
	花毛茛	2	0	0	0	0
	雁来红	0	0	0	0	0
	花烛属	160	41	13	21	16
	果子蔓属	49	22	6	1	5
	莲	6	2	0	1	2
	蝴蝶兰属	139	4	36	40	1
	秋海棠属	12	5	3	4	1
	凤仙花	2	0	0	0	0
	非洲凤仙花	0	0	0	0	0
	新几内亚凤仙花	14	0	0	4	0
	万寿菊属	11	0	8	3	0
	郁金香属	0	0	0	0	0

续表

作物种类	植物种类	申请	授权	2014 年申请	2015 年申请	2015 年授权
果树 申请:488 授权:160	梨属	68	39	0	7	10
	桃	53	25	1	7	8
	荔枝	3	1	0	2	0
	苹果属	81	21	3	22	6
	柑橘属	66	19	13	8	8
	香蕉	13	1	3	6	1
	猕猴桃属	86	26	17	11	5
	葡萄属	79	26	10	10	15
	李	16	0	0	0	0
	桑属	12	2	5	0	0
	龙眼	0	0	0	0	0
	枇杷	7	0	1	6	0
	樱桃	3	0	1	1	0
	芒果	1	0	1	0	0
牧草 申请:15 授权:1	紫花苜蓿	7	0	1	2	0
	草地早熟禾	4	0	0	0	0
	酸模属	2	0	0	0	0
	柱花草属	2	1	1	0	1
其他 申请:88 授权:5	华北八宝	0	0	0	0	0
	橡胶树	8	0	1	1	0
	茶组	68	5	22	19	5
	木薯	0	0	0	0	0
	人参	5	0	0	0	0
	三七	1	0	1	0	0
	烟草	6	0	1	0	0
合计		15 552	6258	1772	2069	1413

表 2　　根据单位性质划分的统计表　　(单位:件)

单位性质	申请	授权	2014 年申请	2015 年申请
国内科研	6470	3159	598	704
国内企业	6181	2023	932	990
国内教学	1085	516	108	93
国内个人	827	272	82	95
国外企业	895	268	48	161
国外个人	57	10	0	19
国外教学	27	9	1	6
国外科研	10	1	3	1
合计	15 552	6258	1772	2069

表 3　　根据地区划分的统计表　　（单位：件）

	排名	地区	申请	授权	2014 年申请	2015 年申请
国内	1	北京	1573	388	271	361
	2	河南	1230	473	129	207
	3	山东	1106	513	98	107
	4	江苏	1037	482	110	99
	5	四川	980	574	79	55
	6	黑龙江	935	331	129	138
	7	安徽	828	191	127	138
	8	吉林	799	399	74	71
	9	河北	649	303	51	76
	10	云南	626	269	78	28
	11	湖南	612	255	95	81
	12	辽宁	591	334	32	55
	13	浙江	432	145	79	62
	14	广东	380	132	66	59
	15	湖北	340	147	42	33
	16	福建	340	136	34	60
	17	上海	276	94	6	45
	18	广西	240	127	18	37
	19	内蒙古	235	99	32	32
	20	贵州	175	95	14	8
	21	陕西	174	77	15	17
	22	山西	174	80	10	38
	23	天津	171	49	41	24
	24	新疆	155	67	11	12
	25	重庆	140	57	8	9
	26	江西	124	70	18	6
	27	甘肃	101	39	17	10
	28	海南	55	24	3	8
	29	宁夏	34	14	5	4
	30	台湾	33	0	27	1
	31	青海	13	6	1	2
	32	西藏	5	0	0	0
国外		荷兰	356	135	28	38
		美国	301	60	13	75
		韩国	88	37	3	2
		日本	58	26	3	5
		法国	56	0	3	46
		德国	33	10	1	4

续表

	排名	地区	申请	授权	2014 年申请	2015 年申请
国外	瑞士		17	0	0	9
	新西兰		16	1	1	2
	比利时		14	8	0	0
	意大利		13	3	0	3
	西班牙		13	5	0	0
	澳大利亚		12	3	0	2
	以色列		6	0	0	0
	英国		2	0	0	0
	南非		1	0	0	0
	爱尔兰		1	0	0	0
	希腊		1	0	0	0
	智利		1	0	0	0
合计			15 552	6258	1772	2069

表 4　1999～2015 年国外植物新品种权申请情况统计表　（单位：件）

申请地区	植物种类	2015 年申请
荷兰（申请 356 件）	马铃薯	26
	菊属	69
	石竹属	20
	普通番茄	4
	辣椒属	7
	梨属	1
	百合属	51
	普通结球甘蓝	3
	茄子	6
	非洲菊	10
	花烛属	100
	果子蔓属	26
	蝴蝶兰属	22
	秋海棠属	11
美国（申请 301 件）	玉米	236
	普通番茄	15
	辣椒属	7
	苹果属	3
	柑橘属	2
	葡萄属	17
	草莓	21

续表

申请地区	植物种类	2015 年申请
韩国（申请 88 件）	水稻	2
	玉米	2
	马铃薯	5
	菊属	22
	唐菖蒲属	1
	梨属	24
	兰属	4
	甘薯	2
	桃	2
	普通结球甘蓝	1
	苹果属	7
	猕猴桃属	3
	葡萄属	7
	草莓	2
	人参	4
日本（申请 58 件）	水稻	13
	菊属	9
	石竹属	3
	普通番茄	1
	辣椒属	1
	兰属	10
	桃	1
	苹果属	2
	甜瓜	1
	草莓	3
	新几内亚凤仙花	14
德国（申请 33 件）	水稻	2
	玉米	19
	菊属	5
	梨属	3
	苹果属	1
	李	2
	秋海棠属	1
比利时（申请 14 件）	果子蔓属	10
	苹果属	4
新西兰（申请 16 件）	苹果属	9
	猕猴桃属	7

续表

申请地区	植物种类	2015 年申请
西班牙(申请 13 件)	石竹属	7
	柑橘属	4
	草莓	2
澳大利亚(申请 12 件)	大麦属	2
	苹果属	6
	柑橘属	3
	李	1
意大利(申请 13 件)	石竹属	3
	梨属	1
	苹果属	2
	猕猴桃属	1
	葡萄属	1
	草莓	5
法国(申请 56 件)	玉米	49
	马铃薯	5
	苹果属	1
	草莓	1
瑞士(申请 17 件)	玉米	15
	普通番茄	1
	普通西瓜	1
以色列(申请 6 件)	非洲菊	4
	普通番茄	2
英国(申请 2 件)	马铃薯	1
	苹果属	1
智利(申请 1 件)	葡萄属	1
爱尔兰(申请 1 件)	马铃薯	1
南非(申请 1 件)	柑橘属	1
希腊(申请 1 件)	猕猴桃属	1
合计(件)	989	

(本统计数据由农业部植物新品种保护办公室提供)

林业植物新品种

表 1　　1999～2015 年林业植物新品种申请量和授权量统计表　　(单位:件)

年度	申请			授权		
	国内申请人	国外申请人	合计	国内品种权人	国外品种权人	合计
1999	181	1	182	6	0	6
2000	7	4	11	18	5	23
2001	8	2	10	19	0	19
2002	13	4	17	1	0	1
2003	14	35	49	7	0	7
2004	17	19	36	16	0	16
2005	41	32	73	19	22	41
2006	22	29	51	8	0	8
2007	35	26	61	33	45	78
2008	57	20	77	35	5	40
2009	62	5	67	42	13	55
2010	85	4	89	26	0	26
2011	123	16	139	11	0	11
2012	196	26	222	169	0	169
2013	169	8	177	115	43	158
2014	243	11	254	150	19	169
2015	208	65	273	164	12	176
合计	1481	307	1788	839	164	1003

表 2　　1999～2015 年林业授权品种中不同植物类别授权量统计　　(单位:件)

年份	林木	经济林	观赏植物	竹	木质藤本	其他	合计
1999	6	0	0	0	0	0	6
2000	3	0	20	0	0	0	23
2001	2	2	14	0	0	1	19
2002	0	1	0	0	0	0	1
2003	6	1	0	0	0	0	7
2004	6	4	5	0	0	1	16
2005	3	1	34	0	0	3	41
2006	5	0	3	0	0	0	8

续表

年份	林木	经济林	观赏植物	竹	木质藤本	其他	合计
2007	7	1	70	0	0	0	78
2008	10	6	19	1	0	4	40
2009	14	1	39	0	0	1	55
2010	10	6	10	0	0	0	26
2011	2	1	5	0	0	3	11
2012	27	20	113	0	2	7	169
2013	34	9	114	1	0	0	158
2014	24	13	121	1	0	10	169
2015	31	28	106	1	2	8	176
合计	190	94	673	4	4	38	1003

表 3　　1999～2015 年林业授权品种中不同申请国家的授权量统计　　（单位：件）

排名	国家	授权总量	2015 年授权量	主要属种
1	中国	839	164	蔷薇属、杨属、山茶属、杜鹃花属
2	德国	57	0	蔷薇属、大戟属
3	荷兰	39	8	蔷薇属
4	法国	27	2	蔷薇属
5	英国	19	1	蔷薇属
6	美国	9	0	大戟属、杏
7	比利时	6	0	杜鹃花属
8	意大利	4	1	蔷薇属
9	丹麦	2	0	蔷薇属
10	新西兰	1	0	蔷薇属
合计		1003	176	

表 4　　1999～2015 年各国授权品种的属（种）授权量统计　　（单位：件）

属（种）	授权总量										
	中国	英国	意大利	新西兰	美国	荷兰	法国	德国	丹麦	比利时	合计
蔷薇属	122	19	4	1	0	36	27	42	2	0	253
杨属	101	0	0	0	0	0	0	0	0	0	101
山茶属	60	0	0	0	0	0	0	0	0	0	60
杜鹃花属	48	0	0	0	0	0	0	0	0	6	54
芍药属	33	0	0	0	0	0	0	0	0	0	33
牡丹花属	32	0	0	0	0	0	0	0	0	0	32
含笑属	29	0	0	0	0	0	0	0	0	0	29
大戟属	3	0	0	0	7	0	0	15	0	0	25

续表

属(种)	授权总量										
	中国	英国	意大利	新西兰	美国	荷兰	法国	德国	丹麦	比利时	合计
核桃属	25	0	0	0	0	0	0	0	0	0	25
银杏	24	0	0	0	0	0	0	0	0	0	24
其他	362	0	0	0	2	3	0	0	0	0	367
合计	839	19	4	1	9	39	27	57	2	6	1003

表 5　　1999～2015 年林业授权品种中不同植物类别品种权人的授权量统计　　(单位:件)

品种权人 植物类别	科研院所	高等院校	个人	企业	植物园	其他	合计
观赏植物	84	98	111	321	39	20	673
经济林	52	21	8	10	0	3	94
林木	98	55	10	26	1	0	190
木质藤本	2	1	0	1	0	0	4
竹	3	1	0	0	0	0	4
其他	16	3	1	18	0	0	38
合计	255	179	130	376	40	23	1003

表 6　　1999～2015 年林业授权品种主要品种权人的授权量统计　　(单位:件)

排名	授权总量		2015 年授权量	
	品种权人	授权量	品种权人	授权量
1	北京林业大学	111	山东省林业科学研究院	22
2	中国林业科学研究院	69	中国林业科学研究院	11
3	山东省林业科学研究院	48	杨玉勇	9
4	中国科学院	36	山东农业大学	7
5	昆明杨月季园艺有限责任公司	34	上海植物园	7
6	德国科德斯月季育种公司 (W. Korder'Sohne)	26	甘肃省林业科学技术推广总站	6
7	上海植物园	24	迪瑞特知识产权公司 (De Ruiter Intellectual Property B. V.)	5
8	棕榈园林股份有限公司	24	昆明杨月季园艺有限责任公司	5
9	山东农业大学	23	云南锦苑花卉产业股份有限公司	5
10	法国玫兰国际有限公司 (Meilland International S. A)	20	中国科学院	5
10	云南省农业科学院	20		

表 7　　1999～2015 年国内授权品种中不同地域的授权量统计　　(单位:件)

排序	省(市、区)	授权总量	2015 年授权量	授权植物主要属(种)
1	北京	199	17	杨属、蔷薇属、芍药属、牡丹、梅
2	云南	120	26	蔷薇属、含笑属
3	山东	119	41	银杏、核桃属
4	浙江	87	14	杜鹃花属、山茶属、木兰属、含笑属
5	广东	66	6	山茶属、桉属、木兰属、麻疯树属
6	河南	56	7	卫矛属、泡桐属、杨属、蔷薇属
7	上海	32	7	木瓜属、山茶属
8	江苏	26	2	银杏、落羽杉属
9	甘肃	23	10	牡丹、芍药属
10	河北	20	7	榆属、板栗、杨属
11	江西	15	9	含笑属、南酸枣、枫香、樟属
12	湖南	14	4	山茶属、含笑属
13	辽宁	10	2	杏、连翘属
14	宁夏	9	1	枸杞属
15	黑龙江	6	2	杨属、锦带花属
16	内蒙古	5	1	杨属、越桔属、圆柏属
17	陕西	5	0	杏、核桃属、石榴属、山茶属
18	新疆	5	0	杨属、蔷薇属
19	福建	4	2	木麻黄属、南酸枣、忍冬属
20	广西	4	3	山茶属、金合欢属、松属
21	山西	4	0	栾树属、刺槐属、枣
22	湖北	3	1	紫薇、杉木、樟属
23	四川	3	0	紫金牛属、杨属
24	贵州	2	2	蔷薇属、核桃属
25	安徽	1	0	枣
26	重庆	1	0	桂花
	合计	839	164	

表 8　　2001～2015 年林产品地理标志登记量统计　　(单位:项)

年份	2001	2002	2003	2004	2005	2006	2007	2008	2009	2010	2011	2012	2013	2014	2015	合计
数量	1	10	8	6	17	18	10	31	34	62	145	93	125	113	57	730

注:2015 年数量未含通过商标保护的林产品地理标志。

表 9　　2001～2015 年主要林产品地理标志登记量统计　　(单位:件)

产品类别	累计总量	2014 年	2015 年
枣	106	5	3
核桃	97	11	4
板栗	52	7	0
杏	33	5	2

续表

产品类别	累计总量	2014 年	2015 年
花椒	28	3	1
木耳	30	4	3
枸杞	16	0	0
油茶	8	2	0
其他	360	76	44
合计	730	113	57

注:2015 年数量未含通过商标保护的林产品地理标志。

表 10　　2015 年林业专利技术产业化推进项目

序号	项目名称	承担单位
1	湿地用竹基纤维复合材料制造技术产业化	中国林科院木工所
2	PVC 无酚热稳定剂制备关键技术开发与示范	中国林科院林化所
3	竹束单板层积材制造轻质墙体技术产业化	国际竹藤中心
4	脲醛树脂助剂及其制备方法专利产业化	永港伟方(北京)科技股份有限公司
5	采用竹纤维原料制备超细级微晶纤维素技术开发	福建省林业科学研究院
6	细木工板生产技术及产业化开发项目	湖南福湘木业有限责任公司

表 11　　1985～2015 年林业重点领域专利公开量统计　　(单位:件)

重点领域	公开总量				2015 年公开量			
	发明专利	实用新型	外观设计	合计	发明专利	实用新型	外观设计	合计
森林培育	17 534	6950	446	24 930	4687	1771	44	6502
木材加工	14 156	10 852	14	25 022	2423	2387	6	4816
林业机械	6074	7708	52	13 834	1637	1935	10	3582
竹藤产业	9212	7790	10 488	27 490	2079	1249	1117	4445
木地板产业	1730	3616	1951	7297	428	465	97	990
林产化工	7574	2454	197	10 225	1303	372	6	1681
林业生物质能源	3805	1808	56	5669	616	435	8	1059

表 12　　2015 年林业科研院所和高等院校专利主要技术领域专利公开量　　(单位:件)

排名	IPC 大组	IPC 释义	科研院所	高等院校	合计
1	A01G1/00	园艺;蔬菜的栽培	105	47	152
2	A01H4/00	通过组织培养技术的植物再生	39	44	83
3	A01G9/00	在容器、促成温床或温室里栽培花卉、蔬菜或稻	22	40	62
4	C12N1/00	微生物	19	43	62
5	C12N15/00	突变或遗传工程	20	40	60
6	B27D1/00	木制单板与任何材料的接合	14	40	54
7	A01G17/00	啤酒花、葡萄、果树或类似树木的栽培	38	10	48
8	A01G23/00	林业	27	21	48
9	C05G3/00	一种或多种肥料与无特殊肥效组分的混合物	25	22	47

续表

排名	IPC 大组	IPC 释义	科研院所	高等院校	合计
10	G01N33/00	借助于测定材料的化学或物理性质来测试或分析材料	2	39	41
11	A01G31/00	水培;无土栽培	15	25	40
12	C12Q1/00	包含酶或微生物的测定或检验方法	12	27	39
13	A23L1/00	食品或食料;它们的制备或处理	10	29	39
14	G01N21/00	利用光学手段,即利用红外光、可见光或紫外光来测试或分析材料	10	27	37
15	G01N1/00	取样;制备测试用的样品	14	19	33

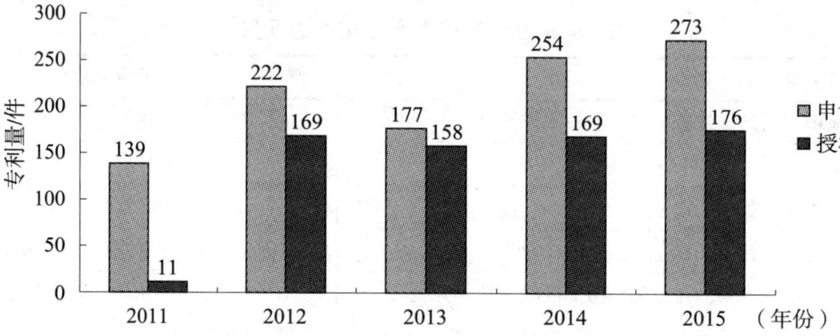

图 1 2011～2015 年林业植物新品种申请量和授权量统计

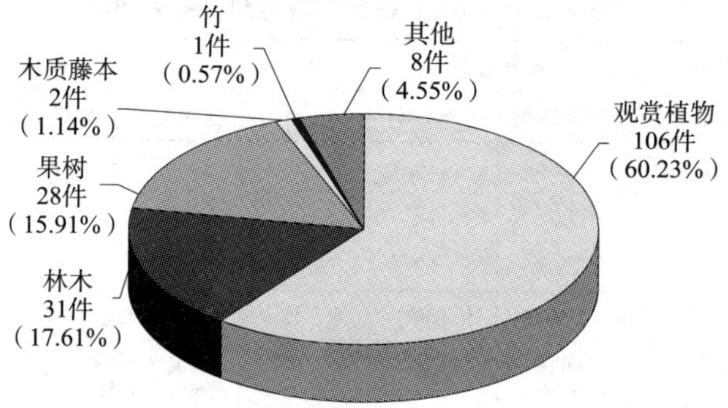

图 2 2015 年林业授权植物新品种不同植物类别统计

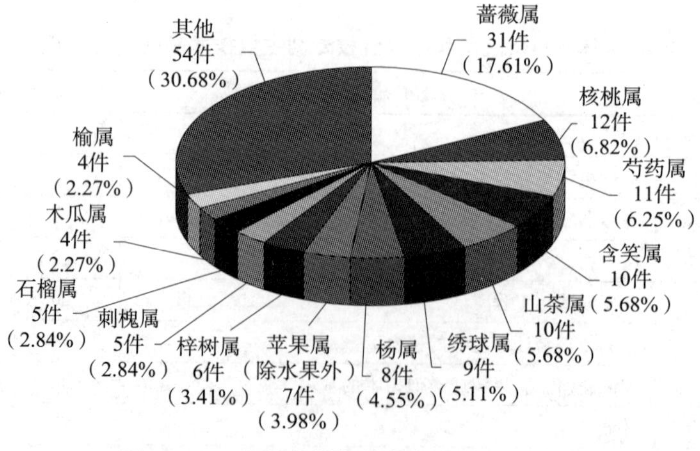

图 3 2015 年林业授权植物新品种属种统计

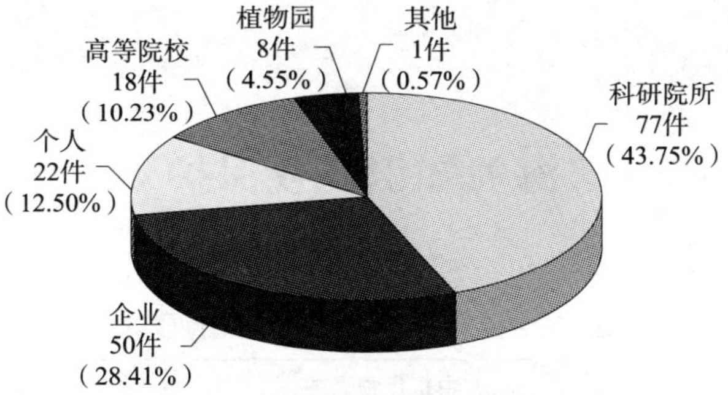

图 4　2015 年林业授权植物新品种品种权人构成分布

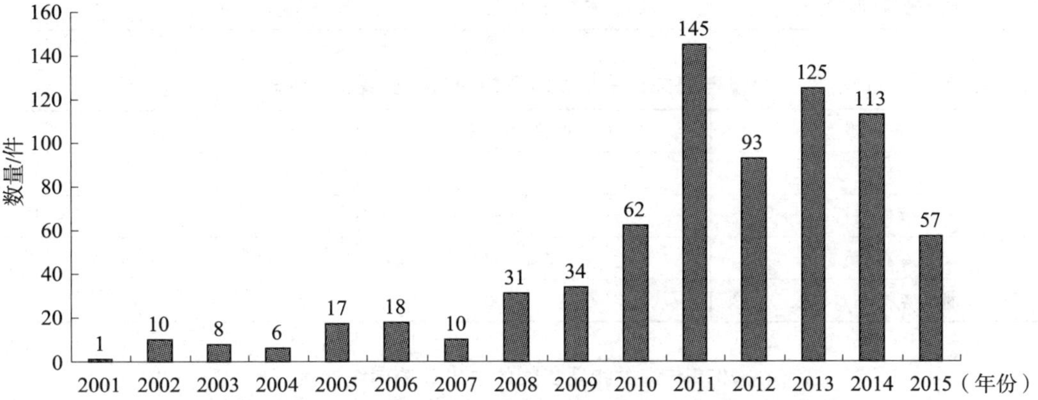

图 5　2001～2015 年注册和登记的林产品地理标志数量统计

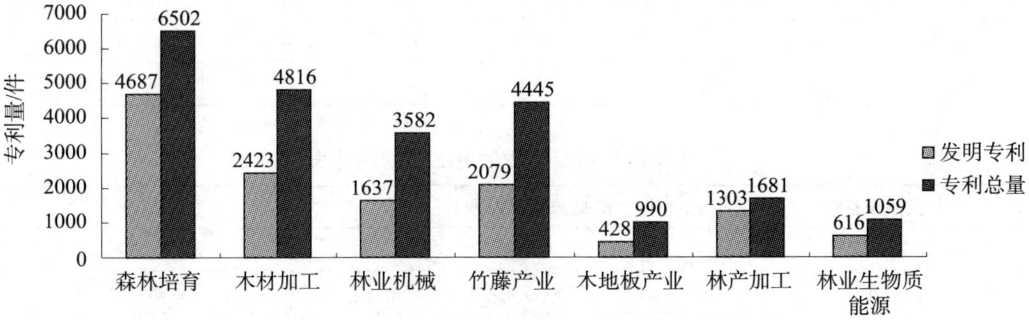

图 6　2015 年林业重点领域专利公开量统计

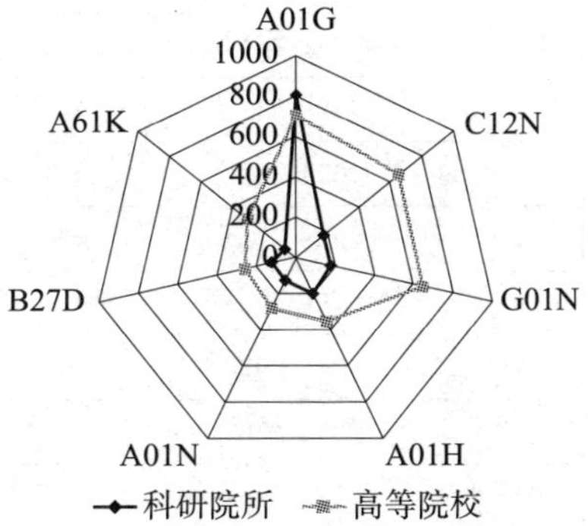

图 7　1985～2015 年林业科研院所和高等院校专利主要技术领域

（本统计数据由国家林业局植物新品种保护办公室提供）

海关知识产权保护

表 1　　2015 年海关采取知识产权保护措施统计表

	中止货物通关	扣留侵权嫌疑货物
批次	25 237	23 227
商品数量(件/双)	98 513 199	69 773 125

表 2　　2015 年海关扣留货物涉及的知识产权类型统计表

知识产权类型	商品数量(件/双)	占比
商标专用权	68 539 932	98.23%
著作权	258 460	0.37%
专利权	965 533	1.38%
奥林匹克标志专有权	9200	0.01%

表 3　　2015 年海关扣留货物的进出口流向统计表

进出口类型	批次	占比	商品数量(件/双)	占比
合计	23 227		69 773 125	
进口	753	3.24%	330 416	0.47%
出口	22 476	96.76%	69 442 709	99.53%

表 4　　2015 年海关扣留货物的商品类别统计表

商品类别	商品数量(件/双)	占比
烟草	15 427 424	22.11%
食品饮料	11 406	0.02%
其他轻工产品	488 787	0.70%
五金机械	2 776 167	3.98%
化妆、个人护理用品	27 931 281	40.03%
服装	1 392 332	2.00%
鞋类	1 094 242	1.57%
汽车、摩托车	508 778	0.73%
其他机电产品	3 159 293	4.53%
帽类	278 293	0.40%
箱包及皮革制品	344 458	0.49%
通信设备	235 316	0.34%
手表	326 145	0.47%
玩具游戏	191 858	0.27%

续表

商品类别	商品数量(件/双)	占比
药品	36 085	0.05%
存储介质	89 392	0.13%
运动器具	109 036	0.16%
珠宝首饰	78 078	0.11%
医疗器械	9320	0.01%
其他	15 285 434	21.97%

表 5　2015 年海关扣留货物的运输方式统计表

	邮递	快件	海运	航空	汽车	铁路	其他
批次	19 659	680	1840	336	229	23	463
占比	84.63%	2.93%	7.92%	1.45%	0.99%	0.10%	1.99%
商品数量(件/双)	325 471	100 979	68 125 439	403 731	652 678	40 586	124 241
占比	0.47%	0.14%	97.64%	0.58%	0.94%	0.06%	0.18%

表 6　2015 年海关知识产权执法模式统计表

执法模式	批次	占比	货物数量(件/双)	占比
依职权扣留	23 192	99.71%	45 558 879	65.30%
依申请扣留	68	0.29%	24 214 246	34.70%

表 7　2015 年海关保护的知识产权权利人来源情况统计表

国别(地区)	权利数	商品数量(件/双)	案值(元)
美国	1822	30 522 032	57 327 802.19
法国	812	1 262 562	6 509 186.07
德国	733	1 886 823	18 704 293.36
韩国	418	775 304	19 596 762.92
瑞士	413	16 740 627	6 611 714.01
意大利	393	613 841	5 310 989.21
日本	392	1 611 692	33 476 978.92
中国	381	6 622 922	55 897 996.97
英国	338	231 698	3 365 275.72
荷兰	172	2 268 052	8 229 928.5
卢森堡	107	5 394 857	1 398 433.48
瑞典	39	69 840	718 350.32
加拿大	18	117 277	916 209
中国香港地区	16	65 473	701 581.78
巴西	13	1 041 426	2 520 929
中国台湾地区	11	45 269	183 702
西班牙	9	25 490	581 810.36

续表

国别(地区)	权利数	商品数量(件/双)	案值(元)
印度	7	36 650	254 604
奥地利	6	36 476	155 819.78
蒙古	6	353	35 490
丹麦	4	5484	302 007
芬兰	4	1178	4160
泰国	4	28 920	76 920
阿联酋	3	222 900	584 791.72
新加坡	3	16 388	509 862
国际奥组委	2	9200	70 910
匈牙利	2	5600	19 851
伊朗	2	7650	214 644
英属维尔京群岛	2	11	340
阿尔巴尼亚	1	36 150	2 169 000
阿根廷	1	2300	2300
澳大利亚	1	1	10 000
菲律宾	1	49 500	49 500
海地	1	25	5000
梅利利亚	1	40	8000
挪威	1	4	200
土耳其	1	2536	100 172
印度尼西亚	1	16 534	36 676.6
中国澳门地区	1	40	800

（本统计数据由海关总署政策法规司提供）

知识产权司法保护

表 1　　2015 年全国法院受理和审结各类知识产权案件统计表

项　　目	2015 年
一、全国地方法院刑事案件	
新收一审案件(件)	10 975
审结一审案件(件)	10 809
生效判决人数(人)	12741
给予刑事处罚(人)	12 580
侵犯知识产权犯罪(件)	4856
假冒注册商标罪(件)	2133
销售假冒注册商标的商品罪(件)	1789
非法制造、销售非法制造的注册商标标识罪(件)	358
假冒专利罪(件)	1
侵犯著作权罪(件)	523
销售侵权复制品罪(件)	5
侵犯商业秘密罪(件)	47
生产、销售伪劣商品犯罪(涉及侵犯知识产权)(件)	3965
非法经营犯罪(涉及侵犯知识产权)(件)	1844
其他犯罪(涉及侵犯知识产权)(件)	144
二、全国地方法院行政案件	
新收一审案件(件)	9839
审结一审案件(件)	10 926
新收专利案件(件)	1721
同比增长(%)	219.29
新收商标案件(件)	7477
同比下降(%)	19.65
新收著作权案件(件)	10
同比下降(%)	16.67
新收其他案件(件)	631
同比增长(%)	917.74
新收二审案件(件)	2245
审结二审案件(件)	2329
三、全国地方法院民事案件	
新收一审案件(件)	109 386
同比增长(%)	14.51

续表

项　　目	2015 年
专利案件(件)	11 607
同比增长(%)	20.3
商标案件(件)	24 168
同比增长(%)	13.14
著作权案件(件)	66 690
同比增长(%)	12.1
技术合同案件(件)	1480
同比增长(%)	38.19
竞争案件(件)	2181
同比增长(%)	53.38
其中垄断民事一审案件	156
其他知识产权案件(件)	3093
同比增长(%)	22.45
审结一审案件(件)	101 324
同比增长(%)	7.22
涉外案件(件)	1327
同比下降(%)	22.67
涉港澳台案件(件)	387
同比下降(%)	9.15
新收二审案件(件)	15 114
同比增长(%)	9.84
审结二审案件(件)	15 025
同比增长(%)	9.61
新收再审案件(件)	115
同比增长(%)	43.75
审结再审案件(件)	114
同比增长(%)	21.28
四、最高人民法院知识产权审判庭案件	
新收知识产权民事案件(件)	381
同比增长(%)	13.39
审结知识产权民事案件(件)	377
同比增长(%)	11.2
新收知识产权行政案件(件)	378
同比增长(%)	161
审结知识产权行政案件(件)	377
同比增长(%)	150

(本统计数据由最高人民法院知识产权审判庭提供)

表 2　　2015 年全国检察机关办理侵犯知识产权案件情况统计表

项　　目	2015 年
合计	
批捕案件(件)	2761
批捕人数(人)	4772
起诉案件(件)	4736
起诉人数(人)	8664
一、侵犯知识产权犯罪	
批捕案件(件)	2615
批捕人数(人)	4445
起诉案件(件)	4484
起诉人数(人)	8025
1.假冒注册商标罪	
批捕案件(件)	1213
批捕人数(人)	2306
起诉案件(件)	2007
起诉人数(人)	3939
2.销售假冒注册商标的商品罪	
批捕案件(件)	1046
批捕人数(人)	1597
起诉案件(件)	1695
起诉人数(人)	2819
3.非法制造、销售非法制造的注册商标标识罪	
批捕案件(件)	222
批捕人数(人)	358
起诉案件(件)	315
起诉人数(人)	635
4.假冒专利罪	
批捕案件(件)	1
批捕人数(人)	1
起诉案件(件)	1
起诉人数(人)	2
5.侵犯著作权罪	
批捕案件(件)	106
批捕人数(人)	148
起诉案件(件)	425
起诉人数(人)	565
6.销售侵权复制品罪	
批捕案件(件)	
批捕人数(人)	

续表

项　　目	2015 年
起诉案件(件)	7
起诉人数(人)	7
7. 侵犯商业秘密罪	
批捕案件(件)	27
批捕人数(人)	35
起诉案件(件)	34
起诉人数(人)	58
二、数罪中含侵犯知识产权罪	
批捕案件(件)	18
批捕人数(人)	30
起诉案件(件)	34
起诉人数(人)	58
三、他罪中含侵犯知识产权行为	
批捕案件(件)	128
批捕人数(人)	297
起诉案件(件)	218
起诉人数(人)	581

(本统计数据由最高人民检察院侦查监督厅提供)

第十七届中国专利金奖获奖项目简介

专利名称：一种重质油及渣油加氢转化催化剂及其制备方法
专 利 号：02109422.5
专利权人：中国石油化工股份有限公司
中国石油化工股份有限公司抚顺石油化工研究院
发 明 人：袁胜华　苏晓波　张　皓
方维平　付泽民　段　日

一、技术先进性

本专利通过研究重、渣油原料中残炭类物质(如胶质、沥青质等)在加氢处理反应过程中的结构转化特点，创造了重、渣油原料中残炭类物质逐级发生"氢解一加氢一裂解"反应的路径，并从酸量、酸性质、不同类型酸中心的匹配、不同类型酸中心的分布、酸性质与孔道结构匹配等方面，设计了所需催化剂，使得创设的反应路径得以实现。即残炭类物质首先在相对较弱的酸性中心及加氢中心上进行氢解反应，使胶团状结构初步解体，然后在加氢中心进行加氢反应，使初步解体后物质中的高活性自由基饱和，最后自由基饱和后的中间产物扩散到孔道深层，在酸性较强的质子酸中心上进一步裂解，使残炭类物质充分转化，并有效避免了强酸性使结焦速度加快的问题。

二、社会效益状况

本技术属于炼油企业原油资源充分利用及清洁燃料生产技术领域，加氢技术是生产高质量油品和化工原料的关键技术。重、渣油加氢处理技术是将重质、劣质原料加工为轻质清洁燃料的关键技术，与其他重、渣油加工技术相比，具有产品质量好，原油资源利用充分等特点。原油资源属于不可再生能源，储量有限，因此，充分利用原油资源具有重要的社会意义。高性能的加氢催化剂是实现重、渣油加氢处理的关键技术，本专利是渣油加氢系列催化剂中最重要的一种催化剂，主要功能是将重、渣油原料中最难处理的胶质和沥青质充分转化，因此本专利是实现渣油加氢处理技术产业化应用的最关键技术。本专利打破了该技术领域被国外公司技术垄断的现状，并成功走出国门，在国际市场上占有一席之地，提高了中国企业在国际上的地位。

三、行业影响力状况

本专利与其他配套专利技术一起，实现了国内自主知识产权渣油加氢技术和催化剂的产业化应用，为国内企业充分利用原油资源、提升油品质量奠定了坚实的基础，使自主知识产权加氢催化剂能够与国外催化剂进行市场竞争。因此，本专利在国内本行业内起到了关键作用，避免了行业发展受制于人，为中国以较低的成本改善大气环境和充分利用原油资源打下了基础。

专利名称：含二氮杂萘酮联苯结构聚芳醚腈砜及其制备法
专 利 号：03111541.1

专利权人:大连理工大学　大连宝力摩新材料有限公司
发 明 人:蹇锡高　李　琦　王明晶　蹇　峥

一、技术先进性

本发明属于基础型发明专利,其核心技术是一种含二氮杂萘酮联苯结构的聚芳醚腈砜系列高性能树脂。传统聚芳醚腈室温只溶于浓硫酸,致使其合成条件苛刻,成本较高,价格昂贵,加工方式单一,应用受限。本发明从聚合物分子结构设计出发,通过发明新型的聚合工艺,以结构新颖的4－(4－羟基苯基)－2,3－杂萘－1－酮(简称 DHPZ)新单体和双卤单体 2,6－二氟/氯苯腈和/或 4,4′－二氯/氟二苯砜,经过溶液亲核取代逐步聚合反应,首创开发了既耐高温又可溶解、综合性能优异的含二氮杂萘酮联苯结构聚芳醚腈砜系列高性能树脂。同时,本发明的创新点还在于以新型复合催化体系和混合溶剂体系为主要特征的聚芳醚腈类树脂合成新工艺技术。

二、社会效益状况

高性能工程塑料是在 20 世纪 60 年代国际军备竞赛的背景下发展起来的,是发展航空航天、核能、电子电气等高技术和国防军工不可或缺的重要材料,长期受西方发达国家垄断、封锁。本发明技术成果的工程转化和推广应用,将有力地促进我国高性能树脂行业的健康发展,打破国外技术垄断和封锁;其深加工产品已被广泛用于航空航天、电子电气、核能、石油化工等领域,促进了相关行业技术进步,牵动了相关技术产品升级换代,提高了在国际市场的竞争力,为发展高技术和国防军工建设提供了材料支持和保障;在相关企业和领域的实施应用创造了就业岗位,培养了一批行业人才,社会效益巨大。

三、行业影响力状况

根据我国国民经济的发展规划,基础设施、汽车、高速轨道交通、石化、航空航天、能源等行业将得到优先发展。这些行业对高性能树脂产品有着巨大的需求,对高性能树脂基复合材料制备的各种高精密耐腐蚀结构件、耐高温绝缘漆、耐高温抗过载的漆包线、耐高温高电压电缆、新能源用离子交换膜等产品的需求较为旺盛。含二氮杂萘酮联苯结构聚芳醚腈砜系列高性能树脂处于国际领先水平。该产品具有高性能、可溶性、易加工的特点,可满足特殊用途,在很多领域得到广泛应用,进而促进相关产业技术更新和产品质量升级。

专利名称:蒽醌衍生物作为防治植物病害农药的应用
专 利 号:03125346.6
专利权人:湖北省农业科学院植保土肥研究所
发 明 人:喻大昭　杨小军　倪汉文　杨立军　王少南　张汉亦　赵永玉

一、技术先进性

本专利属于基础型专利,所属领域为生物农药中的植物源农药领域。在医药上,蒽醌衍生物为常用的中药有效成分,常作为泻药用于中医临床并有较强的抗菌作用,而它们在植物中的功能还没有被充分了解。本专利采用浸提法、萃取法、柱层析法、高效液相色谱法从巴天酸模、何首乌、决明子、翼核果中提取获得 10 种蒽醌衍生物。生物活性测定表明,这些蒽醌衍生物对植物病原菌具有明显的拮抗活性。天然蒽醌衍生物对植物病原菌活性的发现,为蒽醌衍生物在农药领域提供了一种新用途,为农药杀菌活性物质库开拓了一个新的领域,成为生物源药剂开发的标杆,促进了植物源农药研究的进步。

二、社会效益状况

该项目研究创新集成了植物源农药开发的技术体系，极大地推动了我国植物源农药开发与应用的技术进步。以大黄素甲醚作为标记物的蒽醌类化合物杀菌剂，有效成分来自天然产物，在环境中降解快；制剂加工时，没有添加有毒有机溶剂，对环境友好。另外，蒽醌化合物杀菌剂的使用可减少化学杀菌剂的使用，降低对环境的污染。

以 10 种蒽醌衍生物中的 1 种进行深入研究，创制了系列蒽醌类生物源农药，创制的 0.5%大黄素甲醚水剂和 0.1%大黄素甲醚水剂属于高效、低毒、低残留的植物源杀菌剂，在果蔬作物上使用没有农产品采收安全间隔期的要求，保证了施用作物农产品安全。

蒽醌衍生物植物源杀菌剂的生产原料可在沙漠、贫瘠土地种植，在这些地方种植原料植物，可保护生态环境，推动贫困地区农业产业结构调整，带动植物源农药原材料种植业发展，为农民致富提供了新途径。

三、行业影响力状况

本专利主要从以下四个方面对行业的发展产生了巨大影响力：(1)从新天然活性物质发现、杀菌机理探明、萃取与制剂工艺创新到新产品开发进行了深入系统的研究，为生物源农药开发树立了新标杆。(2)显著促进了我国植物源农药产业的科技进步。天然蒽醌化合物对植物病原菌活性的发现为创制新杀菌剂提供了新类型的先导化合物。(3)天然蒽醌化合物杀菌剂获欧盟有机农产品生产投入品认证，显著提高了我国农产品国际贸易竞争力。(4)研究团队集聚了科研院所、教学单位、农药管理和推广部门以及高新企业的研发人才，实现了联合攻关、技术创新、产品开发及推广的模式创新。

专利名称：一种绑定即时通信识别码与无线通信识别码的方法

专 利 号：200510109483.X

专利权人：腾讯科技(深圳)有限公司

发 明 人：吴宵光　陈　泱　黄业钧　马化腾　曾李青

一、技术先进性

本专利开创性地将无线通信技术与互联网即时通信技术联系起来并实现了二者间的即时通信，创造了一种新的通信模式；沟通了 PC 和手机两大信息平台，满足了人们之间随时随地、线上线下进行即时通信的需求，创造了一种新的通信产品。本专利将互联网即时通信账号与无线通信服务结合，为业界首创，提升了用户体验，提供了多重安全保障。

二、社会效益状况

本专利创造性地将即时通信识别码与实现短消息服务的无线终端号码(大多数情况下为手机号码)进行绑定，使人们沟通时不再考虑终端、网络、时间和地点，实现了跨平台、全天候、低成本、无缝实时的信息交流和传递，极大地提高了人民的物质文化生活水平。本专利技术还实现了在即时通信终端及移动终端均只显示用户的即时通信识别码，而不显示用户的无线终端号码(如手机号码和小灵通号码)，能够保护用户的隐私。用户可以根据需要提供或者不提供给好友手机号，极大地丰富了人们的通信方式，而且通信费用非常低廉。

三、行业影响力状况

本专利开创了国内即时通信账号与移动通信账号相结合技术上的先河，为后续二者之间业务的打通做铺垫；实现了即时通信与无线用户之间或者无线用户相互之间的即时通信服务，沟通了 PC 与手机两大信息平台，成为业界的典范；将互联网上的即时通信服务与无线的 GSM、CDMA、

PHS、SMS、GPRS 和 WAP 系统等互联互通，突破了网络的限制，使用户能够随时随地与好友聊天、语音视频、发图片、下载最新铃声和图片等；有效推动了行业在发展业务和产品的时候，开展各种跨平台的业务，推动了整个行业的繁荣和发展。

专利名称：氯吡格雷硫酸盐的固体制剂及其制备方法
专 利 号：200610063151.7
专利权人：深圳信立泰药业股份有限公司
发 明 人：叶澄海

一、技术先进性

本专利为氯吡格雷硫酸盐的固体制剂及其制备方法，保护了一种氯吡格雷硫酸盐的固体制剂。该方法采用特定的制剂处方，并采用干法制粒工艺降低了原料药晶型对制剂质量的影响，进一步使得使用自由技术氯吡格雷硫酸盐Ⅰ型晶型（热力学不稳定，制剂性能不佳）生产氯吡格雷制剂成为可能，在控制氯吡格雷光学杂质（左旋氯吡格雷）含量，保证制剂质量的同时，避免了侵犯原研布局的氯吡格雷硫酸盐Ⅱ晶型（热力学稳定，制剂性能好）的专利权。

二、社会效益状况

硫酸氢氯吡格雷为新型的抗血小板聚集药物，可预防和治疗因血小板高聚集状态引起的心、脑及其他动脉的循环障碍疾病，属于临床抗凝血一线用药，临床主要用于治疗急性冠脉综合症、心肌梗塞、缺血性卒中、冠状动脉手术及血小板高聚集状态引起的相关疾病。

本专利产品实现了新型抗血小板聚集药重大品种的国产化，据 2002～2015 年多篇科技文献报道，临床治疗中，本专利产品的安全性和疗效，不差于原研产品；采用相同治疗方案时上市产品的年治疗费用远低于原研产品的年治疗费用，可以看出其药物经济学综合指标明显优于原研产品，使得降低患者治疗成本成为可能。因此，本专利产品的出现既提升了我国制药企业在国际竞争中的话语权和定价权，也避免了因为垄断而带来的药价过高的现象，对我国医药行业发展水平的提升具有积极的推动作用。

三、行业影响力状况

专利权人从 1997 年即开始研发国家二类新药硫酸氢氯吡格雷，本专利产品于 2000 年在国内首家获得国家药品监督管理局批准生产上市，上市时间甚至早于原研产品“波立维”。氯吡格雷原料药具有其特殊性（如湿热不稳定、流动性差、存在优势晶型、原辅料相容性、粘冲等），基于此原研产品设置了专利壁垒，并保留了大量技术秘密作为技术壁垒，诸多壁垒使得仿制药企业上市不侵权且质量稳定的氯吡格雷硫酸盐仿制药产品存在巨大困难，专利权人成功实现了对专利壁垒、技术壁垒的突破。

基于本专利产品最早上市，产品质量稳定，具有代表性，且具有较高市场地位，专利权人提出并参与制定了我国第一个硫酸氢氯吡格雷及其制剂的国家药品标准，为国家食品药品监督管理总局和药典委员会采用并颁布实施。目前本专利产品的质量标准高于美国药典最新标准（USP38）和进口注册标准。

专利名称：一种太阳能电池背板及其制备方法
专 利 号：200710185202.8
专利权人：中国乐凯集团有限公司
发 明 人：李　刚　刘天人　张学建　邹　竞

一、技术先进性

本专利属于基础性专利，关键技术一是通过对含氟聚合物配方组成及用量的调整，达到不使用底层或粘合剂就能与聚酯基材粘结的效果，同时具有高耐候性；该配方组分中提到的含氟树脂、改性树脂、聚合物填料、无机填料及溶剂是太阳能电池背板含氟聚合物的核心和主要组分，通过对这些组分的选择及添加量的搭配，实现了高耐候性、与聚酯基材具有良好的粘结性、优异的阻水性，能保证太阳能电池组件使用 25 年。另一关键技术是改性树脂的优化选择用以提高含氟聚合物层与聚酯基材的附着力。通过用羧酸基、磺酸基、氮杂环丙烷基、异氰酸酯基、环氧基、胺基、羟基或活性亚甲基改性处理的聚偏氟乙烯一四氟乙烯一六氟丙烯树脂，作为改性树脂，能够使含氟聚合物层的附着力以及制备的太阳能电池背板的性能达到最优。

二、社会效益状况

(1)该专利技术的应用，提升了我国太阳能电池背板技术，产品填补了国内空白。专利权人是首家生产涂布型太阳能电池背板的企业。依托本专利技术开发的太阳能电池背板产品的质量达到了国外同类产品水平，打破了国外跨国公司在该领域对我国的技术封锁及产品垄断。(2)该专利技术的应用，带动了产业链。本专利技术的实施，快速提升了国内太阳能电池背板产业的整体水平，以及原材料的配套能力，打破了我国太阳能电池背板产业链严重失衡的局面。同时，随着光伏电厂的相继开发、建设和运营，太阳能电池背板将成为地区又一大产业，为地方经济开辟新的增长点，同时解决当地就业问题。(3)该专利技术的应用，减少了污染，改善了环境。太阳能发电作为清洁可再生能源，对全社会有着广泛而特别的作用。太阳能发电可以减少温室效应，保护环境。光伏电站节能减排的力度和意义对于企业、国家乃至整个社会都是非常重大的。

三、行业影响力状况

该专利技术的实施，改变了国内太阳电池背板主要依靠进口的局面，适应了国内及国际市场的发展要求。太阳能电池背板专利技术的成功开发与实施，增加了国产太阳能电池背板的市场竞争能力。本专利技术的成功开发与实施不仅可以加强国有企业在社会竞争中的优势，还能为太阳能行业上下游各个企业带来效益，整体提高我国太阳能产业的国际竞争力。

专利名称：一种物理上行控制信道干扰随机化的方法
专 利 号：200810094545.8
专利权人：中兴通讯股份有限公司
发 明 人：夏树强　梁春丽　戴　博　郝　鹏

一、技术先进性

本专利在提高效率、降低成本、节能减排、改善性能、提升品质等方面有以下技术优势。(1)基础性。由于本发明提出较早并被 3GPP LTE release 8 版本（3GPP LTE 最基本的版本）采纳，基于 3GPP LTE 的兼容性及该方案的必选性，该方案还可以应用于 3GPP LTE release 9/10/11/12 及未来的各种演进版本。(2)通用性。在 LTE 系统中，携带 ACK/NAK、CQI 的 PUCCH 信道结构有很大差异，即使是携带同一信息的 PUCCH 信道，在循环前缀不同时，其信道结构也有较大差异。本专利给出一种能应用于上述各种情况的时隙间随机化方案，在实现信道随机化目的的同时，还具有形式统一、实现简单等优点。(3)广泛性。一方面，本专利所提的方案虽然主要目的是用于物理上行控制信道，但是基于具体无线通讯系统的特点，本发明也可以应用于下行控制信道的干扰随机化、随机接入信道的碰撞概率降低等多个领域；另一方面，本专利既可应用于基站设备，也可应用于终端设备，还可以应用于芯片产品。(4)效果多面性。本专利除了具有信道随机化效果好、干扰相对平均等优点外，还具有提高信道传输可靠性、降低终端功耗、提高系统频谱效率和稳定性等诸多优点。

二、社会效益状况

本专利技术属于实现 LTE 设备和终端的核心技术，对降低终端功耗和系统内干扰水平、提高系统频谱效率和稳定性都具有显著的作用。一方面，本专利技术方案为 3GPP LTE 标准所采纳，这对提高 LTE 系统的竞争力和全球大规模应用具有重要的推动作用。另一方面，本专利已经在中国、欧洲、美国、日本、加拿大、韩国、俄罗斯、印度等国家和地区进行了全面的专利布局，并且大部分都已经获得了授权。

三、行业影响力状况

为了尽可能拓展专利的有效性和知识产权价值，专利权人积极参与 3GPP LTE 技术的标准制定工作，基于本专利方案提交了相关的国际提案。2008 年 8 月，本专利方法被采纳作为 3GPP 制定的 LTE 标准中物理上行控制信道的解决方案。这一方面增强了我国在国际通讯领域的竞争优势和业界影响力，另一方面也增强了国内同行在高科技领域的研发信心，起到了良好的示范作用，对促进 LTE 技术的成熟发展和全球推广都具有重要意义。

专利名称：一种混合动力驱动系统及采用该系统的汽车
专 利 号：200810185950.0
专利权人：比亚迪股份有限公司
发 明 人：罗红斌　周旭光　汤小华　张鑫鑫　罗　霆

一、技术先进性

本专利方案创造性地提出了一种双模混合动力驱动系统，此混合动力系统以充电蓄能并以电机驱动为主、以燃油动力驱动为辅。本专利方案通过控制发动机、发电机及驱动电机之间协调工作，使发动机始终在最高效率区工作，提高发动机燃油使用效率；本专利方案同时具有制动减速时进行能量回收的功能，具有车辆小负荷运行时发电机智能发电的功能，最大限度地提高能量的利用率。本发明技术的混合动力系统采用了一种三元件连接离合器，连接于发动机、发电机及驱动电机之间，能够解决 3 个动力之间的动力分配与合成问题。本专利提出“双模”概念，在纯电力驱动系统的基础上添加燃油发动机，以提高车辆的续航里程。不仅实现了在混合动力模式下保证发动机工作在最佳效率区间，提升燃油经济性，还实现了全车速范围的纯电动驱动模式，且在纯电动模式下行驶里程达到 60～100 公里，满足了绝大多数用户的日常使用需求。

二、社会效益状况

本专利提供了一种混合动力驱动系统及具有该混合动力驱动系统的车辆。使用本专利技术后，汽车驱动不再以使用燃油为主，在日常需求下，完全以电力为主，发动机始终工作在最佳效率区间，既降低了油耗，节约了燃油费用，又实现了零排放。本专利项目是绿色环保产业，具有快、省、绿三大技术优势，对降低石油消耗、减少环境污染、促进社会经济发展都起到了举足轻重的作用。

目前本专利已被广泛应用于专利权人的混合动力汽车系列车型，在应用中对社会产生了积极的效益：在国外，该混合动力汽车已远销北美、西班牙、荷兰、智利等多个国家及地区，获得了国际市场的认可；在国内，该混合动力汽车作为第一款轿车类新能源汽车入选《节能与新能源汽车示范应用工程推荐车型目录》，且列入国家及省市的众多发展计划，具有广阔的市场前景及社会效益。

三、行业影响力状况

比亚迪 F3DM 作为全球第一款插电式双模混合动力汽车，率先实现了全球商业化，确立了专利权人新能源汽车领导者的地位，引领了插电式混合动力汽车的潮流。2013 年 12 月，专利权人全新一代插电式混合动力汽车正式上市，真正实现了动力性与节油性的完美平衡。专利权人的新型插电式混合动力汽车利用其快、省、绿的三大技术优势，从深圳到天津，再到上海、西安，所到之处均掀起一股新能源汽车私人消费市场推广普及的绿色风暴，不仅终端销量逐月攀升，还赢得了社会各界的赞誉。

专利名称：深水抛石整平船
专 利 号：200820075944.5
专利权人：中交第一航务工程局有限公司
中交一航局第二工程有限公司
中交一航局第五工程有限公司
发 明 人：李一勇　李增军　岳铭滨
刘德进　陆连洲　武岗松

一、技术先进性

本实用新型专利属于基础型专利。所解决的技术问题是：提供了一种深水抛石整平船，既能适用于较浅水域（水深小于等于 14 米），又能适用于较深水域（水深可达 45 米），是集抛石和整平于一体的水下抛石基础机械化施工船舶和设备。该专利填补了我国外海深水条件下机械化整平技术的空白，实现了技术进步，克服了外海深水条件下施工条件差、人工整平困难、劳动强度大、施工效率低、整平精度差等不利因素。

二、社会效益状况

深水抛石整平船的研制和应用具有巨大的社会效益，主要表现在以下方面：(1)填补了我国外海深水条件下机械化整平技术的空白，实现了技术进步；(2)以机械化施工代替传统的潜水员人工作业，大大降低了劳动强度，改善了劳动条件；(3)减少了施工中的不安全因素，从根本上保障了安全生产；(4)自动化技术和高精度测控方法的开发应用，使基床整平施工质量大大提高，从整体上促进了重力式港口水工建筑物施工质量的提高；(5)适应港埠深水化趋势，为未来大水深条件下重力式码头施工做好了施工技术储备。

三、行业影响力状况

本专利技术成功解决了在深水条件下传统工艺方法所面临的难题，大大提高了施工效率，突破了传统工艺对建设工期的制约，加快了重力式港口水工建筑物的建设速度。

本专利技术在抛石方法、高程测控方法和机械化整平方法等方面取得了多项技术成果，这些成果均已成功应用于第一条深水基床抛石整平船的设计和建造。深水基床抛石整平船的研制成功表明了专利权人所研究的关键技术是可靠的。

深水基床抛石整平船适用的水深范围大、作业效率高、整平质量好，具有其他基床抛石整平船无可比拟的优点。该深水基床整平船的研发和应用具有划时代的意义，它的成功研制、采集的试验数据、取得的宝贵经验等为后续研发新一代深水基床抛石整平船做好了技术准备。

专利名称：一种环冷机台车
专 利 号：200910007625.X
专利权人：中冶长天国际工程有限责任公司
发 明 人：高德亮　戴传德　刘相佩

一、技术先进性

本发明专利开创性地提供了一种全新模式的设备，即一种双层结构的可实现单元静密封和液体动密封的环冷机台车，是用于钢铁冶金领域的液密封环冷机（系统）的核心功能装置，是历经十多年开发的、与传统环冷机密封原理完全不同的原创型技术，解决了传统环冷机密封效果差、漏风率高、鼓风机装机容量大、不利于余热利用、污染严重等世界性难题，使漏风率从原来的 35%降至 5%，节能环保效果显著。本专利的核心技术特征——双层结构台车及单元静密封技术是液密封环冷机实现气固热交换、环形液槽动态密封不可替代的及最为重要的技术之一。

二、社会效益状况

(1)节省电耗量。应用本发明专利的液密封环冷机已实施于 24 个烧结工程项目的 32 台液密封环冷机。(2)增加余热回收发电量。应用本专利能最大限度地回收环冷机的废气余热，提高废气余热率。(3)节能减排。节省电耗量及增加的余热发电量大大减少了火力发电量，减少了 CO_X、SO_X、NO_X 的排放。(4)节省风量消耗。2009～2014 年，实施本专利技术的 32 台液密封环冷机可节约风配套电气设备投资约 1600 万元人民币。(5)具有安全价值。应用本发明专利的液密封环冷机，由于采用全新的设计，使得设备磨损降低，安全性能提高，故障率显著下降，大大减少了停工维修的频率。

三、行业影响力状况

国外对环冷机的研究基本上没有突破传统结构的范畴。经过国内外专家数十年的研究，传统环冷机的密封性能虽有一定提高，但由于引起漏风的结构根源尚无实质性的改进，所以无法从根本上解决问题，密封性能仍是传统环式冷却机的薄弱环节。相较而言，以双层台车为核心技术的液密封环冷机成功地解决了传统环冷机漏风率高、余热利用低、污染严重的世界性难题，其技术指标居国际领先水平。作为传统行业的升级改造，液密封环冷机符合国家节能减排的发展战略，提高了专利所属企业在国内外冶金烧结工程及装备市场的竞争力。

专利名称：一种三维双极型高功率铅蓄电池

专 利 号：200910155215.X

专利权人：超威电源有限公司

发 明 人：刘孝伟　周　明　周龙瑞　陈体衔

一、技术先进性

本专利技术属于原创性专利，在行业率先采用泡沫石墨作为基片，由无定型石墨结构具有的大量球形泡沫，形成三维结构，采用双极型结构，极板板面面积即为单体之间的导电截面积，单体之间实现了最理想的导电距离(直通)，无须通过汇流传导，大大降低了蓄电池的内阻。

二、社会效益状况

近年来，铅酸蓄电池技术不断发展，产品日臻成熟，起动电池结构逐步优化升级，免维护蓄电池广泛使用，作为军用、民用交通运输装备的重要电源装置，为我国成为世界主要汽车生产国起到重要的支撑作用。阀控电池、胶体电池等作为备用电源、大型储备电源核心部件的生产已成为国民经济发展的重要基础性产业。但同时，铅酸蓄电池的主要原料——铅的污染等资源、环境问题确实成为铅酸蓄电池行业发展的制约性因素。因此，提高铅酸蓄电池对铅的利用率的同时，提升产品性能成为关键性问题。本发明通过技术革新，改变了传统铅酸蓄电池技术，整体提升了产品各项性能参数，带来了巨大的社会效益。(1)由于采用泡沫石墨作为基片，取消了板栅、隔板，而泡沫石墨具有大量球形泡沫，具有重量轻、电阻小、活性物质为三维结构的特点，大大降低了铅耗用量，节约资源的同时极大地降低了潜在的铅污染给环境带来的损害。(2)由于泡沫石墨基片导热性、导电性极好，能抑制电池温度的过快上升，延长了电池寿命。并且本专利所属企业已开发完成绿色环保的铅循环技术以替代传统高能源与高环境风险的火法回收技术，实现了对本专利产品的回收使用，能有效提高资源利用率，降低使用成本，节约开支。

三、行业影响力状况

本专利产品提高了比功率、比能量，降低了蓄电池内阻，通过提高性能延长了电池寿命，同时大大降低了铅消耗，大幅节约了成本和资源，有效解决了传统铅蓄电池产品在大功率输出、循环使用寿命关键性能指标上的不足，拓展了铅蓄电池产品在新能源汽车、混合动力汽车等领域的应用，为我国新能源汽车产业的发展起到良好的支持作用，促进了我国汽车工业的节能与减排，并通过减少原材料的使用，有效降低了行业对矿产资源的使用，促进行业向资源节约型方向发展。

专利名称：铂金通道中玻璃液的处理方法
专　利　号：201010130700.4
专利权人：东旭集团有限公司
发　明　人：李兆廷　王保平　斯沿阳　刘文泰

一、技术先进性

本发明专利基于已有的液晶基板生产的铂金通道，对已有铂金通道进行技术性改进，包括：将铂金通道的内腔划分为澄清仓、冷却仓、搅拌仓、均质仓以及供料仓，确定其各个部件长度、材料以及各个截面积和位置设置；确定各个部件的保温材料的截面积、厚度、温度控制，转速控制及各个部件铂金厚度设置等，铂金通道内的玻璃液深度控制等。使得本发明专利解决了本领域内玻璃熔化澄清过程中产生的例如气泡、结石、条纹等缺陷，以及传统制造玻璃过程中的澄清不良，不能完全受控，高温澄清时耐火材料的侵蚀严重，池炉使用寿命较短，玻璃缺陷几率较大等问题。

二、社会效益状况

TFT－LCD 玻璃基板作为平板显示器件核心关键的基础材料，属于国家战略性重点物资，因其技术高、投资大，全球只有少数几家公司能够生产。在本专利未研发之前，我国显示面板所需玻璃基板全部依赖进口，严重制约着我国平板显示产业的健康、安全发展。本专利技术的出现和产业化，突破了国外技术封锁，打破了国外垄断，填补了国内空白，从此我国液晶玻璃基板有了“中国造”。“铂金通道中玻璃液的处理方法”核心专利技术的应用，实现了液晶玻璃基板“零缺陷”的目标，提高了玻璃基板在多方面的高质量要求，促进了我国液晶玻璃基板产业的技术进步，并取得了较好的推广示范效果。

三、行业影响力状况

本专利技术的成功研发并进行产业化应用，对行业的发展具有以下引领效果：(1)开创了我国缺失的平板显示玻璃基板产业，填补了国内空白。(2)打破了国外垄断，实现了从零到占领国内约 20%市场份额的重大突破，极大地降低了玻璃基板的成本，帮助下游面板企业降低了生产成本。(3)向超薄轻量化发展，使产品应用终端更加轻量化，便于移动。(4)建立了国内领先的一流研发平台。

专利名称：快速制浆的豆浆机
专　利　号：201010195075.1
专利权人：九阳股份有限公司
发　明　人：王旭宁　王胜华　刘宗印

一、技术先进性

本发明专利属于基础型专利，开发了一种粉碎更精细、制浆容量可调、制浆浓度可调、能耗低、噪音小、易清洗的小范围粉碎制浆技术。同已有的带精密网罩、导流器或扰流筋的豆浆机相比，本专利的制浆效果有明显的改进。同已有的豆浆机对比，在密闭的小空间中粉碎，可达到自动清洗粉碎腔的效果。本发明专利与现有技术相比，在粉碎技术、节能技术、安全技术、控制技术、降噪技术等方面实现了全面突破，开创了豆浆机行业的新纪元。

二、社会效益状况

本专利技术的应用大幅提升了产品的使用性能和安全性能，带动了豆浆机行业的技术发展。目前专利权人的豆浆机市场保有量为1亿台，以单机升耗电量节能25%计算，每年可节约用电约8000万千瓦/时，相当于节省了3232吨煤。粉碎效率提升了20%，大豆利用率提升了50%，按目前专利权人的豆浆机市场保有量计算，每天制浆900毫升，每年可以节约大约1.8万吨大豆等粮食。

健康是21世纪的生活主题，快速制浆豆浆机的面世，将掀起全营养豆浆饮食的热潮。快速制浆豆浆机的出口，一定程度上会带动西方国家的豆浆消费，使中国传统的豆浆文化得以在国际上传播。

三、行业影响力状况

根据专利权人的发展战略，本专利将超快捷制浆的全新结构豆浆机作为突破口，研究出一款具有差异化、尺寸体积适合家用、操作方便、智能化、安全可靠的产品。本专利技术是一种颠覆性的全新粉碎结构，通过对关键技术的创新整合，成功解决了以往家用豆浆机的技术难题，使产品技术水平实现突破性发展，创造性地实现了多项新技术性集成，使得豆浆机真正实现了一机多用、节能环保、智能快捷、免清洗的功能。本专利技术被家电行业专家评价为全球豆浆机行业最先进的技术之一。

专利名称：大功率重型车用双柔性驱动的电磁风扇离合器

专 利 号：201010272698.4

专利权人：龙口中宇机械有限公司

发 明 人：李小霞　王兆宇　邢子义

一、技术先进性

本发明技术属于改进型专利，是发明人在多年研发电磁风扇离合器的基础上，实现了双柔性驱动联接与电涡流技术、双旋风散热技术、热敏技术、往复磁路设计等技术的重大突破与创新，产品技术处于国际领先水平，使中重型卡车、大中型客车、市内公交车有效配装电磁风扇离合器成为现实，达到了节能、减排、降噪的目的，解决了本领域关键、共性的技术难题。

二、社会效益状况

该专利技术的研发成功为汽车行业提供了新的设计平台，是世界重型汽车冷却系统运行性能的一场革命，促进了产业结构的调整优化，提高了行业整体水平，对于促进我国汽车节能减排、缓解我国能源危机、保护环境具有重要意义。

经行车对比试验数据表明，中重型卡车安装本专利产品比安装普通刚性风扇可节省油耗9%，公交车安装本专利产品可节约油耗7%，即平均节油率为8%，综合考虑并分析应用车型、行驶地点、路况、气候等其他因素和条件，节油率按试验数据的70%计，综合确定该专利产品应用于中重型卡车、公交车时节油率为5.6%，节能效益十分可观。

三、行业影响力状况

汽车用风扇离合器是汽车发动机冷却系统的关键部件，其改进设计一直是改善冷却系统的重要研究课题，经历了由硅油离合器到电磁风扇离合器的过渡，至今已经演变和发展到智能化控制的第三代产品。在中小功率汽车发动机方面，欧美等工业发达国家基本引领和代表着该领域技术的发展水平，但在大功率汽车发动机上电磁风扇离合器的应用尚处于空白。

本专利产品是在国家建设节约型社会的新形势下研制开发的，完全符合国家对汽车零部件及环保等方面的有关政策和要求，可提高行业整体发展水平，带动行业节能技术的发展，具有良好的示范带动作用，有利于汽车行业节能技术的发展。同时本专利产品节油效果突出，其在中国汽车行业中的普及应用，对于缓解我国能源短缺、保护环境等方面具有非常重要的意义。

专利名称：一种模块化多电平换流器阀保护方法
专 利 号：201110063130.6
专利权人：中国电力科学研究院　国家电网公司
发 明 人：高　阳　杨岳峰　王韧秋　贺之渊　张新刚　谢敏华

一、技术先进性

模块化多电平换流器阀作为柔性直流输电的核心设备，保证其安全可靠稳定的运行，不仅是装置自身保护的要求，更是电网系统可靠运行的基础。模块化多电平换流器阀不同于基于晶闸管的常规直流换流器阀，换流器阀及其每个子模块的保护对象与故障种类更多，控制复杂程度更高，保护实时性要求更快，失效机理及保护措施也完全不同。换流器阀故障诊断技术、阀模块单体保护技术、全工况保护策略以及阀保护设备架构实现是柔性直流输电领域的技术瓶颈，同时也是其他电力系统电力电子设备尤其是模块化级联装备研制与开发的难点，更是提高智能电网运行可靠性的关键技术所在。本专利属于基础型专利，重点解决了以下关键性、共性技术难题：换流阀差别化故障诊断方法、阀子模块单体层次化保护方法、全工况多目标保护策略、分层式阀基控制保护设备构架。

二、社会效益状况

(1)填补了国内技术空白，推动了柔性直流输电技术的产业化进程，为自主知识产权柔性直流换流器阀的技术研究和开发奠定了基础。(2)促进了我国直流输电设备的自主创新体系建设，增强了国际话语权。依托本专利核心技术及后续积极影响，牵头制定了多项 IEC 国际标准。建成同时具备动模仿真系统能力和实时数字仿真系统能力、世界规模最大的直流技术仿真研究中心。(3)带动了以高压直流断路器、直流 DC/DC 变换器、环网控制器等为代表的新型高端电力装备的研制。(4)加快了上下相关产业链的发展。带动了大功率电力电子半导体、半导体驱动、光传感器等多个行业制造能力、检验测试能力及工艺设计能力的提升。

三、行业影响力状况

(1)支撑了柔性直流换流阀的自主研制，打破了跨国公司的技术垄断，极大地提高了我国高端电力装备的制造水平，确立了我国在柔性直流输电技术领域的领先地位。(2)试验与仿真能力方面。应用本专利核心技术建成的世界首套成套试验装置以及试验平台，极大地提升了我国高压大容量电力装备的试验能力，为我国在高端电力装备领域的持续创新提供了有力支撑。(3)标准制定方面。推动成立了首个中国籍专家主导的 CIGRE 工作组，参与了 IEC 目前所有柔性直流输电技术标准的制定。(4)国际影响方面。国际大电网组织(CIGRE)在 370 导则中，将上海南汇风电场柔性直流输电示范工程，作为柔性直流输电技术在风电场并网应用的国际标准案例。

专利名称：一种动态可重构阵列处理器的构令流工作方法
专 利 号：201110226931.X
专利权人：清华大学
发 明 人：刘雷波　朱　敏　王延升　朱建峰　杨　军　曹　鹏　时龙兴　尹首一　魏少军

一、技术先进性

本专利技术解决的是可重构计算研究方向上全球公认的核心共性难题，属于基础型专利。本专利技术完全自主研发、完全原创。本专利从配置信息的组织结构出发，研究了计算阵列的数据流和配置流调度策略，提出了基于构令流的工作方法，突破了可重构计算芯片实现动态重构、大幅提升能效的技术瓶颈。本专利将运算任务数据流图中大量存在的相似部分抽象为“子图同构”问题，按照子图间相似匹配和交叉索引的方式提取数据流图共性，形成层次化的配置信息组织结构。借助本专利技术，可使重构计算芯片的配置过程被“隐藏”到任务执行中，实现了真正意义上的动态重构。

二、社会效益状况

(1)本专利技术代表了集成电路设计技术的重要发展方向。可重构计算的高能效性、高灵活性、高安全性和广泛适用性等突出优势为高端芯片的发展开拓了新的途径。该技术为我国集成电路的发展提供了重要的技术储备，是我国集成电路摆脱受制于人的被动局面的重要创新途径。(2)本专利技术提升了我国国防装备芯片和信息安全芯片的研制水平，促进了国防装备自主可控能力的提高。(3)本专利技术提升了我国在芯片设计领域的国际认可度和技术影响力。英特尔公司使用本技术并发布了全球首款超小型可穿戴计算机，表明该技术被国际主流企业所认可。

三、行业影响力状况

本专利提出的动态重构、层次化配置信息和构令流工作方式就是可重构计算技术的核心内容，为可重构计算芯片技术的产业应用起到了重要推动作用。从另一角度看，半导体工艺走向 10nm 量级后，专用集成电路由于高昂的成本压力将难以健康地持续发展，而采用软件编程或硬件编程的传统计算芯片已经难以满足高能效的应用需求。本专利给出的硬件随软件比变化而变化、软硬件双编程的动态可重构计算技术，可以突破上述传统芯片难以逾越的成本和能效困境，是集成电路设计技术的主要发展方向。本专利技术目前在可编程逻辑器件芯片、信息安全芯片、可穿戴计算机芯片等领域都已产生了积极的市场反响，对于芯片和系统的技术指标提升效果显著。

专利名称：一种含奥利司他的制剂及其制备方法
专 利 号：201110370659.2
专利权人：山东新时代药业有限公司
发 明 人：张贵民　赵志全　郝贵周　冯　中

一、技术先进性

本发明所要求保护的含奥利司他的制剂，是通过将奥利司他熔融液，包衣在空白片或空白小丸表面形成奥利司他包衣层后制备而成；其空白片或空白小丸包含填充剂、崩解剂和润滑剂。以上技术特征的实施有效解决了生产过程中因奥利司他的融化而导致的粘冲问题，通过稳定性和溶出度试验证明，相较于最接近的技术(CN1582169A)，具有显著的技术效果。本专利属于基础型专利，解决了现有技术中奥利司他粘冲及所得制剂产品的稳定性、溶出度等技术难题。

二、社会效益状况

本专利产品设计合理，质量稳定，易控制，制备工艺先进，所制定的制剂质量标准能有效控制产品质量，生产条件符合 GMP 要求，质量保证体系健全，仪器先进，生产工艺稳定、可行、经济，制得的成品质量稳定、可控，成品质量优势明显，各批指标均优于国外上市产品，为市场提供了质优价廉、不良反应小、安全性高的药品，为患者提供了新的选择和帮助。依托本专利技术开发的“舒尔佳”的研制及产业化，打破了我国依赖进口该类药品的局面，且价格低廉，临床应用疗效确切，不良反应少，市场销售走势呈指数级快速上升态势。

三、行业影响力状况

本发明专利是专利权人经过自主创新和技术攻关获得的创新成果。专利权人掌握了奥利司他的制剂处方、工艺及稳定性等一系列核心技术，填补了国内减肥药OTC生产的空白，对本领域的科技进步具有积极的示范作用。本发明针对“舒尔佳”在制剂处方和制备工艺等方面进行了大量的技术革新，实现了“舒尔佳”的产品升级，解决了奥利司他融化导致的粘冲问题，保证了产品稳定性和有效性，提高了安全性，制剂水平处于国际先进水平。

专利名称：一种矿井地下水的分布式利用方法

专 利 号：201210134162.5

专利权人：中国神华能源股份有限公司
中国矿业大学（北京）

发 明 人：顾大钊　张　凯　陈苏社
魏文玉　杨　峰

一、技术先进性

本专利属于原创性技术。本发明专利提出了一种通过构建单一煤矿地下水库和分布式地下水库，实现矿井水的井下分布式储存和利用的技术，其主要特征包括：(1)利用煤矿开采后形成的采空区岩体空隙作为储水空间；(2)将采空区周边的安全煤柱用人工坝体连接形成挡水坝体；(3)利用采空区岩体对矿井水进行净化；(4)将多个采空区储水设施用管道连接实现矿井水的分布式储存利用。本专利技术提出了矿井水保护利用全新的技术路线，将矿井水的处置模式由“外排—蒸发损失”变为“储存—保护利用”，实现了化“水害”为“水利”，既大幅提高了矿井水的利用率，又保障了煤炭的安全、高效和高回收率开采，是煤炭开采水资源保护和利用的有效途径。

二、社会效益状况

以该专利为基础的煤矿地下水库技术是推进煤炭工业，落实“生态文明建设和节能减排”基本国策的重要抓手，填补了国内外煤矿矿井水资源储存利用方面的空白，为煤炭开采地下水保护利用提供了新的技术路径，具有“井下供水、井下排水、污水处理、水害防治、环境保护和节能减排”六大功能；同时充分利用了煤矿采空区矸石对矿井水的自然净化作用，大大降低了矿井水的处理费用；实现了“矿井水由水害到战略资源”的转变，对煤炭资源和水资源的协调开发具有重要示范意义。我国煤炭开采损失的矿井水相当于年工业和生活缺水量的60%，该专利技术和以该专利为基础的煤矿地下水库技术为保护利用矿井水资源提供了有效途径。

三、行业影响力状况

以该专利为基础的煤矿地下水库技术对于我国煤炭科学开发具有重要的引领作用。中国工程院开展的推动能源生产与消费革命战略研究，已将西部煤炭开采水资源保护利用作为煤炭科学开采和科技创新的主要方向。以该专利技术为基础，形成涵盖煤矿地下水库水源预测、水库选址、库容确定、坝体构筑、安全运行、水质控制等六大技术的煤矿地下水库设计、建设、运营的技术体系。以该专利为基础的煤矿地下水库技术对于引领世界煤炭绿色开采技术进步具有重要意义，世界煤炭协会已将神东矿区地下水保护利用技术作为世界煤炭工业推广先进技术的案例。

专利名称：一种具有排镉功能的植物乳杆菌及其用途
专 利 号：201210322124.2
专利权人：江南大学
发 明 人：陈　卫　田丰伟　翟齐啸　王　刚　刘小鸣　张秋香　范大明　赵建新　张　灏

一、技术先进性

本发明属于利用可食用植物乳杆菌缓解重金属镉毒性损伤的基础型专利。本专利针对目前传统镉中毒和毒性干预与治疗方法的缺陷、环境镉污染治理所使用的微生物无法应用于人体预防和治疗、缺少机体中镉慢性积累有效控制和预防等关键性、共性的技术难题，创造性地开发出一种安全可食用且具有突出排镉功能的植物乳杆菌，并开发出该菌在药物组合物、发酵食品与生物饲料中的应用工艺，为缓解重金属毒性提供了一种有效的膳食干预及预防策略，解决了当前食品链中的镉污染及镉暴露的安全干预及预防的关键性问题。

二、社会效益状况

本专利围绕食品链中的镉污染及镉暴露问题，提出了一种有效的镉毒性膳食干预及预防策略。具有排镉功能的植物乳杆菌及其相关应用技术，可以避免传统的螯合剂疗法治疗镉毒性的副作用过大、治疗费用高等缺陷，为具有镉中毒风险的从事特殊工作或处于特殊地区的高危人群提供了一种更好、更主动的在镉中毒之前起到预防效果的干预策略，同时能够缓解由于镉毒性所造成的消化道微生态失衡，且具有更高的安全性。本专利在消除食品链中的重金属污染及重金属暴露方面起到了非常积极的作用，对于实现疾病防治重心前移，坚持预防为主具有重要的意义。此外，该专利有利于推动益生菌及发酵食品产业的发展，该专利的实施提高了我国相关产业的创新能力，有效打破国外在益生菌上的垄断，为我国益生菌产业的持续健康发展奠定了坚实的技术基础。

三、行业影响力状况

本专利项目创新集成了新型功能性乳酸菌及其在药物组合物及发酵食品中的相关应用技术，提出了一种具有创新性的缓解食品链中镉污染及镉暴露的膳食干预策略，对于重金属毒害防治手段及技术的完善起到了深远的影响，同时对益生菌、食品以及医药等产业的发展具有积极的推动作用。

专利名称：模块化钢桁梁自动顶推系统
专 利 号：201320108983.1
专利权人：中交武汉港湾工程设计研究院　中交第二航务局有限公司
发 明 人：张　鸿　汪文霞　郭　强　熊　彪　薛志武　袁金虎

一、技术先进性

本实用新型专利属于基础型专利。本实用新型专利提供了一种结构简单、设计合理、自动化程度较高的模块化钢桁梁自动顶推系统及其施工工艺。本实用新型专利根据钢桁梁自动顶推施工的难题，设计了搁置系统和在搁置系统与钢桁梁之间的支撑系统。该支撑系统通过行走机构与钢桁梁连接，其中的承重梁通过设置在其两端的连接梁连成一体，承重梁之间设有载荷分配梁，载荷分配梁下端部设计有自锁千斤顶支撑，承重梁的上端部支撑钢桁梁。本实用新型专利通过对以上系统与机构的设计，结合施工工艺，实现了钢桁梁的步履式顶推施工，解决了钢桁梁无法采用步履式顶推工艺施工的难题，实现了钢桁梁在顶推过程中始终保持节点受力的要求，同时，较原有拖拉式顶推方案，该专利明显降低了水平力对高墩造成的影响。

二、社会效益状况

本实用新型专利公开的模块化钢桁梁

自动顶推系统及施工工艺属于桥梁施工技术领域。采用本实用新型专利公开的模块化钢桁梁自动顶推系统，是梁段预制工厂化、现场施工装配化、施工过程智能化的典范，临时工程钢结构设计与使用量按施工条件可减小至原有拖拉式顶推方案的70%以下，对施工周边的生态环境影响较小。此外，显著降低了施工成本，专用人力资源的投入量按施工配置情况可降低至拖拉式顶推方案的30%以下，顶推施工的安全性大幅提高。根据本专利的施工工艺，钢桁梁顶推平均速度按施工条件可达5米/小时以上，顶推效率高，显著减少了施工周期，具有明显的经济实用性，并产生了良好的节能、环保、高效、智能的社会效应。

三、行业影响力状况

本实用新型专利所述设备与施工工艺由于具备步履式顶推和钢桁梁承载体系转换的功能和特点，不仅有效地解决了采用原有拖拉式顶推方案造成墩顶水平力过大的难题，而且通过与智能化监控系统的结合，实现了在施工环境恶劣、施工条件受限的深沟峡谷中钢桁梁的安全顶推施工。此外，本实用新型专利的应用有效地减少了现场施工人员和临时工程量，实现了无障碍施工。施工过程实施智能化控制与监视管理，体现了我国交通建设向大型化、自动化和智能化转型的发展趋势。

第十七届中国外观设计金奖获奖项目简介

专利名称：人工耳蜗植入体
专 利 号：200930383581.1
专利权人：浙江诺尔康神经电子科技股份有限公司
设 计 人：史蒂夫·瑞布斯
切尔克里斯托夫·多米尼克

人工耳蜗是帮助治疗重度及极重度聋人患者重新复聪的医疗器械，也是世界公认的唯一有效治疗耳聋的医疗器械，本专利——人工耳蜗植入体是直接对听神经进行刺激的产品，由接收线圈接收发射线圈发射的编码信号，刺激器进行解码后向蜗内电极阵列发出刺激信号，刺激植入者的听神经从而产生听觉。本专利产品轻盈小巧，线条美观实用，生物兼容性、安全性、稳定性、有效性好，使用方便，可同时满足儿童和成年聋人的不同需求。

本专利产品设计独特，植入非常容易，电极靠近残存的螺旋神经节细胞，植入手术达到微创要求，最大限度地保留了植入者的残余听力，并且适宜圆窗入路，其具体独特性包括以下几点：具有24个蜗内刺激电极和通道，有效地增加了听声分辨率；高强度钛合金壳体，壳体纤薄美观，弧度设计独特；软性导向电极，减少耳蜗损伤；骨体积小，手术安全可靠；使用长期可靠的生物兼容性材料。

可以预计在不远的将来，以本专利为核心专利的人工耳蜗产品将以不到国外产品一半的价格及1/5的售后服务费用，让我国聋人能以较低的价格早日脱离无声世界，回归主流社会，和健康人一样学习和工作。

在本专利产品推出之前，我国的人工电子耳蜗主要依靠进口，但是进口产品的高昂价格，将中国的绝大部分重度耳聋患者拒之门外。同时国外相关产品的市场垄断也阻碍了中国医疗器件产业化的发展。本专利产品的成功推出从根本上改变了国外产品高价垄断的局面。

本专利产品成功地将安全性、稳定性、有效性、经济性及舒适性融为一体，美观实用、轻盈小巧，得到患者的认可与喜爱。同时患者间的口口相传也起到示范效应，很好地提高了国产人工耳蜗的品牌价值。

专利名称：螺丝批
专 利 号：201230418988.5
专利权人：苏州宝时得电动工具有限公司
设 计 人：安德列·柴斯托那罗　火　旺

本专利产品从用户实际需求出发，以有趣的操作体验、强调价值与功能的造型，为用户提供了解决方案。

本专利产品内置的批头盒含6个常用批头，可根据个人习惯改变内部批头排布；用左轮手枪式操作模式，自动推拉选择需要的批头，巧妙地将功能与乐趣融合；手握持部位靠近机身轴线，施力更平稳；紧凑小巧，任何狭窄空间都能够游刃有余地工作。在造型设计上，本专利产品机身、手柄、工作头比例协调，简洁小巧；手柄和机身调整角度，打破常规的T字形，富有动感；配色以黑色为主，以橙色在握持处、工作头、弹夹处提亮，形成强烈对比，增强了产品酷感；左轮手枪式设计，与操作语义统一，顶部的竖筋从设计语义上呼应枪顶部的推拉杆，并起到防滑的作用。

专利名称：空调机（分体立壁挂机13—01）
专 利 号：201330103179.X
专利权人：珠海格力电器股份有限公司
设 计 人：徐康泉　王　洁　伍雪乔
易东昌　谭云龙　王　莹
董明珠　张　辉　吴欢龙
李　亮

本专利的外观设计要点在于：首创无缝外观设计，关机时面板完全覆盖出风口，不仅能有效防尘防污，还大大提升了整机的美感；从侧面看，关机状态下，本外观设计产品像一朵含苞待放的郁金香，给人以唯美的画面感；面板滑开后，本专利设计有隐藏式运动导风板机构，颠覆传统出风方式，使送风更舒适；本专利将扫风叶片设计为花瓣形状，不仅与本机机身优美的郁金香造型完美匹配，还完美运用动力学原理，使气流更流畅，最大化降低噪音；当空调扫风时，犹如风从花间拂过，使人仿佛置身于漫花遍野的山间。综上，本外观设计与现有技术相比具有多个区别设计要素，且这些设计要素给整体视觉效果带来显著的影响，因此，本外观设计相对于现有技术具有创新性。

本专利产品作为专利权人当前最高端的挂式空调，体现了专利权人巨大的创新能力和创新力度。普通10Hz变频空调最低运行功率为130W，而本专利产品运行低至1Hz，在如此低频稳定运行时最低功率只有15W，每小时能耗仅相当于一盏节能灯的电量；并采用双级变频压缩机，实现-30℃～54℃强劲制冷热。本专利产品以独特的艺术造型、精美的生产工艺，成功吸引了消费者眼球，完美地与家庭装修风格相匹配，使得空调兼具实用性和艺术性。本专利产品使得空调的运用区域得到更大的扩展，推动了空调行业向智能化发展，更颠覆了传统思维，引领了空调潮流的又一次革新。

专利名称：儿童推车（D340）
专 利 号：201430077327.X
专利权人：好孩子儿童用品有限公司
设 计 人：宋郑还

本专利产品由车架、座套和车轮组成，四轮推车，属于小型伞把车，两个握把顶端分别有圆柱形按钮，两握把之间相距42cm，正方形遮阳篷位于两车把中间位置，距离推把约5cm，遮阳篷边角呈弧形，与座套分离，车架线条流畅、简洁，推杆有金属光泽，在座兜处与前轮支架交叉，约成15°角，交叉处前轮支架上有大块三角形突出按钮，坐垫处配有五点式安全带，坐垫支架与推车支架垂直，推车支架延伸至前轮支架2/3处，弧形弯曲与前轮支架连接，前轮支架与后轮支架中间配有购物筐，4个轮子较小，两前轮中间有踏脚带，后轮中间顶部装有椭圆形的刹车按钮，整车支架连接处均采用圆形按钮，推杆、支架处连接点较多，便于折叠，折叠后体积较小，仅为355mm×300mm×180mm。

本专利产品源于孩子对哆啦A梦的幻想，得名“口袋车”，英文名为POCKIT。本专利产品共有四种颜色：泰国黄、日本粉、希腊蓝、澳洲咖，每一种颜色都是旅行的足迹。专利权人目前拥有世界上最先进的生产标准，其严苛程度高于欧盟标准2倍，高于国内标准4倍，专利权人成立至今，无一辆童车被召回。本专利产品采用航天级铝合金材质，自重仅4.6公斤，车身最大承重15公斤，可满足7～36个月孩子的出行需要，同时加入了很多人性化设计，如在车底安装承重5公斤的超大购物筐，便于妈妈轻松购物；3秒2步轻松折叠，一摁一甩即开，一摁一压即合；采用仿生螃蟹式侧边折叠模式，最大限度地保护孩子的安全，并模仿螃蟹八脚的收缩伸展方式，能将车身折叠成最小模式，便于携带；采用安全的折叠按钮设计；其展开状态依据四杠力学原理，在车身受到挤压或者意外撞击时仍能极大程度地保护孩子的安全。

专利名称：金融终端（A—009）

专 利 号：201430221358.8

专利权人：广州广电运通金融电子股份有限公司

设 计 人：丁迎峰　陈　瑶　朱　聃　邓庆科

本专利产品的设计理念及设计要点：(1)本专利产品为智能柜台金融终端设备，是集成了银行多种柜台业务、以用户自助和远程柜员协助的方式实现传统柜台业务替代的自助终端设备。HTM智能柜台采用流线型的造型，拉近人与设备之间的距离，设备采用铝型材阳极氧化工艺配合光洁的塑胶件搭配，专业且时尚。(2)为符合中国人操作和使用习惯，设备充分考虑人体工程力学。保证客户的最佳可视范围能够准确投射到终端操作屏幕及业务模块上，无需移动脚步或伸展手臂即可方便实现业务操作，获得良好的操作和应用体验。

在选材加工方面，通过应用电气性能更加良好的新型材质，采用先进工艺，很好地解决了指纹易沾染的痼疾，并提高了材质的稳定性。为了优化使用者的操作体验，设备采用了操作效果更好的电容式多点触摸屏，支持拖拉、滑动、翻页等交互效果，方便客户输入业务信息。与此同时，设备配置了二代身份证阅读器和条码扫描仪，尽可能地减少了客户的信息输入量，降低了操作难度，提高了处理效率。配合清晰的语音及界面操作指引，交易步骤亮灯提示，减少误操作。

金融终端机属于多模块集成设备，应用和维护的便利性至关重要。本专利产品采用基于业务分类的可拆卸分体设计，可独立运输，方便银行安装。配置有后台维护终端，支持双屏可视化维护模式。进入维护状态后，操作员能够在位于设备后台的触摸屏上清晰观察到设备关键部件的状态，同时提供向导式操作员故障排除指引，便于维护和管理。

（国家知识产权局专利管理司供稿）

国家工商行政管理总局商标局
2015 年度已注册和初步审定的地理标志商标名录

序号	省份及地区	商标名称	注册人	注册号	商品
1	天津	葛沽萝卜	天津市津南区葛沽镇农业服务中心	15855589	新鲜萝卜
2		胡柳子葡萄	天津市武清区汉沽港镇无公害蔬果产销协会	13938199	新鲜葡萄
3		西肖庄紫薯	天津市武清区汉沽港紫薯种植技术推广协会	13137154	新鲜紫薯
4		西马房打瓜	天津市武清区东马圈镇打瓜协会	13938200	西瓜
5		田水铺青萝卜	天津市武清区大良镇田水铺青萝卜协会	13938201	食用植物根
6	河北	灵寿丹参	灵寿县中药材协会	12080591	丹参(中药材)
7		迁西栗蘑	迁西县食用菌协会	14519088	栗蘑(食用菌)
8		曹妃甸河豚鱼	唐山市曹妃甸区农林畜牧水产技术推广站	14599072	河豚鱼(活的)
9		曹妃甸湿地蟹	唐山市曹妃甸区农林畜牧水产技术推广站	14599074	螃蟹(活的)
10		迁安板栗	迁安市板栗协会	15316195	板栗(加工过的)
11		迁安板栗	迁安市板栗协会	15316196	新鲜板栗
12		威县三白西瓜	威县三白西瓜技术协会	12648831	西瓜
13	山西	娄烦山药蛋	娄烦县荣丰马铃薯协会	14504540	新鲜土豆
14	内蒙古	奈曼荞面	奈曼旗地方特产管理协会	15559240	面粉(荞面)
15		奈曼瓜子	奈曼旗地方特产管理协会	15559241	加工过的瓜子
16		奈曼小米	奈曼旗地方特产管理协会	15559242	小米
17		额吉淖尔大青盐	东乌珠穆沁旗额吉淖尔大青盐协会	16049132	食盐
18		额吉淖尔大青盐	东乌珠穆沁旗额吉淖尔大青盐协会	16049133	牲畜用盐
19		阿鲁科尔沁小米	阿鲁科尔沁旗杂粮生产加工行业协会	14635810	人食用的去壳谷物(小米)
20		巴林左旗毛毛谷小米	巴林左旗杂粮行业商会	14541080	小米
21		宁城尖椒	宁城县农牧业技术推广服务中心	15135938	新鲜蔬菜(尖椒)
22		宁城苹果	宁城县农牧业技术推广服务中心	15135939	苹果

续表

序号	省份及地区	商标名称	注册人	注册号	商品
23	内蒙古	宁城滑子菇	宁城县农牧业技术推广服务中心	15135940	新鲜蘑菇
24		宁城番茄	宁城县农牧业技术推广服务中心	15135941	新鲜蔬菜(番茄)
25		宁城草原鸭	宁城县农牧业技术推广服务中心	15135942	肉(鸭肉)
26		宁城黄瓜	宁城县农牧业技术推广服务中心	15135943	新鲜黄瓜
27		乌海葡萄	乌海市农业产业化指导服务中心	14429829	新鲜葡萄
28		兴安盟大米	兴安盟农牧业产业化龙头企业协会	13322303	米
29		库伦荞麦	库伦旗农业技术推广中心	12667229	荞麦(加工过的)
30		巴林左旗笤帚	巴林左旗十三敖包笤帚苗产业协会	14541078	笤帚(擦、洗、刷)
31		巴林左旗笤帚苗	巴林左旗十三敖包笤帚苗产业协会	14541079	笤帚苗(干草)
32		丰镇月饼	丰镇市月饼行业协会	14620924	月饼
33	辽宁	旅顺裙带菜	大连市旅顺口区渔业协会	14512536	裙带菜
34		城子坦水貂	普兰店市城子坦镇貂狐养殖协会	12398809	水貂(活的)
35		昌图黑猪	昌图小康黑猪养殖协会	14573832	猪肉
36		宽甸山参	宽甸满族自治县人参协会	15150796	山参
37		开原大米	开原市农副产品协会	14531406	大米
38		建昌花梨	建昌花梨种植专业协会	11822636	梨
39		营口柞蚕	营口市林业产业协会	12189680	蚕;蚕种;蚕蛹(活的)
40		桓仁贝母	桓仁满族自治县中药材种植协会	14568448	贝母(中药材)
41		桓仁天麻	桓仁满族自治县中药材种植协会	14568449	天麻(中药材)
42		桓仁冰酒	桓仁满族自治县农副产品行业市场协会	14568450	葡萄酒
43	吉林	东丰梅花鹿	东丰县鹿业协会	14297768	梅花鹿肉
44		东丰梅花鹿	东丰县鹿业协会	14297767	鹿胎(中药材);鹿茸等
45		松花砚	吉林省长白山松花石研究会	9558284	松花砚
46	黑龙江	尚志黑木耳	尚志市食用菌协会	13732064	木耳
47		绥棱大豆	绥棱县农业技术推广中心	15811264	大豆
48		绥棱大米	绥棱县农业技术推广中心	15811265	大米
49		望奎生猪	望奎县寒地黑土绿色食品协会	13036283	猪肉
50		宁安黑猪	宁安市有机农业技术研究所	13571752	活动物(活猪)
51		宁安黑猪	宁安市有机农业技术研究所	13571753	猪肉
52		嫩江小麦	嫩江鸿兴面粉行业协会	16337997	小麦粉

续表

序号	省份及地区	商标名称	注册人	注册号	商品
53	黑龙江	嫩江小麦	嫩江鸿兴面粉行业协会	16337998	小麦
54		伊春森林猪	伊春市伊春森林猪养殖协会	14505027	猪肉
55		伊春森林猪	伊春市伊春森林猪养殖协会	14505028	猪(活的)
56		东宁黑木耳	东宁县食用菌协会	12235226	黑木耳
57	江苏	横溪西瓜	南京市江宁区横溪街道办事处农业服务中心	16467717	西瓜
58		丰县山药	丰县王沟镇农业技术推广服务中心	13825169	山药(新鲜蔬菜)
59		大丰南阳辣根	大丰市南阳镇农产品协会	14408903	辣根(新鲜蔬菜)
60		大丰南阳柿子	大丰市南阳镇农产品协会	14408904	柿子
61		大丰南阳韭菜	大丰市南阳镇农产品协会	14408905	新鲜韭菜
62		葛武嫩姜片	盐城市盐都葛武嫩姜片协会	13554139	嫩姜片
63		建湖草鸡	建湖县盐阜草鸡协会	14634707	鸡(活家禽)
64		建湖青虾	建湖县水产技术指导站	14662268	虾(活的)
65		大纵湖大闸蟹	盐城市盐都区水产技术推广站	14739427	螃蟹
66		盐城水稻种子	盐城市杂交水稻种业协会	14739428	水稻种子
67		金湖莲子	金湖县农副产品营销协会	14738768	加工过的莲子
68		金湖银鱼	金湖县农副产品营销协会	14738769	银鱼(非活)
69		金湖龙虾	金湖县农副产品营销协会	14738766	龙虾(非活)
70		金湖龙虾	金湖县农副产品营销协会	14738767	龙虾(活的)
71		金湖龙虾	金湖县农副产品营销协会	14738770	龙虾(活的)
72		金湖龙虾	金湖县农副产品营销协会	14738771	龙虾(非活)
73		洪泽白鱼	洪泽县洪泽湖农产品协会	15854803	白鱼(非活)
74		淮阴黑蚬	淮安市淮阴区畜禽产业协会	15376177	黑蚬(非活贝壳类动物)
75		淮阴葡萄	淮安市淮阴区畜禽产业协会	15376178	新鲜葡萄
76		淮阴花生	淮安市淮阴区畜禽产业协会	15376179	加工过的花生
77		淮阴杏鲍菇	淮安市淮阴区畜禽产业协会	15376180	杏鲍菇(新鲜蘑菇)
78		淮阴冬枣	淮安市淮阴区畜禽产业协会	15376181	冬枣(鲜枣)
79		淮阴大米	淮安市淮阴区畜禽产业协会	15376182	米
80		涟水鸡糕	涟水县农副产品营销协会	13731251	肉糜(鸡肉制品)
81		涟水鸡糕	涟水县农副产品营销协会	13731252	肉糜(鸡肉制品)
82		涟水捆蹄	涟水县农副产品营销协会	13731253	捆蹄(猪肉食品)
83		涟水捆蹄	涟水县农副产品营销协会	13731254	捆蹄(猪肉食品)

续表

序号	省份及地区	商标名称	注册人	注册号	商品
84	江苏	涟水千张	涟水县农副产品营销协会	13731255	千张(豆腐制品)
85		涟水千张	涟水县农副产品营销协会	13731256	千张(豆腐制品)
86		鲁垛乱针绣	宝应县乱针绣行业协会	13660541	针刺图画等
87		靖江蟹黄汤包	靖江市烹饪餐饮行业协会	15580809	汤包(包子)
88		镇江金山翠芽	镇江市茶业协会	14526884	茶
89		扬中河豚	扬中市渔业协会	11946913	河豚(活的)
90		巴城阳澄湖	昆山市巴城镇阳澄湖蟹业协会	13720640	蟹(活的)
91		太仓大米	太仓市农学会	15578156	米
92		太仓牛踏扁毛豆	太仓市农学会	15578157	新鲜毛豆
93		太仓毛板青蚕豆	太仓市农学会	15578158	新鲜蚕豆
94		太仓白蒜	太仓市农学会	15578159	新鲜白蒜
95		东海大米	东海县粮食行业协会	14365379	米
96		洋北西瓜	宿迁市宿城区农副产品营销协会	16151173	西瓜
97		海安紫菜	海安县紫菜业协会	11794231	紫菜
98		海安麻虾酱	海安县食品流通行业协会	11794232	虾酱
99		海安脆梨	海安县大公镇农业服务中心	11794233	梨
100		海安香芋	海安县雅周镇农业服务中心	11794234	香芋
101		涟水荷藕	涟水县农副产品营销协会	13731258	加工过的荷藕
102		涟水荷藕	涟水县农副产品营销协会	13731257	新鲜荷藕
103		涟水萝卜干	涟水县农副产品营销协会	13731259	萝卜干
104		涟水萝卜干	涟水县农副产品营销协会	13731260	萝卜干
105		高邮湖大闸蟹	高邮市高邮湖大闸蟹行业协会	13986868	螃蟹(活的)
106		高邮湖大闸蟹	高邮市高邮湖大闸蟹行业协会	13986869	螃蟹(活的)
107		东山湖羊	苏州市吴中区东山镇湖羊产业协会	13825824	湖羊(活)
108	浙江	桐庐雪水云绿茶	桐庐县雪水云绿茶产业协会	14911115	茶
109		桐庐雪水云绿茶	桐庐县雪水云绿茶产业协会	14911116	茶
110		建德柑桔	建德市柑桔产业协会	6919125	柑桔;桔
111		湖源元书纸	富阳市湖源元书纸技术开发推广中心	13971872	纸;绘画用纸
112		临海葡萄	临海市特产技术推广总站	12080546	新鲜葡萄
113		安吉白茶	安吉县农业局茶叶站	14982232	茶
114		长兴银杏	长兴县小浦银杏协会	15672514	新鲜银杏
115		岱山沙洋晒生	岱山县岱东海岛生态农业协会	15420334	加工过的花生
116		金华市金华火腿	金华火腿证明商标保护委员会办公室	13939017	火腿

续表

序号	省份及地区	商标名称	注册人	注册号	商品
117	浙江	泰顺杨梅	泰顺县杨梅产业协会	14647932	杨梅
118		松阳香茶	松阳县茶叶产业协会	14577182	茶
119		松阳香茶	松阳县茶叶产业协会	14577183	茶
120		江山猕猴桃	江山市猕猴桃产业化协会	13859705	猕猴桃
121		三门望潮	三门县水产技术推广站	14650137	望潮(活)
122		三门跳跳鱼	三门县水产技术推广站	14650138	跳跳鱼(活)
123	安徽	芜湖大米	芜湖市农业技术中心	14210436	大米
124		芜湖江蟹	芜湖市渔业渔政管理中心	14210437	螃蟹(活的)
125		霍山红茶	霍山县茶叶产业协会	12209045	茶
126		金寨黑毛猪	金寨县黑毛猪养殖协会	15072168	猪肉
127		金寨山羊	金寨县动物防疫协会	15072165	羊肉
128		金寨土鸡	金寨县动物防疫协会	15072166	鸡肉
129		金寨花鲢鱼	金寨县槐树湾水产养殖协会	15287096	鱼(非活)
130		金寨黄牛	金寨县黄牛养殖协会	15072167	牛肉
131		桐城小花	桐城市小花茶叶开发工程指挥部办公室	10479921	茶
132		天庄大米	桐城市天莊大米协会	14508098	米
133		颍上大米	颍上县稻谷深加工循环经济科技创新协会	10379899	米
134		合肥龙虾	合肥市龙虾协会	13956845	小龙虾(活的)
135		萧县葡萄	萧县生态果蔬种植协会	12313534	新鲜葡萄
136	福建	闽清橄榄	闽清县橄榄行业协会	13814881	新鲜橄榄
137		连江海带	连江县海带行业协会	14628241	海带(非活)
138		寿山石雕	福州市晋安区寿山石开发保护管理中心	14665138	石雕刻艺术品
139		同安红	厦门市同安区花卉盆景协会	13466165	三角梅(植物)
140		洛阳桥牡蛎	泉州台商投资区洛阳镇农产品促进协会	13677296	牡蛎(活的)
141		建瓯笋干	建瓯市笋业公会	14275186	笋干
142		建阳建盏	建阳市建窑建盏协会	14610818	瓷器等
143		武平象洞鸡	武平县养禽协会	14281103	活鸡
144		武平象洞鸡	武平县养禽协会	15179752	鸡(非活)
145		南靖漳窑瓷器	南靖县陶瓷协会	15669132	瓷器

续表

序号	省份及地区	商标名称	注册人	注册号	商品
146	福建	悬钟埭乌鱼	诏安县梅岭镇水产养殖协会	13442814	乌鱼(活鱼)
147		六鳌紫菜	漳浦县六鳌镇农产品协会	12354393	紫菜
148		漳浦长桥八卦柑	漳浦县长桥镇园艺协会	14657511	八卦柑(新鲜水果)
149		永安贡川草席	永安市贡川镇新农村建设服务中心	15097039	草席
150		永安内炉芙蓉李	永安市西洋镇水果产销协会	15402597	李(新鲜水果)
151		郑湖水柿	沙县郑湖水柿协会	13305586	柿子
152		泰宁金湖乌凤鸡	泰宁县个体私营企业协会	13565015	鸡(活的)
153		长泰砂仁	长泰县农产品流通协会	13571587	砂仁(中药药材)
154		沙县红边茶	沙县夏茂茶叶协会	13908849	茶
155		诏安柿饼	诏安县太平镇水果营销协会	13858673	柿饼
156		涂岭龙眼	泉港涂岭龙眼行业协会	13392586	龙眼
157		上杭萝卜干	上杭县园艺产业协会	13588144	萝卜干
158		浦城丹桂	浦城县桂花协会	13814882	鲜桂花;桂花树苗木
159		浦城丹桂	浦城县桂花协会	13814883	桂花
160		永定美蕉	永定县美蕉协会	14239433	香蕉
161		光泽厚朴	福建省光泽县林业科学技术推广中心	14504754	新鲜厚朴
162		漳江口大蚝	福建省云霄县水产开发中心	12980693	大蚝(活的牡蛎)
163		大梧蚝	诏安县四都镇大梧村水产养殖协会	13148116	蚝(牡蛎(活的))
164		长泰天竺岩茶	长泰县农产品流通协会	13571586	茶
165		青山龙眼	长乐市古槐镇青山村龙眼行业协会	13857686	新鲜龙眼
166		崇武鱼卷	惠安县崇武镇食品加工行业协会	14230888	鱼卷
167	江西	安义瓦灰鸡	安义县畜牧水产局	15825727	鸡
168		龙南大蒜	龙南县水果蔬菜协会	15330228	大蒜
169	山东	济阳圆铃大枣	济阳县圆铃大枣白莲藕种植协会	15264336	鲜枣
170		海阳甜柿	海阳市甜柿协会	15855983	柿子(新鲜水果)
171		蚕庄黑牛	招远市蚕庄黑牛养殖协会	15556985	牛(活的)
172		莱州仙客来	莱州市仙客来协会	10688359	仙客来花
173		荣成裙带	荣成市渔业协会	14615222	裙带(加工过的)
174		荣成蜜杏	荣成市果业协会	14615221	杏
175		威海大花生	威海市环翠区农业技术推广站	14765431	新鲜花生
176		文登西洋参	威海市文登区张家产镇西洋参产业协会	15324063	西洋参
177		乳山苹果	乳山市苹果协会	15324064	苹果

续表

序号	省份及地区	商标名称	注册人	注册号	商品
178	山东	邹平水杏	邹平水杏产业协会	11830815	杏
179		邹平黄心地瓜	邹平黄心地瓜产业协会	11830816	黄心地瓜
180		化马湾大樱桃	泰安市岱岳区化马湾乡大樱桃协会	13565076	樱桃
181		泰山墨玉石雕	泰安市岱岳区泰山玉产业协会	14897527	玉雕艺术品；玉雕首饰
182		泰安红心萝卜	泰安市岱岳区夏张镇夏张红农产品协会	15216110	萝卜(新鲜的)
183		日照麻鸡	日照市岚山区畜牧兽医协会	13237615	活鸡
184		日照麻鸡	日照市岚山区畜牧兽医协会	13237616	鸡(非活)
185		寨里河核桃	莒县寨里河核桃协会	16159284	核桃
186		泉林鸭蛋	泗水县泉林镇家禽养殖协会	14551068	鸭蛋
187		微山苇编	微山县微山湖经济开发促进会	14081993	草编织物(草席除外)
188		微山湖芡实米	微山县微山湖经济开发促进会	14081987	芡实米
189		邹城大葱	邹城市看庄镇农副产品协会	15324062	大葱
190		唐口大米	济宁市任城区唐口街道农业综合服务中心	14641158	米
191		喻屯甜瓜	济宁市任城区喻屯镇优质甜瓜协会	15494950	甜瓜
192		兖州黄牛腿山药	济宁市兖州区颜店镇黄牛腿山药技术开发协会	15519901	山药
193		曲阜孔府茶	曲阜市茶叶研究所	14641157	茶叶
194		厉家寨樱桃	临沂临港经济开发区樱桃协会	14713507	樱桃
195		昌邑鲫鱼	昌邑市都昌街道淡水养殖协会	13654574	鲫鱼(活)
196		辉渠望海山小米	安丘市辉渠镇小米协会	13179305	小米
197		昌乐火山小米	昌乐县乔官镇农业综合服务中心	14615839	小米
198		朱汉苹果	昌乐县红河镇朱翰苹果协会	15867137	苹果
199		冠县酥枣	冠县优质农产品协会	14641160	枣(新鲜的)
200		东阿黄河鲤鱼	东阿县渔业协会	15097352	鲤鱼(活的)
201		菏泽牡丹	菏泽市牡丹区牡丹芍药协会	15152037	牡丹花
202		汪沟黄瓜	兰山区田秀才瓜菜种植协会	13326485	新鲜黄瓜
203		新泰苹果	新泰市唯特果树研究所	13507249	苹果
204		新泰草猪	新泰市草猪养殖协会	13507251	活猪
205		新泰红毛山羊	新泰市黄山红山羊研究所	13507250	活羊

续表

序号	省份及地区	商标名称	注册人	注册号	商品
206	山东	济宁百日鸡	济宁市市中区济宁百日鸡养殖协会	14337396	鸡(非活)
207		邹城长红枣	邹城市香城镇果蔬协会	14337393	鲜枣
208		泗水石榴	泗水县泗张镇优质农产品协会	14337397	石榴
209		高青黄瓜	高青县民生黄瓜协会	13642714	新鲜黄瓜
210		醋庄葡萄	临沂经济技术开发区葡萄协会	14647513	鲜葡萄
211		烟台桑叶茶	烟台市茶叶协会	14852562	茶叶
212	河南	伏牛白山羊	内乡县伏牛白山羊协会	13982232	山羊(活的)
213		宁陵酥梨	宁陵县金顶谢花酥梨协会	14456389	梨
214		胡芹	柘城县胡芹产业发展协会	16081891	芹菜(新鲜蔬菜)
215		水沟庙大蒜	宜阳县大蒜种植协会	13942530	大蒜(新鲜蔬菜)
216	湖北	旧街白茶	武汉市新洲区旧街街白茶协会	13660551	茶
217		新洲双柳苋菜	武汉市新洲区双柳蔬菜协会	14557158	苋菜(新鲜蔬菜)
218		新洲双柳毛豆	武汉市新洲区双柳蔬菜协会	14557159	毛豆(新鲜蔬菜)
219		新洲双柳莲藕	武汉市新洲区双柳蔬菜协会	14557160	莲藕(新鲜蔬菜)
220		新洲双柳豇豆	武汉市新洲区双柳蔬菜协会	14557161	豇豆(新鲜蔬菜)
221		兴山香肠鱼	兴山南阳镇水产品产业协会	15638591	鱼(非活)
222		兴山香肠鱼	兴山南阳镇水产品产业协会	15638592	鱼(非活)
223		枝江棉花	枝江市农业技术推广中心	15494308	未加工棉花
224		秭归核桃	秭归县林业科学技术学会	14897777	新鲜水果(核桃)
225		五峰香菌	五峰食用菌产业协会	14220385	干香菇
226		五峰红花玉兰	五峰土家族自治县林业科学研究所	14565477	红花玉兰(自然花)
227		大悟花生	大悟县花生产业协会	14568829	新鲜花生
228		汉川莲藕	汉川市农产品发展协会	13836052	藕(新鲜蔬菜)
229		江汉鸡	汉川市农产品发展协会	13836053	鸡(活的)
230		江汉鸡	汉川市农产品发展协会	13836055	鸡(非活的);鸡肉
231		孝昌凤凰山茶	孝昌县周巷镇茶叶协会	14514917	茶
232		应城汤池甲鱼	应城市汤池镇甲鱼养殖协会	15261397	活甲鱼
233		来凤姜	来凤姜产业发展管理协会	14416300	腌制姜
234		来凤姜	来凤姜产业发展管理协会	14419988	生姜(新鲜蔬菜)
235		马坡茶	建始县三里乡农业技术服务中心	14577026	茶
236		临江大蒜	鄂州市华容区临江大蒜协会	15376248	大蒜(新鲜的蔬菜)
237		蒲团西甜瓜	鄂州市蒲团西甜瓜协会	14658588	西甜瓜(新鲜的西瓜)

续表

序号	省份及地区	商标名称	注册人	注册号	商品
238	湖北	京山毛峰	京山县茶叶协会	15844613	茶叶
239		沙洋花生	沙洋县花生协会	15420396	新鲜花生
240		郧西魔芋面	郧西县特色面条研究会	15261396	面条
241		郧西香口胡萝卜	郧西县香口乡蔬菜产业协会	14514918	胡萝卜(新鲜蔬菜)
242		竹山肚倍	竹山县肚倍科学研究所	13384290	肚倍(中药材)
243		郧阳大鸡	竹山县畜牧技术推广站	14631882	活鸡
244		黄梅挑花	黄梅县黄梅挑花行业协会	14468705	绣花饰品等
245		黄梅挑花	黄梅县黄梅挑花行业协会	14468706	丝织美术品
246		团风射干	湖北黄冈卫尔康医药研究所	13704164	射干(药用植物根)
247		随县香菇	随县食用菌协会	15135646	香菇(干食用菌)
248		荆州菰米	荆州市荆州区土特产产销协会	14228830	菰米
249		松滋蜜桔	松滋市土特产品产销协会	15215658	新鲜桔
250		涴水刁子鱼	松滋市涴水镇渔业产销协会	14632688	刁子鱼(非活)
251		洪湖三颗寸糯米	洪湖市粮油行业协会	14686851	糯米
252		淤泥湖团头鲂	公安县水产学会	14534389	团头鲂(活的)
253		江陵金菊	江陵县菊花协会	14568830	菊花茶
254		襄阳白山羊	襄阳市襄州区畜禽养殖协会	14579973	山羊(活动物)
255		襄阳土鸡	襄阳市襄州区畜禽养殖协会	14579974	鸡(活家禽)
256		襄阳土鸡蛋	襄阳市襄州区畜禽养殖协会	14579975	鸡蛋
257		南漳银杏	南漳县农业科学研究所	15180575	新鲜银杏
258		老河口砂梨	老河口市果业协会	14166135	梨
259		南川蜜桔	咸宁市咸安区南川蜜桔协会	14765569	新鲜桔
260		大畈麻饼	通山县麻饼协会	14633304	麻饼(糕点)
261		赤壁竹笋	赤壁市竹业协会	15279688	竹笋(新鲜蔬菜)
262		赤壁毛竹	赤壁市竹业协会	15279689	毛竹(植物)
263		嘉鱼珍湖莲藕	嘉鱼县陆溪镇有机蔬菜协会	14557157	藕(新鲜蔬菜)
264		崇阳野桂花蜜	崇阳县养蜂协会	14557689	蜂蜜
265		河口螃蟹	黄石市西塞山区河口水产养殖协会	14568828	螃蟹(活的)
266		钟祥葛粉	钟祥市葛产业协会	13988404	葛粉
267		钟祥云雾茶	钟祥市茶叶协会	13988403	茶
268		韦源口螃蟹	阳新县韦源口金海水产服务(区域)中心	13654479	螃蟹(活的)
269		坝角香稻	鄂州市城乡名特产品协会	14229281	大米

续表

序号	省份及地区	商标名称	注册人	注册号	商品
270	湖北	吴都莹籼	鄂州市城乡名特产品协会	14229282	大米
271		茅草红菜苔	鄂州市城乡名特产品协会	14229283	红菜苔(新鲜蔬菜)
272		武穴酥糖	武穴市酥糖协会	12634069	酥糖
273		松滋鸡	松滋市惠民土鸡产业发展服务中心	13660550	活鸡
274		远安黄茶	远安县农业技术推广中心	13827491	茶
275		枣阳梨	枣阳市农业经济发展协会	14059450	梨
276		英山桔梗	英山县中药材产业发展协会	13704163	桔梗(药用植物根)
277		塔耳柿子	武汉市黄陂区土特产协会	14060564	柿子(新鲜水果)
278		郧阳白羽乌鸡	郧阳白羽乌鸡养殖协会	14193603	活鸡
279		郧阳白羽乌鸡	郧阳白羽乌鸡养殖协会	14193604	鸡(非活的)
280		南湖萝卜	荆州市荆州区土特产产销协会	14228831	萝卜(新鲜蔬菜)
281		梁子湖螃蟹	鄂州市名贵淡水鱼协会	14357145	螃蟹(活的)
282		梁子湖螃蟹	鄂州市名贵淡水鱼协会	14357146	螃蟹(活的)
283		通山麻饼	通山县麻饼协会	14633305	麻饼(糕点)
284		红安大布	红安县传统手工技艺研究会	14650485	布
285		红安花生	红安县农业技术推广中心站	14650486	新鲜花生
286		赤壁米砖茶	赤壁市茶叶协会	15279686	茶
287		赤壁青砖茶	赤壁市茶叶协会	15279687	茶
288		巴河莲藕	浠水县巴河莲藕协会	12247932	莲藕
289		保安水芹菜	大冶市金塘村蔬菜协会	12152968	芹菜
290		保安狗血桃	大冶市保安镇狗血桃种植协会	12337491	桃
291	湖南	桑植魔芋	张家界市魔芋科学技术研究所	14637793	魔芋(植物)
292		沅江芦笋	沅江市芦笋产业开发协会	15485260	食用芦笋(新鲜蔬菜)
293		南县草龟	南县龟鳖养殖协会	15387276	草龟(活的)
294		南县中华鳖	南县龟鳖养殖协会	15387275	中华鳖(活的)
295		湖洲芦苇	岳阳县芦苇产业协会	14852064	芦苇(植物)
296		宜章红炮	宜章县烟花爆竹行业协会	15568156	鞭炮;爆竹
297		攸县茶油	攸县食品行业协会	15485261	茶油
298		湘西黑猪	湘西土家族苗族自治州畜牧工作站	14417517	活猪
299		湘西黑猪	湘西土家族苗族自治州畜牧工作站	14417518	猪肉
300		桃江绿茶	湖南省桃江县茶业协会	14982173	茶

续表

序号	省份及地区	商标名称	注册人	注册号	商品
301	广东	化州橘红	化州市化橘红产业协会	11674953	原料药(橘红)
302		化橘红	化州市化橘红产业协会	11879421	原料药(橘红)
303		高州龙眼	高州市龙眼协会	15023898	龙眼
304		大埔青花瓷	大埔县陶瓷行业协会	14578363	瓷器等
305		水东芥菜	电白县水东芥菜协会	10941061	芥菜
306	海南	万宁槟榔	万宁市槟榔产业局	14569295	新鲜槟榔
307	重庆	城口核桃	城口县林学会	13356642	核桃(坚果)
308		荣昌陶器	荣昌县安富街道文化服务中心	13097894	陶器
309		秀山大头菜	秀山土家族苗族自治县农业技术服务中心	14420723	大头菜(腌制蔬菜)
310		秀山猕猴桃	秀山土家族苗族自治县农业技术服务中心	14420722	猕猴桃
311		巫山脆李	巫山县曲尺乡农业服务中心	14897525	李子
312		巫山纽荷尔	巫山县曲尺乡农业服务中心	14897526	橙(新鲜水果)
313		石壕糯玉米	重庆市綦江区农村合作经济组织联合会	14489281	糯玉米
314		铜梁龙灯	铜梁县太平镇文化服务中心	14416162	龙灯(游戏器具)
315		城口山地鸡	城口县畜牧技术推广站	14211170	鸡(非活的)
316		城口山地鸡	城口县畜牧技术推广站	14211169	鸡(活的)
317		大路黄花	璧山县大路街道办事处农业服务中心	12279440	黄花菜
318		城口板栗	城口县林学会	13356641	新鲜栗子
319		云阳乌天麻	云阳县渝峰乌天麻种植协会	14249283	天麻(药用植物根)
320		丰都轿子山白菜	丰都县农产品协会	14257789	白菜(新鲜蔬菜)
321		丰都轿子山萝卜	丰都县农产品协会	14257790	萝卜(新鲜蔬菜)
322		北碚红豆杉	重庆市北碚区三圣镇农业服务中心	11012684	红豆杉(植物)
323	四川	蒲江雀舌	蒲江雀舌茶业协会	13245307	茶
324		温江酱油	成都市温江区农产品加工业协会	15529560	酱油
325		苍溪魔芋	苍溪县经济作物技术指导站	14611266	新鲜魔芋
326		利州辣椒	广元市利州区蔬菜办公室	14489283	辣椒(新鲜蔬菜)
327		利州辣椒	广元市利州区蔬菜办公室	14489282	辣椒(调味品)
328		会理绿陶	会理县绿釉陶瓷研究所	14232783	陶器
329		金阳丝毛鸡	金阳县草畜工作站	9619420	活鸡
330		简阳羊肉汤	简阳市羊肉美食产业协会	13516815	羊肉汤

续表

序号	省份及地区	商标名称	注册人	注册号	商品
331	四川	南溪白鹅	宜宾市南溪区四川白鹅养殖协会	15366840	鹅(活动物)
332		马边猕猴桃	马边彝族自治县猕猴桃行业协会	13247575	猕猴桃
333		沐川乌骨黑鸡	沐川县乌骨黑鸡协会	13579886	家禽(非活)
334		汶川高原山核桃	汶川县威州国营林场	13645458	核桃(新鲜的)
335		汶川跑山猪	汶川县畜牧兽医学会	14647864	猪(活动物)
336		汶川跑山鸡	汶川县畜牧兽医学会	14647840	鸡(活动物)
337		汶川跑山鸡蛋	汶川县畜牧兽医学会	14649925	鸡蛋
338		岳池伏龙鸭	岳池县伏龙农业技术推广站	13957857	鸭(活的)
339		广安红柚	广安市广安区经济作物技术推广站	14667563	柚子
340		稻城藏香猪	四川省甘孜州稻城县藏猪原种保护协会	14417600	猪(活动物)
341		稻城飞鸡	四川省甘孜州稻城县家禽养殖协会	14420188	鸡(活动物)
342		乡城藏鸡蛋	乡城县经济信息中心	14507153	蛋
343		乡城藏鸡	乡城县经济信息中心	14507154	鸡
344		巴塘核桃	巴塘县林业局中咱片区林业工作站	13759764	新鲜核桃
345		昭化山桐子	广元市昭化区林业科技推广服务中心	14056993	山桐子油(食用油)
346		昭化山桐子	广元市昭化区林业科技推广服务中心	14056994	山桐子(新鲜浆果)
347		晋贤香菇	广元市昭化区林业科技推广服务中心	14056992	香菇(干食用菌)
348		彭州九尺板鸭	彭州市九尺家禽业联合会	11985541	板鸭
349	贵州	道真玄参	道真仡佬族苗族自治县特色产业发展中心	13465995	玄参(中药材)
350		印江苕粉	印江土家族苗族自治县红薯粉协会	14579913	地瓜粉
351		松桃苗绣	松桃苗族自治县松桃苗绣协会	13644803	刺绣品(绣花饰品)
352		白洗猪	施秉县白洗猪产业发展协会	14322220	猪(活动物)
353		麻江蓝莓	麻江县果品办公室	14148871	蓝莓
354		长顺绿壳鸡蛋	长顺县畜禽品种改良站	14098709	蛋
355	云南	安宁弯葱	安宁市弯葱种植协会	13403087	葱(新鲜蔬菜)
356		富民葡萄	富民县茶桑果站	13403085	葡萄
357		富民杨梅	富民县茶桑果站	13099729	杨梅
358		夕阳香糯米	晋宁县农业技术推广中心	13992258	糯米
359		东川面条	昆明市东川区面条行业协会	14492303	面条
360		广南铁皮石斛	广南县经济作物工作站	12721851	石斛
361		广南高峰黄牛	广南县谷多高峰黄牛养殖协会	13642095	牛(活动物)

续表

序号	省份及地区	商标名称	注册人	注册号	商品
362	云南	广南高峰黄牛	广南县谷多高峰黄牛养殖协会	13980576	牛肉
363		会泽核桃	会泽县林业工作站	13431899	核桃(新鲜)
364		会泽核桃	会泽县林业工作站	13431900	加工过的核桃
365		大姚核桃	大姚核桃协会	13981290	核桃(加工过的)
366		滇中牛	楚雄彝族自治州动物疫病预防控制中心	14355871	牛肉
367		洱源梅子	洱源县梅果产业协会	13731761	加工过的梅子
368		江川大头鱼	江川县水产技术推广站	13319935	大头鱼
369		勐海香米	勐海县农业技术推广中心	13805994	米
370		泸西灯盏花	泸西县灯盏花协会	13596477	灯盏花(中药材)
371		鲁甸大麻核桃	鲁甸县林业产业服务中心	13869630	新鲜核桃
372		鲁甸大麻核桃	鲁甸县林业产业服务中心	13869631	加工过的核桃
373		石林圭山山羊	石林彝族自治县畜牧兽医总站	13403089	山羊(活动物)
374		弥渡大蒜	弥渡县品牌协会	13733771	大蒜(新鲜蔬菜)
375		八街食用玫瑰	安宁八街玫瑰协会	13365126	玫瑰(食用鲜花)
376		罗平蜂蜜	罗平县特色产业协会	14227334	蜂蜜
377		昌宁红茶	昌宁县茶叶技术推广站	12995545	茶
378		无量山乌骨鸡	南涧彝族自治县畜牧兽医学会	13579504	鸡(活动物)
379	西藏	亚东木耳	西藏亚东县农牧综合服务中心	14492302	黑木耳
380		亚东鲑鱼	西藏亚东县农牧综合服务中心	14492301	活鱼
381		那曲虫草	西藏那曲地区冬虫夏草产业发展保护管理协会	9184154	冬虫夏草
382		那曲虫草	西藏那曲地区冬虫夏草产业发展保护管理协会	9300735	冬虫夏草
383		那曲冬虫夏草	西藏那曲地区冬虫夏草产业发展保护管理协会	9301495	冬虫夏草
384		那曲冬虫夏草	西藏那曲地区冬虫夏草产业发展保护管理协会	9388557	冬虫夏草
385		帕里牦牛	西藏亚东县农牧综合服务中心	14492450	牦牛(活动物)
386	陕西	灞桥樱桃	西安市灞桥区农产品质量安全检验检测中心	15457852	樱桃
387		富平苹果	富平县果业管理局	14346528	苹果
388		潼关肉夹馍	老潼关小吃协会	14369120	肉夹馍

续表

序号	省份及地区	商标名称	注册人	注册号	商品
389	陕西	陈仓西山柴胡	宝鸡市陈仓区拓石镇中药材专业协会	13356608	柴胡
390		三原蓼花糖	三原县食品协会	12828945	蓼花糖
391		三原蓼花糖	三原县食品协会	12828946	蓼花糖
392		留坝西洋参	留坝县中药材种植协会	14507061	西洋参
393		柞水核桃	柞水县林特产业发展中心	12584698	新鲜核桃
394		平利女娲茶	平利县茶业局	11873284	茶
395		平利绞股蓝	平利县茶业局	13356607	绞股蓝茶
396	甘肃	会宁亚麻油	会宁天龙亚麻研究院	14227230	烹饪用亚麻籽油
397		山丹羊肉	山丹县羊产业开发办公室	13489740	羊肉
398	青海	贵南黑藏羊	贵南县黑藏羊保种养殖协会	13514273	黑藏羊(羊、活的)
399		门源蕨麻	门源县蕨麻营销协会	13732082	蕨麻(食用植物根)
400	宁夏	彭阳辣椒	彭阳农产品经纪人协会	14387666	新鲜辣椒
401	新疆	乌恰羊	乌恰镇畜牧业技术服务协会	14337394	羊(活动物)
402		乌恰雪菊	乌恰县农业技术推广中心	14337395	雪菊(原料药)
403		乌什鹰嘴豆	乌什县果品协会	13678306	鹰嘴豆(未加工的)
404		奇台蒸饼	奇台县农村经济合作组织协会	13515366	蒸饼
405		奇台粉条	奇台县农村经济合作组织协会	13515368	粉丝(条)
406		奇台挂面	奇台县农村经济合作组织协会	13515369	挂面
407		奇台荞麦面	奇台县农村经济合作组织协会	13515370	荞麦面
408		奇台面粉	奇台县农村经济合作组织协会	13515371	面粉
409		奇台海棠果	奇台县农村经济合作组织协会	13515372	海棠果
410		奇台土豆	奇台县农村经济合作组织协会	13515373	新鲜土豆
411		奇台羊肉	奇台县农村经济合作组织协会	13515374	羊肉
412		奇台牛肉	奇台县农村经济合作组织协会	13515375	牛肉
413		奇台猪肉	奇台县农村经济合作组织协会	13515376	猪肉
414		奇台土鸡	奇台县农村经济合作组织协会	13515377	鸡肉
415		吉木乃春小麦	吉木乃县农产品加工行业协会	14655375	小麦
416	中国台湾	鹿野红乌龙	台东县鹿野乡公所	14268360	茶
417	美国	纯正加州奶酪	加州牛奶生产者顾问委员会	13988712	奶酪
418		REAL CALIFORNIA CHEESE	加州牛奶生产者顾问委员会	13988713	奶酪
419	法国	优级波尔多 BORDEAUX SUPERIEUR	波尔多葡萄酒行业联合委员会	10528119	葡萄酒

（国家工商行政管理总局商标局供稿）

国家版权局关于奖励 2015 年度查处侵权盗版案件有功单位及有功个人的决定

国版函〔2016〕4 号

各省、自治区、直辖市版权局，新疆生产建设兵团版权局，北京、天津、上海、重庆市文化市场行政执法总队，中宣部、工业和信息化部、公安部、海关总署、工商总局办公厅，国家互联网信息办公室秘书局，最高人民法院、最高人民检察院办公厅，全国打击侵犯知识产权和制售假冒伪劣商品工作领导小组办公室，各相关协会、新闻媒体：

为进一步调动版权相关执法部门查处侵权盗版案件的积极性和主动性，充分发挥查处侵权盗版案件先进典型的引导、示范作用，根据《国家版权局举报、查处侵权盗版行为奖励暂行办法》及实施细则的规定，国家版权局决定对在 2015 年度查处侵权盗版案件工作中作出突出贡献的 195 家有功单位及 215 名有功个人给予奖励。

各级版权相关执法部门及广大执法人员要向查处侵权盗版案件有功单位和有功个人学习，进一步加强版权执法监管工作，严厉查处各类侵权盗版行为，有效维护权利人合法权益，积极推动版权相关产业健康发展，为提升我国版权保护水平作出更大贡献。

附件：2015 年度查处侵权盗版案件有功单位及有功个人名单

国家版权局

2016 年 4 月 20 日

2015 年度查处侵权盗版案件有功单位名单

有功单位一等奖

1. 最高人民检察院侦查监督厅立案监督处（保护知识产权处）

2. 公安部治安管理局一处

3. 中国版权保护中心法律部

4. 新闻出版总署信息中心互联网监测部

5. 北京市文化市场行政执法总队执法四队

6. 北京市文化市场行政执法总队执法五队

7. 河北张某某等印制盗版图书案专案组（河北省保定市“扫黄打非”领导小组办公室、河北省保定市文化市场行政执法大队、河北省保定市公安局、河北省保定市竞秀区公安分局经济犯罪侦查大队、河北省保定市竞秀区文体教育局）

8. 吉林省版权局版权处

9. 上海市版权局版权管理执法处

10. 上海市文化市场行政执法总队稽查五处

11. 上海市浦东新区人民法院民三庭（知识产权庭）

12. 上海汪某等侵犯著作权案专案组（上海市徐汇区人民法院民三庭、上海市徐汇区人民检察院金融检察科）

13. 江苏省版权局版权管理处

14. 江苏“速酷电影”网侵犯著作权案专案组（江苏省徐州市文化广电新闻出版局、江苏省徐州市公安局网安支队案件队）

15. 江苏“金火影视网”侵犯著作权案专案组（江苏省徐州市“扫黄打非”工作领

导小组办公室、江苏省徐州市中级人民法院民事审判第三庭、江苏省徐州市铜山区公安局网安大队、江苏省徐州市铜山区文化广播新闻与体育局）

16. 江苏“77免费电影网”侵犯著作权案专案组（江苏省徐州市版权局、江苏省徐州市人民检察院公诉处）

17. 江苏省无锡市开发区人民检察院

18. 浙江省版权局版权处

19. 浙江省金华市中级人民法院民三庭

20. 浙江郑某等复制并通过网络销售盗版图书和软件案专案组〔浙江省杭州市文化市场行政执法总队、浙江省杭州市公安局治安支队三大队（治安行动队）、浙江省杭州市拱墅公安分局巡特警大队、浙江省杭州市拱墅区人民检察院、浙江省杭州市拱墅区人民法院刑事审判庭〕

21. 安徽省版权局版权管理处

22. 安徽省合肥市文化市场综合执法大队

23. 福建省福州市文化市场综合执法支队

24. 福建省宁德市蕉城区人民检察院

25. 山东省版权局版权管理处

26. 山东省青岛市文化市场行政执法局

27. 山东“8·05”制售盗版光盘案专案组（山东省淄博市文化市场执法局、山东省淄博市公安局直属分局）

28. 山东省泰安市文化广电新闻出版局

29. 河南省版权局版权管理处

30. 河南省新乡市封丘县人民检察院侦查监督科

31. 河南徐某某等印制盗版图书案专案组（河南省焦作市文化市场综合执法支队，河南省焦作市武陟县文化市场综合执法大队，河南省焦作市武陟县人民检察院侦查监督科、公诉科）

32. 河南省安阳市滑县文化市场综合执法大队

33. 湖北省版权局版权管理处

34. 湖北省武汉市江岸区人民法院知识产权审判庭

35. 湖北省荆州市公安县公安局经济犯罪侦查大队

36. 湖南省版权局版权管理处

37. 广东省版权局版权管理处

38. 广东省中山市中级人民法院民三庭

39. 广西郑某某销售盗版音像制品案专案组（广西壮族自治区南宁市宾阳县“扫黄打非”工作小组办公室、广西壮族自治区南宁市宾阳县文化新闻出版广电和体育局、广西壮族自治区南宁市宾阳县公安局、广西壮族自治区南宁市宾阳县人民法院、广西壮族自治区南宁市宾阳县人民检察院）

40. 重庆王某某等侵犯网络游戏著作权案专案组（重庆市公安局打假总队、重庆市公安局网安总队、重庆市公安局九龙坡分局网安支队、重庆市九龙坡区文化委员会）

41. 四川“风云丝路”网侵犯著作权案专案组（四川省成都市文化市场综合执法总队、四川省成都市公安局网监支队、四川省成都市检察院侦监一处、四川省成都市检察院公诉二处、四川省成都市青羊区人民检察院）

42. 陕西胡某、路某侵犯著作权案专案组（陕西省西安市中级人民法院刑二庭、陕西省西安市中级人民检察院侦查监督一处、陕西省西安市公安局治安管理局特行处特行科、陕西省西安市文化市场行政执法总队、陕西省西安市“扫黄打非”办公室）

43. 中央电视台社会新闻部

44.《中国新闻出版广电报》出版周刊中心

有功单位二等奖

1. 最高人民法院刑事审判第一庭第四合议庭

2. 最高人民检察院公诉厅起诉二处

3. 公安部治安管理局九处

4. 公安部经济犯罪侦查局知识产权处

5. 工业和信息化部信息通信管理局互联网处

6. 国家互联网信息办公室网络综合协调管理和执法督查局专项行动处

7. 中央宣传部出版局出版研究处

8. 首都版权产业联盟

9. 中国新闻出版研究院政策法规研究所

10. 北京市版权局版权管理处

11. 北京市文化市场行政执法总队执法一队

12. 河北华宁印刷厂侵犯著作权案专案组(河北省石家庄市“扫黄打非”领导小组办公室、河北省石家庄市正定县文化广电新闻出版局、河北省石家庄市版权局版权出版管理处)

13. 河北叶某销售侵权复制品案专案组(河北省石家庄市版权局、河北省石家庄市文化市场行政执法大队、河北省石家庄市公安局桥西分局治安警察大队行动中队、河北省石家庄市桥西区人民检察院公诉科、河北省石家庄市桥西区人民法院刑一庭)

14. 山西省忻州市文化市场行政综合执法大队

15. 山西朔州怀仁县第十二中学非法销售、发放盗版出版物案专案组(山西省朔州市文化市场行政综合执法大队、山西省朔州市怀仁县文化市场综合执法大队)

16. 辽宁“我爱听评书”网侵犯著作权案专案组(辽宁省版权局版权管理处、辽宁省通信管理局电信管理处、国家计算机网络与信息安全管理中心辽宁分中心)

17. 辽宁省沈阳市文化市场行政执法总队直属执法四大队

18. 吉林省长春市文化市场综合执法支队

19. 吉林省敦化市文化市场综合执法大队

20. 吉林明历文化传媒有限公司盗版音像制品案专案组(吉林省通化市文化市场综合执法支队、吉林省通化市公安局治安支队、吉林省通化市东昌区人民法院)

21. 吉林省公主岭市文化市场综合执法大队

22. 黑龙江省版权局版权处

23. 上海网络案件专案组(上海市公安局嘉定分局经侦支队、上海市嘉定区人民检察院公诉科)

24. 上海市闵行区人民法院民三庭

25. 上海包某、顾某侵犯著作权案专案组(上海市普陀区人民法院知识产权庭、上海市普陀区人民检察院公诉科)

26. 江苏省委网络安全和信息化领导小组办公室网络新闻管理处

27. 江苏沈某、付某侵犯“魔域”游戏著作权案专案组(江苏省徐州市版权局版权管理处、江苏省徐州市公安局治安支队、江苏省徐州市公安局网安支队)

28. 江苏省张家港市文化广电新闻出版局

29. 浙江省义乌市市场监督管理局稽查大队

30. 浙江朱某某侵犯著作权案专案组(浙江省慈溪市文化市场行政执法大队、浙江省宁波市慈溪公安局坎墩派出所)

31. 浙江省海宁市文化市场行政执法大队

32. 安徽“拾零道人”网侵犯著作权案专案组(安徽省滁州市文化广电新闻出版局、安徽省滁州市“扫黄打非”办公室、安徽省滁州市全椒县“扫黄打非”办公室、安徽省滁州市全椒县公安局、安徽省滁州市全椒县文化广电新闻出版局)

33. 安徽省合肥市公安局网安支队

34. 福建省版权局版权管理处

35. 福建省泉州市文化市场综合执法支队

36. 山东省济南市文化市场综合行政

执法局

37. 山东省济南市公安局经济文化保卫支队

38. 山东省青岛市李沧区文化市场行政执法局

39. 山东省菏泽市文化市场综合执法局

40. 山东"5·20"侵犯著作权案专案组(山东省东营市文化市场综合执法局、山东省东营市广饶县文化市场综合执法大队)

41. 山东省新泰市文化广播电视新闻出版局

42. 山东省潍坊寿光市文化市场综合执法局

43. 山东日月电脑会计职业培训学校侵犯软件著作权案专案组(山东省潍坊市文化市场综合执法局、山东省潍坊安丘市文化市场综合执法局)

44. 河南省查处侵权盗版案件联合督办组(河南省互联网信息办公室网络管理处、河南省公安厅治安总队二支队、河南省检察院侦查监督处、河南省通信管理局信息网络安全管理处)

45. 河南省驻马店市文化市场综合执法支队

46. 河南省安阳市滑县人民检察院侦查监督局

47. 湖北省通信管理局互联网管理处

48. 湖北毛某某侵犯著作权案专案组(湖北省武汉市公安局江汉区分局前进派出所、湖北省武汉市江汉区文化市场综合执法大队、湖北省武汉市人民检察院刑事审判监督部)

49. 湖北省钟祥市文化市场综合执法大队

50. 广东省高级人民法院刑二庭

51. 广东省汕头市澄海区人民法院刑二庭

52. 广东省肇庆市文化市场综合执法大队

53. 广东省深圳市市场和质量监督管理委员会福田市场监督管理局稽查科(稽查大队)

54. 广东省广州市文化市场综合行政执法总队执法二处

55. 广西博大书店销售盗版图书案专案组(广西壮族自治区南宁市文化新闻出版广电局、广西壮族自治区南宁市公安局、广西壮族自治区南宁市人民检察院、广西壮族自治区南宁市中级人民法院、广西壮族自治区南宁市文化市场综合执法支队)

56. 四川省版权局版权管理处

57. 四川省成都市文化市场综合执法总队三支队

58. 四川省绵阳市安县人民检察院

59. 四川"7·03"销售盗版音像制品系列案专案组(四川省宜宾市文广局、四川省宜宾市南溪区文广局、四川省宜宾市南溪区公安分局、四川省宜宾市南溪区人民法院刑庭)

60. 陕西省版权局版权管理处

61. 宁夏回族自治区版权局版权管理处

62. 宁夏"8·3"侵犯著作权案专案组(宁夏回族自治区银川市文广局、宁夏回族自治区吴忠市文广局、宁夏回族自治区中卫市市场综合执法队、宁夏回族自治区固原市文广局)

63. 新疆维吾尔自治区版权局版权管理处

64. 新浪微博

65. 中国知识产权报社版权周刊

有功单位三等奖

1. 公安部网络安全保卫局十二处

2. 国家互联网信息办公室网络应急管理和网络舆情局舆情处

3. 国家工商行政管理总局反垄断与反不正当竞争执法局反不正当竞争处

4. 海关总署政策法规司知识产权处

5. 中国互联网协会行业自律工作委员会

6. 天津市文化市场行政执法总队执法一队

7. 天津市文化市场行政执法总队执法二队

8. 天津市宝坻区文化市场行政执法大队

9. 河北省版权局版权处

10. 河北张某等侵犯“热血传奇”网络游戏著作权案专案组（河北省承德市文化广电新闻出版局、河北省承德市公安局双桥分局网络安全保卫大队、河北省承德市双桥区检察院、河北省承德市双桥区人民法院）

11. 河北省衡水市文化市场行政执法大队

12. 山西省版权局版权管理处

13. 山西省晋中市版权局

14. 内蒙古自治区版权局版权处

15. 内蒙古自治区通辽市文化市场综合执法局

16. 辽宁省大连市文化市场综合执法总队

17. 吉林省长春市二道区文化体育局

18. 吉林省长春市宽城区文化市场综合执法大队

19. 吉林省长春净月高新技术产业开发区文化稽查大队

20. 吉林省德惠市文化市场综合执法大队

21. 吉林省榆树市文化市场综合执法大队

22. 吉林省四平市文化市场综合执法支队

23. 吉林省通化市辉南县文化市场综合执法大队

24. 吉林省白城市洮北区市场综合执法大队

25. 吉林省松原市长岭县文化市场综合执法大队

26. 吉林省白山市江源区文化市场综合执法大队

27. 上海市通信管理局互联网管理处

28. 上海市互联网信息办公室网络管理处

29. 中华人民共和国上海海关法规处

30. 上海余某侵犯著作权罪案专案组〔上海市杨浦区人民法院民事审判第三庭（知识产权审判庭）、上海市虹口区人民检察院航运（金融）检察科〕

31. 江苏原力电脑动画制作公司侵犯著作权案专案组（江苏省南京市文化综合执法总队三支队、江苏省南京市版权局版权和出版管理处）

32. 江苏省张家港市文化行政综合执法大队

33. 浙江省丽水市文化广电新闻出版局

34. 浙江省宁波市文化市场行政执法总队

35. 浙江罗某某侵犯著作权罪案专案组（浙江省绍兴市文化市场行政执法支队、浙江省绍兴市公安局袍江分局治安大队）

36. 浙江省嘉兴市文化市场行政执法支队

37. 浙江省金华市兰溪公安局上华派出所

38. 浙江省温州市鹿城区文化广电新闻出版局

39. 安徽省“扫黄打非”工作领导小组办公室

40. 福建省福州市公安局治安支队三大队

41. 福建省厦门市文化市场综合执法支队

42. 江西省版权局版权管理处

43. 江西省上饶市余干县文化广电新闻出版（版权）局

44. 江西省九江市文化市场综合执法支队

45. 江西省萍乡市安源区文化市场综合执法大队

46. 江西省上饶市鄱阳县版权局

47. 山东省青岛平度市文化市场行政执法局

48. 山东省青岛即墨市文化市场行政执法局

49. 山东省青岛胶州市综合行政执法局

50. 山东省聊城市文化市场综合执法局

51. 山东省德州市综合文化市场执法局

52. 河南省三门峡市文化市场综合执法支队

53. 河南省周口市文化广电新闻出版局

54. 河南省驻马店市泌阳县文化市场综合执法大队

55. 河南省开封市尉氏县文化市场综合执法大队

56. 湖北省武汉市文化市场综合执法支队

57. 湖北省武汉市武昌区人民检察院侦查监督科

58. 湖北省鄂州市文化市场综合执法支队

59. 湖北省潜江市文化市场综合执法支队

60. 湖北省十堰市文化市场综合执法支队

61. 湖南省株洲市文化市场综合执法局

62. 湖南省岳阳市文化市场综合执法局

63. 湖南省长沙市文化市场综合执法局

64. 湖南省娄底市文化市场综合执法支队

65. 湖南省衡阳市文化市场综合执法局

66. 广东省惠州市惠阳区公安分局经侦大队

67. 广东省黄埔海关法规处知识产权保护科

68. 广东省广州市文化市场综合行政执法总队执法三处

69. 广西壮族自治区版权局版权处

70. 广西壮族自治区贺州市钟山县版权局

71. 海南省版权局版权处

72. 海南刘某侵犯著作权案专案组(海南省琼中县文化市场稽查队、海南省“扫黄打非”办公室)

73. 重庆市版权局版权管理处

74. 四川省通信管理局电信处

75. 四川省成都市青羊区文化广电旅游新闻出版版权行政执法大队

76. 四川阆中音像制品店销售盗版音像制品系列案专案组(四川省南充市文化广电新闻出版局、四川省阆中市文化市场综合执法大队、四川省阆中市人民检察院)

77. 四川省遂宁市文化市场综合执法支队

78. 贵州省版权局版权处

79. 贵州省贵阳市文化市场综合执法支队执法三处

80. 云南省版权局版权管理处

81. 云南省临沧市文化市场综合行政执法支队

82. 陕西省咸阳市彬县文化市场综合执法大队

83. 宁夏回族自治区银川市文化市场综合执法队

84. 新疆维吾尔自治区喀什市疏附县文化市场综合执法大队

85. 北京字节跳动科技有限公司政务信息运营部

86.《光明日报》评论部

2015年度查处侵权盗版案件有功个人名单

有功个人一等奖

1. 罗曦，最高人民检察院公诉厅二处

2. 李虎，最高人民检察院侦查监督厅立案监督处

3. 徐永，公安部治安管理局一处

4. 吕伟，公安部经济犯罪侦查局知识产权处

5. 徐强，工业和信息化部信息通信管理局互联网处

6. 张文瑞，全国打击侵犯知识产权和制售假冒伪劣商品工作领导小组办公室

7. 何磊，中国版权保护中心法律部

8. 北京一点网聚公司非法转载文字作品案专案组个人（赵红仕、邢芳英、郭东竹，北京市版权局）

9. 北京市宏泰印刷有限公司侵犯著作权案专案组个人（邢玉金、张清、戴文涛、王玉军，北京市文化市场行政执法总队执法五队；苏玥，北京市公安局通州分局张家湾派出所）

10. 北京金图创联国际科技有限公司侵犯他人著作权案专案组个人（郭涌、沈晋南、王健、高坤、熊亮，北京市文化市场行政执法总队执法五队）

11. 北京何某等侵犯网络游戏著作权案专案组个人（赵国明、熊伟，北京市文化市场行政执法总队执法五队；张志婧，北京市海淀区人民检察院知识产权检察处；崔衍亮，北京市公安局海淀分局法制处；陈维，北京市公安局海淀分局网络安全保卫总队驻区四大队）

12. 北京"阳光教育"网店销售盗版少儿出版物案专案组个人（秦永明、张博然、徐剑，北京市文化市场行政执法总队执法四队；杨岱君，北京市海淀区人民检察院知识产权检察处；翟宝宇，北京市公安局海淀分局刑侦支队）

13. 河北张某某等印制盗版图书案专案组个人（杨大勇、张海峰，河北省保定市文化市场行政执法大队；张建东、黄威，河北省保定市竞秀区公安分局；马彦飞，河北省保定市竞秀区文体教育局）

14. 薛彬，上海市版权局版权管理执法处

15. 袁学术，江苏省版权局版权处

16. 江苏"老调网"侵犯著作权案专案组个人（季培均，江苏省扬州市版权局；刘光明、唐海宁，江苏省扬州市文化行政综合执法支队）

17. 江苏"速酷电影"网侵犯著作权案专案组个人（高成富，江苏省徐州市版权局；艾新建，江苏省徐州市文化广电新闻出版局；郭静，江苏省徐州市公安局网安支队）

18. 浙江郑某等复制并通过网络销售盗版图书和软件案专案组个人（吕晓杰、胡孟良，浙江省杭州市文化市场行政执法总队；姚川，浙江省杭州市公安局治安支队三大队；杜倩楠，浙江省杭州市拱墅区人民检察院；石丽斐，浙江省杭州市拱墅区人民法院）

19. 晏凤志，安徽省版权局版权管理处

20. 安徽蒋某发行侵犯他人著作权出版物案专案组个人（陈江丽，安徽省合肥市版权局；江明银、戚玉生、汝梦芸、汤明，安徽省合肥市文化市场综合执法大队）

21. 高东升，山东省新闻出版广电局版权管理处

22. 刘建峰，山东省济南市文化市场综合行政执法局

23. 杜荣华，山东省青岛市文化市场行政执法局版权监管与执法处

24. 山东"8·05"制售盗版光盘案专

案组个人(侯本兵、孔凡军,山东省淄博市文化市场执法局;张洪强、史志伟,山东省淄博市公安局直属分局一大队)

25. 王新民,山东省泰安市文化广电新闻出版局

26. 张安军,山东省泰安市文化广电新闻出版局

27. 赵永磊,山东省泰安市文化市场综合执法支队

28. 山东贾某某侵犯著作权案专案组个人(董晖、李子杰、邓作霆、张琛、吕秀兰,山东省菏泽市文化市场综合执法局)

29."人人影视网"侵犯影视作品著作权案专案组个人(谭昕、孙玉虹、宋亮、张荣涛,湖南省新闻出版广电局版权管理处;左建建,湖南省公安厅治安总队)

30. 易瑾媛,广东省版权局版权管理处

31. 张春节,广东省广州市黄埔区人民法院刑庭

32. 倪天龙,广州市文化市场综合行政执法总队执法五处

33. 黄麟渝,重庆市文化市场行政执法总队执法一处

34. 张贺,《人民日报》政治文化部

35. 赖名芳,《中国新闻出版广电报》出版周刊中心

有功个人二等奖

1. 魏磊,最高人民法院刑一庭第四合议庭

2. 尹春吉,公安部治安管理局十四处

3. 韩启彬,公安部治安管理局六处

4. 杨璠,工业和信息化部信息通信管理局

5. 李坚,国家互联网信息办公室网络综合协调管理和执法督查局专项行动处

6. 杨晓玫,中央宣传部出版局办公室

7. 陈霞,新闻出版总署信息中心工程项目管理部

8. 郁致原,新闻出版总署信息中心运行维护部

9. 鄢韧强,国家新闻出版广电总局出版产品质量监督检测中心

10. 北京宏文恒盛文化发展有限公司盗印出版物案专案组个人(张权、邵大明,北京市文化执法总队执法一队;高远,北京市公安局治安管理总队;白云山,北京市海淀区检察院;覃波,北京市海淀区法院)

11. 郝子谋,山西省版权局版权管理处

12. 沙丽,内蒙古自治区版权局版权处

13. 李安庆,辽宁省版权局版权管理处

14. 辽宁"零点花园"网侵犯文学作品著作权案专案组个人(张志、张文利,辽宁省通信管理局电信管理处;孙大鹏,国家计算机网络与信息安全管理中心辽宁分中心;田大鹏,辽宁省版权局版权管理处)

15. 黑龙江众一图书有限公司盗版教辅材料案专案组个人(王培舒、杜宇震、田庆权,吉林省版权局版权处)

16. 黑龙江"9·03"销售侵权盗版出版物案专案组个人(贲涛、柳占林,黑龙江省哈尔滨市文化和新闻出版局发行管理处;李时强、滕相林,黑龙江省哈尔滨市公安局治安支队案件审理大队;闫晓霜,黑龙江省哈尔滨市南岗区人民法院刑事审判庭)

17. 万赟,上海市文化市场行政执法总队稽查五处

18. 胡俊千,上海市公安局经侦总队二支队

19. 堵雯曦,江苏省通信管理局互联网管理处

20. 顾云,江苏省镇江市版权局

21. 解硕群,江苏省徐州市文化广电新闻出版局版权管理处

22. 江苏"77免费电影网"侵犯著作权案专案组个人(于湃,江苏省徐州市公安局治安支队;刘宇,江苏省徐州市检察

院公诉处）

23. 江苏“金火影视网”侵犯著作权案专案组个人（颜茂苏，江苏省徐州市中级人民法院民三庭；孟繁卿，江苏省徐州市铜山区文化广电新闻出版与体育局；李恒乐，江苏省徐州市铜山区公安局网安大队）

24. 江苏打击侵权盗版杂志专项行动系列案专案组个人（陈世海、陈彩芬，江苏省张家港市文化广电新闻出版局；王黎明、朱群军、魏冉，江苏省张家港市文化行政综合执法大队）

25. 浙江杭州北洲电影院有限公司复制、放映盗版电影作品案专案组个人（艾其芬、许璐斌，浙江省杭州市余杭区文化市场行政执法大队）

26. 安徽“拾零道人”网侵犯著作权案专案组个人（刘杨、杨邦伦，安徽省滁州市全椒县公安局网安大队；关敬文，安徽省滁州市全椒县文化广电新闻出版局；许大伟，安徽省滁州市全椒县人民检察院；高红，安徽省滁州市全椒县人民法院）

27. 常桂旭，福建省版权局版权管理处

28. 林芳，福建省人民检察院侦查监督处

29. 李建，山东省青岛市李沧区文化市场行政执法局

30. 山东“3・17”李某侵犯著作权案专案组个人（林志坚，山东省青岛市李沧区文化执法局；菅兴锋、孙晨光，山东省青岛市文化执法局；周正雷，山东省青岛市公安局李沧分局）

31. 马长兴，山东省青岛市即墨市文化市场行政执法局

32. 刘肖宁，山东省潍坊市文化市场综合执法局

33. 牛兆星，山东省潍坊市文化市场综合执法局

34. 孟杰，山东省济宁市任城区文化市场综合执法局

35. 山东泰安东平龙山驾驶员培训有限公司侵犯著作权案专案组个人（吕宗峰、杨红雨、孙萍，山东省泰安市文化市场综合执法支队）

36. 山东庄某某等侵犯著作权案专案组个人（赵强、荆玉涛、张守珂、李希东、蒋吉民，山东省日照市莒县文化市场综合执法局）

37. 王可志，山东省德州市文化市场综合执法局“扫黄打非”工作科

38. 李峰，河南省版权局版权管理处

39. 河南平舆王某某侵犯著作权案专案组个人（刘文利、申娟娟、肖宏伟、张宏图、张军瑞，河南省驻马店市文化市场综合执法支队）

40. 河南李某侵犯著作权案专案组个人（王珏，河南省安阳市人民检察院侦查监督处；郭晓娜，河南省安阳市滑县人民检察院侦查监督局；李胜标、张彦利、冯巧玲，河南省安阳市滑县文化市场综合执法大队）

41. 河南李某某制作盗版图书案专案组个人（陈红梅、贺筠，河南省焦作市武陟县人民检察院；高文波、孔丽，河南省焦作市文化市场综合执法支队；宋德勇，河南省焦作市人民法院刑三庭）

42. 卢文俊，湖北省版权局版权管理处

43. 湖北省武汉市打击侵权盗版刑事审判专案组个人（吴燕颐、胡敏、胡慧莉、李俊波，湖北省武汉市江岸区人民法院知识产权庭）

44. 周良清，湖北省荆州市公安县公安局经侦大队

45. 湖南衡阳周某侵犯计算机软件著作权案专案组个人（刘小平、唐能平、刘意福、尹忠国，湖南省衡阳市文化市场综合执法局）

46. 康金钟，湖南省通信管理局网络与信息安全处

47. 骆丽莉，广东省深圳市中级人民法院知识产权庭

48. 梁毅，广东省湛江经济技术开发

区人民法院刑庭

49. 卢芳，广东省深圳市福田区市场监督管理局稽查科

50. 马永志，广西壮族自治区版权局版权管理处

51. 广西郑某某销售盗版音像制品案专案组个人（梁松、韦家胜，广西壮族自治区南宁市宾阳县文化新闻出版广电和体育局；蒙立，广西壮族自治区南宁市宾阳县人民法院；蓝莉莉，广西壮族自治区南宁市宾阳县文化市场综合执法大队；思辉，广西壮族自治区南宁市宾阳县公安局城南派出所）

52. 曾伯林，海南省版权局版权处

53. 重庆唐某销售盗版图书案专案组个人（呙凤平，重庆市大足区文化市场行政执法支队；陈炜，重庆市大足区文化市场行政执法支队）

54. 陕西高校出版物市场专项行动系列案专案组个人（张伟成、楚源、于赵磊、毛凤凤、何勇刚，陕西省西安市文化市场行政执法总队）

55. 吾拉木江·哈帕尔，新疆维吾尔自治区版权局版权管理处

56. 曾文甫，中央电视台社会新闻部

有功个人三等奖

1. 董翰飞，公安部网络安全保卫局

2. 王宏博，工业和信息化部网络安全管理局

3. 张伟星，国家互联网信息办公室网络综合协调管理和执法督查局综合处

4. 张扬，国家互联网信息办公室网络应急管理和网络舆情局

5. 罗林，中央宣传部新闻局文化新闻处

6. 张丹，国家工商行政管理总局反垄断与反不正当竞争执法局反不正当竞争处

7. 张芬涛，海关总署政策法规司知识产权处

8. 北京天宫阁工艺品有限责任公司出售假冒他人署名作品案专案组个人（耿楠、马威、王泽玉，北京市西城区文化委员会执法队）

9. 安鸣，天津市文化市场行政执法总队执法二队

10. 李冬群，河北省版权局版权管理处

11. 杨志敏，河北省保定市莲池区文体教育局稽查队

12. 河北星光城歌厅侵犯音乐作品著作权案专案组个人（吴杰，河北省石家庄市版权局；常志辉、王昌亮、吕素斌、李素平，河北省石家庄市赵县文化市场行政执法队）

13. 河北开元印刷厂侵权案专案组个人（李雷，河北省石家庄市版权局；郭宝珠、韩建伟、董同申、杨红，河北省石家庄市栾城区文化市场执法队）

14. 河北海潮书店案专案组个人（董岩、孙屹、杨胜利、朱小光、吴雪羽，河北省秦皇岛市海港区文化体育新闻出版局文化市场行政执法队）

15. 吉林“8·20”销售盗版教材系列案专案组个人（路野、陈哲、张文胜、朱爽、左熠琳，吉林省长春市文化市场综合执法支队）

16. 董广伟，吉林省德惠市文化市场综合执法大队

17. 靖红艳，吉林省榆树市文化市场综合执法大队

18. 康彤，吉林省吉林市新闻出版广电局

19. 费泽忠，吉林省敦化市文化市场综合执法大队

20. 左今明，吉林省四平市文化广电新闻出版局

21. 刘丽，吉林省通化市文化市场综合执法支队

22. 刘学国，吉林省通化市辉南县文化市场综合执法大队

23. 邓长远，吉林省白山市靖宇县文

化市场综合执法大队

24. 吉林省延吉市璞润读书社销售盗版教辅材料案专案组个人（张国栋、高永洙、赵海波，吉林省延吉市文化市场综合执法大队）

25. 王洪云，吉林省公主岭市文化市场综合执法大队

26. 华毓军，黑龙江省鹤岗市文化市场综合执法支队

27. 王志斌，黑龙江省鸡西市文化广电新闻出版局新闻出版科

28. 郭海生，黑龙江省鸡西市文化市场综合执法支队

29. 邓兆臣，黑龙江省鸡西市文化市场综合执法支队

30. 李鹏程，黑龙江省双鸭山市文化市场综合执法支队出版大队

31. 张晓栋，上海市通信管理局互联网管理处

32. 夏倩，上海市办公室网络管理处

33. 缪赟，上海市文化市场行政执法总队稽查三处

34. 史庭栋，上海市文化市场行政执法总队稽查三处

35. 王浩，上海市文化市场行政执法总队稽查五处

36. 江苏远大信息股份有限公司等5家企业侵犯软件著作权系列案专案组个人（刘峻、朱荣祥、张秋岳，江苏省张家港市版权局）

37. 王玲飞，江苏省无锡市人民检察院

38. 王可，江苏省常州市钟楼区人民法院刑庭

39. 浙江刘某某、邓某擅自传播他人音乐作品案专案组个人（曹剑、张辉、徐江枫、王家麟，浙江省宁波市文化市场行政执法总队）

40. 浙江家纺产业侵犯花样版权系列案专案组个人（马振宇、朱沈威、曹迪，浙江省海宁市文化市场行政执法大队）

41. 金奇烽，浙江省绍兴市文化市场行政执法支队

42. 林汝海，浙江省公安厅治安总队行动支队

43. 陈志勇，浙江省温州市公安局龙湾分局

44. 李慧星，浙江省台州市黄岩区公安分局城西派出所

45. 安徽韦某某侵犯信息网络传播权案专案组个人（杜仙林、林光莹、徐胜利，安徽省合肥市文化市场综合执法大队）

46. 安徽蒋某发行侵犯他人著作权出版物案专案组个人（陆长华、叶兆国、金强、李宏敏，安徽省合肥市文化市场综合执法大队）

47. 安徽王某销售盗版图书案专案组个人（张厚金、李敏、李德军、杨冲、费蔚晴，安徽省马鞍山市文化旅游市场综合执法支队）

48. 安徽张某某制售盗版音像制品案专案组个人（吴震宇，安徽省黄山市版权局；韦俊，安徽省黄山市版权局；张庆文，安徽省黄山市公安局治安支队）

49. 吴跃春，福建省新闻出版广电局反非法和违禁出版物处

50. 刘洋，福建省福州市公安局治安支队

51. 吴志诚，福建省泉州市文化市场综合执法支队直属一大队

52. 福建“11·26”发行盗版图书案专案组个人（魏有春，福建省厦门市文化市场综合执法支队；周杰，福建省厦门市文化市场综合执法支队举报办理科；陈竑，福建省厦门市文化市场综合执法支队执法监督科；叶建福、张颖，福建省厦门市文化市场综合执法支队一大队）

53. 陈忠南，福建省厦门市文化市场综合执法支队直属二大队

54. 江西人生书店销售盗版图书案专案组个人（张玉华，江西省九江市文化广电新闻出版局；朱斌，江西省九江市文化市场

综合执法支队）

55. 江西丽华书店销售盗版教辅案专案组个人[张灵，江西省上饶市文化广电新闻出版（版权）局；麻卫清，江西省上饶市余干县市文化广电新闻出版（版权）局]

56. 艾华林，江西省萍乡市文化广电新闻出版局

57. 董显祥，江西省赣州市文化广电新闻出版局文化市场科

58. 江西向阳书院销售盗版教材教辅案专案组个人（张会昌，江西省瑞金市文化广电新闻出版局；杨振华，江西省瑞金市文化稽查大队）

59. 罗盛磊，江西省南昌市文化市场综合执法支队

60. 刘秋华，江西省吉安市文化综合执法支队科长

61. 山东省刘某某侵犯著作权案专案组个人（刘金祥，山东省新闻出版广电局反非法和违禁出版物处；宋涛、刘琳、张文安，山东省济南市文化市场综合行政执法局；袁大龙，山东省济南市公安局公交分局）

62. 王元昌，山东省济南市历城区文化市场综合行政执法大队

63. 时桂琴，山东省青岛市黄岛区综合行政执法局

64. 柴寿宁，山东省青岛市黄岛区综合行政执法局

65. 李昌，山东省青岛即墨市文化市场行政执法局

66. 刘成爱，山东省青岛平度市文化市场行政执法局

67. 山东"3·27"侵犯著作权案专案组个人（李书伟，山东省青岛平度市公安局治安大队；金秉坤，山东省青岛平度市法院刑事审判庭；付晓、邹少卫、王飞，山东省青岛平度市文化市场行政执法局）

68. 王冬，山东省青岛胶州市综合行政执法局

69. 山东省潍坊市查处非法复制计算机软件专案组个人（王启福、刘永利、杨萍，山东省潍坊市文化市场综合执法局；蔡建辉、王凯，山东省潍坊市坊子区文化市场综合执法局）

70. 山东省潍坊市查处娱乐场所侵犯著作权专案组个人（秦韶莉、王佩峰、樊恩平、贾斌，山东省潍坊市文化市场综合执法局；王洪阳，山东省诸城市文化市场综合执法局）

71. 高志强，山东省潍坊市奎文区文化市场综合执法局

72. 山东济宁豆神动漫有限公司侵犯著作权案专案组个人（樊存常、宋明国、龙鸿、颜廷爱、柳成林，山东省济宁市文化市场综合执法局）

73. 孙明奎，山东省济宁市梁山县文化市场综合执法局

74. 刘培臻，山东省威海市文化市场综合执法局

75. 徐水平，山东省威海市文化市场综合执法局

76. 山东高某某侵犯著作权案专案组个人（于立海、马池坤，山东省日照市文化市场综合执法局；严丽丽、任晓军，山东省日照市莒县文化市场综合执法局）

77. 山东莒县友爱医院侵犯著作权案专案组个人（赵强、荆玉涛、许家同、董守国、张守珂，山东省日照市莒县文化市场综合执法局）

78. 朱文洁，山东省临沂市费县文化市场管理执法局稽查大队

79. 万强，山东省德州市文化市场综合执法局

80. 张玉光，山东省聊城市文化市场综合执法局

81. 申明曾，河南省公安厅治安总队二支队

82. 河南云海印务有限公司侵犯著作权案专案组个人（延红娟、王泽一，河南省安阳市滑县人民检察院；魏麦仲、张修建、刘翠娟，河南省安阳市滑县文化市场综合执法大队）

83. 河南泌阳二中发行盗版图书案专案组个人(殷小喜、赵飞,河南省驻马店市文化市场综合执法支队;李强,河南省驻马店市泌阳县文化市场综合执法大队)

84. 栗山,河南省南阳市文化市场综合执法支队

85. 河南董某某销售盗版出版物案专案组个人(李民立、王建伟、王炜,河南省开封市尉氏县文化市场综合执法大队;王建坤,河南省开封市“扫黄打非”办公室;王伟,河南省开封市文化广电新闻出版局)

86. 彭骏,湖北省通信管理局互联网管理处

87. 湖北“2·13”章某某侵犯著作权案专案组个人(杨发新,湖北省武汉市文化市场综合执法支队办公室;李斯宁、熊锦辉,湖北省武汉市文化市场综合执法支队一大队;芦险峰,湖北省武汉市公安局经侦支队六大队)

88. 王郡,湖北省潜江市文化体育旅游新闻出版局市场管理科

89. 伍伟,湖北省仙桃市文化市场综合执法支队

90. 李宏良,湖北省襄阳市文化市场综合执法支队

91. 袁平,湖南省岳阳市文化市场综合执法局版权执法大队

92. 邓洺,湖南省衡阳市文化市场综合执法局第一执法大队

93. 湖南789私人影吧侵犯著作权系列案专案组个人(陈炜、王松林,湖南省衡阳市文化市场综合执法局)

94. 彭驰,湖南省岳阳市文化市场综合执法局

95. 胡巍,湖南省怀化市文化市场综合执法局版权网络执法科

96. 汤秉革,湖南省长沙市文化市场综合执法局执法四处

97. 符超,湖南省衡阳市文化市场综合执法局执法二科

98. 彭辉,湖南省邵阳市文化市场综合执法局执法二科

99. 谢庆安,湖南省郴州市文化市场综合执法局网络娱乐执法大队

100. 广东张某某销售侵权复制品案专案组个人(肖洋、刘冠成、罗文军、宋戎林、黄志强,广东省惠州市公安局经侦支队)

101. 张展雯,广东省东莞市第一市区人民检察院侦查监督科

102. 曹慧星,广东省中山市第一人民法院民三庭

103. 黄金生,广东省惠州市博罗县人民法院刑二庭

104. 广东广州“6·09”制售盗版教材案专案组个人(雷小龙、唐爱民、曾卫民,广东省广州市文化市场综合行政执法总队)

105. 周文斌,广东省广州市文化市场综合行政执法总队执法三处

106. 海南刘某侵犯著作权案专案组个人(黄俊,海南省琼中县文化市场稽查队;司安海,海南省琼中县公安局;蔡坚,海南省琼中县检察院)

107. 张德林,重庆市奉节县文化委员会

108. 高斌,四川省版权局版权管理处

109. 陶云,四川省通信管理局电信处

110. 四川成都戛纳假日酒店有限责任公司侵犯著作权案专案组个人(夏应添、张林、肖梅,四川省成都市文化市场综合执法总队三支队)

111. 四川新华国际酒店有限责任公司案专案组个人(许东,四川省成都市文化市场综合执法总队一支队;闫海峰、陈志强,四川省成都市文化市场综合执法总队二支队)

112. 四川阆中市“京泰音像制品店”“同乐堂音像制品店”销售盗版音像制品系列案专案组个人(王海,四川省南充市文化广电新闻出版局;苟溪、任静、任欢,四川省阆中市文化市场综合执法大队;朱成平,四川省南充市“扫黄打非”办公室)

113. 四川金钥匙书店发行侵权盗版出版物专案组个人(陈川,四川省自贡市文化市场综合执法支队一大队;唐小珺,四川省自贡市文化市场综合执法支队二大队)

114. 李胜君,四川省简阳市文化市场综合执法大队

115. 安定,贵州省贵阳市文化市场综合执法支队执法三处

116. 昆明海关打击侵犯著作权专案组个人(李磊,昆明海关法规处知识产权科;刘娜,昆明海关所属打洛海关)

117. 陕西西安摩威秀云川视听技术有限公司侵犯著作权案专案组个人(张美宏、武毅、李伟、张云、李军,陕西省西安市文化市场行政执法总队)

118. 王新民,陕西省版权局版权管理处

119. 青海董某销售盗版图书专案组个人(朱小虎、杨国伟,青海省西宁市大通县文化市场综合执法大队)

120. 宁夏“8·3”侵犯著作权案专案组个人(张秀年,宁夏回族自治区版权局;邓华,宁夏回族自治区银川市文化新闻出版广电局;孙艳琳,宁夏回族自治区中卫市文化体育新闻出版广电局;张发祥,宁夏回族自治区固原市文化市场综合执法支队;杨建忠,宁夏回族自治区吴忠市文化市场综合执法队)

121. 宁夏靓声音像部销售盗版音像制品专案组个人(罗海波、李世宁、韩静、牛丹丹,宁夏回族自治区石嘴山市文化市场综合执法队)

122. 新疆喀什查处侵犯著作权案专案组个人(杨瑞、阿力木江·巴吐尔,新疆维吾尔自治区喀什市疏附县文化市场综合执法大队)

123. 曾聪志,新疆维吾尔自治区喀什地区泽普县文化体育广播影视局文化市场

124. 白炜,中国文化报社文化产业与市场部

(国家版权局版权管理司供稿)

农业部2015年度农产品地理标志登记产品名单

序号	产品名称	所在地域	证书持有人
1	京西稻	北京	北京市海淀区上庄镇农业综合服务中心
2	庞各庄金把黄鸭梨	北京	北京市大兴区庞各庄镇农业综合服务中心
3	桑梓西瓜	天津	天津市蓟县农业蔬菜技术服务站
4	肥乡圆葱	河北	河北省肥乡县农业技术推广中心
5	绛县大樱桃	山西	绛县特色农产品发展协会
6	绛县山楂	山西	绛县特色农产品发展协会
7	岚县马铃薯	山西	岚县农业技术站
8	平定荆花蜂蜜	山西	平定县蜂业协会
9	桓仁京租大米	辽宁	桓仁满族自治县农业技术推广中心
10	大伙房水库鲤鱼	辽宁	抚顺市水产学会
11	大伙房水库鳙鱼	辽宁	抚顺市水产学会
12	虎平岛海参	大连	大连市旅顺口区渔业协会
13	牡丹江金红苹果	黑龙江	牡丹江市农业技术推广总站

续表

序号	产品名称	所在地域	证书持有人
14	五大连池面粉	黑龙江	五大连池市种子管理站
15	佳木斯大米	黑龙江	佳木斯市优质农产品行业协会
16	马陆葡萄	上海	上海市嘉定区马陆镇农业服务中心
17	亭林雪瓜	上海	上海市金山区亭林镇农业技术推广服务站
18	镇江江蟹	江苏	镇江市江鲜产业协会
19	湖州湖羊	浙江	湖州市畜牧兽医局
20	三十岗西瓜	安徽	合肥市庐阳区三十岗乡瓜果协会
21	舒城小兰花	安徽	舒城县茶叶产业协会
22	泉州龙眼	福建	泉州市龙眼行业协会
23	将乐竹荪	福建	将乐县食用菌协会
24	南平烤烟	福建	南平市烟草学会
25	日照绿茶	山东	日照市茶叶技术推广中心
26	祁家芹菜	山东	桓台翠海生态农业种植协会
27	北园大卧龙莲藕	山东	济南鹊山龙湖生态农业科技种植协会
28	乐陵金丝小枣	山东	乐陵市小枣加工销售行业协会
29	临清椹果	山东	临清市黄河故道椹果协会
30	乳山樱桃	山东	乳山市农业环境保护站
31	荣成西洋参	山东	荣成市绿色食品协会
32	海青茶	青岛	青岛市黄岛区海青镇农业服务中心
33	新野甘蓝	河南	新野县蔬菜专业技术协会
34	郧西山葡萄	湖北	郧西县农业技术推广中心
35	秭归夏橙	湖北	秭归县柑橘协会
36	李集香葱	湖北	武汉市新洲区李集香葱种植协会
37	宜昌百合	湖北	宜昌市百合产业协会
38	洪湖莲藕	湖北	洪湖市水生蔬菜协会
39	洪湖再生稻米	湖北	洪湖市水稻种植协会
40	监利大米	湖北	监利县米业同业商会
41	郧阳胭脂米	湖北	郧阳胭脂米种植协会
42	房县冷水红米	湖北	房县粮油作物技术推广站
43	东江湖蜜橘	湖南	资兴市农业技术推广站
44	桃源黑猪	湖南	桃源县畜牧兽医水产技术推广站
45	百色芒果	广西	百色市发展水果生产办公室
46	覃塘毛尖茶	广西	贵港市覃塘区农业技术推广中心
47	恭城娃娃鱼	广西	恭城瑶族自治县渔业渔政站
48	凭祥石龟	广西	凭祥市水产技术推广站
49	三亚芒果	海南	三亚市芒果协会
50	垫江丹皮	重庆	垫江县果品蔬菜管理站

续表

序号	产品名称	所在地域	证书持有人
51	平武果梅	四川	平武县农业技术推广中心
52	嘉州荔枝	四川	乐山市市中区农业技术推广中心
53	康定红皮萝卜	四川	康定县农业技术推广和土壤肥料站
54	峰城玉米	四川	宣汉县农业技术推广站
55	石阡苔茶	贵州	石阡县茶业协会
56	昭通苦荞	云南	昭通市农业科学院
57	富源魔芋	云南	富源县魔芋协会
58	迪庆藏猪	云南	迪庆藏族自治州畜牧水产技术推广站
59	盐津乌骨鸡	云南	盐津县畜牧兽医站
60	蓝田樱桃	陕西	蓝田县园艺站
61	蒲城西瓜	陕西	蒲城县设施农业服务局
62	靖边辣椒	陕西	靖边县农产品质量检验检测中心
63	靖边胡萝卜	陕西	靖边县农产品质量检验检测中心
64	张掖葡萄	甘肃	张掖市葡萄协会
65	瓜州锁阳	甘肃	瓜州县锁阳协会
66	肃南牦牛	甘肃	肃南裕固族自治县牦牛养殖协会
67	同仁黄果梨	青海	同仁县农业技术推广中心
68	新庄黄瓜	青海	大通回族土族自治县蔬菜技术推广中心
69	巩留树上干杏	新疆	巩留县农业技术推广站
70	那拉提黑蜂蜂蜜	新疆	新源县养蜂协会
71	呼图壁奶牛	新疆	呼图壁县动物疾病预防控制中心
72	和田一牧场雪菊	新疆兵团	新疆生产建设兵团第十四师一牧场
73	新疆兵团三十一团罗布麻	新疆兵团	新疆生产建设兵团第二师三十一团
74	太谷壶瓶枣	山西	山西省太谷县木本粮油站
75	芮城芦笋	山西	芮城县瓜菜技术推广站
76	广灵大尾羊	山西	广灵大尾羊科学养殖协会
77	阳高长城羊肉	山西	阳高县惠农牛羊养殖协会
78	化德大白菜	内蒙古	化德县农产品质量安全检验检测站
79	商都西芹	内蒙古	商都县农产品质量安全检验检测站
80	林东毛毛谷小米	内蒙古	巴林左旗供销合作社联合社
81	黄松甸灵芝	吉林	蛟河市黄松甸食(药)用菌协会
82	舒兰大米	吉林	舒兰市大米协会
83	萝北大米	黑龙江	萝北县多种经营办公室
84	延寿黏玉米	黑龙江	延寿县瓜菜协会
85	五大连池鸭蛋	黑龙江	五大连池市动物疫病预防与控制中心
86	崇明水仙	上海	崇明县农产品质量安全学会
87	庄行蜜梨	上海	上海市奉贤区庄行镇农业服务中心

续表

序号	产品名称	所在地域	证书持有人
88	启东青皮长茄	江苏	启东市高效设施农业协会
89	如东狼山鸡	江苏	如东县狼山鸡协会
90	洪泽湖河蚬	江苏	江苏省洪泽湖渔业协会
91	永康方山柿	浙江	永康市经济特产站
92	兰溪小萝卜	浙江	兰溪市小萝卜产业协会
93	赖坊花生	福建	清流县农业技术推广中心
94	平和白芽奇兰	福建	平和县白芽奇兰茶协会
95	石铭芋	福建	长泰县农业局经济作物站
96	长泰砂仁	福建	长泰县农业局经济作物站
97	庐山云雾茶	江西	九江市茶叶产业协会
98	奉新猕猴桃	江西	奉新县果业办
99	抚州水蕹	江西	抚州市临川区现代农业协会
100	宜春苎麻	江西	江西省宜春市农业科学研究所
101	马家寨子香椿	山东	新泰市放城镇马家寨香椿协会
102	崆峒岛刺参	山东	烟台市芝罘区渔业技术推广站
103	西霞口刺参	山东	荣成西霞口海参产业协会
104	郧阳桑蚕茧	湖北	郧县桑蚕协会
105	武穴双低油菜	湖北	武穴市农业技术推广中心
106	绥宁绞股蓝	湖南	绥宁县七叶胆行业协会
107	百色番茄	广西	百色市经济作物栽培技术推广站
108	南宁香蕉	广西	南宁市水果生产技术指导站
109	荔浦芋	广西	荔浦县农业技术推广中心
110	龙脊茶	广西	龙胜各族自治县农业技术推广站
111	隆林黄牛	广西	隆林各族自治县畜牧品改站
112	浦北黑猪	广西	浦北县畜牧站
113	全州文桥鸭	广西	全州县畜牧技术推广站
114	钦州鲈鱼	广西	钦州市水产技术推广站
115	琼中绿橙	海南	琼中黎族苗族自治县农业技术推广服务中心
116	石柱莼菜	重庆	石柱土家族自治县农业技术学会
117	盐源辣椒	四川	盐源县经济作物管理站
118	宜宾糯红高粱	四川	宜宾市农业技术推广站
119	彭州川芎	四川	彭州市农业技术推广中心
120	螺髻山黑猪	四川	普格县畜牧局畜牧站
121	螺髻山乌骨鸡	四川	普格县畜牧局畜牧站
122	息烽西山贡米	贵州	息烽县农业技术开发服务中心
123	铜仁珍珠花生	贵州	铜仁市农业技术推广站
124	罗甸脐橙	贵州	罗甸县果茶产业发展办公室

续表

序号	产品名称	所在地域	证书持有人
125	褒河蜜橘	陕西	汉中市汉台区园艺工作站
126	留坝黑木耳	陕西	留坝县农业技术推广中心
127	留坝香菇	陕西	留坝县农业技术推广中心
128	宜君玉米	陕西	宜君县农畜产品质量安全检验检测中心
129	留坝蜂蜜	陕西	留坝县畜牧兽医技术推广中心
130	耀州黄芩	陕西	铜川市耀州区农畜产品质量安全检验检测中心
131	皋兰旱砂西瓜	甘肃	皋兰县农产品行业协会联合会
132	皋兰软儿梨	甘肃	皋兰县农产品行业协会联合会
133	苦水玫瑰	甘肃	永登县玫瑰协会
134	凉州羊羔肉	甘肃	凉州区养羊协会
135	肃南马鹿鹿茸	甘肃	肃南裕固族自治县养鹿协会
136	庆阳香瓜	甘肃	庆阳市农业技术推广中心
137	武都花椒	甘肃	陇南市武都区花椒服务中心
138	宕昌大黄	甘肃	宕昌县中药材开发服务中心
139	永昌肉羊	甘肃	永昌县农业特色产业办公室
140	门源青稞	青海	门源回族自治县种籽经营管理站
141	门源小油菜籽	青海	青海省门源回族自治县农业技术推广中心
142	天峻藏羊	青海	天峻县畜牧兽医工作站
143	木垒羊肉	新疆	木垒哈萨克自治区县牛羊产业协会
144	尉犁罗布羊肉	新疆	尉犁县金秋胡杨旅游协会
145	昭苏天马	新疆	昭苏县畜牧兽医站
146	黑沿子毛蚶	河北	唐山市丰南区水产服务中心
147	涔山芥菜	山西	宁武县农业技术推广站
148	偏关小米	山西	偏关县农产品质量安全检验检测中心
149	偏关羊肉	山西	偏关县农产品质量安全检验检测中心
150	赤峰荞麦	内蒙古	赤峰市农业技术服务中心
151	根河黑木耳	内蒙古	根河市野生资源开发研究所
152	昭乌达肉羊	内蒙古	赤峰市家畜改良工作站
153	四子王旗戈壁羊	内蒙古	四子王旗农牧业合作社发展协会
154	永吉柞蚕蛹虫草	吉林	永吉县珍稀植物保护协会
155	双城菇娘	黑龙江	双城市经济作物指导站
156	萝北黑木耳	黑龙江	萝北县多种经营办公室
157	长林岛龙垦杏	黑龙江	五九七农场寒疆果都果农协会
158	香磨山鲢鱼	黑龙江	木兰县渔业协会
159	奉贤黄桃	上海	上海市奉贤区青村镇农业服务中心
160	洪泽湖青虾	江苏	江苏省洪泽湖渔业协会
161	常山猴头菇	浙江	常山县食用菌办公室

续表

序号	产品名称	所在地域	证书持有人
162	绍兴兰花	浙江	绍兴市柯桥区兰花协会
163	永泰绿茶	福建	永泰县茶叶协会
164	鲁西斗鸡	山东	菏泽市畜牧工作站
165	汶上芦花鸡	山东	汶上县芦花鸡协会
166	沂蒙长毛兔	山东	临沂市畜牧站
167	蓬莱赤甲红	山东	蓬莱市渔业协会
168	蓬莱加吉鱼	山东	蓬莱市渔业协会
169	汪子岛鳎麻鱼	山东	无棣县渔业技术推广站
170	黄陂脉地湾萝卜	湖北	武汉市黄陂区蔬菜技术推广服务站
171	玉泉仙人掌茶	湖北	当阳市特产技术推广中心
172	洪湖界牌黄豆	湖北	洪湖市螺山镇大豆产业协会
173	兴山白茶	湖北	兴山县特产办公室
174	咸安砖茶	湖北	咸宁市咸安区有机茶产业协会
175	太青双上绿芽茶	湖南	澧县城头山双上绿芽茶文化研究所
176	大埔蜜柚	广东	大埔县蜜柚行业协会
177	恩平簕菜	广东	恩平市农业科学技术研究所
178	鹤山红茶	广东	鹤山市农产品质量监督检验测试中心
179	凌云牛心李	广西	凌云县水果生产技术指导站
180	恭城月柿	广西	恭城瑶族自治县水果生产技术指导站
181	五指山红茶	海南	五指山市茶叶协会
182	遵义烤烟	贵州	遵义市烟草协会
183	勐库大叶种茶	云南	双江拉祜族佤族布朗族傣族自治县茶叶技术推广站
184	保山烟叶	云南	保山市烟草学会
185	永平白鹅	云南	永平县畜牧工作站
186	林芝苹果	西藏	林芝县农业机械监理与技术推广服务中心
187	易贡辣椒	西藏	西藏波密县农技推广服务站
188	合阳九眼莲	陕西	合阳县农产品质量安全检验检测中心
189	镇安象园茶	陕西	镇安县农产品质量安全检验检测站
190	汉中大米	陕西	汉中市大米产业协会
191	合阳红薯	陕西	合阳县农产品质量安全检验检测中心
192	镇坪黄连	陕西	镇坪县中药材研究所
193	皋兰红砂洋芋	甘肃	皋兰县农产品行业协会联合会
194	皋兰禾尚头小麦	甘肃	皋兰县农产品行业协会联合会
195	东湾绿萝卜	甘肃	金昌市金川区农业技术推广服务中心
196	大通蚕豆	青海	大通回族土族自治县农业技术推广中心
197	泽库藏羊	青海	泽库县有机畜牧业办公室
198	泽库牦牛	青海	泽库县有机畜牧业办公室

续表

序号	产品名称	所在地域	证书持有人
199	海晏牦牛	青海	海晏县畜牧兽医站
200	海晏羔羊肉	青海	海晏县畜牧兽医站
201	南长滩大枣	宁夏	中卫市梨枣协会
202	南长滩软梨子	宁夏	中卫市梨枣协会
203	新疆兵团三团核桃	新疆兵团	新疆生产建设兵团第一师三团
204	和田一牧场羊肉	新疆兵团	新疆生产建设兵团第十四师一牧场

（农业部科技教育司供稿）

法律、法规、规章

中华人民共和国种子法

（2000 年 7 月 8 日第九届全国人民代表大会常务委员会第十六次会议通过　根据 2004 年 8 月 28 日第十届全国人民代表大会常务委员会第十一次会议《关于修改〈中华人民共和国种子法〉的决定》第一次修正　根据 2013 年 6 月 29 日第十二届全国人民代表大会常务委员会第三次会议《关于修改〈中华人民共和国文物保护法〉等十二部法律的决定》第二次修正　2015 年 11 月 4 日第十二届全国人民代表大会常务委员会第十七次会议修订）

第一章　总　　则

第一条　为了保护和合理利用种质资源，规范品种选育、种子生产经营和管理行为，保护植物新品种权，维护种子生产经营者、使用者的合法权益，提高种子质量，推动种子产业化，发展现代种业，保障国家粮食安全，促进农业和林业的发展，制定本法。

第二条　在中华人民共和国境内从事品种选育、种子生产经营和管理等活动，适用本法。

本法所称种子，是指农作物和林木的种植材料或者繁殖材料，包括籽粒、果实、根、茎、苗、芽、叶、花等。

第三条　国务院农业、林业主管部门分别主管全国农作物种子和林木种子工作；县级以上地方人民政府农业、林业主管部门分别主管本行政区域内农作物种子和林木种子工作。

各级人民政府及其有关部门应当采取措施，加强种子执法和监督，依法惩处侵害农民权益的种子违法行为。

第四条　国家扶持种质资源保护工作和选育、生产、更新、推广使用良种，鼓励品种选育和种子生产经营相结合，奖励在种质资源保护工作和良种选育、推广等工作中成绩显著的单位和个人。

第五条　省级以上人民政府应当根据科教兴农方针和农业、林业发展的需要制定种业发展规划并组织实施。

第六条　省级以上人民政府建立种子储备制度，主要用于发生灾害时的生产需要及余缺调剂，保障农业和林业生产安全。对储备的种子应当定期检验和更新。种子储备的具体办法由国务院规定。

第七条　转基因植物品种的选育、试验、审定和推广应当进行安全性评价，并采取严格的安全控制措施。国务院农业、林业主管部门应当加强跟踪监管并及时公告有关转基因植物品种审定和推广的信息。具体办法由国务院规定。

第二章 种质资源保护

第八条 国家依法保护种质资源，任何单位和个人不得侵占和破坏种质资源。

禁止采集或者采伐国家重点保护的天然种质资源。因科研等特殊情况需要采集或者采伐的，应当经国务院或者省、自治区、直辖市人民政府的农业、林业主管部门批准。

第九条 国家有计划地普查、收集、整理、鉴定、登记、保存、交流和利用种质资源，定期公布可供利用的种质资源目录。具体办法由国务院农业、林业主管部门规定。

第十条 国务院农业、林业主管部门应当建立种质资源库、种质资源保护区或者种质资源保护地。省、自治区、直辖市人民政府农业、林业主管部门可以根据需要建立种质资源库、种质资源保护区、种质资源保护地。种质资源库、种质资源保护区、种质资源保护地的种质资源属公共资源，依法开放利用。

占用种质资源库、种质资源保护区或者种质资源保护地的，需经原设立机关同意。

第十一条 国家对种质资源享有主权，任何单位和个人向境外提供种质资源，或者与境外机构、个人开展合作研究利用种质资源的，应当向省、自治区、直辖市人民政府农业、林业主管部门提出申请，并提交国家共享惠益的方案；受理申请的农业、林业主管部门经审核，报国务院农业、林业主管部门批准。

从境外引进种质资源的，依照国务院农业、林业主管部门的有关规定办理。

第三章 品种选育、审定与登记

第十二条 国家支持科研院所及高等院校重点开展育种的基础性、前沿性和应用技术研究，以及常规作物、主要造林树种育种和无性繁殖材料选育等公益性研究。

国家鼓励种子企业充分利用公益性研究成果，培育具有自主知识产权的优良品种；鼓励种子企业与科研院所及高等院校构建技术研发平台，建立以市场为导向、资本为纽带、利益共享、风险共担的产学研相结合的种业技术创新体系。

国家加强种业科技创新能力建设，促进种业科技成果转化，维护种业科技人员的合法权益。

第十三条 由财政资金支持形成的育种发明专利权和植物新品种权，除涉及国家安全、国家利益和重大社会公共利益的外，授权项目承担者依法取得。

由财政资金支持为主形成的育种成果的转让、许可等应当依法公开进行，禁止私自交易。

第十四条 单位和个人因林业主管部门为选育林木良种建立测定林、试验林、优树收集区、基因库等而减少经济收入的，批准建立的林业主管部门应当按照国家有关规定给予经济补偿。

第十五条 国家对主要农作物和主要林木实行品种审定制度。主要农作物品种和主要林木品种在推广前应当通过国家级或者省级审定。由省、自治区、直辖市人民政府林业主管部门确定的主要林木品种实行省级审定。

申请审定的品种应当符合特异性、一致性、稳定性要求。

主要农作物品种和主要林木品种的审定办法由国务院农业、林业主管部门规定。审定办法应当体现公正、公开、科学、效率的原则，有利于产量、品质、抗性等的提高与协调，有利于适应市场和生活消费需要的品种的推广。在制定、修改审定办法时，应当充分听取育种者、种子使用者、生产经营者和相关行业代表意见。

第十六条 国务院和省、自治区、直辖市人民政府的农业、林业主管部门分别设立由专业人员组成的农作物品种和林木品种审定委员会。品种审定委员会承担主要农作物品种和主要林木品种的审定工作，建立包括申请文件、品种审定试验数据、种子样品、审定意见和审定结论等内容的审定档案，保证可追溯。在审定通过的品种依法公布的相关信息中应当包括审定意见情况，接受监督。

品种审定实行回避制度。品种审定委员会委员、工作人员及相关测试、试验人员应当忠于职守，公正廉洁。对单位和个人举报或者监督检查发现的上述人员的违法行为，省级以上人民政府农业、林业主管部门和有关机关应当及时依法处理。

第十七条 实行选育生产经营相结合，符合国务院农业、林业主管部门规定条件的种子企业，对其自主研发的主要农作物品种、主要林木品种可以按照审定办法自行完成试验，达到审定标准的，品种审定委员会应当颁发审定证书。种子企业对试验数据的真实性负责，保证可追溯，接受省级以上人民政府农业、林业主管部门和社会的监督。

第十八条 审定未通过的农作物品种和林木品种，申请人有异议的，可以向原审定委员会或者国家级审定委员会申请复审。

第十九条 通过国家级审定的农作物品种和林木良种由国务院农业、林业主管部门公告，可以在全国适宜的生态区域推广。通过省级审定的农作物品种和林木良种由省、自治区、直辖市人民政府农业、林业主管部门公告，可以在本行政区域内适宜的生态区域推广；其他省、自治区、直辖市属于同一适宜生态区的地域引种农作物品种、林木良种的，引种者应当将引种的品种和区域报所在省、自治区、直辖市人民政府农业、林业主管部门备案。

引种本地区没有自然分布的林木品种，应当按照国家引种标准通过试验。

第二十条 省、自治区、直辖市人民政府农业、林业主管部门应当完善品种选育、审定工作的区域协作机制，促进优良品种的选育和推广。

第二十一条 审定通过的农作物品种和林木良种出现不可克服的严重缺陷等情形不宜继续推广、销售的，经原审定委员会审核确认后，撤销审定，由原公告部门发布公告，停止推广、销售。

第二十二条 国家对部分非主要农作物实行品种登记制度。列入非主要农作物登记目录的品种在推广前应当登记。

实行品种登记的农作物范围应当严格控制，并根据保护生物多样性、保证消费安全和用种安全的原则确定。登记目录由国务院农业主管部门制定和调整。

申请者申请品种登记应当向省、自治区、直辖市人民政府农业主管部门提交申请文件和种子样品，并对其真实性负责，保证可追溯，接受监督检查。申请文件包括品种的种类、名称、来源、特性、育种过程以及特异性、一致性、稳定性测试报告等。

省、自治区、直辖市人民政府农业主管部门自受理品种登记申请之日起二十个工作日内，对申请者提交的申请文件进行书面审查，符合要求的，报国务院农业主管部门予以登记公告。

对已登记品种存在申请文件、种子样品不实的，由国务院农业主管部门撤销该品种登记，并将该申请者的违法信息记入社会诚信档案，向社会公布；给种子使用者和其他种子生产经营者造成损失的，依法承担赔偿责任。

对已登记品种出现不可克服的严重缺陷等情形的，由国务院农业主管部门撤销登记，并发布公告，停止推广。

非主要农作物品种登记办法由国务院农业主管部门规定。

第二十三条 应当审定的农作物品种未经审定的，不得发布广告、推广、销售。

应当审定的林木品种未经审定通过的，不得作为良种推广、销售，但生产确需使用的，应当经林木品种审定委员会认定。

应当登记的农作物品种未经登记的，不得发布广告、推广，不得以登记品种的名义销售。

第二十四条 在中国境内没有经常居所或者营业场所的境外机构、个人在境内申请品种审定或者登记的，应当委托具有法人资格的境内种子企业代理。

第四章 新品种保护

第二十五条 国家实行植物新品种保护制度。对国家植物品种保护名录内经过人工选育或者发现的野生植物加以改良，具备新颖性、特异性、一致性、稳定性和适当命名的植物品种，由国务院农业、林业主管部门授予植物新品种权，保护植物新品种权所有人的合法权益。植物新品种权的内容和归属、授予条件、申请和受理、审查与批准，以及期限、终止和无效等依照本法、有关法律和行政法规规定执行。

国家鼓励和支持种业科技创新、植物新品种培育及成果转化。取得植物新品种权的品种得到推广应用的，育种者依法获得相应的经济利益。

第二十六条 一个植物新品种只能授予一项植物新品种权。两个以上的申请人分别就同一个品种申请植物新品种权的，植物新品种权授予最先申请的人；同时申请的，植物新品种权授予最先完成该品种育种的人。

对违反法律，危害社会公共利益、生态环境的植物新品种，不授予植物新品种权。

第二十七条 授予植物新品种权的植物新品种名称，应当与相同或者相近的植物属或者种中已知品种的名称相区别。该名称经授权后即为该植物新品种的通用名称。

下列名称不得用于授权品种的命名：

（一）仅以数字表示的；

（二）违反社会公德的；

（三）对植物新品种的特征、特性或者育种者身份等容易引起误解的。

同一植物品种在申请新品种保护、品种审定、品种登记、推广、销售时只能使用同一个名称。生产推广、销售的种子应当与申请植物新品种保护、品种审定、品种登记时提供的样品相符。

第二十八条 完成育种的单位或者个人对其授权品种，享有排他的独占权。任何单位或者个人未经植物新品种权所有人许可，不得生产、繁殖或者销售该授权品种的繁殖材料，不得为商业目的将该授权品种的繁殖材料重复使用于生产另一品种的繁殖材料；但是本法、有关法律、行政法规另有规定的除外。

第二十九条 在下列情况下使用授权品种的，可以不经植物新品种权所有人许可，不向其支付使用费，但不得侵犯植物新品种权所有人依照本法、有关法律、行政法规享有的其他权利：

（一）利用授权品种进行育种及其他科研活动；

（二）农民自繁自用授权品种的繁殖材料。

第三十条 为了国家利益或者社会公共利益，国务院农业、林业主管部门可以作出实施植物新品种权强制许可的决定，并予以登记和公告。

取得实施强制许可的单位或者个人不享有独占的实施权，并且无权允许他人实施。

第五章 种子生产经营

第三十一条 从事种子进出口业务的种子生产经营许可证，由省、自治区、直辖市人民政府农业、林业主管部门审核，国务院农业、林业主管部门核发。

从事主要农作物杂交种子及其亲本种子、林木良种种子的生产经营以及实行选育生产经营相结合，符合国务院农业、林业主管部门规定条件的种子企业的种子生产经营许可证，由生产经营者所在地县级人民政府农业、林业主管部门审核，省、自治区、直辖市人民政府农业、林业主管部门核发。

前两款规定以外的其他种子的生产经营许可证，由生产经营者所在地县级以上地方人民政府农业、林业主管部门核发。

只从事非主要农作物种子和非主要林木种子生产的，不需要办理种子生产经营许可证。

第三十二条 申请取得种子生产经营许可证的，应当具有与种子生产经营相适应的生产经营设施、设备及专业技术人员，以及法规和国务院农业、林业主管部门规定的其他条件。

从事种子生产的，还应当同时具有繁殖种子的隔离和培育条件，具有无检疫性有害生物的种子生产地点或者县级以上人民政府林业主管部门确定的采种林。

申请领取具有植物新品种权的种子生产经营许可证的，应当征得植物新品种权所有人的书面同意。

第三十三条 种子生产经营许可证应当载明生产经营者名称、地址、法定代表人、生产种子的品种、地点和种子经营的范围、有效期限、有效区域等事项。

前款事项发生变更的，应当自变更之日起三十日内，向原核发许可证机关申请变更登记。

除本法另有规定外，禁止任何单位和个人无种子生产经营许可证或者违反种子生产经营许可证的规定生产、经营种子。禁止伪造、变造、买卖、租借种子生产经营许可证。

第三十四条 种子生产应当执行种子生产技术规程和种子检验、检疫规程。

第三十五条 在林木种子生产基地内采集种子的，由种子生产基地的经营者组织进行，采集种子应当按照国家有关标准进行。

禁止抢采掠青、损坏母树，禁止在劣质林内、劣质母树上采集种子。

第三十六条 种子生产经营者应当建立和保存包括种子来源、产地、数量、质量、销售去向、销售日期和有关责任人员等内容的生产经营档案，保证可追溯。种子生产经营档案的具体载明事项，种子生产经营档案及种子样品的保存期限由国务院农业、林业主管部门规定。

第三十七条 农民个人自繁自用的常规种子有剩余的，可以在当地集贸市场上出售、串换，不需要办理种子生产经营许可证。

第三十八条 种子生产经营许可证的有效区域由发证机关在其管辖范围内确定。种子生产经营者在种子生产经营许可证载明的有效区域设立分支机构的，专门经营不再分装的包装种子的，或者受具有种子生产经营许可证的种子生产经营者以书面委托生产、代销其种子的，不需要办理种子生产经营许可证，但应当向当地农业、林业主管部门备案。

实行选育生产经营相结合，符合国务院农业、林业主管部门规定条件的种子企业的生产经营许可证的有效区域为全国。

第三十九条 未经省、自治区、直辖市人民政府林业主管部门批准，不得收购珍贵树木种子和本级人民政府规定限制收购的林木种子。

第四十条 销售的种子应当加工、分级、包装。但是不能加工、包装的除外。

大包装或者进口种子可以分装；实行分装的，应当标注分装单位，并对种子质量负责。

第四十一条 销售的种子应当符合国家或者行业标准，附有标签和使用说明。标签和使用说明标注的内容应当与销售的种子相符。种子生产经营者对标注内容的真实性和种子质量负责。

标签应当标注种子类别、品种名称、品种审定或者登记编号、品种适宜种植区域及季节、生产经营者及注册地、质量指标、检疫证明编号、种子生产经营许可证编号和信息代码，以及国务院农业、林业主管部门规定的其他事项。

销售授权品种种子的，应当标注品种权号。

销售进口种子的，应当附有进口审批文号和中文标签。

销售转基因植物品种种子的，必须用明显的文字标注，并应当提示使用时的安全控制措施。

种子生产经营者应当遵守有关法律、法规的规定，诚实守信，向种子使用者提供种子生产者信息、种子的主要性状、主要栽培措施、适应性等使用条件的说明、风险提示与有关咨询服务，不得作虚假或者引人误解的宣传。

任何单位和个人不得非法干预种子生产经营者的生产经营自主权。

第四十二条 种子广告的内容应当符合本法和有关广告的法律、法规的规定，主要性状描述等应当与审定、登记公告一致。

第四十三条 运输或者邮寄种子应当依照有关法律、行政法规的规定进行检疫。

第四十四条 种子使用者有权按照自己的意愿购买种子，任何单位和个人不得非法干预。

第四十五条 国家对推广使用林木良种造林给予扶持。国家投资或者国家投资为主的造林项目和国有林业单位造林，应当根据林业主管部门制定的计划使用林木良种。

第四十六条 种子使用者因种子质量问题或者因种子的标签和使用说明标注的内容不真实，遭受损失的，种子使用者可以向出售种子的经营者要求赔偿，也可以向种子生产者或者其他经营者要求赔偿。赔偿额包括购种价款、可得利益损失和其他损失。属于种子生产者或者其他经营者责任的，出售种子的经营者赔偿后，有权向种子生产者或者其他经营者追偿；属于出售种子的经营者责任的，种子生产者或者其他经营者赔偿后，有权向出售种子的经营者追偿。

第六章 种子监督管理

第四十七条 农业、林业主管部门应当加强对种子质量的监督检查。种子质量管理办法、行业标准和检验方法，由国务院农业、林业主管部门制定。

农业、林业主管部门可以采用国家规定的快速检测方法对生产经营的种子品种进行检测，检测结果可以作为行政处罚依据。被检查人对检测结果有异议的，可以申请复检，复检不得采用同一检测方法。因检测结果错误给当事人造成损失的，依法承担赔偿责任。

第四十八条 农业、林业主管部门可以委托种子质量检验机构对种子质量进行检验。

承担种子质量检验的机构应当具备相应的检测条件、能力，并经省级以上人民政府有关主管部门考核合格。

种子质量检验机构应当配备种子检验员。种子检验员应当具有中专以上有关专业学历，具备相应的种子检验技术能力和水平。

第四十九条 禁止生产经营假、劣种子。农业、林业主管部门和有关部门依法打击生产经营假、劣种子的违法行为，保护农民合法权益，维护公平竞争的市场秩序。

下列种子为假种子：

（一）以非种子冒充种子或者以此种品种种子冒充其他品种种子的；

（二）种子种类、品种与标签标注的内容不符或者没有标签的。

下列种子为劣种子：

（一）质量低于国家规定标准的；

（二）质量低于标签标注指标的；

（三）带有国家规定的检疫性有害生物的。

第五十条 农业、林业主管部门是种子行政执法机关。种子执法人员依法执行公务时应当出示行政执法证件。农业、林业主管部门依法履行种子监督检查职责时，有权采取下列措施：

（一）进入生产经营场所进行现场检查；

（二）对种子进行取样测试、试验或者检验；

（三）查阅、复制有关合同、票据、账簿、生产经营档案及其他有关资料；

（四）查封、扣押有证据证明违法生产经营的种子，以及用于违法生产经营的工具、设备及运输工具等；

（五）查封违法从事种子生产经营活动的场所。

农业、林业主管部门依照本法规定行使职权，当事人应当协助、配合，不得拒绝、阻挠。

农业、林业主管部门所属的综合执法机构或者受其委托的种子管理机构，可以开展种子执法相关工作。

第五十一条 种子生产经营者依法自愿成立种子行业协会，加强行业自律管理，维护成员合法权益，为成员和行业发展提供信息交流、技术培训、信用建设、市场营销和咨询等服务。

第五十二条 种子生产经营者可自愿向具有资质的认证机构申请种子质量认证。经认证合格的，可以在包装上使用认证标识。

第五十三条 由于不可抗力原因，为生产需要必须使用低于国家或者地方规定标准的农作物种子的，应当经用种地县级以上地方人民政府批准；林木种子应当经用种地省、自治区、直辖市人民政府批准。

第五十四条 从事品种选育和种子生产经营以及管理的单位和个人应当遵守有关植物检疫法律、行政法规的规定，防止植物危险性病、虫、杂草及其他有害生物的传播和蔓延。

禁止任何单位和个人在种子生产基地从事检疫性有害生物接种试验。

第五十五条 省级以上人民政府农业、林业主管部门应当在统一的政府信息发布平台上发布品种审定、品种登记、新品种保护、种子生产经营许可、监督管理等信息。

国务院农业、林业主管部门建立植物品种标准样品库，为种子监督管理提供依据。

第五十六条 农业、林业主管部门及其工作人员，不得参与和从事种子生产经营活动。

第七章 种子进出口和对外合作

第五十七条 进口种子和出口种子必须实施检疫，防止植物危险性病、虫、杂草及其他有害生物传入境内和传出境外，具体检疫工作按照有关植物进出境检疫法律、行政法规的规定执行。

第五十八条 从事种子进出口业务的，除具备种子生产经营许可证外，还应当依照国家有关规定取得种子进出口许可。

从境外引进农作物、林木种子的审定权限，农作物、林木种子的进口审批办法，引进转基因植物品种的管理办法，由国务院规定。

第五十九条 进口种子的质量，应当达到国家标准或者行业标准。没有国家标准或者行业标准的，可以按照合同约定的标准执行。

第六十条 为境外制种进口种子的，可以不受本法第五十八条第一款的限制，但应当具有对外制种合同，进口的种子只能用于制种，其产品不得在境内销售。

从境外引进农作物或者林木试验用种，应当隔离栽培，收获物也不得作为种子销售。

第六十一条 禁止进出口假、劣种子以及属于国家规定不得进出口的种子。

第六十二条 国家建立种业国家安全审查机制。境外机构、个人投资、并购境内种子企业，或者与境内科研院所、种子企业开展技术合作，从事品种研发、种子生产经营的审批管理依照有关法律、行政法规的规定执行。

第八章 扶持措施

第六十三条 国家加大对种业发展的支持。对品种选育、生产、示范推广、种质资源保护、种子储备以及制种大县给予扶持。

国家鼓励推广使用高效、安全制种采种技术和先进适用的制种采种机械，将先进适用的制种采种机械纳入农机具购置补贴范围。

国家积极引导社会资金投资种业。

第六十四条 国家加强种业公益性基础设施建设。

对优势种子繁育基地内的耕地，划入基本农田保护区，实行永久保护。优势种子繁育基地由国务院农业主管部门商所在省、自治区、直辖市人民政府确定。

第六十五条 对从事农作物和林木品种选育、生产的种子企业，按照国家有关规定给予扶持。

第六十六条 国家鼓励和引导金融机构为种子生产经营和收储提供信贷支持。

第六十七条 国家支持保险机构开展种子生产保险。省级以上人民政府可以采取保险费补贴等措施，支持发展种业生产保险。

第六十八条 国家鼓励科研院所及高等院校与种子企业开展育种科技人员交流，支持本单位的科技人员到种子企业从事育种成果转化活动；鼓励育种科研人才创新创业。

第六十九条 国务院农业、林业主管部门和异地繁育种子所在地的省、自治区、直辖市人民政府应当加强对异地繁育种子工作的管理和协调，交通运输部门应当优先保证种子的运输。

第九章 法律责任

第七十条 农业、林业主管部门不依法作出行政许可决定，发现违法行为或者接到对违法行为的举报不予查处，或者有其他未依照本法规定履行职责的行为的，由本级人民政府或者上级人民政府有关部门责令改正，对负有责任的主管人员和其他直接责任人员依法给予处分。

违反本法第五十六条规定，农业、林业主管部门工作人员从事种子生产经营活动的，依法给予处分。

第七十一条 违反本法第十六条规定，品种审定委员会委员和工作人员不依法履行职责，弄虚作假、徇私舞弊的，依法给予处分；自处分决定作出之日起五年内不得从事品种审定工作。

第七十二条 品种测试、试验和种子质量检验机构伪造测试、试验、检验数据或者出具虚假证明的，由县级以上人民政府农业、林业主管部门责令改正，对单位处五万元以上十万元以下罚款，对直接负责的主管人员和其他直接责任人员处一万元以上五万元以下罚款；有违法所得的，并处没收违法所得；给种子使用者和其他种子生产经营者造成损失的，与种子生产经营者承担连带责任；情节严重的，由省级以上人民政府有关主管部门取消种子质量检验资格。

第七十三条 违反本法第二十八条规定，有侵犯植物新品种权行为的，由当事人协商解决，不愿协商或者协商不成的，植物新品种权所有人或者利害关系人可以请求县级以上人民政府农业、林业主管部门进行处理，也可以直接向人民法院提起诉讼。

县级以上人民政府农业、林业主管部门，根据当事人自愿的原则，对侵犯植物新品种权所造成的损害赔偿可以进行调解。

调解达成协议的，当事人应当履行；当事人不履行协议或者调解未达成协议的，植物新品种权所有人或者利害关系人可以依法向人民法院提起诉讼。

侵犯植物新品种权的赔偿数额按照权利人因被侵权所受到的实际损失确定；实际损失难以确定的，可以按照侵权人因侵权所获得的利益确定。权利人的损失或者侵权人获得的利益难以确定的，可以参照该植物新品种权许可使用费的倍数合理确定。赔偿数额应当包括权利人为制止侵权行为所支付的合理开支。侵犯植物新品种权，情节严重的，可以在按照上述方法确定数额的一倍以上三倍以下确定赔偿数额。

权利人的损失、侵权人获得的利益和植物新品种权许可使用费均难以确定的，人民法院可以根据植物新品种权的类型、侵权行为的性质和情节等因素，确定给予三百万元以下的赔偿。

县级以上人民政府农业、林业主管部门处理侵犯植物新品种权案件时，为了维护社会公共利益，责令侵权人停止侵权行为，没收违法所得和种子；货值金额不足五万元的，并处一万元以上二十五万元以下罚款；货值金额五万元以上的，并处货值金额五倍以上十倍以下罚款。

假冒授权品种的，由县级以上人民政府农业、林业主管部门责令停止假冒行为，没收违法所得和种子；货值金额不足五万元的，并处一万元以上二十五万元以下罚款；货值金额五万元以上的，并处货值金额五倍以上十倍以下罚款。

第七十四条 当事人就植物新品种的申请权和植物新品种权的权属发生争议的，可以向人民法院提起诉讼。

第七十五条 违反本法第四十九条规定，生产经营假种子的，由县级以上人民政府农业、林业主管部门责令停止生产经营，没收违法所得和种子，吊销种子生产经营许可证；违法生产经营的货值金额不足一万元的，并处一万元以上十万元以下罚款；货值金额一万元以上的，并处货值金额十倍以上二十倍以下罚款。

因生产经营假种子犯罪被判处有期徒刑以上刑罚的，种子企业或者其他单位的法定代表人、直接负责的主管人员自刑罚执行完毕之日起五年内不得担任种子企业的法定代表人、高级管理人员。

第七十六条 违反本法第四十九条规定，生产经营劣种子的，由县级以上人民政府农业、林业主管部门责令停止生产经营，没收违法所得和种子；违法生产经营的货值金额不足一万元的，并处五千元以上五万元以下罚款；货值金额一万元以上的，并处货值金额五倍以上十倍以下罚款；情节严重的，吊销种子生产经营许可证。

因生产经营劣种子犯罪被判处有期徒刑以上刑罚的，种子企业或者其他单位的法定代表人、直接负责的主管人员自刑罚执行完毕之日起五年内不得担任种子企业的法定代表人、高级管理人员。

第七十七条 违反本法第三十二条、第三十三条规定，有下列行为之一的，由县级以上人民政府农业、林业主管部门责令改正，没收违法所得和种子；违法生产经营的货值金额不足一万元的，并处三千元以上三万元以下罚款；货值金额一万元以上的，并处货值金额三倍以上五倍以下罚款；可以吊销种子生产经营许可证：

（一）未取得种子生产经营许可证生产经营种子的；

（二）以欺骗、贿赂等不正当手段取得种子生产经营许可证的；

（三）未按照种子生产经营许可证的规定生产经营种子的；

（四）伪造、变造、买卖、租借种子生产经营许可证的。

被吊销种子生产经营许可证的单位，其法定代表人、直接负责的主管人员自处罚决定作出之日起五年内不得担任种子企业的法定代表人、高级管理人员。

第七十八条 违反本法第二十一条、

第二十二条、第二十三条规定，有下列行为之一的，由县级以上人民政府农业、林业主管部门责令停止违法行为，没收违法所得和种子，并处二万元以上二十万元以下罚款：

（一）对应当审定未经审定的农作物品种进行推广、销售的；

（二）作为良种推广、销售应当审定未经审定的林木品种的；

（三）推广、销售应当停止推广、销售的农作物品种或者林木良种的；

（四）对应当登记未经登记的农作物品种进行推广，或者以登记品种的名义进行销售的；

（五）对已撤销登记的农作物品种进行推广，或者以登记品种的名义进行销售的。

违反本法第二十三条、第四十二条规定，对应当审定未经审定或者应当登记未经登记的农作物品种发布广告，或者广告中有关品种的主要性状描述的内容与审定、登记公告不一致的，依照《中华人民共和国广告法》的有关规定追究法律责任。

第七十九条 违反本法第五十八条、第六十条、第六十一条规定，有下列行为之一的，由县级以上人民政府农业、林业主管部门责令改正，没收违法所得和种子；违法生产经营的货值金额不足一万元的，并处三千元以上三万元以下罚款；货值金额一万元以上的，并处货值金额三倍以上五倍以下罚款；情节严重的，吊销种子生产经营许可证：

（一）未经许可进出口种子的；

（二）为境外制种的种子在境内销售的；

（三）从境外引进农作物或者林木种子进行引种试验的收获物作为种子在境内销售的；

（四）进出口假、劣种子或者属于国家规定不得进出口的种子的。

第八十条 违反本法第三十六条、第三十八条、第四十条、第四十一条规定，有下列行为之一的，由县级以上人民政府农业、林业主管部门责令改正，处二千元以上二万元以下罚款：

（一）销售的种子应当包装而没有包装的；

（二）销售的种子没有使用说明或者标签内容不符合规定的；

（三）涂改标签的；

（四）未按规定建立、保存种子生产经营档案的；

（五）种子生产经营者在异地设立分支机构、专门经营不再分装的包装种子或者受委托生产、代销种子，未按规定备案的。

第八十一条 违反本法第八条规定，侵占、破坏种质资源，私自采集或者采伐国家重点保护的天然种质资源的，由县级以上人民政府农业、林业主管部门责令停止违法行为，没收种质资源和违法所得，并处五千元以上五万元以下罚款；造成损失的，依法承担赔偿责任。

第八十二条 违反本法第十一条规定，向境外提供或者从境外引进种质资源，或者与境外机构、个人开展合作研究利用种质资源的，由国务院或者省、自治区、直辖市人民政府的农业、林业主管部门没收种质资源和违法所得，并处二万元以上二十万元以下罚款。

未取得农业、林业主管部门的批准文件携带、运输种质资源出境的，海关应当将该种质资源扣留，并移送省、自治区、直辖市人民政府农业、林业主管部门处理。

第八十三条 违反本法第三十五条规定，抢采掠青、损坏母树或者在劣质林内、劣质母树上采种的，由县级以上人民政府林业主管部门责令停止采种行为，没收所采种子，并处所采种子货值金额二倍以上五倍以下罚款。

第八十四条 违反本法第三十九条规定，收购珍贵树木种子或者限制收购的林木种子的，由县级以上人民政府林业主管部门没收所收购的种子，并处收购种子货值金额二倍以上五倍以下罚款。

第八十五条 违反本法第十七条规定，种子企业有造假行为的，由省级以上人民政府农业、林业主管部门处一百万元以上五百万元以下罚款；不得再依照本法第十七条的规定申请品种审定；给种子使用者和其他种子生产经营者造成损失的，依法承担赔偿责任。

第八十六条 违反本法第四十五条规定，未根据林业主管部门制定的计划使用林木良种的，由同级人民政府林业主管部门责令限期改正；逾期未改正的，处三千元以上三万元以下罚款。

第八十七条 违反本法第五十四条规定，在种子生产基地进行检疫性有害生物接种试验的，由县级以上人民政府农业、林业主管部门责令停止试验，处五千元以上五万元以下罚款。

第八十八条 违反本法第五十条规定，拒绝、阻挠农业、林业主管部门依法实施监督检查的，处二千元以上五万元以下罚款，可以责令停产停业整顿；构成违反治安管理行为的，由公安机关依法给予治安管理处罚。

第八十九条 违反本法第十三条规定，私自交易育种成果，给本单位造成经济损失的，依法承担赔偿责任。

第九十条 违反本法第四十四条规定，强迫种子使用者违背自己的意愿购买、使用种子，给使用者造成损失的，应当承担赔偿责任。

第九十一条 违反本法规定，构成犯罪的，依法追究刑事责任。

第十章 附 则

第九十二条 本法下列用语的含义是：

（一）种质资源是指选育植物新品种的基础材料，包括各种植物的栽培种、野生种的繁殖材料以及利用上述繁殖材料人工创造的各种植物的遗传材料。

（二）品种是指经过人工选育或者发现并经过改良，形态特征和生物学特性一致，遗传性状相对稳定的植物群体。

（三）主要农作物是指稻、小麦、玉米、棉花、大豆。

（四）主要林木由国务院林业主管部门确定并公布；省、自治区、直辖市人民政府林业主管部门可以在国务院林业主管部门确定的主要林木之外确定其他八种以下的主要林木。

（五）林木良种是指通过审定的主要林木品种，在一定的区域内，其产量、适应性、抗性等方面明显优于当前主栽材料的繁殖材料和种植材料。

（六）新颖性是指申请植物新品种权的品种在申请日前，经申请权人自行或者同意销售、推广其种子，在中国境内未超过一年；在境外，木本或者藤本植物未超过六年，其他植物未超过四年。

本法施行后新列入国家植物品种保护名录的植物的属或者种，从名录公布之日起一年内提出植物新品种权申请的，在境内销售、推广该品种种子未超过四年的，具备新颖性。

除销售、推广行为丧失新颖性外，下列情形视为已丧失新颖性：

1. 品种经省、自治区、直辖市人民政府农业、林业主管部门依据播种面积确认已经形成事实扩散的；

2. 农作物品种已审定或者登记两年以上未申请植物新品种权的。

（七）特异性是指一个植物品种有一个以上性状明显区别于已知品种。

（八）一致性是指一个植物品种的特性除可预期的自然变异外，群体内个体间相关的特征或者特性表现一致。

（九）稳定性是指一个植物品种经过反复繁殖后或者在特定繁殖周期结束时，其主要性状保持不变。

（十）已知品种是指已受理申请或者已通过品种审定、品种登记、新品种保护，或者已经销售、推广的植物品种。

（十一）标签是指印制、粘贴、固定或者附着在种子、种子包装物表面的特定图案及文字说明。

第九十三条 草种、烟草种、中药材种、食用菌菌种的种质资源管理和选育、生产经营、管理等活动，参照本法执行。

第九十四条 本法自2016年1月1日起施行。

中华人民共和国促进科技成果转化法

（1996年5月15日第八届全国人民代表大会常务委员会第十九次会议通过 根据2015年8月29日第十二届全国人民代表大会常务委员会第十六次会议《关于修改〈中华人民共和国促进科技成果转化法〉的决定》修正）

第一章 总 则

第一条 为了促进科技成果转化为现实生产力，规范科技成果转化活动，加速科学技术进步，推动经济建设和社会发展，制定本法。

第二条 本法所称科技成果，是指通过科学研究与技术开发所产生的具有实用价值的成果。职务科技成果，是指执行研究开发机构、高等院校和企业等单位的工作任务，或者主要是利用上述单位的物质技术条件所完成的科技成果。

本法所称科技成果转化，是指为提高生产力水平而对科技成果所进行的后续试验、开发、应用、推广直至形成新技术、新工艺、新材料、新产品，发展新产业等活动。

第三条 科技成果转化活动应当有利于加快实施创新驱动发展战略，促进科技与经济的结合，有利于提高经济效益、社会效益和保护环境、合理利用资源，有利于促进经济建设、社会发展和维护国家安全。

科技成果转化活动应当尊重市场规律，发挥企业的主体作用，遵循自愿、互利、公平、诚实信用的原则，依照法律法规规定和合同约定，享有权益，承担风险。科技成果转化活动中的知识产权受法律保护。

科技成果转化活动应当遵守法律法规，维护国家利益，不得损害社会公共利益和他人合法权益。

第四条 国家对科技成果转化合理安排财政资金投入，引导社会资金投入，推动科技成果转化资金投入的多元化。

第五条 国务院和地方各级人民政府应当加强科技、财政、投资、税收、人才、产业、金融、政府采购、军民融合等政策协同，为科技成果转化创造良好环境。

地方各级人民政府根据本法规定的原则，结合本地实际，可以采取更加有利于促进科技成果转化的措施。

第六条 国家鼓励科技成果首先在中国境内实施。中国单位或者个人向境外的组织、个人转让或者许可其实施科技成果的，应当遵守相关法律、行政法规以及国家有关规定。

第七条 国家为了国家安全、国家利益和重大社会公共利益的需要，可以依法组织实施或者许可他人实施相关科技成果。

第八条 国务院科学技术行政部门、经济综合管理部门和其他有关行政部门依照国务院规定的职责，管理、指导和协调科技成果转化工作。

地方各级人民政府负责管理、指导和协调本行政区域内的科技成果转化工作。

第二章　组织实施

第九条　国务院和地方各级人民政府应当将科技成果的转化纳入国民经济和社会发展计划，并组织协调实施有关科技成果的转化。

第十条　利用财政资金设立应用类科技项目和其他相关科技项目，有关行政部门、管理机构应当改进和完善科研组织管理方式，在制定相关科技规划、计划和编制项目指南时应当听取相关行业、企业的意见；在组织实施应用类科技项目时，应当明确项目承担者的科技成果转化义务，加强知识产权管理，并将科技成果转化和知识产权创造、运用作为立项和验收的重要内容和依据。

第十一条　国家建立、完善科技报告制度和科技成果信息系统，向社会公布科技项目实施情况以及科技成果和相关知识产权信息，提供科技成果信息查询、筛选等公益服务。公布有关信息不得泄露国家秘密和商业秘密。对不予公布的信息，有关部门应当及时告知相关科技项目承担者。

利用财政资金设立的科技项目的承担者应当按照规定及时提交相关科技报告，并将科技成果和相关知识产权信息汇交到科技成果信息系统。

国家鼓励利用非财政资金设立的科技项目的承担者提交相关科技报告，将科技成果和相关知识产权信息汇交到科技成果信息系统，县级以上人民政府负责相关工作的部门应当为其提供方便。

第十二条　对下列科技成果转化项目，国家通过政府采购、研究开发资助、发布产业技术指导目录、示范推广等方式予以支持：

（一）能够显著提高产业技术水平、经济效益或者能够形成促进社会经济健康发展的新产业的；

（二）能够显著提高国家安全能力和公共安全水平的；

（三）能够合理开发和利用资源、节约能源、降低消耗以及防治环境污染、保护生态、提高应对气候变化和防灾减灾能力的；

（四）能够改善民生和提高公共健康水平的；

（五）能够促进现代农业或者农村经济发展的；

（六）能够加快民族地区、边远地区、贫困地区社会经济发展的。

第十三条　国家通过制定政策措施，提倡和鼓励采用先进技术、工艺和装备，不断改进、限制使用或者淘汰落后技术、工艺和装备。

第十四条　国家加强标准制定工作，对新技术、新工艺、新材料、新产品依法及时制定国家标准、行业标准，积极参与国际标准的制定，推动先进适用技术推广和应用。

国家建立有效的军民科技成果相互转化体系，完善国防科技协同创新体制机制。军品科研生产应当依法优先采用先进适用的民用标准，推动军用、民用技术相互转移、转化。

第十五条　各级人民政府组织实施的重点科技成果转化项目，可以由有关部门组织采用公开招标的方式实施转化。有关部门应当对中标单位提供招标时确定的资助或者其他条件。

第十六条　科技成果持有者可以采用下列方式进行科技成果转化：

（一）自行投资实施转化；

（二）向他人转让该科技成果；

（三）许可他人使用该科技成果；

（四）以该科技成果作为合作条件，与他人共同实施转化；

（五）以该科技成果作价投资，折算股份或者出资比例；

（六）其他协商确定的方式。

第十七条 国家鼓励研究开发机构、高等院校采取转让、许可或者作价投资等方式，向企业或者其他组织转移科技成果。

国家设立的研究开发机构、高等院校应当加强对科技成果转化的管理、组织和协调，促进科技成果转化队伍建设，优化科技成果转化流程，通过本单位负责技术转移工作的机构或者委托独立的科技成果转化服务机构开展技术转移。

第十八条 国家设立的研究开发机构、高等院校对其持有的科技成果，可以自主决定转让、许可或者作价投资，但应当通过协议定价、在技术交易市场挂牌交易、拍卖等方式确定价格。通过协议定价的，应当在本单位公示科技成果名称和拟交易价格。

第十九条 国家设立的研究开发机构、高等院校所取得的职务科技成果，完成人和参加人在不变更职务科技成果权属的前提下，可以根据与本单位的协议进行该项科技成果的转化，并享有协议规定的权益。该单位对上述科技成果转化活动应当予以支持。

科技成果完成人或者课题负责人，不得阻碍职务科技成果的转化，不得将职务科技成果及其技术资料和数据占为己有，侵犯单位的合法权益。

第二十条 研究开发机构、高等院校的主管部门以及财政、科学技术等相关行政部门应当建立有利于促进科技成果转化的绩效考核评价体系，将科技成果转化情况作为对相关单位及人员评价、科研资金支持的重要内容和依据之一，并对科技成果转化绩效突出的相关单位及人员加大科研资金支持。

国家设立的研究开发机构、高等院校应当建立符合科技成果转化工作特点的职称评定、岗位管理和考核评价制度，完善收入分配激励约束机制。

第二十一条 国家设立的研究开发机构、高等院校应当向其主管部门提交科技成果转化情况年度报告，说明本单位依法取得的科技成果数量、实施转化情况以及相关收入分配情况，该主管部门应当按照规定将科技成果转化情况年度报告报送财政、科学技术等相关行政部门。

第二十二条 企业为采用新技术、新工艺、新材料和生产新产品，可以自行发布信息或者委托科技中介服务机构征集其所需的科技成果，或者征寻科技成果转化的合作者。

县级以上地方各级人民政府科学技术行政部门和其他有关部门应当根据职责分工，为企业获取所需的科技成果提供帮助和支持。

第二十三条 企业依法有权独立或者与境内外企业、事业单位和其他合作者联合实施科技成果转化。

企业可以通过公平竞争，独立或者与其他单位联合承担政府组织实施的科技研究开发和科技成果转化项目。

第二十四条 对利用财政资金设立的具有市场应用前景、产业目标明确的科技项目，政府有关部门、管理机构应当发挥企业在研究开发方向选择、项目实施和成果应用中的主导作用，鼓励企业、研究开发机构、高等院校及其他组织共同实施。

第二十五条 国家鼓励研究开发机构、高等院校与企业相结合，联合实施科技成果转化。

研究开发机构、高等院校可以参与政府有关部门或者企业实施科技成果转化的招标投标活动。

第二十六条 国家鼓励企业与研究开发机构、高等院校及其他组织采取联合建立研究开发平台、技术转移机构或者技术创新联盟等产学研合作方式，共同开展研究开发、成果应用与推广、标准研究与制定等活动。

合作各方应当签订协议，依法约定合作的组织形式、任务分工、资金投入、知识产权归属、权益分配、风险分担和违约责任等事项。

第二十七条 国家鼓励研究开发机构、高等院校与企业及其他组织开展科技人员交流，根据专业特点、行业领域技术发展需要，聘请企业及其他组织的科技人员兼职从事教学和科研工作，支持本单位的科技人员到企业及其他组织从事科技成果转化活动。

第二十八条 国家支持企业与研究开发机构、高等院校、职业院校及培训机构联合建立学生实习实践培训基地和研究生科研实践工作机构，共同培养专业技术人才和高技能人才。

第二十九条 国家鼓励农业科研机构、农业试验示范单位独立或者与其他单位合作实施农业科技成果转化。

第三十条 国家培育和发展技术市场，鼓励创办科技中介服务机构，为技术交易提供交易场所、信息平台以及信息检索、加工与分析、评估、经纪等服务。

科技中介服务机构提供服务，应当遵循公正、客观的原则，不得提供虚假的信息和证明，对其在服务过程中知悉的国家秘密和当事人的商业秘密负有保密义务。

第三十一条 国家支持根据产业和区域发展需要建设公共研究开发平台，为科技成果转化提供技术集成、共性技术研究开发、中间试验和工业性试验、科技成果系统化和工程化开发、技术推广与示范等服务。

第三十二条 国家支持科技企业孵化器、大学科技园等科技企业孵化机构发展，为初创期科技型中小企业提供孵化场地、创业辅导、研究开发与管理咨询等服务。

第三章 保障措施

第三十三条 科技成果转化财政经费，主要用于科技成果转化的引导资金、贷款贴息、补助资金和风险投资以及其他促进科技成果转化的资金用途。

第三十四条 国家依照有关税收法律、行政法规规定对科技成果转化活动实行税收优惠。

第三十五条 国家鼓励银行业金融机构在组织形式、管理机制、金融产品和服务等方面进行创新，鼓励开展知识产权质押贷款、股权质押贷款等贷款业务，为科技成果转化提供金融支持。

国家鼓励政策性金融机构采取措施，加大对科技成果转化的金融支持。

第三十六条 国家鼓励保险机构开发符合科技成果转化特点的保险品种，为科技成果转化提供保险服务。

第三十七条 国家完善多层次资本市场，支持企业通过股权交易、依法发行股票和债券等直接融资方式为科技成果转化项目进行融资。

第三十八条 国家鼓励创业投资机构投资科技成果转化项目。

国家设立的创业投资引导基金，应当引导和支持创业投资机构投资初创期科技型中小企业。

第三十九条 国家鼓励设立科技成果转化基金或者风险基金，其资金来源由国家、地方、企业、事业单位以及其他组织或者个人提供，用于支持高投入、高风险、高产出的科技成果的转化，加速重大科技成果的产业化。

科技成果转化基金和风险基金的设立及其资金使用，依照国家有关规定执行。

第四章 技术权益

第四十条 科技成果完成单位与其他单位合作进行科技成果转化的，应当依法由合同约定该科技成果有关权益的归属。合同未作约定的，按照下列原则办理：

（一）在合作转化中无新的发明创造的，该科技成果的权益，归该科技成果完成单位；

（二）在合作转化中产生新的发明创造的，该新发明创造的权益归合作各方共有；

（三）对合作转化中产生的科技成果，各方都有实施该项科技成果的权利，转让该科技成果应经合作各方同意。

第四十一条 科技成果完成单位与其他单位合作进行科技成果转化的，合作各方应当就保守技术秘密达成协议；当事人不得违反协议或者违反权利人有关保守技术秘密的要求，披露、允许他人使用该技术。

第四十二条 企业、事业单位应当建立健全技术秘密保护制度，保护本单位的技术秘密。职工应当遵守本单位的技术秘密保护制度。

企业、事业单位可以与参加科技成果转化的有关人员签订在职期间或者离职、离休、退休后一定期限内保守本单位技术秘密的协议；有关人员不得违反协议约定，泄露本单位的技术秘密和从事与原单位相同的科技成果转化活动。

职工不得将职务科技成果擅自转让或者变相转让。

第四十三条 国家设立的研究开发机构、高等院校转化科技成果所获得的收入全部留归本单位，在对完成、转化职务科技成果做出重要贡献的人员给予奖励和报酬后，主要用于科学技术研究开发与成果转化等相关工作。

第四十四条 职务科技成果转化后，由科技成果完成单位对完成、转化该项科技成果做出重要贡献的人员给予奖励和报酬。

科技成果完成单位可以规定或者与科技人员约定奖励和报酬的方式、数额和时限。单位制定相关规定，应当充分听取本单位科技人员的意见，并在本单位公开相关规定。

第四十五条 科技成果完成单位未规定、也未与科技人员约定奖励和报酬的方式和数额的，按照下列标准对完成、转化职务科技成果做出重要贡献的人员给予奖励和报酬：

（一）将该项职务科技成果转让、许可给他人实施的，从该项科技成果转让净收入或者许可净收入中提取不低于百分之五十的比例；

（二）利用该项职务科技成果作价投资的，从该项科技成果形成的股份或者出资比例中提取不低于百分之五十的比例；

（三）将该项职务科技成果自行实施或者与他人合作实施的，应当在实施转化成功投产后连续三至五年，每年从实施该项科技成果的营业利润中提取不低于百分之五的比例。

国家设立的研究开发机构、高等院校规定或者与科技人员约定奖励和报酬的方式和数额应当符合前款第一项至第三项规定的标准。

国有企业、事业单位依照本法规定对完成、转化职务科技成果做出重要贡献的人员给予奖励和报酬的支出计入当年本单位工资总额，但不受当年本单位工资总额限制、不纳入本单位工资总额基数。

第五章 法律责任

第四十六条 利用财政资金设立的科技项目的承担者未依照本法规定提交科技报告、汇交科技成果和相关知识产权信息的，由组织实施项目的政府有关部门、管理机构责令改正；情节严重的，予以通报批评，禁止其在一定期限内承担利用财政资金设立的科技项目。

国家设立的研究开发机构、高等院校未依照本法规定提交科技成果转化情况年度报告的，由其主管部门责令改正；情节严重的，予以通报批评。

第四十七条 违反本法规定，在科技成果转化活动中弄虚作假，采取欺骗手段，骗取奖励和荣誉称号、诈骗钱财、非法牟利的，由政府有关部门依照管理职责责令改正，取消该奖励和荣誉称号，没收违法所得，并处以罚款。给他人造成经济损失的，依法承担民事赔偿责任。构成犯罪的，依法追究刑事责任。

第四十八条 科技服务机构及其从业人员违反本法规定，故意提供虚假的信息、实验结果或者评估意见等欺骗当事人，或者与当事人一方串通欺骗另一方当事人的，由政府有关部门依照管理职责责令改正，没收违法所得，并处以罚款；情节严重的，由工商行政管理部门依法吊销营业执照。给他人造成经济损失的，依法承担民事赔偿责任；构成犯罪的，依法追究刑事责任。

科技中介服务机构及其从业人员违反本法规定泄露国家秘密或者当事人的商业秘密的，依照有关法律、行政法规的规定承担相应的法律责任。

第四十九条 科学技术行政部门和其他有关部门及其工作人员在科技成果转化中滥用职权、玩忽职守、徇私舞弊的，由任免机关或者监察机关对直接负责的主管人员和其他直接责任人员依法给予处分；构成犯罪的，依法追究刑事责任。

第五十条 违反本法规定，以唆使窃取、利诱胁迫等手段侵占他人的科技成果，侵犯他人合法权益的，依法承担民事赔偿责任，可以处以罚款；构成犯罪的，依法追究刑事责任。

第五十一条 违反本法规定，职工未经单位允许，泄露本单位的技术秘密，或者擅自转让、变相转让职务科技成果的，参加科技成果转化的有关人员违反与本单位的协议，在离职、离休、退休后约定的期限内从事与原单位相同的科技成果转化活动，给本单位造成经济损失的，依法承担民事赔偿责任；构成犯罪的，依法追究刑事责任。

第六章 附 则

第五十二条 本法自1996年10月1日起施行。

用于专利程序的生物材料保藏办法

国家知识产权局令第69号

第一章 总 则

第一条 为了规范用于专利程序的生物材料的保藏和提供样品的程序，根据《中华人民共和国专利法》和《中华人民共和国专利法实施细则》（以下简称专利法实施细则），制定本办法。

第二条 生物材料保藏单位负责保藏用于专利程序的生物材料以及向有权获得样品的单位或者个人提供所保藏的生物材料样品。

第三条 在中国没有经常居所或者营业所的外国人、外国企业或者外国其他组织根据本办法办理相关事务的，应当委托依法设立的专利代理机构办理。

第二章 保藏生物材料

第四条 专利申请人依照专利法实施细则第二十四条提交生物材料保藏时，应当向保藏单位提交该生物材料，并附具保藏请求书写明下列事项：

（一）请求保藏的生物材料是用于专利

程序的目的，并保证在本办法第九条规定的保藏期间内不撤回该保藏；

（二）专利申请人的姓名或者名称和地址；

（三）详细叙述该生物材料的培养、保藏和进行存活性检验所需的条件；保藏两种以上生物材料的混合培养物时，应当说明其组分以及至少一种能检查各个组分存在的方法；

（四）专利申请人给予该生物材料的识别符号，以及对该生物材料的分类命名或者科学描述；

（五）写明生物材料具有或者可能具有危及健康或者环境的特性，或者写明专利申请人不知道该生物材料具有此种特性。

第五条 保藏单位对请求保藏的生物材料的生物特性不承担复核的义务。专利申请人要求对该生物材料的生物特性和分类命名进行复核检验的，应当在提交保藏生物材料时与保藏单位另行签订合同。

第六条 保藏单位收到生物材料和保藏请求书后，应当向专利申请人出具经保藏单位盖章和负责人签字的书面保藏证明。保藏证明应当包括下列各项：

（一）保藏单位的名称和地址；

（二）专利申请人的姓名或者名称和地址；

（三）收到生物材料的日期；

（四）专利申请人给予该生物材料的识别符号，以及对该生物材料的分类命名或者科学描述；

（五）保藏单位给予的保藏编号。

第七条 有下列情形之一的，保藏单位对生物材料不予保藏，并应当通知专利申请人：

（一）该生物材料不属于保藏单位接受保藏的生物材料种类；

（二）该生物材料的性质特殊，保藏单位的技术条件无法进行保藏；

（三）保藏单位在收到保藏请求时，有其他理由无法接受该生物材料。

第八条 保藏单位收到生物材料以及保藏请求后应当及时进行存活性检验，并向专利申请人出具经保藏单位盖章和负责人签字的书面存活证明。存活证明应当记载该生物材料是否存活，并应当包括下列各项：

（一）保藏单位的名称和地址；

（二）专利申请人的姓名或者名称和地址；

（三）收到生物材料的日期；

（四）保藏单位给予的保藏编号；

（五）存活性检验的日期。

在保藏期间内，应专利申请人或者专利权人随时提出的请求，保藏单位应当对该生物材料进行存活性检验并向其出具经保藏单位盖章和负责人签字的书面存活证明。

第九条 用于专利程序的生物材料的保藏期限至少 30 年，自保藏单位收到生物材料之日起计算。保藏单位在保藏期限届满前收到提供生物材料样品请求的，自请求日起至少应当再保藏 5 年。在保藏期间内，保藏单位应当采取一切必要的措施保持其保藏的生物材料存活和不受污染。

第十条 涉及保藏的生物材料的专利申请公布前，保藏单位对其保藏的生物材料以及相关信息负有保密责任，不得向任何第三方提供该生物材料的样品和信息。

第十一条 生物材料在保藏期间内发生死亡或者污染等情况的，保藏单位应当及时通知专利申请人或者专利权人。专利申请人或者专利权人在收到上述通知之日起 4 个月内重新提交与原保藏的生物材料相同的生物材料的，保藏单位予以继续保藏。

第三章 提供生物材料样品

第十二条 在保藏期间内，应保藏生物材料的专利申请人或者专利权人或者经其允许的任何单位或者个人的请求，保藏单位应当向其提供该生物材料的样品。

专利申请权或者专利权发生转让的，请求提供生物材料样品的权利以及允许他人获得生物材料样品的权利一并转让。

专利申请权或者专利权发生转让的，受让人应当及时通知保藏单位该专利申请权或者专利权的转让情况。

第十三条 《国际承认用于专利程序的微生物保藏布达佩斯条约》缔约方专利局正在审查的专利申请或者已经授予的专利权涉及保藏单位所保藏的生物材料，该专利局为其专利程序的目的要求保藏单位提供该生物材料样品的，保藏单位应当向其提供。

第十四条 国家知识产权局收到请求人依照专利法实施细则第二十五条提出的请求后，应当核实下列事项：

（一）涉及该保藏生物材料的专利申请已经向国家知识产权局提交，并且该申请的主题包括该生物材料或者其利用；

（二）所述专利申请已经公布或者授权；

（三）请求人已经按照专利法实施细则第二十五条的规定作出保证。

国家知识产权局应当将该请求和有关文件的副本转送专利申请人或者专利权人，要求其在指定期限内就是否同意向请求人提供样品提出意见。专利申请人或者专利权人不同意向请求人提供样品的，应当说明理由并提交必要的证据；逾期不提出意见的，视为同意向请求人提供样品。

国家知识产权局应当综合考虑核实的情况以及专利申请人或者专利权人提出的意见，确定是否向请求人出具其有权获得生物材料样品的证明。

第十五条 除本办法第十二条和第十三条规定的情形外，请求提供生物材料样品的单位或者个人向保藏单位提交提供样品请求书以及国家知识产权局根据本办法第十四条所出具的证明的，保藏单位应当向其提供生物材料样品。

第十六条 保藏单位依照本办法提供生物材料样品，获得生物材料样品的人使用生物材料样品的，还应当遵守国家有关生物安全、出入境管理等法律法规的规定。

第十七条 保藏单位依照本办法向专利申请人或者专利权人之外的其他单位或者个人提供生物材料样品的，应当及时通知专利申请人或者专利权人。

第十八条 自本办法第九条规定的保藏期限届满之日起 1 年内，专利申请人或者专利权人可以取回所保藏的生物材料或者与保藏单位协商处置该生物材料。专利申请人或者专利权人在该期限内不取回也不进行处置的，保藏单位有权处置该生物材料。

第四章 附　　则

第十九条 保藏单位确定的接受保藏的生物材料种类以及收费标准应当予以公布，并报国家知识产权局备案。

第二十条 本办法自 2015 年 3 月 1 日起施行。1985 年 3 月 12 日中华人民共和国专利局公告第八号发布的《中国微生物菌种保藏管理委员会普通微生物中心用于专利程序的微生物保藏办法》和《中国典型培养物中心用于专利程序的微生物保藏办法》同时废止。

专利代理管理办法

国家知识产权局令第 70 号

第一章　总　则

第一条　为了完善专利代理制度，维护专利代理行业的正常秩序，保障专利代理机构和专利代理人依法执业，根据《专利法》和《专利代理条例》以及国务院的有关规定，制定本办法。

第二条　国家知识产权局和各省、自治区、直辖市知识产权局依照《专利法》、《专利代理条例》和本办法对专利代理机构、专利代理人进行管理和监督。

中华全国专利代理人协会应组织、引导专利代理机构和专利代理人规范执行《专利法》、《专利代理条例》和本办法，规范执业行为，严格行业自律，不断提高行业服务水平。

第二章　专利代理机构及其办事机构的设立、变更、停业和撤销

第三条　专利代理机构的组织形式为合伙制专利代理机构或者有限责任制专利代理机构。

合伙制专利代理机构应当由 3 名以上合伙人共同出资发起，有限责任制专利代理机构应当由 5 名以上股东共同出资发起。

合伙制专利代理机构的合伙人对该专利代理机构的债务承担无限连带责任；有限责任制专利代理机构以该机构的全部资产对其债务承担责任。

第四条　设立专利代理机构应当符合下列条件：

（一）具有符合本办法第七条规定的机构名称；

（二）具有合伙协议书或者章程；

（三）具有符合本办法第五条、第六条规定的合伙人或者股东；

（四）具有固定的办公场所和必要的工作设施。

律师事务所申请开办专利代理业务的，在该律师事务所执业的专职律师中应当有 3 名以上具有专利代理人资格。

第五条　专利代理机构的合伙人或者股东应当符合下列条件：

（一）具有专利代理人资格；

（二）具有 2 年以上在专利代理机构执业的经历；

（三）能够专职从事专利代理业务；

（四）申请设立专利代理机构时的年龄不超过 65 周岁；

（五）品行良好。

第六条　有下列情形之一的，不得作为专利代理机构的合伙人或股东：

（一）不具有完全民事行为能力的；

（二）在国家机关或企事业单位工作，尚未正式办理辞职、解聘或离休、退休手续的；

（三）作为另一专利代理机构的合伙人或者股东不满 2 年的；

（四）受到《专利代理惩戒规则（试行）》第五条规定的通报批评或者收回专利代理人执业证的惩戒不满 3 年的；

（五）受刑事处罚的（过失犯罪除外）。

第七条　专利代理机构只能享有和使用一个名称。

专利代理机构的名称应当由该机构所

在城市名称、字号、“专利代理事务所”、“专利代理有限公司”或者“知识产权代理事务所”、“知识产权代理有限公司”组成。其字号不得在全国范围内与正在使用或者已经使用过的专利代理机构的字号相同或者相近似。

律师事务所开办专利代理业务的，可以使用该律师事务所的名称。

第八条 设立专利代理机构应当提交下列申请材料：

（一）设立专利代理机构申请表；

（二）专利代理机构的合伙协议书或者章程；

（三）专利代理人资格证和身份证的复印件；

（四）人员简历及人事档案存放证明和离退休证件复印件；

（五）办公场所和工作设施的证明；

（六）其他必要的证明材料。

律师事务所申请开办专利代理业务的，应当提交下列申请材料：

（一）开办专利代理业务申请表；

（二）主管该律师事务所的司法行政机关出具的同意其开办专利代理业务的函件；

（三）律师事务所合伙协议书或者章程；

（四）律师事务所执业许可证复印件；

（五）专利代理人的律师执业证、专利代理人资格证和身份证的复印件；

（六）办公场所和工作设施的证明；

（七）其他必要的证明材料。

上述证明材料应当是在申请设立专利代理机构或开办专利代理业务之前的 6 个月内出具的证明材料。

第九条 设立专利代理机构的审批程序如下：

（一）申请设立专利代理机构的，应当向其所在地的省、自治区、直辖市知识产权局提出申请。经审查，省、自治区、直辖市知识产权局认为符合本办法规定条件的，应当自收到申请之日起 30 日内上报国家知识产权局批准；认为不符合本办法规定条件的，应当自收到申请之日起 30 日内书面通知申请人。

（二）国家知识产权局对符合本办法规定条件的申请，应当自收到上报材料之日起 30 日内作出批准决定，通知上报的省、自治区、直辖市知识产权局，并向新设立的机构颁发专利代理机构注册证和机构代码；对不符合本办法规定条件的申请，应当自收到上报材料之日起 30 日内通知上报的省、自治区、直辖市知识产权局重新进行审查。

律师事务所申请开办专利代理业务的，参照上述规定进行审批。

第十条 专利代理机构的名称、地址、章程、合伙人或者股东等注册事项发生变化的，应当自发生变化之日起 30 日内向国家知识产权局申请变更，同时报所在地的省、自治区、直辖市知识产权局。变更经国家知识产权局批准后生效。

国家知识产权局以及省、自治区、直辖市知识产权局发现专利代理机构未依照前款规定办理变更手续的，应当责令其限期办理。

第十一条 专利代理机构在国家知识产权局登记的信息应当与其在工商行政管理部门登记的信息一致。

第十二条 专利代理机构停业或者撤销的，应当在妥善处理各种尚未办结的事项后，向其所在地的省、自治区、直辖市的知识产权局申请。经审查同意的，应当将专利代理机构注册证及标识牌交回省、自治区、直辖市知识产权局，并向国家知识产权局办理停业或撤销手续。

第十三条 专利代理机构在本省内设立办事机构的，应当向所在地的省、自治区、直辖市知识产权局申请。经批准的，由省、自治区、直辖市知识产权局报国家知识产权局备案。

专利代理机构跨省设立办事机构的，

应当在获得其所在地的省、自治区、直辖市知识产权局同意后，向办事机构所在地的省、自治区、直辖市知识产权局申请。经批准的，由办事机构所在地的省、自治区、直辖市知识产权局报国家知识产权局备案。

第十四条 申请设立办事机构的专利代理机构应当符合下列条件：

（一）设立时间满2年以上；

（二）具有10名以上专利代理人；

（三）未被列入专利代理机构经营异常名录或者严重违法专利代理机构名单。

第十五条 专利代理机构的办事机构应当符合下列条件：

（一）具有2名以上由专利代理机构派驻或者聘用的专职专利代理人；

（二）具有固定的办公场所；

（三）办事机构的名称由专利代理机构全名称、办事机构所在城市名称和“办事处”组成。

第十六条 各省、自治区、直辖市知识产权局可以附加规定专利代理机构在其行政区域内设立办事机构的其他条件和程序，并将有关规定报国家知识产权局备案。

第十七条 专利代理机构的办事机构不得以其单独名义办理专利代理业务，其人事、财务、业务等由其所属专利代理机构统一管理。专利代理机构应当对其办事机构的业务活动承担民事责任。

专利代理机构跨省设立办事机构的，其办事机构应当接受办事机构所在地的省、自治区、直辖市知识产权局的指导和监督。

第十八条 办事机构停业或者撤销的，应当在妥善处理各种尚未办结的事项后，向办事机构所在地的省、自治区、直辖市知识产权局申请。经批准的，由该知识产权局报国家知识产权局备案，同时抄送专利代理机构所在地的省、自治区、直辖市知识产权局。

专利代理机构停业或者撤销的，其办事机构应当同时终止。

第三章 专利代理人的执业

第十九条 专利代理人执业应当接受批准设立的专利代理机构的聘请任用，并持有专利代理人执业证。

第二十条 专利代理机构聘用专利代理人应当按照自愿和协商一致的原则与受聘的专利代理人订立聘用协议。订立聘用协议的双方应当遵守并履行协议。

第二十一条 颁发专利代理人执业证应当符合下列条件：

（一）具有专利代理人资格；

（二）能够专职从事专利代理业务；

（三）不具有专利代理或专利审查经历的人员在专利代理机构中连续实习满1年，并参加上岗培训；

（四）由专利代理机构聘用；

（五）颁发时的年龄不超过70周岁；

（六）品行良好。

第二十二条 有下列情形之一的，不予颁发专利代理人执业证：

（一）不具有完全民事行为能力的；

（二）申请前在另一专利代理机构执业，尚未被该专利代理机构解聘并未办理专利代理人执业证注销手续的；

（三）领取专利代理执业证后不满1年又转换专利代理机构的；

（四）受到《专利代理惩戒规则（试行）》第五条规定的收回专利代理人执业证的惩戒不满3年的；

（五）受刑事处罚的（过失犯罪除外）。

第二十三条 申请颁发专利代理人执业证应当提交下列材料：

（一）专利代理人执业证申请表；

（二）专利代理人资格证和身份证的复印件；

（三）人事档案存放证明或者离退休证件复印件；

（四）专利代理机构出具的聘用协议；

（五）申请前在另一专利代理机构执业

的，应提交该专利代理机构的解聘证明；

（六）首次申请颁发专利代理执业证的，应提交其实习所在专利代理机构出具的实习证明和参加上岗培训的证明。

第二十四条 中华全国专利代理人协会负责颁发、变更以及注销专利代理人执业证的具体事宜，国家知识产权局依法进行监督和指导。

第二十五条 经审核，中华全国专利代理人协会认为专利代理人执业证的颁发申请符合本办法规定条件的，应当在收到申请之日起的 15 日内颁发专利代理人执业证；认为不符合条件的，应当在收到申请之日起的 15 日内书面通知申请人。

第二十六条 专利代理机构辞退专利代理人的，应当提前 30 日通知该专利代理人；专利代理人辞职的，应当提前 30 日通知其所在的专利代理机构。

专利代理机构与专利代理人解除聘用关系的，应当由专利代理机构收回其专利代理人执业证，出具解聘证明，并在出具解聘证明之日起的 10 日内向中华全国专利代理人协会办理专利代理人执业证注销手续。

第二十七条 专利代理机构停业或者撤销的，应当在获得省、自治区、直辖市知识产权局审查同意之日起的 10 日内，收回其全部专利代理人执业证并向中华全国专利代理人协会办理专利代理人执业证注销手续。

第二十八条 中华全国专利代理人协会应当在颁发、变更或者注销专利代理人执业证之日起的 5 日内向国家知识产权局备案并上报有关材料，同时抄送专利代理机构所在地的省、自治区、直辖市知识产权局。

第二十九条 未持有专利代理人执业证的人员不得以专利代理人的名义为牟取经济利益从事专利代理业务。

第三十条 专利代理人承办专利代理业务应当以所在专利代理机构的名义接受委托，与委托人订立书面委托合同，统一收取费用并如实入账。专利代理人不得私自接受委托，办理专利代理业务并收取费用。

第四章 专利代理监管

第三十一条 国家知识产权局负责组织专利代理机构年度报告的提交和公示，并负责专利代理机构经营异常名录和严重违法专利代理机构名单的公示。

省、自治区、直辖市知识产权局配合国家知识产权局开展上述提交和公示工作。

中华全国专利代理人协会按照协会章程及自律规范对专利代理人的执业活动进行考核。

第三十二条 专利代理机构应当于每年 3 月 1 日至 3 月 31 日向国家知识产权局提交年度报告。

专利代理机构应当对其提供的年度报告信息的真实性负责。

第三十三条 专利代理机构年度报告内容包括：

（一）专利代理机构通信地址、邮政编码、联系电话、电子邮箱等信息；

（二）执行事务合伙人或者法定代表人姓名、合伙人或者股东姓名、专利代理人姓名、从业人数；

（三）合伙人或者股东认缴和实缴的出资额、出资时间、出资方式等信息；

（四）专利代理机构开业、歇业、清算等存续状态信息；

（五）设立办事机构的信息；

（六）专利代理机构网站以及从事网络经营的网店的名称、网址等信息；

（七）专利代理机构代理专利申请、复审、无效宣告、诉讼、质押融资等业务信息；

（八）专利代理机构资产总额、负债总额、营业总收入、主营业务收入、利润总额、净利润、纳税总额等信息；

（九）其他应当予以报告的信息。

前款第一项至第六项信息自每年 4 月

1日起公示；专利代理机构选择公示第七项至第九项信息的，同时予以公示。逾期提交专利代理机构年度报告的，自提交之日起30日内予以公示。

第三十四条 国家知识产权局以及省、自治区、直辖市知识产权局的工作人员应当对专利代理机构年度报告中不予公示的内容保密。

第三十五条 任何单位或者个人发现专利代理机构公示的信息不准确的，可以向国家知识产权局提出，国家知识产权局核查后予以更正。

第三十六条 任何单位或者个人认为专利代理机构公示的信息虚假的，可以向国家知识产权局或者省、自治区、直辖市知识产权局举报，国家知识产权局或者省、自治区、直辖市知识产权局应当自收到举报材料之日起30日内进行核查并作出相应处理。

第三十七条 专利代理机构有下列情形之一的，国家知识产权局将其列入专利代理机构经营异常名录，并进行公示：

（一）取得专利代理机构注册证或者提交年度报告时提供虚假信息的；

（二）未在规定的期限提交年度报告或者未按照国家知识产权局责令的期限提交有关专利代理机构信息的；

（三）擅自变更名称、办公场所、执行事务合伙人或者法定代表人、合伙人或者股东的；

（四）擅自设立办事机构的；

（五）不再符合设立条件，省、自治区、直辖市知识产权局责令其整改，期限届满仍不符合条件的；

（六）就同一专利申请或者专利案件接受有利害关系的其他委托人委托的；

（七）以自己名义申请专利或者请求宣告专利权无效的；

（八）疏于管理，造成严重后果的。

专利代理机构自被列入经营异常名录之日起满1年未再发生第一款规定情形的，由国家知识产权局将其移出经营异常名录。

第三十八条 专利代理机构自被列入经营异常名录之日起满3年仍不符合规定的，国家知识产权局将其列入严重违法专利代理机构名单，并进行公示。

专利代理机构自被列入严重违法专利代理机构名单之日起满5年未再发生本办法第三十七条第一款规定情形的，由国家知识产权局将其移出严重违法专利代理机构名单。

第三十九条 国家知识产权局组织指导省、自治区、直辖市知识产权局对专利代理机构和专利代理人的信息公示情况和执业活动进行检查、监督。

省、自治区、直辖市知识产权局应当于每年12月31日前向国家知识产权局提交当年的检查监督报告。

第四十条 省、自治区、直辖市知识产权局应当按照公平规范的要求，根据本行政区域内专利代理机构数量，对专利代理机构进行抽查或者普查。

本行政区域内专利代理机构20家以下的，进行普查；专利代理机构21家以上50家以下的，每年抽查不少于20家；专利代理机构51家以上的，每年抽查不少于30家。

第四十一条 省、自治区、直辖市知识产权局可以采取书面检查、实地检查、网络监测等方式对专利代理机构进行检查，可以根据需要与相关部门联合检查。对已被列入经营异常名录或者严重违法专利代理机构名单的专利代理机构应当进行实地检查。

第四十二条 省、自治区、直辖市知识产权局应当重点对以下事项进行检查监督：

（一）专利代理机构是否符合设立条件；

（二）专利代理机构执行事务合伙人或者法定代表人、合伙人或者股东是否符合资格要求；

（三）专利代理机构提交的年度报告公示信息与实际情况是否一致，与工商行政管理部门公示的信息是否一致；

（四）专利代理机构是否存在本办法第三十七条第一款规定的情形；

（五）专利代理人是否符合执业条件，其执业活动是否符合执业规范。

第四十三条 省、自治区、直辖市知识产权局进行检查监督时，发现专利代理机构和专利代理人的执业活动有不符合相关法律法规规定的，应当及时依法处理；发现专利代理机构有本办法第三十七条第一款规定情形的，应当上报国家知识产权局。

第四十四条 省、自治区、直辖市知识产权局依法对专利代理机构进行检查监督时，应当将检查监督的情况和处理结果予以记录，由检查监督人员签字后归档。

专利代理机构应当配合省、自治区、直辖市知识产权局的检查监督，接受询问，如实提供有关情况和材料。

第五章 附 则

第四十五条 本办法由国家知识产权局负责解释。

第四十六条 本办法自2015年5月1日起施行。2003年6月6日国家知识产权局令第三十号发布的《专利代理管理办法》和2011年3月28日国家知识产权局令第六十一号发布的《关于修改〈专利代理管理办法〉的决定》同时废止。

专利行政执法办法

（2010年12月29日国家知识产权局令第60号发布 根据2015年5月29日发布的国家知识产权局令第71号《国家知识产权局关于修改〈专利行政执法办法〉的决定》修正）

第一章 总 则

第一条 为深入推进依法行政，规范专利行政执法行为，保护专利权人和社会公众的合法权益，维护社会主义市场经济秩序，根据《中华人民共和国专利法》、《中华人民共和国专利法实施细则》以及其他有关法律法规，制定本办法。

第二条 管理专利工作的部门开展专利行政执法，即处理专利侵权纠纷、调解专利纠纷以及查处假冒专利行为，适用本办法。

第三条 管理专利工作的部门处理专利侵权纠纷应当以事实为依据、以法律为准绳，遵循公正、及时的原则。

管理专利工作的部门调解专利纠纷，应当遵循自愿、合法的原则，在查明事实、分清是非的基础上，促使当事人相互谅解，达成调解协议。

管理专利工作的部门查处假冒专利行为，应当以事实为依据、以法律为准绳，遵循公正、公开的原则，给予的行政处罚应当与违法行为的事实、性质、情节以及社会危害程度相当。

第四条 管理专利工作的部门应当加强专利行政执法力量建设，严格行政执法人员资格管理，落实行政执法责任制，规范开展专利行政执法。

专利行政执法人员（以下简称“执法人员”）应当持有国家知识产权局或者省、自治区、直辖市人民政府颁发的行政执法证件。执法人员执行公务时应当严肃着装。

第五条 对有重大影响的专利侵权纠

纷案件、假冒专利案件，国家知识产权局在必要时可以组织有关管理专利工作的部门处理、查处。

对于行为发生地涉及两个以上省、自治区、直辖市的重大案件，有关省、自治区、直辖市管理专利工作的部门可以报请国家知识产权局协调处理或者查处。

管理专利工作的部门开展专利行政执法遇到疑难问题的，国家知识产权局应当给予必要的指导和支持。

第六条 管理专利工作的部门可以依据本地实际，委托有实际处理能力的市、县级人民政府设立的专利管理部门查处假冒专利行为、调解专利纠纷。

委托方应当对受托方查处假冒专利和调解专利纠纷的行为进行监督和指导，并承担法律责任。

第七条 管理专利工作的部门指派的执法人员与当事人有直接利害关系的，应当回避，当事人有权申请其回避。当事人申请回避的，应当说明理由。

执法人员的回避，由管理专利工作部门的负责人决定。是否回避的决定作出前，被申请回避的人员应当暂停参与本案的工作。

第八条 管理专利工作的部门应当加强展会和电子商务领域的行政执法，快速调解、处理展会期间和电子商务平台上的专利侵权纠纷，及时查处假冒专利行为。

第九条 管理专利工作的部门应当加强行政执法信息化建设和信息共享。

第二章 专利侵权纠纷的处理

第十条 请求管理专利工作的部门处理专利侵权纠纷的，应当符合下列条件：

（一）请求人是专利权人或者利害关系人；

（二）有明确的被请求人；

（三）有明确的请求事项和具体事实、理由；

（四）属于受案管理专利工作的部门的受案和管辖范围；

（五）当事人没有就该专利侵权纠纷向人民法院起诉。

第一项所称利害关系人包括专利实施许可合同的被许可人、专利权人的合法继承人。专利实施许可合同的被许可人中，独占实施许可合同的被许可人可以单独提出请求；排他实施许可合同的被许可人在专利权人不请求的情况下，可以单独提出请求；除合同另有约定外，普通实施许可合同的被许可人不能单独提出请求。

第十一条 请求管理专利工作的部门处理专利侵权纠纷的，应当提交请求书及下列证明材料：

（一）主体资格证明，即个人应当提交居民身份证或者其他有效身份证件，单位应当提交有效的营业执照或者其他主体资格证明文件副本及法定代表人或者主要负责人的身份证明；

（二）专利权有效的证明，即专利登记簿副本，或者专利证书和当年缴纳专利年费的收据。

专利侵权纠纷涉及实用新型或者外观设计专利的，管理专利工作的部门可以要求请求人出具由国家知识产权局作出的专利权评价报告（实用新型专利检索报告）。

请求人应当按照被请求人的数量提供请求书副本及有关证据。

第十二条 请求书应当记载以下内容：

（一）请求人的姓名或者名称、地址，法定代表人或者主要负责人的姓名、职务，委托代理人的，代理人的姓名和代理机构的名称、地址；

（二）被请求人的姓名或者名称、地址；

（三）请求处理的事项以及事实和理由。

有关证据和证明材料可以以请求书附件的形式提交。

请求书应当由请求人签名或者盖章。

第十三条 请求符合本办法第十条规

定条件的，管理专利工作的部门应当在收到请求书之日起 5 个工作日内立案并通知请求人，同时指定 3 名或者 3 名以上单数执法人员处理该专利侵权纠纷；请求不符合本办法第十条规定条件的，管理专利工作的部门应当在收到请求书之日起 5 个工作日内通知请求人不予受理，并说明理由。

第十四条 管理专利工作的部门应当在立案之日起 5 个工作日内将请求书及其附件的副本送达被请求人，要求其在收到之日起 15 日内提交答辩书并按照请求人的数量提供答辩书副本。被请求人逾期不提交答辩书的，不影响管理专利工作的部门进行处理。

被请求人提交答辩书的，管理专利工作的部门应当在收到之日起 5 个工作日内将答辩书副本送达请求人。

第十五条 管理专利工作的部门处理专利侵权纠纷案件时，可以根据当事人的意愿进行调解。双方当事人达成一致的，由管理专利工作的部门制作调解协议书，加盖其公章，并由双方当事人签名或者盖章。调解不成的，应当及时作出处理决定。

第十六条 管理专利工作的部门处理专利侵权纠纷，可以根据案情需要决定是否进行口头审理。管理专利工作的部门决定进行口头审理的，应当至少在口头审理 3 个工作日前将口头审理的时间、地点通知当事人。当事人无正当理由拒不参加的，或者未经允许中途退出的，对请求人按撤回请求处理，对被请求人按缺席处理。

第十七条 管理专利工作的部门举行口头审理的，应当将口头审理的参加人和审理要点记入笔录，经核对无误后，由执法人员和参加人签名或者盖章。

第十八条 专利法第五十九条第一款所称的“发明或者实用新型专利权的保护范围以其权利要求的内容为准”，是指专利权的保护范围应当以其权利要求记载的技术特征所确定的范围为准，也包括与记载的技术特征相等同的特征所确定的范围。等同特征是指与记载的技术特征以基本相同的手段，实现基本相同的功能，达到基本相同的效果，并且所属领域的普通技术人员无需经过创造性劳动就能够联想到的特征。

第十九条 除达成调解协议或者请求人撤回请求之外，管理专利工作的部门处理专利侵权纠纷应当制作处理决定书，写明以下内容：

（一）当事人的姓名或者名称、地址；

（二）当事人陈述的事实和理由；

（三）认定侵权行为是否成立的理由和依据；

（四）处理决定认定侵权行为成立并需要责令侵权人立即停止侵权行为的，应当明确写明责令被请求人立即停止的侵权行为的类型、对象和范围；认定侵权行为不成立的，应当驳回请求人的请求；

（五）不服处理决定提起行政诉讼的途径和期限。

处理决定书应当加盖管理专利工作的部门的公章。

第二十条 管理专利工作的部门或者人民法院作出认定侵权成立并责令侵权人立即停止侵权行为的处理决定或者判决之后，被请求人就同一专利权再次作出相同类型的侵权行为，专利权人或者利害关系人请求处理的，管理专利工作的部门可以直接作出责令立即停止侵权行为的处理决定。

第二十一条 管理专利工作的部门处理专利侵权纠纷，应当自立案之日起 3 个月内结案。案件特别复杂需要延长期限的，应当由管理专利工作的部门负责人批准。经批准延长的期限，最多不超过 1 个月。

案件处理过程中的公告、鉴定、中止等时间不计入前款所述案件办理期限。

第三章 专利纠纷的调解

第二十二条 请求管理专利工作的部

门调解专利纠纷的，应当提交请求书。

请求书应当记载以下内容：

（一）请求人的姓名或者名称、地址，法定代表人或者主要负责人的姓名、职务，委托代理人的，代理人的姓名和代理机构的名称、地址；

（二）被请求人的姓名或者名称、地址；

（三）请求调解的具体事项和理由。

单独请求调解侵犯专利权赔偿数额的，应当提交有关管理专利工作的部门作出的认定侵权行为成立的处理决定书副本。

第二十三条 管理专利工作的部门收到调解请求书后，应当及时将请求书副本通过寄交、直接送交或者其他方式送达被请求人，要求其在收到之日起15日内提交意见陈述书。

第二十四条 被请求人提交意见陈述书并同意进行调解的，管理专利工作的部门应当在收到意见陈述书之日起5个工作日内立案，并通知请求人和被请求人进行调解的时间和地点。

被请求人逾期未提交意见陈述书，或者在意见陈述书中表示不接受调解的，管理专利工作的部门不予立案，并通知请求人。

第二十五条 管理专利工作的部门调解专利纠纷可以邀请有关单位或者个人协助，被邀请的单位或者个人应当协助进行调解。

第二十六条 当事人经调解达成协议的，由管理专利工作的部门制作调解协议书，加盖其公章，并由双方当事人签名或者盖章；未能达成协议的，管理专利工作的部门以撤销案件的方式结案，并通知双方当事人。

第二十七条 因专利申请权或者专利权的归属纠纷请求调解的，当事人可以持管理专利工作的部门的受理通知书请求国家知识产权局中止该专利申请或者专利权的有关程序。

经调解达成协议的，当事人应当持调解协议书向国家知识产权局办理恢复手续；达不成协议的，当事人应当持管理专利工作的部门出具的撤销案件通知书向国家知识产权局办理恢复手续。自请求中止之日起满1年未请求延长中止的，国家知识产权局自行恢复有关程序。

第四章 假冒专利行为的查处

第二十八条 管理专利工作的部门发现或者接受举报、投诉发现涉嫌假冒专利行为的，应当自发现之日起5个工作日内或者收到举报、投诉之日起10个工作日内立案，并指定两名或者两名以上执法人员进行调查。

第二十九条 查处假冒专利行为由行为发生地的管理专利工作的部门管辖。

管理专利工作的部门对管辖权发生争议的，由其共同的上级人民政府管理专利工作的部门指定管辖；无共同上级人民政府管理专利工作的部门的，由国家知识产权局指定管辖。

第三十条 管理专利工作的部门查封、扣押涉嫌假冒专利产品的，应当经其负责人批准。查封、扣押时，应当向当事人出具有关通知书。

管理专利工作的部门查封、扣押涉嫌假冒专利产品，应当当场清点，制作笔录和清单，由当事人和执法人员签名或者盖章。当事人拒绝签名或者盖章的，由执法人员在笔录上注明。清单应当交当事人一份。

第三十一条 案件调查终结，经管理专利工作的部门负责人批准，根据案件情况分别作如下处理：

（一）假冒专利行为成立应当予以处罚的，依法给予行政处罚；

（二）假冒专利行为轻微并已及时改正的，免予处罚；

（三）假冒专利行为不成立的，依法撤销案件；

（四）涉嫌犯罪的，依法移送公安机关。

第三十二条 管理专利工作的部门作出行政处罚决定前，应当告知当事人作出处罚决定的事实、理由和依据，并告知当事人依法享有的权利。

管理专利工作的部门作出较大数额罚款的决定之前，应当告知当事人有要求举行听证的权利。当事人提出听证要求的，应当依法组织听证。

第三十三条 当事人有权进行陈述和申辩，管理专利工作的部门不得因当事人申辩而加重行政处罚。

管理专利工作的部门对当事人提出的事实、理由和证据应当进行核实。当事人提出的事实属实、理由成立的，管理专利工作的部门应当予以采纳。

第三十四条 对情节复杂或者重大违法行为给予较重的行政处罚的，应当由管理专利工作的部门负责人集体讨论决定。

第三十五条 经调查，假冒专利行为成立应当予以处罚的，管理专利工作的部门应当制作处罚决定书，写明以下内容：

（一）当事人的姓名或者名称、地址；

（二）认定假冒专利行为成立的证据、理由和依据；

（三）处罚的内容以及履行方式；

（四）不服处罚决定申请行政复议和提起行政诉讼的途径和期限。

处罚决定书应当加盖管理专利工作的部门的公章。

第三十六条 管理专利工作的部门查处假冒专利案件，应当自立案之日起1个月内结案。案件特别复杂需要延长期限的，应当由管理专利工作的部门负责人批准。经批准延长的期限，最多不超过15日。

案件处理过程中听证、公告等时间不计入前款所述案件办理期限。

第五章 调查取证

第三十七条 在专利侵权纠纷处理过程中，当事人因客观原因不能自行收集部分证据的，可以书面请求管理专利工作的部门调查取证。管理专利工作的部门根据情况决定是否调查收集有关证据。

在处理专利侵权纠纷、查处假冒专利行为过程中，管理专利工作的部门可以根据需要依职权调查收集有关证据。

执法人员调查收集有关证据时，应当向当事人或者有关人员出示其行政执法证件。当事人和有关人员应当协助、配合，如实反映情况，不得拒绝、阻挠。

第三十八条 管理专利工作的部门调查收集证据可以查阅、复制与案件有关的合同、账册等有关文件；询问当事人和证人；采用测量、拍照、摄像等方式进行现场勘验。涉嫌侵犯制造方法专利权的，管理专利工作的部门可以要求被调查人进行现场演示。

管理专利工作的部门调查收集证据应当制作笔录。笔录应当由执法人员、被调查的单位或者个人签名或者盖章。被调查的单位或者个人拒绝签名或者盖章的，由执法人员在笔录上注明。

第三十九条 管理专利工作的部门调查收集证据可以采取抽样取证的方式。

涉及产品专利的，可以从涉嫌侵权的产品中抽取一部分作为样品；涉及方法专利的，可以从涉嫌依照该方法直接获得的产品中抽取一部分作为样品。被抽取样品的数量应当以能够证明事实为限。

管理专利工作的部门进行抽样取证应当制作笔录和清单，写明被抽取样品的名称、特征、数量以及保存地点，由执法人员、被调查的单位或者个人签字或者盖章。被调查的单位或者个人拒绝签名或者盖章的，由执法人员在笔录上注明。清单应当交被调查人一份。

第四十条 在证据可能灭失或者以后难以取得，又无法进行抽样取证的情况下，管理专利工作的部门可以进行登记保存，并在7日内作出决定。

经登记保存的证据，被调查的单位或者个人不得销毁或者转移。

管理专利工作的部门进行登记保存应当制作笔录和清单，写明被登记保存证据的名称、特征、数量以及保存地点，由执法人员、被调查的单位或者个人签名或者盖章。被调查的单位或者个人拒绝签名或者盖章的，由执法人员在笔录上注明。清单应当交被调查人一份。

第四十一条 管理专利工作的部门需要委托其他管理专利工作的部门协助调查收集证据的，应当提出明确的要求。接受委托的部门应当及时、认真地协助调查收集证据，并尽快回复。

第四十二条 海关对被扣留的侵权嫌疑货物进行调查，请求管理专利工作的部门提供协助的，管理专利工作的部门应当依法予以协助。

管理专利工作的部门处理涉及进出口货物的专利案件的，可以请求海关提供协助。

第六章 法律责任

第四十三条 管理专利工作的部门认定专利侵权行为成立，作出处理决定，责令侵权人立即停止侵权行为的，应当采取下列制止侵权行为的措施：

（一）侵权人制造专利侵权产品的，责令其立即停止制造行为，销毁制造侵权产品的专用设备、模具，并且不得销售、使用尚未售出的侵权产品或者以任何其他形式将其投放市场；侵权产品难以保存的，责令侵权人销毁该产品；

（二）侵权人未经专利权人许可使用专利方法的，责令侵权人立即停止使用行为，销毁实施专利方法的专用设备、模具，并且不得销售、使用尚未售出的依照专利方法所直接获得的侵权产品或者以任何其他形式将其投放市场；侵权产品难以保存的，责令侵权人销毁该产品；

（三）侵权人销售专利侵权产品或者依照专利方法直接获得的侵权产品的，责令其立即停止销售行为，并且不得使用尚未售出的侵权产品或者以任何其他形式将其投放市场；尚未售出的侵权产品难以保存的，责令侵权人销毁该产品；

（四）侵权人许诺销售专利侵权产品或者依照专利方法直接获得的侵权产品的，责令其立即停止许诺销售行为，消除影响，并且不得进行任何实际销售行为；

（五）侵权人进口专利侵权产品或者依照专利方法直接获得的侵权产品的，责令侵权人立即停止进口行为；侵权产品已经入境的，不得销售、使用该侵权产品或者以任何其他形式将其投放市场；侵权产品难以保存的，责令侵权人销毁该产品；侵权产品尚未入境的，可以将处理决定通知有关海关；

（六）责令侵权的参展方采取从展会上撤出侵权展品、销毁或者封存相应的宣传材料、更换或者遮盖相应的展板等撤展措施；

（七）停止侵权行为的其他必要措施。

管理专利工作的部门认定电子商务平台上的专利侵权行为成立，作出处理决定的，应当通知电子商务平台提供者及时对专利侵权产品或者依照专利方法直接获得的侵权产品相关网页采取删除、屏蔽或者断开链接等措施。

第四十四条 管理专利工作的部门作出认定专利侵权行为成立并责令侵权人立即停止侵权行为的处理决定后，被请求人向人民法院提起行政诉讼的，在诉讼期间不停止决定的执行。

侵权人对管理专利工作的部门作出的认定侵权行为成立的处理决定期满不起诉又不停止侵权行为的，管理专利工作的部门可以申请人民法院强制执行。

第四十五条 管理专利工作的部门认定假冒专利行为成立的，应当责令行为人采取下列改正措施：

（一）在未被授予专利权的产品或者其包装上标注专利标识、专利权被宣告无效后或者终止后继续在产品或者其包装上标注专利标识或者未经许可在产品或者产品包装上标注他人的专利号的，立即停止标注行为，消除尚未售出的产品或者其包装上的专利标识；产品上的专利标识难以消除的，销毁该产品或者包装；

（二）销售第（一）项所述产品的，立即停止销售行为；

（三）在产品说明书等材料中将未被授予专利权的技术或者设计称为专利技术或者专利设计，将专利申请称为专利，或者未经许可使用他人的专利号，使公众将所涉及的技术或者设计误认为是他人的专利技术或者专利设计的，立即停止发放该材料，销毁尚未发出的材料，并消除影响；

（四）伪造或者变造专利证书、专利文件或者专利申请文件的，立即停止伪造或者变造行为，销毁伪造或者变造的专利证书、专利文件或者专利申请文件，并消除影响；

（五）责令假冒专利的参展方采取从展会上撤出假冒专利展品、销毁或者封存相应的宣传材料、更换或者遮盖相应的展板等撤展措施；

（六）其他必要的改正措施。

管理专利工作的部门认定电子商务平台上的假冒专利行为成立的，应当通知电子商务平台提供者及时对假冒专利产品相关网页采取删除、屏蔽或者断开链接等措施。

第四十六条 管理专利工作的部门作出认定专利侵权行为成立并责令侵权人立即停止侵权行为的决定，或者认定假冒专利行为成立并作出处罚决定的，应当自作出决定之日起 20 个工作日内予以公开，通过政府网站等途径及时发布执法信息。

第四十七条 管理专利工作的部门认定假冒专利行为成立的，可以按照下列方式确定行为人的违法所得：

（一）销售假冒专利的产品的，以产品销售价格乘以所销售产品的数量作为其违法所得；

（二）订立假冒专利的合同的，以收取的费用作为其违法所得。

第四十八条 管理专利工作的部门作出处罚决定后，当事人申请行政复议或者向人民法院提起行政诉讼的，在行政复议或者诉讼期间不停止决定的执行。

第四十九条 假冒专利行为的行为人应当自收到处罚决定书之日起 15 日内，到指定的银行缴纳处罚决定书写明的罚款；到期不缴纳的，每日按罚款数额的百分之三加处罚款。

第五十条 拒绝、阻碍管理专利工作的部门依法执行公务的，由公安机关根据《中华人民共和国治安管理处罚法》的规定给予处罚；情节严重构成犯罪的，由司法机关依法追究刑事责任。

第七章 附 则

第五十一条 管理专利工作的部门可以通过寄交、直接送交、留置送达、公告送达或者其他方式送达有关法律文书和材料。

第五十二条 本办法由国家知识产权局负责解释。

第五十三条 本办法自 2011 年 2 月 1 日起施行。2001 年 12 月 17 日国家知识产权局令第十九号发布的《专利行政执法办法》同时废止。

林业植物新品种测试管理规定

林技发〔2015〕26号

第一章　总　　则

第一条　为了规范管理林业植物新品种测试工作，根据《中华人民共和国植物新品种保护条例》和《中华人民共和国植物新品种保护条例实施细则（林业部分）》，制定本规定。

第二条　本规定的植物新品种测试是指植物新品种特异性、一致性和稳定性测试（以下简称DUS测试）。

第三条　国家林业局负责林业植物新品种测试管理工作，根据需要委托测试机构开展植物新品种测试。具体工作由国家林业局科技发展中心（国家林业局植物新品种保护办公室，以下简称新品办）承担。

第二章　测试机构

第四条　受国家林业局委托的测试机构（以下简称测试机构）应当根据新品办安排的任务及要求开展测试。

测试机构对测试报告的真实性和准确性负责。

第五条　测试机构应当具有相应的测试技术人员、实验地和设施等满足植物新品种测试的必要条件。

测试机构不得从事测试品种及与测试品种相近植物种的育种。

第六条　测试机构应当收集和保存相关已知品种，妥善保管繁殖材料和相关技术资料，不得利用繁殖材料进行与测试无关的任何活动。

第七条　测试机构应当设立测试技术小组，负责DUS测试工作，由1名技术负责人和至少2名测试员组成。

第八条　测试机构应当成立咨询专家组，由3～5名相关专家组成，为近似品种筛选等测试工作提供技术咨询。

第九条　测试机构应当建立健全内部管理制度。

第十条　测试机构应当根据植物新品种测试指南（以下简称测试指南）编制DUS测试操作技术手册、图像拍摄规程等技术文件。

第三章　测试任务

第十一条　国家林业局根据需要委托相应的测试机构开展测试工作，并由新品办与测试机构的法人单位签订委托测试合同。

第十二条　测试机构接受委托测试任务后，按照相应测试指南的要求制定测试方案，在测试结束后1个月内向新品办提交测试报告。

第四章　繁殖材料

第十三条　新品办根据不同植物特点规定并公示繁殖材料接收起止日期。

第十四条　测试机构按照测试指南的要求接收品种权申请人提交的繁殖材料，对符合要求的签发签收单，分别交与申请人和新品办；对不符合要求的，书面报告新品办并说明理由。新品办可以要求申请人在规定时间内补交繁殖材料。

在测试过程中，发现繁殖材料无法满

足测试要求的，测试机构应当书面报告新品办并说明理由，新品办可以要求申请人再次递交满足条件的繁殖材料。

第十五条 测试机构应当采用常规技术对申请品种进行栽培与管护，并作记录。如果有特殊栽培技术要求，申请人应当在提交的技术问卷中说明。

第十六条 测试结束后，测试机构如需在保护期内保存必要数量的繁殖材料用于其他品种的测试，应当与申请人签订繁殖材料保密承诺书，其余繁殖材料应当销毁或灭活。发生繁殖材料流失、被盗的，应当依法追究有关人员的责任。

第五章 近似品种

第十七条 测试机构确定近似品种，可以参考申请人和咨询专家组的意见和建议，也可以查询已知品种数据库。技术负责人签署近似品种筛选确定表。

第十八条 经新品办书面同意，测试机构可以根据测试需要，要求申请人提供近似品种的繁殖材料。

第六章 测试性状观测与记录

第十九条 测试机构应当将测试品种与近似品种、标准品种同时种植在相同的环境条件下开展测试。

测试机构根据测试指南要求，按照操作技术手册进行观测，并作好记录。

第二十条 测试员对于测试性状判定有争议时，由技术负责人确定。

第二十一条 测试过程中拍摄的照片应当完整准确反映测试品种的特异性和一致性。

第七章 测试报告

第二十二条 测试报告应当包括测试编号、品种权申请号、测试品种名称、测试指南名称、测试时间、测试地点、测试人员、报告完成日期、栽培环境及植株生长状况，特异性、一致性和稳定性评价、结论等，并附测试性状记录表、照片和近似品种的选择意见表。

第二十三条 测试机构应当按时完成测试，由于不可抗力的原因，在规定时间内不能完成测试，应当记录备案，并报告新品办。

第二十四条 测试报告应当由测试机构法定代表人签署，注明日期，加盖法人公章，并报送新品办。

第八章 附 则

第二十五条 测试机构应当对测试过程中的记录建立档案，并按照有关规定管理。

第二十六条 本规定自 2015 年 4 月 1 日起施行，有效期至 2019 年 12 月 31 日。

林业植物新品种保护行政执法办法

林技发〔2015〕176 号

第一条 为规范林业植物新品种保护行政执法行为，根据《中华人民共和国种子法》、《中华人民共和国行政处罚法》、《中华人民共和国植物新品种保护条例》和《林业行政处罚程序规定》等相关法律法规规章，制定本办法。

第二条 林业行政主管部门查处案件时，应当以事实为依据、以法律为准绳，遵循公开、公平、公正的原则。

第三条 林业行政主管部门对以下侵犯林业植物新品种权行为实施行政执法时，适用本办法。

（一）未经品种权人许可，生产、繁殖或者销售该授权品种的繁殖材料的，为商业目的将该授权品种的繁殖材料重复使用于生产另一品种的繁殖材料的；

（二）假冒授权品种的；

（三）销售授权品种未使用其注册登记的名称的。

有关法律、行政法规另有规定的除外。

第四条 本办法第三条第二项所称假冒授权品种的行为是指：

（一）使用伪造的品种权证书、品种权号；

（二）使用已经被终止或者被宣告无效品种权的品种权证书、品种权号；

（三）以非授权品种冒充授权品种；

（四）以此种授权品种冒充他种授权品种；

（五）其他足以使他人将非授权品种误认为授权品种。

第五条 林业植物新品种保护行政执法由主要违法行为地的县级以上林业行政主管部门管辖。

国家林业局科技发展中心（植物新品种保护办公室）负责林业植物新品种保护行政执法管理工作。

第六条 林业行政主管部门应当按照《中华人民共和国政府信息公开条例》等的要求，主动公开林业植物新品种保护行政处罚案件信息，接受社会监督。

第七条 林业植物新品种保护行政执法人员应当熟练掌握植物新品种保护的相关法律法规和规章制度，以及相应的执法程序，并持行政执法证件上岗；在林业植物新品种保护行政执法过程中，应当向当事人或者有关人员出示其行政执法证件。

第八条 请求县级以上人民政府林业行政主管部门查处本办法第三条第一项所指案件时，应当符合下列条件：

（一）请求人是品种权人或者利害关系人；

（二）有明确的侵权人和侵权证据；

（三）有明确的请求事项和理由；

（四）侵权案件发生地属于该行政管辖范围内。

前款所称利害关系人，包括植物新品种实施许可合同的被许可人和品种权财产权利的合法继承人等。

独占实施许可合同的被许可人可以单独提出请求；排他实施许可合同的被许可人可以和品种权人共同提出请求，也可以在品种权人不请求时，自行提出请求；普通实施许可合同的被许可人经品种权人明确授权，可以提出请求。

第九条 向县级以上人民政府林业行政主管部门请求查处第三条第一项所指案件时，应当提交请求书以及涉案品种权的《植物新品种权证书》复印件。请求书应当包括以下内容：

（一）请求人的姓名或者名称、居住或者注册地址、有效联系方式，法定代表人或者主要负责人的姓名和职务；有委托代理的，代理人的姓名和代理机构的名称、注册地址；

（二）侵权人相关信息及侵权证据；

（三）请求查处的事项和理由等。

第十条 请求人应当以纸质或者法定电子文件的形式提交请求书，有关证据和证明材料可以以请求书附件的形式提交。请求书应当由请求人签名或者盖章，并注明请求日期。

第十一条 县级以上人民政府林业行政主管部门在收到请求书后进行审查，对符合本办法第八条、第九条和第十条规定的，应当在七日内予以立案，并以书面形式告知请求人，同时指定两名或者两名以上案件承办人处理该案件；对不符合本办法第八条、第九条和第十条规定的，应当在七日内以书面形式告知请求人不予立案，并说明理由。

第十二条 林业行政主管部门依据职权查处本办法第三条所指案件时，立案应当符合下列条件：

（一）有违法行为发生；

（二）违法行为是应当受处罚的行为；

（三）涉及品种是授权品种；

（四）除本办法第三条第三项所指案件外，涉及品种的品种权应当是有效的；

（五）违法行为发生地属于该行政管辖范围内。

第十三条 林业行政主管部门应当在发现或者接受举报后进行审查，对符合本办法第十二条规定的，在七日内予以立案，同时指定两名或者两名以上案件承办人负责调查和处理。

第十四条 案件承办人在现场取证时，可以根据请求人或者举报人提供的涉案品种所在地点和生长状况等信息，及时取证并鉴定。

第十五条 案件承办人可以采取抽样方法取证；在证据可能灭失或者以后难以取得的情况下，经行政机关负责人批准，可以先行登记保存，填写《林业行政处罚登记保存通知单》，并在七日内做出处理决定；在此期间，当事人或者有关人员不得销毁或者转移证据。

第十六条 对于案件涉及的植物品种，可以采用田间观察检测、基因指纹图谱检测等方法进行鉴定。

第十七条 林业行政主管部门查处本办法第三条第一项、第二项案件，依法做出较大数额罚款的，应当告知当事人有要求举行听证的权利。当事人要求听证的，林业行政主管部门应当按照《林业行政处罚听证规则》相关规定组织听证。

第十八条 县级以上人民政府林业行政主管部门查处本办法第三条第一项案件时，为维护社会公共利益，可以采取下列措施：

（一）责令侵权人立即停止对侵权品种繁殖材料的销售行为，并且不得销售尚未售出的采用侵权品种生产的繁殖材料；

（二）责令侵权人立即停止对侵权品种的生产行为，对涉及侵权的植物材料消灭活性使其不能再被用作繁殖材料；

（三）对正处于生长期或者销毁侵权植物材料将导致重大不利后果的，可以没收植物品种繁殖材料；

（四）没收违法所得；

（五）涉案货值金额一万元以下的，处以一万元罚款；一万元至三万元以下的，处以二万元至九万元罚款；三万元至四万元以下的，处以十万元至十六万元罚款；四万元至五万元以下的，处以十七万元至二十五万元以下罚款。

涉案货值金额五万元以上的，侵权行为是第一次发生且侵权数量较小的，处以涉案货值金额五至七倍罚款；侵权人明知或者已被告知侵权、数次侵权或者侵权数量较大的，处以涉案货值金额八至九倍罚款；侵权人数次侵权且侵权数量巨大或者为逃避处罚提供伪证的，处以涉案货值金额十倍罚款。

第十九条 林业行政主管部门查处本办法第三条第二项案件时，应当采取下列处罚措施：

（一）责令侵权人立即停止伪造行为，销毁伪造的品种权证书或者品种权号；

（二）责令侵权人立即停止侵权标注行为，消除尚未售出的产品或者其包装上的品种权标识；品种权标识难以消除的，销毁该产品或者包装；

（三）责令侵权人立即停止发放载有虚假、未经许可和误导公众品种权信息的说明书或者广告等载体，销毁尚未发出的载体，并通过公告或者广告等形式消除社会影响；

（四）责令侵权人立即停止销售假冒授权品种的繁殖材料，对涉及假冒授权品种的植物材料消灭活性使其不能再被用作繁殖材料；

（五）没收违法所得和植物繁殖材料；

（六）涉案货值金额一万元以下的，处以一万元罚款；一万元至三万元以下的，处以二万元至九万元罚款；三万元至四万元以下的，处以十万元至十六万元罚款；四万元至五万元以下的，处以十七万元至二十五万元以下罚款。

涉案货值金额五万元以上的，假冒行为是第一次发生且数量较小的，处以涉案货值金额五至七倍罚款；涉案人数次假冒、假冒数量较大或者假冒涉及地域较广的，处以涉案货值金额八至九倍罚款；涉案人假冒数量巨大、假冒涉及地域广大或者为逃避处罚提供伪证的，处以涉案货值金额十倍罚款。

第二十条 林业行政主管部门查处本办法第三条第二项案件时，对涉嫌犯罪的案件，应当依法移送司法机关。

第二十一条 林业行政主管部门查处本办法第三条第三项案件时，应当采取下列处罚措施：

责令限期改正，可以并处罚款。情节轻微者，处以三百元以下罚款；情节一般者，处以三百元至六百元以下罚款；情节较重者，处以六百元至一千元以下罚款。

前款所称情节轻微者是指：侵权行为是第一次发生且影响范围较小的。情节一般者是指：数次发生，影响范围较大的。情节较重者是指：影响范围很大，后果较重的。

第二十二条 林业行政主管部门依据职权在查处本办法第三条第一项、第二项案件时，有权采取下列措施：

（一）进入生产经营场所进行现场检查；

（二）对有关的植物品种繁殖材料进行取样测试、试验或者检验；

（三）查阅、复制有关合同、票据、账簿、生产经营档案及其他有关资料；

（四）查封、扣押有证据证明违法生产经营的植物品种繁殖材料，以及用于违法生产经营的工具、设备及运输工具等；

（五）查封违法从事植物品种繁殖材料生产经营活动的场所。

查封或者扣押时，案件承办人应当履行《中华人民共和国行政强制法》第十八条规定的程序，并按《中华人民共和国行政强制法》第二十四条规定制作并当场交付查封、扣押决定书和清单。查封、扣押清单一式二份，由当事人和行政机关分别保存。

第二十三条 林业行政主管部门作出行政处罚决定时，应当制作林业行政处罚决定书，并在十五日以内予以公告。

第二十四条 林业行政主管部门应当自立案之日起一个月内结案；经行政负责人批准可以延长，但不得超过三个月。案情特别复杂三个月内仍不能结案的，经报上级林业行政主管部门批准，可以延长。

第二十五条 县级以上人民政府林业行政主管部门依据职权，根据当事人自愿的原则，对侵权所造成的损害赔偿可以进行调解。调解达成协议的，当事人应当履行；当事人不履行协议或者调解未达成协议的，品种权人或者利害关系人可以依法向人民法院提起诉讼。

上述调解过程可以邀请有关单位或者个人协助，被邀请的单位或者个人自愿协助进行调解。

第二十六条 林业行政主管部门在处理林业植物新品种权行政处罚案件过程中遇有涉及民事案件纠纷的，案件承办人应当向当事人告知其法律救济途径。

第二十七条 林业行政主管部门在结案时，将全部案件文书整理归档。地方各级林业行政主管部门应当建立林业植物新品种行政执法报告制度。

第二十八条 本办法所称以下不包括本数。

第二十九条 本办法自 2016 年 1 月 1 日起施行，有效期至 2020 年 12 月 31 日。2014 年 8 月 1 日发布的《国家林业局关于印发〈林业植物新品种保护行政执法办法〉的通知》（林技发〔2014〕114 号）同时废止。

司法解释

中华人民共和国最高人民法院公告

《最高人民法院关于修改〈最高人民法院关于审理专利纠纷案件适用法律问题的若干规定〉的决定》已于2015年1月19日由最高人民法院审判委员会第1641次会议通过，现予公布，自2015年2月1日起施行。

最高人民法院
2015年1月22日

最高人民法院关于修改《最高人民法院关于审理专利纠纷案件适用法律问题的若干规定》的决定

法释〔2015〕4号
（2015年1月19日最高人民法院审判委员会第1641次会议通过）

根据最高人民法院审判委员会第1641次会议决定，对《最高人民法院关于审理专利纠纷案件适用法律问题的若干规定》作如下修改：

一、将第五条第二款修改为："侵权行为地包括：被诉侵犯发明、实用新型专利权的产品的制造、使用、许诺销售、销售、进口等行为的实施地；专利方法使用行为的实施地，依照该专利方法直接获得的产品的使用、许诺销售、销售、进口等行为的实施地；外观设计专利产品的制造、许诺销售、销售、进口等行为的实施地；假冒他人专利的行为实施地。上述侵权行为的侵权结果发生地。"

二、将第八条第一款修改为："对申请日在2009年10月1日前（不含该日）的实用新型专利提起侵犯专利权诉讼，原告可以出具由国务院专利行政部门作出的检索报告；对申请日在2009年10月1日以后的实用新型或者外观设计专利提起侵犯专利权诉讼，原告可以出具由国务院专利行政部门作出的专利权评价报告。根据案件审理需要，人民法院可以要求原告提交检索报告或者专利权评价报告。原告无正当理由不提交的，人民法院可以裁定中止诉讼或者判令原告承担可能的不利后果。"

三、将第九条第一项修改为："（一）原告出具的检索报告或者专利权评价报告未发现导致实用新型或者外观设计专利权无效的事由的；"

四、将第十七条修改为："专利法第五十九条第一款所称的'发明或者实用新型专利权的保护范围以其权利要求的内容为准，说明书及附图可以用于解释权利要求的内容'，是指专利权的保护范围应当以权利要求记载的全部技术特征所确定的范围为准，也包括与该技术特征相等同的特征所确定的范围。"

"等同特征，是指与所记载的技术特征以基本相同的手段，实现基本相同的功能，达到基本相同的效果，并且本领域普通技术人员在被诉侵权行为发生时无需经过创造性劳动就能够联想到的特征。"

五、将第十八条修改为："侵犯专利权

行为发生在2001年7月1日以前的，适用修改前专利法的规定确定民事责任；发生在2001年7月1日以后的，适用修改后专利法的规定确定民事责任。”

六、将第十九条修改为：“假冒他人专利的，人民法院可以依照专利法第六十三条的规定确定其民事责任。管理专利工作的部门未给予行政处罚的，人民法院可以依照民法通则第一百三十四条第三款的规定给予民事制裁，适用民事罚款数额可以参照专利法第六十三条的规定确定。”

七、删除第二十条第一款，第二款改为第一款并修改为：“专利法第六十五条规定的权利人因被侵权所受到的实际损失可以根据专利权人的专利产品因侵权所造成销售量减少的总数乘以每件专利产品的合理利润所得之积计算。权利人销售量减少的总数难以确定的，侵权产品在市场上销售的总数乘以每件专利产品的合理利润所得之积可以视为权利人因被侵权所受到的实际损失。”

第三款改为第二款，修改为：“专利法第六十五条规定的侵权人因侵权所获得的利益可以根据该侵权产品在市场上销售的总数乘以每件侵权产品的合理利润所得之积计算。侵权人因侵权所获得的利益一般按照侵权人的营业利润计算，对于完全以侵权为业的侵权人，可以按照销售利润计算。”

八、将第二十一条修改为：“权利人的损失或者侵权人获得的利益难以确定，有专利许可使用费可以参照的，人民法院可以根据专利权的类型、侵权行为的性质和情节、专利许可的性质、范围、时间等因素，参照该专利许可使用费的倍数合理确定赔偿数额；没有专利许可使用费可以参照或者专利许可使用费明显不合理的，人民法院可以根据专利权的类型、侵权行为的性质和情节等因素，依照专利法第六十五条第二款的规定确定赔偿数额。”

九、将第二十二条修改为：“权利人主张其为制止侵权行为所支付合理开支的，人民法院可以在专利法第六十五条确定的赔偿数额之外另行计算。”

十、将第二十四条修改为：“专利法第十一条、第六十九条所称的许诺销售，是指以做广告、在商店橱窗中陈列或者在展销会上展出等方式作出销售商品的意思表示。”

根据本决定，将《最高人民法院关于审理专利纠纷案件适用法律问题的若干规定》作相应修改，重新公布。

二〇一四年十二月三十一日

最高人民法院关于审理专利纠纷案件适用法律问题的若干规定

法释〔2015〕4号

（2001年6月19日最高人民法院审判委员会第1180次会议通过，根据2013年2月25日最高人民法院审判委员会第1570次会议通过的《最高人民法院关于修改〈最高人民法院关于审理专利纠纷案件适用法律问题的若干规定〉的决定》第一次修正，根据2015年1月19日最高人民法院审判委员会第1641次会议通过的《最高人民法院关于修改〈最高人民法院关于审理专利纠纷案件适用法律问题的若干规定〉的决定》第二次修正，该修正自2015年2月1日起施行）

为了正确审理专利纠纷案件，根据《中华人民共和国民法通则》（以下简称民法通则）、《中华人民共和国专利法》（以下简称专利法）、《中华人民共和国民事诉讼法》和《中华人民共和国行政诉讼法》等法律的规定，作如下规定：

第一条 人民法院受理下列专利纠纷案件：

1. 专利申请权纠纷案件；

2. 专利权权属纠纷案件；

3. 专利权、专利申请权转让合同纠纷案件；

4. 侵犯专利权纠纷案件；

5. 假冒他人专利纠纷案件；

6. 发明专利申请公布后、专利权授予前使用费纠纷案件；

7. 职务发明创造发明人、设计人奖励、报酬纠纷案件；

8. 诉前申请停止侵权、财产保全案件；

9. 发明人、设计人资格纠纷案件；

10. 不服专利复审委员会维持驳回申请复审决定案件；

11. 不服专利复审委员会专利权无效宣告请求决定案件；

12. 不服国务院专利行政部门实施强制许可决定案件；

13. 不服国务院专利行政部门实施强制许可使用费裁决案件；

14. 不服国务院专利行政部门行政复议决定案件；

15. 不服管理专利工作的部门行政决定案件；

16. 其他专利纠纷案件。

第二条 专利纠纷第一审案件，由各省、自治区、直辖市人民政府所在地的中级人民法院和最高人民法院指定的中级人民法院管辖。

最高人民法院根据实际情况，可以指定基层人民法院管辖第一审专利纠纷案件。

第三条 当事人对专利复审委员会于2001年7月1日以后作出的关于实用新型、外观设计专利权撤销请求复审决定不服向人民法院起诉的，人民法院不予受理。

第四条 当事人对专利复审委员会于2001年7月1日以后作出的关于维持驳回实用新型、外观设计专利申请的复审决定，或者关于实用新型、外观设计专利权无效宣告请求的决定不服向人民法院起诉的，人民法院应当受理。

第五条 因侵犯专利权行为提起的诉讼，由侵权行为地或者被告住所地人民法院管辖。

侵权行为地包括：被诉侵犯发明、实用新型专利权的产品的制造、使用、许诺销售、销售、进口等行为的实施地；专利方法使用行为的实施地，依照该专利方法直接获得的产品的使用、许诺销售、销售、进口等行为的实施地；外观设计专利产品的制造、许诺销售、销售、进口等行为的实施地；假冒他人专利的行为实施地。上述侵权行为的侵权结果发生地。

第六条 原告仅对侵权产品制造者提起诉讼，未起诉销售者，侵权产品制造地与销售地不一致的，制造地人民法院有管辖权；以制造者与销售者为共同被告起诉的，销售地人民法院有管辖权。

销售者是制造者分支机构，原告在销售地起诉侵权产品制造者制造、销售行为的，销售地人民法院有管辖权。

第七条 原告根据1993年1月1日以前提出的专利申请和根据该申请授予的方法发明专利权提起的侵权诉讼，参照本规定第五条、第六条的规定确定管辖。

人民法院在上述案件实体审理中依法适用方法发明专利权不延及产品的规定。

第八条 对申请日在2009年10月1日前(不含该日)的实用新型专利提起侵犯专利权诉讼，原告可以出具由国务院专利行政部门作出的检索报告；对申请日在2009年10月1日以后的实用新型或者外观设计专利提起侵犯专利权诉讼，原告可以出具由国务院专利行政部门作出的专利权评价报告。根据案件审理需要，人民法院可以要求原告提交检索报告或者专利权评价报告。原告无正当理由不提交的，人民法院可以裁定中止诉讼或者判令原告承担可能的不利后果。

侵犯实用新型、外观设计专利权纠纷案件的被告请求中止诉讼的，应当在答辩期内对原告的专利权提出宣告无效的请求。

第九条 人民法院受理的侵犯实用新

型、外观设计专利权纠纷案件，被告在答辩期间内请求宣告该项专利权无效的，人民法院应当中止诉讼，但具备下列情形之一的，可以不中止诉讼：

（一）原告出具的检索报告或者专利权评价报告未发现导致实用新型或者外观设计专利权无效的事由的；

（二）被告提供的证据足以证明其使用的技术已经公知的；

（三）被告请求宣告该项专利权无效所提供的证据或者依据的理由明显不充分的；

（四）人民法院认为不应当中止诉讼的其他情形。

第十条 人民法院受理的侵犯实用新型、外观设计专利权纠纷案件，被告在答辩期间届满后请求宣告该项专利权无效的，人民法院不应当中止诉讼，但经审查认为有必要中止诉讼的除外。

第十一条 人民法院受理的侵犯发明专利权纠纷案件或者经专利复审委员会审查维持专利权的侵犯实用新型、外观设计专利权纠纷案件，被告在答辩期间内请求宣告该项专利权无效的，人民法院可以不中止诉讼。

第十二条 人民法院决定中止诉讼，专利权人或者利害关系人请求责令被告停止有关行为或者采取其他制止侵权损害继续扩大的措施，并提供了担保，人民法院经审查符合有关法律规定的，可以在裁定中止诉讼的同时一并作出有关裁定。

第十三条 人民法院对专利权进行财产保全，应当向国务院专利行政部门发出协助执行通知书，载明要求协助执行的事项，以及对专利权保全的期限，并附人民法院作出的裁定书。

对专利权保全的期限一次不得超过六个月，自国务院专利行政部门收到协助执行通知书之日起计算。如果仍然需要对该专利权继续采取保全措施的，人民法院应当在保全期限届满前向国务院专利行政部门另行送达继续保全的协助执行通知书。保全期限届满前未送达的，视为自动解除对该专利权的财产保全。

人民法院对出质的专利权可以采取财产保全措施，质权人的优先受偿权不受保全措施的影响；专利权人与被许可人已经签订的独占实施许可合同，不影响人民法院对该专利权进行财产保全。

人民法院对已经进行保全的专利权，不得重复进行保全。

第十四条 2001 年 7 月 1 日以前利用本单位的物质技术条件所完成的发明创造，单位与发明人或者设计人订有合同，对申请专利的权利和专利权的归属作出约定的，从其约定。

第十五条 人民法院受理的侵犯专利权纠纷案件，涉及权利冲突的，应当保护在先依法享有权利的当事人的合法权益。

第十六条 专利法第二十三条所称的在先取得的合法权利包括：商标权、著作权、企业名称权、肖像权、知名商品特有包装或者装潢使用权等。

第十七条 专利法第五十九条第一款所称的“发明或者实用新型专利权的保护范围以其权利要求的内容为准，说明书及附图可以用于解释权利要求的内容”，是指专利权的保护范围应当以权利要求记载的全部技术特征所确定的范围为准，也包括与该技术特征相等同的特征所确定的范围。

等同特征，是指与所记载的技术特征以基本相同的手段，实现基本相同的功能，达到基本相同的效果，并且本领域普通技术人员在被诉侵权行为发生时无需经过创造性劳动就能够联想到的特征。

第十八条 侵犯专利权行为发生在 2001 年 7 月 1 日以前的，适用修改前专利法的规定确定民事责任；发生在 2001 年 7 月 1 日以后的，适用修改后专利法的规定确定民事责任。

第十九条 假冒他人专利的，人民法院可以依照专利法第六十三条的规定确定其民事责任。管理专利工作的部门未给予行政处罚的,人民法院可以依照民法通则第一百三十四条第三款的规定给予民事制裁,适用民事罚款数额可以参照专利法第六十三条的规定确定。

第二十条 专利法第六十五条规定的权利人因被侵权所受到的实际损失可以根据专利权人的专利产品因侵权所造成销售量减少的总数乘以每件专利产品的合理利润所得之积计算。权利人销售量减少的总数难以确定的,侵权产品在市场上销售的总数乘以每件专利产品的合理利润所得之积可以视为权利人因被侵权所受到的实际损失。

专利法第六十五条规定的侵权人因侵权所获得的利益可以根据该侵权产品在市场上销售的总数乘以每件侵权产品的合理利润所得之积计算。侵权人因侵权所获得的利益一般按照侵权人的营业利润计算,对于完全以侵权为业的侵权人,可以按照销售利润计算。

第二十一条 权利人的损失或者侵权人获得的利益难以确定,有专利许可使用费可以参照的,人民法院可以根据专利权的类型、侵权行为的性质和情节、专利许可的性质、范围、时间等因素,参照该专利许可使用费的倍数合理确定赔偿数额;没有专利许可使用费可以参照或者专利许可使用费明显不合理的,人民法院可以根据专利权的类型、侵权行为的性质和情节等因素,依照专利法第六十五条第二款的规定确定赔偿数额。

第二十二条 权利人主张其为制止侵权行为所支付合理开支的,人民法院可以在专利法第六十五条确定的赔偿数额之外另行计算。

第二十三条 侵犯专利权的诉讼时效为二年,自专利权人或者利害关系人知道或者应当知道侵权行为之日起计算。权利人超过二年起诉的,如果侵权行为在起诉时仍在继续,在该项专利权有效期内,人民法院应当判决被告停止侵权行为,侵权损害赔偿数额应当自权利人向人民法院起诉之日起向前推算二年计算。

第二十四条 专利法第十一条、第六十九条所称的许诺销售,是指以做广告、在商店橱窗中陈列或者在展销会上展出等方式作出销售商品的意思表示。

第二十五条 人民法院受理的侵犯专利权纠纷案件,已经过管理专利工作的部门作出侵权或者不侵权认定的,人民法院仍应当就当事人的诉讼请求进行全面审查。

第二十六条 以前的有关司法解释与本规定不一致的,以本规定为准。

中国法院2015年度知识产权十大案例

知识产权民事案件

案例1　确认不侵犯本田汽车外观设计专利权及损害赔偿案

石家庄双环汽车公司与本田株式会社确认不侵害专利权、损害赔偿纠纷上诉案

[最高人民法院(2014)民三终字第7号民事判决书]

一、基本案情

本田株式会社以双环汽车公司涉嫌侵害其汽车外观设计专利权为由，于2003年向其发送警告函并向法院提起侵害专利权诉讼。双环汽车公司于2003年10月16日向石家庄市中院起诉请求依法确认其生产和销售的涉案汽车的外观设计未侵害涉案专利权，嗣后向国家知识产权局专利复审委员会提出宣告涉案专利权无效的请求。双环汽车公司在宣告涉案专利权无效的行政决定经一、二审行政诉讼被维持后，以本田株式会社连续发送侵权警告信，致使双环汽车公司推迟涉案汽车上市销售，并且重新对产品外观及模具进行改造，造成其经济损失为由，于2008年4月26日在其提起的确认不侵权之诉中，增加诉讼请求，请求法院判令本田株式会社赔偿其经济损失及律师费、评估费、诉讼费共计人民币2579.139万元。本田株式会社对宣告涉案专利无效的行政判决不服并申请再审，最高人民法院就涉案专利权的效力于2010年11月26日作出(2010)行提字第3号行政判决，判决撤销被诉决定。在专利权恢复有效后，本田株式会社提高侵权赔偿数额，针对双环汽车公司等向河北省高院提起侵害涉案专利权诉讼。该案经最高人民法院裁定由河北省高院作为一审法院，并将石家庄市中院审理的确认不侵权诉讼提至该院，与侵害专利权纠纷案件合并审理。河北省高院于2013年1月16日对其分别立案进行了审理。双环汽车公司于2013年4月1日以本田株式会社发送警告信散布不良舆论，导致其经营权、名誉权受损为由，增加索赔数额，请求赔偿人民币36 574万元。河北省高院就本案纠纷作出一审判决：确认双环汽车公司生产、销售的涉案汽车不侵害本田株式会社涉案专利权；本田株式会社赔偿双环汽车公司经济损失人民币5000万元(含合理维权费用)；驳回双环汽车公司的其他诉讼请求。双环汽车公司和本田株式会社均不服，向最高人民法院提起上诉。最高人民法院判决确认双环汽车公司生产销售的涉案汽车不侵害本田株式会社的涉案专利权，改判本田株式会社赔偿经济损失人民币1600万元。

二、案件评析

本案在审理中涉及管辖权异议、侵害专利权关联诉讼、涉案专利权确权诉讼等纠纷，导致审理时间长达12年。本案判决明确了确认不侵权纠纷与损害赔偿纠纷为两个不同的法律关系，并根据审理查明的事实，在原审法院就确认不侵权和损害赔偿纠纷事实上均已进行了审理，并在程序上也保证了双方当事人诉权的基础上，变更了本案的案由，明确为确认不侵权以及损害赔偿纠纷。本案判决明确了，权利人发送侵权警告维护自身合法权益是其行使民事权利的应有之义，但行使权利应当在合理的范围内。权利人维权的方式是否适当并非以被警告行为是否侵权的最终结论为判断依据，而是以权利人维权的方式是否正当、是否有违公平的竞争秩序、是否存在打击竞争对手的行为作为衡量的标准。由于侵权认定的专业性和复杂性，不能过高要求权利人警告行为构成侵权的确定性程度，否则会妨碍侵权警告制度的正常效用，有悖此类制度的初衷。本案判决从发送侵权警告函的合法性、与公平竞争的关系以及市场交易者的商业风险等多角度进行阐述，对认定知识产权侵权警告行为究竟是正当维权行为，还是不正当竞争行为以及由此造成的损害赔偿如何审理进行了详细的说理和明确的判断，构建了知识产权权利人通过侵权警告维权的相关法律规范，为同类型案件的审判提供了裁判参照，对于统一该领域的裁判尺度具有标杆意义。

案例 2 “手持淋浴喷头”外观设计专利侵权案

高仪公司与健龙卫浴公司侵害外观设计专利权纠纷再审案

[最高人民法院(2015)民提字第 23 号民事判决书]

一、基本案情

2012 年 11 月，高仪公司以健龙卫浴公司生产、销售和许诺销售的丽雅系列等卫浴产品侵害其“手持淋浴喷头”外观设计专利权为由提起侵权诉讼。浙江省台州市中院一审认为，高仪公司主张喷头出水面设计为涉案授权外观设计的设计要点，但该主张未在专利授权文件的“简要说明”中体现，涉案授权外观设计与被诉侵权设计虽在喷头的出水面上存在高度近似，但在喷头头部周边设计、手柄设计等方面存在差别，两者不构成近似，并据此判决驳回高仪公司的诉讼请求。高仪公司不服，提起上诉。浙江省高院二审认为，跑道状的喷头出水面应作为涉案授权外观设计区别于现有设计的设计特征予以重点考量，而被诉侵权设计正是采用了与之高度相似的出水面设计。被诉侵权设计与涉案授权外观设计在淋浴喷头的整体轮廓、喷头与把手的长度分割比例等方面均非常相似，两者构成近似。据此判决健龙卫浴公司停止侵权，销毁库存侵权产品，并向高仪公司赔偿经济损失人民币 10 万元。健龙卫浴公司不服，向最高人民法院申请再审。最高人民法院裁定提审本案，并于 2015 年 8 月 11 日作出再审判决，撤销二审判决，维持一审判决。

二、案件评析

本案涉及司法实践中争议较大的外观设计专利的设计特征和功能性特征的问题。最高人民法院认为，授权外观设计的设计特征体现了其不同于现有设计的创新内容，也体现了设计人对现有设计的创造性贡献。如果被诉侵权设计未包含授权外观设计区别于现有设计的全部设计特征，一般可以推定被诉侵权设计与授权外观设计不近似。对于设计特征的认定，应当由专利权人对其所主张的设计特征进行举证，并允许第三人提供反证予以推翻。对功能性设计特征的认定，不在于该设计是否因功能或技术条件的限制而不具有可选择性，而在于在外观设计产品的一般消费者看来该设计是否仅仅由特定功能所决定，而不需要考虑该设计是否具有美感。再审判决对外观设计专利设计特征的意义、证明、确定以及在侵权判断中的考量进行了系统阐述，同时对功能性特征的含义、分类和认定展开论述，在此基础上明确了外观设计专利侵权判断的裁判标准，具有十分重要的指导意义。

案例 3　电子商务平台承担专利侵权连带责任案

嘉易烤公司与金仕德公司、天猫公司侵害发明专利权纠纷上诉案

［浙江省高级人民法院（2015）浙知终字第 186 号民事判决书］

一、基本案情

嘉易烤公司是名称为“红外线加热烹调装置”发明专利的专利权人，该专利于 2014 年 11 月 5 日获得授权。嘉易烤公司认为金仕德公司在天猫网上销售的烧烤炉侵犯其上述专利权，天猫公司在其发送侵权投诉的情况下未采取有效措施，应共同承担侵权责任。浙江省金华市中院认为金仕德公司的产品侵犯了嘉易烤公司的专利权，嘉易烤公司提交的投诉材料符合天猫公司的格式要求，天猫公司仅对该材料作出审核不通过的处理，其并未尽到合理的审查义务，也未采取必要的措施防止损害扩大，应对损害扩大的部分与金仕德公司承担连带责任，故判决金仕德公司立即停止销售侵权产品，赔偿嘉易烤公司经济损失人民币 15 万元，天猫公司对其中 5 万元承担连带赔偿责任。天猫公司不服提起上诉，浙江省高院认为，嘉易烤公司的投诉符合《侵权责任法》规定的“通知”的基本要件，属于有效通知。并且天猫公司接到投诉后未及时采取必要措施，一审判令其就损失的扩大部分承担连带责任并无不当，故维持一审判决。

二、案件评析

本案涉及网络平台销售侵害专利权的产品时如何界定其责任的问题。由于专利侵权并非显而易见，二审判决认为《侵权责任法》规定的“必要措施”并不限于删除、屏蔽、断开链接，而应根据所侵害权利的性质、侵权的具体情形和技术手段等综合确定，但是，将投诉材料转达被投诉人应当是必要措施之一，并在此基础上认定本案中天猫公司未采取必要措施。本案借鉴了著作权领域的“通知一反通知”机制，在保护权利人利益的同时，也有助于防止其滥用投诉机制，既考虑到权利人和被投诉人之间的利益平衡，也有利于电子商务平台的健康有序发展。

案例 4　“星河湾”侵害商标权及不正当竞争案

星河湾公司、宏富公司与炜赋公司侵害商标权及不正当竞争纠纷再审案

［最高人民法院（2013）民提字第 102 号民事判决书］

一、基本案情

宏富公司拥有第 1946396 号和第 1948763 号 组合商标，分别核定使用在第 36 类“不动产出租、不动产管理”等以及第 37 类“建筑”等服务项目，后转让给星河湾公司。宏富公司经许可使用上述两注册商标，并有权以自身的名义提起侵权诉讼。宏富公司及其关联企业先后在广州、北京、上海等地开发以“星河湾”命名的地产项目，“星河湾”地产项目及星河湾公司先后获得多项荣誉。自 2000 年起，炜赋公司在江苏省南通市先后推出“星河湾花园”“星辰花园”“星景花园”等多个地产项目，小区名称均报经南通市民政局批准。星河湾公司、宏富公司以炜赋公司在开发的不动产项目中使用“星河湾”字样，侵害其注册商标权并构成不正当竞争为由，提起诉讼。江苏省南通市中院一审认为，炜赋公司使用“星河湾花园”作为其开发的楼盘名称，未导致消费者对该楼盘来源产生混淆，不构成商标侵权。其主观上并无搭便车之故意，客观上也未造成消费者误认，亦不构成不正当竞争。遂判决驳回星河湾公司、宏富公司的诉讼请求。星河湾公司、宏富公司不服，向江苏省高院提起上诉。江苏省高院二审判决驳回上诉、维持原判。星河湾公司、宏富公司仍不服，向最高人民法院申请再审。最高人民法院提审认为，炜赋公司将与“星河湾”商标相近似的“星河湾花园”标识作为楼盘名称使用，容易使相关公众造成混淆误认，构成对星河湾公司、宏富公司相关商标权的侵犯，故判决撤销一审、二审判决，判令炜赋公司在其尚未出售的楼盘和将来拟开发的楼盘上不得使用“星河湾”相关名称作为其楼盘名称，并赔偿星河湾公司、宏富公司经济损失人民币 5 万元。

二、案件评析

本案涉及不动产销售等服务类别上注册商标的保护以及认定侵权后的责任承担问题，受到社会的广泛关注。最高人民法院再审判决明确，在商标权等知识产权与物权等财产权发生冲突时，是否判令当事人承担停止使用的法律责任，应当遵循善意保护原则并兼顾公共利益。本案中考虑到炜赋公司包含“星河湾”字样的小区名称已经民政部门批准，小区居民也已入住多年，且并无证据证明其购买该房产时知晓小区名称侵犯星河湾公司商标权，如果判令其停止使用该小区名称，会导致商标权人与公共利益及小区居民利益的失衡，故不再判令停止使用该小区名称，但在尚未出售的楼盘和将来拟开发的楼盘上不得使用“星河湾”相关名称作为其楼盘名称。该案判决既在合法范围内维护了商标权人的利益，也避免了对善意第三人合法权益以及社会公共秩序和公共利益造成不应有的影响和侵害，充分发挥了司法裁判的价值指引作用。

案例 5 “启航考研”在先使用不侵权案

中创公司与启航考试学校、启航公司侵害商标权纠纷上诉案

［北京知识产权法院（2015）京知民终字第 588 号民事判决书］

一、基本案情

贵阳市云岩区启航英语培训学校于 2003 年取得第 41 类“学校（教育）等”服务上的“启航学校 Qihang School”注册商标，并将该商标许可给中创公司独占使用。中创公司发现启航考试学校及启航公司在共同运营的启航世纪网站、发放的宣传材料、名片、教材等上面以及对外加盟行为中使用与涉案商标相近似的“启航考研”等标识，并认为上述行为侵犯其享有的涉案商标专用权，遂诉至法院。启航考试学校成立时间为 1998 年，启航公司成立于 2003 年。1998～2001 年，启航考试学校编写了由中国人民大学出版社出版的各类考研书籍。启航考试学校及启航公司认为其系对自己在先登记使用并已有极高知名度的企业名称和字号的使用，未侵犯中创公司享有的商标权。北京市海淀区法院及北京知识产权法院均认为，在“启航”商标的申请日，即 2001 年 10 月 18 日之前，启航考试学校已经在公开出版的图书上使用“启航考研”字样并在公开媒体上发布“启航考研”招生信息，且已经具有一定规模，符合《商标法》第 59 条第 3 款的适用要件，不构成对注册商标专用权的侵犯。

二、案件评析

《商标法》第 59 条第 3 款规定，他人在先使用并有一定影响的商标，注册商标专

用权人无权禁止其在原有范围内继续使用,但可以要求附加适当区别标识。该条款系第三次修正《商标法》新增加的内容,司法实践中适用该条的案件尚不多见,理论上对具体的适用要件亦有分歧。本案对该条款的适用要件进行了充分的解析和梳理,对在先使用的时间点、有一定影响的判断以及原有范围等均作了详细论述,对于此类案件的审理具有借鉴意义。

案例 6 "毕加索"商标许可使用合同案

帕弗洛公司与艺想公司、毕加索公司商标使用许可合同纠纷上诉案

[上海市高级人民法院(2014)沪高民三(知)终字第 117 号民事判决书]

一、基本案情

毕加索公司是图形商标的商标权人。2008 年 9 月 8 日,毕加索公司授予帕弗洛公司在中国大陆地区于书写工具类别上独家使用涉案商标,期限为 2008 年 9 月 10 日至 2013 年 12 月 31 日。2009 年 3 月 12 日,该商标使用许可合同备案被国家工商总局商标局核准。2010 年 2 月 11 日,毕加索公司与帕弗洛公司约定商标使用许可期限在原契约基础上延展 10 年。2012 年 1 月 1 日,毕加索公司与帕弗洛公司约定双方终止涉案商标使用许可备案,但双方关于该商标的其他约定不受影响。2012 年 2 月 16 日,毕加索公司与艺想公司签订《商标许可使用合同书》,约定艺想公司 2012 年 1 月 15 日至 2017 年 8 月 31 日期间独占使用涉案商标。帕弗洛公司认为毕加索公司与艺想公司的行为属于《合同法》所规定的"恶意串通,损害第三人合法利益"及"违反法律、行政法规的强制性规定",向法院提起诉讼请求判令:毕加索公司与艺想公司签订的《商标使用许可合同书》无效;两者共同赔偿帕弗洛公司经济损失人民币 100 万元。上海市一中院认为,系争商标使用许可合同系双方当事人真实意思表示,目的在于获取涉案商标的独占许可使用权,难以认定其有损害帕弗洛公司合法利益的主观恶意;《最高人民法院关于审理商标民事纠纷案件适用法律若干问题的解释》第 3 条第(1)项的内容是对《商标法》所规定的商标使用许可方式的定义,不属于强制性法律规范,系争合同的订立并未违反法律、行政法规的强制性规定。遂判决驳回帕弗洛公司的全部诉讼请求。帕弗洛公司、艺想公司均不服,提起上诉。上海市高院认为,毕加索公司与艺想公司在签订系争商标使用许可合同时,均知晓帕弗洛公司与毕加索公司之间已存在涉案商标独占使用许可关系,因而艺想公司并不属于在后被授权之善意第三人,但尚无充分证据证明艺想公司有加害帕弗洛公司的主观恶意,亦无证据证明毕加索公司与艺想公司间存在串通行为,故难以认定此种合同行为属于恶意串通损害第三人利益之行为。但由于艺想公司不属于善意第三人,帕弗洛公司对涉案商标享有的独占许可使用权可以对抗在后的系争商标使用许可合同关系,毕加索公司实际上并未履行系争商标使用许可合同的义务,艺想公司不能据此系争合同获得涉案商标的使用权,故判决驳回上诉,维持原判。

二、案件评析

本案二审判决明确,认定构成《合同法》规定的"恶意串通损害第三人利益",不仅要证明被告主观上具有加害的故意,还要证明客观上具有勾结、串通的行为。本案中,在后的商标独占使用许可合同不因其签订在后而被认定为无效合同。但在先的商标独占许可使用权可以对抗非善意第三人在后签订之商标使用许可合同。本案二审判决对于明晰商标许可交易的市场规则具有指导意义,本案判决结果也为全国各地数十起关联案件的审理奠定了基础，对类似案件的处理具有较高的参考价值。

案例7 琼瑶诉于正案

陈某与余某等侵害著作权纠纷上诉案

［北京市高级人民法院（2015）高民（知）终字第1039号民事判决书］

一、基本案情

陈某，笔名琼瑶，于1992年10月创作完成剧本《梅花烙》，未以纸质方式公开发表；怡人公司依据剧本《梅花烙》拍摄完成电视剧《梅花烙》，共计21集，于1993年10月13日起在中国台湾地区首次电视播出，并于1994年4月13日起在中国大陆地区（湖南电视一台）首次电视播出，电视剧内容与剧本高度一致。小说《梅花烙》系根据剧本《梅花烙》改编而来，于1993年6月30日创作完成，1993年9月15日起在中国台湾地区公开发行，同年起在中国大陆地区公开发表，主要情节与剧本《梅花烙》基本一致。小说《梅花烙》作者署名是陈某。余某系剧本《宫锁连城》（又名《凤还巢之连城》）载明的作者，剧本共计20集，剧本创作完成时间为2012年7月17日，首次发表时间为2014年4月8日。电视剧《宫锁连城》根据剧本《宫锁连城》拍摄。电视剧《宫锁连城》完成片共分为两个版本，网络播出的未删减版本共计44集，电视播映版本共计63集，电视播映版本于2014年4月8日起，在湖南卫视首播。剧本《宫锁连城》与剧本《梅花烙》相比，人物关系更复杂，故事线索更多。陈某主张侵权的内容主要集中在剧本《宫锁连城》的前半部分。北京市三中院认定余某等侵害了陈某对其作品享有的改编权及摄制权，判决电视剧《宫锁连城》各出品方立即停止该电视剧的复制、发行和传播行为；编剧余某在新浪网、搜狐网、乐视网、凤凰网显著位置刊登致歉声明，向陈某公开赔礼道歉，消除影响；余某及各出品方连带赔偿陈某经济损失及诉讼合理开支共计人民币500万元。北京市高院判决维持一审判决。

二、案件评析

本案社会关注度高，社会影响很大。本案判决中对文学作品“实质性相似”的判断方法和判断标准进行了充分阐释，对文学作品中的情节选择、结构安排、情节推进设计等如何进行“思想”和“表达”的区分具有指导意义。本案裁判结果彰显了《著作权法》鼓励原创、保护原创的立法精神，体现了加大知识产权保护力度的司法政策，对文化产业特别是影视行业的发展具有导向性作用。

案例8 涉及“魔兽世界”网络游戏诉中禁令案

暴雪娱乐公司、网之易网络公司与七游公司等著作权侵权及不正当竞争纠纷诉中禁令案

［广州知识产权法院（2015）粤知法著民初字第2—1号、（2015）粤知法商民初字第2—1号民事裁定书］

一、基本案情

暴雪娱乐公司是《魔兽世界》系列游戏的著作权人，网之易网络公司是该游戏在中国大陆地区的独家运营商。两原告认为，七游公司开发、分播时代公司独家运营、动景公司提供下载的被诉游戏《全民魔兽》（原名《酋长萨尔》）侵害了其美术作品著作权，分播时代公司同时构成擅自使用原告知名游戏特有名称、装潢及虚假宣传的不正当竞争行为。两原告在起诉的同时提出禁令申请，请求法院立即禁止三被告停止被诉侵权行为，并提供了人民币1000万元的等值现金担保。广州知识产权法院

在组织双方听证后作出禁令裁定，禁令效力维持至本案判决生效日止，禁令期间不影响为该游戏玩家提供余额查询及退费等服务。禁令作出后，七游公司和动景公司自动履行了裁定，分播时代公司在法院督促和释明后亦履行了裁定。七游公司和分播时代公司对禁令裁定提起复议，审理法院依法予以驳回。

二、案件评析

本案严格遵循禁令的程序要求，严格审查禁令的实体要件，过程规范、合法。为保证禁令"积极慎重，合理有效"，本案中法院重点审查了原告的胜诉可能性以及是否受到难以弥补的损害。考虑到被诉游戏的上线势必挤占原告新推游戏的市场份额，而且网络游戏具有生命周期短，传播速度快、范围广的特点，给原告造成的损害难以计算和量化，而被诉游戏采取的低俗营销方式也会给原告商誉带来损害，故发布了禁令。同时也考虑到游戏玩家的利益，禁令期间不影响为被诉游戏玩家提供余额查询及退费等服务。本案充分彰显了法院加强知识产权司法保护的决心，相关公众及业内人士也对本案禁令的颁发多作出正面评价，实现了较好的社会效果。

知识产权行政案件

案例9　"阿托伐他汀"发明专利权无效行政纠纷案

朗伯公司与专利复审委员会、嘉林公司、张某发明专利权无效行政纠纷再审案

[最高人民法院(2014)行提字第8号行政判决书]

一、基本案情

1996年7月8日，朗伯公司申请了名称为"结晶[R－(R＊,R＊)]－2－(4－氟苯基)－β,δ－二羟基－5－(1－甲基乙基)－3－苯基－4－[(苯氨基)羰基]－1H－吡咯－1－庚酸半钙盐"发明专利(即本案专利)，2002年7月10日获得授权，专利号为96195564.3。本案专利权利要求1的主题为含1－8摩尔水的Ⅰ型结晶阿托伐他汀水合物，特征部分用X－射线粉末衍射图(XPRD)予以限定。针对本案专利，嘉林公司、张某分别向专利复审委员会提起无效宣告请求，专利复审委员会合并审理后于2009年6月17日作出第13582号无效宣告请求审查决定(以下简称第13582号决定)，以本案专利不符合《专利法》第26条第3款规定为由，宣告本案专利权全部无效。主要理由为：(1)说明书中没有提供任何定性或定量的数据证明其得到的Ⅰ型结晶阿托伐他汀水合物中确实包含1－8摩尔水(优选3摩尔)；而且，从其制备方法的步骤，以及用于表征产品晶型的XPRD数据及谱图中也无法确切地推知其产品中水含量为1－8摩尔(或3摩尔)。因此，本领域技术人员根据说明书公开的内容无法确认权利要求中保护的产品。(2)本领域技术人员根据本案专利说明书的内容无法确信如何才能制备得到本案专利保护的含1－8摩尔水(优选3摩尔)的Ⅰ型结晶阿托伐他汀水合物。朗伯公司不服，提起行政诉讼。北京市一中院维持第13582号决定。朗伯公司提起上诉。北京市高院二审认为，本发明要解决的技术问题是要获得阿托伐他汀的结晶形式，具体是Ⅰ型结晶阿托伐他汀，用以克服"无定形阿托伐他汀不适合大规模生产中的过滤和干燥"的技术问题。由于专利复审委员会并没有确定本发明所要解决的技术问题，也没有明确哪些参数是"与要解决的技术问题相关的化学物理性能参数"，因此，专利复审委员会在未对本发明要解决的技术问题进行整体考虑的情况下，作出本案专利不符合《专利法》第26条第3款规定的相关认定显属不当。遂判决撤销一审判决和第13582号决定，并责令专利复审委员会重新作出决定。专利复审委员会、嘉林公司均不服,向最高人民法院申请再审。最高人民法院裁定提审本案,并于 2015 年 4 月 16 日判决撤销二审判决,维持一审判决。

二、案件评析

本案涉及化学领域产品发明说明书充分公开的判断,不但法律适用典型,而且技术问题复杂,同时由于该专利权本身蕴含了巨大的经济价值,因此本案的审理备受国内外关注。最高人民法院认为,化学产品发明的专利说明书中应当记载化学产品的确认、制备和用途。具体而言,当发明是一种化合物时,说明书中应当说明该化合物的化学结构及与发明要解决的技术问题相关的化学、物理性能参数,使本领域技术人员能确认该化合物。说明书中还应当至少公开一种制备方法,使本领域技术人员能够实施。从化学产品确认和制备的角度,本案专利说明书不符合《专利法》第 26 条第 3 款的规定。除此之外,本案还对确定发明所要解决的技术问题与判断说明书是否充分公开之间的关系,及申请日后补交的实验性证据是否可以用于证明说明书充分公开等法律问题进行了明确。本案在确立法律标准,指引说明书撰写等方面具有重大的法律和现实意义。

知识产权刑事案件

案例 10 假冒调味品注册商标案

被告人张某、邹某假冒注册商标罪、被告人王某某销售非法制造的注册商标标识罪案

[湖北省高级人民法院(2015)鄂知刑终字第 1 号刑事裁定书]

一、基本案情

2012 年以来,被告人张某为了制造假冒的调味品销售牟利,与被告人王某某电话联系,从王某某处购买未经授权非法制造的印有“南街村”商标的南德调味料包装袋 10 000 套、印有“莲花”商标的莲花味精包装袋 25 000 套。被告人张某、邹某先购买一般品牌的味精、鸡精,进行包装后冒充“太太乐”鸡精、“莲花”味精产品进行销售,后又自己配方,用食盐、味精、香料等制造调味品,冒充“南街村”调味料进行销售,销售金额达 115 565 元人民币。2013 年 8 月 14 日,湖北省襄阳市老河口市公安局对张某、邹某二人租住地方及租用的仓库进行了搜查,发现了大量的制假设备、原料以及假冒的“南街村”调味品、“太太乐”鸡精、“莲花”味精包装、商标标识。被告人张某、邹某所使用的“南街村”调味料、“太太乐”鸡精以及“莲花”味精外包装袋上均印制有与上述商标相同的商标标识。湖北省襄阳市中院一审认为,被告人张某及邹某未经“南街村”“太太乐”和“莲花”商标的商标所有人许可,采用购买一般品牌的味精、鸡精,进行分装后冒充“太太乐”鸡精、“莲花”味精进行销售,并自己配方,制造调味品,冒充“南街村”调味料进行销售,销售数额达 115 565 元,均已构成假冒注册商标罪。被告人王某某销售了非法制造的“南街村”牌南德调味料包装 10 000 套、“莲花”味精包装袋 25 000 套,其销售的两种注册商标标识数量在 1 万件以上,已构成销售非法制造的注册商标标识罪。故判决:(1)被告人张某犯假冒注册商标罪,判处有期徒刑 2 年,并处罚金人民币 60 000 元。(2)被告人邹某犯假冒注册商标罪,判处有期徒刑 1 年,并处罚金人民币 50 000 元。(3)被告人王某某犯销售非法制造的注册商标标识罪,判处有期徒刑 1 年,并处罚金人民币 10 000元。湖北省高院在依法纠正一审判决对王某某刑期计算错误的基础上,维持一审判决。

二、案件评析

本案一审、二审均为实行“三合一”审

判的知识产权审判庭审理，认定商标权利来源和法律状态的事实清楚，正确界定了“假冒注册商标罪”与“销售非法制造的注册商标标识罪”的界限，厘清了为假冒注册商标罪的主犯提供帮助的行为在何种情况下以共犯论处或者独立构成犯罪。案件所涉法律适用问题具有典型意义和代表性，案件实体处理结果兼顾了加大打击知识产权犯罪力度与加强人权保障的知识产权刑事司法理念，充分体现出知识产权“三合一”审判的优势。

（最高人民法院知识产权审判庭供稿）

最高人民法院知识产权刑事案例

案例1　郭某某等假冒注册商标案

一、基本案情

“SΛMSUNG”是三星电子株式会社在中国注册的商标，该商标有效期至2021年7月27日；三星（中国）投资公司是三星电子株式会社在中国投资设立，并经三星电子株式会社特别授权，负责三星电子株式会社名下商标、专利、著作权等知识产权管理和法律事务的公司。2013年11月，被告人郭某某通过网络中介购买店主为“汪某”、账号为play2011×××××的淘宝店铺，并改名为“三星数码专柜”，在未经三星（中国）投资公司授权许可的情况下，从深圳市某数码城、深圳福田区某手机市场张某某、沈某某等人处批发假冒的三星I8552手机裸机及配件进行组装，并通过“三星数码专柜”在网上以“正品行货”进行宣传、销售。2013年年底，被告人郭某锋开始帮助郭某某负责该网店的客服工作及对客服人员进行管理。2014年3月，被告人孙某某开始帮助郭某某经营该网店，负责假冒的三星I8552手机裸机及配件的进货、包装及联系快递公司发货。从2013年年底，郭某某等还先后雇佣李某某等人从事客服销售工作，雇佣吴某某等人负责假冒手机的包装、发货。至2014年6月，共计销售假冒三星I8552手机20 000余部，非法经营额2000余万元，非法获利200余万元。

二、法院审判

江苏省宿迁市中院认为，被告人郭某某、孙某某、郭某锋在未经“SΛMSUNG”商标注册人授权许可的情况下，通过购进假冒“SΛMSUNG”手机机头及配件，包装假冒“SΛMSUNG”手机对外销售，属于在同一种商品上使用与“SΛMSUNG”注册商标相同的商标，且非法经营数额达2000余万元，非法获利200余万元，属情节特别严重，其行为已构成假冒注册商标罪。

三被告人对假冒三星注册商标的犯罪事实予以供认，但对假冒三星I8552手机数量及非法经营额、非法获利数额提出异议。法院经审查，认为：(1)关于三被告人共计销售涉案手机20 000余部、销售金额2000余万元的指控，虽然被告人供述与辩解之间不完全一致，庭审中只认可假冒手机10 000余部，称淘宝交易记录中包含刷信誉的虚假交易部分，但被告人之前的供述能够与有关证人证言、书证、电子数据等证据相印证。被告人郭某某在公安机关供述2014年1月后基本就没有刻意安排刷信誉，被告人郭某锋在公安机关供述真实交易量20 000部以上；李某某等多名证人的证言表明，该淘宝网店每日销售数量较少的也在100部以上，日销售量多的达200部以上，以日销售100部计算，从2013年11月至2014年6月销售量也达20 000余部；公安机关查获的送货单显示2013年12月31日至2014年6月26日，“三星数码专柜”接收机头达 24 914 部；支付宝向被告人郭某锋的银行账户大额付款至 2014 年 6 月 16 日达 22 694 303 元，从 2013 年 10 月开始郭某锋的银行账户对外大额付款明显增多，仅向提供手机机头的沈某某、张某某二人付款即达 840 万元以上，而手机机头进价仅为 400 多元；2013 年 11 月 26 日至 2014 年 6 月 6 日期间“三星数码专柜”淘宝记录显示的交易成功的成交数量为 23 163 部手机，交易金额为 21 263 452 元；快递公司电脑系统记录，仅顺丰快递系统记录显示接受三被告人寄出的物流达 23 844件次。上述证据能够互相佐证，共同证明三被告人利用淘宝网店“三星数码专柜”销售假冒三星 I8552 手机 20 000 余部、销售金额达 2000 余万元的事实。(2)公安机关现场扣押的笔记本与郭某锋的供述能够相互印证，证明三被告人违法所得 200 多万元。虽然郭某某、郭某锋辩解称其不是专业财会人员，没有做过精确统计，笔记本记录不能反映准确的经营及获利情况，但该笔记本为郭某某、郭某锋所记录，清楚记录了 2014 年 1～5 月每个月的获利情况，记录显示 2014 年 1～5 月总获利 2 159 688 元，这与被告人郭某锋在公安机关的供述一致。(3)关于该网店存在刷信誉的问题，被告人郭某某的供述和辩解与孙某某的供述和辩解及证人证言等证据之间互相矛盾。郭某某供称该网店刷信誉是其或郭某锋在网上通过 QQ 联系雇人进行，并由其负责寄发刷信誉的空包裹，其他人不知道有刷信誉的情况，在公安机关供述 2014 年 1 月后没有刻意安排刷信誉，而在庭审中又供述 2014 年 3 月后刷信誉比较少；孙某某供称其知道刷信誉的情况，也负责寄发刷信誉的空包裹，并且负责发货的工作人员都知道有刷信誉的情况，且该网店一直都有刷信誉的行为，与郭某某的供述与辩解存在矛盾。而证人李某某等则证实没有发现刷信誉的情况，与孙某某的供述也存在矛盾。此外，被告人郭某某、郭某锋、孙某某无法识别淘宝网销售记录中的刷信誉虚假交易和真实交易，不能提供帮助刷信誉者的具体的信息或线索。另外，各地公安机关调查的 885 部假冒手机买受人的证言及其提供的购买的假冒三星 I8552 手机照片，均反映没有刷信誉的交易，此 885 部假冒手机买受人分布在全国各地，具有一定的抽样调查效力。综合上述被告人的供述和辩解、证人证言等在案证据，三被告人关于他们所经营的网店存在刷信誉行为的辩解不能成立。综上所述，公诉机关提供的证据之间能够互相印证，指控三被告人共计销售假冒的三星 I8552 手机 20 000 余部，销售金额 2000 余万元，非法获利 200 余万元的事实能够成立。

被告人郭某某、郭某锋、孙某某共同实施假冒注册商标犯罪，系共同犯罪。在共同犯罪中，郭某某起主要作用，是主犯，应当按照其所参与、组织、指挥的全部犯罪处罚；孙某某、郭某锋在共同犯罪中起辅助作用，是从犯，依法应予以从轻、减轻处罚。郭某某、郭某锋、孙某某并非自动投案后如实供述自己的犯罪行为，不构成自首，对辩护人关于三被告人构成自首的意见不予采纳；郭某某、孙某某检举他人违法犯罪，但所提供的检举线索经侦查机关核查未能查实，故郭某某、孙某某不构成立功。郭某某、孙某某、郭某锋虽然对非法经营额等犯罪数额有异议，但对假冒注册商标犯罪主要事实能够如实供述，且认罪态度较好，有悔罪表现，在侦查期间退出部分违法所得，可以从轻处罚。孙某某、郭某锋在本案中属从犯，犯罪情节较轻，能够认罪悔罪、没有再犯罪的危险，宣告缓刑对所居住社区没有重大不良影响，可以对其宣告缓刑。据此，法院依法判决：被告人郭某某犯假冒注册商标罪，判处有期徒刑 5 年，并处罚金人民币 160 万元；被告人孙某某犯假冒注册商标罪，判处有期徒刑 3 年，缓刑 5 年，并处罚金人民币 20 万元；被告人郭某锋犯假冒注册商标罪，判处有期徒刑 3 年，缓刑 4 年，并处罚金人民币 20 万元。宣判后，三被告人未上诉，检察机关未抗诉，判决已生效。

三、案件评析

随着电子商务的发展，“网购”广泛普及于人们的日常生活中，实践中侵权人借助网络销售之机大肆销售侵权产品的现象多发。网络销售模式与实体销售模式存在明显差异，网络销售确实可能存在所谓“刷信誉”的情况。因此，在查处的网络售假案件中，侵权人往往以此为由，辩解其实际销售金额低于网络销售记录记载的金额。而销售金额/非法经营数额是反映知识产权犯罪案件社会危害性大小的重要指标，也是对侵权人量刑的主要依据，如何从证据角度准确把握认定，是实践中的难点问题。本案处理过程中，法院在被告人提出“刷信誉”的辩解但未提供证据证实的情况下，并未简单驳回，而是结合其他证据，包括供述与辩解存在矛盾、证人证言证实的情况、网络销售电子数据、被告人银行账户往来记录、抽样调查数百名购买者的情况、送货单、快递公司电脑系统记录、被告人所记账目等，综合认定被告人的非法经营数额，分析说理透彻，认定基础扎实，为解决实践中的难题提供了样板。

案例 2　翁某某等侵犯著作权案

一、基本案情

2011 年 8 月起，被告人翁某某通过破解“美国通用电气公司”“北京三维力控科技有限公司”等多家公司的享有著作权的工业控制软件，复制、刻录成软件光盘，并制造出上述工业控制软件的加密锁。之后，翁某某委托章某某（另案处理）印刷上述各工业控制软件的外包装并在家中进行加工包装，通过翁某某以“张恒”名义在淘宝网上开设的“多进宝”网店将上述盗版软件销售到全国各地。经统计与翁某某开设的上述网店所绑定的支付宝账户及资金结算的银行账户，翁某某销售盗版软件收取货款共计人民币 20 万余元。

另查明，上述多家公司制作的工业控制软件均有注册商标，且部分工业控制软件还进行了计算机软件著作权登记。

二、法院审判

福建省福州市鼓楼区法院经审理后认为，公诉机关指控被告人翁某某犯假冒注册商标罪的罪名不当，翁某某的行为符合侵犯著作权罪的构成要件，应以侵犯著作权罪追究其刑事责任。理由如下：

（1）根据《刑法》第 217 条的规定，以营利为目的，未经著作权人许可，复制发行其软件作品，情节严重或违法所得数额较大的，构成犯罪。根据《最高人民法院、最高人民检察院关于办理侵犯知识产权刑事案件具体应用法律若干问题的解释》第 11 条第 2 款的规定，“未经著作权人许可，是指没有得到著作权人授权或者伪造、涂改著作权人授权许可文件或者超出授权许可范围的情形”。本案中，被告人翁某某首先破解上述权利人公司的工业控制软件，制造出加密锁，并从权利人公司官网上下载被侵权软件的安装程序，将其复制到光盘上，再与加密锁配套进行销售。事实上，软件销售公司的官网上，对于软件的安装程序都是公开以供使用人下载的。但要使用软件，就必须获得授权许可文件即购买“序列号”。翁某某破解软件，重新“制造”出序列号，将序列号写入加密锁进行销售，其行为实际上是未经软件著作权人许可擅自“伪造授权许可文件”而对软件进行使用的行为。

（2）经认定，被告人翁某某共计侵犯 8 家公司的计算机软件版权，其中 5 家公司的工业控制软件经过版权登记。另外 3 家公司的工业控制软件未经版权登记。但根据《著作权法》第2条之规定，作品一经产生即享有著作权。著作权登记采取自愿登记原则，而非强制登记。故未经登记的工业控制软件在其产生之时已享有著作权。

(3)侵犯著作权罪侵犯的客体是国家的著作权管理制度以及他人的著作权和与著作权有关的权益。其犯罪对象是他人的作品。假冒注册商标罪的侵犯客体是国家对商标的管理制度和他人的注册商标专用权。犯罪对象是他人的注册商标。①根据《刑法》第213条之规定"未经注册商标所有人许可，在同一种商品上使用与其注册商标相同的商标，情节严重的……"构成犯罪，故"在同一种商品上使用与其注册商标相同的商标"是构成假冒注册商标罪的客观方面要件。认定"同一种商品"，即应当在权利人注册商标核定使用的"商品"与行为人实际生产销售的"商品"之间进行比较。而本案中，涉及的"商品"并非被告人自己生产制造的"同一种"商品，而仍然是权利人公司生产制造的"同一商品"。②商标最基本的功能是识别商品的来源。计算机软件作为一种智力成果是特殊的"商品"。工业控制软件作为商品，其消费群体具有针对性，其对该类商品的识别，除了商标，更注重的是通过对制造商、软件名称等进行综合判断。

此外，关于辩护人对被告人翁某某非法经营数额提出异议，认为应当予以扣减22 670元的辩护意见，经审查，公诉机关提供的证据材料中，并无关于"紫金桥""世纪""step"软件的版权及权利人的相关证据。经核算，该部分金额为8460元，因证据不足，应当予以扣减。对于其中销售"wincc"软件的金额部分，翁某某在多份笔录中均稳定供述其在淘宝网上销售的是侵权复制品。翁某某支付宝交易信息中显示的销售价格，明显低于正版软件的市场平均销售价格。西门子中国研究院出具的《价格鉴定书》可证明"wincc"是西门子公司在中国的注册商标，翁某某经营的淘宝店销售的系盗版软件。故，对辩护人的应对翁某某销售"wincc"软件的金额予以扣除的辩护意见不予采纳。翁某某的非法经营数额经其多次辨认确定，且与其支付宝账户绑定的银行账户中的收入金额可相互印证。综上，认定被告人的非法经营数额为202 174元。

综上，被告人翁某某以营利为目的，未经著作权人许可复制发行其享有著作权的计算机软件，非法经营数额达20万余元，情节严重，其行为侵犯了著作权人的著作权，已构成侵犯著作权罪，依法应予以惩处。公诉机关指控翁某某犯罪的事实清楚，证据确实、充分，但指控翁某某犯假冒注册商标罪的罪名不当，对相关指控依法应予以纠正。翁某某到案后如实供述自己的罪行，根据《刑法》第67条第3款之规定，可以从轻处罚。翁某某当庭认罪，认罪态度好，且系初犯，可以酌情从轻处罚。综上，根据翁某某的犯罪情节和悔罪表现，对其适用缓刑确实不致再危害社会。据此，法院依法判决：被告人翁某某犯侵犯著作权罪，判处有期徒刑2年，缓刑2年，并处罚金人民币11万元；扣押在案的盗版软件予以销毁；作案工具(包括电脑主机箱、打印机、刻录机各1台)予以没收，上缴国库。判决后，被告人翁某某未上诉，检察机关未抗诉，判决已生效。

三、案件评析

被告人擅自破解了多家公司的工业控制软件，制造出上述软件的加密锁，将软件复制、刻录成光盘，同时委托他人印刷上述各工业控制软件的外包装，包装后通过淘宝网进行销售。公诉机关认为，被告人用于销售的外包装上印制了他人的注册商标，属于未经注册商标所有人许可，在同一种商品上使用与其注册商标相同的商标，应以假冒注册商标罪追究其刑事责任。但法院审查中发现，行为人虽"貌似"侵犯了他人的注册商标，事实上是通过破解软件，获得使用软件必须的“序列号”来实现获利目的。故被告人的行为实际上属于《最高人民法院、最高人民检察院关于办理侵犯知识产权刑事案件具体应用法律若干问题的解释》第11条第2款规定的未经软件著作权人许可擅自“伪造授权许可文件”，属于侵犯著作权的行为，伪造注册商标仅系其实现犯罪目的的手段。本案“透过现象看本质”，对审理侵犯知识产权犯罪案件时如何正确区分“此罪”与“彼罪”起到了很好的示范作用。

案例3　张某等人假冒注册商标案

一、基本案情

2012年以来，被告人张某为了制造假冒的调味品销售牟利，从被告人王某某处购买未经授权非法制造的南德调味料包装袋10 000套、莲花味精包装袋25 000套，并向王某某汇款5250元。后张某与被告人邹某先购买一般品牌的味精、鸡精，进行包装后冒充名牌产品“太太乐”鸡精、“莲花”味精产品进行销售，后又自己配方，用食盐、味精、香料等制造调味品，冒充名牌产品“南德”调味料进行销售，销售额达115 565元。具体犯罪事实有：

(1)被告人张某、邹某销售给襄阳市樊城区××路园林城张某某、许某某夫妇经营的“再回首”调味品商店假冒的“南德”调味品520箱(单价55元)、“太太乐”鸡精86箱(单价65元)、“莲花”味精60箱(单价87元)，销售额共计39 410元。(2)被告人张某、邹某销售给襄阳市樊城区水果城个体经营户刘某假冒的“莲花”味精664箱(单价65元)，销售额为43 160元。(3)被告人张某、邹某销售给襄阳高新区园林调味品市场个体经营户李某甲假冒的“莲花”味精123箱(单价65元)、“南德”调味料351箱(单价50元)，销售额为25 545元。(4)被告人张某、邹某销售给老河口市中山大市场个体经营户苏某某假冒的“莲花”味精4箱(单价75元)、“南德”调味料20箱(单价55元)，销售额为1400元。(5)被告人张某、邹某销售给襄阳高新区园林调味品市场个体经营户李某乙假冒的“南德”调味料90箱(单价55元)，销售额为4950元。(6)被告人张某、邹某销售给襄阳高新区园林调味品市场个体经营户闫某某假冒的“莲花”味精2箱、“南德”调味料20箱(单价55元)，销售额为1100元。

2013年8月14日，老河口市公安局对张某、邹某二人租住处及租用的仓库进行了搜查，依法扣押了大量的制假设备、原料以及假冒的“南德”调味品、“太太乐”鸡精、“莲花”味精包装、商标标识。经鉴定，从张某、邹某及苏某某处查获的“南德”调味料、“太太乐”鸡精、“莲花”味精包装、商标标识均系未经授权的伪造产品。

另查明：河南省南街村(集团)公司于1998年9月28日受让取得第1141227号“南街村及图”商标，该商标核定使用商品为第30类，即方便面、调味品等，现该商标在核准的法定有效期限内。2004年11月12日，该商标被国家工商总局认定为驰名商标。雀巢公司系第1506180号“太太乐”商标的商标注册人，该商标核定使用商品为第30类，即佐料、味精、调味品等，上海太太乐公司经雀巢公司授权许可使用上述商标。该商标尚在核准的法定有效期限内，亦被认定为驰名商标。河南莲花公司于2000年12月28日受让取得第919410号“莲花”商标，该商标核定使用商品为第30类，即咖啡调味品、味精等，现该商标在核准的有效期限内，且为驰名商标。被告人张某、邹某所使用的“南德”调味料、“太太乐”鸡精以及“莲花”味精外包装袋上均印制有与上述商标相同的商标标识。

二、法院审判

湖北省襄阳市中院经审查认为，被告人张某、邹某未经“南街村”“太太乐”和“莲花”商标的商标所有人许可，采用购买一般品牌的味精、鸡精，进行分装后冒充“太太乐”鸡精、“莲花”味精进行销售，并自己配方，制造调味品，冒充“南街村”调味料进行销售，销售数额达 115 565 元，两人的行为均已构成假冒注册商标罪。被告人王某某销售非法制造的“南街村牌”南德调味料包装 10 000 套、“莲花”味精包装袋 25 000 套，其销售的两种注册商标标识数量在 1 万件以上，其行为已构成销售非法制造的注册商标标识罪。据此，法院依法判决：被告人张某犯假冒注册商标罪，判处有期徒刑 2 年，并处罚金人民币 6 万元；被告人邹某犯假冒注册商标罪，判处有期徒刑 1 年，并处罚金人民币 5 万元；被告人王某某犯销售非法制造的注册商标标识罪，判处有期徒刑 1 年，并处罚金人民币 1 万元；对被告人邹某的非法所得予以追缴，上缴国库；查获的制假设备、原料以及假冒的“南德”调味品、“太太乐”鸡精、“莲花”味精包装、商标标识等予以没收。

宣判后，张某上诉提出：涉案产品的数量及金额应以出货笔记本的记载为准，一审认定的部分事实不清，证据不足，量刑过重，请求二审法院从轻处罚。

邹某上诉提出：涉案对外的业务全部由张某联系，与其无关，其仅协助张某生产了部分产品并根据张某的口述记录了销售账目的笔记，不属于销售行为。一审认定的部分事实不清，证据不足，量刑过重，请求二审法院从轻处罚。

王某某上诉提出：其涉案数额不大，情节轻，认罪态度好，能如实供述自己的犯罪事实，且非暴力犯罪，请求二审法院对其适用缓刑。

湖北省高院经审理认为：(1)关于上诉人邹某是否参与销售涉案假冒产品的问题。经查，上诉人张某和邹某系夫妻关系，二人共同生产制造“莲花”味精、“太太乐”鸡精、“南德”调味料等假冒产品，且张某和邹某均供述，张某负责洽谈、送货、收款等，邹某负责记账，二人的上述行为属于在共同销售环节中的不同分工，邹某关于其并未参与销售涉案假冒产品的辩解理由，与客观事实不符，不予采纳。(2)关于上诉人张某、邹某销售给刘某、李某甲的假冒产品数量及金额认定的问题。经查，指证上诉人张某、邹某向刘某和李某甲销售假冒产品的数量和金额的证据确实、充分，理由如下：首先，公安机关扣押的张某、邹某的出货笔记本的记账时间为 2013 年 2～8 月，该账本所记载的销售数量显然不是其销售假冒产品的完整记录，不能作为认定全部销售数量的定案依据；其次，公安机关取得证人刘某和证人李某甲证言的程序合法，经一审庭审举证、质证，可以作为证据使用；再次，证人刘某和证人李某甲作为涉案假冒产品的购买者和销售者，在其作证对己不利的情形下，仍然准确陈述了购买涉案假冒产品的数量，其证言的真实可信度高；最后，张某供述的销售给刘某和李某甲的假冒产品数量及金额，分别与刘某和李某甲的证言相互印证。据此，上诉人张某及其辩护人关于张某、邹某销售给刘某和李某甲的假冒产品应予扣减的上诉理由和辩护意见不能成立，不予采纳。

综上，上诉人张某、邹某无视国家法律，违反商标管理法规，未经注册商标权利人的许可，在同一种商品上使用与他人注册商标相同的商标，情节严重，其行为均已构成假冒注册商标罪。张某在共同犯罪中起主要作用，系主犯，应当按其参与的全部犯罪处罚。邹某在共同犯罪中起次要作用，系从犯，依法可予以从轻处罚。关于张某、邹某所提一审判决量刑过重的上诉理由，经查，一审法院考虑到张某、邹某具有的全部量刑情节，所判处的刑罚在法定幅度内，并无不当。上诉人王某某销售了非法制造的注册商标标识，情节严重，其行为已构成销售非法制造的注册商标标识罪。王某某所提出的“涉案数额不大，情节轻，认罪态度好，且非暴力犯罪”等辩解理由，均非法定的应当宣告缓刑的理由，不予采纳。综上，一审判决认定事实清楚，证据确实、充分，定罪准确，量刑适当。审判程序合法。但一审判决对王某某的刑期计算有误，依法予以纠正。据此，法院依法裁定：(1)维持湖北省襄阳市中院〔2014〕鄂襄阳中知刑初字第00002号刑事判决第1项、第2项、第4项、第5项。(2)维持湖北省襄阳市中院〔2014〕鄂襄阳中知刑初字第00002号刑事判决第3项对上诉人王某某的定罪和量刑部分，对上诉人王某某的刑期重新计算。(3)上诉人王某某犯销售非法制造的注册商标标识罪，判处有期徒刑1年，并处罚金人民币1万元。

三、案件评析

本案中，法院判决认定被告人邹某构成假冒注册商标罪(从犯)，认定被告人王某某独立构成销售非法制造的注册商标标识罪，涉及两个罪名的认定问题。邹某协助丈夫张某共同生产制造假冒的“莲花”味精、“太太乐”鸡精、“南德”调味料等产品，与张某构成假冒注册商标犯罪的共同犯罪，在共同犯罪中起次要作用。王某某伪造他人注册商标标识并予以销售，客观上系张某、邹某假冒注册商标行为的上游行为，但其主观上系通过销售假冒注册商标的标识牟利，没有与张某、邹某共同生产制造假冒注册商标的商品的共同故意，与邹某相比，客观行为表现方式和主观上的故意内容不同。本案正确界定了假冒注册商标罪与销售非法制造的注册商标标识罪的界限，案件所涉法律适用问题具有代表性。涉案“太太乐”商标、“莲花”商标和“南街村”商标均为驰名商标，且核定使用商品为食品，事关人民群众的食品安全，本案的审理受到了新闻媒体和社会公众的高度关注，新浪网、荆楚网、《楚天都市报》等众多新闻媒体对案件审理结果进行了追踪报道并给予了充分肯定和高度评价。

(最高人民法院刑一庭供稿)

检察机关2015年度保护知识产权十大案例

案例1 房某某、珠海矽微公司侵犯商业秘密案

一、基本案情

2003年4月，珠海欧比特公司着手研发1553BIP核技术，用于航空航天设备的测试，该IP核由三个主要功能模块组成：总线控制器(BC)、远程终端(RT)、总线监视(BM)。被告人房某某作为该公司的技术负责人，负责研发此技术。2005年10月，被告人房某某在1553BIP核BM模块尚未完成情况下(BC、RT等模块已研发完成)，提出辞职申请，离职获批准后遂转到其妻子付某某为法定代表人的珠海矽微公司工作。因1553BIP核技术一直由被告人房某某负责研发，欧比特公司于2005年12月1日与被告人房某某签订了《技术委托开发合同》，约定欧比特公司出资5万元，由被告人房某某继续负责BM模块的研发，同时约定技术成果归欧比特公司所有，被告人房某某负有保密义务。2006年4月11日，被告人房某某向欧比特公司交付了BM模块及相关技术成果，欧比特公司1553BIP核整套技术已研发完成。自2009年开始，被告人房某某违反约定，披露、使用、允许矽微公司使用其掌握的欧比特公司1553BIP核技术。矽微公司先后生产销售系列1553B测试仪17个，销售金额达800多万元，其中，在2010～2012年期间，生产销售相关产品11个，给欧比特公司造成250余万元经济损失。经鉴定，欧比特1553BIP核技术属于不为公众所知悉的技术信息；1553BIP核技术在1553B总线电缆测试系统中是不可或缺的重要核心技术信息；矽微公司与欧比特公司源代码文件存在相当部分相同和实质相同代码段，这些代码段是双方主要模块功能实现的重要组成部分。

二、诉讼过程

本案于2012年11月16日由珠海市公安局立案，并指定高新区公安分局侦查。珠海市香洲区检察院于2013年7月12日对房某某以涉嫌侵犯商业秘密罪批准逮捕，并于2014年3月12日提起公诉。2014年11月6日，珠海市香洲区法院以侵犯商业秘密罪判处矽微公司罚金250万元；判处被告人房某某有期徒刑3年，并处罚金20万元。2015年6月15日，珠海市中院二审维持原判。

三、案件评析

本案是侵犯上市公司技术秘密的典型案件，具有较大的社会影响。广东省珠海市检察院高新区知识产权检察室充分利用专业办案机制优势，针对技术专业性强、取证难度大、审查认定难的特点，主动提前介入引导侦查，就案件的检材提取、办案程序的完善、涉案技术的鉴定、产品利润的审计、损失的计算认定等问题提出了有针对性的意见，督促公安机关依法开展侦查，为案件的成功办理奠定了扎实基础。检察机关办案人员两次前往广州市听取鉴定专家对涉案技术的讲解与分析，保障精准有力地指控犯罪。案件审理过程中，加强与审判机关的沟通交流，提出的关于涉案商业秘密的损失计算方法，获得了两级法院的支持和采纳，为今后办理此类案件提供了借鉴和示范。案件办理后，检察机关主动回访被害单位，及时反馈办案中发现的知识产权风险漏洞问题，帮助企业建立健全相关制度，受到了企业和当地党委政府的高度好评。本案历时两年半，一审5次开庭、二审3次开庭、审计鉴定达7次，侦查、审计、鉴定和专家辅助人员均先后到庭作证说明情况，案件的办理不易，彰显了我国检察机关在保护知识产权，保障服务创新驱动发展，营造法治化、市场化营商环境方面的决心和水平。

案例2　宋某侵犯商业秘密案

一、基本案情

2009～2013年，宋某作为研发团队成员，参与了梅花公司对“色氨酸生产技术开发”的研发工作，并签订了相关保密协议。工作期间宋某私自复制了一份“色氨酸提取工艺试生产总结”的电子版并存放在自己的笔记本电脑中。2013年8月宋某辞职赴内蒙古自治区呼和浩特市工作。2013年10月16日，宋某以网名“梅花”在互联网“发酵人论坛”上发帖，公布“色氨酸提取技术方案”。经鉴定，梅花公司色氨酸提取技术在2013年10月16日之前是不为公众所知悉的技术信息，系梅花公司的商业秘密，被宋某披露的信息与梅花公司的“色氨酸提取工艺试生产总结”中记载的相关信息实质上相同。经审计，梅花公司的“色氨酸生产技术”研发成本为1600万余元。

二、诉讼过程

宋某侵犯商业秘密罪一案，由河北省廊坊市公安局侦查终结，于2015年5月28日移送廊坊市检察院审查起诉。廊坊经济技术开发区检察院于2015年7月3日向法院提起公诉。2015年9月7日，廊坊经济技术开发区法院以侵犯商业秘密罪判处被告人宋某有期徒刑5年，并处罚金50万元。

三、案件评析

本案系较为典型的披露型侵犯商业秘密案件。随着我国经济的发展，侵犯商业秘密案件呈现多发态势，特别是互联网时代到来后，客观上为不法分子披露和迅速传播商业秘密提供了便利条件。本案行为人的犯罪行为导致权利人投入巨额成本研发的成果进入了公众领域，商业秘密的非公知性遭到破坏，商业价值完全丧失，给权利人造成了无可挽回的损失。检察机关在指控犯罪中，着重对行为人的保密义务和权利人的损失数额进行了分析论证，指出侵犯商业秘密所造成的“重大损失”应当根据研发成本、实施商业秘密的收益、可得利益、可保持竞争优势的时间等因素综合确定，并最终得到法院的判决支持。本案的查办解决了实践中类似案件的难点，有助于引导权利人进一步采取措施加强商业秘密保护，也有力地震慑了侵犯商业秘密犯罪。

案例3　汪某等8人侵犯著作权案

一、基本案情

2012年年初，担任上海乌龙公司法定代表人的被告人汪某伙同同在该公司工作的被告人万某，为谋取非法利益，联系他人成立上海家翊星公司，并招揽曾在乌龙公司工作的多名员工进入家翊星公司工作。家翊星公司在未经授权许可的情况下，组织人员非法复制乌龙公司开发的用于互联网运营的《乌龙学苑3.0版》软件，制成一款名为“家育星”的英语学习软件。家翊星公司通过互联网运营，以招揽代理商及向代理商出售该软件的点卡牟利。

在经营期间，被告人金某某、娄某、孙某某、沈某某、黄某某、安某某等曾在乌龙公司工作的人员，明知系非法复制软件活动，仍根据被告人汪某及万某的安排，复制《乌龙学苑3.0版》软件服务器端及客户端程序下的大量文件，制成并运营《家育星》软件。经鉴定，《乌龙学苑3.0版》与《家育星》软件在各自服务器端程序及客户端程序上均存在实质性相似；仅2012年5～12月期间，被告人汪某等8人结伙以家翊星公司名义运营《家育星》软件获取的非法收入累计达100万余元。

二、诉讼过程

2013年9月30日，上海市徐汇区检察院依法对汪某等8人侵犯著作权案提起公诉，2014年7月25日，徐汇区法院以侵犯著作权罪，分别判处被告人汪某、万某、娄某有期徒刑3年至6个月、缓刑1年不等，各并处罚金10万元至1万元不等；其余被告人被免予刑事处罚。汪某等被告人提出上诉，2015年5月20日，上海市一中院二审维持原判。

三、案件评析

该案涉及计算机软件，专业性、技术性很强，电子证据繁多复杂，查证取证难度较大。同时，8名犯罪分子均具有较高的学历、较好的计算机专业背景，其通过在侵权软件中夹杂一些重新开发的程序来掩盖侵权事实，作案手段极其隐蔽。检察机关为准确认定案件事实，指导鉴定机构搭建比对环境，改变以往仅进行简单比对、计算相同文件占全部文件比例的传统做法，通过确认软件的核心程序，从实质相似的角度认定了犯罪事实。在辩护人申请专家证人出庭的情况下，检察机关庭前精心准备，申请证人、鉴定人出庭作证，庭审中通过控辩双方交叉询问，有效地解决了影响定罪的核心技术问题，有力地驳斥了被告人在技术方面的抗辩，取得了良好的庭审效果，为类似案件的审理提供了新思路。针对知识产权犯罪轻刑、缓刑适用率高的情况，检察机关通过强有力的指控，使被告人汪某被判处有期徒刑3年，彰显了刑法对严重侵犯知识产权犯罪的惩治及对知识产权的保护力度。

案例 4 花某某、上海度深公司侵犯著作权案

一、基本案情

2005 年，被告人花某某在上海注册上海度深公司，其间开发出“问百事”标准自动更新管理软件，并对该软件进行了计算机软件著作权登记。该软件包含各种建筑类标准的有效性信息和题录，具有数据管理和检索功能等，可以根据客户的个性化需求进行采集录入相关标准、建筑图集等具体内容。2007 年 8 月至 2013 年 10 月期间，被告人花某某自行或安排员工，购买中国建筑标准设计研究院、中国建筑工业出版社、中国计划出版社等出版的建筑图集、标准类图书，以扫描等方式形成电子数据后加入公司数据库，并根据客户需求将对应数据绑定到客户目录下，实现服务器数据和客户端的数据同步。截至 2013 年 10 月，该公司向中国中轻国际公司等单位销售多套软件。

2013 年 10 月 21 日，公安机关接到中国建筑标准设计研究院报案，并于 2013 年 10 月 28 日将被告人花某某抓获。经查实，上海度深公司标准自动更新管理软件对外复制发行了中国建筑标准设计研究院、中国建筑工业出版社、中国计划出版社的作品共计 700 余部。

二、诉讼过程

2013 年 10 月 21 日，公安机关以花某某涉嫌侵犯著作权罪立案侦查。北京市海淀区检察院于 2013 年 12 月 5 日批准逮捕花某某，于 2014 年 8 月 21 日对其提起公诉，并追加上海度深公司为被告单位。2014 年 10 月 27 日，海淀区法院以侵犯著作权罪，判处被告单位上海度深公司罚金 10 万元；被告人花某某有期徒刑 1 年，罚金 5 万元。后被告单位上海度深公司不服一审判决提起上诉，2015 年 3 月 4 日，北京一中院二审维持原判。

三、案件评析

本案中被告单位采用将纸质书电子化后形成数据库录入软件，继而进行销售的侵权方式，系新型侵犯著作权类案件。此案中被侵权作品属于建筑类图集及建筑行业标准等，关于“标准”能否被认定为著作权法保护的作品，检察机关认真梳理了涉案全部作品的权属证明、版权页、编写说明等材料，严格审查并区别判断，最终扣除“标准”中的“强制性标准”的数量，保证了事实认定的准确性和刑法打击的精确度。在审查起诉过程中，检察机关经过审查发现上海度深公司依法应当被认定为单位犯罪，但公安机关并未移送，遂引导公安机关追诉漏犯，保证了法律的正确适用。

案例 5 陈某某等 4 人假冒注册商标案

一、基本案情

2013 年 6 月，被告人陈某某在广东省东莞市长安镇某工业园及某社区各承租了一个仓库，分别作为其生产假冒注册商标饮料的生产地、成品存放地及原材料存放地。后陈某某在某工业园的仓库引入生产设备并先后招聘陈某姣、周某某、陈某等人为其从事生产假冒“加多宝”“王老吉”“红牛”等注册商标饮料工作。其中陈某姣为生产流水线主要工人，从事成品包装及其他协调工作，周某某为假冒饮料调剂师，陈某为假冒饮料原材料、成品运送司机。2014 年 7 月 3 日，长安工商分局对某工业园的仓库进行查处，现场查获假冒“加多宝”2640 罐、假冒“王老吉”26 400 罐、假冒“红牛”18 000 罐，共价值 8 万余元。

二、诉讼过程

广东省东莞市第二市区检察院侦查监督科通过行政执法和刑事司法衔接信息共享平台发现，东莞市工商局办理的陈某某等人假冒注册商标行政案已达刑事追诉标准，遂于2014年7月23日向东莞市工商局发出《建议移送涉嫌犯罪函》。同日，东莞市工商局将该案移送公安机关，东莞市公安局对该案立案侦查。9月5日，东莞市第二市区检察院以涉嫌假冒注册商标罪批准逮捕陈某某等4人。该案于2014年11月4日移送审查起诉，2015年4月16日东莞市第二法院以假冒注册商标罪分别判决陈某某、陈某姣、周某某、陈某有期徒刑2年6个月至1年不等，各并处罚金7万元至4000元不等。

三、案件评析

该案系检察机关通过行政执法与刑事司法衔接信息共享机制发现立案监督线索，继而建议行政执法机关移送涉嫌犯罪案件，最终成功追诉一起假冒注册商标犯罪的案例。东莞市第二市区检察院与东莞市工商局、公安机关建立了案件咨询、信息通报等工作机制，借助于信息共享平台实现了知情渠道的畅通。检察机关第一时间发现监督线索后，对行政执法机关证据收集、取证方向等方面给予引导咨询，促进了行政执法机关严格规范执法，有效地防止了以罚代刑，增强了行政执法与司法保护协调配合，共同促进了知识产权保护。

案例6　骆某某、白某某、丁某及厦门丸酷斯公司销售假冒注册商标的商品案

一、基本案情

2011年9月，被告人骆某某、白某某、丁某共同成立了厦门丸酷斯公司，由被告人骆某某负责销售，被告人白某某负责财务，被告人丁某负责进货，以厦门市湖里区某楼作为销售点并租赁了仓库，销售“耐克”运动鞋。2012年1月至2013年9月期间，被告单位丸酷斯公司为了谋取非法利益，购进明知是假冒“耐克”运动鞋销售给“名鞋库”“唯品会”等商家，销售金额共计3000余万元。2013年10月16日，公安人员查获该窝点，当场抓获被告人骆某某、白某某、丁某，并从该公司及仓库查获贴有“耐克”品牌商标的运动鞋共计13 000余双，经查证，上述运动鞋均系假冒，货值金额共计990余万元。

二、诉讼过程

2013年10月16日，福建省厦门市公安局湖里公安分局对骆某某、白某某、丁某3人以涉嫌销售假冒注册商标的商品罪立案侦查；2013年11月22日，厦门市思明区检察院作出批准逮捕决定。2014年8月28日，厦门市思明区检察院对被告单位丸酷斯公司，被告人骆某某、白某某、丁某提起公诉。2015年1月22日，厦门市思明区法院以销售假冒注册商标的商品罪，判处被告单位丸酷斯公司罚金1000万元；以销售假冒注册商标的商品罪，分别判处被告人骆某某、白某某、丁某各有期徒刑5年6个月，并处罚金200万元。

三、案件评析

本案涉案金额高达人民币4000多万元，涉案物品通过知名网络销售平台销往全国各地，受害者众多，取证难度大。在案件办理过程中，检察机关从海量证据中认真梳理比对，着重分析各个犯罪嫌疑人的主观犯意，厘清各自罪责。针对网络犯罪取证难的特点，列出详细的取证清单和补充侦查提纲，引导侦查机关全面收集、固定证据，并要求侦查机关进行专项司法审计，准确认定涉案金额，为后期对涉案公司及相关人员的定罪处罚打下了扎实的证据基础。检察机关重拳打击此类利用互联网侵犯知识产权的

犯罪行为，净化了网络消费环境，为保护消费者合法权益提供了有力的法律保障。

案例 7 李某某等 17 人销售假冒注册商标的商品系列案件

一、基本案情

2006 年 7 月至 2014 年 11 月，被告人李某某作为上海“淘宝城”的实际控制人，利用其在“淘宝城”的控制地位，在其负责“淘宝城”商铺出租及日常管理期间，长期提供场所放纵、容留商户售假，并向商铺收取“扩大经营费”共计 90 万余元。经查，2010 年 11 月至 2013 年 5 月期间，租赁“淘宝城”商铺经营的商户因犯销售假冒注册商标的商品罪被判处有罪的案件共计 33 件，涉案金额共计 3 亿余元。

2012 年 6 月起，被告人陈某某、邹某某、杜某某通过与李某、王某某等人合伙经营的方式，在“淘宝城”先后租赁多家店铺对外售假，并委托被告人万某某为上述店铺内装修暗格、电子遥控门等用于藏匿及暗中销售假冒注册商标的商品。被告人方某、丁某某负责运送假冒名牌的商品至“淘宝城”，供陈某某等人对外销售。公安机关在上述店铺查获的假冒“LV”“GUCCI”“CHANEL”“DIOR”“PRADA”等世界知名注册商标的商品价值 1.6 亿余元。

2014 年 4～9 月，被告人陈某某、邹某某为掩人耳目、逃避公安机关查处，遂委托被告人曾某某、王某某（均为“淘宝城”管理人员）制作虚假租赁协议，由被告人魏某、余某某、徐某某冒充上述售假店铺老板，并前往公安机关顶罪。

二、诉讼过程

2015 年 2 月 27 日、5 月 4 日，上海市公安局以李某某、邹某某等 17 人涉嫌销售假冒注册商标的商品罪，向上海市静安区检察院移送审查起诉。该案 17 名被告人分别于 2015 年 9 月 8 日、11 月 10 日、11 月 23 日、11 月 25 日被提起公诉。目前，上海市普陀区法院以销售假冒注册商标的商品罪，已经对 11 名被告人判处有期徒刑 4 年 3 个月至拘役 3 个月、缓刑 3 个月不等，各并处罚金 8 万元至 3000 元不等。上述判决为生效判决。

三、案件评析

该案犯罪团伙组织体系严密、层级分工明确、售假时间较长、售假手段隐蔽，采取多种手段逃避侦查，且售假对象多为境外人士，国际影响恶劣。为确保案件办理质量和效果，检察机关办案人员及时介入引导侦查，针对本案中犯罪行为交织、涉案人员互相包庇、窝点互有串通等情况，在进一步固定涉案人员口供和涉案资金审计鉴定等方面向侦查机关提出补侦意见。为查实售假犯罪细节，办案人员赴“淘宝城”实地调查商铺销假情况、店面布局、暗格位置、货物藏匿的方式，并通过笔录、拍照等方式固定证据，夯实了被告人对销假行为明知故意的关键证据。

该案 20 多家被害单位均为国际知名品牌，“淘宝城”售假商铺多年的犯罪行为已经对静安区乃至全上海的整体市场形象造成严重损害。为有效防止此类犯罪的发生，充分发挥好研究、预防、服务等职能，上海市检察机关以该案为基点制定知识产权犯罪综合防治工作机制，通过走访涉案单位、开展法治宣讲、制发检察建议等方式，做好服务区域经济的延伸工作，维护了区域内的法治环境，体现了打击知识产权犯罪的力度和成效。

案例 8 兰某某、常某某销售假冒注册商标的商品案

一、基本案情

2013 年年初至 2014 年 4 月期间，被告

人兰某某为牟取非法利益，违反商标管理法规，销售明知是假冒广东立农公司的“红利丹”“农飞”“立农”“蓝无宗”等立农品牌系列注册商标的农药给多个农药经销商，同时还雇佣常某某专门负责销售上述产品。被告人常某某明知被告人兰某某销售的是假冒广东立农公司注册商标的农药，为牟取非法利益仍进行销售。为逃避打击和获得客户信任，被告人兰某某专门购买广东立农公司所在地的电话卡、广东农业银行卡进行销售使用，到重庆、贵州、四川等省进行产品推销，收款大多采用物流公司代收货款的方式。经查实，被告人兰某某销售金额共计 83 万余元，被告人常某某销售金额共计人民币 48 万余元，销售款均归被告人兰某某所有。

二、诉讼过程

本案由重庆市江津区工商局移送公安机关查处，江津区公安局于 2014 年 4 月 16 日立案侦查，同年 10 月 22 日以被告人兰某某、常某某涉嫌销售假冒注册商标的商品罪向江津区检察院移送审查逮捕。经审查，江津区检察院依法对犯罪嫌疑人兰某某批准逮捕，对犯罪嫌疑人常某某不批准逮捕。江津区检察院于 2015 年 3 月 19 日对本案提起公诉。2015 年 10 月 15 日，江津区法院以销售假冒注册商标的商品罪判处兰某某有期徒刑 3 年 6 个月，并处罚金 45 万元；判处常某某有期徒刑 1 年 6 个月，并处罚金 25 万元。

三、案件评析

农药是重要的农业生产资料，假冒品牌农药不仅扰乱正常的市场秩序，而且侵犯了广大农户、经营者和商标权利人的合法权益，应当予以严厉打击。近几年，检察机关先后开展了危害民生刑事犯罪专项立案监督、危害食品药品安全犯罪专项立案监督活动，对重点领域的刑事犯罪进行集中监督和打击，取得了良好效果。本案中，被告人兰某某、常某某为牟取非法利益，销售明知是假冒注册商标的商品，销售金额巨大，在当地产生了较大的社会影响。检察机关充分发挥职能作用，在审查逮捕和审查起诉过程中，多次引导公安机关侦查取证，提出多条补充侦查建议，确保了该案顺利起诉和依法判决，震慑了生产、销售假冒产品的潜在违法犯罪者。

案例 9　周某与株洲沐阳公司商标使用权纠纷抗诉案

一、基本案情

株洲沐阳公司主张：2008 年 12 月 8 日，沐阳公司与周某签订《承包经营合同》，约定周某承包沐阳公司生产场地、生产设备设施开展经营活动，承包期内周某如违约，则授权沐阳公司在剩余承包期间内有偿使用周某的“全成”商标。合同签订后，周某通过见证人高某向沐阳公司支付承包金 10 万元，未再履行任何合同义务。鉴于周某的违约行为，双方又签订《补充协议》，约定如周某违约，沐阳公司有权有偿使用“全成”商标，每年使用费为 40 万元整，分两次付清；周某承诺沐阳公司在使用“全成”商标期间保证在湖南省境内（除吉首市、永州市外）没有第二家生产、销售“全成”商标的系列产品，如沐阳公司发现湖南省（除吉首市、永州市外）还有生产或销售“全成”商标系列产品的，不管何时、何种原因都属于周某违约，沐阳公司将有权无偿使用“全成”商标并进行系列产品的生产和销售。2009 年 1 月 15 日，周某与见证人高某共同委托律师向沐阳公司通告周某无法履行承包合同的事实，同意沐阳公司使用“全成”商标，并要求沐阳公司依照约定支付首次商标使用费 20 万元。同日，沐阳公司向见证人高某支付了 20 万元商标使用费，并由高某出具收据。此后，沐阳公司使用“全成”商标生产产品，但沐阳公司发现株洲市市场上出现大量非沐阳公司生产的产品，故认为周某存在违约行为提起诉讼。周某认为，双方承包经营合同不存在，周某没有通过高某支付承包金10万元。

二、诉讼过程

2009年7月7日，沐阳公司向湖南省株洲市天元区法院提起诉讼，请求判令周某许可沐阳公司从2009年1月1日至2013年12月31日在湖南省（吉首市、永州市除外）境内无偿排他使用周某所持有的“全成”商标，判令周某立即返还沐阳公司商标使用费20万元。株洲市天元区法院经审理，判决沐阳公司从2009年3月起至2013年12月31日止在湖南省（吉首市、永州市除外）境内无偿排他使用周某所有的“全成”商标，驳回沐阳公司要求周某立即返还沐阳公司商标使用费20万元的诉讼请求。

周某不服一审判决，提起上诉。株洲市中院经审理，判决维持一审判决的第二项，撤销一审判决第一项，驳回沐阳公司要求从2009年1月1日至2013年12月31日在湖南省（吉首市、永州市除外）境内无偿排他使用周某所有的“全成”商标的诉讼请求。沐阳公司不服二审判决，向湖南省高院申请再审。湖南省高院指令株洲市中院再审。株洲市中院经再审，撤销二审判决，维持一审判决。周某不服，向湖南省高院申请再审。湖南省高院提审本案，判令驳回周某的再审申请，维持株洲市中院的再审判决。周某仍不服，向湖南省检察院申请监督。湖南省检察院审查后提请最高人民检察院抗诉。

最高人民检察院审查认为，现有间接证据不足以证明沐阳公司提供的合同复印件与原件一致，不能充分证明沐阳公司与周某有签订承包经营合同和履行合同的事实，湖南省高院再审判决认定案件的基本事实缺乏证据证明，适用法律确有错误，于2012年12月14日以高检民抗（2012）73号民事抗诉书向最高人民法院提出抗诉。

最高人民法院经审理认为，原再审判决认定事实不清，适用法律有误，最高人民检察院的抗诉理由成立，经审判委员会讨论决定，于2015年8月14日作出（2013）民提字第75号判决，撤销湖南省高院再审判决，撤销株洲市中院再审判决，维持株洲市中院二审判决。

三、案件评析

本案的争议焦点在于沐阳公司与周某是否签订了《承包经营合同》《补充协议》以及该合同、协议是否已履行。沐阳公司主张周某违反双方签订的《承包经营合同》及《补充协议》的约定，请求法院判决周某许可其无偿排他使用“全成”商标并返还已交纳的商标使用费。本案历经一审、二审、两次再审，周某不服湖南省高院的再审判决，向检察机关申请监督。检察机关围绕当事人的申请监督理由，结合原再审判决认定的事实和法律适用情况审查后认为，现有间接证据只能证明双方有过合同磋商过程，不能就合同是否签订和履行形成相互依赖、环环相扣的证据锁链，不能充分证明双方确有签订和履行承包经营合同的事实。最高人民检察院依法提出抗诉并获最高人民法院改判，维护了法律的统一正确实施，保护了当事人的商标权不受侵害。

案例10　武汉晶源公司与日本富士化水株式会社、华阳公司侵犯发明专利权纠纷申请执行监督案

一、基本案情

日本富士化水株式会社、华阳公司侵犯武汉晶源公司发明专利权纠纷一案，福建省高院于2008年5月12日作出一审判决，晶源公司、富士化水株式会社、华阳公司均不服该判决，向最高人民法院提起上

诉，最高人民法院于2009年12月21日作出(2008)民三终字第8号民事判决，判决认定富士化水株式会社和华阳公司共同侵犯了晶源公司ZL95119389.9号发明专利火电脱硫技术，连带赔偿人民币5016.24万元，并按使用年限支付专利使用费，如支付迟延应按规定加倍支付迟延履行期间的债务利息。

判决生效后，富士化水株式会社、华阳公司未履行生效法律文书确定的义务，晶源公司向福建省高院申请执行。福建省高院于2010年3月11日将本案指定由南平市中院执行，南平市中院于2010年3月31日将本案指定由顺昌县法院执行，顺昌县法院于2010年4月6日裁定立案执行。案件执行3年多，申请执行人晶源公司未收到执行款。

二、执行监督情况

晶源公司向最高人民检察院申请执行监督，最高人民检察院控告检察厅于2014年1月7日将本案交办至福建省检察院，福建省检察院于2014年2月17日决定受理，并将该案移送顺昌县检察院处理。

顺昌县检察院经对顺昌县法院进行走访并调取相关执行卷宗材料，了解到顺昌县法院已于2014年10月扣划3000万元案件执行款至法院账户，但一直未支付给申请执行人。为此，顺昌县检察院向顺昌县法院发出执行监督检察建议书，建议将扣划执行款及时支付给申请执行人，并采取措施尽快执结本案。顺昌县法院收到检察建议后，依法冻结被执行人银行账户，后经检法两家共同协调努力，双方当事人于2015年3月16日达成了执行和解协议。2015年3月19日，顺昌县法院将案件执行款3000万元支付给申请执行人晶源公司，案件得到顺利执结。

三、案件评析

该案系检察机关对人民法院生效裁判的执行活动进行监督的案件，当事人涉及台资企业、日本企业，涉案标的额巨大，判决生效已逾5年仍未得到执行，当事人的专利权无法得到及时有效的司法保护。检察机关依当事人申请开展执行监督，依法履行法律监督职责，督促人民法院依法执行，有效地维护了司法权威和当事人的合法权益，增强了知识产权司法保护的公信力。

（最高人民检察院侦查监督厅供稿）

国家知识产权局专利复审和无效宣告案例

案例1 “核重新编程因子”发明专利权无效宣告请求案

一、基本案情

请求人刘某就专利权人国立大学法人京都大学的第200680048227.7号发明专利权提出无效宣告请求，专利复审委员会经审理后作出第26398号无效决定，认定涉案专利符合《专利法》第5条和第26条第4款的规定，在专利权人提交的修改后的权利要求书的基础上维持专利权有效。

二、决定要旨

对于涉及既可直接从胎儿获得，也可商购获得的细胞的发明，如果该发明的目的之一即为避免从胎儿获取某种细胞而导致的伦理问题，同时说明书中没有涉及任何对胎儿进行操作的内容，并且本领域技术人员可以确认现有技术中存在可商购获得所述细胞的途径，则应当认为说明书已从整体上排除了直接从人胚胎中获取相应细胞的技术内容，不应当将相关内容解释为直接从胎儿获取。对于不具有发育全能性的人类细胞而言，如果其获得及制备不涉及任何破坏或使用人胚胎的方法和操作过程，则所述细胞本身及其制备没有涉及人胚胎的工业或商业目的的应用，不能因为发明具有某种潜在应用的可能性而认定其违反公众普遍认为是正当的伦理道德和行为准则。

案例 2 “新型作为酪氨酸激酶抑制剂的稠合的喹唑啉衍生物”发明专利权无效宣告请求案

一、基本案情

请求人付某、王某就专利权人贝达药业公司的第 03108814.7 号发明专利权提出无效宣告请求，专利复审委员会经审理后作出第 27258 号无效决定，在专利权人提交的修改后的权利要求书的基础上维持涉案专利权有效。

二、决定要旨

在对于权利要求中通式化合物取代基的定义是否修改超范围的审查中，应重视实施例所给出的技术信息。如果实施例中绝大部分化合物的取代基均为某一种类型，那么实施例就给出了该取代基为此类型的修改指引，应允许基于实施例对于取代基的定义修改为该类型，同时，这样的修改不会导致将申请日时未完成的发明内容补入专利文件中，不会导致申请人获得不正当的利益。

在通式化合物的创造性审查中，应当以本领域技术人员为判断主体，基于现有技术的状况和技术发展的脉络与趋势，考察申请日前是否有动机对现有化合物的结构进行改进，而非阅读发明之后考虑是否具有改进的可能，以避免落入“事后诸葛亮”的误区。此外，对于高度依赖技术支持、技术革新以及疗效决定市场的新药领域而言，在排除销售手段、广告宣传等非技术因素影响的情况下，药物在商业上的成功是佐证其发明具有创造性时应予考虑的因素，因为这样的成功往往是技术上取得显著进步的标志。

案例 3 “胃肠基质肿瘤的治疗”发明专利权无效宣告请求案

一、基本案情

请求人豪森药业公司就专利权人诺华公司等的第 01817895.2 号发明专利权提出无效宣告请求，专利复审委员会经审理后作出第 27371 号无效决定，认定权利要求 1 具备新颖性，但不具备创造性，宣告涉案专利权全部无效。

二、决定要旨

对于以“某物质在制备用于治疗某疾病的药物中的应用”形式撰写的医药用途权利要求，“治疗某疾病”应理解为对患有某疾病的患者进行治疗，其中“患者”既包括病人，也包括动物患者。尽管如此，在说明书中提供临床试验数据并不是为此类医药用途权利要求提供支持的唯一方式，在说明书中提供体外细胞实验或动物模型实验也是可选方式，但采用这些方式时应达到使本领域技术人员根据说明书提供的内容能够预期该物质具有所述用途和/或效果的程度。

关于医药用途发明的新颖性，如果现有技术公开的内容不能反映该物质能够有效治疗所述疾病患者的确切结论，则该医药用途发明具备新颖性。

对于医药用途发明的创造性，判断发明相对于现有技术是否显而易见时，不仅需要考虑本领域技术人员是否会尝试采用某物质治疗某疾病，即考虑是否会尝试技术方案本身，还应考虑该尝试是否有合理的成功预期，成功预期属于合理时即可，并不需要“绝对的成功预期”。

案例4 “从甘油生产二氯丙醇的方法，甘油最终来自生物柴油生产中动物脂肪的转化”发明专利权无效宣告请求案

一、基本案情

请求人扬农化工公司就专利权人索尔维公司的第200480034393.2号发明专利权提出无效宣告请求，专利复审委员会经审理后作出第20060号无效决定，认定权利要求1～33不具备创造性，宣告涉案专利权全部无效。

二、决定要旨

在化学领域，如果发明的技术方案与现有技术之间的区别仅仅是将该产品或方法中的某一要素使用其他的已知要素进行替代，则判断该被替代要素给发明带来何种技术效果对于确定发明实际解决的技术问题至关重要。如果被替代要素与已知要素所取得的技术效果相同或相当，则可以确定发明实际解决的技术问题仅为提供一种现有技术的替代方案。在此基础上，如果这种要素替代的手段被证明是现有技术或者本领域技术人员根据其掌握的公知常识可以显而易见地确定的，则最终认为该发明不具备创造性。如果被替代要素给发明带来的技术效果不同于已知要素所起到的作用或者达到了从已知要素预料不到的程度，则应当基于该技术效果确定发明实际解决的技术问题，随后再进行这种要素替代的手段是否存在技术启示的判断。

在专利权人于说明书中声称了多种有益效果的情况下，应当站位本领域技术人员，在准确理解和把握发明构思、全面整体考虑全部技术信息的前提下，客观分析这些技术效果与替代要素之间的关系，准确认定替代要素取得的技术效果，由此进行创造性的判断。

案例5 “投影光学系统、曝光装置及曝光方法”发明专利权无效宣告请求案

一、基本案情

请求人卡尔蔡司公司就专利权人株式会社尼康的第200480012069.0号发明专利权提出无效宣告请求，专利复审委员会经审理后作出第26658号无效决定，认定部分权利要求不具备新颖性，宣告其专利权部分无效。

二、决定要旨

判断一项申请能否享有优先权应单独对比，判断在后申请中各项权利要求的技术方案是否分别清楚地记载在一份在先申请的文件中。所谓清楚地记载，并不要求在叙述方式上完全一致，只要阐明了在后申请的技术方案即可。但如果在先申请对上述技术方案的某一或者某些技术特征只做了笼统或含糊的阐述，甚至仅仅只有暗示，而要求优先权的申请增加了对这一或这些技术特征的详细叙述，以至于基于本领域技术人员所知晓的知识亦不能从在先申请中直接和毫无疑义地得出结论，则在后申请不能享有该在先申请的优先权。

判断者应站在所属领域技术人员的角度，将在先申请文件作为一个整体进行分析，从技术领域、所解决的技术问题、技术方案和预期效果等方面进行整体对比，判断在后申请的主题能否从在先申请中直接和毫无疑义地得出，认定在先申请与在后申请是否涉及相同主题。

如果在后申请要求了多项优先权，且其记载的一项技术方案是由两件或者两件以上在先申请中分别记载的不同技术方案或技术特征概括或组合而成，则不能享有优先权。

案例6 “一种立体显示方法及跟踪式立体显示器”发明专利权无效宣告请求案

一、基本案情

请求人钛客公司就专利权人超多维光公司的第 201010229920.2 号发明专利权提出无效宣告请求，专利复审委员会经审理后作出第 27801 号无效决定，认定专利权人于 2015 年 9 月 2 日提交的权利要求 1～6 具备创造性，并在此基础上维持涉案专利权有效。

二、决定要旨

客观认定对比文件公开的事实是创造性判断中关键的一步，而客观认定对比文件公开的内容，应当以本领域技术人员为主体，从对比文件本身的发明目的、所要解决的技术问题、所采用的技术方案以及获得的技术效果等方面进行客观、整体考量，不应带着对本专利技术方案的理解去解读对比文件。在判断对比文件是否存在技术启示时，同样应当从对比文件面临的技术缺陷、采用的技术方案和实现的技术效果等多个方面综合考量，进而客观认定是否给出相应的技术启示，而不应当在对比文件中引入本专利中的内容进行分析推断从而得出错误的结论。如果脱离了对比文件整体技术方案及其所要解决的技术问题，孤立地分析其所公开的技术特征，并且引入发明涉及的技术特征推导对比文件公开的事实，则会导致脱离对比文件本身客观展现的技术内容，超出本领域技术人员对对比文件客观公开事实的认知范围。

案例7 “变频调速型改进液力耦合器电动给水泵”实用新型专利权无效宣告请求案

一、基本案情

请求人合康亿盛公司就专利权人智光节能公司、沈阳水泵泵产品销售公司的第 201320342548.5 号实用新型专利权提出无效宣告请求，专利复审委员会经审理后作出第 27267 号无效决定，认定权利要求 1～6 不具备创造性，宣告涉案专利权全部无效。

二、决定要旨

公知常识的认定，应当基于本领域技术人员的知识和能力，进行三个层次的分析和判断。第一，被认定为公知常识的技术手段本身是否为本领域技术人员广泛知晓的；第二，被认定为公知常识的技术手段用于解决特定的技术问题或所能起到的特定作用是否为本领域技术人员广泛知晓的或普遍采用的，该特定的技术问题或作用通常是与该技术手段在发明中实际所要解决的技术问题相同或相应的；第三，被认定为公知常识的技术手段的引入对于本领域技术人员来说是否为显而易见的。只有满足以上三个条件的技术手段才可以被认定为公知常识。

对现有技术中技术信息的理解，判断其是否构成相反的技术教导，应当基于其技术方案的整体环境进行，不能脱离该技术方案而对技术方案中的某一技术特征或技术手段进行单独考量。现有技术对已有技术进行改进时，出于某一方面优势考虑而选择所属领域中一种常规的技术手段，并不必然意味着排除采用所属领域在其他方面具有优势的另一公知技术手段，从而构成相反的技术教导。

案例8 “冷轧钢板及其制造方法、电池及其制造方法”发明专利权无效宣告请求案

一、基本案情

请求人新日铁住金株式会社就专利权人杰富意株式会社的第 200780009180.8

号发明专利权前后两次提出无效宣告请求，专利复审委员会经审理分别作出第24367号、第28343号无效决定。第24367号决定认为请求人的无效理由不能成立，维持专利权有效；第28343号决定认定部分技术方案不具备新颖性，宣告专利权部分无效。

二、决定要旨

采用推定的方式判断参数表征的化学产品权利要求的新颖性是化学领域审查实践中的难点问题。由于产品的制备方法与其结构和组成直接相关，并且，相同的制备方法通常得出相同结构和组成的产品，因此在参数表征的化学产品权利要求新颖性的评价中可以从制备方法的角度进行对比和判断。

在确权程序中，运用制备方法推定判断参数表征的化学产品权利要求的新颖性时，举证责任的分配以及证明的程度往往是问题的关键。此时举证责任应由提出这一主张的无效宣告请求人承担，其提供的证据应该全面、准确、具有针对性和指向一致性，使得合议组根据已知的基础事实，按照经验法则，能够推断出按证据所示的制备方法能够得到与发明的化学产品相同的产品，否则应由其承担举证不利带来的相应后果。

案例9 “手机(100C)”外观设计专利权无效宣告请求案

一、基本案情

请求人苹果电脑贸易公司就专利权人佰利公司的第201430009113.9号外观设计专利权提出无效宣告请求，专利复审委员会经审理后作出第27878号无效决定，认定涉案专利符合《专利法》第23条第1款、第2款的规定，宣告维持涉案专利权全部有效。

二、决定要旨

作为外观设计专利审查判断主体的“一般消费者”，不等同于现实生活中的普通消费者，其应当具备相应的知识水平和认知能力，对专利申请日之前的相同或相近种类产品的外观设计及其常用设计手法具有常识性的了解，具备基本的读图能力，能将六面视图还原成立体产品，以及具备运用常用设计手法进行简单设计的能力。

外观设计专利的审查应当基于“一般消费者”的站位，以现有设计状况作为客观参照，坚持“整体观察、综合判断”的判断原则，全面观察涉案专利与对比设计之间的相同点和区别点。在此基础上，基于对现有设计状况、设计空间、创新性设计特征等因素的分析，综合考虑各个设计特征对整体视觉效果的影响权重，最终才能得出合理结论。

案例10 “装饰柜(6102－173)”外观设计专利权无效宣告请求案

一、基本案情

请求人铭轩公司就专利权人皇家现代公司系列外观设计专利提出无效宣告请求，均涉及微信类网络证据。本案为该系列案中之一案，涉及第201430429543.6号外观设计专利的无效宣告请求，专利复审委员会经审理后作出第26912号无效决定，维持专利权有效。

二、决定要旨

基于网络证据的特点，对于网络证据的真实性和公开性的认定通常需要考虑以下几个方面的内容：(1)网络所属公司的信誉度、资质、运营情况；(2)发布、修改、删除信息的管理机制；(3)浏览权限等。

本案中微信是腾讯公司于2011年推出的为智能终端提供的即时通讯服务的应用程序，腾讯公司的信誉度较高，系统环境相对稳定可靠，管理机制相对规范。对于微信公众平台来说，微信公众号一经取得后即由账号管理员负责信息发布，但发布时间由系统自动生成；微信公众号中的文章一经平台发布，账号管理员仅能对其进行删除操作，不具有其他修改权限。经公众号平台发布后，关注该公众号的订阅用户均可对其内容进行浏览，同时，通过搜索引擎的微信搜索功能可以搜索到并浏览其中的具体内容。基于以上考虑，在无相反证据充分证明的情况下，可以确认微信公众号所发布的文章信息及所记载发布时间的真实性，且构成专利法意义上的公开。

（国家知识产权局专利复审委员会供稿）

国家工商行政管理总局商标局及商标评审委员会案例

商标监管典型案例

案例 1　广东省广州市工商局番禺分局查处销售侵犯“迪士尼”商标权婴儿食品案

2015 年 9 月，原广州市工商局番禺分局（广州市番禺区市场监督管理局）根据商标权利人投诉，对深圳迪斯尼贸易公司番禺分公司（下称当事人）的经营场所进行检查，现场发现当事人销售带有“迪士尼”商标的婴幼儿食品。

经查，“迪士尼”是迪士尼公司的注册商标，商标注册证号为第 287665 号，核定在第 29 类“代乳粉”等商品上使用，注册有效期自 1987 年 5 月 20 日至 2017 年 5 月 19 日。当事人自 2014 年 11 月 24 日起多次购进标有“迪士尼”中文字样的婴幼儿食品销售。经深圳某商标代理公司鉴定，上述婴幼儿食品未经商标权利人迪士尼公司合法授权，属于商标侵权产品。

经对当事人已销售和尚未售出的婴幼儿食品进行清点，当事人的违法经营额合计为 30 868.32 元。根据《商标法》第 57 条第（3）项的规定，考虑涉案商品为婴幼儿食品，影响恶劣，当事人明知商品来源的非法性而继续销售，该局对当事人予以从严从重处罚：没收、销毁侵犯“迪士尼”注册商标专用权的婴幼儿食品 324 盒，罚款 12 万元。

案例 2　浙江省宁波市北仑区工商局查处侵犯创正注册商标专用权案

上海网博公司从宁波新源公司购入使用商标的防水防尘设备控制箱销售给中海石油宁波大榭公司。经查明：“”是创正公司的注册商标，注册证号为 5817977 号，核定使用商品为第 9 类：配电箱、配电控制台等，注册有效期限至 2023 年 4 月 13 日。

宁波新源公司侵犯他人注册商标专用权、冒用他人厂名，违法经营额 83 200 元，违法所得 12 800 元。当事人产品上的商标属于假冒注册商标，应从重处罚。执法机关根据《商标法》第 60 条第 2 款和《产品质量法》第 50 条的规定，作出责令立即停止侵权行为、罚款 416 000 元的行政处罚。

上海网博公司的行为构成《商标法》第 57 条第（3）项所指的侵权行为，其在未经商标权利人许可情况下，明知上级供应商的商品是侵犯他人注册商标专用权的商品，且商标与“”注册商标图样基本无差别、足以对公众产生误导，属于假冒注册商标，仍以低价购进进行销售，属于故意侵权行为，并且在事后隐匿、转移、销毁侵权商品，性质恶劣，应从重处罚。执法部门依法作出责令立即停止侵权行为，罚款108万元，没收、销毁标有“ ”商标的防水防尘防腐控制箱32套的行政处罚。

案例3　湖北省潜江市工商局查处侵犯Lee及Levi's商标专用权案

2010年1月至2014年11月，朱某通过其在某宝网开设的店铺销售标称“Lee”“Levi's”品牌的服装，并借用王某某的身份，形式上共同出资成立了裕琛公司，于2014年2月至2015年4月，以裕琛公司的名义，利用在互联网上下载或伪造的《品牌授权书》《商标使用授权》《商标注册证》《购货发票》等资料，分别和浙江某某网络公司旗下的某某网、某某电子商务（上海）有限公司旗下的某号店网、北京某乐买信息技术有限公司旗下的某乐买网、深圳某某网络科技有限公司旗下的某秀网、北京某信息技术有限公司旗下的某某团网签订合作协议，销售标称“Lee”品牌的服装。经计算，侵权商品的服装共计939件（条），合计金额232 391.65元。

为此，潜江市工商局责令当事人立即停止侵权行为，没收尚未销售的侵犯“Levi's”注册商标专用权的服装897件（条），没收尚未销售的侵犯“Lee”注册商标专用权的服装367件（条），并处以60万元罚款。

案例4　广东省广州市越秀区工商局查处销售侵犯“CHANEL”等注册商标围巾案

2014年10月21日，原广州市工商局越秀分局（广州市越秀区市场监督管理局）执法人员根据公安派出所移送线索，依法对越和仰忠批发市场首层若干家商铺进行检查，发现当事人许某某销售侵犯“CHANEL”“GUCCI”“BURBERRY”“HERMÈS”“Christian Dior”注册商标专用权的围巾。2015年1月29日，该局又接到公安派出所移送的当事人王某某销售侵犯“LOUIS VUITTON”“GIVENCHY”“KENZO”注册商标专用权围巾案。由于两案案发地址相同，且当事人许某某、王某某为夫妻关系，该局决定并案调查。

经查明，当事人于2014年6月16日从浙江省某批发商场购进上述侵权围巾5819条，货值78 066元，截至案发时剩余5172条，合计违法经营额为100 374元。当事人上述行为属于《商标法》第57条第（3）项所指商标侵权行为，执法部门依据该法第60条规定于2015年6月对当事人作出行政处罚：责令当事人立即停止侵权行为，并对当事人处以没收、销毁侵权商品，罚款34万元的行政处罚。

案例5　江苏省南京市雨花台区工商局查处侵犯施耐德商标专用权案

江苏省南京市雨花台区工商局接到施耐德公司人员的举报后，对江苏华源公司进行检查，在加工车间发现工人们正在配电柜内安装开关，开关共有6种，皆标有“Shnoidar Electric”字样。车间内还有一些用于存放开关的包装盒，盒子上也贴着印有“Shnoidar Electric”字样的标签，并标明制造商是施耐德（香港）公司。上述商品上的字样与施耐德公司第G715396号注册商标核定使用的第9类商品为同类商品，涉案商品外包装的颜色和包装装潢与施耐德注册商标商品外包装的颜色和包装装潢近似，涉案商品的合格证、商品标签上标有“施耐德电气集团（香港）有限公司”名称，容易引起混淆误认。

经查，当事人在经营活动中曾销售过施耐德注册商标商品，在明知上述侵权商品与施耐德公司正品价格存在至少两倍差距的情况下仍然购进并销售，且不能提供有关材料证明涉案商品为自己合法取得。鉴于其尚未销售即被查获，且在案发后能够积极配合调查，工商部门责令其立即停止违法行为，并没收侵权开关 3264 个，罚款 11 万元。

案例 6　吉林省吉林市工商局丰满分局查处侵犯绿色食品标志商标专用权案

2015 年 2 月 10 日，吉林省吉林市工商局丰满分局接到举报称，四川省大邑县某食品公司在生产、销售的“一碟香”牌香辣金针菇产品外包装上使用的绿色食品标志商标涉嫌侵权，该局于当日立案调查。

经查：当事人生产的“一碟香”牌香辣金针菇于 2011 年 9 月 28 日经中国绿色食品发展中心审核，被认定为绿色食品，许可使用绿色食品标志，有效期至 2014 年 9 月 27 日。当事人在商标使用许可到期的情况下，自 2014 年 9 月末至 2015 年 3 月末继续在“一碟香”牌香辣金针菇产品外包装上使用绿色食品标志商标。其间，当事人共计生产、销售外包装上使用绿色食品标志商标的“一碟香”牌香辣金针菇 200 件，经营额 16 000 元，获利 2000 元。2015 年 3 月末，当事人对产品外包装进行改版，不再使用绿色食品标志商标。

绿色食品标志商标是中国绿色食品发展中心经国家工商总局商标局注册的证明商标。当事人的行为属于《商标法》第 57 条第(1)项所指的侵权行为，工商部门根据《商标法》第 60 条第 2 款规定，于 2015 年 8 月 31 日对当事人下达行政处罚决定书，责令当事人立即停止侵权行为并罚款 10 万元。

案例 7　浙江省杭州市余杭区市场监管局查处侵犯艾尚雪商标专用权案

2015 年 1 月，浙江省杭州市余杭区市场监管局网监大队接到上海艾尚雪公司举报，称余杭区有数家网店在淘宝网上销售假冒该公司艾尚雪、I’SURE 注册商标的羽绒衣，且销售量较大，但该公司无法获得网店的实际情况，请求市场监管部门帮助打假。接到举报，余杭区市场监管局立即发函给淘宝平台，要求调取上述网店的相关信息。淘宝平台发挥掌握交易大数据的优势，积极协助执法部门获取相关线索。余杭区市场监管局网监大队会同辖区临平市场监管所执法人员于 2015 年 2 月 3 日兵分两路奔赴现场打假，在某社区一举查处 1 个售假窝点，现场查获使用艾尚雪、I’SURE 注册商标的成品羽绒衣 680 件，案值达 58 万元。

经权利人现场鉴定，上述羽绒衣均为假冒其公司注册商标。由于案值较大，网店店主方某的行为已涉嫌犯罪，余杭区市场监管局于当日将该案移送余杭区公安局查处。此案能够查处，关键在于淘宝平台提供了相关信息，使执法部门成功获取了涉假网店的相关证据线索，这是余杭区市场监管部门和网络交易平台加强政企协作，共同打击网络售假行为的一次有效尝试。

案例 8　吉林省四平市工商局铁西分局查处侵犯潘婷等注册商标专用权案

2015 年 3 月 30 日，吉林省四平市工商局铁西分局根据举报，会同宝洁公司打假工作人员对四平市铁西区某化妆品商店进行检查。据查，当事人经营化妆品商店已有 6 年。2015 年年初，两名佩戴沈阳宝洁有限公司胸牌的销售人员到当事人店中推销宝洁公司产品，当事人从其手中购进潘婷、海飞丝、飘柔等产品后，将上述产品同店内其他宝洁公司产品摆放在货架上统一价格销售。店内商品的样品经广州宝洁公司鉴定为侵权商品。调查过程中，当事人辩称自己不知道购入的是侵权商品，但执法人员认为其在当地已经营化妆品 6 年多，对商品真伪应有一定识别能力，且其提供的凭证不能说明侵权商品来源，因此对其不知销售的是侵权商品这一主张不予采信。

当事人的行为属于《商标法》第 57 条第(3)项所指的销售侵犯注册商标专用权的商品的行为。依据《商标法》第 60 条第 2 款之规定，四平市工商局铁西分局责令当事人停止侵权行为并作出没收全部侵权产品，罚款 8 万元的行政处罚。

案例 9　浙江省青田县市场监管局查处侵犯 Dior 等商标专用权案

浙江省青田县市场监管局执法人员于 2015 年 11 月 19 日会同青田县公安局执法人员对位于青田县温溪镇沙埠工业园区的浙江杜梁公司 3 号厂房进行检查，在厂房内发现标注有“Dior”“CHANEL”和“”图形等标识的皮包成品 1228 个(其中香奈儿 1077 个、迪奥 151 个)、皮包半成品 308 个、鞋成品 8 双、包装袋(盒)7004 只以及相关说明书和商标标识 48 402 件，现场还摆放有大量的生产加工设备和生产原料。

经查实，2015 年 7 月 14 日，当事人季某某与浙江杜梁公司签订《厂房出租合同》，租用该公司 3 号厂房；2015 年 9 月 24 日，办理了名称为青田县某皮鞋厂、经营者为吴某某的个体工商户营业执照。当事人利用上述场所从事皮包、皮鞋加工生产的经营活动，并在加工生产的产品上标注“Dior”“CHANEL”和“”图形等标识。由于无法与当事人取得联系，故当事人生产的标注“Dior”“CHANEL”和“”图形等标识皮包、皮鞋的实际数量无法查实，销售的价格也无法确定。根据“CHANEL”商标和“Christian Dior”商标持有人提供辨认证明材料，所查获的标注有“CHANEL”“”和“Dior”标识的产品均为假冒产品。按照商标持有人提供的产品卖店零售最低销售价格计算，查获的标注“Dior”“CHANEL”和“”图形等标识皮包、皮鞋的案值金额共计 1334.21 万元；对现场扣押 U 盘中所有的对账单数据(该对账单截止日期为当年 10 月 31 日)进行提取并汇总，统计出销售金额为 535.793 万元。现场查获物品货值和销售金额共计 1870.003 万元。当事人未经商标所有人的许可，擅自在其生产的皮包、皮鞋上标注“Dior”“CHANEL”和“”图形等标识的行为，属于《商标法》第 57 条第(1)项所称的侵犯注册商标专用权行为。由于当事人的非法经营额较大，根据《最高人民检察院、公安部关于公安机关管辖的刑事案件立案追诉标准的规定(二)》第 69 条第(2)项、《行政执法机关移送涉嫌犯罪案件的规定》第 3 条和《行政处罚法》第 22 条的规定，该案已移送公安机关办理。

案例 10　浙江省苍南县工商局查处商标侵权案

2015 年 6 月 17 日，浙江省苍南县龙港镇江山社区在检查中发现某房屋门口堆放大量“剑南春”等品牌的酒盒包装，并马上向苍南县市场监管局龙港分局通报。龙港分局与龙港公安分局联手，依法定程序开启门锁，在现场发现大量“剑南春”“双沟”“泸州老窖”等名酒包装盒及辅料，还有大量加工销售酒盒包装的记录。龙港分局执法人员依法通知房主陈某到场配合调查，并对现场物品共计 9000 多张涉嫌假冒物品和 1 台糊盒机依法予以查扣。

经查，2014 年 10 月 27 日，黄某以年租金 7000 元的价格租用陈某所有的房屋，双方没有约定租赁用途和房屋使用要求。房主陈某知道黄某从事糊盒加工经营活动，但未履行其依法办理营业执照的义务。当事人黄某案发后逃逸在外，经多次通知拒不接受调查，苍南县市场监督管理局已与公安机关联手调查此案。

房主陈某出租房屋供他人使用，没有依据《合同法》相关规定订立规范的房屋租赁合同，没有约定租赁用途和房屋使用要求的行为，其行为违反了《商标法》第 57 条第(6)项之规定，属于故意为侵犯他人商标专用权行为提供便利条件，帮助他人实施侵犯注册商标专用权行为。苍南县市场监管局根据《商标法》第 60 条第 2 款规定，决定对出租房主陈某处以罚款 5000 元的行政处罚。

（国家工商行政管理总局商标局供稿）

商标异议典型案例

案例 1 “精友”商标异议案

一、基本案情

异议人北京精友公司对被异议人周某某经国家工商总局商标局初步审定并刊登在第 1361 期《商标公告》的第 10874873 号“精友”商标提出异议，国家工商总局商标局依据《商标法》有关规定予以受理。被异议人已在规定期限内作出答辩。

异议人的异议理由：异议人成立于 2001 年，是专业提供汽车数据服务产品及相关应用软件一体化解决方案的公司。其数据服务产品目前在国内市场占有率稳居第一。“精友”是异议人长期使用的商号及商标。被异议人周某某与异议人原存在劳动关系，并且是异议人关联公司北京精友世纪公司的股东，了解异议人知识产权保护的经营信息，其申请注册被异议商标是对异议人商标的恶意抢注，违反了诚实信用原则。

被异议人的答辩理由：被异议商标申请在先，没有侵犯异议人的在先权利。被异议人没有摹仿任何人，只是为了创立自己的品牌。作为北京精友世纪公司的股东，被异议人申请注册“精友”商标也是对自己品牌的保护。

根据当事人陈述的理由及事实，经审查，国家工商总局商标局认为：

被异议商标“精友”指定使用在第 42 类“研究和开发(替他人)；计算机系统设计”等服务项目上。异议人提供的企业营业执照复印件、企业简介、异议人与被异议人签订的劳动合同、北京精友世纪公司的营业执照、股东名录、技术服务合同等证据可证实：异议人为专业从事软件开发和应用的技术服务公司，“精友”是其在先登记并已实际使用于商业活动中的商号显著部分及服务标识。被异议人原为异议人企业职工，也是异议人关联企业的股东，故其对异议人商号及服务标识明确知晓。被异议商标与异议人在先使用的服务标识文字构成相同，指定使用服务与异议人所从事的服务相同或密切相关。因此，被异议人申请注册被异议商标的行为构成了《商标法》第 15 条所指的特定关系人抢注他人商标的情形。

依据《商标法》第 15 条第 2 款、第 35 条的规定，国家工商总局商标局决定：第 10874873 号“精友”商标不予注册。

二、案件评析

本案焦点在于被异议商标的申请注册是否构成违反诚实信用原则对异议人在先使用商标的恶意抢注。

(一)关于违反诚实信用原则抢注他人商标的条款

诚实信用原则是民法的基本原则。鉴于实践中恶意抢注他人商标的现象屡禁不止,2013年《商标法》修改时,将诚实信用原则明确写入了法条中。同时,通过对相关条款的修改完善,对这一原则进行了细化,如《商标法》第13条、第15条、第32条、第44条等,都是对商标申请注册应当遵循诚实信用原则的具体体现。

上述条款均可用于保护未注册的商标,其区别在于:(1)《商标法》第13条是关于驰名商标的保护条款,在适用时,主要考虑申请保护的商标知名度是否已达到驰名商标的要求。当事人在理由中明确提出依据该条款给予驰名商标保护的请求是适用该条款的前提条件。(2)《商标法》第15条主要用于禁止基于某种关系而明知他人商标存在,未经授权将他人在先使用商标申请注册的行为。对于在先使用的商标不要求必须具有一定影响力,但需要有证据证明双方当事人存在特定关系,基于该特定关系商标申请人对在先使用商标明确知晓。(3)《商标法》第32条中"不得以不正当手段抢注他人已经使用并有一定影响的商标"旨在保护在先使用并已在相关市场上具有一定影响力的商标。该条款的适用并不要求双方当事人具有明确的关系,但需证明在先使用商标已在市场上具有一定影响,由在先商标的影响力推定商标申请人有理由知晓该商标。(4)《商标法》第44条是对于已注册商标的保护,商标局一般在异议程序中不会适用。

(二)本案的相关证据及法律适用

具体到本案,异议人的主要异议理由是认为其"精友"商标已在先使用并已具有很高知名度,被异议人原是其单位职工,明知其商标使用在先而恶意抢注。

就其理由而言,既可适用《商标法》第15条第2款,也可适用《商标法》第32条后半段。因此,需要结合具体证据判断异议人的理由是否可予以支持,以及应适用哪一条款。

本案中,异议人提供了其企业介绍,税务登记证,组织机构代码证,网络检索页面,其与安华农业保险公司、国元农业保险公司、中国太平洋保险(集团)公司签订的技术服务合同,计算机软件著作权登记证书,高新技术企业证书,审计报告等证据材料。上述证据大多形成于被异议商标申请注册日之前。在上述材料中,"精友"二字多出现在异议人的企业字号中,虽也已作为商标使用,但不足证明该商标已在市场上具有一定影响力。

而异议人另提供的其与被异议人周某某签订的劳动合同、异议人股东名录、北京精友世纪公司营业执照及股东名录等证据可以证明:被异议人曾为异议人公司员工,并且是北京精友世纪公司的股东之一,而该公司的法定代表人为异议人的最大股东。被异议人对异议人提供的上述证据并未予以否认,国家工商总局商标局予以采信。因此,上述证据可认定被异议人曾为异议人公司员工及关联公司股东,与异议人存在特定关系,明确知晓"精友"是异议人公司在先使用的商标。而被异议商标申请使用的服务正是异议人所从事的计算机系统设计等,因此该商标如予注册并使用,很容易造成相关公众对双方提供的服务来源发生混淆误认。

综上,鉴于异议人在先使用商标尚未达到具有一定影响的程度,但双方当事人确有明确的关系,对比上述两个条款的适用要件,本案显然更符合《商标法》第15条的要件。因此,国家工商总局商标局依据《商标法》第15条第2款以及程序性条款第35条决定被异议商标不予注册。

(国家工商行政管理总局商标局　伍　葳)

案例 2 "MOMTAZ POWER 及图"商标异议案

《商标法》第 32 条规定,申请商标注册不得损害他人现有的在先权利,也不得以不正当手段抢先注册他人已经使用并有一定影响的商标。2013 年《商标法》继续沿用了 2001 年《商标法》的立法体例。本条是关于保护在先权利和禁止恶意抢注的规定。本条款的立法目的主要有两点:一是避免权利冲突,保护在先合法权利人的合法权利。二是避免混淆,保护相关公众的利益。商标的基本功能在于区分商品或者服务来源,如果在后申请注册的商标与他人享有在先权利的商号、作品、姓名、外观设计等相同或者近似,就可能导致相关公众对商品或者服务来源产生混淆或误认为两者之间存在特定关系,从而损害相关公众的利益。

该条款中的"在先权利"包含著作权。在异议案件中,异议人常以在先著作权作为异议理由来对抗申请注册的商标。在先著作权的认定是适用《商标法》第 32 条解决著作权与商标权发生冲突问题的关键。在说明著作权保护内容和范围的基础上,结合第 12047481 号"MOMTAZ POWER 及图"商标异议案件,阐述在异议程序中著作权的保护标准。

一、基本案情

异议人:某有限公司

被异议人:某有限公司

被异议商标:"MOMTAZ POWER 及图"

(一)异议人主张

异议人的主要理由:(1)"公牛图形"作品是异议人独创并享有著作权的作品,该作品作为商标由异议人在包括中国在内的众多国家和地区长期、广泛和大量使用和宣传,获得了很高的知名度和声誉,已经成为异议人的象征。(2)被异议商标由文字和图形两个显著识别部分组成,其中的公牛图形与异议人拥有著作权的公牛标志完全相同。(3)被异议人抄袭异议人独创并享有著作权的"公牛图形"作品进行商标注册,侵犯并损害了异议人的在先著作权,被异议商标的注册申请依法应当予以驳回。

(二)被异议人主张

被异议人未在规定期限内作出答辩。

(三)商标局审理与裁定

被异议商标的基本情况:被异议商标"MOMTAZ POWER 及图"由被异议人于 2013 年 1 月 15 日在第 7 类"农业机械;割草机和收割机;排水机;喷雾器(机器);除草机;播种机(机器);内燃机(不包括汽车、拖拉机、谷物联合收割机、摩托车、油锯、蒸汽机车的发动机);发电机;非陆地车辆用传动马达;泵(机器、引擎或马达部件)"商品上申请注册。

根据当事人陈述的理由及事实,经审查,国家工商总局商标局认为:被异议商标"MOMTAZ POWER 及图"指定使用于第 7 类"农业机械;割草机和收割机;排水机;喷雾器(机器)"等商品上,异议人兰博基尼公司引证在先经国际注册并领土延伸至中国受保护的第 679758 号"AUTOMOBILI LAMBORGHINI 及图"商标核定使用于第 18 类"手杖;鞭和马具手杖"等商品上。异议人引证商标"牛和盾牌"图形部分在设计上具有一定独创性,可视为受我国《著作权法》保护的美术作品。本案中,异议人提供了其注册商标信息、广告宣传、图形创作者的宣誓书等证据材料,上述证据可以证明该异议人对其引证商标图形部分享有著作权,且该标识通过异议人的在先公开使用已为相关公众所知晓。被异议商标图形部分与异议人享有著作权的“牛和盾牌图形”美术作品的主体特征、表现手法及视觉效果基本相同，已构成实质性近似，因此被异议人申请注册被异议商标已构成对异议人在先著作权的损害。

依据《商标法》第 32 条、第 35 条规定，国家工商总局商标局决定：第 12047481 号“MOMTAZ POWER 及图”商标不予注册。依据《商标法》第 35 条规定，被异议人如对本决定不服，可在收到本决定之日起 15 日内，向商标评审委员会申请复审。

二、案件评析

实践中损害在先著作权的类型主要有：将他人的美术、建筑、摄影等作品申请注册为图形商标或者三维标志商标；将他人的书法作品申请为文字商标；2013 年《商标法》增加了声音商标，以后还可能有将他人的音乐作品等申请注册为声音商标的情形出现。

被异议商标的注册申请是否损害他人在先著作权的考虑因素主要有以下几点。

(一)异议人请求保护的对象是否构成作品

著作权也称版权，是指作者及其他权利人对文学、艺术和科学作品享有的人身权和财产权的总称。“作品”是指受到《著作权法》保护的客体。请求保护的对象构成作品是主张著作权对抗商标权的权利基础。《著作权法实施条例》第 2 条规定：著作权法所称作品，是指文学、艺术和科学领域内具有独创性并能以某种有形形式复制的智力成果。第 4 条第(8)项规定：美术作品，是指绘画、书法、雕塑等以线条、色彩或者其他方式构成的有审美意义的平面或者立体的造型艺术作品。最高人民法院在具体案件中明确：著作权法保护的是具有独创性的作品，必须同时符合“独立创作”和“具有最低限度创造性”两个方面的条件才能成为著作权法意义上的作品。与商标权利相比，著作权的保护范围不限于使用商品或服务的范围。因此，经审查当事人的作品系在先著作权并可以使用《商标法》第 32 条保护时，无论被异议商标申请注册在何种商品或服务上，均应当不予核准注册或者予以撤销。

值得注意的是，著作权自作品创作完成之日起产生，在我国实行自愿登记原则。我国于 1992 年加入了《伯尔尼公约》和《世界版权公约》，因此，在缔约国内首次发表的一切文学艺术作品也在我国受到保护，不以我国的著作权登记证为保护的必要前提。

在本案中，异议人引证的“AUTOMOBILI LAMBORGHINI 及图”商标中，作品为“牛和盾牌”图形，造型独特，特点鲜明，具有较高的独创性和创作性，因此可以作为法律意义上的作品进行著作权的保护。

(二)异议人是否享有在先著作权

在先享有著作权是指，在被异议商标申请注册日前，他人已经通过创作完成作品或者继承、转让等方式取得著作权。在先享有著作权的事实可以下列证据材料加以证明：著作权登记证书，在先公开发表该作品的证据材料，在先创作完成该作品的证据材料，在先通过继承、转让等方式取得著作权的证据材料等。对生效裁判文书中确认的当事人在先享有著作权的事实，在没有充分相反证据的情况下，可以予以认可。《最高人民法院关于审理著作权民事纠纷案件适用法律若干问题的解释》第 7 条规定，当事人提供的涉及著作权的底稿、原件、合法出版物、著作权登记证书、认证机构出具的证明、取得权利的合同等，可以作为证据。在作品或者制品上署名的自然人、法人或者其他组织视为著作权、与著作权有关权益的权利人，但有相反证明的除外。

值得注意的是，对于作品的权属证明，商标注册证仅表示商标权的归属，不属于

《著作权法》意义上表明作者身份的署名行为，其权属情况需要其他相关证据材料共同证明。

在本案中，异议人提供了创作者METADESIGN作出的经过公证认证的宣誓书复印件。另外，该异议人还在被异议商标申请日前对该作品作为商标在多个类别上申请注册和使用。

（三）被异议商标是否损害了该在先著作权

在异议人请求保护的对象构成著作权法中的作品且权属明确的情况下，一般采用“实质性相似＋接触”的标准来判定被异议商标是否损害了该在先著作权。实质性相似的程度一般采用整体判断原则。

被异议商标由文字和图形两个显著识别部分组成，图形部分为公牛，异议人“牛和盾牌”作品的主体部分为牛图形，两者相比较，可以看出不论从整体或细节方面都非常近似，特别是耳朵、牛角、腿部姿势及尾巴的刻画也都完全一致。被异议商标图形部分与他人享有在先著作权的作品已构成实质性近似。

异议人在本案中提供了其在中国大陆地区的销售和宣传资料复印件，从2004年至2010年6月在中国的部分活动情况列表，以及从国家图书馆检索的关于异议人的2002年至2010年6月的检索报告和文章。以上证据材料可以综合证明异议人经长期宣传和使用，其在中国大陆地区具有较高的知名度和影响力，可以推定被异议商标申请人接触过或者有可能接触到该作品。

被异议商标图形与异议人享有在先著作权的作品已构成实质性近似，被异议人有可能接触到该作品，且无相反证据证明被异议商标是独立创作完成的，在未经著作权人许可的情况下，被异议人将他人享有著作权的作品申请注册商标，应认定为对他人在先著作权的侵犯。

（国家工商行政管理总局商标局　宋玲玲）

案例3　侵犯“绿洲及图”注册商标专用权案

一、基本案情

2015年12月22日，新疆新化公司到新疆维吾尔自治区工商局投诉称，新疆金昆仑公司委托新疆中能万源公司生产的带有“花绿洲及图”标识的尿素与其第719760号“绿洲及图”注册商标近似，涉嫌侵犯其注册商标专用权，请求依法保护。新疆维吾尔自治区工商局于2016年1月4日将该案分别转被投诉人所在地喀什地区工商局、昌吉回族自治州工商局调查处理。

经喀什地区、昌吉州两地工商局调查了解，投诉人新化公司成立于1956年，1994年12月14日注册第719760号“绿洲及图”商标，连续使用至今。1999年该商标被新疆维吾尔自治区工商局认定为新疆维吾尔自治区著名商标，每3年复审一次，至今有效，在相关公众中具有较高的知名度。

被投诉人金昆仑公司成立于2008年4月，2015年3月3日，该公司在商标注册用商品和服务国际分类第1类氮肥、农业用肥等商品上向国家工商总局商标局申请注册“花绿洲及图”商标，申请号为16432601号，在案件查处过程中，该申请于2016年1月20日通过商标局初审，并在第1488期《商标公告》上公告。投诉人已就该商标向商标局提出异议。

2015年11月10日，金昆仑公司与中能万源公司签订“产品购销合同”，截至案发，中能万源公司通过铁路运输已向金昆仑公司交清印有“花绿洲”商标的尿素1800吨，金昆仑公司接货后已将该批尿素分发至喀什地区各分销商。

二、争议焦点

（1）被投诉的“花绿洲及图”商标已经商标局初审公告，立案机关是否可以适用

《商标法》第 62 条第 3 款、《商标法实施条例》第 81 条的规定，中止案件的查处？(2)“花绿洲”商标与“绿洲”注册商标是否构成近似商标？(3)是否容易导致混淆？(4)如果构成侵权，被投诉人金昆仑公司与中能万源公司各自应承担何种侵权责任？

2016 年 2 月，新疆维吾尔自治区工商局就上述问题向国家工商总局商标局上报《关于“花绿洲”商标侵权案件有关问题的请示》(新工商商函〔2016〕7 号)。

三、案件评析

(一)是否适用中止

根据《商标法》第 62 条第 3 款的规定，在查处商标违法案件过程中，对商标权属存在争议或者权利人同时向人民法院提起商标侵权诉讼的，工商行政管理部门可以中止案件的查处。本案中，投诉人并没有同时向人民法院提起商标侵权诉讼，争议的焦点就在于商标权属是否存在争议。首先看投诉人的第 719760 号“绿洲及图”注册商标，显然，该商标权属清晰，不存在争议；其次再看被投诉人申请的“花绿洲及图”商标，该商标已经商标局初审公告，表面上看，注册成功的概率很高，但是，初审公告不是注册公告，被投诉人尚未取得注册商标专用权，即“花绿洲及图”的商标权属尚未确立，也就不存在所谓的权属争议。所以，涉案情形不适用《商标法》第 62 条第 3 款规定。

根据《商标法实施条例》第 81 条的规定，涉案商标权属正在商标局、商标评审委员会审理或者人民法院诉讼中，案件结果可能影响案件定性的，属于《商标法》第 62 条第 3 款规定的商标权属存在争议。投诉人已就“花绿洲及图”商标向商标局提出异议，商标局正在审理当中的“花绿洲及图”商标异议案是否属于该条规定的“涉案商标权属正在商标局审理中”呢？如前所述，“花绿洲及图”注册商标专用权尚未确立，所以不存在商标权属的问题，不适用。

继续深究，《商标法实施条例》第 81 条规定的“涉案商标权属正在商标局审理中”究竟指什么呢？《商标法》第 49 条第 1 款规定的自行改变注册商标，限期改正期满不改正的撤销？第 49 条第 2 款规定的注册商标成为其核定使用商品的通用名称的撤销？或者无正当理由连续 3 年不使用的撤销？应该说，这些情形都不是，根据《商标法》第 55 条第 2 款的规定，被撤销的注册商标，由商标局予以公告，该注册商标专用权自公告之日起终止。即只要商标局不发撤销公告，注册商标专用权一直属于注册人，商标权属不会存在争议。

那么，什么情形属于《商标法实施条例》第 81 条规定的“涉案商标权属正在商标局审理中”呢？有两种情形，一是商标局依照《商标法》第 44 条第 1 款所审理的依职权宣告注册商标无效案件，包括四种类型，违反《商标法》第 10 条不得作为商标使用的，违反第 11 条缺乏显著性的，违反第 12 条不得作为注册为商标的三维标志的，以欺骗手段或者其他不正当手段取得注册的。二是处于续展宽展期的商标，已提交续展申请待核准的。需要特别指出的是，在第二种情形下，请求保护处于续展宽展期的商标的，投诉人应当提供续展申请证明，否则，工商行政管理机关直接不予立案，也就不存在适用中止的问题。

(二)是否近似

判断商标是否近似，应当考虑商标的音、形、义等自然要素，采用隔离观察、整体比对的方法，并以相关公众的一般注意力为标准综合判断，同时也要考虑相关商标的显著性、知名度及在后使用商标攀附在先使用商标的主观恶意。

“

”与“”是否近似呢？

首先，“花绿洲”与“绿洲”文字的读音、字形、含义近似；其次，两标识的图形的构图、着色、外观近似；再次，文字和图形组合的整体排列组合方式和外观近似，所以，从两商标的自然要素进行考量，无论从单一要素进行比对，还是整体进行比对，二者都应判定为近似。

进一步讲，认定商标相同或近似，除了对自然要素进行比对，还可以考虑以下因素：(1)商标的显著性。显著性体现在两个方面，一是商标标识的独创性，独创性越高，显著性越强；二是商标与使用商品或服务的关联性，这个主要体现在文字商标、英文商标、拼音商标等非图形类商标上，关联性越弱，显著性越强。(2)商标的知名度。认定商标知名度大小可以参照《商标法》第14条第1款规定的因素进行综合考量。(3)在后使用商标攀附在先使用商标主观意图的大小。显著性越强，知名度越高，攀附的主观恶意越大，认定相同或近似的标准就越低，保护的强度就越大。具体到本案，首先，“绿洲及图”商标的图形并不是客观存在的物体，系独创，文字“绿洲”与化肥商品并无明显关联，可认定商标显著性强；其次，“绿洲及图”商标1994年获准注册，1999年被认定为新疆维吾尔自治区著名商标，并持续使用至今，可认定为商标知名度高；再次，作为同一行政区域的同行，金昆仑公司应该知道使用在化肥等商品上的“绿洲及图”商标，其于2015年申请注册的“花绿洲及图”商标，无论文字部分还是图形部分，都与“绿洲及图”较为近似，可认定攀附他人知名度较高商标的主观恶意明显。综上，使用在化肥等商品上的“花绿洲及图”商标与“绿洲及图”商标应认定为使用在相同商品上的近似商标。

(三)是否容易导致混淆

2013年新修订的《商标法》引入了混淆的概念，本案中，“花绿洲及图”与“绿洲及图”显然不构成相同商标，也即不适用《商标法》第57条第(1)项，而适用该款第(2)项，除了商标近似，还须同时满足容易导致混淆的要件。“容易导致混淆”一般是指因为商标和使用商品的近似和类似性，容易使消费者对商品或服务的来源产生误认，认为涉案商品或服务系由注册商标权利人生产或提供的，即直接混淆；或者使消费者认为涉案商品或服务的提供者与注册商标权利人存在某种关系，如投资关系、许可关系或者合作关系，即间接混淆。这种混淆的判定不以实际发生混淆为要件，只要具有混淆的可能性即可。所以，在处理案件时，要求执法人员以一般谨慎程度的消费者视角，用普通注意力观察，综合考虑双方商标的近似程度，注册商标的独创性和知名度，商品的功能、用途、生产部门、销售渠道、消费群体等是否相同或具有较大的关联性，两个商标共存是否容易使相关公众认为商品或服务是同一主体提供，或者其提供者之间存在特定联系等四个因素，来判定是否会对商品或服务来源产生混淆或者误认及混淆或者误认的可能性。

显然，本案中金昆仑公司在相同的化肥商品上使用与新化公司“绿洲及图”注册商标近似的“花绿洲及图”商标是容易导致消费者混淆的，至少，具有混淆的可能性。

(四)侵权责任承担

对被投诉方金昆仑公司与中能万源公司各自承担哪种侵权责任，有四种不同意见。

(1)金昆仑公司与中能万源公司签订的是“产品购销合同”，中能万源公司是生产者，其行为符合《商标法》第57条第(2)项特征，金昆仑公司是销售商，其行为符合第57条第(3)项特征，各自承担相应侵权责任。

(2)金昆仑公司与中能万源公司之间虽然名义上签订的是“产品购销合同”，但实际上两者是委托与被委托关系。中能万源公司仅按合同约定，按期交货，不负责销售，所以不承担侵权责任。而合同甲方金昆仑公司是委托方，不仅提供侵权包装袋还负责销售，其行为符合《商标法》第 57 条第(2)项特征，独立承担侵权责任。

(3)金昆仑公司与中能万源公司之间虽然是委托与被委托关系，但合同乙方中能万源公司应知“绿洲及图”注册商标的知名度，对合同甲方提供的包装袋未尽审查义务，其行为符合《商标法》第 57 条第(6)项特征，合同甲方金昆仑公司行为符合《商标法》第 57 条第(2)项特征，甲乙双方各自承担相应侵权责任。

(4)金昆仑公司与中能万源公司之间虽然是委托与被委托关系，但合同乙方中能万源公司应知“绿洲及图”注册商标的知名度，对合同甲方提供的包装袋未尽审查义务，其行为同样符合《商标法》第 57 条第(2)项特征，应与合同甲方共同承担侵权责任。

上述四种意见，初看都有一定道理，需要细致剖析。重点看双方签订的购销合同，合同的名字不重要，关键看合同内容。影响侵权责任承担的内容有几点：(1)甲方金昆仑公司提供包装袋，也即金昆仑公司提供商标标识；(2)明确产品生产商为乙方中能万源公司；(3)乙方中能万源公司生产的尿素除用于自有品牌外，全部卖给甲方金昆仑公司。不难发现，上述内容符合加工方按照委托方的要求进行生产，并将生产好的产品全部交与委托方的定牌加工的特征，这其实是一个定牌加工的委托合同关系，金昆仑公司实际上是定牌加工的委托方，而中能万源公司是定牌加工的被委托方。作为委托方的金昆仑公司，不仅提供侵权包装袋还负责销售，其行为显然符合《商标法》第 57 条第(2)项特征。

作为被委托方的中能万源公司仅按合同约定按期交货，不负责销售，是否需要承担侵权责任呢？这其实涉及定牌加工委托中，加工方审核加工商品的商标是否有合法授权的义务问题。那么，被委托方尽到审核义务了吗？使用在尿素商品上的“花绿洲及图”商标不是注册商标，所以被委托方并不需要查验委托方的商标注册证明或者授权使用证明，至于让加工方注意到尿素商品上“绿洲及图”注册商标的存在，并同时判断出“花绿洲及图”与“绿洲及图”注册商标近似，可能构成商标侵权，则对加工方的商标审核义务过于苛刻了。鉴于此，国家工商总局商标局在给新疆维吾尔自治区工商局的批复中，支持了上述第二种意见，委托方金昆仑公司独立承担侵权责任，被委托方中能万源公司不承担侵权责任。

综上，国家工商总局商标局 2016 年 5 月 19 日向新疆维吾尔自治区工商局下发《关于“花绿洲”商标侵权案件有关问题的批复》为：(1)第 719760 号“绿洲及图”注册商标，商标权属不存在争议；“花绿洲”商标申请未经商标局注册公告，尚未取得注册商标专用权，不存在商标权属存在争议的问题。故本案不适用《商标法》第 62 条第 3 款、《商标法实施条例》第 81 条的规定。(2)“花绿洲”商标与“绿洲”商标构成近似商标 。(3)中能万源公司不承担侵权责任，金昆仑公司未经商标注册人的许可，擅自在尿素商品上使用与“绿洲”注册商标近似的“花绿洲”商标，容易导致消费者混淆，其行为属于《商标法》第 57 条第(2)项所述的商标侵权行为。

四、小结

本案虽然案值不大，但是案情具有典型性，一是涉及了案件中止程序的适用。案件中止程序是 2013 年《商标法》新增加的内容，此前，国家工商总局曾于 1996 年 3 月 25 日下发《关于商标侵权案件涉及异议、争议等程序问题的处理意见》(工商标字〔1996〕第 80 号)，根据该意见第 1 条的规定，被投诉人使用的商标已经向商标局提出注册申请但尚未获准注册(包括处于异议期)的，工商行政管理机关如认为该商标与投诉人注册商标近似，构成侵权的，有权立案查处。应该说，1996 年的执法意见与2013年《商标法》的立法精神一脉相承，因为案件中止程序已经明确写进《商标法》，1996年制定的执法意见在2016年5月31日国家工商总局公布的政策性文件清理结果的公告中废止失效，完成了它的历史使命。商标局于2016年5月给新疆维吾尔自治区工商局的批复，准确把握了案件中止程序的适用。目前，商标局已将部分商标审查业务委托给商标审查协作中心审查，审查模式也由一审一签推广为独任审查，尽管商标局还要进行后续的商标审查质量抽检，但是，提高审查效率的同时，面临的审查质量风险也越大是不争的事实，类似"花绿洲及图"等商标获得初步审定并公告的概率也会越高，继续明确被投诉人使用的商标已经向商标局提出注册申请但尚未获准注册（包括处于异议期）的，工商行政管理机关如认为该商标与投诉人注册商标近似，构成侵权的，有权立案查处，是对怀有侥幸心理的商标侵权行为者的有力震慑。同时，为了杜绝商标局在商标管理环节明确认定近似、容易导致混淆的商标，在商标异议程序中获准注册，商标局修改完善了商标注册与管理自动化系统，将管理环节的发文在商标审查系统中对相关申请商标进行加注，以提醒审查员。

二是涉及2013年《商标法》新引入的"容易导致混淆"的判定，混淆的概念虽然不是新名词，但是从理论变成实务，这是第一次，这也给《商标法》第57条第(2)项的适用增加了难度。"雄关漫道真如铁，而今迈步从头越"，只要我们在商标行政执法过程中认真研究，积累经验，及时总结，相信能很快吃透立法精神，办好相关商标案件。

三是涉及定牌加工的侵权责任承担问题。首先，识破购销合同的外表，看清定牌加工合同的实质；其次，合理认定加工方是否履行应尽的商标审核义务；最后，结合所有因素，对全案定性，确定各方承担的侵权责任。

2016年4月19日习近平总书记在网络安全和信息化工作座谈会上的讲话指出："要加大知识产权保护力度，提高侵权代价和违法成本，震慑违法侵权行为。"为贯彻总书记对知识产权保护工作的最新指示，国家工商总局商标局将总结2013年《商标法》实施以来，商标行政执法中存在的疑难问题，研究出台《工商总局关于商标行政执法中若干问题的意见》，本案给我们出台执法意见提供了很多灵感和启迪。

（国家工商行政管理总局商标局　肖聂尊）

国家工商行政管理总局反垄断与反不正当竞争执法局案例

案例1　A公司侵犯商业秘密及商业贿赂案

一、基本案情

2015年3月6日，科世达—华阳公司向上海市嘉定区市场监管局举报A公司侵犯其商业秘密，嘉定区市场监管局于2015年3月13日立案调查。

经查明：Kostal纹波防夹系统源代码由Leopold Kostal GmbH & Co. KG、KOSTAL ELECTROMECANICA LTDA授权科世达—华阳公司在中国境内使用，并授予其保护知识产权的权利。Kostal无钥匙进入系统源代码是科世达—华阳公司于2008年3月31日开始自行研发的核心技术。科世达—华阳公司为确保核心技术信息不外泄，保护自身的合法利益，先后制定完善了《数据安全管理制度》《公司员工手册》等相关保密管理制度，采取严格的保密措施，并与所有员工签订了《劳动合同》及附件C(保密协议)。在2013年、2014年度,科世达—华阳公司利用上述两项源代码研发电子产品销售额共计人民币3.7亿元,获利近1000万元。科世达—华阳公司的上述两项源代码及所采取的保密措施符合国家工商总局《关于禁止侵犯商业秘密行为的若干规定》第2条所列商业秘密的构成要件。

2015年3月16日,嘉定区市场监管局委托具有司法鉴定资质的福建中证司法鉴定中心,对当事人经营现场提取固定的电子证据与科世达—华阳公司提供使用的两项源代码进行对比鉴定,鉴定结论为:当事人法定代表人高某电脑中存放的纹波防夹系统源代码相似比例为100%,在其他电脑中存放的与埃泰克公司合作项目的纹波防夹系统源代码相似比例为94.5%、与昌辉公司合作项目的无钥匙车身系统高频模块的源代码相似比例为84.92%。参与研发的工作人员也承认当事人目前没有能力开发上述两项源代码,主要是在上述两项源代码的基础上进行一些功能性修改,以达到客户的需求。

当事人的法定代表人高某于2002年7月25日起,在科世达—华阳公司先后担任产品开发工程师、电子开发主管、电子产品研发中心副经理、电子产品研发中心经理、电子产品市场总监等职务,掌握科世达—华阳公司Kostal纹波防夹系统源代码、Kostal无钥匙进入系统(PEPS)高频模块源代码等核心信息。高某于2011年6月30日离职,未经科世达—华阳公司同意,私自将Kostal纹波防夹系统源代码、Kostal无钥匙进入系统(PEPS)高频模块源代码等文件复制带走。当事人明知Kostal纹波防夹系统源代码、Kostal无钥匙进入系统(PEPS)高频模块源代码属于科世达—华阳公司商业秘密的情况下,将Kostal纹波防夹系统源代码、Kostal无钥匙进入系统(PEPS)高频模块源代码作为当事人核心技术对外合作、销售。2013年5月16日,当事人与昌辉公司签订《PEPS系统产品开发协议》,双方合作开发北汽福田U201无钥匙进入系统项目(PEPS),此项目合同收入金额(含税)为266.0万元(其中主控制器(BASE)高频模块代码(HF_Driver.c)的收入金额为人民币30万元),获利人民币7.05万元。2014年4月3日,当事人与埃泰克公司签订《BCM集成波纹防夹模块和RF产品合作协议》,承接BCM—RF—RAP模块以及RKE开发与系统匹配、标定任务,此项合作协议的合同收入金额(含税)为95.4万元人民币(波纹防夹模块项目占总收入金额的30%,波纹防夹模块的所涉收入金额为28.62万元),获利人民币4.45万元。

另查明,当事人与客户业务往来中存在商业贿赂行为,主要有:当事人与埃泰克公司合作BCM集成波纹防夹模块项目运行期间,为尽快完成合作项目产品的设计验收,让BCM集成波纹防夹模块顺利通过第三方(奇瑞公司)整车调试,于2015年元旦期间,分别送给埃泰克公司副总经理周某iPhone 6一台(价值4900元)、项目经理孟某购物卡1500元,奇瑞公司电子工程师易某购物卡2000元、陈某购物卡1000元、李某购物卡1500元,此项目获利人民币4.45万元。为达成与昌辉公司签订《PEPS系统产品开发协议》之目的,2013年春节前,送给昌辉公司副总经理夏某购物卡1500元、技术总监欧某购物卡2000元。2015年年初,为尽快通过产品验收,送给奇瑞公司电子工程师江某现金1000元及价值727元的礼品。此项目获利人民币7.05万元。为与奇瑞公司签订技术服务合同书并顺利实施,在2013年端午节期间分别送给其公司电子工程师江某、应某礼品各计人民币4000元,此技术服务项目获利共计人民币1.83万元。综上,当事人向周某、夏某等9人贿赂的财物价值共计人民币24 127元,当事人财务上对上述费用未按规定入账,统一在公司管理费用项目中列支，违法所得共计人民币 13.33 万元。

二、法律适用

嘉定区市场监管局认为：当事人明知侵犯科世达—华阳公司的商业秘密，仍将 Kostal 纹波防夹系统源代码、Kostal 无钥匙进入系统（PEPS）高频模块源代码作为自己的核心技术对外合作、销售，主观上具有故意性，并且利诱科世达—华阳公司 6 名在职主要研发人员，为其以 Kostal 纹波防夹系统源代码、Kostal 无钥匙进入系统（PEPS）高频模块源代码为核心技术的对外合作项目提供技术支撑与保障，属情节严重的行为。在经营过程中，当事人为达成合作项目，分别在事前、事中、事后多次向多名相关人员采用给财物手段进行商业贿赂的违法行为，以达到合作、销售产品，其涉及面广、影响大，情节同属严重。

当事人明知高某在公司成立之前利用职务之便非法获取科世达—华阳公司的商业秘密（Kostal 纹波防夹系统源代码、Kostal无钥匙进入系统高频模块源代码），却仍然使用 Kostal 纹波防夹系统源代码、Kostal 无钥匙进入系统（PEPS）高频模块源代码进行对外合作、销售活动，违反了《反不正当竞争法》第 10 条第 2 款"第三人明知或者应知前款所列违法行为，获取、使用或者披露他人的商业秘密，视为侵犯商业秘密"的规定。

当事人采用给付财物手段进行贿赂以达到合作、销售产品的行为，违反了《反不正当竞争法》第 8 条第 1 款"经营者不得采用财物或者其他手段进行贿赂以销售或者购买商品。在账外暗中给予对方单位或者个人回扣的，以行贿论处；对方单位或者个人在账外暗中收受回扣的，以受贿论处"的规定。

根据《反不正当竞争法》第 25 条"违反本法第 10 条规定侵犯商业秘密的，监督检查部门应当责令停止违法行为，可以根据情节处以 10 000 元以上 20 万元以下的罚款"，以及《关于禁止侵犯商业秘密行为的若干规定》第 7 条第 1 款"违反本规定第 3 条的，由工商行政管理机关依照《反不正当竞争法》第 25 条的规定，责令停止违法行为，并可以根据情节处以 10 000 元以上 20 万元以下的罚款"，第 2 款第（1）项"工商行政管理机关在依照前款规定予以处罚时，对侵权物品可以作如下处理：（一）责令并监督侵权人将载有商业秘密的图纸、软件及其他有关资料返还权利人"，第 2 款第（2）项"监督侵权人销毁使用权利人商业秘密生产的、流入市场将会造成商业秘密公开的产品。但权利人同意收购、销售等其他处理方式的除外"的规定，以及《反不正当竞争法》第 22 条"经营者采用财物或者其他手段进行贿赂以销售或者购买商品，构成犯罪的，依法追究刑事责任；不构成犯罪的，监督检查部门可以根据情节处以 10 000元以上 20 万元以下的罚款，有违法所得的，予以没收"的规定，嘉定区市场监管局对当事人作出如下行政处罚：一、对当事人侵犯商业秘密的行为：1. 责令当事人立即停止违法行为，销毁载有 Kostal 纹波防夹系统源代码、Kostal 无钥匙进入系统（PEPS）高频模块源代码商业秘密的软件；2. 并处罚款人民币 20 万元整。二、对当事人采用给付财物手段进行商业贿赂行为：1. 没收违法所得共计人民币 133 300 元整；2. 并处罚款人民币 20 万元整。

三、案件评析

本案是一起利用非法获取的软件源代码实施的侵犯商业秘密案件。对于软件源代码来说，其一旦被公开，软件的核心技术即被泄露，从而会失去应有的商业价值。实践中，只要该源代码具备非公知性、价值性、实用性、保密性等要求，就可以被认定为商业秘密。本案中涉案源代码的价值性、实用性、保密性，办案机关有充分的证据证明。当事人使用的软件源代码与 Kostal纹波防夹系统源代码、Kostal 无钥匙进入系统(PEPS)高频模块源代码其有同一性、相似度,具有司法鉴定资质的司法鉴定中心也出具了专业的鉴定报告予以证实。但是,在涉案商业秘密的非公知性方面,证据及说理稍显不足。关于非公知性的认定,现行规定除了《关于禁止侵犯商业秘密的若干规定》第 2 条第 2 款“不为公众所知悉,是指该信息不能从公开渠道直接获取”外,最高人民法院《关于审理不正当竞争民事案件应用法律若干问题的解释》第 9 条还规定:“有关信息不为其所属领域的相关人员普遍知悉和容易获得,应当认定为反不正当竞争法第 10 条第 3 款规定的‘不为公众所知悉’。具有下列情形之一的,可以认定有关信息不构成不为公众所知悉:(一)该信息为其所属技术或者经济领域的人的一般常识或者行业惯例;(二)该信息仅涉及产品的尺寸、结构、材料、部件的简单组合等内容,进入市场后相关公众通过观察产品即可直接获得;(三)该信息已经在公开出版物或者其他媒体上公开披露;(四)该信息已通过公开的报告会、展览等方式公开;(五)该信息从其他公开渠道可以获得;(六)该信息无需付出一定的代价而容易获得。”从以上规定可以看出,商业秘密的非公知性应当同时具备不为普遍知悉和并非容易获得两个特征。在本案中办案机关主要从被侵权人建立的保密制度、采取的保密措施来证明涉案源代码的非公知性,实际上,包括源代码在内的技术类信息的非公知性的证明是个很复杂的问题,由于此类信息专业性很强,办案人员对该技术领域的知识缺乏,往往不能凭自身的能力来判断,实践中,建议通过司法鉴定的方式进行判别,由所属领域具备法定资质的鉴定机构和鉴定人员作出鉴定结论,作为证据之一,协助办案人员对涉案技术信息是否具备商业秘密的全部属性进行判定。

本案还有一个突出的亮点,办案机关通过对侵犯商业秘密案件的调查,发现当事人还存在实施商业贿赂的线索,并围绕线索,深挖细掘,最终对当事人实施的侵犯商业秘密和商业贿赂行为分别进行认定,一并作出处罚。事实上在侵犯商业秘密案件中往往伴随着商业贿赂行为,但是多数办案人员在调查取证时往往只抓一点,不及其余,嘉定区市场监管局的做法值得其他办案机关在今后的执法中借鉴。

案例 2 H 公司、徐某、张某、缪某侵犯商业秘密案

一、基本案情

2006 年,江苏省南通市东昌公司自主研发了在高温、高压条件下合成对三氟甲基苯胺(以下简称“对三”)的生产技术,形成了独有的生产工艺技术秘密,该公司“对三”产品在市场上供不应求。

东昌公司在章程中设定了员工保密条款,制定了《关于知识产权、商业秘密保护管理规定》《南通市东昌化工有限公司劳动管理制度》等。上述规定、制度、章程等不仅对公司商业秘密的范围、保密措施、奖励与处罚等作出了规定,还对职工在职期间不得对外泄露本公司商业秘密、不得引诱公司其他职工离职作了规定,对职工离职后的保密义务作了约定。此外,东昌公司出于企业经营需要,将“对三”车间作业指导书等资料均列为受控文件,盖有“受控”章并且编号管理。

徐某为东昌公司董事,负责公司产品技术研发、销售。其私自与 H 公司取得联系,商谈共同合作生产“对三”及副产品,二者最终决定徐某以“对三”生产技术作为投资入股,由徐某提供其掌握的“对三”生产技术原辅材料采购渠道及产品销售客户资源。同时,徐某以让股为手段,将掌握东昌公司“对三”生产技术工艺流程、技术参数和操作规程的张某、缪某拉入 H 公司。张某和缪某在各自办公室电脑上用 U 盘复

制了东昌公司“对三”操作规程和“二氯”工艺流程图电子版。此 U 盘中存有东昌公司生产“对三”的操作步骤和各个环节的操作要点、技术数据，包括原材料投料、温度、压力的控制等内容。此后，H 公司开始正式生产“对三”产品，2012 年 12 月至 2013 年 10 月，H 公司已生产、销售“对三”产品 217.303 吨，合计销售额 2127.217 945 万元。

2013 年 6 月，如东县市场监管局对此案立案调查。案件办理过程中，办案机关委托上海市知识产权司法鉴定中心对东昌公司及 H 公司生产“对三”的技术进行鉴定，鉴定结果认为，东昌公司“对三”工业化合成技术中，氨化阶段的投料比及温度、压力控制，过滤的处理方式，氨化高压釜中加入 750～850kg 对氯三氟甲苯时投料量及反应条件属于不为公众所知悉的技术信息，认定 H 公司 4－氨基三氟甲苯与东昌公司“对三”工业化合成技术中的上述 3 个技术点具有同一性。

2014 年 10 月 25 日，H 公司、徐某、张某、缪某与东昌公司经协商达成和解，对东昌公司所造成的损失予以赔偿。

二、法律适用

2015 年 8 月，如东县市场监管局认定，徐某、张某和缪某违反了与权利人的商业秘密保密约定，共同利用在东昌公司工作期间掌握的技术资料为 H 公司牟利。而 H 公司明知该技术信息是权利人的商业秘密，却仍然使用，构成侵犯他人商业秘密的行为。H 公司、徐某、张某、缪某的行为违反了《反不正当竞争法》第 10 条第 2 款及《关于禁止侵犯商业秘密行为的若干规定》第 3 条第 2 款的规定。依据《反不正当竞争法》第 25 条及《关于禁止侵犯商业秘密行为的若干规定》第 7 条第 1 款的规定，如东县市场监管局责令 H 公司、徐某、张某、缪某停止违法行为，并分别对 H 公司罚款 10 万元、对徐某罚款 3 万元、对张某罚款 3 万元、对缪某罚款 2 万元。

三、案件评析

本案是一起侵犯他人技术信息类商业秘密案，根据《反不正当竞争法》第 10 条第 3 款的规定，商业秘密，是指不为公众所知悉、能为权利人带来经济利益、具有实用性并经权利人采取保密措施的技术信息和经营信息。根据这一定义，商业秘密构成需具备四个要件，即非公知性、价值性、实用性、保密性。

本案中，由于化工行业的专业性和特殊性，确定东昌公司哪些技术属于商业秘密成为查处案件的关键。“对三”的生产技术为东昌公司带来了经济效益，东昌公司也已通过与员工签订保密合同、对相关文件进行编号管理等形式，采取了适当的保密措施，即“对三”生产技术的实用性、价值性、保密性毋庸置疑，关键是如何证明东昌公司的“对三”生产技术具有非公知性。为此，办案机关通过对 H 公司“对三”生产现场进行取证，调取 H 公司年产 500 吨 4－氨基三氟甲苯、500 吨 3，5－二氯－4－氨基三氟甲苯及副产品 550 吨盐酸、副产品 950 吨氨水新建项目安全设施设计专篇材料，该项目试生产（使用）方案备案申请材料，危化品生产存储项目安全设施设计审查卷宗及危化品建设项目试生产（使用）方案备案审查卷宗，H 公司“氨化车间合成、脱溶岗位操作记录”2 本、“氨化车间合成岗位巡检记录”1 本、“氨化精馏操作记录”1 本、“对三”车间现场照片、企业制作的详细的技术说明书及合法拥有的证明材料等。办案机关还委托上海科学技术情报研究所对权利人“对三”生产技术进行了检索，确定该技术内容未被文献公开过。在此基础上，办案机关委托上海市知识产权司法鉴定中心对该技术进行鉴定，上海市知识产权司法鉴定中心经鉴定认为，东昌公司“对三”工业化合成技术中氨化阶段的投料比及温度、压力控制，过滤的处理方式，氨化高压釜中加入 750～850kg 对氯三氟甲苯时投料量及反应3个技术点分别构成了不为公众所知悉的技术信息。H公司的4－氨基三氟甲苯与东昌公司“对三”工业化合成技术中的上述3个技术点具有同一性。

本案的另一个关键点是确定H公司“对三”工业化合成技术的获得途径。办案机关查明，时任H公司法定代表人的江某与东昌公司副总经理徐某合谋，由徐某劝诱东昌公司车间主任张某及熟悉“对三”操作的工段长缪某加盟H公司，为H公司设计“对三”生产技术图纸、提供工艺流程技术参考。同时，办案机关还调查到，徐某利用在东昌公司的操作经验指挥了生产设备的安装，并对H公司员工进行“对三”生产技术要领（含被认定为商业秘密的3个技术点）培训，参与了“对三”产品试车生产等事实，上述泄露商业秘密的行为得到了H公司员工的印证。通过对以上人员一系列的查证，办案机关取得的证据相互印证，形成证据链，证实H公司与徐某、张某、缪某三人合谋，窃取东昌公司“对三”生产技术秘密的事实。

案件办理过程中，H公司主张，其技术来源于天津某公司，并提供了《生产技术转让协议》等资料。然而经天津某公司证明，H公司提供的上述证明材料是虚假的，从而否定了其抗辩理由。

综上所述，本案为办理侵犯商业秘密案件提供了一般路径，即围绕商业秘密的特性证明被侵犯的信息属于商业秘密，证明当事人使用的信息与被侵犯的信息具有同一性，证明当事人使用的信息是通过不当途径获得的。

案例3 R公司销售伪造或冒用认证标志商品案

一、基本案情

2015年4月1日，接群众举报后，无锡市惠山工商局执法人员对位于玉祁街道某工业园区的R公司的经营场所进行了检查。检查中发现，当事人厂房内正在从事柴油发电机组和柴油机的生产活动，厂房内存放有成品柴油发电机组95箱，每箱1台，半成品192台，型号为BTD7000SE，外包装箱上标注内容有“BTD7000SE”“Silent diesel generator set”，机壳的标贴上标注内容有“ISO 9001:2000”认证标记、“CE”认证标记、“Silent diesel generator”；存放有成品柴油机862台，其中型号为186FA的柴油机600台，型号为190FA的柴油机262台，外包装上标注内容有“CE”认证标记、“ISO 9000”认证标记、“AIR COOLED DIESEL ENGINE”，机壳标贴上标注内容有“DIESEL ENGINE”。当事人现场提供不出使用“ISO 9000”和“ISO 9001:2000”认证标记、“CE”认证标记的证明文件，其行为涉嫌构成《反不正当竞争法》第5条第（4）项所指的在商品上伪造或者冒用认证标志等质量标志的行为，根据国家工商总局《工商行政管理机关行政处罚程序规定》第16条、第17条之规定，办案机关于2015年4月1日对当事人立案调查。

经查明，当事人于2015年2月1日与阿联酋迪拜的阳光能源公司签订了产品出口合同，并按照合同生产柴油发电机组和柴油机。合同约定：由当事人为阳光能源公司生产三种型号的产品，在2015年2月1日合同签订之后60天内装运发货，对方于提单提交后90天内付款，起运港为上海。至案发时，当事人共计生产了型号为BTD7000SE的柴油发电机组成品95箱，每箱1台，半成品192台，半成品无纸箱外包装；型号为186FA的柴油机600台，型号为190FA的柴油机262台。在成品柴油发电机组的外包装箱上标注有“BTD7000SE”“Silent diesel generator set”等内容，在成品和半成品柴油发电机组的机壳标贴上标注有“ISO 9001:2000”认证标记、“CE”认证标记、“Silent diesel generator”等内容。在型号为 186FA 的柴油机外包装箱上标注有“CE”认证标记、“ISO 9000”认证标记、“186FA 10HP”“AIR COOLED DIESEL ENGINE”等内容，在机壳标贴上标注有“186FA 10HP”“DIESEL ENGINE”等内容。在型号为 190FA 的柴油机外包装箱上标注有“CE”认证标记、“ISO 9000”认证标记、“190FA 16HP”“AIR COOLED DIESEL ENGINE”等内容，在机壳标贴上标注有“186FA 10HP”“DIESEL ENGINE”等内容。按照合同价，型号为 BTD7000SE 的柴油发电机组价格为 450 美元/台，95 台成品共计价值 42 750 美元；型号为 186FA 的柴油机价格为 156 美元/台，600 台成品共计价值 93 600 美元；型号为 190FA 的柴油机价格为 166 美元/台，262 台成品共计价值 43 492 美元。上述已经生产好的成品共计价值 179 842 美元。按照合同约定，当事人应当于 2015 年 4 月 2 日之前将该批货物从上海港起运至国外，但因当事人上述产品于 2015 年 4 月 1 日在厂房内被查获，未能起运。当事人目前尚未对外销售，没有取得销售额和利润。当事人与外方结算时间为当事人发货给对方，对方收货后汇款给当事人，然后由中国银行按收到外汇当日，按当日的美元对人民币现汇买入价的汇率将美元结算成人民币支付到当事人的账户中，因当事人尚未交付，无法确定交易的汇率。经查询中国银行官方网站（http://www.boc.cn/sourcedb/whpj/）的外汇牌价，2015 年 2 月 1 日至 2015 年 4 月 22 日本案调查终结为止，美元对人民币汇率最低点为 2015 年 3 月 20 日，中国银行现汇买入价为 616.91 元，按此折算，上述成品的合同价为人民币 1 109 463.28元。经当事人核算，上述型号为 BTD7000SE 的半成品柴油发电机组到目前为止共计组装的零配件成本为人民币 2798.03 元/台，192 台半成品的成本价为人民币 537 221.76 元。以上产品的货值金额共计人民币 1 646 685.04 元。

另查明，“CE”标志属欧盟强制性认证标志；“ISO 9000”和“ISO 9001：2000”标志为国际质量体系认证标志。至 2015 年 4 月 1 日案发时止，当事人未取得上述认证，也无法提供认证证书。后当事人于 2015 年 4 月 21 日提供了“ISO 9001：2008”和“CE”认证证书。证书载明，当事人于 2015 年 4 月 14 日取得“CE”认证证书，于 2015 年 4 月 20 日取得“ISO 9001：2008”认证证书。

二、法律适用

办案机关认为，当事人与外方签订买卖合同时，实际未通过“CE”“ISO 9000”“ISO 9001：2000”等认证，且按照当事人目前实际取得“CE”“ISO 9001：2008”认证证书的日期（分别为 2015 年 4 月 14 日和 2015 年 4 月 20 日）计算，依据合同约定，在 2015 年 4 月 2 日之前上述产品需交付上海港起运之时，当事人实际也无法取得“CE”“ISO 9000”“ISO 9001：2000”等认证证书。但当事人在没有取得上述认证证书的情况下，擅自在上述产品上标注“CE”“ISO 9000”“ISO 9001：2000”等认证标志，其行为依法构成了《反不正当竞争法》第 5 条第（4）项“在商品上伪造或者冒用认证标志、名优标志等质量标志，伪造产地，对商品质量作引人误解的虚假表示”所指的在商品上伪造或者冒用认证标志等质量标志的行为，破坏了社会经济秩序，理应承担相应的法律责任。根据《反不正当竞争法》第 21 条第 1 款，经营者假冒他人的注册商标，擅自使用他人的企业名称或者姓名，伪造或者冒用认证标志、名优标志等质量标志，伪造产地，对商品质量作引人误解的虚假表示的，依照《中华人民共和国商标法》《中华人民共和国产品质量法》的规定处罚，和《产品质量法》第 53 条“伪造产品产地的，伪造或者冒用他人厂名、厂址的，伪造或者冒用认证标志等质量标志的，责令改正，没收违法生产、销售的产品，并处违法生产、销售产品货值金额等值以下的罚款；有违法所得的，并处没收违法所得；情节严重的，吊销营业执照”的规定，鉴于当事人在调查中积极配合，且生产的产品在仓库中即被查，尚未流入市场，未产生恶劣的后果；当事人至 2015 年 4 月 20 日已经取得了“ISO 9001：2008”和“CE”认证证书，属于已经改正了违法行为，可以从轻或者减轻处罚。同时，考虑到当事人生产的产品本身不存在质量问题，且产品标贴、包装和产品本身是可以分离的，将产品更换合法的标贴和包装后对外销售，不会对市场产生影响和其他后果。现决定对当事人减轻处罚，对当事人的产品不予没收，责令当事人更换标贴和包装后再对外销售，并对当事人处货值金额人民币 1 646 685.04 元的 0.2 倍的罚款，即罚款人民币 329 337.01 元，上缴国库。

三、案件评析

产品质量标志是指产品经法定的认证机构规定的认证程序认证合格，准许在该产品或其包装上使用的表明该产品的有关质量性能符合认证标准的标识。产品质量标志与产品的质量、企业的信誉等密切相关，其向消费者传递了产品质量可靠的信息，增强消费者的信赖感和认可度，同时也增强了权利人的竞争优势，能为权利人带来直接的经济利益。伪造或冒用质量标志，会损害竞争对手和消费者的利益，属于反不正当竞争法的调整范畴。

本案中，当事人在尚未取得产品质量认证的情况下，在其商品上标注“CE”“ISO 9000”“ISO 9001：2000”等认证标志，作引人误解的虚假表示，夸大其产品的影响力，为自己谋取不当利益，违反诚实信用原则和公认的商业道德，理应受到法律的制裁。办案机关认定当事人的行为违反《反不正当竞争法》的规定，并转至《产品质量法》予以处罚是正确的。在自由裁量方面，办案机关能够根据本案的实际情况，考虑到当事人已经取得相关质量认证，产品质量本身合格，且产品标贴、包装和产品本身可分离的特点，作出相应处罚决定，值得借鉴。

案例 4　S 公司擅自使用与知名商品近似的包装、装潢案

一、基本案情

2015 年 11 月 5 日，根据四川张飞公司投诉，执法人员对武侯区的 S 公司进行检查，发现其销售的蜀粹坊系列牛肉制品涉嫌使用与张飞公司产品近似的包装、装潢，违反了《反不正当竞争法》第 5 条第(2)项的规定。2015 年 11 月 10 日，办案机关对 S 公司予以立案调查。

张飞牛肉休闲系列产品

120g 蜀粹坊香辣牛肉

经查明，四川张飞公司是四川省农业产业化龙头企业，主要生产“张飞”牌牛肉系列产品，其“张飞”商标于 1993 年经国家工商总局商标局依法在 29 类获准注册，“张飞脸谱”商标于 2004 年经国家工商总局商标局依法在 29 类获准注册，无论是在产品经营上或是在商标注册上，张飞公司均有着一定的历史。其次，2005 年“张飞”

商标被认定为四川省著名商标，2009 年续认定；2007 年被认定为中国驰名商标；2015 年被中国食品工业协会评为消费者最喜爱的食品品牌。而且根据张飞牛肉在牛肉干系列产品市场中的市场份额以及销售区域、年销售额等数据也可以从侧面证明“张飞”牛肉产品为广大消费者所熟知。张飞公司在其长期的生产经营过程中，对“张飞”牛肉系列产品投入了大量的人力、物力、财力，通过大量的广告投放以及市场营销使得张飞公司的产品为广大消费者所熟知，尤其是在四川省内影响较大。

当事人销售的“蜀粹坊”系列牛肉产品外包装与四川张飞公司的“张飞”牛肉产品外包装主体部分相似，突出使用了与“张飞”牛肉外包装所使用的“脸谱”相近似的脸谱图案。

此外，为了分析消费者施以普通注意力时发生误认的可能，办案机关委托成都市消费者协会进行了一次消费调查，主要就“涉案产品是否与张飞牛肉有限公司产品构成混淆”的问题对相关消费者进行随机调查，此次消费调查的社会影响比较积极，成都的主流媒体作了相关报道。调查中，通过随机拦截访问的方式完成的问卷109 份中，其中 56 人认为是“蜀粹坊”，47 人认为是“张飞牛肉”，6 人选择“其他”；在“你认为这个产品会和张飞牛肉混淆吗?”这个选择中，51 人选择“会”，53 人选择“不会”，5 人选择“其他”。经过统计分析，发现将近一半的消费者难以区分蜀粹坊系列产品与张飞公司产品，在施以普通注意力的情况下有着很大的可能性会误将蜀粹坊系列产品认作张飞公司的产品。办案单位认为当事人销售的蜀粹坊系列牛肉产品已造成和他人的知名商品相混淆，使购买者误认为是该知名商品。

另据当事人提供的销售明细计算，当事人的违法所得为 9042.35 元。

二、法律适用

办案机关认为：当事人销售的“蜀粹坊”系列牛肉产品外包装使用了与四川张飞公司产品近似的包装、装潢，造成和四川张飞公司产品相混淆，使购买者误认为是四川张飞公司的产品。其行为已构成《反不正当竞争法》第 5 条第（2）项“擅自使用知名商品特有的名称、包装、装潢，或者使用与知名商品近似的名称、包装、装潢，造成和他人的知名商品相混淆，使购买者误认为是该知名商品”规定的不正当竞争行为。

根据《反不正当竞争法》第 21 条第 2 款“经营者擅自使用知名商品特有的名称、包装、装潢，或者使用与知名商品近似的名称、包装、装潢，造成和他人的知名商品相混淆，使购买者误认为是该知名商品的，监督检查部门应当责令停止违法行为，没收违法所得，可以根据情节处以违法所得一倍以上三倍以下罚款；情节严重的，可以吊销营业执照；销售伪劣商品，构成犯罪的，依法追究刑事责任”的规定，办案机关决定，责令当事人立即停止违法行为，没收违法所得 9042.35 元，罚款 27 000 元。

三、案件评析

本案是一起典型的仿冒知名商品特有的包装装潢案件，对于本案有以下三个问题需要关注。

（1）知名商品的认定。根据《关于禁止仿冒知名商品特有的名称、包装、装潢的不正当竞争行为的若干规定》第 6 条规定：“县级以上工商行政管理机关在监督检查仿冒知名商品特有的名称、包装、装潢的不正当竞争行为时，对知名商品和特有的名称、包装、装潢一并予以认定”，即县级以上工商机关均为有权认定机关。在具体的认定方式上，一般有反推认定和综合认定两种。反推认定的依据是《关于禁止仿冒知名商品特有的名称、包装、装潢的不正当竞争行为的若干规定》第 4 条，“商品的名称、包装、装潢被他人擅自作相同或者近似使用，足以造成购买者误认的，该商品即可认定为知名商品”，即只要被仿冒足以造成购买者误认的，该商品即可认定为知名。综合认定的依据是《最高人民法院关于审理不正当竞争民事案件应用法律若干问题的解释》第1条，“人民法院认定知名商品，应当考虑该商品的销售时间、销售区域、销售额和销售对象，进行任何宣传的持续时间、程度和地域范围，作为知名商品受保护的情况等因素，进行综合判断”的规定。本案中，办案机构调取了两方面的证据，运用反推和综合两种方式证明了被仿冒包装装潢的商品属于知名商品，值得大家借鉴。

(2)关于混淆、误认的认定。《最高人民法院关于审理不正当竞争民事案件应用法律若干问题的解释》第4条规定：“足以使相关公众对商品的来源产生误认，包括误认为与知名商品的经营者具有许可使用、关联企业关系等特定联系的，应当认定为反不正当竞争法第5条第(2)项规定的‘造成和他人的知名商品相混淆，使购买者误认为是该知名商品’。在相同商品上使用相同或者视觉上基本无差别的商品名称、包装、装潢，应当视为足以造成和他人知名商品相混淆。”办案人员在具体执法过程中可以参照，对认定争议较大的案件，办案机关可以通过邀请专家论证、市场调查、公司调查、收集消费者投诉举报等方式完善证据。本案中，办案机关通过比对，认定当事人的商品包装装潢和被仿冒的包装装潢之间构成近似，为了增强证明力，办案机关又委托消费者协会实施消费调查，对导致混淆误认的证据进行补强，体现了办案人员严谨的办案作风。

(3)关于在先使用权问题。案件办理过程中，当事人向办案机关提出其包装获得了外观设计专利，当事人对其包装装潢的使用系合法使用。实践中，像当事人这样，将他人知名商品包装装潢作相同或近似使用并取得外观设计专利的行为并不鲜见。处理此类问题，关键是考虑先用权。《专利法》第23条规定：“授予专利权的外观设计，应当不属于现有设计；也没有任何单位或者个人就同样的外观设计在申请日以前向国务院专利行政部门提出过申请，并记载在申请日以后的专利文件中。授予专利权的外观设计与现有设计或者现有设计特征的组合相比，应当具有明显区别。授予专利权的外观设计不得与他人在申请日以前已经取得的合法权利相冲突。本法所称现有设计，是指申请日以前在国内外为公众所知的设计。”当事人所使用的外包装于2015年7月15日获得国家知识产权局的外观设计专利证书，四川张飞公司的产品系知名商品，其特有的包装、装潢受法律保护，且“张飞”牛肉经营历史较久，早已为广大消费者所熟知，其产品包装装潢的合法权利在当事人取得外观设计专利之前，其对于该包装装潢的使用也在先。知名商品所特有的名称、包装、装潢的权利，与专利权属于两种类型的知识产权权利，应当以诚实信用原则为前提，保护在先权利。办案机关认定当事人擅自将他人知名商品特有的包装装潢作近似使用，并取得外观设计专利的行为，侵害了他人的包装装潢的在先使用权，造成购买者误认，构成不正当竞争是正确的。

案例5　Y公司擅自使用他人企业名称及伪造产地案

一、基本案情

2015年1月26日，淮安区市场监管局检查人员对位于淮安市淮安区的Y公司进行监督检查。检查人员在东一间仓库发现10袋大米，该大米包装袋上标注内容：“常熟大米，新大米，产品标准号：GB1354，净含量：25kg，常熟市沙家浜镇明达粮饲加工厂，地址：常熟市沙家浜镇唐市七星桥堍种子站，产地(江苏省苏州市)。”检查人员认为，当事人经营大米，擅自使用他人企业名称的行为涉嫌违反《反不正当竞争法》第5条第(3)项、第(4)项的有关规定，检查人员制作了现场笔录，于当日报经分局长批准，对当事人的违法行为进行立案调查。

现查明：Y公司位于淮安市淮安区，由吕某和徐某二人共同投资经营，法定代表人为吕某；经营范围为粮食收购，原粮及其制品(大米)加工，饲料销售。吕某负责日常经营管理。从2014年12月25日开始，吕某在江苏省苏州市常熟市市场上购进330个大米包装袋，该大米包装袋上标注内容有："常熟大米，新大米，产品标准号：GB1354，净含量：25kg，常熟市沙家浜镇明达粮饲加工厂，地址：常熟市沙家浜镇唐市七星桥埯种子站，产地(江苏省苏州市)。"大米包装袋价格为0.5元/袋，当事人使用该大米包装袋包装自己生产加工的大米，再将包装生产好的大米以3.92元/kg的价格对外出售。

当事人加工生产的该批次大米的实际产地为淮安区南闸镇，是由当事人以1.48元/斤的价格从淮安区南闸镇本地农民处收购的。当事人共生产加工了330袋产地为"江苏省苏州市"的大米，每包大米规格为25kg，总共生产8.25吨大米。截至2015年1月26日检查时止，当事人已经销售了8吨(320袋)大米，剩余0.25吨(10袋)大米尚未售出。

该大米包装袋上标注的厂家是常熟市沙家浜镇明达粮饲加工厂，其位于常熟市沙家浜镇唐市七星桥埯种子站。2015年3月27日调查人员对该加工厂的负责人冯某进行调查询问，冯某证明当事人吕某使用常熟市沙家浜镇明达粮饲加工厂的袋子生产加工大米并销售的行为属于当事人的个人行为，并没有经过常熟市沙家浜镇明达粮饲加工厂的许可，也不属于委托加工生产的行为。

由于大米的保存期限较短，为了不影响被查处的10袋大米包装袋内大米的质量，经当事人申请对被查处的10袋大米进行脱袋处理，将原包装袋内大米重新还原成本单位的包装袋进行再加工包装，办案机关工作人员林某、汤某在现场进行监督。

截至现场检查时止，当事人共生产的8.25吨大米的货值金额为32 340元(计算方法为3.92元/kg×8250kg=32 340元)，已经售出的8吨大米的货值金额为31 360元(计算方法为3.92元/kg×8000kg=31 360元)。根据当事人自述，当事人加工销售8吨大米的成本共为31 334元，当事人加工销售8吨大米共盈利26元。

二、法律适用

办案机关认定：当事人擅自使用他人企业的产品包装袋对自己生产加工的大米进行包装，伪造大米产地，其行为违反了《反不正当竞争法》第5条："经营者不得采用下列不正当手段从事市场交易，损害竞争对手：……(三)擅自使用他人的企业名称或者姓名，引人误以为是他人的商品；(四)……伪造产地……"的规定。根据《反不正当竞争法》第21条的规定："经营者假冒他人的注册商标，擅自使用他人的企业名称或者姓名，伪造或者冒用认证标志、名优标志等质量标志，伪造产地，对商品质量作引人误解的虚假表示的，依照《中华人民共和国商标法》《中华人民共和国产品质量法》的规定处罚。"根据《产品质量法》第53条的规定："伪造产品产地的，伪造或者冒用他人厂名、厂址，伪造或者冒用认证标志等质量标志的，责令改正，没收违法生产、销售的产品，并处违法生产、销售产品货值金额等值以下的罚款；有违法所得的，并处没收违法所得；情节严重的吊销营业执照。"鉴于本案中，当事人能够积极配合查处违法行为，取证顺利，有悔改表现，但同时由于当事人销售违法产品货值金额较大，办案机关决定对当事人给予中等处罚，没收违法所得26元，罚款19 474元，罚没合计19 500元，上缴国库。

三、案件评析

本案是一起直接使用他人企业名称、伪造产地的案件，常熟大米在江苏具有市场知名度，当事人使用购买的包装，恶意使用他人的企业名称、伪造产地，使消费者将当事人的产品误以为是被仿冒人生产的常熟大米，误导相关公众，构成不正当竞争。

本案案情虽然简单，但是有一点需要引起大家注意，实践中，有的办案机关嫌到外地调查麻烦，仅凭在仿冒人处调查的情况定案，事后仿冒人和被仿冒人私下沟通，达成协议，由仿冒人给被仿冒人相关利益，被仿冒人出具证明，证明仿冒行为系经过许可或委托的，并以此为由，提起诉讼或复议，导致办案机关陷于被动局面。本案办案机关在查明当事人购买印有他人厂名、厂址、产地的包装袋包装自己的大米后，办案人员并没有就此结案，而是和包装袋上的厂家联系，调取证据证明当事人使用他人包装袋的行为并没有经过权利人许可，也不属于委托加工，从而更加凸显当事人作为同业竞争者，具有攀附他人商誉、制造市场混淆的故意，使得认定当事人违法行为的证据更加充分，这一做法值得肯定。

案例6　福州某综合百货公司福清元洪店销售侵犯“周六福”知名商品特有名称的珠宝案

一、基本案情

2013年4月10日，福建省福清市工商局根据香港周六福珠宝公司的投诉，对当事人福州某综合百货公司福清元洪店涉嫌销售侵犯香港周六福珠宝公司“周六福”知名商品特有名称的珠宝行为立案调查。

经查明：当事人自2012年10月1日起在其商场一楼设立了“周六福”珠宝专柜，销售“周六福”珠宝首饰，至2013年6月3日止共售出“周六福”珠宝首饰455件，库存1655件，销售金额计495 160.10元，获违法所得56 805.16元。

当事人的“周六福”珠宝专柜的招牌标示为“S”图形＋“SHIGEFUKU”英文＋“周六福”汉字组合；灯箱广告上分别标示“周六福”汉字、“SHIGEFUKU”英文、“S”图形、“S”图形＋“SHIGEFUKU”英文＋“周六福”汉字组合；珠宝首饰的吊牌上标示“SHIGEFUKU 周六福”、品名（如“18K金钻石吊坠”）等；商品包装盒、手提袋上均标有“S”图形＋“SHIGEFUKU”英文＋“周六福”汉字组合。此外，当事人与供货商深圳市晶永恒珠宝公司在协议中约定经营的商品品牌、品种为“周六福珠宝”；每个月向晶永恒珠宝公司出具的《商品销售报告》上标示的商品名称也均为“周六福”（如“周六福K金”）。

供货商晶永恒珠宝公司于2011年12月25日经香港周六福首饰公司授权生产“周六福”珠宝首饰，并作为其加盟商进货指定厂商。周六福首饰公司于2009年8月27日在香港注册成立。

投诉人周六福珠宝公司于2004年8月23日在香港注册成立，并于2004年10月1日授权深圳市周天福珠宝公司在中国大陆地区负责“周六福”品牌的操作与推广。

二、法律适用

办案机关认为，当事人在销售的珠宝首饰商品、商品包装、商品交易文书以及招牌、广告等处使用“周六福”名称，与周六福珠宝公司“周六福”知名商品特有名称相同，容易使消费者对商品来源产生误认或混淆，误认为从当事人处购买的“周六福”珠宝首饰是周六福珠宝公司的“周六福珠宝”。其行为构成了《反不正当竞争法》第5条第（2）项、《关于禁止仿冒知名商品特有的名称、包装、装潢的不正当竞争行为的若干规定》第9条规定的不正当竞争行为，根据《反不正当竞争法》第21条第2款、《关于禁止仿冒知名商品特有的名称、包装、装潢的不正当竞争行为的若干规定》第 7 条、第 9 条的规定，责令当事人停止违法行为，并没收违法所得 56 805.16 元。

三、案件评析

本案从处罚决定、行政复议、一审法院审判到中院终审判决，历经 2 年多的漫长时间，引起了多方的争议和讨论。争议的焦点主要有两个，一是周六福珠宝公司的“周六福珠宝”是否为知名商品，其名称“周六福”是否构成知名商品的特有名称；二是周六福首饰公司及当事人在其商品的包装标签、店面招牌和广告牌上使用“周六福”汉字标识是否构成对周六福珠宝公司的不正当竞争。

(一)周六福珠宝公司的“周六福珠宝”是否为知名商品？其名称“周六福”是否构成知名商品的特有名称

我国《反不正当竞争法》规定，知名商品是指在市场上具有一定知名度，为相关公众所知悉的商品；特有的商品名称是指商品名称非为相关商品所通用，并具有显著的区别性特征的名称，应当依照使用在先的原则予以认定；知名商品特有的名称，是指知名商品独有的与通用名称有显著区别的商品名称。同时，《最高人民法院关于审理不正当竞争民事案件应用法律若干问题的解释》第 1 条第 1 款规定：“在中国境内具有一定的市场知名度，为相关公众所知悉的商品，应当认定为反不正当竞争法第 5 条第(2)项规定的‘知名商品’。人民法院认定知名商品，应当考虑该商品的销售时间、销售区域、销售额和销售对象，进行任何宣传的持续时间、程度和地域范围，作为知名商品受保护的情况等因素，进行综合判断。”在本案中，办案机关认定“周六福珠宝”属于知名商品，其名称“周六福”构成知名商品的特有名称，主要是基于以下考虑：

(1)周六福珠宝公司于 2004 年 8 月 23 日在中国香港地区注册成立，并于 2004 年 10 月 1 日授权周天福珠宝公司在中国内地负责“周六福”品牌的操作与推广，自 2005 年起至今在中国大陆持续销售商品名称标识为“周六福”的珠宝首饰，其销售区域遍及全国 21 个省、直辖市，平均年销售额过百万，销售对象众多，涉及多省市地区多个购物广场、商场、超市、百货及加盟店。2008～2012 年，周六福珠宝公司及其授权生产商周天福珠宝公司对“周六福珠宝”商品进行了广泛、持续的宣传，宣传形式既有《中国宝玉石》《信息时报》《中国黄金报》等公开发行的报纸杂志，又有《深圳珠宝》《时尚珠宝》之类的珠宝首饰行业协会的内部刊物，还有中央电视台、福建省莆田市电视台等电视媒体以及户外广告，广告宣传持续时间长、宣传力度强、宣传地域广泛，且广告内容均一致指向“周六福珠宝”这一明确区分商品或服务来源的标识。

(2)自 2006 年至今，周六福珠宝公司就他人擅自使用其“周六福”知名商品特有名称的不正当竞争行为向多个地区的法院和工商行政管理部门提请司法、行政保护，相关法院作出的民事判决和工商行政管理部门作出的行政处罚决定均认定周六福珠宝公司的“周六福珠宝”是知名商品。根据前述规定，综合考虑周六福珠宝公司对“周六福”珠宝首饰的销售时间、区域、销售额和销售对象，宣传时间、范围及力度，以及“周六福珠宝”作为知名商品受保护的事实等因素，应当认定周六福珠宝公司的“周六福珠宝”具有较高的知名度，为相关公众所知悉，系知名商品。

(3)“周六福”并非相关商品的通用名称，且“周六福”商品名称是周六福珠宝公司于 2004 年在先使用在珠宝首饰等商品上，经过持续、广泛的使用、宣传和维权，“周六福”商品名称已经与周六福珠宝公司形成了一一对应的特定联系，具备显著的区别性特征。尤其自其 2009 年 7 月 3 日申请注册“周六福 ZHOU LIU FU”商标以来，国家工商总局商标局的裁定书、商标评审委员会的异议复审裁定书最终均肯定了“周六福 ZHOU LIU FU”经过周六福珠宝公司的使用和宣传已经具有一定的知名度，且与“周大福”“六福”等商标存在差异，各商标共存于市场，不至于造成消费者的混淆和误认。不同地区的法院和工商行政管理部门也均已认定“周六福”是周六福珠宝公司知名商品的特有名称。而周六福首饰公司于 2009 年 8 月 27 日才在香港注册成立且未获得“周六福”文字标识的商标注册权，属于“周六福”商品名称的在后使用者。而且经对比双方提供的证据，周六福首饰公司对“周六福”商品名称的使用、宣传和维权程度均远远低于周六福珠宝公司。因此，应当认定周六福珠宝公司所使用的“周六福”系知名商品的特有名称。

(二)周六福首饰公司和当事人在经营、销售的珠宝首饰商品、商品包装、商品交易文书以及招牌、广告等处使用“周六福”汉字标识是否构成针对周六福珠宝公司的不正当竞争行为

《反不正当竞争法》第 5 条第(2)项规定：“经营者不得采用下列不正当手段从事市场交易，损害竞争对手：……(二)擅自使用知名商品特有的名称、包装、装潢，或者使用与知名商品近似的名称、包装、装潢，造成和他人的知名商品相混淆，使购买者误认为是该知名商品。”《最高人民法院关于审理不正当竞争民事案件应用法律若干问题的解释》第 7 条规定：“在中国境内进行商业使用，包括将知名商品特有的名称、包装、装潢或者企业名称、姓名用于商品、商品包装以及商品交易文书上，或者用于广告宣传、展览以及其他商业活动中，应当认定为反不正当竞争法第 5 条第(2)项、第(3)项规定的‘使用’。”

周六福珠宝公司生产销售“周六福”系列珠宝首饰，周六福首饰公司和当事人经营、销售珠宝首饰商品，二者构成竞争关系。虽然周六福首饰公司和当事人在经营、销售的珠宝首饰商品上使用的是“SHIGEFUKU 周六福”名称，但其主要部分为“周六福”汉字，前缀“SHIGEFUKU”是没有具体含义的英文字母，英文字母与“周六福”汉字的组合不具有将其商品与周六福珠宝公司的“周六福”商品作显著区别的作用，而在商品包装、招牌及广告上使用“周六福”名称也不属于对周六福首饰公司企业名称的合理、合法简化使用。周六福首饰公司和当事人在经营、销售的珠宝首饰商品、商品包装、商品交易文书以及招牌、广告等处使用“周六福”名称，与周六福珠宝公司“周六福”知名商品特有名称相同，容易使消费者对商品来源产生误认或混淆，将其商品和服务上的相关信息误认为是周六福珠宝公司所提供的，该种“使用”足以使消费者误认为周六福首饰公司和当事人经营、销售的类似商品是周六福珠宝公司的“周六福珠宝”商品。当事人的上述行为违背了诚实信用原则和公认的商业道德，损害了周六福珠宝公司的合法权益，构成了《关于禁止仿冒知名商品特有的名称、包装、装潢的不正当竞争行为的若干规定》第 9 条所指的销售应知是仿冒周六福珠宝公司“周六福”知名商品特有名称的不正当竞争行为。

(国家工商行政管理总局反垄断与反不正当竞争执法局供稿)

国家版权局2015年度打击侵权盗版十大案例

案例1 北京金图创联公司侵犯信息网络传播权案

2015年6月，北京市文化市场行政执法总队根据权利人投诉，依法对北京金图创联公司涉嫌侵犯著作权案进行调查。经查，该公司未经权利人许可，故意删除、改变通过信息网络向公众提供的作品的权利管理电子信息，并通过信息网络向公众提供明知或应知未经权利人许可而被删除、改变权利管理信息的作品，违法经营额6.3万元，违法所得2.82万元。

依据《信息网络传播权保护条例》第18条、《著作权法》第53条的规定，北京市文化市场行政执法总队于2015年9月21日作出行政处罚：没收违法所得人民币2.82万元，罚款人民币12.6万元。

案例2 广东“DJ020网”侵犯音乐作品著作权案

2014年12月，广东省广州市文化市场综合行政执法总队根据群众举报，依法对“DJ020网”涉嫌侵犯信息网络传播权案进行调查。经查，莫某某开设“DJ020网”，向公众提供未经授权的音乐作品达62 286首，且会员数量众多，仅2015年的两个月内，在线支付的订单总金额为6240元，等待付款的订单总金额达257 547.48元。

依据《信息网络传播权保护条例》第18条等规定，广东省广州市文化市场综合行政执法总队于2015年6月29日作出行政处罚：没收网络服务器，没收违法所得人民币6240元，罚款人民币131.8937万元，并依法移交公安机关追究其刑事责任。

案例3 北京天盈九州公司侵犯文字作品著作权案

2015年6月，国家版权局根据权利人投诉，依法对北京天盈九州公司涉嫌侵犯文字作品著作权案进行调查。经查，该公司未经权利人许可，通过其运营的凤凰网以及苹果智能移动客户端软件“军事秘录合集”和“凤凰开卷”传播《中越战争秘录》一书，传播范围广，持续时间长，点击数量大，且系反复侵权。

依据《著作权法》第48条，《著作权法实施条例》第36条、第37条，《信息网络传播权保护条例》第18条等规定，国家版权局于2015年10月10日作出行政处罚：罚款人民币25万元。

案例4 “人人影视网”侵犯影视作品著作权案

2014年11月，湖南省版权局根据权利人投诉，依法对“人人影视网”涉嫌侵犯著作权案立案调查。经查，网站域名所有人和负责人刘某未经著作权人授权，组织他人将包括《地心引力》在内的467部影视作品的对白上传至网站，供用户浏览、下载和使用。

依据《著作权法》第48条、《信息网络传播权保护条例》第18条、《著作权法实施条例》第36条等规定，湖南省版权局于2015年7月10日作出行政处罚：罚款5万元；没收主要用于侵权的服务器1台。案发后，刘某主动关闭了涉案网站。

案例5　安徽蒋某等销售盗版图书案

2015年2月，安徽省合肥市文化市场综合执法大队根据权利人投诉，依法对蒋某等涉嫌销售音乐类盗版图书案进行调查。经对蒋某开设的5家琴行进行全面检查，确定蒋某擅自从事出版物发行业务，其经营的图书中有31种、262本钢琴考级教程侵犯了上海音乐出版社的著作权。

依据《著作权法》第48条、《著作权法实施条例》第36条等规定，安徽省合肥市文化广电新闻出版局于2015年4月30日作出行政处罚：没收盗版图书，罚款人民币16.5万元。

案例6　河北张某某等印制盗版图书案

2014年10月，河北省保定市版权行政执法部门会同新市区公安部门依法对张某某等印制盗版图书案进行调查。经查，张某某等4人未经著作权人许可，自2014年4月起印制盗版图书，各人分别负责运输、组织工人等环节。专案组现场查获盗版图书29种共计67 752册，涉及商务印书馆等9个出版社，涉案码洋5 726 704元。

依据《刑法》第217条等规定，河北省保定市竞秀区法院于2015年12月1日作出刑事判决：张某某犯侵犯著作权罪，判处有期徒刑3年，并处罚金人民币300万元；朱某某犯侵犯著作权罪，判处有期徒刑1年，缓刑2年，并处罚金人民币280万元；王某某犯侵犯著作权罪，判处有期徒刑1年，缓刑2年，并处罚金人民币280万元；王某某犯侵犯著作权罪，判处拘役6个月，缓刑1年，并处罚金人民币10万元。

案例7　山东"8·05"制售盗版光盘案

2013年11月，山东省淄博市版权部门会同公安部门依法对"8·05"制售盗版光盘案进行调查。经查：2013年4月至2014年2月，刘某某等未经著作权人许可，制作并通过网站及淘宝店销售33种侵权盗版音像制品，涉案金额达530余万元。

依据《刑法》第217条等规定，山东省淄博市高新区法院于2015年9月6日作出刑事判决：刘某某犯侵犯著作权罪，判处有期徒刑3年，并处罚金3万元；杨某、宋某犯侵犯著作权罪，分别判处有期徒刑1年6个月，缓刑2年，并处罚金1万元；孙某某犯侵犯著作权罪，判处有期徒刑1年，缓刑2年，并处罚金5000元。

案例8　江苏"速酷电影网"侵犯影视作品著作权案

2014年，江苏省徐州市公安部门根据网络巡查线索，依法对"速酷电影网"涉嫌侵犯影视作品著作权案进行调查。经查，田某某于2010年5月开设"速酷电影网"，自2011年7月起，田某某未经合一、乐视等著作权人许可，从互联网上采集上述公司的影视作品链接，通过"速酷电影网"向公众传播，并在网页刊登广告收取广告费用，影视作品被点击数达1694余万次，非法经营额122万余元。

依据《刑法》第217条等规定，江苏省徐州市中院于2015年2月4日作出刑事判决：田某某犯侵犯著作权罪，判处有期徒刑3年6个月，并处罚金70万元，违法所得114万元予以追缴。

案例9　浙江郑某等复制并通过网络销售盗版图书和软件案

2014年6月24日，浙江省杭州市版权部门会同公安部门根据权利人投诉，依法对郑某等复制并通过网络销售盗版图书和软件案进行调查。经查,2012～2014年,郑某等人以营利为目的,未经权利人许可,通过淘宝网销售自行复制的注册会计师考试复习书籍和培训材料,郑某非法获利100余万元,王某甲非法获利30余万元。

依据《刑法》第217条等规定,杭州市拱墅区法院于2015年11月3日作出刑事判决:郑某犯侵犯著作权罪,判处有期徒刑3年6个月,并处罚金人民币100万元;王某甲犯侵犯著作权罪,判处有期徒刑2年10个月,并处罚金人民币30万元;郑某某犯侵犯著作权罪,判处有期徒刑2年,缓刑2年,并处罚金人民币2万元;王某乙犯侵犯著作权罪,判处有期徒刑1年6个月,缓刑2年,并处罚金人民币1.5万元;何某某犯侵犯著作权罪,判处有期徒刑10个月,缓刑1年,并处罚金人民币1万元。

案例10 四川"风云丝路网"侵犯著作权案

2015年3月,四川省成都市版权部门根据权利人投诉,对"风云丝路网"涉嫌侵犯"新丝路传说"网络游戏著作权案进行调查。因案件涉及金额较大,成都市版权部门依法将此案移送成都市公安部门调查。经查,2013年以来,邹某某等未经权利人许可,建立网站提供名为"风云丝路"的游戏私服,并出售游戏道具,非法获利120余万元。经鉴定,"风云丝路"私服游戏与"新丝路传说"游戏存在实质性相似。

依据《刑法》第217条等规定,四川省成都市青羊区法院于2015年12月29日作出刑事判决:邹某某、邹某犯侵犯著作权罪,分别判处有期徒刑3年,并处罚金15万元。

(国家版权局版权管理司供稿)

出版物市场监管2015年度典型案例

案例1 河南省滑县"5·12"侵犯著作权案

2015年5月,河南省滑县文化市场综合执法大队在印刷企业检查时发现,当地李某彩印厂涉嫌非法印刷《拜厄基本教程》《新编古筝教程》等47种音乐教材,共计39 300册。该厂不能提供委托印刷手续,未办理印刷经营许可证、工商营业执照等相关证件。经鉴定,上述47种图书均属侵权盗版出版物。经查,自2014年11月,李某在滑县城关镇创业大道某服务区租赁厂房并购买印刷机器,在没有办理任何合法手续的情况下从事非法印刷活动。河南省滑县法院以侵犯著作权罪判处李某有期徒刑3年,缓刑5年,并处罚金70万元。

案例2 河南省焦作市"4·15"侵犯著作权案

2015年4月,河南省焦作市"扫黄打非"办公室在检查中发现,武陟县詹店镇某村涵洞附近一无证经营印刷厂涉嫌盗印出版物,现场发现装订成册的各类非法出版物40 255册,未装订的非法出版物39 051册,未装订的各类图书封皮57 506张,用于印刷的PS版(用过的废版)3000张,印刷用双胶纸40卷(20吨)。经查,该厂属未经批准擅自从事印刷业经营活动的黑窝点。经鉴定,现场发现的22种图书及散页均属侵犯他人著作权的出版物。目前,河南省焦作市武陟县法院以侵犯著作权罪判处徐某某有期徒刑3年6个月,并处罚金80万元。

院以侵犯著作权罪判处刘某某有期徒刑2年，缓刑2年，并处罚金3万元。

案例3　山东省济南市"10·11"侵犯著作权案

2015年10月，山东省济南市文化执法人员市场检查时，发现刘某某在济南市天阳物流集散地接收河南省郑州市运送的盗版图书后，将其中的《新概念英语3》《2013国家司法考试辅导用书》《思想政治理论（上册、下册）》等图书，分别出售给个体书商。公安机关又在天桥区新赵路某居民小区车库内查获刘某某存放的未售出盗版书籍。经鉴定，上述图书均为侵权盗版出版物。截至案发，刘某某销售盗版图书共计1万余册。目前，山东省济南市天桥区法院以侵犯著作权罪判处刘某某有期徒刑2年，缓刑2年，并处罚金3万元。

案例4　广西壮族自治区贺州市"11·4"侵犯著作权案

2015年11月，广西壮族自治区贺州市钟山县公安局治安大队民警在钟山县农贸市场检查时发现李某某在市场内出售盗版光盘，并依法扣押涉案盗版光盘3273张。经鉴定，查获的光盘均为侵权非法音像制品。目前，贺州市钟山县法院以侵犯著作权罪判处李某某有期徒刑2年6个月，缓刑3年，并处罚金6000元。

（全国"扫黄打非"工作小组办公室供稿）

海关2015年度保护知识产权典型案例

案例1　南京海关查获出口侵犯"CONCH"商标专用权水泥案

一、基本案情

2015年7月13日，南京海关接到举报，称一批已从镇江市装船离港的出口水泥，外包装上使用了CGNAH商标标识，涉嫌侵犯安徽海螺公司拥有的CONCH商标专用权。经海关调查，截获浙江某公司于2015年6月26日分三票向镇江海关申报出口的水泥，目的国是非洲的加蓬共和国，合计15 000吨，申报总价约人民币467万元。2015年7月15日，隶属于南京海关的镇江海关进行了二次查验，发现涉案水泥大袋外包装及内小袋正反面均印有"CGNAH"商标标识，涉嫌侵犯海螺公司在海关总署备案的"CONCH"商标专用权。为加强对案件查办的指导，及时研究处理案件办理过程中的疑难复杂问题，2015年7月24日南京海关成立了案件工作组，专门派员赴镇江市指导和协助办案。2015年8月4日，镇江海关举行了案件调查证据开示会，会上侵权嫌疑公司和海螺公司围绕涉案外包装使用了"CGNAH"商标标识是否构成对"CONCH"的近似商标侵权进行了举证、质证和陈述。证据开示会后，双方也陆续补充了证明己方观点的证据材料。

经调查认定，该公司出口的水泥确系侵犯了海螺公司的商标专用权，镇江海关依法对当事人处以没收涉案侵权水泥并处罚款的行政处罚决定。

二、推荐理由

该案是海关开展中国制造海外形象维护"清风"行动以来查处的出口至非洲，案值巨大，侵犯我国自主品牌且涉及生命健康和生产安全商品的典型案例。同时，该案为近似商标侵权、权利人与发货人争议较大、案情复杂的典型案例。根据国务院部署，自2015年4月起，全国海关开展为期3年的中国制造海外形象维护“清风”行动，针对输往重点国家和地区、重点口岸以及重点航线的商品加大打击侵权假冒的力度。其中，海关将涉及生命健康和生产安全的货物列为重点商品加强监管，本案即是海关查处的此类案件中典型的一起。此外，本案由于权利人和发货人争议大、案情复杂，海关在查办过程中，创新性地运用了案件调查证据开示会的方式，充分听取双方当事人的辩论意见，针对发货人所提出证据存在的瑕疵，驳回了侵权企业提出的货物是“定牌加工”及“商标不完全一样不构成侵权”的主张，切实维护了知识产权权利人的合法权益。

案例2　上海海关查获出口侵犯“3M”商标专用权口罩系列案

一、基本案情

2015年5月5日，上海海关所属洋山海关查验时发现，安徽某公司以一般贸易方式向海关申报出口至尼日利亚的标有“3M”商标的口罩78 000个、包装纸盒6960个、包装纸箱364个，申报价值合计近7万元人民币。经权利人3M公司确认，该批货物皆为侵权货物。2015年6月9日，上海海关扣留了上述货物。

在成功查获前述案件后，上海海关在分析以往进出口通关数据的基础上，进一步加强了对输往尼日利亚的口罩产品的监控。2015年5月19日，洋山海关再次查获江苏省某公司以一般贸易方式向海关申报出口至尼日利亚的标有“3M”商标的口罩39 600个，申报价值近3.6万元人民币。

连续查获上述两起案件后，上海海关高度重视，组织经验丰富的关员负责该案的调查工作，并将案件线索和海关调查掌握的情况通报给公安机关，积极配合公安机关开展侦查工作。截至目前，公安部门共抓获犯罪嫌疑人8名，摧毁制假售假团伙2个，捣毁制假、售假窝点6处，成功侦破了涉案总价值高达千万元人民币的跨国制售假冒口罩系列案件。

二、推荐理由

该案是海关积极推进“两法衔接”，贯彻落实《公安部 海关总署关于加强知识产权执法协作的暂行规定》，与公安机关加强合作、协作办案的典型案例。本案中，海关通过对案件细致地调查，深挖案件线索，发现案件之间的关联性，并及时将有关情况通报给公安机关，为案件最后的成功侦破，捣毁制假、售假源头奠定了坚实的基础，在有效发挥海关在进出口环节执法优势的同时，通过“两法衔接”拓展海关打击侵权假冒的时空，积极构建对侵权假冒从制售源头到消费终端的链条式治理。

案例3　宁波海关通过风险分析查获出口假冒“DONGIL SUPER STAR”商标橡胶三角带案

一、基本案情

2015年6月27日，浙江某公司向宁波海关隶属的现场业务处申报出口一批橡胶三角带。审单关员在审核单证时发现该报关单具有以下风险点：(1)橡胶三角带用于动力传输，涉及生命安全和生产安全，是宁波口岸较为常见的侵权商品之一；(2)申报目的国是宁波海关重点监控的侵权货物流向地；(3)审单关员根据查验现场反馈的信息，之前已有多票申报为橡胶三角带的货物查验后发现为侵权货物。据此，审单关员果断下达布控指令，要求对该票货物的知识产权状况进行重点查验。经查验，该票货物均为使用“DONGIL SUPER STAR”商标的橡胶三角带，数量共计916箱84 029根，申报货物价值30余万元。经调查，该批货物侵犯了青岛东一胶带公司在海关总署备案的商标专用权。由于该案件查扣涉嫌侵权货物数量大，且属于损害生命安全和生产安全商品，宁波海关高度重视，加大内部案件调查力度，并及时将案件线索通报浙江省公安机关，协助公安机关开展立案侦查。

二、推荐理由

该案是海关在开展“中国制造海外形象维护‘清风’行动”期间通过加强风险分析主动查获出口侵犯国内企业自主知识产权货物的典型案例。开展“清风”行动期间，全国海关积极采取措施分析总结已查获侵权商品的类别、品名信息和阶段性特征，筛选口岸常见的侵权出口商品，特别是针对涉及人民群众生命安全和生产安全的货物加强风险布控，加大对输往非洲、中东有关国家和地区货物的查验力度，强化对申报为国内自主品牌货物的监管查验，提高打击侵权假冒违法行为的精准度。

案例4　深圳海关通过粤港海关执法合作机制查获假冒商标手机系列案

一、基本案情

2015年1月5日，重庆市某公司向深圳海关隶属文锦渡海关申报出口纸彩盒、灯罩等货物一批，目的地为香港。经查发现，申报货物涉嫌多报少出，且货物中夹藏9493部手机，涉及iPhone、SAMSUNG、BlackBerry、LG、SONY五个品牌，经鉴定，全部为假冒产品。海关总署与香港海关立即启动执法合作机制。

2015年4月，香港海关根据深圳海关提供的情报获取线索，在香港一举查获假冒iPhone等品牌的手机及配件19 196件，捣毁数个制假窝点并拘捕犯罪嫌疑人11名。

深圳海关对此案件开展深入分析，意识到此类假冒产品的出口可能正在不同口岸间进行漂移，特别是“清风”行动期间，由于输往重点监控目的国的航线面临海关不断加大的监控压力，不排除不法分子试图把侵权货物先出口至香港，再利用香港进行转口的可能。鉴于此，深圳海关有针对性地加强了对陆运输港货物的监控力度，并联手香港海关开展“粤港海关联合执法行动”，并先后在文锦渡口岸查获侵权手机案件15宗，扣留假冒手机及其配件2.8万件，案值逾1600万元。

二、推荐理由

该系列案是粤港海关开展深度合作、遏制侵权风险口岸漂移的典型。香港作为国际贸易和航运中心，其便利的贸易及转运条件一直为内地不法分子所觊觎。本系列案中，自第一宗案件查发后，深圳海关即敏锐地意识到手机等便于通过陆运集装箱藏匿的侵权货物存在口岸漂移的风险，立即报告海关总署并启动粤港海关知识产权执法合作机制，一举查获系列大案要案，有效遏制了此类不法行为的多发态势，扼制侵权货物陆运输港的通道。光明网、《深圳特区报》、文汇网等内地和香港媒体均对该系列案进行了报道，社会反响强烈。

案例5　杭州海关通过机检查获出口假冒“WORLD CUP 2014”商标打火机案

一、基本案情

2015年5月28日，浙江某公司向隶属于杭州海关的义乌海关申报出口一批皮带、旅行包、帽子等小商品。在对该集装箱进行X光机检查时，查验关员发现货物存在夹藏嫌疑，结合这票货物的报关单上清一色“无品牌”“无型号”的标注，查验关员敏锐地意识到这批货物存在较大的瞒报知识产权状况企图蒙混过关的风险。经查验，发现夹带有“WORLD CUP 2014”商标的打火机29万多个。

杭州海关迅速启动重大侵权案件快速反应机制，经过几天的紧张工作，在排查了报关、货代、仓储、物流等相关企业，掌握了侵权货物的采购、销售基本情况及相关证据，锁定重点人员后，海关将该案件线索依法移送义乌市公安局。经公安机关与海关联合深挖，生产、销售、采购等各个环节的涉案人员全部抓获。

二、推荐理由

该案是海关应用X光机等查验设备发现违法嫌疑并成功查获出口侵权货物的典型案例。本案中，查验关员通过比对货物申报情况及机检图片，敏锐地意识到货物存在的侵权风险，充分反映了X光机等现代化先进查验装备对海关执法的辅助和支撑作用。在案件查办过程中，海关关员深挖扩线，会同公安部门将侵权货物生产、销售、采购等各个环节的违法人员一网打尽，既体现了海关关员高超的执法技能和打击侵权的决心和毅力，也凸显了海关行政执法与公安刑事司法“两法衔接”协同打击侵权的积极成效。案件经人民网、《经济日报》、央视网等各大媒体报道后，收到了很好的社会效果。

案例6　广州海关查获出口假冒“POND'S及图形”商标化妆品案

一、基本案情

2015年12月，香港海关向广东分署提供情报，称装有疑似假冒“POND'S及图形”“U Unilever 联合利华”等商标化妆品的集装箱拟自南沙港经香港运往印度，与广州海关通过其他渠道获取的信息基本一致。广州海关马上行动，向隶属于它的南沙海关下达了布控指令。

2015年12月19日，广州市某公司申报出口的货物触发海关预定的布控指令，南沙海关经分析，该企业多次因出口侵权货物被其他口岸海关查获，且贸易方式均为“旅游购物商品”。此次该企业在广州海关仍以“旅游购物商品”贸易方式申报出口该批货物，存在较大的侵权风险。南沙海关随即对该集装箱进行重点查验，发现标有“POND'S 及图形”商标的BB霜1152支，标有“U Unilever 联合利华”商标的口红21 600支、粉饼27 720个、粉底液864瓶、眼线笔10 992支，共计62 328件，货值约62.3万元。经鉴定，该批化妆品均为侵权产品。

二、推荐理由

该案是海关打击利用“旅游购物商品”等新型贸易方式出口侵权货物的典型案件。在“旅游购物商品”贸易方式出现后，侵权企业多次利用其便利通关的特点，企图逃避海关监管。海关在查办此案过程中，认真履职，在加强日常监控的同时，严格执行相关监管要求，将有关情况及时通报地方商务部门并建议取消企业备案资格，清除“害群之马”。该案查处后大大提高了企业利用“旅游购物商品”贸易方式侵权的违法成本，防止其成为侵权企业的特殊“通道”，确保“旅游购物商品”贸易方式健康有序发展。

案例7　大连海关查获出口假冒“CHERY”商标汽车零配件案

一、基本案情

汽车及其零配件是大连关区传统出口商品之一，随着国内众多汽车生产企业陆续进驻大连关区，汽车零配件逐渐成为该关主要的出口商品之一。近年来，大连海关多次查获出口假冒汽车零配件，因此，该类出口商品一直受到重点监控。奇瑞汽车在大连设厂后，大连海关为加强对自主知识产权汽车生产企业的保护，一直与该公司进行着良好的沟通与配合。

2015 年 9 月 24 日，大连海关经过风险研判，对哈尔滨某公司申报出口至俄罗斯的一批汽车零配件实施布控，经查验，发现其中部分汽车零配件上标有“奇瑞”英文商标“CHERY”及图形标识。该批汽车零部件包装不整、做工粗糙、质量低劣，涉嫌侵犯奇瑞汽车在海关总署备案的“CHERY”商标专用权，大连海关随即对该批汽车零配件采取了知识产权保护措施。经鉴定，该票 5628 件、申报价值为 39.23 万元的汽车零配件全部构成侵权。

二、推荐理由

该案是海关加强对国内企业自主知识产权保护，维护中国制造海外形象，扶持企业“走出去”的典型案例。近年来，随着国内企业拓展海外市场的步伐不断加快，个别不法企业借机生产侵权产品出口海外，质量低劣的假冒商品严重冲击着合法企业的海外市场，导致部分企业口碑受损、市场份额缩小，影响其国际化进程。中国海关通过实施知识产权保护为企业“保驾护航”，建立“知识产权企业联系人”制度，为企业提供个性化知识产权保护，引导帮助企业开展自主创新、转型升级，收效明显。

案例 8　天津海关、青岛海关通过执法合作处理出口轮胎侵权纠纷案

一、基本案情

2015 年 2 月，青岛海关根据权利人青岛迪马克公司的举报，对山东 Y 公司以进料对口方式向海关申报出口的 2 票使用“DMACK GRIPPA”商标的半钢轿车子午线轮胎予以扣留，共计 40 500 千克，价值人民币 788 670 元。青岛海关在案件调查过程中了解到，天津海关于 2015 年 3 月同样查扣该公司出口的“DMACK GRIPPA”轮胎，共计 4173 条，价值人民币 1 731 577 元。针对高度一致的案情，天津、青岛两海关通过开展区域执法协作，联动执法，共同研究处理结果，确保执法统一性。

调查过程中，Y 公司认为上述出口轮胎的行为属于涉外定牌加工行为，不构成侵权，并提供了英国迪马克公司“DMACK GRIPPA”境外商标注册证等证据材料。Y 公司与权利人青岛迪马克公司存在较大争议。

天津海关、青岛海关根据已经查明的以下事实：英国迪马克公司、青岛迪马克公司为关联公司；英国迪马克公司为境外“DMACK GRIPPA”商标权人；在中国“DMACK GRIPPA”的商标权由英国迪马克公司转让给青岛迪马克公司；Y 公司出口的货物为接受英国迪马克公司的订单并全部销售到境外；英国迪马克公司、青岛迪马克公司、Y 公司曾经签有三方协议。由于该案涉及定牌加工的商业模式，三方争议较大，且存在多重民事纠纷，两海关依法分别作出不能认定是否侵权的结论。后青岛迪马克公司分别在山东和天津对 Y 公司提起民事诉讼。

二、推荐理由

此案为海关通过关际执法合作，联动处理侵权纠纷案件、保证执法统一性的典型案例。在案件处理过程中，两海关对如何把握知识产权保护与促进贸易便利化的平衡点进行了有益探索。针对高度一致的案情，以及基本同步的查处进程，青岛、天津两海关密切协作，即时通报案件进展情况，共享案件信息，共同研究案情，共议处理意见，最终作出同样的认定结论。本案案情较为复杂，涉及有关当事人之间的民事纠纷和公司的内部管理。该案的处理，既保证了海关执法的统一性，也适当把握了海关知识产权保护执法的尺度，为通关一体化框架下的知识产权保护执法合作联动机制提供了样本。

案例9　乌鲁木齐海关通过专项执法行动连续查获出口假冒知名品牌运动鞋案

一、基本案情

为统筹关区知识产权执法行动，进一步增强执法有效性，2015年年初，乌鲁木齐海关通过运用大数据思维和风险分析技术，针对关区进出口商品状况，结合境外海关反馈的情报及权利人的举报，借助海关总署“知识产权海关保护执法系统”的案件信息，制定关区重点监控高风险侵权商品清单，在全关区范围内设置并下达了相应的风险布控和风险参数指令。有关部署很快就取得了效果。

2015年5～6月，乌鲁木齐海关隶属霍尔果斯海关按照风险布控指令，先后发现涉嫌侵犯“adidas”“NIKE”“Reebok”“PUMA”“New Balance”商标专用权的各类运动鞋3.24万双，案值81.3万元。2015年8月，乌鲁木齐海关隶属阿拉山口海关按照风险布控指令对三车公路运输出口货物进行查验，发现有一票货物申报为12万双皮鞋，但货物的数量与重量有较大出入，有虚报数量和价值的嫌疑，于是开箱进行彻底查验，发现货物不是申报的皮鞋而是运动鞋，涉及8个知名品牌，数量3.36万双，价值160余万元。经鉴定，该批运动鞋同样为侵权货物。

二、推荐理由

该系列案是边境陆路海关克服艰苦环境主动作为、运用大数据思维开展风险分析查获侵权货物的典型案例。乌鲁木齐海关隶属海关大多地处偏远、监管条件相对落后、执法人力资源紧张，且陆路口岸环境复杂、涉事企业多采取夹藏、伪报与混装的方式试图逃避海关监管，执法难度大。乌鲁木齐海关提早谋划、统筹安排、周密部署、主动出击，运用大数据思维，破除信息孤岛，结合关区实际，锁定执法目标商品，最终连续查处多批出口侵权运动鞋，有效打击了侵权假冒行为，净化了边关的贸易环境。

案例10　福州海关查获出口假冒商标专用权拖鞋系列案

一、基本案情

巴西爱跑佳饰公司（Alpargatas s. a.）在海关总署备案了“havaianas及图（ ）”“图形（ ）”及“HAVAIANAS及图（ ）”3个商标，核定使用商品均为第25类服装和鞋。“havaianas”是巴西著名的时尚品牌，该公司生产的人字形拖鞋在巴西被称为“国民鞋”。随着2014年巴西世界杯的举办，该品牌在国际市场上产生了较高的知名度。

2015年，福州海关通过风险布控，先后查获厦门、福州、青岛、泉州等地8家企业申报出口的8个批次的拖鞋涉嫌侵犯上述商标专用权，目的国包括海地、安哥拉、塞内加尔、刚果、澳大利亚、巴布亚新几内亚等多个国家。根据权利人的申请，福州海关依职权立案进行调查，依法扣留拖鞋共计41.4万双，申报价值合计203.5万元。

二、推荐理由

该系列案是海关通过知识产权保护执法规范行业经营行为的典型案例。福州海关在调查过程中发现，涉案侵权货物主要来源于福州地区的拖鞋生产企业。这些企业大多规模小，知识产权守法意识淡漠，在产品上使用与“havaianas及图”等注册商标相同或近似商标的行为十分普遍，部分企业错误地认为这些标识只是产品装饰而不是商标，对其使用也不构成侵权，在行业内甚至约定俗成使用“巴西底”“哈瓦那纹”等指代上述注册商标，并在订单、合同中大量使用。鉴于此，福州海关在案件调查处理过程中本着处罚和教育相结合，打击侵权与培育自主品牌并重的原则对拖鞋生产和出口企业开展了大量的普法宣传教育工作，以提高这些企业的知识产权守法意识，规范行业经营行为。通过海关的教育引导，部分企业开始创立自有品牌并开拓海外市场。

（海关总署政策法规司供稿）

公安机关2015年度知识产权保护案例

案例1 “11·9”特大制售假冒日化产品案

2015年11月，广西壮族自治区贵港市公安局经侦支队破获一起特大生产、销售假冒注册商标商品案，捣毁3个制造、储运假冒日化用品窝点，查封全自动活塞泥灌装生产流水线12条，在柳州市、贵港市以及广东省广州市等地抓获犯罪嫌疑人25名，查扣假冒宝洁公司旗下“海飞丝”洗发液成品6000多件计15万余瓶，半成品7000余件，假冒“海飞丝”品牌空瓶17万余只，全自动活塞泥灌装机、塑料注射成型机、数控塑料挤出机等生产线设备15台，外包装标识贴牌200余万张，以及聚丙烯、纸箱等一大批生产原料。经初步统计，涉案价值达1.2亿余元。

经查，2012年以来，犯罪嫌疑人李某等人在未经权利人许可的情况下，先后在广东省广州市、广西壮族自治区梧州市和贵港市等地设立造假窝点，自行生产“海飞丝”塑料瓶和瓶盖，组织工人勾兑灌装假冒洗发液，并租用柳州市一处仓库作为集散地，批发销售到山西省、河北省等地。不法分子反侦查意识强，案发前每年搬迁1次生产窝点，且将包材生产、勾兑灌装、储运窝点分散经营，避开辖区执法机关的打击。涉案假冒洗发液在包装外观、颜色、气味等方面几乎与正品无异。

案例2 福建厦门特大制售假酒案

2015年11月，福建省厦门市公安局经侦支队成功破获蔡某等人制售假酒案，捣毁生产、仓储窝点5处，抓获犯罪嫌疑人4名，现场查获假冒“金门高粱酒”“八八坑道”18 221瓶、侵权商标标识10余万个，以及灌装机、压扣机、铆钉器、打号机等大量作案工具、设备及发货凭证，涉案金额近千万元。厦门市公安局经侦支队在案侦过程中及时将侦控发现的涉及我国台湾地区人员购买假酒犯罪线索反馈给台方，台湾警方循线在金门亦破获一起销售假酒案件。经查，蔡某等人从广东省购进包材，以厦门市偏远乡村为窝点制作假冒“金门高粱酒”，而后通过厦门地区经销商向包括台湾地区在内的全国多地批发或销售，数量巨大。

案例3 辽宁“11·20”特大制售假冒品牌箱包案

2015年11月，辽宁省公安机关破获“11·20”特大制售假冒品牌箱包案，抓获张某、叶某等5名犯罪嫌疑人，并在3处制假窝点和1处销售窝点现场扣押假冒“LV”“普拉达”“寇驰”“纪梵希”等国际知名品牌箱包2万余件，初步统计涉案物品市场价值高达1亿余元。

经查，犯罪嫌疑人张某、叶某等人自2014年以来在辽宁省海城市分别设立箱包加工厂和销售店铺，在未经权利人企业许可的情况下，大肆生产、销售假冒“普拉达”等10多种品牌仿制包，销往全国多地。此案捣毁假冒箱包生产窝点的规模和案值在东北地区均为罕见，也表明制假源头有自东南沿海地区扩散的趋势。

案例4 “4·27”特大制售假冒重型汽车品牌配件案

2015年11月，公安部经侦局指挥安徽、浙江、江苏、山东、广东、广西、辽宁、内蒙古8个省区公安机关密切协作，从一条消费者投诉的细微线索入手，经缜密侦查，于11月20日成功收网“4·27”特大制售假冒重型汽车品牌配件案集群战役。行动中，彻底摧毁制假生产线，并顺线打掉使用假汽配生产和维修重型汽车的10家汽车制造商、汽修厂和汽配销售店，共抓获犯罪嫌疑人44名，现场查获假冒“海沃”牌油缸、齿轮泵等配件6972个，各类包材1万余件，查扣钻床、车床、吊装设备等制假机械100余台，涉案价值8000余万元。

“海沃”商标的权利人为海沃机械（中国）公司，系荷兰海沃公司在华投资的外资企业，其生产的油缸、齿轮泵等重型汽车配件占国内行业80%市场份额。据海沃公司评估，此次战役摧毁的造假团伙规模为历年之最，也是源头打击得最彻底的一次行动。荷兰海沃公司专程派员赶赴安徽省公安厅经侦总队赠送“产权保护卫士 声名享誉中欧”的感谢牌匾。

经查，犯罪嫌疑人韩某、刘某原为海沃机械（中国）公司的技术人员，两人于2012年辞职后在江苏省扬州市、安徽省滁州市设立制假窝点，生产假冒“海沃”牌汽车配件，以不足正品一半的价格对外销售。为逃避打击，制假团伙将假冒汽配均与假冒商标标识、铭牌等包材分开运输配送给下线不法分子；且两团伙均已注册自己的商标，但仅制造部分样品摆放在店面进行展示，应付行政监管和执法部门检查。此外，为扩大销量，制假团伙还专门委派销售员到部分下线处指导产品使用，串通使用假冒汽配制造和维修重型汽车。

案例5 河南开封特大假酒案

2015年8月，河南省开封市公安机关成功破获闫某等人制售假酒案，抓获犯罪嫌疑人4名，捣毁大型生产、仓储假酒窝点各1处，查获假“茅台”“五粮液”“剑南春”“浏阳河”等假酒成品4.2万余瓶，伪造的酒盒、酒瓶、小酒杯、防伪鉴别器、商标标识等各类包材82万余件（套），灌装机、封口机等制假设备11台，初步统计涉案价值4000余万元。

经查，2014年以来，犯罪嫌疑人闫某伙同陈某、许某等人在开封市杞县边远地区租赁厂房设立工厂，组织工人利用低档酒灌装冒充高档酒的方法非法制造假酒，并将开封市鼓楼区一仓库作为中转点，通过在互联网上发布广告的形式向各地不法经销商销售，涉及江苏、浙江、江西、山东、湖北、四川、陕西等多个省份。案发前，闫某等人正在积极谋划瞄准“中秋节”临近，白酒市场逐步升温的机会，准备将前期囤积的假酒大量投放市场。

案例6 重庆特大跨国制售假冒伪劣农机案

2015年7月，重庆市公安机关侦破一起特大跨国制售假冒伪劣农机案，抓获9名犯罪嫌疑人，捣毁制假工厂1处，销售、仓储窝点3处，扣押生产流水线2条，查获假冒“本田”农机水泵、汽油机等成品及配件10万余件，假冒商标标识9000余件。

经查，2012年以来，周某等人在重庆市南岸区设立厂房，注册自己的农机品牌商标，但实际生产假冒日本“本田”品牌农机水泵及汽油机等配件，以自有品牌的纸箱、木板箱包装后，从重庆海关报关出口销往越南、卡塔尔、泰国、柬埔寨、印度尼西亚、阿联酋等国家。经查询该犯罪团伙账目，其累积销售金额达 1.2 亿元。

案例 7 上海“5·21”涉外侵犯商业秘密案

2015 年 6 月，上海市公安机关侦破一起特大涉外侵犯商业秘密案，抓获平田更夫（日本籍）等 3 名犯罪嫌疑人，涉案价值 2000 余万元。

经查，犯罪嫌疑人平田更夫于 1995 年入职瑞光日本株式会社（系全球三大卫生用品生产设备制造商之一），2003 年被派遣至上海瑞光公司（2003 年在上海注册成立，系瑞光日本株式会社在华独资企业），担任机械设计部经理。在上海瑞光公司工作期间，平田更夫违反公司保密规定，利用职务便利，通过下载服务器数据方式，窃取公司“婴儿拉拉裤自动化生产线”的技术图纸。2012 年 5 月，平田更夫收取安徽省某企业巨额经费，并怂恿上海瑞光公司的技术人员龚某等人跳槽至安徽省某企业工作。2013 年 6 月，平田更夫从上海瑞光公司离职，担任安徽省某企业技术顾问，并将其窃取的技术图纸信息提供给龚某等人，用于生产婴儿拉拉裤自动化生产线设备。

经上海市科技咨询服务中心知识产权司法鉴定所初步鉴定，安徽省某企业婴儿拉拉裤自动化生产线设备图纸中包含的技术信息，与上海瑞光公司的 12 项技术信息具有同一性。现已初步查证，安徽省某企业利用上海瑞光公司商业秘密技术信息已生产、销售婴儿拉拉裤自动化生产线 1 条，销售金额 2280 万元，非法获利 664 万元。

案例 8 广西防城港走私假烟案

2015 年 6 月，广西壮族自治区防城港市公安局经侦支队会同烟草专卖执法人员，在广西壮族自治区防城港市、北海市和广东省中山市等地同时开展抓捕行动，破获以越南籍人员吴某为首的特大走私香烟团伙案件，抓获 13 名犯罪嫌疑人，查获“AROMA”“Black owl”“CTMich”“Thang long”“Win”“南洋红双喜”等 8 种品牌的卷烟 1.3 万余条，查扣涉案运输卷烟车辆 6 辆、用于记录卷烟交易的笔记本 5 本，成功摧毁了这个长期盘踞在中越边境非法经营卷烟的跨国、跨省犯罪团伙。

经查，吴某系越南一家烟草经营公司的销售商之一，其经销的卷烟全部以走私形式进入我国，包括“AROMA”“Black owl”“CTMich”“Thang long”“Win”等越南品牌。自 2013 年 11 月始，吴某在防城港市东兴市发展了潘某、何某等 42 名客户，并雇请 3 名越南籍工人在东兴市销售走私卷烟。据犯罪嫌疑人吴某等人的供述及查获的销售记录初步统计，从 2013 年 11 月至 2015 年 6 月，该团伙非法经营的走私卷烟达 10 万件（每件 50 条）以上，案值逾 4 亿元人民币。

案例 9 “4·22”特大制售假冒注册商标的计生产品案

2015 年 6 月，公安部经侦局指挥山东、河南、广西、安徽、浙江、江苏、广东、甘肃、吉林、天津、重庆、江西、湖南、新疆、福建 15 省（区、市）公安机关，围绕“4·22”网上制售假冒注册商标的计生产品案开展集中收网行动，捣毁制假生产工厂 7 处，销售、仓储窝点 27 处，缴获假冒“杜蕾斯”“杰士邦”“第六感”“CONTEX”等注册商标的计生产品 1163.75 万只，包装、商标标识及半成品 230.8 万件，涉案总价值达 3075.5 万元人民币。

经查，犯罪嫌疑人贾某、闫某等人在河南省新乡市、三门峡市等地设立多个地下窝点，大肆生产假冒"杜蕾斯""杰士邦"等各种名牌避孕套等计生产品，并从广州市不法印刷厂家购入制假包装材料，组装成成品后，通过郑州市的物流公司销售至浙江省、湖南省、安徽省等地计生产品批发市场的不法商户，这些商户再通过淘宝网店向外批发零售，形成一个庞大的产供销网络。

案例 10　重庆"6·2"特大制售假冒伪劣柴油案

2015 年 6 月，重庆市公安机关会同质检部门成功收网"6·2"特大制售假冒伪劣柴油案，抓获犯罪嫌疑人 7 名，查获假冒伪劣 0 号柴油成品、半成品 239 吨，各类添加剂 3 吨，查封大型储油罐、原料油罐、搅拌油罐 14 个。初步查明，不法分子累计销售假冒伪劣柴油 2.6 万余吨，销售总金额达 1.56 亿元。

经查，2013 年 4 月，犯罪嫌疑人任某在重庆市设厂，主要生产沥青、煤焦油、化工原料等产品。自 2013 年 12 月以来，为牟取非法暴利，任某纠集蒋某等人开始生产假冒伪劣柴油，从重庆市各垃圾站回收废弃机油，添加白土、脱色沙进行调色、去味，经简单过滤后，混入燃料油勾兑生产 0 号柴油。为扩大销路，该团伙冒充中石化经销商，伪造中石化出货单等凭证，以每吨 6000 元、略低于市场价的价格销往重庆市、四川省、贵州省等地，主要用于挖掘机、货车和船舶。经质监部门初步检测，该团伙生产的假冒伪劣柴油中杂质、二氧化硫等严重超出国家强制标准，污染大气环境，长期使用将堵塞油路、损毁发动机。

案例 11　"7·7"互联网卷烟售假贩私案

2015 年 3 月，公安部经侦局指挥重庆、浙江、广东、广西等省区市公安机关，成功收网重庆市"7·7"互联网卷烟售假贩私案集群战役，抓获犯罪嫌疑人 15 名，打掉团伙 3 个，捣毁窝点 10 处，缴获各类假烟、走私烟 4000 余条，彻底摧毁一个涉及全国多地，涵盖售假贩私、批发零售、物流配送的特大卷烟犯罪网络。

经查，自 2012 年以来，犯罪嫌疑人徐某在广西壮族自治区承包一个物流快递网点，纠集其家属、亲戚，组成一个分工明确、组织严密的家族犯罪团伙。该团伙长期盘踞广西壮族自治区北海市和东兴市等地，收购各类假烟、走私烟，利用微信等社交平台发布广告、寻找下家，并将假烟、走私烟销往重庆、浙江、广东、广西等地，初步查明累计涉案金额达 2000 余万元。

案例 12　上海跨境互联网销售假冒注册商标的商品案

2015 年 4 月，上海市、福建省公安机关联合破获一起通过互联网平台向境外大肆销售假冒"LV"等品牌商品的特大案件。抓获 25 名犯罪嫌疑人，缴获作案用银行卡 400 余张、电脑、邮件服务器 60 余台，涉案价值 7000 余万元。

经查，自 2009 年起，犯罪嫌疑人沈某、黄某雇佣缪某等人，在福建省莆田市设立公司，租用境外网站域名，在福建省莆田市等地开设、运营 200 余个售假网站（服务器位于美国、法国等地），利用黑客手段侵入 GOOGLE 等互联网搜索引擎，篡改、提升售假网站排名，从广东省等地组织假冒"LV"等品牌箱包、手表、饰品等货源，通过电子邮件、在线留言等方式获取境外客户订单，利用西联汇款、贝宝等支付手段及境内多家第三方国际信用卡支付结算平台收取货款后，再通过快递公司转运北京市、上海市、广州市等地，最终以 EMS 国际快递将假冒商品邮寄出境。

（公安部经济犯罪侦查局供稿）

知识产权系统 2015 年度专利行政执法典型案例

案例 1 “汽车车轮”外观设计专利侵权案

一、基本案情

请求人宝马公司于 2015 年 6 月 15 日就被请求人上海俊慕铝业公司侵犯其专利号:ZL200830137275.5 的专利名称为“汽车车轮”的外观设计专利权，向上海市知识产权局提出了行政处理请求。经审查符合受理条件，上海市知识产权局于 2015 年 6 月 23 日立案受理。上海市知识产权局受理后，依法组成合议组，并于 2015 年 6 月 26 日向被请求人送达答辩通知书。被请求人在答辩期内提交答辩书，称本案系争的汽车轮胎产品并非被请求人生产，而是由被请求人从市场采购得来。而且该款轮胎并未实际销售。上海市知识产权局于 2015 年 9 月 16 日召开了口头审理会。在本案中，双方争议焦点主要是被请求人是否有许诺销售行为。请求人称被请求人在其展示室内展示轮毂产品的行为侵犯了本案专利权。在其提供的一份公证书中载明了公证机关到被请求人办公场所的轮毂样品展示室进行证据保全过程。被请求人则辩称:该办公场所除了被请求人还有其他公司一起使用，并在会后向上海市知识产权局提交了由第三方公司出具的 4 份证明函。上海市知识产权局查明，请求人经公证获得的被请求人产品宣传册中所显示的 YSM—352 轮毂产品与本案外观设计专利相近似，落入本案专利保护范围。公证进行的地点与被请求人工商营业登记地址一致。在口头审查会后，上海市知识产权局办案人员到公证书所记载的地点所在的物业管理公司进行了调查，该物业公司表示 2014 年被请求人上海俊慕铝业公司租赁使用了该处进行办公。至于被请求人提供的 4 份证明函中有 2 份未加盖公章，不能作为证据使用。其余 2 份证明函加盖公章，但仅凭 1 份证明函无法证明在 2014 年两家公司租用了被请求人的办公场地的事实。因此，上海市知识产权局认为被请求人未经权利人许可，许诺销售行为成立。因双方未能达成调解协议，上海市知识产权局于 2015 年 11 月 23 日作出责令被请求人停止许诺销售涉案专利产品的处理决定。双方当事人均未向法院提出行政诉讼。

二、案件评析

本案是涉外专利侵权纠纷，请求人是一家著名的外国企业，社会影响较大。上海市知识产权局执法人员在审理该案件中，秉公执法，为查明事实还到现场实地调查取证，最后作出责令停止侵权行为的处理决定，有效地维护了专利权人的合法权益，营造了上海市良好的知识产权保护氛围。

（上海市知识产权局）

案例 2 螺旋体铸造模型及其造型方法专利侵权案

一、基本案情

请求人尹某拥有“螺旋体铸造模型及

其造型方法”发明专利权，专利号为200510043477.9，请求人在被请求人淄博干式真空泵公司处发现了其使用的螺旋杆转子铸造毛坯件，其上带有“范线”，而“范线”是普通铸造工艺沿中心线分型造型在合范处留下的痕迹。请求人由此判定被请求人生产的螺旋杆转子的铸造技术使用了其发明专利“螺旋体铸造模型及其造型方法”，向山东省知识产权局提出侵权处理请求。

被请求人辩称：(1)涉案专利所涉及的沿中心线分型造型方法在1993年6月的杂志已提到，是传统工艺。(2)螺旋杆转子是被请求人干式真空泵的构成部件，其毛坯件皆为购入件，非被请求人生产制造，有委托铸造技术协议为证。(3)被请求人的螺旋杆转子采用消失模铸造，模型为泡沫材质的螺杆转子，其上的“范线”是铸造前用胶水在模具的中线上粘贴上的，这条“范线”是一个基准，在加工过程中用于参照。综上，其螺旋杆转子不构成对涉案专利的侵权。

山东省知识产权局受理后依法进行了3次口头审理，并进行了现场取证。本案中双方争议的主要问题是：(1)被请求人并不生产螺旋杆转子，而是通过协议委托他人生产，是否承担专利侵权的责任。(2)请求人虽然发现了可能由专利方法制造的螺旋杆转子，但没有取得被请求人螺旋杆转子生产的完整的工艺流程。这种情况下是否可以将举证责任适当转移给被请求人。(3)带有“范线”的螺旋杆转子毛坯件由消失模技术生产的可能性问题。

山东省知识产权局于2013年8月29日作出行政处理决定，认定被请求人为生产经营目的使用了涉案发明专利，侵犯了请求人的专利权。被请求人不服山东省知识产权局的决定，向济南市中院提起行政诉讼，济南市中院于2015年1月26日作出判决“维持山东省知识产权局作出的鲁知法处字(2012)第3号专利侵权纠纷处理决定”；淄博干式真空泵公司不服济南市中院作出的判决，向山东省高院提起上诉，山东省高院于2015年6月12日作出(2015)鲁行终字第63号判决“驳回上诉，维持原判决”。

二、案件评析

由于侵权证据的难以获得性，非新产品制造方法一直是知识产权保护的难点，山东省知识产权局根据案件具体情况，合理运用证据规则以事实推定的方式认定侵犯非新产品制造方法专利权，对于非新产品依法维权具有重要意义。

(山东省知识产权局)

案例3 “内煤外热式煤物质分解设备”专利侵权案

一、基本案情

2015年6月8日，专利权人西峡龙成特种材料公司向榆林市知识产权局提交书面专利侵权纠纷处理请求书及相关证明材料，称被请求人陕西煤业化工集团神木天元化工公司侵犯其实用新型专利权，请求知识产权局立案查处。经初步审查，请求人提交的材料符合受理要求并予以受理。鉴于该项专利纠纷案件的复杂性及其重大影响，榆林市知识产权局向陕西省知识产权局提出协调指导援助请求，陕西省知识产权局派员参与到案件合议组。

榆林市知识产权局根据《专利行政执法办法》第8条、第9条、第10条，立案审核后认为请求符合立案条件。根据《专利行政执法办法》第11条，于2015年6月10日立案并通知了请求人，同时根据《专利行政执法办法》第11条组成合议组。

根据《专利行政执法办法》第12条，2015年6月12日，榆林市知识产权局将请求书及其附件的副本、答辩通知书送达被请求人，要求其在收到之日起15日内提交答辩书及副本。被请求人在答辩期内未提交答辩书。

根据案情，榆林市知识产权局决定对此案进行口头审理并与2015年6月17日分别向双方当事人送达了口头审理通知书。2015年7月2日在神木县进行了第一次口头审理。请求人的委托代理人、被请求人的委托代理人到庭参加了审理，对本案合议组人员均未申请回避。在口头审理中，书记员完整记录了庭审内容，口头审理终止时，双方当事人以及合议组成员对笔录进行了核实并签字。

为了对第一次口头审理后双方提交的证据进行举证和充分质证，以便合议组查清案件事实，榆林市知识产权局2015年7月29日在西安市进行了第二次口头审理。请求人的委托代理人、被请求人的委托代理人到庭参加了审理。在案件审理过程当中，经征求意见，双方当事人均不愿意调解。

根据《专利行政执法办法》第17条，2015年9月1日，榆林市知识产权局作出处理决定：被请求人使用的煤炭分质转化利用设备（被控侵权设备）不构成对涉案专利的侵权。驳回请求人要求被请求人停止侵权行为以及赔偿损失的请求。随即将处理决定以邮寄方式送达双方当事人。

2015年9月11日，请求人不服榆林市知识产权局作出的处理决定，向西安市中院提起诉讼。西安市中院2015年11月30日作出一审判决，驳回了专利权人（原告）诉讼请求，维持了榆林市知识产权局作出的处理决定。之后，被请求人又向陕西省高院提起诉讼，陕西省高院作出终审判决，维持原判。

二、案件评析

该案件作为省市联合执法办案的有益尝试，不仅提高了办案质量，而且办案过程中全省执法人员参与旁听并庭后讨论，通过实践提高了执法人员执法能力。另外，作为陕西司法系统近年来审理的第一个专利行政案件，并以专利机关胜诉结案，对于增强全省执法人员信心具有很大意义。

（陕西省知识产权局）

案例4 “隔热防水外墙空心砌块”发明专利侵权案

一、基本案情

孙某于2006年9月13日向国家知识产权局提出“隔热防水外墙空心砌块”发明专利申请，2008年8月27日获得授权，专利号为ZL200610096070.7。请求人孙某诉称：2014年3月，扬州众和建材公司未经其许可，制造了侵犯其上述专利权的产品，并在市场上广泛销售，请求人对上述事实进行公证，并对实物进行了公证保全，为此，请求江苏省知识产权局责令被请求人立即停止制造、销售侵权产品的行为、销毁侵权产品及专用模具。江苏省知识产权局立案受理后依法成立合议组，向被请求人寄交了请求书副本、答辩通知书等相关法律文书，被请求人于答辩期限内向江苏省知识产权局寄交了答辩意见。江苏省知识产权局执法人员赴被请求人扬州众和建材公司现场调查取证，拍摄照片6张，制作了调查笔录。庭审过程中，合议组主持双方当事人对被控侵权产品与涉案专利进行了比对，认为被控侵权产品没有落入该专利权的保护范围，被请求人扬州众和建材公司生产、销售涉案产品的行为没有侵犯请求人孙某的ZL200610096070.7号发明专利权，对请求人请求江苏省知识产权局责令被请求人立即停止侵权行为的主张不予支持。请求人不服处理决定，向南京市中院提起行政诉讼，后南京市中院维持专利纠纷处理决定。

二、案件评析

本案涉及等同原则的适用，在判定是

否构成等同侵权时需借助专利说明书和附图充分理解该专利的保护范围，从技术手段、功能、效果、本领域的普通技术人员是否需要经过创造性劳动这四个要素综合判断两者技术特征是否构成等同。

（江苏省知识产权局）

案例 5 “带指示标的地埋式隐形垃圾箱”专利侵权纠纷案

一、基本案情

请求人是“带指示标的地埋式隐形垃圾箱”实用新型专利独占实施许可的被许可人。专利权人于 2011 年 11 月 24 日向国家知识产权局申请了带指示标的地埋式隐形垃圾箱专利，于 2012 年 7 月 18 日授权。请求人于 2015 年 3 月发现被请求人在没有得到专利权人及请求人许可的情况下，擅自以生产、销售等方式实施原告合法拥有的上述专利技术，共生产了 587 台“带指示标的地埋式隐形垃圾箱”，严重冲击了原告专利产品的市场，给请求人造成较大的经济损失，故依法向金昌市知识产权局提出专利侵权纠纷处理请求书。2015 年 3 月 13 日金昌市知识产权局相关执法人员根据专利权人反映，对被请求人安装的“带指示标的地埋式隐形垃圾箱”侵权产品进行了取证查处。经过检查，发现专利权人反映的专利侵权行为的事实存在，金昌市知识产权局依法进行了审查，审查符合立案条件，在 2015 年 3 月 13 日予以立案，并对被请求人发出了答辩通知书，被请求人得知专利侵权，随后主动认识错误并作出了答辩通知书。2015 年 4 月 7 日，经双方当事人协商，双方同意调解处理，被请求人赔偿专利权人 15 万元，并承诺以后不再制造专利侵权产品。

二、案件评析

本案件的侵权专利产品购买者、使用者涉及政府部门，影响大，关注度高，在案件的查处过程中，向行政机关积极宣传了专利法规，依法加强了知识产权保护力度。

（甘肃省金昌市知识产权局）

案例 6 “车架(E－COOL)”专利侵权纠纷案

一、基本案情

请求人爱玛科技公司称被请求人天津绿之能电动车公司未经专利权人许可，制造、销售的绿能牌电动车侵犯了 ZL201330236688.X 外观设计专利权，特向天津市知识产权局提出专利侵权纠纷处理请求，请求停止制造与销售侵权产品，并请求天津市知识产权局对因被请求人侵权行为给请求人造成经济损失人民币 50 万元以及维权费用 2 万元进行调解。请求人提供了专利登记簿副本、外观设计专利评价报告及公证书等证据。被请求人天津绿之能电动车公司在答辩期内进行了书面答辩。

本案涉及专利产品为外观设计专利，名称为车架（E－COOL），专利号为 ZL201330236688.X。专利权人为天津爱玛科技公司。按照《专利法》第 59 条规定，发明或者实用新型专利权的保护范围以其权利要求的内容为准，说明书及附图可以用于解释权利要求的内容。外观设计专利权的保护范围以表示在图片或者照片中的该产品的外观设计为准，简要说明可以用于解释图片或者照片所表示的该产品的外观设计。通过了解，爱玛科技公司在诉讼中不是以资金赔偿为目的，而是以公司在电动车领域继续保持技术与规模优势，获得更大市场份额作为目标。被请求人在纠纷中也表示积极寻求和解的意愿。天津市知识产权局本着促进双方双赢，诉止纷息的目标依法进行了多次调解。

在天津市知识产权局主持下，请求人爱玛科技公司与天津绿之能电动车公司就专利侵权纠纷解决达成调解协议。

二、案件评析

本案的圆满解决，充分体现了专利行政执法的简便、快捷、高效的特点：(1)处理时间短，本案从立案到达成调解协议，仅用20天；(2)维权成本低，为当事人节约了维权成本；(3)调解结案，既坚决维护了专利权人的合法权益，又使纠纷双方矛盾在合作共赢的框架下圆满解决。

（天津市知识产权局）

案例7　电压力保温锅专利侵权案

一、基本案情

请求人福库电子株式会社于2010年5月26日向国家知识产权局申请，并于2011年4月6日获得专利号为ZL201030183934.6名称为“电压力保温锅”的中国外观设计专利授权，该外观设计专利权目前处于有效状态。被请求人佛山市雷恩电器公司未经许可，在2013年10月第114届中国进出口商品交易会以“DSM公司”名义展销了与请求人专利相近似的型号为ERC-N50的产品，侵犯了请求人的专利权。请求人于2014年12月20日向顺德区知识产权局提出受理请求，要求被请求人立即停止侵犯专利权行为，包括停止制造、销售、许诺销售等侵犯请求人外观设计专利权的产品，并对被请求人侵权赔偿。

2015年1月13日，顺德区知识产权局根据请求人福库电子株式会社的请求，在顺德杏坛街道经济促进局的协助和配合下，派出执法人员到被请求人佛山市雷恩电器公司进行了现场勘验检查，在其展厅发现被控侵权产品ERC-N50型号电饭煲样品1台(标有RTS GERMANY商标)，发现载有被控侵权产品图片的DSM产品英文宣传册1本，对该公司负责人进行了现场询问及作了笔录。

2015年2月5日，顺德区知识产权局对本案进行了口头审理，请求人代理人保某、耿某和被请求人代理人陈某到庭参加口头审理。双方均进行了充分的陈述和答辩。请求人对请求事项和理由均无变更。被请求人提交了答辩书及两份证据。顺德区知识产权局对双方提交的证据及顺德区知识产权局依法现场提取的证据进行了质证。

顺德区知识产权局对被控侵权产品以及涉案专利产品进行比较，认为虽然被控侵权产品与涉案专利在局部上存在不同，但根据整体观察、综合判断的原则，局部不同不能使两者在外观上产生显著差别，被控侵权产品与涉案专利在整体视觉效果上不具有明显区别的情形，属于相近似的外观设计，被控侵权产品落入涉案专利的保护范围，构成了侵权。顺德区知识产权局责令被请求人佛山市雷恩电器公司立即停止侵犯请求人福库电子株式会社名称为“电压力保温锅”外观设计专利权产品的行为。被请求人不服处理决定，向广州知识产权法院提起诉讼。广州知识产权法院维持专利纠纷处理决定。

二、案件评析

本案争议焦点在于被控侵权设计是否落入涉案专利权的保护范围。处理结果是在《专利法》条款的基础上，对被控侵权设计进行整体观察和对消费者的认知能力进行综合判断后作出的。

（广东省佛山市顺德区知识产权局）

案例8　移动垂压相关专利招投标假冒专利案

一、基本案情

2014年11月，某县公共资源交易中心通过四川省政府采购网发布编号为“WSCG-2014-229”的该县某镇人民政府生活垃圾压缩设备招标信息，该招标项目的评分标准中包括："有一项垃圾转运站设备专利的加 0.5 分，最多加到 3 分；投标产品为自主创新，获得移动垂压相关专利得 2 分"。2014 年 12 月 2 日该项目开标时，包括案件当事人四川某公司、德阳某环保公司（以下简称 A 公司）在内的数家公司按时递交了投标文件，四川某公司以 33 万中标该项目。A 公司对该结果有质疑，于 2015 年 1 月向四川省知识产权局进行举报，称四川某公司不是生产环保设备的专业公司，根本没有生活垃圾压缩设备制造能力，也没有与该设备相关的自主知识产权，更没有"移动垂压"相关专利证书，四川某公司涉嫌以假冒专利获取专项加分取得中标资格。四川省知识产权局收到 A 公司举报后启动程序，对四川某公司予以立案调查。

2015 年 1 月 8 日，办案人员赴某县公共资源交易中心，确认四川某公司的中标结果，调取该公司就该招标项目提交的投标文件，从中发现 7 个与垃圾设备相关专利的专利证书打印件并予以提取，将主要证据固定。2015 年 1 月 14 日，执法人员通过对本案举报人 A 公司的调查，获取了某镇人民政府生活垃圾压缩设备项目招标文件，证实该招标项目评分标准中确有专利加分专项。2015 年 1 月 20 日，当事人委托管理人员到四川省知识产权局接受调查，承认了以下事实：企业在得知招标信息后，为了获取评标中的专利项目加分，达到中标的目的，经办人员在明知自己企业没有垃圾设备相关专利的情况下，将企业拥有的 6 个其他专利的专利证书进行扫描，通过图片处理软件更改专利名称，共变造 7 个垃圾设备相关的专利证书，以黑白两色打印并加盖当事人公司印章后装订进投标文件中，最终获取了项目中标。企业在接到四川省知识产权局的调查通知后，已就假冒专利行为开展了自查自纠工作，对涉嫌变造专利证书的直接责任人给予罚款、免职等处罚，对销售公司的总经理追究了领导责任，并已向某县公共资源交易中心及某镇人民政府书面申请放弃其已中标的垃圾处理项目。2015 年 1 月 28 日，某县公共资源交易中心致函四川省知识产权局，告知由于四川某公司的申请，某镇人民政府已同意该公司放弃中标资格，按政府采购有关规定，已确定排位中标供应商之后第一位中标候选人 A 公司为中标供应商。

当事人在某镇人民政府生活垃圾压缩设备项目投标过程中，为获取评标中的专利项目加分，将企业拥有的专利证书以扫描修改的方式进行变造，并将变造的多个专利证书装订于标书内作为投标文件的组成部分提交招标方，将企业未被授予专利权的投标产品（垃圾压缩设备）称为专利产品的行为，属于《专利法实施细则》第 84 条第 1 款第（4）项规定的"伪造或者变造专利证书、专利文件或者专利申请文件"的行为，构成假冒专利行为。根据《专利法》第 63 条、《四川省专利行政处罚裁量权实施办法》第 12 条第 1 款第（2）项之规定，综合考虑当事人在案件调查过程中主动进行自查自纠，积极配合案件调查工作，主动销毁变造的专利证书，对四川某公司处以 7 万元人民币罚款的处罚决定。

二、案件评析

本案当事人通过变造专利证书、专利文件或者专利申请文件，不当得利。本案对于招投标以及许诺销售出现假冒专利的查处，产品宣传销售使用相关合法有效专利的约束具有典型意义。

（四川省知识产权局）

案例 9　日强牌粘米粉、糯米粉假冒专利案

一、基本案情

2015 年 6 月根据群众举报和广州市知

识产权局市场检查发现，在广州市的市场上销售的日强牌粘米粉、糯米粉为吉安市新君山粮油食品厂供货。该产品外包装标注了“本包装专利号：99322198.X”字样。经检索，该专利因欠缴年费已于2003年3月5日专利权终止。该厂在广州地区的销售行为涉嫌假冒专利。2015年6月18日，该厂委托杜某茂到广州市知识产权局接受调查，执法人员对其进行了询问并制作了笔录。杜某茂承认在广州市的市场上销售的日强牌粘米粉均为该厂生产和供货，提供了涉案专利的专利证书，但表示对涉案专利的法律状态不清楚。

随后广州市知识产权局立即安排执法人员赴江西省吉安市，与吉安市知识产权局进行异地协助执法。查明：日强牌粘米粉、糯米粉的外包装袋由杜某泉于1999年申请外观设计专利，专利号为99322198.X，2000年5月17日获得授权，同时授权吉安市新君山粮油食品厂使用该专利。吉安市新君山粮油食品厂为个人独资企业，现投资人金某于2014年12月接手并继续生产经营，2015年5月5日完成工商注册变更。该厂继续生产标注了“本包装专利号：99322198.X”字样的日强牌粘米粉、糯米粉，运送至广州市，先后销售给广州市多个批发商、零售商，由其在市场上进行销售，但记录和账册不齐全，销售的数量和金额无法统计。通过相关证明材料，可以判断当事人没有故意销售标注无效专利标识的产品，且能主动配合整改。结合涉案专利权终止时间较长的实际，执法人员认定该案件具有“较重情节”。因违法所得无法计算，应处以1万元以上2万元以下罚款。又因当事人为源头厂家，在本档1万～2万元取上限2万元。最终根据《专利法》第63条、《广东省专利条例》第40条和《专利行政执法办法》第45条第1款第(1)项、第(2)项的规定，并结合广州市知识产权局《规范行政处罚自由裁量权规定》相关规定，对当事人作出：责令立即停止在广州市销售标注“本包装专利号：99322198.X”日强牌粘米粉、糯米粉的假冒专利行为；销毁涉案产品的专利标记；罚款人民币2万元的行政处罚。

二、案件评析

异地协作执法，追根溯源查处。根据是否有故意销售标注无效专利标识情节，专利权终止时间以及违法所得等方面进行，对于假冒专利的罚款额度的判定有典型意义。

（广东省广州市知识产权局）

案例10 “一种复合菌剂有机多元素复混肥料及其生产方法”假冒专利案

一、基本案情

2015年10月10日，山东省济南市知识产权局收到投诉人王某的举报电话，称金典公司生产、销售的“全元素生物菌肥”涉嫌假冒其发明专利“一种复合菌剂有机多元素复混肥料及其生产方法”，专利号为ZL201210217839.1。济南市知识产权局3名执法人员当天上午赶赴现场对举报情况进行核实并立案处理，向被举报人送达了《行政检查告知书》。进行调查取证的过程中，济南市知识产权局发现被举报人生产、销售的“全元素生物菌肥”包装袋上印有“国家唯一专利，专利号ZL201210217839.1”字样。经到国家知识产权局网站检索，该专利的专利权人为赵某。

2015年10月19日，金典公司代理人来济南市知识产权局提供答辩意见和相关证据。答辩意见称，金典公司生产销售“全元素生物菌肥”是履行公司与自然人王某签订的合作协议，并提供了合作协议复印件1份。合作协议显示，2012年10月28日，金典公司与自然人王某签订协议，由王某引进专利技术的化肥，金典公司负责生产，王某负责销售，合同有效期为两年。

2015年10月27日、29日，济南市知识产权局执法人员根据举报人提供的线索，分别到历城区农资市场、历城区种子化肥市场、济阳县农资市场进行调查，未发现销售涉案产品。2015年10月30日，济南市知识产权局执法人员到金典公司调查取证，制作调查笔录，金典公司法定代表人承认自2012年10月开始，共生产“全元素生物菌肥”1万袋，均已销售完毕，销售总额30万元；并称自己的生产、销售行为获得了专利权人的许可，但是提供不出书面证据。2015年11月2日，济南市知识产权局执法人员与济南市公安局经侦部门取得联系，共同研究假冒专利案件移交问题，并从济南市公安局获悉，该案达不到济南市对于假冒专利罪的立案标准。为充分查清案情，2015年11月2日，济南市知识产权局执法人员再次到专利权人处调查取证。执法人员向专利权人出示了金典公司与王某签订的合作协议，询问其是否认可该协议。专利权人在协议上签字表示认可该合作协议，同意金典公司在协议期间使用其专利和专利号，同时表示协议期满后不再许可对方使用其专利。2015年11月3日，济南市知识产权局要求金典公司和举报人王某同时到济南市知识产权局会议室进行调查，制作调查笔录。在笔录中，王某认可与金典公司签订的合作协议并在协议上签字。金典公司承认在合作协议之后生产、销售“全元素生物菌肥”的行为构成假冒专利行为，并提供了相应的销售单据。

济南市知识产权局最终作出以下处理决定：(1)立即停止生产、销售标注专利号ZL201210217839.1的“全元素生物菌肥”；(2)没收违法所得人民币7110元，并处罚款人民币3000元。被处罚人表示接受处罚，当即缴纳了罚款。

二、案件评析

该案事实清楚、证据充分、程序严谨，是公正执法、和谐执法的一个典型，也是近年来查处假冒专利工作的重要突破，有效地打击了专利领域的假冒行为，对侵权违法行为形成了有力震慑，有助于构建公平竞争、诚信守法的创新创业和营商环境。

（山东省济南市知识产权局）

2015年度涉外典型知识产权案例

案例1 浙江医药在辅酶Q10产品诉讼案中胜诉

日本Kaneka公司于2010年10月28日在德国起诉浙江医药股份有限公司（以下简称浙江医药）侵犯其有关辅酶Q10的产品专利（EP1 466 982 B1），浙江医药于2010年11月立即应诉（以下简称专利侵权案），并同时反诉日本Kaneka公司专利无效（以下简称专利无效案）。2012年3月13日德国法官驳回了日本Kaneka公司的诉讼，判决浙江医药的辅酶Q10生产工艺没有侵犯日本Kaneka公司的相关专利。2012年11月7日德国法官在慕尼黑对浙江医药提起反诉的专利无效案进行了第一次口审，当场判定日本Kaneka公司的辅酶Q10产品专利（EP1 466 982 B1）无效。日本Kaneka公司不服上述判决，分别于2012年4月25日和2013年3月19日针对德国法院作出的专利侵权案和专利无效案判决结果提出上诉。2015年4月8日，德国Dusseldorf高级地区法院确认了专利无效案的第一次口审判决，裁定日本Kaneka公司的辅酶Q10产品专利（EP1

466 982 B1)与诉讼相关的权利要求无效，此为终审判决。此判决同时使日本 Kaneka 公司的专利侵权案的上诉自动失效。日本 Kaneka 公司随后撤回了对专利侵权案的上诉，确认了专利侵权案 2012 年 3 月 13 日德国法院的判决结论，即浙江医药辅酶 Q10 生产工艺没有侵犯日本 Kaneka 公司的辅酶 Q10 产品专利(EP1 466 982 B1)。

此外，浙江医药于 2011 年 3 月 22 日在美国德人克萨斯州休斯敦地方法院提起了反诉日本 Kaneka 公司的案件，要求法院裁定被告日本 Kaneka 公司的辅酶 Q10 专利无效，并裁决原告浙江医药没有侵犯专利权。

据代理该案的律师介绍，德国法院的此次宣判是浙江医药与日本 Kaneka 公司就辅酶 Q10 产品专利之间长期争端中取得的最新胜利。在日本 Kaneka 公司宣布将在全球范围内维护其专利权之后，作为浙江医药的委托方，孖士打律师行首先在美国德克萨斯州提起诉讼，要求法院确认浙江医药的辅酶 Q10 生产工艺并未侵犯日本 Kaneka 公司的专利。该诉讼申请于 2011 年 3 月 22 日提交，正值该专利发布当天午夜刚过一分钟。三个月后，日本 Kaneka 公司向美国国际贸易委员会(ITC)提起诉讼，要求对浙江医药发起“337”调查。经过一系列广泛积极的应诉，浙江医药在美国国际贸易委员会为期两周的审判中获胜。

在美国国际贸易委员会最终裁决浙江医药获胜之后，日本 Kaneka 公司将战火延续到美国地区法院。在双方经历了更为激烈的对决之后，由陪审团参加的庭审程序即于 2015 年 12 月 7 日开始。然而戏剧性的是，在距离庭审开始不到两周时，美国休斯敦法院支持了浙江医药的简易判决申请，宣布浙江医药不侵犯日本 Kaneka 公司的专利，进而取消了原定的陪审团审判，使得浙江医药未经庭审即取得了胜诉。

代理该案的律师说，“经过四年艰难的诉讼，浙江医药捷报频传，表明中国企业也能够在美国获得专利诉讼的胜利”。

据了解，中国企业在美国面临的主要是知识产权及其他商业合同类纠纷。在遇到法律纠纷时，中国企业一般都会有三种想法：一是因为不熟悉所在国法律或找不到合适的律师，往往觉得很难应诉或起诉；二是担心费用太高；三是认为美国法院肯定偏袒本国企业。

对于中国企业的疑虑，代理该案的律师建议，首先，必须从战略高度重视知识产权保护，要把在知识产权保护方面的支出当作投资来看待。其次，必须熟悉有关法律和专利状况。专利检索是一项重要的工作，通过专利检索，在知道竞争对手的专利状况后，企业可以选择修改自己的产品设计以避开专利纠纷。一旦发生纠纷，应该首先进行评估，如果中国企业的产品在美国有不小的市场份额，还有很大的发展空间，应诉就是投资未来。聘请美国律师虽然比国内律师费用相对会高一些，但通过深入的沟通和双方的配合，可以减少诉讼环节，不仅可节省诉讼费用，胜诉的机会也会更大。除了应诉，中国企业也可以主动出击，通过向美国法院或者美国专利商标局申请裁定对方专利无效来赢得诉讼。只要证据充分，律师专业，应诉得当，中国企业与美国企业一样都会获得公正的判决。

案例 2 福得尔电器在美国“337”调查案中胜诉

2013 年 8 月 21 日，美国 A&J 公司向美国国际贸易委员会起诉，对包括浙江福得尔电器有限公司(以下简称福得尔公司)在内的 9 家中国企业和 12 家美国经销商进行“337”条款立案调查，指控被起诉企业的某种多功能烧烤炉和配件侵犯了美国多项专利，要求对其进行索赔，并发布普遍排除令和禁制令。

多功能烧烤炉是福得尔公司最重要的产品，占该公司销售额的35%，如果不能生产或出口该类多功能烧烤炉，损失不可估量。

福得尔公司接到上述调查通知后，积极进行应诉，聘请美国专业律师，并派出业务经理和技术经理作为证人出庭作证。经过一年多的艰苦诉讼，2015年2月3日，美国国际贸易委员会最终裁定浙江福得尔电器有限公司生产、美国经销商销售的某种型号的多功能烧烤炉没有侵犯美国A&J公司的专利。福得尔公司取得这一重大胜利，有效地保护了自己的正当权益，挽回了巨大的损失。这也是2015年浙江省台州市首家在美国"337"调查案中胜诉的企业。

相关专家建议，对于台州的出口型企业来说，在出口之前一定要了解出口地的知识产权状况，企业应该了解产品出口会不会对别人造成侵权或被侵权，这一方面应该进行相应的评估，在评估基础上，我们才去出口。如果在出口的过程中，遇到相应的诉讼，我们的企业应该积极应诉，最好是聘请当地的专业律师或相应的团队，而不能一碰到官司就撤回来，那么有可能对企业造成不可估量的损失。

（商务部条法司）

国家知识产权局学术委员会2015年度学术研究成果

一、2015年度一般课题名单

(一)实审专业委员会

1. 与产业政策相融合的专利审查政策研究

2. 多输入多输出(MIMO)技术专利分析及CPC检索策略研究

3. 中药领域组合物申请的“三性”评判标准研究

4. 涉及重大国民经济利益专利申请的筛选识别与重点审查机制研究

5. 光学透镜领域的检索策略和创造性判断

6. 实质审查及相关模式的审查思维研究

7. 移动互联网领域创造性审查研究

8. 图像领域专利审查实务研究

9. 知识产权助力我国智慧城市建设研究

10. 基于互联网＋对小微企业提供知识产权服务的研究

(二)初步审查和流程优化专业委员会

1. 信息化环境下专利审查流程优化及管理模式的研究

2. 关于专利受理、收费及事务服务综合业务模式与窗口业务数据电子化应用研究

3. 放弃对PCT相关条款保留的适应性研究

4. 初审流程业务数据的分析利用及指标研究

(三)实用新型专业委员会

1. 从小微企业的实用新型专利布局看实用新型制度发展方向

2. 实用新型质量提升中逾期视撤及复审案件的研究

3. 实用新型审查能力提升模式研究

(四)外观设计专业委员会

1. 关于《国际外观设计分类表》修订的研究

2. 外观设计专利权评价报告质量提升实务研究

3. 工业设计产业政策与外观设计制度互动研究

(五)文献专业委员会

1. 关于知识产权全流程文献信息与数据的收集、组织管理与应用的研究

2. 基于专利信息的审查智慧显性化与运用研究

3. 审查引用非专利对比文献技术信息和资源利用研究

(六)复审专业委员会

1. 从医药领域专利法第26条第3款复审撤驳案件探讨本领域技术人员知识和能力

2. 外观设计专利审查热点问题研究

3. 专利审查的热点和难点——以专

利行政诉讼为视角

(七)信息化专业委员会

1. 专利信息化云服务建设和管理的探讨

2. 多地审查模式下的信息化运维管理研究

3. 基于防御性公开的知识产权原创认证与保护平台研究及开发

(八)审查相关政策专业委员会

1. 全国知识产权系统政府微门户探究

2. 国家知识产权局“十三五”人才发展行动计划基础研究

3. 财产保全和/或权属纠纷与专利审查相关问题的研究

4. 地方中心服务区域经济发展模式探索

5. 专利审查资源服务于区域经济发展的工作模式研究(以河南中心为例)

二、2015 年度优秀课题概要

1. 课题名称:关于专利受理、收费及事务服务综合业务模式与窗口业务数据电子化应用研究

课题负责人:杨玲

本课题由初审及流程管理部各窗口业务处室及相关部门的业务骨干人员组成联合研究课题组,基于历史、现状、形势和需求,论证构建集专利受理、费用收缴、向外申请审查、复审无效、事务服务等窗口业务为一体的,基于工作方式、流程设置、配套服务、大厅功能布局相结合的综合服务模式,以期提升国家知识产权局基层公共服务能力。

在基础研究成果中,课题组梳理并分析了受理服务大厅的发展历程,对当前面临的形势和存在的问题进行多角度分析,结合国内相关单位和国外相关立法开展对比研究,形成了内容丰富的基础研究报告,并对局内相关服务工作和研究成果开展了借鉴研究。

在创新研究成果中,课题组基于四个创新,提出针对窗口的综合服务模式。这四个创新是:“线上预约”和“线下提交”的窗口业务办理模式;“事先告知”和“事后提示”窗口平行服务模式;通过窗口职能调整,提升大厅业务设置的合理性;设置“虚拟受理大厅”,建立专利事务办理的统一入口。在电子化应用研究中,课题组对综合服务模式在优化流程中的应用、窗口数据在拓展服务方面的应用、窗口数据在提升管理中的应用三个方面,提出了具体的电子化应用方案。

2. 课题名称:从小微企业的实用新型专利布局看实用新型制度发展方向

课题负责人:谢轩朱

目前国家大力提倡小微企业发展,小微企业将成为推动整个国家经济发展的有力推手。对于小微企业来讲,技术革新是其生存的资本,受限于经济实力和技术水平,小微企业在发展初期多数以实用新型专利为主进行布局,这种布局形式有它存在的合理性和必然性。但是目前实用新型制度的政策性和客体保护的局限性可能给小微企业的技术发展和国家经济发展带来制约,小微企业对于实用新型专利保护客体也有更进一步的需求。

为了更好地促进小微企业的技术革新,更好地为国家经济服务,课题组拟通过研究小微企业的专利布局来总结小微企业的技术革新方向和水平,总结适合小微企业的专利布局方式,探讨其对于实用新型专利制度的适应性及改革需求度。例如实用新型的审查发展方向、审查内容、实用新型专利保护力度、措施等法律法规和行政手段等内容,对小微企业的专利布局进行指导,提出有可行性的具体行政措施及审查修改方向,为实用新型制度的发展献计献策。

通过此次课题研究,可对我国的实用

新型政策制定和修改提出可行性建议；同时提出实用新型审查内容的修改建议，为《专利审查指南》的修改提出可行性建议。同时为国家知识产权局加强知识产权支持小微企业发展提供相关政策建议。课题组希望得出有建设性意见的结论，能够指导小微企业更好地应用实用新型专利这一手段，引导小微企业根据其自身发展过程和情况建立、健全并适应性调整企业专利布局，为企业的技术发展起到更好的保护支撑作用，充分利用实用新型专利制度的特点和作用为企业服务，创造经济效益。同时希望能够得到实用新型专利制度应用的1～2个典型案例，也从另一方面体现实用新型专利制度设立的必要性以及实用新型制度对于小微企业的重要性，提出实用新型专利制度的发展方向，为国家支持"大众创业、万众创新"提供有力支持。本课题的主要研究成果如下：(1)分析处于不同发展时期小微企业的专利布局特点；(2)得出小微企业专利布局基本原则；(3)掌握小微企业对于实用新型制度的理解及需求；(4)对于实用新型专利申请审查方向的适应性修改提出合理化建议，包括保护客体的扩大，新颖性、创造性审查等；(5)对于实用新型制度的改革方向进行论述及分析，包括保护年限、审查周期、评价报告制度、登记制等；(6)课题组对于小微企业的政策支持的制定提出可行性建议。

3. 课题名称：关于《国际外观设计分类表》修订的研究

课题负责人：方丽娟

自专利制度建立以来，我国一直使用《国际外观设计分类表》对外观设计专利申请进行分类。1996年9月19日我国加入《洛迦诺协定》，2002年首次参加洛迦诺联盟专家委员会，2007年提交《国际外观设计分类表》的第一份修订提案，至今已向洛迦诺联盟专家委员会提交三次修订提案，提案的质量逐步提升，很多修订尤其是开创性的修订建议得到了国际社会的认可。但是，在进行《国际外观设计分类表》修订工作时，还是缺乏系统性、持续性和策略性，因此，为发挥我国在外观设计分类领域国际规则制定中的作用，本课题开展了以《国际外观设计分类表》修订为目的的实务性研究。

本课题首先从文献分类基础理论入手，挖掘《国际外观设计分类表》作为一种文献分类法的结构组成和现存缺陷，借鉴文献分类法中的有效经验，探索解决问题的办法和未来的发展。同时充分考虑外观设计分类工作的实际需要，从易于分类、易于检索使用和保持分类一致性的角度对目前在实践应用方面存在的问题进行梳理、总结，从使用者的视角对《国际外观设计分类表》的修订提出建议。其次，收集、整理、分析前十版《国际外观设计分类表》的修订情况，研究分类表版本间的变化和历次修改的提案情况，重点分析了关于类别的修订提案和最近两届的提案修订情况，从中寻找修订的规律和方向，为我国的《国际外观设计分类表》的修订提案提供借鉴。最后，在上述分析的基础上，课题组得出诸如修订思维、使用地域、提案的制作和形式、我国参与度、资源投入等《国际外观设计分类表》修订的影响因素，以期在提交提案时能够扬长避短。同时将分类表修订的工作程序进行梳理、优化，使后续工作有章可循。在实体内容上，提出《国际外观设计分类表》在体系架构和组成内容两个方面的修订设想，保证提案的高质量高水平，以推进我国《国际外观设计分类表》修订提案工作，扩大国际影响力，增强国际话语权。在此期间，课题组还对第十版《国际外观设计分类表》进行梳理，向第十二届洛迦诺联盟专家委员会提出了分类表的修订提案。

4. 课题名称：中药领域组合物申请的"三性"评判标准研究

课题负责人：宋江秀

随着我国创新驱动发展理念的不断推进，作为民族产业的中医药领域的发明创新日益受到国内外的重视。近年来中药领域的申请数量不断攀升，其中中药组合物发明占比约88%。在数量快速增长的同时，如何提升申请和审查的质量也被提到重要议程。而目前的“三性”评判标准多借鉴现代医药或化学药的评价思路和理念，导致审查实践中存在一定程度的争议和困惑，从而影响到专利审查的效能和质量。鉴于此，本课题拟提出一套符合中医药领域特点的具有可操作性的审查思路和评判体系，以期明确审查标准，促进审查标准执行一致。

本课题研究坚持以“三性为主线”审查理念作为指导方向，根据对中药领域专利申请和审查现状的实证调查和政策调研，站位本领域技术人员的角度，深入认识当前在“三性”评判过程中存在的问题并分析原因，同时，充分运用中医药基本理论知识，从理解申请人的发明初衷出发，准确把握发明构思，客观评判智慧贡献，以期更客观地确定中药组合物发明申请“三性”的评判思路和审查要点，解决本领域“三性”判断的疑点和难点问题，使审查标准更加科学化、合理化。本课题通过数据分析全面了解中药领域的专利申请和审查的现状以及存在的问题、通过横向比较研究美欧日的法律法规和审查实践、通过对国家知识产权局内外的调研和征求意见、通过对本领域疑难案例进行剖析等途径，对中药组合物申请的“三性”审查标准进行了较深入的研究和探讨，初步形成了中药组合物申请的“三性”（尤其是创造性）的审查思路和审查策略，对今后的审查实践具有重要的参考和借鉴价值，也将有助于保护真正的发明创造，提升产业的创新能力和促进产业的健康发展。

5. 课题名称：实质审查及相关模式的审查思维研究

课题负责人：董晓静

本课题立足于“微观叙事”的进路，从法社会学角色理论出发，采用实证研究法和对比研究法，通过对专利审查思维主体、客体、思维发生过程的理论思考，结合专利实质审查分别向PCT国际检索和初审、复审工作切换过程的实证研究，提出了新增法理学和法律解释学的培训内容，强化客观事实与法律事实的认知以及加强责任感培养等人才培养建议，并就拓展校验修正途径、强化对证立阶段的要求等提出了制度建议。

6. 课题名称：图像领域专利审查实务研究

课题负责人：邱绛雯

目前发明专利申请实质审查的工作模式是以IPC分类号来划分审查单元的，不同的审查单元在不同部门进行审查，图像领域亦是如此。然而IPC分类所划分的“审查领域”与所属技术领域的技术人员的“技术领域”并不全然相等，这就难免会由于不同审查领域的审查员缺少所属技术领域的知识或技术，而导致审查不客观全面，从而使得属于同一技术领域的不同审查领域之间可能存在审查标准执行和审查策略使用不一致的情形。

本课题在专利审查协作广东中心的电学部和通信部审查实践交流的基础上，发现并分析了当前审查领域普遍存在的技术交叠或技术关联现象的实质及产生原因，借助图像领域中的基础技术“图像增强与复原”和前沿技术“三维图像显示”这两大代表性技术分支，提出重新审视“所属技术领域的技术人员”之“技术领域”的范畴与IPC分类所划分的“审查领域”的不全然对等问题，避免审查中简单地用“审查领域”来替换“技术领域”的情形，挖掘涉及技术链上下游的不同审查领域可能存在的技术交叠或技术关联，利用CPC细致的分类体系特点，梳理出图像领域技术脉络，研究探讨部门间推荐的审查思路和审查标准的执行一致，解决因孤立看待技术而产生的审查问题，特别是，研究形成图像领域检索策略，确保检索全面性，提高检索效率。

7. 课题名称:基于专利信息的审查智慧显性化与运用研究

课题负责人:朱晓琳

审查智慧就是审查过程中伴随产生的思维产物,其包括检索经验、对案件和现有技术的理解、对创新点和发明高度的界定、对技术领域发展方向的把握等内容。根据用途可以将审查智慧分为面向专利审查的审查智慧和面向专利服务的审查智慧。本课题通过深度挖掘审查智慧,在对审查智慧信息进行收集、汇总、比对、分析的基础上,形成较大规模的专利信息储备,并进一步研究其应用。通过这种对审查智慧信息的搜集和加工,可以为审查工作和创新主体提供优质的专利信息服务,增加专利审查工作的附加值。

在面向专利审查的审查智慧显性化与运用方面,课题组将现有资源中的审查智慧和体现审查思维过程的审查智慧进行融合,并通过计算机辅助的自动化方式来实现服务于专利审查的目标,最终达到提升专利审查质量、丰富专利检索手段和服务审查业务管理的目的。在具体实践中,课题组通过搭建专利审查辅助系统,对显性化的审查智慧信息进行资源整合。该系统可以不断积累及学习审查智慧,利用云来搜集用户的各项反馈,同时结合专利审查的自身领域特点,使系统实现机器自学习,进行自我完善。该系统拟实现形式缺陷辅助审查、基于云端的辅助检索、审查智慧信息智能推送、审查业务管理功能和审查智慧信息查询五项功能。

在面向专利服务的审查智慧显性化与运用方面,课题组将用于提取审查智慧的平台与用于专利服务的对外发布平台相结合,构建了面向专利服务的专利服务平台。该平台使用仿蛛网特征的外部需求挖掘策略,分析出潜在的客户以及他们的需求特点,这为遴选需要显性化的审查智慧提供了依据。课题组基于能够收集的审查智慧信息,拟从分享各领域专利情报、提供专利价值评估、发布专利技术地图、开展定制化专利服务四个方面开展基于审查智慧信息的专利服务。

8. 课题名称:外观设计专利审查热点问题研究

课题负责人:樊晓东

随着经济全球化的发展,工业设计越来越被各国所重视,工业设计作为创新型知识经济,其发展离不开健康的知识产权环境,尤其外观设计专利的保护制度尤为重要。根据我国现行规定,外观设计专利申请采用初步审查制模式,因此在专利申请量大幅增长的同时,出现了一批质量较低的申请,而专利确权程序作为初审和后续司法程序的纽带,存在一系列亟待解决的热点法律问题,比如明显区别的判断标准、外观设计保护制度与发明和实用新型保护制度的协调性、外观设计与著作权和商标权的界限与内涵以及简要说明或使用状态参考图的法律地位、外观设计专利侵权判断标准的最新变化等。以此为出发点,本课题初期拟对外观设计确权程序中的诸多热点问题进行深入研究,比如确权程序如何适应工业设计产业的新需求,针对不同行业、不同创新主体的社会需求,在确权程序中,如何快捷高效地处理无效案件,引导申请人提高授权质量,如何实现确权与侵权程序更加合理地衔接,共同营造良好的专利保护环境;涉案专利与现有设计或者现有设计特征的组合之间构成相同、实质相同还是具有明显区别的标准如何划分,部分外观设计的保护范围如何确定,涉案专利产品与被控侵权产品的相同、相近似比较标准等;从外观设计专利保护的立足点出发,深入分析"混淆论"或"创新论"的价值取向,综合考量设计空间对于外观设计实体审查标准判断的影响;研究外观设计的授权、确权程序中,如何保持专利法的整体性和协调性,比较分析发明或实用新型中的技术方案整体把握与外观设计中的"整体观察综合判断"的关系,"相似外观设计”与专利法中单一性的关系；厘清外观设计与“实用美术品”和“立体商标”的界限与内涵，研究外观设计与著作权和商标权等的冲突解决机制；根据审查实践及典型侵权案例分析简要说明、使用状态参考图在外观设计专利保护范围确定中的法律地位，从法院的典型侵权案例分析外观设计侵权判定原则的最新变化，以此调整并完善外观设计审查制度。但在上述课题提及的热点并行研究的过程中，经过多次讨论，课题组成员逐渐发现在审查实践中存在一些亟待解决的问题，例如对外观设计实体判断的理论基础理解不够深入，对外观设计实体判断立法本意的解读不够清晰，对实体判断的考量因素和具体步骤不够明确，对权利冲突解决过于注重防止外观设计侵犯其他在先权利，没有从改变审查模式的角度解决等，为此课题组决定对研究目的和研究方向作适应性调整，希望从审查实践中发现问题、在研究过程中分析问题，并进一步为《专利审查指南》的修改提出建议。

本课题第一章主要分析了外观设计实体判断的理论研究以及立法本意，并以其为指引确定了外观设计实体判断标准的完善目标。第二章对相同、实质相同的判断从探讨目前尚不明晰的常见概念入手，重新梳理了判断层次，给出形象直观的判断步骤，对实质相同的情形给出建议，并结合相关判断示例解读审查流程。第三章首先探讨了涉及明显区别判断的相关概念，然后对明显区别的判断原则、判断基准进行了梳理，并通过具体案例验证判断步骤的合理性，最后对在明显区别判断中的几个热点问题进行了探讨。第四章对外观设计实体判断中的关于组件产品的案例以及涉及《专利法》第 9 条的案例进行了深入分析，并尝试提出了相关法规修改和操作层面的具体建议。第五章从外观设计专利冲突基本理论出发，深入解析了权利冲突无效请求人资格，并从外观设计权利冲突解决机制完善的角度提出了相关建议和解决途径。第六章则在前述章节研究的基础上，结合我国现行专利制度的特点，提出了关于我国外观设计确权标准的《专利审查指南》修改建议。

9. 课题名称：多地审查模式下的信息化运维管理研究

课题负责人：汤卓

为进一步服务我国专利审查事业，缩短审查周期，提高审查质量，适应我国知识产权发展和审查需要，国家知识产权局迄今设立了 7 个专利审查协作分中心，承担发明专利申请的实质审查、PCT 国际申请的国际检索和国际初步审查、承办上级交办的其他事项，以及业务指导和审查质量管理。这种模式上的转变带来了业务、管理和服务模式的转变。在信息化方面，各分中心既统一接入国家知识产权局内网，使用局内应用系统如电子审批系统、专利检索与服务系统、互联网资源检索平台等资源；同时作为独立的管理主体，又根据自身需要，进行相应的信息化建设工作，并管理信息化系统、网络等。

本课题分析了原有国家知识产权局运维模式，并对分中心信息化系统和运维情况进行了调研。针对国家知识产权局专利审查业务多地开展的特点，结合各分中心 IT 运维现状，整合现有运维资源，研究适用于多地审查模式的运维服务体系，逐步提高分中心 IT 运维质量和效率。本课题多地运维服务体系的建设完成了以下几个方面的研究工作：(1)以面向业务服务的 IT 运维管理理念细化并规范国家知识产权局各分中心的 IT 运维管理工作，逐步实现精细化的 IT 运维管理。(2)建立统一运维、统一管理和自主运维的分级运维组织模式，实现分中心使用局属业务系统和自建信息化系统的协同运维，保障专利审查及分中心自身业务的顺利开展。(3)明确国家知识产权局属资源和系统的 IT 运维管理制度，包括：“内网网络使用管理规定”

"信息化资源申请及使用管理规定""内网客户端使用管理规定"和"内网基础类服务器管理规定"。(4)制定供地方分中心参考的运维标准,包括:"服务台运维管理标准""终端桌面运维管理标准""系统集成运维管理标准""网络运维管理标准""机房运维管理标准"和"运维管理应急管理及节假日管理标准"。以此来规范IT系统中各组件的运维管理工作,实现IT运维管理由职能管理向流程管理的转变。(5)规划建立高效灵敏的IT运维管理平台,包括:IT监控平台、多地远程服务平台、用户自服务平台、运维辅助分析平台,实现IT运维技术支撑。

10. 课题名称:全国知识产权系统政府微门户探究

课题负责人:鲍炎炎

近年来,智能手机的普及开启了全民移动互联时代。根据中国互联网信息中心(CNNIC)的统计,截至2014年12月,我国移动网民数已达5.57亿,占网民数量的85.8%。2014年,国务院办公厅下发了《国务院办公厅关于加强政府网站信息内容建设的意见》,其中明确指出政府网站要提供面向主要社交媒体的信息分享服务,加强手机、平板电脑等移动终端应用服务,积极利用微博、微信等新技术应用传播政府网站内容,方便公众及时获取政府信息。本课题在此背景下立题,通过对政府微门户的特点、国家知识产权局政府网站现有服务资源和国家知识产权局政府微门户用户需求的分析,参考对部委、企业和高校建设APP的调研情况,最终得出全国知识产权系统政府微门户的建设方案。

该政府微门户的建设原则是"小步快走",即先做好"查"(专利信息查询)、"办"(专利业务办理)、"找"(专利代理搜索)、"管"(专利申请管理)、"问"(专利业务在线咨询)、"看"(政务信息发布)六大核心功能,通过用户的反馈不断迭代,使APP的功能日趋全面和完善。

11. 课题名称:国家知识产权局"十三五"人才发展行动计划基础研究

课题负责人:朱仁秀

创新驱动实质上是人才驱动,人才是创新的第一资源。随着国家创新驱动发展战略的深入实施、知识产权强国建设路径的逐步明确,对国家知识产权局干部人才队伍建设提出了更高的要求。2015年国家知识产权局党组扩大会议明确提出,要"以编制'十三五'规划为契机,进一步做好知识产权人才工作的顶层设计"。本课题是为《国家知识产权局"十三五"人才发展行动计划》所作的基础研究。

本研究采用"总—分—总"的研究思路。第一个"总"是研究总体框架设计,"分"是指分为6个子课题进修研究,最后一个"总"是撰写总体研究报告。总体研究报告包括四章:第一章绪论,第二章"十二五"国家知识产权局人才工作进展和问题,第三章"十三五"人才发展环境、目标和任务,第四章"十三五"人才发展主要行动。

(1)第一章总结分析课题研究的背景、目的、意义、思路、框架、方法和研究基础。(2)第二章总结国家知识产权局"十二五"期间的人才队伍建设、工作机制、培养工作、培养模式、人才基础建设等方面的成效,并查找问题,明确在人才工作机制、人才队伍结构、人才工作基础建设上有待进一步加强。(3)第三章分析了"十三五"人才发展的环境,明晰了知识产权事业对国家知识产权局人才发展的需求,确定了国家知识产权局急需紧缺的六大专门人才类型。提出了"十三五"国家知识产权局人才工作的总体目标、四级人才数量目标以及各级各类人才的能力素质发展目标等,确定了人才发展的主要任务。(4)第四章围绕目标和任务提出了具体的行动措施建议。一是完善人才工作机制建设。从培养体系、协调机制、选拔机制、培养机制、使用机制、激励机制、交流机制七个方面完善机制建设。二是推进三大中高端人才培养工程，开展对领军人才、高层次人才、骨干人才等支撑知识产权强国建设的中高端人才的培养，并着重发挥引领、辐射和带动作用。三是实施六大专门人才能力提升计划，大力提升专利审查人才、知识产权综合管理人才、知识产权信息化人才、知识产权服务人才、知识产权国际化人才、知识产权教育培训人才等推动知识产权事业发展专门人才的专业能力。四是建设四大人才培养项目，通过拓展实践基地项目、整合中高端人才研究锻炼平台、升级网络学习平台、研究建立人才台账项目，做到人才培养有抓手、人才锻炼有平台。五是创新人才培养方式方法，畅通人才培养渠道，拓宽人才锻炼平台，创新人才培养方式方法。六是加强人才工作保障力度，加强组织领导、经费保障、宣传保障和机制保障等。

（国家知识产权局学术委员会供稿）

国家知识产权局 2015 年度软科学研究成果

1. 课题名称：知识产权与创新驱动发展战略关系

课题负责人：

青岛大学　华青松

党的十八大报告强调实施创新驱动发展战略。创新驱动发展战略是以实现科学发展、增强国家核心竞争力为目标，着眼于经济社会发展的全局，以科技创新为中心所作出的全面战略部署。而知识产权战略是国家为了实施创新驱动发展战略，从知识产权的创造、管理、保护和利用等方面作出的一系列配套政策和制度安排。

本课题全面分析了世界主要发达国家，包括美国、日本、法国、德国、欧盟等国家和地区创新体系的特点，梳理了实施创新驱动发展战略中所采取的主要措施和成功经验，同时分析了我国创新驱动发展战略的内涵和总体要求。

在此基础上，本课题提出了知识产权与实施创新驱动发展战略的关系，提出知识产权是国家创新体系建设的重要内容，知识产权为科技创新提供了坚实创新基础和保障，知识产权为创新机制改革提供源头活水等主要观点。

最后，本课题提出了创新驱动发展战略背景下，建议确立我国知识产权发展的战略目标，明确新形势下知识产权的工作新思路，提高企业知识产权保护能力，提高科技创新能力。

2. 课题名称：知识产权支撑创新驱动的机制、路径与对策研究

课题负责人：

金陵科技学院商学院　顾晓燕

创新驱动发展是我国新常态下经济社会发展的基本战略，知识产权是促进经济社会发展极其重要的动力资源。创新驱动发展与知识产权战略密不可分，创新驱动发展是知识产权战略的根本使命，知识产权战略为创新驱动发展提供重要支撑。

本课题剖析了知识产权战略和创新驱动发展战略内涵，厘清了知识产权与创新驱动的内在关联机理，分析了我国知识产权支撑创新驱动的现状及存在的困境，探索了知识产权支撑创新驱动发展的作用机制，实证研究了知识产权对创新驱动发展战略实施的影响效应，进而借鉴创新型国家与地区的先进经验，从六个维度提出了知识产权支撑创新驱动的路径与政策建议。主要内容具体包括：(1)从创新链维度提出统筹创新政策体系、壮大创新主体引领发展、树立创新质量取胜理念、攀升创新链高端环节、合理布局创新链各个环节、完善创新链的奖评体系、构建多元协同创新体系；(2)从产业链维度提出加强产业链发展规划、完善知识产权产业链政策、打造产业链专利池、组建产业链知识产权联盟、培育专利密集产业、培育商标密集产业、培育版权密集产业；(3)从市场链维度提出构建市场导向运营体系、激发市场链各环节活力、创新市场交易平台、丰富市场融资渠道、规范市场运营机构、塑造市场运营品牌；(4)从资金链维度提出完善政策金融投入机制、夯实金融链基础、引导社会金融资本、创新知识产权金融业务、开展知识产权保险服务、推广知识产权证券化；(5)从服务链维度提出构建知识产权服务产业链、完善知识产权信息服务平台、制定知识产权服务标准体系、创新平台服务的市场化运行、促进专业服务国际化、开展海外风险预警服务；(6)从民生链维度提出知识产权促进绿色发展、知识产权促进共享发展、知识产权促进有效供给、知识产权促进协调发展。

3. 课题名称：专利制度对我国经济增长的贡献度研究

课题负责人：

南京理工大学知识产权学院　李黎明

本课题利用专利案件数量与专利授权数量构建反映司法保护和行政保护的指标全面刻画我国的专利保护强度，借助模糊优选法从投入和产出两个维度设计指标筛选专利密集型产业，在此基础上对比分析中、美专利制度对产业经济增长的影响，研究发现：在经济发展水平临界点两侧，专利制度对专利密集型产业和非专利密集型产业的经济贡献度会发生逆转。

模型测算结果显示，2004～2010年，专利制度贡献了我国专利密集型产业经济增长的32%，贡献了我国非专利密集型产业经济增长的35%。2011～2014年，专利制度贡献了我国专利密集型产业经济增长的27%左右，对非专利密集型产业经济增长贡献不显著。中美产业层面数据的实证结果还表明，经济发展水平超过临界点后，专利保护强度的提升会提高专利制度对专利密集型产业经济贡献的弹性系数，而对非专利密集型产业经济发展贡献不显著甚至带来负增长效应，这也说明专利密集型产业不仅是数量密集，更重要的是制度依赖，同时，有必要在我国专利司法保护中探索引入产业政策杠杆。

4. 课题名称：中西部地区知识产权服务业与制造业融合发展的服务内包机制研究

课题负责人：

河南财经政法大学　方润生

本课题针对目前我国中西部地区科教资源相对匮乏，知识产权服务业发展相对滞后，知识产权服务市场发展不够充分，而制造企业中间投入性的服务成本高、专业化程度普遍较低，外部的知识产权服务与制造企业价值创造过程融合困难等现实问题；从知识产权服务供给的视角，研究了企业独立提供服务、服务外包的价值特点及存在的局限性，通过典型案例的分析，提出并初步论证了适合中西部地区制造企业知识产权服务需求的“服务内包”模式，分析了知识产权“服务内包”模式有效运行的基本条件和主要影响要素；研究结果显示，“服务内包”是促进中西部地区知识产权服务业与制造业融合发展的一种有效机制。

研究认为，通过制定“知识产权驱动型”创新创业政策，构建面向制造企业提质增效和转型升级需求、多维度挖掘存量的知识产权资源的工作推进机制，是激活制造企业内部的知识产权服务需求、促进知识产权服务业与制造业融合发展的一个重要条件，也是中西部地区知识产权服务业实现可持续发展的一条有效途径。

5. 课题名称：新疆兵团农产品地理标志保护制度完善研究

课题负责人：

石河子大学经济与管理学院　祝宏辉

农产品地理标志是与农业生产密切相关的知识产权，对于提升地方特色农产品美誉度、增加农户收益、促进地区特色农业发展有显著的作用。本课题对新疆兵团农产品地理标志申请的潜在资源、申报现状进行了调查分析，指出新疆兵团农产品地理标志的潜在资源非常丰富，地理标志申报工作的条件和资源状况良好。

调查发现兵团农产品地理标志保护制度还存在一定的问题，在地理标志的申请方面，主要表现为农产品地理标志的申请工作相对滞后；在地理标志的使用方面，主要表现为农产品地理标志的使用尚未产生普遍的经济效益、农产品品牌建设不力、参与主体利益协调机制不紧密；在地理标志管理方面，则主要表现为农产品地理标志的宣传不够，管理、检查不到位，管理队伍力量薄弱。

通过积极鼓励农产品地理标志申报、优化兵团农产品地理标志“龙头企业＋基地＋农工”运行模式、强化消费者和农产品生产者的品牌意识、加强对农产品地理标志的支持力度和宣传力度、完善农产品地理标志的管理机制、加强农产品地理标志管理队伍建设等措施，能较好地解决上述问题，为完善新疆兵团农产品地理标志保护制度提供决策参考。

6. 课题名称：产业异质性诉求视角下区域知识产权管理的政策协同研究

课题负责人：

河海大学知识产权研究所　杨　晨

知识产权强省建设进程中，区域政府密集施行知识产权政策及加大知识产权政策资源的配置力度，但对区域 GDP 的贡献率不高，显现了知识产权政策资源配置与区域知识产权“大而不强、多而不优”的虚胖现实，映射出区域知识产权政策适配的低效，尤其是将知识产权融入产业创新全过程引致知识产权政策配置的跨界性和边界性，表明区域知识产权跨界问题的解决已非单一部门的单边行动，亟须跨越部门边界强化知识产权政策协同运行，以控制知识产权政策协同制定及执行的“外部性”。

本课题从政策协同视角，运用区域知识产权管理、协同学和政策协同等理论，跨学科探究提出区域知识产权政策协同的研究动因及内涵，确立典型区域知识产权样本政策的“政策主体协同—政策诱导点协同—政策措施协同”解读框架，测量及探析典型区域知识产权样本政策（两系统＋两类型）协同度等级及表象问题，探究典型区域和代表性产业及高新区知识产权政策协同度不佳的深层根源；以 SCP 为理论框架解析提升区域知识产权政策协同效能的机理；对接区域知识产权管理体制及供给侧结构性改革的实践、契合区域产业创新发展的异质性诉求，重点以高新区为区域知识产权政策协同运行机制创设的“牛鼻子”，从顶层设计到路径求索，创设了提升高新区知识产权政策协同效能的“三副治理药方”。

课题组尝试将高新区作为区域 IP 政策协同运行机制创设的试点，以“摸清家底—寻找路径—建立机制—提供支撑”为工作思路，以“产业第一、企业为大”和“IP 价值市场化实现”与“创新内生、开放共享、权益流通、协同有效”为求索高新区 IP 政策协同顶层制度设计的理念及原则，探究提升高新区 IP 政策协同效能的路径。

7. 课题名称：“工业 4.0”的知识产权问题研究

课题负责人：

武汉科技大学　蔡祖国

“工业 4.0”是互联网技术发展和国际制造业竞争加剧共同作用下的产物。“工业 4.0”是指以智能制造为主导，促使各种生产设备和生产系统智能化、网络化，并实现彼此之间基于互联网的无缝连接，通过借助信息通信技术和制造技术的融合——信息物理系统，实现制造业全部环节的智能化。其核心是信息物理系统，其本质是智能制造和信息驱动。3D 打印技术作为“工业 4.0”中实现智能工厂和智能生产的重要路径，实现了信息流到物理实物的转变。

本课题研究报告认为,“工业 4.0”并未颠覆知识产权既有制度设计,但加剧了知识产权竞争态势;“工业 4.0”对政府知识产权管理和企业知识产权管理提出了更高的要求;“工业 4.0”强化了知识产权运用要求;“工业 4.0”对知识产权保护规则带来了前所未有的冲击。

“工业 4.0”对我国既是挑战也是机遇,我国应制定“工业 4.0”行业或产业知识产权战略,进一步推进《国家创新驱动发展战略纲要》《关于新形势下加快知识产权强国建设的若干意见》的深入实施,制定“工业 4.0”知识产权战略应按照该意见和《中国制造 2025》的战略部署,有效促进智能制造知识产权创造运用,强化知识产权网络化管理,严格知识产权保护,优化知识产权公共服务,促进智能制造新技术、新产业、新业态蓬勃发展,提升制造业高端化、智能化和国际化发展水平。重点推进智能知识产权创造能力提升工程、智能知识产权运用能力提升工程、知识产权信息服务工程和知识产权人才队伍建设工程。

我国还应当完善专利、版权和商标等知识产权法律制度;革新知识产权管理观念,优化知识产权管理职能,健全知识产权管理体系,丰富知识产权管理手段,改革官僚化管理模式,提高管理素质,不断提升知识产权网络化管理能力和水平。

我国也应当建立“工业 4.0”专利质量保障体系。高质量的专利是发展“工业 4.0”战略的基础和重要保障。“工业 4.0”专利质量保障体系的主要内容包括基础保障、代理服务保障、立法保障、行政保障和司法保障。

8. 课题名称:建立健全中国专利诉讼保险机制研究

课题负责人:

南京信息工程大学　岳贤平

本课题的研究结果显示,中国专利诉讼保险制度建设面临的挑战突出,有关中国专利诉讼保险制度建立健全的体制机制亟待加强。

(1)中国缺乏在理论、认知及文化观念上的必要准备。第一,从理论根源上说,我国缺乏诉讼保险制度赖以存在的理论基础。第二,我国国民对诉讼保险制度缺乏足够的观念上和思想上的准备,在我国,诉讼保险制度即使对理论界来说,也还是一个新鲜的法律名词。第三,我国没有任何有关由第三人来支付诉讼费用的法律规范,而这也正是英国的诉讼保险制度落后于同时代的其他欧洲国家的重要原因之一。

(2)中国还不具备诉讼保险运作的相关制度和市场。西方保险业在总结诉讼保险市场多年来的运作经验的基础上得出结论,一国的诉讼保险市场能否取得成功,原则上取决于以下三个条件。第一,保险公司在接受当事人投保前,应当对承保险种将来可能发生的诉讼费用作出正确的预测;第二,有充足的诉讼保险份额和一定数量从事诉讼保险业务的保险公司;第三,保险公司必须对自己开办的各种诉讼保险业务配备相应的法律专家,为投保者提供良好的法律服务。而中国保险市场对上述三个条件的建设存在严重滞后的现象。

(3)引进保险诉讼制度所能达到的预期目的目前还难以实现。我国学者对引进诉讼保险制度之所以看好,主要原因有二:第一,设立诉讼保险制度,可以使民众通过投保的方式将自身的诉讼费用负担的风险融入社会保险业的运作中,从而降低和减少诉讼所带来的费用风险,在此基础上获得接近正义的保障;第二,认为引进诉讼保险制度能缓解我国司法系统因增加司法投入、强化法律援助所面临的财政压力。但由于目前我国的法律援助流于形式,参与的律师大多缺乏经验、敷衍了事;同时,目前在我国打不起官司的人所占比重较高;所以,导致引进保险诉讼制度所能达到的预期目的目前还难以实现。

根据中国专利诉讼保险制度建设过程中面临的挑战，本课题给出的建立健全中国专利诉讼保险制度的对策和建议包括以下六个方面。第一，借鉴发达国家经验，将专利诉讼保险制度纳入国家知识产权战略；第二，建立公益性专利诉讼保险基金，实行公益性专利诉讼的强制保险制度；第三，大力发展商业型专利诉讼保险，逐渐完善商业型专利诉讼保险制度体系；第四，加强专利价值评估技术的研发和应用，为专利诉讼保险提供科学有效的评估体系；第五，建立和完善中国专利诉讼保险制度中的相关法律；第六，全社会应加大知识产权保护和诉讼保险意识。

9. 课题名称：反垄断执法中的知识产权问题研究

课题负责人：

厦门大学知识产权研究院　林秀芹

本课题课题组收集、整理了世界主要发达国家和地区的相关立法、司法、执法经验，并运用了历史分析、规范分析等方式，对知识产权反垄断执法的基本原则、标准必要专利、集体管理组织反垄断以及集体豁免制度等问题展开了深入的研究。本课题的研究形成了以下结论。

（1）“等同对待原则”的基本移植与改良思路。知识产权反垄断的“等同对待原则”相继出现在我国各相关部委公布的知识产权反垄断指南（草案）中，但不同版本的指南（草案）对该原则的规定存在巨大分歧。“等同对待原则”蕴藏着“平权化”的内涵，我国知识产权反垄断指南对“等同对待原则”的移植和改良必须建立在正确认识该原则的历史、功能与意义的基础上，不应做舍本逐末的不当修改。“等同对待原则”的改良空间存在于反垄断法与知识产权法之间的“财产权化悖论”上。为了在解决矛盾的同时促进两部法律的协调，知识产权反垄断指南可以借鉴 TRIPs 协议的策略，放弃“财产权”概念，转而使用“一般性私权”的宽泛概念；

（2）标准必要专利侵权案件中的禁令及相关问题的对策。不限制作出 F/RAND 许可承诺的标准必要专利权人的禁令救济行为可能导致“专利劫持”，过分限制其诉请禁令又有可能引发“反向劫持”。无论是专利劫持还是专利反向劫持现象都会引发反竞争效果，不利于技术标准的顺利实施和产业的可持续发展。本课题通过对美国与欧盟国家竞争法视野下标准必要专利的禁令实践进行的类型化考察，认为：我国法院具有自由裁量是否核发禁令的弹性空间，因此不宜按照德国及欧盟法院的做法将竞争法引入 F/RAND 许可承诺下标准必要专利侵权案件的禁令纠纷处理中；在我国法域下也可以尝试如欧盟国家一样建立一套禁令争议和解框架，平衡标准必要专利权人及标准实施者双方利益，并引导双方专利许可谈判协商过程中的行为；《关于禁止滥用知识产权排除、限制竞争行为的规定》以及《关于滥用知识产权的反垄断指南》（征求意见稿）都存在一定的完善空间；

（3）《反垄断法》在著作权集体管理领域的适用意见。目前国内关于集体管理组织反垄断问题的研究主要集中在立法论层面，从解释论层面探讨集体管理领域如何适用《反垄断法》的研究较为稀缺。《反垄断法》的适用需首先深入认识与其他法律部门之间的关系，著作权专门法律与《反垄断法》之间具有互补性，《反垄断法》的适用具有必要性，但需遵守审慎性、在后性的要求。而在《反垄断法》的具体适用中，会员制与非营利性并不能使集体管理组织豁免于《反垄断法》；集体管理组织的主体身份尽管表面上类似于行业协会，但根据其基本职能和权力更应将其划分为一般经营者，使其承担相应的反垄断法义务；对于集体管理其他方面的《反垄断法》适用问题，本课题也提出了相应的解决意见。

（4）集体豁免制度的基本定性。集体豁免制度为一些同时可能存在限制竞争效果又有利于市场效率、促进消费者福祉的行为提供了“安全港”。然而,近期发布的不同版本《关于滥用知识产权的反垄断执法指南(草案)》对于该制度的定性存在分歧,一种观点认为集体豁免制度是对于《反垄断法》第13条、第14条的解释,直接将特定协议排除出第13条、第14条所规制的类型化范畴;另一种观点则认为该制度是对《反垄断法》第15条的解释,将其认定为是一种“例外情形”。通过对美国与欧盟反垄断法集体豁免制度的历史与原理的考察,同时基于我国《反垄断法》适用的客观需求与原理的分析,我国的集体豁免制度更应当被定性为《反垄断法》第15条具体适用的“例外情形”。

10. 课题名称:审协中心在产业协同创新中定位和作用研究(以河南为例)

课题负责人:

国家知识产权局专利局专利审查协作河南中心　韩爱鹏

本课题的研究表明,目前的知识产权服务远远不能满足产业协同创新的需求,随着京外专利审查协作中心在全国布局,进一步强化审查协作中心在产业协同创新体系建设中发挥重要作用的紧迫性和必要性。

课题组认为:(1)把握河南中心在河南省产业协同创新的准确定位,河南中心应成为:区域知识产权人才集聚地(高地);区域产业协同创新导航者;区域知识产权服务产业引领者;河南省知识产权强省支撑极。(2)河南中心在河南省产业协同创新应发挥积极作用。第一,通过为专利代理机构有效提升专利申请文件质量提供贴身服务和质量把关、为发明人(申请人)完善提升发明技术方案质量(专利挖掘)提供贴身指导、为河南省产业创新发展提供专利导航和预警服务、为企业技术创新提供专利检索分析服务、建立审查员实践基地等具体服务方式发挥提升专利创造质量和数量方面的作用。第二,通过直接组建专利运营机构并发挥引领作用、参与专利运营平台建设并发挥核心作用、组建知识产权评估机构,为创新主体专利运用的经济活动(实现专利经济价值)提供价值评估服务、为创新主体谋划专利布局,为企业走向海外参与国际竞争提供导航服务、为提升专利运用能力提供人才培训服务等五方面发挥提升专利运用能力方面的作用。第三,通过组建知识产权维权援助中心,提供专利维权援助服务、参与快速维权机制建设并发挥基础性作用、为企业海外维权或专利诉讼提供应对服务、为提升企事业单位的知识产权保护能力提供培训和风险诊断服务等发挥提升专利保护能力方面的作用。第四,通过为区域知识产权立法、修法、政策制定及其绩效评估等提供咨询服务、参与区域或产业知识产权发展战略或发展规划的制定、为企事业单位制定知识产权战略或管理规范(如贯标)提供咨询服务、为企业重大经济活动(重大投资项目、并购、上市、技术或装备引进等)提供知识产权评议服务、为区域重大科技立项提供知识产权评议服务等方面发挥提升专利管理能力方面的作用。第五,通过凝聚河南省知识产权服务业优势资源,不断探索知识产权服务新模式新业态,为河南省知识产权服务业发展提供引领、为专利代理人实务技能的不断提高提供培训指导、为河南省知识产权学科建设、科学研究和高层次人才培养提供智力和人才支持等方面发挥提升专利服务能力方面的作用。

11. 课题名称:面向南亚东南亚国家知识产权(专利)合作研究

课题负责人:

云南省科学技术发展研究院　王泽华

本课题的研究结果表明,在“一带一路”战略背景下,加大与南亚、东南亚国家在知识产权领域的交流与合作,十分必要且意义重大。

课题组通过企业座谈、信息收集和实地调研等方式,重点对我国与南亚、东南亚国家在专利、商标、著作权、传统知识与遗传资源、商业秘密、地理标志等方面开展的合作和存在的问题进行了深入的研究。研究表明：中国与南亚、东南亚各国须基于各国的知识产权制度和保护水平，结合目前的经济形势和合作中存在的问题和障碍，进一步加大知识产权领域的合作，以促进各方的技术经济合作和贸易发展。

本课题研究报告建议：(1)我国与南亚、东南亚国家建立健全对话与磋商机制，由国家知识产权局与南亚、东南亚国际知识产权管理部门高层定期进行会谈，通报各方有关的知识产权立法、政策和执行情况，并就分歧部分进行协商；(2)依托现有平台和资源，建设面向南亚、东南亚的知识产权国际交流合作中心，打造集资源共享、成果展示、交流对接、信息分享、咨询服务、教育培训和文化交流等功能为一体的服务平台；(3)搭建面向南亚、东南亚国家的知识产权合作论坛机制，支撑和落实中国与南亚、东南亚各国高层对话的成果；(4)由国家知识产权局设立专项资金，向社会公众提供有关南亚、东南亚国家知识产权制度方面的资讯；(5)发挥行业协会保护知识产权的自律作用及在解决纠纷和争端中的作用，并把行业协会收集分析的信息作为政府建立预警系统的有力补充；(6)建立健全知识产权维权援助机制，建立起面向南亚、东南亚国家的知识产权维权援助服务网点。

12. 课题名称：专利对经济增长贡献研究

课题负责人：

国务院发展研究中心　李志军

中国社科院数量经济与技术经济研究所　王宏伟

专利是自主创新的基础和衡量指标，专利的数量和质量标志着一个国家的技术水平和创新能力。改革开放以来，我国的知识产权事业取得了举世瞩目的成绩。在专利数量和质量逐渐提高的发展背景下，分析和正确判断专利对于推动我国的经济持续、稳定和高质量增长的作用，对于明确未来专利的发展方向，制定有效措施促进有效专利的供给，具有重要的现实意义。

在经典的C－D生产函数模型基础上，对模型进行拓展和修改，将R&D资本存量、发明专利存量和人力资本存量纳入生产函数模型，建立广义专利总量贡献的生产函数模型，并实证研究专利对总量经济增长的贡献。

本课题的研究发现：(1)我国专利总量大幅增加，专利结构逐步优化，但专利质量总体偏低；(2)专利对中国经济增长具有显著促进作用，但相比物质资本和劳动力等传统生产要素，其促进作用相对较小；(3)专利对中国经济增长具有重要贡献，贡献水平不断提升，提高了中国经济增长质量；(4)专利对经济增长的贡献作用主要是通过实用新型专利和外观设计专利实现的，发明专利的作用进一步凸显但依然较小。

就提高专利对经济增长贡献而言，课题组建议：(1)实施知识产权强国战略，促进我国经济高质量增长；(2)根据不同发展阶段的企业现实需求，把握好知识产权保护强度；(3)破除目前不利于技术专利转化的体制机制因素；(4)营造有利于产学研合作的知识产权制度环境。

13. 课题名称：中国特色专利行政执法保护制度完善研究

课题负责人：

中国政法大学　来小鹏

国家知识产权局专利管理司　雷筱云

本课题的研究结果显示，我国专利行政执法领域面临突出问题，急需对相关现行制度予以创新。除了主体混乱、缺乏行政强制措施、行政决定效力性差等传统遗留问题之外，我国专利行政执法工作还面临行政程序与司法程序衔接困难、各地执法标准差异明显、行政调解权限不清、行政调解成果效力不足等问题。针对上述问题，课题组提出以下创新性对策建议。

（1）构建网络环境下专利行政执法统一平台。统一平台的构建能够充分利用信息网络技术整合行政资源，促进各区域相关部门协调配合，推进社会信用评价体系建设，促进行政机关依法公开行政信息，方便相关数据的统计与整合。

（2）从事实认定标准和证据采信方面落实行政保护与司法保护的对接。可以通过建立专利保护联席会议机制，加强行政执法与司法保护的对接。联席会议的成员单位包括专利行政部门，也包括公安、法院等部门。通过案件通报、疑难问题探讨、执法信息互通等形式，整合行政资源和司法资源。加强案件通报和信息共享机制，将行政部门认定的事实和调查的证据与司法部门进行交接，确保行政部门的前期工作能够在司法程序中得到落实。

（3）完善专利纠纷行政调解的相关规定。第一，行政调解主体多元化。行政调解本质上是社会救济的延伸，并未涉及公权力的使用，故对主体资格的要求并非十分严格。当代行政的发展趋势是政府将部分公共权力移交给社会组织行使。可以考虑构建专利纠纷调解公共服务平台，帮助当前面临严重人员短缺的管理专利工作的部门承担调解任务。第二，进一步规范调解协议书的效力。《专利纠纷行政调解指引》参考了《人民调解法》的规定，确定调解协议具有民事合同性质，可经司法确认具有强制力。然而没有经过司法确认的调解书效力如何？未经司法确认的调解协议书如何在之后的司法处理中被认可？对此，可参考我国台湾地区的做法：行政机关应在调解协议书做成后7日内将其送往管辖法院审核，审核通过的调解协议书具有强制执行力。

（4）创新执法模式并制定专利行政联合执法指导指南。第一，跨区域行政执法指导指南。权利人可直接向本地知识产权局提出请求，由本地知识产权局进行案件移送，必要时可两地协同调查取证。推动执法标准一致化。第二，跨部门联合执法指导指南。目前的跨部门联合执法大多体现在专项行动中，具有临时性，应当以统一指挥、分工负责、资源共享为原则，将专项行动的优良经验转化为指导指南固定下来。制定跨部门行政执法指导指南是解决立法缺失道路上的一次有益尝试。另外，充分利用网络技术，建立专利执法信息共享机制。

（5）赋予专利行政执法决定应有的法律效力和权威。根据行政法理论，具体行政行为一旦合法构成，就应当产生公定力、拘束力和执行力，非经过法定程序而不能改变。但目前我国专利行政执法部门对专利侵权纠纷的处理决定存在缺乏法律强制效力的问题。为此，应明确赋予专利行政执法决定应有的法律效力和权威，以使行政决定能够更好地发挥其作用。

14. 课题名称：PPH与PCT、PLT的共振发展趋势及我国参与专利国际协调的立场和对策研究

课题负责人：

中国专利保护协会　肖鲁青

国家知识产权局专利局初审及流程管理部　何越峰

专利制度的国际协调，从某种意义上说，是文化和价值观的传播，是经济领域的“攻城略地”，其影响的不仅是发明创造的传播、专利制度的建立，还有资本的流动和人才的迁徙，归根结底是地域壁垒的打破，是从“主权维护”向“世界精神”渐进的过程。课题组正是从突破地域化的视角重新审视专利国际协调下的主要国际条约及国际合作机制，对专利国际协调的发展趋势进行预判，并提出了我国在未来专利国际协调中的立场和对策建议。

总体而言，专利国际协调之路受专利国际协调的自身成果、各条约的发展空间、国际政经形势、专利制度演进规律四个方面的深刻影响。虽然在发展过程中会遇到当下形势的影响和制约，但总体看来经济全球化大势不可逆，专利国际协调长远看依旧会朝着统一化和一体化方向前进。在此结论的基础上，课题组对PCT、PLT、PPH的未来共振趋势进行了预判和前瞻，提出了三种未来共振发展的模型。

(1)在PPH机制基础上建立新条约。程序上PCT条约与PLT条约协同作用使得国际阶段与国家阶段的程序标准达到一致，在两条约并立的前提下分别管控国际阶段和国家程序以实现“同源”；PPH机制逐渐实现强约束力、强调权利与义务的目标，使得国家法的授权条件逐步趋同，并将工作重心转变为工作结果承认，以实现“同立”甚至是“平行”阶段。(2)以PCT条约为主融合发展。程序上依托于PCT现有完善的申请体系，形成统一申请平台，国际局统一办理进入国家阶段的手续，PLT条约作为PCT条约的专门章节强制划定国家阶段程序标准；PPH机制纳入PCT体系，将无约束力的国际阶段工作结果转变为具有强制力的条款，或是可保留条款，实现国家间、国际阶段与国家间的结果互认，以PCT条约为主平台实现同源平行目标。(3)以PLT条约为主建立单一专利授权程序。程序上PLT条约既在国家层面形成统一的申请平台和统一的申请程序，又吸收现有PCT体系作为其中章节加以规定，不再区分国家阶段与国际阶段；实体上在结果互认的前提下吸纳PPH机制作为专门规定，统一国家的专利授权、登记手续，形成以PLT体系为主导的统一审查、授权路径。

全球专利一体化的发展趋势对于实现中国“一带一路”战略、中国资本海外拓展、中国创新能力提升以及中国法律制度的调整都将带来巨大的影响。课题组对各种影响因素逐一分析和评估后得出结论，专利全球一体化的发展方向与我国的长远经济政治利益是一致的。因此，结合当前以及今后较长时期我国需要面临的国际政治经济形势以及专利国际协调发展态势，总结过去30年在专利国际舞台的谈判经验和教训，课题组提出了我国参与国际协调的立场建议。在总体立场上，应当以国家利益和用户需求为考量；在实现平台上，建议以PCT体系为主阵地统筹兼顾其他平台；在协调内容上应当主动应对，程序性规范先行；最后，建议推进“一带一路”，积极搭建以我国为主的新舞台。

在我国参与专利国际协调的对策上，课题组建议以“于我有利，与自身定位相符，与国际发展趋势一致”为根本原则，从“选择适合的平台——找准主平台；推进适当的内容——确定主议题；平衡各国的关系——明确自我定位；主导区域话语权——经济援助、规则输出、人才培养”等方面出发，积极参与国际谈判，从“适应规则”转向“运用和改进规则”；加强区域专利合作，从“具备实力优势”转向“兼具道义优势”；加强国际规则研究，实现规则输出，从“随机应对”转向“积极主导”。

最后，课题组还结合研究内容，提出了我国参与国际专利协调的时间表和路线图，以及中国立场对策在法律法规中的落实建议。

15. 课题名称：ICT产业标准专利滥用的反垄断执法规制研究

课题负责人：

中国信息通信研究院　李　梅

随着移动互联网给ICT产业的发展带来新的冲击，传统的通信巨头面临从发展范式、产品架构、制造模式到产业生态等各方面的重大变革；而市场新秀们如苹果、谷歌等企业通过生态系统的建立，正全面更改着传统产业的竞争规则，产业主体间的竞争也更加激烈。新旧势力交替下，新的市场格局和主导力量迅速形成并不断更迭。专利尤其是标准专利成为产业主体钳制竞争对手发展、为自身赢得宝贵发展机遇的重要武器。ICT产业的专利诉讼态势正酣，垄断问题也随之浮上水面，成为产业界和监管机构关注和讨论的焦点。在中国现实语境下，如何完善标准专利的反垄断行政执法机制、加强相关监管部门的执法协调、提高反垄断执法能力等问题值得关注与重视。

近两年我国ICT领域权利人专利权滥用的行为方式多为：权利人收取不合理的专利许可费、搭售、附加不合理交易条件等。以高通公司为例，其收取过高的、不符合其自身对标准贡献的专利费，对下游市场的有效竞争造成损害；将其标准必要专利与非标准必要专利捆绑进行许可，处于弱势地位的我国终端厂商没有与其议价和反抗其一揽子许可的能力，只能全盘接受其捆绑许可行为；在交叉许可协议中，附加不合理交易条件，包括交叉许可协议中忽略中国厂商专利的价值，通过自己的优势地位强迫中国厂商放弃自己知识产权的价值等。

课题组建议，积极组织标准必要专利合理费率计算的理论与实证研究；完善禁令相关规则：一是明确标准专利禁令适用规则与普通专利禁令颁发的一般规则之间的关系，二是处理好与竞争法尤其是反垄断法之间的关系，三是要处理好与FRAND原则之间的关系。

16. 课题名称：国内外专利运营发展研究暨适合中国国情的专利运营模式创新研究

课题负责人：

中国专利技术开发公司　彭茂祥

专利运营是经济新常态的迫切需求，是知识产权强国的重要内容。专利运营从本质上来看是专利制度的运用和专利权利的经营，是创新成果直通实体经济、促进转型升级的重要途径。对国内外专利运营发展进行研究，并对适合中国国情的专利运营模式创新进行研究将具有十分重要的意义。

课题组通过分析新形势下专利运营工作面临的挑战与机遇，总结当今专利运营工作存在的主要现象和问题，提出我国开展专利运营探索实践的建议：

(1)制定鼓励专利运营服务业商业模式创新的政策。结合专利运营服务业的专业化和集成化趋势，鼓励支持专利运营服务业企业和各类相关中介机构，搭建运营服务平台，为企业与高校院所提供对接服务，鼓励其在服务模式创新、业务融合集成、提供解决方案、开展高增值服务、国际化发展等方面进行创新，对于成效较好的机构，给予相应的资金补贴等支持。

(2)探索建立多种渠道的专利运营与创业投资支持体系。制定出台鼓励天使投资基金、创业孵化基金、发明投资基金、技术资本基金和技术主权基金等多种投资形式的优惠政策，建立综合的专利运营与创业投资相结合的支持体系。完善技术产权交易、知识产权交易等各类平台功能，促进科技成果与资本的有效对接，加强重点领域知识产权服务，实施"互联网＋"融合重点领域专利导航项目等。

(3)完善专利运营专业人才的培养体系。提升现有的技术经纪人培育体系，实施技术经纪人守信工程。鼓励产业联盟建立并完善技术经纪人培养体系，提升现有技术转移队伍人才的专业素质和工作水平，开展专业化技术转移人才培养，培育一批具有专业化能力的技术经纪人。

17. 课题名称：专利运营模式研究

课题负责人：

中国电子工业标准化技术协会知识产权工作委员会　李慧颖

工业和信息化部电子知识产权中心　巫晓倩

随着全球经济一体化，知识产权在企业资产价值中的比例大幅提高，尤其是专利技术在企业竞争中所起到的作用愈加重要。我国知识产权爆发式增长，截至2016年4月，授权并维持有效的发明专利共计159.4万件。

如何有效盘活大量专利，使其发挥效

益成为全社会普遍面临的问题。通过专利运营发挥效用成为当务之急。目前产生了多种专利运营模式，如创新基全等。考虑到我国实际，课题定位于研究国内外专利运营模式的特点、利弊，探索构建适合我国的专利运营模式，激活存量专利的价值、加强企业专利运用和管理能力，从而最终加强中国的全球竞争力。

本课题采用的研究方法包括：(1)定性分析法；(2)定量分析；(3)归纳法；(4)专家会议研讨法；(5)实地调研法等。本课题通过深入分析专利运营方面的实际需求，剖析国内外各种模式，结合我国本土化政策环境，对国内重点产业提供专利运营层面的策略建议，提出能够为我国所采用的专利运营模式机制参考，促进知识产权战略的深化实施，助力产业专利运营效益的提升和专利价值的实现。

18. 课题名称：媒体传播对公众知识产权保护意识和运用能力的影响研究

课题负责人：

中国农业大学　谭英

人民日报　蒋建科

本课题主要采用偶遇抽样及面对面的问卷调查的形式采集数据，针对公众通过媒体获取和运用知识产权信息的状况、遇到问题等展开调查。研究发现：在对知识产权信息的了解意愿上，城市、乡镇、农村三个地域的公众均有较高的意愿，占 60% 以上。三类地域公众获取知识产权信息渠道的偏好依次为计算机网络、电视台和报纸，但三个地域公众最相信的渠道同为国家知识产权局专业网站。我国公众对知识产权政策法规的了解程度普遍较低。对于一些涉及是否侵犯知识产权的问题，多数公众不具有很好的判断力。不同地域、不同年龄段、不同文化程度的公众运用知识产权的能力有明显差异。当前存在的主要问题是知识产权保护意识和水平均比较低；缺乏尊重他人知识产权的意识；不知如何使用产权保护自己；认为自己技术水平不高，缺乏许可贸易经验；还有部分公众认为对知识产权的评值比较难，习惯行业内部无偿交流等。

公众最希望解决的问题是维权成本高的问题。公众对知识产权重要作用的认知度低，申请专利的人较少；大多数公众认为知识产权与日常生活结合不大，觉得它的主要意义在于企业间的竞争，以及企业公司等用来稳固自己经济地位的重要手段。另外，公众对于网络转载知识产权的现象认知度低。

最后，本课题的报告针对广大公众遇到的问题和渴望解决的问题提出了相应的建议与思考。如借用新媒体加强知识产权保护意识的培育；处理好相对保护与绝对利益的关系；提升公众知识产权保护和运用能力的策略等。

（国家知识产权局办公室供稿）

农业部 2015 年植物新品种保护学术成果

(1)制定并颁布了《水稻品种鉴定 SNP 标记法》《植物品种特异性、一致性和稳定性测试指南 烟草》等 18 个农业行业标准。

(2)完成了《植物品种特异性、一致性和稳定性测试指南　马铃薯》等 22 个国家标准，《植物品种特异性、一致性和稳定性测试指南 樱桃》等 3 个农业标准以及《植物品种特异性、一致性和稳定性测试指南 甜菊》等 4 个 DUS 测试指南的审定工作。

（农业部科技教育司供稿）

与知识产权有关的政府网站

国家知识产权局网

国家知识产权局网（http://www.sipo.gov.cn/）是国家知识产权局主办的政府官方网站，是国家知识产权局宣传知识产权工作的窗口，面向社会发布知识产权工作方针政策、相关法律法规、时政要闻、教育培训等信息，提供专利审查信息查询、专利公布公告查询、文件下载和在线咨询等服务，并设有局领导信箱、意见征求、网上信访等互动版块。

中国商标网

中国商标网（http://sbj.saic.gov.cn/）是国家工商行政管理总局网站（http://www.saic.gov.cn/）的下设子网站，是宣传商标注册、运用、保护和管理的官方网站，主要栏目包括工作动态、重要发布、商标品牌战略、商标申请、国际注册、商标查询、商标公告、网上申请、商标执法、地理标志、国际交流、商标权运用、商标代理、驰名商标、公众留言、统计信息等。

反垄断与反不正当竞争网

反垄断与反不正当竞争网（http://www.saic.gov.cn/fldyfbzdjz/）是国家工商行政管理总局网站（http://www.saic.gov.cn/）的下设子网站，该子网站是工商机关宣传反垄断与反不正当竞争执法成果的重要窗口，主要栏目包括工作动态、政策法规、国际交流、典型案例等。

国家版权局网

国家版权局网（http://www.ncac.gov.cn/）是国家版权局主办的综合性政务官方门户网站，于 2000 年 9 月 30 日开通。主要功能包括宣传版权工作方针政策，发布有关版权执法监管、软件正版化、社会服务、宣传培训、产业发展、国际交流等方面的工作信息，在线接收侵权盗版举报，普及版权相关法律知识，进行版权信息公开等。

农业部植物新品种保护办公室网

农业部植物新品种保护办公室网（http://www.cnpvp.cn），面向社会发布植物新品种保护相关法律法规、申请流程、新闻资讯等信息，并提供农业植物新品种保护公告、保护名录等信息查询，以及申请表格、测试指南等文件下载和在线咨询等服务。

林业植物新品种保护网

林业植物新品种保护网（http://cnpvp.net/）是国家林业局植物新品种保护办公室建立的政府官方网站，网站内容主要包括相关政策法规、行业新闻、林业品种权公告、代理机构、保护名录、品种权判决等，还提供林业授权植物新品种数据检索服务。网站包括中英文两种语言版本。

海关总署知识产权网

海关总署知识产权网(http://www.customs.gov.cn/default.aspx? tabid=2559)是海关总署网站(http://www.customs.gov.cn/publish/portal0/)的下设子网站,是海关总署宣传知识产权海关保护的官方网站,介绍了知识产权海关保护的概念、中国海关保护知识产权的范围、中国海关对知识产权的依申请保护与依职权保护模式等。主要栏目包括执法动态、知识产权备案申请、公告栏和问题解答等,为社会公众了解海关知识产权保护状况提供了方便。

中国保护知识产权网

中国保护知识产权网(http://www.ipr.gov.cn/)于2006年4月26日开通,由商务部主办,设有中英文双版。中文版立足于商务部承担的职责,全面反映商务部在知识产权方面的各项工作动态和政策法规,为社会各界遵守世界各国知识产权制度与维护自身合法权益提供指导与帮助,为中国企业“走出去”提供服务。

中国知识产权裁判文书网

中国知识产权裁判文书网(http://ipr.court.gov.cn)由最高人民法院政务网站统一管理,于2011年4月25日正式重新开通。该网站汇集了全国各级人民法院作出的知识产权裁判文书,是展示我国知识产权司法保护成果的重要窗口。

人民法院知识产权审判网

人民法院知识产权审判网(http://zscq.court.gov.cn)是最高人民法院网(www.court.gov.cn)的下设子网站,该子网站是人民法院宣扬知识产权司法保护成果的第一个官方网站。主要栏目包括工作动态、调查研究、司法政策、司法保护成果、案例分析、知识产权战略实施和域外知识产权司法等。

人民检察院案件信息公开网

人民检察院案件信息公开网(www.ajxxgk.jcy.gov.cn)是最高人民检察院深化检务公开,拓展公开的深度和广度,依托国家电子政务网络建立统一的人民检察院案件信息公开系统,通过多种方式向相关人员提供案件程序性信息查询服务,向社会公开重要案件信息和法律文书,以及办理其他案件信息公开工作。检察机关办理的侵犯知识产权刑事案件的相关信息可通过该网络查询获知。